JN439360

종교·국가·소유가 없는 세상을 꿈꾸며

전성식 유고집

▲
◀ 2012년 3월 31일,
노사과연 제8차 정기총회
에서의 모습

2004년 5월 1일, 노동절 집회 (민중의료연합 피켓을 들고 있는 모습) (대학로에서)

2004년 9월 12일, 의료개방저지 토론회 (대전대학교 한의대 강의실에서)

2004-5년경 겨울, 한노정연 쎄미나 뒷풀이 (양평동 주먹고기 집에서)

2006년 12월, 노사과연 송년회 (상도동 채만수 소장님 댁에서)

2007년 2월, "자본주의 미래는 있는가?" 강연회 이후 (부산에서)

2007년 3월 23일, 노사과연 제3차 정기총회 (연구위원회 사업 평가 및 계획 발표 모습)

2007년 4월 21일,
≪자본론≫ 쎄미나팀 수련회
(가평역에서)

2007년 5월 1일, 노동절 집회 (대학로에서)

2007년 11월 10일, 전국노동자대회 전야제 (상암 월드컵 경기장 인근에서)

2008년 3월 22일, 노사과연 제4차 정기총회 (연구위원회 사업 평가 및 계획 발표 모습)

2009년 2월 10일, 채만수 소장님 회갑연 (삼각지 노사과연 사무실에서)

2010년 7월 3일, ▶
4대강 공사 중단 범국민대회
(서울 시청 광장에서)

2010년 7월 17일, 노사과연 여름 수련회 (강원대 학술림에서)

◀ 2010년 12월 4일,
한국 '사회 성격'과 '변혁 전략'
토론회 (민주노총 회의실에서)

의대 재학 시절 (동아리 방에서)

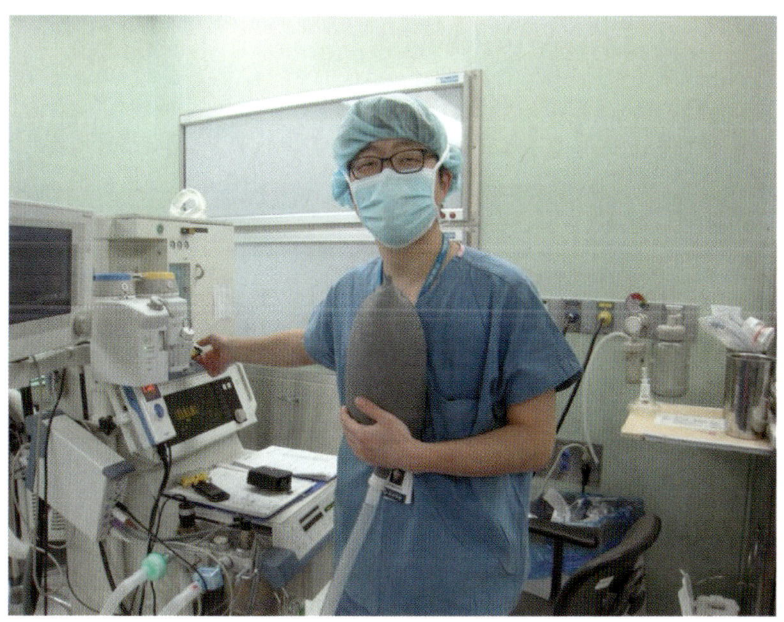

일산병원 마취과 근무 모습 (수술방에서)

절친한 친구 안치환과 함께 (어느 봄날, 봉원사 연꽃 축제에서)

미국 연수 기간 찍은 가족사진 (캐나다에서)

▲
가족사진들 ▶

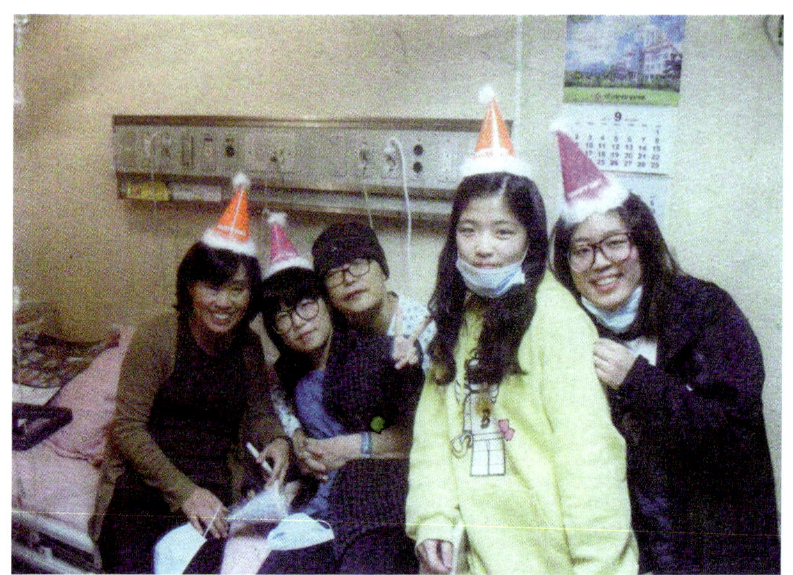

2012년 10월 25일, 병실에서 맞이한 고인의 마지막 생일

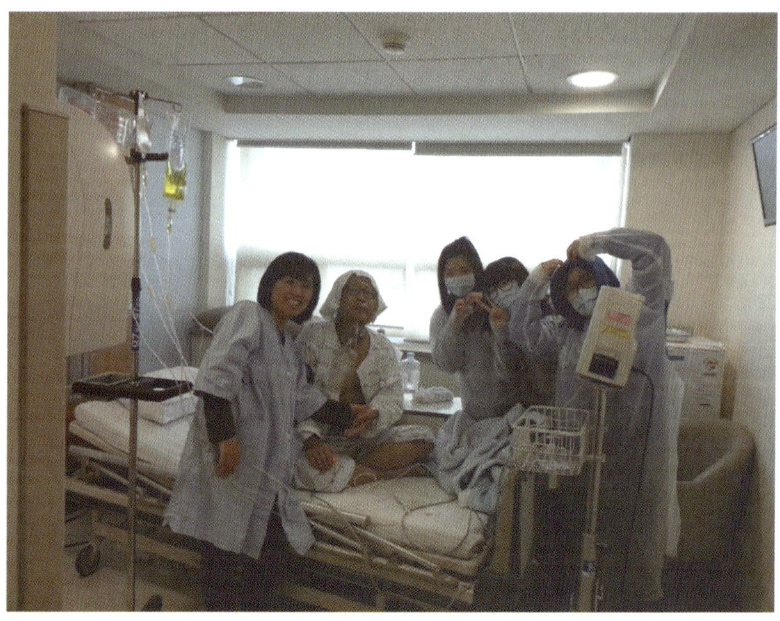

고인의 마지막 모습 ("마지막까지도 의연하게, 참으로 의연하게 저희에게 "걱정하지 마"라며 다시 중환자실에서 나오겠다고 약속을 하고 떠났답니다. 영웅처럼..." — 가족들의 말)

약 력

1965년 10월 25일, 경기도 평택시에서 출생
이후 염창 초등학교, 공항 중학교, 영일 고등학교 졸업

1984년 3월, 연세대학교 의과대학 입학
대학 시절, 〈인간연구회〉 언더 팀에서 활동
1985년 2월 4일, 서울대 시위 사건으로 구속
1985년 4월경, 선고유예로 석방
1986년 10월 28일, 건대 사건으로 구속
1987년 2월, 의과대학 제적
1987년 7월 8일, 석방
1988년 3월, 민주화 조치로 학교에 복적
1994년 2월, 의과대학 졸업
이후 연세대학교 세브란스병원 인턴 · 레지던트 과정 (전공: 마취과)
2000년 이후, 국민건강보험 일산병원 마취과 근무 (개원 멤버)

2001년, 〈한국노동이론정책연구소〉 '정치경제학 비판(≪자본론≫)' 쎄미나 참가
이후 동 연구소에서 연구원, 기관지 ≪현장에서 미래를≫ 편집위원으로 활동
2003년, 〈평등사회를 위한 민중의료연합〉 가입
이후 민의련 내 노동조합보건의료정책센터 활동
2005년, 〈노동사회과학연구소〉 창립 회원
이후 동 연구소에서 기관지 ≪정세와 노동≫ 및 이론지 ≪노동사회과학≫ 편집위원, 연구위원, 연구위원장 등을 역임
동 연구소 '맑스-엥겔스 저작' 읽기 쎄미나 팀장, '레닌 저작' 읽기 쎄미나 팀장, ≪자본론≫ 읽기 쎄미나 팀장 등으로 활동

2013년 3월 8일 오후 2시 40분, 임파선암 투병 중 영면

종교·국가·소유가 없는 세상을 꿈꾸며

전성식 유고집

노사과연
노동사회과학연구소 부설

일러두기

1. 본문은, 다음의 5개 잡지에 고인이 발표한 글을 모두 모아서 만들었다.
   - 〈평등사회를 위한 민중의료연합〉의 기관지 ≪의료와 진보≫
   - 〈복지동인〉의 ≪사회복지와 노동≫
   - 〈한국노동이론정책연구소〉의 기관지 ≪현장에서 미래를≫
   - 〈노동사회과학연구소〉의 기관지 ≪정세와 노동≫, 이론지 ≪노동사회과학≫

2. 본문은, 수필/시사/보건의료/이론으로 분류하였으며, 각 꼭지 안에서는 발표한 날짜순으로 글을 배치하는 것을 원칙으로 하였다. 단, 예외적으로 〈시사〉에서 '탄핵 논쟁'에 대한 2편의 글과 '보건의료노조'와 관련된 2편의 글을 묶었고, 〈보건의료〉에서 '보건의료운동론'에 대한 글은 뒷부분으로 보냈으며, 〈이론〉에서 '주택문제'에 대한 3편의 글을 함께 묶었다.

3. 각주
   - [편집자 주]는 이번에 유고집을 내면서 권정기, 김해인이 적은 것이다.
   - 각 기관지 및 이론지의 [편집자 주]는 별도로 표시하였다.
   - 특별한 표시가 없는 각주는 모두 필자 본인의 것이다.

4. 부호의 사용
   - 저작, 신문, 영화, 음반은 ≪ ≫, 논문, 기사, 곡명은 " "로 통일하였다.
   - 단체 · 조직명은, 필요한 경우 〈 〉를 사용하였다.

5. 외래어 표기
   - 외래어 표기는 통일하지 않고, 본래 원고에 표기된 것을 그대로 따랐다.

차 례

권두시

배움을 찬양한다*

베르톨트 브레히트

배워라 단순한 것을
여러분의 시대가 왔다
너무 늦는 법은 없는 것이다!
배워라 가나다라를
그것만으로는 양이 차지 않겠지만
우선 배워라!
"이제 와서 새삼스럽게"
그런 말일랑 하지 말고
시작해라!
여러분은 모든 것을 알아야 한다
여러분은 선두에 서야 한다

배워라 여인숙에 사는 사람들이여
배워라 감옥에 있는 사람들이여
배워라 부엌의 여자들이여
배워라 60세의 여인이여
여러분은 선두에 서야 한다
학교를 찾아라. 집 없는 사람들이여
지식을 손에 넣어라 추위에 떠는 사람들이여
굶주린 사람들이여 손에 책을 잡아라
그것은 무기의 하나다
여러분은 선두에 서야 한다

---

* 김남주 역, ≪아침 저녁으로 읽기 위하여≫, 남풍, 1988; 푸른숲, 1995.

동지여 질문하라 망설이지 말고
듣는 것만으로 만족하지 말고
스스로 음미해 보라!
스스로 납득할 수 없는 것은
앎 속에 들어가지 않는다
감정서를 검산하라
지불을 독촉받는 것은 여러분인 것이다
하나하나의 항목에 손가락을 짚어 가며
질문하라 이게 어째서 이러냐고
여러분은 선두에 서야 한다

수필

우리는 하나가 되어 살아가겠죠

담배에 대한 몇 가지 생각*

1.

다음과 같은 사실들은 이미 식상한 것을 넘어 진부하다.

우리는 흡연의 해로운 영향에 대해 무엇을 알고 있는가? 세계보건기구는 전 세계에 걸쳐 매년 350만 명이 담배 때문에 죽는 것으로 추산하는데, 이는 전체 사망자의 약 7퍼센트에 해당한다. 이 수치는 2020년에는 선진 지역에서는 17.7퍼센트, 개발도상 지역에서는 10.9퍼센트에 이를 것으로 예상한다.

담배가 일으키는 것으로 밝혀졌거나 그럴 가능성이 있는 병은 약 25종에 이른다. 담배는 폐암의 가장 중요한 원인이라고 하지만 식도와 구강, 인후, 췌장, 신장, 방광 등에도 암을 일으킬 수 있다. 흡연은 심장병, 발작, 고혈압의 주요한 위험 요소이며, 폐렴과 만성 폐질환을 일으킬 수 있다. 어머니의 흡연은 유산과 신생아 저체중, 아동 발달 장애를 일으킬 위험을 높인다. 부모의 흡연은 유아 돌연사 증후군의 요인이기도 하며, 아동의 높은 호흡기 질환 발생률과 관계가 있다.

대체로 평생 흡연자들은 담배 관련 질환으로 사망할 확률이 50퍼센트이며 그중 절반은 70세에 훨씬 못 미쳐서, 예상 수명에서 평균 22년이 적은 나이에 죽을 것이다. 30대와 40대 흡연자들은 비흡연자에 비해 심장마비를 일으킬 가능성이 5배나 높다.[1)]

현재의 흡연 양상이 지속된다면 현재 담배를 피우고 있는 사람 중 약 5억

* [편집자 주] ≪정세와 노동≫ 제10호(2006. 2.) 〈회원마당〉에 실린 글이다.

1) 타라 파커-포프, ≪담배, 돈을 피워라—씨앗에서 연기까지 담배산업을 해부한다≫, 코키토, pp. 162-3.

이 글은 이 책의 도움을 매우 많이 받았다. 특별한 출처를 밝히지 않은 담배와 관련한 수많은 지식들은 이 글에서 빌려 왔다. 제목에서도 알 수 있듯이 이 책은 담배산업에 대해 쓴 글이고 저자의 표현을 빌면 "좋건 궂건 자본주의적 이상의 전형(典型)인 한 산업에 대한 일종의 입문서다." (같은 책, p. 16.)

명은 결국 담배로 인해 죽음을 맞게 될 것이다. 이들 중 절반은 현재 어린 아이이거나 청소년이다. 2030년이 되면 담배는 가장 큰 사망 원인이 될 것이고 사망자의 수가 세계적으로 매년 1000만 명을 상회할 것이다.[2)]

흡연이 몸에 나쁘다는 것은 이제 상식이다.[3)] 그러나 흡연은 계속되고 있다. 담배에 의한 니코틴 중독은 매우 쉽게 되고, 끊는 것은 아편이나 코카인 같은 마약보다 어렵다는 주장까지 제기된다. 이것은 담배를 피우기 위해 사람들은 지금보다 훨씬 커다란 대가를 치러야 했던 과거의 다음과 같은 사례들에서 쉽게 알 수 있다.

1600년대 중반 초기에는 많은 나라, 특히 중동과 아시아 지역에서 담배 반대의 분위기가 살벌하게 변했다. 일본은 흡연자와 담배 재배자들의 재산을 몰수하고 투옥했다. 중국은 불법적인 담배 거래자들을 참수했다. 1617년 힌두스탄의 무굴 황제는 흡연자들의 입을 찢으라는 명령을 내렸다. 거의 같은 시기에 터키의 무라드 4세와 그의 동생인 페르시아의 샤 아바스는 흡연을 사형에 해당하는 중죄로 규정했다. 터키에서는 담배설대를 흡연자의 코에 쑤셔 박고 흡연자를 노새에 태워 끌고 다니기도 했다. 흡연자를 참수형에 처하거나 파이프로 코를 꿰어 매다는 경우도 있었다. 페르시아에서는 담배 거래자의 코와 귀를 잘랐고, 담배를 피운 군인의 귀와 입술을 잘랐다. 담배 상인

---

2) ≪정부와 담배규제의 경제학—세계은행 보고서≫, "흡연과 경제" 6번 글. (http://www.kash.or.kr/user/main.asp?leftType=2&mainType=pds3)

3) "담배는 크롬, 카드뮴, 비소, 페놀 등 69종의 발암물질과 4000여 종 이상의 화학물질 등을 포함하고 있다. 담배 1개비를 피울 때 들이마시는 페놀의 양은 1991년 151t의 페놀에 의해 오염된 낙동강 물 1만cc, 즉 1000cc 페트병 10병을 마시는 것과 같다. 담배에 포함된 유해물질에는 사형집행 시 사용하는 청산가스도 들어 있다. 담배 30갑에서 나오는 청산가스를 몸무게 70㎏인 정상인에게 단숨에 먹인다면 이 중 절반이 사망한다. 암에 미치는 영향도 크다. 담배연기가 직접 접촉하는 부위에 생기는 암인 구강암, 혀암, 식도암, 기관지암, 폐암의 경우에는 흡연이 발병원인의 90%를 차지한다. 이 중 폐암은 2004년 현재 한국인 암 발생의 1위(19.4%)를 차지하고 있다. 담배연기가 직접 접촉하지 않는 기관의 암인 자궁경부암, 췌장암, 방광암, 신장암, 위암, 혈액암의 위험은 흡연할 경우 1.5배-3배 정도 늘어난다. 이밖에 흡연은 고혈압과 고지혈증, 동맥경화, 중풍, 심근경색 등의 위험도를 3-4배가량 높인다. 수많은 질병 가운데 흡연과 연관되지 않는 것은 하녀무릎병(장기간 무릎을 꿇고 바닥을 치울 때 무릎 관절에 염증이 생기는 병)뿐이라는 이야기도 있다." (http://news.media.daum.net/edition/life/200601/20/newsmaker/v11454028.html)

은 자기가 팔려던 잎담배 더미 위에서 화형을 당했다. 술집에서 담배를 피운 외국 상인들은 유독 잔인한 벌을 받았다. 납을 녹여 목구멍에 붓는 벌이었다. 러시아에서는 고문, 시베리아 유형, 죽음이 흡연자들을 기다리고 있었다. 한 흡연자는 식인종에게 먹잇감으로 보내졌지만 매번 달아났다.[4]

당시 그토록 혹독한 처벌이 가해진 것은 외국에서 들어오는 문화가 자신의 권력을 전복시킬 우려가 있다는 지배자들의 생각에 기인했다. 어찌 되었든 그러한 상황에서도 담배를 피우는 습관은 계속 퍼져 갔다고 하니, 담배가 가지고 있는 사람을 사로잡는 '힘'은 그저 놀라울 따름이다.

2.

담뱃잎 60%, 재생 담배와 줄기 30%, 599종의 향료와 보습제를 10% 섞어 담배가 만들어진다. 그러므로 어떻게 보면 담배를 피우는 것은 그리 썩 좋지 않은 냄새가 나는 갈색의 식물과 여러 화학물질을 태워 그 매운 연기를 자기 몸에 집어넣는 기묘한 행위이다. 이러한 행위는 기원전 1세기경 마야문명의 제사의식에서 시작되었다고 하지만 왜 그렇게 했는지는 잘 모른다고 한다. 아무튼 담배를 피우는 습관은 아메리카 대륙에서 발견되어 유럽으로 들어오게 되었다. 1492년 콜럼버스와 함께 미대륙에 온 그의 부하들은 원주민들에게 배운 담배를 몇 시간씩 피웠고, 이것을 유럽으로 가지고 갔다. 그러나 "이 식물은 이후 50년 동안 선원들의 냄새나는 악습이요, 식물학자들이나 재배하는 진품(珍品)" 정도로 여겨졌다.

이러던 것이 1560년 프랑스 외교관 장 니코에 의해 "의사들도 불치병이라고 포기한 병들에 대해 경이롭고 확인된 가치를 지닌 인디언 약초"로 소개되었고 "담배는 전 유럽에서 기적의 영약"이 되어 "모든 병"에 사용되었다.[5] 그러나 '약'이었던 담배를 "쾌락을 위한 흡연"으로 바꾼 것은 유명한 월터 롤리 경이라는 사람이다. "무모한 탐험가요, 영국 여왕의 총신이던" 이 사람에 의해 사교계에 소개된 흡연은 영국에서 대대적으로 유행하게 되면서 담배는

---

4) 타라 파커-포프, 앞의 책, p. 209.

5) 영국에 역병이 유행할 때 이튼 칼리지의 학생들은 일과인 흡연을 하루라도 거르면 채찍질을 당했다고 한다.

산업으로 일어나게 된다.[6)]

그러나 여왕의 뒤를 이어 왕이 된 제임스 1세는 당대 가장 강력한 담배 반대 운동가로 흡연을 억압하기 위해 담배에 4,000%의 세금을 물린다. 이것은 스코틀랜드 출신인 그가 잉글랜드 사람인 롤리 경을 싫어했고, 또 스페인이 세계 담배 무역을 주도했다는 점에도 기인하지만, 그는 담배의 본질을 당시에 이미 꿰뚫고 있었다. 하지만 그는 "담배가 자기 왕국의 수입(收入)에 막대한 기여를 하게 되었을 때" 그 반흡연 태도를 누그러뜨렸다고 한다. 앞서 언급한 혹독한 처벌을 가했던 나라들에서도 지배자들이 담배를 이용하여 많은 세금을 걷을 수 있다는 것을 깨닫자 태도를 바꿨다고 한다. 담배는 이토록 오랜 기간 각국 정부의 중요한 수입원이었고 현재도 그렇다.[7)]

3.

사람들이 기묘한 행위인 흡연을 반복하게 되는 가장 근저에는 그것이 갖고 있는 중독성 때문이다. 이것은 부인할 수 없는 사실이다.[8)] 어떠한 계기에 의해서였던 흡연을 시작하게 되고 그것에 중독이 되어 버린 "상습 흡연자들"은 "흡연을 중단하면 담배에 대한 갈망, 과민성 흥분, 불안정, 권태감, 수면 장애, 위장 장애, 근심, 그리고 집중력과 판단력과 정신운동능력의 저하 등 여러 가지 불유쾌한 부작용을 경험"하게 된다. 그들의 몸은 담배를 피울 때 몸속에 들어오는 니코틴을 그들의 의지와 동떨어져 요구하고 있는 것이다. 니코틴은 집중력을 평소보다 오래 유지해 주고 높여 주며 마음을 어지럽히는 것을 걸러 준다. 또한 공격성을 줄여 주고 사교성과 평정심을 유지해 준다. 단것을 먹고 싶은 마음을 누그러뜨려 비만이 되는 것을 막는 데 도움

---

6) 타라 파커-포프, 앞의 책, pp. 22-4. 이러한 공헌으로 니코는 자신의 이름을 영원히 남겼다. 담배의 속(屬)명 니코티아나(Nicotiana)는 이 사람의 이름에서 따왔다. 롤리 경의 이름은 비틀즈의 노래에도 나온다.

7) 같은 책, pp. 205-10.

8) 빅 토바코의 하나인 레이놀즈의 회장을 역임한 로스 존슨은 이렇게 말했다. "물론 그것은 중독성이 있다. 바로 그 점이 사람들이 그 물건을 피우는 이유다." 또 담배 연구가 러셀은 "담배연기에 니코틴이 없다면 사람들이 비눗방울 불기나 불꽃놀이보다 담배를 더 좋아하는 일은 아마 없을 것이다"라고 말했으며(같은 책, pp. 194-5), '안전담배' 개발의 일환으로 나온 무니코틴 담배는 실패했다(같은 책, pp. 186-7).

이 된다고 한다. 이 점에서 흡연은 가장 효과적인 니코틴 투여방법이다. 물론 이것이 전부는 아니다. 흡연을 반복하게 되는 것은 중독된 몸의 요구 말고도 매우 많은 개인적·사회적 그리고 심리적 요인이 동시에 작용한다. 즉 "흡연은 다양한 사람들에게 아주 다양한 작용을" 하고 있고, 이것이 흡연을 반복하는 혹은 담배를 끊지 못하는, 아니면 담배를 끊지 않는 이유이다.[9)]

4.

담배가 몸에 좋지 않다는 것이 상식이 된 지금, 많은 사람들이 담배를 끊기 위해 노력한다. 그러나 또 다른 많은 사람들은 새롭게 담배를 피우기 시작한다. 그들이 흡연을 시작하는 직접적인 계기는 매우 많다. 그리고 여기에는 어떤 상징적인 이미지가 결부되어 커다란 역할을 하고 있다. 담배는 처음 도입시절부터 악행으로 규정되어 금단의 것이 갖는 매력을 자신의 것으로 하였다. 흡연은 어른들만의 오락으로 청소년들에게 선망의 대상이었으며, 남성중심의 사회에서 여성에게는 여성해방의 하나의 상징이었다. 여성에 대해 날씬함을 강조한 버지니아 슬림, 매우 친근한 느낌을 주는 낙타 조 카멜[10)], 강인하고 성공한 남성을 상징하는 카우보이의 말보로[11)], 자유롭고 당당하며 세련되고 때로는 반항적이고 고독한 혹은 성적매력을 주는 흡연자의 이미지는 우리에게 낯설지 않은 것들이다.

그런데 이러한 이미지는 수백만 명의 사람들에게 실제로 필요하지 않은 물건을 팔기 위한 담배 산업의 고민의 결과이며, 그들을 통해 돈을 벌고 있는 광고회사들의 노력에 기인한다. 담배회사들의 광고비는 다른 어떤 산업분야의 경우보다 많다.[12)] 그들은 이럴 수밖에 없다. 왜냐하면 갈색의 풀잎에 불을 붙여 그 연기를 마시는 이상한 행위인 흡연은 인간의 자연스러운 필요에서 나온 것이 아니기 때문이다. 하지만 담배회사들은 자신의 이윤을 높이기 위해서 더 많은 흡연자들이 필요하다. 그렇기 때문에 담배회사들은 고객

9) 같은 책, pp. 189-98.

10) 낙타 조 카멜은 청소년을 공략할 목적으로 만화로 재등장해 선풍적인 인기를 얻었다. 심지어 미국의사협회의 저널에 의하면 6세 아동들이 미키 마우스만큼이나 쉽게 알아볼 수 있었다고 한다.

11) 최초의 말보로맨은 폐암으로 죽었다.

12) 지금은 상황이 변했지만 아주 달라진 것은 아니다.

을 다른 회사로부터 빼앗아 오거나 또 빼앗기지 않기 위해서 자신을 광고한다. 하지만 그들은 흡연자들을 계속 묶어 두기 위해 통일전선을 유지한다. 그리고 더 중요하게 새로운 흡연자를 만들기 위한 투자로서, 예비흡연자들을 자신들의 주변에 끌어들이기 위해 그들은 함께 엄청난 돈을 쏟아붓고 있다. 왜냐하면 담배를 피우지 않는 사람을 설득하여 그들이 언제나 담배를 피울 수 있도록 준비시키는 것과 처음 담배연기를 빨아들이게 하는 것이 어려운 일이지, 일단 흡연의 세계에 발을 들여놓게 하면, 그들을 그곳에 머물게 하는 것은 그다지 어려운 일이 아니기 때문이다.

폭로된 그들의 한 내부문서는 "'예비흡연자 혹은 비흡연자'를 '상습 흡연자'로 끌어들이는 요소들을 논하면서, 흡연자는 '있지도 않은 니코틴 욕구를 만족시키기 위해 담배를 피우기 시작'하지는 않는다"고 하며 다음과 같이 쓰고 있다.

> 오히려 그는 순전히 심리적인 이유에서 흡연을 시작하는 듯하다. 선망받는 이미지를 모방하기 위해, 남들이 피우니까, 시험 삼아, 도전하고 싶어서, 대담해지려고, 손이 심심해서 등의 이유 말이다. 처음 걸려든 사람은 얼마간 흡연을 경험한 뒤라야 심리적인 '만족감'과 상습벽이 분명해져서 스스로 흡연을 요구하게 된다. 사실 흡연을 처음 경험하는 사람은 니코틴 내성이 충분히 길러질 때까지 불쾌감을 느끼는 것이 보통이다. 이렇게 볼 때 우리는 서로 다른 두 시장, 곧 이미 욕구를 갖고 있는 소비자들과 새로이 기대를 갖고 접근하는 소비자들을 상대로 동일한 제품을 개발하고 판촉해야 하는 처지에 있다.
>
> ... 우리가 비흡연자나 예비흡연자를 유인하려 할 때, 이 형태의 제품에는 그가 현재 알고 있거나 바랄 만한 점이 아무것도 없다. 우리는 의도적으로 니코틴의 역할에 대한 선전을 억제해 왔으므로 비흡연자는 궐련이 자기에게 어떤 만족감을 줄 수 있는지를 거의 혹은 전혀 알지 못하며, 당연히 그것을 피워보려는 욕구도 거의, 혹은 전혀 없다. 따라서 우리는 그가 담배에서 진정한 '만족감'을 얻을 수 있다는 것을 스스로 깨달을 때까지는 전혀 불합리한 이유를 내세워서라도 어떻게든 흡연을 시도하도록 만들어야만 한다.[13]

13) 타라 파커-포프, 앞의 책, p. 116.

5.

담배회사는 비흡연자들이 흡연을 시도하도록 하기 위해 또 예비흡연자들을 만들어 내기 위해 광고를 한다. 그것의 대표적인 예가 여성흡연자를 늘리기 위한 담배회사의 노력이었다.

1920년대 초부터 담배회사들은 아직까지 담배를 금기로 생각하는 여성들을 담배시장에 끌어들이기 위해 광고를 중요하게 활용했다. 처음에는 오페라 배우들을 비롯한 여성 유명 인사를 이용하여, 목에 자극이 없거나 기침이 나지 않는다는 정도였다. 그러나 곧 이어 등장한 흡연이 식욕억제제라는 메시지—껌을 씹고 있는 뚱뚱한 여성과 담배를 피우는 늘씬하고 매혹적인 여성의 대비를 통한—를 전달한 광고는 매출을 3배로 증가시켰다. 이는 여성에 대한 담배 마케팅의 기법을 영원히 바꾸어 놓은 것이었다. 그러나 여성의 흡연에 대한 근본적인 태도를 바꿔 놓은 것은 대중심리학에 바탕을 둔 우연을 유도한 홍보였다.[14)]

1929년 담배회사 사장—이 사람은 앞서 말한 흡연이 식욕억제제라는 메시지를 만들어 낸 사람이다—으로부터 홍보를 의뢰받은 버네이스[15)]는 정신분석학자를 찾아가 여성이 흡연을 시작하게 만들 수 있는 방법을 물었고, 다음과 같은 상담 결과를 얻었다.

---

14) 이것은 다음과 같은 생각에 기초하는 것이다. "베이컨과 같은 상품을 판촉할 때 전통적인 홍보 담당자들은 그것이 싸고 맛이 좋으니까 더 먹으라고 말하는 광고들은 생각해 낼 것 ... 하지만 더 효과적인 홍보 활동은 제품 그 자체의 특성에 초점을 맞추지 않고 '대중심리학의 원리'에 근거한다. 다시 말해, ... 대중의 식습관이 의사들에게 큰 영향을 받으므로, 성공적인 베이컨 홍보는 의사들을 설득해 베이컨의 이로운 점들을 들어 적극 권하게 만드는 것 ... 그렇게만 되면 소비자들은 금방 수긍한다는 것이"다. (같은 책, pp. 126-7.)

15) 그는 프로이트의 조카로서 PR의 개조(開祖)로 인정받는다고 한다. 그는 자신의 책 ≪프로파간다≫—이 책은 히틀러에게 극찬을 받았다고 한다—에서 다음과 같이 말한다. "엄밀한 의미에서, 집단정신(group mind)은 생각을 하지 않는다. 생각이 있을 자리에는 충동과 습관과 감정이 있다. 결정을 내릴 때, 첫 번째 충동은 대체로 믿음직한 지도자의 본을 따르는 것이다. 이는 가장 견고하게 확립된 대중 심리의 원리들 가운데 하나다." (같은 책, p. 127.) 이 때문에 대통령과 총리의 흡연은 금연운동가의 개탄의 대상이다. (김일순, "금연구역에서 흡연하는 대통령과 총리"(시론 115) http://www.kash.or.kr/user/main.asp?leftType=4&mainType=essay). 두 사람이 진정으로 '본받아야 할 믿음직한 지도자'인가 하는 문제는 이것과 전혀 무관하다.

> 여성들 중에는 궐련을 자유의 상징으로 생각하는 사람들이 있다. 흡연은 일종의 승화된 구애(口愛)다. 입에 궐련을 물면 입 부분이 흥분되는 것이다. 여성들이 궐련을 피우고 싶어 하는 것은 전혀 이상할 것이 없다. 게다가 담배를 피운 첫 여성들은 아마 남성적 요소가 지나치게 강한 사람들이어서 이 습관을 남성적 행위로 받아들였을 것이다. 그런데 오늘날은 여성 해방이 진척되면서 여성적 욕구들이 많이 억압당하고 있다. 이제 더 많은 여성들이 남성들과 똑같은 일을 한다. ... 남성과 동일시되는 궐련은 자유의 횃불이 되었다.[16]

당연히 버네이스는 상담 후 여성들에게 흡연을 즐기라는 식의 상투적인 광고는 하지 않았다. 그는 "독립과 평등을 갈망하는 여성들의 사회의식을 파고들었다. 여성들이 내놓고 담배를 피우는 일이 거의 없던 그 시절에, 버네이스는 19명의 예쁜 신인 여배우들에게 부활절 가두행진 때 담배를 피우면서 뉴욕의 5번가를 걷게 했다. 이 여성들은 담배를 집은 손을 흔들며 '자유의 횃불!'이라고 외쳤다. 이 이미지는 사진사들에게 포착되어 전 세계의 신문들에 실렸다. 그의 전략은 적중했다."[17] 그의 탁월한 재능은 1924년 담배소비에서 5%에 불과하던 여성을 1931년에 14%가 되도록 하였다. 여성들에 대한 담배회사의 공략은 놀랍도록 집요했다. 앞서 말했듯이 버네이스의 노력은 수많은 여성들을 흡연대열로 이끌어 왔다. 하지만 당시 판매되는 대부분의 담배는 주로 남성을 대상으로 하였다. 그래서 그들은 특별히 여성을 대상으로 하는 담배를 만들어 냈다. 버지니아 슬림(Virginia Slim), 실바 씬(Silva Thin), 이브 등이며 이것들은 '날씬함'과 '사회적 성공'을 강조하는 것들이었다. 이 담배들의 매출이 급증하였음은 말할 필요가 없다. 이처럼 담배가 갖고 있는 여성해방의 이미지는 대중심리학과 심지어 여성차별에 기초한 것이다.[18]

---

16) 타라 파커-포프, 앞의 책, p. 128.

17) 같은 책, p. 128. 버네이스는 녹색인 담뱃갑이 여성들의 옷과 어울리지 않아 매출이 줄어들었다는 연구자들의 말을 듣고는, 실크업자를 설득해서 녹색을 그 계절의 유행색으로 만들었고, 사교계의 명사를 설득해서 녹색 드레스를 입고 참석하는 녹색 무도회를 열게 했다. 당연히 행사는 담배회사가 후원했다.

18) 이것은 성인 여성에게도 큰 효과가 있었지만, 어린 소녀들에게 더욱 효과적이어서 11세부터 17세까지의 소녀들의 흡연율을 "연령대별로 최소 35퍼센트에서 많게는 110퍼센트까지" 뛰게 만들었다.

청소년에 대한 담배회사들의 노력 역시 만들어진 이미지에 대한 중요한 증거의 하나이다. 미래의 흡연자인 청소년들에 대한 담배회사들의 관심은 엄청나다. 청소년들은 담배회사들에게 매우 중요한 대상이다. 담배회사들은 예비흡연자들을 많이 만들어 내야 한다. 왜냐하면 그것에 그들의 미래가 달려 있기 때문이다.[19] 담배회사의 연구개발자는 1973년 그들의 내부문서에 이렇게 썼다.

> 우리 회사가 살아남아 번창하려면 장기적으로 청소년 시장에서 우리 몫을 확보해야만 한다. 나는 30세 이상의 기성 시장용으로 치부되는 현재의 브랜드들이 청소년들 사이에서 '뜰' 수 있다고 기대하는 것은 비현실적이라고 생각한다. 따라서 우리는 특별히 청소년들의 마음을 사로잡을 수 있는 새 브랜드를 개발해야 하는데, 물론 그러면서도 모든 흡연자들에게 호소력이 있는 제품이면 더 바랄 것이 없을 것이다.
>
> ... 그러므로 청소년 흡연자를 겨냥한 새 브랜드는 어떻게 해서든 '떠야' 하고 그 판촉은 일체감과 소속감, 동아리 의식을 강조하는 동시에 개성과 '자기만의 것을 할 것'을 강조해야 한다. 10대와 20대 초반은 심리적으로 강한 압박, 불안감과 함께 따분함을 느끼는 시기다. 사회적으로 난처한 상황들에 자주 맞닥뜨린다. ... 연소자의 성장 중인 취약한 자아상(自我像)에는 가능한 모든 지원과 고양이 필요하다. ... 이 자아상 고양 효과는 전통적으로 담배 브랜드들의 판촉 주제였으며, 여전히 강조되어야 한다. ... 청소년들의 유행어에 대한 면밀한 연구와 함께 현재 사용되는 고등학교 미국사 교과서, 귀한 물건을 구하는 통로에 대한 검토는 브랜드명과 이미지 광고의 주제를 찾는 데 좋은 출발점이 될 것이다.[20]

흡연자들이 담배를 피우면서 갖는 일체감, 소속감, 동아리 의식 —특히 요

---

19) 어린 나이에 담배를 피우게 하는 것은 담배회사에게 사활이 걸린 문제이다. 왜냐하면 "종신 흡연자의 75퍼센트는 열일곱 살 이전부터 담배를 피우기 시작한 사람들이고, 스물한 살이 넘어서 흡연을 시작한 사람들은 90퍼센트 이상이 쉽게 담배를 끊기 때문이다." (타라 파커-포프, 앞의 책, p. 10.) 전체적으로는 담배 끊기에 도전한 흡연자 중 10%에도 미치지 못하는 사람들만이 이에 성공한다.

20) 같은 책, p. 149. 담배회사들은 다음과 같은 청소년의 특성도 이용한다. "그들은 실험을 꺼리지 않으며, 더 높은 연령대에 비해 또래 집단의 다른 성원들에게 미치는 영향이 크고, 처음 선택한 브랜드에 대한 충성도도 훨씬 높다." (같은 책, p. 148.)

즘과 같이 흡연자들이 탄압 받는(?) 상황에서 이것들은 더욱 크다— 등 역시 담배회사들에 의해 이용되고 강조되고 조장되었던 것이다.[21]

담배가 갖고 있는 이른바 '금단의 것이 갖는 매력'에 대해 잠시 살펴보는 것은 흥미 있다. 일반적으로 사람은 무엇을 하지 못하게 하면 그것을 더 하고 싶은 마음이 생겨난다. 특히 할 수 있었던 것을 하지 못하게 하면, 이것은 더욱 크게 나타난다. 담배 역시 이러한 요소를 갖고 있다. 그런데 이러한 심리적 과정을 설명한 것이 "심리적 저항 이론"이다.[22] 이것은 이러한 현상을 "어떤 대상에 대해서 선택의 자유가 제한되거나 위협당하게 되면, 그 자유를 유지하기 위한 동기가 유발되어 우리는 그 자유를, 또한 그것과 관련된 대상을 포함하여 이전보다 더욱더 강렬하게 원하게" 되고 "행동하게" 되는 것으로 설명한다.

침해된 자유에 대해 저항하려는 인간의 행동은 삶 전체에 걸쳐 나타나는 현상이다. 그런데 이것은 만 세 살 때 처음으로 관찰되는데, 이 시기의 아이들은 처음으로 '자아(自我)'라는 것을 깨닫기 시작하기 때문이다.[23] 그리고 이것은 청소년기에 다시 두드러지게 나타난다. 왜냐하면 이 시기는 부모의 통제로부터 벗어나 성인으로 나아가는 시기이지만, 아직 그들은 의무보다 권리 쪽에 더 관심이 있기 때문이다. 아이들이나 청소년들에게 이 시기는 중요한데 그것은 그들이 이 시기에 이러저러한 저항을 통해 자신의 자유의 범위와 그 책임에 대해 몸으로 깨닫고 이해하는 시기이기 때문이다. 물론 담배회사들은 이것을 놓치지 않는다. 그들은 만화를 이용하고, 카 레이스를 협찬하고, 제임스 딘처럼 가죽옷을 입고 담배를 피우는 반항아의 이미지나, 말보로맨 같은 강한 남성을 활용하거나, 심지어 담배에 꿀을 넣어 단 맛을 첨가하려는 노력도 한다. 이들은 자신들에게 닥친 위기마저도 기회로 이용한다.[24]

---

21) 말보로의 성공도 이러한 이미지 조작과 밀접한 관련이 있다. 여성용 담배로 하찮은 브랜드였던 말보로는 미국에서 동경받는 남성상인 카우보이를 등장시켜 남성들에게는 '자기 손으로 성공한 사나이', 여성들에게는 '낭만적인 과거'를 떠올리도록 조작하였다. 말보로는 "독립성을 과시하고 싶은 젊은 남성 흡연자들에게 잘 먹혀"들었고 "서서히 그리고 꾸준히 흡연자들을, 특히 새 흡연자들을 끌어들"여 미국 시장을 장악했다.

22) 로버트 치알디니, "6. 설득의 법칙—희귀성의 법칙", ≪설득의 심리학≫, 21세기북스, pp. 329-71. 이것 때문에 반흡연운동이 역효과가 난다는 연구결과도 많다.

23) '미운 세 살'은 이러한 현상의 표현이다. '로미오와 줄리엣 효과'도 이러한 것의 표현이다.

6.

흡연이 유해하다는 것은 담배가 유럽에 도입되면서부터 주장되어 왔으며, 그 선봉에는 미국과 영국이 있었다.[25] 담배가 암과 연관이 있을 것이라는 주장은 이미 1761년부터 있었다. 이후 1930년대 궐련을 피우는 사람이 크게 늘어나는 것과 폐암의 발생이 증가되는 것이 관련이 있음이 지적되었다. 나중에 밝혀지지만 1946년 담배회사의 내부 문서에서도 '분명한 발암성'에 대한 언급이 있었다. 1952년 ≪리더스 다이제스트≫의 "담배가 일으키는 암"이라는 기사는 사회에 광범한 우려를 불러일으켰고, 1953년 한 과학자는 담배 연기의 응축물을 생쥐의 피부에 발라 44%에서 암종(癌腫)이 발생하는 것을 보여 줬다. 같은 해 영국의 보건장관은 "결정적인 과학적 증거는 없지만 통계자료가 '흡연과 폐암 사이의 인과관계를 시사한다'고 발표했"고 담배의 판

24) 담배회사들은 미국의 각 주(州)정부와 소송을 하는 대신 거금을 지원하는 것으로 합의를 한다. 그런데 다음의 현실은 역설적이다. "이제 전국에 걸쳐 많은 보건정책들이 주(州)차원의 합의에 따라 담배회사들이 제공하는 수백만 달러의 기금으로 돌아가고 있다. 이 중 많은 금액은 아동 대상의 반흡연 캠페인에 사용된다. 현재 이 문제가 반흡연 운동의 일차적 관심사가 되어 있는 듯한데, 아이들에게 담배를 피우지 말라고 말하는 것이 실제로 효과가 있다는 증거는 없다. 여러 연구들은 그것이 오히려 역효과를 낳는다는 것을 보여 주었다. 아이들은 원래 권위에 도전하기를 좋아하므로, 수백만 달러를 들여서 담배를 비방하는 광고를 하면, 오히려 담배의 매력만 높여 주는 결과를 초래할 수 있다. 담배는 지금은 물론 앞으로도 금단의 열매로 남아있을 것이다. 담배회사들은 자체적으로도 아동과 10대들을 대상으로 반흡연캠페인을 벌이겠다고 약속했지만, 이 역시 논란의 여지가 없지 않다. 반흡연 운동가들은 금연캠페인에 대한 담배산업의 자금 지원을, 10대 흡연을 억제하기는커녕 결과적으로 좀 더 의미 있는 시도들을 위협하는 기업 홍보 활동의 일환으로 본다." (타라 파커-포프, 앞의 책, pp. 231-2.)

25) 이들 국가가 그럴 수 있었던 것은 영국과 미국의 지배계급이 인민의 권리에 대해 좀 덜 생각했기 때문이다. 또한 이들은 이 문제에 있어서 이중적이었다. 왜냐하면 국내에서는 담배회사에 맞서 흡연과의 전쟁을 치르지만, 국외적으로는 담배회사를 지원하여 수출을 돕고 있었기 때문이다. 이에 대해 1996년 ≪워싱턴 포스트≫는 이렇게 썼다. "정부의 한쪽 팔이 미국인들에게 흡연의 위험을 경고하는 바로 그 순간에 다른 팔은 이 산업이 해외에서 새로운 세대의 흡연자들을 끌어모으는 걸 돕고 있었다." (같은 책, p. 72.) 미국과 유럽의 흡연율이 약 28% 정도에서 고정되어 있고, 세계 11억 명의 흡연자 중 3억 명만이 미국과 유럽에 있으므로 아시아, 동유럽, 인도, 아프리카는 담배회사들의 신천지이다. 이들 지역의 여성, 청소년의 흡연율은 선진국에 비해 매우 낮으며, 이곳의 여성과 청소년이 담배회사들의 목표다.

매량은 급격히 줄어들었다.[26] 1964년에는 "궐련 흡연이 특정 질병들의 사망률과 전체 사망률에 상당 정도 기여한다"고 하며 "흡연은 미국에서 적절한 개선조치를 정당화하기에 충분할 만큼 중요한 건강 위협 요인"이라는 "공중보건국장 자문위원회의 보고"가 발표되었다. 이후 논란을 거쳐 1966년부터 미국 담뱃갑에는 "경고: 흡연은 건강에 해로울지 모릅니다"라는 경고문이 실리게 되었다.[27] 1971년부터는 미국의 텔레비전에서는 담배광고를 할 수 없었다. 같은 해 영국 내과의사협회는 궐련의 유행을 '대학살'이라고 하였고, 중요한 사망원인이라는 보고서를 발표했고, 영국 담뱃갑에도 "정부의 경고: 흡연은 건강을 해칠 수 있습니다"라는 경고문이 표시되었다. 미국의 경고문도 "경고: 공중보건국장은 궐련 흡연이 건강에 해롭다는 결정을 내렸습니다"라고 강화되었다. 1973년에는 기내 흡연이 금지되었다. 1980년대에 들어 흡연과 질병의 연관성은 더욱 확실히 증명되었으며, 1986년에는 간접흡연의 폐해까지 폭로되었다. 1990년대 초에 이르러 세계 80여개 나라에서 담뱃갑에 경고문을 싣게 된다.[28] 그리고 1994년 미국정신의학회는 '니코틴 의존', '니코틴 금단'을 정신과적 질병으로 분류했고, WHO는 니코틴 중독을 '담배로 인한 정신적 행동적 장애'로 질병으로 분류했다.[29]

26) 이에 대해 담배회사들이 앉아서 당하고 있지만은 않았다. 이들은 '담배산업연구위원회'를 조직했다. 그리고 흡연에 의해 발생하는 건강에 대한 우려를 과학적으로 논박하기 위해 노력했다. 위원회는 흡연과 질병의 연관성에 대한 의문을 갖고 있는 과학자들의 의견을 담은 ≪궐련 논쟁에 대한 과학적 시각≫이라는 소책자도 발간하는 등 건강에 대한 우려에 논쟁을 유발하거나 무시하는 태도를 견지했다. 물론 자신들에게 찬성하는 사람들에게는 돈을 주면서 글을 쓰게 하였으며, 자신들에게 반대하는 사람들의 평판을 떨어뜨리는 것은 그들의 중요한 전술이었다. 이 위원회는 최근 법정 소송 합의 과정에서 해체되었다.

27) 위원회는 "흡연과 폐암 사이의 인과관계를 발견했고, 드물기는 하지만 여성들에 대한 자료도 '같은 방향을 가리킨다'는 것을 알게 되었다"고 하였다. 재밌게도 이 당시 미국의학협회(AMA)는 경고문을 표시하는 것을 반대했는데, 이 협회는 그해 담배연구 보조금으로 담배회사로부터 1천만 달러를 받았었다. 지난 시기 의사들은 담배광고의 주요한 모델이었다. 이러한 노력의 결과, 미국 성인 인구의 흡연율은 1950년대 50%였던 것이 1970년에 37%로 떨어졌고 현재는 28% 정도이다.

28) 1992년 영국의 새 경고문은 간명하다. "흡연은 죽인다.(Smoking Kills.)" 경고문은 나라마다 천차만별이었고 WHO는 대부분의 경고문이 불분명하다고 했다.

29) 사회적 분위기가 이러했음에도 불구하고, 담배회사들은 의회 청문회에서조차 담배의 중독성 및 암과의 관련성을 부정했다. 그들은 90년대 말이 되어서야 담배의 중독성과 유해성을 인정했다. 그러나 이것을 인정한 동기는 과거에 대한 참회가 결코

이러한 담배에 대한 사회적 공격은 전 세계적으로 현재 가장 고조되어 있다. 지난 2003년 5월 21일, 192개 국가가 참여한 제56차 세계보건기구(WHO) 총회에서 "담배규제를 위한 국제협약(FCTC: Framework Convention on Tobacco Control)"이 만장일치로 통과되었다. 1999년 제52차 총회에서 결의하여 준비된 이 협약은 각국 정부 대표들이 모여 여섯 차례의 협상 끝에 마련한 것이다. 협약에는 담배광고와 판촉의 규제, 담뱃값 인상의 권고, 겉포장의 경고문의 강화 내지는 그림경구의 사용, 마일드 또는 라이트라는 용어의 사용금지, 담배로 인한 피해보상, 담배성분의 표기 등 11가지 내용으로 되어 있다. 현재 각국은 협약을 이행하는 조치를 취하고 있다.[30]

담배산업의 입장에서 보면 지금은 가장 커다란 위기의 시기이다. 그러나 이것이 어떻게 끝나게 될지는 알 수 없다. 왜냐하면 지금까지 그들은 수많은 위기에 시달려 왔지만 모두 슬기롭게(?) 대처해 잘 극복해 왔으며, 세상에는 아직도 뻗어 갈 신생 시장(중국, 동남아시아, 동유럽, 여성, 청소년 등)이 많기 때문이다.[31]

아니었다. 그들은 부인으로 일관하던 과거를 털어 버리고 새로운 출발을 하려는 것이다. 그들은 이것을 통해 이후 흡연의 책임을 모두 개인에게 돌리려 한다. 이렇게 함으로서 현 세대의 흡연자들이 혹시 미래에 그들에게 법적 공격을 했을 때, 이를 방어할 수 있게 되기를 희망하는 것이다.

30) 담배의 해악에 대해서는 더 이상의 설명이 필요 없다. 따라서 이를 반대하는 여러 사회적 노력은 당연하다. 그런데 여기서 한 가지 지적하고 넘어가야 하는 것은 미국과 영국을 제외한 유럽의 정부가 적극적으로 흡연을 억제하고 나서는 이유이다. 이들 나라들은 이른바 '혐연권'과 마찬가지로 '끽연권'도 인정해야 한다는 주장을 해왔고, '흡연의 천국'이라고 불리는 것을 자랑스럽게 생각하기도 했다. 그런데 이들의 태도는 급격하게 변화했다. 이것은 이른바 '신자유주의'와 커다란 관련이 있다. '자본주의적 생산의 전반적 위기가 재격화'됨으로서 역사의 전면에 등장한 '신자유주의'는 사회보장 제도를 공격할 필요를 느낀다. 그들은 금연운동에서 중요한 하나의 계기를 발견한다. 흡연은 그와 관련된 많은 만성질환을 발생시켜 의료비 지출을 크게 늘리고 이것은 커다란 골칫거리의 하나다. 따라서 흡연을 줄이는 것은 그 자체로 흡연과 관련된 질병의 발생을 감소시켜 의료비 지출을 감소시키는 중요한 수단이다. 동시에 흡연을 줄이는 가장 좋은 방법으로 인정되는 담뱃값 인상은 놀랍게도 흡연자를 줄여주면서도 정부 수입을 크게 증가시켜 주는 것으로 되어 있다. 명분과 실리를 동시에 만족시켜 주는 이 정책을 왜 거부하겠는가? 그래서 담뱃값 인상을 반대하는 자유주의자들의 공격도 이 지점에 초점이 맞춰져 있다.

31) 그래서 한 담배회사의 회장은 1998년 이렇게 말했다. "공중보건 어쩌고 하는 사람들이 지난 40년 동안 이뤄 놓은 것은 무엇인가?", "그 사람들은 우리를 파산시켜서

7.

국제 협약은 담배를 규제하는 여러 방법을 제시하고 있는데, 이 중 가장 대표적인 것이 세금 부여를 통한 담뱃값 인상조치다. 현재 알려진 바로는 이것은 흡연율을 낮추는 데 있어서 가장 효과적인 방법의 하나이며, 특히 청소년의 흡연율 감소에는 가장 좋은 방법으로 알려졌다. 물론 담뱃값 인상조치는 가장 논란이 되는 것이기도 하다.

이것은 우리 사회에서도 마찬가지다. 한국은 지난 2005년 4월 '국제협약'에 비준을 함으로써 66번째로 담배 규제의 흐름에 동참하였다. 그리고 다른 나라와 마찬가지로 담뱃값의 인상을 통해 이를 실현하고자 하였다. 우리나라의 담뱃값은 상대적으로 매우 싼 편이다. 따라서 이것은 매우 중요한 조치가 된다. 하지만 이것은 이러저러한 반대에 부딪혀 어려움을 겪고 있다.

담뱃값 인상에 대해 반대하는 논리는 여러 가지이다. 흡연은 중독에 의한 것으로 가격을 올려도 흡연자들은 계속 흡연을 할 것이고, 이것은 세금을 더 걷으려는 얄팍한 속셈이라는 비판이다. 이들의 일부는 정부가 자본에 대한 감세조치를 하여 줄어든 세금을 이것으로 보충하려는 것이라고 하면서, 이러한 조치를 나름대로 계급적인 포장을 하여 비판한다. 몇몇은 담배가 어느 정도 가격 탄력성이 있다는 것을 인정하고, 담뱃값 인상이 어느 정도 흡연율을 줄일 수 있다는 것도 인정하지만, 그것은 가난한 사람에게 더 가혹하게 작용하는 것으로 끊을 수 없는 사람에게는 부담을 지우는 것이고, 능력이 없어 끊어야 하는 사람에게는 불평등한 조치라고 비판한다. 캐나다의 예를 들며 담배밀수가 늘 것이라거나 담배 재배농가, 담배 소매상, 지방정부, 담배제조 종사자 등을 이유로 반대하는 사람도 있다. 물론 망가져도 내 몸 내가 망가뜨리는 것인데 왜 정부가 상관하느냐면서 이러한 조치는 명백한 개인의 자유에 대한 침해라고 주장하는 사람도 있다.

극단적 자유주의자들의 마지막 주장을 일단 제외하면, 이러한 반론은 어느

흡연을 근절할 생각이지만, 내 장담하건대 그런 일은 없을 것이다." (타라 파커-포프, 앞의 책, p. 234.) 미국에서 있었던 각종 소송에 의해 이들이 엄청난 타격을 받은 것은 사실이다. 하지만 이들은 그 와중에서도 엄청난 돈을 벌었다. 1999년 레이놀즈(윈스톤, 세일럼, 카멜을 만드는 빅 토바고)는 미국에서만 75억 6천만 달러를 팔았고, 이는 전년에 비해 33%가 증가한 액수였다. 필립 모리스(말보로를 만드는 세계 최대의 민간 담배회사)는 같은 기간 28% 증가한 196억 달러—전 세계적으로는 470억 달러—를 팔았다.

정도 진실을 반영한다. 앞서 말한 것처럼 담배의 중독성은 엄청나다. 따라서 일부 담배중독자들은 가격이 아무리 비싸져도 담배를 피울 수밖에 없다. 이것은 사실이다. 하지만 가격을 올리면 흡연자 중 일부는 담배를 끊게 되는 것도 사실이다. 그리고 새롭게 흡연자의 대열로 오는 사람도 줄어드는 것도 사실이다. 특히 청소년들에게 이것은 거의 절대적이다. 그리고 담뱃값 인상을 포함한 담배 규제의 궁극적 목표는 담배의 근절이다. 따라서 담배의 중독성이 담뱃값을 올리는 것에 대한 반대의 논거로 제시되는 것은 부적절하다. 오히려 그것은 새롭게 담배를 피우는 사람을 줄이기 위해 노력해야 할 것을 역설적으로 말해 주는 것이고, 담뱃값 인상은 그 중요한 수단이 된다.

담뱃값이 오르면 가장 피해를 보게 되는 사람은, 가난한 사람이라는 주장도 전적으로 틀린 말은 아니다. 분명히 담배를 피우지 못하게 되는 사람은 돈이 없는 사람일 것은 분명하다. 담뱃값이 오르면 청소년의 흡연율이 감소하는 첫 번째 이유가 청소년들이 경제적인 측면으로 볼 때 가난한 측에 속하기 때문이고, 여성의 흡연율이 남성들보다 더 떨어지는 것도 같은 이유에서이다. 이것은 담뱃값을 올리기를 주장하는 사람들이 숨기는 것이 아니라 자신의 순수성(?)을 증명하기 위해 노골적으로 인용하는 것이다.[32] 그런데 한국 사회에서 돈이 없어 못하는 것이 어디 그것뿐인가? 그런 것들은 너무 많다. 어떻게 보면 그것은 이미 담배에서도 있어 왔다. 이른바 몸에 덜(?) 나쁜 것으로 여겨지는 '고급 담배'는 몸에 더(?) 나쁜 것으로 보이는 '싸구려 담배'에 비해 가격이 비싸고, 따라서 능력이 되는 사람이 피워 왔다. 실제로는 몸에 좋지 않기 때문에 몸에 덜 나쁜 담배라는 이미지를 주기 위해 수많은 이름으로 담배는 만들어졌고, 몸에 덜 나쁜 것처럼 느껴지는 외제담배는 가격이 비쌌다. 이미 담배를 피우는 것에서도 사회적 불평등은 관철되고 있

32) 그들은 순수하다. 그들은 이른바 사회지도층 · 정부고위관료 · 정치가 등을 설득하기 위해 이렇게 말한다. "가난한 사람들은 능력도 없는데 담배를 더 많이 피운다. 그들은 그래서 더 병에 많이 걸린다. 이것은 결국 우리가 나중에 책임져야 한다. 그러면 돈이 더 많이 든다. 담뱃값을 올리면 가난한 사람들이 더 많이 피우지 못하게 되고 이것을 예방할 수 있다." 이것은 사실이다. 그들은 순수하다. 나는 적어도 이것을 부정하지는 않는다. 하지만 이러한 주장에 반대하는 더 노골적인 주장이 상대측에서도 나온다. "일부 경제학자들은 보건의료체계를 고갈시키는 나이에 이르지 않은 흡연자들의 죽음으로부터 사회가 ―적어도 금전적으로는― 얻는 이득도 있다고 주장한다. 경제학자 로버트 D. 톨리슨은 흡연율이 낮아지면 '기대여명'이 늘어나서 결국 미래의 의료비 총액이 높아질 수 있다고 말했다." (같은 책, p. 51.)

었다. 그러나 누군가가 불평등을 말하고자 한다면, 그는 담배의 불평등만을 이야기해서는 안 된다. 그것보다 더 큰 사회적 불평등, 착취 그리고 그것의 기초가 되는 '생산수단의 사적 소유'에 대해서 반드시 말해야 한다.[33]

8.

나는 6년 전에 담배를 끊었다. 나는 운이 좋게 담배를 늦게 배웠다. 고등학교까지 범생이였던 나는 대학에 와서 그것도 4학년이 되어서야 담배를 피우게 되었다. 담배를 늦게 피우게 된 것은 내게 영향을 많이 준 한 선배의 덕택이다. 그는 나의 교육을 담당했는데, 특이하게도 그는 담배를 피우지 않았다. 특이하다고 한 것은, 당시 남녀를 불문하고 거의 모든 선배들이 담배를 피우고 있었기 때문이다. 나는 왜 담배를 피우지 않는가를 그에게 질문했다. 그의 대답은 간단하고 단호했다. 혁명의 순간에는 담배가 공급이 되지 않을 것이다. 그런데 담배를 피우는 사람은 담배가 없으면 아무것도 하지 못한다. 그러면 되겠는가? 그래서 피우지 않는다.[34]

그 순간 나는 선배들이 세미나를 시작하기 전에 참가자들의 담배를 챙기는 것, 담배가 떨어져 그것을 구하러 가기 위해 세미나가 중단되는 것, 농활 때 분배된 담배 개수의 정당성 문제로 싸우는 것 등이 생각났다. 때로는 멋있게 보였고 해방의 상징으로도 보였던 담배에 선배들이나 동료들이 종속되어 있다는 생각이 들자, 나는 담배를 피우지 않기로 했다. 그리고 그랬다.

그러나 내 삶이 운동에서 멀어지기 시작하면서 나는 담배를 피우게 되었다. 무엇인가 언짢은 일이 있어 친구에게 얻어 담배를 한 모금 빨아들였는데, 정말 마음이 편하게 되는 것을 느꼈다. 그 후 나는 담배를 참 많이 피웠다. 어떤 후배는 내가 담배를 끊었다는 것을 놀라운 일이라고 한다. 그는 내가 담배를 절대 못 끊을 사람이라고 생각했다고 사람들에게 말한다.

그런데 내가 담배를 끊게 된 것은 간단한 이유였다. 어떤 계기를 통해 다

---

33) 나머지 이러저러한 반대 이유에 대한 반론은 여기서 다룰 수 없다. 아무튼 그것에 대한 해결책은 순수한 사람들이 이미 제시했다. 적절한 가격 인상, 자금 지원을 통한 재배 작물 변경과 업종 전환의 유도, 담배판매 마진율의 보장 등이 그것이다.

34) 그 당시에는 가명을 곧잘 사용했는데, 그 선배의 이름은 준혁(혁명을 준비한다)이었다. 그는 변절하지 않고 지금도 열심히 활동한다. 이른바 '민족해방파' 진영에서. 하지만 나는 그 선배를 아직도 존경한다.

시 운동을 시작하게 된 나는 집회를 마치고 뒷풀이에 참가했다. 그곳에서 담배를 끊은 여자 후배의 말을 듣게 되었다. 그는 공부를 다시 시작하기 위해 담배를 끊게 되었는데, 그러고 나니까 공부가 너무 잘 된다는 것이었다. 그 이야기를 듣고서 책을 읽어도 도무지 머리에 잘 들어오지 않았던 나는 담배를 끊어 볼까 하는 생각을 했다. 그리고 다른 좌석으로 자리를 옮겼는데 그곳에서는 한 선배—이 분은 현 노사과연의 권정기 편집위원장이다—가 담배를 끊으면, 힘이 들어 하루에 다섯 시간도 못하던 일(운동과 관련한 일)을 10시간을 해도 전혀 힘이 들지 않는다는 말을 하고 있었다. 두 사람의 말을 듣고 나는 공부도 하고 운동도 잘하기 위해 담배를 끊어야겠다는 생각을 했다. 나는 다음 날부터 담배를 끊겠다고, 그 자리에서 선언하고 시계를 보면서 밤 12시까지 쉬지 않고 담배를 피웠다. 그리고 다음 날부터 담배를 피우지 않고 있다. 내가 담배를 피우지 않을 수 있었던 것은 그날의 두 사람의 말과 담배를 늦게 피울 수 있게 해 준 앞서의 선배의 도움이다. 나는 참 운이 좋은 사람이었던 것이다.

누군가가 가끔 담배를 피우지 않고 있는 내게 "담배를 완전히 끊은 것 같네"라고 덕담을 하면 나는 "아니"라고 말하며 "아직까지 안 피우고 있는 중이고 계속 그러려고 해"라 대답한다. 왜냐하면 담배를 피우고 싶은 마음이 아직도 내 마음 속에서 완전히 사라지지 않았기 때문이다. 담배의 중독성은 그렇게 무서운 것이다.

하인스 워드*

피츠버그는 한국 사람들에게 상당히 오랜 기간 잊혀지지 않는 도시가 될 것이다. '황우석 신화'로 유명해지던 이곳은, 그것이 '황우석 사기'로 바뀌어 가던 작년 말부터, 한동안 한국의 방송과 신문에 연일 보도되었다. 그것이 어느 정도 잠잠해질 무렵 이곳은 또다시 한국의 방송과 신문에 매일 등장하였다. 그것은 피츠버그에 근거를 둔 미식축구팀 '피츠버그 스틸러스(Pittsburgh Steelers)'가 2005-2006년 미국 프로풋볼팀의 최종 강자를 가르는 슈퍼볼에 진출했고 우승을 했기 때문이었다. 미식축구는 미국 이외의 지역에서는 별다른 인기를 끌지 못하는 운동경기이다. 한국에서 이것은 마찬가지였다. 그러던 것이 한국 매스컴의 주목을 받게 된 것이다. 이렇게 된 것은 미식축구에 대한 관심이 갑자기 증가해서가 아니다. 고운 정 · 미운 정이 다든 피츠버그가 슈퍼볼에 진출해서는 더더욱 아니다. 그것은 오로지 어머니가 한국인인 '하인스 워드'라는 선수가 '피츠버그 스틸러스'에 소속되어 있었기 때문이었다.

AFC(American Football Conference)에 속해 있던 스틸러스는 정규시즌에 팀에서 가장 중요한 역할을 하는 쿼터백의 부상 등으로 포스트 시즌 진출이 막바지까지 불투명했다. 그들은 마지막에 초인적인 힘을 발휘하여 컨퍼런스 6위로 와일드카드를 받아 가까스로 포스트오프에 진출했다. 그들은 '거리의 전사(street warrior)'라고 불리면서 자신보다 앞선 성적을 거둔 팀들을 그들의 홈구장에서 하나하나 꺼꾸러트리고 컨퍼런스 우승을 거머쥐었다. 그들은 NFC(National Football Conference)에서 우승한 '시애틀 시호크스'와 슈퍼볼에서 맞붙게 되었다.

미국 인민대중들의 많은 수가 스포츠에 목숨을 건다는 것은 잘 알려진 사실이다. 피츠버그에 사는 그들도 이것은 마찬가지다. 포스트오프에 진출한

---

* [편집자 주] ≪정세와 노동≫ 제11호(2006. 3.) 〈회원마당〉에 실린 글이다.

후 매주 금요일은 이른바 '스틸러스 데이'로 불리우며 노란색(금색)과 검은색으로 시내가 온통 물결친다. 유치원과 초 · 중 · 고등학교에서는 가정통신문을 보내 아이들이 스틸러스 로고가 새겨진 옷을 입고 오기를 종용하고, 유치원과 초등학교에 다니는 아이들은 학교에서 미술시간에 스틸러스와 관련된 것들을 그리고 만든다. 어른들도 스틸러스 문양이 들어 있는 옷과 모자 등 여러 가지 것들로 자신과 차 등을 장식한다.

피츠버그 사람들이 스틸러스의 슈퍼볼 진출을 더욱 기뻐했던 것은 '제롬 베티스'라는 선수 때문이었다. 그는 '버스(the Bus)'라는 별명을 가진 디트로이트 출신의 선수로 올해로 은퇴를 할 예정이었다. 그는 프로선수 생활 13년의 10년을 스틸러스의 선수로 보냈다. 그러나 불행히도 그는 미식축구선수로서의 꿈인 슈퍼볼과는 전혀 인연이 없었다. 그는 원래 한 해 전에 은퇴를 하려 했다. 그리고 그때는 누구도 스틸러스가 슈퍼볼에 진출하리라 생각했기 때문에 그는 슈퍼볼에 나갈 수 있을 것으로 여겨졌다. 그런데 프로초년병이었던 지금의 쿼터백이 너무나 잘못해, 그들은 컨퍼런스 결승에서 패배하였다. 버스는 그렇게 은퇴할 운명이었다. 그런데 쿼터백과 그의 동료들은 눈물로 그의 은퇴를 만류하였고 그는 선수생활을 한 해 더하기로 하였다. 그리고 이번 슈퍼볼이 열리는 곳은 그의 고향인 디트로이트였다.

그러나 정작 슈퍼볼 경기에서 베티스는 별다른 활약을 보여 주지 못했다. 그는 러닝 백으로서는 빠른 편은 아니지만, 몇 명이 달라붙어도 뚫고 나가는 돌파력으로 인기를 모았다. 은퇴경기를 맞는 그에게는 많은 기회가 주어졌다. 하지만 그는 집중적인 견제를 받았다. 그래서 오히려 가장 눈에 띈 것은 하인스 워드였다. 그는 말 그대로 눈부신 활약을 하였다. 그는 2쿼터가 끝날 무렵 골라인을 겨우 3야드를 남기는, 37야드나 되고, 수비의 방해로 받기 어려운 패스를 받아 내었다. 이 패스의 성공은 다음 공격의 성공으로 이어져 피츠버그는 터치다운을 한다. 이것으로 뒤지고 있던 경기는 역전(0:3에서 7:3)되었고 경기 내내 밀렸던 분위기는 반전되었다. 여세를 몰아 스틸러스는 3쿼터에서 더 크게 점수를 벌려놓았다(14:3). 그러나 스틸러스는 4쿼터에서 쿼터백의 실수로 인터셉터를 당하고 이후 점수를 허용하여(14:10), 추격을 허락하고 분위기는 다시 반전되었다. 그러한 상황에서 그는 43야드의 패스를 받아 내며 터치다운을 한다(21:10). 스틸러스는 슈퍼볼에서 우승을 하였고 하인스 워드는 MVP를 받았다.

슈퍼볼이 끝난 다음 날부터 피츠버그 사람들은 언제 무슨 일이 있었냐는 듯이 다시 일상으로 돌아갔다. 그런데 이번에는 한국에서 일부 사람들이 수선을 떨었다. 하인스 워드가 슈퍼볼 경기의 MVP가 되고 이른바 미국의 '스포츠 영웅'이 되자 그는 '기지촌 출신 흑인 혼혈인'에서 순식간에 '한국을 세계에 빛낸 한국인 영웅'이 되었다. 이들 모자의 과거의 눈물겨운 삶은 현재의 영광을 위한 시련의 기간으로 미화되었다. 주미대사관에서는 그에게 명예한국인증을 주겠다고 했고, 국회위원 정의화는(이자는 성폭행사건으로 물의를 빚은 최연희를 '급성알콜중독'이라며 옹호했던 자다) 그의 어머니 김영희 씨에게 국민훈장을 주자고 대통령에게 건의했고, 정부도 이것을 검토했다고 한다. 방송국들은 계획된 방송을 취소하고 특별방송을 준비해 방영했다. 또 이들은 모자가 한국에 올 것이라고 하자 그들을 출연시키려고 경쟁 중이고, 항공사들도 그들을 자신의 비행기에 모시려고 경쟁을 하고 있다. 그들을 광고에 출현시키려는 소식들도 여기저기에서 들린다. 또한 이들 모자는 대통령을 만날 예정이다.

하인스 워드가 뛰어난 선수라는 것은 그가 대학시절부터 지속적으로 언론의 주목을 받은 것에서 알 수 있다. 그런데 그는 실력만 출중한 것이 아니었다. 그는 자랑할 만한 실력을 갖고 있었음에도 불구하고 늘 겸손했고 성실했으며, 어렵고 힘든 상황에서도 항상 웃음을 잃지 않았다. 그리고 그는 팀을 위해 자신을 희생할 줄도 알았다. 그러한 그의 태도와 인간성은 당연하게도 많은 사람의 칭찬을 받았다. 그런데 그는 자기에게 돌아오는 모든 찬사를 자신의 어머니에게 돌렸다. 그는 지금의 자신이 있을 수 있었던 것은, 모두 어머니의 희생 덕택이고 자신은 죽을 때까지 노력해도 그것을 다 갚을 수 없으며 어머니는 자신의 모든 것이고 자신이 하는 모든 것은 모두 어머니를 위해서라고 언제나 말해 왔다. 그런 그가 "His Mother's Son(어머니의 아들, 진정한 아들)", "The Smiling Assassin(미소 짓는 암살자)"라고 불리는 것은 당연한 일이다. 그의 명성이 높아질수록 그와 그의 어머니의 이야기는 유명한 이야기가 되었고, 이것은 한국에도 이미 알려져 1998년 KBS에서 모자의 일화가 방영되었고, 2000년 ≪조선일보≫에도 실렸었다. (1998년 방영될 당시 제목은 "한국인 어머니 김영희와 흑인아들 하인스 워드"였고, 이번의 특별방송의 제목은 "하인스 워드와 한국인 어머니 슈퍼볼을 점령하다"였다. "흑인"이 사라졌고 "점령"이 추가되었다. 하인스 워드의 이름 앞에 한국인이라는 말은 차마 못 붙였을 것이다.)

한국에서의 이러한 열광적 반응에 김영희 씨는 고맙기는 하지만 경계한다. 그녀는 한 인터뷰에서 '한국 사람들이 흑인이나 혼혈이라면 언제 사람대접이나 해 줬냐. 어렵게 살 때는 관심도 보이지 않았다'고 비판하며 '잘되면 쳐다보고 그렇지 않으면 쳐다도 안 보는 것이 한국 풍토가 아니냐'고 꼬집는다. 그녀가 미국에 오게 된 중요한 이유의 하나가 하인스 워드가 흑인 혼혈이었기 때문이다. 그녀가 단지 먹고 살기 위해 새벽부터 밤늦게까지 일하면서, 자신의 표현으로 "참혹"한 생활을 하면서도, 한국으로 돌아가지 못한 것은 그녀의 아들 때문이었다. 미국에서도 같은 한인들의 차별과 멸시를 이겨내야 했다. 그리고 1998년에 자신의 어머니가 돌아가셔서 한국에 나왔을 때, 자신의 뒤에서 침을 뱉는 모멸을 견뎌야 했다. (아주 심하게 말하면 이런 천박한 풍토가 오히려 하인스 워드를 만들어 낸 것이다.)

하인스 워드의 성공으로 한국에서는 혼혈인들에 대한 차별의 문제가 사회적으로 관심의 대상이 되었다. 수많은 사람들이 이에 대한 뼈아픈 각성을 촉구하고 있고, 이보다 많은 사람들이 자신들의 편견을 부끄러워하고 있다. 이른바 '단일 민족 사상', '순혈주의' 등이 비판되고 있다. 좋은 일이다. 그러나 감히 말하지만 지금 이것을 목소리 높여 주장하는 사람들의 많은 수는 위선의 탈을 뒤집어쓰고 그렇게 하고 있는 것이며, 우리 사회에서 혼혈인에 대한 차별은 쉽게 극복되지 않을 것이다. 그들의 사고의 바탕에는 미국에 대한 사대주의, 빈곤에 대한 사회의 책임을 개인에게로 전가, 여성의 가정에 대한 희생 강요 등이 깔려 있다.

하인스 워드는 아시아-아프리카 혼혈이라는 나쁜 조건과 가난이라는 어려운 환경을 극복하고 성공했다. 그는 지배계급 출신이 아닌 사람이 성공할 수 있는 몇 개 안 되는 영역에서 성공을 거두었다. 그는 보통 사람이라면 불가능한 일을 했다. 남들보다 몇 배나 뛰어난 사람들조차도 그러한 성공을 거두기는 거의 불가능하다. 따라서 그는 대중들의 영웅이 되고 신화가 된다. 그는 대단한 일을 한 것이다. 그렇다면 많은 사람들은 왜 이러한 성공에 열광하는 것일까? 사람들은 좋은 것은 자기와 연결시키고, 나쁜 것은 자신과 분리시키려는 경향이 있다고 한다. 이것을 통해 자신을 다른 사람에게 좋게 보이게 하려고 하거나, 다른 사람의 성공을 통해 대리적 영광을 누리려고 하는 것이다. 전자(우리 연구소의 소장님이 전혀 못하는 것)는 이른바 '정치인' 혹은 정치인스러운 사람들이 이 방법을 자주 활용하는 것에서 후자는 '황우석 소동'에서나 이번의 '하인스 워드'의 예에서 쉽게 확인할 수 있다. 이것은 오랜 시절을 내려와 우리 모두의 마음속에 공통 심리로 자리 잡고 있다.

그런데 우리는 몇몇에게서 정도가 지나쳐 광적인 것을 볼 수 있다. 한 심리학자는 이러한 모습을 보이는 사람들은 "성격적으로 결함을 가지고 있는 ... 다시 말해서 형편없이 낮은 자부심을 갖고 있는 사람일 가능성이 높다"고 한다. 그래서 "그들의 가슴 깊숙이 자리 잡고 있는 그들의 열등감"이 그들을 "스스로의 성취를 통해 자부심을 고취하기보다는 타인의 성공을 자신과 연결하여 자신의 자부심을 향상시키는 방법을 취하게 만들고 있다"고 한다.

그렇다면 그들의 그 "열등감"은 어디서 어떻게 오는 것일까? 그것은 현실에 압도당하거나 지배계급의 거짓 선전에 현혹당해 미래에 대한 전망을 상실한 사람들에게 쉽게 찾아올 것이다. 따라서 현재와 같은 반동의 시기에 이것은 대중들을 사로잡을 것이고 더욱 극렬하게 자신을 표현한다. 그러나 이들 대중들은 혁명기에 자신을 쥐고 있는 이른바 "열등감"을 순식간에 극복하고 독자적 행동을 비약적으로 증대시키며 자신이 역사의 주인임을 선언한다. 수많은 역사적 사실이 알려 주는 바로 그대로.

김규항 씨의 "품위 전쟁"을 읽고[*]

1.

얼마 전에 김규항 씨의 "품위 전쟁"[1]이라는 글을 읽었다. 그 글은 영화감독 박찬욱 씨의 인터뷰 글에 대한 자신의 기억과 "오랫동안 남산 중턱에 있는 부잣집 아이들만 다닌다는 사립초등학교 교사였다"가 "지난해 거길 그만두고 성북구의 한 가난한 동네 초등학교로 옮"긴 주변 사람의 경험을 바탕으로 해서 쓴 글이었다. 박찬욱 씨는 자신이 만든 영화와 관련한 인터뷰에서 다음과 같은 질문을 받았다. "이 영화는 프롤레타리아의 피를 빠는 부르주아의 이야기인가? 선과 악의 문제를 다룬 것인가?" 이 질문에 그는 이렇게 답했다.

> 이 스토리를 만들 때 제일 처음 떠올랐던 경험이 있는데 ≪JSA≫가 흥행한 직후 여기저기서 초청이 많았다. 그중에 거절할 수 없었던 조찬모임이 있었는데 '21세기를 준비하는 어쩌구 모임'이었다. 재벌2세나 교수, 의사 등 나이가 나보다는 조금 어린 친구들이 모여 있는 모임이라 가긴 가면서도 밥맛이라고 생각하고 갔는데 다들 매너 좋고 겸손하고 지적이고 ... 선입견이 완전히 무너졌다. 사람이 삐딱하다 보니 그대로 받아들이면 될 텐데 좋은 사람이라는 호감보다는 다 가진 놈들이 착하기까지 하구나 싶어 화가 나고 슬펐다. 이 사람들은 맨손으로 뭘 한 게 아니라 이미 다 부자들이고 부를 세습한 이들이라 뭐하나 부족함이 없어서 성격이 나빠질 일이 뭐있냐, 이전엔 천민자본주의가 있었지만 그들의 2, 3세는 상류사회 환경 속에서 성장해서 나쁜 것을 할 필요가 없다. 그와 반대로 가난뱅이들은 욕망이 많은데 채워지지 않으니 삐뚤어질 수밖에 없다. 미덕이 세습된다는 것. 그런 식으로 계급이 정착되고 벗어나기 어려워지는 것이다. 개천에서 용 나듯이 그래 봐야 상류사회의 매너나 교양을 얻을 수는 없다. 그건 나중에 다뤄 봐야겠다, '너무 착해 미움받는 사람'에 대한 이야기를 해 볼까 하는 생각이 들었다."[2]

---

* [편집자 주] ≪정세와 노동≫ 제25호(2007. 6.) 〈회원마당〉에 실린 글이다.

1) http://gyuhang.net/archives/2007/05/#001100

2.

김규항 씨는 박찬욱 씨의 그러한 발언을 "진보적인 정치 성향을 가진 그로선 거부감이 들지도 느끼하지도 않는 '새로운 반동들'(이건 내 표현)이 적이 당혹스러웠던 것"이라 어느 정도 이해해 준다. 그리고 박찬욱 씨의 '선입견을 무너뜨리고' 그를 '화나게 하고 슬프게 만든' 그러한 현실, 즉 "물론 전부는 아"니지만(이것은 이번 한화 김승연 회장과 그의 아들이 확인해 주었다) "이른바 재벌 3세, 혹은 4세로 불리는" 그들이 "대개 인물 좋고 머리도 좋으며 심지어 예의 바르고 착하"기까지 한 현실은 "양반이 되기 위해 족보를 사들이던 상놈처럼" "돈으로 제 가계를 개량하"려는 그들 조상들의 노력의 결과임을 지적한다. 그러나 당연히 그는 여기에 머물지 않는다. 그는 다음과 같이 올바르게 주장한다.

> 물론 그건 어떤 삶의 상황에서도 유지되는 그들의 진짜 인격은 아니다. '이젠 부자가 착하기까지 하다'라는 말의 실체는 '이젠 부자가 착함까지 사들였다'일 뿐이다. 말하자면 그들은 부를 일구고 지키기 위해 자본주의의 시궁창을 천하게 구르던 제 할아버지와는 달리 일 년 내내 착한 얼굴을 하면서도 제 부를 충분히 유지할 수 있기 때문에 착한 것이다. 단언컨대 그들 가운데 누구도 제 부에 결정적인 위협을 받을 때 제 할아버지의 모습으로 돌아가지 않을 사람은 없다.

이러한 '부자가 착하기까지 한 현실', 즉 '부자가 착함까지 사들인 현실'의 다른 한편은 다음과 같은 한 선생님의 눈물로 표현된다. "아이들이 격차가 있다는 건 알았지만 이 정도인 줄은 몰랐어. 여기 학교 아이들은 한 반에서 다섯 명 정도를 빼곤 지난번 학교에서 가장 공부 못하는 축에 껴. 거기에다 왜 여기 아이들은 키도 덩치도 작고 또 왜 이리 아픈 아이들은 많은지..." 김규항 씨는 이어 바로 이렇게 썼다. "개혁파든 극우파든 신자유주의 광신도들의 지배가 지속되는 한 가난한 사람들이 더 힘겨워지는 현실 또한 지속될 것이다. 우리는 이 현실을 바꾸기 위해 연대하고 싸우고 있고 또 싸워야 한다."

---

2) http://comixer.com/zb41/view.php?id=movie&page=2&sn1=&divpage=1&sn=off&ss=on&sc=on&select_arrange=headnum&desc=asc&no=211&PHPSESSID=c19eb6bf26757d50b9c961dbdaf8d688

3.

나는 위의 글들을 읽으면서 몇 년 전 있었던 ≪노동자 교양경제학≫ 강의에서 소장님께서 하신 말씀이 생각났다. 그것은 임금에 대한 부분이었다. "기억에 기대어 내용을 적어 보면" 대략 이런 것이었다.

노동력의 재생산비인 임금은 노동자와 그 가족의 육체적 · 생리적 필요, 즉 생물학적 규정뿐만이 아닌 사회적 · 문화적 · 도덕적 규정도 받는다. 그리고 임금의 크기는 그 두 부분을 모두 포함해야 한다. 그래야만 노동력의 재생산이 정상적으로 이루어질 수 있다. (물론 이것조차도 자본주의적으로!!!) 그렇지 않으면 노동력의 재생산은 위축적으로 이루어지게 된다. 그런데 임금이 이렇게 두 요소의 규정을 받기 때문에 이것은 임금 크기에 일종의 탄력성을 갖게 한다. 즉 자본가들의 잉여가치에 대한 욕망은 임금구성의 후자부분을 자주 공격하는데 그렇게 하더라도 육체적으로 노동은 가능하기 때문이다. 반면 이 부분을 빼앗긴 노동자들과 그 가족들은 사회적 · 문화적으로 위축되고 이는 그들의 삶을 피폐화하게 한다. 또한 자본가들은 때로는 전자의 부분도 공격하는데 이 투쟁에서 패배하게 되면 그 노동자들과 그 가족들은 사회적 · 문화적으로 위축되는 것을 넘어 이제는 육체적으로도 위축되는데 특히 그들의 아이는 키도 작아지고 병에도 잘 걸리게 된다. 이러한 현상은 자본주의 사회에서 일종의 경향이며 노동자들은 이러한 경향에 맞서 싸워야 한다. 특히 이것은 최근 아주 중요한 문제인데 왜냐하면 자본주의의 모순이 한계에 도달하고 재격화되어 있는 요즘 그 위기를 노동자계급에게 전가하여 위기를 회피하고자 하는 신자유주의적 공세가 강화되면서 이러한 공격은 노골적으로 진행되고 있고 더욱더 강화될 것이기 때문이다. 그런데 자본주의 사회에서 현실적으로 이러한 탄력을 결정하는 것은 두 계급 간의 힘의 크기인데 노동자계급의 힘은 조직과 단결에서 나온다.

수년이 지난 지금 노동자계급은 자신의 힘을 제대로 보이지 못해 삶은 더욱 피폐해졌고, 우려는 현실로 되어 또다시 우리 모두를 짓누르고 있다. 이러한 압도적 현실은 정치적으로 진보적인 감독의 '선입견을 무너뜨리고' 그를 '화나게 하고 슬프게 만들어' 버릴 정도에 이른 것이다.

4.

그런데 이러한 마음 아픈 현실은 우리에게 무엇인가? 이것은 한 감독의 '선입견을 무너뜨리고' 또 '화나게 하고 슬프게 만든 것'으로 아니면 한 선생님을 매일 눈물짓게 만든 것 때문에 문제가 되는가? 그렇지 않다. 그것은 노동자들과 그 가족들이 위축되는 것 때문이다. 이것은 매우 중요한 문제이다. 왜냐하면 노동자들과 그 가족의 위축은 노동자계급의 해방에 커다란 걸림돌이 되기 때문이다.

김규항 씨는 이 문제를 "가난보다 더 심각한 위기는 가난한 사람들이 가난의 품위를 잊어버리는 것"이라며 "품위마저 사들인 부자들은 세상에서 가난의 품위라는 것을 도려내기 위해 갖은 애를 쓴다. 바야흐로 품위 전쟁이 벌어지고 있는 것이다. 우리는 이 전쟁에서 반드시 이겨야 한다. 이 전쟁에서 질 때, 그래서 아이들이 가난하지만 정직하게 땀 흘리며 살아가는 제 아비 어미를 수치스러워 하게 될 때 우리 삶도 끝장이기 때문이다"라고 "품위 전쟁"이라는 다소 어색한 말로 표현한다. (내가 이것이 어색하다고 하는 것은 "가난의 품위"라는 표현이 적절해 보이지 않고 "가난은 적게 소유함으로써 다른 사람의 몫을 늘이는 보다 정당한 삶"이라는 주장에는 이견이 있기 때문이다. 한마디 사족을 덧붙이면 나는 김규항 씨의 글을 소장님 글 다음으로 좋아한다.)

5.

이와 관련해서 맑스는 다음과 같은 말을 했다고 한다.

> 만약 노동조합이 자신의 임무를 성취하기를 원한다면, 그들은 정치단체에 부속되거나 스스로를 이러한 단체의 감독에 내맡기는 일을 해서는 안 됩니다. 이러한 무모한 일을 한다는 것은 스스로에게 치명적인 타격을 가하는 것이나 다름없겠습니다. 노동조합은 이를테면 사회주의의 교육기관이라 할 만합니다. 노동자들이 스스로를 교육하여 사회주의자가 되는 것은 바로 이러한 노동조합을 통해서 이루어지는 셈이니까요. 왜냐하면 바로 그들의 목전에서 매일 같이 자본과의 투쟁이 발생하고 있기 때문입니다. 어떠한 정당도 그 성격이야 무엇이든 간에 예외 없이 대중의 열성을 단지 단기간에만, 순간적으

로만 포착할 수 있을 뿐이지만 조합은 보다 더 지속적인 방식으로 대중을 장악할 수 있습니다. 노동조합만이 진정한 노동계급의 당을 대변하고 자본력에 대항하는 방파제를 대치시킬 수 있습니다. 대부분의 노동자들은 어떠한 당에 소속되든지 간에 그들의 물질적 상황이 개선되어야 한다는 사실을 마침내 이해하게 되었습니다. 그러나 일단 노동자의 물질적 상황이 개선되면 그는 자녀들을 교육하는 데 헌신할 수 있습니다. 그의 배우자와 자녀들은 공장에 나갈 필요가 없으며 그 자신이 그의 마음을 더 잘 계발할 수 있고 그의 몸을 더 잘 돌볼 수 있으며 자신도 모르는 사이에 사회주의자가 되어 갑니다. (맑스, "독일 노동조합원 대표에게 행한 연설"(1869), 맥렐런, ≪칼 마르크스의 사상≫, 민음사, pp. 257-8에서 재인용.)

내용 전체에 대해서는 이후 역사 과정에서의 논쟁과 또한 현재의 상황에서 여러 가지 논란이 있을 수 있다. 아무튼 맑스는 "노동자의 물질적 상황"이 노동자의 해방에 매우 중요한 문제라는 사실을 주장하고 있으며, 이것은 옳은 주장이다.

또한 맑스는 "임금, 가격, 이윤"에서 '자본과 노동 사이의 투쟁'에 관하여 말하면서 이렇게 주장했다.

이상의 몇 가지 암시로도 현대 산업의 바로 그 발전이 저울을 점점 노동자에게는 불리하고 자본가에게는 유리한 방향으로 기울게 할 수밖에 없다는 점, 따라서 자본주의적 생산의 일반적 경향은 평균 임금 수준을 높이는 것이 아니라 내린다는 점, 다시 말해 **노동의 가치**를 정도의 차이는 있으나 최소 한계까지 억누른다는 점을 보여 주기에 충분할 것이다. 이러한 제도에서 사태의 경향이 그러하다는 것이 바로, 노동자계급은 자본의 침략에 대한 저항을 포기해야 하며 자신들이 처지를 일시적으로 개선하기 위해 가끔씩 주어지는 기회를 최대한 이용하려는 시도를 포기해야 한다는 것을 뜻하는가? 만약 노동자들이 그렇게 하고 만다면, 그들은 구제할 때를 놓친 파탄자의 무리로 전락하게 될 것이다. 지금까지 나는, 임금 수준으로 인한 노동자의 투쟁은 임금 제도 전체와 뗄 수 없는 관계에 있다는 점, 임금을 인상시키기 위한 노동자의 노력은 100 가운데 99가 주어진 노동의 가치를 유지하려는 노력에 지나지 않는다는 점, 그리고 자신들이 가격을 놓고 자본가와 싸워야 할 필요성은 자신들을 상품으로 판매할 수밖에 없는 노동자들의 조건에 내재하고 있다는 점 등을 보여 주었다고 생각한다. 만약 자본가와의 일상적 충돌에서 비겁하게 물러난다면, 노동자들은 틀림없이 더 커다란 운동을 주도할 자격을 스스로에게서 박탈하는 셈이 될 것이다. (맑스, "임금, 가격, 이윤", ≪저작선집≫ 제3권, 박종철출판사, pp. 116-7.)

맑스는 곧이어 "결과의 원인과 싸우고 있는 것이 아니라" "결과와 싸우고 있는 것"이기에 "이러한 일상적 투쟁의 궁극적 효과를 스스로에게 과장해서는 안 된다"라는 말을 덧붙이기는 하지만 '노동자들이 가난해지는 것'에 싸우지 않고 물러서는 것은 "더 커다란 운동을 주도할 자격을 스스로에게서 박탈하는 셈이 될 것이"라 명확히 말하고 있다. "사회적 합의주의 세력"이 노동자들로 하여금 "일상적 충돌에서" 벗어나게 하는 것이 문제가 되는 또 다른 것은 바로 이러한 이유에서이다. 왜냐하면 앞에서도 본 것처럼 노동자계급의 생활은 투쟁을 통해서만 유지될 수 있기 때문이다.

6.

레닌 역시 이 문제의 중요성을 알고 있었다. 그는 〈러시아 사회민주노동당〉 제2차 당 대회를 준비하는 과정에서 작성한 "강령 초안"에 "노동일을 8시간으로 제한할 것" 등의 노동자계급을 위한 16가지의 요구를 포함시킨다. 그리고 그것이 "노동계급을 육체적 및 정신적 퇴화로부터 보호하기 위하여, 또 자신의 해방을 위한 투쟁에서 그들의 투쟁 역량을 향상시키기 위"(레닌, "러시아 사회민주노동당 강령 초안", ≪레닌 저작집≫ 제2-1권, 전진, p. 48)한 것임을 명확히 한다.

16개의 요구 사항은 '노동일 제한', '휴가 기간의 법률적 보장', '시간 외 노동 금지', '야간작업 금지', '어린이 고용 금지', '여성 노동 보호', '노령 노동자들에 대한 국가연금 지급', '공장감독관 제도의 확대' 등등 모두 제도적·법률적 요구들이다.

이러한 것들의 완전한 보장이 어느 정도 "노동계급을 육체적 및 정신적 퇴화로부터 보호"할 것이라는 사실은 쉽게 이해되는 일이다. 그런데 이러한 요구들이 갖는 의미에 대해 레닌의 이해는 이 정도를 훨씬 넘어선다. 즉 레닌에게 있어서 이것들은 노동자계급이 "자신의 해방을 위한 투쟁에서 그들의 투쟁 역량을 향상시키기 위"한 것이다.

노동자계급의 역사적 사명은 자신을 만들어 낸 자본주의를 역사 속에 묻어 버리는 것이다. 그리고 이것을 위해서 그들은 그럴 수 있을 힘을 만들어 내야 한다. 즉 그럴 만한 "투쟁 역량을 향상시"켜야 하는 것이며, 노동자계급의 일상적 생활을 향상시키는 투쟁은 그 중요한 수단인 것이다.

7.

자본과 국가의 공격은 점점 거세지고 있다. 이에 따라 '사회적 합의주의자'들을 포함한 기회주의자들은 자본과 국가에 점점 굴종하고 있다. 이러한 상황에서 노동자들의 삶은 더욱 악화될 것이다. 그리고 그 결과는 노동자계급의 해방이 점점 더 멀어지게 되는 것이다. 이러한 악순환의 사슬을 끊을 수 있게 하는 고리는 무엇일까?

내일은 해가 뜰 것인가?*
— 검은 피부의 지배자 오바마

1.

사람들 대부분은 내일 해가 뜰 것인가를 걱정하지 않는다. 우리의 경험과 지식은 내일도 해가 뜰 것을 알려 준다. 원시시대부터 고대, 중세에 이르기까지 사람들은 태양이 지구 주위를 돌기 때문에 낮과 밤이 생긴다고 했다. 16세기에 이르러 우리는 과학의 도움을 통해 지구가 자전을 하고 있다는 사실을 알았다. 그리고 낮과 밤이 생기는 것이 지구의 자전 현상 때문이라고 비로소 올바르게 알게 되었다. 또한 지구에서 낮과 밤이 사라지는 날, 즉 지구가 자전을 멈추는 일이 언제가 올 것을 우리는 알고 있다. 아마도 그날은 지구가 우주에서 사라지는 날이겠지만, 그날이 내일은 아니라는 것 역시 알고 있다. 그래서 우리는 내일 해가 뜰 것을 조금도 의심하지 않는다.

우리는 계절의 변화가 있다는 사실을 경험으로 느끼고 있으며, 계절의 변화 역시 계속되리라는 사실도 알고 있다. 계절의 변화는 지구의 자전축이 23.5도 기울어져 있으며, 동시에 태양 주위를 공전하고 있기 때문에 발생한다. 그리고 이것 역시 지속될 것이라는 사실을 우리는 과학을 통해 개념적으로 이해하고 있다.

만일 어떤 사람이 내일 해가 뜨는 것을 보아야 해가 뜬다는 사실을 인정하겠다거나, 올겨울이 지나고 봄이 오는 것을 느낀 후에 겨울 다음에 봄이 오는 것을 인정하겠다고 주장하면 과학적 사실에 입각하여 설명해 줄 것이다. 그러나 그럼에도 불구하고 그것을 계속 인정하지 않거나, 혹은 내일 해가 뜰 것을 걱정하거나 봄이 오지 않을 것을 걱정하여 어쩔 바를 모르고 있다면 우리는 기우(杞憂)의 주인공인 '기나라 사람'을 떠올리며, 그 어떤 사람을 비웃을 것이다. 우리가 이렇게 감히 다른 어떤 사람을 비웃을 수 있는 것은 현상을 관찰하고 분석하고 얻은 이론, 그리고 그 이론의 현상과의 일치의 확인, 즉 진리를 믿을 수 있어서이다.

---

* [편집자 주] ≪정세와 노동≫ 제42호(2009. 1.) 〈회원마당〉에 실린 글이다.

2.

과학은 우리에게 세계에 대한 올바른 이해를 제공한다. 원시인들 역시 낮이 지나면 밤이 오는 것을 알았다. 그들의 경험 속에서는 땅이 가만히 있으므로 하늘이 움직여야 하는 것은 자명한 사실이었다. 그리스 철학자들에게도 이것은 마찬가지였고, 그들은 여기에 철학적 해석과 기하학적 설명을 덧붙였다. 중세에는 여기에 신학적 권위까지 부여했다. 그리고 자신의 이익과 권위를 지키기 위해 사실을 왜곡하는 것을 넘어 진리를 주장하는 사람들을 탄압하고, 서슴지 않고 목숨을 빼앗기까지 했다. 하지만 인류는 이러한 상황을 이겨 내고 점차 진리에 도달해 갔다. 이러한 발전은 비단 천문학뿐이 아닌 여러 분야에서 이루어졌다. 그리고 현재 우리는 이러한 발전들의 혜택을 광범위하게 누리고 살고 있다.

3.

과학은 자연에서만 성립하는 것은 아니다. 과학은 사회·이념의 영역에서도 성립한다. 엥겔스는 "유물론적 역사파악 그리고 잉여 가치를 매개로 하는 자본주의적 생산의 비밀의 폭로. 이 발견들에 의해 사회주의는 과학이 되었"다고 주장하였다.

그런데 사회의 영역에서 과학이 성립하는 것은 자연의 영역에서보다 더욱 어렵다. 맑스는 사회과학의 하나인 경제학 연구가 어려운 점을 다음과 같이 지적했다. "경제적 형태의 분석에서는 현미경도 시약도 소용이 없고 추상력이 이것들을 대신하지 않으면 안" 되기 때문이라고. 이것은 경제학에만 적용되는 것이 아니다. 그런데 문제는 그것뿐이 아니다. 더욱 거대한 장애물이 있다. 그리고 이것은 어떤 의미에서 더욱 중요하다. 그래서 맑스는 다음과 같은 말을 덧붙였다. "경제학 분야의 자유로운 과학적 연구는 다른 모든 분야에서도 부닥칠 수 있는 그러한 적들과 부닥치는 것만은 아니다. 경제학이 취급하는 문제의 독특한 성격 때문에, 사람의 감정 중에서 가장 맹렬하고 가장 저열하며 가장 추악한 감정—즉 사리사욕이라는 복수의 여신—이 자유로운 과학적 연구를 저지하는 투쟁 마당에 들어오게 된다." 이 "사리사욕"은 경제학 연구에만 들어오지 않으며 모든 사회과학, 심지어 자연과학의 일부 영역에까지 침투한다. 이 점은 우리 경험의 영역에서도 쉽게 알 수 있는 기본 상식이다.

우리가 알고 있는 많은 말도 안 되는 잘못된 우스운 견해들은 자신의 계급성에 기초한 "사리사욕"을 토대로 한다. 그리고 그것은 너무나 당연하고 뻔하다는 측면에서 큰 문제가 되지 않는다. 하지만 우리가 올바른 이론적 자세를 취하지 못하고, 견지하지 못하게 되면 그것은 큰 문제가 되는데, 왜냐하면 그렇게 되면 우리는 우리가 생각한 것과 달리 저들 부르주아지의 이익에 봉사하는 꼴이 되기 때문이다. 그런데 우리는 이러한 일을 매일 접하고 있으니 답답한 일이다.

4.

레닌은 "공황의 교훈"(1901년)(≪정세와 노동≫ 제29호(2007. 11.) 참조)에서 "비교적 새로운 현상"으로 나타나는 공황에 대해 "자본주의 국가 즉, 대부분의 재화들이 판매를 위해 생산되고, 대다수의 노동자들은 땅도, 도구도 갖지 못한 채 그들의 노동력을 토지와 공장과 기계 등을 소유하고 있는 고용주들, 유산자들에게 팔고 있는 자본주의 국가들에서 공황은 오래된 현상이며 만성질환과 같이 수시로 되풀이되고 있다. 그러므로 공황은 예견할 수 있다"고 썼다. 그리고 1897년 말에 "산업이 '번영'하고 상업이 활황이며 ... 자본주의적 순환(동일한 사건이 여름과 겨울처럼 반복되는 순환)의 시기를 통과하고 있다. 예언자가 아니더라도 이 같은 '번영'의 시기에 뒤이어 불가피하고도 상당히 급격한 파탄이 이어질 수밖에 없음을 예측할 수 있다. 이러한 파탄으로 인해 많은 소생산자들은 몰락할 것이고, 노동자 대중이 실업자의 대열에 합류할 것 ... 규칙적으로 되풀이되어 그것의 도래를 예보할 수 있을 정도인, 자본주의 사회의 이러한 무시무시한 만성질환의 원인..."이라고 썼던 글을 인용한다.

레닌은 자본주의 자체가 공황의 원인이고 "대자본가들이 소자본가들을 축출하는 것, 증대한 자본의 힘, 소소유자들의 대량파산(예를 들어 은행의 파산에 따라 자신의 재산을 모두 잃은 소규모 투자자들), 노동자들의 비참할 정도의 빈곤화" 등이 그 결과라고 한다. 그러면서 공황의 가능성을 부정했던 '사회주의자들'을 비판하고 "이러한 사태는 사회주의 프롤레타리아트의 군대가 자본과 사적 소유의 지배를 타도하기 전까지 불가피하게 계속될 것"을 주장한다. 그리고 "공황의 교훈은 사회적 생산을 사적 소유에 종속시키는 것이 얼마나 불합리한가를 폭로하며, 이제는 심지어 부르주아 출판물조차 예컨대 은행에 대한 엄격한 감독을 요구할 정도로 가르침을 주고 있다"고 지적한다.

우리는 이번 공황에서 교훈을 얻은 미국의 부르주아들이, 과거 러시아 부르주아들이 얻은 교훈을 넘어, 은행을 실제로 국유화하고 기업을 사실상 국유화하는 것을 눈앞에서 보고 있다. 하지만 우리 주변에는 실제로 전개되는 공황을 보고도 그게 실재하는 것인지 아닌지를 분간 못하는 사람들(이들은 낮과 밤을 몸으로 느끼면서도 낮과 밤이 있다는 사실을 알지 못하는 사람들이다)과 그 사실은 인정하지만 그 필연성을 인정하지 못하는 이른바 진보적 지식인들(이들은 낮과 밤이 생기는 이유가 태양이 지구의 주위를 돌고 있기 때문이라고 주장하는 사람들과 마찬가지다)로 넘쳐 나고 있다. (채만수, "대공황과 혹세무민지설들", ≪정세와 노동≫ 제39호(2008. 11.) 참조.)

5.

레닌은 이렇게 썼다. "전 세계에 걸친 모든 자본주의 나라들에서 부르주아지는 노동계급 운동과 노동자에 대항하는 투쟁에 있어 두 가지 방식을 취한다. 하나는 폭력, 박해, 압제 그리고 억압이라는 방식이다. 이것은 근본적으로 중세의 봉건적 방식이다. 모든 곳에서 이러한 방식을 선호하는 부르주아지의 분파나 그룹이 존재하며 ―선진국에서는 보다 적게 존재하는 반면 후진국에서는 보다 광범하게 존재한다― 임금노예제도를 거부하는 노동자들의 투쟁으로 일정정도 큰 위기의 순간에 봉착하면 모든 부르주아지가 그런 방식을 채택하는 데 동의한다." ("노동자에 대한 부르주아 인텔리의 투쟁 방법"(1914. 6.), ≪러시아 반종파투쟁≫, 미래사.)

우리는 정치적으로나 사회적으로 엄청난 '후진'에 속했었다. 6월 항쟁과 노동자 대투쟁의 영향으로 많은 변화가 있었지만 아직도 여전히 많은 부분에서 그러하다. 그래서 우리는 '봉건적 방식'에 익숙하다. 따라서 이른바 '선진'한 자본주의 국가(미국, 유럽의 여러 국가들)에서 일어나는 이러저러한 정치현상, 다른 말로 이른바 '민주주의적 방식'에 놀라워하고 부러워한다. 우리의 상황을 고려하면 이것은 당연한 반응이지만, 이때 우리는 같은 글에 있는 '민주주의적 방식'에 대한 레닌의 또 다른 주장을 떠올려야 한다. "부르주아지가 노동계급 운동에 대항하여 채택하는 또 하나의 방식은 노동자를 분할하고 대오를 분쇄하며 프롤레타리아트의 개별 대표자나 일정 그룹을 설복하기 위해 매수하는 방식이다. 이것은 봉건적이지 않은 순수한 부르주아적인 것이며 자본주의의 발달되고 문명화된 관습과 민주주의체제를 유지하면서 이루어지는 현대적 방식이다. 왜냐하면 민주주의체제는 부르주아사회의 특색, 즉 가장 순수하고 완전한 부르주아적 특색이며, 거기에서는 가장 자유롭고 광범하며 명쾌한 계급투쟁이 최고의 교활함과 결합되어 있는, 즉 부르주아지의 "이념적" 영향력을 임금노예 사이에 확산시켜 임금노예제도를 거부하는 투쟁으로부터 관심을 돌리게 하려는 계략 및 구실과 결부되어 있기 때문이다." (같은 글.)

민주주의적 방식 역시 "부르주아지가 노동자계급 운동과 노동자에게 대항하는 투쟁" 방식의 하나이다. 물론 봉건제적 방식에 비해 민주주의적 방식이 노동자계급에게 더욱 유리하다. 이것은 명확하며 이 역시 잊어서는 안 되는 사실이다. 하지만 이른바 민주주의적 방식은 절대선이 아니며 우리는 그 본질에 관한 명확한 사실을 더욱 잊어서는 안 된다. 민주주의와 관련된 레닌의 다른 주장, "민주주의는 다수에 대한 소수의 복종과 동일하지 않다. 민주주의는 다수에 대한 소수의 복종을 승인하는 하나의 **국가**, 다시 말해서 하나의 계급이 다른 계급에 대항하여 **강제력**을 체계적으로 행사하기 위한, 대중의 한 부류가 여타 다른 부류에 대하여 권력을 체계적으로 사용하기 위한 하나의 조직체 이상이 결코 아닌 것이다. 국가, 즉 인민일반에 대한 모든 조직적이고 체계적인 폭력이자 모든 폭력의 사용체인 국가의 폐지를 우리는 궁극적인 목적으로 설정했다. 우리는 다수에 대한 소수의 복종이라는 원리가 준수되지 않는 사회체계의 도래를 바라지 않는다. 하지만 사회주의 건설을 위한 투쟁에 있어서 우리는 사회주의가 공산주의로 발전할 것이며, 따라서 인민일반에 대한 폭력과 한 사람이 타자에게 그리고 대중의 한 부류가 다른 부류에게 **복종**할 필요가 없어질 것이라고 —왜냐하면 인민은 **폭력과 복종 없이도** 사회적 삶의 기본적인 조건들을 준수하는 데 곧 **익숙해질 것이기** 때문에— 확신하고 있다." (강조는 원문) (레닌, ≪국가와 혁명≫, 논장.)

6.

노동자계급 운동에 대한 부르주아지의 두 가지 투쟁 방식에 대해 우리가 잘 알아야 하는 것은 그것이 노동자계급 운동에게 주는 영향 때문이다.

레닌은 “유럽 노동운동에서의 의견 차이”(≪전략과 전술≫, 학민사)라는 글에서 “노동운동에서의 전술상의 기본적 의견 차이”를 발생시키는 것은 맑스주의에서 일탈한 “수정주의(기회주의, 개량주의)와 무정부주의(무정부주의적 생디칼리즘, 무정부주의적 사회주의)”에 의해서라고 말한다. 그리고 판네쿠크의 연구를 인용하며 일탈이 발생하는 이유를 “노동운동이 성장하는 사실 바로 그것”, 동일하지 않은 “각각의 나라들과 대중 경제의 각각의 부문들”의 “자본주의의 발전 속도”, “모순 속에서, 그리고 모순을 통하여 진행되는 사회 발전의 변증법적 성격”, “일반적으로는 통치계급, 특수하게는 부르주아지의 전술의 변화”, “개별적인 인물이나 집단이나 계층이 소부르주아지로부터 프롤레타리아트로 이행” 등을 들고 있다.

이 중에서 “폭력의 방법”이라고 불리는 “노동운동에 대한 온갖 양보를 거부하는 방법, 모든 낡고 노쇠한 제도들을 유지하는 방법, 개혁을 비타협적으로 부정하는 방법”과 “‘자유주의’의 방법”이라고 불리는 “정치적 권리를 발전시키는 방향에로, 개혁 · 양보 등등의 방향으로 나아가는” 방법으로의 전환으로 표현되는 “일반적으로는 통치계급, 특수하게는 부르주아지의 전술의 변화”를 레닌은 “노동운동의 참가자들 속에서 의견 차이를 낳는 극히 중요한 원인”이라 주장한다.

한편으로는 ‘자유주의’적 방식이 부르주아지의 지배에 더욱 도움이 되는 까닭에 다른 한편으로는 “양보”로 표현되고 실제로도 노동자계급의 투쟁에 의해 “양보”된 이러한 전환에 대해 레닌은 독일의 경험에 근거해 “항상 그런 것처럼 노동운동을 위해 더 위험한 것”, “부르주아적 ‘개량주의’의 일면적 반향인 노동운동에서의 기회주의를 생산하였다”는 점을 지적한다. 왜냐하면 이러한 ‘전술의 변화’의 궁극적 목적은 노동자들을 혼란시키고 분열시키는 것이기 때문이다. 그리고 이러한 전술은 큰 성공을 거두어 “때때로 노동자들의 일부, 그 대표자들의 일부는 외견상의 양보에 속아 넘어간다. 수정주의자들은 계급투쟁론을 ‘낡아빠진 것’으로 선언하거나, 사실상 그 투쟁의 포기를 실현하는 것과 같은 정책을 실시하기 시작한다. 부르주아적 전술의 우여곡절로 인해 노동운동에서 수정주의가 강화되며, 그 내부에서의 의견 차이는 흔히 직접적 분열에까지 이르게” 만든다.

7.

오바마가 당선되자 많은 사람들이 놀라움을 표현했다. 또한 많은 사람들이 열광했다. "오바마 혁명"으로까지 찬양하는 사람도 있었다. 그에게 쏟아지는 기대는 오바마가 갖고 있는 독특한 이력과 공약에 있다.

그는 이른바 불우(?)한 어린 시절을 보냈고 그것을 극복했다. 대학 졸업(1983년) 후 얼마 뒤인 1985년부터 시카고 시의 빈민가에서 주거·교육환경 개선 등을 목적으로 하는 시민운동을 했다. 얼마 뒤 1988년 하버드 대학교 법대에 입학하고 1991년 졸업 후 다시 시카고에 돌아와 인권변호사로 활동을 한다. 1993년에 시카고 대학교 법과 대학의 전임강사가 되고 1996년에 일리노이 주 상원의원이 되면서 정계에 입문한다. 2000년 일리노이 주 연방 하원의원 민주당 예비선거에서 낙선하지만 이라크전 반대에 대한 명확한 입장표명 등을 바탕으로 2004년 연방 상원의원에 당선된다. 그리고 2007년 2월 제44대 미국 대통령 선거의 민주당 후보경선에 출마하여 후보가 되었고 대통령선거에 승리해 대통령 당선자가 되었고 미국 대통령으로 취임할 날을 기다리고 있다.

그는 선거공약을 만들면서 미국의 좌파지식인들을 포함하여 이른바 진보적인 사람들의 의견을 참조했다고 한다. 그래서인지 오바마는 사회주의자 심지어 공산주의자라는 비판까지 받았었다. 그는 일리노이 주 상원의원 시절부터 이라크 전쟁을 반대했고 집권 시 이라크에 파병된 자국 군인들의 완전한 철수를 약속하였다. 또한 적극적인 사회복지정책들(전 국민 건강보험, 대학교육비용 절감, 중산층과 서민을 위한 세금제도 개편 등)을 추진하고, 지구온난화 문제 해결을 위한 교토 의정서의 조속한 비준과 에탄올 등의 대체에너지 개발 촉진을 약속했다.

8.

오바마가 많은 사람의 기대에 부응하고 자신의 최소한의 약속이라도 지킬 것인가? 아니 그러지 못할 것이라고 단언할 수 있다. 그것은 내일 해가 다시 뜬다는 사실처럼 자명한 사실이다. 어떻게 그것을 단언할 수 있는가?

해뜨기 전 하늘이 희미하게 밝아지는 것을 볼 수 있다. 박명(薄明, twilight)이라고 하는 그것은 해가 곧 뜰 것이라는 것을 우리에게 알려 준다. 오바마의 정권에서도 우리는 그것을 볼 수 있다. 그가 당선된 후 꾸린 인수팀의 성원들은 모두 최악의 부르주아들이다. 또한 그의 내각 역시 그러한 자들로 채워졌다. 이스라엘의 팔레스타인 가자 지구 폭격에 대한 오바마의 태도도 그러하다. 그리고 그는 최근의 인터뷰에서 "나는 이 자리에서 현실적이 되고 싶다"면서 "선거 당시 밝힌 모든 것들을 할 수는 없을 것이며 모든 사람들도 일정 정도 양보해야 할 것"이라고 했다고 한다. 그리고 경제를 정상화하는 속에서 "모든 이들이 이 과정 속에서 상처를 입을 수도 있을 것"이라고도 했다.

대통령이 되어 미국을 방문하는 과정에서 "선거 때 무슨 얘기를 못하나. 그렇지 않은가. 표가 나온다면 뭐든 얘기하는 것 아닌가. 세계 어느 나라든지"라고 했던 이명박 대통령의 말씀이 떠오르지 않는가?

오바마의 시민운동 혹은 인권변호사의 경력은 그를 조금도 변명해 주지 못한다. 우리에게는 노무현 대통령'님'을 포함하여 많은 사람들이 이미 계신다. 사회주의자라고 오해되는 오바마의 태도 역시 전혀 그에게 도움이 되지 않는다. 우리에게는 한나라당, 민주당의 국회의원님들, 지방자치단체의 수장을 포함하여 더 많은 '역사적' 인물들이 있다.

9.

마지막으로 오바마가 남달리 더 높게 평가되는 것은 흑인이라는 사실이다. 그래서 미국의 커다란 그리고 오래된 사회문제의 하나인 인종문제에 대한 해결을 기대한다. 하지만 '흑인' 오바마가 대통령에 당선된 것과 인종문제가 해결되는 것은 전혀 별개의 문제다. 김대중 대통령'님'의 당선이나 노무현 대통령'님'의 당선이 한국에서 지역감정을 해결하는 문제와 전혀 별개의 문제인 것처럼.

> 흑인은 흑인이다. 일정한 관계들 속에서 그는 비로소 노예가 된다. 면방적기는 면방적을 하는 기계이다. 일정한 관계들 속에서만 그것은 자본이 된다. 이러한 관계들로부터 떼어 내어졌을 때 그것은 자본이 아닌데, 이는 마치 금이 그 자체로서는 화폐가 아니거나 혹은 설탕이 설탕 가격이 아닌 것과 마찬가지다. (맑스, "임금 노동과 자본", ≪저작 선집≫ 제1권, 박종철출판사.)

면방적기는 특정한 관계에서 자본으로 기능하며 노동자를 착취하는 도구로 기능한다. 그러나 면방적기는 또 다른 특정한 관계에서는 인간을 노동으로부터 해방시키는 도구로 사용된다. 흑인은 특정한 관계들 속에서 노예가 되어 다른 사람에게 착취를 당하며 살아간다. 그러나 흑인은 또 다른 특정한 관계들 속에서는 부르주아지가 되어 프롤레타리아트를 착취하면서 살아갈 것이다. 그런데 이것은 전혀 새로운 사실이 아니다. 세계에 얼마나 많은 흑인 지배자들이 존재하는가? 따라서 오바마는 이러한 명확한 사실을 사람들에게 다시 한 번 확인시켜 주는 미미한 역할로 자신의 역사적 사명을 다할 것이다. 그것이 그에게 주어진 자신의 운명이다.

Imagine*

1.

우리 소장님께서는 당연히 안 보셨겠지만 그리고 우리 회원들 중 많은 분들도 보지 않았을 것이라 생각되지만 이번 영국 올림픽 폐막식에 존 레논의 "Imagine"이라는 노래가 나왔다.

그것은 3분가량 한 죽은 혁명가가 전 세계의 사람들을 대상으로 사회주의를 선동한 것이다. 이번에 알았지만 참으로 감사한 일이었다.

무슨 생각으로 기획자가 넣었는지 모르지만(그가 사회주의자였나? 설마?), 시청하는 사람들도 그것을 대부분 몰랐을 것으로 추정되지만, (설마, 알았을까?) 아무래도 그랬을 가능성이 더 많겠지만 아마도 그 노래가 한국에서 한 번도 금지곡이 되지 않고 오히려 '0000년도 한국인이 뽑은 pop 명곡 100'의 순위에 계속 들어왔던 이유와 비슷할 것이라 생각한다.

2.

많은 분들이 알고 있듯이 "Imagine"은 비틀즈의 멤버였던 존 레논이 만든 노래다. 가사는 내 생각으로는 참으로 사회(공산)주의적이다. 그리고 논리적이고 선동적이기까지 하다. 먼저 가사를 한번 보라. (나는 "인터내셔널가"를 제외하면 세계의 사회주의자들이 가장 좋아하는 노래가 아닌가 한다. 아님 말고.)

---

* [편집자 주] ≪정세와 노동≫ 제85호(2012. 12.) 〈회원마당〉에 실린 글이다. 이 글은 고인의 마지막 글로, 사망하기 3개월 전 항암치료를 받으며 생사를 넘나드는 고통 속에서 쓴 글이다.

Imagine

Imagine there's no heaven 천국이 없다고 상상해 보세요
It's easy if you try 해 보면 어려운 일도 아니죠
No hell below us 우리 아래 지옥도 없고
Above us only sky 위에는 오직 하늘만 있는 거예요

Imagine all the people
Living for today
모든 사람들이 오늘 하루에만 충실하며 살아가는 거예요

Imagine there's no countries 국가라는 것이 없다고 상상해 보세요
It isn't hard to do 그리 어려운 일도 아니죠
Nothing to kill or die for 죽이는 일도 없고 목숨을 바쳐야 할 일도 없는 거예요
And no religion too 종교도 없다고 생각해 봐요

Imagine all the people
Living life in peace……
모든 사람들이 함께 평화롭게 살아가는 것을 상상해 보세요

(Chorus)
You may say I'm a dreamer 당신은 날 몽상가라 부를지도 모르겠네요
But I'm not the only one 하지만 나만 그런 것은 아니랍니다
I hope someday you'll join us 언젠가 당신도 우리와 함께하길 바래요
And the world will live as one 그러면 세상은 하나가 되어 살아가겠죠

Imagine no possessions 소유가 없다고 상상해 보세요
I wonder if you can 그건 좀 어려울 수도 있어요
No need for greed or hunger 탐욕을 부리거나 굶주릴 필요도 없고
A brotherhood of man 형제애가 넘치는
Imagine all the people
Sharing all the world...
모든 사람들이 세상을 함께 공유하는 것을 상상해 보세요

(Chorus)

You may say I'm a dreamer 당신은 날 몽상가라 부를지도 모르겠네요
But I'm not the only one 하지만 나만 그런 것은 아니랍니다
I hope someday you'll join us 언젠가 당신도 우리와 함께하길 바래요
And the world will live as one 그러면 세상은 하나가 되어 살아가겠죠

3.

길지 않은 가사에 사회주의의 기본 사상을 다 담았다. 그는 말한다. 어렵지 않으니 신앙이 없는 것을 생각해 보라고. 그러면 천국이니 지옥이니 그런 것이 없고 사람들은 하루하루에만 충실히 살면 된다고. 국가가 없고 종교가 없으면 다른 누구를 죽이려 하거나 그것을 위해 죽을 필요가 없다고. 그러면 사람들이 평화롭게 살 수 있다고. 그런데 소유와 관련해서는 말이 살짝 바뀐다. 좀 생각하기가 어려울 것이라고. 사실 국가, 종교 같은 상부구조는 필요에 따라 변하는 것이니 그것들이 없는 것을 상상하는 것은 어렵지 않은데, 그것들보다 더 오래 되었고 그것들의 기초가 되는 (사적) 소유는 그렇지 않을 것이라는 레논의 지적은 세심한 배려라고 생각된다. 소유가 없어지면 모든 사람이 세상을 공유하게 되어 욕심도 없어지고 기아도 없어진다는 것을 알려 준다. 그리고 잊지 않고 말한다. "언젠가 당신도 우리와 함께하길 바래요"라고.

4.

1980년 12월 8일 레논은 광팬으로 알려진 자가 쏜 총탄에 의해 죽었다. CIA 개입설 등 말이 많았지만 잘 모르는 일이다. 아무튼 사회주의가 "죽은 개" 취급을 받는 현재, 올림픽 해당 동영상을 인터넷에서 찾아보고 나는 그것을 기획한 사람에게 고마움을 표한다. 그리고 노래를 추천한 레논의 부인 오노 요코에게도 감사를 표한다. 그리고 혁명가 레논의 죽음에 경의를 표한다. 그리고 그를 기념한다.

시사

부르주아지는 예나 지금이나 변한 것이 없다

서울시의 영어상용화 정책을 보며*

일부 지자체들이 '영어공용화' 혹은 '영어상용화'를 실시하겠다고 한다. 후자를 주장하는 자들은 '공용화'와 '상용화'는 다른 것이라 강변한다. 그러나 '영어공용화'라는 솔직하고 노골적인 주장이나, 아니면 '공용화'라는 주장에 대한 반감과 과거의 비판을 의식한 것이 분명한 '영어상용화'라는 기만적인 주장은 그 추진 주체의 음흉스러움에 따라 달리 불려지는 것에 불과하다. 그것이 어떻게 불려지든지 그러한 정책을 실행하려는 목적은 내용적으로 거의 비슷하기 때문이다.

'영어공(상)용화'와 관련된 논란은 지금이 처음은 아니다. 몇 년 전에도 '영어공용화'와 관련된 논란이 있었다. 한 자유주의적 지식인에 의해 주장되었고 ≪조선일보≫를 중심으로 진행되었던 당시의 논란은 지금과는 달랐다. 소위 '지식인'이라 불리는 사람들을 중심으로 진행되었지만 어느 정도 커다란 사회적 쟁점을 형성하였고 많은 사람들이 논의에 참가했었다. 왜냐하면 그때에 제기된 '영어공용화(영어 공용어)'의 주장은 지금처럼 하나의 정책으로 제시된 것이 아니었다. 그것은 자신의 정당성과 필연성을 변화된 세계사적 상황하에서 한국 사회의 개혁이라는 거대담론과의 연관 속에서 찾았기 때문이다. 즉 여기에는 소위 'IMF 경제 위기'라는 상황 속에서 '세계화'에 대한 판단과 태도의 문제가 결부되었으며 또 '민족주의'에 대한 비판이 매개로 작용하여 논쟁이 이루어졌었다. 그래서 이 문제는 나름대로 치열하고 자못 진지하게 진행되었다.

이후 물밑으로 가라앉았던 이 문제는 최근 제주도의 영어공용화 추진, 경기도의 영어마을 건립, 서울시의 영어체험마을 및 '영어상용화 정책' 추진 등으로 다시 수면 위로 떠오르고 있다. 물론 당시의 '영어공용화'를 주장했던 근거는 언뜻 보기에도 지금의 그것과는 사뭇 다르고 그에 대한 쟁점과 비판의 초점도 지금의 그것과는 다르다. 또한 상황도 엄청나게 달라졌다. 또한

---

* [편집자 주] ≪현장에서 미래를≫ 제99호(2004. 6.) 〈이렇게 본다〉에 실린 글이다.

현재 제기되는 주장들은 그 제안자들의 수준 때문에 과거의 주관적 진지함이나 나름대로의 치열함은 사라지고 그저 천박함만이 남아 있다. 그러나 좀 더 자세히 살펴보면 그 근본에 같은 뿌리가 있음을 알게 된다. 그것은 한국 사회 내의 다른 문제들도 유사하게 갖고 있는 한국 사회의 계급 문제와 민족 문제와 관련된 문제이다. 여기서는 '영어공용화'와 관련하여 그 연관성을 고민하고자 한다. 따라서 이 글은 '영어공용화'를 찬성하는가 반대하는가의 문제를 직접적으로 다루지는 않는다. 왜냐하면 '영어공용화'의 문제를 찬성 혹은 반대의 문제로만 다루는 것은 문제를 협소화하는 것이고, 문제의 본질에 대한 인식을 방해하게 되기 때문이다. 물론 본질에 대한 인식이 찬성과 반대의 근거가 되기도 하지만 찬성과 반대의 문제는 상황에 따라 변할 수 있는 것이기 때문이다.

그러한 이유에서 지금 당시의 논란을 다시 한 번 돌아보는 것은 의미가 있다. 왜냐하면 앞서 말한 대로 당시의 문제의식은 지금보다 좀 더 진지했기 때문이다. 따라서 우리는 당시의 문제의식을 재검토하는 과정에서 이 문제와 관련해서 보다 진지하고 근본적으로 살펴볼 수 있는 기회를 얻을 수 있게 된다. 그리고 그 과정을 통해 다시금 제기되는 '영어상용화'에 대한 문제에 대해 고민해 보고자 한다.

1.

당시 ≪조선일보≫는 '영어공용화' 논쟁을 "세기말, 세계화 열풍 속에서 민족주의의 유효성에 대한 회의가 지식인 사회일각에서 싹트고 있는 상황에서 '영어공용화'의 주장이 제기되자 '인문과학자들 사이에 격렬한 논쟁이 일 조짐이' 보였고, 곧 '지식사회'를 강타한 '민족주의 논쟁'"으로 벌어진 것이라 보도하며 논쟁을 유발시켰다.

'영어공용화'의 필요성에 대한 문제 제기를 최초로 제기한 복거일 교수의 논리를 정리 · 요약하면 다음과 같다. 즉 "세계는 단순한 민족국가들의 조합은 아니며 주권국가들을 넘어서는", "새로운", "초국가적 질서가 자리 잡았고", 이렇게 형성되어 실제로 존재하는 '지구제국'이 "우리 삶의 모든 부면들에 영향을 미치는" 상황에서 "우리의 판단과 행동이 새 환경에 맞게 조절돼야" 하며 "실질적인 국제어로 자리 잡은" "영어를 우리말과 함께 공용어로 삼을 것을 제안한"다. 이 주장에 말 그대로 다양한 반대와 찬성의 의견들이 쏟아져 나왔다.

반대를 주장하는 사람들의 일부는 신라 지식인의 환생, 대한제국의 멸망의 예, 친일파들의 당시 주장들 등의 비유를 들며 반대의 근거를 과거 역사에서 찾았다. 일부는 영어를 공용어로 삼았거나 영어를 잘하지만은 한국보다 "경제적으로 우수하지도 생활이 국제적이지도, 국민생활이 행복하지도 않"은 나라들의 예를 들어 가며 그 허구성을 이유로 반대했다. 또 어떤 작가는 인간을 인간답게 하는 것은 구체적이고 특수한 국지성이며 국지적 관계라는 주장과 다른 사람들의 글과 자식들을 미국에 보내 교육을 시키면서 얻은 경험을 인용하면서 영어 조기교육의 강화에는 찬성 그러나 민족어 교육에 지장이 될 정도로 강화하는 것에는 절대로 찬성하지 않는다는 다소 혼란스러운 반대의견을 주장한 사람도 있었다. '영어공용화' 이후 대한민국은 쉽게 미국의 자치주가 될 것이기에 반대를 한다는 다소 억지스런 주장을 하는 사람도 있었다.

이와 반대로 '영어공용화'를 찬성하는 사람들 역시 다양한 근거를 제시하였는데, 그들이 공통적으로 강조하는 것은 '세계화'는 돌이킬 수 없는 대세이며, 이것은 생존조건이고, 이에 대한 적응은 생존의 필수조건이며 후대에 대한 의무라는 사실이다. 또한 '세계화'가 미국 중심으로 이루어지고 있기에 '영어공용화'는 그중 가장 기본적이다라는 점과 중요한 것은 '내것화'다라는 것을 강조하는 것도 공통점이다.

"민족주의 대 세계주의의 논쟁"으로 규정되었던 이 논쟁의 대립구도는 일면 합의에 도달하기 어려워 보인다. 그러나 찬반을 일단 도외시하고 극소수의 의견과 사소한 이견을 제외하면 양자의 기본적 관점은 놀라울 정도로 일치한다. "부정적 민족주의", "감정적 민족주의", "맹목적 민족주의", "닫힌 민족주의", "공허한 민족주의", "배타적 민족주의", "거친 민족주의"에 대해 그들은 함께 비판한다. 그들은 상호 간에 치열한 논쟁을 하고 있지만 같은 것을 비판한다. 그들은 정도를 달리하지만 미국을 중심으로 하는 세계화를 대세로서 인정한다. 그리고 그들은 '열린 민족주의'를 함께 주장한다. 그들은 서로 다른 주장을 하고 있는 것처럼 보이지만 결국 같은 것을 옹호한다. 그래서 '영어공용화'를 옹호하는 한 교수는 논쟁을 "민족주의와 세계주의의 대립으로 이해"하는 것은 잘못이고 "원리민족주의와 실용적 민족주의의 대립"으로 파악하는 것이 옳다고까지 주장한다. 물론 그러한 주장이 있기 전에

‘영어공용화’ 논쟁을 유발한 교수님께서는 자신의 글에서 “민족주의적 열정을 잘 다스려서 ‘열린 민족주의’로 다듬어 내”자는 것이고 “거친 민족주의적 행동을 삼가고 실질적 국제어인 영어를 호의적으로 대해야 한다”는 것이 자신의 본뜻이었다고 이미 고백하였다.

2.

그들이 대세로서 인정하는 ‘세계화’는 당시에도 지금도 대세다. 그들이 파악한 ‘세계화’가 얼마나 잘못되었는가를 여기서 길게 논하거나 세계화의 문제점에 대한 비판을 지금 여기서 자세히 할 필요는 없다. 그저 눈이 있고 생각이 있다면 눈을 들어 주위를 둘러보고 한 번 다시 생각해 보라고 하는 것만으로도 충분하다. 비록 “이상적 사회”는 아니지만 “강대국만이” “이득을 보는 것”이 아니라 “실은 약소국들이 상대적으로 더 큰 이득을 본다. 국제적 질서는 비록 공평한 것이 아닐지라도 약소국에 이롭다”던 그의 ‘지구제국’은 전쟁과 침략으로 얼룩진 아비규환의 세상으로 변한 지 오래고, 그가 그제서야 겨우 파악하고 놀라워했던 ‘세계화’는 신자유주의적 세계화로 “약소국들”의 인민들뿐만 아니라 “강대국”의 인민들의 삶까지도 파괴하였고 지금도 파괴하고 있다. (“약소국들이 상대적으로 더 큰 이득을” 본다는 그의 말은 어떤 의미에서는 사실이다. ‘강대국’의 인민들이 ‘약소국’의 인민들보다는 상대적으로 우위를 누렸던 여러 권리들을 빼앗기고 있을 때, ‘약소국’의 인민들은 ‘강대국’의 인민들에 비해 빼앗길 것이 상대적으로 적었기에 더 적게 빼앗겼다는 의미에서는 말이다.)

자본주의의 발전에 따라 민족문제와 관련하여 두 가지의 역사적 경향이 발생한다. 그 하나는 민족의 삶과 민족운동에 대한 자각, 모든 민족적 억압에 대한 투쟁, 민족국가의 창출이며 다른 하나는 모든 형태의 국제적 교류의 발전과 성장, 민족적 장벽의 분쇄, 자본, 경제생활 일반, 정치, 과학 등등의 국제적 통일의 창조이다. 이 두 가지 경향은 모두 자본주의의 보편적 법칙이다. 전자는 자본주의 발전의 초기 단계에 우세하고, 후자는 미래를 준비한다는 의미를 포함하며 자본주의가 성장해 가면서 점차 우세를 차지하게 된다. 그러나 후자는 앞서의 표현처럼 그렇게 낭만적으로 이루어지지 않는다. 압도적 힘에 의한 국제주의적 원칙이 지켜지지 않는다면, 이것은 부르주아 민족주의에 오염되어 이것을 기초로 하여 제국주의로 식민지로 표현되게 된다. 그것이 지금까지의 역사에서 보아온 사실이다. '세계화'를 대세로 필연으로 파악한 것은 그리고 미래의 준비의 한 과정으로 본 것은 올바른 것이지만 그들은 그것이 '신자유주의적' '세계화'였다는 사실을 몰랐던 것이다.

봉건제에 대한 자본주의의 승리가 이루어지던 시기 부르주아지는 국내시장을 획득해야 했으며, 단일한 언어를 발전시키고 정치적으로 통일된 영토가 필요하였다. 여기서 민족주의는 봉건적 최면상태로부터 대중을 각성시키고 민족적 억압에 대항하여 민중과 민족의 주권을 지향한다는 의미에서 진보적 이데올로기였다. 그리고 이것은 기본적으로 부르주아적이었다. 한마디로 민족주의는 부르주아 민족주의다. 결국 민족의 성립은 부르주아지의 계급 지배의 강화의 과정이었고 민족국가의 성립은 부르주아지의 계급 지배의 도구를 확보하는 것이었다. 이러한 부르주아지의 승리의 과정에서 민족운동의 경제적 기초가 만들어지게 된다. 따라서 당시의 민족문제는 계급 문제의 일부로 혹은 계급 문제의 구체적 발현의 형태로 나타났다. 그런데 제국주의시대에 들어서면서 식민지 문제가 민족문제의 중요한 문제로 된다. 제국주의의 지배로부터 벗어나고자 하는 식민지 인민의 투쟁은 기본적으로 진보적이다. 그리고 이 투쟁의 동력에는 부르주아지도 포함된다. 그러나 민족해방운동에서 노동자계급의 정책은 결코 부르주아지의 정책과 일치하지 않는다. 노동자계급은 계급투쟁을 위한 최적의 조건을 창출하기 위한 특정 조건에서만 부르주아지를 지지한다. 이미 부르주아 민족주의는 자신의 역사적 임무를 완수한 것이다. 부르주아 민족주의의 원칙은 기본적으로 민족체 일반의 발전이다. 여기에서 부르주아 민족주의의 배타성이 발생하고 부단한 민족적 분쟁이 일어난다. 전 지구적으로 자본주의가 승리한 지금, 부르주아지의 일방적 우위가 관철되는 현재 전 세계적으로 벌어지는 민족분쟁에서 우리는 이 점을 쉽게 확인할 수 있다. 즉 이미 오래전부터 '세계화'한 현재 민족주의는 기본적으로 반동적이다.

앞서 본 대로 '영어공용화'를 둘러싸고 논쟁한 당시의 지식인들은 다양한 이름의 민족주의를 비판한다. 하지만 그들은 또다시 민족주의로 수렴한다. 물론 그들이 비판하는 민족주의에는 부르주아 민족주의의 관점에서도 반동적인 민족주의가 포함되어 있다. 하지만 그들이 초점을 두어 비판하는 것은 '세계화'를 반대하고 민족문제의 해결을 노력하고자 하는 노동자 · 민중의 태도이다. 또한 그들은 "과잉 세계주의"를 비판한다. 하지만 그들이 비판하는 것은 신자유주의적 세계화가 아니다. 그들의 비판은 민족주의를 넘어 국제주의로 나아가려는 노동자 · 민중의 노력을 비판하는 것이다. 이것은 그들이 철저하지 못한 자유주의적이고 소부르주아적 지식인이고 민족문제에 있어 부르주아적이거나 몰계급적이어서 결국 부르주아지의 이익을 대변하고 있다는 것을 스스로 증명하는 것이다. 신자유주의적 세계화 이외에는 대안이 없다는 것을 전제한 후 '민족주의의 옹호'를 주장하여 노동자 · 민중을 혼란스럽게 만드는 것, 그리하여 그들로 하여금 계급 문제와 민족문제의 과학적이고 통일적인 이해를 방해하는 것, 그래서 올바른 실천을 하는 것을 방해하는 것, 그것들 모두는 그들 자유주의적 혹은 부르주아적 지식인들에게 자본이 맡긴 역할임을 과거의 논의를 통해 우리는 다시 한 번 확인할 수 있었다. 그리고 이것은 과거만의 문제가 아님은 다시 말할 필요도 없다.

3.

부르주아 민족주의와 노동자계급의 국제주의는 자본주의 세계의 두 개의 커다란 두 계급진영과 일치하는 또 민족문제에 대한 서로 화해 불가능한 적대적인 두 개의 세계관을 표현한다. 전자가 민족체의 발전을 제1원칙으로 삼고 이에 의해 다른 민족에 대한 배타성이 발생하고 부단한 민족적 분쟁을 일으킨다면, 후자는 부르주아 민족주의가 모든 민족의 민족적 발전을 찬성하기는커녕 다른 민족에게 적대하고 있다는 것을 폭로하며(국익을 위해 이라크에 파병하겠다는 주장을 보라!) 그들이 유포하는 환상에 대해 대중들을 경계시킨다. 그리고 강제나 특권에 기초한 것이 아닌 모든 민족 동화를 원칙적으로 환영한다. 또한 민족적 차이를 없애고 민족적 장벽을 제거하는 데 기여하는 모든 것을 지지하고 민족체 간의 유대를 더욱더 긴밀하게 하거나 민족들을 융합하는 경향이 있는 모든 것을 지지한다. 전자가 민족과 민족국가 내의 노동자계급과 부르주아지의 공동운명과 단일한 이해를 선동할 때 후자는 여러 나라 프롤레타리아의 전국적 투쟁에서 프롤레타리아는 국적과 관계없이 전체 프롤레타리아의 공통된 이익을 지적하고 전면에 내세운다.

언어와 문화에 있어서도 이것은 마찬가지다. 전자는 민족 언어와 민족문화의 배타성을 주장하고 가능한 경우 특권을 주장하고 강제할 것이다. 그러나 후자의 경우 어떤 한 언어의 특권을 절대 인정하지 않을 것이며, 서로의 이해를 높이기 위해 필요하다면 스스로 다수가 이해하는 언어를 기꺼이 선택할 것이다. 문화에 있어서도 '민주주의와 세계 노동자계급 운동의 국제 문화'를 주장할 것이다.

문제가 이러할 때 그들 자유주의적 혹은 부르주아적 지식인이 무엇보다도 민족(국가)의 공통된 이익을 최선에 두는 것은 당연하며, 민족문제에 계급적 관점을 첨가해야 하는 것을 이해하지 못하는 것도 당연하다. 계급 간의 적대를 이해하지 못하는 그들의 일부가 우리 민족(국가)이 잘살려면 '영어공용화'가 필요하다는 주장을 하는 것이나 또 다른 일부가 필리핀, 인도가 영어는 잘하지만 일본이나 한국보다 경제적으로 우수하지도 생활이 국제적이지도 국민생활이 행복하지도 않다고 하는 것을 통해 '영어공용화'를 반대하는 것은 본질에 있어 큰 차이가 없다. 코드의 문제이고 취향의 다양성의 문제에 불과하다.

그들 모두 눈감고 있는 것은 전자의 두 나라나 후자의 두 나라에서 모든 부르주아지를 포함한 지배세력은 노동자계급과 피지배세력에 비해 엄청나게 잘살고 있다는 것이다. 그리고 지배세력들 혹은 그들의 자식들 중 영어를 잘하는 자들이 피지배 세력과 그들의 자식들에 비해 훨씬 많을 것이라는 사실이다. 다만 전자는 제국주의 세력과 자신을 동일시하는 '부르주아 국제주의'에 대한 세계적 감각을 갖고 있다는 점과 자신들이 더 잘할 수 있는 것을 또다시 자신을 위해 사용하려는 부르주아적 감각과 영특한 머리를 갖고 있다는 점이 후자보다 우월할 뿐이다. 다들 아는 것처럼 그들이 영어를 더 잘하는 것은 그들이 잘나서가 절대 아니다. 그들이 그럴 수 있는 것은 당연히 그들이 지배계급의 구성원이기 때문에 또한 그 결과로 유복하기 때문이다. 그들은 개인교습, 연수, 조기유학 혹은 원정출산을 통해 영어를 잘할 수 있는 기회를 피지배계급보다 엄청나게 많이 갖고 있기 때문이다. 남의 것을 빼앗아 치부하고 능력을 키우고 또 그것을 이용하여 남의 것을 더 뺏는 재주가 그들의 본성이라는 것은 비밀이 아니다.

4.

서울시가 이번에 슬쩍 내놓은 '영어상용화' 정책은 "동북아 중심도시로 발전하고 외국인 투자를 많이 유치하기 위해"서 필요하고 또 "주한 외국기업

임직원의 56.7%가 한국인의 영어소통 능력에 불만이 있"고, 그저 "영어를 일상생활에서 불편함이 없도록 상용화하자는 것일 뿐, 공식 언어로 삼는 공용화 정책은 아니"고 "외국어를 잘하는 공무원에게 인사 가산점을 줄" 것이고 "직원들의 영어실력을 길러 2006년 이후 간부회의를 영어로 진행할 수 있도록" 할 것이라는 것이 요점이다. 이러한 내용이 알려지자 또한 많은 사람들이 예전처럼 찬반으로 나뉘어져 자신의 의견을 제출하고 있으며 논의의 근거도 예전의 것들과 유사하다. 물론 서울시의 정책에는 과거 '영어공용화' 논란에서 볼 수 있었던 나름대로는 진지했던 그 어떤 문제의식도 담겨 있지 않다. 그러나 그것은 앞서 '영어공용화' 논란에서 보았던 모든 문제점을 고스란히 갖고 있다. 따라서 당시 쏟아졌던 다양한 비판들은 지금도 자신의 위치에 맞게 유효하다. 그러나 우리는 이 문제를 민족주의적 관점으로 해결해서는 안 된다. 그것은 배외주의로 귀결된다. 따라서 우리는 이것을 민족문제와 계급 문제의 통일적 관점에서 해석하고 이해하도록 주의해야 한다.

'영어상용화' 정책의 일부는 이미 집행되고 있다. 또 이것이 전면화되는 것은 이후 정책을 둘러싼 여러 힘 관계와 투쟁에 의해 결정될 것이다. 만일 정책이 집행되고 이에 따라 여러 문제가 발생한다면 그것은 그를 시장으로 뽑아 준 서울시민이 감수해야 할 업보이다. 아무튼 이 정책은 집행되더라도 실패가 명확히 예견되는 정책이다. 왜냐하면 이미 한국에서 영어교육은 서울시가 시행하려는 것 이상으로 오래전부터 진행되고 있었으며, 영어를 잘했을 때 받는 특혜 또한 서울시가 소수에게 제공하려는 '인사 가산점' 이상이다. 이것은 아주 오래전부터 그래 왔다. 하지만 그 결과는 지금 그가 개선하려는 그 상황이다. 언어란 원래 그런 것이다.

이명박 시장은 2006년 간부회의를 영어로 진행할 수 있도록 하겠다고 한다. 또 그는 영어를 구사할 수 있다고 한다. 그러나 그가 영어를 간부회의에서 구사하게 될지 아니면 관광지에서 사용하게 될지는 아직은 아무도 모른다. 만일 그가 자신의 재선을 확신하고 이 정책을 추진하는 것이라면 그는 꿈이 야무진 사람일 것이다. 왜냐하면 그는 자신에게 해로운 정책을 추진함으로서 재선을 꿈꾸기 때문이다. (한국에서 반미는 이제 상식이다.) 또한 그가 자신의 재선과 무관하게 소신으로 이 정책을 실천하는 것이라면 그는 자신이 오늘날의 친일파, 즉 친미사대주의자임을 스스로 증명하는 것이다. 어떤 경우든 그의 미래는 그다지 밝지 않아 보인다.

〈다함께〉 비판*

— 코르닐로프 반란

전술을 논하기도 시간이 부족한데 '코르닐로프 반란'이나 논하고 있으니 참으로 한가(심)해 보입니다. 그래도 어느 정도는 의미가 있으리라 보입니다. 왜냐하면 이것이 좌파진영의 어느 한 "전술"의 근거이니까요.

1.

먼저 현 탄핵정국에 대한 좌파들의 전술을 보자. 그것들에게서 정세변화에 대한 진지한 고민은 결여되어 보인다. 또한 전술 도출을 위한 치열한 노력 역시 찾아볼 수 없다. 정세변화는 전술의 변경을 요구한다. 물론 전술의 변화는 정세의 변화가 그것을 요구할 때만이다. 지금은 정세의 변화가 전술의 변화를 요구하고 있다. 그러나 대부분의 좌파들은 이에 대해 적극적이고 능동적으로 고민하고 대처하지 못하고 있다. 그저 해 오던 대로 혹은 그보다 못한 전술로 정세에 즉자적이고 수동적으로 대응하고 있다. "민중탄핵", "국민발의제", "국민소환제" 등등은 "의회탄핵"과 "탄핵"을 통해 확인된 "의회정치 파탄"에 대한 즉자적이고 수동적인 대응이다. 노무현의 탄핵을 주장하려 했거나 직접민주제를 주장하려고 했어도 이것은 이미 오래전부터 주장되었거나 전략적으로 주장되었어야지 탄핵국면에 새삼스레 주장될 것은 아니다. 그러한 탄핵되어야 할 사유는 이미 오래전부터 있었고, 의회정치(대의정치) 파탄과 직접민주제에 대한 주장은 그보다 훨씬 전부터 주장되었던 것이다. 정세가 변하자 이런 구태의연한 것들을 새삼스러운 듯이 주장하는 것은 자신들의 무능을 스스로 폭로하는 것에 다름 아니다.

---

* [편집자 주] ≪현장에서 미래를≫ 제98호(2004. 5.) 〈탄핵정세 관련 논쟁 자료〉에 실린 글이다.

2.

이와는 다르게 〈다함께〉 동지들은 현 탄핵정국에서 전술에 대한 고민을 한다는 점에서 다른 좌파조직보다 우월하다. 정세가 변화하자 이에 대해 진지하게 고민하고 민감하게 대처하려는 태도는 훌륭하다. 대중이 진출하자 누구보다도 먼저 그곳으로 달려가 대중들과 결합하려하고 자신의 행동을 원칙에 대한 검토와 더불어 역사의 경험에서 도출하려는 태도 역시 훌륭하다. (물론 이보다 더 훌륭한 것은 가두에서 반전서명을 받고 3 · 20 집회를 조직하기 위해 쏟은 그들의 노력이다.)

물론 훌륭한 태도와 자세 그리고 선의가 전술의 올바름을 저절로 보장하는 것은 아니다. 몇몇 〈다함께〉 동지들이 탄핵정국에서 보여 주는 것이 바로 그 좋은 예다. 나는 몇몇 〈다함께〉 동지들이 왜 잘못된 전술로 귀결됐는지 참으로 궁금했다. 그리고 이 게시판*에서 그 까닭의 일부를 알게 되었고 이에 대해 한마디를 하려고 한다. 왜냐하면 현재의 그들은 나와 생각은 다르지만, 나는 그들이 나의 미래의 동지라는 생각이기 때문이다. 이 글에서 그들의 전술 자체에 대해서 왜 잘못됐는지를 다루지는 않겠다. 현재의 전술에 대해서 나의 주장은 이미 밝혔고("전술을 생각한다") 또 다른 많은 글에서 주장되고 지적되었기 때문이다. 여기서는 아래의 인용문을 읽고 들었던 생각과 그것과 관련된 사실, 즉 "코르닐로프 반란"에 대한 몇몇 〈다함께〉 동지의 잘못된 이해에 국한해서만 검토하겠다.

(이에 대해 이미 채만수 소장은 다음과 같이 비판했다. 참조를 위해 옮기겠다.)

> 그들은 역시 '국제사회주의자들'다웠다. 〈다함께〉는, 지금 그들의 의미만을 살려서 대략 옮기자면, '코로닐로프 반란 때에 볼쉐비키는 케렌스키 정권을 방어하여 반군과 싸웠고 그러한 과정을 통해서 대중을 전취, 혁명을 성공시켰다', '따라서 지금 〈노동자의 힘〉과 〈사회진보연대〉 등 좌파가 오불관언하는 것은 [그들의 눈에는 그렇게 '오불관언'하는 것으로 보이는 모양이다] 잘못이다', '보수야당에 대해 전면적인 비판을 수행해야 한다', '탄핵반대 입장을 명

* [편집자 주: 김해인] 원래 이 글은 Metheus라는 이름으로, 2004년 3월 25일 〈http://www.another0415.net〉 게시판에 작성된 글이다.

확히 하고, 시위와 동맹파업, 총파업을 조직하자', '3 · 20반전행동의 날에도 우익쿠데타 저지 슬로건이 들어가야 한다'고 주장하고 있다. 난파해 몰락해 가는 한나라당 등이 의사당에서 벌인, 그것도 계략에 빠져서 절망적으로 벌인 비극적인 코미디 한 토막을 러시아군 최고사령관의 군사반란과 대등하게 취급하다니! "아는 것이 병"이고 "선무당이 사람 잡는다"는 속담은 꼭 이런 걸 두고 하는 말이다. 역사적으로 언제나 그래 왔던 것처럼, 저들은 지금 자신들이 무슨 짓을 하고 있는지도 모른 채 혁명적 공문구를 남발하면서 '이적행위'를 저지르고 있다. (채만수, "신자유주의 개혁 파시즘을 경계하자")

3.

〈다함께〉 김하영 씨는 그의 글("민중운동은 왜 탄핵에 반대해야하는가?", ≪다함께≫ 26호)에서 이렇게 주장한다.

그동안 노무현이 저질렀던 일에 대한 복수로, 좌파가 우익 야당들의 노무현 탄핵을 비난하지 않는다면 그것은 치명적인 오류다. 우리가 우익의 반격을 패퇴시키지 않은 덕분에 우익 정당들이 권력을 찬탈한다면 그들은 맨 먼저 노동자 · 민중운동을 공격하는 일부터 착수할 것이다. 우리가 노무현을 더 나은 대안으로 지지해서 우익 야당들의 노무현 탄핵을 반대하는 것이 아니다. 때론 싫어하고 믿을 수 없는 자들도 우익으로부터 방어해야 할 때가 있다.

러시아 혁명을 이끌었던 볼세비키는 1917년 8월(구력) 코르닐로프 장군이 케렌스키 임시정부를 전복하기 위해 쿠테타를 일으켰을 때 이런 상황을 맞았다. [당시 케렌스키가 볼세비키를 엄청나게 탄압했음에도 불구하고] 코르닐로프에 반대하는 투쟁에 앞장섰[고] 볼세비키는 코르닐로프 반대 투쟁을 승리로 이끌면서 노동계급의 신임을 크게 얻었고, 결국 그해 10월 ... 케렌스키 정부를 대체했다.

볼세비키가 케렌스키의 임시정부로부터 엄청난 탄압을 받은 것은 사실이다. 또한 "코르닐로프에 반대하는 투쟁에 앞장섰"던 것도 사실이다. 또한 그 "코르닐로프 반대 투쟁을 승리로 이끌면서 노동계급의 신임을 크게 얻었고 결국 그해 10월" 혁명에 성공한 것도 사실이다. 그러나 김하영 씨는 코르닐로프 반란의 모든 것을 이야기하고 있지 않다. 그리고 볼세비키의 전술에 대해서도 자신에게 필요한 것만 선택하여 그것도 왜곡해서 말하고 있다. 우리는 이것을 살펴볼 것이다.

4. 코르닐로프 반란

길지만 먼저 이 사건에 대한 글을 살펴보겠다. 당시의 상황에 대해 좀 더 자세히 아는 것은 중요한 문제이기 때문이다. 글들은 가급적 인용문의 원문 그대로이다.

> 5. 꼬르닐로프 대장의 반혁명적 음모. 뻬뜨로그라드와 모스크바에서 볼셰비키들 편으로의 소비에트의 전이.
>
> 부르죠아지는 모든 정권을 장악한 후, 무력하게 된 소비에트를 격멸하고 노골적인 반혁명적 독재의 수립을 준비하기 시작했다. 백만장자 랴부신스키는 파렴치하게 말하기를, "기왕의 여윈 손과 대중적 빈궁은 민중의 거짓 벗들인 민주주의적 소비에트와 위원회의 멱살을 틀어쥘 것임으로" 이 점에서 자기는 역경(逆境)의 출구를 보노라고 했다. 전선에서는 병사들에 대한 야전군법회의와 사형집행이 널리 시행됐다. 1917년 8월 3일에 총사령관 꼬르닐로프 대장은 후방에서도 사형을 실시할 것을 요구했다.
>
> 8월 12일에 모스크바 대극장에서 부르죠아지와 지주의 세력을 동원할 목적으로 임시정부가 소집한 국무협의회가 개최됐다. 협의회에는 주로 지주, 부르죠아지, 대장들, 장교들 및 까작크의 대표들이 참석했다. 소비에트는 멘셰비키들과 에쎄르들을 협의회의 대표로 보냈다.
>
> 국무협의회를 개최하는 날에 볼세비키들은 항의의 표시로써 다수의 노동자들을 망라한 총파업을 모스크바에서 결행했다. 동시에 허다한 기타 도시들에서도 파업이 결행됐다.
>
> 에세르 게렌스키는 거드름을 빼면서 협의회에서의 연설에서, 어떠한 혁명운동의 시도든지, 그중에는 농민들이 지주의 토지를 자의로 탈취하는 시도까지도 '철혈'로 진압하겠다고 을러댔다.
>
> 반혁명적 꼬르닐로프 대장은 위원회와 '소비에트 폐기'를 공공연하게 요구했다.

은행가, 상인, 공장주들은 금전과 원조를 약속하면서 대본영(그때에 총사령관 참모부를 이렇게 명칭했다)에 있는 꼬르닐로프 대장한테로 줄지어 갔다. '동맹국', 다시 말하면 영국과 프랑스 대표들도 꼬르닐로프 대장에게로 찾아가서 혁명을 반대하는 조치를 지체시키지 말 것을 요구했다.

사태는 혁명에 반대하는 꼬르닐로프 대장의 음모에 말려들기 시작했다.

꼬르닐로프의 음모는 공개적으로 준비되고 있었다. 음모에 주목하지 않도록 하기 위해 음모자들은 볼셰비키들이 뻬뜨로그라드에서 혁명의 반 주년 기념일인 8월 27일을 기하여 폭동을 준비한다는 낭설을 퍼뜨렸다. 게렌스키를 우두머리로 한 임시정부는 볼셰비키들에게 대들었으며 프롤레타리아당을 반대하는 테러를 강화했다. 이와 동시에 꼬르닐로프 대장은 군대를 뻬뜨로그라드에 출동시켜 소비에트를 쓸어버리고 무단독재정부를 수립하기 위한 군대를 모집하고 있었다.

꼬르닐로프는 자기의 반혁명적 진출에 대해 게렌스키와 미리 협약했던 것이다. 그러나 꼬르닐로프가 진출할 시각을 바로 앞에 두고 게렌스키가 방향을 돌연히 변경해 자기의 동맹자에게서 물러섰다. 게렌스키는 민중이 꼬르닐로프 반란을 반대하고 일어나서 그것을 격멸한 뒤에 만일 게렌스키 임시정부가 즉시 꼬르닐로프와 갈라서지 않으면 민중이 임시정부도 한꺼번에 소탕할까 두려워 취한 행동이었다.

8월 25일에 꼬르닐로프가 "조국을 구원하노라"고 선포하고 제3기병군단을 크류모프 대장의 지휘하에서 뻬뜨로그라드로 출동시켰다. 꼬르닐로프 반란에 대한 대답으로 볼셰비키당 중앙위원회는 노동자들과 병사들을 반혁명에 대한 적극적 무장적 배격에 나서라고 부르짖었다. 노동자들은 신속히 무장을 하고 배격을 준비하기 시작했다. 적위군 대열은 이 시일에 몇 배나 성장되었다. 직업동맹들은 자기들의 맹원들을 동원했다. 뻬뜨로그라드의 혁명적 병사부대들도 역시 전투적 준비에 나섰다. 뻬뜨로그라드 주위에는 참호를 파 놓았고 철조망을 쳐 놓았으며 철도 레일들을 끊어 놓았다. 크론스타트의 무장한 해군 수천 명은 뻬뜨로그라드를 방위하려고 도착했다. 뻬뜨로그라드를 공격하는 '야만사단'으로 대표들을 보내어 그들로 하여금 카프카즈 산간 출신인 이 병사들에게 꼬르닐로프의 진출에 대한 의의를 이해시켜 줌으로 인해 '야만사단'은 뻬뜨로그라드에 대한 공격을 거절했다. 선동원들은 꼬르닐로프의 기타 부대들에도 파견됐다. 위험성이 있는 이곳저곳에는 모두 다 혁명위원회와 꼬르닐로프파와의 투쟁본부가 성립됐다.

혼비백산한 에쎄르 멘셰비키 당수들과 게렌스키까지도 이 당시에는 볼셰비키들에게서 보호를 구했다. 왜냐하면 그들은 수도에서 꼬르닐로프를 격파할 수 있는 유일한 세력이 볼셰비키임을 확신했기 때문이다.

그러나 볼셰비키들은 꼬르닐로프 반란을 격파함에 대중을 동원하면서도 게렌스키 정부와의 투쟁을 중지하지 않았다. 볼셰비키들은 대중 앞에서 그 전(全)정책에 의해 꼬르닐로프의 반혁명적 음모를 객관적으로 도와주던 게렌스키, 멘셰비키들 및 에쎄르들 정부의 정체를 폭로했다.

이 모든 정책을 채용한 결과 꼬르닐로프 반란이 격파됐다. 크류모프 대장은 자살했다. 꼬르닐로프와 그의 공모자 제니낀과 루꼼스끼는 검거당했다(그런데 얼마 후에 게렌스키가 그들을 석방했다).

꼬르닐로프 반란의 격파는 혁명과 반혁명 간의 세력 관계를 일시에 폭로해 밝혀 놓았다. 이 사실은 대장들과 입헌민주당을 비롯, 부르죠아지의 포로가 된 멘셰비키들과 에쎄르들에 이르기까지의 모든 반혁명적 진영이 반드시 패망할 것임을 보여 줬다. 힘겨운 전쟁을 오래 끄는 정책과 장기간 전쟁으로 인해 생긴 경제적 파괴가 모조리 그들의 영향을 민중 속에서 이탈시켰던 것이다.

꼬르닐로프 반란의 격파로 인해 볼셰비키당은 반혁명의 어떠한 흉계를 막론하고 격멸할 능력을 가진 혁명의 결정적인 세력으로 성장했음을 보여 준 것이다. 볼셰비키당은 아직도 지배적 정당은 되지 못했으나 꼬르닐로프 반란 때에 실질적인 지배적 세력으로 행동했다. 이는 노동자들과 병사들이 주저 없이 볼셰비키당에 대한 지지를 실행했기 때문일 것이다.

꼬르닐로프 반란의 진압은 사멸한 듯한 소비에트가 실상 그 자체 내에 혁명적 반격의 가장 강력한 잠재세력을 지니고 있다는 것을 나타낸 것이다. 소비에트와 그의 혁명위원회만이 꼬르닐로프 군대의 진로를 끊어 놓았으며, 그들의 세력을 제거했다는 것은 의심할 수 없었다.

꼬르닐로프 반란과의 투쟁은 쇠잔하기 시작한 노동자 · 병사 대의원 소비에트에 생기를 주었으며 타협정책의 포로에서 해방시켰고 혁명 투쟁의 대로에 끌어냈을 뿐 아니라 볼셰비키당 축으로 인도했다.

볼셰비키들의 영향은 소비에트 내에서 그 어느 때보다도 더 성장했다.

볼셰비키들의 영향은 역시 농촌에서도 신속히 퍼져 나갔다.

꼬르닐로프 폭동은, 지주들과 대장들이 볼셰비키들과 소비에트를 격파하고서는 다음으로 농민들을 습격하리라는 것을 농민대중에게 보였다. 중농들은 그 동요성 때문에 1917년 4월부터 8월에 이르는 동안 혁명의 발전을 방해했지만 그들도 꼬르닐로프가 격파된 후에는 빈농대중과 결탁하면서 결정적으로 볼셰비키 측으로 전향하기 시작했다. (조영명 엮음, ≪러시아 혁명사≫, 온누리, 1985, pp. 204-7.)

〈다함께〉 동지들의 주장처럼 꼬르닐로프 반란에 대한 볼셰비키의 단호한 투쟁으로 볼셰비키가 "노동계급의 신임"을 얻을 수 있었다. 그러나 그뿐만 아니었다. 볼셰비키는 병사들과 농민(중농까지)의 신임까지 얻게 되었다. 그리고 이것은 "케렌스키 정부를 대체"로 이끄는 계기가 되었다. 여기까지는 문제가 아니다. 문제는 케렌스키의 임시정부에 대한 볼셰비키의 태도에 관련한 것이다. 또한 여기에서 또한 중요한 것은 볼셰비키가 어떠한 정치적 태도를 결정하게 되는 그 조건들이다.

5. "코르닐로프 반란"의 배경과 경과

1917년 2월 러시아에서 벌어진 시위는 봉기로 전환했고 혁명은 성공했다. 짜르를 몰아낸 러시아에는 두 개의 권력기관이 만들어졌다. 프롤레타리아트와 농민이 혁명적 민주주의를 구현하는 소비에트와 부르주아지와 지주의 지배기관인 임시정부가 그것이다. 이중권력이 형성된 것이다. 그러나 점차 부르주아지가 정권을 장악해 가고 있었다. 그것은 대다수를 차지하고 있는 소부르주아지의 영향에 노동자계급이 감염되어서인데 소비에트 내에서 사회혁명당과 멘셰비키가 우위를 차지하면서 임시정부를 사실상 지지했기 때문이다. 이러한 상황에서 레닌은 "4월 테제"를 발표하고 "모든 권력을 소비에트로!"라는 슬로건하에 투쟁하였다. 그러나 이것은 임시정부의 즉각 타도와 무장봉기를 호소한 것은 아니다. 왜냐하면 당시의 구체적 정세에서는 모든 권력이 소비에트로의 평화적인 이행 가능성이 있었기 때문이다. 하지만 "4월 테제"는 제국주의 전쟁의 종식과 부르주아지와 연합하는 사회민주주의자들과의 전면 결렬을 주장함으로써 소비에트와 임시정부 양자로부터 비난받았으며 볼셰비키 내부에서도 대립을 가져왔다. 케렌스키는 7월 4일 무장시위를 호소, 선동, 격려, 조직, 지도한 사람들을 전원 체포하여 '혁명에 대한 반역자'로서 재판에 회부하기로 한다. 레닌을 비롯한 볼셰비키는 독일첩자로, 반역자로, 무질서 옹호자로 탄압받고 체포되거나 피신해야 했다. 이것이 앞의 코르닐로프 반란 직전까지의 러시아의 정세였다. 이때 레닌은 "모든 권력을 소비에트로!"라는 슬로건을 유보하기를 주장하고("'모든 권력은 소비에트로 이양되어야 한다'는 슬로건은 평화적 발전의 길 위에서 다음의 일보, 즉각적으로 실행 가능한 일보를 위한 슬로건이었다. 그것은 혁명의 평화적 발전을 위한 슬로건이었는데, 2월 27일과 7월 4일 사이에는 그것이 가능했고 또 마땅히 가장 바람직했지만, 이제는 그것이 절대로 불가능하다" — 레닌, "슬로건에 대하여") "현재의 반혁명 및 현재의 소비에트의 배신에 맞서 싸우는 문제"에 대해 강조한다. 이와 같은 경로를 거친 후 형성된 정세는 아래와 같았다.

> 코르닐로프가 전국에 반란지지를 호소하기 전만 해도 반동세력은 페트로그라드에서, 군대 내에서, 농촌에서, 그리고 소수민족 내부에서 승리하고 있는 듯하였다. 군부지도자들, 유명인사들 그리고 두마의원들, 운행가들, 구지도자들이 상승세를 타고 있는 듯 보였다. 밀류코프는 "혁명은 끝났다"라고 파악했었다. 교회는 구래의 방식을 적당히 되풀이하면서 죄 많은 인간들에게 복종을 요구하였으며 사형집행관에게 자비를 베풀어 달라고 기도하는 사람들도 있었다. 2월 혁명의 지도자들은 제헌의회를 또 연기하였고 체레텔리의 경우, 사형폐지안에 반대하는 등 그처럼 반동세력에게 고분고분할 수 없었다. 반정부세력은 이제 끝장난 것으로 여겨졌다. 7월 이후, 무정부주의자들은 사라졌고, 볼셰비키는 도피했거나 은신 중이었다. 레닌은 변장하여 핀란드에 숨어 있었고 트로츠키와 그의 동료들은 수감되어 죽지나 않을까 두려워하였다. 두 달 동안 반동의 성공은 너무 순조롭게 이루어져 갔기 때문에 레닌은 이 시점에 있어서 군부의 반란이란 전혀 무의미한 짓이라고 확신하고는 반란루머를 터무니없는 소리라고 일축해 버렸다. 코르닐로프 역시 권력을 잡는 데에는 단지 손만 뻗으면 될 것으로 생각하였다. (마르크 페로, ≪1917년 10월 혁명≫, 거름, pp. 86-7.)

이러한 상황에서 코르닐로프는 케렌스키에게 더욱 반동적인 정책(계엄령의 권한확대와 후방에 대한 사형제 도입)을 요구한다. 그러나 케렌스키는 이를 거부하지만 협상에 응한다.

> 협상에 응하여 그가 내놓은 조건들을 수락하는 체하였다. 여기에 하나의 계략이 숨어 있었다. 그는 코르닐로프에게 마치 르보프[홀리 시노드의 총독: 인용자]가 질문자인 것처럼 하여 그의 요구조건들을 르보프에게 명기하여 주

도록 하였다. 코르닐로프는 르보프에게 구두로 말한 내용을 문서로 작성하여 주었으니 이번에는 그가 덫에 걸려든 것이다." (같은 책, p. 80.)

케렌스키는 각료회의를 소집하여 코르닐로프의 쿠테타 기도와 그의 해직을 알렸고 "코르닐로프 장군이 조국과 혁명을 배반하였다"고 전국소비에트에 알렸다. 코르닐로프 반란은 이렇게 시작되었고 사실 반란은 시작하기도 전에 끝장나 버렸다. "케렌스키는 군대의 '무혈반란진압'을 축하하였다." (같은 책, p. 82.) 그러나 정세의 복잡함은 코르닐로프의 반란이 마치 임시정부에 대한 반란으로 여겨지게 된다. 사회혁명당과 멘셰비키 역시 사태를 그렇게 보고 임시정부 방위를 주장하였다. 그러나 레닌은 코르닐로프를 반대하지만 이것이 코르닐로프 행동의 공범자인 임시 정부를 방위하기 위한 것이 아니라는 것을 명확히 한다. 즉 그는 코르닐로프에 대한 투쟁을 계속 벌이면서 임시정부와 그 조수로 전락한 사회혁명당과 멘셰비키를 폭로하는 것을 멈추지 않았다. 레닌의 "'코르닐로프를 제거하라, 케렌스키를 지지하지 말라'는 슬로건은 민중들의 여망이었던 반동분자들과의 투쟁에 부응하고, 또한 케렌스키의 행동을 묵살함으로써 그가 코르닐로프에 대한 승리에서 얻게 될 민중들의 신임을 사전에 빼앗기 위한 것이었다." (같은 책, p. 84.)

대(對)코르닐로프 방위조직을 구성하는 가운데 민주진영의 정당지도자들은 서로 손을 잡게 되었다. 소비에트비상회의가 진행되던 8월 27-28일 밤 그들은 자기 노선을 확정하였다. 반코르닐로프 투쟁은 반혁명세력에 대한 혁명세력의 투쟁이 아니라 단지 반혁명세력이 취할 수 있는 상이한 두 방법 간의 투쟁에 지나지 않는다는 것, 그리고 코르닐로프와 케렌스키는 서로 취한 방법이 다를 뿐이지 모두가 반혁명세력으로서 투쟁의 대상에서 제외될 수 없다고 하는 종전부터 고수해 온 입장이었다. 다른 하나는 당시까지 계속 논쟁이 되어 왔던 입장으로서 멘셰비키, 사회혁명당과의 연합을 통해 고립상태를 벗어나자는 입장이었다. 투쟁의 사회적 기초가 확대되고 소비에트가 다시 7월 사태 이전과 같은 역할을 맡을 수 있게 된 상황에서 볼셰비키는 연합논리를 단순하게 거부만 할 것이 아니라 소비에트 지도부와의 협력을 다시 신중하게 고려해야 한다는 것이다. 그리하여 볼셰비키 조직들은 또다시 '모든 권력을 소비에트로'라는 구호를 내세웠다. 레닌도 비록 자신의 부재중에 일어난 일이긴 하지만, 이러한 노선변경을 인정 · 지지하였다. (같은 책, p. 82.)

김하영 씨 말대로 볼셰비키는 임시정부로부터 엄청난 탄압을 받았다. 그러나 그뿐만이 아니었다. 볼셰비키는 사회혁명당과 멘셰비키가 다수를 차지하는 소비에트로부터도 엄청난 탄압을 받았었다. 이러한 반동의 시기에 코르닐로프의 반란은 반동이 득세하는 상황 속에서 그것을 완성하기 위해 감행된 것이다. 코르닐로프와 그를 총사령관으로 임명한 케렌스키가 함께 반혁명의 길을 갔다는 것이나 코르닐로프가 군부독재를 획책하는 수구반동세력이고 케렌스키가 자유주의자이고 개량주의자인 것이나 또 "민주주의자로서 그[케렌스키: 인용자]는 코르닐로프의 주위에 운집해 있던 반혁명분자들과 반유대주의자들에게 강한 증오감을 느꼈다"(같은 책, p. 84)는 점이나 코르닐로프를 제거하고 싶었고 그를 덫에 빠지게 한 후 제거한 것(같은 책, pp. 80-1)을 보았을 때 코르닐로프 반란과 현재의 우리 상황이 유사한 점은 있다. 즉, 한민자*와 열린우리당이 함께 파병을 결정하고 한·칠레자유무역협정을 비준하고 각종 신자유주의정책을 공조하는 것으로 함께 같은 길을 갔다는 것이 그렇고, 최병렬 등이 수구반동세력이고 노무현이 신자유주의 개혁세력이라는 것이 그렇고, 노무현이 그들에게 증오감을 갖고 있는 것이 그렇고, 덫에 빠지게 한 것이 그렇다. 그러나 그러한 사소한 유사성을 제거하면 당시의 객관적 조건과 현재의 그것의 차이는 하늘과 땅의 차이다. 2월 혁명-노무현 당선(?), 이중권력(임시정부, 소비에트)-이중권력(?)(대통령, 의회) 등등. 그리고 무엇보다도 중요한 노동자계급의 전위정당의 문제가 그것이다. 그러나 이것은 지금 여기서 다룰 문제는 아니다.

6. 케렌스키와 임시정부에 대한 레닌의 태도

코르닐로프 반란은 대단히 예기치 않은(그런 시점에, 그런 형태로일 것이라고는 예기치 않은), 그리고 완전히 믿을 수 없을 정도로 급격한 사태 전환이다.

모든 급격한 전환이 다 그렇듯이, 그것은 수정과 전술상의 변화를 요구하였다. 모든 수정에서와 마찬가지로, 우리는 무원칙하게 되지 않기 위하여 극도로 신중(extra-cautious)해야 한다.

---

* [편집자 주: 김해인] 당시 야당이었던 한나라당, 민주당, 자민련을 말한다.

무원칙하게 되는 자들은, (블로쟈르스키처럼) 방위주의로 미끄러져 들어가거나 (다른 볼셰비키처럼) 사회혁명당원들과의 블럭으로, 임시정부에 대한 지지로 미끄러져 들어가는 사람들이라는 것이 나의 확신이다. 그들의 태도는 전적으로 오류이며 무원칙하다. 우리는 권력을 프롤레타리아트로 이양한 이후에만, 강화 제의 이후, 비밀조약을 깨고 은행과 절연한 이후, 이러한 연후에야만 방위주의자가 될 것이다. 리가의 함락도 페트로그라드의 함락도, 우리를 방위주의자로 만들지는 못할 것이다(나는 볼로쟈르스키가 이 글을 읽게 되면 대단히 좋겠다). 그때까지 우리는 프롤레타리아 혁명을 지지하고 전쟁을 반대하며 방위주의자가 결코 아니다.

심지어 지금도 우리는 케렌스키 정부를 지지해서는 안 된다. 이것은 무원칙한 것이다. 우리에게 다음과 같이 물어볼지도 모르겠다. 코르닐로프에 맞서 싸우지 않겠다는 것이오? 물론 우리는 싸워야만 한다! 하지만 이것이, 타협으로 굴러떨어져 자신을 사태의 추이 속에서 휩쓸려 가도록 내버려 두고 있는 몇몇 볼셰비키가 내딛고 있는 길과 똑같다는 말은 아니다. 여기엔 분리의 선이 존재한다.

우리는 케렌스키의 군대와 꼭 마찬가지로, 코르닐로프에 맞서 싸울 것이며 또한 케렌스키를 지지하는 것은 아니다. 그와 반대로 우리는 그의 나약함을 폭로하고 있는 것이다. 이것이 바로 차이점이다. 이것은 다소 미묘한 차이이지만 매우 본질적인 차이인 것이며, 망각해서는 안 되는 차이이다.

그러면, 코르닐로프 반란 이후 우리의 전술상의 변화를 구성하고 있는 것은 무엇인가?

우리는 케렌스키에 대항하는 우리의 투쟁 형태를 바꾸고 있다. 그를 향한 우리의 적개심을 조금도 누그러뜨림이 없이, 그에 반대하여 말한 단 한 마디의 말도 철회함이 없이, 그를 타도해야 하는 임무를 포기함이 없이, 우리는 당면한 정세를 고려해야 한다고 말한다. 우리는 지금 당장 케렌스키를 타도하려 하지는 않을 것이다. 우리는 그에 맞서 싸우는 임무에 다른 방식으로 접근할 것이다. 다시 말하자면 우리는 인민들(코르닐로프에 맞서 싸우고 있는)에게 케렌스키의 나약함과 동요를 지적할 것이다. 이 임무는 과거에도 마찬가지로 수행되어 온 것이다. 하지만 이제 이것은 그야말로 중요한 것이 되었다. 그리고 이것이 그 변화를 구성하고 있는 것이다.

뿐만 아니라 그 변화란, 그야말로 중요한 이 임무가 이제는 케렌스키에게 다음과 같은 일종의 '부분적 요구들'(partial demands)을 제출하는 우리의 운동(campaign)을 강화시키는 것이 되었다는 사실이다. 즉 밀류코프를 체포하고 페트로그라드의 노동자들을 무장시키며 크론쉬타트와 비보르그와 헬싱키 호르스의 군대를 소환하고 두마를 해산시키며 로드쟌코를 체포하고 지주소유지의 농민으로의 이양을 합법화하며 곡물과 공장에 대한 노동자 관리를 도입하는 것 등등의. 우리는 이러한 요구들을 케렌스키에게뿐만 아니라, 그리고 케렌스키에게라기보다는 오히려, 코르닐로프에 대항한 투쟁의 추이 속에 휩쓸려 온 노동자, 병사, 농민들에게 제출해야 한다. 우리는 그들의 열의를 유지해야 하며, 코르닐로프에 대한 지지를 선언한 장성과 장교들을 처리하도록 해아 하며, 코르닐로프에 대한 지지를 선언한 장성과 장교들을 처리하도록 그들을 고무해야 하며 토지를 농민에게 즉각 이양할 것을 요구하도록 그들에게 역설해야 하며 로드쟌트와 밀류코프를 체포하고 두마를 해산하며, ≪레치≫ 및 기타 부르조아 신문들을 폐간시키고 이들에 대한 조사를 착수하는 것이 필요함을 그들에게 제의해야 한다. '좌파' 사회주의혁명당원들에게는, 특히 이와 같은 방향으로 역설해야 한다. (레닌, "러시아사회민주노동당 중앙위원회에게", ≪레닌과 사회주의 혁명≫, 태백, 1989.)

(이 글은 1917년 8월 30일에 쓰여졌고 1920년 11월 7일 최초로 발간되었다. 레닌은 글의 시작을 다음과 같이 하고 있다. "때로는 머리가 핑핑 돌 정도로 빠르게 사태가 발전하고 있기 때문에, 이 짧은 편지는 너무 늦게 당도할 가능성이 있다. 나는 이 편지를 수요일에 쓰고 있는데, 빨라야 9월 20일 금요일이 되어서야 수취인들이 받아 보게 될 것이다. 그럼에도 불구하고 여하튼 나는 다음의 글을 쓰는 것이 나의 임무라고 생각한다." 이 글을 통해 우리는 당시의 어려운 사정을 엿볼 수 있다. 당시에 비해 우리의 너무나 좋은 여건이란.... 게으름은 우리의 중요한 내부의 적이다.)

본론으로 돌아가자. 그대로 적용하는 것은 약간의 무리가 있지만 그것을 감수하자. 레닌이 언급한 "무원칙하게 되는 자들"에는 현재의 〈다함께〉 동지들이 들어간다. 그들은 열린우리당원들과의 "블럭으로", 노무현 정부에 대한 "지지로 미끄러져 들어가는 사람들"의 하나로 되고 있다. 그러한 〈다함께〉 동지들의 "태도는 전적으로 오류이며 무원칙하다."

당시의 레닌이 "케렌스키 정부를 지지해서는 안 된다"고 한 것처럼 우리 역시 노무현 정부를 지지해서는 안 된다. "코르닐로프에 맞서" "싸워야만" 했던 것처럼 우리도 보수반동세력과 싸워야 한다. "하지만" "타협으로 굴러떨어져 자신을 사태의 추이 속에서 휩쓸려 가도록 내버려 두고 있는 몇몇 볼셰비키가 내딛고 있는 길과 똑같"은 길로 가서는 안 되는 것처럼 우리도 현재의 〈다함께〉와 같은 길로 가서는 안 된다.

"케렌스키의 군대와 꼭 마찬가지로, 코르닐로프에 맞서" "싸우고 있지만, 케렌스키를 지지하는 것"이 아니라 "그와 반대로" "그의 나약함을 폭로"해야 하는 것처럼, 우리는 수구반동세력에 맞서 싸워야 하지만 노무현을 지지하는 것이 아니라 그와 반대로 노무현의 반노동자 · 반민중성을 폭로하여야 한다.

당시의 사회혁명당과 멘셰비키의 슬로건이 '임시정부 방위'였던 것과는 반대로 볼셰비키의 슬로건은 "모든 권력을 소비에트로!"였다. 그런데 〈다함께〉 김하영 씨는 러시아 혁명을 들먹이며 '노무현 정부를 방어해야 한다'고 한다. 웃지도 못할 일이다.

"밀류코프를 체포하고 페트로그라드의 노동자들을 무장시키며 크론쉬타트와 비보르그와 헬싱키호르스의 군대를 소환하고 두마를 해산시키며 로드쟌코를 체포하고 지주소유지의 농민으로의 이양을 합법화하며 곡물과 공장에 대한 노동자 관리를 도입하는 것 등등의", "요구들을 케렌스키에게 뿐만 아니라, 그리고 케렌스키에게라기보다는 오히려, 코르닐로프에 대항한 투쟁의 추이 속에 휩쓸려 온 노동자, 병사, 농민들에게 제출해야 한다. 우리는 그들의 열의를 유지해야 하며, 코르닐로프에 대한 지지를 선언한 장성과 장교들을 처리하도록 해야 하며, 코르닐로프에 대한 지지를 선언한 장성과 장교들을 처리하도록 그들을 고무해야 하며 토지를 농민에게 즉각 이양할 것을 요구하도록 그들에게 역설해야 하며 로드쟌트와 밀류코프를 체포하고 두마를 해산하며, ≪레치≫ 및 기타 부르조아 신문들을 폐간시키고 이들에 대한 조사를 착수하는 것이 필요함을 그들에게 제의해야 한다. '좌파' 사회주의혁명당원들에게는, 특히 이와 같은 방향으로 역설해야" 했던 것처럼 우리는 "파병반대", "파병군 철수", "한 · 칠레 자유무역협정 비준 무효화", "신자유주의 정책 철회" 등의 요구를 노무현에게 아니 노무현에게라기보다는 오히려, 수구보수세력에 대항한 투쟁의 추이 속에 휩쓸려 온 대중들에게 제출해야 한다. (동요하거나 혼란에 빠진) 민주노동당원들에게는 특히 이와 같은 방향을 역설해야 한다. 현재 〈다함께〉는 이렇게 하지 않고 있으며, 오히려 그 반대로 대중을 오도하고 있다. (김인식, "민주노동당은 탄핵 반대운동을 지지해야", 김하영, "민주노총이 탄핵반대 투쟁에 주도적으로 나서야 하는 이유", ≪다함께≫ 27

호) 이 역시 웃지 못할 일이다.

마지막 하나 더 김하영 씨는 “노동자 · 민중진영의 강화는 한쪽 옆에서 팔짱끼고 서 있는다고 해서 얻어지는 게 아니다”라고 타이르며 “노무현 지지자들과 뒤섞일 것”을 자랑스러워하며 “중요한 것은 이 투쟁 과정에서 노동자 · 민중진영의 투쟁으로 나아가도록 애쓰는 것”이라는 내용 없는 주장을 한다. 그러나 그는 러시아에서 볼셰비키가 대중을 전취할 수 있었던 것은 러시아에서 볼셰비키는 “그동안 가장 단호하고도 일관된 입장을 견지해 온 볼셰비키”였다는 것과 “볼셰비키 세력이 그토록 급격히 확장된 데에는 또 다른 요인이 있었으니 그것은 곧 정치현상의 저 밑에 잠재해 왔던 대중들의 과격화 경향이었다. 정국의 위기를 통해 대중들의 과격화 경향이 급작스럽게 노출된 것뿐이다”(마르크 페로, 앞의 책, p. 87)라는 사실은 모르고 있다.

7. 사족

— 나의 인용글이 모두 스탈린주의에 오염된 것이라 매도될 우려에 대한 노파심에서 트로츠키의 코르닐로프 반란에 대해 평가한 글을 덧붙인다.

코르닐로프 사건은 우리 쪽에 유리한 상황을 급격히 조성하면서 그간의 견해 차이를 일시적으로 가라앉히는 작용을 했다. 그러나 견해 차이는 가라앉았을 뿐 소멸되지는 않았다. 이때 우파는 혁명을 방어하고 그리고 일부분 조국을 방어한다는 기조하에 소비에트 다수파에 더 가까이 접근하는 경향을 보였다. 이 경향에 대한 레닌의 반응은 9월초 중앙위원회에 보내는 그의 편지에 나타났다. “원칙에서 이탈하고 있는 자들은 조국 방위주의로 미끄러져 들어가거나 다른 볼셰비키들처럼 사회혁명당과 연합하여 임시정부를 지지하는 자들이라고 나는 확신한다. 이들의 태도는 무조건 틀렸으며 무원칙하다. 프롤레타리아트에게 정치권력이 넘어간 후에야 우리는 조국 방위주의자가 될 것이다. ... 지금 케렌스키 정부를 지지하는 것은 무원칙한 행위이다. 누가 이렇게 질문할지도 모른다. 코르닐로프에 대항해서 싸우지 않을 것인가? 물론 우리는 싸워야 한다! 그러나 이것은 임시정부를 지지하는 것과는 다르다. 여기에는 분계선이 존재한다. 일부 볼셰비키들은 이 선을 넘어서서 타협을 하면서 사태 전개에 휩쓸려 들어가고 있다.”(레닌, “러시아사회민주노동당 중앙위원회에게”(1917년 8월 30일), Vol. 25, pp. 285-6.) (트로츠키, “10월의 교훈", ≪10월의 교훈 및 이행기 강령≫, 풀무질, 1996, pp. 42-3.)

코르닐로프 반란 이후에 볼셰비키가 유리한 상황을 맞게 되었다는 것은 여기서도 확인할 수 있다. 그러나 임시정부에 대한 태도는 어떠한가? 너무 명확하지 않은가? 트로츠키는 앞서의 레닌의 글을 인용한다. 이것은 그가 레닌의 평가를 인정한다는 것을 의미한다. 그는 현재 자신의 제자들을 자처하는 〈다함께〉 동지들과 반대로 주장하는 것이다. 이 글에서 확인할 수 있는 것은 그들은 자신의 스승으로부터도 배우지 못하고 있다는 사실이다.

8. 사족 2

이 글을 쓰던 중에 교수님 세 분이 [함께] 발표한 글을 읽게 되었다. 이 글의 목적이 그에 대한 비판이 아니므로 한마디만 언급하겠다. '테르미도르의 반동'(이걸 또 공부해야 하는가?)이 언급된 그 글에서 세 분 교수님들의 충정(좌파가 정세에 능동적으로 개입해야 하고, 대중들과 함께 해야 한다는 것. 그리고 그들의 몇몇 슬로건에 대한 비판은 나도 공감한다)은 십분 이해가 간다. 그러나 그 글은 교수님들다운 박식함을 자랑하는 데는 충분한 글일지는 모르지만 "원칙에서의 이탈"이며 정세인식의 오류에서 발생한 잘못된 주장이다. 이것이 나의 한마디이다.

‘민중탄핵론 논쟁’에 대한 소감*

1.

논쟁은 “봉(封)”되었다. “‘논쟁’의 격렬함에 거북해 하고 당혹해 하는 일부 회원”에 속했던 사람으로서 논쟁이 “봉(封)”되었다는 ‘알림’에 우선 반가움을 느끼며 안도의 한숨을 쉬게 된다. 이것은 연구소의 회원으로 소장님과 부소장님이 서로 “적대”하며 논쟁을 벌이는 모습을 바라보는 것은 쉬운 일은 아니었기 때문이다. 특히 평소 두 분 모두의 실천활동과 이론활동 모두를 존경하던 사람으로는 더욱 그러했다.

그러나 한편으로 안도하지만 무엇인가 개운하지 못하고 논쟁의 과정에서 들었던 여러 생각이 다시 머릿속에 떠오르고 맴도는 것 또한 사실이다. 이것은 논쟁의 내용 때문이기도 하지만 그것보다는 동시에 전개된 여러 정황에서 기인한다. 사실 나를 포함한 “일부 회원”을 더욱 혼란시킨 것은 그 정황 속에서 보였던 것들이었다.

이번 논쟁은 “‘탄핵정국’에서의 노동자계급의 대응” 즉, 노동자계급의 전술과 관련하여 그것을 둘러싸고 벌어졌다. 채 소장님은 탄핵 직후 “‘하일 노무현!’을 저지해야”(3. 13.)라는 글을 발표하며 다음과 같이 주장하였다.

> 지금 노동자 · 민중의 선진분자들이 해야 할 일은, 민주노총 · 전농 · 민노당 대표의 ‘3 · 13 공동성명’처럼 “대통령 탄핵사태를 접하며 ... 끓어오르는 분노를 참을 길이 없다”거나 “수구보수부패 정치집단의 탄핵사태 규탄”이니 “수구보수부패 척결투쟁” 운운하는 식으로 대중추수주의에 빠져 허우적거리면서 “온 국민이 떨쳐나서서 정치폭거 탄핵사태, 민생파탄 보수정치를 심판하자!”는 식으로 대중의 혼란을 가중시키는 것이 아니다. 수구보수세력에 대한 규탄 · 공격은 저들 ‘개혁세력’의 그것만으로도 이미 넘치고 있다.
>
> 지금 해야 할 일은, 현 정치적 상황은 저들 ‘개혁세력’의 권력 강화를 위해 의도적으로 도발한 것이며, 그들이야말로 신자유주의의 집행자로서 반노

* [편집자 주] ≪현장에서 미래를≫ 제104호(2004. 12.) 〈열린마당〉에 실린 글이다.

동자 · 반민중의 핵심세력임을 대중 앞에 명확히 하는 것이다. 그들의 '개혁' 이야말로 오늘날 민중의 생존권을 파괴하고 있는 신자유주의 정책의 구현임을 구체적인 예를 통해서 명백히 하는 것이다.[1]

또한 "신자유주의 개혁 파시즘을 경계하자"(2004. 3. 17.)라는 토론회 정리 글에서 역시 같은 주장을 한다.

> 현재의 정세 형국을 한마디로 표현하면, 지배계급 내부의 권력다툼 · 이해대립이 마치 전 국민의 혹은 전 계급의 결정적인 이해의 대립이라도 되는 것처럼 포장되어 선동되고 있고, 그 광기가 신자유주의 개혁 파시즘을 향해서 줄달음치고 있는 상황입니다.
>
> 앞에서 발제했던 분들이 규정하는 것처럼, '3 · 12 쿠데타'라고 합시다. 그러면 도대체 누가 기획하고 연출했습니까? 기본적으로 노무현 · 열린우리당의 총선작전이요, 권력강화 음모 아닙니까?[2]

이와는 별도로 노동자 · 민중운동 진영에서는 다양한 전술이 제출되었다. 그중 하나가 "민중탄핵론"이었는데 "탄핵무효" 등의 슬로건에 반대하는 경향의 사람들이 이 전술로 수렴하고 있었다. 이러한 상황에서 이 전술에 대한 비판적 견해인 "탄핵정국에 대한 올바른 정치적 접근과 '민중탄핵론' 비판"(2004. 3. 23.)[3]이 제출되었다. 이 글은 다음과 같이 주장하였다.

> 현재의 탄핵 정국은 대부분 인정하듯이 다가올 선거에서 의회 다수 권력을 빼앗길 상황에 처해 있던 수구 세력이 몰락의 위협, 그 공포를 과장한 나머지 자행한 합법을 가장한 의회 쿠데타이자 일익은 '테르미도르의 반동' 기도이다.

---

1) 채만수, "'하일(Heil) 노무현'을 저지해야"(2004. 3. 14.), ≪현장에서 미래를≫ 제97호(2004. 4.), pp. 5-6. (http://www.another0415.net/bbs/view.php?code=reformisnotrevol&id=2&page=4)

2) 채만수, "신자유주의 개혁 파시즘을 경계하자"(2004. 3. 18.), ≪현장에서 미래를≫ 제97호(2004. 4.), pp. 9-10. (http://www.another0415.net/bbs/view.php?code=reformisnotrevol&id=20&page=3)

3) 남구현 · 이해영 · 최형익, "탄핵정국에 대한 올바른 정치적 접근과 '민중탄핵론' 비판"(2004. 3. 23.), ≪현장에서 미래를≫ 제98호(2004. 5.), pp. 85-93. (http://www.another0415.net/bbs/view.php?code=reformisnotrevol&id=26&page=2)

그리고 "민중탄핵론" 제기는

> 하지만, 그러한 주장은 일반 대중이 받아들이기 힘들며, 현재 사태를 바라보는 정세관, 나아가 실제로 전략 전술을 세워 정세 개입적 차원에서 운동을 전개하는 데에는 심각한 문제가 있다.

고 비판한다. 그리고 길지 않은 내용에도 불구하고 다양한 이론과 예를 들어 가며 논거를 제시하고 자신들의 전술이 옳음을 주장한다.

이후 논쟁은 진행된다. '민중탄핵논쟁'이라고는 하지만 사실 논쟁은 한쪽의 일방적인 비판과 다른 한쪽의 일관된 무대응의 양상으로 전개되었다.[4] 채 소장님은 "국민발의권 · 국민소환권 운동과 그 '비판'에 대해서"[5], "노동자계급 속의 지배 이데올로기에 대해서"[6], "(소)부르주아 민주주의와 노동자 계급운동의 독자성—'민중탄핵' 논쟁의 재검토, 그리고 확인해야 할 전술원칙"[7] 등을 계속 발표하며 "탄핵정국에 대한 올바른 정치적 접근과 '민중탄핵론' 비판"과 남 부소장님의 다른 글들—"보수-중도-진보 그리고 운동의 정치"[8], "민주주의 문제와 신자유주의 지배전략에 대하여"[9]—을 비판하였다.

---

4) 이러한 이유를 채 소장님은 "그리하여 교수님들께서는 친절하시게도 "우리의 비판에 문제가 있다고 생각한다면, 좌고우면하지 말라"는 당부까지 잊지 않으셨으니, 나로서는 정말 더 이상은 좌고우면할 수 없게 되었고, 그리하여 그분들의 "올바른 접근"과 '비판'이라는 것이 기껏해야 당구풍월(堂狗風月), 곧 서당개 풍월에 지나지 않는다는 것을 폭로하지 않을 수 없게 되었다"라고 하였고, 남 부소장님은 "사실 지금 제출되고 있는 몇몇 비판적인 글들은 민중탄핵 관련 좌파의 대응에 대해 공식적인 검토를 거친 글들이 아니라 다분히 개인적인 차원에서 오독과 곡해에 가득 찬 글들이어서 대응을 해 오지 않고 있었습니다"라고 하였다.

5) 채만수, "국민발의권 · 국민소환권 운동과 그 '비판'에 대해서", ≪현장에서 미래를≫ 제98호(2004. 5.), pp. 19-30.

6) 채만수, "노동자계급 속의 지배 이데올로기에 대해서", ≪현장에서 미래를≫ 제99호(2004. 6.), pp. 17-31.

7) 채만수, "(소)부르주아 민주주의와 노동자 계급운동의 독자성—'민중탄핵' 논쟁의 재검토, 그리고 확인해야 할 전술원칙", ≪현장에서 미래를≫ 제102호(2004. 10.), pp. 152-191. (http://kilsp.jinbo.net/bbs/view.php?id=semi_notice&page=1&sn1=&divpage=)

8) 남구현, "보수-중도-진보 그리고 운동의 정치", ≪현장에서 미래를≫ 제98호(2004. 5.) pp. 4-7.

9) 남구현, "민주주의 문제와 신자유주의 지배전략에 대하여", ≪노동자의 힘≫ 제57호(2004. 6.), p. 64. (http://pwc.or.kr/maynews/readview.php?table=organ&item=&no=

이들 글에 대한 간략한 비판이 토론회 이후 남 부소장님에 의해 제출되었다.[10] 마지막으로 벌어진 토론회에서 남 부소장님의 비판에 대한 채 소장님의 반비판문[11]이 제출되었고 토론이 있었으며, 현재 논쟁은 "봉(封)"되었다.

논쟁은 종결된 것이 아니라 "봉"된 것이고, 이는 "'현 상태'에 변화를 가하는 어떤 요인이 발생"하게 되면, "다시 계속될 수밖에 없을 것"이라기에 지금 쓰는 나의 글이 "어떤 요인이" 되어 "봉인"을 열게 되는 결과를 초래할까 우려가 된다. 그런 일이 발생하기를 바라는 마음은 나에게는 눈곱만큼도 없다. 그러나 바로 그 이유 때문에, 즉 "'현 상태로도', 혹은, 같은 말이지만, 지금까지의 전개로도 관련 쟁점들이, 미진하긴 하지만, 사실상 명확히 해명되었다고 판단되기 때문"에 논쟁이 "봉"되었지만 "'현 상태'에 변화를 가하는 어떤 요인"의 발생은 언제나 가능할 것이기에, 또 다른 상황에 의해 비슷한 논쟁이 반복될 수 있을 것이기에, 논쟁의 과정을 가까이서 지켜본 사람으로서 당시에 또 지금 다시 드는 생각을 정리하는 것이 아주 무의미하지는 않을 것이라는 것이 솔직한 생각이다.

물론 나는 여기서 논쟁의 내용적인 부분을 거의 다루지 않을 것이다. 그것은 "관련 쟁점"이 해결되지는 않았지만 "명확히 해명되었"고 나는 그것을 해결할 능력이 없다. 또한 "관련 쟁점"의 판단이나 섣부른 해결 노력은 "어떤 요인이" 될 것이기 때문이다. 다만 나는 논쟁의 과정에서 나를 혼란스럽게 했던 정황과 관련된 것만을 다룰 것이다. 또 한 가지 변명; 논쟁의 쟁점은 아니었지만 그 과정에서 언급된 "물론 맑스가 무슨 이야기를 하였는가가 그 자체로도 중요한 것이 아니며, 맑스가 이야기하였다고 그 자체가 진리인 것은 아니다"[12]라는 말에 나는 전적으로 동의한다. 그것은 우리에게 이론은 교조가 아니라 행동의 지침이기 때문이다. 또한 역사적으로 옳다고 혹은 잘못이라고 검증된 어떠한 이론과 경험도 비판적으로 검토하고 그것이 제시되

1784&o[at]=s&o[sc]=n&o[st]=y&o[ss]=%B3%B2%B1%B8%C7%F6)

10) 남구현, "채 소장의 글에 대하여", ≪현장에서 미래를≫ 제102호(2004. 10.), pp. 192-6. (http://kilsp.jinbo.net/bbs/view.php?id=semi_notice&page=1&sn1=&divpage=1&sn=off&ss=on&sc=on&select_arrange=headnum&desc=asc&no=17)

11) 채만수, "이른바 '민중탄핵론 논쟁'과 관련하여―파렴치한 변명 · 궤변과 모함 · 기만이 설 곳은 없다", 한노정연 게시판. (http://kilsp.jinbo.net/bbs/view.php?id=semi_notice&page=1&sn1=&divpage=1&sn=off&ss=on&sc=on&select_arrange=headnum&desc=asc&no=21)

12) 남구현, "채 소장의 글에 대하여", p. 193.

었던 구체적 상황을 고려하지 않고 적용하려면 커다랗고 수많은 오류에 빠질 것이 분명하다.[13] 이러함에도 불구하고 나는 내 글의 대부분을 이른바 원전의 인용으로 채울 것이다. 그것은 한편으로 지금은 '교조의 과잉'이 아니라 '공상의 과잉'으로 또 '역사적 경험의 무비판적 적용'보다는 '역사적 경험의 부인'에 의해 고통스러운 시기라는 판단 때문이다. 그리고 또 다른 까닭은 내가 다루고자 하는 문제의 특수성인데, 이에 대한 답은 어떤 의미에서는 모두 알고 있는 진부한 진술의 나열과 반복으로 나타날 것이기 때문이다.

2.

논쟁이 격렬해진 것에는 논쟁의 '내용적 쟁점' 때문만은 아니다. 소위 '논쟁의 성격'('적대적 논쟁'인가? '동지적 논쟁'인가?) 때문에 논쟁은 극단적으로 격렬해졌다. 내용의 옳고 그름을 떠나 동지들 사이의 논쟁이 분명하고 또 그랬어야만 해야 할 논쟁이라는 생각, 즉 '동지적 논쟁'이어야 한다는 생각이 지배적이었음에도 불구하고 논쟁이 그렇게 흘러가지 못하는 상황, 즉 '적대적 논쟁'으로의 진행은 많은 사람을 거북스럽고 당혹스럽게 하였다.

"탄핵정국에 대한 올바른 정치적 접근과 '민중탄핵론' 비판"에서는 '민중탄핵' 혹은 "신자유주의 개혁 파시즘 경계"를 주장하는 사람들을 "좌익공론적", "정치적으로 유해하고 무책임한 것", "좌익소아병적", "이론적으로 오류이자, 실천적으로 위험한 것", "좌파이론을 퇴보시키고, 고립을 자초하는 그래서 실천적으로 정치적 자살로 이어지는 관점", "노동자 운동을 가두는 협소한 노동자주의", "몰계급적 관점", "반동적 사회주의" 등의 격렬한 규정을 동원하

---

13) "사회민주주의자의 진술은 그것의 기본적인 원칙을 정의하거나 원칙(일반적으로 마르크스주의 또는 마르크스주의의 어떤 명제)의 어떤 것이 포함되었고 왜 포함되었는가를 밝히지 않아도 항상 동일하다고 말하는 것, 즉 사회민주주의자의 진술은 당면 시기에 당면한 투쟁의 목표(즉시 가능한 결과)나 그 시기 적용될 투쟁 방법을 명확히 하지 않아도 항상 최대한의 결과를 보장하기 위해 고안된다고 말하는 것, 우리의 진술이 대중 역량을 강화해야 하고 프롤레타리아트로 하여금 공개적인 투쟁과 미덥지 못한 통치에 대한 적대감을 이용할 수 있도록 준비시켜야 하는 활동에 대한 자명한 이치를 되풀이하는 것 ― 이런 것의 모든 결점은 불을 보듯 명백하며 전반적인 논지를 불필요하고 무용한 자갈로 변화시킨다." (레닌, "어느 정치평론가의 노트", ≪러시아 반종파투쟁―1908-14년의 좌우익 기회주의≫, 미래사, 1990, pp. 47-8.)

여 비판하였다. 이는 명백히 적대적 규정이다. 이러한 비판에 대해 채 소장님은 "당구풍월", "야마시 기질, 즉 사기꾼 기질", "돈키호테의 돌진", "그러한 사고와 '비판'은 물론 그들의 소부르주아적 존재조건에 의해서 규정된 것" 등으로 규정하고 반비판하며 "그들에 대한 나의 이러한 규정과 태도 역시 명백히 적대적이다"라고 한다.

에두르지 말고 단도직입적으로 문제에 다가가자. '동지적 논쟁'과 '적대적 논쟁'은 무엇이 다른가? 남 부소장님은 이렇게 말했다.

> 서로 다른 입장들을 제시하고 비판하는 과정은 우리의 인식 지평을 넓히고, 오류를 수정하는 데 필수적이라고 생각하기 때문이었습니다. 물론 최소한 동지적 관점에서 이견과 다른 관점에 대해 분명한 논지를 가지고 전개되는 비판과 상대방에 대한 비방 중상은 다르다고 생각합니다. 또한 다른 견해에 대해서는 경청하고 정확히 이해하려고 노력하는 자세도 필요하다고 생각합니다.[14]

이 문장 자체에 대해서는 채 소장님도 의견을 같이 한다.[15] 그러나 그는 여기서 두 걸음 더 나아가고 있다. 이견, 즉 다른 "주장을 눈감고 넘어가는 것은 정치적 범죄행위라고 생각"한다는 것과 이것은 남 부소장님도 마찬가지였을 것이라는 가정이 그 한 걸음이고 아래의 주장이 나머지 한 걸음이다.

양쪽의 이러한 적대성이 말하는 것은 다음과 같은 것이다.

첫째, 양쪽 가운데 어느 한쪽, 혹은 양자 모두가 정치적 · 이론적으로 철저히 잘못되어 있다. 어떤 경우에도 양자 모두가 정당할 수는 없다.

둘째, 따라서 양자는 '동지적으로' 결코 공존할 수가 없다. 물론 공존을 위한 일체의 문을 닫아거는 것은 아니다.

셋째, '동지적 공존'을 위해서는 오직 하나의 길만이 있다. 그 오류와 적대에 상응한 철저한 자기비판과 보증, 구렁이 담 넘어가는 식의 '인품 있는' 소부르주아적인 '자기비판' 즉 '적당한 사과나 유감 표명'이 아니라 자기주장과 행위에 대한 철저한 비판적 재검증을 포함한 자기비판이 그것이다.

이외의 어떠한 형태 · 형식의 공존 모색도 '해결'이나 전진이 아니며, 소부

---

14) 남구현, "채 소장의 글에 대하여", p. 192.
15) 물론 그러한 주장을 하는 남 부소장님의 태도를 "적반하장", "위선을 딛고 선 또 다른 비방과 중상"이라고 비판을 하지만 말이다.

르주아적 조직 분파주의의 표현 이외의 어떤 것일 수 없을 것이다.[16)]

우리는 다행히 이 문제에 대한 답의 단초를 구하는 데 과거로부터 도움을 얻을 수 있다. 레닌은 이렇게 주장한다.

> 그렇다! 우리는 동지애의 의무를, 모든 동지를 지원할 의무를, 동지들의 의견에 관대히 대할 의무를 인정한다. 그러나 우리에게 있어서 동지애의 의무는 러시아 및 국제 사회민주주의에 대한 의무에서 흘러나오는 것이지 그 반대는 아닌 것이다. ...
>
> 그렇기 때문에 동지들이 사회민주주의 강령으로부터 후퇴하며, 동지들이 노동운동의 제 과업을 협애하게 만들고 기형화하고 있다고 우리가 확신한 이상 완전히 명백하게 남김없이 자기의 신념을 발표하는 것을 자기의 의무라고 우리는 간주하는 것이다! (≪레닌전집≫, 제4권 제2분책, p. 67.)[17)]

스탈린은 이렇게 주장한다.

> 나는 부하린그룹의 몇몇 동지들의 연설에서 개인적인 요소들이 다소 뚜렷한 부분을 차지한다 해도 그것들에 대해서는 다루지 않을 것이다. 왜냐하면 그것은 사소한 문제이고, 사소한 문제를 다룬다는 것은 가치가 없기 때문이다. 부하린은 나와의 개인적인 서신교환에 대하여 말했다. 그는 몇 통의 편지를 읽었는데 그것을 통해 비록 우리가 개인적으로는 아직도 친구 사이라 할지라도, 지금은 정치적으로 차이가 있다는 것을 알 수 있다. 같은 내용은 우글라노프(Uglanov)와 톰스키(Tomsky)의 연설에서도 발견될 수 있었다. 그들은 늙은 볼셰비키인 우리가 갑작스레 다투고 있으며 어떻게 서로서로를 존경할 수 없는 상황이 발생하는가라고 한다.
>
> 나는 이 모든 신음과 비탄이 단 한 푼의 가치도 없다고 생각한다. 우리의 조직은 가족 서클도 아니고 개인적인 친구들의 연합체도 아니다. 노동 계급의 당이다. 우리 대의의 이해보다 개인적인 우정의 이해를 앞세우는 것은 용납할 수 없다.
>
> 동지들, 만약 우리가 단지 나이가 많다는 이유만으로 '고참 볼셰비키'라고 불린다면 모든 것이 서글픈 상황에 처해 있는 것이다. 그러나 나이 많은 볼

---

16) 채만수, "이른바 '민중탄핵론 논쟁'과 관련하여—파렴치한 변명 · 궤변과 모함 · 기만이 설 곳은 없다", 한노정연 게시판.

17) 마르크스 · 엥겔스 · 레닌, ≪마르크스주의자의 품성≫, 이성과 현실, 1990, p. 16.

셰비키들은 나이가 많기 때문이 아니라 이 시대에서 영원히 새롭고 결코 늙지 않는 혁명가들이기 때문에 존경받는다. 만약, 나이 많은 볼셰비키가 혁명의 길에서 이탈하거나 타락하여 정치적으로 실패한다면, 나이가 백 살이라 해도 자신을 '고참 볼셰비키'라고 부를 권리가 없으며, 당이 자신을 존경할 것을 요구할 권리도 없다.

더욱이 개인적인 우정의 문제는 정치적인 문제와는 동등하게 놓여질 수 없다. 흔히들 말하듯이 우정은 정말 좋은 것이지만, 의무가 일차적이기 때문이다. 우리는 모두 노동계급에 봉사한다. 만약 개인적인 우정의 이해와 혁명의 이해가 충돌한다면, 개인적인 우정은 이차적일 수밖에 없다. 그러므로 우리 볼셰비키들은 다른 어떤 태도를 취할 수 없다.[18]

답은 너무나 명확하다. 우리의 동지애의 의무는 또한 개인적인 문제는 노동자계급 운동에 대한 의무와 정치 문제에 종속된다. 당연하게도 의무가 일차적이다. 때때로 마음 아픈 일을 만들겠지만 우정은 이차적이다. 그리고 동지들이 잘못된 길로 가고 있을 때 우리는 이에 대해 "완전히 명백하게 남김없이 자기의 신념을 발표하는 것을 자기의 의무"로 삼아야 하는 것이다. 이럴 경우 상황과 내용에 따라 '동지적 관계'는 '적대적 관계'로 진화할 수 있고, 그 논쟁의 형식과 내용은 조건에 따라 얼마든지 '적대적'일 수 있다.[19]

---

18) 스탈린, "C.P.S.U.(B.) 내의 우익 편향", ≪스탈린 선집≫ 제1권, 전진, 1988, pp. 309-10.

19) "모순과 투쟁은 보편적 · 절대적이지만 모순을 해결하는 방법 즉 투쟁형식은 모순의 성질이 다르면 달라진다. 공공연한 적대성을 가진 모순도 있지만 그렇지 않은 모순도 있다. 사물의 구체적 발전을 근거로 원래 비적대적이었던 모순이 적대적으로 발전하는 것도 있지만 원래 적대적이었던 모순이 비적대적인 것으로 발전하는 것도 있다.

공산당 내의 올바른 사상과 잘못된 사상의 모순은 앞서 이야기 한 것처럼 계급이 존재할 때에는 계급모순의 당내로의 반영이다. 이 모순은 처음에는 개별문제로 곧바로 적대적인 것으로 나타나는 것은 아니다. 그렇지만 계급투쟁의 발전에 따라 이 모순도 적대적인 것으로 발전할 가능성이 있다. 소련공산당사가 가르치고 있는 것처럼 레닌 · 스탈린의 올바른 사상과의 모순은 처음에는 적대적인 형태로 나타나지 않았지만 나중에 적대적인 것으로 되었다. 중국공산당사에도 이 같은 상황이 있었다. 당내의 많은 동지들의 올바른 사상과 진독수 · 장국도 등의 잘못된 사상과의 모순은 처음에는 적대적인 형태로 나타나지 않았지만 나중에 발전하여 적대적인 것으로 되었다. 현재, 우리 당내의 올바른 사상과 잘못된 사상과의 모순은 적대적인 형태로 나타나지 않지만 만약 오류를 범한 동지가 오류를 고치지 않는다면 적대적인 것으로

3.

채 소장님의 다음과 같은 권고는 여러 사람을 참으로 곤혹스럽게 하고 부끄럽게 하였다.

> 현재 벌어지고 있는 이 '논쟁' 혹은 '사태'에 대해서 연구소의 일부 구성원들 사이에 '굉장히 불편해 하는' 분위기, 혹은 심지어 '혐오스러워 하는' 분위기까지 있다는 것을 안다. 그러나 그러한 생각과 감정을 가지고 있는 분들한테 나는 감히 "이것은, 즉 이러한 내부 사상투쟁을 불편해 하고 혐오하면서 '조직이 조용히' 운영되기를 바라고, 그리하여 이 사태가 원만히 봉합되기를 원하는 것은, 혹시 소부르주아적 분파주의 아닌가" 자문해 볼 것을 권고하고 싶다. "이러한 내용과 형태의 싸움이 우리 조직, 그러니까 연구소의 누군가와 우리와 정치적 · 이론적 대립 · 투쟁 관계에 있는 어떤 단체나 인사 사이에 벌어졌더라도 이렇게 불편해 하고 혐오했을까", 혹은 사실은 "과거에 그러한 유사한 '논쟁(들)'이 벌어졌을 때에도 내가 지금 취하고 있는 태도를 취했던가" 자문해 보기를 권고하고 싶다. 혹은 (글 쓰는 인품이나, 맨 정신에 사람들과 대면하는 인품은 높아서) 글로나 대면해서는 아니겠지만, "나와 정치적 · 이론적으로 대립 · 투쟁 · 적대관계에 있는 사람들에 대해서 내 평소의 언행은 어땠는가" 자문해 보기를 권고하고 싶다. 그러면서 "혹시 내가 정치적 · 이론적인 올바름보다는 조직 분파주의에 빠져 있는 것 아닌가" 자문해 보기를 권고하고 싶다. 감히 그렇게 권고하고 싶다.[20)]

솔직히 나는 당시 분명히 그러한 "조직 분파주의"에 빠져 있었고 그 사실에 대해 명확히 인식하고 있지 못했다. 부끄러운 일이다. 이러한 정치적 태

발전할 수 있다. 그러므로 당은 반드시 한편으로 잘못된 사상에 대해서 엄숙한 투쟁을 전개함과 동시에 다른 한편으로 잘못을 범한 동지에 대해서 자각의 기회를 충분히 주지 않으면 안 된다. 이 같은 상황하에서 지나친 투쟁은 명확히 부적당하다. 그렇지만 오류를 범한 인간이 오류를 견지하고 확대한다면 이 모순도 적대적인 것으로 발전할 가능성이 있다." (모택동, "모순론", ≪중국혁명과 모택동사상≫, 석탑, 1986, pp. 175-6.)

20) 논쟁의 와중에 의도를 알 듯 모를 듯한 짧은 글이 ≪노동자의 힘≫에 실렸다. 구체적으로 무엇을 말하려고 했는지는 잘 모르겠지만 채 소장님과 남 부소장님 모두 〈노동자의 힘〉 회원이기에 미묘한 파장을 만들었다. 내용에 관해 할 말은 참으로 많으나 논평은 삼가겠다. 어느 곳에 배치해야 할 것인가를 몰라서 이곳에 둔다. 전문을 옮겨 놓겠으니 읽고 판단하시길.

도를 어떻게 보아야 할 것인가? 레닌은 이러한 태도에 대해 이렇게 말했다.

나는 당신에게 나의 의견을 매우 솔직하게 밝힐 필요가 있다고 생각합니다. 철학 문제에 관한 볼셰비키 내에서의 몇몇 논쟁이 현재로서는 아주 불가피하다고 생각됩니다. 하지만 이로 인해 분열하는 것은 어리석은 일일 것입니다. 우리는 노동자 정당 내에서 일정한 전술의 채택을 확고히 하기 위해 블록을 형성했습니다. 우리는 지금까지 이견 없이 이들 전술을 추구해 왔습니다. (유일한 의견 차이는 제3대 두마의 보이콧에 관한 것이었습니다. 그러나 그것은 첫째로, 분열의 징조로까지 이끌어질 만큼 그렇게 첨예하지는 결코 않았습니다. 그리고 둘째로, 그것은 유물론자와 마하주의자들 사이의 이견에 대응하는 것이 결코 아니었습니다. 왜냐하면 바자로프와 같은 마하주의자가 보이콧에 반대하는 데 나와 함께 했으며, 이에 관해 ≪프롤레타리아트≫에 장문의 논설을 기고했었기 때문입니다.)

유물론이냐 마하주의자냐의 문제에 관한 논쟁 때문에 노동자 정당에서 혁명적 사회민주주의의 전술의 적용을 방해받는 행위는, 나의 의견으로는, 용서받을 수 없는 어리석은 짓일 것입니다. 우리는 당의 한 분파인 ≪프롤레타

[힘 이야기] 다시 한 번 종파주의에 대하여

전 세계적으로 20세기 좌파운동의 역사를 되돌아보면, 해방과 변혁을 위한 몸부림과 헌신의 이면에 적지 않은 추악함이 도사리고 있다. 그 대표적인 해악은 교조주의, 관료주의, 종파주의, 분열주의 등인데, 그 가운데 종파주의의 해악이 가장 파괴적이었다.

제1차 세계대전과 러시아 혁명에서 비롯된 노동자계급 운동의 역사적 분열이 갖는 정치적 의미에 대한 오독에서 비롯된 독선과 아집, 교만과 비양심은 동지를 적으로 몰아붙이는 그릇된 관행을 피아조직과 운동에 정착(?)시켰다.

다수파의 독선과 전횡, 소수파의 피해의식과 극한적 무한분열은 제 정파가 난립하는 운동판에서 수많은 활동가들을 운동에서 이탈시키고, 적지 않은 수의 개인을 불행 속에 몰아넣었다. 운동은 해방의 희망이자 삶의 의미가 아니라, 끝없는 긴장과 부담, 동지에 대한 의심과 자기에 대한 혐오의 원인이 되었다.

정파적 질서를 뛰어넘는 단결과 연대는 21세기 좌파운동의 가장 기본적인 원칙이 되어야 한다. 대중적으로 이미 극복된 종파주의가 선진적(?) 활동가들 사이에서 활개 치는 한, 그 운동은 미래를 향한 운동이 아니라 여전히 과거의 운동일 뿐이다. 20세기 좌파운동의 한계를 극복하지 못하는 한, 21세기 운동의 미래는 없다. (≪노동자의 힘≫ 제65호, p. 1.)

리아트≫와 볼셰비키가 그것으로 인해 영향받지 않는 그러한 방식으로 철학에 관해 투쟁해야 합니다. 그리고 그것은 충분히 가능합니다.

그리고 당신도 여기에 협력해야 한다고 생각합니다. 당신은 문학비평, 정치평론, 순문학 등등의 중립적인 (즉, 철학과 관련이 없는) 문제들에 관해 ≪프롤레타리아트≫에 기고함으로써 도울 수 있습니다.[21]

친애하는 A. M. !

나와 마하주의자들과의 싸움에 관한 당신의 편지를 받았습니다. 당신의 감정을 충분히 이해하며 존중하는 바입니다. 페테르부르그의 친우들에게서도 그 비슷한 말을 듣고 있다는 것을 말씀드려야 하겠습니다. 그러나 나는 당신이 잘못이라고 확신합니다.

당에 속한 사람으로서는, 어떤 설교가 극히 옳지 않으며 유해함을 일단 확신하였을 때에는, 그것을 반대할 의무가 있다는 것을 당신은 이해하여야 하며 또 물론 이해하게 될 것입니다. ...

사랑하는 A. M.!

도대체 여기에 어떠한 타협이 있을 수 있습니까? 아닙니다. 그런 말을 꺼내는 것조차 우스운 일입니다. 전투는 절대로 불가피합니다. 그리고 당에 속한 사람으로서는 호도하거나 훗날로 미루거나 회피하거나 하려고 노력할 것이 아니라 실천적으로 필요한 당 사업이 지장을 받지 않도록 하기에 노력해야 하는 것입니다. 이 점에 당신은 배려할 필요가 있습니다. 러시아 볼셰비키의 10분의 9는 이 점에서 당신에게 극진한 감사를 드릴 것입니다.

어떻게 이 일을 할 것입니까? 중립으로서입니까? 아닙니다! 이런 문제에서는 중립이란 있을 수 없으며 또 없을 것입니다.

(A. M. 고리끼에게 R. M.에게 사신, 1908년 3월 24일)[22]

---

21) 레닌, "막심 고리끼에게, 1908년 2월 25일", ≪레닌의 문학예술론≫, 논장, 1988, p. 241.

22) 마르크스 · 엥겔스 · 레닌, 앞의 책, p. 121.

조직 내 어떠한 내용이든, 즉 그것이 철학적 문제이든 이견이 있는 경우 이것을 둘러싼 "논쟁"은 "아주 불가피"하고 "전투는 절대로 불가피"하며, 이를 저지하려는 행위는 "잘못"이고 "우스운 일"이다. 그러나 "이로 인해 분열하는 것은 어리석은 일"이라는 사실을 알아야 하며, "전술의 적용을 방해받는", "용서받을 수 없는 어리석은 짓"을 해서는 안 되며, "실천적으로 필요한 (당) 사업이 지장을 받지 않도록 하기에 노력해야" 한다. 비록 우리의 경우는 '철학 논쟁'이 아니라 '전술의 적용'과 관련한 문제이긴 하지만 레닌의 이러한 언급은 우리에게 시사하는 바가 크다.

물론 이런 지적이 있을 수 있다. 레닌은 얼마 지나지 않아 소환주의자들과 최후통첩주의자들을 볼셰비키에서 제명하였고, 청산주의와도 피나는 투쟁을 벌인다. 이것을 어떻게 설명할 것인가? 그러나 전자는 당내 하나의 분파로서 볼셰비키가 통일성을 견지하기 위한 노력의 결과물이었고[23] 후자의 경우, 즉 청산주의와의 투쟁은 청산주의가 "일단의 인텔리 당원들을 대변하여 현재의 당조직을 청산하려는, 즉 해산하고, 파괴하고, 폐지하고, 폐쇄하려는 시도"라는 의미에서 우리에게 직접 적용하기에는 무리가 있다.

'조직 분파주의'가 옳지 못한 정치적 태도라면 우리는 어떠한 태도를 취해야 할 것인가?

> 자신의 당의 운명을 결정하는 데 자주적으로 참가하기를 원하는 노동자라면 논쟁을 회피해서는 안 되며 비록 그 논쟁이 첫눈에는 매우 이해하기 어렵다 하더라도 진실을 찾을 때까지 진지하게 노력해야 할 것이다.
>
> 어떻게 진실을 찾을 것인가? 모순된 견해와 주장의 혼돈 속을 뚫고 어떻게 자신의 실을 찾을 수 있을까?

---

23) "그러나 하나의 파로서, 즉 당내에 같은 의견을 가진 사람들의 결합체로서 우리는 근본문제에 대한 통일성 없이 사업할 수 없다. 분파로부터의 이탈이 당으로부터의 이탈과 같은 것은 아니다. 우리파로부터 이탈한 사람이 당내에서 사업할 수 없는 것은 결코 아니다. 그들은 "자유기고가", 즉 분파의 아웃사이더로 남을 수 있으며, 당사업의 일반 상황은 그를 끌어들일 것이다. 그렇지 않으면 그들은 새로운 그룹을 형성하려 할 것인데 ―그들이 독자의 색깔을 가진 의견과 전술을 옹호하고 발전시키려 한다면 분파 형성은 그들의 정당한 권리이다― 이 경우 당 전체가 이러한 경향, 앞에서 우리가 그것의 사상적 의의를 평가했던 경향이 실제로 나타나는 것을 보게 될 것이다." (레닌, "청산주의의 청산", ≪러시아 반종파투쟁―1908-14년의 좌우익 기회주의≫, 미래사, 1990, p. 87.)

지각 있는 사람이라면 누구나, 어떤 주제에 대한 해답을 찾기 위하여 격렬한 논쟁이 전개되고 있다면, 논쟁자들이 한 발언에 자신을 한정시킬 것이 아니라 스스로 사실과 자료를 조사하고, 입증할 만한 어떤 증거가 있는지 그리고 이 증거는 믿을 만한지를 알아보아야 한다는 것을 이해할 것이다.

물론 이렇게 하는 것은 쉬운 일이 아니다. 눈앞에 보이는 것, 들어 본 적이 있는 것, 보다 "공공연하게" 주장된 것 등을 당연한 것으로 생각하기가 훨씬 "쉽다." 그러나 이런 식으로 만족해 버리는 사람은 "천박"하고 어리석은 사람으로 치부될 것이며, 아무도 이런 사람을 진지하게 대하지 않을 것이다. 모든 중요한 문제에 대한 해답은 스스로 많은 노력을 기울이지 않으면 찾아질 수 없다. 그리고 당연히 노력을 하지 않는 사람은 진실에 도달할 수 없는 것이다.

그러므로 우리는 이러한 노력을 두려워하지 않으며, 사실 자체의 밑바닥까지 파헤쳐서, 사실과 자료, 입증할 만한 증거를 발견하기 위하여 노력을 하겠다고 결심한 그런 노동자들 하고만 말을 할 것이다.[24)]

우리가 해야 할 일은 명확하다. 해결되지 않고 해명만 된 쟁점을 연구를 통해 해결하려 노력하는 것이다. 이것은 '전문성 · 현장성 · 계급성'의 확보를 기본 목표로 삼고 있고, "노동운동의 계급적 · 정치적 발전을 위한 이론 · 정책을 생산하고자" 하고 "노동자 대중 실천의 무기가 될 이론 · 정책 개발을 중심사업으로" 하는 우리 한국노동이론정책연구소가 마땅히 해야 할 일이다.

4.

뜬금없는 질문으로부터 시작하며 소감을 정리하겠다. 노동자계급에게 통일이란 무엇인가? 그리고 그것은 어떻게 가능한가?

노동계급은 통일을 필요로 한다. 그러나 모든 계급의식 있는 노동자들이 자기 조직의 결정을 의식적으로 수행하는 통일된 조직만이 통일을 성취할 수 있다. 문제를 토론하고 이견을 표현하고 청취한 후, 조직된 마르크스주의자들 중 다수의 견해를 확정하고 이 견해를 대표에 의해 채택된 결정의 형태로 표현하고 진지하게 이를 실행하는 것 — 이것이 전 세계 모든 현명한 사

24) 레닌, "쟁점: 공개 정당과 마르크스주의자들", 같은 책, pp. 181-2.

람들이 말하는 통일이다. 그러한 통일이야말로 노동계급에게 무한히 소중하고 무한히 중요하다. 통일되지 않으면 노동계급은 아무것도 아니다. 통일되면 그들은 무엇이든 할 수 있다.[25)]

노동자들은 정말 통일을 요구한다. 그리고 기억해야 할 중요한 점은 그들 이외에 그 누구도 그들에게 통일을 "주지" 않을 것이고, 그 누구도 그들이 통일을 성취하도록 도와줄 수 없다는 사실이다. 통일은 "약속"될 수 없다. 그럴 수 있다면 그것은 공허한 자만, 자기기만일 것이다. 통일은 인텔리그룹 사이의 "협정"으로 "창조"될 수 없다. 그렇게 생각한다면 그것은 아주 슬프고, 순진하고, 무식한 환상이다.

통일은 쟁취되어야 하며, 노동자만이, 계급의식 있는 노동자 자신만이 ― 완강하고 지속적인 노력을 통해― 그것을 쟁취할 수 있다.

"통일"이란 단어를 긴 문장으로 쓰는 것보다, 그것을 약속하고 자기 자신을 "통일의 옹호자라고 선언"하는 것보다 더 쉬운 일은 없다. 그러나 실제로는 선진 노동자, 즉 계급의식 있는 모든 노동자의 노력과 조직에 의해서만 통일을 추진할 수 있다.

조직 없이 통일은 불가능하다. 다수에 의한 소수의 복종 없이 조직은 불가능하다.

이러한 것들은 논쟁할 여지가 없는 진실이다. 누구도 이를 의심하지 않는다. 유일하게 ―유일하게!― 남은 일은 이를 실행하는 것이다. 그것은 쉽지 않다. 그것은 노력과 인내, 계급의식 있는 모든 노동자들의 단결을 필요로 한다. 그러나 그러한 노력이 없다면 노동계급의 통일에 대해 말해 보아야 헛일이다.[26)]

어떤 종류의 통일이건 그 의미와 달성의 조건에 대해서는 두 가지의 견해가 있을 수 있다.

두 견해의 차이를 파악하는 것은 극히 중요한데, 그 이유는 두 견해가 "통일 위기"의 발전 과정에서 뒤엉키고 혼동되어 그 사이에 선명한 경계선을 긋지 않을 경우 이 위기에서 우리 자신의 올바른 방향을 잡는 것이 불가능하기 때문이다.

통일에 관한 하나의 견해는 "기존의 인물, 그룹, 단체들"의 "화해"를 전면

25) 레닌, "노동계급의 통일", 같은 책, p. 208.
26) 같은 글, pp. 211-2.

에 내세우는 것이다. 당사업, 당사업의 방향에 대한 그들 견해의 자기 정체성은 부차적인 문제이다. 의견의 차이에 대해서는 애써 침묵을 지켜야 하며 의견 차이의 대의와 의미, 객관적 조건을 밝혀서는 안 되는 것이다. 가장 중요한 일은 사람과 그룹을 "화해시키는" 것이다. 공통의 정책수행에 합의할 수 없다면, 그 정책은 모두에게 받아들여질 수 있는 방식으로 해석되어야 한다. 공생공존. 이것은 결국 종파적 외교로 이끌릴 수밖에 없는 속물적 "화해"이다. 불일치의 원천을 "틀어막고" 그에 대해 침묵을 지키고 어떤 대가를 치르더라도 "갈등"을 "조절"하고, 갈등하는 조류사이에서 중립을 지키는 것 — 이것이 그와 같은 "화해"의 주요관심이 이끌리는 방향이다.

... 통일에 대한 또 다른 견해가 있다. 그것은 (총회에서, 총회에 제출된) "기존의 인물, 그룹, 단체들"의 특별한 구성과는 별도로, 오래전부터 변화해 온 러시아 사회민주주의의 오랜 두 개의 주요 분파에 있어서, 많은 심오한 객관적 원인들이 발생하기 시작하였고, 지속적으로 발생하고 있으며, 이 원인들이 —때로는 몇몇 "기존의 인물, 그룹, 단체들"은 바라지도 않았고 인식조차 하지 못했던— 통일을 위한 이데올로기적, 조직적 기초를 창출하였다는 것이다. 이러한 객관적인 조건은 러시아의 부르주아적 발전의 현재 시기에 기초하고 있는데, 현 시기는 부르주아 반혁명과 부르주아군주주의 방식에 따라 전제주의가 재구성을 시도하는 시기이다. 동시에 이러한 객관적인 조건은 노동계급 운동의 성격과 구성에서 불가분의 관계에 있는 변화를 야기하고, 사회민주주의 운동의 이데올로기적이고 정치적인 과업의 변화와 함께 사회민주주의적 전위의 유형과 특징의 변화를 야기한다. 따라서 청산주의(=스스로를 사회민주주의 편으로 생각하고 싶어 하는 반[半]자유주의)와 소환주의(=스스로를 사회민주주의 편으로 생각하고 싶어 하는 반[半]무정부주의)를 낳은 프롤레타리아트에 대한 부르주아의 영향은 우연적인 것이 아니며, 어떤 개개인의 악의적인 고안도, 어리석음도, 실수도 아니다. 오히려 이러한 객관적인 원인의 작용 결과이며, "토대"와 분리될 수 없는 현 시기 러시아 전체 노동운동의 상부구조상의 운동의 필연적인 결과인 것이다. 위험의 현실화, 노동운동에 대한 이 양 분파의 비사회민주주의적 본질과 유해성의 현실화는 다양한 분파요소들 간의 화해를 낳고 "모든 장애를 형성함에도 불구하고" 당의 통일로의 길을 연다.

이러한 관점에서 볼 때, 당의 통일은 곤란, 동요, 주저, 퇴보를 겪으며 천천히 진전될 것이며, 반드시 그렇게 될 것이다. 이러한 관점에 의거할 때, 통일은 "기존의 인물, 그룹, 단체들" 사이에서 진전되는 것이 아니라, 기존의 인물에 관계없이, 그들을 차치하고 객관적인 발전의 요구를 이해하지 못하거나 또는 이해하길 원하지 않는 새로운 인물들을 육성하고 끌어들이면서 변화를 일으키고 낡은 분파, 조류, 편향을 내부에서 개조하고 재조직함으로써 진전되는 것이다. 또한 통일은 청산주의, 소환주의와 같은 편향의 출현, 발전, 성장과 관련이 있으며, 그것은 이러저러한 문헌의 논쟁의 특별한 문장들 간의 우연적 연관에 의한 것이 아니라 인과관계로 묶여 있는 내적인 확고한 연계에 의해서 성숙되는 것이다.[27]

연구소는 새롭게 분열되었는가? 아니다. 연구소는 이미 분열되어 있었다. 그것이 이번에 드러난 것뿐이다. 여러 사람들의 노력으로 다행스럽게 "봉"되었지만 그것은 연구소 내의 일시적인 "봉"일 뿐이다. 그럼에도 불구하고 연구소는 통일을 노력한다. 논쟁과 이후 노력이 그것의 증명이다. 이러한 의미에서 비록 논쟁이 끝까지 수행되지는 못했더라도 연구소에서 벌어진 이번 논쟁은 통일의 시작으로 의미를 갖는다.

그런데 이 논쟁이 애초부터 연구소 내의 논쟁이었는가? 또 이 분열이 연구소만의 분열인가? 절대 그렇지 않다. 비록 연구소의 소장과 부소장이 연구소의 기관지와 게시판을 매개로 논쟁하였지만, 그래서 연구소의 집안싸움으로까지 언급되었다지만 이 논쟁의 본질은 여기에 머물지 않는다. 그것은 노동자계급 운동의 다양한 분열의 한 표현이다. 노동자계급 운동은 다양한 분열로부터 고통받고 있다. 그렇다면 이를 극복하는 것, 즉 통일을 위해 노력하는 것은 우리의 과제이다. 어쩌면 이러한 논쟁이 발생한 것이 한국 사회의 부르주아적 발전에 의한 한국 사회의 객관적인 조건의 변화가 노동계급 운동의 성격과 구성에서 변화를 야기하고 있는 것을 알려 주는 것이고, 노동자계급 운동의 이데올로기적이고 정치적인 과업의 변화와 함께 노동자계급 운동의 전위의 유형과 특징의 변화의 필요성을 알려 주는 것일 수 있다. 그러한 의미에서 이번 논쟁은 "기존의 인물, 그룹, 단체들"의 특별한 구성과는 별도로, 또 "몇몇 기존의 인물, 그룹, 단체들은 바라지도 않았고 인식조차 하지 못했던", "통일을 위한 이데올로기적, 조직적 기초를 창출"하는 첫걸음이 될지도 모른다. 이것이 이번 '민중탄핵 논쟁'이 우리에게 남긴 정치적 의의이고 우리가 발전시켜 가야 할 과제이다.

---

27) 레닌, "어느 정치 평론가의 노트", 같은 책, pp. 128-31.

사회적 합의주의는 노동조합운동을 어떻게 공격하는가*
— 보건의료노조 중앙위원회의 제명 조치를 보며

1. 사태의 전개

지난 3월 4일 전국보건의료산업노동조합(이하 보건의료노조) 중앙위원회는 서울대학교병원 지부(이하 서울대병원지부)의 전 지부장이었던 김애란 동지를 제명 조치했다. 작년 지부장이었을 때 진행했던 '조건부 산별노조 탈퇴 전 조합원 찬반투표'와 '10장 2조 폐기를 주장하는 유인물 배포, 동영상 제작 및 유포, 토론회 개최' 등을 한 것이 조직 내 규율을 위배하고 명예를 훼손한 것이기 때문이라는 이유에서이다.[1] 또한 보건의료노조는 3월 31일 임시대의원대회에서 그간 문제가 되어 왔던 "10장 2조"의 유지와 산별협약 우선 적용 기준의 강화를 결정하였다. 이에 작년 6월부터 "10장 2조"를 폐지할 것을 요구하였으며, 잠정합의안 가결 이후 조건부 탈퇴의 상태에 있었던 서울대병원지부는 "민주노조사수와 진정한 산별노조 활동의 위해", "보건의료노조를 탈퇴한다"고 선언했다.[2] 물론 이에 대해 보건의료노조는 성명서를 통해 "서울대병원지부의 보건의료노조 탈퇴는 산별운동과 민주노조 발전을 정면으로 거스르는 반조직 행위이다"라고 맹렬한 비난을 하였다.[3]

지난 여러 과정은 어찌 되었든 지난해 보건의료노조의 산별교섭 과정에서 나온 잠정합의안을 둘러싸고 이루어졌던 보건의료노조 내에서의 분란—잠정

---

* [편집자 주] ≪정세와 노동≫ 창간호(2005. 5.) 〈현장〉에 실린 글이다.

1) 서울대병원지부 성명, "보건의료노조 중앙위가 징계한 것은 김애란 전 지부장이 아니라 바로 민주노조의 정신입니다", 2005. 3. 10.

2) 서울대병원지부 노동조합, "민주노조 사수와 진정한 산별노조 활동을 위해 서울대병원지부는 보건의료노조를 탈퇴한다!!", 2005. 4. 2.

3) 보건의료노조, "서울대병원지부의 산별 탈퇴에 대한 보건의료노조의 입장", 2005. 4. 6.

합의안 10장 2조 철회 요구와 서울대병원지부의 조건부탈퇴—은 보건의료노조의 제명 조치와 대의원대회의 결의, 서울대병원지부의 탈퇴로 일단은 마무리되는 것처럼 보인다. 물론 이번 대의원대회에서 투쟁계획의 전면 수정을 요구하는 지부들의 요구와 서울대병원지부가 '서울대학교병원지부 노동조합'의 이름으로 공공연맹에 가맹신청을 한 것에 의해서 또 다른 분쟁의 소지는 남기고 있지만 형식적으로 이 문제는 일단락되었다.

위와 같은 사태가 벌어진 것의 출발은 2004년 산별교섭의 과정에서 나온 잠정합의안 때문이었다. "8쪽 10장"으로 구성된 잠정합의안 중 한 "조"에 불과한 "10장 2조"에 대해 서울대병원지부와 9개의 다른 지부, 일부 조합원들은 이 내용의 문제점에 대해 강력한 문제 제기를 하였다. 이 과정에서 서울대병원지부는 14일간의 산별총파업과 30일간의 지부파업을 정리하면서 '보건의료노조 조건부 탈퇴'를 결정하였다.[4] 또한 이후 [보건의료노조 산별합의안 10장 2조 문제점에 대한 전국 토론회](8월 28일 개최) 등을 조직하면서 "10장 2조"를 둘러싸고 전개된 논쟁은 보건의료노조 내부의 논쟁에서 노동(조합)운동진영 전체의 문제로 발전했다. 내용적으로도 하나의 산별노조의 교섭안에 대한 찬반이라는 차원을 넘어, 산별노조 운동의 올바른 상 및 전망, 조직운영의 민주주의에 대한 것으로 발전하였다.

그런데 "10장 2조"를 둘러싸고 전개되어 확대된 이번 논쟁을 검토해 보면, 그것은 산별노조의 올바른 상 및 전망 혹은 조직 운영상의 민주주의의 문제를 넘어서는 또 다른 문제가 숨어 있는 것을 알 수 있게 된다. 그것은 현재 한국 노동운동 진영 내에서 주류를 장악한 이른바 "사회적 합의주의"로 표현되는 노-사 동반자주의 · 개량주의라는 기회주의의 문제이다. 이것은 현재 한국 노동운동의 발전에 가장 큰 걸림돌로 시급히 극복해야 할 문제이다. "사회적 합의주의"라는 기회주의가 얼마나 현재 우리나라의 노동(조합)운동에 뿌리 깊게 박혀 있는가, 그리고 그것의 본 모습이 무엇인가를 우리는 이번 논쟁 과정과 제명 사태를 검토하면서 알 수 있다. 또한 기회주의자들이 어떻게 논쟁을 왜곡하고, 앞뒤가 맞지 않는 궤변으로 사람들을 속이며, 결국 조직과 노동자들의 삶을 파탄으로 몰아가는가를 이번 사태 전개의 일련의 과정에서 깨달을 수 있다. 이 글에서 '제명 사태'를 다루려는 까닭도 바로 그 이

4) 서울대병원지부, "산별합의 10장 2조 폐기를 위한 조건부 탈퇴 결의에 즈음한 서울대병원지부의 입장", 2004. 8. 2.

유이며, 이른바 "10장 2조"를 둘러싸고 전개된 상황을 돌아보고 논쟁의 쟁점을 검토하는 것을 통해 이들의 본질을 다시 한 번 확인하고자 한다. 당연히 이 모든 것의 목적은 노동(조합)운동에서 "사회적 합의주의"를 운동 진영 내에서 일소하고자 하는 것이다.

2. "10장 2조" 문제와 사태의 전사(前史)

먼저 문제의 "10장 2조"를 살펴보자. 그것은 아래와 같다.

> 산별협약 10장 〈협약의 효력〉
>
> 1) 산별교섭 합의내용을 이유로 기존 지부 단체협약과 노동조건을 저하시킬 수 없다.
>
> 2) 단, 제9장(임금), 제3장(주5일제 노동시간단축) 제1조(노동시간단축), 제5조(연·월차 휴가 및 연차수당), 제6조(생리휴가)는 지부단체협약 및 취업규칙에 우선하여 효력을 가지며, 동 협약 시행과 동시에 지부의 단체협약 및 취업규칙을 개정한다.

이렇게 보면 이른바 "10장 2조"는 겉으로는 아무 문제가 없는 것처럼 보인다. 단순히 생각하면 지부들을 대표하는 산별노조중앙이 체결한 산별협약은 당연히 지부에 영향력을 가져야 한다. 따라서 중요한 내용은 이렇게 명문화하여 규정성을 강화할 수도 있다. 규정력이 없다면 산별노조 혹은 산별체계라는 것은 무의미하기 때문이다. 하지만 그것은 보건의료노조 지부에 존재하는 다양한 상황이 반영되어야 하며 마땅히 그래야만 한다. 왜냐하면 현장과 지부 없는 산별노조중앙은 존재할 수 없고 현장이나 지부의 상황은 다양하기 때문이다.[5] 그렇기 때문에 일반적으로 이 문제는 각 주체가 일선에서

---

5) 이런 의미에서 산별노조 중앙과 산별노조 지부는 서로 대립물로서 서로 통일하는 관계, 즉 변증법적 모순관계를 형성한다. 중앙과 지부의 일반적인 모순관계와 지난 보건의료노조 산별교섭에서 이 모순이 어떻게 나타났는가에 대해서는 다음의 글을 참조하라. 정현진, "14일의 총파업? 44일간의 총파업 투쟁이 되었어야 했다", ≪현장에서 미래를≫ 제102호(2004. 10.), pp. 48-73. 특히 "3) 서울대지부의 외로운 투쟁과 산별교섭의 정치적 의의"(pp. 66-70)를 보라.

마주치고 있는 조건과 상황에 따라 견해가 다를 수 있다. 또한 조건과 상황의 진행에 따라 이 문제는 복잡한 양상을 띠게 되기도 한다. 그래서 각각의 주체들은 서로의 차이를 인정하고 대원칙을 정하고 일사분란하게 움직이려 하며, 때로는 상호 간에 격렬한 논쟁도 불사하게 되는 것이다. "10장 2조"를 둘러싸고 전개된 작년의 상황도 이러한 관점에서 파악되어야 한다. 그런데 여기서 중요한 것은 상이한 여러 주장을 검토하고 다룰 때에는 문제가 복잡해지기 전의 초기상황과 주장, 즉 '어떠한 상황에서, 왜 문제가 제기되었으며, 어떻게 전개되었는가?'를 살펴보는 것이 중요하다. 왜냐하면 뒤가 구린 자들은 언제나 쟁점을 흐트러뜨리려 하며 이를 위해 의도적으로 논점을 왜곡하고 사람들의 시선을 다른 곳으로 돌리려 하기 때문이다. 그러한 과정에서 그들은 사람들을 혼란에 빠지게 하거나 지치게 만들어 자기의 잘못을 은폐하려 든다.

그렇다면 서울대병원지부가 "10장 2조"에 대해 문제 제기를 하게 되고 조건부 탈퇴를 결의한 것은 어떠한 상황에서였으며, 왜 그렇게 한 것인가? 그것은 그들의 주장처럼 진정한 산별노동조합으로 가고자 하는 것이었는가? 아니면 보건의료노조 중앙의 비판처럼 민주집중제 원칙에 충실하지 못한 '대병원 이기주의'이며, 산별적 사고를 못하는 뒤떨어진 '기업별 중심 사고'에서 기인한 것인가?

지난해 6월 8일 보건의료노조는 산별교섭에 임한다. 사 측의 불성실한 태도에 보건의료노조는 산별파업에 돌입한다. 파업14일 째가 되는 6월 23일 노사는 합의에 도달하고 파업종료와 '잠정합의안'이 제출된다. 당시에도 "10장 2조"가 문제가 있다는 지적이 있었지만 그렇다고 해서 이것이 커다란 쟁점이 되거나 하지는 않았다. 이후 서울대병원지부가 이 문제를 본격적으로 제기하게 되면서 이른바 "10장 2조"를 둘러싼 논쟁은 본격화된다.

그런데 서울대병원지부가 "10장 2조"에 대해 문제 제기를 한 것은 지부자체의 문제로 지부교섭 · 지부파업을 지속하는 과정에서 "10장 2조"가 걸림돌이 되었기 때문이었다. 서울대병원지부는 산별파업 이후에도 "주5일제 실시에 따른 인력충원, 비정규직 정규직화, 의료공공성강화, 치과병동 분리에 따른 지부와 단협 승계, 생리휴가 및 연 · 월차휴가 수당 보전의 신입사원 동일적용 등"을 요구하며 지부파업을 벌이게 된다. 이 중 마지막 것은 잠정합의안과 대립되는 것이었다. 왜냐하면 잠정합의안 3장 5조와 6조 2항은 연 · 월차 휴가 및 연차수당과 생리휴가의 문제는 "시행일 현재 재직 중인 직원에 대하여"라는 단서를 달아 기존직원과 신규직원 사이에 차별을 두었기 때문이다. 그리고 이것은 "10장 2조"에 의해서 강제되었다. 그리고 병원자본 측은 이 문제에 대해서는 산별협약을 근거로 지부교섭을 해태한다. 그리고 결과적으로 다른 대부분의 문제의 원만한(?) 해결과는 달리, 그 문제에 관해서는 '신규직원 생휴 문제에 대한 산별안 적용시기 두 달 유예'라는 미미한 선에서 마무리되었다. 이 과정에서 서울대병원지부의 조합원들은 "10장 2조"의 문제점을 몸으로 느끼게 되었고 그에 대한 문제 제기를 본격적으로 시작하게 된다.

> 파업기간 내내 10장 2조의 문제를 피부로 느낀 거죠. 산별총파업이 끝나고 지부파업만 따로 30일을 한 거잖아요. 타결 내용을 받았는데 신규직원을 차별하는 그런 안이 들어가 있었어요. 저희는 지난 2001년에 이미 그런 경험을 했었어요. 퇴직금 누진제 폐지가 핵심이었는데 기존직원은 누진제를 폐지하고 신규직원은 단수제를 도입하자 그런 안을 받은 적이 있어요. 조합원 토론에 붙였는데 모두들 '이건 안 된다'고 결정을 내렸어요. '당장 내일부터 들어오는 조합원들과의 차별을 어떻게 받아들이겠냐'는 것이었죠. 그래서 '재직 중인'이란 단서 보고 바로 알았습니다. '지부도 하지 않는데 더 높은 단결을 주장하는 산별이 어떻게 이런 것을 받아들이냐'고 분노했습니다. 그 이후 기존직원과 신규직원의 차별 문제와 서울대병원 지부 문제로 파업을 지속했는데 사 측에서는 10장 2조를 내세우며 '문제가 있으면 산별에 얘기하지 왜 우리와 얘기하냐'며 교섭에 응하지 않았죠. 10장 2조가 독소조항으로서 지부교섭을 막는 단서가 되었고, 우린 30일간의 파업을 통해 그것을 절절하게 느낄 수밖에 없었습니다.[6]

그들은 절대 자신들의 사소한 이익을 위해 "10장 2조"에 대한 문제 제기를 한 것이 아니다. 그들은 자신의 눈앞의 이익을 지키기 위해 투쟁한 것이 아니다. 진정한 노동자계급의식에 기초하여 과거 투쟁의 경험으로부터 얻은 교훈을 바탕으로 미래의 동료 노동자들을 위해 투쟁한 것이었다. 또한 투쟁

---

6) 강준상, "서울대병원 조건부탈퇴! 노동계 쟁점화—건강한 산별 위한 것 vs 산별무용론", ≪프로메테우스≫, 2004. 8. 7. (http://www.prometheus.co.kr/article.php?section=000&no=353)

을 통해 "10장 2조"의 문제점을 깨닫고 이에 대한 문제 제기를 한 것이다. 이것은 진정한 노동자계급의식으로 칭송받아야 마땅한 것이었다. 그러나 "20억이 넘는 투쟁기금 조성"[7]을 자랑하는 보건의료노조 중앙은 당시 서울대병원지부의 문제 제기를 반조직적 행위로 규정한다. 그리고 잠정합의안 수용을 거부하면 전면적 지원이 불가하다고 선언하고 서울대병원지부의 지부파업에 대한 지원을 중단한다.[8]

이러한 일련의 과정 속에서 보건의료노조 중앙은 "잠정합의안"에 대한 전체 조합원 찬반투표를 시행하였고 "75.4%의 조합원 투표와 78.6%라는 압도적인 찬성을 거쳐 가결된"[9]다. 이와는 별도로 서울대병원지부 역시 "보건의료노조 조건부 탈퇴여부를 묻는 찬반투표를 진행하여 89.9%의 찬성률로 가결"한다.[10]

이후 서울대병원지부는 차기년도 단체교섭에서 "10장 2조"의 폐기를 위한 노력을 계속 진행하지만 성과를 거두지 못하였고, 보건의료노조 중앙위원회가 김애란 전 지부장을 제명 조치하고 임시대의원대회에서 "10장 2조"의 유지가 결정되자 보건의료노조를 탈퇴하게 된다.

---

7) 이주호, "보건의료노조 2004 산별교섭 무엇을 남겼나", ≪매일노동뉴스≫, 2004. 8. 2. (http://www.labortoday.co.kr/news/view.asp?arId=41268)

8) "5. 하지만 서울대병원지부가 현재처럼 계속적으로 전 조직적으로 결정된 산별합의안 수용을 거부하고, 무효를 주장하면서 파업을 지속하는 한 보건의료노조 차원의 전면적인 지원은 불가능하다. 서울대병원 지부가 산별교섭 합의 내용을 수용하고, 이를 기초로 세부 보충교섭과 지부 요구안을 쟁취하는 투쟁을 선언할 때 보다 적극적인 지원과 연대가 가능하다." (쟁의대책위원회, "서울대병원지부의 산별 잠정합의 10장 2조 문제 제기에 대한 보건의료노조의 공식입장", 2004. 7. 20.) 보건의료노조는 서울대병원지부에게 산별합의안을 수용할 것을 요구한다. 그런데 이것은 옳지 않다. 7월 27-29일에 있었던 전 조합원 찬반투표를 통해 잠정합의안이 가결되기 전까지 그것은 "산별합의안"이 아니라 "잠정합의안"이다. 따라서 이때까지 "10장 2조"의 폐기를 주장하는 것은 아무런 문제가 되지 않는다. 참으로 종파적인 주장이며, 행동 역시 종파적이었다.

9) 보건의료노조, "서울대병원지부의 산별 탈퇴에 대한 보건의료노조의 입장", 2005. 4. 6.

10) 그 내용은 다음과 같다. "산별협약 제10장(협약의 효력) 2조와 관련하여, 보건의료노조가 이 조항의 문제점을 인정하고 공식 의결기관을 통해 차기년도 단체교섭에서 이를 삭제키로 결의하지 않는 한, 보건의료노조를 탈퇴하고 독립된 노동조합으로 조직형태 변경한다." (서울대병원지부, "산별합의 10장 2조 폐기를 위한 조건부 탈퇴 결의에 즈음한 서울대병원지부의 입장", 2004. 8. 2.)

3. 사회적 합의주의자—이주호 보건의료노조 정책기획국장[11)]

이주호 국장은 지난 보건의료노조 산별협약의 성과를 가장 적극적으로 옹호했던 사람이다. 작년 서울대병원지부가 "10장 2조"에 대해 문제 제기하고 이의 폐기를 요구하는 투쟁을 전개할 당시, 그는 글과 인터뷰 등을 통해 "10장 2조" 폐기 요구를 가장 혹독하게 비판했고 산별협약의 정당성을 목소리 높여 주장했다. 따라서 그의 비판을 검토하는 것은 당시에 이 문제에 대한 쟁점이 무엇이었는지를 정확히 파악하는 데 도움이 된다.

나는 "사회적 합의주의"가 옳지 않다고 생각한다. 따라서 "사회적 합의주의"가 잘못되었다는 것에 대해서는 어떠한 주장을 할 수 있다. 하지만 이주호 국장이 '사회적 합의주의자'라는 사실에 대해서는 뭐라고 말할 어떠한 권리도 내게 없다. 왜냐하면 "사회적 합의주의"가 옳다는 것이 그의 사상이고 철학이고 소신이라면 그렇게 살아가는 것은 그의 자유이기 때문이다. 다만 여기서는 그의 주장에 대한 검토에 앞서 그가 철저한 '사회적 합의주의자'임을 그의 글을 통해 확인하고자 한다.[12)] 그저 그뿐이다.

그는 작년 산별교섭을 마무리하며 다음과 같이 주장하였다.

> 산별교섭은 단지 교섭형태를 바꾸는 실무 · 기술적 문제가 아니다. 노동운동과 노사관계 발전의 패러다임을 바꾸는 철학적, 전략적 문제이다. 따라서 무엇보다 이후 노사정이 함께 고민해야 할 것은 노동운동의 사회적 역할을 높이는 산별교섭, 교섭비용을 줄이고 새로운 교섭문화, 노사관계 발전을 위한 산별교섭이 되기 위해 무엇을 준비할 것인지 열린 토론이 필요하다. 그동안 다소 지지부진한 산별운동이 이번 보건의료노조 산별교섭과 산별 총파업

---

11) 보건의료노조는 3월 조직개편을 한다. 12개 국을 6개의 실로 바꾸었으며 이주호 국장은 정책기획실장으로 임명된다. 또한 그는 2005년 산별협상에서 노조 교섭단 간사로 선출되었다. 이는 보건의료노조에서 그의 위상이 대단하다는 것을 보여 주는 일이다. 아무튼 이 글에서는 당시의 직위대로 정책기획국장으로 칭하겠다.

12) 물론 그는 이런 표현도 한다. "여전히 우리 내부에는 협소한 기업별 의식과 경제주의, 조합주의적 사고가 남아 있다.", "1만 명이 참가한 산별총파업이라는 혁명적 세례..." (이주호, "보건 산별교섭, 산별투쟁을 돌아보며", ≪매일노동뉴스≫, 2004. 12. 21. 〈http://www.labortoday.co.kr/news/view.asp?arId=47669〉) 그가 쓰는 경제주의 · 조합주의라는 말의 뜻은 무엇인가? 과연 그는 그 개념을 제대로 알고 사용하는 것일까? 그리고 어떤 의도로 그 개념들을 사용하는 것일까?

을 계기로 실천적, 구체적 토론을 거쳐 더욱 탄력을 받게 되기를 바란다. 나아가 기업별교섭을 뛰어넘어 산별교섭과 사회적 교섭 등 중층적 교섭구조 확립에도 작은 도움이 되기를 희망한다.[13]

그는 산별운동의 발전을 진정으로 원한다. 그래서 "보건의료노조 산별교섭과 산별 총파업"으로 "다소 지지부진한 산별운동이", "탄력을 받게 되기를 바"라며 더 나아가 "중층적 교섭구조 확립"에 "도움이 되기를 희망"한다. 그의 산별운동의 궁극적 목표는 "기업별 교섭을 뛰어넘"는 "산별교섭과 사회적 교섭 등 중층적 교섭구조 확립"이다.

그리고 그가 산별교섭을 통해 바꾸려는 것은 "교섭형태를 바꾸는 실무·기술적 문제"와 같은 사소한 것이 아니다. 그것은 "노동운동과 노사관계 발전의 패러다임을 바꾸는 철학적, 전략적 문제"인데, 그것이 무엇인지는 아직까지는 뚜렷하지 않다. 하지만 그 내용의 일부는 "교섭비용을 줄이고 새로운 교섭문화, 노사관계 발전을 위한 산별교섭"이다.

또한 이를 위해 "노사정이 함께 고민해야" 하며 "무엇을 준비할 것인지 열린 토론"도 필요하다고 한다. 다른 어떠한 주장보다도 그가 '사회적 합의주의자'라는 것을 더 잘 증명할 것은 없어 보인다. 그리고 그의 주장 한 가지 더.

〈교섭비용〉 측면에서 보면 산별교섭은 노사 모두에게 교섭비용과 조직비용을 절감할 수 있다. 〈노사관계〉 측면에서 보면 산별교섭은 현장내부 갈등을 외부화해서 현장평화, 산업평화를 가져올 수 있다. 산별차원의 파업은 그 파급력이 크므로 노조로서도 파업돌입에 신중해지고 ... 단협기간 내에 평화기간이 선포되어 그 어느 때보다 안정적인 산업평화를 꾀할 수 있고 예측가능한 노사관계를 만들어 갈 수 있다. (≪산별중앙교섭 정책토론회 자료집≫/이주호)[14]

우리는 이주호 국장이 '사회적 합의주의자'라는 사실을 이 주장에서도 살

13) 이주호, 같은 글.

14) 김천의료원지부·구미차병원지부·경북대병원지부·동국대의료원지부·동산의료원지부·대구적십자병원지부·상주적십자병원지부·파티마병원지부·혈액원지부, "2005년 투쟁계획은 전면 수정되어야 합니다"에서 재인용.

펴볼 수 있다. 하지만 이 주장은 그가 병원협회 간부 혹은 자본의 입장에선 '사회적 합의주의자'인지 아니면 그나마 보건의료노조 간부 혹은 노동의 입장에선 '사회적 합의주의자'인지조차도 혼란스럽게 한다. 그에게 한번 물어보자. 이주호 국장은 보건의료노조의 정책기획국장입니까? 아니면 대한병원협회의 정책기획국장입니까? 그것도 아니면 언제나 중립을 가장하고자 하는 정부관료입니까?[15)]

4. 비판(1): 성과를 협소화하는 "10장 2조" 논쟁

이주호 국장은 앞서 언급한 [보건의료노조 산별합의안 10장2조 문제점에 대한 전국 토론회] 직후에 ≪매일노동신문≫에 [특별기고]한 글[16)]에서 이 문제를 제기한다. 그는 "10장 2조 문제는 별도로 판단할 문제가 아니라 전체 협약 속에서 종합적으로 바라봐야" 하는데 이에 대해 문제 제기하는 사람들은 그렇지 않았다고 비판한다. 또한 "모든 문제의 책임을 10장 2조로 떠넘기고 있"으며, 이로 인해 "산별교섭 논의를 생산적으로 풍부하게 이끌지 못하고 너무 협소화시키고 있다"고 비판한다.

"10장 2조" 문제를 전체 협약 속에서 종합적으로 보아야 한다는 이주호 국장의 주장은 옳다. 그러나 "10장 2조"를 비판하는 사람들이 종합적으로 문제를 바라보지 못했다거나, 이들이 "10장 2조 환원론"에 빠졌다거나, 문제를 협소화시키고 있다는 그의 비판은 절대로 옳지 않다. '사회적 합의주의자'로서 이주호 국장을 비롯한 몇몇에게는 "산별협약 타결"만 이루어지면 만사형통이었을 것이다. 하지만 올바른 노동자계급의식을 소유한 서울대병원지부 조합원 대부분을 포함한 많은 다른 사람들에게는 "산별협약 타결" 자체가 목적이 될 수 없었다. 오히려 그들이 한 것은 더욱 근본적인 질문이었던 것이다. 즉, 산별운동의 진정한 목적은 무엇인가? 산별협약은 어떠해야 하는가? 등이 바로

15) '사회적 합의주의자'로서 이주호 국장이 이러한 주장을 하는 것은 전혀 놀랄 일은 아니다. '사회적 합의주의'가 목적하는 것이 바로 그러한 것이기 때문이다. 물론 그것의 계급적 본성은 친부르주아적 다시 말해 반노동자적이다.

16) 이주호, ""대병원 · 기업별 중심 사고 아닌가"—특별기고: 보건의료노조 산별협약 10장 2조 토론회에 부쳐 "보다 균형감 있는 토론을 기대한다"", ≪매일노동뉴스≫, 2004. 9. 2. (http://www.labortoday.co.kr/news/view.asp?arId=42371)

그것이었기 때문이다. "10장 2조"는 그 상징적 집중점에 불과했다.

그런데 어떤 의미에서는 "10장 2조"에 대해 폐기를 주장한 사람들이 협소한 비판에 머물렀다는 이주호 국장의 주장은 타당하다. 왜냐하면 보건의료노조의 산별합의안은 "10장 2조"만이 문제가 아니었기 때문이다.[17] 다만 다른 문제를 해결하려는 데 "10장 2조"가 가장 큰 걸림돌이 되었기에 여기에 비판이 머물렀던 것이다. 특히 앞서 살펴본 것처럼 서울대병원지부의 경우 "10장 2조"에 대한 실질적 비판은 지부파업의 과정에서 실천 속에서 제출되었기 때문에 더욱 그러했다. 당연히 이들의 비판은 더 나아가야 했다. 이들의 비판이 더 진행되지 못했던 것은, 이주호 국장의 주장과는 오히려 반대로, 보건의료노조 조합원으로서 이들 역시 이른바 "역사적인" 산별합의를 중요하게 생각했기 때문이다. 그래서 산별협약의 다른 문제점을 애써 드러내지 않았던 것이다. 이주호 국장은 이들의 이런 점에 오히려 감사해야 했다.[18]

이주호 국장은 "지부교섭 과정에서 10장 2조가 문제가 되지 않은 지부가 많았고, 문제가 되었다 하더라도", "상당부분 유리하게 쟁취했"으며 "중소병원과 조직력이 취약한 지부는 산별협약이" 도움이 되었다고 한다. "산별교섭 이후 지부교섭에 나타나는 양상은 다양"하며 지부교섭이 안 되는 것을 "10장 2조의 문제로 환원시키는 것은", "서울대병원과 일부 병원의 특수한 경험을 보편화시"키는 오류를 범하는 것이라 비판했다. 이주호 국장이 이러한 주장을 했던 까닭은 쟁점이 무엇인지 몰랐거나 아니면 쟁점을 왜곡하려는 것인데, 전자라면 자신의 무능을 스스로 폭로하는 것이고, 후자라면 기회주의자들의 전형적인 수법을 사용했던 것이다. 왜냐하면 지금 문제가 되는 것은 어떤 이유에서였던 어떤 특정지부에서 산별합의안보다 더 높은 것을 얻으려 했을 때 "10장 2조"가 문제를 일으켰기 때문이며 문제 제기는 바로 이 지점에 대한 것이었다.[19]

---

17) 이에 대한 문제제기는 보건의료노조 내부에서보다 외부에서 더 구체적으로 진행되었다. 노동자의 힘, "보건의료노조 산별합의안 및 10장 2조에 대한 노동자의 힘 입장" (http://pwc.or.kr/jsboard/read.php?table=js_declare&no=139); 정현진, 앞의 글 참조.

18) 그럼에도 불구하고 이주호 국장의 비판이 계속되자 이에 대한 반비판의 과정에서 내용에 대한 언급이 진행된다. 하지만 그 내용에 대한 직접적 비판은 미흡하다. ""이주호 정책기획국장은 문제의 핵심이 아직도 무엇인지 모르고 있다"—특별기고: '보건의료노조 산별협약 10장 2조 토론회에 부쳐'에 대한 반론", ≪매일노동뉴스≫, 2005. 9. 14. 이 글의 요약문은 http://www.labortoday.co.kr/news/view.asp?arId=42576에 있다.

5. 비판(2): 대병원 · 기업별 중심적 사고

이주호 국장은 언론과의 인터뷰에서 서울대병원지부의 조건부 탈퇴에 대해 "대형사업장의 이기주의일 뿐"이라고 비난한다. 또한 "서울대병원지부는 마치 지부교섭의 자율성이 최우선 가치인 것처럼 그것을 기준으로 산별교섭을 바라보고 있다. '독소조항' '족쇄'라는 식의 문제 제기는 결국 그 뿌리와 철학이 기업별 의식에 기초하고 있다"고 비판하며, "그런 요구의 이면에는 규모와 조직력의 편차를 넘어 함께 문제를 풀어 가려고 하기보다는 우리 힘만으로 더 따겠다는 발상이 숨겨져 있다. 이것은 대병원 중심적 사고이자 여전히 기업별 의식이 지배하고 있는 결과"라고 비난한다.[20] 이후에도 "10장 2조를 비판하면서 최저기준만을 강조하는 것은 결국 이제 막 진입한 산별교섭 시대를 뒤로 돌리려는 기업별 의식이자 대병원 중심적 사고"라고 비판한다.[21]

그런데 이주호 국장의 이러한 비판은 근거가 없다. 서울대병원지부는 지부교섭의 자율성을 최우선 가치로 여기지 않았다. 그들은 보건의료노조의 한 지부로서 다른 지부들과 함께 산별파업투쟁을 공동으로 진행했다. 이들은 '잠정합의안'이 나오자 과거 투쟁경험 속에서 얻은 교훈을 바탕으로 "10장 2조"에 대한 문제점을 간파하고 이를 지적했던 것이다. 또한 지부교섭의 과정에서 "10장 2조"의 심각한 해악을 경험으로 깨닫고, 이에 대한 문제 제기를 적극적으로 시작한 것이다. 그들은 자신들의 눈앞의 이익을 위해 "10장 2조" 폐지를 주장한 것이 아니다. 그들은 미래에 자신들의 동료가 될 다른 노동자들에게 피해가 돌아가지 않도록 투쟁한 것이다. 만일 그들이 자신들의 힘만

---

19) "지부의 파업 투쟁은 마무리되었지만, 여전히 산별합의안에 대한 서울대지부의 문제의식은 유효하다. 이미 10장 2조가 '족쇄의 효력'을 발휘했기 때문이다. 10장 2조는 서울대병원처럼 교섭자체를 사 측이 거부하는 빌미가 되거나, 제주대 병원처럼 산별합의안을 넘어 생휴 임금 보전을 신규직원에게 적용키로 노사가 합의해도 교육부에서 재교섭 압력이 들어오거나, 교섭거부가 명백하기 때문에 아예 지부에서 교섭내용으로 다룰 엄두를 내지 못하도록 하기 때문이다." (백일자, "현장의 자발성에 기초한 투쟁을 엄호하라", ≪노동자의 힘≫ 제59호.) (http://pwc.or.kr/maynews/readview.php?table=organ&item=5&no=1855)

20) 이주호, "대병원 · 기업별 중심 사고 아닌가".

21) ""대병원 중심적 사고"—"10장 2조 문제 심각", [쟁점인터뷰] 서울대병원지부 vs 보건의료노조", ≪오마이뉴스≫, 2004. 9. 15.

으로 무엇인가를 할 생각을 했으면 처음부터 산별노조에 가입하지도 그렇게 열심히 함께 투쟁하지도 않았을 것이다. 왜냐하면 그들은 보건의료노조 내의 어떤 지부보다도 강력한 힘을 갖고 있기 때문이다. 또한 '잠정합의안'이 가결된 후에 "10장 2조" 폐기투쟁을 그렇게 열심히 조직하지도 않았을 것이다. 그들이 비난을 감수하고 '조건부 탈퇴'를 결정하게 된 것도 자신들의 이익을 위해서가 아니다. "10장 2조"의 심각성을 알리려는 의도였다.[22]

문제는 서울대병원지부에게 있었던 것이 아니다. 그것은 오히려 보건의료노조 중앙의 관료주의와 교섭주의에 있었던 것이다. 더더구나 2005년 요구안 및 투쟁 방침을 확정하는 대의원대회를 앞두고 서울대병원지부의 전 지부장을 제명 조치한 것은 보건의료노조 중앙위원회의 이러한 모습을 극명하게 보여 주고 있다. 조합원의 89.9%가 투표로 찬성한 사안을 문제로 삼아 당시 지부장을 제명 조치 한 것은 서울대병원지부에게 나가라고 하는 것에 다름 아니다. 보건의료노조 중앙은 자신들의 오류 및 관료주의와 교섭주의를 은폐하기 위해 올바른 노동자계급의식으로 무장하고 투쟁하였던 사람을 제물로 삼고 있는 것이다. 그리고 그것을 위해 "대병원 중심적 사고" 혹은 "기업적 사고" 등의 악선동으로 보건의료노조 조합원들을 분열시키고 대립하게 만들고 있는 것이다. 따라서 이주호 국장의 주장은 근거 없는 거짓에 기초한 본말이 전도된 주장이고 적반하장의 주장에 불과하다.

6. 비판(3): 통일협약-기준협약 논쟁

이주호 국장은 "10장 2조"에 대한 비판이 산별협약은 최저기준 혹은 기준협약이어야 한다는 논리로 발전해 산별협약의 성격 논쟁으로 확산되었는데, 최저기준이 되어야 한다는 주장은 서구산별이론을 무비판적으로 수용한 것이고 내부 격차가 큰 한국적 현실에 맞지 않는 관념적 주장이라고 비판한다. 그리고 산별협약을 최저기준으로 하면 내부 격차를 줄일 수 없고 격차가 더욱 벌어질 것이라는 알 수 없는 주장을 한다. 결국 그는 조항에 따라 양 기

22) "산별합의 10장 2조 폐기를 위한 조건부 탈퇴 결의에 즈음한 서울대병원지부의 입장". 혹시 다른 것이 있었다면 지부파업 당시 보건의료노조 중앙의 태도에 대한 배신감 때문이었을 것이다. 그러나 이것은 보건의료노조 중앙의 책임이다.

준 중 적절한 선택을 해야 한다는 말도 안 되는 주장이나 지부 자율교섭이라는 것은 산별교섭과 지부교섭의 연관성 속에서 판단해야 한다는 하나마나 한 주장을 하게 된다.[23]

지부교섭은 산별교섭과의 연관성 속에서 판단해야 한다는 것은 너무나 명백하다. 문제는 주어진 조건 속에서 어떻게 하는 것이 연관성 속에서 판단하는 것이냐 하는 것이다. 조항에 따라 적절한 선택을 한다고 하지만 최소와 최대의 양극단을 제외하면 어떠한 것을 선택하더라도 이것은 둘로 나누어지게 된다. 이주호 국장이 제시한 놀라운 기준은 다음이다.

> 여건이 좋은 병원의 노조는 좀 양보하고 대신 노조의 단결력이 약하고 영세한 병원의 임금 등을 끌어올려 근로조건 격차를 줄이는 게 산별노조의 목적 (≪동아일보≫, 2004. 8. 2.)

그가 제시하는 통일협약의 핵심은 바로 이것이다. 백번 양보하자. 그래서 그의 산별노조의 목적을 일단 인정하고 시작하자.[24] 그리고 한 걸음 나아가자. 도대체 양보하라는 것은 무엇을 하라는 것인가? "여건이 좋은 병원"의 노조가 투쟁으로 얻은 성과를 "영세한 병원"의 노동자의 임금으로 양보하라는 것인가? 아니면 "여건이 좋은 병원"의 노조가 잠자코 있을 테니까 "여건

---

23) 이주호, "새로운 단계에 들어선 한국의 산별운동과 산별교섭—보건의료노조 산별교섭 평가와 2005년 전망", ≪노동사회≫ 제96호(2005. 2.) (http://www.klsi.org/webzine/article_view.asp?no=1223&hosu=96)

24) "자본주의는 한편으로 수세기에 걸쳐 형성해 온 노동자들 사이의 직종 및 직능의 오랜 구별이라는 유산을 사회주의에 필연적으로 물려준다. 다른 한편으로 자본주의는 직종별 노동조합들을 물려주는데 이 직종별 노동조합들은 직능적 성격을 아주 탈피해 버린, (직능, 직종, 직업들뿐만 아니라 모든 산업을 포괄하는) 보다 폭넓은 산업별 노동조합들로 해를 거듭하면서 아주 천천히 발전할 수 있고 또 발전할 것이며, 나아가 이들 산업별 노동조합을 통해 사람들 사이의 노동분화를 제거하고, 모든 면에서 발전하고 모든 면에서 훈련된 사람들, 곧 모든 것을 할 수 있는 사람들을 교육, 계발, 훈련시킬 수 있고 또 시킬 것이다. 공산주의는 이 목표를 향해 전진하고 있고 전진해야만 하며, 그리고 그 목표에 도달할 것이지만, 이것은 기나긴 세월이 흐른 뒤에야 가능하다. 완전히 발달되고 완전히 확립되고 안정된, 그리고 완전히 전개되고 성숙한 공산주의의 이 미래의 결과를 지금 실제로 내다보려고 하는 것은 고등수학을 네 살짜리 어린아이에게 가르치려고 하는 것과 같은 짓이다." (레닌, ≪공산주의에서의 "좌익"소아병≫, 돌베개, 1989, p. 50.) 산별노조의 진정한 의의는 이것이다.

이 좋은 병원"의 원장이 "영세한 병원"의 노동자에게 임금을 주라는 것인가? "여건이 좋은 병원"의 노조가 자신의 주장을 덮어 두고 "영세한 병원"의 주장으로 투쟁하라는 것인가? 아니면 격차를 줄이기 위해 "영세한 병원"의 임금 등이 오를 때 "여건이 좋은 병원"의 노조는 임금동결 나아가 삭감까지를 주장하자는 것인가? 그가 주장하고자 하는 것을 다르게 표현하면 자본과의 원활한 교섭을 위해 "여건이 좋은 병원"의 노조가 "여건이 좋은 병원"의 자본에 양보하고 "영세한 병원"의 자본은 "영세한 병원"의 노조에게 그것보다는 더 임금을 올려 주라는 것이다. 이처럼 이주호 국장이 말하는 통일협약이란 말도 되지 않는 주장이다. 교섭자체가 목적이고 이주호 국장 같은 '사회적 합의주의자'에게는 이러한 주장이 이해가 될지는 모르겠지만, 약간의 상식이라도 있는 사람에게는 도무지 이해가 되지 않는 주장이다. 물론 현실적으로도 이러한 일은 그대로 일어나지 않는다. 하지만 이것은 현실에서는 약간 바뀐 모습으로 등장하는데 그것의 하나가 "10장 2조"이다. 그것의 목적은 단 하나다. "'여건이 좋은" 병원의 노조가 양보하게 하는 것, 즉 산별협약을 넘어서는 상향된 요구를 하지 못하도록 하는 것이다.

같은 산업분야에서 "여건이 좋은 병원"의 노동자들과 "영세한 병원"의 노동자들이 단일한 하나의 노조에서 함께 투쟁하는 것이 산별노조이다. 그 내부에는 사업장마다 격차가 엄청나다. 바로 그 이유에서, 즉 큰 격차 때문에 일률적으로 정할 수 없어서 산별협약의 내용은 일반적으로 최저기준이 되는 것이다. 너무 큰 내부 격차 때문에 통일협약을 만들어야 하는 것이 아니라, 현실적으로 그것이 불가능하기 때문에 최저기준으로 통일협약을 만들 수밖에 없는 것이다. 이러한 의미에서 이주호 국장의 "통일협약"이라는 것은 말장난에 불과하고 그가 이런 궤변을 늘어놓는 것은 자본에 봉사하는 자신의 오류와 본질을 은폐하기 위해서다. 산별중앙은 정확한 정세판단을 바탕으로 한 적절한 최저기준을 통일협약으로 만들고 산별투쟁을 전개하는 것이다. 그 과정에서 동력이 부족해 성과를 얻을 수 없었던 지부는 산별의 지원을 통해 최소한 최저기준을 획득하게 되며, 동력이 갖추어진 지부는 당연히 그 동력을 이용하여 상향된 합의를 이끌어 내는 것이다. 이것은 상식이다.[25]

25) 조금 과장해서 말하면 이것은 거의 법칙이다. "그렇다면 임금 법칙은 수정할 수 없는 어떤 선을 긋는 법칙이 아닌 것이다. 일정한 한계 안에서는 그것은 요지부동이지 않다. 언제라도(큰 불경기를 제외하고) 어느 업종에서나, 맞서는 두 당사자들 사

그리고 한 가지 더 지적할 것은 "여건이 좋은 병원"이라는 부정확한 말이다. 병원이 여건이 좋다는 말이 무엇인가? 혹시 그것은 "여건이 좋은 병원"의 노동자가 좋은 조건(좋은 근무환경, 충분한 임금 등) 속에서 노동하는 것을 의미하는 것인가? 그렇다면 이주호 국장이 말하는 "여건이 좋은 병원"은 어느 병원이라고 생각하는가? 그리고 그 병원에 근무하는 병원노동자들이 정말 좋은 조건 속에서 노동하고 있다고 생각하는가? 물론 이주호 국장처럼 "여건이 좋은 병원"을 "영세한 병원"과 대비해서 파악하면 "여건이 좋은 병원"의 자본가들은 "영세한 병원"의 자본가보다 여러 점에서 더 "여건"이 좋을 것이다. 그리고 그러한 한에서 "여건이 좋은 병원" 노동자가 "영세한 병원" 노동자보다 좀 더 많이 얻어 낼 가능성이 있을 것이다. 그리고 현실은 때때로 그러한 사실을 보여 주기도 한다. 물론 이때에도 그것은 노동조합의 강력한 단결과 투쟁이 전제되어야 한다.

그런데 노동자계급의 연대성을 주장하는 듯이 보이는 이주호 국장의 이 주장은 요즘 많이 듣던 귀에 익은 곡조이다. 자본을 비롯한 그들의 대리인 관료 소위 사회원로 등이 앞다투어 불러 대는 유행가가 바로 이것이기 때문이다. 이른바 "근로자 간의 양극화의 문제", "대기업 노동조합의 양보와 협력이 절실"하다는 주장, "대기업 정규직 임금 동결", "과도한 임금인상 요구 자

이의 투쟁의 결과에 따라 임금 시세가 수정될 수 있는 일정한 폭이 있다. 임금은 어떤 경우에나 거래 계약에 의해 결정되며, 거래 계약에서는 가장 오래 그리고 가장 잘 버티는 사람이 자신의 몫보다 더 많이 받을 가능성이 가장 큰 법이다. 만약 고립된 노동자가 자본가와 거래 계약을 맺으려 한다면, 그는 쉽게 패배하여 무조건 항복해야 한다; 그러나 만약 업종 전체의 노동자들이 강력한 조직을 형성하고, 필요하다면 고용주들에게 싸움을 걸 수 있게 해 줄 기금을 자신들 사이에서 모으고, 그리하여 자신들의 고용주들과 세력으로서 교섭할 수 있게 된다면, 그때에는 그리고 오직 그때에만 그들에게는, 현재의 사회의 경제 구조에 따르면 공정한 하루 작업에 대한 공정한 하루 임금이라 불릴 수 있는 바의 적은 생계비라도 얻을 가능성이 있다. 임금 법칙은 노동조합들의 투쟁에 의해 교란되지 않는다; 반대로 임금 법칙은 그 투쟁들을 통해 관철된다. 노동조합들이란 저항 수단이 없다면, 노동자는 임금 제도의 기준에 따르면 자신의 몫인 것조차 받지 못한다. 자본가로 하여금 자신의 노동자의 노동력의 완전한 시장 가치를 쓰도록 만들 수 있는 것은 바로, 그의 눈앞에 있는 노동조합에 대한 공포뿐이다. 증거를 원하는가? 대규모 노동조합의 조합원들에게 지불되는 임금을 보라. 그리고 저 정체된 비참함의 웅덩이인 런던의 이스트엔드에 있는 무수한 소규모 업종들에서 지불되는 임금을 보라." (엥겔스, "임금제도", ≪맑스 · 엥겔스 저작 선집≫ 제5권, pp. 481-2.)

제", "정규직과 비정규직 간의 임금격차 축소" 등은 자본에게 가장 인기 있는 유행가 가사이고, 이주호 국장의 주장은 이것의 "변주곡"에 불과하다.[26] 이주호 국장이 왜 이러한 노래를 함께 부르냐고? 그것은 앞에서도 살펴본 대로 그가 "사회적 합의주의자"이고 '사회적 합의주의'는 본질적으로 "반노동자적", "친자본가적" 이데올로기이기 때문이다. 따라서 '사회적 합의주의'에 사로잡힌 그는 아무런 부끄러움도 느끼지 않고 떳떳하게 그런 말을 할 수 있는 것이다. 그것이 그의 소신이며 그는 소신에 충실한 것이다.

7. 비판(4): 산별노조와 민주집중제

현실에서 "10장 2조"의 문제는 앞서 살펴본 것처럼 그것이 지부교섭에 걸림돌로 작용한 것에 의해 벌어지고 전개되었다. 그리고 정당한 문제 제기가 왜 그리고 어떻게 왜곡되어 전개되었는지 살펴보았다. 그런데 이러한 왜곡을 걷어 내더라도 살펴보아야 할 문제가 있다. 그것은 산별노조로서 보건의료노조의 조직운영의 문제이다. 이것은 보건의료노조를 대표하여 협상에 나서는 노조 중앙과 지부 간의 모순관계, 산별협약과 지부협약과의 모순관계 등에 의해서 발생하는 것인데, 이것은 한마디로 집중성과 민주성을 어떻게 갖추어 나가는가의 문제이다. 물론 논쟁 주체의 사상·이론적 배경 때문에 논쟁이 혼란스러워지기도 하였고 이 역시 왜곡되었었지만, 이것을 조직적인 관점으로 파악하면 조직운영원리로서 민주집중제의 문제로 요약된다.

조직운영원리로서 민주집중제는 조직의 통일성을 위해 필요한 것이다. 단결이 생명인 노동자의 조직에서 민주집중제의 원리는 매우 중요하며 통일을 이루기 위해서는 소수의 다수에 대한 복종, 지역의 중앙에 대한 복종, 하부의 상부에 대한 복종은 반드시 필요하다. 그런데 이것은 조직 내 민주주의가 반드시 전제되어야 한다. 이 중에서 중요한 것의 하나는 소수파의 권리인데, 이것은 비판의 자유라는 권리의 보장이다. 여기서 비판의 자유의 보장이라는

26) 채만수, "색깔 드러낸 위선의 '사회원로'들 144명: '사회원로'의 정규직 임금 동결·삭감 요구에 대해서", ≪현장에서 미래를≫ 제100호(2004. 7.), pp. 13-20; 채만수, "2005년 대통령 연두기자회견에 대하여", ≪현장에서 미래를≫ 제106호(2005. 2/3.), pp. 4-15.

것은 행동의 통일을 전제로 다수의견이 확정된 이후에도 그 다수의견을 비판할 권리를 보장하는 것인데, 이것은 소수파에게 다음의 기회에 자신들이 다수파가 되어 자신들의 의견이 다수의견이 될 수 있도록 하는 가능성을 열어놓는 것이다. 만일 이러한 권리를 보장하지 않는다면 소수파의 이탈은 불가피하다.

일반적으로 문제가 발생하면 중앙은 지역에게 집중성만을 요구하는 것처럼 보이고 지역은 중앙에 민주성만을 요구하는 것처럼 보인다. 또한 다수는 소수에게 집중을 요구하고 소수는 다수에게 민주주의를 요구한다. 이번의 경우에도 그러한 모습이 보였다. 그런데 이 문제는 즉, 민주성과 집중성, 중앙과 지부, 규정성과 자율성은 모두 모순관계로 대립물의 양면을 이루고 있기 때문에 일 측면을 강조하면 오류에 빠지기 쉽다. 또한 이 문제를 다룰 때 양 측면을 모두 고려해야 한다는 주장으로 선불리 절충으로 흘러서도 안 된다. 따라서 이 문제들을 다룰 때에는 구체적 상황에 대한 구체적 분석을 근거로 해야만 악무한적 순환의 논쟁에서 빠져나올 수 있다. 따라서 작년의 상황을 정확히 모르는 내게는 이 작업은 어려울 수밖에 없으며 이는 투쟁에 참가한 보건의료노조 조합원들의 몫이다. 따라서 여기서는 간략하게 이 문제를 살펴볼 수밖에 없다.

작년 잠정합의안이 발표된 후 서울대병원지부는 이에 반대하는 투쟁을 벌였다. 이 과정에서 9월 15일 보건의료노조 중앙위원회는 서울대병원지부장을 징계했다. 그 이유는 "중앙의 조직적 결정을 반대하는 것이 산별노조의 명예를 훼손하는 행위고, 산별노조의 민주주의를 위협하는 사안"[27]이라는 것이었다. 그러나 이것은 옳지 않다. 비록 조직적 결정이 있었다고 하더라도 이에 대해 반대할 수 있는 권리는 언제나 보장되어야 하기 때문이며 이것이 지켜지는 것이 민주집중제이다. 더구나 반대한 것 때문에 징계를 하는 것은 민주집중제에 반하는 중앙의 독재다.

제명 조치의 근거가 된 작년의 한 토론회에 대해 이주호 국장은 그의 글에서 "중요한 것은 산별노조와 민주집중제"라는 소제목 하에 이를 비판한다.

> 첫째는 방식의 문제이다. 산별교섭에서 발생한 문제이면 산별노조 전체 차

---

27) 노동자의 힘, "서울대병원 지부장의 징계 결정을 철회하라"(2004. 9. 18.)에서 재인용.

원에서 산별적으로 풀어 가야지 지부 차원에서 별도의 토론회를 개최하는 것은 모양이 좋지 않다. 이것은 기업별 방식이다. 서울대병원지부는 '서울대병원 노동조합'이라는 단위노조가 아니라 '보건의료노조 서울대병원지부'이다. 문제를 해결하는 것은 그 결과도 중요하지만 과정도 중요하다.[28]

지부차원에서 별도의 토론회를 개최하는 것이 이주호 국장에게는 모양 때문에 문제일지는 모르지만 이것은 그 자체로 아무런 문제도 되지 않는다. 문제는 토론회가 그렇게 개최될 수밖에 없었던 당시 상황이다.

7. 28일 토론회는 절차상 그리고 내용상 정당하다.

첫째, 이주호 국장은 토론회 조직화 과정을 의도적으로 은폐했다. 8월 2일 중집에서 대경본부 황현섭 본부장이 보건의료노조 차원에서 토론회를 개최하자고 제안했고 그 자리에서 보건의료노조 위원장은 '조합원 찬반투표에서 이미 합의안이 가결되었기 때문에 토론회는 할 필요가 없다'라고 이야기 했다. 그래서 10장 2조가 문제가 있다고 주장하는 지부들이 모여 토론회를 조직한 것이다.[29]

토론회를 할 필요가 없는 것은 그것 자체의 문제 때문이어야지 그것이 이미 가결된 것이기 때문일 수 없다. 가결이란 다수-소수가 이미 결정된 것이고, 다수는 행동의 통일을 조건으로 소수에게 비판의 자유를 보장해 줘야 하는 것이다. 이렇지 않은 경우 소수파는 파행적으로 행동할 수밖에 없는 것이다. 물론 그 책임은 다수파에게 있다. 그런데 그런 기회를 박탈해 놓고 책임을 물어 징계하는 것은 민주집중제의 훼손이다.

올해 서울대병원지부가 산별을 탈퇴하자 보건의료노조는 성명을 통해 이를 비판한다.

2. 민주적 절차를 거쳐 조직적으로 결정된 산별교섭 · 산별협약을 거부하고, 이를 탈퇴의 명분으로 삼는 것은 결코 민주적 태도가 아니다.

서울대병원지부가 문제 삼고 있는 2004년 산별합의안은 14일간의 산별총

28) 이주호, "대병원 · 기업별 중심 사고 아닌가".
29) "이주호 정책기획국장은 문제의 핵심이 아직도 무엇인지 모르고 있다".

파업을 통해 〈중앙 파업대책본부의 논의 → 전국지부장회의 → 파업사업장 조합원 의견 수렴 → 전국지부장회의 → 중앙파업대책본부의 결정〉이라는 민주적 토론과정을 거쳐 잠정합의한 것이며, 이후 2004년 7월 27일-29일 3일간 산별교섭에 참여한 전 조합원 찬반투표를 통해 75.4%의 조합원 투표와 78.6%라는 압도적인 찬성을 거쳐 가결된 바 있다.

그럼에도 서울대병원지부는 계속적으로 조직의 결정, 전체 조합원의 결정을 무시하고 일방적으로 10장 2조 폐기만을 주장하며 반 조직적 행위를 지속하였다. 11월 9일 상반기 평가를 마무리하는 보건의료노조 임시대의원대회에서 서울대병원지부는 또다시 산별합의 10장 2조 폐기를 주장하였으나 참석 대의원 대다수의 반대로 받아들여지지 않았고, 2005년 요구안 및 임단투 방침을 확정하는 3월 31일 임시대의원대회에서도 10장 2조 폐기를 골자로 한 수정안을 거듭 제출하였으나 참석 대의원 144명 중 26명만 찬성(18%)함으로써 부결되었다.

더구나 우리 보건의료노조는 그동안 계속되는 서울대병원지부의 문제 제기에 대해 일방적으로 묵살한 것이 아니라 이것을 계기로 산별운동과 산별교섭의 올바른 원칙과 방향을 세우기 위해 작년 하반기와 올 상반기 동안 몇 차례의 산별학교 개최, 지역과 현장 토론, 간담회를 통해 나온 의견을 수렴하여 최종 결정을 내렸다. 그럼에도 불구하고 단지 자신들의 주장이 받아들여지지 않았다는 이유만으로 탈퇴를 선언한 것은 그동안 수개월 동안 인내를 가지고 민주적 토론을 진행해 온 4만 조합원을 무시하고 우롱하는 처사로서 용납하기 어렵다.[30)]

이와 같은 주장에 대해서는 보건의료노조 조합원으로 보이는 동지의 다음과 같은 비판을 옮기는 것으로 평가를 대신하겠다.

사실을 왜곡하지 말아라. 내가 알기로 서울대병원지부의 '10장 2조 폐기' 주장은 지난 2004년 8월 산별합의안에 대한 전 조합원 찬반 투표 결과에 따라 수정 제시된 걸로 알고 있다. 즉, '2004년 산별협약 10장 2조의 폐기'를 주장하던 서울대병원지부는 보건의료노조 전 조합원 찬반 투표 이후 '2004년 산별합의안의 폐기'가 아닌 2005년 산별요구안 중 10장 2조에 관한 요구안을

30) 보건의료노조, "서울대병원지부의 산별 탈퇴에 대한 보건의료노조의 입장", 2005. 4. 6.

삭제하라는 것이었다. 그럼에도 마치 서울대병원지부가 지난 '2004년 합의안을 폐기하라'고 주장하는 것처럼 호도하지 않았으면 한다.

또한 지난 2004년 산별합의안에 대해 민주적 토론과정을 거쳐 잠정합의했다고 하는데, 현장 조합원들 중에 잠정합의안이 나오기 전에 그 내용을 본 조합원 있으면 나와 보라고 그래라. 그런데 뭐 파업사업장 조합원 의견수렴? 우리 지역 같은 경우는 상경투쟁하다가 지역에 내려와서 거점투쟁하는데 본조도 아니고 지역 언론사 기자 통해서 처음으로 잠정합의안을 받아 봤다. 기자가 '이게 잠정합의안 내용 맞냐?'라며 생뚱맞은 합의안 갖다 주길래 '무슨 소리하느냐?'라고 큰소리쳤는데 젠장 나중에 보니까 그게 진짜 잠정합의안이더라.

본조는 과연 의견수렴 과정을 제대로 거쳤는가? 내가 참가한 산별학교는 그야말로 본조를 대변하는 경제학 교수를 앞세워 본조의 입장을 정당화하는 것이었으며, 토론 또한 자신들의 입맛에 맞춰 발언을 제한하는 것이었다. 뿐만 아니라 그 내용조차 시간관계상(?) 제대로 공개되어지지 않았으며, 무수히 많은 의견 중 본조의 입장과 맞아떨어지는 것 중심으로 선별되어졌다. 우리 4만 조합원에게 물어보자. 과연 지역과 현장토론, 간담회에서 얼마나 많은 조합원들의 의견이 수렴되어지고 이번 요구안에 반영되어졌는지를 …

그리고 전 조합원 찬반투표를 통해서 가결되었다고? 그래서 '10장 2조를 삭제하라'는 요구가 전체 조합원의 결정을 무시하는 행위라고? 그간 잊고 지내 왔는데 또다시 그때 그 상황을 떠올리게 하다니 정말 너무한다. 당시 10장 2조가 문제가 있다는 데 대해서는 주변 타 연맹뿐만 아니라 보건의료노조 내의 많은 지부와 현장 조합원들이 동의하고 있었다. 그러나 본조는 전혀 계획에도 없었던 산별합의안에 대한 전 조합원 찬반투표를 진행했고, 이 과정에서 '10장 2조를 문제 삼아 찬반투표가 부결될 경우 교섭과 투쟁을 다시 해야 한다'는 분위기를 현장에 심었고 결국 장기간의 상경투쟁으로 지친 지부 간부들이나 현장 조합원들은 교섭과 투쟁을 처음부터 다시 새로 해야 한다는 부담 때문에, 10장 2조에 대한 문제의식에도 불구하고, '찬성표'를 던질 수밖에 없었다. 그런데 그것이 마치 산별합의안 10장 2조에 대해 대부분의 조합원들이 찬성한 것처럼 몰고 가는 본조의 계산적이고 왜곡된 논조에 치가 떨린다. 정말 본조가 자신이 있다면, 10장 2조만 놓고 전 조합원 찬반투표를 다시 진행해 봐라. 정말 비열한 논조다.

논란이 되었던 10장 2조에 대한 문제의식을 충분히 반영한 2005년 요구안에 대해 왜 서울대병원지부와 몇몇 지역본부는 지난 2004년 산별합의안보다 더 광범위하게 10장 2조가 적용될 것이라는 우려를 하는가? 앞뒤가 맞지 않는다. 실제 10장 2조가 문제가 되고 그것을 2005년 산별합의안에 반영하고자 한다면 그들이 제시한 수정 요구안을 수용하면 될 일이다. 그러나 본조는 이에 대해 부정적인 태도를 취했고 결국 제대로 된 토론조차 해 보지 못하고 소위 '민주적' 결정과정이라는 대의원 거수방식을 통해 묵살해 버렸다.[31)]

8. 맺으며

보건의료산업노조는 첫 번째 산별협상의 과정에서 내용적으로 분열하였으며 두 번째 산별협상이 이루어지기도 전에 조직적으로도 분열하게 되었다. 그것을 "민주노조 사수와 진정한 산별노조 활동을 위"한 불가피한 선택이라고 규정하든지 혹은 "성장통"이라고 규정하든지 보건의료노조의 분열은 노동(조합)운동의 발전을 위해 시급히 극복해야 하는 어려운 과제를 우리에게 제공한 것은 사실이다. 물론 이것은 타협적으로 혹은 절충적으로 해결할 문제는 아니며 철저한 평가와 비판 · 반성을 통해 이루어질 일이다. 또한 보건의료노조 중앙 그리고 서울대병원지부(이제는 서울대병원지부 노동조합) 모두 역사와 선배들을 언급하며 자신의 정당성을 주장한다. 마지막으로 100년도 훨씬 넘은 과거에 노동조합운동에 대한 선현의 언급을 인용하는 것으로 글을 맺는다. 그 까닭은 여기서 언급하는 미래는 당시의 노동조합에게도 그리고 지금의 노동조합에게도 주어진 과제이기 때문이며, 더 나아가 노동조합운동의 역사적 과제에 대해 다시 한 번 생각하는 것은 그것이 이번 사태해결의 궁극적 실마리를 제공해 주기 때문이다.

(a) 그 과거

자본은 집적된 사회적 힘인 데 반해, 노동자는 자신의 노동력을 마음대로 처리할 수 있을 뿐이다. 따라서 자본과 노동 사이의 계약은 결코 공정한 조건으로 맺어질 수 없다. 한편에는 물질적 수단 및 노동 수단의 소유를 두고

31) 해방꽃, "부끄러운 보건의료노조 성명서", 〈보건의료노조〉 자유게시판 8681번 글.

다른 한편에는 살아 있는 생산적 에너지를 두는 사회의 관념으로 보더라도 공정한 조건으로 맺어질 수 없다. 노동자의 유일한 사회적 힘은 그 수이다. 그러나 그 수의 힘은 단결되어 있지 않으면 꺾인다. 노동자가 단결하지 못하는 것은 그들 자신들 사이의 불가피한 경쟁에서 생겨나서 영속화된다.

노동조합들은 본래, 적어도 노예보다는 조금 나은 계약 조건을 전취하기 위해 그러한 경쟁을 제거하거나 적어도 제한하려는 노동자들의 자연발생적인 시도로부터 생겨났다. 따라서 노동조합들의 즉각적인 목표는 일상적인 필요에만, 자본의 끊임없는 침해를 저지하는 방편에만, 한마디로 임금과 노동시간의 문제에만 한정되었다. 노동조합들의 이러한 활동은 정당할 뿐만 아니라 필요하기도 하다. 현재의 생산 제도가 지속되는 한, 그것은 없어서는 안 된다. 오히려 그것은 모든 나라에 걸쳐 노동조합들이 결성되고 그것들이 결합됨으로써 일반화되지 않으면 안 된다. 다른 한편, 노동조합들은 자신도 의식하지 못한 채 노동자계급의 조직화의 중심을 형성하고 있는데, 이것은 중세의 도시나 꼬뮌이 중간 계급에게 그랬던 것과 마찬가지이다. 노동조합이 자본과 노동 사이의 유격전에 필요한 것이라면, 임금 노동과 자본 지배라는 체제 그 자체를 폐지하기 위한 조직된 세력으로서는 훨씬 더 중요하다.

……

(c) 그 미래

본래의 목적은 물론이고, 노동조합들은 이제 완전한 해방이라는 폭넓은 이해관계에 있는 노동자계급의 조직화의 중심으로서 신중하게 행동하는 것을 배워야 한다. 노동조합들은 이러한 방향을 향하는 모든 사회적 및 정치적 운동을 지원해야 한다. 스스로를 노동자계급 전체의 전사이자 대표라고 생각하고 또 그렇게 행동한다면, 노동조합들은 결사에 소속되지 않은 사람들을 자신들의 대열에 끌어들여야 한다. 노동조합들은, 예를 들면 예외적인 환경 때문에 무력화되어 있는 농업 노동자들처럼 매우 적은 대가를 지불받고 있는 업계의 이해를 세심하게 돌봐야 한다. 노동조합들은, 자신들의 노력들이 편협하고 이기적인 것이 아니라 짓밟힌 수백만의 해방을 목표로 하는 것임을 세계 일반에게 납득시켜야 한다.[32]

32) 맑스, "임시 중앙 평의회 대의원들을 위한 개별 문제들에 대한 지시들", ≪맑스·엥겔스 저작 선집≫ 제3권, 박종철출판사, pp. 138-9.

보건의료노조의 분열에 대하여*
— 문제점과 극복을 위한 제언

전국보건의료산업노조(이하 보건의료노조)의 분열이 계속되고 있다. 지난 4월 2일 서울대병원지부가 처음으로 탈퇴한 후, 6월 15일 충북대병원지부, 6월 24일 강원대병원지부, 7월 7일 제주대병원지부, 7월 14일 울산대병원지부, 7월 17일 동국대의료원지부의 탈퇴가 이어졌으며 다른 지부들의 이탈도 계속 될 것으로 보인다.

작년 산별협약 "10장 2조"를 둘러싼 논쟁에서 '보건의료노조 중앙'은 시종일관 왜곡과 궤변으로 자신들을 변호했으며 결국은 이렇게 조직을 분열에까지 이르게 하고 있다. 이것은 이들 지부들이 그 탈퇴의 논거를, 작년부터 논란이 되었던 "10장 2조" 문제와 그를 둘러싸고 벌어진 논쟁에서 불거진 '기준협약-통일협약'의 문제, '산별중앙과 산별지부 사이의 민주집중제'의 문제 등에서 찾는 것에서 확인할 수 있다.[1)]

산별협약 "10장 2조"는 잘못된 것이며, 따라서 이에 대한 비판과 폐기 요구는 정당하다. 또한 '민주집중제'를 파괴한 '보건의료노조 중앙'에 대한 비판은 정당하며, 이를 시정할 생각을 하지 않는 중앙에 대한 투쟁은 멈춰서는 안 되는 중요한 과제이다. 결국 보건의료노조 탈퇴로 이어지고 있는 현재의 상황에 대한 모든 일차적인 책임은 '보건의료노조 중앙'에 있음은 명백한 사실이다. '보건의료노조 중앙'은 반드시 이에 대한 책임을 져야 할 것이다.

그러나 '보건의료노조 중앙'의 잘못에 대한 투쟁 방식이 지금과 같은 산별노조 탈퇴로 나타나는 것은 절대로 옳지 않다. 왜냐하면 지금과 같은 해결

---

* [편집자 주] ≪정세와 노동≫ 제4호(2005. 8.) 〈현장〉에 실린 글이다.

1) 이와 관련해서는, 전성식, "사회적 합의주의는 노동조합운동을 어떻게 공격하는가 —보건의료노조 중앙위원회의 제명 조치를 보며", ≪정세와 노동≫ 창간호(2005. 5.), 노사과연, pp. 60-83 및 전성식, "민주집중제에 대하여—"비판의 자유와 행동의 통일" 에 대한 레닌의 주장을 중심으로", ≪정세와 노동≫ 제2호(2005. 6.), pp. 108-9를 참조하시오.

방식은 어찌 되었든 조합원들에게는 분열이라는 모습으로 나타나기 때문이다. 비록 그 원인이 '보건의료노조 중앙'에 있고 그 일차적인 책임 역시 '보건의료노조 중앙'에 있지만, 지금의 해결 방식은 문제의 원인을 찾고, 그 책임을 묻고, 문제를 극복하는 데 도움을 주지 못한다. 왜냐하면 이럴 경우 분열이라는 또 다른, 그리고 더 큰 문제가 결부됨으로써 문제의 본질이 왜곡되고 쟁점이 분산될 것이기 때문이다. 또한 그 분열의 책임을 함께 떠안게 되어 그들 '보건의료노조 중앙'에 면죄부를 주는 꼴이 될 것이기 때문이다. 상황 전개의 여하에 따라서는 분열의 책임까지 떠넘겨져 오히려 모든 책임을 안게 될지도 모른다. 더 나아가 이것은 보건의료노조의 다른 조합원들을 '보건의료노조 중앙'의 영향력 아래에 무책임하게 내버려 두는 것이기도 하다. 이렇게 되는 것은 보건의료노조가 현재의 문제를 극복하게 되는 것이 아니라 더욱더 나락에 빠지게 되는 결과를 초래할 뿐이다.

이 글은 이러한 상황에서 활동가들이 어떠한 원칙으로 행동해야 하는가에 대한 내용을 다룰 것이다. 그러나 여기서의 주장은 새로운 사상이나 이론이 결코 아니다. 오히려 진부하다고 할 정도로 원칙적이고, 훈고학적이라 할 만큼 선현들의 글을 인용할 것이다. 왜냐하면 그것만큼, 이 상황에 대해 올바르게 판단하는 데 도움을 주고 또 이를 극복해 나가는 데에 도움을 주는 것이 없다고 생각하기 때문이다.

1. 단결[2)]

맑스는 이렇게 말했다.

> 자본은 집적된 사회적 힘인 데 반해, 노동자는 자신의 노동력을 마음대로 처리할 수 있을 뿐이다. 따라서 자본과 노동 사이의 **계약**은 결코 공정한 조건으로 맺어질 수 없다. 한편에는 물질적 수단 및 노동 수단의 소유를 두고, 다른 한편에는 살아 있는 생산적 에너지를 두는 사회의 관념으로 보더라도 공정한 조건으로 맺어질 수 없다. 노동자의 유일한 사회적 힘은 그 수이다.

---

2) 이 부분은 ≪정세와 노동≫ 제2호(2005. 6.)의 "민주집중제에 대하여 ..."의 한 부분을 옮겨 온 것으로서, 이렇게 한 것은 노동자계급의 단결의 중요성을 다시 한 번 강조하기 위해서다.

그러나 그 수의 힘은 단결되어 있지 않으면 꺾인다. 노동자가 단결하지 못하는 것은 그들 **자신들 사이의 불가피한 경쟁**에서 생겨나서 영속화된다. (강조는 원문)[3]

"집적된 사회적 힘"인 자본과는 달리 "노동자의 유일한 사회적 힘은 그 수"이며 이것은 단결되어 있어야 나타난다. 따라서 노동자는 자신을 지키기 위해서는 단결해야 한다. 그리고 "노동자가 단결하지 못하는 것"은 해결해야 할 중요한 문제지만, 그것은 "그들 자신들 사이의 불가피한 경쟁에서 생겨"난다. 그런데 "경쟁"이 "불가피"하다는 것은, 노동자들 자신들에게 경쟁은 의지와 의식으로 극복하기 어려운 것이며, 또한 노동자로서 살아가는 데 있어서 경쟁은 이미 조건으로서 존재한다는 것을 의미한다.

공업의 발전과 더불어 프롤레타리아트는 단지 수적으로만 증가하는 것이 아니다. 프롤레타리아트는 더 커다란 대중으로 집결되며, 그 세력이 증대하고, 자신의 힘을 점점 더 자각하게 된다. ... 개별 노동자와 개별 부르주아 사이의 충돌들은 점점 더 두 계급들의 충돌이라는 성격을 띤다. 노동자들은 부르주아에 대항하는 연합들을 형성하는 일부터 시작한다. ... 노동자들은 때때로 승리하나, 그것은 단지 일시적일 뿐이다. 그들의 투쟁들의 진정한 성과는 직접적인 전과(戰果)가 아니라 노동자들의 더욱더 확대되는 단결이다. ... 프롤레타리아들의 계급으로의, 또 따라서 정당으로의 이 조직화는 노동자 자신들 사이의 경쟁에 의해서 매번 다시 파괴된다. 그러나 이 조직화는 매번 다시 더 강하게 더 견고하게 더 힘 있게 발생한다.[4]

...

부르주아 계급의 존립과 지배의 본질적 조건은 개인의 수중으로의 부의 누적, 즉 자본의 형성과 증식이다. 자본의 조건은 임금노동이다. 임금 노동은 오로지 노동자들 상호 간의 경쟁에 근거한다. 부르주아지를 그 무의지적 무저항적 담지자로서 가지고 있는 바의 공업의 진보는 경쟁으로 말미암은 노동자들의 고립화 대신에 연합에 의한 노동자들의 혁명적 단결을 가져온다. 이리하여 대공업의 발전과 더불어, 부르주아지가 생산하며 생산물들을 전유하는 그 기초 자체가 부르주아지의 발밑에서 무너져 간다. 부르주아지는 무

3) 맑스, "임시 중앙평의회 대의원들을 위한 개별 문제들에 대한 지시들", ≪맑스·엥겔스 저작 선집≫ 제3권, 박종철출판사, p. 138.

4) 맑스·엥겔스, ≪공산당 선언≫(≪맑스·엥겔스 저작 선집≫ 제1권), pp. 408-9.

엇보다도 자기 자신의 매장인을 만들어 낸다. 부르주아지의 몰락과 프롤레타리아트의 승리는 다 같이 불가피하다.[5]

노동자계급은 자신들의 해방을 위해 단결을 이루어 내야 한다. 그런데 자본주의 사회에서 노동자들 간의 '경쟁은 불가피'하고 경쟁은 노동자계급의 단결을 방해한다. 이러한 노동자계급의 불가피한 경쟁은 "프롤레타리아들의 계급으로의, 또 따라서 정당으로의" "조직화"까지 파괴한다. 그러나 비록 노동자계급의 단결은 쉽지 않은 일이지만 가능하며, 이 또한 불가피한 일이다. 이를 가능하게 하려는 노력을 매 순간 경주하는 것! 그것이 우리의 임무이다.

만국의 프롤레타리아여, 단결하라!

2. 레닌—"혁명가들은 반동적인 노동조합들에서 활동해야 할 것인가?"

레닌은 ≪공산주의에서의 "좌익"소아병≫의 하나의 장—"6. 혁명가들은 반동적인 노동조합들에서 활동해야 할 것인가?"—에서 노동조합은, 어느 정도 한계를 갖고 있음에도 불구하고, 혁명과 건설에서 중요한 조직이라고 주장하며 다음과 같이 말한다.

> 서유럽에는 **장인조합적인, 편협한, 이기적인, 철면피 같은, 탐욕스런, 속물적인, 제국주의적인 성향을 가진, 제국주의에게 매수당해 타락한 "노동귀족"층**이 우리나라보다 훨씬 강력하게 형성되어 있다. 이것은 논쟁의 여지가 없는 사실이다. 서유럽에서 곰퍼스 일당(Gomerses), 주오 일당(Jouhaux), 헨더슨 일당(Hendersons), 메르하임 일당(Merrheims), 레긴 일당(Legiens) 등에 맞선 투쟁은 완전히 동질적인 사회적, 정치적 유형인 우리 멘셰비키에 대한 투쟁보다도 훨씬 더 어렵다. 우리의 경우처럼 이 투쟁은 교정 불가능한 모든 기회주의와 사회배외주의 지도자들을 철저히 비판하여 노동조합들에서 쫓아낼 때까지 가차 없이 필수적으로 이루어져야만 한다. (강조는 원문)[6]

5) 맑스 · 엥겔스, 같은 글, p. 412.
6) 레닌, ≪공산주의에서의 "좌익"소아병≫, 돌베개, p. 52.

레닌은 노동운동 진영 내부에서 발생한 "노동귀족", 즉 기회주의적 지도자들에 대해 "철저한 비판"을 해야 한다고 한다. 그리고 그 "철저한 비판"은 그들을 노동조합에서 "쫓아낼 때까지" 할 것을 주장한다. 레닌의 말처럼, 이것은 가차 없이 이루어져야 하며 필수적이다. 왜냐하면 "노동귀족"은 "노동운동에서의 부르주아지의 앞잡이", "자본가 계급의 노동 관리인들", "부르주아화한 노동자들"이기 때문이다. 이들을 노동조합에서 몰아내는 것은 노동운동이 강화되기 위해서 반드시 필요한 일이다. 그런데 그것은 노동조합 내부에서 이루어져야 하는 것이며, 노동자 대중을 "우리 쪽으로 끌어들여" 그들의 힘에 의해서 그렇게 되어야 하는 것이다. 이 문제에 대해 레닌은 이렇게 말한다.

> 우리는 노동자 대중의 이름으로, 그리고 그들을 우리 쪽으로 끌어들이기 위해, "노동귀족"에 대한 투쟁을 벌이고 있다. 우리는 노동계급을 우리 쪽으로 끌어들이기 위해 기회주의적, 사회배외주의적 지도자들에 대한 투쟁을 벌이고 있다. 이러한 가장 초보적이고 가장 자명한 진리를 망각하는 것은 어리석은 일일 것이다. 그리고 노동조합 상층지도부의 반동성, 반혁명성을 빌미로, 노동조합에서 탈퇴하자!! 노동조합에서 활동하기를 거부한다!! 새로이 고안해 낸 형태의 노동자 조직을 만들자!! ...고 결론짓는 독일의 "좌익"공산주의자들은 바로 이러한 어리석은 짓을 저지르고 있는 것이다. 이것은 공산주의자들이 부르주아지에게 바칠 수 있는 가장 큰 봉사와 마찬가지로 도저히 용서할 수 없는 어리석은 짓이다.[7]

레닌은 노동자 대중을 혁명적 진영으로 이끌기 위해 기회주의적 지도자들과 투쟁을 해야 하는 것은 "가장 초보적이고 가장 자명한 진리"라고 하며 이를 잊는 것은 "어리석은 일"이라고 한다. 하지만 그는 노동조합의 탈퇴와 그 속에서의 활동 거부 혹은 "다른 형태의 노동자 조직의 건설"을 주장하는 것을 "공산주의자들이 부르주아지에게 바칠 수 있는 가장 큰 봉사"로서 "도저히 용서할 수 없는 어리석은 짓"이라고 비판하고 있다. 왜냐하면 그가 생각하기에는 "반동적인 노동조합들에서 활동하기를 거부하는 것은 충분히 발전하지 못하거나 후진적인 노동자 대중들을 반동적인 지도자들, 부르주아지의

---

7) 같은 책, p. 53.

앞잡이들, 노동귀족들, 또는 '부르주아화한 노동자들'(1858년에 엥겔스가 영국 노동자들에 대해 맑스에게 보낸 편지를 참조하라)의 영향력하에 내버려 둠을 뜻"하는 것이고 "공산주의자들이 반동적인 노동조합들에 참여하지 말아야 한다는 바로 이 우스꽝스런 '이론'은 이 '좌익' 공산주의자들이 '대중들'에 대한 영향력 문제에 얼마나 경솔하게 대처하고 있는가를, '대중들'에 대한 자신들의 주장을 얼마나 악용하고 있는가를 아주 분명하게 드러내" 주는 것이라 판단하기 때문이다.[8)]

그는 이러한 상황에서 올바른 활동의 기본적인 태도를 다음과 같이 요약한다.

> 만일 당신이 "대중"에게 도움을 주고, "대중"의 동조와 공감과 지지를 얻고자 한다면, "지도자들"(그들은 기회주의자들과 사회배외주의자들이므로 대부분의 경우 직접적이든 간접적이든 부르주아지와 경찰에 연결되어 있다)로부터 오는 어려움들, 곧 고통, 속임수, 모욕, 박해 등을 두려워해서는 안 되며, 반드시 대중이 있는 곳에서는 작업해야만 한다. 아무리 반동적일지라도 프롤레타리아나 반프롤레타리아 대중이 있는 기구들과 협회 및 결사체들에서 체계적으로, 참을성 있고 끈덕지고 끈기 있게 선전과 선동을 하기 위해 어떠한 희생도 치를 수 있어야만 하며, 어떠한 난관도 극복할 수 있어야만 한다. 그런데 노동조합들과 노동자 협동조합들(때로는 적어도 협동조합들), 바로 이런 것들이 대중이 있는 조직이다.[9)]

---

8) 같은 책, pp. 53-4.

9) 같은 책, p. 54. 레닌은 심지어 다음과 같이 말하기도 한다. "곰퍼스, 헨더슨, 주오, 레긴 등의 일파가 독일의 '원칙상의' 반대파(하느님, 우리를 그런 '원칙들'로부터 보호하소서!)나 미국의 세계산업노동자조합의 일부 혁명가들처럼, 반동적인 노동조합들을 포기하고 그 속에서 활동하기를 거부할 것을 설교하는 이들 '좌익'혁명가들에게 매우 감사하고 있음은 의심할 바가 없는 일이다. 이 기회주의 '지도자' 양반들이 공산주의자들을 노동조합들에서 활동하는 것을 가능한 한 싫어하도록 만들고 그들을 모욕하고 괴롭히고 박해하기 위해, 모든 부르주아 외교술수에 그리고 부르주아 정부들, 성직자, 경찰 및 법원의 도움에 호소하리라는 것은 의심할 바가 없는 일이다. 우리가 노동조합들에 들어가서 그 속에 머물러 무슨 일이 있더라도 공산주의 활동을 수행하려는 한, 우리는 이 모든 것에 맞설 수 있어야만 하며, 어떤 희생도 기꺼이 치를 수 있어야만 하며, 심지어 —부득이한 경우— 갖가지 책략, 교묘한 꾀, 비합법적인 방법, 진실에 대한 침묵이나 은폐에 호소할 수 있어야 한다." (같은 책, pp. 55-6.)

3. 트로츠키—"노동조합단결의 문제"

트로츠키는 프랑스 노동조합운동의 단결을 다룬 "노동조합단결의 문제"(1931)라는 글에서 노동조합, 협동조합, 소비에트 등과 같은 대중조직은 공산당에게 "광범위한 노동자들을 혁명적으로 교육시키고 선진노동자들을 당으로 조직시키는 활동공간이다"라고 언급한 후, "대중조직 분열책동을 먼저 저지르는 쪽이 일반적으로 공산당이 아니라 개량주의 조직인 이유가 바로 여기에 있다"라고 하며 그 사례를 열거한다. 그리고 다음과 같이 말한다.

> 지금 우리는 공산당원들에게 개량주의 노동총연맹에서 탈퇴하라고 요구하지 않는다. 이와 반대로 개량주의자 주오의 노동총연맹 내에 존재하는 혁명적 좌파는 강화되어야 한다. 이것만으로도 노동조합의 분열은 우리의 원칙이 전혀 아니라는 것을 알 수 있다. 초좌익적 조직들은 모두 노동조합의 단결에 대해 원칙적으로 반대한다. 이들은 이 원칙을 개량주의 노동총연맹 내부의 공산당 활동에 대해서도 적용하면서 공산당을 비난한다. 그러나 현실운동의 감각을 상실하지 않은 모든 혁명가들은 틀림없이 인식하고 있다. 개량주의 노동조합 내부에 공산당 분파를 수립하는 것은 대단히 중요한 임무이다. 그리고 이 분파는 개량주의 노동조합 내의 노동자들과 토론하면서 단일한 노동총연맹을 옹호해야 한다. 이것이 이 분파의 임무 가운데 하나이다. 공산주의자들은 노동조합운동의 분열이 아니라 재통합을 위해 언제든지 투쟁할 준비가 되어 있다. 이것을 보여 주지 않고서는 노동총연맹 조합원들을 올바른 입장으로 설득시킬 수 없다.[10]

트로츠키는 개량주의를 "제국주의 부르주아 계급의 좌익적 외피"로 규정한다. 그리고 이것과의 투쟁을 매우 중요하고 필수적인 것으로 본다. 그리고 "노동조합의 단결을 신주 모시듯 하지 않는다"고 명확히 강조한다.[11] 하지만 그는 분열되어 있는 노동조합 조직의 통합을 주장하며 "통합조직 내에서 소수가 될 것"을 우려하며 이를 반대하는 일부를 "운동 전체의 임무와 전망을 상실한 채 자신의 '독자성'만을 추구하는 노동조합관료 좌파"의 사고방식이라고 비판한다. 또한 "혁명세력이 소수로 남아 있더라도 두 노동조합의 통합"

---

10) 트로츠키, "노동조합단결의 문제", ≪노동조합 투쟁론≫, 풀무질, 2002, pp. 38-9.
11) 같은 글, p. 49.

이 이익이 된다고 한다.[12] 그리고 그는 레닌과 마찬가지로 다음과 같이 주장한다.

> 광범위한 대중을 포괄하는 진정한 대중조직에서 개량주의 지도부에 반대하는 투쟁을 전개해야 한다. 협소하고 고립된 노동조합에서 다수가 되기를 원하는 태도는 노동계급 혁명가가 아니라 종파주의자나 관료에게나 어울린다.[13]

그는 이렇게 해야 되는 이유를 다음과 같이 설명한다.

> 노동계급의 상당수, 그리고 일부 국가에서 다수의 노동자들은 개량주의에 대한 우리의 정치적 인식을 거부한다. 어떤 나라들의 경우 노동자들은 이 문제에 접근도 못할 정도로 후진성을 보이고 있다. 그렇다면 이들과의 공동투쟁 경험을 통해 이들을 혁명적 결론으로 인도하는 것이 바로 우리의 임무이다.[14]

그리고 그러한 상황에서 다음과 같은 활동원칙을 제시한다.

> 공산당원이 아니거나 공산당을 반대하는 노동자들에게 우리는 이렇게 말한다: "우리가 배신자로 보고 있는 개량주의 지도자들을 여러분들은 여전히 신뢰하고 있다. 우리는 우리의 견해를 여러분들에게 강요할 수 없고, 또 그럴 의사도 없다. 그렇다면 함께 투쟁한 후 이 투쟁의 방식과 결과를 평가하자." 이것은 규율이 모든 조합원에게 적용되는 노동조합 내에서 정치조직들이 완전한 정치적 자유를 누릴 경우 우리가 취할 노선이다. 이와 다른 어떤 원칙적 입장도 있을 수 없다.[15]

12) 같은 글, p. 46.
13) 같은 글, p. 46.
14) 같은 글, p. 41.
15) 같은 글, p. 42.

4. 교훈과 탈퇴의 문제점

이상에서 살펴본 내용을 정리해 보면 다음과 같다.

첫째, "노동귀족" 혹은 개량주의 지도자들은 "노동운동에서의 부르주아지의 앞잡이", "자본가 계급의 노동 관리인들", "부르주아화한 노동자들", "제국주의 부르주아 계급의 좌익적 외피", "배신자"이고 이들에 대한 투쟁은 무엇보다 중요하고 필수적이다.

둘째, 이들 "노동귀족"과 "개량주의적 지도자들"에 대한 투쟁을 핑계 삼아 노동조합 혹은 대중조직에서 탈퇴하거나, 이들 조직을 분리시키려 하거나, 혹은 다른 형태의 노동자 조직을 건설하려는 것은 소아병적, 종파적, 관료적 태도로 옳지 못하다.

셋째, 노동조합 조직이 분열되어 있는 경우, 이들의 통합을 위해 노력해야 하며, 때에 따라서는 "통합조직에서 소수가 될 것"도 감수해야 한다.

넷째, 혁명가의 책임 있고 올바른 자세는 노동조합 혹은 대중조직에서, ―비록 개량주의자가 장악하고 있는 대중조직이라서 핍박이 있고 또 노동자대중이 후진적이라 그것을 용인하더라도― 그곳에 노동자대중이 있다면, 그 속에서 활동하는 것이다.

다섯째, 대중조직에서 노동자 대중들과 함께 활동하며, 그들을 설득하고, 그 과정에서 경험을 통해 혁명적 결론으로 인도하는 것이 혁명가의 임무이다.

이러한 관점에서 보면 현재 보건의료노조의 분열은 결코 바람직하다고 할 수 없다. 물론 지금의 분열의 모든 일차적인 책임은 '보건의료노조 중앙'에 있다. 물론 그들 모두가 개량주의자이고 "노동귀족"은 아니다. 그러나 그들 중 일부가 그것도 핵심세력이 현재 우리 사회의 개량주의인 "사회적 합의주의"에 사로잡혀 있는 것은 분명한 사실이다. '보건의료노조 중앙'을 장악하고 있는 이들은 작년 최초의 산별협상 과정에서 이른바 "산별협상"에 매몰되어 "10장 2조"라는 반노동자적 조항을 합의안에 포함시켰다. 이는 서울대병원지부를 포함 보건의료노조 내부와 노동운동 진영 전체에서 강력한 문제 제기를 받았으며 비판되었다. 그러나 이들 '보건의료노조 중앙'은 이를 반성하기는커녕 진정한 "개량주의자들"답게 서울대병원지부를 징계·제명 조치하였다.[16)]

16) 직접 징계를 받은 사람은 당시 서울대병원지부장이었던 김애란 동지였고, 제명

우리는 이들과 가차 없는 투쟁을 벌여야 하며, 이들이 반성하지 않는다면 이들을 보건의료노조에서 쫓아내야 한다. 그러나 이것은 보건의료노조 내에서 보건의료노조 조합원들을 올바른 방향으로 이끌어 그들의 힘으로 이루어 내야 한다. 현재의 탈퇴는 가장 중요하고 기본적인 이 원칙을 위배한 것이다.

물론 현재 이루어지는 지부들의 보건의료노조 탈퇴는 일부 활동가들의 초좌익적 판단에 의해 이루어진 것은 아니다. 이러한 결정은 모두 정당한 절차를 거친 것으로 서울대병원지부는 총회에서 조합원 64.9%의 투표와 89.9%의 찬성을 통해, 충북대병원지부는 86.5%의 투표와 91.8%의 찬성을 통해, 강원대병원지부는 71%의 투표에 91%의 찬성을 통해, 제주대병원지부는 80.6%의 투표와 92.0%의 찬성을 통해, 울산대병원지부는 86.6%의 투표에 90.2%의 찬성을 통해 이루어졌다.[17] 따라서 이것은 해당 지부 조합원 대중의 뜻이고 해당 지부의 조합원들의 '보건의료노조 중앙'에 대한 대중적 분노를 표현하는 것으로 보아야 할 것이다.

하지만 이러한 조직적 분열을 통한 문제해결 방식은 앞서 살펴본 것처럼 올바른 것이 아니다. 이러한 방식으로의 해결은 '보건의료노조 중앙'에 대한 분노가 '보건의료노조'에게로 왜곡되어 폭발한 것으로 '보건의료노조 중앙'이 오히려 바라는 바일 것이다. 왜냐하면 자신들에게 비판적인 지부의 탈퇴는 그들의 입장에서는 자신들을 가장 곤란한 지경으로 몰아가던 위협세력이 사라진 것으로서 앓던 이가 빠진 느낌일 것이기 때문이다. 또한 그들은 한동안 아무런 방해도 받지 않고 자신들이 하고 싶은 것들을 제멋대로 할 수 있게 되었기 때문에 오히려 더 좋아할 수도 있을 것이다.

따라서 이러한 탈퇴는 아직도 개량주의자들을 자신의 지도부로 믿고 따르는 보건의료노조 조합원에 대한 무책임한 태도이며, 어쩔 수 없이 보건의료노조에 머물러야 하는 다른 동지들에 대해서는 일종의 '배신' 행위가 된다.

그리고 탈퇴는 분열에 대한 책임을 남아 있는 지부에게만 묻지 않는다. 개량주의자들이 제멋대로 행동해서 얻은 결과는 결국 더 나빠져, 보건의료노

을 당한 사람 역시 당시 전 지부장이었던 김애란 동지였다. 그런데 이렇게 쓴 것은, 비록 징계가 그렇게 특정 자연인에게 가해졌지만, 징계와 제명을 당한 것은 사실상 서울대병원지부라고 생각하기 때문이다. 보건의료노조 규약상 지부를 징계할 수 없기 때문에 김애란 동지를 징계한 것이고, 이는 결국 서울대병원지부를 징계·제명한 것과 다름이 없는 것이다.

17) 동국대의료원지부는 확대간부회의에서 탈퇴를 결의했다.

조를 탈퇴한 지부에게 그 영향이 되돌아오게 될 것이다. 왜냐하면 분열한 만큼 노동조합은 약해졌고 자본은 그만큼 강해졌기 때문이고, 그들은 나빠진 그 '결과'를 이용할 것이기 때문이다. 이것은 분열의 실질적 손실이 된다.

그러나 무엇보다도 문제가 되는 것은 노동조합의 분열 그 자체이다. 말 그대로 노동자에게는 단결만이 살길이다. 그런데 동지들이 분열하고 스스로 들에 의해 노동조합이 분열된 것이다. 이것이 노동자 대중에게 주는 정치적 악영향은 엄청난 것이다. 더구나 산별 탈퇴 후 현재 대부분의 지부는 기업별 노조로 존재하고 있고 이는 명백한 조직적 후퇴이다. 현재 산별노조는 기업별 · 직업별 · 업종별 노동조합보다 확실히 앞선 조직형식이다. 또한 보건의료노조가 잘못된 양태를 보이고 있다고 하더라도, 그것은 산별노조라는 조직형식의 문제가 아니라 "사회적 합의주의자"가 그 지도부를 차지하고 있어서 그러한 것이다. 따라서 이것은 앞서 본 대로 그들을 '보건의료노조 중앙'에서 몰아내면서 극복해야 될 문제인 것이지, 올바른 입장을 가진 지부 혹은 개인이 산별노조로부터 탈퇴하거나 다른 산별노조로 들어가서 해결할 문제가 아닌 것이다. 이 역시 노동자 대중에게 끼치는 정치적 해악은 엄청난 것이다.

탈퇴가 문제가 되는 또 다른 이유는 '보건의료노조 운동의 역사와 전통'을 고스란히 기회주의적인 '보건의료노조 중앙'에 넘겨주는 것이기 때문이다. 운동에서 역사와 전통은 매우 중요한 것이다. 그것은 "이데올로기적 진지"만큼 중요한 것이다. 보건의료노조는 여러 가지 어려운 조건 속에서도 굴하지 않고 굳건히 투쟁해 왔고, 지금의 산별노조에까지 이르렀다. 그것은 과거와 현재의 보건의료노조 조합원 모두의 희생과 노력에 의해 이루어진 것이다. '전국보건의료산업노동조합'이라는 이름에는 그 역사와 전통이 고스란히 전해 내려 새겨져 있다. 이러한 보건의료노조의 역사와 전통을 그렇게 쉽게 그들 개량주의자들에게 넘겨주어서는 절대 안 된다. 그것은 억울한 일이고 이 역시 운동에 대한 일종의 무책임이다.

5. 주어진 과제

첫째, 보건의료노조에서의 더 이상의 지부 이탈을 막아야 한다.

개량주의적인 '보건의료노조 중앙'에 대한 대중의 분노는 점차 증가할 것이며, 보건의료노조로부터의 이탈의 요구도 거세질 것이다. 이에 따라 더 많은 지부가 이탈할 가능성이 있다. 이것을 막아야 한다. 왜 이래야 하는가는 앞에서 살펴본 대로다. '보건의료노조 중앙'을 보건의료노조와 혼동해서는 안 된다. 보건의료노조에서 나가야 할 사람들은 기회주의적이고 개량주의적인 '보건의료노조 중앙'이지 이들을 올바르게 비판하기 때문에 박해받는 조합원들이나 지부가 아니다. 끝까지 남아 조직을 지키고 장차 개량주의자들의 손에서 조직을 구해 내야 한다.

둘째, 보건의료노조 내부에서 개량적인 '보건의료노조 중앙'에 대한 비판을 강화하고, 반성이 없는 한, 이들을 쫓아내기 위한 투쟁을 전개해야 한다.

이러한 노력은 그들 '중앙'으로부터 엄청난 저항과 탄압을 받게 될 것이지만 보건의료노조의 발전을 위해 반드시 이루어 내야 할 것이다. 이를 위해서는 대중과 밀접하게 결합하여 일상투쟁에 적극적으로 나서야 하고, 또 조합원들로 하여금 투쟁의 경험을 통해 무엇이 옳고 어떠한 태도가 진정 노동자적인 것인가를 깨닫게 해야 한다. 각성된 조합원들은 말하지 않더라도 '보건의료노조 중앙'을 갈아 치울 것이고 그들을 쫓아낼 것이다.

셋째, 보건의료노조를 탈퇴한 지부들은 조직적 통합을 포함하여 서로 긴밀한 관계를 유지하도록 노력해야 한다.

몇몇 지부는 현재 공공연맹에 가입했거나 가입하고자 한다. 그렇지 않은 지부는 기업별 노조의 형식을 띠고 활동하고 있다. 어떠한 형태를 자신의 전망으로 하든지 이들 지부들은 서로 긴밀한 관계를 유지해야 한다. 가능하면 지금이라도 보건의료노조에 복귀하는 것이 바람직하겠지만, 그렇지 못한 상황이라면 공동대오를 갖추어 보건의료노조 내부의 올바른 경향과 연계하여 보건의료노조의 올바른 변화를 위해 함께 행동해야 한다.

넷째, 분열된 보건의료노조의 재통합을 위한 노력을 당장 시작해야 한다.

지금의 분열이 야기된 것은 '보건의료노조 중앙'의 반노동자적 행위와 민주집중제의 위반에서 비롯되었고, 그들의 본성은 아직도 변하지 않았지만, 보건의료노조의 조직적 재통합을 위한 노력을 지금부터 시작해야 한다. 이것은 '보건의료노조 중앙'에게 머리를 조아리고 입장을 바꾸라는 것이 결코 아니다. 개량주의자들의 영향으로부터 보건의료노조의 노동자들을 해방시키기 위해서 오히려 자신의 견해를 철저히 고수해야 한다. 그러나 필요하다면 당장이라도 조직의 재통합을 할 수도 있음을 명확히 해야 한다. 물론 민주집중제의 보장, 즉 행동의 통일을 전제로 하는 비판의 자유의 보장이 재통합(재가입)의 유일한 조건이라는 것도 명확히 하면서 통일을 위한 노력을 전개해야 한다.

6. 추가

글을 쓰는 과정에서 산별협상이 타결되었다는 소식이 들려왔다. 지부 교섭도 잇달아 타결되고 있다고도 한다. 이에 대해 긍정적으로 보는 측은, 비록 '강제 중재재정'을 받아들였지만, 자본 측의 행정소송 주장에서도 확인할 수 있듯이 노동자의 입장에서는 실질적 이익을 챙기는 성과가 있었다고 한다. 이를 비판적으로 보는 견해에는 '강제 중재재정'을 받아들인 것, 중재재정안에 차별조항이 있다는 것, '하루 총파업 결정'-'직권중재 회부'-'시한부파업 철회'-'자율교섭'-'중재 재정안 수용' 등의 전체 투쟁과정에서 보인 지도부의 비일관성 등이 있다.

어떠한 평가가 올바른 것인지를 다루는 것은 이 글의 목적이 아니다. 그러나 이번 산별협상 결과는 물론 그 과정 역시 철저한 평가가 이루어져야 할 것이다. 왜냐하면, 성과가 있었든 그렇지 않았든, 결정된 '단체협약'은 휴전협정에 불과하기 때문이다. 따라서 결과뿐 아니라 그 과정이 중요한 것이다.

한마디 더!

경험에서 배워서 알고 있듯이 자본 측은 언제라도 협약을 깰 준비가 되어 있고 자신에게 유리한 경우 그렇게 한다. 따라서 어떤 경우, 예를 들어 협약을 파기하는 것이 노동자에게 유리한 경우, 필요하다면 우리도 협약을 파기할 준비가 되어 있어야 한다. 단체협약은 어떠한 경우도 깨서는 안 되는 절대적 가치가 아니라는 사실을 결코 잊어서는 안 된다.

동일노동 · 동일임금과 노동조합*

1.

임금을 둘러싸고 노동자와 자본가가 다투는 것은 언제나 자본주의적 생산의 근본과 만나게 되어 있다. 모두 잘들 알다시피 자본주의적 생산의 궁극적인 목표는 (이윤으로 말해지는) 잉여가치의 생산과 그 취득이다. 잉여가치를 어떡하면 조금이라도 더 늘릴 수 있는가 하는 것은 자본가들과 그의 주구들이 말 그대로 '자나 깨나', '죽으나 사나' 머리를 싸매 가며 생각하는 일이다. 이른바 '경영'이라는 이름으로.

이들이 더욱더 많은 잉여가치 획득에 그토록 목숨을 거는 것은 그것을 얻어 자신들의 풍요로운 삶을 누리기 위해서 뿐만은 아니다. 물론 자본주의적 발전이 이미 역사적 한계에 도달한 지금의 상황에서 그러한 타락은 이미 도를 넘었지만, 더 많은 잉여가치의 획득은 그 타락을 넘어 그들의 생존이 달려 있는 문제이다.

따라서 노동자들의 이러저러한 주장이 이 문제를 건드리게 되면 자본가들과 그들의 입장을 대변하는 자들—정치적이든, 이론적이든 아니면 경험적이든—은 부의 독점을 통해 얻은 자신들 특유의 대범함과 여유로운 (사실은 능글능글하고 속물적인) 태도를 내던지고 숨겨진 자신의 본모습인 흡혈귀로서 세상에 나타난다. 주5일제를 둘러싼 그들의 태도와 동일노동 · 동일임금에 대한 그들의 주장을 살펴봄으로서 우리는 이것을 쉽게 알 수 있다. 그들은 더 많은 잉여가치 획득에 목숨을 거는 것처럼 혹시 있을지도 모를 잉여가치의 손실을 피하기 위해서도 목숨을 건다.[1)]

그런데 다들 알다시피 현실에서 자본가와 노동자는 결국은 노동자의 총노동에 의해 생산된 가치를 나눠야 한다.[2)] 한쪽이 더 많이 가지면 당연히 다

* [편집자 주] ≪정세와 노동≫ 제2호(2005. 6.) 〈현장〉에 실린 글이다.

1) 이것은 노동자가 임금을 인상시키기 위해 노력하는 것이나 혹은 임금 하락에 저항하는 것과 마찬가지이다.

2) 혹시 이것이 무슨 의미인지 모르는 독자가 있다면 그가 누구라도 무례한 말이 될

른 쪽은 그만큼 적게 가져야 한다. 이것은 그 반대도 마찬가지이다. 이것은 이른바 파이의 크기가 정해져 있을 때, 어느 누가 더 많이 먹어 버리게 되면 다른 사람들이 먹을 수 있는 양이 적어지는 것과 마찬가지인 원리다. 임금이 변하면 이윤은 임금이 움직이는 것과 반대로 움직인다. 즉 임금이 오르면 이윤은 줄어들게 되며, 임금이 낮아지면 이윤은 늘어난다. 따라서 자본가는 이윤을 늘리기 위해 임금을 줄이려 노동자들을 탄압하고 억압하거나 혹은 그들의 일부를 회유하려 노력한다. 노동자는 조금이라도 더 나은 생활을 하기 위해서는 임금을 올려야 하는데, 이를 위해서는 이들 자본과 그들의 앞잡이 국가권력에 맞서 투쟁해야 한다. 이렇듯 노동자의 이해와 자본가의 이해는 정확히 반대로 움직인다. 둘의 관계는 절대 화해할 수 없는 적대관계이다.[3)]

2.

동일노동 · 동일임금은 말 그대로 동일노동에 대해 동일임금을 지급하라는 것이다. 길지만 이것의 백과사전적 정의를 살펴보자.

> 동질 · 동량의 노동에 대해 성 · 연령 · 민족 등 노동자의 속성에 관계없이

지도 모르겠지만 맑스의 다음과 같은 격언을 들려주고 싶다. "이제까지 그 누구에게도 무지가 도움이 된 적은 없소!" 또 만일 그 독자가 지도자의 위치에 있다면 엥겔스의 다음의 말을 가슴에 담아 두길 바란다. "한편으로는 독일의 이런 유리한 상황 때문에, 다른 한편으로는 영국의 섬나라라는 특성과 프랑스 운동에 가해진 강력한 탄압정책 때문에 이제까지 독일 노동자들은 프롤레타리아투쟁의 전위역할을 해 왔다. 상황이 얼마나 오랫동안 이들에게 이러한 명예로운 지위를 허락할는지 예언할 수는 없다. 그러나 이들이 그 지위에 있는 동안 그에 걸맞는 역할을 하기를 바란다. 그러기 위해서는 투쟁과 선동의 모든 영역에서 배전의 노력을 기울여야 할 것이다. 특히 지도자들은 모든 이론적 문제에 대해 한층 더 명확한 통찰력을 획득해야 하며, 낡은 세계관으로부터 계승된 인습적 문구가 끼치는 영향력에서 더 철저히 벗어나야 하며, 사회주의가 과학으로 된 이후 그것은 과학으로서 추구되어야 한다는 사실, 즉 학습되어야 한다는 사실을 명심해야 할 것이다. 우리의 임무는 이렇게 획득한 한층 더 명확한 이해를 노동자들에게 한층 더 뜨거운 열의로 전파하는 것이며, 당과 노동조합의 조직을 더욱 강력히 결합시키는 것이다." (엥겔스, "제2판 서문 추기", ≪독일농민전쟁≫, 아침, 1988, pp. 25-6.)

3) 맑스, "임금, 가격, 이윤", ≪맑스 · 엥겔스 저작 선집≫ 제3권, 박종철출판사, pp. 104-6.

동일임금률로 임금을 지불하는 원칙. 동일가치노동 · 동일임금이라고도 한다. 자본주의 상품경제를 통하여 등가교환(等價交換)을 실현하므로, 이 원칙은 자본주의 사회에서 성립되는 근거를 가진다. 그러나 현실적으로는 동일직종 또는 동일숙련도를 가진 노동자 사이에 성 · 연령 · 민족 · 신분 등의 차별이 생김에 따라 동일노동에 대한 여러 차별임금이 있게 된다. 그래서 이 원칙은 역사적으로 노동에서는 임금차별철폐의 요구원칙으로서 제시되어 왔다. 자본가 또한 이 원칙을 빌려서 직무평가에 의한 차별노동 · 차별임금의 여러 제도를 도입하고 있는데, 이것은 노동조합의 요구인 동일노동 · 동일임금의 원칙과는 다른 것이다. 동일노동 · 동일임금의 요구의 역사는 18세기 후반으로 거슬러 올라간다. 산업혁명에 의한 기계제 대공업의 출현은 저임금 여성 · 미성년 노동자의 대량 고용을 촉진하여 임금하락을 부채질하였다. 남성노동조합은 스스로의 자위책으로 여성을 산업으로부터 단절시키려 하였으나 실패하였고, 마침내 여성과 미성년자의 노동조건 개선이 자신들의 노동조건 개선으로 이어진다는 것을 자각하기에 이르러 남성노동자도 여성노동자와 함께 이 요구를 위하여 투쟁하기 시작했다. 특히 영국의 노동조합은 제1차 세계대전 중 정부와의 전시협정 때 여성노동자가 숙련노동분야로 진출하는 데 따른 숙련노동자의 임금률 저하를 방지하기 위해서 남녀 동일노동 · 동일임금 협정을 맺었다. 이 원칙은 그 뒤 국제노동기구(ILO)가 1919년 국제노동헌장에 명시한 뒤 각국에 파급되었다. 51년 ILO는 제34회 총회에서 "동일가치의 노동에 대해 남녀노동자 동일보수에 관한 조약(100호 조약)"을 채택했다. 한국의 경우 근로기준법 제5조에 "사용자는 근로자에 대하여 남녀의 차별적 대우를 하지 못하며"라는 규정이 있다.[4)]

우리는 이 인용문을 통해 몇 가지 사실을 알 수 있다. 첫째, 동일노동 · 동일임금의 주장이 18세기 후반부터 있었던 노동자계급의 오래된 구호였다는 사실이다. 이것은 1919년 국제노동헌장에 명시되었고 1951년 국제노동기구 조약에 포함되었으며 이 역시 이 주장이 오래된 것이라는 것을 말해 준다. 이러한 오래되고 낡은 주장이 21세기 한국 사회에서 비정규직 문제와 관련하여 새삼스럽게 진보적이고 중요한 구호로 등장하고 있는 것은 한마디로 현재 한국 사회의 반동적 성격을 적나라하게 보여 주는 것이다. 둘째, 동일노

4) 야후 백과사전 (http://kr.dic.yahoo.com/search/enc/result.html?pk=12742600&p=동일노동 · 동일임금)

동 · 동일임금 주장은 "남성노동조합"이 "여성과 미성년자의 노동조건 개선이 자신들의 노동조건 개선으로 이어진다는 것을 자각"을 하면서 "여성노동자와 함께" "투쟁"하며 내걸은 주장이라는 측면에서 진보성을 갖지만 "자본주의 상품경제를 통하여 등가교환을 실현하므로, 이 원칙은 자본주의 사회에서 성립되는 근거를 가진다"라는 평가에서 볼 수 있듯이 이것은 기본적으로 임금제도 혹은 자본주의를 전제한다는 사실이다. 셋째로 이것은 "여성과 미성년자의 노동조건 개선"만의 문제가 아니라 "남성노동자의" "노동조건을 개선"하려는 것과 이어지며, "(남성)숙련노동자의 임금률 저하를 방지"하는 것과 이어진다는 것이다. 즉 이 투쟁은 특정조건의 노동자의 문제가 아니라 노동자계급 모두의 문제이다. 마지막으로 가장 중요하게 이것에 대한 자본의 관점과 노동의 관점이 명확히 다르다는 것이다. 즉, 이것은 "노동에서는 임금차별철폐의 요구원칙으로서 제시되"었지만 "자본가 또한 이 원칙을 빌려서 직무평가에 의한 차별노동 · 차별임금의 여러 제도를 도입하고 있"다는 것이며, 이는 당연히 "노동조합의 요구인 동일노동 · 동일임금의 원칙과는 다른 것이다."

마지막 것은 중요한 것인데, 왜냐하면 비정규직 문제 이전에 전개되었던 동일노동 · 동일임금을 둘러싸고 이루어졌던 노동과 자본의 대립지점 역시 이와 크게 다르지 않기 때문이다. 노동운동 진영은 근로기준법에 동일노동 · 동일임금의 명시화를 주장해 왔다. 이에 대해 자본은 동일노동 · 동일임금 원칙 자체를 반대하지 않는다고 하면서 이러저러한 단서와 조건을 덧붙인다. 즉, 그들은 동일노동의 의미가 불명확하다거나, 동일가치의 결정이 어렵다거나, 동일노동 · 동일임금이 아니라 '동일노동 · 동일생산성 · 동일임금이 원칙이어야 한다거나 하는 등의 이유를 들어 이의 단독 혹은 직접적인 실행이 어렵고 동일임금 · 동일노동을 실행하기 위해서라도 임금제도 자체가 "구미식 직무급"으로 바뀌어야 한다고 주장한다.5) 이들은 또한 비정규직의 증가와 그들이

---

5) "① 실제 운용 면에 있어서 공정하고 객관적인 동일가치노동의 평가 문제 ② 개별기업의 노무관리를 법으로 규제하는 것이 과연 바람직하지 않음. ③ 연공급이 일반화되어 있는 상황에서 획일적으로 이를 강제하는 것은 무리 ④ 동일가치노동 · 동일임금이 노동시장의 경직성을 높일 가능성이 큼." (대한상공회의소, "동일노동 동일임금 주장의 문제점과 개선과제", 2004. 3.)

임금유연화를 위한 자본과 노동운동 내의 기회주의적 태도에 대한 비판에 대해서는 다음의 글을 참조하라. 김두한, "자본의 공세와 계급타협주의 그리고 임금유연화",

임금차별을 받고 있다는 사실을 부정하지 않는다. 다만 그 이유를 터무니없게도 노동시장의 경직성에서 찾고 있으며 노동시장의 유연화를 그 해결방법으로 제시한다. 또한 비정규직의 차별철폐정책은 그나마 존재하던 노동시장의 유연성을 매우 악화시키는 효과를 가져올 것이라고 우려하고 있다.6)

이렇듯 동일노동·동일임금이란 원칙에 대해서도 자본과 노동의 생각은 그들 이해관계가 정반대인 것처럼 서로 반대되는 생각을 한다. 따라서 동일노동·동일임금에 대한 자본과 노동의 투쟁의 과정에서 동일노동·동일임금 실현 자체가 노동자계급의 목적이 될 수 없는 것이다. 또 이것을 실현해도 우리식으로 해야 한다는 것이다.7)

3.

앞서 살펴본 대로 동일임금·동일노동을 주장하는 것은 말 그대로 동일노동에 대한 동일임금의 요구이다. 이것은 과거에는 여성노동·아동노동에 의한 남성·성인노동의 노동조건과 임금의 하락을 막기 위한 수단으로 또 "(남성)숙련노동자의 임금률 저하를 방지"하기 위한 것으로, 결과적으로는 노동자계급 모두의 사안이었다. 이는 지금도 마찬가지이다. 왜냐하면 현재에 있어서 비정규직 노동자에게 가해지는 차별을 막는 것은 정규직 노동자의 임금하락과 노동조건 악화로 나아가는 것을 저지하는 것이기 때문이다.

그런데 여기서 우리가 반드시 짚고 넘어가야 할 것이 있는데 그것은 정규직 노동자의 임금의 크기와 관련한 문제이다. 정규직 노동자의 임금이 비정규직 노동자의 임금보다 많은 것은 사실이다. 그래서 현재 동일노동·동일임금의 노동자적 주장은 비정규직 노동자의 임금의 크기를 정규직 노동자의 그

≪정세와 노동≫ 창간호(2005. 5.), 노사과연, pp. 92-106.

6) 권혁철, "동일노동, 동일임금?", ≪월간 전경련≫(2002. 10.) (http://www.fki.or.kr/other/webzine/2003-02/html/200210-17.asp); 조성하, "비정규직 관련 입법안 조속히 처리해야", ≪월간 전경련≫(2005. 4.) (http://www.fki.or.kr/other/webzine/2005-5/html/proposal.asp)

7) 왜냐하면 이것은 극단적으로 표현하면 동일노동 동일임금의 실현은 비정규직 노동자의 임금을 정규직 노동자의 임금 수준으로 높이는 방법을 통해 실현할 수도 있고, 정규직 노동자의 임금을 비정규직 노동자의 임금 수준으로 낮추는 방법으로 실현할 수도 있기 때문이다.

것으로 하자는 것이다. 물론 변하지 않는 조건에서 비정규직 노동자의 임금이 정규직 노동자의 임금의 수준으로 올라가면 비정규직 노동자의 생활이 개선될 것이다. 이것은 당연하다.

그렇다면 여기서 우리는 몇 가지 의문이 생기는데, 현재 목표가 되는 정규직 노동자의 임금의 수준이 충분히 높은가 하는 것이다. 또한 그것이 충분히 높다고 하면 그 충분하다는 것은 도대체 무엇이고, 충분하게 받는 이유는 무엇인가?

정규직 노동자의 임금의 크기가 충분하다는 것은 경제학적으로는 노동력이 제 가치대로 팔린다는 것을 의미한다.[8] 노동력의 가치, 즉 임금은 노동력의 유지와 재생산에 필요한 생활필수품의 가치에 의해 결정되며 생활필수품의 가치는 그것을 생산하는 데 필요한 노동량에 의해 결정된다. 이러한 임금에는 두 가지 요소가 포함되는 특징이 있는데 이는 육체적인 것과 역사적 또는 사회적인 요소이다. 전자는 자신을 유지하고 재생산하기 위한 최소한의 생활필수품의 가치이고 후자는 "임금의 국민적 차이"로 설명되는 각 나라의 전통적인 생활수준에 의해 결정되는 가치이다.[9] 즉, 노동자가 임금을 정당하게 받는다는 것은 바로 이것을 모두 받는다는 것인데, 자본가는 이렇게 정당한 임금을 노동자들에게 지불하더라도 노동자들로부터 부(지)불노동의 획득, 즉 잉여가치를 착취할 수 있다. 왜냐하면 노동자는 자기가 지불받는 가치보다도 더 많은 가치를 생산해 내기 때문이다.

착취를 당한다는 면을 제외하고 보아도 한국의 정규직 노동자의 임금이 적정하다는 증거는 어디에도 없다. 한국 사회에서는 정규직 노동자조차 충분한 임금을 받지 못하고 있다. 그것은 그들이 그토록 비난받고 있는 이른바 고임금—이것도 거의 악선동에 불과하지만—의 비밀은 장시간과 혹독한 노동강도를 바탕으로 하는 살인적인 노동에 기초한 것이기 때문이다. 그들이 그러한 노동에 강제될 수밖에 없는 것은 그 모진 노동을 견뎌야만 현재의 자기와 가족 그리고 미래의 자신의 삶을 유지할 수 있기 때문이다. 이러한 의미에서 그들은 적정한 임금을 받고 있지 못한 것이다. 또한 이러한 노동자들

---

8) "공정한 하루의 임금이란, 정상적인 조건하에서는, 노동자로 하여금 그의 종족을 번식시키고 일할 수 있는 상태를 유지할 수 있게 하기 위해서 그 지위와 국가의 생활수준에 따라 필요한 생존수단을 그에게 조달하는 데 요구되는 금액이다." (엥겔스, "공정한 하루 작업에 대한 공정한 하루임금".)

9) 맑스, 앞의 글, pp. 112-3.

의 소모적인 노동은 그에 비례하여 자본에게 더 많은 이윤을 선사하는 것은 당연하다. 그렇지 않다면 자본은 노동을 고용하지 않을 것이기 때문이다.[10)]

노동자가 임금을 충분히 받는다는 것이 이러한 것임에도 불구하고 그것이 계속 위협을 받는 것은 앞서 살펴본 대로 노동자의 총생산이 일정하기 때문이다. 즉 이윤의 최대치는 임금의 최소치를 의미하고 임금이 정해진 경우 노동일의 최대치에 달려 있기에 자본가들은 끊임없이 노동자들의 임금을 내리려 하거나 노동시간을 연장하려고 하며, 노동자들은 이에 저항하는 것이다. 최대치와 최저치의 간격이 클 수 있다는 바로 그 이유 때문에 노동과 자본은 임금을 두고 끊임없는 투쟁을 하게 된다. 자본은 노동자의 임금을 육체적 최소치까지 낮추려고 하고 노동자는 이에 저항하여 반대방향으로 압력을 가하기 때문이다. 이러한 투쟁에서 노동조합의 역할은 결정적으로 중요하다. 노동조합이 없다면 노동자들의 투쟁은 자본가들에게 쉽게 당하게 된다. 그래서 자본가들은 그토록 노동조합운동을 탄압하는 것이다. 특히 더러운 돈과 회유에 굴하지 않는 원칙적이고 단결이 잘되어 있는 노동조합은 언제나 그들의 가장 큰 적인 것이다.[11)]

어쨌든 노동자들은 이러한 투쟁을 통해서만 공정한 하루 작업에 대한 공

10) 그럼에도 불구하고 자본·정부·사회원로들은 한목소리로 비정규직 문제를 다루면서 정규직을 손가락질한다. 너희들의 것을 줄여 그들에게 주라고! 그들은 자신들이 이 사회에서 받고 있는 것이 정규직의 그 높은 임금보다 훨씬 많다는 사실을 슬쩍 숨긴다. 그리고 그들 수입의 원천이 결국 노동자들의, 특히 비정규직 노동자들에게 착취한 잉여가치, 다른 말로 하면 비정규직 노동자들에게 마땅히 지급되어야 할 임금을 착취해서, 서로 나누어 가진 것이라는 사실을 이해하지도 못하며 이해할 수도 없기에 그토록 위선적일 수 있다. 다음의 글을 참조하라.

채만수, "색깔 드러낸 위선의 '사회원로'들 144명 '사회원로'의 정규직 임금 동결·삭감 요구에 대해서", ≪현장에서 미래를≫ 제100호(2004. 7.), pp. 13-20; 채만수, "2005년 대통령 연두기자회견에 대하여", ≪현장에서 미래를≫ 제106호(2005. 2/3.), pp. 4-15.

11) "임금법칙은 노동조합들의 투쟁에 의해 교란되지 않는다; 반대로 임금법칙은 그 투쟁들을 통해 관철된다. 노동조합이라는 저항수단이 없다면, 노동자는 임금제도의 기준에 따르면 자신의 몫인 것조차 받지 못한다. 자본가로 하여금 자신의 노동자의 노동력의 완전한 시장가치를 쓰도록 만들 수 있는 것은 바로 그의 눈앞에 있는 노동조합에 대한 공포뿐이다. 증거를 원하는가? 대규모 노동조합의 조합원들에게 지불되는 임금을 보라. 그리고 저 정체된 비참함의 웅덩이인 런던의 이스트엔드에 있는 무수한 소규모 업종들에서 지불되는 임금을 보라." (엥겔스, "임금 제도", ≪맑스·엥겔스 저작 선집≫ 제5권, p. 482.) 이것은 지금도 마찬가지이다.

정한 하루 임금이라고 하는 것을 얻을 수 있다. 물론 공정한 임금이라는 것은 자기의 노동에 대하여 자신이 한 노동의 생산물을 전부 받는 것이 아니라 그 일부를 임금이란 이름으로 받고, 그 나머지를 자본가들에게 평균이윤으로 제공하는 것을 말한다. 이런 의미에서 정당한 임금을 얻기 위한 노동자들의 투쟁은 자본주의를 전제하는 즉, 그 테두리 안에 머무는 투쟁이다.[12)]

4.

동일노동 · 동일임금을 둘러싸고 현재 진행되는 노동자와 자본가의 투쟁의 근원은 노동자계급과 자본가계급의 근본적인 이해관계에 직접 연결된다. 그렇기 때문에 이를 둘러싼 투쟁은 치열하며 이데올로기적으로도 이론적으로도 쟁점을 형성한다.

자본가는 그 본성상 끊임없이 임금을 낮추기 위해 노력하는 경향을 가질 수밖에 없고, 이에 맞서 노동자는 끊임없이 그 반대방향으로 압력을 가하려는 경향을 갖는다. 두 경향은 충돌할 수밖에 없고 문제는 결국 투쟁하는 두 세력의 힘에 의해 결정된다.[13)]

---

12) "이와 동시에, 그리고 임금 제도와 관련된 전반적인 예속 상태는 아예 제쳐 놓더라도, 노동자계급은 이러한 일상적 투쟁의 궁극적 효과를 스스로에게 과장해서는 안 된다. 그들은 자신들이 원인과 싸우고 있는 것은 아니라는 점; 하향운동을 억제하고 있는 것이지 그 방향을 바꾸고 있는 것은 아니라는 점; 완화제를 쓰고 있는 것이지 질병을 치료하고 있는 것은 아니라는 점 등을 잊어서는 안 된다. 그러므로 그들은 거침없는 자본의 침략이나 시장의 변화로부터 끊임없이 생겨나는 이 피할 수 없는 유격전에만 전적으로 매달려서는 안 된다. 현재의 체제는 노동자에게 온갖 곤궁을 강요하지만 동시에 사회를 경제적으로 재건하는 데 필요한 **물질적 조건들**과 사회적 형태들을 만들어 내고 있다는 것을 그들은 알아야 한다. **'공정한 하루 작업에 대한 공정한 하루 임금!'**이라는 **보수적** 표어 대신에 그들은 **'임금제도 철폐!'**라는 **혁명적** 구호를 자신들의 깃발에 써넣어야 한다." (강조는 맑스) (맑스, 앞의 글, p. 117.) 이러한 주장이 노동조합의 중요성과 경제투쟁의 중요성을 부인하는 것이 아닌 것은 설명이 필요 없을 줄 안다.

13) "자본가가 노동일을 될수록 연장해 가능하다면 1노동일을 2노동일로 만들려고 할 때, 그는 구매자로서 자기의 권리를 주장하는 것이다. 다른 한편, 판매된 이 상품의 특수한 성질은 구매자에 의한 이 상품의 소비에 일정한 한계가 있음을 암시하고 있는데, 노동자가 노동일을 일정한 표준적인 길이로 제한하려고 할 때 그는 판매자로서 자기의 권리를 주장하는 것이다. 따라서 여기에는 권리 대 권리라는 하나의 이율

자본가와 노동자의 상호 관계는 적대적이다. 그래서 자본주의를 전제하고 그것을 부정하지 않고 투쟁하는 사안의 경우에도 이것은 힘의 충돌로 나타나고 결과는 충돌 당시의 힘의 크기에 의한다. 그런데 자본은 그 자체가 이미 집적된 사회적 힘이고 노동자의 유일한 사회적 힘은 그 수에 있다. 그러나 유일한 그 수의 힘은 단결되어 있지 않으면 아무것도 아니다. 이것은 언제나 그러하다. 따라서 동일노동 · 동일임금을 둘러싸고 전개되는 현재의 투쟁이나 다른 어떠한 투쟁이라도 노동자계급은 단결되어 있지 않으면 안 된다. 이것은 백번 강조해도 부족하지 않다.

앞서 본 대로 동일노동 · 동일임금 투쟁은 비록 한계가 있는 투쟁이지만 매우 중요한 사안이며 투쟁이다. 그런데 현재의 동일노동 · 동일임금 투쟁에 부족한 중요한 것이 있다. 그것은 투쟁의 사안의 성격에서도 기인하기도 하지만 현재 이 투쟁을 지도하는 세력이 '사회적 합의주의자'들이기 때문에 그 심각성의 정도는 더욱 우려할 만하게 되는 것이다.[14] 우리는 이 투쟁이 혁명적 관점을 포기한 투쟁으로 전락하는 것을 막아야 한다. 또한 동료들을 자본가에게 팔아넘겨 일신상의 안위를 돌보려는 자들이 이후에도 투쟁을 주도하게 해서도 안 된다. 이를 위해 우리는 더욱 많은 노력을 기울여야 할 것이다. 이것이 우리에게 주어진 임무다.

배반이 일어나고 있다. 즉, 쌍방이 모두 동등하게 상품교환의 법칙에 의해 보증되고 있는 권리를 주장하고 있다. 동등한 권리와 권리가 서로 맞섰을 때는 힘이 문제를 해결한다. 그리하여 자본주의적 생산의 역사에서 노동일의 표준화는 노동일의 한계를 둘러싼 투쟁, 다시 말해 총자본[즉, 자본가계급]과 총노동[즉, 노동자계급] 사이의 투쟁으로 나타나는 것이다." (맑스, "제3편 제10장 노동일", ≪자본론≫ 제1권(상), 비봉출판사, pp. 309-10.)

14) 다음의 글을 참조하라. 편집실, "우리의 투쟁목표는 '인권위원회 의견 수용'이 아니라, '개악안 자체의 폐기'이어야 한다", ≪노동자의 힘≫ 제77호. (http://www.pwc.or.kr/maynews/readview.php?table=organ&item=19&no=2462)

좌파신자유주의 정부?*

불세출의 사상가가 탄생할 것으로 보인다. 노무현 대통령은 자신에 대해 '신자유주의'라고 하는 지적에 대해 "제일 황당"하다고 하며 반동진영에서 그를 "좌파"라고 한다는 것을 논거로 "참여정부는 좌파 신자유주의 정부"라고 말했다고 한다. 그는 아마도 사회주의를 의미하는 "좌파"와 반동적 국가독점자본주의를 자신의 본질로 하는 "신자유주의"1)를 통합시켜 새로운 사상과 이론을 창조해 냈다. 이제 앞으로 필요한 것은 그것을 증명해 내는 것뿐이다.

그는 또 "좌·우파 정책을 가릴 것이 아니라 우리 경제에 필요한 것을 하고, 서로 모순된 것을 조화시켜 가는 것이 중요하다"고 했다. 그래서 그는 "좌파"와 "신자유주의"라는 대립물을 통합했다. 말 그대로 대립물의 절묘한 통합이다. 변증법이란 모순, 즉 '대립물의 통일'을 다루는 것을 핵심으로 하는 철학이다. 그러므로 그가 "서로 모순된 것을 조화시켜 가"겠다고 했을 때 그는 변증법에 대해 들어 본 적은 있어 보이고 최소한 귀동냥으로 배운 정도는 되어 보인다. 그러나 그가 제대로 배우지 못해 어설프게 이용한 변증법은 '대립물의 조화'는 특수하고 상대적이지만 '대립물의 투쟁'은 보편적이고 절대적이라고 가르친다. 또한 모순은 '비적대적 모순'만 있는 것이 아니라 '적대적 모순'도 있다고 하며, '비적대적 모순'과 '적대적 모순'은 해결방법도 다르다고 가르친다. 그래서 이 법칙의 온전한 표현은 "대립물의 통일과 투쟁의 법칙"이다.

> "사물들과 사물들의 개념적 모사를 그 연관, 연쇄, 운동, 생성과 소멸 속에서 본질적으로 파악하는 변증법", "자연, 인간, 사회 및 사유의 일반적 운동법칙과 발전법칙들에 대한 과학"으로서의 변증법은 세상을 있는 그대로 파악할 수 있게 한다는 점에서 참으로 혁명적이다. 하지만 변증법은 세상에 "현존하는 것을 찬미하는 것 같"아 보여 세상의 변화를 원치 않는 반동주의자와

---

* [편집자 주] ≪정세와 노동≫ 제12호(2006. 4.) 〈정세〉에 실린 글이다.

1) 채만수, ≪노동자 교양경제학≫(전면 개정판), 노사과연, 2006, pp. 549-630 참조.

보수주의자들에 의해서도 때때로 받아들여진다. 하지만 "변증법은 그 합리적인 형태에서는 부르주아지와 그 이론적 대변자들에게 분노와 공포를 줄 뿐이다. 왜냐하면, 변증법은 현존하는 것을 긍정적으로 이해하면서도 동시에 그것의 부정[즉, 그것의 불가피한 파멸]을 인정하기 때문이며, 또 변증법은 역사적으로 전개되는 모든 형태들을 유동상태 · 운동상태에 있다고 간주함으로써 그것들의 일시적 측면을 동시에 파악하기 때문이며, 또한 변증법은 본질상 비판적 · 혁명적이어서 어떤 것에 의해서도 제약을 받지 않기 때문이다." (칼 맑스, ≪자본론≫ 제1권 제2판 후기)

변증법을 혁명의 유용한 무기에서 무기력한 말장난으로 전락시키는 가장 흔하고 쉬운 방법은 그것을 절충주의로 대체하여 궤변으로 만드는 것이다. 이렇게 하는 자들은 대립물의 양 측면과 상호작용을 "한편으로는..., 또 다른 한편으로는..." 즉 "양쪽 모두"라고 하거나, 같은 과정의 다른 단계에 속하는 특수한 것을 무시하고 모두 한 덩어리로 뭉뚱그리는 방법을 이용한다. 이번 대통령의 발언은 이것의 아주 천박한 예다. (그는 정치에서는 좌파, 경제에서는 신자유주의를 표방한다.) 자신이 진보적임을 자처하고 싶고 또 그렇게 인정받고 싶은 그는 신자유주의자인 자신의 본질을 은폐하고자 이른바 수구 · 반동들의 주장을 인용하여 자신을 좌파라고 한다. 하지만 그가 그런 소리를 듣는 것은 그가 좌파의 성격을 병아리 오줌만큼이라도 갖고 있어서가 아니다. 그는 누가 뭐라고 해도 철저한 신자유주의자다. 그런 그가 대통령의 권좌에서 좌파 운운하는 것은 오로지 한국 사회의 이념적 지표가 천박하고 후진적이라는 것을 의미할 뿐 다른 것은 일절 아니다.

그는 "좌파 신자유주의 정부라는 것이 나쁜 것이냐, 그렇지 않다"고 하면서 "획일적인 이론 안에 현실을 집어넣으려 하지 말고 현실을 해결하는 해법에 좌파 이론이든 우파 이론이든 해결하는 열쇠로 써먹을 수 있는 대로 써먹자는 것이며, 그것은 가능하다"고 덧붙였다고 한다. 사실이 그렇다. 이론에 현실을 맞추는 것은 잘못된 것이다. 또한 현실의 문제를 해결하는 데 '좌파 이론'이면 어떻고 '우파 이론'이면 무엇이 문제인가? 그것이 문제를 해결할 열쇠를 제공한다고 한다면 아무것도 문제가 되지 않는다. 검은 고양이든 흰 고양이든 쥐만 잘 잡으면 되는 것이다.

그런데 문제는, 말 그대로 문제의 핵심은, 한국 사회가 갖고 있는, 그가 해결하고자 하는 문제를 포함한, 거의 모든 사회 문제들(예를 들어, 주택 · 부동산 문제, 양극화 문제, 저출산 문제 등)의 근본적 원인이 한국 자본주의 자체라는 사실이다. 따라서 한국 자본주의가 지양되어야 그러한 문제들의 해결이 비로소 가능해진다. 따라서 그는 선택을 해야 한다. 그런데 그는 기대를 저버리지 않고 당연하게도 노동자계급의 반대편을 선택하였다. (예를 들어 "비정규직의 숫자를 줄이기 위해 여러 노력을 하고 있지만 단기간에 숫자가 줄지 않을 것이고 갑자기 줄이는 것은 어렵다", "비정규직 숫자를 줄이는 것은 법으로 강제할 것이 아니라 고용의 유연성과 안정성을 동시에 확보하는 정책으로 받쳐 나가야 한다.") 아무튼 그는 자기 나름대로 한국 사회의 문제 해결에 기여하고 있다. 즉 그는 이른바 개혁적 부르주아지에 대해 인민들이 정치적 환멸을 느끼도록 하는 것으로 그 일을 하고 있다. 그는 자신에게 부여된 역사적 · 정치적 역할을 제대로 수행하고 있는 것이다.

추가: 그런데 아무리 그가 자신의 역할을 충실하게 수행하고 있다고 해도 그가 "좌파" 운운하는 것은, 사회주의와 좌파의 가치가 아무리 똥값이 되었다고 해도, 몰염치한 일이고 듣기에도 역겹다. 왜냐하면 그와 그 주변의 인물들은 "망월동이나 모란묘원에 누워 있는 희생을 자신들의 정치적 자산으로 전유하면서 탐욕과 출세욕을 실현해 가고 있는 정치적 야심가들"에 불과한 파렴치한 족속들이기 때문이다.

대추리와 국가*

1.

엥겔스는 ≪가족, 사유재산 및 국가의 기원≫에서 국가에 대한 역사적 분석을 요약하면서 다음과 같이 말하고 있다.

> 이상에서 알 수 있듯이, 국가는 결코 외부에서 사회에 강요된 권력이 아니다; 국가는 또한 헤겔이 주장하는 것처럼 "윤리적 이념의 현실성", "이성의 형상 및 현실성"도 아니다. 국가는 오히려 일정한 발전 단계에 있는 사회의 산물이다; 국가는 이 사회가 해결할 수 없는 대립물들로 분열하였다는 사실에 대한 고백이다. 그런데 이 대립물들이, 즉 서로 다투는 경제적 이해를 가진 계급들이 쓸데없는 투쟁으로 자기 자신과 사회를 파멸시키지 않게 하려면 외관상 사회 위에 서 있는 권력, 충돌을 완화시키고 충돌을 '질서'의 틀 내에 잡아 둘 권력이 필요하였다; 사회로부터 발생하였으나, 사회 위에 서서 점점 더 사회에 낯선 것이 되어 가는 이 권력은 바로 국가이다. (엥겔스, ≪맑스·엥겔스 저작 선집≫ 제6권, 박종철출판사, pp. 187-8.)

레닌은 ≪국가와 혁명—맑스주의 국가론과 혁명에서의 프롤레타리아트의 임무≫에서 이 부분을 인용하면서 맑스주의 국가론을 왜곡하는 두 경향을 비판한다. 그 하나는 "논쟁의 여지가 없는 역사적 사실의 압력에 떠밀려 국가가 계급 대립물과 계급투쟁이 있는 곳에서만 존재한다는 점을 인정하지 않을 수 없는 부르주아, 특히 쁘띠부르주아 이데올로그"들에 의해 주장되는 "국가가 계급 화해의 기관이라"는 주장이고, 다른 하나는 ""이론상으로는" 국가가 계급 지배의 도구이며 계급 대립물들이 결코 화해될 수 없다는 점을 부인하지 않"지만 "국가가 계급 대립물들의 화해 불가능성이 낳은 산물이고 사회 위에 서서 "사회로부터 점점 더 소외되어 가는" 권력이라면, 억압받는 계급

---

* [편집자 주] ≪정세와 노동≫ 제14호(2006. 6.) 〈회원마당〉에 실린 글이다.

의 해방은 폭력혁명이 없이는 불가능할 뿐만 아니라, 지배계급이 창출했고 이러한 "소외"를 구현하는 국가권력의 파괴 없이는 불가능하다는 사실"을 "간과하거나 얼버무리고 있"는 카우츠키주의 국가론이다. (레닌, ≪국가와 혁명≫, 돌베개, pp. 17-9.)

2.

엥겔스는 국가의 특징을 언급하면서 다음과 같이 말한다.

> 두 번째 특징은 자기 자신을 무장력으로서 조직하는 주민과 더 이상 직접적으로 일치하지 않는 **공권력**의 설립이다. 이 특수한 공권력이 필요한 것은 계급으로의 분열 이후 주민이 자주적으로 행동하는 무장 조직이 불가능해졌기 때문이다. ... 이러한 공권력은 어느 국가에나 존재한다; 공권력은 무장한 사람들로만 이루어진 것이 아니라, 씨족 사회에는 없었던 물적 부속물, 즉 감옥과 온갖 종류의 강제 시설들로도 이루어졌다. (강조는 원문) (엥겔스, 앞의 책, p. 188.)

레닌은 이 부분을 인용하면서 "다른 위대한 혁명적 사상가들과 마찬가지로, 엥겔스는 지배적인 속물들이 보기에는 주목할 가치가 거의 없으며 가장 일상적인 것, 확고하게 뿌리를 내리고 있을 뿐만 아니라 인습으로 굳어졌다고 할 법한 편견들에 의해 신성시되고 있는 것에, 계급의식을 지닌 노동자들의 주의를 돌리려고 하였다"고 찬사를 보낸다. 그리고 다음과 같이 묻는다. "상비군과 경찰은 국가권력 행사의 주요도구이다. 도대체 그렇지 않을 수 있겠는가?"

"무장한 사람"("상비군과 경찰")과 "감옥과 온갖 종류의 강제 시설들로 이루어"진 "공권력" 혹은 "특수한 공권력"은 "주민의 자발적인 무장조직"과 대립하며 후자는 존재할 수 없다. 왜냐하면 "화해할 수 없는 적대적인 계급들로 분열되어 있는" 사회에서 이러한 "무장"은 "그들 사이의 무장투쟁으로 이어질 것이기 때문이다." (레닌, 앞의 책, pp. 20-1.)

3.

엥겔스는 계급대립이 제대로 발전하지 않은 사회나 외딴 지역에서는 공권력이 아주 미미하고 거의 없는 것이나 마찬가지일 수 있다고 하지만 이것이 점차 강화되는 경향을 갖는다고 한다.

> 그러나 공권력은 국가 내부에서 계급대립이 날카로워지고 인접한 국가들이 더 강대해지고 인구가 많아질수록 강화된다 — 오늘날의 유럽만을 보더라도 계급투쟁과 정복경쟁으로 말미암아 공권력은 전체 사회와 국가 자체까지도 집어삼킬 만한 위세를 얻게 되었다. (엥겔스, 앞의 책, p. 189.)

엥겔스는 "공권력이 미미하고 거의 없는 것이나 마찬가지"인 곳의 예를 "아메리카 합중국"으로 들고 있다. 그러나 모두들 잘 알고 있듯이 미국은 현재 이른바 "공권력"이 세계에서 가장 강한 나라이다. 그리고 신자유주의가 판치는 지금 미국을 포함하여 전 세계의 자본주의 국가의 "공권력"은 더욱 강화되고 있다.[1)]

4.

공권력을 유지하기 위해서 조세와 국채가 필요하다. 그 결과,

> 관리들은 공권력과 징세권을 가짐으로써 사회의 기관이면서도 사회 **위에** 군림한다. 가령 그들이 씨족 사회의 기관들이 받던 그런 자유로운, 진심에서 우러나오는 존경을 얻는 경우가 있다 할지라도, 그들은 만족하지 않을 것이다; 사회와는 낯선 것이 된 권력의 담당자인 그들은 그들로 하여금 특별하고 신성 불가침한 지위를 누릴 수 있게 해 주는 예외법을 통해서 존경을 얻어야 했다. 문명 국가의 말단 경찰관도 씨족 사회의 전체 기관을 다 합친 것보다 더 큰 '권위'를 갖고 있다; 그러나 문명 시대의 아무리 유력한 군주라도, 아무리 위대한 정치가 혹은 장군일지라도, 그들은 자발적이고 논란의 여지가 없는 존경을 받았던 가장 미미한 씨족 수장을 부러워할 만하다. 후자는

---

1) 채만수, ≪노동자 교양경제학≫(전면 개정판), "제11강 국가독점자본주의", "제12강 신자유주의(1)", "제13강 신자유주의(2)"를 반드시 읽어 보기를 강력히 권고한다.

사회의 한복판에 서 있다. 그러나 전자는 사회 밖에 그리고 사회 위에 서 있는 존재가 될 수밖에 없다. (강조는 원문) (엥겔스, 앞의 책, p. 189.)

이것은 "국가권력의 기관으로서 관리가 지닌 특권적 지위에 대한 문제"를 다룬다. 그리고 이 문제에 대한 맑스주의적 해결은 "기존의 국가기구"를 "분쇄하고 파괴하는 것", 즉 "군대와 관료제"를 없애는 것이며 "상비군과 경찰을 ... 제거"하고 이를 "무장한 인민으로 대체하는 것"과 "모든 공직자의 완전한 선거제 및 소환제로 대체"하는 것이다.

5.

엥겔스는 또한 다음과 같이 주장한다.

> 국가는 계급 대립을 억제할 필요에서 발생했기 때문에, 동시에 그것은 이 계급들의 충돌 한가운데서 발생했기 때문에, 그것은 대개 가장 강력한 계급, 경제적으로 지배하는 계급의 국가이다. 이 계급은 국가의 힘을 빌려 정치적으로도 지배하는 계급이 되며 그리하여 피억압 계급을 억압하고 착취하는 새로운 수단을 획득한다. 따라서 고대 국가는 **무엇보다도** 노예를 억압하기 위한 노예 소유주들의 국가였으며, 봉건 국가는 농노와 예농을 억압하기 위한 귀족의 기관이었다. 그리고 현대의 대의제 국가는 자본이 임금 노동을 착취하기 위한 도구이다. 그러나 예외적으로, 투쟁하는 계급들의 힘이 균형에 도달하여 국가권력이 외견상 두 계급의 조정자로서 어느 정도의 자립성을 일시적으로 획득하는 시기가 있다. (강조는 원문) (엥겔스, 같은 책, p. 189.)

엥겔스는 "17세기와 18세기의 절대군주제", "프랑스의 제1제정, 특히 제2제정의 보나빠르트주의" "비스마르크 국민의 신독일제국"을 "국가권력이 외견상" "조정자로서 어느 정도의 자립성을 일시적으로 획득하는 시기"의 예로 든다. 레닌은 여기에 "공화제 러시아의 케렌스키 정부가 혁명적 프롤레타리아트를 억압하기 시작한 이후의 한 시기"를 덧붙인다.

엥겔스는 "민주공화제"는 "공식적으로는 더 이상 재산의 차이를 문제 삼지 않"음으로서 국가 발전의 높은 단계를 반영하지만, 자본은 "자신의 권력을 간접적으로, 그러나 더 확실하게 행사한다"고 한다. "한편으로 관리를 직접 매수하는 형식"과 다른 한편으로는 "정부와 주식 거래소의 동맹이라는 형식으로" 그렇게 한다. 그리고 자본은 "보통 선거권을 매개로 해서 직접 지배를 한다"고 한다. 왜냐하면 "피억압 계급은, 그러므로 우리의 경우에는 프롤레타리아트가 아직 스스로를 해방시킬 만큼 성숙하지 않은 한은, 그들 대다수는 현존 사회 질서를 유일하게 가능한 것으로 인정할 것이며, 정치적으로는 자본가 계급 진영의 극좌익을 형성할 것"이기 때문이라고 한다.

레닌은 ""부"의 전능함이 민주공화제에서 더욱 확실한 이유는, 그 전능함이 정치적 메커니즘의 개별적 결함에 좌우되지 않으며 자본주의의 열악한 정치적 외피에 의존하지 않기 때문"이라고 하며 "민주공화제는 자본주의에 있을 수 있는 최상의 외피"라고 한다. 그리고 "그렇기 때문에 자본은 이 가장 좋은 외피에 의해" "자리를 잡고 나면, 부르주아 민주주의 공화제에서 인물이나 제도나 정당이 아무리 교체된다 하더라도 자기의 권력에는 하등의 동요도 없을 만큼 견고하고 확실하게 자신의 권력을 확립한다"고 덧붙인다.

6.

노무현 정부는 "국가권력이 외견상" "조정자로서 어느 정도의 자립성을 일시적으로 획득하는 시기"의 예로 사용될 수 없다. 과거의 어떠한 정부들보다 더 친미적이고 친자본적인 신자유주의 정부이기 때문이다. 그러나 노무현 정부는 이른바 더 민주적이고 더 개혁적이라는 이미지를 갖고 있었기에 자본의 입장에서 "최상의 외피"로서 기능했다.[2)]

노무현 정부는 자신에 대한 노동자계급의 이러한 혼란을 이용하여 신자유주의적 개혁을 착실히 진행하였으며, 그럼에도 불구하고 정치적 도박을 감행하여 지난 총선을 승리로 이끌었다. 물론 이번 지방선거에서는 이른바 참패가 예상되지만 이것은 신자유주의 개혁의 당연한 귀결이다. 다만 대중들 특히 소부르주아 대중들은 노동자계급 진영으로 오는 것이 아니라 수구 세력의 품으로 들어가고 있다. 이것은 한편으로 노동자계급 운동 진영의 무능력의 표현이지만 다른 한편으로는 자본을 위해 복무하는 이른바 "부르주아 민주공화제"의 기능이며 레닌의 주장에 대한 증명이다.

---

2) 편집출판위원회, "노무현 정권에 대한 노동자계급의 혼란", ≪현장에서 미래를≫ 제104호를 참고하라. (http://kilsp.jinbo.net)

7.

미국정부—즉 미국자본의 국가기구—가 용산 미군기지에서 철수하고 대추리로 옮기려는 것은 용산을 비워 달라는 한국 인민의 자주적 요구에 굴복해서가 아니다. 왜냐하면 한국 인민의 정확한 요구는 미군의 완전철수이기 때문이다. 그런데 그들은 용산을 떠나 대추리로 옮기려 한다. 그렇게 하는 것은 자신들의 동아시아 군사전략의 변화에 따른 결과이다. 이른바 "전략적 유연성"이 그것이다.[3] 아무튼 누가 뭐라고 해도 우리는 여기서 미국정부의 요구에 쩔쩔매는 한국정부의 모습에서 그들의 친미주의적·사대주의적 본질을 재확인할 수 있다.

8.

대추리에서 벌어진 이른바 "여명의 황새울" 작전에서 우리는 국가, —공권력— 억압적 국가기구의 역할을 정확히 확인할 수 있다. 한편에 "무장한 사람들의 특수한 조직체"인 군대와 경찰과 조세로 지불받았을 용역깡패가 서 있었다. 그들은 "전의경 110개 중대, 1만 1천 명. 군 병력이 2천 명이 넘는다고 했고, 용역으로 동원된 이들만도 7백 명이 넘"었다. 다른 한편에는 '자발적으로 무장한 — 사실은 비무장인' 농민(주민)과 '평택미군기지확장저지범국민대책위원회'와 이들을 돕고자 한 사람들 모두 천여 명이 있었다.

압도적으로 우세한 공권력은 외곽을 차단하여 자발적으로 무장한 주민들과 그들의 지지자들을 분리·고립시키고 그들을 자신의 무장력으로 무자비하게 짓밟았다. 공권력은 자신들이 언제라도 이용할 수 있는 강제시설, 즉 경찰서, 감옥, 법원 등으로 저항하는 사람들을 보내 버렸다. 합법적으로, 절차적 민주주의를 충실하게 지켜 가면서.[4]

'국민의 재산과 생명'을 지키라는 군대가 오히려 국민의 재산과 생명을 위협했다는 비난의 목소리가 높다. 이들에게 레닌의 주장을 다시 한 번 들려주자.

---

3) 김하영, "노무현정부—부시 세계 패권 전략의 헷갈리는 똘마니", ≪다함께≫ 제80호를 참조하라. (http://www.altogether.or.kr)

4) 박래군, "국가폭력에 불복종하라—[기고] 2006년 5월 우리가 확인한 '국가폭력'". (http://www.newscham.net/news/view.php?board=news&id=36166&page=2&category2=69)

상비군과 경찰은 국가권력 행사의 주요도구이다. 도대체 그렇지 않을 수 있겠는가?

9.

한편에서는 진압과정에 군인이 불법적으로 동원되었고 또 진압과정 역시 절차를 무시하고 너무나 폭력적이었다고 전해진다. 이것은 중요한 문제이고 그 책임을 묻는 것은 가장 중요한 문제는 아니지만 반드시 이루어져야 한다. 왜냐하면 비록 형식적인 절차에 불과하더라도 또 매우 하찮아 보일지라도 이른바 그 형식적 · 절차적 '민주주의'조차 얻기 위해서 수많은 사람의 생명과 눈물과 한숨이 필요했기 때문이며, 인민의 힘으로 그것을 지양할 수 있을 때까지는 반동으로부터 지켜져야 하기 때문이다. 물론 이것이 노무현 정권을 지지하자는 것으로 연결되는 것이 아님은 자명하다.

지난 15일 김규항 씨는 어느 대학교에서 진행한 강연에서 대추리를 언급하면서 "지금 평택은 광주와 같다. 절차적 민주주의가 진행되지 않았더라면 공수부대가 투입되었을 것이다"라고 했다.[5] 이러한 그의 지적은 1980년과 2006년의 변화한 상황을 설명함과 동시에 신군부와 노무현 정부가 그 본질에 있어 같다는 것을 명확히 담고 있다. 그의 주장은 전적으로 옳다.[6]

10.

대추리에서 벌어지는 대립과 투쟁은 평가하는 사람에 따라 다양하게 주장된다. 반제 · 반미 투쟁(친북 좌파세력의 운동)일 수도 있고 평화와 인권을 위한 투쟁(공권력에 도전하는, 또 돈을 더 받기 위한)일 수도 있다. 하지만 범위를 줄여 주민의 입장에서 보면 대추리에서 벌어진 만행은 고향을 지키고 살고자 하는 주민들에 대한 공권력의 횡포다. 좀 막말로 하면 "돈도 싫고, 내 땅 내가 안 팔겠다는데 웬 지랄인 것이다."

그런데 국가권력은 그런 것이다. 앞서 본 것처럼 그것은 이른바 국민 일

5) http://www.virtuepeak.net/blog/?p=25

6) 기회주의자들은 이것을 분리하려고 한다. 이에 대한 통렬한 비판은 다음을 참조하라. 장진범, "오늘 광주의 진정한 벗은 누구인가—5월 광주민중항쟁과 5월 평택평화항쟁". (http://www.movements.or.kr/bbs/view.php?board=journal&id=1545)

반의 이익이 아니라 한 줌밖에 안 되는 지배계급의 이익을 위해 봉사하는 것이다. 그리고 그것에 방해가 된다고 생각하는 것들에 대해서는 적대감과 증오로 그렇게 심하게 대하는 것이다.

그런데 만일, 말 그대로 만일 미래의 어느 날, 점차 자신의 힘을 성공적으로 키워 온 인민대중이 자신의 착취자로부터 착취된 자신들의 피땀(잉여가치)을 되찾고자 할 때, 다시 말해 "인민대중에 의한 소수의 탈취자의 수탈이 이루어"질 때 어떠한 일이 일어날 것인가? 그때 그 국가 혹은 공권력은 무엇을 할 것인가? 이번 경우를 보며 한번 생각해 보자.

그리고 다른 것을 하나 더. 만일 지난 번 "여명의 황새울" 진압작전 시기에 대추리를 지키고자 하는 주민과 대책위원회의 힘이 커서 공권력에 어느 정도 대항할 수 있었다고 한다면 어떠한 일이 있어났을까? 혹시 당시에는 동원된 공권력을 압도할 수 있었다면 어떤 일이 일어났을까? 그렇다면 더 큰 공권력이 발동되지 않았을까? 혹은 지만원 같은 자가 선동하는 "발포"가 있을 수도 있지는 않았을까? 그런 일은 전혀 상상할 수 없는 일일까? 우리는 부안에서도 배워야 하지만 광주를 잊어서는 안 된다.

11.

마지막으로 국가에 대한, 요즘과 같이 속물적 국가주의 · 애국주의가 판치는 세상에 꼭 필요한, 엥겔스의 총괄!

> 이상에서 보았듯이, 국가는 아득한 옛날부터 존재하는 것이 아니다. 국가나 국가권력을 꿈에도 생각하지 않고 국가 없이 일을 꾸려 가던 사회가 있었다. 계급으로의 사회적 분열과 필연적으로 연결된 경제적 발전의 일정 단계에서 국가는 이 분열로 말미암아 필요한 것이 되었다. 우리는 지금 빠른 걸음으로 모종의 생산 발전 단계, 요컨대 이러한 계급들의 존재가 더 이상 필요하지 않게 될 뿐 아니라 그 존재가 오히려 생산의 직접적인 장애물이 되는 그러한 단계로 접근해 가고 있다. 계급의 발생이 불가피했듯이 계급의 소멸도 불가피하다. 계급의 소멸과 함께 국가도 불가피하게 소멸할 것이다. 생산자들의 자유롭고 평등한 연합에 기초하여 생산을 새로이 조직하는 사회는 전체 국가기구를 그것이 응당 가야 할 곳으로 보낼 것이다: 고대 박물관으로 보내 물레, 청동 도끼 등과 나란히 전시할 것이다. (엥겔스, 앞의 책, p. 191.)

18대 총선에 대한 간단한 감상*

1.

第18대 총선의 결과로 대한민국 의회의 총 의석 299석은 한나라당 153석(지역구 132, 비례대표 22), 통합민주당 81석(지역구 66, 비례대표 15), 자유선진 18석(지역구 14, 비례대표 4), 친박연대 14석(지역구 6, 비례대표 8), 민주노동당 5석(지역구 2, 비례대표 3), 창조한국당 3석(지역구 1, 비례대표 2), 무소속 25석으로 나누어졌다. 한나라당은 112석에서 41석이 늘었고, 통합민주당은 136석에서 55석 줄었으며, 자유선진당은 9석에서 9석이 증가했다. 친박연대는 3석에서 11석 늘었고, 민주노동당은 6석에서 1석 줄었으며, 창조한국당은 1석에서 2석 증가, 진보신당은 2석에서 2석 줄었다.

정당득표율로 따지면 한나라당 37.5%, 통합민주당 25.2%, 친박연대 13.2%, 자유선진당 6.9%, 민주노동당 5.7%, 창조한국당 3.8%, 진보신당 2.9% 기타 4.9%였지만, 의석수로 따지면 한나라당 51.2%, 통합민주당 27.1%, 친박연대 4.7%, 자유선진당 6.0%, 민주노동당 1.7%, 창조한국당 1%, 무소속 8.4%였다.

하지만 정당투표를 전체 유권자에 대한 비율로 계산하면 한나라당 17.0%, 통합민주당 11.4%, 친박연대 6.0%, 자유선진당 3.1%, 민주노동당 2.6%, 창조한국당 1.7%, 진보신당 1.3%였다. 고작 유권자의 17.0%를 대표하는 당이 의회의 과반을 대변하는 것이다. 이것이 대한민국의 의회제도의 현실이다.

2.

의석수가 모든 것인 부르주아들과 그들의 언론은 이 결과를 보고 너무 흡족해 하고 있다. 그들은 한편으로는 한나라당 등의 승리를 "거대 보수의 등장", "보수전성시대"라 외치며, 자신들의 압도적 승리에 표정 관리를 하면서

* [편집자 주] ≪정세와 노동≫ 제34호(2008. 4.) 〈정세〉에 실린 글이다.

기뻐하고 있으며, 다른 한편으로는 민주노동당 · 진보신당의 실패를 "진보정치 몰락", "진보진영 반 토막 몰락", "명맥 겨우 유지" "진보정치 위축", "진보진영 위기상황" 등등이라며 비웃고 있다.

물론 일부는 의석이 보수정치세력 203석(한나라당 153석+자유선진당 18석+친박연대 14석+친여 무소속 18석)과 진보정치세력 96석(민주당 81석+민주노동당 5석+창조한국당 3석+무소속 7석)으로 나누어졌다고 보도하는데, 이것은 더욱더 자의적으로 분류를 한 것이다. 이러한 분류에는 지금까지 유지되었던 이른바 '개혁세혁'과 '진보세력'의 분류도 모두 무시하고 양자를 하나의 '진보'로 슬쩍 바꾸어 버린 것이다. 이들이 이렇게 하는 것은 그러한 선전을 통해 의회를 중심으로 한 세력만이 한국 사회의 정치세력의 전부인 것처럼, 그리고 그래야만 하는 것처럼 노동자 · 인민들을 기만하기 위해서다.

그런데 그들은 이른바 더 왼쪽의 '진보'에게 더 큰 변화를 요구하고 있다. 이미 "오른쪽으로 폭주"가 심하게 이루어졌고, 더 심하게 갈 예정인 이들 사민주의적 경향에게, 바로 그래서 실패한 이들에게 더욱더 오른쪽으로의 변화를 요구하는 것이다. 이러한 변화만이 이후 성공을 보장할 것이라고, 노동자계급 내의 배신자들이 될 사민주의자들을 한편으로는 위협하고 다른 한편으로는 그들의 손을 슬쩍 들어 주고 있는 것이다. 이는 혹시라도 있을지 모를 일, 꿈에도 생각하고 싶지 않은 일이지만, 조금이라도 역사에 대한 통찰이 있다면 누구라도 알 수 있는 일, 반드시 일어날 미래의 노동자의 투쟁! 그것에 대한, 그때를 대비하는 것, 즉 자신의 미래에 투자하는 것, 아니 보험 들고 있는 것이다.

3.

부르주아지가 정치세력을 보수와 진보로 구분하여 대립시키는 것은 자기 마음대로지만 말 그대로 그것은 자의적이다. 우리는 김대중 정권과 노무현 정권을 신자유주의 정권이라고 생각하고 그것들은 바로 그것이다. 신자유주의는 "자본주의체제의 전반적 위기가 재격화된 시기의 (국가독점)자본주의"이고, 그러한 한에서 이명박 정권이나 그것들은 전혀 본질적으로 차이가 없다.[1)]

---

1) 여기서 '민주노동당'이나 '진보신당'에 대한 것은 생략하겠다. 이 부분은 다음을 참조하라. 채만수, "오른쪽으로의 폭주—사민주의는 노동자 · 민중의 길이 아니다", ≪

따라서 우리가 이것을 기준으로 이번 선거를 평가하면, 아니 저들 부르주아 언론과 부르주아지의 기준이 아닌 우리의 기준으로 선거를 평가하면, 그 결과는 그들이 그렇게 기뻐하고 기고만장할 일이 아니란 것을, 따라서 이번 선거를 보고 우리가 의기소침할 일이 아니라는 것을 쉽게 알 수 있다.

4.

1987년 6월 항쟁 이후 대한민국의 총선 투표율은 13대(88년) 75.8%, 14대(92년) 71.9%, 15대(96년) 63.9%, 16대(00년) 57.2%, 17대(04년) 60.6%, 18대(08년) 46%로 계속 떨어지고 있다. 4년 전 노무현이 총선정세 돌파를 위해 조장한 '탄핵국면' 속에서도 겨우 60.6%로 그 전 16대에 비해 3.4%가 높았을 뿐, 그 전의 모든 선거에 비해 투표율은 모두 낮았다. 물론 약 6-7%로 떨어지는 추세를 고려하면 약 10%가 오른 것이었지만, 이것은 이번에 한꺼번에 도루묵이 되었다.

투표율의 하락은 완전하게는 아니지만 부르주아 민주주의의 한계와 그것에 대한 인민대중의 환멸이 점차 커지는 것을 반영한다. 그래서 이번 투표율을 보고 부르주아 언론에서조차도 "민주주의의 위기"를 언급하고 있는 것이다. 지난 '탄핵정국'에서 치러진 17대 선거의 투표에 참여하지 않은 이유에 대한 조사에서 "마음에 드는 후보가 없어서"가 29.5%, "선거에 관심이 없어"가 25.4%, "시간이 없어서" 20.4%, "후보에 대해 잘 몰라서" 11.9%, 무응답 8.1%, "귀찮아서" 3.0%, "몸이 아파서"가 1.7%였다. 이것을 보면 투표에 참여하지 않은 사람들의 많은 수가 자신을 대변할 정치세력이 없다고 생각하고 있으며, 부르주아 선거에 대해 환멸을 갖고 있다는 것을 알 수 있다. 그리고 이번 선거에서는 이것이 더욱 강화되었을 것이라고 생각할 수 있다.

왜냐하면 "유산계급은 보통 선거권을 매개로 해서 직접 지배를 한다. 피억압 계급은, 그러므로 우리의 경우에는 프롤레타리아트가 아직 스스로를 해방시킬 만큼 성숙하지 않은 한은, 그들 대다수는 현존 사회 질서를 유일하게 가능한 것으로 인정할 것이며, 정치적으로는 자본가 계급의 후미, 즉 자본가 계급 진영의 극좌익을 형성할 것이"[2]기 때문이고 노동자들은 "자기 해방을

정세와 노동≫ 제32호(2008. 2.), 노사과연.

2) 엥겔스, ≪가족, 사적 소유 및 국가의 기원≫(≪맑스 · 엥겔스 저작 선집≫ 제6권),

향해 성숙해 감에 따라, 그들은 독자적인 당을 결성하여 자본가들의 대표가 아닌 그들 자신의 대표를 선출할 것이"기 때문이다.

즉, 한국의 선거는 현재 한국의 노동자계급이 "아직 스스로를 해방시킬 만큼 성숙하지 않은" 상태인 것을 분명히 보여 준다. 그러나 "유산계급" 역시 아직 "보통 선거권을 매개로 해서 직접 지배를" 하고 있지만 전적으로 성공하고 있지 못하고 있음을 더욱 뚜렷이 보여 주고 있다.

5.

지난 15대 총선에서 신한국당은 139석(지역구 121석, 비례대표 34.5% 18석), 국민회의는 79석(지역구 66석, 비례대표 25.3% 13석), 자민련 50석(지역구 41석, 비례대표 16.2% 9석), 민주당 15석(지역구 9석, 비례대표 11.2% 6석)이었다.

16대 총선에서는 한나라당 133석(지역구112석, 비례대표 39.0% 21석), 민주당 115석(지역구 96석, 비례대표 35.9% 19석), 자민련 17석(지역구 12석, 비례대표 9.8% 5석), 민국당 2석(지역구 1석, 비례대표 3.7% 1석) 민주노동당 0석(지역구 0석, 비례대표 1.18% 0석), 청년진보당 0석(지역구 0석 비례대표 0.66% 0석)이었다.

17대 총선에서는 ('탄핵국면'이라는 조건 속에서) 열린우리당 152석(지역구 129석, 비례대표 42.0% 23석), 한나라당 121석(지역구 100석, 비례대표 37.9% 21석), 민주노동당 10석(지역구 2석, 비례대표 13.0% 8석), 민주당 5석(지역구 5석, 비례대표 8.0% 4석), 자민련 4석(지역구 4석, 비례대표 2.7% 0석) 사회당(0석 비례대표 0.04% 0석)이었다.

18대 총선에서는 한나라당 153석(지역구 132, 비례대표 22), 통합민주당 81석(지역구 66, 비례대표 15), 자유선진 18석(지역구 14, 비례대표 4), 친박연대 14석(지역구 6, 비례대표 8), 민주노동당 5석(지역구 2, 비례대표 3), 창조한국당 3석(지역구 1, 비례대표 2)이었다.

부르주아 언론에서는 이번 선거에서 이른바 '보수'의 승리를 높이 치켜세우고 있다. 그러나 이것은 처음이 아니다. 그들 기준대로 하면, 15대 총선에서는 '보수'는 189석(신한국당 139석+자민련 50석)으로 '진보' 94석에 비해 월등

박종철출판사.

하다. 16대 총선에서는 보수는 152석(한나라당 133석+자민련 17석+민국당 2석)으로 '진보' 115석에 비해 우월하다. 17대 총선에서만 '보수'가 125석(한나라당 121석+자민련 4석)으로 '진보' 167석(열린우리당 152석+민주노동당 10석+민주당 5석)에 비해 한국 역사상 처음으로 적었다. (그런데 이 숫자 놀음을 하다 보면 이러한 분류가 얼마나 근거가 없는 것이라는 생각이 들 것이다.)

18대 총선은 한나라당 153석(지역구 132, 비례대표 22), 통합민주당 81석(지역구 66, 비례대표 15), 자유선진 18석(지역구 14, 비례대표 4), 친박연대 14석(지역구 6, 비례대표 8), 민주노동당 5석(지역구 2, 비례대표 3), 창조한국당 3석(지역구 1, 비례대표 2)로 끝났다. 의석 배분 결과를 현상적으로 보면 그저 과거로 돌아갔을 뿐이다. 무엇인가 새로운 것은 없다.

6.

엥겔스의 표현대로 "보통 선거권"의 의의는 "노동자계급의 성숙도를 재는 측정기"이다. "그 이상의 것이 될 수 없으며, 또 되지 않을 것이"며 "그것으로 충분"할 것이다. 그리고 그러한 의미에서 투표율을 살펴보면 다음과 같다.

16대 선거에 비록 왜곡된 형태지만 노동자·인민의 348,343명(민주노동당 223,261명, 청년진보당 125,082명, 전체 유권자의 1.04%)은 이른바 '진보'에 투표했다. 반면 한나라당에는 7,365,359명, 민주당에는 6,780,625명, 자민련에는 1,859,331명, 민국당에는 695,423명이 투표했다. 즉 신자유주의 세력에 16,700,638명(전체 유권자의 49.9%)이 투표했다. 17대에서는 '진보'에 928,233명(민주노동당 920,229명, 사회당 8,004명, 전체 유권자의 2.61%)이 '신자유주의'에게는 19,308,725명(전체 유권자의 54.2%)이 투표했다. 18대에서는 '진보'(민주노동당, 진보신당, 창조한국당, 한국사회당)에 1,515,051명(전체 유권자의 4.01%)(민주노동당과 진보신당만 포함하면 1,477,911명, 전체 유권자의 3.91%)이 투표했다. 그리고 '신자유주의' 세력에게는(한나라당, 통합민주당, 자유선진당, 친박연대)에게는 14,167,585명(전체 유권자의 37.5%)이 투표했다.

즉 '진보'에게의 투표는 절대적·상대적으로 늘어나고 있으며, 반대로 '신자유주의' 세력에게의 투표는 절대적·상대적으로 감소하고 있는 추세인 것이다.

7.

이번 선거에서는 "망월동이나 모란묘원에 누워 있는 희생을 자신들의 정치적 자산으로 전유하면서 탐욕과 출세욕을 실현해 가고 있는 정치적 야심가들"이 대거 낙선했다. 김근태, 유인태, 이목희, 우상호, 이인영, 오영식, 임종석 등이 그들이다. 그들의 낙선은 한편으로는 속이 시원하고 '고소'한 일인데, 다른 한편으로는 깔끔하고 개운하지는 않은 사람들이 있을 것이다. 왜냐하면 그들을 '제낀' 자들이 신지호 같은 '족속'들이기 때문이다. 한마디로 '나쁜 놈'들과 '더 나쁜 놈'들이 싸우다가 '더 나쁜 놈'들이 이긴 꼴인데, 그들만의 잔치에서 그들끼리만 비교하면 그런 느낌이 드는 것을 피할 수 없다. '둘 다 나쁜 놈이었다', '어찌 됐든 둘 다 정리되어야 하는 자들인데 순서가 지금처럼 됐다'라고 속 편하게 생각하자. 대중들은 이왕 뽑을 것 '개혁적 신자유주의자(?)'보다 '진짜 원조(?) 신자유주의자'를 뽑은 것이니까.

8.

이런저런 선거 때마다 느끼는 것이 있는데, 도대체 왜 남의 잔치에 기웃거리는 것일까 하는 것이다. 하지만 관심을 놓지 못하는 것은 앞서 인용한 엥겔스의 말처럼 선거를 통해 "노동자계급의 성숙도를" 볼 수 있어서 일 것이다. 그리고 매번 아쉬움이 남는 것은 노동자들의 "독자적인 당을 결성하여" 그것을 온전히 "측정"하지 못해서이다. 그리고 "보통 선거권이라는 온도계가 노동자들의 비등점을 가리키는 날에, 노동자들과 자본가들도 자신들이 무엇을 할 것인가를 알게" 되는 날이 언제인가 하는 안타까움도 그 이유이다.

최근 '사회주의 노동자당'에 대한 논의가 여러 곳에서 이루어지고 있다. 하지만 논의가 분산적으로 배타적으로 이루어지는 것은 아쉬운 일이다. 어쨌든 현재는 이러한 논의가 이루어지는 것만으로도 참으로 고무적인 일이고 우리 모두는 이 논의에 많은 관심을 기울이고 이 논의가 좋은 결과를 낳을 수 있도록 적극적인 참여가 필요한 시점이다. 왜냐하면 우리 운동의 현재적 최대 임무, 선결 과제가 바로 이 문제이기 때문이다.

그들은 변한 것이 없다*

1.

자칭 이른바 "좌파 신자유주의자" 노무현과 그의 측근 및 가족의 비리문제가 연일 방송 · 신문 지상을 장식하고 있다. 거의 실시간으로 보도되는 수많은 '설'의 무엇이 진실이고, 진실의 어느 부분까지 밝혀질지 모르지만 이에 대한 사람들의 반응이 다양하다.

처음 우리의 눈길을 끄는 것은 한나라당 및 조 · 중 · 동을 중심으로 하는 반동적 부르주아지와 그들을 따르는 자들이다. 이 사건을 대하는 그들의 각종 주장과 논평 및 폭로 기사는 한때 유행했던 철 지난 코미디다. 왜냐하면 그들의 기본 태도는 한동안 인기를 끌었던 유행어 그대로 "못생긴 것들이 잘난 척하기는"이다. 그들은 그전에 혼자만 깨끗한 척하며 자신들을 파렴치한으로 몰아세운 '노무현 집단'에게 당한 설움을 온 힘을 다해 톡톡히 되돌려주고 있다. 그래서 이들은 사태가 럭비공 튀듯이 전개되고 있지만, 그래서 오히려 불똥이 자신들에게 옮겨 오고 있어도, 별다른 생각을 하지도 않고 온갖 표현을 동원해 '노무현 집단'을 비난하고 사태를 파헤치고 있다.

그러나 '노무현 집단'이 커다란 비리를 저질렀어도, 그들의 그러한 비난은 사람들의 실소를 불러일으킬 뿐이다. 왜냐하면 그들이 아무리 변한 척해도 대부분의 사람들에게 그들은 '과거' 그리고 '현재'에도 또 사실로서 '더 한' 놈들이기 때문이다. 그래서 사람들은 그들의 같은 잘못에 대해 "원래 그런 놈들이니까" 하고 단지 체념하고 외면해 버리고 만다. 그들이 아무리 억울해해도 그들의 온갖 주장은 사람들에게 이렇게 받아들여진다.

"똥 묻은 개, 겨 묻은 개 나무란다."

---

* [편집자 주] ≪정세와 노동≫ 제45호(2009. 4.) 〈정세〉에 실린 글이다.

2.

이들 반동적 부르주아지와는 달리 이른바 "자유주의적 혹은 개혁적 부르주아지"와 소부르주아지 및 이들을 따르는 사람들은 약간 다른 태도를 보인다. 그들의 일부, 즉 '노무현 집단'에게 아직도 미련이 남아 있었던 사람들은 아직도 이러한 명백한 사실을 믿지 못하고 "그럴 리가 없다"고 강변하고 있다. 그들은 이 모든 것이 조 · 중 · 동의 조작이고 이명박 혹은 한나라당의 치졸한 복수 · 음모라고 주장한다. 그들은 도무지 구제할 수 없는 이른바 "노빠"들이며, 그러는 한 이들은 우리의 비판의 대상이 아니라 자신들 내부의 비판의 대상이다.

"노빠"들의 이러한 행태는 비리정치인 노무현을 옹호하는 것으로, 한국 부르주아 정치에 대한 자신들의 기본적 방침, 즉 부패 · 타락한 정치인을 제거하여 부르주아 지배를 영원히 유지하려는 태도에 오히려 위협이 된다. 왜냐하면 대중들은 이들의 "남이 하면 불륜이고 내가 하면 로맨스"라는 그들의 이중적 태도에 의문을 갖게 될 것이고, 이러한 경험을 통해 "자유주의적 혹은 개혁적 부르주아지"와 "반동적 부르주아지"가 다르지 않다는 것을 깨닫게 될 것이기 때문이다.

3.

자신의 원칙도 지키지 못하고 동시에 경험에서조차 배우지 못하는 "노빠"들과는 달리 이들을 비판하는 나머지 '개혁주의적 부르주아지'들은 현재 사태에 일정한 거리를 두고 추이를 살피고 있다. 이번 비리를 접하면서 "무능해도 깨끗하다"라는 믿음이 "무능하고 부패했다"라는 실망으로 바뀌었다며 그 배신감에 치를 떨고 있는 대중들의 눈치를 살피고 있는 것이다.

그들이 그럴 만한 것은 그들의 생각에서는 "한국의 부르주아 정치가 따라서 부르주아 지배가 대중의 경멸과 혐오를 받고 있는 이유는, 경제적인 영역에서의 재벌의 '천민성'과 더불어 정치적인 영역에서는 오로지 부패 · 타락한 정치인의 진출을 저지하지 못한 때문"(채만수, "추악함과 강고함, 그리고 환상의 변주곡—부르주아 선거제도의 본질과 기능", ≪피억압의 정치학≫, 노사과연, p. 8)이었고, 노무현은 '경제적인 영역'에서는 성과를 거두지 못했지만 '정치적인 영역'에서는 일정한 성과를 거두었다고 믿고 싶었기 때문이다. 그러나 그들의 그러한 '믿음'과 '소망'은 한순간에 무너졌고, 그들의 '사랑'은 '증오'로 변하였다. 하지만 그들의 '믿음'과 '소망', '사랑'은 처음부터 그들의 "병증"에서 기인한 신기루에 불과했을 따름이고 이번 사태는 그 사실을 다시 한 번 더 확인해 준 것에 불과하다. (채만수, "부르주아 정치와 '정치개혁' 운동이라는 '조두증후군'", ≪피억압의 정치학≫, 노사과연, pp. 17-23.)

이들은 이번 비리로 인하여 정치적으로 가장 큰 타격을 받은 것처럼 보인다. 하지만 이들은 변하지 않을 것이고 앞으로도 계속 "근거 없는 환상"을 대중에게 심어 주고 이러한 과정을 통하여 자신들의 정치적 생명을 유지하려 할 것이다. 이들도 변하지 않을 것이다.

4.

'노무현 집단'이 보여 주는 이와 같은 타락은 역설적이게도 한국에서의 부르주아 민주주의의 발전을 보여 준다. 그리고 그 한계를 보여 준다. "프롤레타리아트와 부르주아지가 유일하게 최후의 결전을 치를 수 있는", "최고의 국가형태인" "민주 공화제에서 부(富)는 자신의 권력을 간접적으로, 그러나 한층 더 확실하게 행사한다. 한편으로는 관리를 직접 매수하는 형식—가장 전형적인 표본은 아메리카이다—으로 행사하며, 다른 한편으로는 정부와 주식 거래소의 동맹이라는 형식으로 행사한다." (엥겔스, ≪가족, 사적 소유 및 국가의 기원≫(≪저작 선집≫ 제6권), 박종철출판사, p. 190.) 이른바 민주공화제는 부르주아사회에 가장 적합한 형태이며, 그곳에서 부르주아지는 정치인으로서 관료로서 기업의 경영자로서 또 때에 따라 서로 자리를 바꿔 가며 끈끈한 유대를 맺어 가며 사회를 집단적으로 이른바 '합법적'으로 지배한다. "민주공화국에서 '부(富)'의 힘이 보다 명료해지는" "이유는, 그 부의 힘이 이제 더 이상 정치적인 기구의 결함이나 자본주의의 정치적 외피의 결함에 좌우되지 않는다는 점이다. 민주공화국이야말로 자본주의에게는 가장 좋은 정치적 외피이며" "자본은 이제 자신의 세력을 아주 확실하고 견고하게 구축하는 바, 부르주아 민주공화국에서는 사람이 누구로 바뀌든, 정부조직, 당이 어떻게 변화하든 이제 더 이상 그것들이 자본을 동요시킬 수 없는 것이다." (레닌, ≪국가와 혁명≫, 논장, p. 26.) 우리는 이러한 명백한 사실을 이번 '노무현 집단'의 비리를 통해 다시 한 번 확인한 것이다. 단지 그것뿐이다.

5.

이미 잘 알고 있듯이, 부르주아지는 “노동계급 운동과 노동자에 대항하는 투쟁에 있어 두 가지 방식을 취한다. 하나는 폭력, 박해, 압제 그리고 억압이라는 방식이다. 이것은 근본적으로 중세의 봉건적 방식”으로 “모든 곳에서 이러한 방식을 선호하는 부르주아지의 분파나 그룹이 존재하며 —선진국에서는 보다 적게 존재하는 반면 후진국에서는 보다 광범하게 존재한다— 임금노예제도를 거부하는 노동자들의 투쟁으로 일정 정도 큰 위기의 순간에 봉착하면 모든 부르주아지가 그런 방식을 채택하는 데 동의”하는 방식이다. “부르주아지가 노동계급 운동에 대항하여 채택하는 또 하나의 방식은 노동자를 분할하고 대오를 분쇄하며 프롤레타리아트의 개별 대표자나 일정 그룹을 설복하기 위해 매수하는 방식”으로 “이것은 봉건적이지 않은 순수한 부르주아적인 것이며 자본주의의 발달되고 문명화된 관습과 민주주의체제를 유지하면서 이루어지는 현대적 방식이다. 왜냐하면 민주주의체제는 부르주아사회의 특색, 즉 가장 순수하고 완전한 부르주아적 특색이며, 거기에서는 가장 자유롭고 광범하며 명쾌한 계급투쟁이 최고의 교활함과 결합되어 있는, 즉 부르주아지의 “이념적” 영향력을 임금노예 사이에 확산시켜 임금노예제도를 거부하는 투쟁으로부터 관심을 돌리게 하려는 계략 및 구실과 결부되어 있기 때문이다.” (레닌, “노동자에 대한 부르주아 인텔리의 투쟁 방법”(1914. 6.), ≪러시아 반종파투쟁≫, 미래사.)

이러한 부르주아지의 태도는 2009년 4월 현재 여기 한국에서 우리가 매일 확인하고 있는 사실이다. 그들은 한편으로 노동자계급을 직접적으로 공격하고 있으며 동시에 노동자들의 일부를 분할 · 매수하고 있다. 다만 전자의 사실은 은폐되어 숨겨지고 후자의 사실은 대서특필되고 있을 뿐이다. 과거의 부르주아지나 현재의 부르주아지는 아무것도 변한 것이 없다.

6.

이 글을 쓰고 있는 지금도 ‘노무현 집단’의 비리에 대한 각종의 ‘주장’과 이를 부정하는 ‘주장’이 인터넷을 장식하고 있다. 한편으로 이들은 현재 서로 같은 하늘 아래 살 수 없을 것처럼 적대하며 부딪치고 있다. 그러나 다른 한편으로 이들은 서로 힘을 조절하고 있다. 둘이 진정으로 전력을 다해 싸우다가는 어부지리에서의 도요새와 무명조개 꼴이 날 것임을 잘 알고 있기 때문이다. 그들은 나름 선수인 것이다.

아무튼 우리는 이들의 이전투구를 잘 지켜볼 일이다. 일단 진흙탕 싸움이 재밌고, 그 과정에서 보이는 이들의 본질을 폭로하는 것이 우리의 임무이기 때문이다.

1987년 노동자 대투쟁까지 노동운동의 전개*

1. 들어가며

세계사의 어느 시대를 거치면서 노동자계급은 '민주주의 혁명'의 중심 주체, '민족해방 운동'의 중심 주체였다. '민주주의 혁명', '민족해방'은 노동자계급의 궁극적인 역사적 과제인 계급해방 · 인간해방으로 나아가는 디딤돌이었다. 이러한 투쟁의 성공은 올바른 사상과 이론으로 무장된 노동자계급의 정치(조직)와 노동자계급의 계급투쟁의 결합으로 가능하다는 것은 역사에서 증명된 진리이다.

이러한 시대적 과제는 일제하 조선노동자계급에게도 마찬가지로 부여되었었고 해방 후 미군정하의 노동자계급에게도 부여된 임무였다. 그리고 그들은 자신의 임무 수행을 위해 헌신적인 투쟁을 전개하였었다. 그러나 자주적 민족국가를 건설하려는 이러한 노력은 일제의 탄압과 미군정의 탄압으로 좌절되었고 따라서 주어진 역사적 과제는 실현되지 못하였다. 그런데 그것은 단지 지나간 과거의 일이 아니라 현재성을 가지고 현재의 우리에게도 아직도 그림자를 드리운다. 이 글은 해방 이후부터 1987년 7 · 8 · 9 노동자대투쟁까지의 한국 노동운동의 역사를 개략적으로 살펴보는 것을 통하여 그것을 다시 한 번 살펴보고자 한다.

* [편집자 주] ≪정세와 노동≫ 제26호(2007. 7/8.) "〈특집〉: 1987년 7 · 8 · 9월 노동자 대투쟁과 오늘"에 실린 5개의 글 중 첫 번째 글이다. 고인의 글 중에서 역사에 대한 유일한 글이라 〈시사〉 부분에 배치했다.

2. 일제하에서의 노동운동[1)]

한반도에서 임금노동자의 형성과 노동자계급의 운동의 시작은 조선시대부터지만 근대적 노동자계급 운동의 본격적인 시작은 일제시대인 1920년대부터였다. 이 시기에는 노동회, 노유회, 노동친목회, 노동조합, 노동계 등의 이름으로 노동단체들이 결성되어 활동을 하였고, 이러한 활동은 전국적 노동단체들의 출현까지 이르게 된다. 이러한 전국적 노동단체들은 연맹체를 지향했고 노동자들을 조직하고 투쟁을 지도하였다. 노동조합은 지역별 노동조합 및 직업별 노동조합 혹은 혼합된 형식으로 조직되었으며, 투쟁은 사업장의 범위를 넘어 지역 내 직종별 동맹파업 더 나아가 다른 직종을 포함하는 지역총파업으로까지 전개되었다.

1930년대 일본 제국주의의 정책에 따라 조선의 노동자는 크게 늘어났지만 노동조합운동 자체가 불법이었으므로 노동조합운동도 비합법운동으로 진행되었다. 이 시기에는 공산주의 이념을 중심으로 한 혁명적 노동조합운동(적색노조운동)이 노동조합운동을 이끌었다. 일제의 혹독한 탄압에도 불구하고 노동자계급의 투쟁은 끊임없이 치열하게 전개되었고 사상범과 적색노조운동으로 인한 노동자들의 검거는 급속하게 늘어났었다. 이 시기의 투쟁은 파업과 태업이 중심이었던 1920년대에 비해 시위, 공장점거, 공장습격 등 투쟁 방식이 더욱 격렬해졌으며 투쟁의 내용도 보다 더 정치적 성격을 띠었다.

이후 전쟁이 확대되고 이에 따라 일제의 탄압이 극심해지면서 노동자계급 운동은 더욱더 지하로 잠복해 들어가야 했지만 노동자들은 무장봉기를 계획하고 투쟁하려는 움직임으로 나아갔으며 실제로 무장독립운동에 참가하였고 무기를 제조하는 비밀철공소를 설치하고 전쟁 수행을 반대하기 위한 파업과 파괴활동을 조직적으로 전개하였다. 하지만 노동자들의 민족해방과 계급해방을 위한 투쟁은 성과를 거두지 못하고 일제의 항복으로 주어진 해방을 맞이하게 된다.

---

1) 일제하 노동운동은 조선의 노동운동이고, 한국의 노동운동은 아니지만 한국의 노동운동과 역사적 연결성이 있어서 언급했다.

3. 해방과 미군정 시기의 노동운동[2)]

1) 좌익의 노동운동

해방 전부터 자주국가 건설을 위해 조직된 건국동맹은 일본 패망 직후에 건국준비위원회(건준)로 발전하여 활동을 시작하였다. 건준은 치안 확보와 식량문제 해결 등 당면한 현안에 대해 적극적인 대책을 마련하였고 인민대중들의 절대적 지지를 바탕으로 한 달도 못 되어 전국의 행정단위를 대부분 장악한다. 건준은 인민공화국을 선포하고 토지 몰수, 소작제 3 · 7제 개혁, 주요사업 국유화 등을 주요내용으로 하는 제국주의와 봉건 잔재 청산을 위한 정강 · 정책을 발표하고 지방의 지부를 인민위원회로 전환한다.

그러나 한반도 남쪽에 진주한 미군은 건준과 인민위원회를 부정하고 미군정만이 유일한 남쪽의 합법정부임을 선언한다. 또한 건준과 인민위원회의 조직과 활동을 무효화하고 일본인 재산 보호령 발동을 비롯하여 일제하 정책을 그대로 시행한다. 또한 미군정은 한편으로는 좌익세력을 탄압하고, 다른 한편으로는 일제하 지주세력을 기반으로 하는 한민당과 반공국가의 건설을 최우선의 과제로 생각한 이승만을 지원하여 남쪽에 미국에 우호적인 단독정부의 수립을 준비한다.

해방 후 조선인 노동자들은 일본인 자본가가 소유했던 회사와 공장을 접수하고 자주관리를 시작한다. 노동자들은 자신들이 일했던 공장이 자신들의 것이라고 자연스럽게 생각했으며, 자주관리는 당연한 권리로 인식되었고 대부분의 사업장에서 시행되었다. 이는 생필품을 비롯하여 당장 물건을 만들어야 하는 상황과 더불어 앞서 본 것처럼 건준이나 인민위원회의 방침에도 힘입어 촉진되었다.

또한 노동자들은 해방의 공간에서 확대된 정치적 공간 속에서 노동조합을 결성하는데, 이러한 노력의 결과는 1945년 11월 5일 조선노동조합전국평의회(전평) 결성대회로 나타난다.[3)] 전평 결성대회에는 남북의 분할에도 불구하고 전국에서 16개 산별노조, 1,194개의 노동조합과 50만 명의 조합원을 대표한

---

2) 미군정시기의 노동운동도 한국의 노동운동은 아닐 것이다. 하지만 일제하와 마찬가지 이유로 다루었다.

3) 전평은 명예의장에 박헌영, 김일성, 레온 주오(세계노동조합총연맹 서기장), 마오저뚱을 추대하였다 한다.

505명의 대의원이 참석하였다. 결성대회 선언은 산업별노조 체계와 전국평의회를 강화하고 광범위한 대중운동을 통해 민족통일전선을 형성하고 진보적 민주주의 정부를 수립한다고 하였고 생산관리에 대해 책임지고 공헌할 것이며 조선의 산업재건과 건전한 발전에 공헌할 것임을 결의하였다.

하지만 미군정의 노동정책의 목표는 좌파 노동운동을 근절시키고 그것을 반공적 노동조합으로 대치시키고 노동자들의 완전한 탈정치화에 있었다. 따라서 군정은 노동자들에 의한 공장의 접수 및 자주관리에 대해 반대하여 일본인의 재산을 군정청의 소유로 하고 한국인 관리자에게 경영을 맡긴다는 법령을 제정하여 자주적인 공장 접수와 관리를 불법화하였다. 또한 노동자들의 대중적인 운동이 전평을 중심으로 이루어지는 것과 그들 배후에 조선공산당이 있다고 판단하여 활동을 방해하였고 '정판사 위조지폐사건'을 계기로 본격적인 탄압을 시작하였다.

미군정의 전평에 대한 적대적 태도와 탄압은 군정과 전평의 계속적인 정면충돌로 나타나게 되고 이것은 1946년 9월에 '9월 총파업'으로 시작된다. 총파업은 남조선의 산업을 완전히 마비상태로 만들었지만 미군정은 탱크와 군경, 대한노총과 우익청년단체를 동원하여 파업단을 습격하였으며, 전평 중앙본부를 습격하여 간부를 검거하고 구속하여 총파업을 파괴하였다. 하지만 동정파업은 전국적으로 계속 확대되어 11월까지 지속되었으며 특히 대구에서는 계엄령까지 선포되기에 이른다.

미군정에 의한 탄압이 계속되자 전평은 1947년 3월에 제2차 총파업을 단행한다. 이에 미군정은 파업을 불법으로 규정하고 대대적인 검거에 나서고 6월에 전평을 불법화한다. 이러한 상황에서도 전평은 단독정부수립을 획책하는 것에 반대하여 1948년 또다시 총파업 투쟁을 벌이는데 이는 '2 · 7 구국투쟁'이라고 불린다. 이에 전평은 또 커다란 탄압을 받는다. 그리고 이 투쟁은 이후 4 · 3 봉기로 이어진다.

이러한 일련의 투쟁과 미군정의 혹독한 탄압으로 붕괴에 직면해 있었음에도 불구하고 전평은 5월 8일에 '5 · 10 남조선 단선단정 반대 총파업'과 11월 30일에 '미군철수 요구파업'을 벌인다. 이후 전평은 점차 소멸하게 되고 혁명적 노동조합운동은 역사적 단절을 겪게 된다.

2) 우익의 노동운동

전평이 결성되고 이들의 영향력이 노동자대중에게 커지면서 좌익세력의 힘이 강해지는 것을 본 우익 진영은 노동자조직의 건설의 필요성을 절감한다. 이들은 우익청년단체를 결집하여 '대한독립촉성전국청년총동맹'을 건설하고 이 조직은 노동자조직화에 착수한다. 청년동맹의 청년부 차장의 권유로 우마차 인부들을 모아 우마차노동조합[4]이 결성되는데, 이 조직은 15개 직장에서 청년운동을 하는 사람(노동자대표로서가 아니라) 45명을 모아 미군정청과 협의 속에 전평에 대항하는 조직으로 대한독립촉성노동총연맹(대한노총)[5]을 1946년 3월 10일에 결성한다.

대한노총은 미군정의 지원과 보호 아래 전평조직을 파괴하고 그곳에 자신의 세력을 확대해 간다. 전평이 총파업의 과정에서 탄압을 받는 상황에서 이미 전평의 지부가 있는 회사에 대한노총 소속의 지부를 건설하고 전평과 대한노총을 선택하는 기명투표를 하게 하여 대한노총 소속의 지부를 유일한 합법노조로 만드는 방식을 통해 전평에 비해 대한노총의 규모를 1947년에 이미 10배 이상의 차이를 벌려 놓는다. 대한노총은 노동자의 권익을 대변하는 본래의 노동조합의 역할을 수행하는 것보다 전평의 파업 파괴 과정에 미군정청과 군경, 우익단체 등과 함께 참여하는 것을 통해 전평타도 활동, 신탁통치반대운동, 반공산주의운동 등을 자신의 기본 임무로 삼았다. 즉 대한노총은 처음부터 노동운동단체라기보다 정치권력의 보호 아래 권력의 정치적 시녀로 기능한다.

---

4) 노조를 만든 사람은 김구(金龜)라는 청년인데 자기 아버지가 경영하는 공장의 노동자들이 자주관리를 요구하자 상담을 위해 미군정청 노동부를 찾아갔다가 미군정청의 간부의 권유와 지도를 받아 노조를 결성했다고 한다.

5) 대한노총의 선언문과 강령에는 노동자의 권익신장이나 근로조건의 향상과 같은 내용이 전혀 들어 있지 않았다. 그리고 대한노총의 네 번째 강령은 '우리는 혈한불석(血汗不惜)으로 노·자 간의 친목을 기함'이다. 또 이들은 이승만, 김구, 김규식, 안재홍, 조소앙 등 우익정치인들을 고문으로 추대한다.

4. 대한민국 정부수립과 1950년대 노동운동

1) 정부수립에서 전쟁까지

해방과 더불어 노동운동을 주도했던 전평이 미군정의 탄압으로 위축된 틈을 타서, 대한노총은 자신의 세력을 확대한다. 그리고 1948년 대한민국 정부가 수립되면서 대한노총은 대한민국의 유일한 합법적 전국조직이 된다. 하지만 출발부터 권력의 시녀로서, 권력의 도움으로 조직을 건설 · 유지 · 발전해 온 대한노총은 노동자의 권리를 대변하는 자주적인 활동을 하지 못한다. 더구나 대통령이 된 이승만은 전평을 타도한 대한노총의 공로를 인정하여 대한노총 위원장을 초대 보건사회부장관에 임명함으로써 대한노총을 정권유지 및 정권재창출의 도구로 더 나아가 노동자들을 통제하는 수단으로 발전시켰다.

하지만 아무리 상층부가 정치적으로 어용화되었더라도 자본주의 사회[6]에서의 노자 간의 적대적 관계는 처음부터 투쟁을 발생시키지 않을 수 없었다. 이 시기 대표적인 투쟁은 '철도연맹 합법화 투쟁'과 '조선전업 노조 결성투쟁'이었다. 1949년 국가공무원법이 통과되자 교통부는 이를 이용하여 철도연맹을 불법화하고 노동조합운동에서 제거하려 하였다. 그러나 이러한 교통부의 반노동조합 책동은 철도연맹과 대한노총의 투쟁을 유발시켰고 철도연맹은 합법성을 얻는다. 정부 산하 귀속기업체인 조선전업 노동자들이 노동조합결성을 시도한다. 조선전업은 전력발(수)전 공급업체로서 당시 전체 전력발(수)전량의 70-80%를 차지하던 국가 기간산업체였으며, 사장은 이를 근거로 노조를 부정하고 노조결성을 방해한다. 이러한 상황에서 노동자들은 노조를 결성하고 회사는 이들을 해고하고 전출하는 것으로 이에 대항한다. 노조는 단전파업을 선언하고 투쟁에 나서며 결국 완전한 승리를 쟁취한다.

이러한 노자 간의 모순에 기초한 아래로부터의 투쟁은 노총의 내분으로도 나타난다. 즉 대한노총의 주류인 수구파와 혁신파의 대립이 그것이다. 두 세력의 분쟁은 1948년 8월에 있었던 임시전국대의원대회에서 폭발했는데, 직접적인 발단은 초대 보건사회부장관에 임명된 대한노총 위원장의 유임문제였다. 당시에는 유임찬성파와 유임반대파로 나뉘어 대립하였으며 대회에서는

---

6) 한반도에서 자본주의적 생산관계가 언제부터 지배적이었는가의 문제는 이견이 있다. 관심이 있는 독자는 다음의 글을 참조하라. 채만수, ≪노동자 교양경제학≫(전면개정판), 노사과연, 2006, pp. 63-71.

난투극까지 벌어지는 상황에서 유임찬성파가 승리하고 결국 유임반대파를 제명하는 상황으로 전개되었다. 제명된 유임반대파들은 전국혁신위원회를 조직하고 이들은 '혁신선언'을 발표하고 대한노총을 개혁하고 진정한 노동조합운동의 발전을 도모할 것을 결의하였다.

노동조합운동의 자율성과 자주성을 강조하고 조합운영에 있어 조합원의 참여, 단결권과 단체교섭권의 행사를 통한 조합원의 노동조건 개선 등을 중시한 '혁신선언'은 노동자들의 광범위한 지지를 얻었다. 그리고 '철도연맹 합법화 투쟁'과 '조선전업 노조 결성투쟁'에서 능동적인 역할을 수행해서 노동자들의 신뢰를 획득한 혁신파들은 1949년 3월에 실시된 제3차 정기 대의원대회에서 승리하여 위원장과 집행부를 장악하였다. 하지만 수구파들은 4월에 별도의 대회를 열어 이를 부정하고 새로운 위원장을 선출하고 두 세력은 강력하게 충돌하였다. 결국 한국노총의 총재인 이승만 대통령이 직접 중재에 나서고 최고위원제의 형식으로 두 세력의 갈등을 봉합하게 된다. 그런데 혁신파의 승리는 잠시뿐으로 1950년 3월의 제4차 대의원대회에서 위원장으로 수구파가 당선되고 혁신파는 간부로 참여하였지만 갈등은 지속되고 이것은 한국전쟁을 맞이할 때까지 계속된다.

대한노총이 수구파와 혁신파로 나누어지고 심각한 투쟁을 벌이게 된 것은 두 세력이 처음부터 정치적으로 상이한 기반을 갖고 있었다는 것에 하나의 주요한 원인이 있는 것은 명확한 사실이다. 그리고 연합의 근거였었던 전평타도가 이루어지자 분열을 하게 되었다는 것도 중요한 사실이다. 물론 두 세력 모두 대한노총 결성시기부터 활동해 왔고 정권에 종속적이었던 것 역시 분명한 사실이었다. 하지만 두 세력의 기본적 차이는 수구파가 "노자평등 일치의 정신하에 양심적 기업가와 협조하여 경제 건설에 매진하면서 ... 착취와 압박이 없는 평등사회를 건설하려고 매진하"려는 노동자들의 실제적인 투쟁을 억압 · 방해했던 것에 비해 혁신파는 현실의 노동자의 요구를 반영하여 노동자의 생활 조건의 향상을 중시하고 노사관계의 대립적 성격을 인정하고 단체교섭이라는 수단을 이용하여 노동조합의 본연의 임무를 이념적으로나 실천적으로 노력하였다는 점이다. 하지만 혁신파들 역시 혁명적 노동운동과는 전혀 관련이 없는 세력이었음은 설명이 필요하지 않다.

2) 한국전쟁에서 4 · 19 혁명까지

노동조합 상층의 권력과의 야합과 시녀노릇에도 불구하고 노동자계급의 투쟁은 끊임없이 전개되었다. 그것은 전쟁 중이라는 엄혹한 상황에서도 중단 없이 진행되었었다. 전쟁이라는 파괴적 상황과 좁은 부산지역에 피난민들이 몰려들면서 자본가들의 횡포는 상상을 초월했으며 노동자 및 인민의 삶은 엄청난 고통에 빠질 수밖에 없었다. 이러한 조건에도 불구하고 전쟁 초기 역시 많은 분쟁이 있었다. 조선방직의 해고, 인권 부당노동행위(1951), 인천부두의 임금인상(1951), 철도공작창(서울, 용산, 인천, 부산)의 노동시간단축(1951), 광산연맹의 임금인상(1952), 상동 · 하천광산의 노임지불방식에 대한 쟁의(1952), 청양광산의 부당노동행위(1952), 조선전업의 급료체계개선(1952), 부산부두 임금인상(1952), 주안염전의 임금인상(1952) 등이 그 예이다.

전쟁 중임에도 불구하고 오히려 더 치열하게 전개된 노동자들의 투쟁은 개별적으로 승리와 패배를 각기 겪었지만 노동자들의 처참한 삶을 사회에 고발했으며 노동자의 기본권 보장에 대한 사회적 인식을 새롭게 하여 노동입법의 중요성과 필요성을 제기하였다. 이에 따라 1952년 12월 국회에 노동조합법, 노동위원회법, 노동쟁의조정법이 긴급동의로 상정되었고 다음 정기국회에서 심의되어 노동조합법(1953. 1. 23.), 노동위원회법(1953. 1. 27.), 노동쟁의조정법(1953. 1. 30.)이 통과되었으며 얼마 후 근로기준법(1953. 4. 15.)이 통과되어 노동관계법들이 체계를 이루게 되었다.

1950년대 한국 자본주의의 발전은 매우 더디었고 수준 또한 낮았다. 노동시장에서 노동수요는 공급에 비해 매우 적었으며 따라서 자본가들의 독단적인 결정과 횡포는 극에 달았으며 전근대적인 고용관행도 노동자들을 저임금 장시간 노동으로 크게 괴롭혔다. 당시 노동자들의 총수입의 50%만이 임금으로 충당되고 나머지의 일부는 빚으로 가계가 운영되고 있었고 총 생계비 지출 중 음식물이 차지하는 비율이 40%를 넘는 것이 일반적이었다.

이러한 열악한 상황에서 제정된 노동관련법의 구속력은 실제 현실에서 매우 미약하였지만 그래도 노동법의 제정은 열악한 현실을 돌파하는 수단으로 기대되는 노동조합의 설립에 기여하였다. 노동조합의 수는 1947년 260여 개에서 1953년 562개, 1958년 634개로 늘어났고 조합원 수도 1947년 46,000명에서 1955년 205,511명, 1957년 248,507명, 1959년 280,438명으로 계속 늘어났다. 노동쟁의 역시 1953년 9건에서 1957년 45건, 1959년 95건으로, 참가인

원은 각기 2,271명에서 9,394명, 49,813명으로 증가하는 추세를 보였다.

이 시기의 노동자 투쟁은 부당노동행위에 대한 항의와 생존권 수호가 대부분을 차지했는데 50%에 가까운 투쟁이 임금인상, 체불임금 지급과 같은 임금과 관련된 것이었고, 임금과 더불어 근로시간, 보건위생이나 해고 반대 등을 포함하면 노동자 생존과 관련된 사항이 60%를 넘는다. 또한 당시 노동자들의 투쟁은 상급단체인 대한노총이 정치권력에 아부하고 조직 내에서는 파벌싸움에만 몰두했기 때문에 주로 직장단위의 투쟁으로 고립된 양상을 보이지만 점차 치열한 양상을 띠고 전개되었다.

이렇듯 노동자들의 아래로부터의 투쟁은 원조경제라는 열악한 상황과 독재정권의 억압의 조건을 뚫고 치열하게 전개되었지만 대한노총은 한편으로는 이승만 개인의 권력유지 및 연장을 위한 도구로 전락하였으며, 내부적으로는 조합 내 주도권과 그에 따르는 금권을 장악하기 위해 파벌싸움을 벌였으며 주도권장악에 대한 전망과 전략에 따라 이합집산을 벌이는 양상을 보였다.

대한노총은 내각제개헌 추진 움직임에 반대하고 이승만의 권력유지를 위해 '개헌반대궐기대회'(1950. 2. 19.)를 개최하기도 하고, 이승만이 자유당을 창당할 때 이에 적극적으로 참여하여 창당공신으로 역할을 하고 이후 당의 중심에서 적극적으로 활동한다. 대한노총은 이승만의 재선을 위해 추진되던 직선제 개헌을 위해 '민의동원본부'를 조직하여 폭력행사도 불사하는 활동을 보였다. 이후 연임제한 폐지를 목적으로 하는 '사사오입개헌'이 이루어진 후 불출마를 선언한 이승만의 출마를 탄원하기 위해 대한노총은 이승만이 출마를 선언하지 않을 경우 파업을 하겠다는 결의를 하고 우마차를 동원하여 시가행진을 벌이기까지 한다. 대한노총은 제4대 정·부통령 선거시기에는 이승만과 이기붕을 지지하기로 결의하고 충성을 다짐하는 메시지를 보냈으며 산하조직에는 이에 따른 행동방침을 지시한다. 선거는 3·15부정선거로 알려진 것처럼 진행되었고 이는 4·19혁명을 촉발시키고 대한노총은 자유당과 결별을 선언하는 등으로 이를 피해 가려 했지만 이승만 정권과 운명을 거의 같이 한다.

대한노총 내부에서 수구파와 개혁파가 벌였던 파벌싸움은 전쟁을 통해 양상이 변하는데 개혁파의 지도자들이 전쟁의 과정에서 실종되고 반공주의가 대두되어 파벌싸움은 주도권장악을 통한 금권장악·정계진출을 위한 이합집산으로 변모한다. 파벌주의는 주도권 경쟁자들의 일탈행위로 과열양상을 보이게 되고 이는 조직분규로 이어지고 금권거래라는 부패가 따라다녔다.

이러한 상황은 기업 및 사업장단위 내에서 노동자 간의 갈등을 초래했으며 노동조합운동이 활성화될수록 노동자들 사이의 조직분규는 더욱 심해지는 양상을 초래했다. 그런데 이러한 갈등은 노동조합의 집행부와 조합원 사이의 갈등이 아니라 집행부 내에 형성된 파벌들 사이의 갈등이었다.

자본가들 역시 이러한 상황을 이용하여 노동자들의 자주적인 노조를 어용노조로 대체하려 하거나 자신과 가까운 노동자로 하여금 집행부를 장악하도록 했다. 또한 노조간부를 매수하고 비리간부 혹은 어용세력을 지원하는 것을 통하여 노동자들의 갈등에 깊숙이 관여하고 갈등을 증폭시켰다.

주도권 다툼을 목적으로 하는 파벌싸움으로 인한 끊임없는 비리와 부정부패, 조직의 분규는 결국 대한노총의 조직분열을 초래한다. 대한노총의 어용성과 부패에 환멸을 느끼는 노동자들은 자본가에 대한 투쟁과 함께 대한노총 간부들에 대한 투쟁을 벌여 나가며 아래로부터의 투쟁을 전개해 간다. 대한노총의 횡포와 어용간부에 대한 투쟁은 대한노총을 개혁하려는 노력으로 나타나지만 이들의 노력은 이미 타락한 대한노총 내에서 성과를 내는 것이 불가능하였다. 따라서 이들은 대한노총에 대항하는 조직체로서 1959년 '전국노동조합협의회'(전국노협)을 결성한다. 그러나 전국노협에는 대한노총을 개혁하려는 세력뿐만이 아니라 주도권 경쟁에서 패배하여 권력에서 밀려나고 권력을 상실한 파벌들까지 참여하게 된다. 하지만 대한노총이 워낙 부패하였기에(이즈음 대한노총의 사무총장이 노총위원장의 부패를 폭로하고 사퇴까지 한다) 대한노총에 반대하는 이들의 노력은 당시 많은 사회적 관심을 받는다. 그렇지만 전국노협은 자유로운 활동이 불가능하였는데 대한노총과 긴밀한 관계를 맺고 있는 정권이 이들의 합법성을 인정하지 않았기 때문이다. 물론 이들 역시 혁명적 노동운동과는 거리가 먼 세력이었다.

3) 4 · 19 혁명에서 5 · 16 쿠데타까지

4 · 19혁명으로 인해 이승만 정권은 붕괴되었지만 그 성과는 노동자 · 민중이 아닌 한민당의 후신인 민주당에게 돌아갔다. 민주당은 근본에 있어서 이승만과 다름없는 친미반공주의에 입각한 정당으로 당시 대한민국 사회가 필요로 하던 자주적 · 민주적 혁명과제 수행과는 거리가 멀었다. 하지만 대중들의 진출에 기대어 사회대중당, 한국사회당, 사회혁신당 등 진보적 성향을 가진 정당들이 출현하여 평화통일을 지향하는 활동과 반민주악법 철폐투쟁, 한

미행정협정 반대투쟁 등을 조직해 갔고 노동자·민중의 생존권을 지키면서 반외세 민족자주 평화통일을 위한 투쟁을 광범위하게 전개하였다.

노동자들 역시 자신의 요구를 적극적으로 분출하기 시작했고 노동운동은 짧은 시간 동안 비약적으로 발전했다. 1959년에 95건 49,813명이 참가한 노동쟁의는 1960년에는 227건 64,335명으로 크게 증가했다. 1960년 4월부터 1961년 5월까지 노동쟁의는 282건이었고 동맹파업도 많아졌다.

투쟁의 원인은 여전히 임금관계, 해고 반대, 노동조합문제 등이었지만 투쟁의 전반적 양상은 많이 달라졌다. 투쟁의 단위는 단위노조에서 상급조직단위로 규모도 커지고 쟁의의 범위도 지역에서 전국적인 범위로 확산되었다. 또한 쟁의수단 역시 교섭이 협상에 의존하는 기존 방식과는 달리 대중적 동력에 기초하는 파업이 주요한 교섭력이 되었다. 또한 법률적 절차를 무시하고 투쟁을 전개하였으며 파업, 태업, 농성 이외에도 대중 집회와 가두시위 등도 주요한 쟁의수단으로 사용되었다. 물론 이 역시 조합원들의 대중적인 참여에 그 동력을 두었다. 그리고 이들 투쟁은 대부분 노동자들의 승리로 막을 내렸다.

노동운동 영역에서 나타난 또 다른 특징은 어용노조의 타도와 어용간부 축출을 비롯한 노조민주화투쟁이었다. 대한노총의 위원장을 비롯한 간부전체가 사퇴를 강제당했으며, 전국적으로 또 많은 영역에서 어용노조 간부들이 물러나고 노조는 자주적이고 민주적으로 재편되었다. 물론 몇몇 영역에서는 민주적 개혁이 철저하게 이루어지지 못했지만 그들조차 노동자의 권익을 위해 나서지 않으면 안 되는 상황이었다.

새로운 노조가 급증한 것도 중요한 특징의 하나였는데 1960년 한 해 동안 노동자들은 388개의 노조를 결성했다. 그래서 1959년 588개였던 노조는 1960년에 914개로 늘어났으며 조합원 수도 280,438명에서 321,097명으로 증가하였다. 이들 신규노조는 대부분 중소영세기업에서 만들어졌지만, 또 다른 특징을 보여 주는데 학교교직원과 은행원, 언론인 등이 새롭게 노조결성에 참여했다는 점이다. 이들의 참여로 노동운동은 제조·운수업 노동자 중심에서 사무·전문직 노동자에 이르는 넓은 지형을 확보하게 된다. 이들은 공통적으로 일체의 부당한 외부간섭을 배격하고 민주적 운영을 결의하였다.

마지막으로 중요한 특징은 실업자 구호대책 문제를 제기한 것이다. 노동운동이 취업노동자의 문제뿐만 아니라 실업노동자의 문제까지도 포함해야 하는 것은 당연한 것인데, 당시 이 문제가 처음으로 표면화되었던 것이다. 실업대중을 포함한 도시빈민의 생존권 문제는 사회보장 및 취업기회의 요구 그리고 실업문제의 근본적 해결의 문제를 포함하는데 이것은 노동운동의 정치활동에 의하여 가능한 것으로 4·19혁명에 의해 노동운동의 정치적 지향이 강화된 것을 확인할 수 있는 사실이다. 다만 정치활동은 일천한 수준으로 '전국실업자구호대책투쟁위원회'의 발족은 문제 제기에 불과했었다.

투쟁의 활성화와 노조민주화투쟁, 신규노조의 급증, 정치적 성격의 강화를 중심으로 하는 새로운 노동운동의 경향은 노동조합의 전국중앙조직인 대한노총의 재편을 요구하였다. 앞서 본 것처럼 대한노총의 간부들은 대거 몰락하였고 대의원대회의 소집도 불가능한 상태로 전락했다. 이에 비해 대한노총에 비해서 상대적으로 노동자의 입장에 가까웠던 전국노협은 영향력을 얻어 가고 있었다. 이러한 상황에서 두 조직은 통합논의를 벌였고 1960년 11월 25일 통합대회를 개최하여 '한국노동조합총연맹'(한국노련)로 통합된다.

5. 1960년대 노동운동

1) 노동자계급의 급속한 증가와 노동자들의 처지

1962년 이후 경제개발계획의 추진에 따라 한국 자본주의는 급속히 진행되고 임금노동자는 급격히 늘어난다. 1963년 766만 2천 명이었던 취업자 수는 1971년 1천만 명을 넘어섰으며, 상시 임금노동자는 93만 4천 명(12.2%)에서 147만 8천 명(23.0%)으로 늘었고 전체 노동자 수도 241만 2천 명(31.5%)에서 395만 5천 명(39.9%)으로 증가했다. 산업별로는 농림어업이 63.1%에서 48.4%로 낮아졌는데 광공업은 8.7%에서 14.2%로 사회간접자본 및 기타 서비스업은 20.2%에서 37.4%로 비중이 높아졌다. 농가부문에 증가한 취업자는 493만 3천 명에서 501만 9천 명으로 1.5% 증가했지만 비농가부문에는 271만 9천 명에서 504만 7천 명으로 85.6%가 늘어났다. 그 결과 농가, 비농가 취업자의 비율은 64.5대 35.5에서 49.9대 50.1로 역전이 된다.

임금노동자가 이렇게 급격히 늘어난 것은 피폐해진 농촌을 떠난 농민들이 공업분야로 흡수되었기 때문이다. 농가소득은 1963년에는 도시노동자 소득보다 높았지만 점차 감소하여 1970년에는 67.1%로 크게 감소하였다. 농업부문에 대한 투자부진과 저임금을 유지하기 위한 저농산물 가격정책과 해외잉여 농산물 수입 등은 농촌을 피폐하게 만드는 주요인이었다. 이렇듯 농촌의 궁핍화에 의해 도시로의 인구집중이 크게 일어났고 몰려든 농민은 노동력 공급 과잉사태를 만들었다. 이것은 열악한 노동환경은 노동자들이 저임금과 장시간 노동을 감수하도록 하는 역할을 했고 대부분의 노동자들을 겨우 생존을 유지하면서 생활하도록 만들었다. 물론 이러한 상황은 자본가들에게 더욱 많은 이윤을 얻도록 해 주었다.

많은 노동자들은 생계비는커녕 식료품 값에도 미치지 못하는 저임금에 시달렸으므로 노동자들은 가족 전부가 일해야 했으며 저임금을 보충하는 의미에서 장시간노동을 감수해야 했다. 당시 한국노동자의 노동시간은 유럽의 노동자보다 주당 10-16시간, 다른 아시아 노동자보다 주당 10시간 정도 더 일해야만 했다. 산업재해는 1964년 1,489명에서 1971명 44,545명으로 이 가운데 사망자는 33명에서 693명으로 급증하였고 직업병도 심각한 상태에 이르렀다. 이러한 상황임에도 불구하고 60년대 내내 자본가들은 노동조건 하락을 위해 지속적인 노동법 개정안을 국회에 제출하였다.

이른바 '한강변의 기적'이라고 칭송받았던 한국 자본주의의 고도성장과 발전은 노동자들의 피와 땀 그리고 눈물을 짜내어 이룬 성과인 것이다.

2) 노동조합운동

5 · 16 군사쿠데타는 노동자 · 민중들의 자주적 · 민주적 진출에 위협을 느꼈던 지배계급과 미국의 암묵적 동의하에 일어났다. 군사정권은 자신의 일차적 역할에 충실하게 쿠데타 이후 노동쟁의를 일체 금지시키고 임금을 동결했다. 교원노조 운동가들을 대거 검거하고 구속하였으며, 5월 23일에는 모든 사회단체와 함께 기존 노동조합에 해산명령을 내리고 노동조합 간부와 노동운동가를 검거함으로써 1960년 4월 혁명으로 고양되었던 노동운동을 일시에 잠재워 버렸다.

노동조합 간부에 대한 검거는 4월 혁명 후 적극적으로 활동했던 간부를 중심으로 이루어졌으며, 특히 노동운동의 새로운 흐름을 만들어 내었던 교원노조의 간부들에게 집중되었다. 1,500여 명의 교원노조 간부가 연행되거나 구속되었고 당시 한국노동조합총연맹의 간부들을 비롯하여 활발하게 활동하던 간부들을 연행하였다.

군사정권은 5월 21일 정당 · 사회단체에게 해산을 명령하고 노동단체 · 종교단체 등은 재등록을 명령했다. 하지만 군사정권은 재등록을 신청한 연맹의 절반이 넘게 또 단위노조의 20%가 넘게 등록을 불허하여 해체시켰다. 그리고 과거와 같은 방식으로 활동하며 소극적으로 이에 대항하던 간부들도 대거 구속시켰다.

그러던 중 1961년 8월 3일 군사정권은 '근로자 단체활동에 관한 임시조치법'을 공포하여 노동조합의 재건설을 추진한다. 군사정권이 노동조합을 재조직하려는 이유는 노동자들의 자주적 활동을 보장하려는 것이 아니라 자신의 의도대로 노동조합을 만들어 손쉽게 노동자들을 통제하려는 의도였다. 또한 이들은 산별노조를 지향하는데 이 역시 산별노조의 중앙집권적 성격을 이용하여 산하조직을 통제하려는 의도에서였다.

이러한 의도 아래 군사정권은 4일 과거 대한노총 산하 조직의 간부 9명을 선발하여 중앙정보부에서 훈련을 시킨 후 '한국노동단체재건조직위원회'를 만든다. 이들 9명은 과거 대한노총 시절 부패하여 지탄을 받던 최고위급 간부들은 아니며 또한 4월 혁명 이후 적극적으로 활동했던 노동운동가도 아니지만 기존 노동조합의 내부사정을 잘 알 수 있는 간부들이었다. 이들은 군사정권의 지시에 따라 노동조합 재조직화를 진행하는데 정권의 지원을 받는 재조직화는 빠른 속도로 진행되고 각 산업별로 전국단위의 산업별 노동조합을 건설한다. 이러한 과정에서 건설된 11개 산별노조는 반공주의와 국가주의를 전제로 하는 노동조합주의를 이념으로 하는 '한국노동조합총연맹'(1961. 8. 30.)을 결성한다. 이렇게 하여 한국 노동조합운동에서 '한국 노동운동의 유일한 총본산'이라는 '한국노총'체제가 출발하게 된다. 한마디로 이 시기의 노동조합 재조직은 군사정권의 지시에 따라 소수의 상층간부가 중심이 되어 위로부터의 재조직방식이었다. 이에 대항하여 자주적 · 민주적 노동조합운동을 전개하려는 노력(한국노동조합총연합회)도 있었으며, 자주성과 민주성을 가진 노동자정당(민주노동당) 창당운동도 있었으나 이들의 노력은 한국노총과 손잡은 군사정권의 탄압에 의해 성과를 거두지 못한다. 이렇듯 노동조합을 조직하고 상층 간부를 장악하여 손쉽게 노동자들을 통제하려는 노력이 여의치 않자 군사정권은 노동관계법을 개정(1964)하여 노동자들에 대한 통제를 강화하려 했다. 노동조합 설립 허가주의, 행정관청의 노동조합 해산 및 결의의 취소 변경 명령권, 노동조합 정치활동 금지, 복수노조설립 금지, 노동위원회 공익위원 증원, 노사협의회 설치, 공익사업의 범위 확대, 노동쟁의 사전 적법판정제도, 노동쟁의에 대한 긴급조정권 등이 그것이다.

이념적으로도 조직적으로도 한계가 있는 조직임에도 불구하고 노동자들은 노동조합에 참가하고 새로운 노동조합을 지속적으로 결성한다. 1961년 10월 당시 14개 산별노조, 172개 지부에 조합원 수 96,831명이었던 조직의 규모는 1962년 8월에는 14개 산별노조, 지부와 분회 279, 1,562개, 조합원수 176,165명으로, 1963년에는 15개 산별노조, 313개 지부, 1,820개 분회, 조합원수 224,420명으로, 1971년에는 17개 산별노조, 418개 지부, 3,080개 분회, 조합원수 496,003명으로 증가한다.

1960년대 노동자들의 투쟁은 '선 성장 후 분배'라는 군사정권의 경제개발 전략으로부터 발생한다. 앞서 본 것처럼 한국 자본주의의 엄청난 축적과 성장은 '저임금과 장시간 노동'을 원천으로 한다. 이러한 조건에서 60년대 초반 노동조합활동과 노동쟁의가 불법이던 시기가 지나고 노동조합활동이 가능해지자 노동자들은 폭발적으로 투쟁에 나선다. 1963년부터 1971년까지 총 921건에 1,388,584명이 노동쟁의에 참가하고, 이는 연평균 112건에 154,287명이다. 쟁의는 시간이 지날수록 규모가 커지고 완강해졌다. 이 시기의 노동쟁의의 원인은 피폐한 노동자들의 삶을 반영하듯 절박한 생존문제와 권리확보 문제에 집중된다. 임금인상 요구는 67.3%이고 임금관련 요구는 72.1%였다. 이 시기 노동쟁의에 대해 노동자들의 지지와 참가도는 거의 절대적이었으며 노동조합 조직도 착실히 진행되었지만 노동자들의 투쟁의 성과는 4월 혁명시기에 비해 매우 낮은 양상을 보였는데 이는 국가주의와 노사협조주의에 근거하여 투쟁보다 타협을 선호한 노동조합 간부들의 태도가 중요한 역할을 했다.

1960년대 초반, 한국 자본주의는 경제개발계획을 통해 본격적으로 발전하게 되었다. 이 시기는 이른바 '한강변의 기적'의 시기였고, 이것은 노동자·농민의 희생에 의해 가능하였다. 노동자와 민중은 자신의 양보와 희생을 통해 한국 자본주의를 발전시켰지만 그들에게 돌아온 것은 당연히 발전에 따른 성과가 아니었다. 60년대 말·70년대 초 경제성장이 장애에 부딪히자 박정희 정권은 그나마 알량하게 주어진 노동기본권마저 말살하는 방향으로 나아간다. 1970년대 초 제정된 '외국인투자기업에 있어서 노동조합 및 노동쟁의 조정에 관한 임시특례법'과 1971년 말 제정된 '국가보위에 관한 특별조치법'이 그것인데, 이러한 상황은 노동운동에게 변화를 강요하지만, 그것에 올바르게 적응하지 못한 상황은 전태일 열사를 낳게 되며, 노동자들의 삶은 더욱 깊은 나락으로 떨어지게 된다.

6. 1970년대 노동운동

1) 한국 자본주의의 고도성장과 노동자들의 삶

1970년대 초 박정희 정권은 커다란 정치적 위기를 맞이하는데 이것은 자본주의의 급속한 발전 과정에서 비롯한 경제위기를 배경으로 한다. 경제위기를 돌파하기 위해 박정희 정권은 '외국인투자기업에 있어서 노동조합 및 노동쟁의 조정에 관한 임시특례법'(1970), '국가보위에 관한 특별조치법'(1971), '경제의 안정과 성장을 위한 긴급명령 제15호'(8 · 3조치, 1972), '10월 유신'(1972), '긴급조치' 등의 극단적인 정책들을 동원한다. 이들 정책들은 노동자 · 민중의 정치적 권리 및 경제적 기본권을 철저히 제한하는 것으로 한국 자본주의의 위기를 극복하고 자본축적을 원활하게 하는 데 도움을 주었다.

1970년대 한국 자본주의는 세계경제의 불황 속에서도 이른바 눈부신 고도성장을 이루는데, 경제성장률은 1970-79년 사이 연평균 9.6%를 기록했고, 특히 1976-79년 사이에는 연평균 17.8%의 경제성장률을 보였다. 이러한 경제성장은 한편으로는 유신독재체제를 정당화하는 물질적 기초로 작용했지만 다른 한편으로는 한국경제가 갖는 구조적 모순의 심화과정이었고 결국 유신독재체제의 몰락의 원인으로 작용하게 된다.

한국 자본주의의 급속한 발전은 노동자수를 크게 늘렸는데 전체 인구수에 대비해 1963년 31%, 70년 39%에서 1980년 51%로 급속한 성장을 보였다. 이른바 '세계에서 유례를 찾기 어려울 만큼' 빠른 고도성장은 독점재벌의 형성을 가져왔는데 이들은 정권의 엄청난 특혜를 바탕으로 급속하게 성장했으며, 이것의 이면에는 노동자 · 민중에 대한 가혹한 착취 및 억압이 있었다. 노동자들은 여전히 저임금과 장시간 노동을 강요받았고, 농촌 경제는 더욱 피폐화하였고 농민들의 이농을 강제하였다. 농민들의 이농으로 인한 노동시장 조건의 악화는 저임금 · 장시간 노동의 또 다른 원인으로 노동자들의 삶을 더욱 어렵게 만들었다. 노동자들의 임금은 경제의 고도성장에도 불구하고 1970년에는 최저생계비의 61.5% 수준이었고 1980년에는 44.8%로 더욱 악화되고 있었다. 1978년 3월 말 모든 노동자들 가운데 근로소득세 인적공제 최저선인 5만원 미만인 비과세 인원이 76.7%를 차지하고 있었고 전체노동자의 86.8%가 월 10만원 미만의 임금을 받았다는 것은 이러한 상황을 잘 보여 준다. 이러한 저임금에도 불구하고 노동자들은 세계 최장의 노동시간을 강요받았는데 주당 노동시간은 1970년 51.6시간, 1975년 50.0시간, 1980년 51.6시간이었다.

2) 1970년대 노동운동

이렇듯 한국 자본주의의 눈부신 성장은 노동자·민중의 양보와 희생을 바탕으로 하였다. 노동자들은 노동기본권을 원천적으로 박탈당했음에도 불구하고 노동조합운동의 '유일한 총본산'인 한국노총은 적절한 대응을 하지 못했다. 1970년대 초, 정권의 노동운동에 대한 탄압과 전태일 열사 사건 등은 한국노총에 '신풍운동'을 강제했지만, 이것은 잠시뿐이었고 한국노총은 곧 유신체제를 적극적으로 지지하고 나섰다. 이들은 '10월 유신'의 선포에 대해 '구국통일을 위한 영단을 적극 지지한다'는 성명을 발표하고 전국 24개 지역 2,630명의 간부들에게 10월 유신을 선전·교육하였고 4,812회에 걸쳐 760,841명의 조합원들을 상대로 교육활동을 벌였고 통일주체국민회의 대의원으로 10명을 당선시켰다.

이들은 '국가이익 우선주의원칙에 입각한 생산성향상운동을 통한 분배원천의 증대'를 표방하고 아래로부터 올라오는 자주적·민주적 요구를 외면하였으며, 중앙집권적 통제장치와 국가권력의 보호 아래 이러한 요구를 오히려 억압하였다.

한국노총의 반사회적·반노동자적 태도에도 불구하고 노동자들의 투쟁은 지속되었다. 노동자들은 탄압을 뛰어넘어 수많은 노동조합을 만들어 내었고 노동쟁의를 일으켰다. 노동자들은 파업, 태업, 농성, 시위, 준법투쟁 등 다양한 전술을 개발·발전시켰고 종교계와 지식인들도 적극적으로 노동운동에 참여하게 된다. 한국노총 내부에서도 권력과 자본에 대한 굴종을 거부하고 자주성·민주성·투쟁성을 내세운 '민주노조'들이 등장하여 자본과 권력의 억압에 맞서 싸우기 시작했으며 노동운동은 사회적 지반을 넓혀 가며 발전해 간다.

1970년 46만 9천 명이었던 조합원 수는 1977년 100만 명을 돌파했고 1979년에는 109만 4천명으로 늘어났다. 노조의 수도 1970년 17개 산별노조에 418개의 지부, 3,080개의 분회였던 것이 1979년에는 17개 산별노조에 553

개의 지부, 4,392개의 분회로 증가하고 조직률도 12.4%에서 16.8%까지 상승했다.

엄청난 탄압에도 불구하고 노동자들의 투쟁은 끊임없이 벌어졌는데 1970년에는 165건, 1971년에는 1,656건이 일어났으며, 1972년에 246건으로 줄어들지만 1974년에는 655건, 1975년 1,045건, 1979년에는 1,697건으로 다시 늘어났다.

이 시기 노동운동에서 나타난 특징의 하나는 수많은 노동자들이 자기 몸을 내던지는 극단적인 저항이 증가한 것인데 개인적 차원에서 벌어진 일이지만 최소한의 삶의 조건도 거부당하는 상황 속에서 불가피한 결단일 수밖에 없었다. 또 다른 특징의 하나는 사전에 조직이 마련되지 않은 상태에서 자연발생적으로 집단을 이루어 투쟁한 사례가 많이 발생한 것인데 이들이 내걸은 요구는 주거권 보장, 임금인상, 작업조건 개선, 권리보장 등 다양한 영역에 걸쳐 있었으며 대부분 법적 제약을 뛰어넘는 탈법적인 양상을 보였다. 그중 몇 가지는 공권력과 대결하는 큰 규모의 폭발적이고 폭력적인 모습을 보이기도 했다. (광주단지 주민시위, 대한항공 빌딩 방화 · 시위, 병원간호사와 수련의 파동, 삼립식품 노동자들의 파업농성, 울산 현대조선 노동자들의 도급제 반대폭동 등등.)

자본주의의 발전이 본격화되면서 노동자들의 저항이 격화되자 지식인들의 노동문제에 대한 관심이 높아졌다. 그 직접적인 계기는 전태일 열사의 분신이었으며, 학생들은 야학, 교회운동, 도시산업선교회 등의 공개적인 기구에 참가하거나 직접적으로 현장운동에 투신하여 노동운동에 참가하게 된다. 고려대학교 노동문제연구소, 서강대학교 산업문제연구소, 크리스챤 아카데미 등 노동문제에 대한 연구와 노동자들에 대한 교육활동을 통해 노동운동을 지원하려는 활동도 노동운동의 발전과 지식인의 노동운동에 대한 관심을 높이는 것에 기여했다.

종교계의 활동은 초기 정치적인 측면보다 노동자교육과 노동조합조직화를 지원하는 것에 중심을 두었기 때문에 한국노총과 정권과 상호협조적인 관계를 유지했다. 하지만 교육과정을 통해 의식화된 노동자들은 권력과 자본의 억압 그리고 한국노총의 무기력한 태도에 대해 저항을 시작했다. 종교계 역시 이들 노동자들을 적극적으로 지원하였고 이러한 흐름은 민주노조운동의 기반을 형성하게 되며, 사회의 노동문제에 대한 관심을 높이게 된다. 이러한 상황 때문에 정권과 한국노총은 종교계에 대해 적대하게 되었고, 종교계를 민주화세력의 중심이 되게 했지만 정권의 탄압과 지식인들의 현장투신의 증가로 점차 약화된다.

한국노총의 정권과 자본에 대한 굴종에 대해 이를 거부하고 극복하고자 하는 민주노조라고 불리는 노동조합들이 발생하게 된다. 이들 노조는 1970년대 초 새롭게 조직되거나 어용노조를 민주화하는 과정에서 발생했는데 이들은 기존의 노동조합과는 달리 조합 내 소모임을 구성하고 이들 현장조직들을 토대로 조합 내 민주주의를 실현하고 이를 위해 다양한 교육활동을 벌인다.

민주노조들은 조직적인 투쟁을 통해 임금인상과 각종 노동조건을 향상시키는 데 성공하고 조합원들의 지지와 신뢰를 확보했고 이를 통해 정권과 자본 그리고 한국노총의 탄압에 저항할 수 있게 된다. 이들 민주노조는 기업과 지역을 넘어 서로 교류하고 연대하였으며 재야민주화 세력과도 연대를 유지하여 연대투쟁과 정치투쟁까지 시도한다. 민주노조운동에 참여한 수많은 노동자들은 연행, 구속, 해고 등 많은 희생을 겪었지만 유신체제에 끊임없는 타격을 가했고 마침내 유신체제를 붕괴시키는 결정적이고 직접적인 계기를 만들어 낸다. 민주노조는 유신말기, 1980년대 초 신군부에 의해 집중적인 탄압을 받아 철저하게 파괴되지만 민주노조의 전통은 다시 부활하게 된다.

7. 1980년대 노동운동—1987년 노동자 대투쟁 이전까지

1) 민주화의 봄과 노동운동

1979년 10·26사태 이후 침묵을 지키던 노동자들은 1980년 초 봄에 이르자 투쟁에 나선다. 노동자들은 체불임금 청산, 임금인상, 노조결성 보장, 휴·폐업 및 해고 반대, 어용노조 민주화, 해고자 복직, 노동조건 개선 등을 요구하였다. 투쟁의 방법은 농성이 가장 많았고 작업거부, 시위 등이 있었고 그 속에는 잔업거부, 중식거부, 퇴근거부 등의 소극적인 방식에서 방화, 파괴, 지역점거, 경찰과의 대치 등의 적극적인 방식도 포함되었다. 노동자들의 투쟁은 조합이 있는 곳이나 없는 곳이나 모두 일어났고 합법적인 방법과 비합법적인 방법을 가리지 않고 다양한 방식으로 투쟁했다. 이러한 투쟁의 열기는 시간이 갈수록 높아졌다. 하지만 이렇듯 격렬해지던 노동자들의 투쟁의 열기는 신군부가 5월 17일 계엄령을 전국으로 확대하고 대대적인 탄압을 가하자 급속히 사그라진다.

1980년 3월 4일 구로공단의 남화전자 노조결성을 발화점으로 시작된 노조결성투쟁은 중앙국제특허법률사무소(3. 25.), 대성모방(5. 4.), 서울통상(5. 16.)의 노조결성으로 이어진다. 1980년 3월에 들어서자 한국노총과 산별노조들 역시 과거와 달리 적극적으로 신규노조 결성에 나서게 되는데 이것은 5 · 17 계엄령확대 직전까지 전국적으로 확산되어 진행되었다. 한국노총 경남협의회에서는 3월 7일 노조결성추진 준비위원회를 결성하고 마산수출자유지역과 창원공단을 중심으로 조직화에 나서서 마산수출자유지역 내 일본인 기업인 북릉(3. 31.), 한국정상화섬(4. 23.), 한국쌍엽정밀(4. 24.) 등에 신규노조를 결성하고 5월 초에 이르면 마산수출자유지역 내 84개 업체 가운데 17개 업체에서 노조결성 움직임이 일어난다. 화학노조는 울산공업단지에 간부 10명을 상주시키며 조직화에 나서서 한국카프로락담(3. 28.), 동서석유, 한국-이란석유, 동명펄프, 한남화학, 대한유화 등 7개의 신규노조를 결성한다. 이리수출자유지역과 인근에서는 쌍룡방직, 남양자재, 동양물산, 태창, 쌍방울, 대봉, 삼양라면, 올림포스 등 10여 개의 노조가, 대구지역에서는 섬유노조 산하 쌍마섬유, 중앙섬유, 한일섬유, 유풍산업에, 금속노조경북지부 산하에 아세아공업, 우주산업, 한철, 동명산업, 선안경공업에 노조가 건설되고 경남에서도 15개의 노조가 새로 결성된다.

신규노조결성 흐름과는 별도로 임금인상과 근로조건 개선 투쟁도 광범위하고 적극적으로 전개된다. 각 산별노조는 화학노조 66.1%, 관광노조 40.9%, 금융노조 30.7%, 섬유노조 65.0%, 항만노조 25-45%, 금속노조 39.3%, 광산노조 42.75%, 외기노조 63.2%, 연합노조 61.8% 등 높은 비율의 임금인상을 요구한다. 단위노조들은 이것을 근거로 적극적인 투쟁을 조직하고 이를 관철하려 노력한다.

호남전기(3. 21.), 삼성제약(3. 27.), 고려피혁(3. 27.), 반도상사(4. 18.), 유니온 마그네틱(4. 18.), 대한모방(4. 21.), 삼영화학(4. 23.), 동양나일론(4. 24.), 남양유업(4. 28.), 연합철강(5. 13.-17.), 대동조선(5. 15.), 롯데제과(5. 16.) 등에서는 노동조합이 주도하여 파업, 농성 등의 방법으로 투쟁을 성공적으로 마무리했으며, 일신제강(4. 25.-26.), 인천제철(4. 25.-5. 1.), 일신산업(4. 25.), 동양기계 창원공장(4. 28.-5. 1.), 태양금속(4. 28.), 원진레이온(4. 28.), 금성

통신(4. 29.-30.), 부산파이프(5. 1.), 삼화방직(5. 1.), 신명전기(5. 8.), 해운대 조선비치호텔(5. 12.)에서는 어용노조를 반대하면서 조합원들의 주도에 의해 임금인상 투쟁이 벌어졌다. 노조가 없었던 마산수출자유지역의 한국삼양공업(3. 27.), 신흥화학(5. 12.) 등과 신세계 백화점(4. 4.-5.), 광명인쇄(4. 18.), 대한광학(4. 25.), 한미목재(4. 24.-25.), 국제실업(4. 25.), 현대양행(4. 26.), 동명중공업(4. 28.-5. 1.), 동국제강(4. 28.-30.), 금강제화(5. 1.), 강원산업(5. 1.), 동명목재(5. 7.-17.), 후레아 패션(5. 16.) 등등에서도 파업, 농성의 방법 등 집단행동을 통하여 임금인상과 근로조건 개선 등 요구조건을 해결하려 했으나 이들의 경우 요구조건을 분명하게 제시하지 못하거나 조직적이고 지속적인 투쟁을 벌이지 못함으로써 사용자가 제시하는 약간의 임금인상에 회유당하는 예가 많았다.

투쟁의 방식은 합법투쟁과 탈법투쟁의 두 가지 방식으로 전개되었는데 노동자들은 파업, 태업, 농성, 시위 등 탈법투쟁도 전혀 마다하지 않고 전개하였다. 조정을 통해 성과를 얻은 대표적인 예는 화학노조가 식품업계를 상대로 8시간 노동제를 관철해 낸 것인데 12시간의 노동을 8시간으로 단축하지만 임금은 12시간 노동 때 받던 임금을 8시간의 기본급으로 받게 되었다. 이러한 8시간 노동제는 자동차운수업계와 섬유업계에도 영향을 주어 이들 산별노조들도 조정에 들어가게 했다. 그러나 많은 조정이 노동자의 요구와 거리가 멀었고 노동자들은 재차 투쟁을 벌였고 그 투쟁의 양상은 사북 동원탄좌노동자들의 투쟁, 인천제철, 동국제강, 일신제강, 원진레이온 등에서와 같이 가두시위, 공장점거 · 파괴 등 무력을 동반한 투쟁으로도 폭발하였다.

사북 동원탄좌 노동자들의 격렬한 투쟁을 전후하여 각 사업장에서는 어용노조간부 퇴진요구가 확산되고 본격적인 노동조합 민주화투쟁이 벌어졌다. 투쟁은 파업, 농성, 시위, 기물파괴, 사무실 점거 등 매우 격렬한 양상으로 전개되었고, 이것은 단위 노동조합에서 낮은 임금인상 합의 반대와 함께 일어났다. 대동화학, 일신산업 동양활석공업소, 서울 일신제강, 태양금속, 안양금성통신, 원진레이온, 인천제철, 동양기계, 부산파이프 등에서 벌어진 투쟁이 대표적이었다.

노조민주화투쟁은 단위 사업장에서 상급노조로 확산되었으며 산별노조 중 가장 심하게 노동자들과 산하조직을 탄압했던 섬유노조에서는 민주노조들이 '전국섬유노동조합정상화추진위원회'를 결성하고 투쟁하여 한국노총 산별대표자회의에서 한국노총위원장을 겸임한 섬유노조위원장의 사퇴권고를 이끌어 낸다. 이러한 투쟁은 다른 산별노조에까지 확산되는데 이 역시 5 · 17 계엄확대와 더불어 단절되는데 신군부는 정화조치의 하나로 기존 어용간부들을 일선에서 제거하지만 후임으로 그들의 후계자로 대체하는 것으로 마무리한다.

2) 5 · 17 계엄확대에서 1983년 말까지

1980년 5월 말 출범한 국보위는 노동조합운동을 사실상 전면 금지시킨다. 그들은 신규노동조합 결성을 금지하고 사업장 단위 지부 또는 분회를 제외한 연합단체의 활동을 유보시킨다. 조직확장을 위한 일체의 행위와 단위 사업장의 문제에 개입하는 것을 금지하고 대의원대회 개최를 자제할 것을 명령하였다. 또한 계엄사는 노동운동가를 강제로 연행하기 시작한다.

국보위는 '노동조합 정화지침'을 시달하는데 그 내용은 산별위원장급 12명의 즉각적 사퇴, 산별노조 산하의 지역지부 즉각 폐지, 노동조합 정화운동 지속적 추진이었다. 이러한 지시에 입각해 노동청은 '노동조합정화위원회'를 조직해 정화대상자를 선정하고 노동조합간부들을 탄압한다. 대부분의 정화대상자들은 반발을 하지 못하고 상황을 받아들이지만 민주노조들은 '정화지침'을 거부하고 그 부당성에 대해 투쟁한다. 하지만 이는 실패하고 회사는 이들 간부를 해고하고 신군부는 이들을 연행 · 구속했으며 많은 노동자들이 삼청교육대로 끌려가기까지 했다. 노조간부에 대한 이러한 숙청과 동시에 노동청은 지역지부의 해체를 명령하고 산별체제는 사실상 기업별노조체계로 개편되고 이 과정에서 사업장 조직들이 대거 파괴되고 조합원수는 급감한다. 이어 신군부는 1980년 12월 31일 노동관계법을 전면 개정하고 '노사협의회법'을 새로 만든다. 그리고 곧바로 민주노조를 파괴하기 시작한다.

이 시기 노동운동의 침체는 조직규모의 감소에서 확인할 수 있는데 노동조합 숫자는 1979년 4,947개에서 1980년 2,618개, 1981년 2,141개로 급속히 감소했으며 1982년 2,194개, 1983년 2,238개로 약간 늘어났고 이후 점차 증가하지만 1987년 6월에도 2,725개 정도에 불과하다. 조합원 수 역시 1979년 1,088,061명에서 1980년 948,134명, 1981년 966,738명, 1982년 984,136명, 1983년 1,009,881명, 1987년 1,950,201명으로 그 전 상황에 미치지 못하고 있다.

노사분규 역시 1980년 407건에서 1981년 186건, 1982년 88건으로 급속히 감소했다가 1983년 98건으로 서서히 증가하여 1984년 113건, 1985년 265건,

1986년 276건이 되었다. 노동쟁의도 이 시기 급감하여 1982-83년 2년 동안 45건에 불과했으며, 1984년부터 86년까지 각각 28건, 32건, 25건으로 늘어났지만 총 202건 가운데 쟁의행위가 한 건도 없었던 것에서 알 수 있듯이 그 강도는 극히 미미했다. 노사분규의 원인은 임금인상, 근로조건 개선, 해고, 휴·폐업과 조업단축, 부당노동행위 등의 순서였다.

한국노총은 아무것도 하지 않는 무기력한 모습을 보였는데 사회에서 치열하게 전개되었던 반독재 민주화투쟁은 외면하고 아래로부터의 내부개혁의 요구도 거부했다. 노총회관에 철문을 설치한 것과 직원의 집단해고는 이러한 모습의 단적인 표현이었다. 전자는 당시 노총회관은 사용자들의 부당노동행위에 대항하여 노동자들이 농성장으로 자주 이용하였는데 철문설치는 이것을 차단하기 위해서였다. 후자는 노동자들의 투쟁을 지원하고 개혁을 요구한다는 이유로 전임간부 5명을 해고한 사건이다.

국가권력의 노골적이고 폭력적인 탄압은 한편으로는 침묵을 강요했지만 다른 한편으로는 한국 사회의 근본적 변혁을 위한 시도를 발생시켰다. 지식인들은 변혁운동의 활성화라는 목적의식을 갖고 조직적 활동의 일환으로 혹은 조직적 활동을 목적으로 노동현장에 뛰어들었다.

이러한 상황에서 1970년대 민주노조간부 출신 일부와 그와 관련 있었던 지식인, 학생출신 활동가들이 전국민주노동자연맹(전민노련, 1980. 5. 5.)을 건설한다.

경인지역의 노동자들 사이에 소그룹 모임을 통한 학습 모임의 흐름, 학생 및 종교권의 노동야학, 현장으로 들어간 학생들이 증가하는 상황에서 이들은 전민노련의 실패를 배경으로 새로운 조직방식을 모색했고 그것은 '소그룹운동론'이었고 1984년 이후 노동자들의 투쟁이 격화되는 시기까지 주요한 운동 형태가 된다. 그 전 시기와 달리 이 시기부터는 노동운동을 변혁운동의 관점에서 바라보는 움직임들이 본격화되기 시작한다. 이것은 과거 노동운동의 한계를 극복하려는 것으로 동시에 단절되었던 변혁적 노동운동을 계승하려는 것으로 그 자체의 성과와 한계·오류를 넘어 노동운동의 역사에서 높게 평가해야 할 것들이다.

3) 유화국면과 노동운동의 활성화

1983년 말 유화조치에 따른 유화국면이 도래하면서 사회운동이 활성화됨과 동시에 노동운동도 다시 활기를 띠게 된다. 노동운동이 활발해지자 정권은 1984년 하반기부터 다시 탄압정책으로 전환하여 혹독한 탄압을 전개하지만 이미 활성화된 양상은 되돌릴 수 없었고 이는 '6월 항쟁'을 거쳐 '7·8·9 노동자 대투쟁'으로 이어진다. 이 시기 노동운동의 특징은 다음과 같았다.

첫째, 노동운동의 주도세력이 변화하기 시작하였다. 1980년대 이전까지 노동운동의 현실적인 중심은 한국노총이었다. 1970년대 민주노조가 등장하여 한국노총에 도전하였지만 하나의 세력으로까지는 성장하지 못하였다. 그러나 1980년대 들어 한국노총의 무력한 모습은 더욱 심화되었고 이와는 대조적으로 제도권 밖의 노동운동이 전면으로 부상했다. 각종의 노동운동단체들이 조직되었고 제도개선 투쟁의 활성화는 이것의 표현이다. 이러한 노동단체들은 민중민주협의회, 민주화운동청년연합, 민중문화운동협의회 등과 같은 민중운동단체와 연대하여 활발한 활동을 펼쳤다.

둘째, 노동운동의 이념적 기초와 운동노선을 국가주의, 노동조합주의와 개량주의가 지배하고 있었으나, 이 시기부터는 사회변혁을 지향하는 운동노선이 본격적으로 모색되었으며 전평 이후 단절되었던 노동조합운동의 혁명성이 점차 증가하였고 변혁지향적인 이념과 노선, 계급적 관점의 운동노선이 발전하기 시작하였다.

셋째, 노동운동의 활성화에 발맞추어 노동관계 서적과 자료들이 광범위하게 출판됨으로써 노동문제에 대한 사회적 관심을 높였으며 노동자가 역사와 사회의 주인이고 변혁의 주체임을 전 사회에 선언하였다.

넷째, 지식인들이 노동현장에 대거 투신하게 되며 이들은 현장에서 노동야학, 소그룹활동 등을 벌이면서 노조결성, 노동쟁의 등에 참가하게 된다. 이들은 대우자동차파업에서 볼 수 있듯이 노동조합을 제치고 자본가들을 굴복시키기까지 한다. 이러한 투쟁의 과정에서 노동자들과 지식인은 하나가 되었고 변혁적 운동이념에 따른 혁명적 노동운동의 대중적 방식을 모색하게 되었다.

다섯째, 현장노동자들의 의식의 고양과 노동조건의 악화를 배경으로 노사분규가 급증하였다. 또한 투쟁 방식도 합법적 수동적인 방식뿐만이 아니라 점거농성, 시위, 동맹파업 등 비합법적 쟁의가 급증했으며, 임금, 노동조합활동 등의 경제적 요구를 넘어 정치적 요구까지 포함함으로써 정치투쟁과 혁명적 노동운동의 가능성을 활짝 열었다.

8. 맺으며

해방 후부터 1987년 노동자 대투쟁의 발생 전까지 한국의 노동운동의 전개를 간략히 살펴보았다. 역사의 단절을 겪으면서 한국의 노동계급 운동은 발생부터 왜곡된 성장을 강요받았다. 노동자계급의 해방을 위해 반드시 요구되는 노동자계급의 전위조직은 금기시되었고 노동조합운동조차 자본과 권력의 입맛에 맞게 조직되고 관리되었다.

이러한 상황에도 불구하고 노동자들은 끊임없이 투쟁해 왔고 성장해 왔다. 많은 성과가 있었음에도 불구하고 명확한 한계를 가지면서. 1987년 7·8·9 노동자대투쟁은 이러한 한계를 대중적으로 극복했던 최초의 투쟁임이 분명하지만 현재에 있어서 이 성과는 제대로 이어지지 못하고 왜곡되고 있으며 소멸하고 있다. 이러한 상황을 극복하는 것이 노동자계급 운동의 당면한 임무임은 긴 설명이 필요하지 않는 분명한 일이다.

* 추가

이 글은 아래의 책들에 전적으로 도움을 받았음을 밝힌다.

이원보, ≪한국노동운동사—100년의 기록≫, 한국노동사회연구소, 2005.
송종래 외, ≪한국노동운동사 4—정부수립기의 노동운동≫, 지식마당, 2004.
이원보, ≪한국노동운동사 5—경제개발기의 노동운동≫, 지식마당, 2004.
김장한 외, ≪80년대 한국노동운동사≫, 조국, 1989.
中尾美知子, "'해방'과 전평노동운동", ≪한국자본주의와 임금노동≫, 화다, 1984.
이목희, "10월 유신과 민주노동운동의 외로운 출발", ≪한국노동운동사≫, 1994.
홍승태, "광주민중항쟁의 좌절과 진보적 노동운동의 모색", ≪한국노동운동사≫, 1994.
김익진, "운동노선을 통해 본 한국의 노동운동", ≪한국노동운동론 1≫, 미래사, 1985.
장명국, "해방 후 한국노동운동의 발자취", ≪한국노동운동론 1≫, 미래사, 1985.

보건의료체계의 국유화·사회화를 위하여

'경제자유구역법 개정안'에 대하여*

1.

재정경제부 경제자유구역기획단은 지난 9월 10일 "경제자유구역의지정및운영에관한법률"(이하 "경제자유구역법") 개정안을 제출하고 입법예고했다. "경제자유구역법" 개정안의 "주요골자"의 하나는 그 스스로가 밝히고 있듯이 "경제자유구역 내 의료기관을 내국인도 이용할 수 있도록 하고, 경제자유구역 내 의료기관을 설립할 수 있는 주체로서 외국인 투자기업을 추가"(재정경제부 경제자유구역기획단, "경제자유구역의지정및운영에관한법률 중 개정법률(안)"(이하 "개정안"), 2004. 9.)하는 것에 있다.

함께 제출한 "보도자료"의 "주요 개정내용"에 따르면 "경제자유구역 내 설립되는 외국병원에서 내국인 이용을 허용하고, 외국병원의 설립주체를 외국인뿐만 아니라 외국인투자기업도 설립할 수 있도록 확대함"으로써 "외국병원의 내국인 이용을 허용함으로써 해외 유수병원을 유치하여, 국내의료 및 유관산업의 발전에 기여하고, 국내환자들의 고급의료서비스 이용을 보장하여 해외원정진료 흡수"의 "기대효과"를 얻을 수 있다고 한다. (재정경제부 경제자유기획단, "보도자료—경제자유구역의지정및운영에관한법률 중 개정법률(안)"(이하 "보도자료"), 2004. 9.) 또한 "보도자료"에는 너무도 친절(?)하게 "개정법률안 Q&A"를 "붙임"으로 하여 그간 제기되었던, 개정을 반대하는 주장들을 조목조목 반박하고 있다. 그러나 재경부의 주장은 이미 기존의 견해를 되풀이한 것으로 이미 그 주장들은 사실에 근거하고 있지 않다고 알려져 있다. 따라서 이 글은 재경부의 주장의 허구성을 다시 한 번 다룸으로써 말로 해서는 알아듣지 못하는 그들의 무지와 무능력, 무책임을 또 한 번 세상에 알리고자 하는 것을 목적으로 한다.

* [편집자 주] ≪현장에서 미래를≫ 제102호(2004. 10.) 〈열린마당〉에 실린 글이다.

2.

경제자유구역 내의 외국인병원 설립 추진 목적은 처음에는 경제자유구역에 거주하는 외국인의 의료이용의 편의를 제공하기 위해서였다. 그래서 "경제자유구역법"의 제23조에는 "외국인전용 의료기관"이라고 한정되어 명시되어 있다. 그러나 논의가 진행되면서 '편의 제공'이라는 처음의 목적에서 벗어난 내용들이 추가되었다. 이러한 논란 속에서 제출된 이번 "개정안"의 핵심 사안은 앞서 살펴본 것처럼 경제자유구역 내 외국병원의 내국인진료 허용과 영리법인의 허용 및 외국병원의 설립주체를 외국인뿐만 아니라 외국인투자기업도 가능하게 하는 것이다. 재경부는 이번 개정을 통해 "내국인 이용을 허용하여 세계 유수병원이 설립되면, 한국 의료수준전반을 향상시키는 계기"가 될 수 있다고 한다. 또한 "장기적으로 외국병원이 성공하여 중국 등에서 환자가 유치될 경우 국내병원의 수요기반도 확대"될 것이라고 한다. 또 "외국병원의 주 이용자는 해외원정진료환자, 국내 대기환자, 국내외 외국인환자"라서 의료계에는 커다란 영향을 주지 않고 오히려 국내 환자들의 해외원정진료를 흡수할 것이라고 한다. "병원의 경우 매출액의 상당부분이 인건비, 재료비 등으로 대부분 국내에서 소비되고, 고용창출에 기여하는 것"이라고도 하며 "영리법인형태의 외국병원 설립을 허용할 경우 외국병원에만 더 혜택을 주는 역차별"도 아니라고 한다. "외국인투자기업이 경제자유구역에 의료기관을 설립하도록" 하는 것은 "외국병원이 국내병원과의 협력적 관계를 통해 국내에 진출하는 방식"에 대한 "제도적 허용"과 "국내 의료기관이 외국의료기관 설립에 참여할 수 있도록 할 필요" 때문이라 한다.

이런 재경부의 주장과 그 근거는 소위 국민(?)의 건강과 보건의료에 대한 경제관료들의 편협된 시각과 무지를 그대로 드러내는 것이며 무엇보다도 먼저 이것들이 지적되고 비판되어야 한다. 그러나 그나마 근거라고 제시한 것이 모두 거짓과 허구성에 기초한 것이므로 이로부터 시작할 수밖에 없다.

3.

재경부가 외국병원의 내국인 진료허용을 주장하면서 '전가의 보도'로 제시하는 것이 있다. "싱가폴, 중국의 경우 이미 외국병원이 내국인 진료 가능"이 그것이다. 그러나 싱가포르는 외국병원의 내국인 진료를 금지하고 있다.

싱가포르에 있다는 죤스 홉킨스 분원은 외국병원으로서가 아니라 '싱가포르 국립의과대학'의 일부분으로 존재하고 있으며, 근무하는 파견의사도 2명에 불과하다. 이외에 싱가포르에는 일본인 의사가 개설한 의원이 있고, 곧 한국의 한 병원이 의원을 개설할 예정이나 이들은 싱가포르 현지인을 진료할 수 없으며, 싱가포르에 거주하는 일본인과 한국인만을 진료할 수 있다. 중국의 경우는 재경부의 주장처럼 외국병원의 내국인 진료를 허용하고 있다. 그러나 이것은 한편으로는 자국의 의료시설과 기술이 취약하기 때문에 어쩔 수 없이 허용하고 있는 것이며 다른 한편으로 중국의 자본주의화의 반영으로 이들 병원은 모두 중국 내 부유층을 주요 고객으로 하고 있다. 중국의 경우 모든 병원이 정부가 운영하는 비영리병원이었으나 최근 자본주의화가 진행되면서 2002년 현재 영리병원이 10.2%로 증가하였고 비영리병원에 대한 정부의 재정지원이 대부분 중단되었다. 이러한 과정에서 의료서비스는 과잉제공(1993년 상해의 제왕절개술률 4.7%에서 1998-2001년 북경, 상해, 장사시의 제왕절개술률은 45.6%로 증가)되고 있으며, 농촌지역의 의료보험체계가 붕괴되면서 전체인구의 60% 이상을 차지하는 8억 7백여만 명의 농촌 주민이 의료혜택에서 방치되어 있다. 이런 망해 버리고 있는 중국의 변화된 의료현실이 우리가 본받아야 할 것이 아님은 명백하다.

재경부는 중국의 의료수요가 폭증할 것이라는 전망에 근거하여 "장기적으로 외국병원이 성공하여 중국 등에서 환자가 유치될" 수 있다는 것을 은근히 강조하며 "인근 외국인의 의료수요까지 흡수할 경우", "국부도 확대하는 효과"도 있다고 주장한다. "국부" 운운하는 역겨운 주장은 차치하고서라도 이 주장은 허망하다. 중국의 의료수요가 폭증할 것이라는 것은 확실하다. 이러한 이유 때문에 외국 유명병원들이 자신의 명성을 훼손할 수도 있는 위험을 감수하고 중국에 현지 병원 설립을 추진하고 있는 것이다. 또한 질병을 가진 환자가 치료를 위해 해외로 나가는 것은 쉬운 일이 아니다. 이런 이유로 싱가포르의 병원도 중국 환자를 자국으로 유치하는 것이 불가능하다는 판단 아래 중국 현지 병원을 설립하는 계획을 추진하고 있는 것이다. 따라서 외국까지 나가서 자신의 질병을 치료하고자 하는 혹은 할 수 있는 중국의 부유층의 의료수요의 대부분은 이들 유명병원으로 흡수될 것이다. 한 가지 더 지적되어야 할 것은 흔히 해외유치환자의 모범으로 언급되는 싱가포르의 예인데 이것은 과장되어 있다. 싱가포르에 오는 해외환자의 절대다수는 의료수준이 취약한 주변 국가 국민들이다. 말레이시아와 인도네시아에서 오는 환자가 대부분이며 북미인과 유럽인이라고 분류되는 환자도 인접 국가에 상주하는 외국기업 직원들이다. 싱가포르 주변 국가들의 의료수준이 워낙 취약하기 때문에 상대적으로 의료수준이 잘 정비된 싱가포르로 환자가 모이는 것이다. 따라서 진짜 '해외환자'라고 분류될 환자는 극히 일부분이다. 또한 지적되어야 할 것은 싱가포르의 해외환자 유치를 가능하게 하는 강력한 공공보건의료체계다. 80%에 달하는 공공병원을 통해 대다수 국민에게 양질의 의료서비스를 저렴하게 제공하고 있기 때문에 20%의 민간병원들이 자유롭게 해외환자를 유치하여 의료를 제공할 수 있는 것이다. 자국민에 대한 기본적이고 충분한 의료서비스를 제공하지 못하는 상태였다면, 오늘날 싱가포르의 소위 '해외환자 유치산업(?)'은 불가능했을 것이다.

재경부는 해외원정진료 규모를 병원협회의 추산을 인용하여 1조원으로 제시하면서 외국병원의 내국인 진료허용을 통해 외국병원을 유치, "내국인의 해외원정 의료수요"를 "흡수"하여 "외화낭비를 방지"하겠다고 한다. 그러나 병원협회는 해외원정진료를 추산한 적이 없으며, 2003년부터 나돈 '1조원'은 출처를 알지 못하는 소문이다. 미국 상무성의 통계에 따르면 2002년 미국 병원들이 해외환자를 통해 벌어들인 진료비가 1조 2천억 원이며, 따라서 한국이 차지하고 있는 미미한 비중을 고려할 때 '1조원'은 말도 안 되는 주장이다. 또한 해외의료이용의 절반 이상이 해외국적 취득을 위한 원정출산으로 알려져 있다. 따라서 이들은 경제자유구역에 해외 유명병원이 들어온다고 해서 "흡수"될 "해외원정 의료수요"가 아니다. 즉, 재경부의 주장은 근거도 없고 과장된 소문을 바탕으로 역시 근거 없는 효과를 과장하고 있는 것이다. 물론 간과되지 말아야 할 것은 그 "흡수"되어야 할 "해외원정 의료수요"란 한국의 소수 부유층에 불과하다는 것이다. 이들은 이미 2000년의 조사에서 68.5%가 외국에서 진료를 받기를 희망하고 있으며, 부의 격차가 더욱 커진 지금은 이보다 훨씬 높은 것으로 예상된다. 이렇듯 "해외원정 의료수요"가 높음에도 불구하고 실제 해외의료이용의 빈도가 낮은 것은 경제적 문제 외에도 해외의료에 대한 정보가 없고, 외국병원을 이용하는 데 수반되는 절차상의 어려움 때문이다. 그런데 경제자유구역의 외국병원은 이러한 장벽을 손쉽게 제거해 줄 것이다. 이들 병원은 자국의 본원과 의뢰·협조체계를 구축하여 해외의료 이용을 원하는 환자에게 편의를 제공할 것이다. 과거 같았으면

돈 문제를 제외한 다른 문제 때문에 해외의료를 이용하지 못했을 사람들까지 수월하게 해외의료를 이용할 수 있게 되는 것이다. 경제자유구역 내 내국인 진료를 하는 외국병원은 한국의 부유층의 해외의료이용의 창구로서 역할하게 될 것이다. 소위 "국부"가 유출되는 것이다. 덧붙여 외국병원에게 영리법인을 허용하여 과실송금이 가능해지면 그 "국부" 유출이 합법적으로 심화될 것은 불 보듯 명확하다. 그럼에도 불구하고 그렇지 않을 것이라 강변하는 재경부 몇몇 관료의 모습에서 그들이 자신의 조국을 어느 나라라고 생각하는지가 의심스럽다.

재경부는 주장한다. "병원의 경우 매출액의 상당부분이 인건비, 재료비 등으로 대부분 국내에서 소비되고, 고용창출에 기여하"게 될 것이라고. 그러나 이것은 외국병원이 아니라도, 즉 국내병원을 설립하더라도 마찬가지로 나타나는 효과로 특별히 강조될 것은 아니라는 것이다. 사실 그 경제적 부수효과는 외국인 의료 인력에 대한 인건비, 외제 의료기기 및 물품의 사용 등으로 오히려 적을 것이다.

외국병원 유치로 "국내의료 및 유관산업의 발전에 기여"할 수 있다는 재경부의 주장도 전혀 근거가 없다. 외국병원은 국내의 6배에 달하는 미국 현지 진료비 수준을 적용할 것으로 알려져 있다. 즉 그들의 소위 '선진의료'는 높은 진료비 수준에 기반하고 있는 것이다. 그러나 국내 병 · 의원에는 이와 같은 수준의 진료비 수준을 허용할 수 없다. 따라서 재경부에서 주장하는 '선진의료 서비스'는 현재의 조건에서는 불가능한 것이다. 외국병원의 선진관리 · 경영기법을 도입하여 소위 '경영효율성을 개선'하겠다는 것도 병원산업의 특성에 대한 무지에서 비롯된 주장이다. 병원의 관리 · 경영기법은 해당 국가의 의료제도, 특히 보수지불제도와 밀접한 연관이 있다. 미국의 경우에도 보수지불제도가 행위별수가제에서 포괄수가제로 개편되면서 관리 · 경영기법이 본격적으로 적용되기 시작한 것이다. 따라서 이것은 현행의료제도, 특히 보수지불제도의 변화를 통해 소위 '경영효율성 개선'이라는 것이 가능한 것이지, 현재 재경부의 주장대로 내국인 진료와 영리법인의 도입을 통한 외국병원의 설립으로 이루어지는 것은 아니다.

재경부는 "영리법인형태의 외국병원 설립을 허용"하는 것이 "외국병원에만 더 혜택을 주는 역차별"의 "문제로 보기 어렵다"고 한다. 그러나 경제자유구역에 설립되는 외국병원은 "경제자유구역법"에 의한 세제지원, 자금지원, 고용 및 노사환경 완화 등의 상대적 유리함을 통해 국내병원보다 출발부터 특혜를 누리게 된다. 또한 외국병원은 건강보험제도 미지정과 높은 진료비를 포함하여 수가결정이 자유로운 점을 이용하여 더욱 유리한 조건을 확보할 수 있게 된다. 이는 자본의 입장에서는 "역차별"이 분명하다. 이러한 역차별은 국내 병 · 의원의 (당신들이 그렇게 좋아하는) 경쟁력을 향상시키기는커녕 경쟁력의 약화를 초래할 것이다. 그리고 그 과정에서 "국부"는 고스란히 유출될 것이다. 그토록 칭송해 마지않는 싱가포르는 외국병원을 유치하여 "의료허브 전략"을 추진하는 것이 아니라 자국 병원과 자국 기술력을 통해 그것을 이루려고 한다. 무엇인가 보고 배우려면 제대로 보고 배워야 할 것이다.

4.

이상에서 재경부의 주장의 허구성을 살펴보았다. 그러나 우리가 주의해야 할 지점은 그들 어리석은 관료들의 논리적 부당성에 그치지 않는다. 또한 소위 "국부"의 유출 문제도 아니다. 이번 "개정안"이 가져올 한국 의료계에 미치는 악영향과 그 결과 초래하게 될 파국적 결과에 대해 우리는 정확히 알아야 한다. 재경부는 "병원이 개원되어도 이용대상, 지역 등이 제한적이어서 전체적으로 의료계 경영에 미치는 영향은 크지 않을 전망"이라 한다. 그러나 이러한 주장을 하는 곳은 재경부밖에 없다. 저마다 이유는 약간씩 다르지만 의사협회, 약사회, 한의사협회, 치과의사협회 등 직능단체를 비롯하여 사회 · 시민단체들도 외국병원의 내국인진료와 영리법인 인정이 초래할 상황을 우려해 이를 반대한다. 경제자유구역에 외국병원이 설립되는 것은 "실질적인 의료시장 개방"이며 동시에 그 전면화를 위한 출발점이다. '외국 의료인의 면허인정'과 '외국병원의 영리법인 허용'은 의료시장개방의 핵심이며, 현재 경제자유구역의 외국병원을 통해 재경부가 시행하려는 것은 바로 이것이다.

또한 영리법인화가 경제자유구역 내에 시행될 경우 이것은 구역 내에 국한되지 않을 것은 너무도 당연하다. 이미 병원협회는 "우리나라 병원도 영리법인 허용, 저가의 토지제공, 수가의 자율적 결정 등 외국병원과 동등한 혜택을 받으면서 구역 내에서 경쟁할 수 있도록 정부가 지원해야 한다"고 주장하고 있으며 의료기관영리법인화의 전면허용까지 주장하고 있는 실정이다. 현재는 경제자유구역 내에서라는 단서가 붙지만 동일하게 내국인 진료를 하기 때문에 국내 병·의원들의 "역차별" 시비는 당연하고도 거세게 일어날 것이다. 따라서 머지않은 장래에 국내 의료기관에 대해서도 영리법인을 인정하게 될 것은 뻔한 일이다.

경제자유구역 내의 외국병원은 건강보험에 강제 규정되지 않는다. 그래서 자유롭게 소위 '고급진료'를 제공하고 고가의 진료비를 받는다. 이렇게 되면 국내의 부유층은 이 외국병원의 주고객이 될 것이다. 이때 국내병원이 살아남는 방법은 외국병원과의 경쟁을 위해 외국인 투자기업과 합작하는 방법 등을 동원하여 경제자유구역 내에 진출하여 '고급진료'를 제공하는 방법이 있다. 이것은 외국인 투자기업이 병원설립의 주체가 될 수 있도록 한 "개정안"의 목적 중의 하나다. 그러나 이 방법은 소수의 병원만이 가능한 것으로 결국 일부 잘나가는 병원과 대다수의 일반병원으로 의료공급체계를 양극화하여 왜곡시킬 것이다. 살아남는 또 다른 방법으로는 현행의 건강보험체계를 전면적으로 바꾸는 것이다. 현재에도 일부 세력이 요양기관강제지정 철폐를 주장하고 있는데, 이 경우 형평성 논리와 경쟁력확보라는 구호 아래 이 투쟁은 의료계 전반에서 전면화되어 진행될 것이다. 양자의 어느 경우나 현재의 건강보험체계를 붕괴시키고 민간의료보험이 공적건강보험을 대체하게 될 것이다. 현재 건강보험은 강제가입이기 때문에 민간의료보험은 보충형에 머물고 있으나 앞서의 상황이 진척되면 될수록, 즉 '고급진료'의 비중이 커질수록, 그 중요성이 커지게 될 것이고 결국 건강보험을 껍데기만 남겨 버리고 대체해 버릴 것이다. 이 경우 남미의 경험에서도 볼 수 있듯이 의료이용의 양극화, 의료보장제도의 붕괴를 초래할 것이다.

5.

사실 더욱 심각한 것은 현재 진행되고 있는 "경제자유구역법" 개정의 문제 자체가 아니다. 이것은 하나의 가지에 불과하다. 재정경제부를 중심으로 한 정부 관료들의 상당수에게는 국민의 생명과 건강이 결코 중요한 문제가 아니다. 따라서 보건의료문제가 그들에게는 매우 하찮게 보이며 돈벌이의 수단이나 혹은 경제자유구역의 성공을 위해 희생되어도 될 것으로밖에는 보이지 않는다. 그래서 그들은 근거도 없는 거짓말을 늘어놓고 있는 것이다. 이것은 이미 비밀이 아니다. 최근에 국가보안법 개정과 과거청산문제와 관련된 소란 속에서 소리 없이 진행되는 일련의 움직임이 우리에게 이를 더욱 확실히 알려 준다. 재정경제부의 "경제자유구역법" 개악을 출발로 기획예산처의 "민간투자법" 개악음모, 건설교통부의 "민간투자활성화를 위한 복합도시개발특별법" 제정음모, 행정자치부의 "지역보건법" 개악음모 등 온갖 신자유주의적 개혁 속에서 끊임없이 이들은 국민의 생명과 건강을 위협하고 있다. 한마디로 총체적으로 우리들의 생명과 건강을 근본적으로 공격하고 있는 것이다. 따라서 우리가 반대하는 것은 "경제자유구역법"의 개정안이 아니다. "경제자유구역법" 자체이며, 우리의 생명과 건강을 위협하는 모든 것이다.

노동자 · 민중이 잠시 주저하고 있는 현재, 노동자 · 민중에 대한 국가와 독점자본의 신자유주의적 공세와 억압의 한 표현, 즉 노동자 · 민중의 생명과 건강에 대한 공세와 억압을 펴는 그들은 승리할 것처럼 보인다. 그러나 그들의 승리는 일시적이다. 또한 승리를 목전에 둔 그들의 자신만만한 모습은 절대 승리자의 위용이 아니다. 이것은 현재 한국 자본주의가 아니 세계 자본주의가 처해 있는 위기에 대한 그들의 절망의 다른 표현에 불과하다. 우리가 투쟁의 전선에서 잊지 말아야 할 한 가지는 이것이다.

〈참고자료〉

1. 경제자유구역법 폐기와 의료개방저지 공동대책위원회, 〈의료개방 및 병원 · 약국 영리법인화가 폐기되어야 할 이유〉, 2004.

2. 의료의 공공성과 건강보험 보장성 강화를 위한 연대회의, 〈경제자유구역 외국병원에 대한 재정경제부 주장의 허구성〉, 2004.

3. 의료의 공공성과 건강보험 보장성 강화를 위한 연대회의, 〈민주노동당 토론회 발표자료: 재정경제부의 경제자유구역법 개정안의 허구성과 외국병원 설립의 부당성〉, 2004.

4. 재정경제부, 〈경제자유구역법 개정안 입법예고 보도자료〉, 2004.

"요양기관 당연지정제" 폐지와 "보건의료 사유화" 음모[*]

1.

지난 1월 초 ≪중앙일보≫에는 "복지부, 허용 추진… 건보 적용 안 받는 병원 — 진료 내용·비용 자율로… 수가 등 통제 안 받아"란 제목의 기사가 실렸다. 이 기사는 "의료, 이제는 산업이다"라는 기획물을 연재하면서 보건의료의 사유화에 앞장섰던 신문에, 참으로 적절하게도, 특종 비슷하게 실렸는데 아무튼 그 내용은 복지부의 '2005년 건강보험 업무계획'에 "건강보험을 적용받지 않고 환자를 진료하는 병원을 허용하는 방안을 추진"하는 내용이 담겨 있고 "논의를 거쳐 이 계획을 노무현 대통령에게 보고할 예정이"라는 것이다. 물론 그렇게 하는 이유는 "병원 간 경쟁을 유도해 의료 경쟁력을 높이기 위"해서다.

물론 (이것의 시행은 큰 문제를 야기할 것이기에) "이 방안의 시행에 대해 복지부는 신중하"고 (마찬가지 이유로) 보고를 받은 김 장관 역시 "'국민을 건강보험에 강제로 가입시켜 놓고 당연지정제를 폐지하면 어떤 의료기관은 아예 이용하지 못하는 문제가 생길 수도 있다'며 신중하게 다룰 것을 지시했"다. 그러나 "대통령 보고 계획을 확정하는 과정에서 당연지정제 폐지방침이 빠지면 시기가 다소 늦어질 수 있지만 시행방침에는 변함이 없다"는 것이 "다른 관계자"의 "말"이다. 어찌 되었든 "요양기관 당연지정제"(이하 "당연제")를 폐지하겠다는 것이다.

그런데 한국 보건의료제도를 크게 변화시킬 수밖에 없는 "당연제" 폐지와 "계약제" 도입의 문제는 추진주체의 강력한 의지에도 불구하고 잠깐의 소동만 일으켰을 뿐 바로 물밑으로 가라앉았다. 그런데 이것은 일부 관료들의 일회적인 돌출에 의한 것이라기보다는 치밀한 계획 아래 음흉한 관료들의 용의주도한 치고 빠지기라는 판단이다.

---

* [편집자 주] ≪현장에서 미래를≫ 제106호(2005. 2/3.) 〈열린마당〉에 실린 글이다.

2.

현행 "당연제" 아래에서는 개설된 모든 요양기관(의료기관, 약국, 보건소, 보건의료원, 보건진료소)은 건강보험제도에 당연히 포함되어야 한다는 것으로 건강보험 가입 환자를 의무적으로 진료해야만 하며 정해진 수가를 받아야 한다. 따라서 건강보험 가입이 의무인 현행 의료체계에서 모든 의료 기관은 누구에게나 정해진 수가에 모든 환자를 진료해야 한다. 따라서 이것이 "폐지" 된다는 것은 의료기관이 어떤 환자를 치료할 것인가 그렇지 않을 것인가를 스스로 알아서 결정하게 된다는 것이고 진료비도 자기 마음대로 책정할 수 있게 되며 그 진료비는 모두 환자의 책임으로 된다는 것을 의미한다. 즉 어떤 의료기관이 건강보험공단과 계약을 맺지 않으면 건강보험 가입 환자를 치료하지 않아도, 즉 진료를 거부해도 아무런 문제가 되지 않으며, 같은 진료라도 혹은 진료 이외의 다른 어떤 것(부대시설, 특별 서비스 등등)을 제공 진료비에 포함하여 다르게 받아도 문제가 되지 않게 된다. 당연히 이러한 의료기관에서 치료받는 환자는 자기가 모든 비용을 알아서 해결해야 한다.

보건의료의 특징상 당연해 보이는 "당연제"는 의료보험제도가 처음 도입되었을 때부터 있었던 제도는 아니다. 의료보험제도 시행 초기에는 "계약지정제"를 도입하였다. 그러나 "계약지정제"의 도입은 지역별, 진료부문별 의료공백을 심각하게 발생시켰으며, 다수의 의료기관이 요양기관 지정을 거부하는 결과를 초래했다. 이러한 이유로 1979년 "요양기관 강제지정제"가 도입되었고 1999년 "요양기관 당연지정제"가 도입되게 되었으며 현재에 이른다. 만일 "당연제"가 폐지되고 "계약제"가 실시되면 앞서의 혼란이 다시 일어날 것은 물론 병원의 차별화와 양극화를 불러오고 결국 돈이 없어서 제대로 치료를 받지 못하는 현상까지 발생하리라는 것은 불 보듯 명확히 예상되는 일이다.

이러한 역사를 가진 "당연제"는 의료계에서 사회주의적(?) 제도라는 무지에 기초한 어처구니없는 원성을 받게 되며, 2000년에는 일부 의료계 인사들에 의해 위헌소송까지 받게 된다. 그런데 놀랍게도 헌법재판소는 2002년 4월 공공의료기관의 비중과 건강보험 보장수준이 낮은 상황에서 "당연제"를 폐지할 경우 공적 건강보험제도에 심각한 위험을 초래할 것이라는 것을 이유로 이 제도가 합헌이라고 인정하였다. 헌법재판소가 어떻게 판단하였든지 그것 자체는 중요한 문제가 아니다. 여기서 중요한 것은 당시에 헌재가 판단한 상황이 지금 역시 마찬가지라는 것이다. 이러한 점에서 "당연제" 폐지를 운운하는 보건복지부 관료들은 자신들이 얼마 지나지 않은 과거도 기억하지 못하는 특별한 뇌의 소유자들이고 자신이 일하는 영역에서조차 다른 기관(폐지까지 언급되는 헌법재판소)보다도 안목이 부족한 척결의 대상임을 스스로 폭로하고 있는 것이다.

3.

그런데 앞서 본 보건복지부 관료들의 '무뇌아'적 태도와 기본적 소양부족은 그들만의 문제가 아니다. 그리고 이것이 이 문제를 더욱 심각하게 생각해야 하는 이유다. "서비스산업 육성을 위해 교육과 보건에 산업적 접근이 필요"하다거나 "보건의료 부문을 세계적 경쟁력을 갖춘 국가전략사업으로 육성하겠다"는 대통령의 언급이나 지난해 있었던 제·개정이 추진되었던 수많은 법안은 이것을 확인해 준다. "경제자유구역의 지정과 운영에 관한 법률" 개정을 통한 내국인 진료 허용과 영리법인 설립 허용, "지역특화발전 특구에 대한 규제 특례법"의 제정을 통한 지역특구에서의 의료기관 부대사업 확대 허용 등은 재경부에 의해서 추진되었다. 건설교통부는 "민간복합도시 개발특별법" 제정을 통해 기업도시 내에 설립된 병원의 부대사업영리 추구를 허용하려 한다. 또한 기획예산처는 일반예산에서 보건의료관련 예산을 전반적으로 삭감하는 것을 넘어 "사회간접시설에 대한 민간투자법"의 개정을 통해 의료기관, 노인요양기관, 학교 등 7개 공공부문에 대한 민간투자 허용을 획책하였다. 물론 이에 뒤질세라 복지부도 작년 "지역보건법" 개정을 통해 공공의료기관에 대한 지자체 보조를 의무조항에서 임의 조항으로 바꾸려 했으며, "건강보험 재정건전화 특별법" 개정으로 국고지원을 줄이려 하였다. 이 모든 것은 보건의료의 공공성을 부정하고 사회적 성격을 부정하는 것으로 서로 약간의 이견이 있기는 하지만 여러 정부 부처가 각자의 위치에서 한목소리를 내고 있는 것이다.

여기에 덧붙여 민간의료보험 도입을 위한 자본과 정부의 음모는 줄기차고 치밀하게 준비되고 있다. 2002년 "보험업법" 개정 당시 재정경제부는 개인질병공개를 주장하여 민간의료보험 도입의 기초를 만들려 했으나 좌절되었다. 그런데 올해에는 이를 복지부가 앞장서서 진행하려 하고 있다. 또한 2003년 개정된 "보험업법" 개정을 통해 올해 8월부터는 생명보험에서 판매하는 개인

실손형 의료보험 출시가 예정되어 있다. 여기에는 '비급여 항목'뿐 아니라 '법정 본인부담'까지 보장하는 내용을 포함하고 있는데 이것은 큰 문제가 된다. 왜냐하면 법정본인부담에 대한 보장은 공적보험의 지출과 급여에 직접적인 영향을 미치기 때문인데, 우리의 경우 이를 적절히 규제 저지해 내지 못하면 현행의 건강보험제도를 유명무실하게 하여 결국 민간의료보험이 건강보험을 대체하게 되는 결과를 초래하게 될 것이다. 복지부는 올해 '건강보험 T/F'를 구성해서 건강보험 전반에 대한 논의를 진행하려 하며, 민간의료보험 도입 문제가 논의 안건으로 포함되어 있다. 올해 복지부와 정부관료, 자본은 민간의료보험의 도입과 그 기초 마련을 위한 전면공세를 펼칠 것이다.

4.

현재 진행되는 이러한 일련의 움직임의 목표는 완전한 '보건의료 사유화'다. '보건의료 사유화'는 비단 우리만의 문제가 아니다. 그것은 대표적인 신자유주의 정책의 하나이다. '복지 삭감'의 하나로 표현되는 신자유주의의 보건의료 정책은 보건복지 예산 감소, 공공기관의 사유화, 비영리법인의 영리법인화, 사회간접시설의 사적자본 유치 등을 핵심으로 하고 있다. 이것은 현재 우리 사회에서 정부와 자본에 의해 계획되고 실현되고 있는 제반의 정책들의 내용 바로 그것이다. 다만 우리에게 이것이 더욱 희비극적인 것은 이러한 신자유주의적 정책이 다른 나라에서는 상대적으로 사회화된 보건의료부문에 대한 공격으로서의 '보건의료 사유화'인 반면, 우리에게는 아무것도 없다고 할 수 있는 상황에서 그나마도 빼앗아 가려는 완전한 '보건의료 사유화'라는 상황으로 전개되기 때문이다.

아무튼 현재 진행되는 이러한 '보건의료 사유화' 음모는 매우 공세적이다. 작년에 있었던 '경제자유구역법' 개정은 우회적이었지만 '보건의료 사유화' 음모의 현실화를 위한 정책의 첫걸음이었다. 사실 왜곡과 기만에 기초하여 '경제자유구역법' 개정이 의도되었으며, 이에 대한 근거 있는 우려와 정확한 비판이 진행되었음에도 불구하고 개정안은 통과되었다. (정부 주장의 허구성과 그에 대한 비판은 아래의 글을 참조하라. "'경제자유구역법 개정안'에 대하여", ≪현장에서 미래를≫ 제102호(2004. 10.), pp. 113-22.) 이것은 '보건의료 사유화'에 대해 그들이 강력한 의지를 갖고 있다는 것을 보여 주는 하나의 중요한 근거이다.

개정된 '경제자유구역법'의 주요한 내용은 외국병원의 내국인 진료와 영리법인의 인정이다. 전자는 건강보험에 강제지정되지 않는 의료기관의 현실화를 의미한다. 이것은 앞서 살펴 본 것처럼 환자를 의료기관에서 선택하는 것을 뜻하며, 진료비도 자기 마음대로 책정할 수 있는 것을 의미한다. 따라서 이들 외국병원들은 아마도 자유롭게 소위 '고급진료'를 제공할 것이고, 고가의 진료비를 감당할 수 있는 사람들만을 치료할 것이다. 비록 경제자유구역 내에서지만 외국병원이 여러 가지 특별 혜택을 받으며 병원을 운영하고 내국인을 진료하는 것은 국내 병·의원의 입장에서는 '역차별'이 분명하다. 따라서 이것은 외국병원 설립과 무관하게 '요양기관 당연지정' 폐지 움직임의 강력한 근거로 작용할 것이다.

또한 영리법인 허용은 보건의료를 통해 이윤을 얻고자 하는 일부 의료계와 자본의 최대의 숙원 사업이다. 그런데 개정된 '경제자유구역법'은 외국병원에 이를 허용했으며, 이 역시 국내 병·의원에게는 '역차별'이다. 병원협회 등은 '경제자유구역법' 개정 논의 초부터 이것을 지적하였으며, 형평성에 입각한 영리법인의 허용을 요구하였다. '경제자유구역법' 개정이 통과된 지금 영리법인 허용에 대한 이들의 기대는 매우 높으며, 이를 위한 노력은 본격화·가속화 될 것이다.

'지정제'의 폐지와 '계약제'의 도입 그리고 영리법인의 허용과 이에 대한 논의는 필연적으로 민간의료보험의 활성화를 초래하게 된다. 물론 언제라도 본격적인 민간의료보험의 도입이 가능할 수 있도록 준비되고 있고 실손형 의료보험이 확대되는 현재의 상황과 민간의료보험을 도입하고자 하는 강력한 의지를 갖고 있는 관료들은 '계약제'의 도입과 영리법인의 허용과 무관하게 이를 실행하려 할 것은 분명하다.

5.

민간의료보험의 전면적 도입과 영리법인의 인정, '당연제-계약제' 논란 등등, 완전한 '보건의료 사유화'의 실현을 위한 공세는 올해에는 더욱더 거세질 것이다. 그들은 당장의 실현은 아니더라도 장기적 관점을 가지고 이를 차근차근 준비해 가고 있으며, 가능한 것은 언제나 확실히 획득해 가고 있다.

'보험업법'의 개정이나 작년 소위 '4대 개혁입법'을 둘러싼 소동 속에서 '경제자유구역법'을 비롯한 몇 가지 법안을 슬쩍 통과시킨 것 등은 이러한 것의 좋은 예다. 사실 어떤 의미에서 지금은 그들에게는 호기임에 분명하다. 노동자 · 민중의 삶이 모든 방면에서 철저히 파괴되고 있는 지금, 당장 먹고 사는 것이 눈앞의 문제가 된 현재의 상황에서 건강, 보건의료, 영리법인, '당연제-계약제', 민간의료보험 도입 등과 같은 문제는 노동자 · 민중의 일차적인 관심사가 될 수 없기 때문이다. 따라서 당분간은 완전한 '보건의료 사유화' 경향은 가속화될 것이다.

따라서 우리의 과제는 명확하다. 그것은 첫째로 노동자계급의 입장에선 우리의 이데올로기적 진지를 굳건하게 지켜 내는 것이다. 그것은 '보건의료 사유화'에 대한 반대의 입장을 명확히 하는 것과 동시에 '보건의료 사회화'의 정당성을 재확인하는 것이다. 둘째로, '보건의료 사회화'의 현재적이고 실천적인 표현인 '무상의료 · 공공의료 · 자치의료'의 내용을 구체화하고 풍부하게 하는 것이다. 이것은 우리의 미래를 준비하는 것이다. 셋째로 저들에 의해 진행되는 '보건의료 사유화' 실현을 위한 제반 음모를 폭로하고 이를 저지하기 위한 선도적인 투쟁을 전개해야 한다. 넷째로 비록 한계가 명확하더라도 현재의 건강보험의 보장성 강화를 위한 투쟁을 확대하여야 한다. 이는 지금까지의 운동의 성과를 지켜 내는 것이고 그 성과를 이어 가는 것이며 현재 가속화되는 '보건의료 사유화'에 의한 일차적인 저항이자 그 폐해를 최소화하는 방법이다.

이러한 우리의 노력은 노동자 · 민중으로 하여금 보건의료문제에 대한 관심을 갖도록 하는 것을 넘어 스스로가 모든 문제의 주체임을 깨닫게 할 것이다. 또한 이것은 현재 노동자계급 운동의 침체의 악순환을 끊는 하나의 계기로 작용할 것이고 머지않을 운동의 고양기에 노동자계급의 중요한 무기의 하나가 될 것이다. 따라서 우리는 저들의 강력한 공세와 일시적인 패배에 주눅 들어 하거나 좌절할 필요가 없다. 왜냐하면 저들의 적극적 공세는 우리의 입장을 선전하고 선동하는 계기가 될 것이고 그들의 일시적 승리는 우리의 궁극적 승리를 위한 전주곡에 불과하기 때문이다.

무통분만*

1.

비록 몇몇 여성주의자들에게 그 진정성 혹은 절실성을 의심받고 때로는 혐오에 찬 공격을 받지만, 그(녀)가 "과학적 사회주의"를 인정하는 사람, 다른 말로 맑스(-레닌)주의자라면 다음의 "언명", 즉 "이성 관계의 부르주아적 형상과 부르주아 사회에서의 여성의 지위에 대한", "능숙"하고 "통찰"력에 기초한 최초의 "언명"! "위대"한 사회주의자 푸리에가 말한 바로 다음의 "언명"! "어떤 주어진 사회에서 여성해방의 정도가 전반적 해방의 자연적 척도라는" "언명"을 자신의 마음에 담아 두고 있을 것이다.[1)]

헤가드—그가 푸리에주의자였는지, 맑스주의자였는지 아니면 다른 사회주의자였는지 혹은 그도 저도 아니었는지 정확히 알 수는 없지만—라는 사람은 1929년에 이렇게 말했다. "어떠한 문명 속에서 차지하는 여성의 지위는 그 문명의 진보의 지표다. 그런데 여성의 지위는 그녀가 아이를 낳을 때, 그녀에게 주어지는 돌봄에 의해 가장 잘 측정된다."

아이를 낳을 때 여성이 받는 돌봄의 정도가 그 사회에서 차지하고 있는 여성의 지위를 가장 잘 나타낸다고 하는 그의 주장에 대해 선뜻 동의하기 힘든 사람들도 있겠고, 또 그럴 수도 있겠다고 생각하는 사람들도 있겠지만 아무튼 여성이 아이를 낳을 때 느끼는 통증, 즉 진통이 엄청나다는 것은 모두들 익히 잘 알고 있는 사실이다.

실제로 분만과 관련하여 발생하는 진통의 심한 정도는 모든 상상을 초월한다. 이미 널리 알려지고 받아들여지는 한 유명한 연구에 의하면 진통은 사고 후 발생하는 여러 통증들, 예를 들어, 염좌(삔 것), 열상(찢긴 상처), 깊이 베인 상처, 골절, 타박상보다 더하다. 또한 통증증후군에 속하는 관절염에 의

---

* [편집자 주] ≪정세와 노동≫ 제7호(2005. 11.) 〈회원마당〉에 실린 글이다.

1) 엥겔스, ≪유토피아에서 과학으로의 사회주의의 발전≫(≪저작 선집≫ 제5권), 박종철출판사, p. 441.

한 통증, 치통, 대상포진 후 신경통, 환지통, 암성 통증, 만성 요통 등보다 더 심하다. 종합병원의 응급실과 통증치료실에서 조사된 그 연구에 따르면 진통보다 더 심한 정도의 통증은 손(발)가락이 잘렸을 때의 통증과 '카우잘기아'(작열통)의 단 두 가지 경우밖에 없었다. 이것은 우리에게 분만과 관련하여 발생하는 통증의 정도가 상상을 초월한다는 말이 결코 과장이 아니라는 것과 여성이 아이를 낳는다는 것이 얼마나 어려운 일인가 하는 사실을 가르쳐 준다.

2.

진통이 이렇게 상상을 초월하는 고통이기 때문에 그것을 경감할 수 있다면 그렇게 하는 것은 정당하다. 이른바 무통분만이 그것이다. 무통분만은 현재 광범위하게 알려졌고 또 많이 시행되는 의료시술이지만 그것이 처음 시도되었을 때는 그렇지 못했다. 어떤 것이 비록 올바른 것일지라도 그 새로운 시도가 그간 사회의 통념과 맞지 않으면 그것이 정착되는 과정은 험난하다. 무통분만 역시 그러한 어려움을 예외 없이 겪었다.

마취제로 에테르가 소개되고 얼마 지나지 않은 1847년 1월 19일 스코틀랜드 에딘버그의 심슨(James Young Simpson)은 골반의 변형이 있는 산모의 분만에 에테르를 사용함으로써 최초로 산과 영역에 이를 도입했다. 곧이어 그와 여러 사람들은 에테르와 크로로폼을 정상 분만 때 동반하는 진통의 조절에도 적용하였다. 그러나 이러한 획기적인 시도는 두 가지 방향에서 엄청난 반대를 불러일으켰다. 그 하나는 의료계 내부에서의 반론이었고 다른 하나는 사회로부터의 비난이었다.

전자의 반론은 당시 의학의 수준에 근거한 정당한 비판이었다. 이것을 이끌었던 사람은 메이그스(Charles D. Meigs)라는 사람인데 그의 주장의 요점은 "임신과 진통은 일반적으로 완전히 잘 마무리되는 정상적이고 생리적인 과정이다. 또한 자궁수축과 자궁의 통증은 분리할 수 없는 것으로 필요한 것이고 유용한 것이고 임산부에게 힘을 주는 바람직한 것이다. 따라서 어떤 약물이 통증을 제거하게 되면 이는 자궁수축을 변화시킬 것이고 이것은 문제를 초래할 수 있기 때문에 이에 개입해서는 안 된다"였고, 그것은 경험과 관찰에 근거했다.

이것은 심슨이 진통에 대해 갖고 있던 생각과는 정반대였다. 심슨은 진통을 포함하여 모든 통증은 생리학적으로 아무런 가치가 없는 것으로 여겼다. 심슨의 그와 같은 생각 역시 자신의 경험과 관찰에 기초했다. 그는 마취하에 수술을 받았던 환자가 그렇지 않았던 환자보다 더 빠른 회복을 보인 것과 대퇴부절단술을 받은 환자들 가운데 마취를 받은 환자의 사망률이 절반으로 감소하는 것을 알았고 이것이 산모에게도 마찬가지일 것이라고 생각했던 것이다. 하지만 심슨은 이것을 증명해 내지 못했다.

아무튼 당시에는 메이그스가 다수의 견해를 대변했고 현재에 와서 심슨은 산과마취의 시조로 추앙받는다. 양자 모두 한계와 오류를 갖고 있었지만 현재에는 두 사람의 의견의 많은 부분이 받아들여지고 있다. 그들이 한계와 오류를 보인 것은 1847년의 의학의 수준을 반영한 것으로 당시에는 자궁의 기능, 진통 혹은 양자의 관계에 대해 매우 빈약한 수준의 지식밖에 없었다. 따라서 그것은 어쩔 수 없다고 할 수 있다. 그럼에도 불구하고 그들의 통찰은 현재의 의학으로 증명되고 있으며 그만큼 인정되고 있다.[2)]

반면에 후자의 비난은 대단히 격렬한 항의를 동반했지만 전자와 같은 정당성을 갖지 못했다. 그것은 목사를 중심으로 하는 교회로부터의 공격이었다. 그들은 무통분만에 대한 비판의 근거를 대중의 무지와 자신들의 종교적 신념에서 찾았다. 당시의 사람들에게 질병, 가뭄, 빈곤, 통증과 같은 고난은 죄에 대해 가해지는 신성한 응보를 의미했다. 사람들은 그것을 굳게 믿고 있었다. 목사들은 이것을 이용했다. 더더군다나 진통은 성경에 뚜렷이 기록된 것이었다. 목사들에게 진통은 에덴동산에서 있었던 이브의 불복종에 대해 신이 이브와 그의 자손에게 내린 벌이었다. 따라서 신이 의지하신 것으로서의 진통을 인간이 자신의 의지로 피하는 것은 매우 심각한 잘못이라는 것이 그들의 생각이었다. 일부 목사들은 '창세기 3장 16절'[3)]을 인용하며 신이 내린 신성한 벌을 회피하도록 만드는 심슨을 '이교도', '신성 모독자', '악마의 대리인' 등으로 규정하고 매도하고 공격했다. 이러한 공격에 심슨은 '창세기 2

2) 현재 주로 시행되는 무통분만의 방법은 '경막외 진통법'으로 당시와는 매우 다르다. 이것 역시 완전하다고 할 수는 없으나 발전된 의학지식을 바탕으로 보다 안전하고 효과가 좋다.

3) "여자에게는 이렇게 말씀하셨다. "내가 너에게 임신하는 고통을 크게 더할 것이니, 너는 고통을 겪으며 자식을 낳을 것이다. 네가 남편을 지배하려고 해도 남편이 너를 다스릴 것이다."" (창세기, 3장 16절, 표준새번역.)

장 21-2절'[4]을 인용하며 이에 맞서 싸웠다. 그는 신이 아담으로부터 갈빗대를 뽑은 것을 아담이 이브를 낳은 것으로 해석하고, 신이 "남자를 깊이 잠들게 하셨"다는 것은 신이 분만 시 마취를 한 것으로 해석하여 자신이 하는 마취행위를 정당화하였다. 또한 그는 고통으로 해석되는 "sorrow"가 히브리어로는 '고통받다(to suffer)'와 '수고하다(to work)'라는 두 가지 뜻을 갖는 것을 알고, 앞으로는 그 문장을 여자들이 고통을 느껴야 하는 것이 아니라 수고하는 것으로 해석해야 한다고 주장하였다. 이러한 그의 날카로운 반론과 무통분만에 대한 여성들의 많은 요구는 그와 무통분만에 대한 교회의 공격을 가라앉혔다. 하지만 그에 대한 교회로부터의 공격을 결정적으로 잠재운 것은 영국 여왕의 무통분만이었다.

심슨에 대한 교회의 비판과 안전과 관련한 여러 논란에도 불구하고 영국의 빅토리아 여왕은 1853년 자신의 여덟 번째 아이인 레오포드 왕자를 클로로폼을 이용한 무통분만으로 낳았다.[5] 그것은 그녀의 요구에 의해서 이루어졌다. 그러나 그녀의 무통분만은 당시 사회적 분위기 때문에 공식적으로 발표되지 못했다.[6] 그래서 이 사실은 소문만으로 떠돌았다. 하지만 4년 후 빅토리아 여왕은 자신의 아홉 번째이며 마지막 아이인 비아뜨리체 공주를 같은 방법으로 낳았다. 그리고 이 사실은 저명한 의학 잡지에 보고 · 발표되었고 널리 알려지게 되었다. 이것을 계기로 무통분만을 둘러싼 이러저러한 당시의 도덕적 · 의학적 · 종교적 논쟁은 가라앉게 되었다.[7]

---

4) "그래서 주 하나님이 그 남자를 깊이 잠들게 하셨다. 그가 잠든 사이에, 주 하나님이 그 남자의 갈빗대 하나를 뽑고, 그 자리는 살로 메우셨다. 주 하나님이 남자에게서 뽑아낸 갈빗대로 여자를 만드시고, 여자를 남자에게로 데리고 오셨다." (창세기, 2장 21-2절, 표준새번역.)

5) 여왕이 사회적 비난 여론에도 불구하고 무통분만을 받을 수 있었던 것은 영국의 국교가 성공회였기 때문이었다.

6) 어찌 되었든 여왕은 당시 자기의 일기에 "축복받은 크로로폼(blessed chloroform)"이라 표현했고, 1860년에 자신의 큰딸이 무통분만을 했다는 소식을 듣고는 "얼마나 다행이냐(What a blessing)"라고 기뻐했다. 이에 앞서 1847년 미국에서 가장 처음으로 무통분만을 받은 시인 롱펠로우의 부인 역시 자신에 대한 비난에 유감을 표하며 "이것은 확실히 이 시대의 가장 위대한 축복이다"라고 썼다. 사회적 비판에도 불구하고 무통분만을 한 여성들은 이에 대해 열광하였다.

7) 비록 이러한 과정을 겪었음에도 불구하고 또 의학의 많은 발전이 있었음에도 불구하고 산과마취와 무통분만은 19세기 말과 20세기 중반까지 80여 년간 암흑기를 겪었다. 1940년대 말 50년대 초에 이르러서야 이 분야의 발전이 다시 시작되었다. 이

3.

한국에서 무통분만은 한때 일종의 특권이었다. 왜냐하면 부잣집 산모들이나 갈 수 있다던 몇몇 유명한 산부인과 전문병원에서만 이 시술을 제공했었기 때문이다. 따라서 당시에는 이들 병원을 이용할 능력이 있는 산모들만 무통분만을 받을 수 있었다. 하지만 이제 무통분만은 많이 대중화되어서 웬만한 병원에서는 거의 시행하고 있으며 또 산모들도 이를 기본적으로 요구하고 있다. 이러한 것은 앞서 말한 측면에서 보면 우리 사회의 문명의 발전이 분명하다. 그런데 이러한 문명의 발전이 돈 문제로 퇴보할 위기에 처했었다. 기억하는 사람들이 있을지 모르겠지만 작년 말에 한국에서는 무통분만을 둘러싸고 작은 소동이 있었다. 대한산부인과개원의협의회(산개협)에서 무통분만 시술을 하지 않겠다고 선언을 하고 나왔기 때문이다.

소동은 무통분만을 받았던 한 산모가 자신이 지불한 진료비에 의문을 품게 되어 건강보험심사평가원(심평원)에게 무통시술비용에 대한 질의를 한 것에서 시작하였다. 질의를 통해 자신이 다녔던 산부인과에서 정해진 것보다 두 배나 더 많은 진료비를 받았던 것을 알게 된 그 산모는 그 병원에서 차액을 환불받았고 이 사실을 자신이 가입해 있던 한 인터넷 카페에 올렸다. 이 사실이 알려지자 순식간에 이와 관련한 민원이 심평원에 날아들었다.[8] 무통분만을 시행했던 대부분의 산부인과 병원들에서 정부가 정해 놓은 규정에 비해 많은 돈을 받고 있었기 때문에 이들 병원들의 대규모 환불사태가 불가피하게 되었다. 이에 산개협은 정부가 정해 놓은 수가지침이 비현실적이었다며 자신들의 억울함을 호소하였다. 이와 더불어 이들은 무통분만 관련 수가의 현실화를 요구했다. 하지만 이것이 거부되자 그들은 시술거부선언을 하게 된 것이다.

것은 여성의 사회적 지위의 발전과 무관하지 않을 것이다.

혹시 오해가 있을 수 있어 덧붙이면 현재 무통분만은 과거처럼 잠을 재우는 방법을 주로 사용하지 않는다. 현재는 경막외공간에 가는 줄을 넣고 하는 방법이 가장 많이 사용되는 방법이다. 물론 다른 방법도 사용된다. 이것은 과학 및 의학의 발전과 경험의 축적 그리고 새로운 약물과 방법의 발전에 의해 이루어진 것이고 더욱 안전하게 되었다. 그러나 아직도 이 분야는 논쟁이 많고 해결해야 할 과제가 많은 것 또한 사실이다.

8) 한 달 사이에 6,000건이 넘는 민원이 접수되었고 이는 그 전해의 민원 전부(2,800건)보다도 두 배가 훨씬 넘는 수치였다.

산부인과병원에서 정해진 수가보다 더 많은 돈을 산모들에게 받은 것은 현행법상 명백한 위법행위였고 따라서 환불을 요구하면 돌려줘야만 했다. 그런데 산부인과 의사들은 환불을 하는 대신 정부에게 수가의 변경을 요구했고 그것이 받아들여지지 않자 오히려 시술거부라는, 어떻게 보면 적반하장 격으로 극단의 행동을 들고나왔던 것이다. 산부인과 의사들은 정부가 정한 무통분만의 수가가 원가의 절반에도 미치지 못한다고 주장하며 정부의 수가나 산모의 환불요구를 "빵을 먹으면서 밀가루 값만 주겠다고 하는 상황"이라고 비난하였다.

그들이 그럴 수 있었던 것은 그들의 주장이 절반은 사실이었고 그만큼 그들은 억울했기 때문이다. 그것은 '100분의 100'이라는 기묘한 정책의 웃지 못할 결과였다. 꼭 필요한 의료행위라고 인정하지만 어떤 이유에서든 정부가 보험급여로는 책임지지 않겠고 병원이 알아서 적절한 가격을 정하고 이를 모두 환자가 부담하라는 '100분의 100'정책은 본질적으로 잘못된 정책이다. 어찌 되었든 이 사태는 사회에 작은 파문을 일으키며 당정협의회까지 가서 적당한 선에서 타협되어 마무리되었다. 다행이 최소한의 문명이 지켜진 것이다.[9)]

---

9) 현행 건강보험제도하에서는 보험적용대상 진료행위와 이것의 수가를 정부기관에서 결정하고 관리한다. 그리고 건강보험에 가입한 환자(우리나라는 모든 사람이 가입되어 있다)가 외래진료를 받으면 진료비의 50%를 공단에서 내주고 환자는 본인부담금 50%를 낸다(100분의 50). 입원 시에는 진료비 80%를 공단이 내주고 20%는 자신이 부담한다(100분의 20). 그런데 그러한 할인(?)혜택을 받는 것은 해당 진료가 보험적용대상인 경우이다. 그런데 '100분의 100'이란 것은 그 진료의 필요성은 인정되어 보험대상에는 포함되어 수가가 정부에 의해 관리되지만, 그 부담은 모두 환자가 지는 것이다. 일반적으로 이것은 재료대와 행위료가 포함되어 결정된다. 보험대상에 포함되지 않는 진료의 경우, 그것의 수가는 병원에서 자율적으로 결정하고 비용은 환자가 전액 자기부담을 하게 된다. 당시에 산부인과 의사들이 문제를 삼은 것은 무통분만 관련 수가가 너무 낮다는 것이었다. 왜냐하면 무통분만을 하기 위해서는 마취과 의사의 도움이 필요한데, 이들을 초빙할 때 필요한 금액이 정부가 정한 행위료보다 훨씬 높기 때문에, 그 돈으로는 마취과 의사를 부를 수 없다는 것이다. 그래서 그들은 무통분만을 요구하는 산모에게 더 많은 돈을 받을 수밖에 없었다는 것이다. 또한 그들은 더 받은 돈은 자신들이 가진 것이 아니라 모두 마취과 의사들에게 주었기 때문에 자신들에게 환불의 부담을 지우는 것은 부당하다고 하였다. 그들은 수가의 조정이 동반되지 않으면 무통분만을 할 때마다 큰 손해를 보아야 한다고 주장하며 이의 시정을 요구하였는데, 정부가 수가 조정을 거부하자 결국 무통분만 시술 거부 선언을

4.

올해부터 무통분만 시술에 보험이 적용되었다.[10] 그런데 복지부에서 이것을 시행하는 이유가 기가 막힌다. 그것은 작년 말의 '무통분만 거부 소동' 때문도 아니고 분만 시 진통조절의 필요성에 대한 인식의 확대 때문도 아니었다. 물론 어느 정도 그것들의 영향도 있었을 것이고 그것을 무시할 수는 없었겠지만 그들이 무통분만시술을 보험적용 대상으로 한 것의 가장 큰 이유는 그것이 아니었다. 그들이 그렇게 한 가장 중요한 이유는 생뚱맞게도 '저출산'이었다. 그들은 "출산장려정책 차원의 적극적 지원"으로, 즉 '저출산' 문제의 해결을 위한 여러 방법의 하나로 '무통분만 시술 보험적용'을 생각해 낸 것이다.

아이를 낳을 때 느끼는 통증이 무서워서 아이를 낳지 않으려는 여성이 아예 없지는 않을 것이다. 진통이 그만큼 고통스러운 것이기 때문이다. 그러나 '무통분만 시술 보험적용'을 통하여 '저출산'이 약간이라도 극복될 수 있을 것이라 생각하는 사람이 있다면 그는 바보임에 틀림없다. 하지만 한때 민족민주운동의 지도자의 하나였고 지금은 변절해 대권을 꿈꾼다는 사람이 장관으로 있는 그리고 이른바 "복지"를 주요 업무로 다루는 부서에서 이러한 생각을 하는 것은 참으로 어처구니없는 일이다.[11]

그리 멀지 않은 과거까지 저출산의 실현은 우리 사회가 이른바 '선진국'으로 나아가는 데 꼭 필요한 목표 중 하나로 강조되었다. 1980년대를 대표했던

한 것이다. 이후 정부는 이들의 완강한 저항에 굴복하여 이들의 요구의 많은 부분을 들어주었다.

10) 무통분만이 보험적용이 된 것은 좋은 일이다. 왜냐하면 이 시술을 시행받는 데 15만원이 든다고 한다면, 그 전처럼 '100분의 100'으로 이것을 하면 15만원이 고스란히 산모의 몫이지만 보험적용이 되면 20%, 즉 3만원이면 가능하기 때문이다. 그런데 이들은 왜 아예 무상으로 하는 것은 생각하지 못할까?

11) 그의 변절은 지난 탄핵시기 국회에서 애국가를 선창하는 모습에서 절정을 보였다. 그들("망월동이나 모란묘원에 누워 있는 희생을 자신들의 정치적 자산으로 전유하면서 탐욕과 출세욕을 실현해 가고 있는 정치적 야심가들")은 탄핵으로 이른바 '의회민주주의'의 본질이 자신들의 동료의 어리석음에 의해 폭로되자 경기를 일으켰다. 왜냐하면 그들은 (최소한) "혁명적 민주주의자"였었던 과거, 역사에서 이런 것들이 무엇을 의미하는지 또 어떤 결과를 초래했는지 배웠고 알고 있었기 때문이다. 유시민(이 바보들아!), 임종석(이러면 안 돼! 이러면 안 돼!) 등의 절망적 외침은 그에서 비롯했다. 출세주의자인 그들은 그 순간 자기의 변절을 후회하고 있었을 것이다.

"딸 · 아들 구별 말고 둘만 낳아 잘 기르자"라는 슬로건은 "둘도 많다"라는 슬로건으로 바뀌어 1990년대 중반까지 외쳐졌다. 그러던 '저출산'이 지금은 극복의 대상으로 되어, '출산 장려'를 하는 세상이 된 것이다.[12)]

저출산은 고령화와 더불어 한국 자본주의의 큰 근심거리의 하나로 보인다. 그래서 많은 이들이 이 문제에 관해 호들갑을 떨고 난리법석을 벌이고 있다. 부르주아들이 이 문제를 걱정하는 것은 무슨 이유인가? 그들은 저출산은 노후생활의 불안정으로 이어진다고 소부르주아들을 위협하며 이 문제의 해결을 주장한다. 그러나 그들의 본심은 그것에 있지 않다. 그들은 노동력의 감소를 걱정하고 국가 경쟁력의 감소를 우려한다. 이것은 짧게는 자신들의 노후의 생활을 걱정하는 것이고 길게는 자신들의 자식들을 걱정하는 것이다. 다시 말해 노후의 자신들과 다음 세대 자신의 자식들을 위해 잉여가치를 창출해야 할 미래의 노동력의 부족을 걱정하는 것이고, 그들 자식들을 계급투쟁에서 지켜 줄 국가의 안위를 걱정하는 것이다.[13)]

몇몇 소부르주아들은 부르주아들의 위협에 놀라 자신의 미래를 걱정하며 저출산의 극복을 함께 주장한다. 사실 그동안 저출산에 가장 기여를 많이 한 것은 바로 그들 자신들이었다. 왜냐하면 그들은 몰락해 가는 자신의 불투명한 미래에 대한 걱정 때문에 이를 피하기 위한 가장 손쉬운 방법으로 결혼을 늦게 하거나 혹은 아이를 적게 낳거나 아니면 낳지 않음으로써 이에 저항하고 있었기 때문이다. 하지만 그들은 소부르주아답게 그동안의 이러한 사실을 까맣게 잊고 지금은 여러 가지 제도의 개선—출산에 대한 지원, 양육에 대한 지원, 사교육문제 개선 등등—을 요구한다. 이런 것들이 개선되면 자신들이 아이를 더 낳을 수도 있을 것이고 그러면 이 문제가 해결될 것이라고 생각하는 것이다. 정말 소부르주아적이다.

한국 사회의 '저출산' 문제는 한국 자본주의의 발전과 함께하고 있는 문제이다. 어떤 사회의 자본주의적 발전은 그 사회의 인민대중에게 빈곤과 궁핍을 가져다준다. 양자의 관계는 뗄 수 없는 관계다. 이것은 자본주의의 착취

12) 이 정책의 성공적 결과로 '저출산'이 이루어졌다고 생각하는 사람은 아무도 없을 것이라 믿는다. '저출산'에 대한 문제는 다음 기회에 다루도록 하겠다.

13) 사실 부르주아지는 자신의 노후와 자신들의 자식들을 걱정할 필요가 없다. 왜냐하면 지금과 같다면 그들은 살아가는 데 필요한 것들을 이미 충분히 넘치게 갖고 있다. 그럼에도 그들이 호들갑을 떠는 것은 끝없는 탐욕과 짧은 안목 그리고 무지 때문이다.

가 강화되면서 발생하는 피할 수 없는 문제이다. 한마디로 한국 사회의 '저출산'은 한국 자본주의의 발전의 필연적인 결과로 한국의 인민대중이 빈곤해지고 궁핍해져서다. 따라서 이 문제의 근본적인 해결은 한국 자본주의의 지양과 함께 할 것이다. 특히 요즘처럼 신자유주의적 개혁이 일방적으로 관철되고 있는 지금과 같은 상황에서 이 문제의 해결은 절대 불가능하다. 왜냐하면 신자유주의라는 것이 필요하게 된 것, 그 자체가 이 문제의 해결을 허용하지 못한다는 것을 의미하기 때문이다.

5. 사족

레닌의 ≪무엇을 할 것인가?≫에 다음과 같은 내용이 있다.

> 왜 자생적 운동, 최소 저항노선을 따르는 운동은 부르주아 이데올로기의 지배로 귀결되는가? 왜냐하면 부르주아 이데올로기는 사회주의 이데올로기보다 그 기원에 있어서 훨씬 더 오래된 것이며, 더 충분히 발전되었고 측정할 수 없을 정도로 더 많은 보급수단을 갖고 있다는 단순한 이유 때문이다.[14]

사실이 이렇다면 여성해방을 위한 운동은 어쩌면, 아니 사실로서, 계급해방보다 더욱 어려움이 있을 것이다. 왜냐하면 여성억압의 이데올로기는 여성해방의 이데올로기보다 —부르주아 이데올로기에 대한 사회주의 이데올로기에 비해서도— 그 기원에 있어서 훨씬 오래된 것이며, 더 충분히 발전되었고 측정할 수 없을 정도로 더 많은 보급수단을 갖고 있다는 단순한 이유에 덧붙여 프롤레타리아트가 소수의 부르주아지를 상대하는 데 비해 훨씬 많은 실질적 혹은 잠재적 적을 상대하고 있기 때문이다.

또한 같은 책에 이러한 유명한 말도 나온다.

> 노동자들 사이에 사회민주주의적 의식성이 존재할 수 없었을 것이라고 우리는 말한다. 그것은 외부로부터 그들에게 주어져야만 할 것이다.[15]

---

14) 레닌, ≪무엇을 할 것인가?≫(≪레닌 저작집≫ 제1권), 전진, 1998, p. 201.

15) 레닌, 같은 책, p. 193.

이렇게도 주장한다. "계급적 정치의식은, 단지 외부로부터만 즉 단지 경제투쟁의 바깥으로부터만 그리고 노동자들과 고용주들 사이의 관계영역의 바깥으로부터만 노노동자들이 그 계급적 존재에도 불구하고 그러한 한계를 갖고 있으며, 한계의 극복이 외부에서 주어져야만 하는 것처럼 '여성해방적 의식성'은 현재의 우리 내에 존재할 수 없었을 수도 있다. 그러나 우리에게는 그것을 누군가가 외부에서 주지 않을 것이다. 우리가 찾아야 하는 것이다.

왜냐하면 "모든 이론적인 문제에 대해서 더욱 명확한 통찰력을 획득하는 것, 지도자들 자신을, 과거의 세계관으로부터 유래된 전통적인 표현의 영향력으로부터 더욱더 해방시키는 것, 사회주의를 끊임없이 마음에 새기는 것이 (사회주의적) 지도자들의 임무"[16]인 것처럼 그것은 우리의 임무이기 때문이다.

동자들에게 가져다줄 수 있는 것이다." (같은 책, p. 229.) 이러한 직접적 비유는 커다란 한계를 갖는다. 왜냐하면 노자 간의 모순은 적대적 모순이고, 남녀(여남) 간의 모순은 비적대적 모순이라는 기본적인 차이에서 비롯된다.

16) 엥겔스, ≪독일농민전쟁≫, 레닌, 같은 책, p. 191에서 재인용.

신종 돼지 기원 인플루엔자 A(H1N1)*

원래 계획대로 이 글이 ≪정세와 노동≫ 지난 호에 실렸으면, 다음과 같이 시작되었을 것이다.

현재 이른바 '돼지-기원 인플루엔자 A(H1N1)'(swine-origin influenza A(H1N1), SOIV)(이하 '신종 플루')에 대한 사람들의 공포심은 많이 사라져 가는 것 같다. 아직도 완전하게 마음을 놓는 것 같지는 않지만 그래도 처음에 보이던 공황(panic) 상태의 모습은 거의 사라졌다. 마치 경제위기가 전 세계를 덮치면서 세계경제가 파국(crisis)에 빠지고 있을 때 공황(panic) 상태에 빠진 모습을 보였던 사람들이 최근 이른바 '경제 지표'가 호전되는 양상을 보면서 공황(crisis)이 사라진 것으로 혹은 실재성을 부정해 버리는 것처럼.

'신종 플루'에 대해서는 많은 사람이 관심을 보였던 만큼 이미 그 정보는 넘친다. 따라서 어떤 의미에서 그것을 다시 다루는 것은 이미 식상할 지경이다. 하지만 아직도 궁금해 하는 몇몇(?) 회원들을 위해 또 일반적인 상식을 넓힌다는 의미로, 이 글은 〈회원마당〉이라는 지면을 이용하여 그간에 떠돌았던 내용을 간략히 정리하는 것으로 한다.

하지만 오바마가 '국가비상사태'를 선포하는 등 최근 '신종 플루'에 대한 공포는 전 세계를 덮어 버렸고 그만큼 관심도 다시 높아졌다. 그래서 그 문제를 약간 더 자세히 다루도록 하겠다. 물론 기본적인 틀은 〈회원마당〉에 실리는 글이지만 약간의 전문성을 더 담아서 말이다.

* [편집자 주] ≪정세와 노동≫ 제51호(2009. 11.) 〈회원마당〉에 실린 글이다.

1. '신종 플루'란 이름을 둘러싼 논란?

이번 '신종 플루'는 명칭이 정해질 때부터 요란했다. 처음 '돼지 독감'(swine influenza)으로 알려지던 것이 '멕시코 독감'(Mexican influenza) 혹은 '북미 독감'(North-American Influenza)으로 불렀으며 현재 공식적인 명칭은 '신종 플루' 혹은 'Influenza A(H1N1)'이 되었다.

처음 '신종 플루'에 대한 명칭을 둘러싸고 과학자들 사이에 입장차이가 있었던 것은 사실이다. 그 하나는 '신종 플루'가 '돼지 인플루엔자'이지만 '사람-돼지-조류의 3중 조합 바이러스'(triple-reassortant swine influenza A(H1A1))임을 강조하는 입장이다. 이것은 과거에도 '돼지 플루'가 있어 왔지만 사람과 사람 사이의 전염이 잘 이루어지지 않았던 것처럼 대유행이 일어나지 않을 것이라는 점을 강조한 것이었다. 이와는 다른 하나는 '돼지-유래 인플루엔자 A(H1N1)'(swine-origin influenza A(H1N1), SOIV)라는 주장으로 사람들 사이에 실제로 전염이 되고 있다는 점에서 대유행에 더욱 중요성을 두었던 견해였다. 이 논쟁은 '신종 플루'가 전 세계적으로 확산되면서 현안 대처에 대한 문제가 더 시급하다는 현실적인 이유에 의해 뒤로 밀렸지만 '신종 플루'의 기원이 '돼지 인플루엔자'와 밀접한 관련이 있음을 알려 준다.

유전자 분석 역시 이번 '신종 플루'가 '돼지 인플루엔자'와 관련이 있음을 명백히 보여 준다. '인플루엔자 바이러스'는 한 가닥의 RNA로 구성되어 있고 8개의 조각으로 나누어진다. 그런데 '신종 플루 바이러스'를 구성하는 8개의 유전자 조각은 모두 '돼지 인플루엔자'와 관련이 있다. 비록 조각 여섯 개 중 두 개가 '사람-돼지-조류 인플루엔자 바이러스'의 3중 조합으로 이루어진 것이긴 하지만, 그 여섯 개 모두는 북미지역에서 발생한 '돼지 인플루엔자'로부터 기원한다. 또한 나머지 조각 2개 역시 유라시아에서 발생한 '돼지 인플루엔자'에서 기원한 것이다.

이 때문에 즉, 이번 '신종 인플루엔자'를 구성하는 8개 유전자 조각이 모두 '돼지 인플루엔자'로부터 온 유전자 조각이라는 것은 사실이지만, 이것이 모두 북미의 '돼지 인플루엔자'에서 온 것이 아니라 유럽과 아시아의 '돼지 인플루엔자'에게서도 기원했다는 바로 그 이유 때문에, 이번 '신종 플루'를 '멕시코 플루'라고 호칭하는 것을 멕시코 관리들은 반대했던 것이다. 물론 멕시코에서 폐렴과 사망환자가 집단적으로 발생했지만 '신종 플루'의 사람 감염이 최초로 확인된 것도 미국 캘리포니아에서였던 것도 사실이며 이 역시 '멕시코 플루'라는 호칭에 그들이 반대한 이유의 하나였다. 어쨌든 '신종 플루'의 기원은 '돼지 인플루엔자 바이러스'라는 사실은 부정할 수 없다. 또한 유전자 분절의 일부가 사람과 조류로부터 왔기 때문에 '돼지 독감'이라고 부를 수 없다는 주장도 있지만 이는 구차할 뿐이다. 전통적인 '돼지 독감'은 사람에게 잘 전염되지 않는데 이번 '신종 플루'는 사람에게 잘 전염되는 것을 근거로 '돼지 독감'이라는 명칭을 사용하면 안 된다는 주장은 반박조차 필요 없는 주장인 것이다.

사실 '신종 플루'라는 명칭 자체가 우스운 것인데 왜냐하면 바이러스는 항상 변하는 것으로 어떤 의미로 매년 유행하는 인플루엔자, 즉 이른바 '독감' 역시 소(小)변이에 의해서지만 '신종 플루'이기 때문이다. 그리고 최근까지 사람들을 비슷한 공포에 몰아넣은 '조류 독감'도 바로 최근까지, 이번 '신종 플루'가 유행하기 전 바로 직전까지, '신종 인플루엔자'로 불렸다.

이렇듯 '신종 플루'의 명칭을 둘러싸고 전개된 논쟁은 그 기원과 전망 및 대책 마련을 위한 과학적 논쟁이 주가 아니었던 것은 공공연한 사실이다. '돼지 독감'이 유행하고 사람들이 이에 대한 오해 및 공포로 인해 돼지를 먹지 않게 되고 심지어 일부 국가에서는 돼지를 도살하고 땅에 묻는 일이 발생하였으며 북미산 돼지고기의 수입을 금지하였던 것은 너무나 명백한 사실이고 누구나 다 알고 있던 일이다. 이에 따라 미국을 중심으로 하는 대규모 다국적 축산업자들이 막대한 피해를 받게 되자 미국 농무부, 국제수역사무국(OIE), 세계식량기구(FAO), 세계보건기구(WHO) 등이 이러저러하게 나섰던 것이다. ('조류 독감'이 발생했을 때, 홍콩을 포함하여 아시아의 여러 나라들 그리고 한국에서 벌어진 닭과 오리의 이른바 '살처분'과 닭 기피현상과 비교해 생각해 보라.)

아무튼 이러한 과정에서 이미 널리 알려진 것처럼 '신종 플루'라는 명칭은 지독히 정치적인 성격을 갖게 되었으며 과학 역시 이데올로기 및 당파성에서 자유롭지 못하다는 것을 다시 한 번 확인시켜 주었다.

2. '신종 플루'의 대유행에 대한 걱정은 무엇 때문이었는가?

지금도 '신종 플루'와 관련된 언론의 보도는 계속되지만 얼마 전부터 그 양상이 변화한 것은 누구나 느끼는 사실이다. 이에 따라 사람들의 공포심도 많이 줄었다. 이것은 물론 '신종 플루'의 치명률이 예상보다 적어서이기도 하지만 '신종 플루'의 확산이 이미 너무 광범위하게 이루어졌기 때문이기도 하다. 이에 따라 감염자의 확진을 통한 전수확인 및 방역을 중심으로 하던 전략이 중증환자 및 사망자 감소를 위한 '피해완화' 전략으로 변했기 때문이기도 하다.

사실 우리는 이번 '신종 플루' 이전에도 이러한 호들갑들은 여러 번 경험했다. 여러 번의 '조류독감'과 이것들과는 원인 바이러스가 다르지만 '중증 급성 호흡기 증후군'(severe acute respiratory syndrome, SARS) 때도 그랬다.

'인플루엔자 바이러스'는 우리에게 매우 친숙한(?) 바이러스다. 매년 '독감'이라 불리며 겨울철에 유행하여 인구의 약 10%를 감염시키는 것이 이 바이러스다. 이것은 감염시킨 대부분의 사람에게서는 '몸살'을 앓게 하지만 노인, 영유아, 만성 내과 질환 환자 등에서 단지 앓고 지나가는 '독감'으로 끝나지 않게 한다. 독감은 이들에게서 심하게 증상을 악화시켜 폐렴으로 진행하거나, 2차적 세균 폐렴을 발생시키거나 기존 질환을 악화시키는 것 등으로 입원 치료가 필요한 경우를 종종 발생하게 하며 심한 경우 일부를 사망에까지 이르게 한다. 그래서 요즘 잘 알려진 이른바 '고위험군'인 사람에게 매년 예방접종을 하도록 권고하는 것이다. 다만 어렸을 때 접종하는 일반적인 다른 예방접종과 달리 매년 예방접종을 하게 되는 까닭은 바이러스가 '항원 소변이'를 하여 변하기 때문이다.

이와는 달리 인플루엔자 바이러스는 '항원 대(大)변이'를 하게 되는 경우도 있으며 이것은 세계적 '대유행'과 관련이 있다. 이때에는 인구의 30-50%가 감염되는데 이것은 10-40년을 주기로 일어났다. 이와 관련해서 이른바 '전문가'들이 계속 걱정하고 호들갑을 떠는 것은 인류가 20세기에 세 차례 경험했던 대유행의 아픈 기억 때문이다.

제1차 세계대전 중이던 1918년 우리에게 '스페인 독감(A/H1N1)'이라고 알려진 첫 번째 대유행이 있었다. 당시 전쟁으로 사망한 군인이 830만 명이었는데, 독감으로 인한 전 세계적인 사망자 수는 4천만 명-1억 명으로 추정되고 있다. 조선총독부통계연감에 따르면 이때 조선에서도 14만 명이 사망하였으니 엄청난 숫자다. 두 번째 대유행은 1957년에 '아시아 독감(A/H2N2)'으로 불리는 것이었는데 200만 명 이상의 사망자가 발생한 것으로, 세 번째는 1968년 '홍콩 독감(A/H3N1)'으로 100만 명 이상이 사망한 것으로 추정하고 있으니 '대유행'을 걱정하는 것은 어쩌면 너무나 당연한 일이다.

이러한 걱정은 '대유행'이 10-40년 주기로 발생했다는 단순한 경험을 기초로 나온 것은 아니다. 1918년 대유행 이후 인플루엔자 바이러스 유행을 조기에 발견하고 대처하려는 국제적 협조 체계가 구축되었다. 그리고 이러한 노력의 결과로 1957년과 1968년의 대유행은 바이러스 감시체계를 가동하면서 대유행 이전에 그 발생을 미리 예측하였었다. 이러한 예측은 질병의 확산을 지연시키고 대책을 마련하는 것에 일정한 정도 도움을 주었지만 그럼에도 불구하고 대유행을 멈추게 할 수는 없었다. 현재의 호들갑 역시 이러한 감시체계의 활동의 결과에 어느 정도 기인한다. 감시의 결과에 기초하여 이른바 전문가들은 '대유행'이 발생할 가능성의 3가지 조건 중 현재 두 가지 조건이 이미 충족되었고 '대유행'은 시간문제라고 생각하고 있어 왔으며 약간의 기미가 발생하더라도 큰 소리를 내 오고 있었던 것이다.

3. 대유행의 조건

인플루엔자 바이러스는 A형, B형 및 C형으로 나누어진다. 이 중 A형과 B형이 사람에게서 독감을 유발시키는데 B형은 사람만 숙주이고 주로 소아에서 감염을 일으키며 치명률이 낮다. 이와는 다르게 A형은 모든 연령대에 감염을 일으키고 증상이 심하며, 조류, 돼지 등 다양한 숙주를 갖으며 '항원 대변이'에 의한 대유행을 일으킨다. 그래서 A형이 문제가 되는 것이다.

A형 바이러스는 표면 항원인 hemmaglutinin(HA) 15가지와 neuraminidase(NA) 9가지의 조합에 의해서 아형이 나누어진다. 즉 H1N1, H2N2, H4N5, H13N9 등으로 분류를 한다. 그리고 HA와 NA는 주기적으로 변화를 한다. 이들 조합 중에서 사람에게서 대유행을 일으켰던 것은 앞서 말한 것처럼 H1N1(스페인 독감), H2N2(아시아 독감), H3N2(홍콩독감)이었다.

여기서 '항원 대변이'라는 것은 HA나 NA가 다른 것으로 바뀌는 것, H3이

H2로 혹은 N1이 N2로 변하는 것, 예를 들어 바이러스 유형이 A/H1N1이 A/H2N2로 혹은 A/H2N2가 A/H3N2로 변하는 것을 말한다. '항원 대변이'가 일어나면 기존의 유행을 주도하는 아형 바이러스는 새롭게 유행을 주도하는 새로운 아형바이러스로 대체가 되었다. 즉 1957-1967년까지는 A/H2N2가 유행을 일으켰지만 1968년 이후에는 A/H3N2가 출현하고 이 아형바이러스가 기존의 아형바이러스를 완전히 대체하여 유행을 주도하게 된다. 그런데 1977년 A/H1N1 아형바이러스가 재등장했고 A/H3N2와 공존하고 있다. 현재는 A/H3N2, A/H1N1, 인플루엔자 B가 사람들에게 유행하고 있고 현재의 예방백신은 이 세 인플루엔자 바이러스를 조합하여 만들어진다.

'항원 소변이'는 이른바 '소유행'을 일으키는 원인이 되는 것인데 아형은 그대로 유지되면서 약간의 유전적 변이만을 일으키는 것을 의미한다. 예를 들어 1997년 유행을 한 것은 A/Wuhan/359/95(H3N2)이고 1998년 유행한 것은 A/Sydney/5/97(H3N2)로 H3N2는 그대로 유지되는 것이다. 이때 분류는 바이러스의 기원 장소, 분리 번호, 분리연도에 따라 다른 이름이 붙여지게 된다.

앞서 말한 것처럼 '대유행'은 바이러스의 '항원 대변이'가 있어야 하며 인구의 대부분이 이 항원에 대해 방어면역이 없어야 한다. 그리고 이 새로운 아형바이러스가 사람에게 감염된 후 발병을 일으키는 것, 즉 임상 증상을 나타내는 것이어야 한다. 마지막으로 이 새로운 아형바이러스가 지속적인 사람과 사람 사이에 감염 전파 능력을 갖추어야 한다. 이 세 가지 조건이 충족되면 비로소 '대유행'이 일어나게 되는 것이다.

인플루엔자 바이러스에 대한 연구 속에서 연구자들은 조류에게 유행하는 조류인플루엔자(AI)가 있으며 확산되고 있다는 것과 이 인플루엔자들 중에서 사람에게까지 감염을 일으키는 것이 있다는 사실을 알게 되었다. 그것들은 H5N1, H7N7, H9N2, H7N3 등이었는데 그중 고병원성조류인플루엔자(Highly Pathogenic Avian Influenza, HPAI)로 불리는 A/H5N1이 1997년 등장하여 2009년 봄까지 15개국에서 450여 명의 인체감염을 일으키고 270여 명의 사망자를 만들었다. '항원 대변이'의 조건을 충족시키고 사람에게 임상증상을 일으키는데 그 사망률 60%의 치명적인 독성을 갖고 있으며 여러 차례 가족 내 군집 발생 등으로 사람-사람 간의 전파 능력이 있다고 추정되는 조류인플루엔자는 사람들을 공포에 몰아넣기에 충분했다. 이에 전문가들은 다음 '대유행'의 가장 유력한 후보로 조류인플루엔자를 예상하고 대책을 마련했던 것이다. 하지만 조류인플루엔자는 지속적이고 효과적인 사람-사람 사이 전파능력을 획득하지 못했고, 새롭게 발생한 '신종 플루'는 이 전파능력을 갖고 있음으로 해서 '대유행'을 만들어 내었다. 우려하던 '대유행'이 발생한 것이다. 그러나 현재까지의 경과를 기초로 판단해 보면 '신종 플루'의 사망률은 '계절독감'에 비해 더 큰 것 같지는 않고 이것이 '대유행' 속에서도 그나마 한숨을 돌릴 수 있게 하는 근거가 된다.

그러나 이와 관련하여 사람들을 더 큰 공포에 떨게 하는 것은 인플루엔자 바이러스가 변이를 쉽게 한다는 그 자체다. 이것들은 쉽게 유전자 조합을 통하여 다른 '변종'이 될 수 있다. 따라서 '조류독감'과 같은 치명적인 독성을 갖고 동시에 '신종 플루'의 전염력을 갖는 이른바 또 다른 '신종 인플루엔자 바이러스'가 언제라도 출현할 수 있는 가능성이 있는 것이다. 그리고 이러한 가능성이 10년이 넘도록 사람들을 공포에 떨게 하고 있는 가장 기본적인 원인이다.

4. '신종 플루'는 얼마나 위험한가?

'신종 플루'의 현재의 사망률을 근거로 그 위험도가 높지 않다고 단언할 수 있는가라는 질문을 하면 아마 아무도 그렇다고 확답을 할 수는 없을 것이다. 전문가들이 한편으로는 어느 정도 안심을 하면서도 경계를 늦추지 않는 것도 마찬가지 이유인데 이것 역시 과거 경험에 비추어서 그러하다.

첫 번째 '대유행'이었던 '스페인 독감'은 1918년 3월에 유럽과 미국에서 동시에 나타났고 높은 전파력으로 많은 사람을 감염시켰다. 하지만 사망률은 그다지 높지 않았다. 그러나 그해 8월 유럽과 미국에서 다시 시작된 2번째 유행 때는 사망률이 10배 이상 높아졌고 엄청난 수의 사망자를 발생시켰다. 두 번째 '대유행'이었던 1958년 '아시아 독감' 역시 처음 2월에 발생한 후 급속도로 전 세계에 퍼졌으나 사망률은 높지 않았다. 그러나 두 번째 유행 시에 사망률이 높아졌다. 이러한 경험은 이번 '신종 플루'의 대유행에서 사망률이 높지 않아도 겨울을 다시 맞으며 경계를 늦추지 않는 가장 큰 이유의 하나다.

또한 아직까지 알려진 '신종 플루'의 역학적 특징도 우려를 완전히 사라지지 않게 한다. '신종 플루'의 특징 중 가장 두드러진 것은 대부분의 환자가 젊은 사람에게서 발생하는 것이다. 감염자는 영유아에서 노인까지 전 연령대에 걸쳐 있지만, 60-70%가 5-30세에 집중되어 있으며, 이는 한국의 경우도 유사하다. 그리고 외국에서 발표된 사망자에 대한 최근의 한 분석에 따라도 343명의 사망자의 평균 나이가 37세였고 51%가 20-49세였으며 기저질환이 없었던 환자가 거의 50%에 이르는 등의 특징을 보인다. 이것은 사망자가 고연령대에 집중되고 기저질환의 악화로 사망에 이르는 '계절 독감'과의 가장 큰 차이를 보이는 현상이고, 과거 '대유행'의 경우에도 초기에 보였던 현상이다. 따라서 많은 사람들이 1차 유행 파도가 지나고 지구 북반부에 겨울이 오면서 2차 유행파도가 발생하면서 병독성이 강한 바이러스가 출현할 것을 전망하였다. 다행스러운 것은 지속적인 바이러스 변이를 추적하고 있는 현재까지 아직까지 Osetamivir(타미플루)에 내성인 바이러스 출현 이외에 병독성이 증가한 바이러스가 발생했다는 증거가 없는 것이다. (한국에서는 아직 내성 바이러스의 출현도 발견되지 않고 있다.)

하지만 중증도와 사망률을 결정하는 인플루엔자 바이러스의 병독성과 관련해서는 논란이 많은 것이 사실이다. '대유행'을 일으킨 '스페인 독감' 바이러스와 '대유행'의 가장 유력했던 후보였던 '조류 독감' 바이러스의 유전자 비교 분석을 토대로 '신종 플루' 바이러스에서는 독성을 일으킨다고 알려진 유전자가 없어서 그간 '대유행'을 일으킨 과거 인플루엔자 바이러스에 비해 병독성이 약할 것이라는 주장이 있으며, 바이러스 폐렴 이후, 세균 폐렴을 유발시키는 유전자가 없어 이차적인 폐렴으로 인한 문제를 일으키지 않는다는 주장도 있으며 이것이 '신종 플루'의 낮은 사망률과 낮은 폐렴 발생의 현상에 대한 설명의 근거로 받아들여진다. 하지만 인플루엔자 바이러스의 병독성을 단순히 어느 한 부분의 유전자 변이로 설명할 수 없으며, 유전자의 발현은 여러 유전자의 복합적인 반응으로 나타난 것으로 유전적 변이로 병독성을 모두 설명하거나 예측할 수 없다는 것도 사실이며, 이는 앞서 설명에 대한 반론으로 제시되고 있다.

미국, 네덜란드, 일본 등에서 쥐와 족제비를 이용하여 공격실험을 시행하였고 '신종 플루' 바이러스가 '계절 독감' 바이러스에 비해 폐에 더욱 심한 염증을 유발하고 손상시키는 것을 보여 주고 있다. 이는 멕시코에서 시행한 사망한 환자의 부검 소견에서 확인된 사실과도 부합한다. 겨울을 지낸 호주나 스페인의 중환자실에 입원한 환자의 분석 결과는 바이러스성 폐렴이 2차적인 세균성 폐렴보다 더 많이 발생한 것으로 확인되는데 이는 '신종 플루'가 바이러스로서는 '계절 플루'보다 병독성이 낮지 않다는 증거로 이용된다. 또한 바이러스 감염 후 '급성호흡부전증후군'(Acute Respiratory Distress Syndrome, ARDS) 발생이 '계절 플루'보다 100배 정도 더 높다는 보고 역시 '신종 플루'의 병독성이 낮지 않다는 증거로 제시된다.

하지만 이미 겨울을 보낸 남반부에서의 경험, 즉 호주에서 '계절 독감'으로 사망하는 사람이 2천여 명인데, '신종 독감'에 의한 사망자가 200여 명에도 미치지 못했다는 사실은 이에 대한 반론이 될 것이다. 여기에 이미 '대유행'을 기정사실화한 현재, 대부분의 국가에서 증상이 경한 환자에 대한 확진검사를 대부분 시행하고 있지 않기 때문에 보고되는 수치는 이들이 제외되어 있는 것이 사실이다. 따라서 이들을 고려하면 사망률은 더욱 낮아질 것이고 이는 병독성이 약하다는 '현실'적인 증명이다.

5. '신종 플루' 백신

'신종 플루' 백신과 관련하여 이른바 '괴담'들이 인터넷을 떠돌고 있다. 하지만 국내 제약회사에서 처음으로 개발 제조된 '신종 플루' 백신은 현재 의료인 및 방역요원, 군인들을 대상으로 접종되고 있다. 그리고 곧 초·중·고교생, 이어 6개월-만 6세 미만 아이와 임산부, 마지막으로 노인과 만성질환자 순으로 진행될 예정이며 이러한 우선순위 결정에 불만을 제출하는 사람도 많이 있다.

매년 또 올해도 예외 없이 예방접종 후 사망했다는 보도가 끝이지 않지만 사실 계절 인플루엔자 백신은 축적된 많은 연구 결과를 통하여 그 안정성이 이미 충분히 확보된 백신이다. 그리고 인플루엔자 바이러스의 감염 예방의 가장 효과적인 방법은 예방접종이라는 사실 역시 증명된 사실이다.

현재 전 세계적으로 사용되는 '계절 플루' 백신은 그 형태가 어떠하든 A형 인플루엔자 2가지(H1N1과 H3N2)와 B형 인플루엔자 등 세 가지 인플루엔자 바이러스의 항원을 혼합하여 해마다 새롭게 만들어진다. 일반적으로 전년도의 마지막에 유행한 것이 다음 번 유행을 주로 일으키므로 이를 근거로 하여 다음 번 백신에 포함할 바이러스 종류를 결정한다. 즉 활동하고 있는 여러 인플루엔자 바이러스들 중에서 전 세계적으로 유행할 것으로 예상되는 인플루엔자 바이러스의 형과 아형을 미리 예측하여 백신을 조성할 것을 권고하고 이것을 이용하여 백신을 만들고 접종하는 것이다. (아래 〈표〉 참조.)

연도	WHO 권고
2004-5	A/New Caledonia/20/99(H1N1) A/Fujian/411/2002(H3N3) B/Shanghai/361/2002
2005-6	A/New Caledonia/20/99(H1N1) A/California/07/2004(H3N2) B/Shanghai/361/2002
2006-7	A/New Caledonia/20/99(H1N1) A/Wisconsin/67/2005(H3N2) B/Malaysia/2506/2004
2007-8	A/Solomon Islands/3/2006(H1N1) A/Wisconsin/67/2005(H3N2) B/Malaysia/2506/2004
2008-9	A/Brisbane/59/2007(H1N1) A/Brisbane/10/2007(H3N2) B/Florida/4/2006
2009-10	A/Brisbane/59/2007(H1N1) A/Brisbane/10/2007(H3N2) B/Brisbane/60/2008

이렇게 유행하는 인플루엔자 바이러스의 항원이 매년 변하기 때문에 백신의 조성 역시 이에 맞추어 매년 바뀌는 것이고 그래서 인플루엔자 백신을 해마다 새로 접종하게 되는 것이다. 그런데 사실 이러한 변화를 정확히 예측하는 것은 매우 어려운 일이다. 하지만 예상이 적중하여 그해 실제로 유행하는 바이러스와 백신 조성 바이러스의 항원성이 일치했을 때 예방효과는 70-90%에 이르며 6개월까지 면역항체 지속효과를 갖게 된다. 백신 접종 후 대부분의 어린이와 성인에게서 높은 항체가가 형성되어 예방 효과가 탁월하

지만 고령환자와 고위험군에서는 항체가가 상대적으로 낮다. 하지만 이들에게서도 입원, 폐렴 발생 및 사망을 낮추는 효과가 있는 것으로 되어 있다. 또한 비록 예상이 빗나가 유행 항원과 백신 항원이 불일치하는 경우라도 예방효과가 전혀 없는 것은 아니며 40-70% 효과가 있고 비록 백신 후에도 독감에 걸리더라도 훨씬 경미한 경과를 밟는다고 알려져 있다. 이것이 백신 접종 정당성의 근거가 된다.

이러한 이유로 '신종 플루'와 관련해서도 백신이 강조되는 것이고 사람들의 관심이 집중되는 까닭이다. 그리고 안정성과 관련하여 논란이 끊이지 않는 것은 '신종 플루'에 대한 사람들의 공포심과 관심을 고려하면 어쩌면 당연한 일이다. 왜냐하면 매년 전 세계적으로 3억 건 이상으로 접종되고 심각한 부작용이 거의 없다는 '계절 플루' 역시 매년 사망을 포함한 부작용과 관련된 논란이 계속되는 것이 사실이기 때문이다. 또한 사소한 부작용이라고는 하지만 국소염증반응(주사부위의 통증, 붉어지거나 딱딱하게 굳어지는 현상 등)은 접종자의 10-65%까지 관찰되기도 하고 전신반응(열, 근육통, 관절통, 두통 등)은 15% 이하에서 관찰된다.

더구나 지속적인 대비책을 외면한 채 안일한 대처로 일관하다가 '대유행'에 놀라 허둥지둥 졸속적으로 백신을 준비하는 것처럼 보이는 지금, 사람들의 안정성에 대한 우려는 불가피하다. 여기에 비록 한 번의 경험이지만 1976-7년 미국에서 있었던 국가 주도의 인플루엔자 예방접종 후 발생한 사건, 즉 독감으로는 정작 한 명의 사망자만 있었지만 예방접종 부작용으로는 25명이 사망한 사건, 우연히도 그때 사건을 일으킨 인플루엔자 바이러스가 돼지 바이러스였고, 그것이 낭시 "신종 돼시 인플루엔자"(Swine flu(H1N1))로 불렸던 사실은 사람들에게 불안을 일으키지 않을 수 없다.

6. 나가며

'신종 플루'의 대유행은 질병으로서만이 아니라 사회적인 문제로 우리에게 많은 시사점을 제기해 준다. 음모론의 배경이 되었던 제약회사와 치료제 및 지적재산권, 이것은 단지 '타미플루'와 '릴렌자' 및 백신의 문제를 넘어선다. 또한 여기에는 다국적 축산업자들도 포함된다. 각국의 사망자 수와 사망률의 비교는 이른바 선진국과 후진국 혹은 제국주의의 문제가 앞서의 문제와 함께 제기될 것이다. 또한 사망자의 계급적 분석에 대한 직접적인 연구를 보지는 못했지만 대유행이 진정되고 이것이 구체적으로 수행되면 아마도 빈곤의 문제가 부각될 것이 분명하다.

처음에 〈회원마당〉에 간단히 쓰려고 하던 글이 공연히 길어졌고 내용도 복잡해졌다. 그리고 정작 더욱 중요한 문제들은 오히려 문제 제기로 끝나고 말았다. 미안한 심정이다. 하지만 그런 것들은 이미 여러 곳에 많이 발표되었고 대략적인 내용은 회원들이 많이 알고 있을 것이라 생각했다. 또 이와 관련된 문제는 앞서 살펴본 것처럼 형태를 달리해서 다시 나타날 것이므로 좀 전문적인 내용을 중심으로 쓰게 되었음을 양해 부탁하며 글을 마친다.

의사 폐·파업을 통해 본 보건의료운동의 이론적 쟁점* **

신으로부터 불을 훔쳐 인류에게 선사했던
프로메테우스가 인류의 자랑이라면
부자들로부터 재산을 훔쳐 민중에게 선사하려 했던
나 또한 민중의 자랑이다

김남주, "나 자신을 노래한다"

의사폐파업 투쟁은 기존의 보건의료운동론에 대한 실질적 평가를 요구한다. 그것도 철저하고 근본적인 재검토를 요구하고 있다. 이것은 지금 매우 중요한 문제이다. 왜냐하면 많은 낡고 후진적인 이론들이 과거에 극복되었다고 생각했지만, 사실은 현재에도 모두 실체를 가지고 살아 숨 쉬는 실천으로 존재하고 있었다는 것이 이번 의사폐파업 투쟁 속에서 확인되었다. 물론 운동의 진행이 이러한 이론들을 일소(一掃)할 것은 분명하지만 저절로 그렇게 되길 기다리는 것은 우리의 자세는 아닐 것이다. 그리고 이보다 더 문제가 될 것은 이번 투쟁의 경험 속에서도 이것들이 자기 자신을 전혀 반성하지 않고 계속 살아가길 주장하고 있으며, 이는 지금처럼 앞으로도 보건의료운동의 앞길을 가로막을 것이 분명하다는 점이다. 따라서 이들 이론에 대한 재검토는 단지 이론적 유희가 아니라 보건의료운동의 발전을 위해 반드시 필요하다. 그러나 이것을 연대사적으로 자세히 살펴볼 이유는 없다. 이론적 비판은 이미 과거에도 충분히 이루어졌고 그 수준은 매우 높다. 다만 객관적 조건의 한계와 우리의 역량이 이것을 현실의 무기로 이용하지 못했을 뿐이다. 이제

---

* [편집자 주] ≪의료와 진보≫ 제23호(2001. 1.) 〈특집〉에 실린 글이다.

** [≪의료와 진보≫ 편집자 주] 이 글은 지난 1월 13-14일에 개최되었던 제3회 민중의료연합 Health Club "보건의료현안에 대한 심화학습"에서 발표된 글이다.

는 우리가 보고 경험했던 현실을 기초로 기존에 제기되어 왔던 보건의료운동의 제 문제를 살펴보면서 오류는 시정하고 불분명했던 것은 명확히 하며 새롭게 제기된 문제에 관해서는 해답을 모색하자. 이것이 우리의 임무인 것은 설명이 필요 없을 줄로 안다. 이 글은 의사폐파업투쟁에 대한 평가의 글은 아니지만 그것을 매개로 글을 진행할 수밖에 없다. 이번 의사집단의 폐파업투쟁은 보건의료부문에서의 치열한 계급투쟁이었고 우리에게 자신을 통해 많은 것을 배우라고 요구한다. 우리가 관념적으로 운동을 하는 것이 아니라면 이러한 실천적 경험을 무시할 수는 없다. 그러나 다시 한 번 강조하지만 여기서 우리가 다루어야 할 것은 경험의 보편화에 대한 문제, 즉 의사폐파업투쟁이 우리 변혁적 보건의료운동진영에게 제기한 문제가 무엇이고, 우리는 이번 투쟁에서 무엇을 확인했고 또 무엇을 잘못 알고 있었으며, 무엇을 배워야 하는가의 문제이지, 당시 어떠해야 했는가에 대한 것은 아니다. 이 점을 기억하고 글을 읽어 주길 바란다.

1. 보건의료운동의 성격에 관련하여

일반적으로 우리는 보건의료운동이 부문운동의 성격을 갖는다고 생각한다. 이것은 운동을 과제의 측면에서 구분하는 것으로 이론적이고 동시에 실천적인 개념이다. 계급사회에서는 서로 화해할 수 없는 커다란 인간집단으로서의 계급이 존재하고 또 이 계급은 여러 계층으로 분화된다. 이것은 상호 간에 모순관계를 형성하고, 필연적으로 운동을 발생시킨다. 이러한 현실에서 계급·계층적 운동으로서 부분운동이 발생한다. 또한 사회는 발전하면서 사회적 생산과정과 재생산과정의 분화와 분업이 고도화되는데, 이 과정에서 특정 노동이 발생하고, 그러한 영역에서 어떤 특정한 부문이 발생하게 된다. 이러한 부문 역시 특수한 모순관계를 발생시키게 되고 이 부문에서 발생하는 운동이 부문운동이다.[1] 이러한 특정 부문에서 각 계급·계층은 처해 있는 조건과 상황에 따라 다양한 이해관계를 갖게 된다. 따라서 과제별 운동으로서 부문운동은 각 계급·계층이 자신의 계급·계층적 이해를 바탕으로 하나의 과제

1) 정의련 부산지부, "보건의료 정치운동이란 무엇인가", ≪의료와 진보≫ 통권 4호 (1994).

에 모여 서로 대립 또는 연대하며 투쟁을 벌이게 된다.[2)]

이번 의약분업을 통해 자본가계급은 의료모순의 폭발을 자신에게 유리한 방식으로, 현재적 표현으로 신자유주의적으로 모면하려고 하였다. 이것은 주되게는 노동자를 포함한 민중에게 이 모순 회피의 피해를 돌리려 했지만, 어쩔 수 없이 자기의 일 분파(의료자본)를 포함한 하위동맹세력인 의사집단에게도 그 피해의 일부를 전가하려 했다. 이에 대해 쁘띠부르주아지인 의사집단은[3)] 자신의 계급 · 계층적 몰락에 대한 위기감으로 의약분업에 대해 완강한 투쟁을 벌였다.[4)] 그러나 정작 노동자 · 민중은 자기 계급적 이해에 기초한 확실한 대응을 하지 못했다.[5)] 이러한 투쟁의 과정에서 정부는 의약분업을 매개로 보건의료 부문의 모순의 대중적 폭발을 막아 보려 했던 의도는 어느 정도 이루었지만, 자신의 예상보다 거센 의사집단의 투쟁으로 인하여 오히려 그 모순의 심각성을 온 세상에 널리 알리는 실패를 경험하였다. 의사집단은 정부와 타협하며 자신의 손실을 최소화하는 부분적 승리를 하였으나 자신들이 동일하지 않다는 것을 스스로 깨우치게 됨으로써 내부분열의 길을 가게 되었다.[6)] 노동자 · 민중진영은 의료비용 부담의 증가 및 의료로부터의 배제로 인한 실질적 피해를 받게 된 대가로 보건의료문제를 자기문제로 이해

---

2) 여기서 반드시 짚고 넘어가야 하는 것은 부문운동이 특수하다고 하는 것은 그것이 해결하고자 하는 과제가 사회 내의 모든 계급 · 계층에게 가치중립적인 보편성을 갖는다는 것, 따라서 사회의 기본모순이 해결되지 않고 해결될 수 있다는 것은 아니다. 오히려 보편적 성격을 갖고 있음에도 불구하고 실제로는 그렇지 못함으로써 그 모순이 더욱 심하게 표현되고 있다는 의미에서 특수하다는 것이다.

3) 논란은 있겠지만 필자는 이번 의사집단의 폐파업투쟁의 기본 성격이 계급적으로 쁘띠부르주아적이라 생각한다. 물론 이것이 의사집단이 동질적이라는 것을 의미하는 것은 아니다.

4) 윤태호, "의사파업과 진보적 보건의료운동", ≪사회변혁적 관점에서 본 의사파업≫ 토론회 자료집.

5) 이것은 노동자 · 민중들이 보건의료문제를 자신의 문제로 인식하지 못하고 있는 결정적 한계 속에서, 보건의료운동의 주도권을 현재 시민운동이 장악하고 있다는 것에서 기인한다. 그들은 부르주아지의 이익을 대변하는 집단으로 현 정권의 소위 '개혁정책'을 이데올로기적으로 지원한다. 이에 감염된 인의협과 보건의료산업노조는 결과적으로 부르주아지의 이해를 대변하여 투쟁했고 변혁적 보건의료운동진영은 주체역량의 미비로 노동자 · 민중의 이해를 대변하여 투쟁하지는 못했다.

6) 이러한 깨달음에 기초한 분열은 소위 전문주의를 이데올로기화하여 기득권을 유지하려는 의사집단 내의 상층부에게는 손실이지만 필연적인 과정이고 우리가 관심을 가져야 하는 점이기도 하다.

하게 되었다. 이러한 것처럼 의사폐파업투쟁은 보건의료문제가 어느 특정 계급의 문제가 아닌 사회 내 전체 계급·계층이 특정한 부문에서 충돌하는 형태로 나타나는 것임을 보여 주었다. 의사폐파업투쟁은 우리 사회에서 보건의료는 이러한 특성을 갖는다는 것을, 보건의료운동이 부문운동으로서의 성격을 갖고 있다는 것을 실천적으로 뚜렷하게 확인시켜 주었다.

2. 보건의료운동의 주체의 문제와 관련하여

의사폐파업투쟁의 과정에서 확인된 또 한 가지는 부문운동으로서의 보건의료운동의 주체 역시 노동자를 중심으로 하는 민중이어야 한다는 너무나 당연한 사실이며, 부문운동 내에서 노동자계급이 주도권을 확보해야 한다는 역시 너무나 당연한 원칙이다. 또한 이 원칙이 관철되지 못했을 경우 어떠한 결과가 나타나는가는 이번에 다시 한 번 확인되었다.[7)]

초기 보건의료운동진영 내에서의 주체논쟁은 한국 사회의 변혁운동의 이론적·실천적 한계에서 기인했다. 민중인가?[8)] 의료인인가?[9)] 이러한 우문이 보건의료운동 논쟁의 중요한 논점이었다는 것은 사실이다. 이렇듯 과제(부문)와 주체(부분), 부문운동과 부분운동의 통일에 대한 이론적 실천적 혼란이 계속되었던 것은 노동자계급 운동의 미숙한 발전 속에서 보건의료운동을 이

---

7) 여기에서 우리는 보건의료운동의 주체를 "보건의료 일꾼을 핵심으로" 그중에서도 "보건의료 노동을 하는 의료인(의사, 간호사, 치과의사, 한의사 등)을 중심으로 해야 하"고 이것도 이들의 이해에 기반하여 진행하여야 한다는 '민족보건의료운동론' 혹은 '청년의사 운동방식'의 실천적 파탄을 다시 한 번 그것도 확실하게 확인할 수 있다. 또한 뒤에서 다루겠지만 '보건의료인(대중)운동'에서 우리가 견지해야 할 원칙에 대한 생각을 다시 하게끔 했다.

8) "의료운동은 전체운동에 대한 부문운동으로서의 고유한 독립성을 가지고 있습니다. 부문운동으로서의 의료부문의 자기운동영역은 ... 즉, 당면한 변혁이 민중민주주의라는 과제에 의해서 일차적으로 규정되며 의료체계의 모순 해결의 측면에서는 민중민주주의적 의료체계의 수립, 즉 민중의료체계의 수립을 위한 운동으로 규정됩니다"("올바른 의료운동론 정립을 위하여(첫번째 글) 의료운동론 시론—서")라 하며 민중의원·약국을 건설하였고 이들 중 일부는 현재 의료생협운동을 전개하고 있다.

9) "의료운동은 의료영역에서의 진보적 지식인들에 의한 부문운동이다." ("진보적 의료운동의 발전을 위한 시론", 1987.) 이 입장은 진보적 대중운동단체의 건설을 주장하였고, 이에 기초하여 많은 보건의료단체가 생겨났으며 지금도 활동 중이다.

끌어 온 것이 노동자를 중심으로 하는 민중운동이 아니라 주로 진보적 보건의료인(단체)이었던 상황에서는 어쩌면 필연적이라 할 수 있다. 왜냐하면 이 시기에 보건의료운동은 사실상 "민중들이 보건의료에 대한 관심과 의식수준이 낮은 점과 대다수 보건의료인이 '보수적'인 상태로 구성되어 있는 객관적인 현실"[10] 속에서 "보건의료운동의 주된 주체가 소수 보건의료 전문인에 국한되었으며 '민중에 의한' 운동이 아니라 '민중을 위한' 운동을 하는 양상으로 전개"[11]되었기 때문이다. 이러한 주장과 한계는 그 당사자들 스스로부터 또한 다른 견해에서도 비판되었다.[12] 이후 보건의료 모순에 대한 노동자·민중의 관심의 증가와 참여 속에서[13] 현재에는 한국 사회에서 보건의료문제를 해결해야 한다고 주장하는 어느 조직이나 개인도 노동자·민중이(혹은 국민이라는 표현을 사용해도) 그 주체라는 것에는 이견이 없어 보인다. 그러나 보건의료운동에서 주체의 문제는 사회주의 진영의 몰락으로 인한 변혁운동 내에서의 이념적 혼란과 지향의 혼돈, 한국 사회의 형식적인 민주주의의 다소간의 진전의 객관적 조건과 보건의료운동에서의 노동자·민중진영의 주도권 상실에 의해 실제적으로는 더욱 혼란스러워졌다.[14]

따라서 앞서의 원칙의 내용을 확인하는 것은 과거 어느 시기보다 중요하다. 이것은 보건의료운동은 전체 변혁운동의 한 구성으로 그와 운명을 같이 한다는 의미에서 더욱 그러하다. 한국 사회의 전체 운동진영에서 변혁운동은

---

10) 건강사회를 위한 보건의료단체 대표자회의 산하 기획위원회, "보건의료인 대중조직의 진단과 전망", ≪보건의료단체 공동 수련회 자료집≫, 1996.

11) 같은 글.

12) 90년대 초 '민족적 보건의료운동론'(이하 족보론)이나 소위 '민중적 보건의료운동론'(이하 중보론) 논쟁 과정에서도 비판의 초점과 극복 방향은 상이했음에도 불구하고, 이 견해를 공통적으로 비판했다. 또한 각 단체도 소위 '대중성'-'민중성'의 문제로 끊임없이 갈등했다.

13) 대표적인 것이 1994년 〈의료보험통합 일원화와 보험 적용확대를 위한 범국민 연대회의〉이고 지금의 건강연대도 이러한 모습을 보여 주고 있다.

14) 의사폐파업투쟁 이후 이것은 더욱더 복잡해졌는데, 그것은 의사들 스스로가 '의료개혁'을 주장하고 보건의료운동의 주체임을 선언하고 나섰기 때문이다. 과거 족보론의 이념이 의사 일반에 수용되어 그 절정의 순간을 느끼고 있다. 여기서 재미있는 것은 전공의들의 '국민과 함께하는 의료개혁'이란 구호가 '국민의 건강하게 살 권리를 보호하기 위해' 결성한 건강연대보다 상대적으로 진보적이라는 것이다. 물론 병원의사협의회는 '국민을 위한 의사가 주체되는 의료개혁'을 주장한다. 건강연대가 보수적이라면 이들은 반동적이다.

이념적 혼란과 소위 시민운동 발전(?)에 의해 주도권을 상실했었으며, 보건의료운동 역시 이것에서 자유로울 수 없다. 현재의 보건의료운동은 과거 어느 때보다도 발전했지만 그것은 전문직종운동, 정책운동, 보건의료 개혁운동 등으로 표현되는 변혁성이 거세된 운동이 주도권을 장악하고 있다.[15] 그러나 현재 한국 사회의 변혁적 정치운동과 계급적 노동운동은 다시금 기지개를 펴고 있으며, 이러한 양상은 보건의료운동에서도 나타나고 있다.[16] 변혁적 정치운동은 이념적 · 조직적 분리를 명확히 하며 소위 시민운동에 대한 전면적이고 근본적인 투쟁을 전개하고 있는 동시에 그 실체를 형성해 가고 있고, 계급적 노동운동은 자생적이지만 격렬한 양상으로 투쟁을 전개하고 있다. 이러한 상황에서 보건의료의 근본적 모순이 백일하에 드러난 현재, 그리고 한국사회 보건의료모순 해결의 전략이 소위 시민운동과 명백히 다르다는 사실을 확인한 현재, 노동자 · 민중이 보건의료 문제를 자신의 것으로 느끼기 시작한 현재, 우리가 보건의료운동의 주체에 대한 원칙적 확인을 다시 한 번 해야 할 필요성을 느끼는 것은 정당하다. 이러한 의미에서 의사폐파업투쟁은 주체에 대한 문제 제기와 더불어 그 중요성을 우리에게 다시 한 번 가르쳤다.

이러한 사실과 그 중요성을 배운 것만으로도 의미는 크다. 그러나 교훈을 배우고 내용을 되새기는 것만으로는 부족하다. 문제는 어떻게 그것을 달성할 것이고, 또 그것을 위해서는 무엇이 필요한가라는 점이다. 즉 문제는 어떻게 노동자계급을 보건의료운동의 주체로 설 수 있게 하고, 노동자계급이 지도력을 확보할 수 있게 할 것인가, 그리고 그렇게 하기 위해서는 무엇이 필요한가 하는 것이다. 보건의료운동이 제대로 발전하려면, 즉 부문운동으로 제 역할을 다하려면 우리는 지금처럼 노동자에게로 들어가는 것만으로는 부족하다. 이것을 계속 진행시키면서 동시에 '보건의료인 속으로 들어가야' 한다.[17] 우

15) 물론 보건의료정치운동을 주장하며 원칙을 견지하고 이에 대한 투쟁을 전개하는 소위 '신참 그룹들(민의련, 진보의련)'이 있지만 그 힘은 아직 미약하다.

16) 민의련은 이미 수년 전부터 이 문제를 제기하였고('보건의료운동으로부터 보건의료운동에게로' 등) 그에 입각한 실천을 해 왔다. 최근 진보의련도 "시민운동, 개량주의 운동 비판", "보건의료운동의 지평을 열기 위하여" 등의 글에서 이러한 입장을 더욱 명확히 하고 있다.

17) 이는 "프롤레타리아트의 정치의식을 광범위하게 발전시키는 것이 필수적이라고 진정으로 믿는다면, 사회민주주의자는 모든 계급의 주민 속으로 들어가야 한다"라는 원칙과 맥을 같이한다. 현행의 제도에서 이렇게 할 수 있는 것은 우리뿐 아닌가. 그러나 이것이 모두 반드시 그래야만 한다는 것은 아니며 보건의료인만이 보건의료운

리는 이론가로서, 선전가로서, 선동가로서 그리고 조직가로서 보건의료인 속으로 들어가야 한다. 그 속에서 우리는 한국 사회의 보건의료에 대한 구체적인 연구를 진행하고, 이를 통해 보건의료가 자본에 기여하는 역할[18]에 대한 이데올로기적 · 실천적 투쟁을 전개하며, 이후 건설될 사회화된 보건의료체계를 연구와 투쟁을 통해 구체적으로 준비해 내야 한다. 이러한 일련의 과정은 노동자 · 민중을 보건의료의 주체로 서게 하는 것이고 더 나아가 정치의식의 광범위한 발전을 보장하는 일일 것이다. 또한 보건의료인 내의 활동을 통해 우리는 보건의료인들이 보건의료체계에 갖고 있는 불만을 조직해 내고, 그들을 지도해 내야 한다. 또한 보건의료체계가 갖고 있는 근본적 모순을 폭로하고, 우리의 내용을 선전 · 선동하여, 그들이 갖고 있는 보건의료체계에 대한 현상적 문제의식을 본질적 문제의식으로 전화시켜야 한다. 그 과정 속에서 그들을 최대한으로는 보건의료운동의 주체로, 최소한으로는 우리를 지지 · 성원하게 해야 한다. 이것은 그러면 좋고 아니면 말고의 문제가 아니다. 우리에게 주어진 임무다.[19]

3. 부분운동으로서 보건의료인 운동과 관련하여

부분운동으로 의료인 운동에 대한 고민은 보건의료운동의 초창기부터 계속

동을 할 수 있다는 것은 결코 아니다. 다만 이렇게 표현한 것은 의사폐파업 투쟁의 과정에서 자신의 실패를 반성하기는커녕 의사들의 반동성에 모든 책임을 넘기는 사람들이 있어서이다.

18) 자본주의에 있어 의료는 '의료의 자본주의적 본질', '이데올로기로서 자본주의의 안정적 재생산에 기여', '노동력의 이데올로기적인 재생산 기여'의 역할을 한다고 한다. ("보건의료 정치운동이란 무엇인가".)

19) 물론 이것은 변혁운동의 전 과정에서 일관되게 지켜져야 되는 원칙은 아니다. 운동의 어느 특정 시기 이후 노동자계급 운동이 스스로 서기 시작한 이후부터 필요한 문제이고 실제도 그랬다. 그러나 의사폐파업투쟁의 과정을 거치면서 더욱 강조되어야 하고 시급한 문제가 되었다. 보건의료인들(특히 의사들)은 보건의료체계에 대한 문제를 느끼기 시작했고 지금 출구를 찾고 있다. 그들이 우리의 길을 발견하지 못하면 다른 길로 몰려갈 것은 분명하지 않은가? 또한 보건의료인을 배제하고 보건의료체계를 꾸릴 수 있을까? 이번 의사폐파업투쟁에서도 확인되었지만 이런 주장은 몽상이고 사상적으로는 민중주의임이 분명해지지 않았는가?

되어 오던 문제였다. 보건의료 초창기 보건의료운동의 실질적 주체가 진보적 보건의료단체였고, 이러한 현상에 대한 피상적 이해는 보건의료운동의 주체를 진보적 지식인으로서 보건의료인이라는 주장까지 있었다는 것은 앞에서 언급한 대로다. 이러한 인식은 보건의료인운동을 자기재생산과 연관되는 정도로 생각했지만 그렇기 때문에 중요한 문제였다. 이 주장은 부분운동과 부문운동에 대한 몰이해에서 나온 것이고, 이에 대한 이론적 비판은 적절하게도 '부분운동과 부문운동의 통일'이라는 것으로 표현되었다. 앞서 언급한 〈족보론〉과 〈중보론〉[20]이 그것이었다. 〈족보론〉은 문제의식의 올바름과 활동방식의 신선함, 대중추수에 가까운 헌신성으로 보건의료계열 학생들뿐 아니라 보수적인 의사사회 내에도 커다란 충격을 주었다. 그러나 〈족보론〉은 시작부터 잘못된 사상과 이론에 입각하여 논리를 전개하는 근본적 한계를 갖고 있었다. 이러한 한계는 이론적으로는 보건의료운동과 보건의료인운동을 동일화시켰으며, 실천적으로는 보건의료운동을 보건의료인운동으로, 그것도 집단적 이기주의와 전문주의에 기초하는 보건의료인(의사)의 조합운동으로 전락시켜 버렸다.[21] 하지만 〈족보론〉의 성공은 기존 보건의료단체에 진보성(국민건강의 파수꾼의 역할)-대중성(보건의료 대중단체로서 대중의 이해와 요구, 즉 직역단체로서의 역할)의 통일이라는 두 마리 토끼 문제(딜레마)를 부추기게 되었다.[22] 이와는 달리 〈중보론〉은 보건의료인에 대한 계급분석을 기초로 보건의료인운동의 문제를 통일전선으로의 배치라는 개념으로 이해하길 주장하며 (부분운동으로서의) 보건의료인운동을 전체 변혁운동 속에 위치시켰다. 즉 보건의료인운동의 중요성은 통일전선 내의 동맹세력으로, 그 동력은 중간층으로서 보건의료인[23]은 자본주의의 발전 과정 속에서 지위하락을 겪게 되고, 이러한 경향 속에서 스스로들의 계급투쟁과 사회의 계급역관계 그리고 광범위한 정치선동을 통하

---

20) 중보론의 입장은 여러 곳에서 제출되었는데 여기서 인용하는 견해는 〈부산의대 학생회 사회부〉에서 만든 ≪민중적 보건의료 운동과 보건의료인의 동력화를 위하여!!≫라는 자료집이다.

21) 이 운동에 대한 자세한 평가는 신상도, "보건의료 운동의 역사", ≪의료와 진보≫ 제19호(1999)를 보길 바란다. 이들이 뿌려 놓은 씨앗은 이번 의사폐파업투쟁에서 꽃을 피웠다.

22) 신상도, 같은 글. 그러나 이들은 과거에도 현재에도 계속 이 문제를 해결하지 못하고 있으며, 보건의료운동의 발전과 사상적인 혼란으로 더 힘든 상태에 빠져 있다.

23) 이는 현재 논쟁되는 것으로 연구가 필요하다. 하지만 이번 의사폐파업투쟁의 과정에서 그들의 의식은 철저히 소부르주아적이었다.

여 노동자계급을 옹호하는 동맹군으로 되어 나간다는 보편적 경향과 보건의료인의 지식인으로서의 특수성에서 찾을 것을 올바르게 규명하였다. 또한 부문운동 영역 내에서의 보건의료인의 역할과 관련해서는 부문운동으로서 보건의료운동의 주체를 민중, 특히 그중에서도 노동자계급임을 명확히 한 후, 보건의료인을 부문운동 내에서의 동맹세력으로 설정하면서 과학성을 견지했다. 이 견해는 당시에는 기존의 운동(보건의료인단체)과 새로운 운동(청년의사운동)에 비해 뚜렷한 실천적 성과는 거두지 못한 것은 사실이지만, 이 이론의 올바른 문제의식과 원칙을 고수하려는 태도는 이후 현실 사회운동과의 연관성 속에서 보건의료정치운동으로 계승 발전되어 현재에 이르고 있다.[24)]

그러나 의약분업을 둘러싼 투쟁의 과정에서 의사집단의 반동적 모습을 본 많은 사람들이 현재 혼란에 빠져 있어 보인다.[25)] 의사집단이 변혁운동 내에서 최소한 부분적으로라도 어떤 역할을 할 수 있을 것인가? 우리는 이 문제에 대한 답변을 해야 할 필요가 있다고 본다. 그리고 이 문제에 답하기 위해 정당하게 자본주의 사회에서 중간층의 기본적인 태도에 대한 과학적 견해를 살펴보는 것부터 시작해야 한다.

> 근대 문명이 발달한 나라들에서는 새로운 소부르주아 층이 형성되었다. 이 층은 프롤레타리아트와 부르주아지 사이를 동요하며, 부르주아 사회의 보충 부분으로 새로이 형성되고 있다. 그러나 이 층에 속하는 사람들은 경쟁에 의하여 프롤레타리아트 속으로 끊임없이 내던져진다.[26)]

---

24) 보건의료인운동에 대한 문제를 다루는 지금 지루하게 보건의료운동의 역사를 다시 반복하는 이유는 의사폐파업투쟁이라는 아무도 상상하지 못했던 사태를 겪고도 아무것도 배우지 못하고 똑같은 오류를 반복하려는 경향이 보이고 이것도 더욱 강하게 나타나기 때문이다. 준비기획단, "(가칭)'건강사회를 위한 보건의료단체연합(준)' 제안서(초안)", 2000을 참조.

25) 이는 심지어 의사대중운동을 표방하는 단체의 간부에게서도 보여지는데 그는 전국보건의료산업노동조합 주최의 토론회에서 맑스의 권위를 빌려 이렇게 주장한다. "물론 의사파업이 단지 수구적인 주장만 있는 것은 결코 아니다. 그러나 주로 자영업자들을 자신의 준거집단으로 하는 의사집단은 오직 노동자와 민중이 그들의 배후에 있을 때에만 진보적이고 혁명적일 수 있다." (우석균, "의사파업의 사회적 성격과 의료개혁의 방향".) 그러나 단지 이렇게만 말하고 만다. 만일 이렇다면 인의협이 왜 필요한 것일까? 또 이들이 최근 다시 주장하는 대중운동을 중심에 두자는 것은 무엇을 의미하는가?

26) 맑스 · 엥겔스, ≪공산당 선언≫.

중간계급, 즉 소생산자, 소상인, 수공업자, 농민 등이 부르주아지와 투쟁하는 것은, 모두 중간계급으로서의 자신들의 존재가 몰락하는 것을 방어하기 위해서다. 따라서 그들은 혁명적이지 않고 보수적이다. 그뿐 아니라 반동적이기조차 하다. 왜냐하면 그들은 역사의 수레바퀴를 거꾸로 돌리려고 하기 때문이다.[27)]

부르주아지이기도 하며 동시에 프롤레타리아트이기도 한 소부르지아지, 두 계급의 이해관계가 동시에 무뎌지는 과도기적 계층으로서 소부르주아지는 스스로 계급대립에 초연하다고 여긴다. 그러므로 이들은 자본과 임노동이라는 양극단을 폐기하기 위한 것이 아니라 이 대립을 약화시켜 조화로 바꿔 놓기 위한 길을 찾는 것을 그 본성으로 한다. 그러나 그와 같은 그들의 바람은 주관적 희망에 불과하다. 현실의 사회모순은 이들을 몰락의 길로 내몰기 때문이다. 자본주의의 발전은 그들의 몰락을 필연적으로 동반한다. 이 때문에 소부르주아지는 어떤 변화도 원하지 않음으로써 보수적이며, 변화가 일어났을 때에는 과거로의 회귀를 주장함으로써 반동적이고 동시에 공상적이다. 소부르주아들은 자신들의 몰락에 저항해서 나름대로 투쟁한다. 그것도 자신의 존재가 바로 그러하기 때문에 부르주아지 사상이나 혹은 프롤레타리아트의 사상을 빌려다가 자신의 공상적인 이데올로기를 만들어 투쟁한다. 따라서 투쟁의 내용 역시 양면적이다. 이런 이유로 소부르주아지가 하나로 단결해서 투쟁하는 것은 낙타가 바늘구멍에 들어가는 만큼 어렵다.[28)]

의사폐파업투쟁은 이러한 고전적 이론들이 진리라는 것을 증명해 보였다. 중간층으로 그들은 애써 계급모순에 모른 척하거나 중립인 척했다. 그러나 의약분업이라는 정책으로 자신들의 존재가 좀 더 빠른 몰락의 길로 내몰리는 상황이 예상되자, 의사집단은 부르주아지에 대한 극렬한 투쟁을 벌였으며,[29)]

---

27) 맑스 · 엥겔스, 같은 글.

28) "이러한 대중을 여하튼 통일적으로 운동시키기 위해서는 전쟁이나 도시에서의 혁명 등과 같은 외부적 변혁이 필요하다. 그리고 그러한 경우에도 그들은 자신들의 슬로건 아래 스스로 조직할 수 없으며 이 운동에 대해 그들 자신의 이해에 맞는 적극적인 방향을 줄 수도 없다." (루카치, ≪역사와 계급의식≫.)

29) 여기서 한 가지 지적할 것은 그들은 자신의 정당성을 확보하기 위해 변화를 목적하는 부르주아지의 위선적 가면을 벗겨 버리는데 이번에도 그러한 역할을 훌륭히 수행하였다. 의료는 전문적인 성격을 가지고 있는 부분이라 가면을 벗기는 것을 넘어 피부까지 벗겨졌는데, 이에 화가 나거나 놀란 부르주아지는 스스로 공공의료강화

실제로 이들의 주장은 보수적인 수준을 넘어 반동적이기까지 했다.[30] 이들은 '의권'이라는 자신들의 이데올로기를 만들었지만 그것은 현실적으로 불가능한 자신들만의 이상, 즉 공상이었다.[31] 또한 그 투쟁 내용은 한편으로는 보건의료운동진영에서 주장하던 것을 차용했고 다른 한편으로는 정권의 주장을 차용했다.[32] 이들은 의약분업이라는 '외부적 변혁'을 맞이하자 통일적으로 움직였으나 내적으로 끊임없이 동요하고 갈등했다. 대동단결을 그토록 외쳐 댄 것은 이것의 반영이다. 의사폐파업투쟁에서 의사들은 말 그대로 자신의 존재가 그렇게 하라고 한 것처럼 행동했으나 단결된 강고한 투쟁의 결과 전체로서의 의사집단은 승리했다.[33] 우리는 이쯤에서 점잖게 결론을 내릴 수 있다. 자본주의 사회에서 진정으로 혁명적일 수 있는 계급은 노동자계급뿐이라고.

현재 이러저러한 평가를 보면 여기에서 멈추고 있다. 그런데 여기에서 멈출 것인가? 아니 한 걸음 더 나아가야 한다. 우리가 논의하고자 했던 것은 이들이 변혁운동 내에서 최소한 부분적으로라도 어떤 역할을 할 수 있을 것인가의 문제였기 때문이다.

> 만약 그들이[중간계급: 인용자] 혁명적이 되려고 한다면, 그것은 자신들이 프롤레타리아트로 몰락할 때가 가까워지고 있음을 말하는 것이고, 그들이 현재의 이익이 아니라 미래의 이익을 지키기 위해서이며, 그들 자신의 입장을 포기하고 프롤레타리아트의 입장에 서는 것을 의미한다.[34]

를 주장하기까지 했다.

30) 의약분업 이전으로 돌아가자는 주장에서 의료보험제도의 철폐까지.

31) 그들의 꿈은 돈도 명예도 아니다. 누구의 간섭도 받지 않고 할 수 있는 '소신진료', '교과서적 진료'였다. 그것이 우리 사회에서 가능한가?

32) 의사들은 투쟁의 방법도 배웠는데 부르주아지에게서는 밀실담합을, 노동자에게는 단결에 기초한 파업이 그것이다. 노동자계급에게는 심지어 노래까지도 빌려 왔다.

33) 그러나 이것이 잠시의 승리임은 앞서 말한 이유에서 분명하다. 이들은 또 내몰릴 것이다. 더군다나 자신들이 하나라고 믿은 것이 허구라는 사실을 알아 버린 지금 그들은 계층분화라는 현실과 투쟁에서 얻은 노동자계급의 이데올로기의 영향으로 급속한 내분을 겪을 것이다. 노련한 부르주아지는 상처는 입었지만 노동자 민중들에게 부담을 모두 전가하면서 이들에게 손을 내밀어 역계급동맹을 유지했다. 그러나 이것도 일시적일 수밖에 없다. 노동자들과 민중은 앞서의 교훈과 단결된 강고한 투쟁만이 승리를 얻을 수 있다는 교훈 역시 얻었다.

34) 맑스 · 엥겔스, 앞의 글.

몰락은 필연적이고 현재 그렇게 진행되어 가고 있다. 의사집단은 분해되고 있으며, 의사들은 저항하고 투쟁하겠지만 이들을 구원할 것은 아무것도 없다. 의사들이 구원받는 일은 미래의 이익을 지키기 위해 프롤레타리아트 입장에 서는 것이다. 그러나 처음부터 이들이 그렇게 되는 것은 아니다.[35] 운동과 투쟁 속에서 스스로 올바른 길을 찾는 것은 전혀 불가능한 일은 아니지만 결코 쉬운 일은 아니다. 여기서 의사들을 일깨우고 방향을 제시할 우리의 임무가 다시 한 번 제기된다.

여기서 누구나 알고 있는 사실을 왜 그렇게 길게 이야기하느냐는 정당한 항변이 나올 수 있다. 누구나 알고 있을까? 의사폐파업투쟁 내내 의사집단에 대한 대응을 보거나 평가를 보았을 때 현실은 그렇지 않은 것 같다. 의사들의 존재가 그러하기 때문에 그들의 자생적인 "운동이 (1789년의 프랑스 혁명이나 1917년 러시아 혁명처럼) 진보적 의미를 획득할지, 아니면 (나폴레옹 쿠데타처럼) 반동적 의미를 획득할지는, 다른 투쟁하는 [부르주아지와 프롤레타리아라는] 계급들의 상황이나 그 계급들을 지도하는 당의 의식수준에 달려 있다"[36]고 했을 때, 비록 의사들이 노동자 · 민중의 호소에 귀 기울이지 않았더라도 그것은 그들의 잘못이 아님에도 불구하고, 더더군다나 의약분업이 신자유주의의 보건의료분야에의 적용의 한 형태임*에도 이것의 본질을 제대로 파악하지 못해 자신이 오류를 범했음에도 불구하고, 따라서 그것에 기초해서 활동하고 평가해야 함이 분명함에도 불구하고, 그렇지 못했음을 그리고 자신의 낮은 의식수준이나 정치적 무능력에 대한 철저한 자기반성 없이 모든 책임을 의사들의 보수성 혹은 소부르주아적 계급성에만 책임을 전가하고 있는 것이 현실이지 않은가?[37] 그러한 일련의 과정으로 인하여 의사집단을 더욱 반동적으로 만든 것이 사실 아닌가? 그 과정에서 많은 사람에게 패배주의를 심어 준

---

35) 이들이 이렇게 쉽게 각성할 수 없음은 당연하다. 노동자계급도 대자적이 되기가 그토록 어려운데 어찌 이들에게 그것을 바랄 수 있단 말인가? 그러나 이것은 계급적으로 그렇다는 것이다. 우리는 역사 속에서 출신 성분과 관계없는 훌륭한 개인을 얼마나 많이 보았는가? 그리고 그 개인은 광야를 불사르는 불씨가 될 것이다.

36) 루카치, "계급의식", ≪역사와 계급의식≫.

* [편집자 주: 권정기] 이 부분은 이견이 있을 수 있다. 의약**분업**은 자본주의 사회에서 흔히 있는 개량의 한 형태로 볼 수 있다. 주된 문제는 그 개량의 비용을 누가 부담하고 그 혜택을 누가 누리는가의 문제였다.

37) 모르고 그랬다면 무지한 것으로 용서가 되지만, 알고도 그랬다면 그것은 비열한 짓으로 비난받아 마땅하다.

것 또한 사실이 아닌가? 깊이 반성해야 할 집단이 있음을 숨기지 않겠다.[38]

이러한 주장을 의사폐파업투쟁을 보고 그 파괴성에 압도당해서 소부르주아지의 혁명성을 그것도 가능성으로의 혁명성을 너무 과도하게 평가하고 있는 것 아니냐는 지적이 있을 수 있다. 결코 아니다. 우리는 소부르주아지의 힘을 절대 과장하지는 않는다. 오히려 이들의 이중성(혁명성-보수성 혹은 반동성)을 잠시라도 잊지 않는다. 또한 여기서 우리가 얻어야 할 가장 중요한 교훈이 보건의료인을 보건의료운동의 핵심적 주체로 삼는 것은 몰지각하고 제정신이 아니라는 사실을, 앞서 말한 대로 보건의료운동의 주체는 노동자를 중심으로 한 민중이어야 한다는 원칙을 우리는 절대 잊지 않고 다시 한 번 강조한다.

4. 보건의료인 대중운동과 관련하여

모순은 운동을 발생시킨다. 사회적 모순은 사회운동을 발생시키며, 보건의료 내의 모순은 보건의료운동을 발생시킨다. 보건의료운동의 적대성을 해결하는 것은 앞서 말한 대로 궁극적으로 사회의 적대성을 해결하는 것이다. 보건의료에 종사하고 있는 보건의료인들은 보건의료의 계급적 적대의 피해자이며 해결의 동맹적 주체라는 것도 앞서 말한 대로다. 사회적 모순의 해결이 결국 대중적으로 극복되듯이 보건의료의 모순도 대중적으로 극복되고, 노동자계급 운동이 대중적이어야 하는 것처럼 보건의료인운동도 대중적이어야 한다. 그러나 노동자계급과는 달리 보건의료인은 이중적이다. 여기서 보건의료인 대중운동의 어려움이 제기된다.

보건의료인 대중운동! 이것은 과거 보건의료인운동을 하고자 한 누구나 지속적으로 고민해 왔지만 아직도 풀지 못한 화두다. 과거 역사 속에서 보건

---

38) 인의협은 시민운동의 '진보 이데올로기'에 빠져 문제의 본질을 보지 못하고 행동하여 의사대중들로부터 퇴출당했다. 그러나 이것은 그 조직만의 문제가 아니다. 인의협은 보건의료운동의 역사 속에서 상징성을 갖고 있는 조직으로 그들의 무책임한 행동은 노동자·민중으로부터 보건의료인의 분리, 진보적 의료운동으로부터 의사대중의 분리, 진보적 의료인에게는 패배주의의 유포 등의 심각한 폐해를 끼쳤다. 물론 책임을 인의협에만 물을 수 없다. 이에 관해서는 아래의 글을 참조하기 바란다. (채만수, "의사파업과 노동자·민중운동", ≪창작과 비평≫(2000년 겨울).)

의료운동을 진보적 지식인운동으로 생각했던 시기에서조차 이러한 주장은 제기됐었고, 〈족보론〉에서는 보건의료인 대중운동을 보건의료운동으로까지 끌어올리려고 했다. 그러나 후자는 비과학적인 관점으로 인하여, 즉 몰계급적이기 때문에 대중운동에는 성공했더라도 그 운동을 소부르주아지 운동으로 머물게 했으며,[39] 전자의 견해는 불철저함으로 대중적 성공(?)을 거두지 못했다고 생각한다.[40]

우리는 앞서 보건의료인의 성격이 소부르주아지이고 양면성을 갖고 있다고 강조했다. 그리고 그들은 점차 몰락할 것이고 이들이 구원받는 것은 자신의 입장을 버리고 노동자·민중과 함께하는 것이라 했다. 이들이 자신의 입장을 포기하고 노동자·민중의 입장에 서는 것은 혁명적이 되는 것이다. 이것은 보건의료인집단 전체에 대한 문제이며 동시에 개인에 대한 문제이기도 하다. 보건의료인 대중운동의 기본원칙은 이것이다. 이것이 지켜지지 않는 보건의료인 대중운동은 반동적일 수밖에 없다. 이 원칙이 관철되는 것만이 보건의료 대중운동이 직종이기주의운동으로 전락하지 않는 유일한 길이다. 그것이 가능하겠는가? 라며 현실성이 없다고 비판할 수 있다.[41] 그러나 가능성은 앞에서 누누이 설명했다. 또한 보건의료인을 혁명적이게 하는 것, 이를

39) 그 결과 대전협과 비대위의 관계에서 볼 수 있듯이, 그들보다 더 계급적으로 각성된 대중들로부터 비토당했다.

40) 보건의료단체는 두 마리의 토끼 문제로 항상 고민을 하였다. 그들의 활동 평가는 언제나 같았다. 회원 증가의 정체, 기존 회원의 참여 부족 및 이탈, 기존 제도권 단체와의 구별점이 모호해짐을 반성하며, 한편으로는 직능운동을 강화하자는 주장과 다른 한편으로는 정책운동을 강화하자는 주장을 하였고 결국 이것을 통일적으로 진행하자라는 한결같은 것이었다. 아래의 글들을 참조하길 바람. 오주환, "직능별 대중조직 운동의 전망에 대해 생각한다(1)", ≪의료와 진보≫ 통권10호, 1995; 건강사회를 위한 보건의료단체 대표자회의 산하 기획위원회, 앞의 글, 1996; 준비기획단, "(가칭) '건강사회를 위한 보건의료단체연합(준)' 제안서(초안)", 2000.

41) 인의협 우석균 선생은 보건의료체계의 사회화를 주장하는 한노정연 채만수 부소장의 "의사들을 포함한 보건의료 종사자들을 가능한 최대한으로 우군으로 견인하고 그들과 함께하면서, 무엇보다도 상업주의적 보건의료체계의 극복, 보건의료체계의 국유화·사회화를 요구하고 나서야 한다"라는 글을 인용하면서 다음과 같이 비판한다. "다른 것은 떠나서 보건의료체계의 국유화를 외치면서 의사들을 우군으로 견인한다는 것이 가능한지를 묻고 싶다." (우석균, 앞의 글.) 그렇다면 무엇을 외치면서 의사들을 우군으로 모을 것인가? 처음에는 다른 것으로 우군을 모았다가 다음에는 국유화로? 그리고 채만수 부소장의 주장은 "최대한으로 우군으로 견인하고 그들과 함께하면서 … 나서야 한다"는 지극히 옳은 주장 아닌가?

이루기 위해 올바른 방향을 설정하고 현실화하는 것과 그 방도를 찾는 것이 우리의 임무이다.

이 문제를 자세히 다루는 것은 글의 목적은 아니지만 간략히 살펴보는 것은 무의미하지는 않을 것이다. 그 방향은 '보건의료체계의 사회화'이며, 이것의 가장 기초적인 내용은 질병의 예방과 치료를 국가나 사회가 책임을 짐으로써 누구도 어떠한 이유, 특히 경제적인 이유로 필요한 치료를 받지 못하는 일이 없어야 하고 보건의료인은 자신의 소신에 따른 진료를 할 수 있어야 하고 그러한 진료를 통해서 사회에 기여하는 만큼의 충분한 소득과 존경을 받아야 하는 보건의료체계이어야 할 것이다. 앞서 말한 원칙! 방향! 내용! 보건의료인 대중운동이 받아안아야 할 것들이다.

5. 보건의료계열 학생들에 대하여

의대생들과 약대생들은 의사폐파업투쟁 과정에서 선배들의 대리전을 수행했으며, 졸업 후 자신의 모습이 될 선배들에게 동조하는 것은 이들로서는 당연하다고 할 수 있다. 학생들의 입장은 선배의사들의 입장과 거의 일치했을 것이고 학생들은 선배들이 만들어 놓은 이데올로기와 투쟁 방법으로 자신들을 움직였다. 이러한 것은 의사사회와 약사사회가 학생사회에 투영되어 반영된 것이기에 학생들이 이에 조응하는 것은 필연적이다. 그러나 선배들이 가지고 있는 여러 입장들을 그대로 갖고 있었다 하더라도, 그 입장의 수와 힘에 있어서는 절대적으로 비례하지 않았으며 이 점이 중요하다. 전공의들이 개업의보다 상대적으로 진보적이었던 것처럼 학생들은 일반의사들보다 진보적이었다. 그러나 학생운동이 침체 상태에 있고 학생운동조직이 자기재생산에 허덕이며 학습체계조차 붕괴되어 있다고 하는 현재 학생들 전체에게 지식인으로서의 모습을 바라는 것은 지나친 요구다. 학생들이 지식인으로서의 특징을 가지고 사회에 대한 책임을 지려면 최소한 그만큼의 지식이 필요할 것이기 때문이다.

그러나 이를 고양시키는 것은 중요한 문제이다. 학생들은 자체적으로도 변혁운동의 주체이고, 보건의료계열 학생은 대부분 보건의료인이 될 것이기에 잠재적 변혁운동의 주체이며, 마찬가지로 잠재적 보건의료운동의 주체이고 또한 보건의료인운동 내에서 노동자 · 민중의 입장에 서서 굳건한 동맹자로 단기적으로 노동자 · 민중의 이익을 옹호하고 장기적으로는 스스로의 미래의 이익을 위해서 혁명적 입장을 취할 수 있는 보건의료인 중 가장 가능한 동시에 가장 유능한 사람들이기 때문이다. 또한 무엇보다 중요한 것은 이렇게 각성한 학생은 이후 보건의료인 내 노동자계급의 파견부대로 보건의료모순의 핵심부에서 이것들을 폭로해 냄으로써 노동자 · 민중을 보건의료운동의 주체로 설 수 있게 할 것이며 동시에 정치의식을 광범위하게 발전시키는 데 기여할 것임은 앞에서 말한 그대로이다. 물론 이렇게 되기 위해서는 주위의 도움과 각자의 노력이 반드시 그것도 많이 필요할 것이다. 이렇게 되도록 여건을 조성하는 것, 자신을 단련하고 서로 도움을 주고받을 수 있는 환경을 만드는 것, 이것 역시 우리의 임무다.

6. 사족

현실에서 벌어지는 이러저러한 투쟁은 우리에게 많은 것을 가르쳐 준다. 옳지만 관념적으로 알고 있었던 문제에 대해서는 사실을 몸으로 느끼게 해주고, 잘못된 편견에 대해서는 올바른 생각을 할 수 있는 기회를 제공해 주며, 몰랐던 사실들은 새롭게 알려 준다. 따라서 건전한 상식을 갖고 근본적으로 세상에 대해 고민하는 사람이라면 이러한 경험을 통해 많은 것을 생각하며 배운다. 그러나 상황은 누구에게나 똑같이 던져지지만, 주어진 상황을 올바르게 분석하고 평가하고 반성하여, 이후 정확한 실천을 하게 하는 것은 그 상황에 처해 있는 사람의 수준에 전적으로 달려 있다. 그래서 학습이 강조되며 이는 몇 번을 되풀이하여 강조해도 지나치지 않는다.

> 특히 모든 이론적인 문제에 대해서 더욱 명확한 통찰력을 획득하는 것, 지도자들을 자신을 과거의 세계관으로부터 유래된 전통적인 표현으로의 영향력으로부터 더욱 해방시키는 것, 사회주의를 끊임없이 마음에 새기는 것이 지도자들의 임무가 될 것이다. 왜냐하면 사회주의는 과학이 되었고 따라서 사회주의는 과학으로 추구되어지기를, 즉 연구되어지기를 요구하기 때문이다.[42]

비록 지도자라는 말이 언감생심이라고 하더라도 가슴속에 반드시 담아 두어야 할 내용이다. 그렇지 않은가?

42) 엥겔스, ≪독일농민전쟁≫의 서문, 레닌 ≪무엇을 할 것인가?≫에서 재인용.

보건의료운동론에 제기되는 몇 가지 쟁점에 대하여*

≪달과 의료≫에서 우석균 선생의 글[1]을 본 것은, 그것이 나온 지 꽤 시간이 흐른 후였다. "읽으며, 또 읽은 후", "심한 당혹감을 느낀" 것은 안타까운 일이지만 우 선생이 내 글[2]을 읽고, 묻지도 않은 답을 해 준 것은 반가운 일이다. 그것은 오랫동안 보건의료운동의 정력적인 실천가인 우 선생이 내가 제기한 이론 문제에 대해 관심을 보여 준 것이기 때문이다.

그의 말대로 그는 "한가하지" 않다. 따라서 나는, 그가 그의 동지들에게 원하는 대로, 그가 나의 "모든 실수와 오류를 다 짚고 넘어"가지 못한 것을 "너무 비난하지"는 않겠다. 그리고 그의 비판의 어조에 대해서도 그와 다투지 않을 것이다. 그는 충분히 그럴 수 있다. 왜냐하면 사람이 그처럼 오랫동안 운동에 몸담고 있다 보면 수많은 공격을 받게 된다. 그리고 그 공격에 버텨 내기 위해 비판에 둔감해지게 되고 다른 사람도 자기와 같은 수준일 것이라고 쉽사리 가정하게 되고 행동하게 된다. 따라서 나는 그의 글에서 보이는 나에 대한 비난의 어조를 이해해 줄 수 있다.[3] 그러나 오랜 운동의 경력은 자랑일 수 있지만, 경력 그 자체가 그 사람의 주장의 올바름을 보장해 주는 것은 아닐 것이며 지금의 경우가 그렇다. 따라서 여기서 내가 문제로 삼는 부분은 그가 한가하지는 않다는 핑계로, 내 글을 제대로 읽지 않고 근거 없는 비판, 즉 일련의 비난으로 나를 매도한 것과 잘못된 사상이나 이론에 근거해 진행한 비판에 대한 문제이다. 이것은 그가 무엇이든 잘못이다. 그리고 나는 그것을 지적하고 비판 혹은 반비판할 권리가 내게 있다고 생각한다.

---

* [편집자 주] ≪의료와 진보≫ 제25호(2002. 1.) 〈기획〉에 실린 글이다.

1) 우석균, "전성식의 글에 답함"(이하 "답함"), ≪달과 의료≫(2001. 7.)

2) 전성식, "의사 폐·파업을 통해 본 보건의료운동의 이론적 쟁점"(이하 "쟁점"), ≪의료와 진보≫ 통권 23호(2001. 1.)

3) 의약분업 당시 혹은 글리벡 투쟁에서 우 선생에게 쏟아졌던 그 말도 되지 않는 수많은 비난을 생각해 보라.

동시에 우 선생이 자신의 글에서 내가 제기했던 모든 쟁점을 짜증나리만큼 협소화하고 뒤죽박죽으로 혼동시켰기 때문에 그에 대하여 좋든 싫든 답변을 해야만 한다. 그것은 처음에 문제 제기를 한 나의 의무일 것이다.

다만 우 선생보다 조금 더 한가한 나는 그가 협소화한 주요한 문제들을 다시 한 번 조금 더 자세히 일반화해서 다루도록 하겠다. 이것은 우 선생의 나에 대한 비판이 주로 그의 기존의 견해를 반복한 것이지만 근거를 대는 과정에서 그의 속내를 드러낸 내용이 있었고 오히려 이 점에서 발전시켜야 할 논점이 되는 새로운 문제가 발견되었기 때문이다. 그리고 그것들은 바로 내가 지적한 대로 보건의료운동이 갖고 있던 바로 그 문제점이다. 또 ≪달과 의료≫에 실린 다른 글에서 우리는 인의협 일부 사람의 생각을 엿볼 수 있었는데 이 역시 논점을 더욱 명확히 하고 발전시켜야 할 것이 있다고 보여진다. 이러한 논점의 부각과 일반화의 과정을 우 선생이 "광 속에서 꺼내 온 먼 옛날의 이론"이라는 비난(?)으로 "여보게, 이야기는 잘 들었지만 별 도움이 되지는 않네"라는 충고로 혹은 "F학점"의 낙인으로 다시 내게 돌려줄지도 모르지만 나는 그 위험을 무릅쓰도록 할 것이다.

1. 몇 가지 앞서 다루어야 할 문제

본 문제를 다루기 전에 먼저 확인하고 넘어가야 할 것은 우 선생과 내가 큰 시각차를 보이는 몇 가지 문제이다. 이것은 논의의 진행을 위해서 먼저 다루어야 할 중요한 문제이다. 왜냐하면 사물을 바라보는 시각이 다르면 그에 대한 판단과 처방이 다를 가능성이 크게 되고 따라서 이것을 확인하지 않는 경우 논점이 혼란스러워질 수 있기 때문이다. 더군다나 우 선생은 "답함"에서 내가 글머리에서 반복해서 부탁했던 것, 즉 의사파폐업투쟁을 통해 우리가 배워야 하며, 경험의 보편화라는 문제에 초점을 두자는 것에 대해서는 거의 관심을 두지 않고 있다. 오히려 그는 내가 피해야 할 것이라고 말한 문제, 즉 당시 어떠해야 했는가에 대해서만 주로 말하고 있다. 그것도 자신과 관련된 것에만 국한해서 아주 편협하게.[4)]

---

4) 그는 나의 글의 본론보다 주에 더 많은 관심을 둔다. 이것도 어느 정도 이해해 줄 수 있는데 그것은 아마도 그가 가장 소중히 여기는 인의협에 관련된 것이 주로

그러나 어떤 사람이 우 선생의 글만 읽었다면 나는 매우 실없는 사람일 것이다. 왜냐하면 나는 기초 개념도 제대로 적용하지 못하는 주제에 아무런 근거도 제시하지 않고 무엇인가를 주장하여 발목만 잡는 사람이기 때문이다. 우 선생은 시종일관 나를 왜곡하여 매도하고 있는데 그 목소리가 하도 커서 당사자인 나조차도 그의 글을 읽으며 내가 이렇게 허황된 주장을 하는 자였나 하는 의문점이 생겼으니, 다른 사람은 오죽했을까 한다. 그러나 여기에서 나는 나에 대한 왜곡에 대한 교정과 서로의 차이를 명확히 하는 것에만 논의를 국한하기로 하겠다. 사실 그것들은 매우 중요한 문제이기 때문에 자세히 다루어져야 한다. 그리고 그렇게 하지 않으면 논의에 한계가 있을 수밖에 없다. 그러나 그 문제들 각각을 그렇게 하다가는 정작 우리가 다루고자 하는 논점에서 벗어나게 되기 십상이다. 따라서 여기서는 논의에 꼭 필요한 것만을 그것도 가급적 간단히 다루고, 어느 정도 한계를 감수하면서 우리가 논하고자 하는 것에 충실하기로 하겠다.

1) 의약분업의 성격의 문제

이 문제에 관해서 우 선생은 나를 이렇게 비난하고 있다.

> 의약분업이 강행된 배경을 "보건의료부문의 모순의 대중적 폭발을 막아 보려 했던 의도"라고 서술한다. 그러나 이 이론은 의약분업의 추진 배경을 전혀 분석하지 않고 '총자본의 계획'이라는 매우 편리한 풀빵 기계에서 또 하나의 이론을 찍어 낸다. 김대중 정부의 이른바 '개혁 정책' 일반을 '신자유주의'라고 평가하는 것은 현실의 투쟁에서 벗어난 골방의 비평가들에게는 매우 편한 일이겠지만 현실의 구체적 계기에서 한 걸음씩 전진을 해야 하는 우리들에게 이러한 게으르고 독단적인 이론적 태도는 방해만 될 뿐이다. 전성식의 글 중 어디에서도 총자본의 의도가 그러했다는 구체적인 분석을 찾을 수 없다. 우리가 찾을 수 있는 것은 '신자유주의 세상은 총자본이라는 신의 섭리에 의해 돌아간다'는 그의 신앙일 뿐이다.[5)]

주에서 다루어졌기 때문이다. 그러나 "쟁점"에서 다룬 것은 당시의 인의협 지도노선(정치 · 투쟁 · 조직노선) 특히 우 선생의 생각에 국한된 문제점이지, 인의협 자체가 아니었다. 혹시 오해가 있었다면 이 지면을 빌려 인의협 동지들에게 사과한다.

5) 우석균, "답함", pp. 43-4.

우 선생이 내가 총자본의 의도에 대한 구체적 분석을 하지 않았다고 지적한 것은 전적으로 옳다. 나는 "쟁점"에서 그것을 분석하려 하지 않았다. 왜냐하면 그가 한 번도 제목을 언급하지 않은 "쟁점"의 목적은, 그 제목처럼, 그것이 아니었기 때문이다. 그가 인용한 부분이 있던 곳은 보건의료운동의 성격에 관련하여 논한 부분이었는데, 그가 비판을 하려 했으면 내용이 이와 관련된 것이어야 할 것이다. 하지만 그는 그렇게 하지 않았다. 오히려 그는 놀라울 정도의 집요함을 발휘하여 나의 생각과 자신의 생각이 다른 부분을 찾아내어 우선 내 글을 난도질하였고, 다음에는 내 글의 목적이 의약분업의 배경에 대한 글인 듯 왜곡하고, 마지막으로 일련의 비난을 섞어 자신의 잘못된 생각을 다시 한 번 반복하였다. 그러나 누구나 알겠지만 나는 의약분업 추진 배경에 대하여 우 선생과 매우 다르게 생각한다.[6] 또한 이러한 생각은 나만의 주장이 아니다.[7] 나는 "쟁점"에서 이러한 생각을 전제했을 뿐이다. 그리고 이것은 하나의 주제에 대해 글을 쓸 때 당연한 것이다. 하나의 글에서 모든 것을 다룰 수는 없으며 따라서 많은 것을 전제할 수밖에 없다. 우 선생은 자신과 다른 주장을 하는 사람들이 많은 것을 알고 있으며, "점검"에서 이미, 그리고 "답함"에서도 반복적으로 그에 대한 비판과 더불어 자신의 주장을 피력하였다. 따라서 그가 "답함"에서 다시 한 번 그 문제를 다루는 것은 자유이지만 "쟁점"에 대하여 "구체적인 분석"이 없었다고 비난을 하는 것은 옳은 것이 아니다. 의약분업에 대해서는 우 선생이 "점검"에서 인용·

---

6) 비록 의약분업이 "신자유주의적 왜곡을 겪고" 있으며, "어떠한 의약분업도 곧 선이고 의료의 공공성 강화를 매개하는 계기가 될 수 있다고 주장하지는 않는다"(우석균, "의사폐파업과 의약분업의 주요쟁점에 대한 점검"(이하 "점검"), ≪달과 의료≫(2001. 7.), pp. 22-3)라는 단서를 달지만 우 선생에게 의약분업은 "진보적 운동세력의 의해 일련의 사회화 프로젝트의 일환으로 추진된 것이다. 그 사회화 프로젝트는 의약분업-차등수가제-주치의등록제-포괄수가제 및 국가지원 강화와 보험의 보장성 강화, 공공의료 강화 등을 포함한 일련의 계획을 위한 프로젝트였다." (우석균, "답함", p. 44.) 그가 말하는 진보적 운동세력의 실체는 무엇이고, 사회화 프로젝트는 무엇이고, 그 내용은 어떠한가? 순진한 것인지 무지한 것인지 모르겠다. 아무튼 내용이 어떠하든 몇몇 "세력"이 그토록 의약분업 자체에 목을 매었던 것과 이에 대한 어떠한 문제 제기에도 그토록 흥분하여 심한 비난을 해 대던 이유를 알 것도 같다.

7) 변혁적 (보건의료)운동진영에서 우 선생과 다른 생각을 가진 사람은 그와 같은 생각을 가진 사람보다 많을 것이다. 아마도 우 선생은 나의 이러한 주장에 반대할 텐데 그것은 우 선생이 소부르주아적 시민운동도 이 범주에 넣고 있어서다.

비판한 글들[8]을 읽는 것만으로도 충분하므로 —왜냐하면 그들의 추상적인 글은 우 선생이 그토록 노력해서 쓴 그 구체적인 글보다 훨씬 훌륭하다— 여기에서는 그에 대해 자세한 논의는 하지 않겠다. 그럼에도 불구하고 우 선생의 주장에는 반드시 지적하고 넘어가야 할 것이 있다. 그것은 그가 갖고 있는 신자유주의에 대한 너무나 우려되는 관점이다. 그는 자신과 다른 주장을 하는 사람을 이분법적 사고의 소유자로 왜곡하고, 사회화에 대한 민중주의적 해석을 설교한 후 맑스의 권위를 빌려 이렇게 주장한다.

> [요구를 둘로 나누고 이 중 민중주의적인 요구만이 우리의 요구이며 자본주의적 합리화의 요구는 신자유주의 요구이니 버려두자!] 이러한 인식은 우선 자본주의적 합리화가 사실은 사회적 소유를 향한 투쟁과 모순되지 않는다는 것을 잊는 이론적 무지이고 구체적인 투쟁의 계기를 민중적으로 전취해 낼 수 없는 이론적 무능력을 합리화하는 것이며 현실적으로는 구체적인 투쟁의 계기를 방기하고 대중과 유리된 보다 민중적이고 '대단한' 투쟁을 하는 것으로 귀결된다.[9]

현재의 "자본주의적 합리화가" "사회적 소유를 향한 투쟁과 모순되지 않는다." 아니 이런 황당무계한 주장이 어디 있는가? 부르주아 혁명과 자본주의적 합리화가 역사적으로 진보적이었던 때가 있었던 것은 사실이다. 또 이것을 이해하지 못하는 프루동주의와의 투쟁은 과학적 세계관의 형성의 중요한 기초가 되었다. 그러나 지금도 그러한 주장이 유효한가? 현재 한국 사회에서

---

8) 최원, "의료분쟁이라는 메두사". (http://www.urimodu.com/bbs6/bbs.cgi?db=com8&mode=read&num=673&page=1&ftype=6&fval=&backdepth=1); 김성구, "의사들의 폐·파업사태, 왼쪽에서 보는 법". (http://cham3.jinbo.net/maybbs/search.php?type=content&db=kctuinfo&code=plaza_old&n=11708&page=1&area=title&key=왼쪽); 채만수, "기만적 처방이 빚어낸 대형 의료사고", ≪현장에서 미래를≫ 제57호(2000. 7.), pp. 4-14. (http://kilsp.jinbo.net/publish/archive_0.html); 강동진, "의사파업사태와 의료개혁의 전망", ≪진보평론≫ 제6호(2000년 겨울). (http://jbreview.jinbo.net/journal/jbindex.html)

9) 우석균, "점검", p. 24. 우 선생은 신자유주의의 운동을 "보이지 않는 신의 섭리"라고 표현하며 그 부분에 대해 자신은 "아는 바가 없다"라고 한다. 문득 아담 스미스가 생각난다. 자본주의 시장을 '보이지 않는 손(invisible hand)'에 비유하고 각 개인이 사사로운 이익만을 위해 일해도 시장의 보이지 않는 손은 이를 모든 사람의 이득이 되는 결과로 이끌어 준다는 터무니없는 소리로, 자본가의 이해를 옹호했던 훌륭한 부르주아 경제학자 아담 스미스.

진행되고 있는 수많은 신자유주의적 개혁은 위기에 빠진 한국 자본주의의 "자본주의적 합리화" 과정에 다름 아님은 누구도 부정하지 못하는 명백한 사실이다.[10] 이것이 사회적 소유를 향한 투쟁이라니? 이보다 더 우 선생이 부르주아 이데올로기에 감염되어 있다는 증거를 찾을 수는 없을 것이다. 또한 우 선생은 자신과 다른 주장을 하는 사람이 "구체적인 투쟁의 계기를 방기하고" 대중과 괴리된 "대단한 투쟁"을 한다고 비판한다. 그러나 이것은 사실이 아니다. 누가 더 투쟁의 최전선에서 대중과 더욱 밀접하게 투쟁하였는가? 손바닥으로 하늘을 가리는 주장이다. 더 자세한 언급은 자화자찬이 될 수 있으므로 여기서 멈추겠다.

또 한 가지 지적해야 할 것은 이론에 대한 우 선생의 독선적이며 관념적이고 실용적인 태도이다. 그에게는 다른 수많은 사람이 투쟁하며 현실을 분석하고 또한 연구하여 내린 결론이, 자신의 입맛에 맞지 않으면, 그 사람은 "골방의 비평가들"이고 그의 주장은 "게으르고 독단적인 평가"에 불과하다. 왜냐하면 우리의 우 선생은 "한 걸음씩 전진을 해야" 하는 사람이기 때문이다. 그러나 김대중 정권의 개혁 정책이 신자유주의적이라 평가받는 것은 그것의 본질이 그러해서이다. 그는 자신의 한 걸음 전진을 위해 다른 사람에게 열 걸음 뒤에서 출발하자고 함으로써 사물에 대한 과학적 인식이 과학적 운동의 출발점이라는 것을 이해하지 못하는 사람이라고 스스로 고백한다.

2) 김대중 정부의 성격의 문제

우 선생은 초기 김대중 정부를 "민주연합정권"이라고 생각한다. "김대중 정권 초기의 민주진영의 입지가 상당히 넓었고 초기의 개혁이 단지 '신자유주의적'이라고 부르기 힘들다"[11]고도 한다. 그는 앞의 두 글에서 상세하게 당시의 상황을 묘사하면서 그 근거를 제시하려 한다. 그의 주장에 입각해서 당시 상황을 재구성해 보면, '민주연합정권의 성격을 지녔음에도 의약분업에

10) 그럼에도 불구하고 우 선생이 그러한 주장을 하게 되는 것은 소위 "친자본 '진보' 이데올로기"에 빠져서인데 그런 사람이 우 선생뿐만은 아니다. 아래의 글을 참조하라. 채만수, "자본을 위한 노동조합의 대응", ≪현장에서 미래를≫ 제68호(2001); 채만수 저, 한국노동이론정책연구소 편, "친자본 '진보' 이데올로기: 경제이데올로기를 중심으로", ≪신자유주의 시대, 노동자의 희망을 어떻게 만들 것인가≫, 도서출판 현장에서 미래를, 2001.

11) 우석균, "답함", p. 44.

관심이 없었던 김대중 정부 초기, 보건의료부문에서의 진보적 진영이 쁘띠부르주아집단인 개원의 그룹과 약사 그룹과 연대하면서 병원자본과 제약자본을 압박해 사회화 프로젝트의 일환인 의약분업을 추진하게 된다. 이것은 사적 의약품시장의 몰수를 의미하는 것인데 약사의 경우 충분한 대가를 받아 반발이 적었으나 1999년 11월 15일 정부의 친자본정책은 개원의에게는 무상몰수에 가까워 개원의의 파시즘화를 부추겨 의사들을 투쟁에 나서게 하는데, 의사들은 병원자본·제약자본의 앞잡이가 되어 투쟁한다. 결국 의약분업은 신자유주의적 왜곡을 겪는다.' 그러나 '소설을 쓰는' 듯한 그의 주장은 모순투성이라서 너무 많은 질문이 가능하다. 민주연합정권임에도 의약분업에 관심이 없었던 초기 김대중 정부는 왜 의약분업을 하려 했는가? 진보적 진영, 개원의 그룹 그리고 약사 그룹의 연대의 물적 토대는 무엇이었는가? 왜 민주연합정권이 친자본정책을 펴게 되었는가? 약사의 반발이 적었던 것이 충분한 보상 때문이었다면 의사의 반발은 어쩌면 당연한 것 아니었는가? 등등. 여기서 더욱 문제가 되는 것은 그가 "국가=총자본은 [그러나: 인용자] 단일한 위원회가 아니다"라는 올바른 주장을 하지만 곧이어 "민주진영의 입지" 운운으로 국가의 본질에 대해 혼란스런 주장을 한다는 점이다. 우 선생의 이러한 이론적 혼란은 김대중 정권을 "민주연합정권"이라는 그릇된 판단으로 이끌고 결국은 실천상의 오류로 이어지게 했다.

3) "광 속에서 꺼내 온 먼 옛날의 이론"에 대한 문제

우 선생은 "답함"에서 다음과 같은 주장을 한다.

> 그런데 그가 하는 말은 의사들에 대한 현실적인 분석도 현실적인 지침도 새로운 계급분석도 우리의 현실을 타개할 비전도 제시하지 못한다. 광 속에서 꺼내 온 먼 옛날의 이론과 전혀 현실과 유리된 방침뿐이다.[12)]

나는 다른 사람의 세계관에 대해서 왈가왈부하고 싶지 않다. 비록 나와 그가 보건의료운동과 관련된 이론투쟁을 하고 있어도 그러하다. 이것은 그의 주장이 '죽은 개' 취급을 받고 있는 맑스주의에 대해 돌을 하나 더 던진 것에 불과하기 때문만은 아니다. 그것은 그의 개인적·사회적 그리고 이론적·

12) 우석균, 같은 글, pp. 55-6.

정치적 경험의 총화로 그의 인생이기 때문이다. 그리고 과학적 세계관이란 선택을 강요하는 것이 아니며 또한 그것이 과학적 세계관이라 하는 것은 그렇게 불려서가 아니라 그것이 세계를 올바르게 반영하는 진리이기 때문이라는 너무나 당연한 이유 때문이기도 하다. 그가 사용하는 주된 개념과 논거가 맑스주의에서 빌려 온 것이지만, 그가 과거부터 맑스주의자가 아니었거나 투쟁의 경험 속에서 맑스주의를 버렸거나 그것을 여기서는 주되게 따지지 않겠다. 내가 말하고 싶은 것은 그가 한편으로 "광 속에서 꺼내 온 먼 옛날의 이론"이라는 말로 나의 논거를 폄하하면서, 다른 한편으로 자신의 글에서 그 "먼 옛날의 이론"을 자신의 근거로 삼는 태도이다.[13] 이것은 명백히 솔직하지 못한 태도이다.[14] 따라서 그가 올바르게 나를 비판하려면 같은 세계관의 전제에서 잘못된 적용을 문제 삼았어야 했다. 이것은 "우리의 이론이 도그마가 아니라 행동의 지침이기" 때문에 너무도 당연한 것이다. 그러나 그렇게 하지 않은 그는 자기주장의 근거를 필요에 따라 아무 이론에서나 마구잡이로 갖다 붙이는 무원칙한 궤변주의자에 불과하다는 비판에서 자유로울 수 없을 것이다.

2. 보건의료운동의 성격과 관련한 문제에 대하여

나는 "쟁점"에서 다음과 같은 주장을 했다.

> 계급사회에서는 서로 화해할 수 없는 커다란 인간집단으로서의 계급이 존재하고 또 이 계급은 여러 계층으로 분화된다. 이것은 계급이 존재하고 또

13) 우 선생은 "점검"에서 맑스주의의 권위를 빌린다. "점검", pp. 12-3의 각주 11); "점검"의 각주 23), "자본주의는 스스로의 가증성을 충분히 드러내지 않는 한 그 다음 단계로 전화하지 않는다." 우 선생은 그의 논적을 공박하는 근거로 이 문장을 인용한다. 사실 이러한 그의 인용이 내가 "쟁점"에서 맑스, 엥겔스, 레닌의 글을 논거로 사용하게 한 직접적 이유이다. 명백한 오자가 있지만 인용인 관계로 교정하지 않았다. 그것은 아래의 인용에서도 마찬가지다.

14) 이 점에 있어 그의 벗 백한주 선생은 "(현재의 한국) 좌파 이론은 구체적인 삶의 영역에서 맑스주의를 어떻게 적용해야 하는지 모르고 있다"라고 우 선생보다는 한 차원 높은 비판을 하지만 기본적으로 비슷한 견해를 표명한다. 백한주, "의사 폐업투쟁의 정당화 논리들", ≪달과 의료≫, pp. 38-9.

이 계급은 여러 계층으로 분화된다. 이것은 상호 간에 모순관계를 형성하고, 필연적으로 운동을 발생시킨다. 이러한 현실에서 계급 · 계층운동으로서 부분운동이 발생한다. 또한 사회는 발전하면서 사회적 생산과정과 재생산과정의 분화와 분업이 고도화되는데, 이 과정에서 특정 노동이 발생하고, 그러한 영역에서 특정 노동이 발생하게 된다. 이러한 부문 역시 특수한 모순관계를 발생시키게 되고 이 부문에서 발생하는 운동이 부문운동이다. 이러한 특정부문에서 각 계급 · 계층은 처해 있는 조건과 상황에 따라 다양한 이해를 갖게 된다. 따라서 과제별 운동으로서 부문운동은 각 계급 · 계층이 자신의 계급 · 계층적 이해를 바탕으로 하나의 과제에 모여 서로 대립 또는 연대하며 투쟁을 벌이게 된다.[15]

그리고 다음과 같은 주를 덧붙였다.

여기서 반드시 짚고 넘어가야 하는 것은 부문운동이 특수하다는 것은 그것이 해결하고자 하는 과제가 사회 내의 모든 계급 · 계층에게 가치중립적인 보편성을 갖는다는 것, 따라서 사회의 기본모순이 해결되지 않고 해결될 수 있다는 것은 아니다. 오히려 보편적 성격을 갖고 있음에도 불구하고 실제로는 그렇지 못함으로써 그 모순이 더욱 심하게 표현되고 있다는 의미에서 특수하다는 것이다.[16]

우 선생은 "여러 가지의 크고 작은 오류들" 가운데 이 부분이 특히 마음에 들지 않았던 것 같다. 한가하지 못한 상황에서도 이 점을 꼭 짚고 있으니 말이다. 그는 다음과 같이 비판한다.

특수하다는 것은 보편적(또는 기본적) 원칙이 특정한 형태로 관찰되는 조건을 말한다. 따라서 조건이라는 질적인 개념을 '더욱 심하게'라는 양적인 개념으로 치환하는 것은 매우 '심한' 이론적 오류이다.[17]

---

15) 전성식, "쟁점", pp. 5-6. 이 점은 의사폐파업투쟁에서도 이후 건강보험재정파탄 문제를 둘러싸고 벌어진 투쟁에서도 건강보험 종합 대책 및 특별법 저지 투쟁에서도, 최근의 민간의료보험과 건강보험재정 통합을 둘러싼 투쟁에서도 더욱 명확해지고 있다.

16) 전성식, 같은 글, p. 6의 각주 2).

17) 우석균, "답함", p. 41.

그러나 기초 개념에 대해 무지한 사람은 내가 아니라 우 선생이며, “매우 ‘심한’ 이론적 오류”에 빠져 있는 것 또한 우 선생이다. 특수가 보편이 특정하게 관철되는 조건이라는 그의 주장을 그대로 인정하더라도[18] 그는 ‘범주’라는 철학적 개념에 대해 무지하다. 그래서 그는 보편-특수-개별의 범주와 양-질의 범주가, 현실의 사물이 상호연관되어 교류하듯이, 상호연관지어 교류하는 것을 오류라고 주장한다. 범주는 현실 세계의 제 대상·현상의 보편적·본질적 연관과 제 관계를 반영하는 기본적 논리적 개념이다.[19] 따라서 “현실의 본질적 연관을 표현하는 데 있어서 범주는 제 대상 그 자체의 제 과정과 꼭 같이 필연적으로 가동적이며, 유연하며, 상호연관되어 있지 않으면 안 된다.”[20] 쉽게 이해하기 위해 예를 하나 들어 보자. 최근 한국 사회에서 가장 큰 문제인 고용의 형태에는 정규직과 비정규직이 있다. 어떠한 상태로 고용되어 있든지 두 영역의 노동자는 자본주의의 보편적(기본) 모순을 그대로 갖고 있다. 그러나 전자와 후자는 고용조건이 다르며 상호 간에 특수하다. 전자에 비해 후자의 영역에서 자본주의 고용의 모순이 더욱 심하게 혹은 첨예하게 표현된다. 또한 후자에 비해 전자에서 발현되는 모순의 양상은 덜 첨예하지만 양자 모두에 관철되는 보편적(기본) 모순은 같다.[21]

변혁운동 내에서 부분운동과 부문운동 간, 부분운동 간, 그리고 부문운동 간 특수성의 문제도 이와 마찬가지다. 부문운동도 부분운동에서와 마찬가지로 자본주의의 기본모순이 관철된다. 그러나 부문운동의 영역에는 모든 계급·계층이 충돌하며 노동자계급뿐만 아니라 소부르주아 층까지도 함께 고통받게 된다. 이러한 이유로 이 부분은 계급·계층을 초월한 보편적 특성을 가진 듯이 보이고, 해결에 대하여 프롤레타리아트보다도 박애주의적 부르주아지, 소부르주아지 등이 더욱 전면에 나서서 저마다의 목소리를 높인다. 그렇지만 모순의 심각성은 시끄러운 정도에 비례함에도 불구하고 현실의 해결은 그것과 비례하지 않음으로 해서 그 모순은 더욱 심하게 표현되는 특수함이 있다.

---

18) 여기서 이렇게 조심스러워하는 것은 보편-특수-개별에 대한 개념 논쟁이 과거 사회구성체 논쟁의 한 주제였기에 문제가 다른 것으로 확산될 것이 두려워서 그렇다.
19) 편집부, ≪철학사전≫, 친구, p. 103.
20) 같은 책, p. 104.
21) 그는 내가 질적인 개념을 양적인 개념으로 치환했다고 비판한다. 양과 질을 절대적으로 생각하는 그에게는 그렇다. 그러나 보편-특수-개별과 마찬가지로 질과 양도 상대적 개념으로 상호전화하는 것이다.

자본주의 생산방식에서 발생하는 이차적인 문제이기 때문에 사소하다고 할 수 있고, 이러한 문제를 해결함으로써 사회문제를 해결하기를 바라는 온갖 박애주의자들 때문에 혼란스럽지만, 이것에 대한 과학적 태도를 견지하면서 신중하게 접근하는 것은 변혁운동의 진전에 커다란 기여를 할 것은 분명하다. 우리가 부문운동의 특수성에 관심을 두는 것은 바로 이러한 이유 때문이다.[22)]

3. 보건의료운동의 주체의 문제

나는 "쟁점"에서 부문운동으로서의 보건의료운동의 주체는 노동자를 중심으로 한 민중이라는 점을 명확히 해야 한다고 주장했다. 그러나 초기 보건의료운동에서 이에 대한 이론적, 실천적 혼란이 계속되었던 것은 노동자계급운동의 미숙한 발전 속에서 보건의료운동을 이끌어 온 것이 노동자를 중심으로 한 민중이 아니라 진보적 보건의료인(단체)이었던 상황에서 기인하였던 것이고, 이후에는 변혁운동이 후퇴하는 조건에서 시민운동에 의한 노동자·민중진영의 주도권 상실에 의해서 지속되었다고 했다. 그리고 한국 사회 내에서 변혁적 정치운동과 계급적 노동운동이 실체를 형성해 가고 있는 지금, 앞서의 원칙을 확인하는 것이 새롭게 필요하다고 했다.[23)] 이 점이 중요한 것이다. 그러나 우 선생에게 이러한 나의 주장은 아무래도 좋다. 우 선생에게 원칙은 중요한 것이 아니다. 그에게 관심이 되는 유일한 것은 그를 "절망을 넘어 허탈"하게 만든 다음과 같은 나의 주장이었다.

(의사폐파업 투쟁 이후 이것은 더욱더 복잡해졌는데, 그것은 의사들 스스

---

22) 부문운동의 영역에는 보건의료, 환경, 교육, 복지 등 다양한 영역이 있으며 각각의 영역에서 투쟁은 훨씬 복잡한 양상으로 전개된다. 그러나 확실한 것은 누군가가 일차적 문제의 해결에 대한 언급을 생략한 채 이러한 이차적 문제의 해결에 대해 약속하면 그는 우리 편이 아니라는 사실이다. 이쯤에서 광으로 한번 가는 것도 나쁠 것 같지 않다. 이러한 문제에 많은 시사점을 주는 (낡은) 이론을 발견할 수 있을 것이다. 엥겔스, ≪주택문제에 대하여≫(≪칼 맑스 프리드리히 엥겔스 저작 선집≫(이하 ≪선집≫) 제4권), 박종철출판사.

23) 전성식, "쟁점", pp. 7-9.

로가 '의료개혁'을 주장하고 보건의료운동의 주체를 선언하고 나섰기 때문이다. 과거 족보론의 이념이 의사 일반에 수용되어 그 절정의 순간을 느끼고 있다.) 여기서 재미있는 것은 전공의들의 '국민과 함께하는 의료개혁'이란 구호가 '국민의 건강하게 살 권리를 보호하기 위해' 결성한 건강연대보다 상대적으로 진보적이라는 것이다. 물론 병원의사협의회는 '국민을 위한 의사가 주체되는 의료개혁'을 주장한다. 건강연대가 보수적이라면 이들은 반동적이다.[24)]

그는 구호로(만) 진보와 보수, 반동을 구분한다고 나를 비판한다. 그러나 이것은 글의 맥락을 무시한 명백한 왜곡이다. 여기서 괄호 부분은 보건의료운동의 주체 문제가 혼란한 상황에서 의사들이 의료개혁을 주장하며 보건의료운동의 주체를 선언하고 나서는 현실이 과거 이론과 연관하여 주체 문제를 더욱 혼란스럽게 만들 수 있다는 것을 지적한 것이고 후자는 너도나도 의료개혁을 주장하는데, 재미있게도 자신의 기본 관점이 구호에 녹아 있다는 것을 지적한 것이다.[25)] 전공의들이 한계는 있었으나 의사 일반과 차이를 보였다는 것은 명백한 사실이었다. 그러기에 "보건의료노조는 ... 전공의들에게도 의사집단과 명백히 분리하라고 요구했던"[26)] 것이고 우 선생도 "의사사회 속에서 새롭게 대두되고 있는 '전공의' 집단의 문제"[27)]의 해결을 중요한 문제로 제기하고 있는 것이다. 따라서 우 선생이 인정하지 못하는 것은 전공의들을 '상대적으로 진보적'이라 하면서 건강연대를 보수적이라 한 것이다.[28)]

---

24) 전성식, 같은 글, p. 8의 각주 14). 우 선생은 괄호 부분을 빼고 인용하였다.

25) 구호의 측면에서만 보았을 때 국민(?)을 주체로 인정하는 전공의협의회의 '국민과 함께하는 의료개혁'이란 주장은 고작해야 '국민을 건강하게 살 권리를 보호'받아야 할 대상으로 생각하는 건강연대보다는 진보적인 것은 사실이다. 내가 여기서 지적하고자 한 점은 이것이다. 사실 "국민과 함께'는 인의협의 원칙이기도 하다. 인의협은 보수적인 건강연대보다 상대적으로 진보적이다. 시민운동의 가까이에서 함께 활동해 왔지만 "시민단체의 경우 문제의 민주주의적 측면을 포착하는 것은 올바르지만 이를 근본적으로 이끌고 나가지 못하는 정치적 전망의 한계나 능력의 부재가 분명 존재한다"(정책실, "현 상황과 의사대중운동", ≪달과 의료≫, p. 59)라고 평가하는 것은 그 때문이 아닌가? 여기서 한 가지 지적할 일은 시민단체가 근본적으로 나가지 못하는 것은 능력 부재나 전망의 한계 때문이 아니라는 사실이다. 그것은 그들의 존재에서 기인한다.

26) 우석균, "답함", p. 47.

27) 우석균, "점검", p. 28.

그래서 우 선생은 나를 비판한답시고 다음과 같이 주장한다.

> 계급이나 계층행동의 정치적 분석은 그들의 말이 아니라 그들의 행동에 의해, 그들의 투쟁을 '국민을 위한 것'으로 포장하기 위한 화려한 수사가 아니라 그들이 구체적인 투쟁에서 전심전력을 다하여 싸우는 실질적 핵심에 의해서 분석되어야 한다.[29)]

그렇다! "실질적 핵심"이다. 그가 말하는 "실질적 핵심"이 무엇인지는 정확히 모르겠지만 이것은 "모든 도덕적 · 종교적 · 정치적 · 사회적 문구, 선언, 약속 뒤에 있는 이런저런 계급의 이익"이어야 한다. 이것은 "계급투쟁이라는 교의"의 핵심이고, 이러한 사실을 배우지 못하고서는 사람은 항상 정치적으로 기만과 자기기만의 어리석은 희생양이 될 뿐이다.[30)] 그렇다면 이러한 기

---

28) 정치적으로 보수적(사회주의)이란 것은 무엇일까? "부르주아지의 어떤 부분은 부르주아 사회의 존립을 보장하기 위하여 사회적 폐해를 제거하고자 한다. 여기에는 다음과 같은 인물들이 속한다: 경제주의자, 박애주의자, 인도주의자, 노동계급 처지 개선론자, 자선 사업가, 동물 학대 철폐론자, 금주협회 헌금자 등의 잡다하기 그지없는 좀스러운 개혁가들 ... 사회주의적 부르주아들은 [현대사회의 생활 조건을 원하되], 그로부터 필연적으로 야기되는 투쟁들과 위험들이 없는 현대사회의 생활 조건들을 원한다. 그들은 프롤레타리아트 없는 부르주아지를 원한다. 부르주아지는 물론 자기가 지배하는 세계를 최상의 세계로 생각한다. 부르주아 사회주의가 프롤레타리아트에게 자신[부르주아 사회주의]의 체계를 실현하고 새로운 예루살렘으로 들어갈 것을 요구할 때에, 사실상 그것은 프롤레타리아트가 오늘날의 사회에 머물러 있되 그 사회에 대한 원한에 가득 찬 그들의 생각은 버릴 것을 고대하고 있을 뿐이다. ... 이러한 사회주의의 덜 체계적이면서 한층 더 실천적인 또 하나의 형태는 ... 물질적 생활 상태의 변화를 오직 혁명적 방식으로만 가능한 부르주아적 생산관계들의 철폐로서 이해하지 않고, 이 생산관계들의 토양에서 행해지는, 따라서 자본과 임금 노동의 관계는 조금도 변화시키지 않으면서 기껏해야 부르주아지의 지배 비용을 감소시키고 그들의 국가운영을 간소화시킬 뿐인 행정적 개선으로 이해한다." (맑스 · 엥겔스, "공산주의당 선언", ≪선집≫ 제1권, pp. 427-8.) 김대중 정권하에서 시민운동 세력의 오른쪽은 전자의, 왼쪽은 후자의 경향을 일반적으로 띤다. 물론 이들은 사안과 상황에 따라 위치를 바꾼다. 의약분업이 신자유주의적이지 않다는 근거로 "신자유주의에 반대하는 자본도 있는가?"라는 질문이 ≪달과 의료≫에 두 번 나온다. 앞서 살펴본 것처럼 답은 간명하다. 있다. 신자유주의가 극우케인즈주의적 성격을 띠고 있기 때문에 이에 반감을 갖고 있는 "잡다하기 그지없는 좀스러운 개혁가들", 이들의 일부를 구성하고 있는 박애주의적 · 혹은 합리적 부르주아지가 그들이다.

29) 우석균, "답함", p. 47.

준으로 판단했을 때 건강연대는 어떤 계급의 이익을 대변하여 투쟁하였는가? 과연 노동자계급의 이해를 대변했다고 말할 수 있을까? 민주노총을 포함하여 많은 민중운동세력이 속해 있음에도 그렇지 않다는 것은 부정할 수 없는 사실이다.[31]

나는 또한 다음과 같이 주장했다.

이러한 사실과 그 중요성을 배운 것만으로도 의미는 크다. 그러나 교훈을 배우고 내용을 되새기는 것만으로는 부족하다. 문제는 어떻게 그것을 달성할 것이고, 또 그것을 위해서는 무엇이 필요한가라는 점이다. 즉 문제는 어떻게 노동자계급을 보건의료운동의 주체로 설 수 있게 하고, 노동자계급이 지도력을 확보할 수 있게 할 것인가, 그렇게 하기 위해서는 무엇이 필요한가 하는 것이다. 보건의료운동이 제대로 발전하려면, 즉 부문운동으로 제 역할을 다 하려면 우리는 지금처럼 노동자에게로 들어가는 것만으로는 부족하다. 이것을 계속 진행시키면서 동시에 '보건의료인 속으로 들어가야' 한다. 우리는 이론가로서, 선전가로서, 선동가로서 그리고 조직가로서 보건의료인 속으로 들어가야 한다. 그 속에서 우리는 한국 사회의 보건의료에 대한 구체적인 연구를 진행하고, 이를 통해 보건의료가 자본에 기여하는 역할에 대한 이데올로기적 · 실천적 투쟁을 전개하며, 이후 건설될 사회화된 보건의료체계를 연구와 투쟁을 통해 구체적으로 준비해 내야 한다. 이러한 일련의 과정은 노동자 · 민중을 보건의료의 주체로 서게 하는 것이고, 더 나아가 정치의식의 광범위한 발전을 보장하는 일일 것이다. 또한 보건의료인 내의 활동을 통해 우리는 보건의료인들이 보건의료체계에 갖고 있는 근본적 모순을 폭로하고, 우리의 내용을 선전 · 선동하여, 그들이 갖고 있는 불만을 조직해 내고, 그들을 지도해 내야 한다. 또한 보건의료체계가 갖고 있는 보건의료체계에 대한 현상적 문제의식을 본질적 문제의식으로 전환시켜야 한다. 그 과정 속에서 그들을 최대한으로 보건의료운동의 주체로, 최소한으로는 우리를 지지 · 성원하게 해야 한다. 이것은 그러면 좋고 아니면 말고의 문제가 아니다. 우리에게 주어진 임무다.[32]

---

30) 레닌, "마르크스주의의 세 가지 원천과 세 가지 구성요소", ≪마르크스주의의 역사적 발전의 몇 가지 특징들 외≫, 두레, 1989, p. 49.
31) 이에 대한 우 선생의 기본적 입장을 살펴보라. 그의 주장과 행동에 대한 이해에 도움을 준다. 우석균, "점검", p. 25.

길게 인용한 것은 내용을 다시 강조하려 한 것뿐만 아니라 우 선생의 왜곡 때문이다. 우 선생은 이에 대해 다음과 같이 말한다.

> [보건의료운동이 제대로 발전하려면, 즉 부문운동으로서 제 역할을 다하려면 지금처럼 노동자에게로 들어가는 것만으로는 부족하다]라고 말하면서 전성식은 "이론가로서, 선전가로서, 선동가로서, 그리고 조직가로서 보건의료인 속으로 들어가야 한다"라는 지극히 당연한 말을 한다. 그러나 우리는 먼저 그에게 이렇게 충고하고 싶다. 의사들과의 연대를 생각하기 전에 노동자들과 어떻게 연대해야 할지를 먼저 생각하라고.[33]

우 선생은 또 왜곡에 기초한 충고를 하고 있다.[34] 나는 "지금처럼 노동자들에게만 들어가는 것만으로는 부족하다. 이것을 계속 진행시키면서 동시에 '보건의료인 속으로 들어가야' 한다"라고 주장했다. 그는 "이것을 계속 진행시키면서 동시에"라는 말을 잘라 내고 인용하면서 내가 마치 노동자들과의 사업을 포기하는 주장을 하는 것으로 왜곡한다. 또한 "지금처럼"이란 표현을 생략하면서 자신의 과거를 덮으려 하고 있다. 아무튼 그 문제를 눈감아 주더라도 문제는 여전히 남아 있다. 우 선생은 "지극히 당연한 말"이라고 자신도 알고 있는 것처럼 말하고 있지만 그가 내 주장을 제대로 이해하고 있는지는 의문이다. 그랬더라면 그와 같은 적절하지 못한 충고를 하는 것이 아니라 몇 가지 정당한 문제 제기를 했을 것이기 때문이다. 그것은 첫째, 보건의료인 속으로 들어가는 것이 과연 노동자·민중이 보건의료운동의 주체로 서게 하는 것이며 그것이 어떻게 가능한가? 둘째, 그것을 할 만한 힘이 우리에게 있는가? 셋째, 보건의료인 대중에게 그런 일을 할 기초가 있는가? 넷째, 그것이 계급적 관점으로부터의 퇴보를 의미하거나 퇴보로 귀결되는 것이 아닌가? 하

32) 전성식, "쟁점", pp. 9-10.

33) 우석균, "답함", p. 48.

34) 충고를 하고 싶다고? 기막힌 일이다. "적반하장도 유분수"라는 말이 "딱 좋다"라는 생각이다. 우 선생님, 충고를 하기 전에 자신을 한번 돌아보시지요. 그 충고는 거울을 보시면서 하시는 것이 옳을 것 같습니다. 그러나 우리는 우리 자신이 노동자계급의 일부라는 생각을 하지 않았던 적이 한 번도 없었기 때문에 앞으로도 노동자들과 연대를 생각하지는 않을 것이다. 따라서 '의사들과의 연대를 생각하기 전에 노동자들과 어떻게 연대해야 할지를 먼저 생각하라'는 충고는 자신을 노동자계급의 일부라고 생각하지 않는 우 선생에게나 어울리는 말이다.

는 것이 그것이다.[35] 이에 대해 간략히 살펴보자. 나는 "쟁점"에서 첫 번째 문제와 관련하여 "프롤레타리아트의 정치의식을 광범위하게 발전시키는 것이 필수적이라고 진정으로 믿는다면, 사회민주주의자는 모든 계급의 주민 속으로 들어가야 한다"[36]라는 원칙과 맥을 같이 하는데 현행의 제도에서 '보건의료인 속으로 들어갈' 수 있는 것은 우리뿐이고 '이론가로서, 선전가로서, 선동가로서 그리고 조직가로서 보건의료인 속으로 들어감으로써' 그럴 수 있다고 했다.[37] 그런데 "그것을 할 만한 힘이 우리에게 있는가?" 과거 어느 시기까지는 노동자 사이에서 활동하는 것만이 옳은 일이고, 이 경로에서 이탈하는 것은 비난의 대상이었다.[38] 물론 과거처럼 아직도 노동자 사이에서 활동하는 것이 강조되어야 한다. 그러나 현재에는 이것만으로는 부족하다. 지금의 노동자는 스스로 자신의 길을 찾아가고 있다. 그리고 변혁운동에 관심을 가진 현재의 보건의료인 혹은 예비보건의료인의 대부분은 고전적 의미에서의 '노동자들 속으로 들어갈' 가능성이 그다지 커 보이지 않는다. 또한 노동자에게 실제적이고 포괄적이며 생생한 보건의료의 모순을 파악하게 해 주려면 그 속에서 활동할 사람이 필요하다. 현재의 보건의료 모순을 우리가 그토록 자세히 파악하고 근본적인 문제는 물론 즉각적으로 대처해야 할 문제에도 순발력 있게 대응할 수 있는 것도 자신을 노동자계급의 한 부대로 위치시키면서 보건의료운동을 하고 있는 사람들이 있어서인 것은 명백한 사실이다. 지금 당장 우리에게 이러한 일에 배분할 역량이 있을 것인가는 확실히 대답하기 곤란하고, 그렇게 할 권리는 주어져 있지 않지만, 지금부터 진지하게 준비해야 할 문제임은 분명하다. 그렇다고 하더라도 보건의료인들 내에 활동할 기초가 있는가? 있다. 이것은 의심할 수는 없는 사실이다. 그들은 현재 보건의료체계에 불만을 느끼고 있고 출구를 찾고 있다. 그것이 아무리 사소한 것이라도 현상화된 불만을 모아 가장 효과적으로 활용하는 것이 우리의 임무일진

35) "쟁점"을 〈민의련〉 Health Club에서 발표할 당시 이와 관련한 학생활동가의 질문이 있었다.

36) 전성식, "쟁점", pp. 9-10의 각주 17). 이 인용구는 레닌이 ≪무엇을 할 것인가?≫에서 주장한 것이다.

37) 전성식, 같은 곳.

38) 그런 시기에서도 부문운동의 중요성을 강조하고 보건의료인들 내에서 활동을 강조하던 사람들이 지금은 오히려 그것을 부정하고 있으니 참으로 역설적인 상황이다. 오주환, "보건의료개혁의 주체는 누구인가?", 〈민의련〉 게시판 문서번호 1201번의 글. (http://myr.jinbo.net/about.html)

데 이것을 보지 못한다면 그는 진정한 운동가가 아닐 것이다. 그런데 이러한 활동이 '계급적 관점으로부터의 퇴보를 의미하거나 퇴보로 귀결되는 것이 아닌가?' 그렇지 않다. 이것은 복잡한 여러 문제가 해명되어야 하므로 간략히만 대답하겠다. 보건의료운동의 모든 활동의 기준은 노동자계급의 입장에서 변혁적 관점으로 시행될 것이다. 이는 변혁적 정치운동이 실체를 형성해 가고 있는 것과 맞물려 현실성을 갖게 되고 힘을 얻게 될 것이며, 또한 변혁적 정치운동은 이러한 부문운동의 도움으로 더욱 풍부해질 것이다.

4. 부분운동으로서 보건의료인운동과 관련하여

이 부분에서 우 선생은 두 가지 쟁점을 뒤죽박죽 섞어 버린다. 그래서 사람을 혼란에 빠지게 하려 하는데 결과적으로 자신의 무지를 스스로 폭로한다. 우 선생이 혼란스럽게 만든 문제는 '의사들을 계급적으로 어떻게 파악할 것인가'의 문제, 즉 '의사들이 변혁의 주체가 될 수 있을 것인가'의 문제와 '노동자계급이 다른 계급·계층의 투쟁에 어떠한 태도를 취해야 하는가'의 문제이다. 그가 완전히 다른 이 두 문제를 섞는 것은 부문운동으로의 보건의료운동과 계급·계층운동으로서의 보건의료인 운동을 혼동하는 것에서 기인한다.[39] 좀 더 자세히 살펴보자. 앞서 간단히 언급한 대로 부분운동은 사회구조 속에서 차지하고 있는 위치, 즉 계급이나 계층 상호 간 처해 있는 위치에 의해 발생하는 모순에 의한 운동이고, 부문운동은 특정 부문에서 발생하는 운동으로 여기에서는 다양한 계급·계층이 자신의 이해를 관철시키기 위해 상호 간에 투쟁하게 된다. 물론 두 영역은 매우 밀접하게 연관되어 있고 상호규정한다. 그러나 일반적으로 전자는 다양한 양상으로 전개되지만 다른 계급·계층 간의 모순보다는 노자 간의 근본적인 모순이 주로 표현되며,[40]

---

39) 초창기 보건의료운동을 주장했던 사람들은 이러한 '부분운동으로서 보건의료인 운동'과 '부문운동으로서 보건의료운동'의 특징을 올바로 이해하지 못했다. 다음을 참조하라. 전성식, "쟁점", pp. 10-1. 그런데 우 선생은 자신이 초기부터 활동해 온 경력을 우리에게 확인이나 해 주려는 듯 지금도 그러하다.

40) 부르주아지와 부르주아지 간의 모순, 대부르주아지와 중소부르주아지 간의 모순, 소부르주아지 간의 모순, 소부르주아지와 프롤레타리아트 간의 모순, 프롤레타리아트 간의 모순들이 각각의 다양한 운동의 근거이다. 이러한 모순들은 계급투쟁의 양상을

후자는 근본적인 모순은 곧잘 은폐 · 왜곡되어 표현되지만 전자보다 더욱 소란스럽게 전개되는 특징을 갖는다.[41)]

의약분업을 둘러싼 투쟁은 이러한 노자 간의 대립이 전면에 등장하는 일반적인 모습과는 다른 양상을 보였지만, 당시나 이후의 전개 과정은 부분운동과 부문운동이 다르다는 사실을 다시 한 번 명확히 확인시켜 준다. 즉, 당시 의료보험의 임박한 재정파탄은 예상 가능한 것이었고 정부는 이것을 피하는 방도의 하나로 의약분업을 이용하려 했다. 이 과정에서 노동자 · 민중을 비롯하여 의료자본의 일부(국내 제약자본, 병원자본)[42)] 그리고 의사집단의 희생이 강요되었다. 이에 대해 노동자 · 민중이 올바른 대응을 하지 못하는 상황에서 소득 감소에 불만을 품은 의사들의 저항이 터져 나왔다. 즉, 의사 폐파업투쟁은 노동자계급의 자본가계급에 대한 투쟁에서 주로 부르주아지와 한편이었던 소부르주아지 의사집단이 자신의 계급 · 계층적 이익을 위해 부르주아지에 대항해 전개한 투쟁이었다. 당시 소부르주아지로서의 의사는 의약분업이라는 자신의 몰락을 재촉할 가능성이 큰 정책이 자신의 목줄을 죄어오자 계급 · 계층적으로 단결했고 부르주아지에 저항하며 극렬하게 싸워 승리했다. 현재 부르주아지의 이해와 자신의 이해가 항상 일치하지 않는다는 사실을 경험적으로 깨달은 의사집단은 자신의 이해를 지키기 위해 자신의 정치운동을 선언하고 당파화하고 있다. 보건의료인이 자신의 부분운동을 실질적

매우 복잡하게 만든다. 부르주아지는 상호 간에 치열한 경쟁과 격렬한 투쟁을 전개하지만 프롤레타리아트와의 투쟁에서는 승리를 위해 단일한 대오를 유지하려 하며, 소부르주아지를 동맹군으로 만들려 하고 프롤레타리아트를 분열하려 든다. 하지만 자본주의 사회에서 프롤레타리아트와 부르주아지 간의 모순이 주요하고 기본적이라는 것은, 두 계급 이해의 적대성 속에서 필연적으로 드러날 수밖에 없고, 투쟁 속에서 확연해진다. 그러나 의약분업을 둘러싼 투쟁에서는 부르주아지와 소부르주아지의 모순이 가장 전면에 나타났다.

41) 그것은 그 부문에서 발생하는 문제가 계급 · 계층을 초월한 보편적인 내용을 갖고 있는 듯이 보여 더욱 복잡한 양상으로 전개되고, 또 소부르주아지도 함께 고통받는 것이기 때문이다. 따라서 소부르주아들은 이러한 문제에 쉽게 몰두하게 된다. 그리고 이 부문은 생산과 재생산과정의 분화와 분업이 고도화되는 과정에서 발생함으로써 그것을 담당하는 사람들의 집단을 형성하게 되는데 이것이 문제를 더욱 복잡하게 한다. 이것은 어찌 되었든 계급사회에서 부문운동 역시 궁극적으로는 계급적 속성을 갖는다. 하지만 이것이 부분운동으로 그대로 환원되지 않음은 명백하다. 여기에 어려움이 있다.

42) 의료자본을 좀 더 자세하게 파악할 수 있었던 것은 우 선생의 지적 덕택이다.

으로 시작한 것이다.[43] 또한 당시에 노동자 · 민중운동은 의사의 투쟁을 지도하지 못하였다. 하지만 우리가 소부르주아지의 당면 이익을 위한 투쟁을 지도하지 못하는 것은 당연하다. 자신과 자신의 반대의 당파를 함께 철폐함으로써만 승리할 수 있는 노동자계급[44]이 자본과 임노동이라는 양극단을 폐기하는 것보다 이 대립을 약화시켜 조화로 바꿔 놓기 위한 길을 찾는 것을 본성으로 하는 소부르주아지의 눈앞의 이익을 위한 투쟁을 어떻게 지도할 수 있겠는가? 그리고 이러한 주장은 변혁운동에서 노동자계급이 다른 계급 · 계층을 지도해야만 하고, 할 수 있다는 것과 소부르주아지가 혁명적일 수 있다는 주장과 아무런 모순을 발생시키지 않는다. 그런데 우 선생은 이것을 도무지 이해하지 못한다. 그래서 그는 의사대중이 자신의 말을 듣지 않았다는 이유로 그들을 변혁운동의 주체에서 변혁운동의 대상으로 전환시켜 버린다. 따라서 변혁운동에서 차지하는 의사집단의 중요성과 한계를 지적하고 이들을 견인하기 위한 노동자 · 민중의 올바른 정치적 방침의 필요성을 지적한 다른 사람들의 주장을 왜곡하여 비판하고 있다. 우 선생은 채만수 부소장과 김성구 교수의 주장을 비판하며 다음과 같이 자신의 짧은 생각을 주장한다.

> 이들의 글대로라면 '의사의 요구는 국민의 희생으로 의사의 권리를 늘리고자 하는 것입니다'라고 주장하고 의료기관의 국유화가 아니라 우선 의료보험재정 국고지원확대와 의료보험혜택확대를 주장한 보건의료노조의 주장이 틀렸다는 것이다. 또한 '의사폐업은 대체 불가능한 인력이라는 점을 악용한 권력자의 협박일 뿐'이라는 주장이 틀렸다는 것이다. 의사들의 투쟁을 공익에 어긋나는 의사들의 이익만을 위한 주장이라고 비판하는 것이 올바르지 않다는 주장이다.[45]

그렇다. 우 선생의 주장과 달리 의사들은 처음에는 국민의 희생으로 자신들의 권리를 늘리고자 하지 않았다. 그들은 누구의 희생이든 상관없이 의약

43) 아직 이 운동을 지도할 능력은 우리에게 없다. 그러나 이들을 지도해 내야 하는 것은 우리의 임무이다.
44) "프롤레타리아트가 승리할 때, 프롤레타리아트는 결코 사회의 전제적인 당파로 되지 않는다. 왜냐하면 프롤레타리아트는 자신과 그 반대의 당파를 함께 철폐함으로써만 승리할 수 있기 때문이다. 그때서야 프롤레타리아트는 자신을 제약하는 대립물인 사유재산과 함께 소멸한다." (맑스, ≪신성가족≫, 이웃, 1990, pp. 63-4.)
45) 우석균, "점검", pp. 9-10.

분업에 따른 자신들의 수입 감소를 막아 보고자 했던 것뿐이다. 의사들의 투쟁에 떠밀려 또 그것을 핑계로 결국 의사들에게 이익을 주고 국민에게 피해를 준 것은 그의 민주연합정부이다. 또한 채 부소장과 김 교수는 국고지원확대와 혜택확대를 주장하는 것이 틀렸다고 하지 않았다. 그것만 주장하는 것이 틀렸다고 했을 뿐이다. 보건의료체계의 사회화 요구가 생략된 채 이것만 해결되면 보건의료문제가 해결될 듯이 주장하는 것은 박애주의적 부르주아지를 포함한 온갖 잡동사니 개혁가들뿐이다. 이것은 전적으로 올바른 주장이다. 여기서 우 선생은 두 사람이 의사들의 투쟁이 밥그릇 싸움-집단이기주의적 성격을 갖고 있지만 그렇게만 비판하는 것이 옳지 않음을 설명한 것을,[46] 의사들의 폐파업투쟁이나 의사들의 요구사항이 모두 타당하다는 주장을 한 것처럼 왜곡하여 비판한다. "집단이기주의", "대체 불가능한 인력이라는 점을 악용"했다니 "공익에 어긋나"다니 하는 구역질나는 개념과 표현은 노동자들이 파업 투쟁을 벌일 때, 자본과 그 앞잡이 언론이 노동자를 고립시키기 위해 사용하는 자본가의 무기이며 이러한 비판은 다른 계급과 계층을 지도해야 할 노동자계급이 사용할 것이 아니라는 주장은 전적으로 옳다. 또한 자본주의 관계를 전제했을 때 '밥그릇 싸움'에 대해 비난할 권리는 누구에게도 없다는 주장 역시 옳다.[47]

마찬가지로 우 선생은 또 "전성식은 그의 '이론'에 입각하여 정부가 반민중적이고 '동시에' 의사들도 반민중이었음을 받아들이지는 못한다. 그에게 있

---

46) "책임 있는 비판자, 책임 있는 노동자 · 민중운동이라면 그들을 매도하는 대신에 그 틀이 이미 낡아서 파탄에 직면했음을 보여 주고, 그 틀을 넘어서서 나아갈 길을 제시해야 할 것이다. 물론 의사들 스스로가 운동과 투쟁 속에서 수많은 시행착오를 거치면서 그 길을 스스로 발견하는 것도 전혀 불가능하지는 않겠지만, 이는 결코 쉬운 일이 아니다. 따라서 노동자계급은 과학적 인식으로 그 길을 일깨우고 제시할 임무가 있다고 하겠다." (채만수, "의사파업과 노동자 · 민중운동", ≪창작과 비평≫(2000년 겨울), pp. 386-9.)

47) 물론 두 사람은 의약분업에 대해 우 선생과 다르게 생각한다. 그러나 그것이 합의가 되지 않았다 해도 이러한 문제의식은 유효하다. 의약분업에 대해 누가 더 현실을 옳게 반영하였는지, 당시 어떠한 태도가 올바른 것이었는지 우 선생의 글("점검", "답함")과 다음의 글을 비교해 보라. 채만수, 같은 글, pp. 378-92.

우 선생은 어쩌면 현실의 이해관계에 기초한 계급투쟁을 인정하지 않을 수도 있어 보인다. 왜냐하면 그는 투쟁을 평가하는 데 있어 "도덕적 평가는 가장 근본적 평가"로 생각하기 때문이다. (우석균, "점검", p. 10.) 우리는 지금 신도덕(프루동)주의자의 재림을 목격하고 있다.

어서는 정부가 반민중적이라면 의사는 반민중적이지 않고 의사가 반민중적이라면 정부가 아닌 것이다." 또 "이들은 무엇을 위하여 현실의 노동자를 버리는 걸까? 그들이 달려가는 곳은 다름 아닌 그들의 의사 동지들이다"[48]라며 나를 왜곡한다. 만일 누구라도 그렇게 주장했다면 그는 어리석은 사람임에 분명하다. 그는 나를 그러한 사람으로 만든 후, 어리석다고 손가락질을 한다. 그러나 오히려 그의 주장과는 달리 나는 다음과 같이 주장했다.

> 논란은 있겠지만 필자는 이번 의사집단의 폐파업투쟁의 기본 성격이 계급적으로 쁘띠부르주아적이라고 생각한다.[49]

> 그러나 의약분업을 둘러싼 투쟁의 과정에서 의사집단의 반동적 모습을 본 많은 사람들이 현재 혼란에 빠져 보인다.[50]

> 의약분업이라는 정책으로 자신들의 존재가 좀 더 빠른 몰락의 길로 내몰리는 상황이 예상되자, 의사집단은 부르주아지에 대한 극렬한 투쟁을 벌였으며, 실제로 이들의 주장은 보수적 수준을 넘어 반동적이기까지 했다.[51]

> 우리는 소부르주아지의 힘을 절대 과장하지는 않는다. 오히려 이들의 이중성(혁명성-보수성 혹은 반동성)을 잠시라도 잊지 않는다. 또한 여기서 우리가 얻어야 할 가장 중요한 교훈이 보건의료인을 보건의료운동의 핵심적 주체로 삼는 것은 몰지각하고 제정신이 아니라는 사실을, 앞서 말한 대로 보건의료운동의 주체는 노동자를 중심으로 한 민중이어야 한다는 원칙을 우리는 절대 잊지 않고 다시 한 번 강조한다.[52]

나는 여기서 우 선생이 비판한 다른 사람처럼 의사집단이 갖는 변혁운동에서의 역할과 한계를 지적하고 그들에 대한 노동자계급의 올바른 정치적 태도에 대한 문제를 다루었다. 하지만 우 선생에게는 이러한 주장도 의사에게 주는 면죄부에 불과하다. 왜냐하면 그의 입장에서 볼 때, 소부르주아지는 내

48) 우석균, "답함", pp. 47-8.
49) 전성식, "쟁점", p. 6의 각주 3)
50) 전성식, 같은 글, p. 12.
51) 같은 글, p. 13.
52) 같은 글, pp. 15-6.

적 운동의 근거 없이 언제나 외부의 조건에 기계적으로 따르는 자들이기 때문이다. 따라서 그에게 있어서 노동자계급의 다른 계급 · 계층에 대한 정치적 방침에 대한 논의는 이해할 수 없는 문제가 될 수밖에 없다. 그러나 그의 주장대로라면 소부르주아지는 언제나 반동적일 수밖에 없다. 왜냐하면 노동자계급의 힘이 부르주아를 압도하기 전에는 소부르주아지는 노동자계급의 지도를 스스로 알아서 받지 않을 것이며, 노동자계급은 이들 소부르주아지에 대한 지도를 획득해 내지 못하면 부르주아지를 압도할 수 없기 때문이다. 따라서 그에게서 견인이나 선전 · 선동의 의미는 영도계급으로서 다른 계급 · 계층을 지도하는 것이 아니라 그들과 차별을 강조하는 편협된 비판으로 변질될 가능성이 높아진다.[53]

마지막으로 의사집단에 대한 계급 분석과 관련된 주장들을 살펴보자. 이것은 앞서 언급한 주제 '의사들이 변혁운동의 주체가 될 수 있는가?'에 대한 답의 기초가 된다.[54] 또한 이 문제는 의사집단이 계급적으로 무엇인가라는 문제와 의사집단의 앞으로의 전망 그리고 의사집단의 계급적 특수성 속에서 이들의 변혁운동 내에서의 위치는 무엇인가의 문제로 나누어 볼 수 있다. 처음 문제와 관련된 주장을 살펴보자. 채 부소장은 다음과 같은 주장을 하였다.

> 앞으로 체계적인 분석과 연구가 있어야겠지만, 현재 의사들은 사회계급적으로 대략 '소수의 부르주아(고수입 봉직의 및 대형병원 경영자로서의 개원의)-다수의 고임금 전문직 노동자-절대 다수의 저임금 전문의 노동자-다수의 전문직 자영업자(대부분의 개업)'로 이루어져 있다고 볼 수 있다.[55]

이에 대해 우 선생은 다음과 같이 비판한다.

> 그러나 사실은 이와 전혀 다르다. 우선 개원의집단은 아무리 너그럽게 분

---

53) 이번의 경우는 그 예가 될 수 없다. 그것은 의약분업이 성격이 그런 것들을 언급하기에 부적절하기 때문이다.
54) 계급분석은 변혁운동의 가장 기본적인 요소이다. 이것은 "우리를 둘러싸고 있는 바로 그 사회에서 낡은 것을 쓸어버리고 새로운 것을 창출할 수 있는 힘을 형성할 수 있는 ―그리고 자신의 사회적 입장 때문에 그렇게 해야만 할― 세력들을 찾아내는 것, 그리고 그러한 세력들을 투쟁을 위해 계몽하고 조직하는 것"(레닌, "마르크스주의의 세 가지 원천과 세 가지 구성요소", 앞의 책, pp. 49-50)의 출발이기 때문이다.
55) 채만수, 앞의 글, p. 384.

석해 보아도 소부르주아 상층이며 노동자집단으로 파악되는 전공의는 의사의 생애 주기에 있어 일시적인 과도기적 존재일 뿐이다. 개원의들을 노동조건이 열악한 소부르주아로 파악한다는 것은 구체적인 현실과는 한참이나 거리가 멀다. 또 전공의나 전임의가 그 소부르주아 상층에 속하는 개원의나 고임금 전문직 중간층(관리직으로 이들을 노동자계급으로 분석하는 것은 무리가 크다. 굳이 분석하자면 중간 제 계층의 일부일 것이다)으로 가는 과도적 존재라는 것을 인식해야 한다. 전공의의 경우 이들이 그 '노동자'를 그만두는 순간 룸펜프롤레타리아트가 되는 것이 아니라 대부분 곧바로 소부르주아지가 된다는 것을 보면 그들의 노동자적 지위의 한계는 명백하다. 의사를 계급 분석의 틀로 분석하자면 소부르주아 상층과 중간층 상층으로 분석될 수 있다.[56]

양자 모두 의사집단을 단일한 계급구성으로 보지 않으며, 개원의를 소부르주아로 파악하고 있고, 또한 전공의·전임의를 노동자로 파악하고 있다. 이에 대해서는 대부분 공감할 것이라 생각한다.[57] 양자 간의 차이는 봉직의사에 대한 채 부소장의 '고임금 전문직 노동자'라는 입장과 우 선생의 '고임금 전문직 중간층'이라는 견해 차이이다.[58] 그런데 여기서 이 문제에 대해 다루

---

56) 우석균, "점검", pp. 15-6. 선생은 다른 곳에서는 "이들이 기본적으로 친부르주아적이라 분류되는 소부르주아 상층에서 자본가계급까지 점유하는 계층임을" 주장한다. (우석균, "답함", p. 54.)

57) 물론 이에 대해 인정하지 못하는 견해가 있을 수 있다. 의사폐파업투쟁 당시에도 이에 대해 반대하는 입장이 있었다. 〈해방의 투혼〉이라는 단체의 주장이 그것이었다. 이들은 개원의들을 자본가로 전공의나 의대생들을 미래의 자본가로, 봉직의들도 자본가로 규정하고 있다. 이들에 대해 우 선생의 언급이 있는데 그 의도가 궁금하다. 조금이라도 너그러움을 잃고 분석하면 이들의 견해가 우 선생 자신의 견해라는 것일까? 아니면 무엇이었을까? ("점검", p. 10의 각주 7)) 해방의 투혼, "의사폐업과 노동자계급의 대의". (http://cham.jinbo.net/maybbs/search.php?type=content&db=pwc&code=board&n=90&page=1&area=name&key=해방의%20투혼)

58) 물론 우 선생은 개원의를 너그럽게 분석해야 소부르주아 상층이라고 하며 전공의·전임의에 대해서는 노동자적 한계를 지적한다. 이는 분석이 구체적이어야 한다는 그의 주장과 그 자신이 의사집단을 너그럽게(?) 봐주기 싫은 그의 마음이 반영된 표현이지만 이러한 특징은 계급분석 자체에 영향을 주는 일은 아니다. 한 가지 그에게 궁금한 것은 "노동자의 조합주의와 중간층 상층의 조합주의와는 그 지향하는 바와 사회적 의의가 다를 수밖에 없다"(인의협 정책실, 앞의 글, p. 71)는 주장을 보았을 때 현재 준비되고 있는 약사노조, 그리고 논의되는 의사노조에 대해서 또한 조종사

기는 어렵다. 왜냐하면 그것은 우선 (신)중간계층에 대한 이론적 합의가 우리에게 아직 부족하고, 더욱 중요하게는 이것은 채 부소장의 주장처럼 체계적인 분석과 연구가 필요한 문제이기 때문이다. 이에 대해서는 연구가 더 필요하다는 사실을 지적하는 것에 그치고 다음 문제로 넘어가겠다. 의사집단의 전망에 관련된 문제에 대해서 채 부소장은 다음과 같이 주장하였다.

> 그리고 이러한 추세가 지속될수록 한편으로는 병원의 독과점화가 강화되고, 다른 한편으로는 대다수 의사들, 특히 아직 확고한 사업기반을 갖추지 못한 전공의를 위시한 젊은 의사들이나 새롭게 배출되는 의사들의 절대 다수가 전문직 노동자로서 갈수록 열악한 처지로 몰릴 것임은 물론이다. 그리고 이른바 '기득권층' 의사들의 상당수도 그 상황과 조건이 열악해지면서 노동자로 전락할 것이다. '농민층 분해' 개념을 원용하면 '의사층 분해'가 이미 시작되어 진행되고 있고 그것이 가속화될 전망이다.[59]

이와 관련해 우 선생은

> 여기서 따져 보아야 할 것은 '중간층의 프롤레타리아트화(proletarization)' 테제이다. 중간층이 양극화되고 이들 중 대부분이 프롤레타리아트화한다는 이 테제는 자본주의 사회에서 여전히 관철되고 있음을 아무도 부정하지 않는다. 그러나 우리가 해야 할 일은 이 일반적 법칙이 의사라는 특수한 계층 속에서 어떻게 구체적으로 관철되고 있는가를 분석하는 것이지 중간층은 프롤레타리아트가 된다는 법칙을 되뇌는 것은 아니다[60]

라는 당연한 전제를 한 후 무엇인가 새로운 것을 우리에게 알려 줄 듯 큰 소리를 치지만,

> 결론부터 말하자면 우리 사회에서의 프롤레타리아트화는 관철되고 있지만 그 속도는 완만하고 그 관철 정도도 불철저하다는 것이다. 의사들은 70년대 후반부터 재벌의 의료부문의 침투 이후(이 시점은 우리나라의 신자유주의적

(노조)와 교수(노조)에 대한 우 선생의 견해가 자못 궁금하다.

59) 채만수, 앞의 글, p. 384.

60) 우석균, "점검", p. 16.

지배 질서가 도입되는 시기이기도 하다) 뚜렷해졌고 이를 통한 개원의들의 영세화와 대형병원의 고용증가 추세 등이 맞물려 소부르주아 상층의 지위에서 지속적으로 계층 하락을 거치게 한다. 그러나 의사들은 여전히 생산수단의 소유, 노동의 통제와 임금의 크기나 전유의 형태 등을 살펴볼 때 노동자는 아니며 여전히 소부르주아 상층 또는 중간층 상층의 존재로 머무르게 된다. 이러한 지속적 계층 하락과 프롤레타리제이션은 이미 그 구체적인 현상을 드러내고 있으며 그 일단이 우리 앞에 벌어진 의사폐파업이기도 하다. 다만 그 균열이 어느 정도이고 또 그 정도가 어느 정도인지, 그 방향이 어떻게 되어야 할지는 구체적이고 면밀한 파악이 필요한 문제이다[61]

라고 말하며 제자리로 돌아오고 만다. 우 선생의 주장은 채 부소장의 주장과 다름 아니다. 다만 사상적 불철저함에 따른 이론적 동요와 실천적 오류가 우 선생에게서 더 보일 뿐이다. 더더군다나 우 선생은 곧바로 다음과 같은 주장을 하며 자신의 이론적 무지를 실토한다.

여기서 주목되어져야 할 점은 의사들은 중간층의 단순한 일부가 아니라는 점이다. 의사는 국가나 자본의 지배기제의 일부를 담당하는 보건의료분야의 있어서의 중핵적 지위를 담당하는 지식인이다. 이들은 민중과 지배계급 사이에서 동요하는 소부르주아지의 특징도 가지지만 다른 측면, 즉 국가권력의 민중지배의 권력적 기제의 일부로서 기능하고 있으며 적극적인 이데올로기 생산의 기능을 가지고 있다는 점을 명확히 해야 한다. 자본의 권력기제의 일부로서의 자신의 유용성을 끊임없이 증명하려고 하는 지식인들이 스스로가 자신의 장에서 유일하고 우월한 존재임을 증명하려고 하는 것은 우리가 이 사회의 밥그릇 싸움에서 흔하게 목격하는 일이다.[62]

지식인의 소부르주아성 혹은 소부르주아지로서의 동요성 문제는 그들이 사회에서 차지하고 있는 위치와 존재의 특징에서 나오는 문제이다. 그리고 그것은 프롤레타리아적으로도 반대로 부르주아적으로도 표현될 수 있다. 그러나 이러한 특징이 의사집단의 변혁운동 내의 지위와 역할의 문제를 규정하

---

61) 우석균, 같은 글, p. 17. 그의 벗 백한주 선생은 논점을 이해하지 못해 더욱 우스운 비판을 한다. 백한주, 앞의 글, pp. 38-9.

62) 우석균, “점검”, p. 17.

는 것은 아니다. 즉 그들의 사회적 존재가 그들의 사회적 역할과 특성을 규정하는 것이지, 그들의 사회적 역할과 특성이 그들의 존재를 규정하는 것이 아니기 때문이다. 그런데 우 선생은 이 문제를 혼동하고 있다.[63] 이와 관련된 문제를 살펴보자. 나는 "쟁점"에서 기존의 보건의료운동론을 검토하면서 다음과 같이 주장했다.

> 중보론은 보건의료인에 대한 계급분석을 기초로 보건의료인 운동의 문제를 통일전선으로의 배치라는 개념으로 이해하길 주장하며 (부분운동으로서의) 보건의료인운동을 전체 변혁운동 속에 위치시켰다. 즉 보건의료인 운동의 중요성은 통일전선 내의 동맹세력으로, 그 동력은 중간층으로서 보건의료인은 자본주의 발전 과정 속에서 지위 하락을 겪게 되고, 이러한 경향 속에서 스스로들의 계급투쟁과 사회의 계급역관계 그리고 광범위한 정치선동을 통하여 노동자계급을 옹호하는 동맹군으로 되어 나간다는 보편적 경향과 보건의료인의 지식인으로서의 특수성에서 찾을 것을 올바르게 규명하였다. 또한 부문운동 영역 내에서의 보건의료인의 역할과 관련해서는 부문운동으로서 보건의료운동의 주체를 민중, 특히 그중에서도 노동자계급임을 명확히 한 후, 보건의료인을 부문운동 내에서의 동맹세력으로 설정하면서 과학성을 견지했다.[64]

즉 나는 보건의료인을 중간층으로서 규정하고, 그것이 차지하고 있는 한국사회 내에서의 위치에 의해 노동자계급의 동맹세력으로의 역할을 수행할 수 있다고 주장하였다. 그것의 객관적 가능성은 지위 하락의 보편적 경향과 이들의 지식인적 속성에서 찾기를 주장하였다. 우 선생은 이러한 나의 주장을 다음과 같이 비판한다.

> 그는 마치 의사가 소부르주아지인 것을 새롭게 발견한 것처럼 누누이 의사가 동요한다는 것을 말하며 그들을 노동자의 입장으로 견인해야 한다고 말한다. 그러나 그가 말하지 않는 것이 있다. 그것은 전문가로서의 의사이다.

63) 여기서 맑스주의 계급의식론의 기본관점을 살펴보는 것이 무의미하지는 않을 것이다. "이런 저런 프롤레타리아, 혹은 프롤레타리아트 전체가 당장 무엇을 자신의 목표로 '삼아야 하는가'가 중요한 것은 아니다. 문제는, '프롤레타리아트란 무엇인가', 그리고 그의 '존재'와 걸맞게 역사적으로 무엇을 수행하지 않으면 안 되는가 하는 것이다." (맑스, ≪신성가족≫, p. 64.) 이것은 다른 계급 · 계층에게도 마찬가지다.
64) 전성식, "쟁점", pp. 11-2.

이것을 이야기하지 않음으로써 두 가지를 말하지 않는데 그는 전문가들의 동요성이 아닌 반민중성을 또 하나는 그들이 다른 소부르주아지처럼 곧 프롤레타리아트화되거나 양극 분해되지 않으리라는 사실을 은폐한다.

구체적인 상황에 대한 구체적인 분석은 정치경제학에 있어 아주 기본적인 사실에 속한다. 의사들은 전성식이 이야기하는 것처럼 몰락하여 프롤레타리아트가 되지 않고 있다. 이들의 프롤레타리아트화는 매우 완만하며 심지어 역전되는 듯이 보일 때도 있다. 또한 그들의 프롤레타리아트화는 그들이 단순히 소부르주아지가 아니라 부르주아 지배체제의 중핵의 일부를 이루고 있는 전문가계층이라는 점에서 더더욱 완만하다. 의사와 약사의 투쟁은 스스로가 부르주아지의 가장 효율적인 지배도구라는 점을 둘러싼 것이며 그 이유로 반민중적인 배타적 전문주의가 이들의 지배이데올로기가 될 수 있었다.

이러한 전문가계급으로서의 의사들에 대한 분석이 전무하다. 전성식은 소부르주아지가 동요하며 심지어 반동적일 수 있다는 점을 서술한다. 그러나 이들이 기본적으로 친부르주아적이라 분류되는 소부르주아 상층에서 자본가계급까지 점유하는 계층임을 서술하지는 않으며 그들의 전문가로서의 특성을 서술하지 않는다. 결국 전성식의 계급분석은 이들에게 면죄부를 주려는 목적에 봉사한다.[65]

여기서 우 선생은 새로운 주장을 한다. 의사가 전문가라는 것이 그것이다. 즉 “전문가계급(?)으로서의 의사들”은 다른 소부르주아들과 다르다는 것이다. 그래서 그들은 반민중적이고 프롤레타리아트화되거나 양극 분해되지 않는다는 것이다. 후자의 주장은 그 자신의 앞선 주장과 모순되고 이에 대한 우 선생의 견해에 대한 비판은 앞에서 살펴본 그대로이다.[66] 전자의 문제, 지식인 혹은 소부르주아지의 반동성의 문제에 대해[67] 우 선생은 새로운 주장을 한다. 전문가들은 동요성을 보이는 것이 아니라 반민중성을 보인다고 하는 것

65) 우석균, “답함”, pp. 53-4. 우리는 우 선생 덕분에 의약분업을 둘러싼 “의사와 약사의 투쟁은 스스로가 부르주아지의 가장 효율적인 지배도구라는 점을 둘러싼 것”이라는 새로운 사실을 알게 되었다. 또한 우 선생은 자신이 무엇인가 중요하다고 강조하면 자신이 그것을 처음 발견했다고 생각하는 모양이다. 그렇지 않고 내가 의사집단을 소부르주아지라고 강조하는 것을 그렇게 표현하지는 못했을 것이다.

66) 전문가계급? 계급개념에 대한 그의 새로운 이론은 여기서 문제 삼지 않겠다.

67) 소부르주아지와 지식인계층은 상호 공유하는 특성과 그렇지 못한 점이 있다. 그러나 논의를 위해 여기서 이 문제에 대해서 자세히 다룰 필요는 없어 보인다.

이 그것이다. 그러나 지식인의 동요성과 반민중성은 대립하는 것이 아니다. 동요성의 한 측면이, 우 선생의 표현으로 하면, 반민중성이다. 그리고 그것의 다른 측면이 친민중성이다. 이렇듯 반민중성과 친민중성의 양 측면에서 왔다 갔다 하는 이러한 특성을 우리는 동요성이라고 하는 것이다. 그리고 이것은 물론 그 존재의 특성에서 비롯하는 것이며, 그 역은 아니다. 따라서 이러한 소부르주아지 혹은 지식인(전문가)적 특성을 올바로 이해하고 그에 대한 올바른 정치적 태도를 취하는 것이 매우 중요한 문제인 것은 앞서 언급한 그대로 일 것이다.[68]

5. 보건의료인대중운동에 대해

나는 보건의료인대중운동은 반드시 필요한 것이고 보건의료인의 존재적 특성인 이중성 때문에 어려움이 제기되지만 사회에서 차지하고 있는 지위와 역할에 의해 가능하다고 하였다. 그리고 다음과 같이 주장했다.

> 우리는 앞서 보건의료인의 성격이 소부르주아지이고 양면성을 갖고 있다고 강조했다. 그리고 그들은 점차 몰락할 것이고 이들이 구원받는 것은 자신의 입장을 버리고 노동자 · 민중과 함께하는 것이라 했다. 이들이 자신의 입장을 포기하고 노동자 · 민중의 입장에 서는 것은 혁명적이 되는 것이다. ... 보건

68) 그러나 이러한 태도를 견지하지 못했다는 나의 지적에 "모르고 그랬다면 용서가 되지만, 알고도 그랬다면 그것은 비열한 짓으로 비난받아 마땅하다." (전성식, "쟁점", p. 15의 각주 37)) 우 선생은 몹시 화를 낸다. 변혁운동을 수행하는 데에서 보건의료운동을 선택하고 그것을 풀어 가는 장으로 인의협을 비롯한 보건의료인대중조직을 선택한 우 선생을 포함한 몇몇 사람에게 이러한 문제 제기는 정당하다. 하지만 우 선생은 내가 인의협이 필요 없다고 한 것처럼 왜곡한다. 아니 도대체 어느 누가 대중조직의 자주성을 그토록 심하게 침해할 수 있단 말인가? 하지만 나의 질문은 우 선생에게 "인의협이 왜 필요한 것일까?"이다. 우 선생에게 인의협은 존재적 한계를 갖고 있지만 노동자계급의 동맹군이 되어야 하는 의사대중을 만나는 의사'대중'조직이 아니라 '진보적 의사'단체이다. 의사들은 구원받을 수 없는 존재로 생각하는 그에게 이것은 당연한 결론이다. 그렇다면 그는 인의협에서 활동할 필요가 없다. 인의협은 스스로 그렇게 생각하듯이 "의사'대중'조직임을 자신의 정체성으로"(정책실, 앞의 글, p. 75) 해야 하기 때문이다.

의료인 대중운동의 기본 원칙은 이것이다. 이것이 지켜지지 않는 보건의료인 대중운동은 반동적일 수밖에 없다. 이 원칙이 관철되는 것만이 보건의료인 대중운동이 직종이기주의운동으로 전락하지 않는 유일한 길이다. 그것이 가능하겠는가? 라며 현실성이 없다고 비판할 수 있다. 그러나 가능성은 앞에서 누누이 설명했다. 또한 보건의료인을 혁명적이게 하는 것, 이를 이루기 위해 올바른 방향을 설정하고 현실화하는 것과 그 방도를 찾는 것이 우리의 임무이다.

… 그 방향은 '보건의료체계의 사회화'이며, 이것의 가장 기초적인 내용은 질병의 예방과 치료를 국가나 사회가 책임짐으로써 누구나 어떠한 이유, 특히 경제적인 이유로 필요한 치료를 받지 못하는 일이 없어야 하고, 보건의료인은 자신의 소신에 따른 진료를 할 수 있어야 하고, 그러한 진료를 통해서 사회에 기여하는 만큼의 충분한 소득과 존경을 받아야 하는 보건의료체계이어야 할 것이다.[69]

이러한 나의 주장을 우 선생은 다음과 같이 비판한다.

전성식의 오류는 여기에서 두 가지인데 첫째는 스스로가 여전히 사회화를 국유화와 동일한 것으로 파악하는 협소한 인식에 빠져 있다는 점이고 두 번째로 따라서 의사들을 우군으로 견인할 아무런 프로그램도 가지고 있지 않다고 스스로 고백하고 있다는 점을 깨닫지 못하고 있다는 것이다.[70]

그가 나에게 이러한 누명을 씌우는 것은 우 선생의 채 부소장에 대한 문제 제기에 대하여, 내가 비판을 한 것으로부터 출발한다. 여기서 우 선생은 자신이 잘못한 것을 남에게 뒤집어씌우는 놀라운 능력을 갖고 있음을 알려준다. 처음부터 이 문제를 되짚어 보자. 채 부소장은 "의사를 포함한 보건의료종사자들을 가능한 최대한으로 우군으로 견인하고 그들과 함께하면서, 무엇보다도 상업주의적 보건의료체계의 극복, 보건의료체계의 국유화·사회화를 요구하고 나서야 한다"[71]고 주장한다. 그러나 우 선생은 이에 대해 "다른 것은 떠나서 보건의료체계의 국유화를 외치면서 의사들을 우군으로 견인한다

69) 전성식, "쟁점", p. 17.
70) 우석균, "답함", p. 55.
71) 채만수, "기만적 처방이 빚어낸 대형 의료사고", ≪현장에서 미래를≫(2000. 7.), p. 14.

는 것이 현실가능한지를 묻고 싶다"[72]고 의문을 표한다. 이러한 우 선생의 질문에 대해 이것이 '가능'하며 또 그렇게 해야만 하고 이것을 '현실화'하는 것이 우리의 임무라고 생각하는 내가, "그렇다면 무엇을 외치면서 의사들을 모을 것인가? 처음에는 다른 것으로 우군을 모았다가 다음에는 국유화로?"[73] 라고 꼬집어 되묻는 것은 당연한 것이다. 그런데 이쯤에서 우 선생은 갑자기 정색을 하고 큰소리를 낸다. 내가 "사회화를 국유화와 동일한 것으로 파악하는 협소한 인식에 빠져 있다"고. 참으로 당황스러운 일이다. 그러나 사회화와 국유화를 동일시하는 사람은 우 선생 자신이다. '보건의료체계의 국유화·사회화를 요구'해야 한다는 주장을 '보건의료체계의 국유화를 외치면서'라는 주장을 한 것처럼 독해하는 것은 그가 왜곡의 천재이거나 국유화·사회화를 동일시하고 있다고 스스로 증명하는 것이 아니고 무엇이겠는가? 우 선생은 후에 이를 눈치채고 "채만수 소장의 국유화·사회화 주장은 단순한 국유화 주장은 아니라고 생각한다"[74]고 하며 슬쩍 빠져나가려고 한다. 그러나 "사회화에 대한 다른 아무런 프로그램을 제시함 없이 '공공의료기관의 강화'를 외치는 것이 결국 국유화 강령...", "... 1차의료기관의 강화-의약분업-주민참여의 강화-소유권의 제한-보장성의 강화-의료보호의 확대-공공의료기관의 강화와 같은 일련의 사회화 프로젝트..."[75] 등의 주장을 함으로써 뜻을 달성하지 못하고 주변을 맴도는 실망스러운 모습을 보여 준다. 그는 다른 사람들의 주장을 '단순한 국유화 주장'으로 규정하는데 이것은 아무런 프로그램의 제시가 없어서 그렇다고 한다. 그러면서 그는 자신의 '일련의 사회화 프로젝트'를 자랑스럽게 제시한다. 하지만 그는 그렇게 함으로써 자신이 사상적으로 공상적 사회주의자[76]이고 계급적으로는 소부르주아 사회주의자[77]임을 스스

72) 우석균, "점검", p. 9의 각주 5)
73) 전성식, "쟁점", p. 17의 각주 41)
74) 우석균, "답함", p. 54.
75) 우석균, 같은 글, pp. 54-5.
76) 그가 불철저하게나마 제시한 그 과제가 최소한 그가 뜻한 정도만큼이라도 실행하는 것이 우리 사회에서 가능할까? 그는 의약분업을 둘러싼 일련의 과정을 경험하고도 그것을 깨닫지 못하고 있다.
77) 소부르주아 사회주의는 자신을 곧잘 이렇게 표현한다. "현대 사회주의의 기본견해와 일체의 생산수단을 사회적 소유로 전화한다는 요구를 정당한 것으로 인정하긴 하나 그것의 현실화는 실제로 예견할 수 없는 먼 장래에 가서야 비로소 가능하다고 설명하는 방식으로 ... 따라서 현재로는 한낱 사회적 미봉책에 의지하고 있으며,

로 고백하고 있다. 여기서 또한 문제가 되는 것은 역사적 경험에 대한 잘못된 해석과 이론적 무지에서 비롯한 사회화에 대한 경외감과 국유화에 대한 혐오감이다.[78] 이러한 우 선생의 오류는 현실 투쟁에서 그를 개량주의로 노동자계급에 가까이 가기보다는 소부르주아지에게로 이끌어 간다.[79] 그러나 여기서 더욱 문제가 되는 것은 그가 보건의료(대중)단체의 간부로서 의사들을 만나는 태도이다. 앞서 살펴본 것처럼 그는 의사대중운동을 한다고는 하지만 의사대중이 변혁운동의 편에 설 가능성이 거의 없다고 생각한다.[80] 그래서 그가 의사대중에게 제시하는 것은 노동자계급의 요구인 (사회화)·"국유화"가 아닌 그들의 수준에서 받아들일 수 있는 "다른 것"이다.[81] 그리고

사정 여하에 따라서는 이른바 '노동 계급의 향상'을 꾀하는 가장 반동적인 기도에 대해서도 공감을 보낼 수도 있다는 식"(엥겔스, ≪주택문제에 대하여≫(≪선집≫ 제4권), p. 169)으로.

78) "프롤레타리아트는 정치권력을 장악하여 우선 생산수단을 국유로 전환시킨다. 그러나 그렇게 함으로써 프롤레타리아트는 프롤레타리아트로서의 그 자신을 지양하고 모든 계급차별과 계급대립을 지양하며, 또한 국가로서의 국가를 지양한다. ... 국가가 진정으로 사회 전체의 대표자로서 등장하여 수행한 최초의 행동—사회의 이름으로 생산수단을 장악하는 것—은 동시에 국가가 독자적으로 수행한 최후의 행동이다. 사회관계에 대한 국가의 간섭은 한 영역에서 다른 영역으로 차례로 불필요하게 되고 이윽고 스스로 사멸해 간다. ... 국가는 "폐지"되는 것이 아니다. 그것은 사멸해 가는 것이다." (엥겔스, ≪반듀링론≫, 새길, 1987, pp. 300-1.)

79) 그의 주장은 무정부주의자의 주장에 가까운데, 모든 권위와 복종, 권력을 부정하고 국가의 즉각적 폐지를 주장하는 무정부주의자들은 현실 투쟁에서는 비혁명적이게 된다.

80) 만일 이렇다면 보건의료인 대중운동이라는 것은 자본가 대중운동과 같은 형용모순이다. 그러나 이것은 사실이 아니다. 그들이 자신의 입장을 버리고 노동자계급의 입장에 서는 것은 가능하다. 정말 어려운 일이지만 보건의료인 대중들이 이렇게 할 수 있도록 끊임없이 선전하고 선동하고 교육하는 과정이 보건의료인 대중운동가의 역할이다.

81) 이것 자체가 잘못이라는 것은 앞서 말한 그대로다. 그러나 이와는 별개의 문제로 얼마나 대중의 자주성을 무시하는 생각인가? 노동자 대중과 마찬가지로 보건의료인 대중도 자신의 요구는 자신의 머리로 생각해 내고 필요에 따라서는 행동으로 쟁취해 낸다. 따라서 현재 우리가 비판해야 할 것은 보건의료운동을 보건의료인 운동으로 전락시킨 청년의사운동뿐 아니다. 이론적으로 불철저해 현실의 압도성에 굴복해 추수적으로 입으로는 대중운동을 중심에 두자고 하지만 "보건의료인 가운데서 진보적 개혁적인 대중운동이 절실하다"(준비기획단, (가칭)'건강사회를 위한 보건의료단체연합(준)' 제안서(초안), 2000)는 불철저한 낡은 보건의료운동론도 극복해야 한다. 우리가 관심을 가져야 할 것은 보건의료인들이 보건의료체계에 대해 갖고 있는 이러저러

의사들을 자신의 생각대로 여러 방식으로 기만하다가 그들이 자신의 말을 듣지 않는다고 생각하는 순간 "의사들은 노동자가 아니다. 그들은 소부르주아지 상층이다. 그들은 전문가집단으로 부르주아 지배체제의 중핵의 일부이다"라고 외쳐 댄다. 이것이 나에게 없다고 이야기한 의사들을 우군으로 견인하는 우 선생의 참으로 놀라운 프로그램이다. 이러한 그의 보건의료 대중운동 방식은 결과적으로 노동자 · 민중으로부터 보건의료인의 분리, 진보적 의료운동으로부터 의사대중의 분리, 진보적 의료인들에게는 패배주의의 유포 등의 심각한 폐해를 끼쳤다. 이 점 깊이 반성해야 할 것이다.

앞서 검토해 본 대로 우 선생은 나의 주장에 대해 옳지 않은 비판을 하였다. 그러나 그것과 무관하게 "답함"의 마지막에서 내게 따뜻한 충고를 해 주었다. 나 역시 그의 잘못된 주장에 대해 심한 비판을 했지만 마지막으로는 답례를 하는 것이 도리라 생각한다. 왜냐하면 비록 지금은 생각이 다르지만 나는 아직까지는 그와 동지라는 믿음을 버리지 않았기 때문이다.

"우 선생님 잘못은 누구나 할 수 있는 것입니다. 최전선에서 투쟁을 전개하는 사람에게서 그것은 종종 가능한 일로 부끄러워해야 할 일은 아닙니다. 잘못을 하지 않는 사람은 아무것도 하지 않는 사람뿐일 것이기 때문입니다. 문제는 잘못을 한 것에 있지 않습니다. 잘못을 하고도 그것을 모르는 것, 그래서 반성할 줄 모르는 것, 그래서 같은 잘못을 반복하는 것에 있습니다. 뼈저리게 반성하고 고민 중이라니 좋은 결론 얻었길 바랍니다."

한 불만을 상업적 보건의료체계 자체가 쓸모없다는 생각으로 전환시키는 것, 이것뿐이다.

이론

사회주의는 과학이 되었고, 과학으로 추구되고 연구되어야 한다

엥겔스의 ≪주택문제에 대하여≫를 옹호한다[*][**]

— 최형익 씨의 견해 비판[1)]

기존 맑스주의는 사회복지 문제에 대해 맑시즘적인 대안과 입장이 부재했다. 이것은 사회복지에 대한 본질주의적인 입장을 가지고 있어서 그러하다. 그리고 그것의 뿌리는 고전적 맑스주의에 있다. 이것이 최형익 씨의 기본적인 문제의식으로 보여진다.[2)] 그는 자신의 문제의식을 증명하기 위하여 엥겔스의 글에 대해 비판을 가하는 방식으로 "자본주의 사회와 사회복지의 문제에 대한 정치적 해석"을 하고자 하였다. 이러한 그의 노력은 "맑스주의 고전들을 암송하고 기계적으로 적용하는 그러한 독해 방식이 문제가 있으며, 정통적 해석에 도전하여 다른 방식으로 생각해 볼 수 있는 여지를" 찾는 것이라 한다.

그러나 필자는 최형익 씨의 의도와는 무관하게 '새로운 정치적 해석'에 동의할 수 없다. 필자의 생각으로는 최형익 씨의 엥겔스 비판은 주로 엥겔스의 글에 대한 오독에 기초했고, 이것은 '권리정치'라는 자신의 개념을 무비판적

---

* [편집자 주] ≪사회복지와 노동≫ 제4호(2001년 겨울) 〈논쟁〉에 실린 글이다.

** [≪사회복지와 노동≫ 편집자 주] 이번 호에는 독자의 반론이 들어왔다. 먼저 소개할 전성식 님의 글은 [동인지에 기고된 바 있는 최형익 님의 새로운 정치적 해석―권리정치―의 입장("주택문제에 대하여", ≪사회복지와 노동≫ 제2호, 현장에서 미래를), 또는 주택문제와 관련한 엥겔스의 입장―그리고 레닌을 포함한 이후 전통적 맑스주의를 포괄하는―의 생산력주의에 대한 비판을] 반비판의 형식으로 제출하고 있다. 또 한 편의 독자 논평 역시 유사한 주제로 제출되어 앞의 두 편의 글과는 또 다른 입장을 제시하고 있다. 김두한 님의 글은 애초에 이 같은 논쟁의 형식으로 기획된 것은 아니었지만, 우연히 제출된 원고들의 최종적 구성 속에서 최형익 님의 글과 전성식 님의 글 모두에 대해 논쟁 형식을 빌리게 된 셈이다. ≪사회복지와 노동≫ 편집실은 이번 호에 글을 제출해 주신 두 독자와 독자의 논평 글 소식을 반갑게 받아 준 최형익 님에게 감사한 마음을 전한다.

1) 이 글에서는 박종철출판사의 ≪칼 맑스 프리드리히 엥겔스 저작 선집≫ 제4권에 실린 엥겔스, ≪주택문제에 대하여≫를 이용하였습니다.

2) 최형익, "엥겔스, '주택문제에 대하여' 비판", ≪사회복지와 노동≫ 제2호, p. 227.

으로 확대 적용하는 것에서 또한 사회복지 문제의 중요성에 너무 집착해 무리한 해석을 하는 과정에서 발생했다고 보여진다. 이 글에서는 이러한 의미에서 최형익 씨의 글에 대한 비판이다. 하지만 그 제목에서 알 수 있듯이 여기에서는 그 무엇인가 새로운 것은 없다. 왜냐하면 필자는 주택문제에 대해서 엥겔스의 주장이 전적으로 옳다고 생각하기에 엥겔스의 주장을 다시 소개하는 데 내용을 거의 국한할 것이기 때문이다. 또한 이렇게 해도 충분하다고 보는 것은 최형익 씨의 엥겔스에 대한 비판이나 문제의식에 대한 답변은 이미 엥겔스의 글에 들어 있다고 생각되기 때문이다. 따라서 필자의 논거로 엥겔스의 글이 길게 인용될 것이며, 이미 최형익 씨가 인용해 비판한 글도 다시 인용될 것이다. 이 부분들이, 편안한 글 읽기에 방해가 될 것이기에 동지들에게 양해를 구한다.

1. 최형익 씨의 엥겔스 비판 1: 주택문제는 어떻게 해결이 가능한가?

최형익 씨는 이 문제에 대해 직접적으로 답하지 않고 동시에 혼란스럽게 한다. 왜냐하면 그의 엥겔스 비판이 상호 모순적이기 때문이다. 그는 한편으로 "엥겔스는 지금과 같은 사회-경제적 조건에서 주택문제의 해결이란 사실상 불가능하므로 그것의 유일한 해결책은 프롤레타리아트 혁명을 통해서만 가능하다고 주장한다. 그런데 여기서 이론적으로 문제가 되는 것은 엥겔스가 주택문제 해결의 근거를 부르주아적 생산관계와 모순에 처한 자본주의 내에서의 공업 발전 등 사회적 생산력 발전에서 찾고 있는 점"[3]이라 하면서 엥겔스가 주택문제의 근본적 해결책으로 공업 발전을 제시하고 있어 이것의 문제점은 "주택문제의 해결을 오직 사회적 노동생산력 발전의 귀결에 따른 프롤레타리아트의 권력 쟁취라는 생산력주의에 기대게 한다"[4]고 비판한다. 그러나 다른 한편으로는 "뮐베르거와 에밀 작스의 주장이 공상적이며, 자본주의 사회 내에서 실현 불가능한 대안을 제시한다는 엥겔스의 비판은 옳다 치고 그렇다면 엥겔스의 주택문제에 대한 접근 방식은 적절한가? 자본주의 사

3) 최형익, 같은 글, p. 230.
4) 같은 곳.

회 내에서조차 정당하게 제기될 수밖에 없는 주택문제에 대해 이론적으로 적극 끌어안지 않고 사회혁명에만 기대는 엥겔스의 견해는 사실상 권리정치에 대한 본질주의적 견해에 다름 아니다"[5]라고 비판한다. 즉 전자에서는 이론적으로 틀렸다는 점을 강조하지만 후자에서는 이론적으로는 옳지만 접근 방식의 문제점을 지적하고 있다. 이 때문에 우리는 최형익 씨의 주장에 혼란스러움을 느끼게 된다. 그렇다면 먼저 전자의 문제, 즉 주택문제 해결에 대한 엥겔스의 주장을 살펴보자.

> 그렇다면 주택문제는 어떻게 해결될 수 있는가. 오늘날 사회에서는 다른 모든 사회문제와 마찬가지 방식으로 해결된다: 수요와 공급의 점진적인 경제적 조정을 통하여, 즉 항상 되풀이하여 문제 자체를 새롭게 산출하므로 전혀 해결이 아닌 해결을 통하여. 사회혁명이 이 문제를 어떻게 해결할 것인가는 그때그때의 상황에 의존할 뿐만 아니라, 도시와 농촌의 대립의 폐지를 가장 본질적인 것들 가운데 하나로 하는 훨씬 광범한 여러 문제들과도 관련되어 있다. 우리가 미래 사회의 수립을 위한 유토피아주의적 체계를 만들어 낼 필요는 전혀 없으므로, 그것을 다루는 것은 전혀 무익한 일일 것이다. 그러나 확실한 것은, 이미 지금 대도시에는 합리적으로 이용할 경우 모든 현실의 "주택난"을 즉각 시정할 수 있기에 충분한 주택용 건물이 있다는 것이다. 그러한 일은 물론 오늘날의 소유자들로부터의 몰수를 통해서만, 즉 숙소가 없는 사람들이나 이제까지의 주택에 과도하게 밀집해 있는 노동자들을 그들의 가옥에 수용함으로써만 이루어질 수 있는데, 공공의 복지가 필요로 하는 그러한 조처는 프롤레타리아트가 정치권력을 전취하자마자, 마치 오늘날의 국가에 의한 다른 몰수 및 수용이 그렇듯이 쉽게 실행될 수 있을 것이다.[6]

인용에서 알 수 있듯이 엥겔스는 결코 "공업 발전"을 주택문제 해결의 근본적인 해결책으로 제시하지 않는다.[7] 또한 사회혁명만이 주택문제를 해결한

---

5) 같은 글, p. 232.
6) 엥겔스, 앞의 책, pp. 194-5. 엥겔스는 또한 주장한다. "주택문제의 해결을 바라면서 현대의 대도시를 유지하기를 바라는 것은 배리이다. 그런데 현대의 대도시는 자본주의 생산방식의 폐지에 의해서만 비로소 제거될 것이며…" (엥겔스, 같은 책, p. 215.)
7) 최형익 씨는 엥겔스의 문장을 인용·해석하면서 엥겔스가 생산력 발전이 주택문제의 근본적 해결책이라고 했다고 주장한다. 그러나 엥겔스의 그 문장은 자본주의적

다고도 하지 않는다. 오히려 그는 자본주의 사회도 수요와 공급을 통해 그러나 전혀 해결이 아닌 해결을 통하여 주택문제를 해결한다고 주장한다. 또한 사회혁명이 이 문제를 해결하는 것도 말 그대로 "그때그때의 상황에 의존"하며 "훨씬 광범위한 여러 문제들과도 관련되어 있"을 것이라 한다.[8] 사회혁명은 이들 문제의 해결을 가능하게 하는 출발점이 될 뿐이다.[9] 이것은 명백한 진리이다. 어떻게 이러한 주장이 생산력주의로 귀결되는지 필자는 도무지 이해가 가지 않는다. 이 지점에서 최형익 씨에게 몇 가지 질문이 가능하다. "주택문제는 어떻게 해결할 수 있는가?"와 관련된 것으로 구체적으로는 "사회혁명 없이 주택문제의 진정한 해결이 가능할 것인가?", "만일 그렇다고 생각하면 어떻게 그것이 가능할 것인가?", "그렇지 않다고 생각하면 엥겔스에 대한 비판의 근거는 무엇이며 차이는 무엇인가?" 하는 문제인데, 최형익 씨는 비판에 앞서 이에 대한 답변을 해야 한다고 보여진다.

이번에는 후자의 문제에 대해 살펴보자. 최형익 씨는 주택문제를 다루는데 있어서 "엥겔스 역시 먼 미래에나 실현될지 말지 할 그러한 주장과 일반적 원칙을 내세우기에 앞서 주택문제에 대한 현실적이고 구체적인 정치적 방침을 정하는 것이 올바른 순서"[10]라고 비판한다. 그러나 엥겔스에 대한 이러한 내용의 비판은 그가 처음은 아니며 엥겔스는 그러한 지적을 어떠한 측면에서는 인정한다. 그러나 엥겔스가 그렇게 한 것은 이러한 문제에 관심이 없어서가 아니다. 엥겔스의 말을 들어 보자.

발전의 필연성과 그 역사적 발전 과정을 도덕이나 정의의 이름으로 비판하는 프루동주의자들이 주택문제에 있어서도 과거를 동경하여 반동적인 주장을 취하는 것에 대한 이론적 비판이다. 어떠한 의미에서는 생산력의 발전이 사회주의의 물적 토대를 갖추게 하고, 사회혁명이 주택문제의 해결의 전제가 되므로 엥겔스가 공업 발전이 주택문제의 근본적인 해결책이라 했고, 프롤레타리아트 혁명을 통해서만 가능하다고 했다는 최형익 씨의 주장이 전혀 근거가 없는 것은 아니지만 여기서 그의 주장은 엥겔스의 왜곡에 기초한 비판이다.

8) "주택문제는, 오늘날의 자본주의 사회에 의하여 정점으로 몰린 도시와 농촌의 대립을 지양하는 데 착수할 수 있을 만큼 사회가 충분히 변혁될 때에만 비로소 해결될 수 있다." (엥겔스, 앞의 책, p. 215.)

9) 그래서 엥겔스는 다음과 같이 주장한다. "주택문제의 해결이 동시에 사회문제를 해결하는 것이 아니라, 사회문제의 해결을 통해, 즉 자본주의 생산방식의 폐지를 통해 비로소 동시에 주택문제의 해결이 가능하게 된다." (엥겔스, 같은 곳.)

10) 최형익, 앞의 글, p. 233.

마찬가지로, 노동자들의 오늘날과 같은 불명예로운 주택 사정이 나에게는 '중요하지 않은 사소한 일'로 보인다는 비난에 대해 나는 변명할 필요를 느끼지 않는다. 내가 아는 한, 영국에 현존하던 것과 같은 그 고전적 발전 형태로 그러한 사정을 독일어로 가장 먼저 서술한 사람은 바로 나였다: 그것은 뮐베르거가 생각하듯이 그러한 사정이 '나의 **정의감**을 모욕했기' 때문이 아니라—자기의 정의감을 모욕한 모든 사실을 책으로 만들려는 사람은 할 일이 대단히 많을 것이다—, 나의 책 서문[≪잉글랜드 노동자계급의 처지≫: 인용자]에서 읽을 수 있는 바와 같이, 현대의 대공업이 창조한 사회 상태를 서술함으로써, 당시 성립해 있던, 공문구만을 들고 우왕좌왕하던 독일 사회주의에 사실적 기초를 부여하기 위해서였다. 그러나 이른바 주택**문제**를 해결하겠다는 생각은 사실 내게 들지 않았는데, 그것은 내가 훨씬 더 중요한 **식량문제**의 해결을 상세하게 다루지 않은 것과 마찬가지이다. 우리 현대 사회의 생산이 모든 사회 성원을 먹여 살리기에 충분할 만큼을 조달하고 있으며 가옥들이 근로대중에게 당장 널찍하고 위생적인 거처를 제공하기에 충분하다는 것을 증명할 수 있다면, 나는 그것으로 만족한다. 미래 사회가 식량과 주택의 분배를 어떻게 규정할 것인가에 관해 생각하는 것은 직접 **유토피아** 속으로 들어가는 것이 된다. (강조는 엥겔스)[11]

뮐베르거는, 우리가 **실제적**이게 되어야 한다, '현실의 실제적 관계들에 직면하여' '단지 죽어 있는 추상적인 정식만을 제출해서는' 안 된다, '추상적 사회주의로부터 출발하여 **사회의 특정한 구체적 관계들로 나아가야**' 한다고 주장한다. 만약 뮐베르거가 이러한 일을 했다면 아마 그는 운동을 위해 커다란 공적을 세웠을 것이다. 하지만 사회의 특정한 구체적 관계들로 나아가는 데 있어 첫걸음의 요체는, 그러한 관계들을 인식하는 것, 그것들을 현존하는 경제적 연관항들에 비추어 연구하는 것에 있다. (강조는 엥겔스)[12]

어떠한 경우에도 적용할 수 있는 이런 미리 생각해 낸 '실제적' 해결만큼 비실제적인 것도 없으며 또 실제적 사회주의는 오히려 자본주의 생산방식을 그 다양한 측면에서 올바르게 인식하는 데 있다고 하는 통찰을 노동자계급 자체에서 산출할 것이다. 이러한 점에 밝은 노동자계급은 어떤 주어진 경우에든, 주된 공격을 어떤 사회제도에 대해 어떤 방식으로 가해야 하는가를 놓고 **절대로** 곤란을 겪지 않을 것이다. (강조는 엥겔스)[13]

11) 엥겔스, 앞의 책, p. 264.
12) 같은 책, p. 265.

우연이겠지만 최형익 씨의 주장과 엥겔스를 비판한 뮐베르거의 주장이 매우 유사하다. 즉, 엥겔스가 노동자의 주택문제를 중요하게 보지 않으며 그에 대한 접근의 태도가 너무 추상적이고 구체적이지 못하다는 것이다. 물론 엥겔스는 구체적으로 나아가는 첫걸음이 그에 대한 과학적 인식이라고 말하며 반비판을 한다.[14] 또한 앞서 언급한 대로 엥겔스는 "자본주의적 생산방식이 현존하는 한, 그런 한, 주택문제나 노동자의 운명과 관계되는 다른 어떤 사회문제라도 개별적으로 해결하려 하는 것은 어리석은 일일 것이다. 반대로 해결은 자본주의적 생산방식의 폐지, 노동자계급 자신에 의한 모든 생활 수단 및 노동수단의 전유에 있는 것이다"[15]라고 주장한다. 그러나 최형익 씨는 이러한 입장을 "본질주의"[16]라고 비판한다. 여기서 최형익 씨와 엥겔스와의 이론적 차이가 보이는데 최형익 씨는 앞서처럼 우리에게 혼란을 준다. 즉 주택문제가 자본주의 내에서 해결 가능하다는 주장을 하는 듯이 보임으로써 개량주의적으로 생각되며, 현실적이고 구체적인 대안을 요구함으로써 "유토피아주의적이며" "비실제적"이다. 또한 이 점의 지적이 중요한 것은 그러한 비판은 이론적으로 소부르주아적 사회주의에 뒷문을 열어 주는 기능을 하게 된다는 것이다. 소부르주아적 사회주의자들은 "현대 사회주의의 기본 견해와 일체의 생산수단을 사회적 소유로 전화한다는 요구를 정당한 것으로 인정하기는 하나 그것의 현실화는 실제로 예견할 수 없는 먼 장래에 가서야 비로소 가능하다고" 하며 "따라서 현재로서는 한낱 사회의 미봉책에 의지하고 있으며, 사정 여하에 따라서는 이른바 '노동계급의 향상'을 꾀하는 가장 반동적인 기도에 대해서도 공감을 보낼 수도 있다는 식"[17]의 주장을 한다. 이러한 주장을 하는 사람들은 먼 과거 독일에서가 아니라 현재 우리 주변에서도 흔히 볼 수 있는 사람들이다.

---

13) 같은 책, pp. 266-7.

14) "맑스가 ≪자본≫에서 하고 있는 것보다 가까이 사회의 특정한 구체적 관계들로 나아간 사람은 아무도 없다. ... 또한 어디에서나 그의 비판의 결과는 오늘날 대체로 가능한 한에 있어 이른바 해결의 맹아를 포함하고 있다. 그러나 벗 뮐베르거는 이에 만족하지 않는다. 그런 것은 모두 추상적 사회주의요, 죽어 있는 추상적 정식이다." (엥겔스, 같은 책, p. 266.)

15) 같은 책, p. 239.

16) "이러한 상황은 주거권을 포함하는 다양한 사회복지의 정치적 쟁점들을 사회주의 혁명 이후에나 실현될 수 있는 본질주의적 입장으로 치환해 버리는 경향을 낳았다." (최형익, 앞의 글, p. 227.)

17) 엥겔스, 앞의 책, p. 169.

2. 최형익 씨의 엥겔스 비판 2: 주택문제는 무엇인가?

최형익 씨가 주택문제 해결에 있어서 엥겔스와 멀어지게 되는 이유는 "주택문제"에 대한 그의 초역사적 이해에 기초한다. 최형익 씨는 다음과 같이 주장한다.

> 주택문제란 정확하게 자본주의 사회이건 이행의 시기이건, 아니 그것을 뛰어넘어 공산주의 사회이건 일상적 삶을 영위하고 재생산하는 행위 그 자체와 밀접하게 관련되어 있다는 것, 이것이 무엇보다 고려되어야 할 주요한 이론적 문제이며 변치 않을 사실이다.[18]

또한 정확히 밝히지는 않았지만 그것의 해결의 형태를 어떠한 사회 형태든 "노동자계급의 주택 소유"라고 생각하는 듯하다. 이에 반해 엥겔스는 주택문제를 역사적으로 보길 주장한다.

> 오늘날 신문 지상에서 그렇게 큰 역할을 맡고 있는 이른바 주택난의 요체는 노동자계급이 일반적으로 열악하고 과밀하며 비위생적인 주택에서 살고 있다는 데 있는 것이 아니다. **이러한** 주택난은 현재에 고유한 것이 아니다; 그것은 이전의 모든 피억압 계급들과는 달리 현대 프롤레타리아트에 고유한 고통들 가운데 하나인 것도 아니다; 반대로 그것은 모든 시대의 모든 피억압 계급들에게 거의 비슷한 정도로 해당되는 것이다. **이러한** 주택난을 끝장내기 위해서는 다음과 같은 오직 **하나의** 수단이 있을 뿐이다: 지배계급에 의한 노동자계급의 착취와 억압을 전반적으로 제거하는 것 — 오늘날 사람들이 주택난이라고 이해하고 있는 것은 이렇다. 대도시로 인구가 갑자기 몰려듦으로써 노동자들의 열악한 주택 사정이 특별히 심해진 것; 임대 가격이 엄청나게 상승한 것, 개별 가옥에 거주자들이 더욱 밀집하는 것, 일부 사람에게는 거처를 구하는 것이 도저히 불가능하게 된 것, 그리고 **이러한** 주택난이 이렇게 떠들썩하게 화제로 되는 것은, 그것이 노동자계급에 국한되지 않고 소부르주아 층에게도 해당되었기 때문이다. (강조는 엥겔스)[19]

18) 최형익, 앞의 글, p. 233.
19) 엥겔스, 앞의 책, pp. 179-80.

또한 그 해결은 앞서 말한 것처럼 자본주의 사회에서 불가능하다고 하며 이후 사회에서도 그것은 상황에 의존하는 것이라 한다.[20] 따라서 당시의—그리고 현재는?— 대도시에는 적절한 분배를 하면 충분한 정도의 주택용 건물이 있다는 사실만 지적—그럼에도 불구하고 주택문제가 있다—하는 데 그친다. 더욱이 엥겔스는 "'주택문제'에 대한 대부르주아 및 소부르주아의 해결의 핵심은 노동자가 자기 주택을 소유하는 것이다"[21]라는 것을 지적하고 주택문제의 해결을 위한 박애주의적 부르주아지와 사회주의자를 자칭하는 소부르주아지의 주장과 노력의 공상성과 반동성을 폭로해 낸다. 그러나 최형익 씨는 이렇게 생각하지 않는다. 그는 "우리 대도시의 노동자들에게는 이동의 자유가 제일의 생활 조건이며, 토지 보유는 그들에게 오로지 족쇄가 될 수 있을 뿐이다. 그들에게 자신의 가옥을 마련해 주어 그들을 다시 흙덩이에 잡아맨다면, 공장주들의 임금 인하에 대한 저항력을 꺾이게 할 것이다"[22]라는 엥겔스의 주장을 인용하면서 "노동자들이 자기 주택을 갖게 되면 임금 인하에 대한 저항력이 약화된다니, 참으로 기묘한 논거가 아닐 수 없다"[23]라며 비판한다. 그러나 엥겔스의 이 주장은 박애주의적 부르주아지인 에밀 작스의 공상적 해결책(토지 보유를 통한 노동자의 자본가로의 변신)에 대한 비판에서 도출된다. 그리고 선언에 그치지 않고 자신의 주장에 대해 많은 지면을 할애해 가며 그 근거를 제시한다.

> 어떤 주어진 공업지역에서 노동자 각자가 자기 자신의 소가옥을 보유하는 것이 통례가 되었다고 가정해 보자. 이 경우 그 지역의 노동자계급은 무료로 거주하고 있는 셈이 된다; 주택 비용은 더 이상 그들의 노동력 가치에 들어가지 않게 된다. 그런데 노동력 산출 비용의 일체의 감소, 즉 노동자 생활필

---

20) "미래 사회가 식량과 주택의 분배를 어떻게 규제할 것인가에 관해 생각하는 것은 직접 **유토피아** 속으로 들어가는 것이 된다. 우리는 기껏해야 이제까지의 모든 생산방식의 기본 조건들에 대한 통찰에서 출발하여, 자본주의적 생산의 몰락과 더불어 이제까지의 사회의 일정한 전유형태들이 불가능하게 되리라는 것을 확인할 수 있을 뿐이다. 과도적 조치마저도 어디서든 그 순간에 현존하는 관계들에 따라 조정되어야 할 것이며, 소토지 소유의 나라들에서는 대토지 보유의 나라들과는 본질적으로 다르게 될 것이다, 등등." (강조는 원문) (엥겔스, 같은 책, p. 264.)

21) 같은 책, p. 169.

22) 같은 책, p. 211.

23) 최형익, 앞의 글, p. 231.

수품의 지속적인 가격 하락은 '국민경제학설의 철의 법칙을 기초로 하여' 노동력 가치의 저하와 같은 것이 되며, 따라서 결국 그에 조응하는 노임의 하락을 가져오게 된다. 노임은 그리하여 평균적으로는 절약된 평균 임대료 수익만큼 떨어질 것인데, 즉 노동자는 자기 자신의 가옥에 대한 임대료를 치르게 될 것이지만 이전처럼 가옥 보유자에게 돈을 치르는 것이 아니라 자기가 노동하는 공장의 공장주에게 부불노동으로 치르게 되는 것이다.[24)]

상황에 따라서는 개별 노동자가 자기의 소가옥을 판매할 수도 있겠지만, 중대한 파업이나 일반적 산업 공황의 시기에는 해당 노동자들에게 속하는 가옥들이 한꺼번에 시장에 판매를 위해 나올 수밖에 없으며 따라서 구매자들을 찾지 못하거나 비용가격보다 훨씬 헐값으로 판매될 것이다. 그리고 설령 모두 구매자를 찾게 된다 해도, 어쨌든 작스 씨의 위대한 주택 개혁 전체는 다시 무로 될 것이며, 그는 처음부터 다시 시작해야 할 것이다.[25)]

엥겔스의 이러한 주장은 기묘한 논리일까? 아니다. 이것은 이론적으로도 그러하고 현실적으로도 그러하다. 우리는 이러한 것을 흔히 거꾸로 보게 되는데 주택 비용의 상승이 임금 인상에 대한 근거도 되고 투쟁력의 강화로도 표현되는 것이 그것이다.

그렇다면 우리에게 주택문제는 무엇인가? 엥겔스의 말을 조금 변형하면 '우리의 주택난이라고 이해하고 있는 것은 이렇다. 대도시로 인구가 몰려 있음으로써 노동자들의 열악한 주택 사정이 특별히 심해진 것; 임대 가격이 엄청나게 상승한 것, 개별 가옥에 거주자들이 더욱 밀집하는 것, 일부 사람에게는 거처를 구하는 것이 도저히 불가능하게 된 것'이고, 그리고 이러한 주택난이 이렇게 떠들썩하게 화제로 되는 것은, 그것이 노동자계급에 국한되지 않고 소부르주아 층에게도 해당되었기 때문이다. 엥겔스의 글은 과거의 글이지만 현재 우리의 모습도 그것과 크게 다르지 않다. 최형익 씨의 주택문제에

24) 엥겔스, 앞의 책, p. 212. "덧붙여 말하자면, 이제까지 말한 것은 노동자의 생활수단의 절약 또는 저렴화로 귀착되는 모든 이른바 사회 개혁에 대하여 타당하다. 사회 개혁이 전반적으로 된다면 그에 조응하는 노임 하락이 뒤따르겠지만, 그렇지 않고 개혁이 완전히 개별적인 실험에 그칠 경우에는, 개혁이 다만 개별적 예외로서 존재한다는 사실은 그것의 대규모적 실행이 현존하는 자본주의 생산방식과 조화를 이룰 수 없다는 것을 증명하게 된다." (같은 책, pp. 212-3.)
25) 같은 책, p. 211.

대한 규정은 주택문제가 초역사적으로 중요하다는 것을 지적했다는 점을 이야기하고자 했다면—아주 틀린 말은 아니지만—, 엥겔스가 논의하려 했던 것은 자본주의 사회에서 나타난 주택문제의 특수한 문제에 관련해서이다. 그리고 그것의 원인은 앞서 말한 그대로다. 또한 보편적인 문제임을 인정한다 하더라도 계급사회에서 그것에 의해 고통받는 사람들은 오직 피지배계급이다. 그리고 이러한 주택난을 해결하는 일은 엥겔스의 말대로 그것은 오직 하나의 수단이 있을 뿐이다. 즉, 지배계급에 의한 노동계급의 착취와 억압을 전반적으로 제거하는 것뿐이다.[26)]

3. 최형익 씨의 엥겔스 비판 3: 주택문제의 성격

최형익 씨는 엥겔스가 주택문제를 노동자와 자본의 적대에 기초한 착취관계에서 비롯한 것이 아니라 어느 정도의 재산을 소유한 시민적 거래자들, 즉 상품소유자 간의 관계에서 발생하는 것으로 소부르주아적 성격을 갖는다고 규정하고, 그 성격상 소부르주아적 권리 요구이기 때문에 노동자의 주요한 정치적 관심사가 될 수 없고 주택문제는 작은 이차적 폐단이므로 이 문제에 관심을 갖는 것은 소부르주아 사회주의라고 규정하는 잘못을 보인다고 비판하고, 이러한 엥겔스의 이론적 태도는 개량주의, 사회적 배외주의로 연결된다고 주장하고 있다.[27)] 과연 그러한가?

> 주택문제에는 서로 대립하는 두 당사자가 있으니, 임차인과 임대인 혹은 가옥 소유자가 그들이다. 전자는 후자에게서 주택의 일시적 사용을 구매하려

---

26) 이 점과 연결해서 최형익 씨는 레닌도 함께 비판하고 있다. 레닌의 언급에 모순이 발견되는데 "그것은 과연 주택문제가 이행기 문제와 얼마만큼 큰 연관을 가지고 있는 정치적 사안인가의 여부와 그렇다면 과연 사회적 이행 시기 이외에는 주택문제가 중요하지 않은가 하는 점이다"라는 것이다. (최형익, 앞의 글, p. 232.) 그러나 레닌이 ≪국가와 혁명≫에서 ≪주택문제에 대하여≫를 다루며 주요하게 착목한 문제는 이행기 주택문제의 중요성에 대한 것이 아니라 국가와 관련지어 혁명이 수행해야 할 임무와 프롤레타리아 국가와 부르주아 국가 간의 유사점과 차이점에 대한 문제이다. 즉 국가권력의 활동에 대한 점(몰수, 숙소 할당 등과 같은)과 국가 사멸을 위한 경제적 토대에 관한 문제이다.

27) 최형익, 같은 글, pp. 235-7.

> 고 한다; 그는 화폐 혹은 신용을 가지고 있다 — 설령 그가 이 신용을 다시 가옥 소유자 자신으로부터 고리대의 가격으로, 요컨대 할증 임대료의 형태로 사들여야 할지라도 그렇다. 이것은 단순히 상품 판매이다; 이것은 프롤레타리아와 부르주아 사이의, 노동자와 자본가 사이의 거래가 아니다; 임차인—설령 그가 노동자라 할지라도—은 재산이 있는 사람으로서 등장하며, 그는 자신의 독특한 상품인 노동력을 이미 판매하여 그 수익금으로 주택 용익의 구매자로서 등장할 수 있거나 이 노동력이 얼마 안 있어 판매될 것임을 보증할 수 있어야 한다. 노동력이 자본가에게 판매됨으로써 생겨나는 독특한 결과는 여기에서는 전혀 나타나지 않는다. 자본가는 구매한 노동력으로 하여금, 첫째로는 자체의 가치를 재산출하게 하지만, 둘째는 잉여가치를 산출하게 하는데, 이 잉여가치는 자본가계급 사이에 분배될 것을 전제로 일시적으로 그의 수중에 머문다. 따라서 여기서는 여분의 가치가 산출되며, 기존 가치의 총량이 증가한다. 임대차 거래에 있어서는 사정이 전혀 다르다. 임대인이 임차인을 얼마나 속이는가에 관계없이, 그것은 이미 존재하고 있는, 앞서 산출된 가치의 이전에 불과하며, 임차인과 임대인을 합하면 보유하고 있는 가치의 총액은 전과 똑같다. 노동자는, 자본가가 그의 노동에 대하여 가치 이하로 지불하건 가치 이상으로 지불하건 가치대로 지불하건 간에 언제나 그의 노동생산물의 일부를 사취당한다; 임차인은 주택에 대하여 그 가치 이상으로 지불하지 않으면 안 되는 경우에만 사취당한다. 따라서 임차인과 임대인 사이의 관계를 노동자와 자본가 사이의 관계와 동렬로 놓으려는 것은 전자의 관계를 완전히 왜곡하는 것이다. 반대로 우리가 여기에서 다루고 있는 것은 두 시민 사이의 아주 일상적인 상품 거래이며, 이 거래는 일반적으로는 상품 판매를 규제하는 경제 법칙에 의거하여 처리된다; 토지 소유, 가옥 또는 해당 가옥 부분의 건축 비용과 유지 비용이 우선 산정된다; 가옥 위치의 좋고 나쁨에 제약되는 토지의 가치가 두 번째로 산정된다; 순간순간의 수요 공급 관계의 상태가 마지막으로 결정을 내린다.[28]

최형익 씨의 주장대로 엥겔스는 임대인과 임차인 간의 관계는 두 시민 사이의 아주 일상적인 상품 거래임을 주장한다. 하지만 이렇기 때문에 주택문제의 성격이 소부르주아적이라고 규정한 적은 어디에도 없다. 최형익 씨의 이러한 주장은 그가 재산, 상품, 자본을 혼동한 결과일 뿐이지 엥겔스의 주

28) 엥겔스, 앞의 책, pp. 182-3.

장은 아니다. 또한 엥겔스가 주택문제가 주요한 정치적 관심사가 될 수 없다고 했다는 것도 옳지 않은 주장이다. 엥겔스가 관심을 갖지 않은 부분은 앞에서도 말했듯이 주택문제 자체가 아니다.29) 주택문제와 같은 이른바 실제적인 문제들에 대한 개별적 해결의 추구에 관심이 없었던 것이며 유토피아로 들어가는 그런 내용에 대한 논의에 관심이 없었던 것뿐이다.

> 주로 이러한 종류의 고통[주택난: 인용자], 즉 노동자계급이 다른 계급들, 특히 소부르주아 층과 공통으로 당하는 고통에 즐겨 몰두하는 것은 소부르주아 사회주의이며, 프루동도 거기에 속한다. 그리고 앞에서 본 것처럼 결코 전적으로 노동자들의 문제가 아닌 이 주택문제를 우리 독일의 프루동주의자가 그 무엇보다도 먼저 부여잡는 것, 거꾸로 주택문제를 진정으로 전적으로 노동자들의 문제라고 선언하는 것은 결코 우연한 일이 아니다.30)

최형익 씨는 결론적으로 위의 글을 인용하고, 아래와 같은 주장을 하면서 엥겔스에 대한 혹독한 비판을 한다.

> 주택문제가 '오늘날의 자본주의 생산방식으로부터 발생하는 수많은 비교적 작은 이차적 폐단들 가운데 하나'이며, 따라서 주택문제를 생존-생활기획이라는 권리정치의 맥락에서 제기하는 것조차, 다른 이유도 아닌 주택문제의 성격 자체 즉 '주로 이러한 종류의 고통, 즉 노동자계급이 다른 계급들, 특히 소부르주아 층과 공통으로 당하는 고통이기 때문에 이차적 폐단이라는 주장, 그리고 그러한 주장을 기반으로 자신과 소부르주아적 사회주의를 구분하는 구별 방식은 이론적으로 유치한 발상이다.
>
> 임금과 노동시간의 문제 등은 노동자와 자본의 직접적인 생산관계에서 발생한 문제이기 때문에 과학적 사회주의이고, 자본주의적 생산으로부터 연유된 것이긴 하지만, 이차적 폐단인 동시에 노동자와 소부르주아가 함께 겪는 고통이기 때문에, 주택문제 등에 몰두하는 것은 '소부르주아 사회주의'라고 규정하는 것 역시 맑스 정치 이론을 속류화하는 결과를 낳을 뿐이다.31)

---

29) 한번 익살을 부려 보면 이렇게 말할 수 있다. 만일 관심이 없었다면 엥겔스가 3부에 걸친 글을 썼겠는가? 한가하셨던 분이 아니었던 것은 우리 모두 알고 있지 않은가? 각주 11)의 인용문을 참조할 것.
30) 엥겔스, 앞의 책, pp. 181-2.
31) 최형익, 앞의 글, p. 236.

최형익 씨의 비판은 옳은 것인가? 마지막으로 이 문제를 다루도록 하겠다.

> 우리의 현대 대도시에서의 노동자들과 일부 소부르주아들의 주택난은, 오늘날의 자본주의 생산방식으로부터 발생하는 수많은 비교적 작은 이차적 폐단들 가운데 하나이다. 주택난은 자본가들이 노동자들을 노동자들로서 착취하는 데 따르는 직접적 귀결이 결코 아니다. 이 착취는 사회혁명이 자본주의 생산방식을 폐지하면서 폐지하기를 바라는 근본적 악이다. 그런데 자본주의 생산방식의 주춧돌은 다음과 같은 사실이다: 우리의 오늘날의 사회질서는 자본가로 하여금 노동력의 대가로 치른 가격의 재산출에 필요한 시간보다 더 오래 노동자를 일하게 함으로써, 노동자들의 노동력을 그 가치대로 구매하면서 그보다 훨씬 많은 가치를 노동력으로부터 뽑아낼 수 있게 한다.[32]

위에서 보듯이 엥겔스가 주택문제를 이차적인 문제라고 한 것은 명백하다. 그러나 이것은 최형익 씨가 주장하듯이 엥겔스가 주택문제를 소부르주아적 성격을 갖는다는 근거로 제시하는 것이 아님은 명백하다. 엥겔스의 이러한 주장은 자본주의 생산의 기초는 잉여가치 생산이라는 것이며 "주택문제의 해결이 동시에 사회문제를 해결하는 것이 아니라, 사회문제의 해결을 통해, 즉 자본주의 생산방식의 폐지를 통해 비로소 동시에 주택문제의 해결이 가능하게 된다"[33]는 원칙의 재확인이다. 엥겔스는 앞서의 일차적인 착취의 문제를 설명한 후 생산 후 소득으로 변한 임금과 잉여가치가 구매와 판매의 방법으로 분배 · 재분배되는 문제를 다룬다. 여기에서 그는 주택문제가 왜 노동자계급의 고유한 문제가 아닌가에 대한 설명을 명쾌히 한다. 주택문제를 포함한 상품 거래에서 구매자(임차인)에 대한 판매자(임대인)의 사기가 일어날 수 있으며, 이러한 것은 모든 계급 · 계층에게 저질러지고, 일정한 정도와 일정한 시기에 이르면 이는 그에 조응하는 임금 상승으로 조절될 수밖에 없게 된다는 점을 설명한다. 물론 이것이 일정 시기 어떠한 계급 · 계층보다 노동자계급에게 더 큰 타격을 줄 것임을 놓치지 않고 지적한다. 이러한 점을 보았을 때 엥겔스가 이차적이라고 규정하는 것이 소부르주아성의 근거로 제시하지 않았음은 더욱 명백하다.

엥겔스가 뮐베르거의 입장을 소부르주아 사회주의라고 규정하는 것은 그

32) 엥겔스, 앞의 책, p. 180.
33) 같은 책, p. 215.

가 주택문제에 몰두해서가 아니다. "결코 전적으로 노동자들의 문제가 아닌* 이 주택문제를 우리 독일의 프루동주의자가 그 무엇보다 먼저 부여잡은 것, 거꾸로 주택문제를 진정한 전적으로 노동자들의 문제라고 선언한 것"34) 때문이다. 또한 엥겔스는 3편에서 뮐베르거의 주장35)을 인용하면서 다음과 같이 비판한다.

벗 뮐베르거는 여기에서 다음과 같은 점을 확인하고 있는 셈이다:

1. '우리'는 "계급정책"을 추진하지 않으며, '계급 지배'를 얻고자 애쓰지도 않는다고 한다. 하지만 독일 사회민주주의 노동자당은, 바로 **노동자당이기 때문에** 필연적으로 '계급정책', 노동자계급의 정책을 추진한다. 모든 정당은 국가에서의 지배를 전취할 것을 노리므로, 독일 사회민주주의 노동자당도 필연적으로 **자신의 지배**, 노동자계급의 지배, 따라서 '계급 지배'를 얻고자 애쓴다. 게다가 영국의 차티스트를 비롯한 **모든** 현실의 프롤레타리아트 당은 항상 계급정책, 독자적 정당으로서의 프롤레타리아트의 조직을 제일의 조건으로, 그리고 프롤레타리아트의 독재를 투쟁의 당면 목표로 설정하였다. 뮐베르거는 이러한 것을 '가소로운' 것이라고 설명함으로써, 자신을 프롤레타리아 운동 외부의 소부르주아 사회주의 내부에 위치 짓고 있는 것이다.

2. 주택문제는 전적으로 노동자 문제인 것이 결코 아니라 소부르주아 층에게 '가장 두드러지게 이해관계가 있는' 문제이며, 그 이유는 '본래적 중간계

---

* [편집자 주: 권정기] 주택문제가 노동자들만의 문제가 아니라, 소부르주아와 공유하는 문제라는 의미이다.

34) 엥겔스, 앞의 책, p. 182.

35) "우리가 **계급정책**을 추진하며 **계급 지배**를 얻고자 애쓴다는 등등의 **가소로운** 비난을 종종 또 여러 번 받은 바 있으므로, 우리는 먼저 분명하게 강조해 두고자 한다. 주택문제는 전적으로 프롤레타리아트에게만 해당되는 것이 결코 아니라, **반대로 본래적 중간계층**, 소경영자, 소부르주아지, 전체 관료들에게 **가장 두드러지게** 이해관계가 있다. ... 주택문제는 사회개혁의 여러 항목 가운데서, 한편으로는 프롤레타리아트의 이해관계와 다른 한편으로는 사회의 본래적 중간계급들의 이해관계의 **절대적 내적 동일성**을 다른 무엇보다도 더 적절하게 보여 주는 것으로 보이는 바로 그러한 항목이다. 중간계급들은 프롤레타리아트 못지않이, **아마도 더 심하게** 임대주택의 억압적 족쇄 아래서 고통받고 있다. ... 사회의 본래적 중간계급들이 오늘날 당면하고 있는 문제는, 자신들이 ... 젊은 힘과 정력으로 가득한 노동자 당과 동맹하여 **그 혜택이 누구보다도 먼저 자신들에게 돌아오게** 될 사회개조 과정에 참여할 만한 ... 힘을 발견하고 있느냐 하는 점이다." (강조는 원문) (엥겔스, 같은 책, pp. 243-4.) 엥겔스는 뮐베르거의 주장을 길게 인용한다.

급들'은 주택문제 아래에서 프롤레타리아트 '못지않이, 아마도 더 심하게' 고통받고 있기 때문이라는 장점을 가지고 있다고 한다. 누군가가 소부르주아 층이 단 하나의 점에서라도 '프롤레타리아트보다 더 심하게' 고통받고 있다고 설명한다면, 그 사람은 사람들이 자기를 소부르주아 사회주의자로 분류한다 해서 불평할 수는 절대로 없을 것이다. 그렇다면 내가 다음과 같이 말한다 해서 뮐베르거가 불만을 가질 근거가 있겠는가:

'주로 이러한 종류의 고통, 노동자계급이 다른 계급들, 특히 소부르주아 층과 공통으로 당하는 고통에 즐겨 몰두하는 것은 소부르주아 사회주의자이며, 프루동도 거기에 속한다. 그리고 앞에서 본 것처럼 전적으로 노동자 문제들이 아닌 이 주택문제를 우리 독일의 프루동주의자가 그 무엇보다도 먼저 부여잡은 것은 결코 우연이 아니다.'

3. '사회의 본래적 중간계급들'의 이해관계와 프롤레타리아트의 이해관계 사이에는 '절대적인 내적 동일성'이 존재하며, 사회의 당면한 개조 과정의 '혜택'이 '누구보다도 먼저 돌아오게 될' 것은 프롤레타리아트가 아니라 바로 [es sind] 이 본래의 중간 계급들이라 한다.

따라서 노동자들은 당면한 사회혁명을 '누구보다도 먼저' 소부르주아들의 이해관계에 따라 수행할 것이라고 한다. 나아가, 소부르주아의 이해관계와 프롤레타리아트의 이해관계에는 절대적인 내적 동일성이 존재한다고 한다. 소부르주아의 이해관계가 노동자의 이해관계와 내적으로 동일하다면, 노동자의 이해관계도 소부르주아의 이해관계와 동일할 것이다. 따라서 소부르주아 관점은 운동에서 프롤레타리아 관점과 마찬가지로 정당한 것이 된다. 우리는 바로 이러한 동일한 정당성에 대한 주장을 소부르주아 사회주의라고 부르는 것이다. (강조는 엥겔스)36)

이상에서 알 수 있듯이 엥겔스가 뮐베르거를 소부르주아 사회주의로 규정한 것은 정당하다. 또한 엥겔스는 이 부분에 관해 ≪공산주의자당 선언≫을 참고하기를 권고한다. 물론 "주로 이러한 종류의 고통, 즉 노동자계급이 다른 계급들, 특히 소부르주아 층과 공통으로 당하는 고통에 즐겨 몰두하는 것은 소부르주아 사회주의이며"라는 표현은 어떤 의미에서는 최형익 씨의 주장에 근거를 줄 수 있지만 ≪주택문제에 대하여≫ 전체의 입장에서 보면 엥겔스의 의도가 최형익 씨가 비판한 그것이 아님을 알 수 있다.37)

36) 같은 책, pp. 244-5.

4. 사족

하나, 최형익 씨는 글머리에서 "기존의 맑스주의 이론에서는 노동을 너무 근본적인 활동으로 생각한 나머지 여타의 권리와 인간의 사회적 활동에 대해서는 소홀히 다뤄 왔다. 이러한 상황은 주거권을 포함하는 다양한 사회복지 정치의 쟁점들을 사회주의 혁명 이후에나 실현될 수 있는 본질주의적 입장으로 치환해 버리는 경향을 낳았다"고 주장하고, "현실에 있어서도 자본주의 사회 내에서 주거권의 문제는 도시 빈민이나 재개발지역 주민들의 문제로 생각하는 게 다반사고 그러다 보니 '주택문제', '교육문제'를 비롯한 노동자·민중의 삶과 직결된 현안들에 대한 맑시즘적 대안과 입장이 부재할 수밖에 없었다"라 하며 "한국 사회에서 '주거권'과 관련된 사회운동의 담론을 종교 단체[혹은 소부르주아적 시민 단체: 인용자]들이 독점하고 있는 현실은 이러한 사태를 잘 반영해 준다"고 안타까워한다. 그러나 앞서 살펴본 것처럼 이는 당연한 일이다. 그들이 그렇게 하는 것은 자본주의 사회가 영원하기를 보장받기 위해서이다. 그렇기 때문에 그들은 사회적 폐해를 제거하려고 하는 것이다. 그러나 그것은 일시적이다. 자본주의 모순에서 이차적으로 발생하는 모든 사회문제는 그것이 지양되기 전에는 해결되지 않을 것이기 때문이다. 다만 노동자계급의 힘이 완전히 성숙하기 이전까지는 자본가들은 노동자들의 투쟁의 정도에 비례해서 다양한 대안으로 문제를 은폐하려 할 것이고, 어쩔 수 없는 양보로 폭발을 막으려 할 것이다. 여기서 우리가 해야 할 일은 명백하다. 그것은 '현실적 대안' 마련이 아니라 강고한 투쟁이다.

---

37) 독일어에 문외한인 필자는 ≪주택문제에 대하여≫를 처음에는 다른 번역본으로 읽었는데 이 부분의 번역에 있어 약간의 뉘앙스의 차이가 있어 옮겨 보기로 하겠다.
"이와 같은 고통들이란 노동계급이 여타 계급들 특히 쁘띠 부르주아들과도 함께하는 것이기에 대체로 바로 이 때문에 쁘띠 부르주아 사회주의—프루동도 이에 속한다—는 이에 몰두한다." (≪노동자경제학≫, 일송정, 1988, p. 135.)
"이러한 고통은 노동자계급과 다른 계급들 특히 쁘띠 부르주아지가 함께 겪고 있는 것이기 때문에 쁘띠 부르주아 사회주의는 이를 문제 삼기를 좋아하는데, 프루동도 여기에 속한다." (≪주택 · 토지문제≫, 두레, 1990, pp. 38-9.)
즉, 이 번역본들에 의하면 쁘띠 부르주아 사회주의자이기 때문에 주택문제를 문제 삼기 좋아하는 것이지 주택문제에 몰두하기 때문에 소부르주아 사회주의라는 의미는 아닌 것으로 읽혀진다. 아무튼 전체적으로 보면 사소한 문제이다.

둘, 이 글은 최형익 씨의 '새로운 정치적 해석'에 대한 '고전적 해석의 옹호'이다. 따라서 이 글을 읽는 동지 중 엥겔스의 ≪주택문제에 대하여≫를 읽지 않은 분은 여기에 머물지 말고 그것을 직접 읽으라는 부탁을 드린다. 그것이 이러한 글들을 읽는 것보다 훨씬 도움이 될 것이기 때문이다.

주택문제에 대한 정치경제학적 이해*

1.

점점 더 악화되는 노동자 · 민중의 비참한 삶은 말로 다할 수 없다. 어렵지만 단란하던 가족이 붕괴되고, 평범하고 선량하던 사람들이 최소한의 생존을 유지하기 위해서 범죄를 저지르게 되고, 삶의 무게를 견디지 못해 자신의 목숨을 끊고 있으며, 심지어 일가족 동반 자살이라는 참극까지 벌어지고 있는 것이 지금의 현실이다. 이들 여러 사회문제의 근본적인 원인은 한국 자본주의 그 자체이며, 이것이 더욱 심각한 양상으로 전개되는 것은 현재 한국 자본주의가 처한 위기의 정도가 더욱 심각해지고 있다는 것을 반영한다.

얼마 전까지도 주택문제는 한국 사회가 갖고 있는 여러 심각한 사회문제 가운데 가장 첨예한 문제의 하나였다. 부동산에 대한 투기가 격화되고, 그 결과로 주택 가격과 전 · 월세 가격이 폭등하여 노동자 · 민중의 삶이 팍팍해지고 이에 견디다 못한 가장의 자살이 속출하고 또 가족이 함께 자살을 했던 것도 그다지 먼 과거의 일은 아니다. 그런데 지금의 주택문제는 그다지 큰 문제로 보이지 않는다. 이것은 왜일까? 문제가 해결되었거나, 그 정도가 많이 완화되어서일까? 절대 그렇지 않다. 오히려 주택문제는 과거보다 더욱 심각해졌다. 그럼에도 불구하고 이 문제가 심각해 보이지 않는 까닭은 앞서 말한 것처럼 다른 사회문제의 심각성이 너무나 커져서 이를 압도하기 때문이다. 아비규환인 현재의 상황에서 주택문제에 대한 고민은 일종의 사치처럼 보인다. 그러나 주택문제는 사라진 것이 아니라 그 심각성에도 불구하고 상대적으로 작아져 보이지 않을 뿐이다.

일반적으로 언급되는 주택문제를 한마디로 요약하면 주택 가격의 급속한 상승과 이에 동반하는 임대 가격(전 · 월세 가격)의 급격한 상승에 의해 사람

* [편집자 주] ≪현장에서 미래를≫ 제96호(2004. 3.) 〈쟁점연구〉에 실린 글이다.

들이 겪는 이러저러한 고통이다. 여기에는 대부분의 사람들이 자신의 집을 장만하려면 수십 년 동안 저축을 하거나 혹은 비슷한 기간 동안 빚을 갚아 나가야 한다는 것이 들어 있다. 또한 이것조차 거의 불가능해 보이는 상황의 전개와 때로는 임금 소득의 많은 부분을 주거비로 지출해도 현재의 열악한 주거 상태도 유지하지 못하는 경우들이 있다. 이 고통은 노동자계급뿐만 아니라 소부르주아 층에게도 해당되기 때문에 심각한 사회문제로 자주 거론되며 원인에 대한 여러 견해와 온갖 다양한 해결책들이 제시되고 있다. 그러나 그 대부분은 과학적 관점을 결여하고 있거나 그것을 견지하려고 하지만 철저하지 못하여 문제의 해결에 접근하지 못하고 있다. 주택문제가 노동자 · 민중의 삶을 고통스럽게 하는 문제이기에 무관심에 대한 비판, 관심의 촉구와 해결책에 대한 모색은 우리에게 당연한 일이다. 그러나 이때 우리가 견지해야 할 관점과 태도는 주택문제의 해결을 통해 사회문제의 해결을 꿈꾸는 박애주의적 부르주아지의, 자신의 안위만을 걱정하는 편협한 소부르주아지의, 또 다른 사람들의 불행을 이용하여 자신의 욕심을 채우려는 파렴치한 부르주아지의 관점과 태도일 수는 없다. 우리는 주관적 희망에 근거하는 것이 아니라 과학에 기초하여야 한다. 이 짧은 글은 주택문제와 관련된 몇 가지 기본적인 경제학적 문제에 대한 해명과 엥겔스의 글(엥겔스, ≪주택문제에 대하여≫)을 검토하는 것을 통하여 주택문제에 대한 노동자적 관점과 태도에 대한 문제 제기를 하고자 한다.[1)]

2.

자본주의 사회에서 주택 가격과 임대 가격은 지속적으로 상승하는 경향과 주기적으로 폭등하는 양상을 갖는다. 경험으로부터도 알 수 있듯이 현실에서의 주택 가격과 임대 가격은 끊임없이 변하고 있다. 그런데 이것들은 극히 예외적이며 일시적인 경우를 제외하면 줄기차게 상승하는 것처럼 보인다. 이것의 원인을 인구의 도시집중과 주택의 절대 부족이라는 현상에 근거하여,

---

1) 이 글은 다음의 두 글에 많은 부분 의존하였음을 밝혀 둔다. 민족민주운동연구소 정세분석과, "'토지공개념' 소동의 본질에 대해서", ≪정세연구≫ 제3호(1989. 10.); 채만수, "자본주의적 생산과 토지문제", ≪주택문제의 인식과 대안≫, 민족민주운동연구소, 논장, 1990.

흔히 언급되듯이, 수요-공급 관계와 인플레이션에서만 찾는 것은 토지 가격의 본질과 운동에 대한 이해 부족의 증거이다. 물론 수요-공급 관계에 의해서 토지 및 주택의 가격은 커다란 영향을 받는다. 이것은 엄연한 사실이다. 하지만 여기에서 멈추는 것은 사태의 본질을 정확히 파악하지 못하는 것으로 문제를 속류 경제학의 견해에서 바라보는 것이다. 수요에 대한 공급의 부족, 이것은 분명 가격의 상승을 유발하며, 이 경우 공급을 늘리는 것을 통하여 그 가격의 상승을 저지할 수 있다. 그러나 이것은 "항상 되풀이하여 문제 자체를 새롭게 산출하므로 전혀 해결이 아닌 해결을 통하여"[2] 해결하려는 속류적 사고방식이고 자본주의적 해결 방법이다. 따라서 우리가 여기에 머물 수 없는 것은 당연하다. 우리는 한발 더 나아가야 하며, 이를 위해서는 약간의 경제학적 지식이 필요하다.

1) 지대

자본가가 그의 자본을 투하하기 위해서는 일정한 토지가 필요하다. (농업자본가가 대표적이다.) 이 자본가는 그가 이용하는 토지의 소유자에게 특정의 생산 분야에 자기의 자본을 이용하는 것을 허락한 대가로 일정한 기간에 계약상으로 확정된 화폐액을 지불한다. 이 화폐액이 지대이며 이것이 경작지·건축지·광산·어장·삼림 등등의 어느 것에 대하여 지불되더라도 이것은 지대라고 불린다. 또한 지대는 토지 소유자가 토지를 자본가에게 계약에 의해 임대한 기간 전체에 걸쳐 지불된다. 그러므로 토지 소유자의 경우 지대는 '토지 소유의 경제적 실현'이며 가치 증식의 형태이다.[3] 이러한 지대는 일정한 화폐액으로 나타나게 된다.[4]

---

2) "그렇다면 주택문제는 어떻게 해결될 수 있는가? 오늘날의 사회에서는 다른 모든 사회문제와 마찬가지 방식으로 해결된다: 수요와 공급의 점진적인 경제적 조정을 통하여, 즉 항상 되풀이하여 문제 자체를 새롭게 산출하므로 전혀 해결이 아닌 해결을 통하여" (엥겔스, ≪주택문제에 대하여≫(≪칼 맑스 프리드리히 엥겔스 저작 선집≫ 제4권), 박종철출판사, p. 194.)

3) 맑스, 김수행 역, ≪자본론≫ 제3권, 비봉출판사, p. 764.

4) "지대는 [토지 소유자가 땅의 한 조각을 임대하여 매년 얻고 있는] 일정한 화폐액으로 표시된다." (같은 책, p. 770.)

2) 토지 가격의 본질

상품들이 가격을 갖는 것은 그것이 노동의 생산물이기 때문이다. 그러나 토지는 본래 자연적으로 존재하고 있는 것으로 결코 노동생산물이 아니다. 따라서 토지가 가격을 갖는다는 것은 불합리하다.[5] 하지만 현실에서 토지는 다른 상품들처럼 가격을 갖고 있으며 거래되고 있다. 토지 가격은 다른 상품들의 가격과는 본질적으로 다른 것이고, 따라서 결정 원리도 다르다. 앞서 본 것처럼 토지의 소유자는 지대를 수취하며 이것은 "매년 얻고 있는", "일정한 화폐액으로" 나타난다. 그런데 이러한 "일정한 화폐 수입은 자본화될 수 있으며 가공의 자본에 대한 이자로 간주될 수 있다. 예컨대 평균 이자율이 5%이라면 연간의 지대 200원은 4,000원이라는 자본에 대한 이자로 간주될 수 있다. 이처럼 자본화된 지대가 토지의 구매 가격 또는 가치를 형성하"[6]게 되는 것이다. 즉, 정확히 다시 말하면 "사실은 토지의 구매 가격은 토지의 가격이 아니라, 토지가 낳는 지대를 현행의 이자율에 따라 계산한 가격이다. 그러므로 지대의 이러한 자본화는 지대 그것을 전제하는 것이며 지대가 그 자신의 자본화로부터 도출되고 설명될 수는 없다."[7] 즉, 토지 가격은 지대의 크기와 일반 이자율의 관계에서 결정되고 변화하는 것이다. 또한 토지 가격(지대의 자본화)이 지대의 존재를 전제하는 것은 토지 소유자에게 지대란 아무런 자본의 투하 없이도, 그가 단지 토지를 소유하고 있다는 것만으로도 발생하는 것으로 바로 지대 때문에 토지 가격이 형성되기 때문이다. 다만 현실에서 가격이 먼저 존재하고 이를 근거로 토지 소유자가 지대를 청구하는 것으로 나타나는 것은 다른 많은 경제 현상들처럼 본말이 전도된 것이다.[8]

3) 토지 가격의 운동

노동생산물로서의 상품은 노동생산성의 변화에 따라서 가격이 변화한다.

---

5) "이처럼 자본화된 지대가 토지의 구매 가격 또는 가치를 형성하는데, 이것은 노동의 가격이 불합리한 것과 마찬가지로 명백히 불합리한 범주이다. 왜냐하면 토지는 노동의 생산물이 아니며 따라서 가치를 가지지 않기 때문이다." (같은 곳.)

6) 같은 곳.

7) 같은 곳.

8) 같은 책, p. 954.

그리고 이들 상품은 일반적으로는 사회적 생산력의 발전에 따라 하락하는 경향을 보인다. 그러나 토지의 가격은 이와는 전혀 다른 운동을 하게 되는데, 앞서 말한 대로 경향적으로 상승하게 된다. 이것은 '자본 환원된 지대'로서의 토지 가격(지대의 자본화)의 본질에서 기인하는 것으로, 토지 가격이 지대의 크기의 움직임과 일반 이자율의 움직임에 의해서 규정되기 때문이다. 토지 가격에 관해 "경쟁에 의한 일체의 가격 변동, 일체의 토지 투기 그리고 소토지 소유를 무시"하더라도 "토지 가격은 지대가 증대하지 않아도 상승할 수 있다. 1) 단순히 이자율의 하락에 의하여. 이자율의 하락은 지대로 하여금 보다 고가로 판매되게 하며 따라서 자본화된 지대인 토지 가격은 상승한다. 2) 토지에 합쳐진 자본의 이자가 증대하기 때문에"[9] 그러하다.

앞서 본 것처럼 토지 가격은 지대를 일반 이자율로 나눈 값이므로 "지대가 불변의 크기라면 토지의 가격은 이자율에 반비례하여 등락한다. ... 토지 가격의 이 운동은 단순히 이자율에 의해 규제되며 지대 그것의 운동과는 무관하다. 이미 본 바와 같이 사회의 발전에 따라 이윤율은 저하하는 경향이 있고 또한 이자율도 [이윤율에 의해 규제되는 한] 저하하는 경향이 있으므로, 그리고 이자율은 [이윤율에 의한 영향을 도외시하더라도] 대부가능 화폐자본의 증가에 따라 저하하는 경향이 있으므로, 토지의 가격은 지대의 운동이나 토지생산물의 가격[지대는 이것의 일부를 이룬다]의 운동과는 무관하게 상승하는 경향이 있다."[10]

후자의 문제, 즉 토지에 합체된 이자가 증대함으로써 토지의 가격이 상승하는 경우는 다음과 같다. 자본은 토지에 고정될 수도 있고 토지에 합쳐질 수도 있다. 이처럼 토지와 일체가 된 자본을 '토지 자본'이라고 하는데 이것은 고정자본의 하나이다. 이렇게 합체된 자본이나 토지에 더해진 개량에 대한 이자는, 진정한 지대는 아니지만, 차지 자본가가 토지 소유자에게 지불하는 지대의 일부를 이룬다. 또한 토지에 합쳐진 모든 개량은 토지라는 실체의 불가분의 부속물로서 차지 기간이 지나면 토지 소유자의 소유로 되어 버리며, 이것은 다음 번 임대계약 때 토지에 합쳐진 자본에 대한 이자로서 진정

9) 같은 책, p. 955.

10) 같은 책, pp. 770-1. 여기에 덧붙여, 같은 책, pp. 433-47.

한 지대에 추가된다.[11)]

또한 "토지 가격은 지대가 증대하기 때문에 상승할 수 있다."[12)] 지대는 토지생산물의 가격이 올라가면 증대할 수 있다. 토지생산물의 가격이 올라가면 자본가에게 초과이윤이 발생하며, 이러한 상황이 다음 계약 때까지 계속된다면 이후 발생하는 초과이윤은 지대로 전환되어 지대가 증대하게 된다. 이 경우 이자율이 지대의 상승률만큼 올라가지 않으면 이 지대의 상승의 결과로 토지의 가격은 올라간다. 그런데 "토지생산물의 가격이 불변이면서 지대가 증대할 수 있는 경우"[13)]도 있으며, "토지 가격은 토지생산물의 가격이 하락하더라도 상승할 수 있다."[14)]

이상에서 보았듯이 토지에 대한 경쟁이나 투기, 인플레이션을 무시하더라도 토지 가격은 사회가 발전함에 따라서 경향적으로 상승하고, 토지 소유자는 전혀 아무런 추가된 노력 없이도 사회적 생산의 결과 중 더 많은 몫을 차지하게 된다. 따라서 자본주의적 생산이 이루어지는 곳에서 토지는 확실한 투자의 대상이 되는 것이다.

4) 토지 가격에 대한 투기와 인플레이션의 영향

앞서 확인한 것처럼 토지 가격은 경향적으로 상승하게 되며 이러한 까닭에 토지는 확실한 투자의 대상이 된다. 그러나 토지 가격이 폭등하여 사회적 문제로 되는 것은 늘 있는 일은 아니다. 토지에 대한 투기는 특정한 시기에 집중적으로 발생하게 되며, 이것은 자본주의적 생산의 순환과 밀접한 관련을 가지고 있다. 즉, 토지에 대한 투기는 자본주의적 생산의 순환 과정에서 그 호황의 말기에 이르러 집중적으로 격화되고 공황 국면의 일정한 진행과 더불어 진정되는 특징을 가진다. 이것은 다음과 같은 이유에서이다. 즉, 자본주의적 생산은 이윤을 위한 무정부적 생산을 그 특징으로 한다. 이러한 자본주

11) 같은 책, pp. 765-6. "이것이 경제 발전의 진행에 따라 ―지대 그것의 변동과는 별도로― 토지 소유자들의 부가 증대하며 그들의 지대가 끊임없이 팽창하고 그들의 소유지의 화폐가치가 증대하는 비밀의 하나이다." (같은 책, p. 766.)

12) 같은 책, p. 955.

13) 같은 책, pp. 955-6.

14) 같은 책, pp. 958-9.

의적 생산의 특징적 성격은 주기적으로 과잉 생산과 공황에 이르는데, 번영 즉 생산의 확대가 급격하게 진행되면 시장의 포화에 의한 자본 간의 경쟁의 격화, 생산 부문 간의 불균형의 확대에 의한 원료 가격의 등귀, 이자율의 등귀, 산업예비군의 감소 혹은 고갈에 의한 임금의 등귀 등으로 급격히 자본의 이윤율이 하락한다. 토지 투기를 비롯한 일체의 투기의 격화는 자본의 이윤율의 급격한 저하, 곧 자본의 과잉 생산과 관련이 있다. 호황기의 막바지에 자본의 이윤율이 급격히 떨어지면, 수많은 소자본은 더 이상 자본으로서 기능할 수 없게 되고 투기의 길로 쫓겨 들어가게 된다. 이것이 호황 말기에 보여지는 부동산 투기의 격화와 주식시장의 팽창의 이유이다.15)

자본주의적 생산이 이루어지는 곳에서의 토지 가격은 인플레이션이 없어도 경향적으로 상승하게 되는 것은 앞에서 말한 대로다. 그러나 인플레이션은 토지 가격에 반영되어 그것을 더욱 가파르게 상승하도록 한다. 그리고 이것은 토지문제를 사회문제의 가장 심각한 부분의 하나로 만든다.

5) 건축지 지대

주택이 건설되는 토지인 건축지 역시 지대를 발생시킨다. 건축지 지대의 근거 역시 다른 비농업용 토지의 지대와 마찬가지로 진정한 농업 지대의 원리에 의해 규제된다. 그러나 여기에는 약간의 특징이 있는데 그것은 위치가 차액지대에 대하여 압도적인 영향을 미친다는 것과 소유자가 완전히 수동적이라는 것을 분명히 보여 주는 것, 대부분의 경우 독점가격이 지배적이고 빈

15) "이윤율의 저하와 함께, 노동의 생산적 사용을 위해서 개별 자본가가 가져야 할 자본의 최소한도도 증대한다. 이 최소한도의 자본은 노동의 착취 일반을 위해서도 그리고 상품의 생산에 지출되는 노동시간이 사회적으로 필요한 평균 노동시간을 넘지 않도록 하기 위해서도 필요한 것이다. 동시에 집적도 증대한다. 왜냐하면 어느 일정한 한계를 넘어서면 이윤율이 낮은 대자본이 이윤율이 높은 소자본보다 더 급속하게 축적하기 때문이다. 이 집적의 증대는 어느 일정한 수준에 달하면 다시 이윤율의 새로운 저하를 야기한다. 그리하여 소규모 분산된 수많은 자본들은 모험적인 길에 들어서지 않을 수 없게 되어 투기, 신용 사기, 주식 사기, 공황이 발생한다. 이른바 자본의 과다는 언제나 기본적으로, 이윤율의 저하를 이윤량에 의하여 보상하지 못하는 자본—새로 형성되는 자본 분파들은 항상 이렇다—의 과잉을 가리키거나, 또는 스스로 행동할 능력이 없어 신용의 형태로 대기업의 지도자들에게 그 처분이 위임되는 자본의 과잉을 가리킨다." (같은 책, pp. 298-9.)

곤을 가장 무자비하게 이용하는 것이다. 여기서 건축지 지대를 필연적으로 증가시키는 것은 인구의 증가와 그에 따른 주택 수요의 증가뿐만이 아니라 건축지 등에 투여되는 고정자본의 증가에 의해서이다.16)

6) 주택 가격과 주택 임대 가격

주택 가격은 그것을 세우는 데 들어간 건축 비용과 건축 비용에 대한 이윤으로 구성되는 주택 건물 가격과 그 건물이 차지하고 있는 토지 가격의 합으로 나타난다. 주택 소유권과 토지 소유권이 일반적으로 결합되어 있는 한국에서는 혼란에 빠지기 쉽지만, 앞서 본 것처럼 이 양자는 엄연히 다른 경제 법칙에 따라 움직인다. 급속히 성장하고 있는 도시들에서의 건축업은 주택 그 자체로부터 이익을 얻으려고 하기보다는 지대의 상승으로부터 이익을 얻으려 한다.17) 이렇게 결정되는 주택 가격은 주택 임대 가격 결정의 기초가 된다. 주택 임대 가격은 주택에 투하된 자본(고정자본)에 대한 이자와 감가상각비를 의미하는 것으로 진정한 지대와는 다르다. 하지만 현실적으로 건물의 임대는 토지의 임대를 이미 포함하고 있다. 따라서 임대료에는 지대 성분도 포함되어 있다. 그러나 보다 엄밀히 말하면 '주택 임대 가격'이라 하는 것은 그것의 본질은 고정자본으로 대부된 화폐자본의 이자이다.18)

---

16) 같은 책, pp. 950-1.

17) 맑스, 김수행 역, ≪자본론≫ 제2권, pp. 268-9; ≪자본론≫ 제3권, p. 952.

18) "건물의 소유에 관한 위의 실례는 다음과 같은 이유에서 중요하다. (1) 그것은 진정한 지대와 [토지에 합쳐진 고정자본에 대한] 이자 사이의 차이를 명확히 밝혀 주는데, 이자는 지대에 대한 추가분을 이룰 수 있다. 건물에 대한 이자는 [농업의 경우 차지농업가가 토지에 투하한 자본에 대한 이자와 마찬가지로] 차지 계약 기간에는 산업자본가[건축투기업자 또는 차지농업가]에게 귀속하며 그 자체로서는 [매년 특정일에 토지의 사용 대가로 지불해야 하는] 지대와는 아무런 관련도 없다. (2) 위의 실례는 토지에 합쳐진 타인의 자본이 결국 토지와 함께 토지 소유자의 것으로 되며 이 자본에 대한 이자가 지대를 증대시킨다는 것을 밝혀 준다." (맑스, ≪자본론≫ 제3권, pp. 768-9.)

"임대 가격, 즉 속칭 임대 이자는 다음과 같은 것으로 이루어져 있다: 1. 지대 부분, 2. 건설 기업가를 위한 이윤을 포함하는, 건설 자본에 대한 이자 부분, 3. 수리 비용 및 보험 비용을 위한 부분, 4. 가옥이 점차 마모되어 감에 따라, 건설 자본을 이윤까지 포함하여 연부 지불금으로 상각하는(감채하는) 부분." (엥겔스, 앞의 책, p. 198.)

7) 토지 소유와 토지국유화

한마디로 토지 소유란 “어떤 사람들이 다른 모든 사람들을 배제하면서 지구의 일정한 부분을 자기의 개인 의지의 배타적인 영역으로 지배할 수 있는 독점력을 가지고 있다는 것은 전제한다.”[19] 그리고 지대의 취득은 토지 소유가 자신을 실현하는 경제적 형태이며, 토지 소유를 전제한다는 공통적 특징을 갖는다.[20] 그러나 지구는 어느 누구의 노동생산물이 아니고 전 세대에 걸쳐서 인류에게 주어진 것이다. 현재의 일반적인 관념 속에서는 “어떤 사람이 다른 모든 사람들을 배제하면서 지구의 일정한 부분을” 소유하고 있다고 하는 것이 크게 이상해 보이지 않는다. 그러나 “보다 높은 경제적 사회구성체의 관점에서 보면, 토지에 대한 개개인의 사적 소유는 인간에 대한 인간의 사적 소유[노예: 인용자]와 꼭 마찬가지로 불합리한 것으로 나타날 것이다. 심지어 사회 전체 · 한 국민 · 동시에 존재하는 사회들의 전체도 땅의 소유자는 아니다. 그들은 다만 땅의 점유자 · 이용자일 따름이며, 선량한 가장으로서 땅을 개량하여 다음 세대에게 물려주어야 한다.”[21]

자본주의적 생산은 생산수단의 사적 소유에 기초하고 있다. 또한 자본주의적 생산방식은 한편으로 직접적 생산자가 토지의 단순한 부속물의 지위로부터 해방되는 것, 다른 한편에서는 국민 대중으로부터 토지를 수탈하는 것을 전제하고 있다. 이 때문에 토지에 대한 사유는 자본주의 사회에서는 일반적으로 당연한 것으로 받아들여진다. 따라서 이러한 한도 내에서 토지 소유의 독점은 자본주의적 생산양식의 역사적 전제이며 또한 자본주의적 생산양식을 영속화시키는 토대이다.[22] 그럼에도 불구하고 ‘토지국유화’는 이론적으로 가능하고 자본의 효율적인 축적을 위하여 필요하기까지 하다. 왜냐하면 자본주의적 생산에 있어서 토지의 사적 소유는 자본주의 발전에 주요한 장애가 되기 때문이다. 자본주의적 토지 소유는 기본적으로 기능자본(산업자본과 상인자본)과 분리되게 된다. 따라서 자본주의적 생산에서 토지 구입에 투여되는 자본은 생산과 유통에서 기능하지 못하고 비생산적 토지에 동결되게 된

19) 맑스, ≪자본론≫ 제3권, p. 761.
20) 같은 책, pp. 783-90.
21) 같은 책, p. 954.
22) 같은 책, p. 762.

다. 또한 토지 소유자는 토지를 자본가에게 임대하여 주고 임대료를 받는데 이것은 사회적 평균이윤율을 넘는 초과이윤으로 토지에 대한 사유가 없다면 자본가의 몫으로 되는 부분이다. 토지 소유가 없으면 지대도 없다. 따라서 토지 소유는 자본의 축적을 방해하는 것이고 결국 자본주의의 발전을 방해하게 된다. 따라서 그들은 토지의 국유화까지도 주장한다. 그러나 이 주장은 일반적으로 현실성이 없다. 왜냐하면 이것은 '사적 소유'의 신성불가침을 훼손시키고 많은 경우 자본가 자신이 토지 소유자이며 자본가와 토지 소유자는 지배 동맹을 맺고 있기 때문이다.[23)]

이런 의미에서 자본주의 사회에서 토지국유화는 노동자적이기보다는 자본가적이다. 물론 토지의 사유는 노동자들의 임금을 억누르는 주요한 원인이기도 하다.[24)] 따라서 토지의 국유화가 노동자에게 전혀 도움이 되지 않는 것

---

23) "자본주의적 생산방식에 있어서는 자본가는 생산에서 기능하는 필요한 당사자일 뿐만 아니라 지배적인 당사자이다. 이와 반대로 토지 소유자는 이 생산방식에서는 전혀 쓸 데 없는 자이다. 자본주의적 생산방식에 필요한 모든 것은 토지가 공동소유가 아니라는 것, 그것이 노동계급에 속하지 않는 생산 조건으로서 그와 대립한다는 것이며, 이 목적은 토지가 국가의 소유로 되고 따라서 국가가 지대를 받는 경우에 완전히 달성된다. 고대 및 중세기 세계에서 그렇게 본질적 기능을 수행한 토지 소유자는 공업적 세계에서는 쓸 데 없는 혹이다. 그러므로 급진적 부르주아지는 (나아가 기타의 모든 세금의 폐지를 바라면서) 이론적으로는 사적 토지 소유를 부정하는 데로 나아가고, 그것을 국가 소유의 형태로서 부르주아 계급 즉 자본의 공동소유로 전환시켰으면 한다. 그러나 실제로는 그들에게는 용기가 없다. 왜냐하면, 한 소유 형태에 대한 —노동조건의 한 소유 형태에 대한— 공격은 다른 형태에도 매우 위험한 것으로 될 것이기 때문이다. 그뿐만 아니라 부르주아 자신이 토지를 소유하였던 것이다." (*MEW*, Bd. 26, 제2부, 현실과 과학, p. 46; 채만수, 앞의 글, pp. 186-7에서 재인용.)

24) "그러나 이 이자를 제외하더라도, 차지료의 일부 또는 어떤 경우에는 전부가 평균이윤으로부터의 공제분 또는 정상적인 임금으로부터의 공제분 또는 이 두 개 모두로 구성될 수가 있다. [이 경우 진정한 지대는 전혀 존재하지 않으며 따라서 토지의 가치는 0이다]. 이러한 부분이 [이윤의 일부든 임금의 일부든] 여기에서 지대의 형태로 나타나는 것은 그 부분이 정상적인 경우에서처럼 산업자본가나 임금노동자에게 귀속하지 않고 차지료의 형태로 토지 소유자에게 지불되기 때문이다. 경제학적으로 말한다면 이 부분은 지대를 구성하지 않지만, 실제로는 그 부분은 진정한 지대와 마찬가지로 토지 소유자의 수입 [그의 독점의 경제적 실현]을 구성하며 토지의 가격 결정에도 동일한 영향을 미친다." (맑스, ≪자본론≫ 제3권, p. 773.)

"그러나 훨씬 더 일반적이고 중요한 사실은 특히 농업 노동자의 임금이 정상적

은 아니다. 그러나 이러한 착취의 증가는, 노동자들의 각성과 조직의 발전에 따라서, 사회적 긴장과 대립을 유발하고, 자본주의의 존속에 유해하게 작용할 것이라는 점에서도 토지의 국유화는 노동자적이기보다는 자본가적이다.[25)]

3.

자본 일반의 안정적이고 최대한의 축적 기반을 조성하기 위한 '토지국유화'에 대한 이념적 필요성과 현실적 불가능성 간의 모순은 여러 형태로 외화되는데, '토지공개념'이 그 대표적 표현이다. 토지공개념이 절대지대와 관련한 토지국유화의 필요성과 비현실성 간의 대립의 타협이라는 것은 앞서 살펴본 대로 토지 가격이 '자본 환원된 지대'이기 때문에 자본가가 토지를 임차할 때 절대지대를 지불하는 것은 물론이고, 취득할 때조차 그 가격 속에 절대지대를 지불한다는 사실과 토지 투기를 통해 자본가 자신들이 주요한 투기가이고 그 투기로부터 많은 이익을 얻지만, 그 투기가 자본의 재생산에 주요한 교란의 원인이 되고 사회적 긴장과 대립을 유발한다는 사실에서 알 수 있다. 즉 자본 일반의 안정적이고 최대한의 축적 기반을 조성하기 위해서 일반 혹은 총자본의 입장에서는 토지 투기를 일정한 한계 내에서 억제할 필요가 있게 되는 것이다.

이런 의미에서 철저히 계급적인 토지공개념은 현실에서도 국가를 매개로 자본의 안정적이고 최대한의 자본축적을 위한 방편으로 실행되어 왔다. 즉 국가는 효율적인 국토 관리의 명분으로 토지 소유에 대한 제한을 가함으로써 자본가에게 유리한 제반 토지·주택 정책을 통해 자본의 축적을 가능하도록 한다. 즉, 산업 및 노동력의 창출을 위해 공업 용지 및 택지의 대량 개발은 사실상의 토지 소유자인 농민과 도시 소부르주아들에 대한 토지의 강제수용,

---

인 평균 이하로 인하되고 이리하여 노동자 임금의 일부가 노동자로부터 공제되어 차지료의 한 구성 부분을 이루어 지대라는 가면을 쓰고 토지 소유자에게 귀속한다는 것이다." (맑스, 같은 책, p. 775.)

25) 오해를 피하기 위해 한마디 덧붙이겠다. 토지가 국유화되면 토지에 대한 투기는 분명히 사라진다. 또 토지국유화는 가능하다. 그러나 이것이 문제의 근본적 해결이 아니다. 왜냐하면 토지가 국유화되면 다른 상품들, 예를 들면 쌀이나 기타 생필품 혹은 주요 공업 원료 등이 투기의 대상으로 될 것이기 때문이다.

토지 소유·사용권의 제한을 바탕으로 한다. 이러한 과정은 자본과 일부의 토지 소유자에게는 막대한 이익을 가져다주고 자본축적에 도움을 주지만 사실상의 토지 소유자인 농민이나 도시 빈민의 희생으로 이루어진 것이다. 현재에도 진행되는 도시재개발이나 신도시 건설 역시 모두 이에 다름 아니다.

국가와 자본은 법과 정책을 동원하여 소위 '공시지가'에 준하는 매우 낮은 가격으로 토지나 주택을 강제로 판매토록 한다. 혹은 필요하다면 공권력을 포함한 물리적 힘을 동원한 강제 철거로 토지나 주택을 사실상 강제수용하고 이를 개발하는 과정을 통해 엄청난 수익을 남긴다. 이렇게 개발된 토지나 새로 건설된 주택의 가격은 엄청나게 상승하고 그 개발 주변의 토지 가격은 폭등한다. 이것은 앞서 살펴본 건축지 지대의 상승 원리에 따라 그렇게 되는 것이다. 즉 개발 과정 속에 투여된 모든 자본은 결국 건축지 지대화하고 이것은 모두 지가에 반영된다. 그리고 이렇게 개발되어 가격이 상승한 토지와 주택은 그 분양에 있어 일정 수준 이하의 사람들을 그곳으로부터 몰아내고 배제한다. 결국 자본가와 그의 다른 모습인 투기가들이 그 토지와 주택을 값싸게 소유하게 되는 것이다. 과거의 토지(주택) 소유자들은 살기 좋아진 자신이 살던 땅과 집을 버리고, 개발되기 전 자신이 살던 곳과 비슷하여 자신에게 익숙한 환경을 찾아 떠돌게 된다. 이 때문에 도시재개발이나 신도시 개발은 언제나 피를 보게 된다.[26)]

---

26) 서울시는 '강북 뉴타운'을 건설하겠다는 계획을 내놨다. 명분이야 무엇이든 이를 통해 막대한 이익을 얻으려는 것이 자본과 권력의 속셈일 것이다. 그리고 그들이 그런 막대한 이익을 얻는 것은 앞서 말한 방법과 원리에 의해서다. 그들이 시급히 개조되어야 한다는 그토록 열악한 환경에서 살고 있는 것은 그곳이 좋아서가 아니라 그럴 수밖에 없는 처지 때문이다. 개발과 함께 그들의 운명은 어떻게 될 것인가? 그것은 자명하다. 그곳에 살고 있는 절반이 훨씬 넘는 세입자들이 이번 개발에서 얻는 것은 모든 점에서 더 나빠지는 곳으로 쫓겨 가는 이사비용뿐이다. 그렇다고 주택이나 건물을 소유하고 있던 사람들은 더 나아질 것인가? 결코 아니다. 그들도 극소수를 제외하고는 더 나아질 것이 없을 것이다. 왜냐하면 그들의 일부분은 집을 임대해 월세를 받아 살아가는 사람들인데, 그들은 이제 자신의 주택을 자본으로 사용할 수 없게 된다. 그들은 살기 위해서 분양권이나 주택을 팔고 다른 곳으로 거처를 옮겨야 살 수 있게 된다. 물론 그것도 그전보다 더욱 나빠진 조건에서 생활하게 될 것이다. 또한 전세를 놓고 있는 사람들도 새로운 주택을 받기 전에 먼저 전세금을 돌려줘야 하는데 현재의 관행상 이것은 매우 힘든 일이다. 대부분 이미 써 버렸을 것이기 때문이다. 이들도 월세를 받는 사람들과 마찬가지 처지가 될 것이다. 또 대부분의 사람들은 공공용지

4.

엥겔스는 1872년부터 1873년에 걸쳐 ≪주택문제에 대하여≫를 썼다. 당시에도 심각했던 주택문제에 대하여 프루동주의자인 뮐베르거와 박애주의적 부르주아 에밀 작스가 해결책을 제시한 데에 대한 엥겔스의 비판이 그 내용이다. 비록 오래된 글이고 역사적 조건과 상황이 많이 다르지만 그 글은 우리에게 많은 시사점을 준다. 마지막으로 엥겔스의 글에 대해서 간략히 살펴보겠다. 엥겔스는 주택문제와 관련해서 다음과 같이 말한다.

> 오늘날 신문 지상에서 그렇게 큰 역할을 맡고 있는 이른바 주택난의 요체는 노동자계급이 일반적으로 열악하고 과밀하며 비위생적인 주택에서 살고 있다는 데 있는 것이 아니다. **이러한** 주택난은 현재에 고유한 것이 아니다; 그것은 이전의 모든 피억압 계급들과는 달리 현대 프롤레타리아트에 고유한 고통들 가운데 하나인 것도 아니다; 반대로 그것은 모든 시대의 모든 피억압 계급들에게 거의 비슷한 정도로 해당되는 것이다. **이러한** 주택난을 끝장내기 위해서는 다음과 같은 오직 **하나의** 수단이 있을 뿐이다: 지배계급에 의한 노동계급의 착취와 억압을 전반적으로 제거하는 것 — 오늘날 사람들이 주택난이라고 이해하고 있는 것은 이렇다. 대도시로 인구가 갑자기 몰려듦으로써 노동자들의 열악한 주택 사정이 특별히 심해진 것; 임대 가격이 엄청나게 상승한 것, 개별 가옥에 거주자들이 더욱 밀집하는 것, 일부 사람에게는 거처를 구하는 것이 도저히 불가능하게 된 것. 그리고 **이러한** 주택난이 이렇게 떠들썩하게 화제로 되는 것은, 그것이 노동자계급에 국한되지 않고 소부르주아 층에게도 해당되었기 때문이다. (강조는 엥겔스)[27]

우리에게도 주택난은 역사적으로도 현재에도 엥겔스가 말했던 것과 크게 다르지 않다. 소위 산업화 정책으로 불리는 공업화, 도시화 정책은 엄청난 이농 현상과 도시의 과밀화를 초래했다. 그리고 이것은 도시에서 주택문제를 발생시켰다. 또 이를 해결하려는 과정은 주택 가격 및 임대 가격의 상승과 투기를 불러와 더욱 심각한 주택문제를 야기하게 되었다. 이 과정에서 도시에서 거처를 구하지 못하고 도시 외곽으로 쫓겨 나가거나 혹은 말 그대로 사람이 기거하기 어려운 곳에 빌붙어 살게 되며 빈민이라 불리게 된다. 이러

건설이라는 명분으로 자신의 소유 일부를 심지어 빼앗기기까지 할 것이다.

27) 엥겔스, 앞의 책, pp. 179-80.

한 과정은 지금도 끊임없이 되풀이되어 발생하는 주택문제의 '요체'다.

엥겔스는 주택문제를 "비교적 작은 이차적 폐단들 가운데 하나"라고 폄하(?)한다.[28] 그리고 자신은 주택문제를 해결하겠다는 생각이 들지 않는다고 하며 그러한 자신을 비난하는 것에도 변명을 할 필요를 느끼지 못한다고 한다.[29]

또 엥겔스는 주택문제의 해결에 대해 다음과 같이 언급한다.

> 그렇다면 주택문제는 어떻게 해결될 수 있는가? 오늘날의 사회에서는 다른 모든 사회문제와 마찬가지 방식으로 해결된다: 수요와 공급의 점진적인 경제적 조정을 통하여, 즉 항상 되풀이하여 문제 자체를 새롭게 산출하므로 전혀 해결이 아닌 해결을 통하여. 사회혁명이 이 문제를 어떻게 해결할 것인가는

---

28) "우리의 현대 대도시에의 노동자들과 일부 소부르주아들의 주택난은, 오늘날의 자본주의 생산방식으로부터 발생하는 수많은 비교적 작은 이차적 폐단들 가운데 하나이다. 주택난은 자본가들이 노동자들을 노동자들로서 착취하는 데 따른 직접적 귀결이 결코 아니다. 이 착취는 사회혁명이 자본주의 생산방식을 폐지하면서 폐지하기를 바라는 근본적 악이다. 그런데 자본주의 생산방식의 주춧돌은 다음과 같은 사실이다: 우리의 오늘날의 사회질서는 자본가로 하여금 노동력의 대가로 치른 가격의 재산출에 필요한 시간보다 더 오래 노동자를 일하게 함으로써, 노동자들의 노동력을 그 가치대로 구매하면서 그보다 훨씬 많은 가치를 노동력으로부터 뽑아낼 수 있게 한다." (엥겔스, 같은 책, p. 180.)

29) "마찬가지로, 노동자들의 오늘날과 같은 불명예로운 주택 사정이 나에게는 "중요하지 않은 사소한 일"로 보인다는 비난에 대해 나는 변명할 필요를 느끼지 않는다. 내가 아는 한, 영국에 현존하던 것과 같은 그 고전적인 발전 형태로 그러한 사정을 독일어로 가장 먼저 서술한 사람은 바로 나였다: 그것은 뮐베르거가 생각하듯이 그러한 사정이 "나의 정의감을 모욕했기" 때문이 아니라—자기의 **정의감**을 모욕한 모든 사실을 책으로 만들려는 사람은 할 일이 대단히 많을 것이다—, 나의 책 서언≪잉글랜드 노동계급의 처지≫: 인용자에서 읽을 수 있는 바와 같이, 현대의 대공업이 창조한 사회 상태를 서술함으로써, 당시 성립해 있던, 공문구만을 들고 우왕좌왕하던 독일 사회주의에 사실적 기초를 부여하기 위해서였다. 그러나 이른바 주택**문제**를 해결하겠다는 생각은 사실 내게 들지 않았는데, 그것은 내가 훨씬 더 중요한 **식량문제**의 해결을 상세하게 다루지 않는 것과 마찬가지이다. 우리 현대사회의 생산이 모든 사회 성원을 먹여 살리기에 충분할 만큼을 조달하고 있으며 가옥들이 근로대중에게 당장 널찍하고 위생적인 거처를 제공하기에 충분하다는 것을 증명할 수 있다면, 나는 그것으로 만족한다. 미래 사회가 식량과 주택의 분배를 어떻게 규정할 것인가에 관해 생각하는 것은 직접 **유토피아** 속으로 들어가는 것이 된다." (강조는 원문) (같은 책, p. 264.)

그때그때의 상황에 의존할 뿐만 아니라, 도시와 농촌의 대립의 폐지를 가장 본질적인 것들 가운데 하나로 하는 훨씬 광범한 여러 문제들과도 관련되어 있다. 우리가 미래 사회의 수립을 위한 유토피아주의적 체계를 만들어 낼 필요는 전혀 없으므로, 그것을 다루는 것은 전혀 무익한 일일 것이다. 그러나 확실한 것은, 이미 지금 대도시에는 합리적으로 이용할 경우 모든 현실의 "주택난"을 즉각 시정할 수 있기에 충분한 주택용 건물이 있다는 것이다. 그러한 일은 물론 오늘날의 소유자들로부터의 몰수를 통해서만, 즉 숙소가 없는 사람들이나 이제까지의 주택에 과도하게 밀집해 있는 노동자들을 그들의 가옥에 수용함으로써만 이루어질 수 있는데, 공공의 복지가 필요로 하는 그러한 조처는 프롤레타리아트가 정치권력을 전취하자마자, 마치 오늘날의 국가에 의한 다른 몰수 및 수용이 그렇듯이 쉽게 실행될 수 있을 것이다.30)

자본주의 생산방식이 현존하는 한, 그런 한, 주택문제나 노동자의 운명과 관계되는 다른 어떤 사회문제라도 개별적으로 해결하려 하는 것은 어리석은 일일 것이다. 반대로 해결은 자본주의 생산방식의 폐지, 노동자계급 자신에 의한 모든 생활 수단 및 노동수단의 전유에 있는 것이다.31)

덧붙여 말하자면, 근로인민 측에 의한 모든 노동 도구의 "사실상의 점유 획득", 전체 공업의 점유는 프루동주의적인 "상환"과 정반대의 것임을 확인해 두어야 하겠다. 후자의 경우에는, 개별 노동자가 주택, 농가, 노동 도구의 소유자가 된다; 전자의 경우에는, "근로인민"이 가옥들, 공장들, 노동 도구들의 총소유자로 남게 되며, 적어도 과도기 동안에는 이것들에 대한 용익이 비용의 변상 없이 개인이나 조합들에게 양도되기 어려울 것이다. 그것은, 토지 소유의 폐지가 지대의 폐지가 아니라, 수정된 방식이긴 하지만 지대의 사회로의 위탁인 것과 똑같다. 따라서 근로인민에 의한 모든 노동 도구의 사실상의 점유 획득은 임대차 관계의 유지를 결코 배제하지 않는다.32)

주택문제에 대한 엥겔스의 이러한 태도는 "본질주의"라고 비판되기도 하지

30) 같은 책. pp. 194-5. 엥겔스는 또한 주장한다. "주택문제의 해결을 바라면서 현대의 대도시를 유지하기를 바라는 것은 배리이다. 그런데 현대의 대도시는 자본주의 생산방식의 폐지에 의해서만 비로소 제거될 것이며…" (같은 책, p. 215.)
31) 같은 책, p. 239.
32) 같은 책, p. 261.

만 기본적으로 올바르다는 생각이다.[33] 여기서 엥겔스가 증명하는 것만으로도 만족하겠다는 그 문제—"우리 현대 사회의 생산이 모든 사회 성원을 먹여 살리기에 충분할 만큼을 조달하고 있으며 가옥들이 근로대중에게 당장 널찍하고 위생적인 거처를 제공하기에 충분하다는 것"—는 지금 다시 생각해 봐도 매우 의미심장하다. 적어도 엥겔스의 "현대 사회"보다 우리의 현재가 훨씬 더 "충분"할 것이기 때문이다. 또한 "오늘날의 국가[이것은 자본주의 국가다: 인용자]에 의한 다른 몰수 및 수용이 그렇듯이 쉽게 실행될 수 있을 것"이라는 말도 토지문제뿐만 아니라 다른 많은 문제와 연관하여 생각해 보아도 또한 의미심장하다. 몰수 및 수용이란 말에 두려움을 느끼는 것은 부르주아들이 아니다. 아마도 그런 자들은 소부르주아적 속물들뿐일 것이다.

또한 절대지대의 폐지를 위한 토지국유화가 자본주의의 근본을 전혀 건드리지 못하는 것처럼, 지대 일반의 폐지를 위한 노력은 전혀 사회주의적이지 못하며 때로는 반동적일 수도 있다는 것이다. 사회주의 사회에서는 지대가 존재할 것이며 임대차 관계도 유지될 것이다. "프롤레타리아트가 정치권력을 전취하"여 "합리적으로 이용할 경우 모든 현실의 주택난을 즉각 시정할 수 있기에 충분한 주택용 건물"을 "오늘날의 소유자들로부터의 몰수를 통해서", "즉 숙소가 없는 사람들이나 이제까지의 주택에 과도하게 밀집해 있는 노동자들을 그들의 가옥에 수용함"으로, "쉽게 실행"하여 주택난을 해소하겠지만 그들 주택들은 임대될 것이라는 것이다. 노동자들은 집을 소유하지 않을 것이며 사회로부터 임대할 것이다.[34]

엥겔스는 노동자들의 주택 소유가 주택문제의 해결의 핵심이 아니며 오히

---

33) 엥겔스에 대한 비판은, 최형익, "엥겔스의 ≪주택문제에 대하여≫에 대한 비판", ≪사회복지와 노동≫ 제2권(2001년 봄). 최형익 씨 글에 대한 비판은 전성식, "엥겔스의 ≪주택문제에 대하여≫를 옹호한다", ≪사회복지와 노동≫ 제4권(2001년 겨울); 김두한, "자본주의의 주택문제와 노동계급", ≪사회복지와 노동≫ 제4권(2001년 겨울).

34) "일반적으로 문제는, 프롤레타리아트가 권력을 얻게 될 때 생산도구, 원료, 생활수단을 단순히 폭력적으로 접수할 것인지, 아니면 그에 대해 즉각 변상하거나 그 소유를 장기 분할 지불을 통해 상환할 것인지가 아니다. 그러한 문제에 대해 미리 그리고 가능한 모든 경우를 상정하여 대답하려 하는 것은 유토피아를 꾸며 내려 한다는 것을 뜻"한다. (엥겔스, 앞의 책, p. 261.)

려 대부르주아 및 소부르주아들의 해결의 핵심이라고 주장한다.[35] 소부르주아적 사회주의자와 부르주아적 사회주의자들은 주택 소유를 통해 주택문제를 해결하여 사회를 안정화시키고 노동자들을 고통에서 구제하려고 한다. 엥겔스는 이들의 이러한 주장은 경제학에 기초한 것이 아닌 법학과 도덕에 기초한 것으로 현실에서는 이루어질 수 없는 유토피아라고 비판한다. 또한 엥겔스는 노동자의 주택(토지) 소유를 반동적이라고 비판한다.[36] 엥겔스가 이렇게 주장하는 이유는 한편으로 노동자가 주택을 소유하는 것이 일반적이라고 해도 그 경우에는 주택 비용이 재생산 가치에 포함되지 않으므로 해서 결국 노동력가치 하락에 조응하는 임금 삭감이 발생할 것이고,[37] 다른 한편으로 일부의 노동자가 주택을 소유하고 있는 경우 경쟁은 그들로 하여금 다른 노동자보다 적은 임금으로도 일을 하게 할 것이고, 결국 다른 노동자들을 압박하여 노동력의 가치 이하로 일하도록 하는 저임금을 강요할 것이기 때문이다.[38]

---

35) "'주택문제'에 대한 대부르주아 및 소부르주아의 해결의 핵심은 노동자가 자기 주택을 소유하는 것이다." (같은 책, p. 169.)

36) "우리 대도시의 노동자들에게는 이동의 자유가 제일의 생활 조건이며, 토지 보유는 그들에게 오로지 족쇄가 될 수 있을 뿐이다. 그들에게 자신의 가옥을 마련해 주어 그들을 다시 흙덩이에 잡아맨다면, 공장주들의 임금 인하에 대한 저항력을 꺾게 할 것이다." (같은 책, p. 211.)

37) "어떤 주어진 공업지역에서 노동자 각자가 자기 자신의 소가옥을 보유하는 것이 통례가 되었다고 가정해 보자. 이 경우 그 지역의 노동자계급은 무료로 거주하고 있는 셈이 된다. 주택 비용은 더 이상 그들의 노동력가치에 들어가지 않게 된다. 그런데 노동력 산출 비용의 일체의 감소, 즉 노동자 생활필수품의 지속적인 가격 하락은 "국민경제학설의 철의 법칙을 기초로 하여" 노동력가치의 저하와 같은 것이 되며, 따라서 결국 그에 조응하는 노임의 하락을 가져오게 된다. 노임은 그리하여 평균적으로는 절약된 평균 임대료 수익만큼 떨어질 것인데, 즉 노동자는 자기 자신의 가옥에 대한 임대료를 치르게 될 것이지만 이전처럼 가옥 보유자에게 돈으로 치르는 것이 아니라 자기가 노동하는 공장의 공장주에게 불불 노동으로 치르게 되는 것이다." (같은 책, p. 212.)

"덧붙여 말하자면, 이제까지 말한 것은 노동자의 생활 수단의 절약 또는 저렴화로 귀착되는 모든 이른바 사회 개혁에 대하여 타당하다. 사회 개혁이 전반적으로 된다면 그에 조응하는 노임 하락이 뒤따르겠지만, 그렇지 않고 개혁이 완전히 개별적인 실험에 그칠 경우에는, 개혁이 다만 개별적 예외로서 존재한다는 사실은 그것의 대규모적 실행이 현존하는 자본주의 생산방식과 조화를 이룰 수 없다는 것을 증명하게 된다." (같은 책, pp. 212-3.)

엥겔스는 이외에도 주택문제의 해결을 위한 여러 방법과 주장들, 예를 들면 "노동자 이민지[신도시 개발: 인용자]", "노동자 자조", "국가 보조", "오스만[도시재개발: 인용자]" 등에 대한 비판을 전개하는데, 지금의 우리에게 주택문제에 대한 많은 시사점을 준다.

앞서도 말한 것처럼 주택문제는 노동자·민중의 삶과 긴밀히 연관된 중요한 사회문제이다. 그것이 그다지 커다랗게 보이지 않는 것은 주택문제가 심각하지 않아서가 아니라 현재 노동자·민중의 삶이 너무나 어렵기 때문이다. 그리고 이러한 사회문제의 근본 원인은 한국 자본주의 자체에 있다. 우리는 한시도 이 점을 잊지 말아야 할 것이다.

> 모든 사회적 악의 제거를 위한 이 실제적 제안들, 이 사회적 만병통치약은 언제 어디서나, 프롤레타리아 운동이 아직 유년기에 있을 때 등장한 종파들의 창시자들의 제조품이다. 프루동도 이러한 경우에 속한다. 프롤레타리아트의 발전은 곧 이런 미리 생각해 낸 '실제적 해결'만큼 비실제적인 것도 없으며 또 실제적 사회주의는 오히려 자본주의 생산방식을 그 다양한 측면에서 올바로 인식하는 데 있다고 하는 통찰을 노동자계급 자체에서 산출할 것이다. 이러한 점에 밝은 노동자계급은 어떤 주어진 경우에든, 주된 공격을 어떤 사회제도에 대해 어떤 방식으로 가해야 하는가를 놓고 절대로 곤란을 겪지 않을 것이다.[39]

38) 같은 책, pp. 169-73.
39) 같은 책, pp. 266-7.

주택문제에 대한 이해[*][**]

1. 들어가며

한국 사회에서 이른바 주택문제란 무엇을 의미하는가? 그것은 한마디로 요약하면 주택 가격의 급속한 상승을 의미한다. 주택 가격이 급속히 상승하면 전·월세를 살고 있는 사람들은 우선 오르는 전·월세 가격을 따라가기 위해 허리띠를 졸라매야 하며 가뜩이나 팍팍한 생활이 더욱 어려워진다. 그들 중 어렵사리 돈을 모아 집을 사려 했던 사람들은 이른바 '내 집 마련'의 꿈을 또 뒤로 미뤄야 하며, 아마도 그렇게 모은 돈을 전세 자금 충당을 위해 집주인에게 내줘야 할 것이다. 그래도 그들은 운이 아주 좋은 편이다. 왜냐하면 그들처럼 모아 놓은 돈이 없어서, 전세금을 충당하기 위해 은행에 융자를 내야 할 처지에 있는 사람들은 은행에 돈을 빌리고 이자를 감당해야 하기 때문이다. 그래도 이들도 운이 좋은 편이다. 왜냐하면 은행에 돈을 빌릴 이른바 '신용'이 부족한 사람들은 전세금만큼의 돈을 월세로 전환해 지불해야 하는데 이 돈의 크기는 은행 이자보다 많기 때문이다. 그래도 이들은 운이 아주 나쁜 편은 아니다. 왜냐하면 이들은 그 정도의 돈은 지불할 능력을 갖고 있기 때문이다. 모아 둔 돈도 없고, 신용도 없고, 월세를 낼 능력도 없는 사람들은 자신이 살고 있었던 곳을 떠나 자신의 능력과 수준에 맞는 곳으로 떠나야 할 것이기 때문이다.[1)]

---

* [편집자 주] ≪정세와 노동≫ 제28호(2007. 10.) 〈이론〉에 실린 글이다.

** [≪정세와 노동≫ 편집자 주] 이 글은 지난 8월에 있었던 연구소에서 매월 진행하는 연구 토론회에서 발표한 내용을 수정·보완한 것이다. 이번 호와 다음 호에 2회로 나누어서 실을 예정이다.

1) "오늘날 신문 지상에서 그렇게 큰 역할을 맡고 있는 이른바 주택난의 요체는 노동자계급이 일반적으로 열악하고 과밀하며 비위생적인 주택에서 살고 있다는 데 있는 것이 아니다. **이러한** 주택난은 현재에 고유한 것이 아니다; 그것은 이전의 모든 피억압 계급들과는 달리 현대 프롤레타리아트에 고유한 고통들 가운데 하나인 것도 아니다; 반대로 그것은 모든 시대의 모든 피억압 계급들에게 거의 비슷한 정도로 해

그런데 주택문제는 왜 발생하는가? 그리고 그것을 직접적으로 유발시키는 주택 가격의 상승은 멈추지 않는 것처럼 보이는데 (이른바 '부동산 불패 신화') 이것은 왜 그러한가? 주택문제는 과연 해결 가능한 것인가? 만일 그렇다면 그것은 어떻게 가능한가?

주택문제는 계속 반복된다.[2] 그리고 이것은 노동자계급뿐만 아니라 소부르주아들에게도 커다란 고통을 발생시킨다. 그래서 이것은 심각한 사회문제로 자주 거론되며 계급 · 당파를 초월하여 전 사회적으로 앞서 제시한 문제들

당되는 것이다. **이러한** 주택난을 끝장내기 위해서는 다음과 같은 오직 하나의 수단이 있을 뿐이다: 지배계급에 의한 노동계급의 착취와 억압을 전반적으로 제거하는 것. — 오늘날 사람들이 주택난이라고 이해하고 있는 것은 이렇다. 대도시로 인구가 갑자기 몰려듦으로써 노동자들의 열악한 주택 사정이 특별히 심해진 것; 임대 가격이 엄청나게 상승한 것, 개별 가옥에 거주자들이 더욱 밀집하는 것, 일부 사람에게는 거처를 구하는 것이 도저히 불가능하게 된 것. 그리고 이러한 주택난이 이렇게 떠들썩하게 화제로 되는 것은, 그것이 노동자계급에 국한되지 않고 소부르주아 층에게도 해당되었기 때문이다." (강조는 엥겔스) (엥겔스, ≪주택문제에 대하여≫(≪칼 맑스 프리드리히 엥겔스 저작 선집≫ 제4권), 박종철출판사, pp. 179-80.) 엥겔스의 주장은 과거의 낡은 주장이 아니라 현재의 우리의 문제를 정확히 지적한다. 이와 관련된 내용은 뒤에서 다룬다.

2) "온 국민들을 웃고 울렸던 '부동산 불패 신화의 붕괴'가 저희 MBN이 선정한 올해 10대 뉴스로 뽑혔습니다. 단순히 경기 침체로만 돌리기에는 아쉬움이 너무 많았던 올해 부동산 시장을 정창원 기자가 되짚어 봤습니다. 올 3월 말 서울 용산에서 분양에 나선 주상복합아파트 시티파크에는 청약 인파로 가득했습니다. 부동산 로또로 불리던 시티파크에 청약자는 25만 명, 몰린 돈만 해도 7조 원에 달했습니다. 하지만 이 같은 열기는 외환 위기 이후 우리 사회를 지배했던 부동산 불패 신화의 붕괴를 예고하는 신호탄이었습니다. 주택거래신고제 등 지난해 정부가 내놓은 10.29 조치가 본격적으로 효과를 발휘하면서, 서울과 수도권 주택 시장은 거래 자체가 끊기는 최악의 상황으로 치달았습니다. 국민은행에 따르면 올해 11월까지 전국 집값은 지난해 대비 평균 1.7% 내려 1999년 이후 지속됐던 상승세가 처음으로 꺾였습니다. ... 외환 위기 이후 가장 많은 31만 가구의 입주 물량이 쏟아지면서 집주인이 세입자를 구하지 못하는 역전세대란이 발생했고, 미분양 역시 지난해 말보다 54% 증가한 5만9천 가구로 늘어났습니다. ... 천정부지로 치솟던 집값이 5년 만에 꺾이면서 이른바 불패 신화는 끝이 났고, 종합부동산세와 1가구 3주택자 양도세 중과세 방침이 부동산 보유자를 끊임없이 불안하게 만들었던 한 해였습니다. MBN 뉴스 정창원입니다."

이 보도는 2004년 12월 20일에 방영된 것인데 2005년 초부터 주택 가격은 다시 한 번 폭등했고 이 때문에 "부동산 안정은 정권의 최대 과제"라는 기치 아래 수많은 대책들이 발표되었다. 그런데 최근 잠잠해지고 있는 듯이 보이는 주택 가격은 이러한 대책의 성공 때문은 아니다.

에 대해 여러 견해와 온갖 다양한 해결책을 제시하도록 한다. 하지만 그러한 주장의 대부분은 노동자계급의 입장과 거리가 멀고 또 과학적 관점을 결여하고 있다. 또한 노동자계급의 입장에서 과학적 관점을 견지하려고 하는 경우에도 그것을 철저하게 유지하지 못하여 잘못된 견해에 빠지고 있다.

이 글은 주택문제를 올바르게 이해하기 위해서 반드시 필요한 경제학적 기초 지식을 검토하고 주택문제와 관련된 여러 현상을 이것에 입각해 분석할 것이고 엥겔스의 ≪주택문제에 대하여≫를 검토하면서 주택문제에 대한 노동자계급의 관점과 태도는 무엇이어야 하는가에 대해 생각해 볼 기회를 갖고자 한다.

2. 경제학적 기초

자본주의 사회에서 주택 가격과 그에 규정받는 임대 가격(전 · 월세 비용)은 지속적으로 상승하는 경향과 주기적으로 폭등하는 양상을 갖는다. 경험으로부터도 알 수 있듯이 현실에서의 주택 가격과 임대 가격은 끊임없이 변하고 있다. 그런데 이것들은 극히 예외적이며 일시적인 경우를 제외하면 줄기차게 상승하는 것처럼 보인다. 이것의 원인을 인구의 도시집중과 주택의 절대 부족이라는 현상에 근거하여, 흔히 언급되듯이, 수요-공급 관계와 인플레이션에서만 찾는 것은 토지 가격의 본질과 운동에 대한 이해 부족의 증거이다. 물론 다른 많은 상품들과 마찬가지로 토지 및 주택의 가격 역시 수요-공급 관계에 의해서 커다란 영향을 받는다. 이것은 엄연한 사실이다. 하지만 여기에서 멈추는 것은 사태의 본질을 정확히 파악하지 못하는 것으로 문제를 속류 경제학의 견해에서 바라보는 것에 기인한다. 수요에 대한 공급의 부족, 이것은 분명 가격의 상승을 유발하며, 이 경우 공급을 늘리는 것을 통하여 그 가격의 상승을 저지할 수 있다. 그러나 이것은 "항상 되풀이하여 문제 자체를 새롭게 산출하므로 전혀 해결이 아닌 해결을 통하여" 해결하려는 속류적 사고방식이고 자본주의적 해결 방법이다.[3] 따라서 우리가 여기에 머물

---

3) "그렇다면 주택문제는 어떻게 해결될 수 있는가? 오늘날의 사회에서는 다른 모든 사회문제와 마찬가지 방식으로 해결된다: 수요와 공급의 점진적인 경제적 조정을 통하여, 즉 항상 되풀이하여 문제 자체를 새롭게 산출하므로 전혀 해결이 아닌 해결을

수 없는 것은 당연하다. 우리는 한발 더 나아가야 하며, 이를 위해서는 약간의 경제학적 지식이 필요하다.

예를 들어 우리는 주변에서 사람이 살고 있는 건물은 시간이 지나면서 점점 낡아져 쓸모가 없어지는데, 정작 그 주택의 가격은 점점 더 올라가는 이상한 현상을 흔히 볼 수 있다. 그것은 주택 가격이 주택 건물 가격과 토지 가격으로 구성된다는 것을 알게 되면서 올바른 이해가 가능해진다. 즉 주택 건물 가격은 그 주택을 지을 때 투여된 자본과 이윤의 합으로 결정된다. 그런데 주택은 일정한 대지 위에 지어진다. 따라서 주택 가격은 주택 건물 가격에 토지 가격이 더해져 결정되게 된다. 이때 주택이 낡아 가면서 주택 건물 가격이 점점 떨어지더라도 토지 가격이 주택 건물 가격에 비해 더 많이 올라가게 되면 주택 가격은 올라가게 될 것은 너무나 당연하다. 이것은 집이 점점 더 낡아지는데도 점점 올라가는 전 · 월세 가격에 있어서도 마찬가지이다.[4] 이러한 현상을 보다 더 자세하게 이해하기 위해 우리는 먼저 지대로부터 출발하도록 해야 한다. 왜냐하면 토지 가격—주택 가격의 구성 요소의 하나고 주택 가격 상승에 결정적인 역할을 하는—의 본질과 운동에 대해 올바로 이해하기 위해서는 지대에 대한 이해가 선행되어야 하기 때문이다.

1) 지대

자본주의적 토지 소유 형태를 고찰하는 것은 자본 분석에 필수적이다.[5] 그리고 이러한 고찰은 우선 농업 생산에서 이루어지는데 여기서 차지농업가와 그에게 고용된 농업 노동자 이외의 다른 인물, 즉 토지 소유자를 발견하게 된다.[6] 현실의 경작자는 자본가에게 고용된 임금노동자이고, 자본가인 차

통하여." (엥겔스, 앞의 책, p. 194.)

4) "임대가격, 즉 속칭 임대 이자는 다음과 같은 것으로 이루어져 있다: 1. 지대 부분; 2. 건설 기업가를 위한 이윤을 포함하는, 건설 자본에 대한 이자 부분; 3. 수리 비용 및 보험 비용을 위한 부분; 4. 가옥이 점차 마모되어 감에 따라, 건설 자본을 이윤까지 포함하여 연부 지불금으로 상각하는(감채하는) 부분." (같은 책, p. 198.)

5) "우리가 근대적 토지 소유 형태를 고찰해야 하는 이유는, 토지에 대한 자본 투자로부터 발생하는 모든 독특한 생산 · 교환 관계를 고찰하는 것이 필요하기 때문이다. 이러한 고찰이 없다면 우리의 자본 분석은 완전하지 못할 것이다." (맑스, ≪자본론≫ 제3권(제1개역판), 비봉출판사, p. 758.)

6) "임금 · 이윤 · 지대를 각각의 수입으로 삼고 있는 단순한 노동력의 소유자, 자본의 소유자, 토지의 소유자, 즉 임금노동자 · 자본가 · 토지 소유자는 자본주의적 생산양식

지농업가는 농업을 자본의 하나의 특수한 착취 분야로 삼아 자기의 자본을 투자하고 경영한다. 이때 자본가는 자신의 자본을 투하하기 위한 일정한 토지가 필요하고 토지 소유자인 지주는 자신 소유의 토지를 자본가에게 빌려준다.

토지를 빌린 자본가는 자신이 이용하는 토지의 소유자에게 특정의 생산 분야에 자기의 자본을 이용하는 것을 허락한 대가로 일정한 기간에 계약상으로 확정된 화폐액을 지불한다. 이 화폐액이 지대이며 이것이 경작지 · 건축지 · 광산 · 어장 · 삼림 등등의 어느 것에 대하여 지불되더라도 이것은 지대라고 불린다. 또한 지대는 토지 소유자가 토지를 자본가에게 계약에 의해 임대한 기간 전체에 걸쳐 지불된다. 그러므로 토지 소유자의 경우 지대는 '토지 소유의 경제적 실현'이며 가치 증식의 형태이다.[7] 이러한 "지대는 [토지 소유자가 땅의 한 조각을 임대해 매년 얻고 있는] 일정한 화폐액으로 표시된다."[8]

2) 차액지대와 절대지대[9]

(1) 차액지대

지대는 차액지대와 절대지대로 나누어진다. 이 중 차액지대는 같은 자본을 투여했을 때 토지마다 생산량이 다른 데서 발생한다. 즉 같은 크기의 자본이 투여되어 쌀이 각각 토지A에서는 10가마, 토지B는 20가마, 토지C는 30가마, 토지D는 40가마가 생산되면, 가장 생산량이 적은 최열등지인 토지A를 기준으로 토지B는 10가마, 토지C는 20가마, 토지D는 30가마가 더 생산된 것이다. 이때 이렇게 더 많이 생산된 것은 자본가의 몫이 아니라 지대로 되어 토지 소유자가 갖게 된다. 이것은 그렇게 더 많이 생산된 것은 자본이 투여된 것 자체에서 발생한 것이 아니라 토지의 비옥도에 의해서 이루어진 것이라는 이유에서이다. 그리고 이렇게 발생한 지대가 차액지대이다. 이것은 토지의 생산성과 관련이 있는 것으로 토지의 생산성에 영향을 주는 것은 토지의 비옥도도 있지만 토지의 위치도 큰 영향을 준다. 따라서 토지의 위치에

에 근거하고 있는 근대 사회의 3대 계급이다." (맑스, 같은 책, p. 1073.)

7) 같은 책, p. 762.

8) 같은 책, p. 767.

9) 여기서는 지대를 아주 간략하게 살펴볼 것이다. 지대 문제에 더 많은 관심이 있는 독자는 ≪자본론≫ 제3권 제6편을 참조하라.

따른 생산성의 차이도 차액지대를 발생시키는 데 중요한 역할을 하게 되며, 이는 특히 건축지에서 결정적이다. 이것이 차액지대의 제 I 형태이다.

그런데 필요에 의해 같은 토지에 자본이 추가 투하되는 경우 차액지대가 발생할 수 있다. 예를 들어 앞서와 같이 토지A, 토지B, 토지C, 토지D에 자본 100씩이 투하되어 쌀이 모두 100가마가 생산되었고 토지A를 기준으로 토지 B, C, D에 각각 10, 20, 30의 지대가 발생했다. 그런데 쌀이 더 필요하여 자본의 추가 투하가 이루어져야 하는데 토지B만이 추가 투하가 가능하여 자본 100이 더 투하되었는데 쌀 5가마가 추가로 생산되게 되는 경우 이제 기준이 되는 것은 토지B에 추가 투하된 자본에서 생산한 쌀 5가마이다. 이제 토지A에서도 차액지대가 발생하게 된다. 이렇게 발생한 지대가 차액지대의 제II형태이다.[10]

(2) 절대지대

차액지대는 토지의 생산성과 관련해서 발생하는데 앞서의 설명에 근거하면 최열등지에서는 지대가 발생하지 않는다. 하지만 토지A의 소유자는 자신에게 지대를 지불하지 않는 경우 차지농업가에게 공짜로 토지를 빌려 주지 않을 것이다. 차지농업가는 자본 투하에 대한 이윤을 얻어야 하고 토지 소유자는 토지를 빌려 준 대가로 지대를 받아야 하며 토지는 경작되어야 한다. 이러한 모든 조건을 만족시키기 위해서는 농업 생산물의 가격이 오르면 된다. 이렇게 하여 발생한 지대가 절대지대이다. 이것은 토지의 비옥도 · 위치와는 아무런 상관도 없으며 이것 역시 토지 소유에 의해 발생한다.[11]

---

10) 이렇게 되는 것은 복잡한 과정을 거친다. 이 역시 ≪자본론≫ 제3권 제6편을 참조하라.

11) "차액지대는 분명히 토지 소유의 독점을 전제하고 있으며, 토지 소유가 자본에 대한 제한이라는 것을 전제하고 있다. 그렇지 않다면 초과이윤은 지대로 전환되지 않을 것이며 차지농업자 대신 토지 소유자에게로 돌아가지도 않을 것이다. 그런데 차액지대 형태의 지대가 사라지는 토지에서도 [즉 최열등지A에서도] 토지 소유는 이러한 제한으로 작용한다." (맑스, 앞의 책, p. 913.)

"**토지 소유 그것이 이 지대**[절대지대: 인용자]**를 생산한 것이다.**" (강조는 원문) (같은 책, p. 919.)

3) 토지 가격의 본질

현실에서 토지는 다른 상품들처럼 가격을 갖고 있으며 거래되고 있다. 일반적인 상품들이 가격을 갖는 것은 그것이 노동생산물이기 때문이다. 그러나 토지는 본래 자연적으로 존재하고 있는 것으로 결코 노동생산물이 아니다. 따라서 토지가 가격을 갖는다는 것은 불합리하다.[12] 이러한 이유로 토지 가격은 다른 상품들의 가격과는 본질적으로 다른 것이고, 따라서 결정 원리도 다르다. 앞서 본 것처럼 토지의 소유자는 지대를 수취하며 이것은 "매년 얻고 있는", "일정한 화폐액으로" 나타난다. 그런데 이러한 "일정한 화폐 수입은 자본화될 수 있으며 가공의 자본에 대한 이자로 간주될 수 있다. 예를 들어 어떤 토지에서 매년 200원의 지대가 발생한다고 하고 당시의 평균 이자율이 5%이라면 이 토지는 4,000원에 판매되게 된다. 왜냐하면 이자율이 5%일 때 4,000원이라는 돈을 은행에 넣어 두면 아무것도 하지 않고 200원의 이자를 받게 되는 것과 같은 경제적 효과를 얻기 때문이다. 즉, 토지를 빌려주었을 때도 아무것도 하지 않고 200원의 지대를 벌 수 있다면 이것은 4,000원이라는 자본에 대한 이자로 간주될 수 있게 되는 것이다. 이처럼 자본화된 지대가 토지의 구매 가격 또는 가치를 형성하"[13]게 되는 것이다. 즉, 정확히 다시 말하면 "사실은 토지의 구매 가격은 토지의 가격이 아니라, 토지가 낳는 지대를 현행의 이자율에 따라 계산한 가격이다. 그러므로 지대의 이러한 자본화는 지대 그것을 전제하는 것이며, 지대가 그 자신의 자본화로부터 도출되고 설명될 수는 없다."[14] 즉, 토지 가격은 지대의 크기와 일반 이자율의 관계에서 결정되고 변화하는 것이다. 또한 토지 가격(지대의 자본화)이 지대의 존재를 전제한다는 것은 토지 소유자에게 지대란 아무런 자본의 투하 없이도, 그가 단지 토지를 소유하고 있다는 것만으로도 발생하는 것으로 바로 지대 때문에 토지 가격이 형성되기 때문이다. 다만 현실에서 가격이 먼저 존재하고 이를 근거로 토지 소유자가 지대를 청구하는 것으로 보이게 되는 것은 다른 많은 경제 현상들처럼 본말이 전도되어 현상하기 때문이다. 다음은

12) "이처럼 자본화된 지대가 토지의 구매 가격 또는 가치를 형성하는데, 이것은 노동의 가격이 불합리한 것과 마찬가지로 명백히 불합리한 범주이다. 왜냐하면 토지는 노동의 생산물이 아니며 따라서 가치를 가지지 않기 때문이다." (같은 책, p. 767.)

13) 같은 곳.

14) 같은 곳.

이러한 사실을 잘 알게 해 준다.

> 한 무리의 사람들이 사회의 잉여노동의 일부를 공물로서 취득할 수 있으며 그리고 생산의 발달에 따라 점점 더 큰 비율을 취득할 수 있는 것은 다만 그들이 토지에 대한 소유권을 가지고 있기 때문이라는 사실은, 다음과 같은 사정—즉 자본화된 지대[바로 그 공물을 자본의 산물로 환원시킨 것]가 토지 가격으로 나타나며 토지가 온갖 다른 거래품과 마찬가지로 매매될 수 있다는 사정—에 의해 은폐되고 있다. 토지의 구매자에게는 자기의 지대 청구권은 공짜로 얻은 것[즉 노동·위험부담·자본의 기업가 정신도 없이 얻은 것]으로 나타나지 않고 등가를 지불하고 얻은 것으로 나타난다. 이미 지적한 바와 같이, 그에게는 지대는 [그가 토지 그리고 그것과 함께 지대 청구권을 구매하는 데 사용한] 자본의 이자로서만 나타난다. 이것은 흑인 노예를 구입한 노예 소유자에게는 그의 흑인 소유가 노예제도 그것에 의해 얻어진 것이 아니라 이 상품[노예]의 구매에 의해 얻어진 것으로 나타나는 것과 마찬가지다. 그러나 구매는 그 소유권[토지에 대한 소유권]을 창조하지 않으며 이전시킬 뿐이다. 그 소유권은 구매되기 이전에 존재해야만 하며, 한 번의 구매가 그 소유권을 창조하지 못하는 것과 마찬가지로 일련의 매매나 매매의 반복도 그 소유권을 창조할 수 없다. 그 소유권은 전적으로 생산관계에 의해 창조된 것이다. 생산관계가 그 외피를 벗어 버리지 않을 수 없는 지점에 도달하면, 그 소유권의 물질적 기반[즉 인간의 사회적 생산과정에서 그 소유권을 경제적으로 정당화시킨 것]은 사라지며 그와 함께 그 소유권에 바탕을 둔 모든 거래도 사라진다.[15)]

그런데 이상의 설명에서 토지의 가격이 지대의 존재를 전제한다고 할 때 하나의 의문이 생긴다. 그것은 아직 개간되거나 이용되고 있지 않은 토지인 미경작지의 가격인데 이것은 아직 지대가 존재하지 않기 때문이다. 이에 대한 맑스의 설명은 다음과 같다.

> 한 나라의 모든 토지가 점유되고 토지에 대한 자본 투자·경작·인구가 모두 일정한 수준에 도달하자마자[이러한 사정들은 자본주의적 생산양식이 지배적으로 되고 농업까지도 정복하게 되면 당연히 전제되고 있다], 각종 질

---

15) 같은 책, pp. 942-3.

의 미경작지의 가격은 (차액지대만을 가정하면) 질과 위치에서 동등한 기경작지의 가격에 의해 결정된다. 이 미경작지는 어떤 지대도 낳지 않는데도 불구하고 그 가격은 ―추가적인 개간 비용을 제외하면― 동일하다. 토지 가격은 물론 자본화된 지대에 불과하다. 기경작지인 경우에도 그것의 가격으로 지불되는 것은 장래의 지대일 뿐이다. 예컨대 지배적인 이자율이 5%라면 20년분의 지대가 한꺼번에 선불되는 것이다. 토지가 판매될 때 그것은 지대[여기에서 지대는 토지의 열매로 간주되고 있는데 이것은 물론 외관상의 현상에 불과하다]를 낳는 것으로 판매되며, 따라서 앞으로 지대를 낳는다는 성격에서는 기경작지나 미경작지나 차이가 없다. 미경작지의 가격은 그것의 지대―이 지대의 자본화가 그 가격이다―와 마찬가지로 [이 토지가 현실적으로 이용되지 않는 한] 순수히 환상적인 것이다. 그러나 그 가격은 이처럼 선험적으로 결정되며 구매자가 발견되자마자 실현된다. 한 나라의 현실적인 평균 지대가 그 나라의 현실적인 연간 지대 총액과 이것의 총 경작면적에 대한 비율에 의해 결정된다면, 미경작지의 가격은 기경작지의 가격에 의해 결정되며 따라서 기경작지에 대한 자본 투하와 그것의 결과를 반영하는 것에 불과하다. … 미경작지의 명목 가격이 형성되며 이리하여 미경작지도 상품으로 되며 그 소유자에게는 부의 원천이 된다. 이것은 동시에 왜 지역 전체의 토지 가격이 미경작지의 가격을 포함하여 상승하는가를 설명하여 준다.[16]

이제 우리는 주택 가격에 결정적인 역할을 하는 토지 가격의 본질에 대해 이해할 수 있게 되었다.

4) 토지 가격의 운동

노동생산물로서의 일반적 상품의 가치는 그 상품의 생산에 사회적으로 필요한 노동시간에 의해서 결정된다. 그리고 그 상품들 가운데 특수한 상품인 금이 화폐로 전화된 후 상품은 자신의 가치를 금의 일정한 양으로 표현하게 되는데 이것이 상품의 가격이다. 따라서 상품 자신을 생산하는 노동생산성의 변화와 금의 생산을 위한 노동생산성의 변화에 따라서 가격이 변동한다. 그리고 이들 상품은 일반적으로는 사회적 생산력의 발전에 따라 하락하는 경향을 보인다.

그러나 토지의 가격은 이와는 전혀 다른 운동을 하게 되는데, 앞서 말한

16) 같은 책, p. 820.

대로 경향적으로 상승하게 된다. 이것은 '자본 환원된 지대'로서의 토지 가격(지대의 자본화)의 본질에서 기인하는 것으로, 토지 가격이 지대의 크기의 움직임과 일반 이자율의 움직임에 의해서 규정되기 때문이다. 먼저 여기서는 토지 가격에 관해 "경쟁에 의한 일체의 가격 변동, 일체의 토지 투기 그리고 소토지 소유를 무시"하고 토지 가격의 운동을 살펴보겠는데 이것은 "지대가 증대하지 않아도 상승할 수 있"는 경우와 "지대가 증대하기 때문에 상승"하는 경우로 크게 나누어진다.

전자의 경우에 대한 설명은 다음과 같다. "토지 가격은 지대가 증대하지 않아도 상승할 수 있다. 1) 단순히 이자율의 하락에 의하여. 이자율의 하락은 지대로 하여금 보다 고가로 판매되게 하며 따라서 자본화된 지대인 토지 가격은 상승한다. 2) 토지에 합쳐진 자본의 이자가 증대하기 때문에"[17] 그러하다.

앞서 본 것처럼 토지 가격은 지대를 일반 이자율로 나눈 값이므로 "지대가 불변의 크기라면 토지의 가격은 이자율에 반비례하여 등락한다. ... 토지 가격의 이 운동은 단순히 이자율에 의해 규제되며 지대 그것의 운동과는 무관하다. 이미 본 바와 같이 사회의 발전에 따라 이윤율은 저하하는 경향이 있고 또한 이자율도 [이윤율에 의해 규제되는 한] 저하하는 경향이 있으므로, 그리고 이자율은 [이윤율에 의한 영향을 도외시하더라도] 대부 가능 화폐자본의 증가에 따라 저하하는 경향이 있으므로, 토지의 가격은 지대의 운동이나 토지생산물의 가격[지대는 이것의 일부를 이룬다]의 운동과는 무관하게 상승하는 경향이 있다."[18]

---

17) 같은 책, p. 943.
18) 같은 책, p. 768. 여기에 덧붙여, 맑스, "제22장 이윤의 분할. 이자율. '자연적' 이자율", 같은 책, pp. 437-51.

"이윤율의 수준은 자본주의적 생산의 발달에 반비례하기 때문에, 이자율의 높고 낮음이 이윤율의 현실적 높고 낮음을 표현하는 한, 한 나라의 이자율의 높고 낮음은 산업 발달의 수준에 반비례하게 된다. 물론 반드시 그렇게 되는 것은 아니라는 것을 뒤에서 볼 것이다. 이러한 의미에서 이자는 이윤에 의해, 더 엄밀하게는 일반적 이윤율에 의해 규제된다. 그리고 이러한 규제는 이자의 평균 수준에도 적용된다." (같은 책, p. 439.)

"금리생활자 계급의 수"의 증가와 "신용 제도가 발달하는 것"은 이윤율의 변동과는 독립적으로 이자율이 저하하는 경향의 주요한 이유가 된다. (같은 책, p. 441.)

"일반적 이윤율의 점차적인 저하"와 관련하여 "자본주의적 생산은 불변자본에 비토지에 합체된 이자가 증대함으로써 토지의 가격이 상승하는 경우는 다음과 같다. "자본은 토지에 고정될 수도 있고 토지에 합쳐질 수도 있다. 자본은 토질의 화학적 개량이나 시비 등등의 경우처럼 비교적 일시적으로 투하될 수 있고, 배수로 · 관개시설 · 경지정리 · 농장 건물 등등의 경우처럼 비교적 항구적으로 투하될 수 있다." 이처럼 토지와 일체가 된 자본을 '토지 자본'이라고 하는데 이것은 고정자본의 하나이다. 이렇게 "토지에 합쳐진 자본과 [이것에 의해 생산수단으로서의] 토지에 가해진 개량에 대한 이자"는, "진정한 지대"는 아니지만, 차지자본가가 토지 소유자에게 지불하는 지대의 일부를 이룬다. 또한 토지에 합쳐진 모든 개량은 토지라는 실체의 불가분의 부속물로서 차지 기간이 지나면 토지 소유자의 소유로 되어 버리며, 이것은 다음 번 임대계약 때 토지에 합쳐진 자본에 대한 이자로서 진정한 지대에 추가된다. 지대는 증대한다. 따라서 토지 소유자가 땅을 팔려 할 때 이러한 토지의 가격은 상승하게 되는데 그는 "토지를 판매할 뿐만 아니라 개량된 토지, 토지에 합쳐진 자본[자기는 아무런 비용도 들이지 않은 자본]을 판매하는 것이다."[19]

후자의 문제, 즉 "토지 가격은 지대가 증대하기 때문에 상승할 수 있다"[20]는 다음의 경우에 발생한다. 토지생산물의 가격이 올라가면 지대는 증대할 수 있다. 토지생산물의 가격이 올라가면 자본가에게 초과이윤이 발생하며, 이러한 상황이 다음 계약 때까지 계속된다면 이후 발생하는 초과이윤은 지대

해 가변자본을 점점 더 감소시킴과 함께 총자본의 유기적 구성을 점점 더 고도화시키는데, 이것의 직접적인 결과로 [잉여가치율이나 노동의 착취도가 불변이거나 심하게는 증대하는 경우에도] 일반적 이윤율은 계속 하락한다. (이 하락이 왜 이와 같은 절대적인 형태로 나타나지 않고 오히려 점진적인 하락의 경향으로 나타나는가에 대해서는 뒤에서 설명할 것이다.) 따라서 일반적 이윤율의 점진적인 저하 경향은 노동의 사회적 생산성의 점진적인 발달의 표현—**자본주의적 생산양식에 특유한 표현**—에 불과하다. 물론 이윤율이 기타의 이유 때문에 일시적으로 저하하지 않을 수도 있지만, 여기에서 말하는 것은, 자본주의적 생산양식이 발달함에 따라 일반적인 평균 잉여가치율이 저하하는 일반적 이윤율로 표현될 수밖에 없는 것이 자본주의적 생산양식 그것의 본질로부터 파생되는 하나의 자명한 필연성이라는 점이다." (강조는 원문) (같은 책, p. 265.)

19) 같은 책, pp. 762-4. "이것이 경제 발전의 진행에 따라 —지대 그것의 변동과는 별도로— 토지 소유자들의 부가 증대하며 그들의 지대가 끊임없이 팽창하고 그들의 소유지의 화폐가치가 증대하는 비밀의 하나이다." (같은 책, p. 766.)

20) 같은 책, p. 943.

로 전환되어 지대가 증대하게 된다. 이 경우 이자율이 지대의 상승률만큼 올라가지 않으면 이 지대의 상승의 결과로 토지의 가격은 올라간다. 그런데 "토지생산물의 가격이 불변이면서 지대가 증대할 수 있는 경우"[21]도 있으며, 심지어 "토지 가격은 토지생산물의 가격이 하락하더라도 상승할 수 있다."[22]

이상에서 보았듯이 토지에 대한 경쟁이나 투기, 인플레이션을 무시하더라도 토지 가격은 사회가 발전함에 따라서 경향적으로 상승하고, 토지 소유자는 전혀 아무런 추가된 노력 없이도 사회적 생산의 결과 중 더 많은 몫을 차지하게 된다. 따라서 자본주의적 생산이 이루어지는 곳에서 토지는 확실한 투자(기)의 대상이 되는 것이다.

5) 토지 가격에 대한 투기의 영향

앞서 확인한 것처럼 토지 가격은 경향적으로 상승하게 되며 이러한 까닭에 토지는 확실한 투자(기)의 대상이 된다. 그런데 이러한 상승이 항상 사회

---

21) "토지생산물의 가격이 불변이면서 지대가 증대할 수 있는 경우(독점가격은 도외시 한다)는 다음과 같은 두 가지가 있다. 하나의 경우는 종래의 토지에서의 투하자본량은 불변이면서 더 좋은 질의 새로운 토지들이 경작되는 경우이다. 새로운 토지들은 증대한 수요를 충족시키는 데 충분할 뿐이기 때문에 지배적인 시장가격은 변하지 않는다. 이 경우 종래의 토지들의 가격은 상승하지 않지만 새로 경작되는 토지의 가격은 종래의 토지들의 가격보다 오른다.

다른 하나의 경우는 상대적 비옥도나 시장가격이 불변이면서 토지를 이용하는 자본량이 증가하는 경우이다. 지대가 투하자본에 대한 비율에서는 불변이라 하더라도 투하자본 그것이 두 배로 되면 지대의 크기도 두 배로 될 것이다. 가격이 하락하지 않기 때문에, 제2차 투자도 제1차 투자와 마찬가지의 초과이윤을 낳으며 이 초과이윤은 임차 기간의 만료 뒤에는 또한 지대로 전환한다. 이 경우 지대량이 증가하는 것은 지대를 낳는 자본량이 증가하기 때문이다." (같은 책, p. 944.)

22) "토지 가격은 토지생산물의 가격이 하락하더라도 상승할 수 있다. 이것은 토지들의 비옥도 차이가 확대됨으로써 차액지대가 증가하였고 이리하여 우등지의 가격이 상승한 것을 가리킬 수 있다. 또는 그렇지 않다면 노동생산성의 증대가 생산물의 가격을 하락시켰지만 그 하락을 생산량의 증대가 보상하고도 남은 것을 가리킬 수 있다. 1가마에 60원이 들었다고 가정하자. 만약 동일한 1에이커에서 동일한 자본으로 1가마가 아니라 2가마가 생산되고 1가마가 40원으로 하락한다면, 2가마는 80원을 가져오며 따라서 가마당 가격은 1/3만큼 하락하였는데도 불구하고 동일한 1에이커에서 동일한 자본의 생산물 가치는 1/3만큼 증가한 것이다. 이것이 [생산물이 그 생산가격이나 가치보다 높게 판매되지 않으면서도] 어떻게 가능한가는 이미 차액지대를 논할 때 설명되었다." (같은 책, p. 947.)

문제가 되는 것은 아니다. 토지 가격의 상승이 문제가 되는 경우는 토지와 주택이 투기의 대상이 되어 그 가격이 비정상적으로(?) 폭등하여 이른바 서민들의 삶에 심각한 영향을 주는 문제로 될 때이다. 그리고 이러한 현상은 반복적으로 나타나지만 늘 있는 일은 아니다.[23)]

토지에 대한 투기는 특정한 시기에 집중적으로 발생하게 되며, 이것은 자본주의적 생산의 순환과 밀접한 관련을 가지고 있다. 즉, 토지에 대한 투기는 자본주의적 생산의 순환 과정에서 그 호황의 말기에 이르러 집중적으로 격화되고 공황 국면의 일정한 진행과 더불어 진정되는 특징을 가진다. 이것은 다음과 같은 이유에서이다. 즉, 자본주의적 생산은 이윤을 위한 무정부적 생산을 그 특징으로 한다. 이러한 자본주의적 생산의 특징적 성격은 주기적으로 과잉생산과 공황에 이르는데, 번영 즉 생산의 확대가 급격하게 진행되면 시장의 포화에 의한 자본 간의 경쟁의 격화, 생산부문 간의 불균형의 확대에 의한 원료 가격의 등귀, 이자율의 등귀, 산업예비군의 감소 혹은 고갈에 의한 임금의 등귀 등으로 급격히 자본의 이윤율이 하락한다. 토지 투기를

---

23) 2004년 초에 쓴 글에서 나는 글을 이렇게 시작했다.

"점점 더 악화되는 노동자 · 민중의 삶의 비참함은 말로 다할 수 없다. 어렵지만 단란하던 가족이 붕괴되고, 평범하고 선량하던 사람들이 최소한의 생존을 유지하기 위해서 범죄를 저지르게 되고, 삶의 무게를 견디지 못해 자신의 목숨을 끊고 있으며, 심지어 일가족 동반 자살이라는 참극까지 벌어지고 있는 것이 지금의 현실이다. 이들 여러 사회문제의 근본적인 원인은 한국 자본주의 그 자체이며, 이것이 더욱 심각한 양상으로 전개되는 것은 현재 한국 자본주의가 처한 위기의 정도가 더욱 심각해지고 있다는 것의 반영이다.

얼마 전까지도 주택문제는 한국 사회가 갖고 있는 여러 심각한 사회문제 가운데 가장 첨예한 문제의 하나였다. 부동산에 대한 투기가 격화되고, 그 결과로 주택 가격과 전 · 월세 가격이 폭등하여 노동자 · 민중의 삶이 팍팍해지고 이에 견디다 못한 가장의 자살이 속출하고 또 가족이 함께 자살을 했던 것도 그다지 먼 과거의 일은 아니다. 그런데 지금의 주택문제는 그다지 큰 문제로 보이지 않는다. 이것은 왜일까? 문제가 해결되었거나, 그 정도가 많이 완화되어서일까? 절대 그렇지 않다. 오히려 주택문제는 과거보다 더욱 심각해졌다. 그럼에도 불구하고 이 문제가 심각해 보이지 않는 까닭은 앞서 말한 것처럼 다른 사회문제의 심각성이 너무나 커져서 이를 압도하기 때문이다. 아비규환인 현재의 상황에서 주택문제에 대한 고민은 일종의 사치처럼 보인다. 주택문제는 사라진 것이 아니라 그 심각성에도 불구하고 상대적으로 작아져 보이지 않을 뿐이다." (전성식, "주택문제에 대한 정치경제학적 이해", ≪현장에서 미래를≫ 제96호(2004. 3.), pp. 104-5.)

이 글("주택문제에 대한 이해")의 각주 2)는 2004년 12월의 보도였다.

비롯한 일체의 투기의 격화는 자본의 이윤율의 급격한 저하, 곧 자본의 과잉 생산과 관련이 있다. 호황기의 막바지에 자본의 이윤율이 급격히 떨어지면, 수많은 소자본은 더 이상 자본으로서 기능할 수 없게 되고 투기의 길로 쫓겨 들어가게 된다. 이것이 호황 말기에 보여지는 부동산 투기의 격화와 주식시장의 팽창의 이유이다.[24] 이렇듯 주식시장의 급속한 팽창과 부동산 투기의 격화는 동일한 상황에서 동일한 이유에 의해서 발생하는 것이지만 양자의 운명은 다르다. 사소한 차이는 이들에게 돌아오는 사회의 태도인데 부동산 투기자는 눈총을 받고 지탄을 받지만 주식 투기자는 부러움의 대상이고 칭송을 받는다. 그러나 이것은 정말 사소한 문제에 불과하다. 더욱 중요한 문제는 이후 공황이 발생한 다음의 두 투기자의 운명인데 이는 극명하게 갈라진다. 주식 투기자는 몰락하겠지만 부동산 투기자는 대개 거금을 손에 넣게 된다.

주식 투기자의 소자본은 주식 구매를 통해 대자본가의 손에 들어가게 되는데 대자본은 새로운 주식의 발행을 통해 이를 자신의 것으로 한다. 그리고 소자본들은 이윤율의 압박에 의해 이윤을 좇아 모험의 길로 들어선다. 그러나 공황의 국면에 들어서게 되면 자금의 압박을 받는 대자본들은 증권시장으로부터 자금을 철수하게 되며 이에 의해 주식의 가격은 폭락하게 된다. 이때 빚을 내거나 신용거래 등으로 자신의 원금을 넘어 투기에 참가한 투기자들은 원금을 날리는 것에 그치지 않고 완전히 파산하여 빚쟁이로 전락하게 된다.

그런데 토지·주택을 포함한 부동산 투기의 경우 상황은 달라지는데 공황시기 이자율이 높아져 가격의 어느 정도의 하락은 불가피하지만 주식과 같이 폭락하지는 않는다. 이것은 앞서 본 것처럼 자본주의 사회에서 부동산 가격

---

24) "이윤율의 저하와 함께, 노동을 생산적으로 사용하기 위해 개별 자본가가 가져야 할 자본의 최소한도도 증대한다. 이 최소한도의 자본은 노동의 착취 일반을 위해서도 그리고 상품의 생산에 지출되는 노동시간이 사회적으로 필요한 평균 노동시간을 넘지 않도록 하기 위해서도 필요하다. 동시에 집적도 증가한다. 왜냐하면 어느 일정한 한계를 넘어서면 이윤율이 낮은 대자본이 이윤율이 높은 소자본보다 더 빠르게 축적하기 때문이다. 이 집적의 증가는 어느 일정한 수준에 달하면 다시 이윤율의 새로운 저하를 일으킨다. 그리하여 소규모 분할된 많은 자본들은 모험적인 길에 들어서지 않을 수 없게 되어 투기·신용 사기·주식 사기·공황이 발생하게 된다. 이른바 자본의 과다는 언제나 기본적으로, 이윤율의 저하를 이윤량에 의하여 보상하지 못하는 자본—새로 형성되는 젊은 자본 분파들은 항상 이렇다—의 과잉을 가리키거나, 스스로 행동할 능력이 없어 신용의 형태로 대기업의 지도자들에게 그 처분이 위임되는 자본의 과다를 가리킨다." (맑스, 앞의 책, p. 301.)

의 운동에 의해서 그러하며 또한 부동산의 소유 자체가 높은 지대 · 임대료 수입을 보장하기 때문에 오히려 상승하는 경우도 있다.[25)]

여기서 주제와 직접적인 상관은 없지만 하나의 의문이 생긴다. 아니 사실이 이와 같다면 투기가들은 부동산에 투기를 하지 않고 왜 주식에 투기를 하는가 하는 문제이다. 그것은 두 가지 투기에 대한 사회의 태도에 눈치를 보는 소부르주아적 소심함에도 기인하며, 경제 현상을 거꾸로 보는 그들의 무지함에도 원인이 있지만 더욱 근본적인 것은 대부분의 소자본이 너무나 작기 때문에 부동산에 투기할 정도의 크기가 되지 못해서이며, 소유할 정도의 크기가 되더라도 일시적으로 가해지는 압박에 견딜 정도의 능력도 갖지 못해서이다. 이를 견딜 만한 능력이 되어 부동산에 투자되는 소자본도 물론 있으며 현재에도 이러한 지주적 · 개인적으로 소유되어 있는 부동산 역시 광범위하게 존재한다. 하지만 이들의 소유는 국가와 자본에 의해 공격받고 있으며 이들은 자본주의적 소유 · 운영으로 변화할 것을 강요받고 그렇게 변하게 될 것이다. 일부는 임대 사업이라는 성공적인 이름으로, 대부분은 보유세라는 엄청난 압박에 의해 판매를 강제당하면서 이러한 측면에서 보면 몰락으로.

---

25) 특히 한국과 같이 대도시의 주택 등 주거의 문제가 심각한 경우는 더욱 그러하다. 이것은 주택 가격이 떨어졌음에도 불구하고 이 시기 전 · 월세의 수요가 더욱 늘어나게 되기 때문인데, 왜냐하면 대부분의 소부르주아들은 은행의 융자를 얻어 주택을 구매할 수밖에 없는데 높아진 이자율을 감당하기 어려워 비록 주택 가격이 하락했다 하더라도 구매를 미루게 된다. 또한 어려운 경제 상황은 주택 구매를 돌아다볼 여유를 허락하지 않는다. 이러한 현상은 이렇게 지적되었다. 1990년에 쓰인 글에는 "증권과 달리 토지 등 부동산 소유는 높은 임대료(즉, 토지의 경우 높은 지대) 수입이 보장되기 때문에 공황이 진행되더라도 일반적으로는 가격의 폭락이 발생하지 않고, 앞서 말한 바와 같은 토지 가격의 경향적 상승을 반영하여 완만할지언정 그 가격은 지속적으로 상승하게 된다. 더구나 한국의 대도시들처럼 주택 등 주거의 절대 부족 상태에서는 주거에 대한 수요가 절대적이기 때문에 토지 및 주택 가격의 상승은 그대로 혹은 그 이상으로 임대료에 반영되고, 이것은 다시 토지 등 부동산의 가격을 폭등시키는 것으로 된다. 최근의 전 · 월세값의 폭등에서 보는 바대로이다." (채만수, "자본주의적 생산과 토지문제", ≪주택문제의 인식과 대안≫, 논장, 1990, p. 202.)

"그런데 IMF를 전후로 한 97-8년에 일시적으로 급격히 떨어졌던 집값과 전세 가격이 99년 이후로 다시 상승하더니 올해 더욱 높게 상승하고 있다. ... 그리고 11월에는 서울 집값 상승률이 최근 10년 이래 최고치를 기록했다." (김두한, "자본주의의 주택문제와 노동계급", ≪사회복지와 노동≫ 제4호(2001년 겨울), p. 161.) 그런데 이 글은 "전세 대란과 주택문제"라는 글을 "수정 · 보완을 토대로 쓰여"진 글이다.

하지만 누구보다도 이것을 잘 알고 활용하는 것은 재벌이라고 불리는 독점자본들이다. 한국에서 토지 · 주택 · 건물, 기타 부동산의 최대 소유자 · 투기자들은 독점자본들이다. 그리고 이들의 소유는 장려된다.[26]

6) 토지 가격에 대한 인플레이션의 영향

인플레이션이란 사회의 변화하는 유통필요금(=화폐)량의 최소한도를 넘어 지폐를 유통에 투입함으로써 일어나는 현상으로 지폐 가치의 저하에서 발생하는 물가의 명목적 상승을 말한다.[27] 현재 자본주의하에서 인플레이션은 '관리통화제'라는 이름 아래에서 구조화되어 국가의 주요 정책 수단이다. 특히 공황 국면에서 자본이 극심한 이윤율의 압박과 자본 가치 파괴의 압력을 받게 되면 국가는 불환은행권을 남발하게 되고 이에 따라 인플레이션이 발생한다. 이렇게 발생한 인플레이션의 효과는 토지 가격에 반영되며, 이에 따라 토지 가격은 상승하게 된다.

자본주의적 생산이 이루어지는 곳에서의 토지 가격은 인플레이션이 없어도 경향적으로 상승하게 되는 것은 앞에서 말한 대로다. 그러나 인플레이션은 토지 가격에 반영되어 그것을 더욱 가파르게 상승하도록 한다. 그리고 이것은 토지문제를 사회문제의 가장 심각한 것의 하나로 만든다.

7) 건축지 지대

주택이 건설되는 토지인 건축지 역시 지대를 발생시킨다. 건축지 지대의 근거 역시 다른 비농업용 토지의 지대와 마찬가지로 진정한 농업 지대의 원리에 의해 규제된다. 그러나 여기에는 약간의 특징이 있는데 그것은 위치가 차액지대에 대하여 압도적인 영향을 미친다는 것과 소유자가 완전히 수동적이라는 것을 분명히 보여 주는 것, 대부분의 경우 독점가격이 지배적이고 빈곤을 가장 무자비하게 이용하는 것이다.[28] 여기서 건축지 지대를 필연적으로 증가시키는 것은 인구의 증가와 그에 따른 주택 수요의 증가뿐만이 아니라

---

26) 채만수, "농락당하고 있는 노동자계급의 '주택문제'—이른바 '8 · 31 부동산 종합대책'을 보면서", ≪정세와 노동≫ 제6호(2005. 10.), 노사과연.
27) 채만수, '4. 인플레이션', "제4강 가격", ≪노동자 교양경제학≫(전면 개정판), 노사과연, 2006, pp. 168-86을 참조하라.
28) 맑스, 앞의 책, p. 939.

건축지 등에 투여되는 고정자본의 증가에 의해서이다.

급속히 성장하는 도시들에서는 투기적 건축업은 주택으로부터 이익을 얻으려고 하는 것이 아니라 지대로부터 이익을 얻으려고 한다. 이때 지대는 독점가격에 의해 발생하기도 하고 독점가격이 지대를 발생시키기도 한다.[29)]

8) 주택 가격과 주택 임대 가격

주택 가격은 그것을 세우는 데 들어간 건축 비용과 건축 비용에 대한 이윤으로 구성되는 주택 건물 가격과 그 건물이 차지하고 있는 토지 가격의 합으로 나타난다. 주택 소유권과 토지 소유권이 일반적으로 결합되어 있는 한국에서는 혼란에 빠지기 쉽지만, 앞서 본 것처럼 이 양자는 엄연히 다른 경제 법칙에 따라 움직인다. 급속히 성장하고 있는 도시들에서의 건축업은 주택 그 자체로부터 이익을 얻으려고 하기보다는 지대의 상승으로부터 이익을 얻으려 한다.[30)]

이렇게 결정되는 주택 가격은 주택 임대 가격 결정의 기초가 된다. 주택 임대 가격은 주택에 투하된 자본(고정자본)에 대한 이자와 감가상각비를 의미하는 것으로 진정한 지대와는 다르다. 하지만 현실적으로 건물의 임대는 토지의 임대를 이미 포함하고 있다. 따라서 임대료에는 지대 성분도 포함되어 있다. 그러나 보다 엄밀히 말하면 '주택 임대 가격'이라 하는 것, 그것의 본질은 고정자본으로 대부된 화폐자본의 이자이다.[31)]

---

29) 우리가 독점가격이라고 부르는 것은 일반적으로 다음과 같은 가격—즉 생산물의 가격이 생산가격이나 가치에 의해 결정되는 것이 아니라 구매자의 욕망과 지불 능력에 의해 결정되는 것—을 가리킨다. [아주 예외적인 품질이면서 비교적 소량만이 생산되는] 포도주를 생산하는 포도밭은 독점가격을 낳는다. 이 독점가격[생산물의 가치를 넘는 그 초과분은 순전히 상류사회의 포도주 애호가의 부와 기호에 의해 결정된다]의 덕택으로 포도 재배자는 거대한 초과이윤을 실현할 것이다. 이 초과이윤[이 경우에는 독점가격으로 생긴다]은 지대로 전환되어 토지 소유자의 것으로 되는데, 이것은 땅 중에서 이러한 특별한 속성을 지닌 부분에 대한 그의 소유권 때문이다. 이리하여 이 경우에는 독점가격이 지대를 창조한다. 이와는 반대로 지대가 독점가격을 창조할 수도 있는데, 이것은 다음과 같은 경우—즉 토지 소유가 미경작지에 대한 지대 없는 투자를 제한함으로써 곡물이 그 생산가격보다 높게 판매될 뿐만 아니라 그 가치보다 높게 판매되는 경우—이다. (맑스, 같은 책, p. 942.)

30) 맑스, ≪자본론≫ 제2권, pp. 268-9; ≪자본론≫ 제3권, p. 940.

31) "건물의 소유에 관한 위의 실례는 다음과 같은 이유에서 중요하다. (1) 그것은

9) 토지 소유와 토지국유화

한마디로 토지 소유란 "어떤 사람들이 다른 모든 사람들을 배제하면서 지구의 일정한 부분을 자기의 개인 의지의 배타적인 영역으로 지배할 수 있는 독점력을 가지고 있다는 것은 전제한다."[32] 그리고 지대의 취득은 토지 소유가 자신을 실현하는 경제적 형태이며, 토지 소유를 전제한다는 공통적 특징을 갖는다.[33] 사적 소유가 너무나 자연스러운 현재의 일반적인 관념 속에서 "어떤 사람이 다른 모든 사람들을 배제하면서 지구의 일정한 부분을" 소유하고 있다고 하는 것이 크게 이상해 보이지 않는다. 그러나 "보다 높은 경제적 사회구성체의 관점에서 보면, 토지에 대한 개개인의 사적 소유는 인간에 대한 인간의 사적 소유[노예: 인용자]와 꼭 마찬가지로 불합리한 것으로 나타날 것이다. 심지어 사회 전체 · 한 국민 · 동시에 존재하는 사회들의 전체도 땅의 소유자는 아니다. 그들은 다만 땅의 점유자 · 이용자일 따름이며, 선량한 가장으로서 땅을 개량하여 다음 세대에게 물려주어야 한다."[34]

자본주의적 생산은 생산수단의 사적 소유에 기초하고 있다. 또한 자본주의적 생산방식은 한편으로 직접적 생산자가 토지의 단순한 부속물의 지위로부터 해방되는 것, 다른 한편에서는 인민대중으로부터 토지를 수탈하는 것을 전제하고 있다. 이 때문에 토지에 대한 사유는 자본주의 사회에서는 일반적으로 당연한 것으로 받아들여진다. 따라서 이러한 한도 내에서 토지 소유의

진정한 지대와 [토지에 합쳐진 고정자본에 대한] 이자 사이의 차이를 명확히 밝혀 주는데, 이자는 지대에 대한 추가분을 이룰 수 있다. 건물에 대한 이자는 [농업의 경우 차지농업가가 토지에 투하한 자본에 대한 이자와 마찬가지로] 차지 계약 기간에는 산업자본가[건축투기업자 또는 차지농업가]에게 귀속하며 그 자체로서는 [매년 특정일에 토지의 사용 대가로 지불해야 하는] 지대와는 아무런 관련도 없다. (2) 위의 실례는 토지에 합쳐진 타인의 자본이 결국 토지와 함께 토지 소유자의 것으로 되며 이 자본에 대한 이자가 지대를 증대시킨다는 것을 밝혀 준다." (맑스, ≪자본론≫ 제3권, p. 766.)

"임대 가격, 즉 속칭 임대 이자는 다음과 같은 것으로 이루어져 있다: 1. 지대 부분; 2. 건설 기업가를 위한 이윤을 포함하는, 건설 자본에 대한 이자 부분; 3. 수리 비용 및 보험 비용을 위한 부분; 4. 가옥이 점차 마모되어 감에 따라, 건설 자본을 이윤까지 포함하여 연부 지불금으로 상각하는(감채하는) 부분." (엥겔스, 앞의 책, p. 198.)

32) 맑스, 앞의 책, p. 759.

33) 같은 책, p. 781.

34) 같은 책, p. 943.

독점은 자본주의적 생산양식의 역사적 전제이며 또한 자본주의적 생산양식을 영속화시키는 토대이다.[35] 그럼에도 불구하고 '토지국유화'는 이론적으로 가능하고 자본의 효율적인 축적을 위하여 필요하기까지 하다. 왜냐하면 자본주의적 생산에 있어서 토지의 사적 소유는 자본주의 발전에 주요한 장애가 되기 때문이다. 자본주의적 토지 소유는 기본적으로 기능자본(산업자본과 상인자본)과 분리되게 된다. 따라서 자본주의적 생산에서 토지 구입에 투여되는 자본은 생산과 유통에서 기능하지 못하고 비생산적 토지에 동결되게 된다. 또한 토지 소유자는 토지를 자본가에게 임대하여 주고 임대료를 받는데 이것은 사회적 평균이윤율을 넘는 초과이윤으로 토지에 대한 사유가 없다면 자본가의 몫으로 되는 부분이다. 토지 소유가 없으면 지대도 없다. 따라서 토지 소유는 자본의 축적을 방해하는 것이고 결국 자본주의의 발전을 방해하게 된다. 따라서 그들은 토지의 국유화까지도 주장한다. 그러나 이 주장은 일반적으로 현실성이 없다. 왜냐하면 이것은 '사적 소유'의 신성불가침을 훼손시키고 많은 경우 자본가 자신이 토지 소유자이며 자본가와 토지 소유자는 지배동맹을 맺고 있기 때문이다.[36]

이런 의미에서 자본주의 사회에서 토지국유화는 노동자적이라고 하기보다는 자본가적이다. 물론 토지의 사유는 노동자들의 임금을 억누르는 주요한 원인이기도 하다.[37] 따라서 토지의 국유화가 노동자에게 전혀 도움이 되지

---

35) 같은 책, p. 758.

36) "자본주의적 생산방식에 있어서는 자본가는 생산에서 기능하는 필요한 당사자일 뿐만 아니라 지배적인 당사자이다. 이와 반대로 토지 소유자는 이 생산방식에서는 전혀 쓸 데 없는 자이다. 자본주의적 생산방식에 필요한 모든 것은 토지가 공동소유가 아니라는 것, 그것이 노동계급에 속하지 않는 생산 조건으로서 그와 대립한다는 것이며, 이 목적은 토지가 국가의 소유로 되고 따라서 국가가 지대를 받는 경우에 완전히 달성된다. 고대 및 중세기 세계에서 그렇게 본질적 기능을 수행한 토지 소유자는 공업적 세계에서는 쓸 데 없는 혹이다. 그러므로 급진적 부르주아지는 (나아가 기타의 모든 세금의 폐지를 바라면서) 이론적으로는 사적 토지 소유를 부정하는 데로 나아가고, 그것을 국가 소유의 형태로서 부르주아 계급 즉 자본의 공동소유로 전환시켰으면 한다. 그러나 그들은 실제로는 용기가 없다. 왜냐하면, 한 소유 형태에 대한 —노동조건의 한 소유 형태에 대한— 공격은 다른 형태에도 매우 위험한 것으로 될 것이기 때문이다. 그뿐만 아니라 부르주아 자신이 토지를 소유하였던 것이다." (*MEW*, Bd. 26, 제2부, 현실과 과학, p. 46; 채만수, "자본주의적 생산과 토지문제", pp. 186-7에서 재인용.)

37) "그러나 이 이자를 제외하더라도, 차지료의 일부 또는 어떤 경우에는 전부가 평

않는 것은 아니다. 그러나 이러한 착취의 증가는, 노동자들의 각성과 조직의 발전에 따라서, 사회적 긴장과 대립을 유발하고, 자본주의의 존속에 유해하게 작용할 것이라는 점에서도 토지의 국유화는 노동자적이라기보다는 자본가적이다.38)

균이윤으로부터의 공제분 또는 정상적인 임금으로부터의 공제분 또는 이 두 개 모두로 구성될 수가 있다(이 경우 진정한 지대는 전혀 존재하지 않으며 따라서 토지의 가치는 0이다). 이러한 부분[이윤의 일부든 임금의 일부든]이 여기에서 지대의 형태로 나타나는 것은 그 부분이 정상적인 경우에서처럼 산업자본가나 임금노동자에게 귀속하지 않고 차지료의 형태로 토지 소유자에게 지불되기 때문이다. 경제학적으로 말한다면 이 부분은 지대를 구성하지 않지만, 실제로는 그 부분은 진정한 지대와 마찬가지로 토지 소유자의 수입[그의 독점의 경제적 실현]을 구성하며 토지의 가격 결정에도 동일한 영향을 미친다." (맑스, 앞의 책, p. 770.)

"그러나 훨씬 더 일반적이고 중요한 사실은 특히 농업 노동자의 임금이 정상적인 평균 이하로 인하되고 이리하여 노동자 임금의 일부가 노동자로부터 공제되어 차지료의 한 구성 부분을 이루어 지대라는 가면을 쓰고 토지 소유자에게 귀속한다는 것이다." (같은 책, p. 772.)

38) 오해를 피하기 위해 한마디 덧붙이겠다. 토지가 국유화되면 토지에 대한 투기는 분명히 사라진다. 또한 자본주의 사회에서도 토지국유화는 가능하다. 그러나 이것이 문제의 근본적 해결이 아니다. 왜냐하면 토지가 국유화되면 다른 상품들, 예를 들면 쌀이나 기타 생필품 혹은 주요 공업 원료 등이 투기의 대상으로 될 것이기 때문이다. 하지만 모든 문제가 그렇지만 이 문제 역시 변증법적으로 이해해야 한다. 맑스의 다음의 주장을 참조하라.

"1868년의 인터내셔널 브뤼셀 대회에서 우리의 한 벗은 이렇게 말하였다: 토지의 소규모 사적 소유는 과학의 평결에 의해 선고를 받았고, 대토지 소유는 정의의 평결에 의해 선고를 받았다. 그렇다면 남은 것은 양자택일밖에 없다. 토지는 농촌 조합의 소유로 되든가 아니면 전 국민의 소유로 되어야 한다. 미래가 이 문제를 결정할 것이다.

나는 이와 달리 이렇게 말한다: 미래는 토지가 국민적으로 소유될 수밖에 없다고 결정할 것이다. 연합한 농촌 노동자들의 손에 토지를 넘기는 것은 생산자들 가운데 하나의 배타적 계급에게 사회를 인도하는 것이 될 것이다. 토지국유화는 노동과 자본 사이의 관계들에 완전한 변화를 일으킬 것이며, 그리하여 결국 공업에서건 농촌에서건 자본주의적 생산 형태를 제거할 것이다." (맑스, "토지국유화에 관하여", ≪저작선집≫ 제4권, p. 155.)

10) 토지공개념[39)]

자본 일반의 안정적이고 최대한의 축적 기반을 조성하기 위한 '토지국유화'에 대한 이념적 필요성과 현실적 불가능성 간의 모순은 여러 형태로 외화되는데, '토지공개념'이 그 대표적 표현이다. 토지공개념이 절대지대와 관련한 토지국유화의 필요성과 비현실성 간의 대립의 타협이라는 것은 앞서 살펴본 대로 토지 가격이 '자본 환원된 지대'이기 때문에 자본가가 토지를 임대할 때 절대지대를 지불하는 것은 물론이고, 취득할 때조차 그 가격 속에 절대지대를 지불한다는 사실과 토지 투기를 통해 자본가 자신들이 주요한 투기가이고 그 투기로부터 많은 이익을 얻지만, 그 투기가 자본의 재생산에 주요한 교란의 원인이 되고 사회적 긴장과 대립을 유발한다는 사실에서 알 수 있다. 즉 자본 일반의 안정적이고 최대한의 축적 기반을 조성하기 위해서 일반 혹은 총자본의 입장에서는 토지 투기를 일정한 한계 내에서 억제할 필요가 있게 되는 것이다.

이런 의미에서 철저히 계급적인 토지공개념은 현실에서도 국가를 매개로 자본의 안정적이고 최대한의 자본축적을 위한 방편으로 실행되어 왔다. 즉 국가는 효율적인 국토 관리의 명분으로 토지 소유에 대한 제한을 가함으로써 자본가에게 유리한 제반 토지·주택 정책을 통해 자본의 축적을 가능하도록 한다. 즉, 산업 및 노동력의 창출을 위해 공업 용지 및 택지의 대량 개발은 사실상의 토지 소유자인 농민과 도시 소부르주아들에 대한 토지의 강제수용, 토지 소유·사용권의 제한을 바탕으로 한다. 이러한 과정은 자본과 일부의 토지 소유자에게는 막대한 이익을 가져다주고 자본축적에 도움을 주지만 사실상의 토지 소유자인 농민이나 도시 빈민의 희생으로 이루어진 것이다. 현재에도 진행되는 도시재개발이나 신도시 건설 역시 모두 이에 다름 아니다.

국가와 자본은 법과 정책을 동원하여 소위 '공시지가'에 준하는 매우 낮은 가격으로 토지나 주택을 강제로 판매토록 한다. 혹은 필요하다면 공권력을 포함한 물리적 힘을 동원한 강제 철거로 토지나 주택을 사실상 강제수용하고 이를 개발하는 과정을 통해 엄청난 수익을 남긴다. 이렇게 개발된 토지나 새로 건설된 주택의 가격은 엄청나게 상승하고 그 개발 주변의 토지 가격은 폭등한다. 이것은 앞서 살펴본 건축지 지대의 상승 원리에 따라 그렇게 되는

---

39) 다음을 참조하라. 채만수, "'토지공개념' 소동의 본질에 대하여", ≪정세와 노동≫ 제4호(2005. 8.)

것이다. 즉 개발 과정 속에 투여된 모든 자본은 결국 건축지 지대화하고 이것은 모두 지가에 반영된다. 그리고 이렇게 개발되어 가격이 상승한 토지와 주택은 그 분양에 있어 일정 수준 이하의 사람들을 그곳으로부터 몰아내고 배제한다. 결국 자본가와 그의 다른 모습인 투기가들이 그 토지와 주택을 값싸게 소유하게 되는 것이다. 과거의 토지(주택) 소유자들은 살기 좋아진 자신이 살던 땅과 집을 버리고, 개발되기 전 자신이 살던 곳과 비슷하여 자신에게 익숙한 환경을 찾아 떠돌게 된다. 이 때문에 도시재개발이나 신도시 개발은 언제나 피를 보게 된다.[40] (다음 호에 이어집니다.*)

---

40) 이것은 멀리 1970년 '광주대단지 사건'에서도 일산·분당 개발 때에도, 우리 주변에 계속되는 철거 투쟁에서도 확인할 수 있다.

개발과 함께 그곳에 살았던 사람들의 운명은 어떻게 될 것인가? 그곳에 살고 있는 세입자들이 개발에서 얻는 것은 모든 점에서 더 나빠지는 곳으로 쫓겨 가는 이사비용뿐이다. 그렇다고 주택이나 건물을 소유하고 있던 사람들은 더 나아질 것인가? 물론 일부는 운 좋게 일확천금을 얻을 수 있을 것이다. 하지만 전부 그렇게 될 것인가? 결코 아니다. 그들도 극소수를 제외하고는 더 나아질 것이 없을 것이다. 왜냐하면 그들의 일부분은 집을 임대해 월세를 받아 살아가는 사람들인데, 그들은 이제 자신의 주택을 자본으로 사용할 수 없게 된다. 그들은 살기 위해서 분양권이나 주택을 팔고 다른 곳으로 거처를 옮겨야 살 수 있게 된다. 물론 그것도 그전보다 더욱 나빠진 조건에서 생활하게 될 것이다. 또한 전세를 놓고 있는 사람들도 새로운 주택을 받기 전에 먼저 전세금을 돌려줘야 하는데 현재의 관행상 이것은 매우 힘든 일이다. 대부분 이미 써 버렸을 것이기 때문이다. 이들도 월세를 받는 사람들과 마찬가지 처지가 될 것이다. 또 대부분의 사람들은 공공용지 건설이라는 명분으로 자신의 소유 일부를 심지어 빼앗기기까지 할 것이다.

* [편집자 주] 필자는 이어지는 글을 쓰지 못했다.

신자유주의에 대한 본질적이고 근본적인 인식[*,**]

— 한노정연 '현대자본주의 이해 강좌'를 듣고

1.

자본주의는 역사 속에 등장한 이후 끊임없는 위기를 겪으며 다양한 변신의 과정을 거쳐 현재에 이르고 있다. 이미 오래전에 한계에 다다랐다는 것을 보여 주고 있지만 자본주의는 끊임없는 변화로 생존을 이어 가려 한다. 신자유주의 역시 그 과정의 하나의 형태이며 자본주의의 현신이다. 우리는 이러한 자본주의의 숨통을 끊어 놓으려 노력한다. 이러한 우리의 실천은 과학적 이론을 요구한다. 혁명적 이론 없이 혁명적 실천은 없다. 신자유주의에 대한 과학적 이해는 신자유주의를 극복하기 위한 올바른 실천의 전제가 된다. 수 없이 다양한 형태로 나타나는 현실에 매몰되어 허우적거리지 않고 올바른 방향으로 나아가기 위해서는 역사의 발전과 역사의 내적인 연관을 파악하여 올바른 역사적 전망을 갖는 것이 반드시 필요하다. 현재의 우리는 신자유주의에 대해 그 어느 때보다도 대규모적으로 또 다양한 영역에서 치열한 투쟁을 벌이고 있다. 하지만 정치적 · 역사적 전망의 부재는 우리의 헌신적인 투쟁을 무위로 돌아가게 만들고 있으며 사람들을 절망하게 한다. 이러한 현실을 극복하는 것, 즉, 정치적 · 역사적 전망을 찾는 것은 지금 우리 운동의 시급한 과제다.

한국노동이론정책연구소에서 진행하였던 공개강좌 [현대 자본주의의 이해: 20세기 자본주의의 전개]는 연구소 내의 현대자본주의 연구팀이 1년이 넘는 기간 동안 해 왔던 학습의 성과를 전체적으로 공유하기 위해 마련했던 자리였다. 강좌의 내용은 말 그대로 1870년 이후부터 현재까지의 세계 자본주의

---

* [편집자 주] ≪현장에서 미래를≫ 제86호(2003. 4.) 〈청강기〉에 실린 글이다.

** [≪현장에서 미래를≫ 편집자 주] 이 글은 한노정연 "현대자본주의 연구팀"이 2월 19일부터 7차례에 걸쳐 진행한 "현대자본주의의 이해" 공개강좌를 듣고 작성해 주신 글입니다.

의 전개 과정에 대한 포괄적인 설명이다. 그러나 강좌의 강사들은 자신들의 이번 이론 작업을 새로운 전망을 구축하기 위한 하나의 시도로서 위치 짓는다. 그들은 과거 정통 교의들에 대한 무조건적인 비판이나 다양하게 제시된 주장들의 조합을 통해서가 아니라 “길고 지난한 과정일지라도 스스로의 힘으로 하나씩 만들어” 가겠다는 각오로 논의하고 강좌를 준비하였다고 한다.

2.

강좌는 세 명의 강사가 두 번씩 강의를 진행하여 모두 여섯 차례의 강좌가 있었고 마지막 한 번의 종합 토론으로 7회에 걸쳐 이루어졌다. 현대자본주의에 대한 올바른 이해를 위하여 맑스주의를 기본적 관점으로 삼아야 한다는 주장을 함으로써 이번 강좌는 전혀 새롭지 않았다. 하지만 어쩌면 바로 그것 때문에, 즉 맑스주의를 기본으로 해야 한다는 것 때문에 이번 강좌는 새로울 수 있었다. 강사들은 맑스주의의 관점에 서야만 현재 전개되는 현상을 바로 설명할 수 있다고 주장하며, 실제로 맑스주의의 관점에서 현대자본주의를 설명한다. 강사들은 현대자본주의의 현상을 설명하려 했던 기존의 다양한 이론들을 때로는 비판하며 때로는 근거하여 자신들의 주장을 이끌어 간다.

“제1강 현대자본주의에 대한 역사적 이해”는 현대자본주의의 전개 과정을 간략히 서술하는 과정을 통하여 ‘자본주의는 불완전한 체제이며 그 내적 모순에 의해 위기가 불가피하고 그 위기는 점차 심화된다’는 고전적 주장을 재확인한다. 또한 위기를 공황이나 전쟁과 같이 폭력적이고 근로대중을 주된 희생물로 하는 방식을 통해서만 일시적으로나마 극복할 수 있는, 결코 인간다운 삶과 양립할 수 없는 체제라는 점을 강조한다.

“제2강 현대자본주의를 어떻게 파악할 것인가?”는 “1870년대의 대불황기에 전면화된 ‘독점’과 1930년대 대공황을 겪으면서 돌이킬 수 없게 된 수준에 이른 국가 개입을 현대자본주의의 가장 중요한 특징”으로 설명한다. 강사는 1930대의 대공황 이후 “경제적 재생산 과정에 대한 국가의 개입과 국가에 의한 항구적 위기관리”의 “일상화”를 소위 정통적 입장인 ‘국가독점자본주의’라는 개념을 차용하지만 그 중요한 특징은 트로츠키주의자인 만델의 ≪후기 자본주의≫를 빌려 설명한다. 그리고 “자본주의는 이미 국가의 항상적 개입 없이는 더 이상 생존하기 어려운 상태로 변모했”다고 결론짓는다. 이러한 주장은 신자유주의에 대한 흥미로운 설명으로까지 이어진다. 즉 강사는 신자유주의와 케인즈주의를 대립되는 것으로 보는 것을 반대하며 오히려 케인즈주의와 신자유주의는 국가독점자본주의의 두 얼굴로 파악하기를 주장한다. 1970년대 이후의 장기 불황에 의해 노동자계급에게 최소한의 양보도 허락할 수 없게 된 자본가계급은 케인즈주의적 국가 개입을 반대한다고 하지만 실상은 더 적극적인 국가 개입을 하고 있으며, 국가에 의한 항구적 위기관리라는 국가독점자본주의의 본질적 성격은 그대로 유지된다고 주장한다.

“제3강 제2차 세계대전 이후의 장기 호황과 장기 불황”은 매우 재미있는 주제를 일관적인 관점으로 다룬다. 전후 나타났던 장기 호황과 현재까지 이어지는 장기 불황을 강사는 과잉자본·과잉생산의 개념을 이용하여 설명한다. 그 역시 기본적으로는 현재의 위기는 자본주의 생산양식 그 자체에서 기인한다는 전제를 명확히 한다. 그는 현재의 자본주의의 위기를 알려면 50년 전으로 돌아가길 주장한다. 전후의 장기 호황의 과정에서 만들어진 엄청난 규모의 과잉자본과 케인즈주의 화폐 정책(신용팽창과 부채경제), 브레튼우즈 체제의 세 요소는 서로 결합하여 장기 불황으로 전화하고 그것은 현재에 이른다. 전쟁으로 인한 과잉자본의 청산과 산업 혁신이 가져온 생산력의 비약적인 발전은 전후 장기 호황의 토대가 된다. 자본주의적 생산은 그 내적 모순에 의해 필연적으로 산업 순환을 겪게 되고 위기를 겪게 된다. 그 위기는 과잉자본의 파괴를 통해 또 다른 차원의 순환으로 들어가게 된다. 그러나 전쟁을 통한 생산 시설의 철저한 파괴는 과거 그 어떤 위기보다도 큰 과잉자본에 대한 파괴의 효과를 가져왔다. 이는 과거 어떤 산업 순환의 경우보다도 오랜 시간 동안 자본주의로부터 과잉자본의 문제를 잊을 수 있게 해 줬다. 그러나 자본주의적 생산에서 과잉자본의 양산은 피할 수 없는 일이다. 긴 장기 호황은 필연적으로 과잉자본을 양산하였다. 이미 1965년을 기점으로 이 과잉자본들은 과잉생산을 일으켜 위기로의 전환이 예견되었다. 그러나 이 시점에 실시된 극단적인 케인즈주의 정책은 위기를 지연시켰고 오히려 과잉자본을 양산하게 된다. 미국의 케인즈주의 정책은 브레튼우즈 체제를 이용하여 국제적으로 확대되게 되며 브레튼우즈 체제는 세계경제를 지탱하다가 결국 붕괴되게 된다.

“제4강 장기 불황에 대한 자본의 대응들”에서 한편으로는 임금의 하락과 고용의 불안정, 노동강도의 강화 등의 노동에 대한 공격으로 나타나며, 다른 한편으로는 과잉자본 이동에 따른 제3세계의 외채·외환 위기로 자신들에게는 버블 붕괴에 따른 위기로 현상하게 되었다고 한다.

"제5강 초국적 자본의 운동"과 "제6강 세계화에 대한 불만"은 초국적 자본과 그 운동에 대한 설명과 그 이데올로기로서의 '세계화'에 대한 설명을 한다. 강사는 '세계화'란 자본이 이윤을 목적으로 국민국가를 초월하여 세계적으로 움직이려고 하는 과정을 지칭하는 것으로 이를 자본 자체에 대한 설명으로부터 시작하여 자본의 세계적 축적, 산업자본 및 금융자본의 세계적 축적 운동으로 나아간다. 결국 '세계화'란 '자본의 세계화'이고 이것은 하나의 단일하고 균등한 과정이 아니라 복합적이고 중층적이며 불균등한 과정으로서 다양한 수준의 강도, 상이한 속도, 상이한 순서로 상이한 공간에서 진행된다는 것이다. 동시에 이러한 자본의 세계적 축적 과정은 세계적 규모의 자본의 집중 과정이고 세계적인 노동자의 통합과 분열 과정으로 파악할 것을 주장한다.

3.

앞서 살펴본 내용처럼 현대자본주의를 이해하고 파악하게 되면 우리는 실천적으로 매우 중요한 몇 가지 결론을 얻을 수 있게 된다. 그중 가장 중요한 것은 신자유주의에 대한 본질적이고 근본적인 인식이다. 즉 현재의 신자유주의는 자본주의의 선택 가능한 여러 대안들 중 하나의 정책이 아니라는 것이다. 신자유주의는 자본주의적 생산의 모순과 위기의 심화가 극에 다다라 정상적인 재생산 과정 속에서 위기 극복 방법을 찾을 수 없는 시기, 더 이상 자본주의적 틀 내에서는 다른 대안을 찾을 수 없는 시기, 따라서 지속적으로 노동자와 민중의 희생을 강요하면서 이에 저항하는 노동자·민중에 대한 탄압을 멈출 수 없는 시기의 어쩔 수 없는, 필연적인 귀결이라는 것이다. 1970년대 이후 벌어진 장기 불황에 의해 노동자계급에게 최소한의 양보도 허락할 수도 없게 된 자본주의 그리고 자본주의적 생산 아래에서는 어쩔 수 없는 과잉생산의 위기, 그리고 이 때문에 발생했던 장기 불황과 '세계화'라는 구호. 이것이 우리의 의지로부터 독립되어 있는 일정한 필연적인 관계의 현주소인 것이다. 여기에서 도출되는 당연한 우리의 정치적·역사적 전망은 자본주의의 극복일 수밖에 없다.

강좌에서 얻을 수 있는 또 하나의 중요한 시사점은 반신자유주의 투쟁의 기본 노선이 무엇이 되어야 하는가에 대한 것이다. 신자유주의가 케인즈주의와 본질적으로는 같은 즉 국가독점자본주의의 다른 얼굴 혹은 현재적 귀결이라고 한다면 반신자유주의에 대한 투쟁의 전망은 몇몇이 주장하는 것처럼 케인즈주의로의 회귀가 될 수 없다는 것이다. 케인즈주의에 대한 비판과 신자유주의의 실현을 통한 자본주의 구출에 대한 염원은 앞서 말한 것처럼 말도 안 되는 주장이다. 그러나 이와는 다르게 신자유주의에 대한 반대를 주장하지만 사회보장제도의 유지 · 강화와 고용 안정 등을 주장하면서 노동자계급에게 상대적으로 온정적으로 보이는 케인즈주의를 진보적인 것으로 주장하는 경향이 진보 진영 내에 있는 것이 사실이다. 이것은 앞서 언급한 신자유주의에 대한 인식의 오류나 불철저한 인식에서 기인하는 것이다. 이것이 문제가 되는 것은 그것이 불가능하다는 것에만 있는 것은 아니다. 그것이 문제가 되는 더 커다란 이유는 반신자유주의 투쟁의 전선에서 끊임없는 이론적 · 실천적 동요를 불러일으켜 강위력한 투쟁을 방해한다는 것과 힘들게 얻은 노동자 · 민중의 투쟁의 성과를 독점부르주아의 일 분파 혹은 소부르주아지에게 갖다 바치는 결과를 초래하는 것에 있다. 실제로 케인즈주의로의 회귀 주장은 자유주의적 소부르주아지 정치의 중요한 주장이다.

현재 진행되는 자본의 노동에 대한 공격이 일시적 · 우연적인 것이 아니라 구조적 · 지속적이라는 것도 강좌에서 얻을 수 있는 중요한 내용이다. 신자유주의에서 노동자 · 민중에 대한 공격은 과거의 그것과는 상이하다. 노동에 대한 자본의 공격은 자본주의가 위기에 처하게 되면 항상 반복되었고 가장 먼저 선택하는 방법이었다. 그러나 그것은 정상적인 재생산이 불가능한 위기의 시기에 선택되었던 것이다. 그러나 자본주의의 모순과 위기가 심화되어 발생한 신자유주의 시대에서 이것은 항상적 구조적인 것이 되었다. 자본주의적 생산의 절망적 위기, 절망적인 모순의 폭발, 탈출구 없는 항상적이고 만성적인 과잉생산의 위기의 결과가 신자유주의의 본질이기 때문이다. 이때 저항하는 노동자 · 민중에 대한 파쇼적 탄압이 동반되는 것은 설명이 필요 없는 일이다. 이러한 상황은 앞으로도 변하지 않을 것이며 따라서 앞으로 예상되는 것은 파쇼적 탄압을 동반한 자본의 노동자 · 민중에 대한 공격은 더욱더 강화할 것이고 노동자 · 민중들은 말 그대로의 생존권을 지키기 위한 저항 속에서 끊임없는 투쟁이 전개될 것이라는 것이다.

4.

과거 맑스는 자본주의적 생산방식 및 그것에 대응하는 생산관계와 교환관계를 연구하여 자본주의의 운동법칙을 발견하였다. 그러한 운동법칙의 발견이 당장 무엇을 해야 하는가를 가르쳐 주지는 않았지만 법칙의 발견은 주관적 의지로 세상을 바꾸려는 것과 선한 의지로 올바름을 증명하려는 태도가 옳지 않으며 우리의 투쟁의 방향을 어떻게 정해야 하는가를 알 수 있게 해줬다. 또 선한 의지와 주관적 의지가 운동을 발전시키기는커녕 운동에 엄청난 해를 끼치는가에 대해서도 잘 알려 주었다.

이번 강좌의 내용이 모두 옳다고 할 수는 없다. 아니 더 많은 부분이 틀렸을지도 모른다. 혹시 현대자본주의의 운동법칙에 대한 올바른 발견을 하였다고 해도 이것 자체가 앞서 말한 것처럼 올바른 실천을 저절로 담보하지는 못한다. 이번 강좌의 의의는 현대자본주의에 대한 포괄적 이해의 단초를 제기한 것에도 찾을 수 있다. 그러나 강좌는 준비한 사람들이 목적한 바대로 정치적 · 역사적 전망의 부재로 고통받은 현재의 운동 상황에서, 그 기초가 되는 사상 · 이론에 대한 포괄적인 문제 제기를 한 것, 그리고 새로운 전망을 구축하려는 시도를 했던 것에서 더욱더 큰 의미가 있다고 할 것이다. 이제 앞으로 이를 이어 갈 의무는 우리에게 있다.

우리는 지금 '민주노동당'을 지지해야 하는가?[*]

— 최일붕 · 김하영 비판[1)]

1.

〈다함께〉가 현재의 한국 노동자계급 운동에서 커다란 의미를 갖는 것은 맑스-레닌주의에 대한 옹호와 관련해서이다. 과거 맑스-레닌주의는 노동자계급 해방운동의 가장 중요한 사상이었다. 수많은 사회주의적인 사상의 하나에서 출발한 맑스주의는 현실의 투쟁 속에서 그 과학성을 입증하였고 노동자계급 해방운동의 지도적 사상이 되었다. 그리고 레닌주의는 맑스주의를 계승 · 발전시켜 노동자계급 혁명을 승리로 이끌어 역사상 최초로 노동자 국가를 수립하게 하였다. 그러나 이후 현실 사회주의 진영이 무너진 지금 그 역사는 부정당하고 있으며, 레닌주의는 물론 맑스주의조차 무시당하고 있는 실정이다. 이러한 반동적 상황에서 노동자계급 운동이 사상적 · 이론적 혼란을 겪는 것은 어쩌면 너무나 당연한 일이다. 이러한 상황에서 〈다함께〉 동지들은 자

---

* [편집자 주] ≪현장에서 미래를≫ 제105호(2005. 1.) 〈쟁점연구〉에 실린 글이다.

1) 지난해 겨울 발행된 ≪진보평론≫ 제22호는 "좌파정치운동의 혁신과 연대"라는 주제로 특집을 구성하였다. 편집자에 따르면 특집은 "좌파의 각 조직들이 좌파의 연대에 대해 어떤 생각을 갖고 있는지 그 입장과 방안을 들어 보는 자리로 마련"한 것이었다. 모두 여섯 개의 글이 실렸는데 그중 네 편이 그러한 내용을 다루었다. (김세균 교수와 원영수 동지는 모두 〈노동자의 힘〉 회원이지만 두 글은 다른 차원의 글이다. 자세한 내용은 ≪진보평론≫ 제22호를 참조하라.)

이 글은 그중 〈다함께〉 편집팀의 두 동지가 쓴 글의 극히 일부에 대한 비판이다. 두 동지는 '민주노동당'을 '개량주의 정당', '사회민주주의 정당'으로 규정한다. 하지만 두 동지는 "사회주의자들은 적어도 수십만 노동자들에게 민주노동당의 실체가 사회민주주의임이 입증될 때까지는 민주노동당을 지지하면서 활동하는 것이 현명하다"라고 레닌의 이름으로 주장한다. 나는 '규정'에는 동의한다. 하지만 '주장'에는 동의할 수 없다. 이 글은 두 동지의 바로 '그 주장'에 대한 비판이지 더 이상은 아니다. (이것은 나머지 내용에는 동의하는 부분도 있고 동의하지 않는 부분도 있다는 것이다. 또한 나머지 세 글보다는 두 동지의 글에 원칙적인 오류가 더 적다는 것도 나의 솔직한 생각이다.)

신들이 맑스-레닌주의자임을 공공연히 선언하고 있으며, 그에 입각한 선전·선동 및 이론·실천 작업을 하고 있다. 요즘과 같이 사상·이론적 혼란이 극에 달해 있는 상황에서 〈다함께〉 동지들의 이러한 (맑스-레닌주의를 옹호하고 현실에 적용하려는) 태도와 노력은 그 자체로 훌륭하다. 그들은 현재 우리 주변의 수많은 활동가들과는 달리 과학적 사상과 이론을 견지하고 적용하려는 노력을 하고 있다. 그들은 노동자계급 해방운동의 중요한 무기를 버리지 않고 있기에 다른 웬만한 그룹보다 활기차고 힘 있다.[2)]

내가 지금 다루려고 하는 "좌파 혁신과 연대에 제기될 몇 가지 문제"[3)]라는 글도 그러한 노력의 하나이다. 두 사람의 글은 이른바 '좌파'라고 불리는 세력들의 연대에서 제기되는 혹은 "제기될" 첨예한 정치적 문제들을 다루고 있다. 사상적 혹은 원칙적 차원의 문제에서부터 개념적 혼란과 관련된 문제에까지, 이론적 해명이 필요한 것에서부터 현실 정치에서 쟁점이 되는 문제에 이르기까지 많은 것들을 다룬다. 나는 그 글의 많은 부분에 동의하지만 또 다른 많은 부분에 동의할 수 없다. 하지만 지금 이 글에서는 그들이 다룬 주제들 중 극히 일부만을 다룰 것이다. 왜냐하면 그들이 다루고 있는 주제들이 너무나 광범위하고 또한 전제하고 있는 문제 자체도 각기 중요한 주제들이기 때문에 이 작은 글에서 다루기 어렵기 때문이며, 그 모든 것에 대한 입장이 일치해야 "혁신과 연대"가 이루어질 것도 아니기 때문이다.

한 가지 좀 다른 차원의 문제이지만 지적하고 갈 것이 있다. 그것은 두

---

2) 이들이 이러한 것은 그들 스승의 말에 충실한 것인데 이 점에서도 그들은 훌륭하다. "현재와 같은 반동의 시대는 노동자계급을 분열, 약화시키며 그 전위를 고립시키는 것으로 그치지는 않는다. 운동의 이데올로기적 수준을 전반적으로 떨어뜨림은 물론, 이미 거쳐 온 과거의 저급한 단계로 정치사상을 퇴보시킨다. 이러한 정세하에서 전위의 임무는 무엇보다도 이 퇴행적 흐름에 떠밀려서는 안 된다는 것이다. 전위는 시류에 맞서 나아가지 않으면 안 된다. 불리한 세력 관계로 인해 전위가 이미 획득한 정치적 진지를 지켜 내지 못할 수도 있다. 그렇더라도 전위는 최소한 자신의 이데올로기적 진지만은 반드시 지켜 내야 한다. 왜냐하면 이데올로기적 진지는 막대한 희생을 대가로 치른 과거의 투쟁 경험을 표현하기 때문이다. 어리석은 사람만이 이 방침을 '종파적인 것'으로 여길 것이다. 실제로 이것은 앞으로 다가올 역사의 물결과 함께 새롭고 거대한 파도를 준비하는 유일한 수단이다." (트로츠키, "스탈린주의와 볼셰비키주의", ≪역사의 대안 트로츠키주의≫, 풀무질, 2003, p. 193.)

3) 최일붕·김하영, "좌파 혁신과 연대에 제기될 몇 가지 문제", ≪진보평론≫ 제22호(2004년 겨울), pp. 91-133.

동지의 글이 정치적인 문제를 다루는 글임에도 불구하고, 정치(학)적이라고 하기에는 너무나 교육(학)적인 글이라는 점이다. 이 점이 그들의 글이 비판되는 한 요인임은 분명하다. 그들의 글은 대단한 끈기를 가지고 여러 가지 개념을 설명하고 가르치려 하고 있다. 때에 따라서는 비난받아야 할 그들의 태도를 지금은 비판하지 말아야 한다. 왜냐하면 우리의 정치학적 글은 일반적으로 많은 부분 교육학적 요소를 담고 있기 때문이다. 또한 미신이 과학을 대신하고 있으며, 요란스럽고 잡다하고 과시적인 '무지'와 '무식'을 오히려 자랑스러워하는 현재의 상황에서 그들의 교육적인 글은 충분한 의미가 있다. 따라서 그러한 식의 글쓰기는 어쩌면 지금은 당연할 수도 있다. 우리는 동지들 사이에서도 상호 간에 배우고, 때로는 적들에게서도 배운다. 마찬가지로 그들이 어떠한 글쓰기 태도를 견지하든 우리는 〈다함께〉 동지들에게서 배울 것은 배우고, 잘못된 것은 비판으로 가르치면 된다. 그뿐이다.

2.

〈다함께〉 동지들이 맑스-레닌주의를 견지하는 태도에서 오는 장점은 두 사람의 다음과 같은 분석에서 살펴볼 수 있다.

> 17대 총선 후 사람들의 기대는 컸다. 행정부와 입법부 모두 개혁을 표방하는 정당이 장악했기 때문이다. 그러나 그 기대와 희망은 실망과 분노로 바뀌었다. 왜냐하면 열우당이 추진하는 개혁의 상당수는 신자유주의적인 것이고, 그나마 괜찮은 개혁은 기성 권력 체제의 방해에 직면해, 실패하고 있기 때문이다. 자본주의 사회에서는 진정한 권력이 선출된 의회가 아니라 선출되지 않은 권력자들, 곧 대기업 CEO들과 국가 관료, 검찰·경찰 간부, 고위 법관, 군 장성 등에게 있으므로 그들이 한사코 반대하기로 맘먹은 개혁은 그들이 대중투쟁에 밀려 양보하지 않는 한은 실패하기 마련이다.[4]

이 분석은 탁월하다. 그리고 글을 쓰는 방식에 있어서도 노련하다. 이들은 '국가의 본질'에 대한 이해에서 우리 사회 그 누구보다도 정통하고 올바르다. 이것은 이들이 맑스-레닌주의를 지키려 하는 데서 오는 이득이다. 아마도 이

---

4) 같은 글, p. 109.

내용은 "공산당 선언"과 ≪국가와 혁명≫을 염두에 두고 쓴 것으로 생각된다. 그 해당 부분을 살펴보자.

> ... 지난 25년에 걸친 대공업의 엄청난 발전, 그리고 이와 함께 진전된 노동자계급의 당 조직에 비추어 볼 때, 그리고 우선 2월 혁명의 실천적 경험 및 더 나아가 프롤레타리아트가 처음으로 2개월간 정치권력을 장악했던 빠리 꼬뮌의 실천적 경험에 비추어 볼 때, 이 강령은 몇몇 군데에서 오늘날 낡은 것이 되어 버렸다. 특히 꼬뮌은 "노동자계급이 기존의 국가기구를 단순히 장악하여 그것을 자기 자신의 목적을 위해 가동시킬 수는 없다"는 것을 증명해 주었다.[5]

레닌은 이 부분을 인용한 후 다음과 같은 해석을 추가한다.

> 저자들(마르크스와 엥겔스)은 위의 말을, 즉 위에서 작은따옴표 안에 든 말을 마르크스의 저작인 ≪프랑스의 내전≫에서 인용했다.
>
> 따라서 마르크스와 엥겔스는 "공산당 선언"에 주요한 수정을 가했다고 소개할 만큼, 파리코뮌에서 얻은 원칙적이고 근본적인 교훈을 아주 중요하게 인정하고 있음을 우리는 알 수 있을 것이다.
>
> 아주 특징적인 사실은 이 같은 주요한 수정이 기회주의자들에 의해서 왜곡되고 있으며, 그 수정의 의미를 "공산당 선언"을 읽은 100명의 사람 중 아마도 99명까지는 안 되더라도 적어도 90명까지는 모르고 있다는 것이다. 우리는 이 점을 이러한 왜곡을 다룬 장(제4장—역자 주)에서 보다 상세히 살펴볼 것이다. 조금 전에 인용한 마르크스의 유명한 명제에 대한 현재의 천박한 '해설'이란 다름이 아니라 마르크스가 여기서 강조한 것이(그들의 주장대로는) 권력 장악과 반대로 완만한 발전 개념 따위였다는 것이다. 하지만 여기서는 일단 그들이 주장하고 있다는 것만 언급하는 것으로 그치려 한다.
>
> 그러나 실제로 진상은 그와 정반대이다. 마르크스의 생각은 노동계급은 '기존의 국가기구'를 파괴하고 타도해야 하며, 단순히 기존 국가를 장악하는 것에 머물러서는 안 된다는 것이었다.[6]

---

5) 맑스 · 엥겔스, "공산주의당 선언", ≪저작 선집≫ 제1권, 박종철출판사, p. 370.
6) 레닌, ≪국가와 혁명≫, 논장, pp. 53-4.

바로 이어 레닌은 맑스가 쿠겔만(Kugelmann)에게 보내는 서한을 인용한다.

> [...] 당신이 나의 "브뤼메르 18일"의 마지막 장을 보면 발견할 것이지만, 나는 프랑스 혁명의 다음 시도는 더 이상 이제까지와 마찬가지로 관료적-군사적 기구를 한 손에서 다른 손으로 옮기는 것이 아니라 그것을 때려 부수는 것이라고 말했으며, 이것이 대륙에서의 모든 현실적 인민 혁명의 전제 조건입니다. 이것은 또한 우리의 영웅적인 빠리의 당 동지들의 시도이기도 합니다.[7]

그리고 또 다음과 같은 해석을 단다.

> '관료 · 군사 기구를 타파하는'이란 말은 하나의 혁명이 수행되는 동안에 국가와 관련하여 프롤레타리아트가 수행할 임무가 무엇인가에 대한 마르크스주의의 원칙적인 가르침을 간명하게 보여 주는 말이다. 그리고 현재 횡행하고 있는 카우츠키류에 의한 마르크스주의 '해석'에서 완전히 간과되고 적극적으로 왜곡되고 있는 부분도 이러한 가르침이다.[8]

중앙집중화한 국가권력과 그 국가기구의 가장 특징인 '관료제'와 '상비군' 등의 존재에 대한 지적과 "국가와 관련하여 프롤레타리아트가 수행할 임무"에 대한 "원칙적인 가르침"에 대한 이러한 지적처럼, 기회주의자에 대한 통렬한 비판은 없을 것이다. 〈다함께〉의 두 동지는 자신의 글에서 직접적이지는 않지만 슬쩍 돌려 우리에게 이것을 환기시키고 있다. 그리고 이것은 앞서 말한 것처럼 그들이 맑스-레닌주의를 고수하려는 태도와 노력의 성과임이 분명하다. 그리고 이런 한에서 그들은 옳고, 이것은 현재 "좌파 혁신과 연대에 제기될" 중요한 문제들 중 하나다.

3.

우회적임에도 불구하고 〈다함께〉의 두 동지들이 "프롤레타리아트가 수행

---

7) 맑스, "맑스가 하노버의 루트비히 쿠겔만에게", ≪저작 선집≫ 제4권, p. 425.
8) 레닌, 앞의 책, p. 54.

할 임무"를 다룬 것은 민주노동당의 개량주의에 대한 폭로와 비판을 위해서이다. 이들은 이렇게 예측한다.

> (...) 개혁이 지지부진하면 으레 정치적 양극화가 심화된다. 한편으로는 보수적 반동이 일어나고, 다른 한편으로는 급진 개혁을 지지하는 경향이 발전한다. (...)
>
> 계속될 정치 양극화에서 좌측 방향은 민주노동당으로 향할 것이다. 얼치기 개혁파는 안되겠다 싶은 사람들이 대부분 민주노동당에게 기회를 줘 봐야겠다고 생각할 것이기 때문이다. 그러므로 민주노동당은 계속 성장할 것이다. 물론 반드시 중간중간에 우여곡절이 있을 것이다. (...)
>
> 그러나 민주노동당은 모순에 직면하게 될 것이다. 개혁파의 '좌익'으로서 민주노동당은 개혁파의 '우익'인 열우당의 위기로부터 반사이익을 얻을 것이다. 다른 한편, 열우당과 마찬가지인 의회 내 개혁파로서 민주노동당은 열우당과 똑같은 난관에 부딪힐 것이다. (...)
>
> 그러므로 민주노동당의 사회민주주의적 본질이 조금씩 드러나기 시작할 것이다. (...) 민주노동당의 이런 사회민주주의적 본질은 바뀔 수 없다. 왜냐하면 민주노동당의 주된 기반은 노동조합 상근 간부층이기 때문이다.
>
> 사회민주주의 지도자들은 중요한 사회적 개혁과 개선이 노동계급의 직접적 집단행동으로 쟁취되는 것이 아니라 국회의원이나 대통령의 선출을 통해 주어지는 것이라고 생각한다. 그들은 현재의 체제가 혁명으로 전복될 수 없고 일련의 개혁들을 통해 변혁될 수 있다고 생각한다. 노동계급이 현재의 행정부 · 사법부 · 입법부와 경찰 · 군대를 그대로 인계받아 사용할 수 있다고 생각한다. 사실, 이들은 혁명적 사회주의자들과 사회주의의 성취 방법을 달리할 뿐 아니라 사회주의의 의미 자체를 달리한다.[9]

민주노동당이 어떤 "우여곡절"을 겪게 될지 나는 예측할 수 없다. 또한 민주노동당이 "계속 성장할 것"인지 혹은 어떤 "첨예한 경제 · 정치 위기의 시대"를 겪으면서 "매우 급속히 성장할 수 있"을지도 더 나아가 "집권할 수 있"을지는 더욱더 예측할 수 없다.[10] 따라서 이러한 주장에는 전적으로 동의

---

9) 최일붕 · 김하영, 앞의 글, pp. 109-10.

10) 여기서 사태가 그들의 예상처럼 진전될 것인지 그렇지 않을 것인지를 논하는 것은 이 글의 목적도 아니지만 ―사태의 전개가 "물론 반드시 중간중간에 우여곡절이 있을 것"이기 때문에라도― 무의미하고 불가능하다.

할 수 없다.

하지만 여기서도 앞서 언급한 것과 같은 〈다함께〉 동지들의 장점을 볼 수 있다. 즉, 그들은 "국가와 관련하여 프롤레타리아트가 수행할 임무"에 대한 "원칙적인 가르침"을 직접적으로 언급하면서, 사회민주주의 정당으로서 민주노동당을 "개혁파의 우익 열우당"에 비교하여 "개혁파의 '좌익'으로서 민주노동당"으로 규정지으며, 양자가 서로 본질적으로 다르지 않은 것으로 파악한다. 또한 "사회민주주의의 지도자"들의 한계와 "혁명적 사회주의자"들과의 차이점을 "사회주의의 성취 방법"의 문제로만 구분하는 것이 아니라 "사회주의의 의미 자체를 달리"하는 것으로까지 언급한다. 이 역시 약간은 우회적이지만 개량주의의 한 모습으로서의 사회민주주의의 본질을 정확히 지적하는 것이다. 우리가 여기서 언급하는 사회민주주의는 19세기 후반과 20세기 초, 노동자계급 운동을 대표하고 이끌었던 사회민주주의가 아니라, 이론적 · 철학적으로 부르주아적으로 타락한 그래서 노동자계급을 정치적 · 이데올로기적으로 포로로 잡고 있는 독점자본의 이데올로기를 의미한다는 것은 긴 설명이 필요하지 않다. 물론 이들이 어느 정도 자본주의의 모순을 해결하여 자본주의를 구하려 하는 노력을 하는 것은 사실이며, 이러한 의미에서 사회민주주의자들의 사회주의는 부르주아적 사회주의이다.[11] 이러한 사회민주주의가 현재 한국 노동자계급 운동 속에서 공공연하게 큰소리를 내고 있는 것은 명확한 사실이며, 이에 대한 철저한 비판은 우리 모두의 임무임이 명백하다.

4.

앞서 〈다함께〉 동지들의 맑스-레닌주의를 견지하려는 태도와 노력과 그에 따른 그들의 장점을 살펴보았다. 그리고 그러한 태도와 노력은 그 자체로 의미가 있다고도 하였다. 그러나 맑스-레닌주의를 견지하려는 '태도'와 '노력' 그 자체가 올바름을 그대로 보장하지는 않는다.[12] 이것은 〈다함께〉 동지들

---

11) 이에 대해서는 다음을 참조하라. 맑스 · 엥겔스, "공산주의당 선언", pp. 427-8. 물론 현재 유럽 사회민주주의 주류는 이것도 포기하고 신자유주의로 투항한 지 오래다.

12) 그래서 두 동지도 이렇게 쓰고 있다. "일부 자칭 맑스주의자들은 보통의 은행원 · 교사 · 공무원 등을 중간계급으로 규정한다. 다른 자칭 맑스주의자들은 [비물질 노동](지식 · 정보 · 커뮤니케이션 · 엔터테인먼트 등의 생산물을 만드는 노동)을 하는 사

의 글에서도 나타나는 것이다.[13] 이번 글에서도 다음과 같은 주장에서 그것을 확인할 수 있다.

그러나 레닌은 ≪'좌익' 공산주의—어린애 같은 뒤죽박죽≫에서 혁명적 사회주의자들이 개량주의자들과의 공동 활동을 통해 개량주의 지도자와 사상이 노동계급의 이익에 부합하지 않음을 참을성 있게 노동자들에게 입증해야 한다고 강조했다.[14]

두 동지는 레닌의 ≪공산주의에서의 "좌익"소아병≫[15]을 언급하며 자신들의 주장을 전개한다. 이것까지는 옳다. 문제는 다음부터이다.

그래서 민주노동당에 어떤 지지도 제공하기를 거부하는 것은 계급의식의 불균등한 발전을 진정으로 이해하지 못하는 소치이다. 또한 원칙과 전술을 구별하지 않는 태도이기도 하다. 극소수의 혁명적 사회주의자들에게는 민주노동당이 사회민주주의 정당이라는 점이 자명하다. 하지만 훨씬 더 광범한 대중, 수백만은 아닐지라도 수십만 선진 노동자들에게도 이 점이 자명하지는 않다. 사회주의자들은 적어도 수십만 노동자들에게 민주노동당의 실체가 사회민주주의임이 입증될 때까지는 민주노동당을 지지하면서 활동하는 것이 현명하다. 입증의 때가 언제 올지는 아무도 정확하게 알지 못한다. 하나의 정치적 세대가 얼마나 길지는 정치적 경험에 달려 있다. 1997-98년 경제공황은 노동조합 관료의 실체를 대중적으로 입증했다. 세계 자본주의와 한국 자본주

람들이 노동자가 아니라고 암시한다." (최일봉 · 김하영, 앞의 글, p. 93.)

13) 탄핵 정국 당시 그들의 주장이 그러했다. 그들의 주장과 그에 대한 비판은 다음과 같다. 김하영, "민중 운동은 왜 탄핵에 반대해야 하는가?"(≪다함께≫ 제26호), "민주노총이 탄핵 반대 투쟁에 주도적으로 나서야 하는 이유"(≪다함께≫ 제27호); 김인식, "민주노동당은 탄핵 반대 운동을 지지해야"(≪다함께≫ 제27호); 채만수, "신자유주의 개혁 파시즘을 경계하자"(≪현장에서 미래를≫ 제97호(2004. 4.)); 메테우스, "다함께 비판—코르닐로프 반란"(≪현장에서 미래를≫ 제98호(2004. 5.), pp. 111-25.)

14) 최일봉 · 김하영, 앞의 글, pp. 110-11.

15) 레닌, ≪공산주의에서의 "좌익"소아병≫, 돌베개, 1989. 이 책의 영어 제목은 ≪*Left-Wing Communism: an Infantile Disorder*≫이므로 두 동지의 해석이 더 옳다고 할 수 있다. 하지만 나는 돌베개 판을 인용하겠다. 영문이 필요한 사람은 아래를 참조하라. http://www.marxists.org/archive/lenin/works/1920/lwc/index.htm

의의 불안정과 세계 규모로 전개되는 계급투쟁의 양상은 앞으로 전개될 상황이 역동적일 것임을 뜻하므로 대중적 입증의 때가 그다지 오래지 않을 수도 있다. 다른 한편, 전부는 아닐지라도 대부분의 좌파가 옛 소련 블록 사회를 모종의 사회주의로 여기다가 낭패를 본 적이 있어 이데올로기의 혼돈이 있고, 이 때문에 운동의 진전이 더디다.[16]

"민주노동당에 어떤 지지도 제공하기를 거부하는 것은 계급의식의 불균등한 발전을 진정으로 이해하지 못하는 소치"라고 한다. 그러나 이 말은 무의미한 수사에 불과하다. 내가 아는 한에서 "전부는 아닐지라도 대부분의 좌파"는 민주노동당에 대한 "어떤 지지도 제공하기를 거부하"지 않기 때문이다. 다만 민주노동당에 대한 판단과 당면한 전략 · 전술적 상황에 따라 그 정도가 다를 뿐이다.

"하나의 정치적 세대가 얼마나 길지는 정치적 경험에 달려 있다"는 그런데 "입증의 때가 언제 올지는 아무도 정확하게 알지 못한다"는 전제를 하지만 동시에 두 동지는 "앞으로 전개될 상황이 역동적일 것"이기에 "대중적 입증의 때가 그다지 오래지 않을 수도 있다"고 하는데 이 역시 너무나 공허한 말이다. 왜냐하면 그 근거로 제기되는 "세계 자본주의와 한국 자본주의의 불안정과 세계 규모로 전개되는 계급투쟁의 양상"은 이미 오래된 것이며, 현재 노동자계급 운동을 가로막는 가장 중요한 것은 이것이 부족(?)해서가 아니기 때문이다.[17]

그런데 앞의 설명은 "그러나 레닌은 (...) 강조했다. 그래서 민주노동당에 어떤 지지도 제공하기를 거부하는 것은 계급의식의 불균등한 발전을 진정으로 이해하지 못하는 소치 (...) 원칙과 전술을 구별하지 않는 태도 (...) 사회주의자들은 적어도 수십만 노동자들에게 민주노동당의 실체가 사회민주주의임이 입증될 때까지는 민주노동당을 지지하면서 활동하는 것이 현명하다"라는 전제와 결론을 뒷받침하기 위해서 덧붙여진 설명이다. 레닌의 권위로 선언된 이 주장은 옳은 것인가? 우리는 이 주장을 따라야 하는가?

---

16) 최일붕 · 김하영, 앞의 글, pp. 110-11.
17) 소련과 관련된 언급은 여기서 제외하겠다.

5.

구체적 언급은 없지만 ≪공산주의에서의 "좌익"소아병≫에서 두 동지가 주로 참조한 곳은 "9. 영국의 "좌익" 공산주의"라고 생각된다. 레닌은 그곳에서 "공산당의 창당을 원하고 있고, 이미 이 문제를 서로 협의하고 있"던 "몇몇 정당들과 정치조직들(영국 사회당, 사회주의 노동당, 남 웨일즈 사회주의 협회, 노동자 사회주의 연맹)"에게 조언을 하고 있다.

이들 네 개의 조직들은 "제3 인터내셔날에의 가입, 의회제 대신 쏘비에뜨 체제의 인정 그리고 프롤레타리아 독재의 인정을 바탕으로 통합 공산당을 창당하기 위해 서로", "협상"하고 있었으나 "통합 공산당을 곧바로 창당하"지 못하고 있었다. 그 까닭은 "의회에 참여할 것인가 하는 문제와, 새로운 공산당을, 오래되고 직업적이고 주로 노동조합으로 구성되고 기회주의적이고 사회배외주의적인 노동당에 통합시켜야 할 것인가 하는 문제를 둘러싼 의견 차이" 때문이었다.

레닌은 먼저 "의회 선거와 의회에 참가하는 데 반대하"는 '스코틀랜드 노동자 평의회'의 갤러쳐와 '노동자 사회주의 연맹'의 팽크허스트를 "좌익" 공산주의자라고 혹독하게 비판한다. 그리고 노동당을 지지하라고 주장한다.[18] 그는 결론적으로 다음과 같이 말한다.

> 이것을 더 구체적으로 살펴보자. 내가 보기에, 영국 공산주의자들은 제3 인터내셔날의 원칙들과 의회 참여의 불가피성을 기반으로 하여 자신들의 네 정당과 집단 (모두 매우 취약하고 몇몇은 형편없이 취약한) 모두를 단일한 공산당으로 통합시켜야만 한다. 공산당은 핸더슨파와 스노우든파에게 다음과 같은 "타협", 곧 선거 협약을 제안해야만 한다. 로이드 조지와 보수당원들의 연합에 맞서 함께 나가자, 노동자들에게서 노동당이나 공산당이 얻은 투표수

18) "핸더슨파, 클라인즈파, 맥도날드파 그리고 스노우든파가 가망 없는 반동들이라는 것은 틀림이 없다. 이들이 권력 장악을 원하고 있다는 점(곁들여 말하자면, 부르주아지와의 연합을 내세우면서), 오래된 부르주아적 규칙에 따라 "지배하기"를 원하고 있다는 점, 이들이 권력을 장악하면 불가피하게 샤이데만파나 노스케파처럼 행동할 것이라는 점도 마찬가지로 옳다. 이 모든 것은 옳다. 그러나 이로부터, 이 사람들을 지지하는 것은 혁명을 배신하는 것이라는 사실이 아니라, 노동계급의 혁명가들은 혁명을 위해서 이러한 신사 양반들에게 어느 정도 의회적인 지지를 보내야 한다는 사실이 나온다." (레닌, ≪공산주의에서의 "좌익"소아병≫, p. 89.)

(선거에서의 투표수가 아니라 특별 투표를 통한 투표수)에 따라 의석수를 분배하자, 선전, 선동, 정치 활동의 완전한 자유를 갖자. 물론 이 맨 나중의 조건 없이는 우리는 이 연합에 들어갈 수 없는데, 이는 그런 연합은 배신일 수 있기 때문이다.[19]

레닌은 분명히 이렇게 말했다. 이상에서 언뜻 보면 우리가 〈다함께〉의 두 동지의 주장에 따르는 것이 "현명"한 것처럼 보인다. 그러나 사실은 그렇지 않다. 레닌은 영국의 공산주의자들에게 먼저 공산당으로의 조직적 통합을 주장한다. 그리고 노동당에게 "정치 활동의 완전한 자유" 등을 포함한 "선거 협약"을 제안하라고 한다. 이것은 〈다함께〉 두 동지가 주장한 것("사회주의자들은 적어도 수십만 노동자들에게 민주노동당의 실체가 사회민주주의임이 입증될 때까지는 민주노동당을 지지하면서 활동하는 것이 현명하다")과는 완전히 다르다. 물론 당시의 영국 노동당과 현재의 민주노동당은 더욱 다르다.

또한 레닌은 그러한 주장을 하게 된 근거를 자유당과 보수당의 연합을 주장하는 당시 수상인 자유당의 로이드 조지의 연설에서 찾으며 이렇게 말한다.

무엇보다도 바로 로이드 조지의 연설에서 명확히 볼 수 있듯이, 영국에서는 성공적인 프롤레타리아트 혁명의 두 가지 조건 모두가 분명히 성숙하고 있다. 좌익 공산주의자들의 오류가 지금 특히 위험한 것은 바로 몇몇 혁명가들이 두 가지 조건 각각에 대해 충분히 생각하고, 충분히 주의 깊게, 충분히 의심하고, 충분히 신중한 태도를 취하고 있지 않기 때문이다.[20]

그렇다면 두 가지 조건이란 무엇인가?

(...) 요컨대 혁명이 일어나기 위해 필수적인 것은 첫째, 노동자 대다수(혹은 의식이 있고 생각이 깊으며 정치적으로 적극적인 노동자 대다수만이라도)가 혁명이 필요하다고 완전히 깨닫고 혁명을 위해서 죽을 각오를 하는 것이다. 둘째, 지배계급들이 통치의 위기를 겪어야 한다는 것인데, 이 통치의 위기는 가장 후진적인 대중들까지도 정치에 끌어들이고(모든 진정한 혁명의 징후란, 정치투쟁을 전개할 능력은 있지만 지금까지는 잠잠하였던 억압받는 근

19) 레닌, 같은 책, pp. 95-6. 레닌은 이후 더욱 구체적으로 전술에 대해 언급한다.
20) 같은 책, p. 95.

로대중의 지도자들이 그 규모에 있어서 십 배, 아니 백배까지도 급속하게 증가되는 것이다), 정부를 약화시킴으로써 혁명가들이 그 정부를 빨리 타도할 수 있도록 해 준다.[21]

레닌은 이렇듯 "두 가지 조건 모두가 분명히 성숙하고" 있는 영국의 당시 정세 속에서, 그래서 "자유주의적 부르주아지"가 "수 세기 동안의 경험에 의해 역사적으로 신성시되어 온 ─착취자들에게 극히 유리하였던─ (착취자들의) "양당" 체제를 포기하고, 노동당과의 투쟁을 위해서 서로 힘을 합하는 것이 필요하다고 생각하"[22]여 보수당과의 연합을 위해 노력하는 시점에서 이러한 전술을 주장한 것이다. 여기서 당시의 영국과 현재의 한국의 상황과 조건의 유사성을 찾아 같은 전술을 주장하는 것은 참으로 어리석은 일이라는 것은 분명하다.

6.

여기서 영국 공산주의자들을 괴롭힌 두 번째 문제, 즉 '노동당과의 통합'의 문제에 대해서 당시 논의를 간략히 살펴보도록 하겠다. 이것은 현재 논의되는 "좌파정치운동의 혁신과 연대"에 '타산지석'으로서 의미를 가질 수 있다. 왜냐하면 이 문제는 말 그대로 "연대"의 문제이기 때문이다.

레닌은 ≪공산주의에서의 "좌익"소아병≫에서 자신이 "활용할 수 있는 자료가 너무 적"고 "영국 노동당의 극단적 특수성 때문에" 또 발생하는 문제의 복잡성 때문에 이 문제를 다룰 수 없다고 한다.[23] 그런데 몇 달 후 레닌은

---

21) 같은 책, pp. 94-5.

22) 같은 책, p. 93.

23) 같은 책, p. 99. 여기서 레닌은 다음의 말을 덧붙인다. "물론 첫째, '공산당은 자신의 교의를 순수하게 지키고 개량주의로 자신의 독립성을 더럽히지 않도록 해야 한다. 공산당의 사명은 멈추거나 돌아섬이 없이 공산주의 혁명을 향해 똑바로 나가는 것이다'라는 원칙에서 혁명적 프롤레타리아트의 전술을 이끌어 내려고 하는 사람들이 이 문제에서도 틀림없이 오류에 빠질 것은 당연하다. 왜냐하면 그러한 원칙들은 1874년에 어떤 타협도 어떤 중간역도 '거부한다'고 선언한 프랑스의 블랑끼파 꼬뮈나르들이 저지른 오류의 반복일 따름이기 때문이다. 둘째, 늘 그렇듯이 여기에서도 과제는 역시 공산주의의 일반적이고 기본적인 원칙들을 계급들과 정당들 사이의 관계의 특수성에, 곧 공산주의로의 객관적인 발전의 특수성에 적용시킬 줄 알아야 한다는 것

코민테른 제2차 대회에서 "영국 노동당에 가입하는 것에 대한 연설"[24]을 함으로써 이 문제를 다시 다룬다. 그는 영국의 젊은 공산주의자들이 벌이고 있는 "새롭고 뛰어난 혁명적인 운동"을 공산당으로 통합하는 것이 자신들의 과제이고, "지체 없이 공산당에 합류하"는 것이 젊은 공산주의자들의 "유일하게 올바른 전술"이라고 ≪공산주의에서의 "좌익"소아병≫에서 말한 논지를 이어간다. 그러나 두 번째 문제에서는 그전과는 달리 공산당의 노동당 가입을 명확히 주장한다. 무엇이 레닌으로 하여금 이러한 주장을 하게 했는가를 "연설"을 중심으로 살펴보겠다.

그는 먼저 영국 노동당에 대해 "노동조합운동의 정치조직", "노동조합에 조직된 노동자들의 정치적인 표현" 혹은 "노동조합의 정치 부문" 혹은 "노동조합운동의 '정치적 표현'이란 개념은 참으로 잘못된 것이"라고 비판한다.[25] 그리고 노동당에 대해 이렇게 말한다.

> 물론 노동당원의 대부분이 노동자다. 그러나 한 당이 진정으로 노동자의 정당인가 아닌가는 노동자가 구성원이라는 점뿐만 아니라 누가 그 정당을 지도하고 있는가, 당의 행동과 당의 정치 전술의 내용이 무엇인가에 따라 결정된다. 정당의 행동과 정치 전술, 오직 이것만이 우리가 프롤레타리아트의 정당을 가지고 있는가를 결정한다. 유일하게 올바른 이 관점에서 보면, 노동당은 철두철미하게 부르주아지의 정당이다. 왜냐하면 노동당은 비록 노동자들로 구성되어 있지만 반동들, 그것도 완전히 부르주아지의 정신으로 행동하는 가장 최악의 반동들에 의해 지도되기 때문이다. 노동당은 부르주아지의 조직이고, 영국 노스케파와 샤이데만파의 도움을 받아 계획적으로 노동자들을 속

은 의심할 바 없다. 그러한 특수성은 각 개별 국가에 고유한 것으로서, 우리는 그것을 연구하고 모색하고 예측할 수 있어야 한다." (같은 책, pp. 99-100.)

24) Lenin, "Speech On Affiliation To The British Labour Party", *Collected Works(4th English Edition)*, Vol. 31, Progress Publishers, 1965. (http://www.marxists.org/archive/lenin/works/1920/jul/x03.htm) 이하 특별한 언급이 없으면 모든 인용의 출처는 이 글이다.

25) *Ibid.* 이러한 불명확한 개념을 사용함으로써 영국의 혁명적 노동자들에게 반대할 수 있는 정당성을 준다고 비판한다. 이와는 별도로 이것을 두 동지의 다음과 같은 표현과 비교해 보는 것도 재미있다.

"(...) 민주노동당이 1987년 이래 성장해 온 민주노조운동의 정치적 표현이고, 자본주의의 공세로부터 방어를 원하는 노동계급과 피억압 사회집단의 정서를 나타내기 때문이다. (...)" (최일붕 · 김하영, 앞의 글, p. 111.)

이기 위해 존재한다.[26)]

영국 노동당은 1900년 사회주의 단체인 페이비안 협회, 독립 노동당, 사회민주연맹이 전국적인 노동자 정당으로 건설한 노동자대표위원회(Labour Representation Committee)에서 출발하고 1906년에 당명을 노동당으로 바꾸게 된다. 창당 이듬해 맑스주의를 표방한 사회민주연맹이 탈퇴하고 나머지 두 조직이 주도한 LRC는 처음부터 과학적 사회주의와는 관계가 멀었다. 또한 국제주의에 입각해 전쟁 반대를 주장하는 세력이 일부 있었지만, 제1차 세계대전 시 정부의 전쟁 노력을 지지하고 정부에 참여까지 했다. 이들은 부르주아 정당으로부터 독립을 추구하는 영국 노동자계급 운동이 강화되는 과정에서 발생했지만, 기본적으로 부르주아 개량주의의 입장을 취하고 의회투쟁에 몰두했기 때문에, 노동당의 지도부들은 볼셰비키에 대해 거부감을 갖고 있었다. 사회주의 단체들이 결합하여 만들어졌지만 사회주의에 대한 입장을 공식적으로 표현하지는 않았으며, 1917년 러시아 혁명의 영향을 받아 노동계급이 급진화되고 자신들에 대한 불만이 고조된 1918년이 돼서야 '사회주의'를 당의 목표로 선언한다.[27)] 이러한 당이었기에 레닌은 노동당을 "부르주아지의 정당"이라고 규정했던 것이다.

따라서 이들과 "선거 연합"을 하고 이들을 "지지하"고 "의회 내부로부터 도와야만" 한다는 그리고 그를 통해 이들이 "아무짝에도 쓸모없고, 천성적으로 쁘띠부르주아적이고 변절적이며, 그들의 파멸은 필연적이라는 사실을 노동계급 스스로의 경험을 통해서 확신하도록 도와야만 한다"는 레닌의 주장을

---

26) Lenin, *op. cit.* 우리는 여기서 무엇이 "당"의 계급적 성격을 결정하는 것인가에 대한 기본적 관점을 읽을 수 있다. 구성원이 노동자인가 아닌가 하는 것은 결정적인 것이 아니다. 여기에는 누가 당을 지도하는가 하는 문제가 고려되어야 하며 가장 중요한 것은 그 "정당의 행동과 정치 전술"이다. 이것은 너무나 옳은 주장이다. 그런데 여기서 이것을 언급하는 것은 이 내용을 알기를 원해서가 아니다. 내가 강조하고 싶은 것은 레닌이 공산당에게 이러한 노동당에 가입하라는 주장을 하는 것이다.

27) 이 내용은 〈조항4〉라고 불리는데 그 내용은 다음과 같다. 그리고 이 조항은 1995년 블레어에 의해서 폐지된다.

"육체노동자와 두뇌노동자들이 그들의 노력에 대한 충분한 과실을 획득하고 그 과실의 가장 공정한 배분을 확보하는 것은 생산, 분배, 그리고 교환 수단의 공공 소유와 모든 산업과 서비스에 대한 가능한 최선의 인민에 의한 관리와 통제 체제의 기초 위에서만 가능하다." (고세훈, ≪영국 노동당사≫, 나남, p. 156에서 재인용.)

"레닌은 ≪'좌익' 공산주의—어린애 같은 뒤죽박죽≫에서 혁명적 사회주의자들이 개량주의자들과의 공동 활동을 통해 개량주의 지도자와 사상이 노동계급의 이익에 부합하지 않음을 참을성 있게 노동자들에게 입증해야 한다고 강조했다"고 읽는 두 동지는 옳다.28)

그런데 레닌은 두 동지보다 한발 더 나아가고 있다. 즉, 그들처럼 "사회주의자들은 적어도 수십만 노동자들에게 민주노동당의 실체가 사회민주주의임이 입증될 때까지는 민주노동당을 지지하면서 활동하는 것이 현명하다"라고 무의미한 충고를 하는 것이 아니라, "그러한 상황에서라면 우리가 이 당[노동당: 인용자]에 가입하지 않는 것은 실수일 것이다"라고 하며, "이러한 상황에서 최고의 혁명가들이 이러한 정당[노동당]에 남아 있기 위해 가능한 모든 일을 다하지 않는다면 잘못일 것이다"라고 하고 "러시아 혁명뿐 아니라 (왜냐면 우리는 지금 러시아 의회에 있는 것이 아니라 국제 의회에 있는 것이므로) 다른 모든 나라의 상황을 고려한다면, 공산주의자들이 그런 자유를 누릴 때에는 노동당에 가입하는 것이 당연한 의무다"라고 한다. 이것이 핵심이다. "레닌은 (...) 강조했다. 그래서 (...) 현명하다"가 아니라, "그러한 상황"과 "이러한 상황", "그런 자유"가 중요한 것이다. 그렇다면 "그러한 상황"과 "이러한 상황", "그런 자유"는 무엇인가? 그것은 아래와 같다.

> 그러나 영국 노동당은 매우 특수한 위치에 있다는 것을 상기해야 한다: 노동당은 매우 특수한 형태의 정당이며, 혹은 일반적 의미에서의 정당이 아닐 수도 있다. 모든 노조원들이 속해 있으며, 당원은 400만에 이른다. 모든 관련된 정치조직에 충분한 자유를 제공한다. 따라서 노동당에는 샤이데만, 노스케 또는 그보다 더한 최악의 부르주아 분자, 배신자들을 따르는 영국 노동자들이 포함된다. 동시에, 그러나, 노동당은 영국 사회당이 당내로 들어올 수 있도록, 그리고 노동당의 똑같은 당원들이 당 지도자들이야말로 배신자들이라고 자유롭고 개방적으로 선언할 수 있는 독자적인 출판 기구를 가질 수 있도록 허락하였다.
>
> 맥라인 동지는 이곳, 노동당 회의(Labour Party Conference)에서 우리에게 영국의 샤이데만들은 제3 인터내셔널 가입에 대한 문제를 공공연히 제기당할 의무가 있으며, 당[노동당: 인용자]의 모든 지부와 섹션들은 이에 대해 논의

---

28) 그런데 이 전제가 바로 이어 주장되는 것처럼 즉 "그래서 민주노동당에 어떤 지지도..."로 이어지지는 않는다.

할 의무가 있다고 말했다.

맥라인 동지는 노동당이 4백만 당원의 당이고, 절반은 노조이고 절반은 정당이며 부르주아 지도자들에 의해 지도되고 있는 당이라 하더라도, 영국에서 현재 진행되고 있는 상황을 봤을 때 혁명적 노동자들의 당으로 남아야 한다는 것을 강조했다.

영국 사회당이 노동당 내에서 노동당 몇몇 지도자들이 배신자임을, 원로 지도자들이 부르주아지의 이해관계에 복무함을, 이들이 노동계급 운동 내의 부르주아적 분자들임을 주장할 수 있는 충분한 자유 (...)

이것이 "그러한 상황"과 "이러한 상황", "그런 자유"다. 그러나 여기에서 보다 중요한 문제는 이것보다 먼저 레닌이 언급한 문제인 공산당으로의 통합과 관련된 문제이다. 레닌은 공산당이 노동당에 가입할 것인가의 문제를 언급하기에 앞서 영국의 여러 공산주의자 조직의 영국 공산당으로의 통합을 주장한다. 그리고 이것이 더 중요한 문제임을 강조한다.

우리의 목표는 여기서 갤러쳐 동지와 그 친구들이 발표한 이 새롭고 혁명적인 운동을 진정한 공산주의자, 즉 마르크스주의자 전술을 가진 공산당으로 통합하는 것이다. 이것이 우리의 오늘 임무이다.

레닌은 "너무 약하고 대중 속에서 적절하게 선동을 수행한 능력이 없"는 영국 사회당(이 당은 코민테른 대회 며칠 전 전당대회에서 공산당이 되기로 결정했다)은 코민테른 대회에서 채택한 결의문의 정신에 따라 영국 사회당의 전술을 변화시키라고 한다. 또한 "비록 대중과 연결되어 있지만 정치 정당은 아니고 이런 점에서 영국 사회당보다 더 약하고 그들의 정치적 활동을 조직할 수"는 없지만, "갤러쳐 동지로 잘 대표되는 젊은 혁명적 요소", "훌륭한 프롤레타리아 조직"인 직장급사위원회(Shop Steward Committees) 등에게는 "유일하게 올바른 전술"인 "지체 없는 공산당 합류"를 권고하고 자신의 영향력 아래에 있는 혁명적 노동자를 공산당에 입당시켜 "더 많은 선전 선동과 더욱 혁명적인 활동이라는 점에서 영국 사회당의 낡은 전술을" 바꾸도록 하라고 한다.[29]

29) 영국 공산당은 공산주의 연합 그룹과 영국 사회당의 주도하에 1920년 7월 30일에서 8월 1일까지의 창당 대회를 거쳐 출범한다. 그런데 출범 당시 강령에 '의회 선

레닌의 이러한 주장—'노동자계급의 독자적 정당' 건설, 당시는 공산당—은 이 "연설"에서 처음이 아니다. 그는 1919년 8월 28일 "실비아 팽크허스트에게 보내는 편지"에서 다음과 같은 주장을 한다.

> 만약 어떤 나라에서 혁명적 활동을 수행할 용의가 있는 신념이 강한 공산주의자들이, 소비에트 권력(러시아 이외의 사람들이 때때로 사용하는 용어에 따르면 '소비에트 제도')의 성실한 지지자들이 의회 참가의 문제를 둘러싼 의견 차이 때문에 하나가 될 수 없다면 어떻게 하면 좋겠습니까?
>
> 나는 이러한 의견 차이는 현재에는 본질적인 것이 아니라고 생각합니다. 왜냐하면 소비에트 권력을 목표하는 투쟁은 가장 고도의, 가장 의식적인, 가장 혁명적인 형태에서의 프롤레타리아트의 정치투쟁이기 때문입니다. 부분적이고 제2의적인 문제에서 오류를 범하고 있는 혁명적 노동자와 함께 있는 것이, 이 부분적인 문제에서는 올바른 전술을 갖고 있지만 성실한 불굴의 혁명가가 아니고, 노동자 대중 사이에서 혁명적 활동을 하고 싶어 하지 않거나 할 역량이 없는 '공인된' 사회주의자나 사회민주주의자와 함께 있는 것보다 낫습니다. 그런데 의회 제도의 문제는 현재에는 부분적이고 제2의적인 문제입니다. 나에게 말하라고 한다면, 로자 룩셈부르크와 칼 리프크네히트가 베를린에서 개최된 스파르타쿠스단의 1919년 1월의 협의회에서 이 협의회의 다수파에 반대하여 독일의 부르주아 의회, 즉 헌법제정'국민회의'의 선거에 참가할 것을 주장한 것은 옳았습니다. 그러나 물론 그들이 샤이데만과 그의 당, 카우츠키, 하제, 도이미히, 또는 독일의 '독립파'의 '당' 전체와 같은 노예적 인물, 탁상공론가, 겁쟁이, 부르주아지의 의지박약한 하수인, 사실상의 개량주의자 같은 부류의 사회주의의 노골적인 배신자와 함께하는 것보다는, 부

거 참여'와 '노동당 가입'에 대한 조항이 포함되었고, 이 때문에 '사회주의 노동당'과 '남 웨일즈 사회주의 협회', '노동자 사회주의 연맹'은 영국 공산당에 참가를 거부한다. 1921년 '남 웨일즈 사회주의 협회'와 당시 '공산당(제3 인터내셔날 영국지부)'로 활동하던 '노동자 사회주의 연맹'은 영국 공산당과 통합했다. 하지만 '사회주의 노동당' 지도부는 통합을 거부했다. (레닌, ≪공산주의에서의 "좌익"소아병≫, pp. 139-40의 후주 23), 24)를 참조하라.)

"직장급사위원회 — 제1차 세계대전 중의 영국의 많은 산업부문에서 만들어진 노동자 조직. 러시아 10월 혁명 후 제국주의 여러 나라의 군사 간섭 시기에 이들 위원회는 소비에트 러시아를 지지하는 적극적 행동을 취했다. 그 대표자들(갤러쳐 등)은 후에 영국 공산당에 입당했다." (≪레닌의 선거와 의회전술 II≫, 백두, 1988, p. 397의 사항주 29).)

분적으로 오류를 범한 공산당과 함께 머무는 쪽을 선택한 것은 더욱 올바른 것이었습니다.

나의 개인적인 확신으로는 의회 선거의 참가를 거부하는 것은 영국의 혁명적 노동자의 오류이지만, 그러나 당신이 열거한, 볼셰비즘에 동조하고 진정으로 소비에트 공화국에 찬성하고 있는 유파나 분자의 전부를 모아 영국의 커다란 노동자적 공산당을 결성하는 것을 지연시키는 것보다는, 이 오류를 범하는 편이 낫습니다. 만일 BSP[영국 사회당: 인용자] 중에서 이를테면 의회 참가의 문제를 둘러싼 의견의 불일치 때문에 지금 곧 제4, 제6, 제7의 조류와 합동하여 공산당을 결성하는 것을 거부하는 성실한 볼셰비키가 있다면, 내 생각으로는 이들 볼셰비키는 영국의 부르주아 의회의 선거를 거부하는 오류보다 몇 천배나 큰 오류를 범한 것이 될 것입니다. 내가 이렇게 말하는 경우에는, 4, 6, 7의 여러 조류가 전체로서 단순한 소규모 인텔리겐챠 그룹이 아니라 —영국에는 이러한 그룹이 많이 있습니다— 실제로 노동자 대중과 결합되어 있음을 전제한다는 것은 말할 것도 없습니다. 아마 이 점에서 특히 중요한 것은 대중과 밀접하게 결합되어 있다고 생각해야 하는 Workers Committees(노동자위원회)와 Shop Stewards(직장급사위원회)일 것이라고 생각합니다.30)

이 인용문에서 우리는 레닌의 주장이 무엇인지 더욱 명확히 할 수 있다. 그는 '의회 선거 참가'가 옳다고 하며 '의회 선거 참가 거부'는 오류라고 명백히 주장한다. 하지만 이 문제에 대한 불일치는 이차적인 문제이고 본질적인 문제는 아니라고 한다. 그는 독일의 예를 들며 "(...) 사회주의의 노골적인 배신자와 함께하는 것보다는, 부분적인 오류를 범한 공산당과 함께 머무는 쪽을 선택한 것은 더욱 올바른 것"이라고 하며 "영국의 커다란 노동자적 공산당을 결성하는 것", 여러 "조류와 합동하여 공산당을 결성하는 것"을 강조하며 이것이 본질적이고 일차적인 문제임을 명백히 한다.31)

그런데 이 경우 이런 질문이 가능하다. 즉, 어떤 문제가, '의회 선거 참가'와 같이 비록 이차적이고 비본질적인 문제더라도, 그것에 대한 불일치 때문

30) 레닌, "실비아 팽크허스트에게 보내는 편지", ≪레닌의 선거와 의회전술 II≫, pp. 328-9. (http://www.marxists.org/archive/lenin/works/1919/aug/28.htm)

31) "그래서"(?), "사회주의자들은 적어도 수십만 노동자들에게 민주노동당의 실체가 사회민주주의임이 입증될 때까지는 민주노동당을 지지하면서 활동하는 것이 현명하다"는 두 동지의 주장은 옳지 않다.

에 통합이 불가능한 일이 발생하면 어떻게 해야 하는가? 레닌은 이 경우 이렇게 대답한다.

> 만약 영국에서 이러한 것을 일거에 할 수 없다면, 더구나 만약 영국에서 바로 의회 제도를 둘러싼 의견의 불일치 때문에 오직 하나 이것 때문에 소비에트 권력의 지지자를 통합하는 것이 도무지 불가능하다면, 두 개의 공산당, 즉 부르주아 의회 제도로부터 소비에트 권력으로의 이행에 찬성하는 두 개의 당을 즉시 결성하는 것이 완전한 통일을 향하여 유익한 일보를 내디디는 것이 될 것이라고 나는 생각합니다. 이 당들은 한쪽이 부르주아 의회에 참가하는 것을 인정하고 다른 한쪽이 이를 거부한다면, 그렇게 내버려 두면 될 것입니다. 이 의견의 차이는 현재로서는 그다지 본질적인 것이 아니기 때문에, 그 때문에 분열을 일으키지 않도록 하는 것이 현명할 것입니다. 그러나 이러한 두 개의 당이 병존하는 것일지라도 현재 상태에 비하면 거대한 진보일 것이며, 그것이 완전한 통일을 향한, 그리고 공산주의의 급속한 승리를 향한 교두보가 된다는 것은 거의 틀림이 없을 것입니다.[32]

이상의 레닌의 생각은 〈다함께〉 편집팀 두 동지의 충고가 너무 태평스러울 뿐만 아니라 옳지 않은 주장임을 알려 준다. 동시에 레닌의 충고는 우리에게 시사해 주는 바가 크다.[33]

7.

〈다함께〉의 두 동지가 민주노동당 지지의 근거로 삼은 레닌의 저서 ≪공산주의에서의 "좌익"소아병≫은 1920년 7월 19일에서 8월 7일까지 열렸던 코민테른 제2차 대회의 소집에 맞추어 준비된 것이다. 글의 대부분은 1920년 4월에 쓰였으며, 대회에 참가한 모든 대표에게 배포된 소책자다. 레닌은 대회가 개막될 때 배포될 수 있도록 몸소 식자와 인쇄의 진행에 신경을 썼다고

---

32) 레닌, 앞의 글, p. 330.

33) 코민테른 제2차 대회는 레닌의 연설 후 영국 공산당의 노동당의 가입을 승인한다. 하지만 노동당 지도부는 공산당의 노동당 가입을 거부한다. 또한 앞서 본 대로 영국의 공산주의자들은 거의 영국 공산당으로 통합한다. 노동당은 1923년 자유당의 지지를 조건으로 한 소수 정부지만 집권한다.

한다. 그리고 이것의 원고에는 '마르크스주의의 전략과 전술에 대해 쉽게 쓴 강의 시론'이라는 부제가 붙어 있다고 한다.[34] 맑스-레닌주의자인 두 동지는 한국 노동자계급 운동이 사상 · 이론적 혼란과 전략 · 전술의 부재로 고통받고 있는 시점에 적절한 책을 선택 · 소개한 것이다. 하지만 그 적용이 적절하지 못했다는 것은 앞에서 살펴본 대로다.

이 책은 그 부제에서도 살펴볼 수 있듯이 전략과 전술 모두를 다룬다. 따라서 포괄적이다. 또한 지금도 우리가 이 책을 통해 배울 것은 많다. 하지만 우리가 배울 것은 자구가 아니다. 우리가 배워야 할 것은 그것이 뜻하는 의미여야 한다. "우리의 이론은 교조가 아니라 행동의 지침"이기 때문이다.[35]

당연히 ≪공산주의에서의 "좌익"소아병≫에서 우리가 무엇인가 교훈을 얻고자 할 때도 이는 마찬가지다. 우리가 얻어야 할 것은 무엇인가? 그것을 알기 위해 그 글이 쓰인 배경을 이해해야 한다. 그리고 그 상황에서 어떤 전략

---

34) 포노말료프, ≪소련공산당사 3≫, 거름, p. 137.

35) "사회민주주의자의 전술은 그것의 기본적인 원칙을 정의하거나 원칙(일반적으로 마르크스주의 또는 마르크스주의의 어떤 명제)의 어떤 것이 포함되었고 왜 포함되었는가를 밝히지 않아도 항상 동일하다고 말하는 것, 즉 사회민주주의자의 전술은 당면 시기에 당면한 투쟁의 목표(즉시 가능한 결과)나 그 시기 적용될 투쟁 방법을 명확히 하지 않아도 항상 최대한의 결과를 보장하기 위해 고안된다고 말하는 것, 우리의 전술이 대중 역량을 강화해야 하고 프롤레타리아트로 하여금 공개적인 투쟁과 미덥지 못한 통치에 대한 적대감을 이용할 수 있도록 준비시켜야 하는 활동에 대신하여 자명한 이치를 되풀이하는 것 — 이런 것의 모든 결점은 불을 보듯 명백하며 전반적인 논지를 불필요하고 무용한 자갈로 변화시킨다." (레닌, "어느 정치평론가의 노트", ≪러시아 반종파투쟁—1908-14년의 좌우익 기회주의≫, 미래사, 1990, pp. 47-8.)

"상황은 마치 3차 두마의 초(超)반동적인 본성이 저절로 보이코트와 같은 그런 투쟁 방법이나 슬로건을 필연적이고 정당한 것으로 만든 것과 같은 방식으로 전개되고 있다. 여기에는 보이코트의 적용 가능성의 역사적 조건들을 검토하려는 시도가 전혀 없기 때문에, 그러한 논거의 부적절성은 어떤 사회민주주의자에게나 절대적으로 명백하다. 맑스주의적 입장을 취하는 사회민주주의자는 보이코트에 관한 그의 결론을 이런저런 기구의 반동성의 정도로부터가 아니라, 러시아 혁명의 교훈이 지금 보여 준 바와 같이 보이코트로 알려진 특수한 방법을 적용하는 것을 가능하게 하는 그런 특수한 투쟁 조건들의 존재로부터 끌어낸다. 만약 그 누가 2년간의 우리 혁명의 경험을 고려함 없이, 그 경험을 연구함 없이 보이코트를 논의하기 시작한다면, 우리는 그에게 그가 많은 것을 잊어버렸고 아무것도 배우지 못했다고 말해야만 할 것이다." (레닌, "보이코트에 반대하여—한 사회민주주의 평론가의 노트", ≪레닌 저작집≫ 제4-3권, 전진, pp. 20-1.)

과 전술이 제기되었는가를 생각해야 한다. 마찬가지 이야기지만 어떤 전략과 전술이 제기되었다면 어떠한 상황이었는가를 고민해야 하는 것이다. 따라서 여기서는 ≪공산주의에서의 "좌익"소아병≫의 내용을 길게 인용할 수밖에 없다.

> 1905년 러시아 부르주아 혁명은 세계 역사상 아주 독특한 전환점을 이루었다. (...) 완전히 독특한 일련의 역사적 조건들의 영향에 힘입어 후진 러시아는 억압당하는 대중들이 혁명기에 이르러 독자적인 행동을 비약적으로 증대시켰을(이것은 중대한 혁명에서는 모두 일어났다) 뿐만 아니라, 프롤레타리아트의 중요성이 전체 인구에서 차지하는 비율에 비해 무한히 컸다는 점도 처음으로 세계에 보여 주었다. 또한 러시아는 경제 파업과 정치 파업을 결합, 정치 파업에서 무장봉기로의 전환, 자본주의에 의해서 억압당하는 계급들의 새로운 대중투쟁 및 대중조직 형태인 소비에뜨들의 탄생을 보여 주었다.
>
> 1917년 2월 혁명과 10월 혁명을 통해서 소비에뜨는 전국적인 규모로의 전면적인 발전에 이어 프롤레타리아 사회주의 혁명을 승리로 이끌었다. 소비에뜨의 국제적인 성격, 이 투쟁 및 조직 형태가 세계 노동운동으로 확산되었다는 사실, 소비에뜨의 역사적인 사명이 부르주아 의회주의, 부르주아 민주주의 일반을 계승하여 뒤를 잇는 것이요, 그 묘혈을 파는 것이라는 사실은 2년이 흐르기도 전에 명확해졌다.
>
> 그뿐이 아니다. 이제 노동운동의 역사는, 갓 태어났고 강력해지고 있으며 승리로 나아가는 공산주의가 주로 무엇보다도 자신들의(곧 각 나라의) "멘셰비즘", 곧 기회주의와 사회배외주의에 맞서서, 둘째로는 이를테면 그것의 보충 형태로서의 좌익 공산주의에 맞서 곧 싸움을 벌여야 한다(또한 이미 벌이고 있다)는 사실을 보여 주고 있다. 첫 번째 투쟁은 제2 인터내셔날(오늘날에는 이미 사실상 소멸된)과 제3 인터내셔날의 싸움처럼 분명히 어떤 예외도 없이 모든 나라에서 전개되었다. 두 번째 투쟁은 독일, 영국, 이딸리아, 미국(적어도 세계 산업노동자조합과 무정부주의적 생디깔리즘적 경향의 일정 부분은 거의 일반적이고 그리고 거의 공통적으로 소비에뜨 체제를 인정하면서도 좌익 공산주의의 오류를 계속 저지르고 있다) 그리고 프랑스(한때 생디깔리스뜨들이었던 한 분파가 역시 소비에뜨 체제를 인정하면서도 정당과 의회정치에 대해 보이는 태도)에서, 말하자면 의심할 바 없이 국제적 규모뿐만 아니라 세계적 규모로 나타나고 있다.[36)]

거대한 선진 자본주의 나라들은 볼세비즘보다 훨씬 빠르게 이 길을 가고 있다. 볼세비즘이 하나의 조직화된 정치적 경향으로서 승리의 길을 마련하는 데 역사로부터 부여받은 기간이 15년이었다. 반면 제3 인터내셔날은 겨우 1년이라는 짧은 기간에 이미 결정적인 승리를 거두었다. 곧 제3 인터내셔날은, 겨우 몇 달 전만 해도 제3 인터내셔날보다 비교할 수 없을 정도로 강했고, 단단하고, 강력하게 보였으며, 전 세계의 부르주아지로부터 다각적인, 다시 말해 직접적이고 간접적인, 물질적(각료직, 여권, 언론)이며 이념적인 도움을 받았던 황색의 사회배외주의적 제2 인터내셔날을 패배시켰다.[37)]

중요한 —물론 전부는 결코 아니지만 중요한— 일, 곧 노동계급의 전위를 끌어들여 의회주의에 맞서 소비에뜨 정부 쪽으로, 부르주아 민주주의에 맞서 프롤레타리아트 독재 쪽으로 넘어가도록 하는 일은 이미 이루어졌다 이제는 모든 노력과 모든 주의를 다음 단계에 집중시켜야 하는데 이 단계는 덜 중요한 것처럼 보이지만 —그리고 어떤 관점에서는 실제로 그렇다— 그럼에도 불구하고 그 과제를 실천적으로 성취하는 데는 사실상 더 밀접한 관련이 있다. 그 단계란 프롤레타리아 혁명으로의 이행이나 접근 형태들을 모색하는 것이다.

프롤레타리아 전위는 이념적으로 획득되었다. 이것은 중요하다. 이것 없이는 승리를 향한 첫걸음조차 내디딜 수 없다. 그러나 승리는 아직도 너무나 멀다. 전위만으로는 승리할 수 없다. 전체 계급, 곧 광범한 대중들이 전위를 직접적으로 지지하거나, 적어도 전위에게 우호적인 중립을 취하고 적을 전혀 지지하지 않는 입장에 서기도 전에, 전위만으로 결전을 치르는 것은 멍청할 뿐만 아니라 죄악을 저지르는 일이다.[38)]

의식 있는 국제 노동운동의 전위, 곧 공산주의당, 집단, 경향의 당면 과제는 광범한 대중들(아직까지도 대부분의 경우 잠자고 있고 냉담하고 구태의연하고 침체되어 있고 각성되지 않은)을 자신들의 이 새로운 위치로 이끌 수 있게 되는 것, 더 정확히 말해서 자신의 당뿐만 아니라, 새로운 위치로 접근하고 나아가는 이런 대중들까지 지도할 수 있게 되는 것이다. 첫 번째 역사적인 과제(의식 있는 프롤레타리아트 전위를 소비에뜨 권력과 노동계급 독재

36) 레닌, ≪공산주의에서의 "좌익"소아병≫, pp. 101-2.
37) 같은 책, p. 102.
38) 같은 책, p. 104.

쪽으로 끌어들이는 것)가 기회주의와 사회배외주의에 맞선 이념적이고 정치적인 완전한 승리 없이 성취될 수 없었다면, 혁명에서 전위의 승리를 보장하는 새로운 위치로까지 대중들을 이끌 수 있어야 한다는 오늘날 당면하게 된 두 번째 과제, 곧 이 당면 과제는 좌익 교조주의의 청산 없이는, 그 오류를 완전히 제거함이 없이는 달성할 수 없다.

프롤레타리아트의 전위를 공산주의 쪽으로 끌어들이는 것이 문제가 되는 동안에는(아직 문제가 되는 한), 선전이 최우선 과제이다. 여기에는 온갖 파벌성의 약점을 갖고 있는 써클조차 쓸모 있으며 또한 좋은 결과를 낳는다. 그러나 대중들의 실천 활동이 문제일 때 —이를테면— 수백만 군대의 배치가 문제일 때, 일정한 사회에서 최후의 결전을 위한 모든 계급 세력들의 배치가 문제일 때, 숙달된 선전만으로는, "순수한" 공산주의의 진리를 반복하는 것만으로는 더 이상 아무것도 이룰 수 없다. 여기에서는 아직 대중들을 지도하지 못하는 소그룹 소속의 선전자에 해당하는 수천 명만을 고려해서는 안 된다. 여기에서는 수백, 수천만 명을 고려해야만 한다.[39]

이상에서 알 수 있듯이 레닌의 주장은 일관되고 명확하다. 즉, 첫 번째는 "프롤레타리아 전위를 공산주의 쪽으로 끌어들이는 것"이며, 두 번째 과제는 "혁명에서 전위의 승리를 보장하는 새로운 위치로까지 대중들을 이끌 수 있어야 한다"는 것이다. 이것은 위의 인용문에 반복적으로 등장하는 내용이라 사실 더 이상의 설명을 필요로 하지 않는다. 하지만 맑스-레닌주의자임을 자랑스러워하는 〈다함께〉 동지들도 착각(?)을 했기 때문에 몇 마디 덧붙이겠다.

당시 국제적 노동자계급 운동의 상황은 "갓 태어났고 강력해지고 있으며 승리로 나아가는 공산주의"가 "각 나라의", "기회주의와 사회배외주의"와 이것의 "보충 형태로서의 좌익 공산주의에 맞서" 싸워야 했으며, 전자, 즉 "기회주의와 사회배외주의"는 "사실상 소멸된" 상태였다. 즉, "노동계급의 전위를 끌어들여 의회주의에 맞서 소비에뜨 정부 쪽으로, 부르주아 민주주의에 맞서 프롤레타리아트 독재 쪽으로 넘어가도록 하는 일은 이미 이루어"진, 다시 말하자면 "승리를 향한 첫걸음의 전제", 즉 "프롤레타리아 전위"의 "이념적 획득"이 이미 이루어진 상황이었다.

그러한 상황에서 "광범한 대중들(아직까지도 대부분의 경우 잠자고 있고 냉담하고 구태의연하고 침체되어 있고 각성되지 않은)을 자신들의 이 새로운

39) 같은 책, pp. 104-5.

위치로 이끌 수 있게 되는 것, 더 정확히 말해서 자신의 당뿐만 아니라, 새로운 위치로 접근하고 나아가는 이런 대중들까지 지도할 수 있게 되는 것이", "의식 있는 국제 노동운동의 전위, 곧 공산주의당, 집단, 경향의 당면 과제"였다. 다시 말해, "첫 번째 역사적인 과제"인 "의식 있는 프롤레타리아트 전위를 소비에뜨 권력과 노동계급 독재 쪽으로 끌어들이는 것"은 "기회주의와 사회배외주의에 맞선 이념적이고 정치적인 완전한 승리"를 통해 "성취"한 후, "혁명에서 전위의 승리를 보장하는 새로운 위치로까지 대중들을 이끌 수 있어야" 하는 "오늘날 당면하게 된 두 번째 과제, 곧 이 당면 과제는 좌익 교조주의의 청산 없이는, 그 오류를 완전히 제거함이 없이는 달성할 수 없는" 상황, 레닌의 소책자는 이러한 상황의 반영인 것이다. 따라서 그가 강조한 것은 당시의 당면 과제 "두 번째 과제"였던 것이다.

그렇다면 지금 우리의 상황은 어떠하고 과제는 무엇이야 하는가? 레닌이 ≪공산주의에서의 "좌익"소아병≫을 쓰던 그러한 조건과 유사하고 따라서 우리의 당면 과제 역시 그러한가? 그래서 〈다함께〉의 '두 동지'처럼 "사회주의자들은 적어도 수십만 노동자들에게 민주노동당의 실체가 사회민주주의임이 입증될 때까지는 민주노동당을 지지하면서 활동하는 것이 현명하다"고 해야 하는 것인가?

여기에서 다루지는 않겠지만 현재의 노동계급 운동이 처해 있는 국제적 상황이 당시의 상황과는 매우 다르다는 것은 긴 설명이 필요 없다.[40)]

그리고 우리가 더욱 중요하게 생각해야 하는 것은 현재 우리가 "두 번째 과제"를 "당면 과제"로 생각할 수 있는 처지가 아니라는 너무 명백한 사실이다. 우리에게는 당시의 "첫 번째 과제"가 "당면 과제"다. 그 "첫 번째 과제"는 "노동계급의 전위를 끌어들여 의회주의에 맞서 소비에뜨 정부 쪽으로, 부르주아 민주주의에 맞서 프롤레타리아트 독재 쪽으로 넘어가도록 하는 일"이었다. 우리 역시 "노동계급의 전위를 끌어들여"야 한다. 우리의 현 과제는 "프롤레타리아 전위"를 "이념적으로 획득"해야 하는 것이고 "이것은 중요하

---

40) 지난 90년대 중반 이후 신자유주의에 대한 저항과 투쟁이 세계 곳곳에서 광범하고 빈번하게 벌어졌다. 투쟁의 과정에서 외쳐진 가장 인기 있는 주장이자 구호 중 하나가 TANA(There are thousands of alternatives!)라는 주장이었다. 이것은 현재의 상황이 과거의 상황과 다르다는 하나의 상징이다. 이것은 〈다함께〉 동지들과 매우 가까운 사람의 주장에서도 살펴볼 수 있다. 캘리니코스, "2장 다양한 종류와 전략들", ≪반자본주의 선언≫, 책갈피, 2003.

다. 이것 없이는 승리를 향한 첫걸음조차 내디딜 수 없다"는 것은 명확한 진리다. 그리고 당시 "첫 번째 과제"는 "기회주의와 사회배외주의에 맞선 이념적이고 정치적인 완전한 승리 없이 성취될 수 없었다"고 한다. 이것 또한 우리에게 마찬가지다. 우리 역시 노동자계급 운동에 침투한 부르주아적 · 소부르주아적 사상(사회민주주의, 사회적 합의주의, 자율주의 등)에 맞서 "이념적이고 정치적인 완전한 승리"를 통해 그것을 이루어 내야 한다.[41]

그렇다면 "노동계급의 전위를 끌어들인다는 것"은 무엇인가? 그것은 "노동자계급의 독자적 정당"을 건설하는 것이다. 당이란 계급의 이익을 대표하고 계급을 지도하기 위해 계급 대중과 밀접하게 연결된 계급의 전위가 결집한 정치조직이다. 따라서 "노동계급의 전위를 끌어들인다는 것"은 "노동자계급의 전위 정당"을 건설하는 것을 의미한다. 그리고 (다시 반복하지만) "이것은 중요하다. 이것 없이는 승리를 향한 첫걸음조차 내디딜 수 없"기 때문이다.[42]

마지막으로 우리 모두 가슴에 담아 둘 레닌의 한마디.

> 다시 한 번 말하거니와, 러시아에서 성공적인 프롤레타리아트 독재의 경험은 이 문제를 생각할 줄 모르거나 생각할 기회가 없었던 사람들에게조차 프롤레타리아트에 있어서 절대적인 중앙집중화와 가장 엄격한 규율이라는 것이 부르주아지에 대한 승리의 한 본질적 조건이라는 것을 명백히 보여 주었다.
>
> 이 문제는 자주 논의되고 있다. 그러나 그것이 무엇을 의미하는지 그리고 어떤 조건에서 그것이 가능한지에 대해서는 너무 불충분하게 논의되고 있지 않은가? 소비에뜨 권력과 볼셰비키에 대해 찬미하는 일과 더불어 볼셰비키가 혁명적 프롤레타리아트에게 필요한 규율을 세울 수 있었던 이유를 아주 깊이 분석하는 일이 더 자주 수반되어야 하지 않겠는가?

---

41) 그리고 이러한 시기에는 즉, "프롤레타리아트의 전위를 공산주의 쪽으로 끌어들이는 것이 문제가 되는 동안에는(아직 문제가 되는 한), 선전이 최우선 과제이다. 여기에서는 온갖 파벌성의 약점을 갖고 있는 서클조차 쓸모 있으며 또한 좋은 결과를 낳는다." (레닌, 앞의 책, p. 105.)

42) "프롤레타리아트는 유산계급의 집단적 권력에 대항하는 투쟁에서, 유산계급에 의해 설립된 낡은 모든 당들과 대립되는 특별한 정당으로 자기 자신을 구성할 때에만 계급으로 행동할 수 있다. 이와 같이 프롤레타리아트를 정당으로 구성하는 일은 사회혁명 및 그것의 최종 목표인 계급 폐지의 승리를 보장하기 위해 필수 불가결하다." (맑스 · 엥겔스, "1872년 9월 2일에서 7일까지의 헤이그 일반 대회의 결의안", ≪저작선집≫ 제4권, p. 157.)

정치사상의 한 조류로서 그리고 하나의 정당으로서 볼셰비즘은 1903년부터 있어 왔다. 볼셰비즘이 존재한 전 기간의 역사, 그것만이 아주 어려운 조건에서도 볼셰비즘이 프롤레타리아트의 승리에 필요한 철의 규율을 세우고 유지할 수 있었던 이유를 만족스럽게 설명해 줄 수 있다.

먼저 다음과 같은 의문이 생겨난다. 곧 혁명적인 프롤레타리아트 당의 규율은 어떻게 유지되는가? 그 규율은 어떻게 검증되는가? 그것은 어떻게 강화되는가? 첫째, 그것은 프롤레타리아 전위의 의식성에 의해서, 그리고 혁명에 대한 그들의 헌신, 곧 전위의 끈기와 자기희생 및 영웅적 행동에 의해서이다. 둘째, 일차적으로는 가장 광범한 프롤레타리아 근로인민 대중들과, 뿐만 아니라 비프롤레타리아 근로인민 대중들과도 연결을 갖고 가장 긴밀한 접촉을 유지하며, 그리고 당신들이 원한다면 어느 정도는 융합할 수 있는 전위의 능력에 의해서이다. 셋째, 이 전위가 발휘하는 정치 지도력의 올바름에 의해서, 곧 전위의 정치 전략 및 전술의 올바름에 의해서인 바, 이것은 가장 광범한 대중들이 자신들의 경험으로써 그 전략 및 전술의 올바름을 인정하는 것을 전제로 한다. 이러한 조건들 없이는 부르주아지를 타도하여 사회 전체를 변혁시키고 말 선진 계급의 당이 진정으로 될 수 있는 혁명적 당의 규율이란 이루어질 수 없다. 이러한 조건들 없이는 규율을 세우려는 시도들은 불가피하게 수포로 돌아가고, 말장난과 광대짓으로 끝나 버린다. 다른 한편, 이러한 조건들은 단번에 생겨날 수 없다. 그것들은 꾸준한 노력과 고난 속에서 얻어진 경험에 의해서만 창출된다. 이들 조건의 창출은 올바른 혁명 이론에 의해 촉진되며, 역으로 이 혁명 이론은 도그마가 아니라, 오히려 진정으로 대중적인, 진정으로 혁명적인 운동의 실천과 밀접히 연관될 때에만 완전히 나타나게 된다.[43)]

---

43) 레닌, 앞의 책, pp. 17-9.

민주집중제에 대하여[*1)]

— "비판의 자유와 행동의 통일"에 대한 레닌의 주장을 중심으로[2)]

민주주의적 집중주의(Democratic Centralism—이하 민주집중제)는 노동자계급 운동의 중요한 이론 중 하나이다. 이것은 1906년 러시아 혁명 과정에서 러시아 사회민주노동당에 의해 당의 조직 원리로서 채택되었고, 이후 코민테른 제2차 대회에 이르러서는 세계 공산주의 운동의 일반적인 조직 원리로 발전하였으며, 사회주의 국가들에서 민주집중제는 당 조직 원리를 넘어 사회주의 국가조직의 원리로까지 발전하였다.

이렇듯 당의 조직부터 사회주의 건설의 과정에 이르는 역사적 발전 과정을 지나왔기 때문에 민주집중제는 비록 현실 사회주의진영의 '쓰라린 패배'에도 불구하고 또한 자율주의류의 비난—'민주집중제: 민주주의의 탈을 쓴 강제적인 집중 수단' 등의—에도 불구하고 현재까지도 노동자계급 운동(조직)의 기본 원리 중 하나로 받아들여지고 있다.[3)]

---

* [편집자 주] ≪정세와 노동≫ 제2호(2005. 6.) 〈이론〉에 실린 글이다.

1) 이 글은 藤井一行의≪볼셰비키 당조직론≫(세계, 1986)에서 많은 도움을 얻었다. 많은 도움을 얻었다는 것이 내가 저자의 의견과 사상을 그대로 인정한다는 것을 의미하는 것은 당연히 절대 아니다.

2) 레닌의 논의를 중심으로 하는 것은 레닌이 말해서 옳다고 생각하거나 혹은 그의 권위를 빌리기 위해서가 아니다. 조직 문제와 관련 노동자계급 운동의 역사에서 매우 중요한 기여를 한 것이 레닌이고 또 앞으로 살펴보겠지만 민주집중제와 관련해서도 그는 많은 이론적 · 실천적 공헌을 했다. 바로 그래서일 뿐이다. 오해가 있을 수 있어서 한마디 덧붙인다.

3) 민주집중제는 노동자계급의 조직 원리를 넘어 부르주아지 조직에도 적용(?)되기도 한다. 작년에 열우당의 신기남은 당의장 시절 민주집중제로 당을 운영하겠다고 연설하여 언론의 주목(?)을 받았고, 연말 박계동은 한나라당 내부 분열과 관련하여 "정당 내에 다른 생각을 가지고 있는 것이 얼마나 좋은 것이냐. 민주집중제를 통해 다수 의견으로 가져가면 될 것"이라고 인터뷰하였다. 최근에는 한 반동적 인터넷 언론에서 한나라당의 책임당원제가 민주집중제의 변형이라며 조심해야 한다는 말도 되지 않는

그런데 현재 이러한 민주집중제가 우리에게는 노동자계급 운동의 훌륭한 전통으로서 혹은 노동자계급 운동의 발전을 위한 이론으로서 이용되고 있지 못하다. 오히려 이것은 작년과 올해 보건의료노조의 만행과 최근 민주노총 대의원 대회의 파행적 진행에서도 볼 수 있듯이, 사회적 합의주의를 표방하는 기회주의자들에 의해 처음에는 자신들의 주장을 일방적으로 관철하려는 수단으로 이후에는 자기 정당성 확보의 근거로 사용되고 있다. 또한 민주집중제는 사회적 합의주의자들에 의해 자신들을 정당하게 비판하는 사람들에 대한 비난의 무기로까지 활용되고 있다. 물론 사회적 합의주의에 대한 정당한 반대자들은 비록 현재 소수이지만 이들 비난에 대해 올바르고 당당하게 반비판하고 있으며, 정당한 행동으로 맞서고 있지만 실천적으로 미숙한 면이 보이고 이론적으로도 좀 더 검토해 보아야 할 필요가 있다고 생각한다.

이 글은 민주집중제에 대한 이론적 검토를 하려 한다. 이를 통해 민주집중제가 뜻하는 진정한 뜻이 무엇인가를, 특히 민주집중제의 여러 원리 중 중요한 하나인 "비판의 자유와 행동의 통일"의 원리에 대한 레닌의 사상을 중심으로 다루어 조직 통합의 원리로서 민주집중제의 의미와 이를 실현하는 구체적 방법을 알아보고자 한다.

이것을 통해 우리는 어떤 연유에서든 현재 노동자 대중에 대한 지도성을 확보하고 있어 '다수의 대중적 힘'을 갖고 있고 또 그것을 근거로 현재 민주노총 및 노동조합의 상층부를 구성하고 있는 사회적 합의주의자들이 민주집중제라는 노동자계급의 조직 원리를 어떻게 왜곡하고 있는가를, 그래서 현재 다수라는 힘을 이용하여 자신의 입장을 일방적으로 관철하려 드는 것을 통해 결국 조직을 분열로 몰아간 것을 알게 될 것이다.

또한 이 글을 통해 우리—현재에는 올바름에도 불구하고 비록 소수에 속해 있지만 머지않아 그 올바름으로 인해 다수가 될 우리—는 소수파로서 어떻게 행동해야 하는가에 대해 다시 한 번 생각할 기회를 가질 수 있게 될 것이다. 이것이 이 글의 목적이다.

말까지 하고 있다.

1. 들어가며—단결

맑스는 이렇게 말했다.

> 자본은 집적된 사회적 힘인 데 반해, 노동자는 자신의 노동력을 마음대로 처리할 수 있을 뿐이다. 따라서 자본과 노동 사이의 **계약**은 결코 공정한 조건으로 맺어질 수 없다. 한편에는 물질적 수단 및 노동수단의 소유를 두고 다른 한편에는 살아 있는 생산적 에너지를 두는 사회의 관념으로 보더라도 공정한 조건으로 맺어질 수 없다. 노동자의 유일한 사회적 힘은 그 수이다. 그러나 그 수의 힘은 단결되어 있지 않으면 꺾인다. 노동자가 단결하지 못하는 것은 그들 **자신들 사이의 불가피한 경쟁**에서 생겨나서 영속화된다. (강조는 원문)[4]

"집적된 사회적 힘"인 자본과는 달리 "노동자의 유일한 사회적 힘은 그 수"이며 이것은 단결되어 있어야 나타난다. 따라서 노동자가 자신을 지키기 위해서는 단결해야 한다. 그리고 "노동자가 단결하지 못하는 것은" 해결해야 할 중요한 문제지만, 그것은 "그들 자신들 사이의 불가피한 경쟁에서 생"긴다. 그런데 "경쟁"이 "불가피"하다는 것은 노동자들 자신들에게 경쟁은 의지와 의식으로 극복하기 어려운 것이며 또한 노동자로서 살아가는 데 있어서 경쟁은 이미 조건으로서 존재한다는 것을 의미한다.

> 공업의 발전과 더불어 프롤레타리아트는 단지 수적으로만 증가하는 것이 아니다; 프롤레타리아트는 더 커다란 대중으로 집결되며, 그 세력이 증대하고, 자신의 힘을 점점 더 자각하게 된다. ...; 개별 노동자와 개별 부르주아 사이의 충돌들은 점점 더 두 계급들의 충돌이라는 성격을 띤다. 노동자들은 부르주아에 대항하는 연합들을 형성하는 일부터 시작한다; ... 노동자들은 때때로 승리하나, 그것은 단지 일시적일 뿐이다. 그들의 투쟁들의 진정한 성과는 직접적인 전과(戰果)가 아니라 노동자들의 더욱더 확대되는 단결이다. ... 프롤레타리아들의 계급에로의, 또 따라서 정당에로의 이 조직화는 노동자 자신들 사이의 경쟁에 의해서 매번 다시 파괴된다. 그러나 이 조직화는 매번

---

4) 맑스, "임시 중앙 평의회 대의원들을 위한 개별 문제들에 대한 지시들", ≪저작선집≫ 제3권, 박종철출판사, p. 138.

다시 더 강하게 더 견고하게 더 힘 있게 발생한다.[5)]

부르주아 계급의 존립과 지배의 본질적 조건은 개인의 수중으로의 부의 누적, 즉 자본의 형성과 증식이다; 자본의 조건은 임금노동이다. 임금노동은 오로지 노동자들 상호 간의 경쟁에 근거한다. 부르주아지를 그 무의지적 무저항적 담지자로서 가지고 있는 바의 공업의 진보는 경쟁으로 말미암은 노동자들의 고립화 대신에 연합에 의한 노동자들의 혁명적 단결을 가져온다. 이리하여 대공업의 발전과 더불어, 부르주아지가 생산하며 생산물들을 전유하는 그 기초 자체가 부르주아지의 발밑에서 무너져 간다. 부르주아지는 무엇보다도 자기 자신의 매장인을 만들어 낸다. 부르주아지의 몰락과 프롤레타리아트의 승리는 다 같이 불가피하다.[6)]

노동자계급은 자신들의 해방을 위해 단결을 이루어 내야 한다. 그런데 자본주의 사회에서 노동자들 간의 '경쟁은 불가피'하고 경쟁은 노동자계급의 단결을 방해한다. 이러한 노동자계급의 불가피한 경쟁은 "프롤레타리아들의 계급에로의, 또 따라서 정당에로의" "조직화"까지 파괴한다. 그러나 비록 노동자계급의 단결은 쉽지 않은 일이지만 가능하며, 이 또한 불가피한 일이다. 이를 가능하게 하려는 노력을 매 순간 경주하는 것! 그것이 우리의 임무이다.

만국의 프롤레타리아여, 단결하라!

2. 조직 통합 원리로서의 민주집중제

러시아 혁명 과정에서 민주집중제가 공식적으로 언급된 것은 1905년 12월 볼셰비키 협의회에서였다. 협의회는 '민주주의적 중앙집중제'를 결의하고 이를 실시하도록 권고했다. 또한 이것은 이후 러시아 사회민주노동당 제4차 (통일) 대회에서 당 규약으로 채택되었다.

러시아 사회민주노동당은 1903년 제2차 대회를 거치면서 볼셰비키와 멘셰비키로 분열하게 된다. 이러한 분열은 계속되었으며 1905년 1월 9일 '피의

5) 맑스 · 엥겔스, "공산주의당 선언", ≪저작 선집≫ 제1권, pp. 408-9.
6) 같은 글, p. 412.

일요일' 이후 혁명의 도화선에 불이 당겨진 후에까지도 지속되었다. 결국 혁명적 시기의 전술을 결정해야 했던 4월의 제3차 대회는 볼셰비키만의 대회가 되었으며, 1905년 제1차 러시아 혁명은 이후 실패하게 된다.

제3차 대회 이전부터 또 이후에는 더욱더 많은 당원들이 당의 통일을 요구하였으며, 1905년 러시아 혁명의 경험은 당의 통합의 필요성을 절대적으로 강제하였고, 이에 따라 통합과 관련하여 많은 논의가 이루어졌다. 또한 비록 실패한 혁명이었지만 대중의 혁명적 자발성에 대한 경험과 혁명적 투쟁의 과정에서 확보된 '자유'와 활동 조건들의 변화는 조직 통합에 많은 영향을 주었다. '민주집중제'는 이러한 과정에서 확립되어 갔다.

레닌은 볼셰비키들만의 대회가 되어 버린 제3차 대회에 대한 보고를 하면서 러시아 사회민주노동당의 분열을 개탄한다. 또한 당의 통일·통합을 강조하면서 제3차 대회는 "소수파가 하나의 당에서 다수파와 함께 일할 수 있도록 하는 모든 조치를 취"한 것으로 "모든 소수의 권리에 대한 정확하고 명확한 보장, 당 규약에 체현되어 있어 모든 당원들에게 구속력을 갖는 보장을 제공"하는 것 등을 통해 이를 실현하기 위한 많은 노력을 했다고 주장한다.

> 소수파는 이제 논쟁과 차이가 조직 파괴로 귀결되지 않는 한, 그것들이 건설적 사업을 방해하거나 우리의 힘을 분열시키지 않고 또 전제(專制)와 자본가들에 대항하는 일치된 투쟁을 방해하지 않는 한, 자신의 견해를 옹호하고 이데올로기 투쟁을 수행할, 당 규약에 의하여 보장된 무조건적인 권리를 가진다.[7]

레닌은 얼마 후 당의 분열이 끝나기를 원한다는 내용의 편지에 대해 답하며 다음과 같이 쓰고 있다.

> 분열에 종지부를 찍으려는 단순한 열망으로는 그것을 끝내기에는 충분하지

---

7) 이와 함께 대회는 당 문건을 출판할 권리의 확대 및 그것을 수송해야 하는 중앙위원회의 의무, 지역위원회의 권한 확대 및 이에 대한 중앙위원회의 간섭 배제 등을 결정하였다. "한마디로, 3차 대회는 다수파를 수적 우위, 기계적 억압, 당 중앙기관의 독재 등등의 욕설로 비난할 모든 가능성을 제거하기 위해 모든 것을 다했다." (레닌, "러시아사회민주노동당 3차 대회에 관한 보고", ≪레닌 저작집≫ 제3-2권, 전진, pp. 28-31.)

못하다. 그것을 하는 **방법**을 아는 것이 필요하다. 분열에 종지부를 찍는 것은 **단일한** 조직으로 통합하는 것을 의미한다. 그리고 분열을 빨리 끝내기를 진정으로 원하는 사람이면 누구든 ("노동자"가 했으며 또한 예를 들어 플레하노프가 자신이 늪지파에 속해 있음을 깨달은 이래로 했듯이) 분열에 관한 불평, 비난, 맞비난, 절규, 열변에 그쳐서는 안 된다. ― 그는 그런 공통의 단일한 조직의 유형을 즉시 **개발**하기 시작해야만 한다. (강조는 원문)[8]

레닌에게 있어서도 당의 통합은 매우 중요한 문제인데 당시에 그것을 이루기 위해서는 "무엇보다도 먼저, 모두에게 절대적 구속력을 갖는 조직적 규범, 당 규약이 규정되어야 한다; 두 번째로, 팽팽히 필적하는 모든 지방 및 중앙 당 조직들과 기관들이 통합되어야 한다"[9]고 하며, "지금까지 오직 R.S.D.L.P. 3차 대회만이 어떠한 소수파의 권리도 구조적으로 보장하는 규약을 제정함으로써 첫 번째 문제를 해결하려고 시도했다"[10]고 한다. 그리고 당 통일을 위한 기본적 원칙들로 다음의 것들을 제시한다.

우리는 **조직의 기본적 원칙**, 우리 견지에서 통합을 위해 필요한 것의 승인을 기꺼이 반복할 준비가 되어 있다: 1) 다수에 대한 소수의 복종(인용 부호 속에 "소수파"와 "다수파"와 혼동하지 말 것! 여기서 우리는 당 조직의 일반의 원칙을 다루고 있지 "소수파"와 "다수파"의 통합을 다루고 있지 않은데, 그것에 관해 우리는 나중에 말할 것이다. 추상적으로 말하자면 대등한 수의 "멘셰비키들"과 "볼셰비키들" 사이의 통합을 떠올리는 것이 가능하지만, 그러한 통합조차도 다수에 대한 소수의 복종이 원칙적으로 그리고 의무적으로 승인되지 않으면 불가능하다). 2) 대회, 즉 정당하게 권한을 부여받은 모든 조직에서 선출된 파견원들의 회의는 당의 최고 기관이어야 한다; 게다가, 이 선출된 파견원들의 어떠한 결정도 최종적이어야 한다(이것은 민주주의적 대의제의 원칙인데, 그 결정들이 승인 구조 즉 국민투표에 복종되는 자문적 협의회의 원칙과 반대된다). 3) 당의 중앙 기관(또는 위원들)에 대한 선거는 직

8) 레닌, "팜플렛 "당내 분열에 관한 노동자들의 견해"에 부치는 서문", ≪레닌 저작집≫ 제3-2권, p. 287. "당내 분열에 관한 노동자들의 견해"에 대해 레닌은 "편지 속의 약점은 저자가 단지 분열을 몹시 한탄할 뿐, 그것을 종결하는 구체적인 조직적 수단을 위한 명확한 제안을 전혀 하지 않는다"고 지적한다.
9) 레닌, 같은 글, p. 288.
10) 같은 곳.

접 투표로 되어야 하며 또한 대회에서 거행되어야 한다. 대회 밖에서의 선거, 2단계 선거 등은 허용될 수 없다. 4) 지방과 중앙의 모든 당 출판물은 당 대회와 당의 적절한 중앙 또는 지방 조직에 완전히 통제되어야 한다. 당과 조직적으로 연결되지 않은 당 출판물의 존재는 허용될 수 없다. 5) 당원 자격이 내포하는 것에 관한 절대적으로 명백한 규정이 있어야 한다. 6) 마찬가지로, 어떠한 당 소수파의 권리도 당 규약에 명백하게 규정되어야 한다. (강조는 원문)[11]

아직까지는 민주집중제에 대한 명확한 언급은 없지만, 소수파의 권리에 대한 부분이 중요하게 언급되며 새롭게 강조된다. 이처럼 민주집중제는 조직통합을 위한 노력의 과정과 동반하여 발생한 것이다. 레닌은 조직의 통합 · 통일을 위해서는 먼저 "다수에 대한 소수의 복종"이 전제되어야 한다고 하고, 이것은 "원칙적으로 그리고 의무적으로 승인되"어야 한다고 한다. 그런데 이것은 너무나 당연하다. 이것이 지켜지지 않으면 그것은 당, 한 걸음 더 나아가 조직이 아니다. 그런데 여기에서 머물며 이것만을 강조하는 것만으로는 부족하다. 우리는 더 나아가야 한다. 그것은 새롭게 강조된 소수파의 권리와 관련된 것이다.

3. 다수에 대한 소수의 복종

레닌이 제3차 대회에 대한 보고에서 언급한 "모든 소수의 권리에 대한 정확하고 명확한 보장, 당 규약에 체현되어 있어 모든 당원들에게 구속력을 갖는 보장"이라는 주장이나 조직 통합을 위해 제시한 여섯 가지 기본적 원칙의 여섯 번째인 "어떠한 당 소수파의 권리도 당 규약에 명백하게 규정되어야 한다"는 것은 모두 소수파의 권리와 관련된 것으로 이것은 당의 통일 · 통합을 위한 노력에서 매우 중요한 원칙이다. 여기서 소수파의 권리에 대한 것을 강조하는 것은 이것이 민주집중제라는 조직 원리의 형성과 내용에 있어서 매우 중요한 비중을 차지하기 때문이다. 또 이렇게 주장하는 것은 "다수에 대한 소수의 복종"이라는 기본적 원칙은 이미 이전부터 주장되어 오던 것으로 새

11) 같은 글, p. 289.

로운 것은 아니기 때문이다. 그것은 이른바 "(중앙)집중주의제"의 시절부터의 표현이다. 하지만 여기서 "다수에 대한 소수의 복종"이라는 원칙을 살펴보는 것은 중요한 일이다. 왜냐하면 그것은 앞서 레닌이 제시한 통일을 위한 기본적 원칙의 첫 번째를 차지하는 가장 중요한 원칙이기 때문이다.

레닌은 러시아 사회민주노동당 제2차 대회를 마친 후 그것을 평가하면서 다음과 같이 주장했다.

> 강령과 전술 문제에 대한 통일은 당 통일을 위한, 당 사업의 중앙집중화를 위한 필요조건이긴 해도 충분조건은 결코 아니다(위대하신 조물주여, 모든 개념들이 혼동되어 있는 오늘날 어떤 초보적인 것들을 한 자 한 자 읽어 나가야 한단 말인가!). 후자는 그 위에 조직의 통일을 요구하며, 그것은 단순한 가족적 서클 이상의 어떤 것으로 성장한 하나의 당에서는 형식적 규약 없이는, 소수파의 다수파에 대한 그리고 부분의 전체에 대한 복종 없이는 상상조차 할 수 없다.[12)]

레닌은 같은 글에서 '신≪이스크라≫'의 조직 문제에 대한 기회주의를 비판하면서 이를 강한 어조로 다시 한 번 반복한다.

> **조직 문제에서의 추수주의**는 무정부주의적 지식인이 (최초에는 우연적이었을 수도 있는) 무정부주의적 탈선을 **견해의 체계**로, **원칙**의 **특수한** 차이로 격상시키기 시작할 경우 그의 근성의 자연스럽고도 불가피한 산물이다. 동맹 대회에서 우리는 이러한 무정부주의의 발단을 목격했다; 신≪이스크라≫에서 우리는 그것을 견해의 체계로 격상시키는 시도를 목격하고 있다. 이러한 시도들은 사회민주주의 운동에 동참하는 부르주아 지식인들의 견해의 관점과 자신의 계급적 이해를 자각하게 된 프롤레타리아의 견해의 관점 사이의 차이에 대해 이미 당 대회에서 말해졌던 것을 두드러지게 확인시켜 준다. 예를 들어, 이와 동일한 신≪이스크라≫의 "실천적 활동가"는 ―우리가 이미 친숙해진 심오함으로― 내가 당을 중앙위원회라는 형태를 띤 한 지배인에 의해 지도되는 "하나의 거대한 공장으로" 보이게 한다고 공공연히 비난한다. "실천적 활동가"는 자신의 이 무시무시한 말이 즉각적으로 프롤레타리아 조직의

12) 레닌, ≪한 걸음 앞으로, 두 걸음 뒤로(우리 당내의 위기)≫(≪레닌 저작집≫ 제2-2권), p. 371.

실천이나 이론 모두에 친숙하지 못한 부르주아 지식인들의 근성을 무심코 드러낸다고는 결코 생각하지 않는다. 왜냐하면 공장은 일부 사람들에게는 단지 요괴로 여겨지지만, 그것은 프롤레타리아트를 단결시키고 단련시키며, 그들에게 조직하라고 가르치며, 그들을 고생하고 착취당하는 주민의 모든 다른 부문들의 선두에 위치시켜 온 자본주의적 협업의 그 최고 형식을 대표하기 때문이다. 그리고 맑스주의, 자본주의에 의해 훈련받은 프롤레타리아트의 이데올로기는 불안정한 지식인들에게 착취의 수단으로서의 공장(기아의 공포에 기초한 규율)과 조직의 수단으로서의 공장(기술적으로 고도하게 발전된 생산 형식의 조건들에 의해 결합된 공동 노동에 기초한 규율)을 구별하라고 가르쳤으며 또한 가르치고 있다. 부르주아 지식인들에게는 그렇게도 힘겨운 것인 규율과 조직이 프롤레타리아트에게는 바로 이 공장이라는 "학교"로 인해 매우 쉽게 획득된다. 이 학교에 대한 치명적 공포와 그것의 중요성을 조직하는 하나의 계기로 이해함에 있어서 완전한 실패는, 쁘띠부르주아적 생활양식을 반영하고 독일 사회민주주의자들이 에델아나르키스무스, 즉 "고귀하신" 신사들의 무정부주의라고 불렀고, 또는 내가 귀족적 무정부주의라고 부르고 했던 무정부주의의 일종을 유발시키는 사고방식의 특징이다. 이 귀족적 무정부주의는 러시아 허무주의자들의 고유한 특징이다. 그들은 당 조직을 괴물 같은 "공장"으로 생각한다; 그는 전체에 대한 부분의 그리고 다수파에 대한 소수파의 복종을 "농노제"(악셀로드 논문들을 보라)로 간주한다; 하나의 중앙의 지도 아래서의 노동의 분업은 그로 하여금 사람들을 "톱니바퀴와 수레바퀴"로 바꾸는 것(편집자들을 기고자들로 변질시키는 것이 그러한 전환의 특히 흉악한 일종으로 간주되었다)에 반대한다는 희비극적 울부짖음을 불러일으킨다; 당의 조직 규약에 대한 언급은 사람들은 규약이 전혀 없이도 잘해 나갈 수 있다는 ("형식주의자들"을 위해 의도된) 경멸적인 말과 모욕적인 찡그림을 불러일으킨다. (강조는 원문)[13]

"강령과 전술 문제에 대한 통일은 당 통일을 위한, 당 사업의 중앙집중화

13) 같은 글, pp. 374-6. 여기서 논의와 직접적으로 관련이 없는 부분까지 포함하여 길게 인용한 것은 한편으로는 독자들에게 우리 주변에서 큰소리를 치고 있는 악성적 무정부주의에 대해 다시 한 번 생각해 보기를 부탁하기 위해서이고, 다른 한편으로는 '공장(현장)이라는 학교'로부터 너무 오래 떨어져 나와 부르주아화하는 과정에서 소부르주아적이고 귀족적인 생활 방식에 젖어 버린 "관료"들에 대한 비판을 위해서이다.

를 위한 필요조건이긴 해도 충분조건은 결코 아니다." 충분조건에는 "조직의 통일이 요구"되며, 그것은 "형식적 규약", "소수파의 다수파에 대한 그리고 부분의 전체에 대한 복종" 등이 필요하다. 이것은 너무나 당연한 것이다. 그것이 하나의 조직이라면, 즉 어떤 목적의 달성을 위해 의식적으로 결합된 조직이라면, 그것도 노동자계급이 자기해방을 위해 결성한 조직이라면, 그 조직은 통일되어 있어야 한다. 조직이란 행동의 통일, 실천적 활동에서의 통일을 의미하기 때문이다. 따라서 그를 위해 "소수파의 다수파에 대한 그리고 부분의 전체에 대한 복종"은 필수적이다. 왜냐하면 그것이 비록 노동자계급의 조직일지라도, 아니 노동자계급의 조직이기에 의견 차이는 피할 수 없는 일이기 때문이며,[14] 비록 피할 수 없는 일일지라도 노동자계급의 통일과 단결을 위해 끊임없이 노력하는 것은 노동자계급의 선진 부대의 임무이기 때문이다.[15] 이러한 이유로 혁명의 승리 이후에도 레닌은 러시아 볼셰비키가 성공한 근본적인 한 조건을 중앙집중화에서 찾으며[16] 노동자계급에 대한 소부르주아의 악영향을 격퇴하기 위해서도 엄격한 중앙집중화와 규율을 강조한다.[17]

---

14) 이에 대해서는 선현의 통찰에서 도움을 얻을 수 있다. 레닌, "유럽 노동운동에서의 의견 차이", ≪전략과 전술≫, 학민사, pp. 80-5. (노사과연 홈페이지=〉세미나/강좌=〉맑스-엥겔스 저작 읽기, 3번째 글.) (http://lodong.org/semiBoard/board.html?mtype=view&page=26&bid=3&num=3&seq=9&replynum=3&shownum=3&key=&searchword=)

15) 우리는 "한국의 노동자계급 운동에는 여러 분열 · 대립이 존재하고 있고, 그 분열과 대립을 극복하고 정치적 · 조직적 통일과 단결을 달성하는 것이 현 단계 우리 운동의 과제"(노사과연, "우리는 왜 '노동사회과학연구소'를 창립하는가")라고 생각한다 또한 ≪영웅적 투쟁 쓰라린 패배—사회주의 국가 쏘련을 해체시킨 요인들≫(바만 아자드, 노사과연, 2005)의 우리말 역사 후기를 참조하라.

16) "다시 한 번 말하거니와, 러시아에서 성공적인 프롤레타리아트 독재의 경험은 이 문제를 생각할 줄 모르거나 생각할 기회가 없었던 사람들에게서조차 프롤레타리아트에 있어서 절대적인 중앙집중화와 가장 엄격한 규율이라는 것이 부르주아지에 대한 승리의 한 본질적 조건이라는 것을 명백히 보여 주었다." (레닌, "2. 볼셰비키가 성공한 근본적인 한 조건", ≪공산주의에서의 "좌익"소아병≫, 돌베개, pp. 17-8.)

17) "계급들의 폐지는 소상품 생산자들을 폐지하는 것을 뜻하기도 하는 것이다. 그러나 우리는 그들을 쫓아내어서는 안 되며, 그들을 억압해서는 안 되며, 그들과 친하게 지내야만 하며, 매우 느리고 용의주도한 장기간의 조직적 작업으로써만 그들을 개조하고 재교육할 수 있다(또한 해야만 한다). 그들은 프롤레타리아트를 사방에서 쁘띠부르주아적 환경으로 포위하고 있으며, 이 환경으로써 프롤레타리아트를 물들이고

4. 소수파의 권리 보장

앞서 살펴본 대로 '다수에 대한 소수의 복종'은 오래전부터 주장되어 온 것이었고 '소수파의 권리 보장'은 볼셰비키만의 대회였던 제3차 대회에 이르러서야 규약에 명시된다. 또한 이것은 당 통일을 위한 기본적 원칙들의 하나로 다시 한 번 천명된다. 그렇다면 '소수파의 권리 보장'이란 무엇인가? '다수에 대한 소수의 복종'이라는 제1 원칙하에서 '소수파의 권리 보장'에 대해 우리는 어떻게 이해해야 하는가?

> 통합은 필수적이다. 통합은 지지되어야 한다. 통합을 위하여, 우리는 전술에 관하여 동지적인 방식으로 멘셰비키들과 경쟁해야 한다; 우리는 모든 당원들을 확신시켜야 하며, 우리의 논쟁을 찬반 여부에 대한 실제적인 설명, 프롤레타리아트의 입장과 그 계급적 목표의 설명으로 전환시켜야 한다. 그러나 통합은 우리로 하여금 결코 전술에 관한 불일치를 숨기거나 아니면 우리의 전술을 완전하고 성실하게 설명하는 것을 회피하게끔 하지 않는다. 그런 종류의 것은 안 된다. 우리가 올바르다고 간주하는 전술을 위한 이데올로기적 투쟁은 끝까지, 즉 통합 당 대회가 열릴 때까지 공개적이고 솔직하며 단호하게 수행되어야 한다. 전술은 당의 당면한 활동을 규정하며, 따라서 통합 대회는 오직 하나의 계열의 전술을 가질 수 있다. 이러한 전술은 당원들의 다수에 의해 동의되는 전술이어야 한다: 다수가 명확한 입장을 취했을 때, 소수는 그 정치적 행동에서 다수에 복종해야 하지만, 동시에 다음 대회에서 문제를 비판하고 그것의 해결을 옹호할 권리를 보유한다.
>
> 우리 당의 현 상황에서, 양 분파는 통합 대회의 소집에 동의하였으며, 양자는 대회의 결정에 복종하기로 결정하였다. 통합 대회는 무엇이 당의 통일된 전술이 되어야 하는가를 결정할 것이다. 우리의 의무는 이 대회의 소집을 앞당기기 위하여 모든 것을 다하는 것이며, 우리 당과 우리의 전술을 통일시킬 통합 대회의 대의원을 선출하려고 투표함에 있어서 모든 당원들이 함부로

타락시키며 끊임없이 쁘띠부르주아적 줏대 없음, 분열성, 개인주의, 의기양양함과 낙담 사이에서의 동요 등을 프롤레타리아트에게 야기시키고 있다. 이러한 것을 격퇴하기 위해서는, 곧 프롤레타리아트의 조직적 역할(그리고 그것은 프롤레타리아트의 주된 역할이다)을 올바르게 효과적으로 그리고 성공적으로 수행하기 위해서는, 프롤레타리아트의 당내에 가장 엄격한 중앙집중화와 규율이 필요하다." (레닌, 같은 책, p. 43.)

가 아니라 사려 깊게, 사건에 대한 완전한 지식을 가지고서, 양쪽의 주장을 충분하게 검토한 다음에 선택할 수 있도록 하기 위하여, 최대의 정력으로 모든 당원들에게 두마에 참여하는 문제에 관한 전술적 차이를 가능한 한 분명하게 확신시키는 것이다.[18]

통일된 전술이 결정되기 전까지 이견이 있는 경우 치열한 논쟁은 불가피하다. 당시처럼 비록 "통합"의 문제가 필수적이고 또 거의 무조건적으로 지지되는 경우라도, 그것이 "결코 전술에 관한 불일치를 숨기거나", "전술을 완전하고 성실하게 설명하는 것을 회피하게끔 하지 않는"데 왜냐하면 "올바르다고 간주하는 전술을 위한 이데올로기적 투쟁은 끝까지, 즉 통합 당 대회가 열릴 때까지 공개적이고 솔직하며 단호하게 수행되어야" 하기 때문이며, 대회에서 "당의 통일된 전술"을 결정할 것이기 때문이다. 그리고 "통일된 전술"은 "다수에 의해 동의되는 전술이"고 "다수가 명확한 입장을 취했을 때, 소수는 그 정치적 행동에서 다수에 복종"하는 것이다. 여기에서도 다시 확인할 수 있는 것은 "다수가 명확한 입장을 취했을 때, 소수는 그 정치적 행동에서 다수에 복종해야" 한다는 점이다. 이것은 앞에서 살펴본 것에 대한 반복이다. 또한 결정이 나오기 전까지 "공개적이고 솔직하며 단호하게 수행"되어야 하는 "이데올로기적 투쟁", "당원들의 다수에 의해 동의되는" "오직 하나의 계열의 전술"의 채택 역시 앞에서 보아 왔던 것의 재확인이다.

그러나 여기서 중요한 것은 복종의 조건에 대한 언급이다. "소수는 그 정치적 행동에서 다수에 복종해야" 한다. "하지만"(!) "동시에"(!) 소수는 비판의 권리와 다음 대회에서 문제의 해결을 옹호할 권리를 보유한다.[19]

이것은 단순한 다수결 원리를 넘어서는데 왜냐하면 비록 "당의 통일된 전술"이 다수의 의견으로 하나로 결정된 이후에도, 소수에게 그것, 즉 "당의 통일된 전술"에 대한 "비판의 권리"와 "다음 대회에서 문제의 해결을 옹호할 권리"가 여전히 남아 있음을 의미하기 때문이다. 소수는 다수에 복종해야 한다. 하지만 그것은 행동과 관련해서만이다. 그들에게는 다수의 결정에 대해 비판할 권리가 있으며, 또 이를 통해 다음 대회에서는 자신이 다수가 될 기회를 보장받는다. 즉 소수가 복종한다는 것은 어떤 사안이 결정된 후 그에

18) 레닌, "국가 두마와 사회민주주의의 전술", ≪레닌 저작집≫ 제3-3권, p. 28.
19) 앞의 인용문에는 약간의 번역상의 잘못이 있어 여기서 수정하였다.

대한 공개적인 반대 의사 표시를 하지 못하는 것이 아니다. 오히려 공개적이고 공공연한 반대 의사 표명에 대한 보장을 통해 이후에 자신들의 의견이 다수 의견으로 될 수 있음을 보장받는 것이다. 이것이 '소수파의 권리 보장'의 실질적 의미이다.

5. 비판의 자유와 행동의 통일

앞서 살펴본 "다수에 대한 소수의 복종"과 "소수파의 권리 보장"은 결국 '비판의 자유와 행동의 통일'이라는 원칙으로 정식화된다. 이 원칙은 하나의 규율이고[20] 조직적 관계들의 유지에 핵심적 역할을 하는 원칙이다.[21] 그렇다면 '비판의 자유'의 실제는 무엇이고 '행동의 통일'의 실제는 무엇인가?

1) 비판의 자유

러시아 사회민주노동당 제4차 대회(통합 대회)에서는 민주집중제를 당의 조직 원리로서 규약에 명시하였다. 앞서 본 대로 "통합 대회는 무엇이 당의 통일된 전술이 되어야 하는가를 결정"하는 대회였고, 대회에서 결정된 것은 레닌과 볼셰비키가 의도하지 않았던 것들이었다. 레닌과 과거 볼셰비키들은 통합 대회 직후 발표한 글을 통해 "다수에 대한 소수의 복종"과 "소수파의 권리 보장"의 실제를 보여 주었다. 그들은 먼저 통합 대회의 정치적 의미를 높이 평가한 후 다음과 같이 쓴다.

> 현재와 같은 혁명적 시기에, 당의 모든 이론적 전술적 편향들은, 전례 없는 급속성으로 노동계급을 계몽시키고 교육시키는 경험 그 자체에 의해 가장

---

20) "문제는 이런 무자비한 이데올로기 투쟁을 어떻게 프롤레타리아트 당 규율과 결합시킬 것인가이다. ... 우리는 그것을 이렇게 정의했다: 행동의 통일, 토론과 비판의 자유. 오직 그런 규율만이 선진적인 계급의 민주주의적 당에 어울린다." (레닌, "당 규율과 친카데트 사회민주주의자들에 대한 투쟁", ≪레닌 저작집≫ 제4-2권, p. 112.)
21) "그러므로 프롤레타리아트는 토론과 비판의 자유 없는 행동의 통일을 인정하지 않는다. 그러므로 계급의식적 노동자들은 그럴 때 원칙의 중대한 침해가 일어나서 모든 조직적 관계들의 단절이 불가피하게 된다는 것을 결코 잊어서는 안 된다." (레닌, 같은 글, p. 113.)

무자비하게 비판된다. 그러한 시기에, 모든 사회민주주의자들의 의무는 이론과 전술 문제에 관한 당내의 이데올로기 투쟁이 가능한 한 공개적이고 광범하고 자유롭게 수행되면서도, 어떤 경우에도 사회민주주의적 프롤레타리아트의 혁명적 행동의 통일을 저지하거나 방해하지 않도록 보증하려고 노력하는 것이다.[22]

이어 정세 분석을 통해 자신이 판단하는 전술적 기본 목표를 설명한 후, "우리는 통합 대회가 이러한 임무들을 제대로 평가하지 못했다고 심각하게 확신한다는 사실을 감출 수도 없고 또 감추어서도 안 된다. 대회의 가장 중요한 세 가지 결의안은 대회에서 수적으로 우세한 과거의 "멘셰비키" 분파의 잘못된 견해의 특징을 분명하게 가지고 있다"[23]고 지적한 후 대회에서 결의된 세 가지 결정(농업 강령, 두마에 관한 결의, 무장봉기에 관한 결의)을 공개적으로 비판한다. 대회에서 결정한 그 세 가지는 당연히 다수의 찬성에 의해 결정된 것이고, 러시아 당 대회라는 최고 권위 기구에서 결정된 "당의 통일된 전술"이다. 하지만 레닌은 이를 옳지 않다고 비판함으로써 '소수파의 권리'를 사용하고 있는 것이다. 하지만 동시에 당연히 레닌은 다음과 같이 말하며 대회의 결정에 대한 복종, 즉 소수파로서 다수파에 대한 복종을 다짐한다.

우리는 우리가 잘못된 것으로 간주하는 대회의 그러한 결정들에 대하여 이데올로기적으로 투쟁해야 하며 또 투쟁할 것이다. 그러나 동시에 우리는 전체 당에 우리가 어떠한 종류의 분열에도 반대한다고 선언한다. 우리는 대회의 결정들에 대한 복종을 지지한다. 중앙위원회의 보이코트를 거부하고 공동 사업의 가치를 인정하면서, 우리는 우리와 견해를 공유하는 사람들이 비록 중앙위원회에서 무시할 만큼 소수를 이룰지라도 그들이 중앙위원회에 들어가는 것에 동의한다. 우리는 노동자들의 사회민주주의적 조직들이 통합되어야 한다고 깊이 확신하지만, 이러한 통합된 조직들에서는 당의 문제들에 대한 광범하고 자유로운 토론, 당 생활에서의 사건들에 대한 자유롭고 동지적인 비판과 평가가 있어야 한다.[24]

---

22) 레닌, "과거의 "볼셰비키" 그룹에 속했던 통합 대회 대의원들이 당에 보내는 호소", ≪레닌 저작집≫ 제4-1권, p. 200.
23) 같은 글, p. 202.

레닌의 이러한 생각은 곧 이어 발표한 글에서도 다시 확인할 수 있다.

우리는 대회 결정들에 대한 가능한 가장 광범한 토론을 추구해야 한다. 우리는 모든 당원에게 이 결의안들에 대해 의식적이고 비판적인 입장을 취하라고 호소해야 한다. 우리는 모든 노동자들의 조직이 그 주제에 대해 철저하게 익숙해진 다음에 그들이 어떤 특정한 결정을 승인할 것인지 승인하지 않을 것인지를 선언하도록 조치해야 한다. 만약 우리가 진정으로 진지하게 민주주의적 집중주의를 우리 당에 도입하기로 결정했다면, 그리고 만약 우리가 노동자 대중들을 당 문제의 이성적인 결정에 끌어들이기로 결의했다면, 우리는 이 문제들을 언론에서, 집회에서, 서클에서, 그리고 그룹 모임에서 토론해야 한다.

그러나 통합된 당에서 이러한 이데올로기 투쟁이 조직을 분열시켜서는 안 되며, 프롤레타리아트의 행동의 통일을 저해해서도 안 된다. 이것은 아직까지는 우리 당에서 새로운 원칙이며, 그것을 적절하게 구현하기 위해서는 상당한 노력이 필요할 것이다.

... 그러나 행동의 통일의 범위를 넘어서면, 우리가 유해한 것으로 간주하는 모든 조치, 결정, 그리고 경향에 대한 가장 광범하고 가장 자유로운 토론과 비판이 있어야 한다. 오직 그러한 토론, 결의와 항의를 통해서만, 우리 당의 진정한 여론이 형성될 수 있다. 오직 이러한 조건 위에서만, 우리는 **항상 자신의 의견을 표현할 수 있는 진정한 당이 될 것이며, 명확하게 형성된 의견**을 당의 다음 대회의 **결정**으로 전환시킬 올바른 방법을 발견할 수 있을 것이다.

... 나는 되풀이 한다: 의회 그룹으로부터 **권력**을 획득하는 즉각적인 임무에 이르기까지 충분한 범위가 존재한다. 이 광대한 경계선 안에서, 이데올로기 투쟁은 분열을 야기하지 않고, 프롤레타리아트의 행동 통일을 침해하지 않으면서 진행될 수 있으며 또 진행되어야 한다.

그리고 우리는 우리 당이 오른쪽으로 너무 멀리 벗어나지 않기를 원하는 모든 사회민주주의자들에게 이 이데올로기 투쟁에 가담하라고 호소한다. (강조 원문)[25]

---

24) 같은 글, p. 203.

25) 레닌, "R.S.D.L.P. 통합 대회에 관한 보고—성 페테르스부르크 노동자들에게 보내는 편지", ≪레닌 저작집≫ 제4-1권, pp. 262-3.

'비판의 자유'란 이렇게 광범위한 것이다. '행동의 통일'을 전제하더라도 아니 반드시 전제하여야 하지만 '비판의 자유'는 '행동의 통일'의 범위를 넘어선 모든 것을 대상으로 하는 것이다.

2) 행동의 통일

앞서 본 대로 당이 통일하는 데 있어서 '조직적 통일'은 충분조건이며 이를 위해서는 '다수에 대한 소수의 복종'과 '전체에 대한 부분의 복종'이 필요하다. 여기에서 '행동의 통일'은 복종의 표현이고 '조직적 통일'의 실현이며 완성이다. 그런데 이 '행동의 통일' 또한 매우 광범위한 개념으로 이를 편협하게 이해해서는 절대 안 된다. 왜냐하면 이를 '비판의 자유'와 연관 지어 적절하게 이해하고 적용하지 못하는 경우 아무리 사소한 것이라도 분열을 초래할 수 있기 때문이다. 따라서 이에 대해서 살펴보는 것은 중요한 일이다.

> 토론의 자유, 행동의 통일 — 이러한 것이 우리가 획득하려고 노력해야 되는 것이다. 통합 대회의 결정들은 이러한 측면에서 모든 사회민주주의자들에게 충분한 범위를 허용한다. "자치화"의 노선에 입각한 실제적인 조치들은 여전히 멀리 떨어져 있다; 그러나 농민의 혁명적 활동을 지지하는 문제와 쁘띠부르주아적 유토피아를 비판하는 문제에서, 모든 사회민주주의자들은 그들 사이에서 일치하고 있다. 따라서 우리는 프롤레타리아트의 행동의 통일을 저해할까 두려워하지 말고 자치화를 토론하고 그것을 비난해야 한다.
>
> 두마에 대해서 말하자면, 상황은 다소 다르다. 선거 동안에는 완전한 행동의 통일이 있어야 **한다**. 대회는 결정했다: 우리는 선거가 어디에서 개최되든지 간에 **모두** 선거에 참여할 것이다. 선거 동안에는 선거 참여에 대한 어떠한 비판도 있어서는 안 된다. 프롤레타리아트에 의한 **행동**은 통일되어야 한다. 우리는 모두 두마가 언제 구성되든 간에 두마의 사회민주주의적 그룹을 언제나 우리의 당 그룹으로 간주할 것이다.
>
> 그러나 행동의 통일의 범위를 넘어서면, 우리가 유해한 것으로 간주하는 모든 조치, 결정, 그리고 경향에 대한 가장 광범하고 가장 자유로운 토론과 비판이 있어야 한다. 오직 그러한 토론, 결의와 항의를 통해서만, 우리 당의 진정한 여론이 형성될 수 있다. 오직 이러한 조건 위에서만, 우리는 **항상 자신의 의견을 표현할 수 있는 진정한 당이 될 것이며, 명확하게 형성된 의견**을 당의 다음 대회의 **결정**으로 전환시킬 올바른 방법을 발견할 수 있을 것

이다.

불일치를 야기했던 세 번째 결의안, 봉기에 관한 결의안을 살펴보자. 여기에서 투쟁 중의 행동 통일은 절대적으로 필수적이다. 프롤레타리아 군대가 모든 신경을 긴장시키고 있는 전투의 한가운데에서는, **어떠한** 비판도 그 대열에서 **결코** 허용될 수 **없다**. 행동에 대한 호소가 발행되기 전에는, 결의안 및 그 논거들과 다양한 명제들에 대한 가장 광범하고 가장 자유로운 토론과 평가가 있어야 한다. (강조는 원문)[26]

'자치화 노선'과 '두마에 대한 결의', '무장봉기'는 모두 통합 대회에서 결의된 것들이다. 물론 이것은 다수의 입장으로 "통일된 전술"로서 결정된 것이다. 레닌은 이들 내용에 대해 '소수파의 권리'를 이용하여 사전에 조목조목 비판한다. 그러나 그것이 다수의 결정이기 때문에 이에 대한 '행동의 통일'을 약속한다. 그러나 '행동의 통일'을 말로만 하거나 혹은 무비판적으로 따르는 것이 아니라 구체적 조건을 고려하며 광범위하게 해석하여 적용한다.

즉, '자치화 노선'은 "실제적 조치"들과 멀리 떨어져 있기 때문에 행동의 통일을 저해할까를 두려워하지 말고 토론하고 비판하라고 한다. 또 두마에 있어서는 선거 동안에는 완전한 행동의 통일을 주장하며 선거에 대한 어떠한 비판도 금지되어야 한다고 한다. 그러나 "행동의 통일의 범위를 넘어서면, 우리가 유해한 것으로 간주하는 모든 조치, 결정, 그리고 경향에 대한 가장 광범하고 가장 자유로운 토론과 비판이 있어야 한다"는 단서를 붙인다. 봉기의 경우에도 투쟁 중에는 어떠한 비판도 결코 허용될 수 없다고 하지만 행동에 대한 호소가 발행되기 전에는 모든 논의가 가장 광범하고 가장 자유롭게 이루어져야 한다고 한다. 이상에서 알 수 있듯이 레닌에게 있어서 '행동의 통일'은 바로 주어진 행동을 시작하고 추진하는 시점에서의 '행동의 통일'

---

26) 같은 글, p. 263. 다른 곳에서 레닌은 다음과 같이 말했다. "대회는 당이 두마 선거에 참여해야 한다고 결정하였다. 선거에 참여하는 것은 매우 명확한 행동이다. 선거 기간 동안 ... 어떠한 당원도 **어떤 곳에서도** 인민들에게 **투표에서 기권하라**고 호소할 권리는 전혀 없다; 그리고 선거에 참여한다는 결정에 대한 어떠한 "비판"도 이 기간 동안 용납될 수 없다. ... 그러나 선거가 공포되기 **전에는** 모든 당원들에게 **어느 곳에서나** 선거에 참여한다는 결정을 **비판할** 권리가 있다. 물론, 이 원칙의 실제적인 적용은 때때로 논쟁과 오해를 불러일으킬 것이다; 그러나 **오직 이** 원칙의 기초 위에서는 모든 논쟁과 모든 오해가 당에 명예롭게 해결될 수 있다." (강조는 원문) (레닌, "비판할 자유와 행동의 통일", ≪레닌 저작집≫ 제4-1권, p. 291.)

인 것이다. 레닌의 이러한 주장을 통해 우리는 '비판의 자유'가 얼마나 광범위한 범위를 갖는지를 이해할 수 있게 된다.

3) "비판할 자유와 행동의 통일"[27)]

러시아 사회민주노동당 중앙위원회는 다음과 같은 결의문을 보낸다.

> 여러 당 조직들이 **당 대회의 결정들이 비판될 수 있는 한계**의 문제를 제기하였다는 사실을 고려하여, 중앙위원회는 러시아 프롤레타리아트의 이익이 항상 R.S.D.L.P.의 전술상의 가능한 최대의 통일성을 요구해 왔으며, 우리 당의 다양한 부분들의 **정치 활동상의 통일성**이 이제는 전보다 더욱 필요하다는 점을 염두에 두면서 다음과 같은 의견을 피력한다;
>
> (1) 당 언론과 당 집회에서, 모든 사람에게 자신의 개인적 의견을 표현하고 자신의 개인적인 견해를 옹호할 **완전한 자유**가 허용되어야 한다;
>
> (2) 대중적 정치 집회에서 당원들은 대회의 결정들에 반하는 **선동**을 수행하는 것을 삼가야 한다;
>
> (3) 어떠한 당원도 **그러한** 집회에서 **대회의 결정들에 반하는 행동을 호소**하거나 대회의 결정들과 조화를 이루지 못하는 결의안을 제안해서는 안 된다. (모든 강조는 우리[레닌: 인용자]의 것)[28)]

레닌은 이 결의문의 작성자가 "당내에서 비판할 자유와 당의 행동의 통일 사이의 관계에 대한 전적으로 그릇된 개념을 가지고 있다"고 비판한다. 또 "중앙위원회는 비판할 수 있는 자유를 부정확하고 너무 편협하게 정의하였으며, 행동의 통일을 부정확하고 너무 광범하게 정의하였다"고 비판한다. 왜냐하면 "당 강령의 원칙이라는 한계 내에서의 비판은 당 집회뿐만 아니라 대중 집회에서도 아주 자유로와야" 하며 "그러한 비판이나", "선동"은 금지될 수 없기 때문이다. 또한 "당의 정치적 행동은 통일된 것이어야" 하며 "명확한

27) 성 페테르부르그의 한 지구에서 있었던 통합 대회에 대한 보고 과정에서 있었던, 언론과 대중 집회에서 통합 대회의 결정들에 대한 비판을 허용할 것인가에 대한 논쟁과 관련하여, 중앙위원회는 앞으로 인용할 결의안을 채택하고, 레닌은 이에 대해 비판하는데, 이 글의 제목이 "비판할 자유와 행동의 통일"이다. (레닌, "비판할 자유와 행동의 통일", pp. 290-1.) 이하 인용은 특별한 언급이 없으면 모두 이 글에서.

28) 같은 글, p. 290.

행동의 통일을 침해하는 어떠한 호소도 대중 집회나 당 집회 또는 당 언론에서 용납될 수 없"기 때문이다.

중앙위원회는 대회의 다수파의 입장을 대변하여 조직되었다. 그래서 그들은 다수파의 입장을 경향적으로 대변하며 그에 입각하여 결의문을 채택한 것이다. 그러나 그들이 다수이기 때문에 언제나 옳은 것은 아니며 언제든지 오류를 범할 수 있다. 또 그들이 취하는 입장이 모든 문제에서 언제나 다수를 형성할 수 있는 것도 아니다. 이것은 사안에 따라 언제든지 변할 수 있다. 따라서 레닌은 비판에서 한발 더 나아간다. 그것은 중앙위원회가 범했던 오류를 피할 수 있는 가능한 방법의 제시와 중앙위원회의 결의문에 대해 당 전체 차원에서 검토하라는 다음과 같은 호소이다.

> 우리는 중앙위원회가 이 중요한 문제에 관한 결의안이 먼저 당 언론과 당 조직들에서 토론되게 하지 않은 채 발표함으로써 커다란 오류를 범했다고 생각한다. 그러한 토론은 우리가 지적했던 오류를 피하는 데 도움이 되었을 것이다.
>
> 우리는 모든 당 조직들에게 지금 중앙위원회의 이 결의안에 대해 토론하여 그것에 관한 명확한 의견을 표현하라고 호소한다.[29]

비록 그들이 당 대회에서 선출된, 그래서 당 조직을 대표하는 기구이며 많은 권한을 부여받고 있지만 "중요한 문제에 관한 결의"에 앞서 "당 언론"과 "당 조직들에서 토론되게" 해야 하는 것이다. 간부들만 몇몇 모이는 것이 아니라 "모든 당 조직"—여기에는 중앙 기구 혹은 대표 기구만이 아니라 당 세포조직도 포함된다—이 이에 대해 토론하고 명확한 의견을 표현해야 하는 것이다. 그것이 발생할 수 있는 오류를 피하는 길이다.

6. 맺으며—보건의료노조 사태와 민주노총 대의원 대회

단결과 조직은 노동자계급의 생명이다. 노동자계급의 모든 힘은 그곳에서

29) '노사정 대표자 회의 참여'와 관련 민주노총 대의원 대회와 관련한 현재 우리의 상황에 비추어 생각해 보아야 할 것이 많다.

나온다. 조직화되고 단결한 노동자계급은 모든 것이지만, 그렇지 못한 노동자들은 아무것도 아니다. 따라서 노동자계급(조직)을 분열시키는 것은 모든 것에 앞선 죄악이다.

이러한 관점에서 보면 민주노총 대의원 대회 관련하여 전개되었던 일련의 사건과 작년과 올해에 있었던 보건의료노조 사태는 우리에게 많은 문제를 제기한다. 여기서는 앞서의 논의를 전제로 이 문제에 대해 간략히 다루면서 글을 맺도록 하겠다.

1) 민주노총 대의원 대회—민주집중제의 실종

'사회적 교섭'을 둘러싸고 전개되는 갈등은 현재 노동운동을 대립 · 분열시키는 가장 중요한 문제 중 하나이다. 이 문제는 지난 민주노총 집행부 선거 때부터 대립의 주요한 초점이었다. 이를 둘러싼 대립과 갈등은 급기야 대의원 대회에서 물리적 충돌, 집행부 일부 간부들에 의한 전해투 조합원 폭행, 대의원 대회의 결의 없는, 집행부의 직권에 의한 '노사정 대표자 회의' 참가 등으로 이어졌다.[30]

문제가 된 '사회적 교섭(안)에 승인 건'은 올해 1월에 있었던 민주노총 33차 대의원 대회에서 처음으로 상정되었다. 그런데 이는 안건 상정 직후 정족수 미달로 대의원 대회가 유예되면서 안건의 처리가 무산되었다. 이에 이수호 위원장은 대의원 대회 유예 선언 직후 빠른 시일 내 임시 대의원 대회를 개최해 안건을 처리하겠다고 하였다. 이에 2월 1일 민주노총 제34차 임시 대의원 대회가 열리고 안건에 대한 찬반을 둘러싸고 치열한 논쟁이 전개되던 중 이수호 위원장은 식권으로 도론의 종결과 표결을 하겠다는 선언을 하였다. 이후 일부 대의원들은 단상을 점거하였고 이어 정회 · 속개 · 표결 · 정회 등의 과정과 물리적 충돌을 거쳐 임시 대의원 대회는 결국 유회되었다. 한 번의 연기를 거쳐 3월 15일 제35차 임시 대의원 대회가 개최되었으나 이 역시 물리적 충돌 과정에서 무산되게 된다. 3월 17일 민주노총은 '제9차 중앙집행위원회 및 총력투쟁본부 제18차 대표자 회의'를 열고 위원장 직권으로

---

30) 여기서는 '사회적 교섭' 자체에 대한 내용은 다루지 않겠다. 이와 관련해서는 다음 글을 꼭 참고하기 바란다. 채만수, "'사회적 교섭주의', 그리고 노동자와 민족문제—이른바 '사회적 교섭' 문제를 둘러싼 민주노총의 최근 사태를 보면서", ≪정세와 노동≫ 창간호(2005. 5.), 노사과연, pp. 9-21.

사회적 교섭을 추진키로 하여 대의원 대회의 승인이 없는 '사회적 교섭'을 진행한다.[31)]

민주노총 대의원 대회의 이러한 일련의 과정에서 우리는 민주집중제의 실종을 경험하게 된다. 이것은 임시 대의원 대회 조직 과정의 규약 위반 문제가 아니다. 대회 진행상 있었던 발언권 제한을 말하는 것은 아니다. 그것은 사소하다. 여기서 민주집중제의 실종으로 지적하는 것은 직권으로 '사회적 교섭' 즉 '노사정 대표자 회의'에 참가하기로 결정하고 그렇게 한 것에 있다. 이것은 민주노총 내 다수파로서, 즉 민주노총 조합원의 다수의 지지를 받아, 그들의 힘을 기반으로 지도부를 책임지고 있는 집행부로서 이수호 집행부가 대의원 대회 자체를 무시한 것이다.

이수호 집행부는 선거공약으로 '사회적 교섭'을 재개하겠다고 했고 당선되었다. 그리고 그는 대의원 대회 이전에 이미 '노사정 대표자 회의'에 두 차례나 참석하기까지 했다. 그러나 자본과 정부의 노동자에 대한 극악한 탄압은 '노사정 대표자 회의'에 참가나 '사회적 교섭'에 대한 논의를 하는 것 자체를 불가능하게 만들었고 이 과정에서 '사회적 교섭'에 대한 내용은 제33차 대의원 대회에서 다루기로 이수호 집행부에 의해 결정된 것이다(작년 9월 22일 임시 대의원 대회).[32)] 사실상 당선 시 공약으로서 제시된 '사회적 교섭' 재개는 스스로들에 의해 폐기된 것이며, 이를 결정할 권한은 대의원 대회로 넘어간 것이다. 따라서 대의원 대회 진행의 어려움을 빌미 삼아 직권으로 '사회적 교섭' 즉 '노사정 대표자 회의'에 참가한 것은 대의원 대회를 무시한 처사이고 명백한 규율 위반의 잘못인 것이다. 물론 일부 대의원 및 조합원들의 행위를 거론하며 억울함을 호소할 수도 있지만 그것 역시 다수파로서, 민주노총을 책임지고 있다는 바로 그 이유만으로도 많은 부분 집행부의 책임이다. 그리고 어찌 되었든 그것이 규율 위반의 면죄부가 될 수 없다.

또 한 가지 덧붙일 것은 사태가 물리적 충돌까지 이르게 된 것에는 다수파에게 민주집중제의 중요한 계기인 '소수파의 권리 보장'에 대한 노력이 부족했다는 것이다. 이미 현 집행부는 선거에 승리함으로서 다수인 것, 아니

---

31) 자세한 과정의 전개는 ≪민중언론—참세상≫의 기사들을 참조하라.

32) 윤태곤, "사회적 교섭 과연 재개되나?", ≪참세상≫, 2005. 1. 20. (http://www.newscham.net/news/view.php?board=news&id=31734)

다수이기 때문에 선거에 승리한 것이다. 따라서 다수파로서 소수파의 권리를 철저하고 의식적으로 보장하는 조치들을 통해 분열을 막거나 최소화하고 조직의 단결을 유지하도록 세심하게 노력해야 하며 그것을 우선해야 한다. 그러나 다수파는 힘의 논리에 기초하여 임시 대의원 대회를 계속 개최하는 결정—이것도 당연히 다수파라서 가능하다—을 통해 갈등을 증폭하였고 이것은 결국 물리적 충돌까지 이어지게 된 것이다.[33]

2) 보건의료노조 사태—'민주집중제'란 말로 위장한 '민주집중제'의 파괴

보건의료노조는 지난해 산별 교섭을 진행하였다. 그런데 협상 과정에서 발표된 '잠정합의안'의 내용 중 "10장 2조"가 문제가 되어 노동운동(조합) 진영 내에서 치열한 논쟁거리가 되었었다.[34]

그리고 이를 둘러싼 갈등 과정에서 서울대병원 지부는 조건부 탈퇴를 하게 되고, 보건의료노조 중앙위원회는 당시 서울대병원 지부장인 김애란 동지를 징계한다. 또 올해 3월 임시 대의원 대회에 앞서 보건의료노조 중앙위원회는 김애란 동지를 제명 조치한다. 임시 대의원 대회 이후 서울대병원 지부는 보건의료노조를 탈퇴한다.

작년 산별 교섭안에 대한 서울대병원의 투쟁과 가결 후 서울대병원 지부의 조건부 탈퇴 결정과 올해 보건의료노조 탈퇴에 대해 당시 보건의료노조 이주호 정책기획국장과 보건의료노조는 민주주의의 위반이라고 혹독하게 비판한다. 현상적으로 보면 작년의 서울대병원 지부의 '조건부 탈퇴'나 올해의 '산별노조 탈퇴'는 명백히 민주집중제의 위반이다. 그러나 이러한 민주집중제 위반의 발생 책임은 서울대병원 지부에게 있지 않고 그 일차적 책임은 전적으로 보건의료노조 중앙위원회에 있다. 왜냐하면 두 '탈퇴'의 계기 중 하나는 김애란 지부장에 대한 징계와 김애란 전 지부장에 대한 제명 조치 때문인데, 그것은 민주집중제를 파기한 것이기 때문이다.[35]

---

33) 또한 제35차 임시 대의원 대회는 위원장 직권으로 사회적 교섭을 추진하기 위한 수순으로서 계획되었다는 의구심을 떨치기 힘든 것도 사실이다.

34) 사태의 전개와 관련해서는 다음의 글을 참조하라. 전성식, "사회적 합의주의는 노동조합운동을 어떻게 공격하는가—보건의료노조 중앙위원회의 제명 조치를 보며", ≪정세와 노동≫ 창간호(2005. 5.), pp. 60-83.

"중앙의 조직적 결정을 반대하는 것이 산별노조의 명예를 훼손하는 행위고, 산별노조의 민주주의를 위협하는 사안"이라는 것이 작년에 있었던 징계의 사유였고, "'조건부 산별노조 탈퇴'와 '10장 2조 폐기를 주장하는 유인물 배포, 동영상 제작 및 유포, 토론회 개최' 등을 한 것이 조직 내 규율을 위배하고 명예를 훼손한 것이라는 것"이 제명의 이유였다. 그러나 앞서 살펴본 민주집중제의 관점에서 보면 이것들은 어느 것 하나 징계의 대상이 될 수 없다. '조건부 산별노조 탈퇴'의 결의 역시 마찬가지이다. "10장 2조"를 둘러싼 논쟁에서 이것이 잘못되었다고 판단한 것은 서울대병원 지부만이 아니었다. 그리고 그것은 객관적으로도 잘못됐다. 그러나 여기서 문제를 삼는 것은 그것의 옳고 그름이 아니다. '비판의 자유'라는 소수파로서 갖는 정당한 권리를 행사했다고 징계를 하는 보건의료노조 중앙위원회 다수야말로 '민주집중제'의 파괴자라고 비판하는 것이다. '민주집중제'란 말로 위장한 '민주집중제'의 파괴, 이것이 보건의료노조 사태의 조직적 본질이다.

35) 앞서서 살펴본 것처럼 민주집중제는 두 계기의 변증법적 통일의 관계로 한 측면이 이를 부정하면 다른 측면의 반발은 불가피하다. 이것은 민주집중제의 붕괴로 결과된다.

맑스주의는 '적대의 정치학'인가?*

1.

자본주의의 전면적 위기가 재격화되는 과정에서 등장한 신자유주의는 현실 사회주의의 "쓰라린 패배" 이후 공세를 더욱 강화하였고 이는 멈출 줄 모르고 진행되고 있다. 또한 쏘련과 동유럽 사회주의 체제의 해체 이후, 미국을 위시한 서유럽 제국주의자들은 고삐 풀린 미친 망아지처럼 날뛰고 있다. 이렇듯 우리가 살고 있는 현재는 과거 그 어느 시기보다도 더한 "반동의 시대"임에 분명하다.

> 현재와 같은 반동의 시대는 노동자계급을 분열, 약화시키며 그 전위를 고립시키는 것으로 그치지는 않는다. 운동의 이데올로기적 수준을 전반적으로 떨어뜨림은 물론, 이미 거쳐 온 과거의 저급한 단계로 정치사상을 퇴보시킨다.[1]

이는 지금으로부터 거의 70년 전 트로츠키의 말이다. 트로츠키에 대한 판단과 당시의 시대적 상황에 대한 트로츠키의 인식에 대한 동의 여부와 무관하게 "반동의 시대"에 대한 그의 통찰은 탁월하다. "반동의 시대"는 그러한 것이다. 노동자계급의 정치적 패배와 자본의 파상적인 공세에 의해 초래되는 상황은 "노동자계급을 분열시"킨다. 노동자계급은 그 분열로 더욱 "약화"되며, 이는 "약화"의 원인이자 동시에 결과인 노동자계급과 그 전위의 분열로 현상한다. 그 결과 전위는 고립된다.

노동자계급이 분열되고 약화되며 전위가 고립되는 것은 "반동의 시대"만의 특징은 아니다. 이것은 노동자계급이 계급투쟁에서 정치적으로 패배한 경우 곧잘 나타나는 현상이다. 노동자계급이 패배하는 경우는 여러 가지 이유가

---

* [편집자 주] ≪정세와 노동≫ 제3호(2005. 7.) 〈이론〉에 실린 글이다.

1) 트로츠키, "스탈린주의와 볼셰비키주의", ≪역사의 대안 트로츠키주의≫, 풀무질, 2003, p. 193.

있을 수 있다. 그것은 잘못된 사상이나 이론에 입각해 잘못된 투쟁을 하는 경우도 있을 수 있으며, 정세 판단에 오류가 있기 때문이기도 하고 혹은 전술의 선택이 잘못되었기 때문이기도 하다. 이것은 언제나 가능하다. 또한 오류는 누구나 범할 수 있다. 오류를 전혀 범하지 않을 수 있다는 것은 아무것도 하지 않는다는 것을 의미한다. 따라서 이것은 근본적인 문제가 되지 않는다. 이것은 비판과 자기비판을 통해 반성하고 극복하면 되는 문제이다. 패배를 통해 노동자계급은 더욱 성숙해지는 것이다. 그러나 "반동의 시대"는 그것이 전부가 아니다. "반동의 시대"가 문제가 되는 것은 "노동자계급을 분열, 약화시키며 그 전위를 고립시키는 것으로 그치지는 않는" 것에 있다.

노동자계급의 힘은 단결에서 비롯된다. 또한 노동자계급 운동의 힘은 올바른 "사상 · 이론"에 근거했을 때 비로소 제대로 된 힘을 발휘한다. 올바른 입장으로 단결된 힘! 이것이 비록 한순간 패배를 하더라도 하루빨리 이것을 극복하고 나아갈 수 있게 하는 근본적인 동력이다. 그런데 이른바 "반동의 시대"는 "운동의 이데올로기적 수준을 전반적으로 떨어뜨림은 물론, 이미 거쳐 온 과거의 저급한 단계로 정치사상을 퇴보시킨다." 바로 그것에 이 "반동의 시대"의 특징, 그 '반동적 성격'이 있다. 그리고 이것이 "반동의 시대"가 특별히 문제가 되는 이유이다.

따라서 "반동의 시대"에 이러한 이데올로기 수준의 하락과 정치사상의 퇴보에 맞서 투쟁하는 것은 가장 중요한 문제의 하나가 된다. 왜냐하면 노동자계급의 이데올로기 수준의 하락과 정치사상의 퇴보는 반동의 시대에 결과로 주어지는 것이지만, 그것은 "반동의 시대"를 극복하는 데 가장 커다란 걸림돌로 반작용하기 때문이다.[2)]

그런데 한국 노동자계급 운동이 처한 현재의 상황을 돌아볼 때 우리는 바로 이러한 "반동의 시대"에서 나타나는 모습이, 다른 시대 다른 상황이 아닌

---

2) "이러한 정세하에서 전위의 임무는 무엇보다도 이 퇴행적 흐름에 떠밀려서는 안 된다는 것이다. 전위는 시류에 맞서 나아가지 않으면 안 된다. 불리한 세력 관계로 인해 전위가 이미 획득한 정치적 진지를 지켜 내지 못할 수도 있다. 그렇더라도 전위는 최소한 자신의 이데올로기적 진지만은 반드시 지켜 내야 한다. 왜냐하면 이데올로기적 진지는 막대한 희생을 대가로 치른 과거의 투쟁 경험을 표현하기 때문이다. 어리석은 사람만이 이 방침을 '종파적인 것'으로 여길 것이다. 실제로 이것은 앞으로 다가올 역사의 물결과 함께 새롭고 거대한 파도를 준비하는 유일한 수단이다." (같은 곳.)

지금 우리의 모습임을 알 수 있다. 현재 한국의 노동자계급(운동)은 분열·대립하고 있고, 따라서 그만큼 많이 약화되어 있다. 또한 노동자계급의 전위, 혹은 전위를 자처하는 세력들은 노동자계급으로부터 고립되어 있다. 그러나 노동자계급 운동 내의 "반동의 시대"의 표현은 그 무엇보다도 사상·이론적 퇴행이다. 현재 노동자계급 운동에서 상대적 다수를 이루는 이른바 "우파"는 '민족주의적 편향'을 넘어 '몰계급적 국가주의'로 경도되고 있으며, 협소한 경제주의와 실리주의와 결합하여 "사회적 합의주의"라는 "계급협조주의"로 변질되어 가고 있다.[3] 이른바 "좌파"의 일부 역시 '진보 정치'로 표현되는 "사민주의·개량주의"로 자신을 변모시켰으며, 변질되는 "우파"와 한 배를 타고 있다. 하지만 이들 역시 현재 좌파의 다수를 이루고 있는 것이 현실이다.

물론 앞서의 기회주의적 노선에 비판적이며 스스로 '맑스주의자' 혹은 '맑스-레닌주의자'임을 주장하는 "좌파"가 있다. 하지만 이들은 현재 소수이며, 이들 역시 사상적·이론적 혼란에서 벗어나지 못하고 있다. 이러한 혼란은 쏘련을 위시한 20세기 현실 사회주의 세계 체제가 붕괴된 후 더욱 심해지고 있으며, 그만큼 노동자계급 운동의 사상적·이론적·정치적 혼란은 더욱 깊어지고 있다.[4] 이들 중에는 최근 우리 주변에서 흔히 볼 수 있는 '차이의 철학' 혹은 '차이의 정치학'[5]을 주장하는 사람들이 있는데 그들은 사상적·이론적·정치적 혼란의 최악의 표현이다. 그들은 "반동의 시대"에 이데올로기적으로 또 사상·이론적으로 퇴보하는 상황에서 나타나는 가장 반동적인 모습이다. 그들은 창조적(?)인 개념을 발명하여 자신을 꾸미고 있으며, 온갖 알아듣지 못할 말로 사람들을 현혹하려 들지만 그들의 사상적 본질은 무정부주의로 이것은 명백한 사상·이론적 후퇴이다. 그들은 맑스주의(맑스-레닌주

3) 채만수, "'사회적 교섭주의', 그리고 노동자와 민족문제―이른바 '사회적 교섭' 문제를 둘러싼 민주노총의 최근 사태를 보면서", ≪정세와 노동≫ 창간호(2005. 5.), 노사과연, pp. 9-21.

4) 바만 아자드 저, 채만수 역, ≪영웅적 투쟁 쓰라린 패배≫, 노사과연, 2005, pp. 183-9의 역자 후기.

5) 이러한 주장이 조금 통속적으로 표현하여 "'다르다'와 '틀리다'는 구별해야 하는 것이다"라는 것이면 나는 그 주장에 전적으로 동의한다. 하지만 이러한 주장의 핵심은 '틀린' 것을 '틀리다'고 하는 것이 잘못되었다고 하는 "엉터리" 주장이다. 물론 이 틀린 것에는 자신들이 포함되어 있다. 다음의 글을 참고하라. 강성윤, "엉터리는 엉터리라고 말해야 한다", ≪진보평론≫ 24호(2005년 여름), 현장에서 미래를, pp. 310-18.

의)의 의의를 계승하려고 한다거나 혹은 그 한계와 오류를 넘어서려고 한다지만 그들의 주장은 명백히 맑스주의(맑스-레닌주의)에서의 이탈이다.[6]

2.

'차이의 철학' 혹은 '차이의 정치학'을 주장하는 사람(이하 차이주의자)들이 무엇보다 싫어하는 것은 헤겔주의와 변증법이며, 따라서 이들에게는 헤겔주의의 핵심, 즉 변증법의 전통을 이어받은 것을 자랑스러워하는 맑스주의 역시 비판의 대상이 된다.[7] '차이주의자'들은 변증법이 '동일성의 철학'이고 그것은 '적대의 정치학'의 철학적 기초가 된다고 비판한다. 따라서 '차이주의자'들에게 맑스주의가 비판되는 것은 당연하다.[8] 왜냐하면 맑스주의의 구성 부분의 하나는 철학으로 그것에는 '유물변증법'과 '사적 유물론'이 포함되며, 맑스주의의 원천의 한 요소는 헤겔의 변증법이기 때문이다.[9]

---

6) 이에 대해서는 이성백, "맑스 사상과 차이의 철학", ≪맑스, 왜 희망인가?≫, 메이데이, 2005, pp. 145-68을 참조하라.

7) 이들의 정신적 교조인 들뢰즈는 이렇게 말했다고 한다. "내가 무엇보다도 싫어하는 것은 헤겔주의와 변증법이야." 또한 이들의 흠모의 대상인 푸코 역시 이렇게 말했다고 한다. "현대 인간중심주의의 주요한 책임자들은 바로 헤겔과 맑스다." (이성백, 같은 글, p. 151에서 재인용.)

8) "맑스주의가 처음부터 서구의 전통적인 동일자 안에 존재하는 근본적인 분열을 직시하고 있었고, 그 분열의 적대성을 지적하고 있었음은 누구도 부정할 수 없는 사실이다. 그리고 이것이 아마도 차이의 철학을 주창한 사상가들이 맑스적 사유에 대해 호의와 애정을 갖고 있었던 이유이기도 할 것이다. 그렇지만 정확하게 바로 그 지점이 차이의 사유가 맑스주의 안에서 차단되는 곳이다. 왜냐하면 차이의 철학은 동일성으로 환원될 수 없는 차이의 일차성에 대해, 그것의 긍정성에 대해 말하고자 하지만, 그것은 단지 동일자를 둘이나 그 이상으로 쪼개고 대립시키는 것으로 이루어질 수 있는 건 아니며, 더구나 적대와 투쟁을 통해 해소될 수 있는 문제 설정도 아니기 때문이다. 대립이나 모순이 차이를 동일성에 귀속시키는 방법임은 이미 들뢰즈가 지적한 바 있지만, 적대의 사유 역시 그 이상으로 차이를 제거하고 배제하는 동일성의 철학을 동일자의 메커니즘을 함축하기 때문이다." (이진경, "맑스주의에서 차이와 적대 문제", ≪맑스, 왜 희망인가?≫, p. 98.) '차이주의자'의 이진경 씨는 변증법을 버림으로써 맑스를 떠나 들뢰즈의 품으로 완전히 들어가고 있다.

9) "맑스주의 철학은 유물론이다. ... 그러나 맑스는 18세기 유물론에 머물지 않고 철학을 더욱 높은 수준으로 발전시켰다. 그는 철학을 독일고전철학, 특히 헤겔 체계의 성과들에 의해 충실화시켰다. 이 헤겔의 체계는 그것대로 포이어바흐의 유물론으

'차이주의자'들에게 이른바 "차이의 철학" 혹은 "차이를 사유하는 방법"은 절대적으로 중요하다. 왜냐하면 그들에게 "차이는 새로운 관계, 새로운 무언가를 형성하는 구성적인 역할을"[10] 하는 것이고, "새로운 것이 창조되고 생성되는 원동력이며, 그러한 창조를 통해 생산된 것이기도 하"[11]고, "차이는 어떤 것이 다른 것과 결합하여 관계를 구성할 수 있는 기회를 뜻"하고 "자신이 타자들의 관계 속에 들어가며 다른 것이 될 수 있는 기회, 또는 가장 단순하게는 다른 것을 통해 자신을 표현할 수 있는 기회"[12]이기 때문이다. 그러나 헤겔-맑스로 이어지는 변증법적 사고방법은 '차이주의자'들에게는 최악의 것이다. 왜냐하면 "동일성의 철학" 혹은 "대립이나 적대의 사유"로서 변증법적 사고는 "환원 불가능한 차이를 제거하거나 배제하고 동일한 것만을 재생산하는 동일자의 메커니즘"이고, "맑스주의 역시 차이를 긍정할 수 있는 사유의 공간을 제공하지 못"[13]하는 사상이기 때문이다. '차이주의자'들에게 변증법은 그런 것이고 맑스주의는 그런 것이다.[14]

3.

철학의 영역에서는 '차이의 철학'이 '변증법' 혹은 '유물변증법' 더 나아가 맑스주의와 아무런 관련이 없다는 것을 지적하는 것만으로 충분하다. 그러나 '차이주의자' 이진경 씨는 우리를 그냥 두지 않는다. 그는 앞의 글에서 '차이의 철학'과 '차이의 정치학'을 주장하는 과정에서 맑스주의를 '적대의 정치학'

로 나가게 되었다. 이들 성과 중 중요한 것은 변증법이다. 변증법은 가장 완전하며 심오하고, 일면성을 결코 허락하지 않는 형태에서 발전의 학설, 영원히 발전해 가는 물질의 반영을 우리에게 가져다주는 인간 지식의 상대성에 관한 학설이다." (레닌, "맑스주의의 세 가지 원천과 세 가지 구성 부분", ≪칼 맑스≫, 새날, 1993, pp. 72-3.)

10) 이진경, 앞의 글, p. 109.

11) 같은 글, p. 110.

12) 같은 글, p. 112.

13) 같은 글, pp. 102-3.

14) 여기서 나는 '차이주의자'들이 맑스주의를 부정하고 있다는 사실을 증명하는 것 이외에 그들의 알아듣지 못할 주장에 대한 비판에 더 많은 지면을 할애하고 싶지 않다. 물론 이것은 그렇게 하기 위해서 필요한 "교양과 시간"이 내게는 부족하기 때문이기도 하다.

으로 규정하고 그것을 다음과 같이 요약한다.

> 사실 어떤 문제에 대한 견해 차이나 노선 차이, 또는 어떤 저작에 대한 해석 차이에 대해 통상 맑스주의자들이 갖는 일반적 태도에 대해서 우리는 아주 잘 알고 있다. 오래된 레닌주의 정통성을 잣대로 하든, 또는 트로츠키나 마오 같은 사람들의 사상을 잣대로 하든, 맑스주의자들은 차이나 이견을 '장애물'로 본다. 그것은 투쟁하여 극복하고 이겨 내야 할 대상이거나 설득을 통해서든 비판이나 '숙청'을 통해서든 자신의 입장을 관철시키기 위해 부정해야 할 대상이다. 이러한 비판이나 비난을 위해 '기회주의'나 '수정주의', '개량주의' 등과 같은 용어가 사용되고, 결국 그 차이는 부르주아나 소부르주아적인 입장이라는 계급적 대립 내지 적대로 소급된다.[15)]

이러한 주장은 명백한 음해다. 왜냐하면 맑스주의자들이 특수한 경우에 차이나 이견을 장애물로 보기는 하지만 '모든' 차이나 이견을 '장애물'로 보지는 않기 때문이다. 물론 어떤 의미에서 "맑스주의자들은 차이나 이견을 '장애물'로 본다"는 이진경 씨의 주장은 한편으로는 사실이다. 그것이 '장애물'로 작용할 때 바로 그러하다. 어떤 "차이"와 어떤 "이견"이 '장애물'로 작용할 때 그것을 장애물로 보는 것은 아무런 문제가 되지 않는다. '장애물'을 '장애물'로 보는 것은 정당한 것이며 그렇게 보지 않는 것이 잘못인 것이다. 그럴 경우 때에 따라 "차이"와 "이견"은 "투쟁하여 극복하고 이겨 내야 할 대상이거나 설득을 통해서든 비판이나 '숙청'을 통해" 제거해야 할 대상이 되는 것이 당연한 것이 되는 것이다. 또한 그런 의미에서는 이진경 씨 자신이 '차이의 철학' 혹은 '차이의 정치학'을 그렇게 반복하여 강변하는 것도 그가 악의적으로 규정한 '동일성의 철학', '적대의 정치학'을 장애물로 보는 것이고 그에 대해 "투쟁하"는 것이고 "설득" 혹은 "비판"하여 "숙청"하는 것이다.[16)]

그는 이렇게 쓴다.

---

15) 이진경, 앞의 글, p. 98-9.

16) 혹시 이진경 씨가 자신은 그런 의도가 없다고 한다면, 그는 "술과 고기는 입에도 대지 않고 香(향)만 먹고 하늘을 날아다니는" "건달바(乾達婆)"의 현신이거나, "헛되고 헛되며 헛되고 헛되니 모든 것이 헛되도다"라는 솔로몬의 재림일 것이다. 하지만 '차이주의자'들(이진경 씨나 조정환 씨 등)의 속내가 그렇지 않음은 말 그대로 "삼척동자도 다" 아는 사실이다.

이러한 적대 정치학이 가장 선명하게 작동하는 곳은 아마도 당이나 조직과 관련된 문제에서일 것이다. 당 규약 문제로 발생한 이견이, 서로를 '소부르주아 기회주의'라고 비난하는 조직 분열로 귀착된 러시아 사회민주당의 경우는 아마도 고전적인 사례일 것이다. 문제는 거기서 끝나지 않았다. ... 이후 진행된 과정에 따라 그것이 이견과 논쟁이 조직 분열로 나아가는 것을 당연시하게 하는 하나의 고전적 전범이 되었음은 또한 부정할 수 없다.[17]

이진경 씨는 러시아 혁명의 경험에서 너무 협소한 교훈을 얻는다. 나로드니키를 비판하며 ≪인민의 벗이란 무엇인가?≫를 쓴 레닌이나 "신조"를 비판한 "러시아 사회민주주의자들의 항의"에 동조한 당시 러시아 사회민주주의자들은, 그에게 있어서는 '차이의 정치학'을 모르는 자들에 불과하다. 또 "우리가 통일할 수 있기 전에, 통일하기 위해서 우리는 먼저 확고하고 명확한 경계선을 그어야 한다. 그렇지 않으면, 우리의 통일은 순수하게 허구가 될 것이며 그것은 지배적인 혼란을 은폐하고 혼란의 근본적인 제거를 방해할 것이다"[18]라며 '경제주의자'들과 선을 긋고 당 건설을 위해 투쟁한 ≪이스크라≫ 그룹은 그에게 있어서는 "적대적 정치"의 실현자들이다. 그는 러시아 사회민주노동당 제2차 대회에서 볼셰비키와 멘셰비키의 분열을 "적대의 정치학"의 고전적인 사례로 말하지만 제2차 대회는 26개 조직이 모여서 하나의 당을 사실상 재건해 낸 대회라는 것을 모르고 있다. 그리고 그는 제2차 대회가 당 규약 문제만이 문제였고 그 때문에 분열이 이루어진 것처럼 말하는데 그것은 또한 사실이 아니다. 대회는 처음부터 끝까지, 강령 · 전술 · 조직 문제에서 중앙위원회와 중앙기관지 편집부의 구성에 이르기까지 커다란 이견이 있었고 심지어 몇몇 분파의 탈퇴까지 있었다. 그럼에도 불구하고 러시아 사회민주노동당은 하나의 깃발 아래 모였다. '차이의 철학', '차이의 정치학'이라는 안경을 쓴 그의 눈에는 이후의 과정에서도 분열만이 보인다. 그에게는 러시아 사회민주주의자들이 통합을 노력했던 1906년 러시아 사회민주노동당 제4차 대회(통합 대회)와 해당파에 맞서 당을 지키기 위해 노력한 1910년 중앙위원회 '통일' 총회 등은 보이지 않는다. 그러나 이것은 명백한 역사적 사실이다.

물론 더욱 중요한 것은 이러한 일련의 과정에서 사회주의적 노동운동의

17) 이진경, 앞의 글, p. 99.
18) 레닌, "≪이스크라≫ 편집국의 선언—편집국의 이름으로", ≪레닌 저작집≫ 제1권, 전진, p. 135.

최고 형태로서의 당, 즉 러시아 사회민주노동당의 발전과 당과 노동자계급의 긴밀한 결합이 이루어졌다는 것이다. 이진경 씨의 주장은 이러한 사실을 은폐하고 있는 것이다.

이진경 씨는 민주집중제에 대해서도 독특한 이해를 하고 있다. 그는 이렇게 주장한다.

> 이런 이유[의견 차이, 견해 차이에 대한 적대적 태도를 갖는 것, 이견이 조직 분열로 이어지는 것: 인용자]에서 우리는 민주집중제에 대해서, 또 조직 내 분파 금지에 대해서 너무도 쉽게 받아들이지 않았는가? 민주주의적 토론과 비판이 논리적으로 가정된다는 것을 잘 알고 있다. 그러나 그것은 어떻든 하나의 결론으로 합치해야 한다는 전제 밑에서만 가능하고 그 한도 안에서만 허용된다. ... 최대치로 확대해석한다고 해도 비판과 이견은 결국은 하나의 결론 안에서, 그 동일성 안에서만 허용되며, 그 동일성을 보충하는 한에서만 바람직한 것으로 긍정된다. 그러한 한도를 벗어났을 때, 이견은 제거되거나 청소되어야 한다.[19]

이러한 주장은 '민주집중제'에 대한 이진경 씨의 부정적 사고를 정확히 드러낸다. 그는 '민주집중제'를 반대하고 있는 것이다. 민주집중제가 조직 내 의견 차이 때문에 필요하다는 말은 전적으로 옳다. 그러나 "어떻든 하나의 결론으로 합치해야 한다는 전제 밑에서만 가능하고 그 한도 안에서만 허용된다"라는 그의 주장과 "비판과 이견은 결국은 하나의 결론 안에서, 그 동일성 안에서만 허용되며, 그 동일성을 보충하는 한에서만 바람직한 것으로 긍정된다"는 그의 주장은 설명이 덧붙여져야 올바른 주장인지 잘못된 주장인지 판단이 가능하다. 즉 그가 말하는 "하나의 결론"이 "행동의 통일"을 말하는 것이면 그의 주장은 옳다. "비판과 이견"은 "행동의 통일"을 전제해야만 허용된다. 그러나 그것은 전혀 문제가 되지 않는다. 아니 오히려 반드시 그래야 한다. 하지만 그 "하나의 결론"이 "합치해야 한다는 전제"라는 말에 은근히 숨겨진 그 무엇, "이견의 제거" 혹은 "청소"라는 표현에 숨겨진 그 무엇, 즉 "비판의 금지"를 의미한다면 그것은 '민주집중제'에 대한 의도적 왜곡이다. 왜냐하면 '민주집중제'의 중요한 원칙의 하나는 "비판의 자유와 행동의 통일"

---

19) 이진경, 앞의 글, p. 100.

이며, '민주집중제'에서 '비판의 자유'는 핵심적 내용이고 이것은 매우 광범위하게 보장되어야 하는 것이기 때문이다.[20]

이진경 씨는 이어 "견해 차이를 계급 모순이나 적대로 환원하는 적대 정치학"[21]을 개탄한다. 그러나 이 주장 또한 노동운동 내의 의견 차이에 대한 맑스-레닌주의적 이해에 대한 무지와 왜곡에서 비롯한다.

레닌은 "유럽 노동운동에서의 의견 차이"[22]라는 글에서 당시 유럽과 미국의 노동운동에서의 전술상의 기본적 의견 차이는 반세기 이상에 걸쳐 나타나는 수정주의(기회주의, 개량주의)와 무정부주의(무정부주의적 생디칼리즘, 무정부주의적 사회주의)에서 기인한다고 한다. 그리고 그러한 일탈은 우연이나 개별적 인물, 개별적 집단, 민족적 특수성이나 전통의 영향으로 설명할 수 없고 모든 자본주의 국가의 경제 제도와 발전의 성격에 근본 원인이 있어 그것이 끊임없는 일탈을 재생하는 것이라 주장한다. 그리고 다음과 같이 말한다.

> 전술에 관한 의견 차이를 주기적으로 발생시키는 가장 심각한 원인 중의 하나는 노동운동이 성장하는 사실 바로 그것이다. 만일 이 운동을 그 어떤 환상적인 이상의 척도로 재지 말고, 그것을 보통 사람들의 실천 운동으로 간주한다면, 새롭고 새로운 '신병'들의 인입, 근로대중의 새로운 층들의 인입은 당연히 이론과 전술 분야에서 동요가 생기며, 낡은 오류들이 반복되며, 낡아

---

20) 이에 대해서는 전성식, "민주집중제에 대하여―"비판의 자유와 행동의 통일"에 대한 레닌의 주장을 중심으로", ≪정세와 노동≫ 제2호(2005. 6.), pp. 86-109를 참조하라. 부연하자면, 이진경 씨는 우리가 너무 쉽게 '민주집중제'를 받아들였다고 한다. 그러나 '민주집중제'가 확립되는 과정은 결코 쉽지만은 않았다. 우리는 역사의 후발주자로서의 그 혜택을 '쉽게' 누리는 것이다. 훌륭한 선현들이 있어 그들에게 도움을 받은 것이다. 혀를 찰 일이 아니라 감사해야 할 일이다. 또 여기서 의도적이라고 한 것은 그가 그것을 "잘 알고" 있을 것이라는 판단 때문이다. 영민한 그가 이런 것을 모를 리 없다.

21) 이진경, 앞의 글, p. 101. "이견의 원천은 프롤레타리아 계급 내에 스며든 다른 계급, 특히 소부르주아 계급의 기회주의로 설명된다. ... 요컨대 당의 안과 밖에서 의견 차이는 물론, 당내에서 의견 차이 또한 계급 대립 내지 계급 적대로 환원된다." (같은 글, pp. 99-100.)

22) 이 글은 레닌이 1910년에 안톤 판네쿡의 ≪노동운동에서의 전술상 의견 차이≫라는 책의 결론을 소개하며 쓴 글이다. 이 책의 저자 판네쿡은 요즘 '평의회 공산주의'를 주장하는 사람들에 의해 재조명되는 바로 그 판네쿡이다.

버린 견해와 낡아 버린 수법들에로 일시 복귀하는 것 등등을 필연적으로 동반하게 된다는 것이 명백해질 것이다. 어느 나라의 노동운동도 신병의 훈련에 축적된 정력과 주의와 시간을 다소간 주기적으로 소비하고 있다.

…

자본주의의 발전 속도는 각각의 나라들과 대중 경제의 각각의 부분들에서 동일하지 않다. … 발전이 뒤떨어졌거나 또는 뒤떨어지고 있는 관계에서는, 일반적으로는 부르주아적 세계관, 특수적으로는 부르주아 민주주의적 세계관의 모든 전통들과 결정적으로 인연을 끊지 못한 채 맑스주의의 일부 측면들만을, 새로운 세계관의 개별적 부분들이나 개별적 구호, 요구들만을 습득하고 있는 그러한 노동운동의 지지자들이 끊임없이 나타나고 있다.

…

다음으로 의견 차이의 끊임없는 원천으로 되고 있는 것은 모순 속에서, 그리고 모순을 통하여 진행되는 사회 발전의 변증법적 성격이다.

…

끝으로 노동운동의 참가자들 속에서 의견 차이를 낳는 극히 중요한 원인으로 되는 것은, 일반적으로는 통치 계급, 특수적으로는 부르주아지의 전술의 변화이다.

…

이상에서 지적한 모든 원인들은 노동운동 내에서와 프롤레타리아 층 내에서 전술에 관한 의견 차이를 일으킨다. 그러나 프롤레타리아트와 그와 접촉하고 있는 농민도 포함한 소부르주아 층들 사이에는 장벽이 없으며, 또 있을 수도 없다. 개별적인 인물이나 집단이나 계층이 소부르주아지로부터 프롤레타리아트로 이행한다면 이것은 한편 프롤레타리아트의 전술에도 동요를 일으키지 않을 수 없다는 것은 자명한 일이다.[23)]

분명 레닌은 노동운동 내에서 차이를 일으키는 원인의 하나를 부르주아적 사고 혹은 소부르주아지의 노동자계급에로의 유입에서 찾는다. 하지만 레닌은 그것이 차이의 모든 원인이라고 환원하지 않는다. 그에게 있어 그것은 단지 여러 원인의 하나에 불과하다. 오히려 레닌은 다른 더 많은 원인을 더 큰 비중으로 설득력 있게 설명한다. 그리고 그것은 레닌만의 의견이 아니다. 더 나아가 레닌은 차이를 일으키는 근본적인 원인을 "자본주의 국가의 경제 제도와 발전의 성격"에서 찾는다. 이상에서도 알 수 있듯이 이진경 씨의 주장

23) 레닌, "유럽 노동운동에서의 의견 차이", ≪전략과 전술≫, 학민사, pp. 80-4.

은 의견 차이의 원인에 대한 맑스-레닌주의적 입장을 자의적으로 재단하고 그것에 대해 비판한 것에 불과한 잘못된 주장인 것이다.24)

4.

'차이주의자'들의 공격의 지점은 맑스주의적 사유 방법은 차이를 사유하는 방법이 아니라 "대립이나 적대의 사유"이고 "동일성을 재생산하는 방법"이라는 것이다. 그래서 다음과 같이 비판한다.

> 대립이나 적대의 사유는 차이를 이미 옳다고 믿는 어떤 것의 '적'이나 '동지' 둘 중의 하나로 가른다. 그토록 다양한 것들은 오직 적과 동지 둘 중의 하나로 분류된다. 동일성을 갖거나 동일성을 보충하는 한에서 차이는 '동지'가 되지만, 그렇지 않은 것은 결국엔 적이거나 '적을 위해 기능하는 것'—종종 앞잡이, 스파이 등의 극단적 표현을 얻기도 한다—으로 본다. 전자가 동일화의 대상이라면, 후자는 배제와 타도의 대상이다. 이는 환원 불가능한 차이를 제거하거나 배제하고 동일한 것만을 재생산하는 동일자의 메커니즘을 정확하게 구현한다. 마찬가지로 차이를 대립이나 모순, 또는 적대로 환원하는 한, 그리고 그러한 적대를 투쟁을 통해 해결하려고 하는 한, 맑스주의 역시 차이를 긍정할 수 있는 사유의 공간을 제공하지 못한다.25)

유물변증법적 사고는 차이, 대립, 모순을 어떻게 파악하는가? 변증법적 사유 방식은 일정한 대상과 과정들을 파악할 때 구별을 위해 서로 일치하지 않는 특징을 부각시킨다. 차이는 통일적인 대상 속에 존재하는 서로 일치하지 않는 계기들이다. 이때 차이는 그 대상과 과정이 '자기동일성'을 얻는 계기들이다. 이러한 차이는 대립으로 나아가는데 대립에서 차이들은 서로 무관하게 공존하는 것이 아니라 통일적인 대상으로 서로 제약하고 서로 영향을 미친다. 이렇듯 일정한 대상과 과정들 속의 대립물의 통일을 변증법적 모순

---

24) 또한 "어느 나라의 노동운동도 신병의 훈련에 축적된 정력과 주의와 시간을 다소간 주기적으로 소비하고 있다"는 표현은 레닌이 이들을 단순히 "제거", "청소"해야 할 대상으로 보는 것이 아니라 "훈련에 축적된 정력과 주의와 시간을" 쏟아야 할 동지로 본다는 것을 알 수 있게 해 준다.
25) 이진경, 앞의 글, pp. 102-3.

이라고 한다. 그리고 운동을 모순이 해결되는 과정, 즉 투쟁의 과정으로 규정한다. 이것은 잘못된 사유 방법인가? 절대 아니다. 세상을 파악하는 데 있어 이러한 유물변증법적 사유 방법이 유일하게 올바른 사유 방식이다.[26)]

아무튼 이 지점에서도 이진경 씨는 문제를 왜곡하고 협소화시켜 사람들을 혼란에 빠뜨리려 한다. 그는 맑스주의가 모든 모순을 적대로 환원한다고 은근히 암시한다. 그리고 자신이 만들어 낸 그 '맑스주의'를 비판한다. 하지만 그것은 부당하다. 왜냐하면 맑스주의는 모든 모순을 적대로 환원하지 않기 때문이다. 맑스주의는 적대와 모순을 엄격하게 구별한다.[27)] 즉, 모순을 '적대적 모순'과 '비적대적 모순'으로 나눈다. 그리고 이것을 구분하는 것의 중요성을 강조한다. 그래서 다음과 같이 말한다.

> 그러나 우리는 위에서 말한 공식[적대적 모순을 해결하는 방법: 인용자]을 모든 사물에다 부당하게 틀어 맞출 것이 아니라 각종 모순의 투쟁 상황을 구체적으로 연구하여야 한다. 모순과 투쟁은 보편적이고 절대적이지만 모순을 해결하는 방법, 즉 투쟁의 형태는 모순의 성격이 다름에 따라 서로 다르다. 어떤 모순은 공개적인 적대성을 가지고 있으며 어떤 모순은 그렇지 않다. 사물의 구체적 발전에 의하여 어떤 모순은 본래 비적대적이던 것이 적대적인 것으로 발전하며 또 어떤 모순은 본래 적대적이던 것이 비적대적인 것으로 발전한다.
>
> …
>
> 레닌은 '적대와 모순은 결코 같지 않다. 사회주의하에서는 전자는 소멸하나 후자는 남는다'라고 하였다. 이것은 적대는 모순 투쟁 형태의 하나일 뿐이고 그 일체의 형태는 아니므로 이 공식을 아무 데나 적용할 수 없다는 것을 의미한다.[28)]

이것으로 충분하다. 우리가 이 문제를 올바로 이해하기 위해서 또 맑스주의가 악의적 의미의 '적대의 정치학'이 아니라는 것을 증명하기 위해서는 이

---

26) 이 지점에서 이진경 씨와 나는 생각이 '다르다'. 그러나 동시에 이진경 씨는 '틀렸다'. 다만, 이 문제에 대한 증명이 이 글의 목적은 아니다.

27) 레닌은 그의 글에서 "적대와 모순은 결코 똑같지 않다. 사회주의에서 전자는 사라지지만 후자는 사라지지 않는다"라고 강조했다. 또한 마오는 ≪모순론≫에서 "적대란 모순 투쟁의 모든 형태가 아니라 모순 투쟁의 한 형태"라고 하였다.

28) 마오, ≪모순론≫(≪모택동 선집≫ 제1권), 범우사, pp. 395-6.

짧은 인용만으로도 충분하다. 맑스주의를 구원하기 위해서 우리는 이진경 씨의 도움이 필요하지 않으며 그가 새롭게 모시는 사람들의 도움 역시 필요하지 않다. 왜냐하면 그들이 비판한 '맑스주의'는 '맑스주의'가 아니며, 무엇보다도 그들의 철학은 틀렸고 그들의 정치학 역시 잘못되었기 때문이다. 이것은 정말 간단한 사실이다. 우리는 그 간단한 사실만 알고 있으면 된다. 그뿐이다.[29]

---

29) 마지막으로 상황은 다르지만, 맑스가 루게에게 했던 말이 이진경 씨에게 도움이 되리라는 생각에 여기에 옮긴다. "신문의 한 난에 숨겨져 있는 오류들의 그물을 찢어발기기 위해서 이렇게 많은 상세한 이야기들이 필요했다. 모든 독자들이 그러한 문필적 협잡 행위를 이해할 만한 교양과 시간을 가질 수 없다. 그러므로 익명의 그 '프로이센 인'은 우선 당장은 정치적 · 사회적 관점의 집필 행위를 중단할 의무, 독일의 상태들에 대한 장광설을 그만둘 의무, 오히려 자기 자신의 상태에 관한 양심적인 자기변명에서 시작할 의무를 독자 대중에게 지고 있는 것이 아니겠는가?" (맑스, "기사 '프로이센 왕과 사회개혁. 한 프로이센인이'(≪전진!≫ 제60호)에 대한 비판적 평주들", ≪맑스 · 엥겔스 저작 선집≫ 제1권, pp. 22-3.)

레닌의 “≪요하네스 베커, 요제프 디츠겐, 프리드리히 엥겔스, 칼 맑스 등이 프리드리히 조르게 등에게 보낸 편지≫ 러시아 번역판에 부치는 서문”[1]을 읽고[*]

1.

이 글은 레닌의 “≪요하네스 베커, 요제프 디츠겐, 프리드리히 엥겔스, 칼 맑스 등이 프리드리히 조르게 등에게 보낸 편지≫ 러시아 번역판에 부치는 서문”(이하 ≪편지≫, “서문”)을 검토하는 것을 그 첫 번째 목적으로 한다. 그리고 검토를 통해 일종의 교훈을 얻는 것이 두 번째 목적이며, 이에 기초한 문제 제기가 마지막 목적이다.

레닌이 “서문”을 쓰게 된 직접적인 계기는 제목에서 확인할 수 있듯이 그 책의 러시아 번역판이 출판되어서일 것이다. 하지만 레닌은 그 글을 그 책의 출판만을 위해 쓰지 않았다. 레닌이 썼던 대부분의 글이 그러하듯이 레닌은 “서문”을 러시아 혁명을 위해, 그에 도움이 되도록 썼다. 그런데 우리는 러시아 혁명의 경험에서 많은 것을 배울 수 있다. 따라서 “서문”은 그것으로 우리에게 유용하다. 또한 레닌의 많은 글이 그러하듯이 우리는 “서문”에서 맑스주의가 주는 교훈을 올바르게 얻을 수 있는 기회를 가질 수 있다. 왜냐하면 철두철미한 맑스주의자였던 레닌은 맑스-엥겔스로부터 배운 유물변증법을 제대로 이용하는 방법을 알았으며, 자신의 많은 글에서 맑스주의에 대한 기회주의적 왜곡과 잘못된 이해에 맞서, 혁명의 전 과정을 통해 무자비하고 비타협적인 이론투쟁을 전개했던 사람이기 때문이다.

---

* [편집자 주] ≪정세와 노동≫ 제7호(2005. 11.) 〈이론〉에 실린 글이다.

1) 레닌, “≪요하네스 베커, 요제프 디츠겐, 프리드리히 엥겔스, 칼 맑스 등이 프리드리히 조르게 등에게 보낸 편지≫ 러시아 번역판에 부치는 서문”, ≪레닌 저작집≫ 제4-2권, 전진, 1991, pp. 422-39.

처음부터 시작하자. 모든 맑스주의자가 투쟁 형태의 문제를 설명해야 하는 근본적인 요구는 무엇인가? 첫째로, 맑스주의는 운동을 어떤 하나의 특수한 투쟁 형태에 구속시키지 않음으로써 모든 원시적 형태의 사회주의와 다르다. 그것은 가장 다양한 투쟁 형태들을 인정한다; 그리고 그것은 그것들을 "수정"하지 않고, 단지 운동의 과정에서 저절로 등장하는 혁명적 계급들의 그런 투쟁 형태들을 일반화하고 조직하며 의식적 표현을 부여한다. 모든 추상적인 정식과 모든 교조적 처방에 절대적으로 적대적인 맑스주의는 진행 중인 **대중** 투쟁에 대한 주의 깊은 태도를 요구하는데, 왜냐하면 운동이 발전함에 따라, 대중들의 계급의식이 성장함에 따라, 경제적 · 정치적 위기가 첨예해짐에 따라, 그 대중투쟁은 새롭고 보다 다양한 방어와 공격 방법을 창출하기 때문이다. 맑스주의는 그러므로 확실히 어떤 투쟁 형태도 거부하지 않는다. 어떤 상황 아래서도 맑스주의는 주어진 시기에만 가능한 기존의 투쟁 형태에 자신을 한정하지 않으며, 주어진 사회적 상황이 변함에 따라 주어진 시기의 참여자들에겐 알려지지 않은 새로운 투쟁 형태들이 **불가피하게** 생겨난다는 것을 사실 그대로 인정한다. 이런 측면에서 맑스주의는 만약 이렇게 표현할 수 있다면, 대중투쟁으로부터 **배우며,** 연구하느라 틀어박힌 "체계화하는 사람들"에 의해 발명된 투쟁 형태들을 대중들에게 가르치라는 주장을 결코 하지 않는다. 우리는 안다. —예를 들어 카우츠키는 사회혁명의 형태들을 설명하면서 말했다— 다가오는 위기는 우리가 지금 예견할 수 없는 새로운 투쟁 형태들을 도입할 것임을.

두 번째로, 맑스주의는 투쟁 형태의 문제에 관한 절대적으로 **역사적인** 검토를 요구한다. 이 문제를 구체적인 역사적 상황과 분리시켜 다루는 것은 변증법적 유물론의 기초를 이해하는 데에서의 실패를 드러낸다. 경제적 진화의 상이한 단계에서, 정치적, 민속적 · 문화적 생활 조건 등의 차이에 따라, 상이한 투쟁 형태들이 전면에 등장하여 주요한 투쟁 형태가 된다; 그리고 이와 관련하여 부차적이고 보조적인 투쟁 형태들은 그 차례에 따라서 변화를 겪는다. 어떤 특수한 투쟁 수단을 사용할 것인가의 문제에 대해, 주어진 발전 단계의 주어진 시기의 구체적인 상황에 대한 자세한 검토도 하지 않은 채 예 또는 아니오로 대답하려고 시도하는 것은 맑스주의적 입장을 완전히 포기하는 것을 의미한다.

이런 것들이 우리를 인도해야 하는 두 개의 주요한 이론적 명제이다. (강조는 원문)[2)]

---

2) 레닌, "게릴라전", 같은 책, pp. 40-1.

유물변증법의 방법에 대해 간략히 언급한 이 글은 '게릴라전'과 관련하여 투쟁 형태라는 주제를 다룬 것이다. 이 짧은 인용에서도 우리는 레닌이 언제나 —'게릴라전'이라는 아주 구체적인 문제를 다루고 있을 때라도— 유물변증법의 방법론을 염두에 두고 있다는 것을 알 수 있다. 또한 우리는 레닌의 이 언급이 단지 투쟁 형태에만 국한되지 않는 것 역시 쉽게 알 수 있다. 여기서 그가 언급한 "모든 추상적인 정식과 모든 교조적 처방에 절대적으로 적대적인 맑스주의"와 "문제에 관한 절대적으로 **역사적인** 검토를 요구한다"는 말은 이 방법론의 핵심적 내용이다.

2.

레닌은 ≪편지≫에서 무엇을 배웠는가? 레닌은 다음과 같이 말한다.

> 맑스와 엥겔스가 영국, 아메리카 및 독일의 노동계급 운동에 관해 말한 것을 비교하는 것은 대단히 교훈적이다. 그런 비교는 우리가 한편으로는 독일, 다른 한편으로는 영국과 아메리카가 자본주의 발전의 상이한 단계들과 그 나라들의 정치 생활에 대한 하나의 계급으로서의 부르주아지의 지배의 상이한 형태들을 대표한다는 것을 기억할 때, 더욱더 큰 중요성을 획득한다. 과학적 관점에서 보면, 우리는 여기에서 유물론적 변증법의 모범, 상이한 정치적·경제적 조건들의 독특한 특징들에 적용된 문제의 다양한 사항들, 다양한 측면들을 전면에 내세워 강조하는 능력을 보게 된다. 노동자당의 실천적 정책과 전술의 관점에서 보면, 우리는 여기에서 "공산당 선언"의 창조자들이 상이한 나라들에서 민족적 노동계급 운동의 상이한 단계들에 따라 투쟁하는 프롤레타리아트의 임무들을 규정했던 방식의 모범을 보게 된다.[3]

레닌에 따르면 우리는 편지들에서 "과학적 관점에서" "유물론적 변증법의 모범, 상이한 정치적·경제적 조건들의 독특한 특징들에 적용된 문제의 다양한 사항들, 다양한 측면들을 전면에 내세워 강조하는 능력"과 "노동자당의 실천적 정책과 전술의 관점에서" "상이한 나라들에서" "상이한 단계들에 따라" "프롤레타리아트의 임무들을 규정했던 방식의 모범"을 보게 된다고 한

3) 레닌, "서문", p. 425.

다.[4)]

레닌이 이렇게 이야기 하는 것은 영국과 아메리카와 독일의 "정치적 · 경제적 조건들의" "상이함"에서 비롯하는 "노동계급 운동의 상이한 단계"에 대해 맑스-엥겔스가 "상이한" "프롤레타리아트의 임무"를 규정한 것 때문이다.

그렇다면 그것들은 무엇인가?

3.

레닌은 비교 대상의 하나인 "영국과 아메리카 노동계급 운동의 근본적인 특징들"을 이렇게 규정한다.

> 프롤레타리아트가 부딪칠 어떤 커다란, 전국적인, **민주적**인 과제들의 결여; 부르주아 정치가들에 대한 프롤레타리아트의 완전한 종속; 프롤레타리아트로부터 그룹들, 한 줌의 사회주의자들의 분파주의적 고립; 선거에서 노동 대중 가운데서의 최소한의 사회주의적 성공조차 없다는 것 등 (강조는 원문)[5)]

또한 이들 나라, 즉 "영국과 아메리카"는 "사회민주주의 노동자당도 **없고**, 사회민주주의적인 의원들도 **없고**, 선거나 신문 등에서 체계적이고 꾸준한 사회민주주의 정책이 **없는** 나라들"이고 "19세기의 마지막 30년 동안 프롤레타리아트"가 "정치적 독립성을 **거의** 내보이지 **않았**"으며 "부르주아 민주주의적인 역사적 임무들이 거의 전적으로 현존하지 않았던 나라들"이며 "정치의 장은 노동자들을 속이고 부패시키고 매수하는 기술에서 세계에서 당할 자가 없는 승리한 자기만족한 부르주아지에게 **완전히** 장악당했"던 나라들이라고 한다.[6)]

이런 나라에 대한 맑스와 엥겔스의 "권고, 지시, 교정, 경고 및 칭찬"은 무엇이었는가?

> 영국과 아메리카의 사회주의자들에게 보낸 그들[맑스와 엥겔스: 인용자]의

---

4) 우리에게는 이들 편지가 없다. 하지만 그것 없이 레닌의 글만으로도 충분히 논의를 이끌어 갈 수 있다.

5) 레닌, 앞의 글, p. 427.

6) 같은 글, p. 434.

호소 가운데 가장 일관된 것은 노동계급 운동과 결합하여 그들의 조직들에서 편협하고 거만한 분파주의적 정신을 근절하라는 것[7]

이었고,

이런 나라들[영국과 아메리카: 인용자]에서, 맑스와 엥겔스는 사회주의자들에게 모든 희생을 무릅쓰더라도 분파주의를 제거하고 프롤레타리아트를 정치적으로 뒤흔들어 놓기 위해서 노동계급 운동과 결합하라고 가르쳤다.[8]

왜냐하면

맑스와 엥겔스가 영국과 아메리카 사회주의에서 가장 날카롭게 비판하는 것은 노동계급 운동으로부터 그것의 고립이다. 영국 사회민주주의 연합과 아메리카 사회주의자들에 관한 맑스와 엥겔스의 모든 비평들의 요지는 그들이 맑스주의를 도그마로, "완고한 정통"으로 환원시켜 버렸고 또 그들이 맑스주의를 "행동의 **지침**이 아니라 신조"로 간주하며, 이론적으로는 절망적이지만 그들과 나란히 행군하고 있는 살아 있는 강력한 대중적 노동계급 운동에 적용할 능력이 없다는 것 (강조는 원문)[9]

이었기 때문이다.

엥겔스는 여기에서 한발 더 나아간다. 미국 노동자들이 선거에서 헨리 조지[10]에게 표를 던지던 시기에 이것을 우려하는 미국의 그의 동지가 헨리 조지를 철저히 비판해 달라고 요청한다. 그는 이렇게 대답한다.

그렇게 하기에는 시기가 아직 되지 않았으며, 중요한 것은 전적으로 순수한 강령을 토대로 하지 않더라도 노동자당이 스스로 조직하기 시작하는 것이

7) 같은 글, p. 433.

8) 같은 글, p. 434.

9) 같은 글, p. 425.

10) 헨리 조지에 대해 맑스는 오래전에 "이론적으로 그 사람은 완전히 후진적"이라고 하고 그를 "급진적 부르주아지의 이데올로그"라고 규정했다. 엥겔스 역시 "사회주의적 관점에서 헨리 조지 사상의 불합리성과 반동적 성격을 완벽하게 이해하고 있었고 또 자주 이야기 했다." (같은 글, p. 426.)

라고 썼다(1886년 12월 28일). 나중에, 노동자들은 잘못된 것이 무엇인지 스스로 이해하게 될 것이고, "그들 자신의 오류에서 배우게 되겠지만", 그러나 "노동자당의 전국적인 공고화—어떤 강령을 토대로 하든—를 늦추거나 방해할지도 모르는 어떤 것이든, 나는 커다란 실수라고 생각한다. …[11]

그는 "아무리 빈약한 강령을 가지고 있더라고 독립적인 노동자당의 중요성을 강조했"으며, 당시 미국의 노동자 조직(노동기사단)의 "가장 취약한 측면"이 "정치적 중립성"이더라도 "새로 운동에 들어가고 있는 모든 나라에게 중요하고 위대한 첫 발걸음은 어쨌든 항상 그것이 뚜렷한 노동자당인 한에서, 노동자들의 독립적인 정당으로서의 구성이다"라고 하였다.[12]

4.

영국과 아메리카와 대비되는 독일의 운동의 객관적 조건은 무엇인가? 독일은 당시

부르주아 민주주의 혁명이 아직 완료되지 않은 나라, "의회적 형태들로 치장한 군사독재"("고타강령 비판"에서 맑스의 표현)가 지배했었고 아직도 그러한 나라, 프롤레타리아트가 오래전에 정치 속으로 내던져졌고 또 사회민주주의적 정책을 추구하고 있던 나라[13]

였다.

그러한 나라에서 맑스와 엥겔스가 무엇보다도 두려워했던 것은 노동계급 운동의 임무와 범위에 대한 의회주의적 속류화와 속물적 퇴화였다.[14]

따라서

---

11) 같은 글, p. 426.
12) 같은 글, pp. 426-7.
13) 같은 글, p. 434.
14) 같은 곳.

그들[맑스와 엥겔스: 인용자]은 독일 사회민주주의에 대해 속물주의, "의회주의적 백치병"(1879년 9월 19일자 편지에서 맑스의 표현) 및 쁘띠부르주아적인 지식인주의적 기회주의에 굴복하지 않도록 주의하라고 일관되게 설파했다.[15]

레닌은 "서문"에서 맑스와 엥겔스의 편지를 길게 인용하며 그들이 "10년 이상 동안 독일 사회민주당 내부의 기회주의에 대해 체계적으로 굽힘 없이 싸웠으며, 또 지식인주의적 속물주의와 사회주의 안의 쁘띠부르주아적 관점을 공격"했다는 사실과 "당의 우익에 대해" "끊임없는 전쟁" "기회주의에 대한 무자비하고 격노한 전쟁"을 벌였고 그들이 "좋은 예절"과 관계없다는 것을 증명해 보인다.

5.

레닌이 "서문"에서 영국과 아메리카와 독일의 차이를 그토록 날카롭게 대비하는 것은 그 편지에서 얻는 교훈이 "러시아 혁명에서 사회민주주의의 전술의 긴급한 문제들과 결합되어 있"어서이다. 그 "편지들과 익숙하게 하려고 한 최초의 시도"는 플레하노프가 발간한 잡지와 멘셰비키가 발간한 다른 잡지에 의해 이전에 이루어졌다. 그들은 영국과 아메리카의 교훈만을 강조하고 두 번째의 권고에 대해서는 아무런 언급을 하지 않았다.

레닌은 "아메리카와 러시아의 대비"로부터 "폭넓은 결론을 끌어내기 시작하는 사람은 누구든지 최대의 피상성을 보여 준다"고 비판한다. 왜냐하면 영국과 아메리카에서 얻은 교훈을

자유주의적 부르주아지가 자신들의 독립적 정당을 결성하기 전에 프롤레타리아트가 자신의 정당을 결성했고, 부르주아 정치가들에게 투표하는 전통이 프롤레타리아트에게 전혀 알려져 있지 않았으며, 당면한 임무들이 사회주의적인 것이 아니라 부르주아-민주주의적인 것인 나라들이나 역사적 상황에 적용한다면, 그것은 맑스의 역사적 방법을 우롱하는 것[16]

15) 같은 글, p. 433.
16) 같은 글, p. 427.

이기 때문이다. 또한 자유주의적-부르주아 신문이 "모범적인 충성심, 의회적 합법성, 이웃 나라 독일 노동계급 운동의 겸손과 중용에 대해 프롤레타리아트에게 나팔을 불어 대고 있"는 부르주아 민주주의 혁명 시기의 러시아의 상황에서 레닌은 러시아 사회민주노동당이 가장 철저히 배울 교훈은 후자라는 것을 주장한다.

6.

영국과 아메리카 운동과 이와 대비되는 독일 운동에 대한 맑스와 엥겔스의 언급과 이것을 분석하여 러시아 혁명에 적용한 레닌의 경험에서 우리는 어떠한 교훈을 얻을 수 있는가? 그것을 지금의 우리 사회의 운동에 적용하여 사용할 수 있는가? 이것에 대한 답은 그리 쉽지 않다. 왜냐하면 지금의 한국은 맑스와 엥겔스가 살던 시대의 영국과 아메리카, 독일 그리고 레닌의 러시아와 정치적 · 경제적 · 사회적 상황이 엄청나게 다르기 때문이다. 또한 현재 한국 사회는 당시 뚜렷이 대비되는 조건들이 서로 혼재되어 있어 이것은 둘 중 하나를 선택하는 문제가 결코 될 수가 없기 때문이다.[17)]

하지만 당시 대비의 근거가 되었던 조건을 기준으로 삼아 우리 운동의 상황을 돌아보는 것은 나름대로 의미는 있을 것이다. 예를 들어 다음과 같은 문제 제기들이다.

(1) 한국 사회의 노동자계급은 사회주의적인 임무에 직면했는가? 아니면 한국 사회는 부르주아 민주주의 혁명이 아직 완료되지 않은 나라인가?

(2) 노동자계급이 부딪칠 어떤 커다란, 전국적인, 민주적인 과제들을 한국 사회는 결여하고 있는가?

(3) 한국의 노동자계급은 부르주아 정치가들에 대해 완전히 종속되어 있고 정치적 독립성을 거의 보이지 않는다고 볼 수 있는가?

(4) 노동자계급으로부터 그룹들, 한 줌의 사회주의자들이 분파주의적으로

---

17) "자유주의적 부르주아지가 자신들의 독립적 정당을 결성하기 전에 프롤레타리아트가 자신의 정당을 결성했고 부르주아 정치가들에게 투표하는 전통이 프롤레타리아트에게 전혀 알려져 있지 않"았다는 러시아의 상황은 우리와 전혀 상관없는 조건으로 쉽게 배제할 수 있다.

고립되어 있는가?

(5) 선거에서 노동 대중 가운데서의 최소한의 사회주의적 성공조차 없었는가?

(6) 한국은 사회민주주의 노동자당도 없고, 사회민주주의적인 의원들도 없고, 선거나 신문 등에서 체계적이고 꾸준한 사회민주주의 정책이 없는 나라로 보아야 하는가?

(7) 한국 노동자계급 운동의 현재적 과제는 무엇보다도 먼저 노동계급 운동과 결합하여야 하고 분파주의적 정신을 근절해야 하는 것인가? 아니면 사회주의에 대한 속물주의, 의회주의적 백치병 및 소부르주아적인 지식인주의적 기회주의에 맞서 싸워야 하는 것인가?

(8) 엥겔스가 무엇보다도 강조한 '독립적인 노동자당'—"모든 나라에서 주요하고 위대한 첫 발걸음"—은 우리 사회에 존재하는가? '독립적인 노동자당'의 결성이 그것이 "아무리 빈약한 강령"을 갖고 있더라도 중요하고, '독립적인 노동자당'의 "전국적 공고화—어떤 강령을 토대로 하든—를 늦추거나 방해할지도 모르는 어떤 것이든" "커다란 실수라고 생각한다"는 엥겔스의 주장을 어떻게 이해해야 하는가?

(9) 엥겔스가 헨리 조지에 대한 비판을 요청받고 "시기가 아직 되지 않았"다고 한 것, 또 미국 노동자계급에 대한 헨리 조지의 영향력에 대해 언급하면서 "다음 11월에 진실한 노동자당에 대한 100만 또는 200만 명의 노동자들의 표가 원리적으로 완벽한 강령에 대한 10만 표보다 현재 무한히 더 가치가 있다"고 말한 것, 미국의 사회주의자들이 그 "반동적 사회주의자"와 함께하기를 두려워하지 말기를 권고한 것을 어떻게 이해해야 하는가?[18] 등등.

이상의 여러 질문에 자신 있게 또 쉽게 대답하기는 어렵다. 왜냐하면 그 질문들은 현재 한국 노동자계급 운동의 전략·전술적 쟁점을 포함하고 있기 때문이다. 하지만 노동자계급 운동의 역사를 통해 이들 문제에 대해 접근해 보는 것은 노동자계급 운동이 직면하고 있는 문제를 극복하는 데 도움이 될 것이다. 이 글은 이것을 요청하며 앞서 말한 것처럼 그것은 이 글의 마지막 목적이다.

---

18) 레닌, 앞의 글, pp. 425-6.

7.

마지막으로 두 가지만 덧붙이겠다.

레닌은 국제 노동운동의 상황을 언급하며 ≪편지≫의 의의를 지적한다. 즉 이것은 이 글에서 얻을 수 있는 교훈이 기회주의와의 투쟁에서 일반적이고 보편적 의의를 갖는다는 것이다.

> 국제 노동운동이 심각한 대소동과 동요를 내보이고 있고, 기회주의의 두 극단, 즉 "의회주의적 백치병"과 속물적 개량주의가 혁명적 생디칼리즘이라는 다른 극단을 출현시킨 현재의 순간에 — 영국과 아메리카와 독일 사회주의에 대한 맑스와 엥겔스의 "교정"들의 일반적인 노선은 예외적인 중요성을 획득한다.[19]

다른 하나, 레닌은 러시아 사회민주노동당이 배워야 할 교훈이 독일의 사회민주주의 운동에 대한 맑스와 엥겔스의 태도, 즉 기회주의에 대한 무자비한 또 격노한 전쟁을 벌이는 태도에 대해 언급한 후 다음과 같이 덧붙인다.

> 우리에게 이 교훈들을 가르치는 것은 19세기에 가장 위대한 인물들의 서간집에 들어 있는 어떤 특정한 구절이 아니라 프롤레타리아트의 국제적 경험에 대한 그들의 동지적이고 솔직한 비판, 즉 외교술이나 사소한 고려들과는 거리가 먼 비판의 정신 전체와 실체이다.[20]

그것의 예로 덧붙이는 레닌의 인용, "어떠한 논평도 필요치 않"은 하나의 전형적인 구절,

> "... 여기에서 가장 혐오감을 일으키는 것은" 하고 엥겔스가 1889년 12월 7일 런던에서 편지를 쓰면서 말하기를, "노동자들의 골수 깊이 뿌리박힌 부르주아적 '존경심'이다. 그 각각의 계층을 의문 없이 인정하고, 또 각각 그 나름의 긍지뿐만 아니라 자기보다 '더 나은 자들' 그리고 '우월한 자들'에 대한 존경심을 갖고 있는 수많은 계층으로의 사회의 분열은 부르주아가 아직도 자신들의 미끼를 물게 하기가 상당히 쉽다는 것을 발견할 정도로 오래되고

---

19) 같은 글, p. 434.
20) 같은 글, p. 435.

굳게 확립된 것이다. 예를 들어, 나는 존 번즈가 자기 자신의 계급과 함께하는 자신의 인기보다는 추기경 메닝, 시장, 그리고 일반적으로는 부르주아지와 함께하는 자신의 인기를 더 자랑스러워하지 않는 사람이라고 결코 확신하지 못한다. 그리고 샹피옹—퇴역 중위—은 부르주아와 내통하였고, 특히 보수적 분자들과 함께 교구 목사들의 교회에서 사회주의를 설교했다. 그리고 심지어 내가 최선의 인물이라고 여기는 톰 멘조차도 자기는 시장과 같이 점심을 하게 될 것이라고 말하기를 좋아한다. 이것을 프랑스인과 비교하면 혁명이 이런 측면에서 얼마나 좋은 영향을 주는가를 깨닫게 된다."[21]

혹시나 해서 강조하는데 여기는 영국이다.

21) 같은 글, p. 436.

저출산과 노동자계급*

1. 들어가며

한국 사회에서 이른바 '저출산 문제'는 '노령화 문제'와 짝을 이루어 커다란 사회문제로 언급되고 있다. 세계 1위의 저출산율을 자랑(?)하는 것을 넘어 계속 떨어지고 있는 출산율 때문에 최근 크게 부각되고는 있지만 사실 이 문제는 1990년대 초부터 진지하게 제기되었으며 1990년대 중반부터는 심각한 문제로 받아들여졌던 문제였다.[1)]

현재 이 문제는 성별, 계급, 여야, 당파를 초월하여 다양한 관점에서 다루어지고 있다. 문제를 심각하게 느끼는 만큼 여러 단위에서 저마다 원인을 분석하고 이런저런 해결책을 제시하고 있다. 그러나 제시되는 대부분의 원인 분석과 해결책은 문제의 본질에 접근하지 않거나 못하고 있으며, 대부분 부르주아지의 관점을 따라가고 있거나 기껏해야 소부르주아적이고 자유주의적인 개인주의에 근거하고 있다.

그래서 '저출산 문제'와 그 해결책에 관한 호들갑들을 여러 매체를 통해 접할 때 우리는 그것에 공감하기보다는 많은 의문을 떠올리게 된다. 왜냐하면 무엇보다도 먼저, 오랫동안 산아 억제 정책에 입각한 선전에 익숙해 있는 우리에게 '저출산 극복'은 왠지 낯선 주장이기 때문이다. 또한 그것이 한국 자본주의만의 문제가 아니라 이른바 '선진한'[2)] 유럽 자본주의와 공유하는 문제라는 것도 우리를 의문에 빠지게 한다.[3)] 여기에 덧붙여 한국 사회가 그

---

* [편집자 주] ≪정세와 노동≫ 제8호(2005. 12.) 〈이론〉에 실린 글이다.

1) 대한가족협회가 공식적으로 인구 억제 정책을 폐기한 것이 1996년이다.

2) 이런 표현을 쓴 것은 민노당의 몇몇 지도급 인사가 한국 자본주의가 나아갈 바를 그곳이라고 하기 때문이다.

3) 요한 바오로 2세는 2002년에 이렇게 말했다. "출산율 위기는 미래에 대한 심각한 위협이다." 그런데 그의 이런 주장은 참으로 이상하게 들린다. 왜냐하면 그것은 사도 바울의 가르침에 위배되기 때문이다. 사도 바울은 분명 "결혼하지 않은 남자들과 과

문제에 있어 유럽 자본주의에 '선진한'다는 것도 우리를 어지럽게 한다.[4)]

더 나아가 '저출산'에 대한 다양한 원인 분석과 온갖 해결책을 들어 보면 그것은 우리를 더욱 혼란스럽게 한다. 왜냐하면 그것들은 현실을 설명하지 못하기 때문이다.

우리는 잡다하게 제기되는 원인 중 '여성의 사회 진출' 및 '여성의 사회적 지위의 상승', '늦은 결혼' 등의 주장이 잘못된 것임을 잘 알고 있다. 왜냐하면 그 내용의 반동적 성격을 차치하고서라도 그 점들에 있어서 '선진한' 유럽이 한국보다 앞서고 있음에도 불구하고 유럽의 출산율은 한국의 그것보다 높다. 이들 주장은 이러한 현실을 설명하지 못한다.

또한 '정부의 출산 복지 정책의 부족'을 지적하는 것은 한국 사회에서 많

부들에게 말합니다. 나처럼 그냥 지내는 것이 그들에게 좋습니다"(고린도 전서, 7장 8절)라고 했으며 심지어 "그러므로, 자기의 약혼녀와 결혼하는 사람도 잘하는 것이지만, 결혼하지 않는 사람은 더 잘하는 것입니다"(고린도 전서, 7장 38절)라고 가르쳤고, 또 이를 누구보다도 잘 지키는 사람들이 그(녀)들이기 때문이다. 조금 불경하게 말하면 그(녀)들은 오랫동안 또 지금도 저출산율에 가장 기여하는 사람들이다.

재미있는 구절이 있어 소개한다. "맬더스는 영국 국교의 목사였으나 독신의 수도 서약을 하고 있었다. 이것은 신교적 캠브리지 대학의 교수가 되기 위한 조건의 하나인 것이다. "기혼자는 교수가 될 수 없다. 또 누구든지 결혼하면 즉시 교수직을 그만두어야 한다"(≪캠브리지 대학 위원회 보고≫, p. 172). 이 사정은 맬더스를 다른 신교 목사들과 구별하는 유리한 점이다. 왜냐하면, 다른 목사들은 목사들에게 독신주의를 강요하는 천주교적 계율을 내던지고 "낳아라, 번식하라"는 계율을 자기들의 특수한 성서상의 사명으로 받아들여 흉측할 정도로 인구 증가에 기여하고 있으며, 동시에 노동자들에게는 '인구법칙'을 설교하고 있기 때문이다. ... 페티[그는 인구를 부의 토대로 간주했으며, 스미스와 마찬가지로 목사들의 공공연한 적이었다]는 목사들의 꼴사나운 훼방을 예감이나 한 듯이 이렇게 말한다. "변호사들이 가장 할 일이 없을 때에 법이 가장 번영하듯이, 목사들이 가장 많이 금욕할 때에 종교는 가장 번영한다"고. 그러므로 그는 신교 목사들에게 다음과 같이 충고한다. 즉, 그들이 사도 바울을 따라가지 않고 또 독신으로 '금욕'하지 않는다면, "현재의 성직이 흡수할 수 있는 숫자 이상으로 많은 목사들을 낳지 말라. 잉글랜드와 웨일즈에 12,000개의 목사직이 있을 뿐이라면 24,000명의 목사들을 길러 내는 것은 안전하지 못할 것이다. 왜냐하면, 성직이 없는 12,000명이 생계를 얻는 가장 손쉬운 방법은 현직에 있는 12,000명의 목사들은 사람들의 영혼을 파멸시키고 굶주리게 하며 영혼을 천당으로 인도하지 못한다고 사람들을 설득하는 것이기 때문이다."" (맑스, ≪자본론≫ 1권(하)(제2개역판), 비봉출판사, pp. 842-3.)

4) 물론 이것은 유럽과 한국만의 문제가 아니다. 이것은 일본의 문제이고 대만의 문제이고 싱가포르의 문제이기도 하다.

은 현실성과 설득력을 갖고 있음에도 불구하고 출산 복지 정책에서 세계 최고를 자랑하는 유럽보다 미국의 출산율이 높은 이유를 설명하지 못한다.

이외에도 '사교육비 인상', '청년 실업', '장시간 노동', '높은 주거 비용', '젊은이들의 무책임한 태도(?)', '혼외 출산을 부정하는 사회 분위기' 등의 다양한 문제가 제기되는데 이들 역시 저출산에 어느 정도 기여하기는 하지만 그것을 온전히 설명하는 데 무엇인가 부족한 것이 사실이다.[5] 따라서 이러한 원인 진단에 따르는 해결책 역시 한계가 명확하다.[6]

이 글은 자본주의 사회의 보편적인 문제로 보이는 이른바 '저출산 문제'에 대해서 전반적으로 살펴볼 것이다. 그리고 그 전제하에서 왜 한국 사회에서 이 문제가 더욱 심각하게 나타나는가를 검토할 것이고 마지막으로 노동자계급은 이 문제에 어떠한 태도를 가져야 하는가를 주장하고자 한다.

2. 부르주아지에게 왜 저출산이 문제가 되는가?[7]

자본주의적 생산의 목적은 잉여가치의 생산 혹은 이윤의 획득이다. 부르주아지는 이윤을 조금이라도 늘리기 위해서라면 자신의 영혼을 악마에게라도 판다. 이것은 이 생산양식의 절대적 법칙이다. 그런데 더 많은 이윤을 획득

---

5) 이렇게 지적되는 원인들에는 먼저 그것이 왜 발생했는가, 그 의미는 무엇인가를 물어야 한다. 즉, '왜 사교육비가 인상되었는가?', '청년 실업', '장시간 노동'은 왜 발생했는가? '왜 주거 비용이 높아졌는가?', '젊은이들은 왜 무책임하게 되었는가?' 또 이들의 의미는 무엇인가? 등등등.

6) 예컨대 가장 만만하게 거론되는 '출산 보육 지원책'은 이미 유럽에서 오래전부터 시행되고 있는 정책이다. 그리고 이것이 별로 신통한 효과를 거두지 못하고 있다는 것은 쉽게 알 수 있는 사실이다. 그럼에도 불구하고 이것이 빈번하고 소란스럽게 지적되는 것은 그만큼 이 문제가 우리 사회에서 심각한 문제의 하나라는 것의 반영일 뿐 아니라 (주택문제처럼) 이것이 노동자계급에 국한되지 않고 소부르주아 층도 함께 고통받고 있기 때문이다. (엥겔스, ≪주택문제에 대하여≫(≪맑스 · 엥겔스 저작 선집≫ 제4권), pp. 179-80을 참조. 이러한 성격의 문제는 많다.) 그러나 결단코 이것은 해결책이 될 수 없다.

7) 이 부분은 ≪자본론≫ 1권, 제25장에 의존한다. 출처를 밝히지 않은 인용은 모두 이곳에서 따왔다. 맑스는 "이 장에서는 자본의 증가가 노동자계급의 운명에 미치는 영향을 고찰"하겠다고 한다. (맑스, "제25장 자본주의적 축적의 일반 법칙", 앞의 책, pp. 836-976.)

하기 위해서는 더 많은 자본을 움직이는 것이 필요하다. 그래서 그들은 획득한 이윤을 다시 자본으로 전환한다. 자본은 그 전보다 증가한다. 이렇게 "잉여가치를 자본으로 사용하는 것, 즉 잉여가치를 자본으로 재전환시키는 것을 자본의 축적이라고 한다."[8] 이렇게 자본이 축적되어 그 크기가 증가하는 것은 그 가변자본 부분이 커지는 것을 포함한다. 왜냐하면 추가되는 자본으로 전환되는 잉여가치의 커다란 부분은 불변자본이 되지만 그 나머지는 가변자본으로 전환되어야 하기 때문이다.

여기서 일단 "다른 사정들이 불변이고 또 자본의 구성도 불변이라고 가정하자. ... 그러면 노동에 대한 수요와 노동자의 생활을 위한 재원은 분명히 자본에 비례해 증가하며, 자본의 증가가 빠르면 빠를수록 그것도 그만큼 빨리 증가"하게 된다. "자본은 해마다 잉여가치를 생산하고 그 잉여가치의 일부는 해마다 최초의 자본에 첨가"된다. "또 이 첨가분은 이미 기능하고 있는 자본의 규모 증대에 따라 해마다 증가"할 수 있고 "새로운 시장이 개척되거나 새로운 사회적 욕망이 발전"하는 경우 등에는 노동자들에 대한 수요가 급증하여 그 공급을 능가하게 되며 이 경우에는 "임금이 등귀할 수 있다." 이런 때가 "영국에서는 15세기 전체를 통해 그리고 18세기 전반기"에 있었다. 이러한 축적 조건은 "노동자들에게 가장 유리한 축적 조건"인데 이것은 다른 말로 자본가에게는 가장 불리한 축적 조건이다. 자본가들은 이러한 불리한 조건을 원하지 않는다. 그들은 언제나 자본축적을 최대한으로 하고 싶어 한다.[9]

이러한 불리한 축적 조건을 피한다는 것은 무엇인가? 이 경우에서는 자본의 축적이 아무리 급증하더라도 노동력의 공급이 항상 충분하여 임금의 상승이 일어나지 않는 것이고, 그것에 의해 축적이 조금이라도 방해받지 않는 것을 의미한다. 그러기 위해서는 지금은 아무것도 하지 않더라도 어떤 때라도 자신들이 자유롭게 이용할 수 있는 언제나 대기 중인 노동력이 필요한 것이

---

8) 맑스, 같은 책, p. 788.

9) 물론 이러한 조건이더라도 "임금의 등귀는 자본주의 체제의 토대를 침해하지 않을 뿐 아니라 점점 더 확대되는 규모의 재생산을 보장하는 한계 안에 머문다." 왜냐하면 자본의 축적의 결과 임금이 등귀하는 것은 두 경우가 있는데 그 하나는 임금이 증가하더라도 많은 이윤을 얻어 축적에 전혀 지장을 받지 않을 수 있는 것이고, 임금이 올라 이윤 동기가 감소하여 축적이 약화되어 결국 다시 임금을 상승시킨 원인(노동력에 대한 수요 증가)을 소멸시켜 원상으로 돌아가는 것이 또 다른 경우다.

다. 부르주아지가 저출산에 호들갑을 떠는 첫 번째 이유는 바로 이것이 실현되지 않을 가능성에 대한 우려이다.10)

3. 자본주의적 생산양식의 인구법칙과 그것의 의미

그러나 자본가들의 호들갑은 그들이 가증스럽고 어리석다는 것을 보여 주는 증거 이외에 아무것도 아니다. 부르주아지는 '언제나 그들을 위해 대기 중인 노동력'에 대해서 절대로 걱정할 필요가 없다. 왜냐하면 "상대적 과잉인구"는 자본주의 생산양식에서 언제나 존재하게 되어 있는 다시 말해 법칙으로 존재하는 것이기 때문이다.

앞서 살펴본 "노동자들에게 가장 유리한 축적 조건"은 예외적으로만 존재한다. 왜냐하면 그것은 "자본의 증가"가 이루어지는 경우가 "생산수단의 일정한 양을 운동시키기 위해서는 언제나 동일한 양의 노동력이 요구된다고 가정"했을 때이며, 이렇게 되는 경우는 현실에서 예외적으로만 존재하기 때문이다.

그러나 현실의 자본축적의 일반적인 운동은 이렇지 않다. 일반적으로는 앞서 언급한 임금을 상승시키는 원인, 즉 더 많은 자본의 증가(축적 혹은 집중)는 노동생산성의 발전을 가져오는데 이것은 자본의 구성을 변화시키게 되며, 이 변화는 "가변자본에 대한 불변자본의 증대"로 나타나게 된다. "가변자본에 대한 불변자본의 증대"라는 것은 축적이 진행되면서 자본의 양이 증가하게 되는 경우, 불변자본과 가변자본의 크기가 모두 증가하지만 전자가 후자에 비해 더욱 커다란 정도로 증가한다는 것을 의미한다. 이것은 현실에서

---

10) ≪인구론≫을 쓴 맬더스조차도 이런 말을 했다. "공업과 상업에 주로 의존하고 있는 나라의 노동자계급 사이에서 결혼 억제가 상당한 정도로 실시된다면, 그 나라에 해로울 수 있다. ... 특수한 수요 증대에 대응해 노동자를 시장에 제공할 수 있으려면 인구의 성질상 16-18년이 지나야 하는데, 수입의 자본으로의 전환은 저축에 의해 그보다 훨씬 더 빠르게 행해질 수 있다. 한 나라는 언제나 노동 기금이 인구보다 급속히 증가하는 경향이 있다." (맑스, 앞의 책 p. 866에서 재인용.)

한마디 덧붙이면 부르주아들이 지금 '저출산'과 '노령화'를 연관 지어 호들갑을 떠는 것은 단지 이 이유뿐만이 아니다. 그들의 호들갑은 현재의 연금에 대한 공격도 염두에 두고 있는 것이다. 그들은 결단코 낭만주의자들이 아니다.

증명되는 사실이다.[11)]

그런데 이렇게 되면 점차 노동에 대한 수요가 감소하는데, 왜냐하면 "노동에 대한 수요는 총자본량에 의해 결정되는 것이 아니라 총자본의 가변적 구성 부분에 의해 결정되는 것이므로, 그 수요는" 앞서 가정했던 것처럼 "총자본의 증가에 비례해 증대하는 것이 아니라 오히려 감소"하기 때문이다. 결국 "추가 노동자를 흡수하기 위해, 또는 심지어 [구자본의 끊임없는 형태 변화 때문에] 이미 기능하고 있는 노동자의 취업을 유지하기 위해서도, 자본의 가속적 축적이 필요하게" 되는데 "이 증가하는 축적과 집중이 자본구성의 새로운 변동[즉 자본의 불변적 부분에 비한 가변적 부분의 가속적인 감소]의 원천으로" 되는 것이다.

결국 이것은 "[가변자본 또는 고용 수단의 증가보다 언제나 급속하게 증가하는] 노동인구의 절대적 증가라는 전도된 형태를 취하"게 되는데 이 전도된 형태는 "자본주의적 축적 그 자체가 [자기 자신의 정력과 규모에 비해] 상대적으로 과잉인 [즉 자본의 평균적인 자기증식욕에 필요한 것보다 더 큰 규모의] 노동인구를 끊임없이 생산해 내고 있는 것이"며 이것은 "한편으로는 축적 과정에서 형성된 추가 자본은 그 크기에 비해 더욱더 소수의 노동자를 흡수"하는 것으로 "다른 한편으로, 새로운 구성으로 주기적으로 재생산되는 구자본은 종전에 고용했던 노동자들을 더욱더 많이 축출"하는 것으로 결과한다. 한마디로 "노동인구는 그들 자신이 생산하는 자본축적에 의해 그들 자신을 상대적으로 불필요하게 만드는 [즉 상대적 과잉인구로 만드는] 수단을 더 큰 규모로 생산"하는 것이다. "이것이 자본주의적 생산양식에 특유한 인구법칙"인 "상대적 과잉인구 또는 산업예비군의 누진적 생산"의 법칙이다.[12)]

즉 '과잉 노동인구'는 자본주의적 "축적의 필연적 산물 또는 자본주의적 토대 위에서 부의 발전의 필연적 산물"인 것이다. 그런데 이 과잉인구는 "자

---

11) "자본의 가변 부분에 비한 불변자본의 점진적인 증대라는 이 법칙은 [상이한 경제적 시기를 비교하든 동일한 시기의 상이한 나라들을 비교하든] 상품 가격의 비교분석에 의해 모든 단계에서 확인된다." (맑스, 같은 책, pp. 850-1.)

12) "사실 모든 특수한 역사적 생산양식은 자기 자신의 특수한 [자기의 한계 안에서만 역사적으로 타당한] 인구법칙을 가지고 있다. 추상적 인구법칙이란 식물과 동물에 대해서만, 그것도 인간이 간섭하지 않는 한에서만, 존재한다." (같은 책, p. 862.) "제 먹을 것은 갖고 태어난다"는 속담도 특수한 역사적 생산양식의 특수한 인구법칙의 표현이다. 그것은 자본주의적 생산양식에서는 타당하지 않다.

본주의적 축적의 지렛대로, 심지어는 자본주의적 생산양식의 생존 조건으로” 전환된다. 왜냐하면 “과잉 노동인구는 ... 절대적으로 자본에 속하며 자본이 마음대로 처분할 수 있는 산업예비군을 형성”하기 때문인데 산업예비군은 “현실적 인구 증가의 한계와는 관계없이”, “변동하는 자본의 가치증식욕을 위해 언제나 착취할 수 있게 준비되어 있는 인간 재료를 이”루기 때문이다.[13)]

이들 산업예비군은 “실업자와 반실업자”의 형태로 존재하면서 “축적과 그에 수반하는 노동생산성의 발전에 따라 자본”이 “갑작스러운 확장력”을 보일 때 —시장이 갑자기 확대되는 종래의 생산 부문으로 자본이 몰려들 때나, 혹은 새롭게 형성되는 생산 부문들에 자본이 밀려들 때— 언제라도 기존의 “다른 분야의 생산 규모에 해를 끼치지 않으면서 결정적인 부분에 신속하게 많은 사람들을 투입할 수 있”게 한다.

또한 산업예비군들의 존재는 노동의 공급을 그 수요보다 크게 하는 효과를 갖고 있어 노동자계급 중 취업자들의 과도 노동을 강제하여 예비군을 더욱 늘리게 하며, 이러한 예비군의 증가는 거꾸로 취업자들에게 과도 노동을 강제한다.[14)] 이들 산업예비군은 산업 순환의 여러 국면에서도 자본의 축적에 커다란 기여를 하는데, 이들은 “침체기와 평균 정도의 호황기에는 현역노동자군에 압력을 가하고, 과잉생산과 열광적인 확장기에는 현역군의 요구를 억제한다. 따라서 상대적 과잉인구는 노동의 수요와 공급의 법칙이 작용하는 배경이며, 이 법칙의 작용 범위를 자본의 노동자에 대한 착취욕과 지배욕에 절대적으로 유리한 한계 안에 국한시”키도록 한다.[15)]

---

13) “자본주의적 생산은 자연적인 인구 증가가 제공하는 자유로이 처분할 수 있는 노동력의 양에 결코 만족할 수 없다. 자본주의적 생산은 자기의 자유로운 활동을 위해 이 자연적 제한에 구애받지 않는 산업예비군을 요구한다.” (같은 책, p. 866.)

14) “노동자계급 중 취업자들의 과도 노동은 그 예비군을 증가시키고, 거꾸로 예비군이 경쟁을 통해 취업자들에게 가하는 압박의 강화로 취업자는 과도 노동을 하지 않을 수 없고 자본의 명령에 복종하지 않을 수 없다. 노동자계급의 일부에게 과도 노동을 시킴으로써 나머지 부분을 강요된 나태에 빠지게 하는 것과, 또 그 반대로 산업예비군 때문에 취업자가 과도 노동을 하지 않을 수 없는 것은 개별 자본가들의 치부 수단으로 되며, 동시에 사회적 축적의 진전에 대응하는 규모로 산업예비군의 생산을 촉진한다.” (같은 책, pp. 868-9.)

15) “노동자들이 일을 많이 하면 할수록 타인의 부가 그만큼 더 많아지며, 그리고 그들의 노동생산성이 증가하면 할수록 [자본의 가치 증식 수단으로서] 자기들의 기능조차 그만큼 더 위태롭게 되는 이유에 대한 비밀을 알게 되자마자; 또 그들이 자기들 사이의 경쟁의 강도는 전적으로 상대적 과잉인구의 압력에 의존한다는 것을 알게

4. '상대적 과잉인구'에 대한 부르주아지의 이중적 태도

"상대적 과잉인구"는 자본주의 생산양식의 축적에 의해 필연적으로 발생하게 되지만 결국 그 생산양식의 생존 조건으로 된다. 이러한 상대적 과잉인구는 매우 다양한 형태로 존재하는데 이것에는 "유동적 형태 · 잠재적 형태 · 정체적 형태"가 있다. 이들은 존재하는 것만으로도 자본의 축적을 돕지만 자본주의 착취의 특수 부문에서 지극히 열악한 조건으로 노동함으로써도 자본의 축적을 돕는다. 이들의 "최하층은 구호 빈민"이다. 구호 빈민은 "현역노동자군의 폐인 수용소이며 산업예비군의 고정 구성원이다." 이들에 대한 구호, 즉 "빈민 구호는 자본주의적 생산의 공비의 일부를 이룬다."

그런데 "사회적 부, 기능하는 자본, 그 증대의 규모와 활력, 따라서 또 프롤레타리아의 절대 수와 그의 노동생산성이 크면 클수록 산업예비군은 그만큼 커진다." 또한 "자본의 확장력을 발전시키는 원인"이 "자본이 마음대로 이용할 수 있는 노동력을 발전시"키게 되고 "따라서 산업예비군의 상대적 크기는 부의 잠재적 힘과 함께 증대한다." "그런데 이 예비군이 현역노동자군에 비해 크면 클수록, 고정적 과잉인구는 그만큼 많아"지며 "그들의 빈궁은 노동의 고통으로부터 축출되면 될수록 더욱 심화된다." "노동자계급의 극빈층과 산업예비군이 크면 클수록, 공식적인 구호 빈민은 그만큼 더 많아진다. 이것이 자본주의적 축적의 절대적 일반 법칙이다."[16)]

부르주아지는 이 문제에 대해 두 가지 태도를 취한다. 그 하나는 그것이 언제나 존재해 온 자연법칙과도 같은 것이며 어쩔 수 없는 것 혹은 바람직한 것으로 보는 태도이다. 이들은 자신의 부가 어디서 오는지는 알고 있고 뻔뻔하게도 그것을 당연시한다. 이들 중 몇몇은 더 나아간다. 이들은 '상대적 과잉인구'의 존재가 자신들의 부의 축적의 결과이며 또 그것에 필수적이

되자마자; 또 그들이 자본주의적 생산의 이 자연법칙이 자기들의 계급에 미치는 파멸적인 영향을 제거하거나 약화시키기 위해 노동조합의 설립 등등에 의해 취업자와 실업자 사이의 계획된 협력을 조직하고자 노력하자마자; 자본과 그의 아첨꾼인 정치경제학은 '영원한' 그리고 이른바 '신성한' 수요공급법칙에 대한 침해라고 떠들어 댄다." (같은 책, p. 874.) 이것은 우리에게도 낯설지 않은 것이다.

16) "한쪽 끝의 부의 축적은 동시에 반대편 끝즉 자기 자신의 생산물을 자본으로 생산하는 노동자계급의 측의 빈궁 · 노동의 고통 · 노예 상태 · 무지 · 야만화 · 도덕적 타락의 축적이다." (같은 책, p. 881.)

라는 것에는 눈을 돌리지 않는다. 그들은 구호 빈민의 존재와 그에 의해 지출되는 "공비"에만 관심을 둔다. 왜냐하면 구호 빈민의 궁핍에 그들은 뻔뻔스러운 불쾌감을 느끼고, 구호 빈민의 투쟁에 몸서리쳐지는 위협을 느끼며, 무엇보다도 구호 빈민에게 지불되는 그 "공비"가 아깝기 때문이다.[17] 그래서 그들은 "노동자들을 향해 그들의 숫자를 자본의 증식력에 적응시키라고" 한다.[18] 하지만 이것은 탐욕과 무지에 눈이 먼 부르주아지의 파렴치하고 어리석은 주장이다.[19] 왜냐하면 이러한 조건을 이용하여 가장 커다란 이익을 얻고 있는 것은 바로 그들 자신이며, 이것은 자본주의 생산양식 자체에서 기인하는 것이고 전도되어 나타나는 문제이기 때문이고[20] 동시에 노동자의 숫자

---

17) 사실 부르주아지는 이 비용 부담의 대부분을 노동자계급과 소부르주아들에게 넘긴다. 연금이나 각종의 보험들이 이것이다. 최근의 '연금 개혁 논란'이나 '민간 의료보험 도입 시도' 등도 이런 것들의 좋은 예다.

18) 인구 증가를 혐오에 찬 시각으로 보는 맬더스주의나 인구 증가를 피하기 위한 방법으로 산아제한을 강력히 주장하는 신맬더스주의는 '과잉인구'에 대한 문제의식에서 출발한다. 그러나 그들은 과잉인구가 노동인구가 상대적으로 너무 많아진 것뿐이라는 사실을 이해하지 못한다. 그들은 이것을 그저 노동인구가 과도하게 증가했다고 편협하게 이해하고 있을 뿐이다.

"국내 보건대학원 교수로서 유일하게 인구학을 전공한" "서울대 보건대학원 조영태 교수"는 현재와 같은 사회 분위기에서도 다음과 같이 용감하게 주장한다. "저는 개인적으로 인구가 조금 줄어들어도 괜찮다고 봅니다. 우리 사회의 각종 갈등과 위기는 너무 많은 인구수로 비롯된 경쟁 때문이니까요. 경제 사정이 좋아지면 혼인과 출산 연령도 낮아지고, 출산율도 다시 올라갈 것입니다." (≪한국일보≫, 2005. 3. 10.) 그의 경력과 나이로 보아 그는 인구문제에 대해 한국 사회에서 꽤 오랫동안 힘깨나 쓸 것 같은데 이런 시각을 가지고 있어 참으로 우려가 된다.

19) "노동자들을 향해 그들의 숫자를 자본의 증식욕에 적응시키라고 설교하는 경제학적 지혜의 어리석음은 이제 명백해졌다. 자본주의적 생산과 축적의 메커니즘이 이 숫자를 자본의 증식욕에 적응시키고 있는 것이다. 이 적응의 첫 번째 결과는 상대적 과잉인구 또는 산업예비군의 창출이고, 그 마지막 결과는 현역노동자군 중 끊임없이 증대하는 부분의 빈곤과 구호 빈민에 대한 부담이다." (맑스, 앞의 책, p. 880.)

20) "점점 증가하는 양의 생산수단이 [사회적 노동생산성의 향상으로 말미암아] 더욱 더 적은 인력 지출로 가동된다는 법칙, 이 법칙은 자본주의 체제[여기에서는 노동자가 생산수단을 사용하는 것이 아니라 생산수단이 노동자를 사용한다]에서는 철저하게 전도되어 다음과 같이 나타난다. 즉, 노동생산성이 높으면 높을수록, 노동자들이 취업 수단에 가하는 압력은 그만큼 더 커지며, 따라서 그들의 생존 조건—즉 타인의 부 증대를 위한 그들 자신의 노동력 판매—은 그만큼 더 위태롭게 된다는 것이다. 이리하여 생산수단과 노동생산성이 생산적 인구보다 더 빨리 증가한다는 사실이 자

가 실제로 줄어도 끊임없이 발생하는 문제이기 때문이다.[21)]

부르주아지가 취하는 태도의 다른 하나는 "사회주의적 부르주아들"에 의해서 표현된다. 이들은 자신들의 능력으로는 절대 해결할 수 없는 대중의 빈곤 문제를 해결하고자 위선적인 노력을 한다. 왜냐하면 그것은 자본주의 사회의 정당성을 근본에서부터 끊임없이 공격하고 있고, 실제로도 자신의 운명을 깨닫는 노동자들은 단결하여 부르주아지에 맞서 투쟁에 나서고 있기 때문이다. 하지만 그들은 존재상의 한계로 인해 그 근본적인 해결에 접근할 수 없다.[22)]

5. 자본주의적 축적-상대적 과잉인구-빈곤-저출산

앞서 살펴본 것처럼 자본주의 생산양식에서 축적은 절대적이다. 그런데 자본주의적 축적은 필연적으로 상대적 과잉인구를 만들어 낸다. 그리고 자본주의적 축적은 이에 대응한 빈곤의 축적을 필연적으로 만들어 낸다. 자본주의적 생산양식에서 축적은 끊임없이 이루어지고 있으며 그 속도는 점점 빨라진다. 이것은 상대적 과잉인구와 빈곤이 끊임없이 증가되고 있고 그 속도는 점점 빨라진다는 것을 의미하는 것이다.

축적이 진행되면서 노동자계급은 점점 더 빈곤해지고 소부르주아들은 몰락해 간다. 자본주의적 생산양식이 강제하는 필연을 깨닫지 못하고 개별로서

본주의 사회에서는 거꾸로 노동인구는 언제나 자본의 가치증식욕보다 더 빨리 증가하는 것처럼 보인다." (맑스, 같은 책, p. 880.)

21) 맑스는 "1849년과 1859년 사이에 영국 농업 지방에서" 있었던 일(같은 책, pp. 870-1)과 아일랜드에서 벌어진 일(같은 책, pp. 956-76)에서 이를 예증한다.

22) 이들 "사회주의적 부르주아들은 [현대 사회의 생활 조건들을 원하되], 그로부터 필연적으로 야기되는 투쟁들과 위험들이 없는 현대 사회의 생활 조건들을 원한다. 그들은 [현존 사회를 원하되], 그 사회에 혁명을 일으키고 그 사회를 와해시키는 요소들을 제거한 현존 사회를 원한다. 그들은 프롤레타리아트 없는 부르주아지를 원한다. 부르주아지는 물론 자기가 지배하는 세계를 최상의 세계라고 생각한다." 또 그들은 "이러저러한 정치적 변화가 아니라 오직 물질적 생활 상태, 경제적 상태의 변화만이 이로움을 줄 수 있다고 증명"하고자 한다. (맑스 · 엥겔스, "공산주의당 선언", ≪저작 선집≫ 제1권, pp. 427-8.) 불가능한 소망이다. 인구문제에서 부르주아들의 노력 중 가장 천박하지만 매우 효과적인 주장이 과잉인구를 줄여야 한다는 것으로 앞서 말한 맬더스주의와 신맬더스주의이다. 부르주아지는 일반적으로 이것을 먼저 주장했다.

존재하는 한에서는, 또 그에 맞서 싸워 승리하지 못하는 한, 그들은 자신들에게 주어지는 가혹한 운명을 한탄하며 자신들의 삶을 자본주의적 생산양식이 강제하는 방식에 맞추어야만 한다.

과잉인구는 줄어야 한다. "공비"를 줄여야 하기 때문이다. 부르주아지는 "노동자들을 향해 그들의 숫자를 자본의 증식력에 적응시키라고" 협박한다.[23] 노동자들과 소부르주아들은 감소하는 자신의 능력에 맞추어 자신의 재생산을 줄일 수밖에 없다.[24] 하지만 이것으로 문제가 해결되지 않는다. 자본주의적 생산양식에서 '상대적 과잉인구'는 끊임없이 발생하는 것이기 때문이다. 출산율은 지속적으로 감소하게 된다.

'상대적 과잉인구'의 증가와 그에 의한 압박은 노동자들 간에 목숨을 건 경쟁을 야기한다. 자신의 위치를 지키려면 그들은 이 경쟁에서 승리해야 한다. 감소하는 능력과 치열해지는 경쟁은 젊은 노동자들로 하여금 결혼을 피하거나 늦추게 한다. 이것은 저출산율의 또 다른 이유가 된다. 결과가 원인으로 작용하게 된 것이다.[25]

자신의 비참한 운명에 괴로워하는 노동자들과 소부르주아들은 자신들의 자녀가 자신들과 같은 운명에 처하는 것을 원하지 않는다. 그래서 그들은 아이를 아예 낳지 않거나 적게 낳는다. 그리고 자신들의 자녀가 자신들보다는 좀 더 좋은 삶을 살 수 있도록 신경을 쓴다. 즉 자녀들의 경쟁력을 높이기 위해 —없는 살림에도 불구하고— 자녀들에게 투자한다. 이른바 '사교육'이 그것이다. 경쟁이 심해질수록 '사교육비'는 천정부지로 치솟고 부담은 커진다. 이것도 저출산의 원인으로 작용한다. 이번에도 결과가 원인으로 작용하게 된다.[26]

---

23) "덮어놓고 낳다 보면 거지꼴을 못 면한다." 이것은 1960년대 가족계획 표어였다

24) 물론 몇몇은 이기적인 이유로 그렇게 한다. 그들은 이를 통해 일시적이나마 자신에게 강제되는 빈곤과 몰락에서 벗어나고자 한다. 아이에게 가야 할 비용을 자기가 사용하는 것이다. 이것이 이른바 "요즘 젊은이들의 무책임"이다. 물론 무책임하다. 그러나 이것도 근본적으로는 자본주의적 생산양식의 책임이다.

25) 이 문제는 여성들에게는 더욱더 절대적이다.

26) "亞 4개국 전문가들 "출산 파업, 교육비 때문"", ≪문화일보≫, 2005. 7. 4.

이 4개국은 한국, 일본, 싱가포르, 대만이다. 또한 한국의 국내총생산(GDP) 대비 사교육비 비중은 경제협력개발기구(OECD) 23개 회원국 가운데 가장 높은 것으로 알려져 있다. 경제 불황이 심해질수록 가계 소비지출 가운데 사교육비가 차지하는 비중이 높아진다고 한다. ("〈2〉사교육비 지출도 기업 투자처럼", ≪동아경제≫, 2005.

6. 한국의 저출산

한국의 출산율은 60년대에 6.0명이었던 것이 70년대 4.5명, 80년대 2.8명, 90년대 1.6명, 2004년 1.16명으로 변화했다. 이러한 출산율의 감소는 엄청난 것이다. 이러한 현상을 최근의 호들갑 속에서는 "전 세계적으로 유례를 찾아보기 어려울 만큼 빠르다"거나 "서구와 비교할 수 없을 만큼 빠르다"거나 "유럽에서 100-200년에 걸쳐 진행된 것이 한국에서는 30년 만에 일어났다" 등으로 표현한다.

그것은 한국 사회의 자본주의적 발전이 짧은 기간에 엄청나게 이루어졌다는 것을 의미한다. '한강의 기적'이니 하는 것도 다 그것을 의미하는 것이다. 그리고 그것은 누구나 알고 있는 사실이다. 또한 그것은 한국 사회에서 자본주의적 인구법칙이 관철되는 것도 아주 짧은 시간이 걸렸을 것이라는 것을 말해 주는 것이다.

한국 자본주의는 말 그대로 아주 짧은 시기에 이른바 "유례를 찾아보기 어려울 만큼 빠"른 '고도성장'을 하였다. 이것은 짧은 시기에 "서구와 비교할 수 없을 만큼" 자본이 급속하게 증가했다는 것을 의미한다. 또 이것은 그 짧은 시기에 '상대적 과잉인구'가 "유례를 찾아보기 어려울 만큼" 빨리 증가했었음을 의미한다. 그런데 앞서 살펴본 것처럼 과잉인구는 자본의 축적에 반드시 필요한 것이지만 이들은 동시에 가장 커다란 골칫거리들 중 하나이다. 이른바 경제개발과 더불어 그토록 강력한 산아 제한 정책을 폈던 것은 한편으로는 골칫거리를 해결하려는 악랄하고 어리석은 생각에서였다.

그러나 산아 제한 정책을 강력하게 펴게 된 다른 한편은 현실적이고 실질적인 이유에서였다. 그 까닭은 가부장적 잔재가 많이 남아 있던 한국적 특수성에 있었다. 당시의 가치관은 '무릇 집안의 가장이라면 당연히 제 식구들은 책임져야 마땅한 것'이었다. 그런데 그 책임을 지기 위해서는 이것이 가능할 정도의 임금이 보장되어야만 한다.[27] 그리고 임금이 그것을 보장한다는 것은

---

1. 2.) (http://www.donga.com/fbin/output?f=total&code=total&n=200501020224)

하지만 노동자계급의 가정에서 말 그대로 허리띠를 졸라매고 사교육비를 늘려 자식을 가르치더라도 이것은 애당초부터 경쟁이 되지 않는 싸움이다. 왜냐하면 부르주아들이나 상층의 소부르주아들도 자신들의 자녀들에게 같은 것을 시키기 때문이다. 부르주아들의 자녀와 소부르주아들의 자녀들이 받는 이른바 '과외'는 노동자들과 소부르주아 하층의 자녀들이 받는 그것과 비교해 그 수준 격차에 있어 하늘과 땅이다.

그만큼 이윤이 감소한다는 것을 의미한다. 부르주아지에게 이것은 죽는 것 다음으로 싫은 일이다. 따라서 부르주아지에게 출산은 억제되어야 마땅한 것이었다. 그래서 한국의 부르주아지는 지금과는 정반대의 주장을 얼마 전까지 했던 것이다.[28]

자본이 급속히 축적됐다는 것, 다시 말해 자본이 급속히 증가했다는 것은 노동자들에 대한 자본가들의 착취가 그만큼 가혹했었다는 것을 말하는 것의 다른 표현이다. 즉 한국 자본주의의 "전 세계적으로 유례를 찾아보기 어려울 만큼"의 기적과 같은 성공은 결국 "전 세계적으로 유례를 찾아보기 어려울 만큼"의 가혹한 착취가 있었다는 것이다. 그리고 이것이 가능했었던 것은 한국 사회의 국가권력이 "전 세계적으로 유례를 찾아보기 어려울 만큼" 악랄한 군사독재였기 때문이었다. 한국 사회에서 있었던 "전 세계적으로 유례를 찾아보기 어려울 만큼"의 가족계획의 성공은 군사독재의 지원을 받은 자본의 급속한 축적에 근거했던 것이다.[29]

---

27) "임금이란 바로 이렇게 노동자 가족이 먹고사는 비용이지요. 다른 말로 하면, 임금이란 노동자 가족의 생계비이고, 경제학적 용어로 말하자면 '노동력의 재생산비'인 것입니다. 더구나 자본주의적 생산은 현실적으로 "누진적인 규모로 이루어지는 재생산", 즉 축적 혹은, 같은 말이지만, 확대재생산이기 때문에, 따라서 "이미 고용되어 있는 노동자의 착취가 외연적 혹은 내포적으로 증대되지 않는다면, 추가적인 노동력이 도입되어야 하기 때문에, '노동력의 재생산비'로서의 통상적인 임금은 그들의 유지뿐 아니라 증식도 보증하기에 충분한" 크기가 아니면 안 됩니다." (채만수, "제3강 임금과 잉여가치", ≪노동자 교양경제학≫ 제3판, p. 101.)

28) '잘살려면 선진국 사람들처럼 아이를 적게 낳아야 한다'는 말을 우리는 얼마나 오랫동안 들어 왔는가?

29) 군사독재정권의 악랄한 통치에 대한 경험은 지금도 우리의 삶에, 특히 정치적 삶에 커다란 영향을 주고 있다. 이것은 신자유주의 개혁에 대한 소부르주아들의 열광과 노동자·민중 진영의 혼란 속에서 잘 볼 수 있다. 신자유주의는 1970년대 '자본주의의 전반적 위기'가 재격화되면서 자본이 노동자·민중이 그간 얻어 왔던 성과를 공격하면서 등장했던 반동적인 성격의 것이었고 레이거노믹스나 대처리즘으로 표현되었다. 그리고 이것은 다른 길이 없는 과정이었다. (채만수, "제7강 신자유주의", 앞의 책, pp. 361-413을 참조하라.) 그런데 한국에서는 그러한 반동이 필요하지 않았는데 왜냐하면 본격적인 자본주의 축적이 시작되었던 경제개발 초반부터 존재해 왔던 야만적 군사독재정권의 존재가 이를 필요로 하지 않았기 때문이다. 그래서 한국에서는 1987년 6월 투쟁(부르주아 헤게모니하의 민주주의 혁명) 이후부터 '신자유주의' 정책이 본격적으로 적용되는데 한국에서는 이른바 '개혁'이라는 이름하에 좋은 것으로까지 받아들여지고 있다.

누군가 이러한 주장이 과도한 주장이라고 주장한다면 나는 통계청에서 발표한 한국의 합계 출산율을 검토할 것을 주장하겠다. 합계 출산율은 1960년 6.0명이었던 것이 1970년 4.53명, 1975년 3.47명, 1980년 2.83명, 1985년 1.67명, 1987년 1.55명으로 지속적으로 감소한다. 그런데 이것은 1988년 1.56명, 1989년 1.58명, 1990년 1.59명, 1991년 1.74명, 1992년 1.78명으로 증가한다. 이것은 1993년 1.67명, 1994년 1.67명, 1995년 1.65명, 1996년 1.58명, 1997년 1.54명으로 87년 수준으로 다시 감소하며, 이것은 1998년 1.47명, 1999년 1.42명, 2000년 1.47명, 2001년 1.30명, 2002년 1.17명, 2003년 1.19명, 2004년 1.16명으로 더욱 감소한다.

이러한 출산율 변화는 앞서의 나의 주장을 간접적으로 증명해 준다. 즉 1987년까지의 급격한 인구 감소는 군사독재정권의 지원을 등에 업은 자본가들의 혹독한 착취와 그와 비례한 노동자들의 삶의 파괴가 있었음을 보여 준다. 1987년 7, 8, 9월은 '노동자 대투쟁'이 있었던 때이고 당시 노동자계급은

1987년 6월 투쟁을 '부르주아 헤게모니하의 민주주의 혁명'이라고 규정짓는 것은 많은 논란이 있을 것이다. 하지만 최소한 노무현 대통령께서는 나와 인식을 같이 하는 것처럼(?) 보인다. "한국 사회의 개혁의 속도에 대해서 우리 국민도 놀라고 외국 사람들도 놀란다. 놀라지만 자세히 들여다보면 한쪽에는 전혀 개혁되지 않고 있는 부분이 있다. 전 국민과 시민 단체가 일사불란하게 요구하는 개혁 과제는 문민, 국민 정부, 우리 정부 약간의 속도에 있어 차이가 있을 뿐이지 전체적으로 굉장히 빠른 속도로 개혁돼 있다. 어떤 정권이 개혁에 적극적, 저항적이냐의 차이가 있을 뿐이지, 떠밀렸느냐, 주도적으로 하느냐의 차이가 있을 뿐이지 속도는 빠르다. 내용은 권력을 합리화하는 것, 소위 권력 힘 빼기, 그리고 숨겨진 것을 전부 공개하는 사회적 투명성, 투명성을 높이는 일, 그걸 민주화 개혁이라고 말할 수 있겠죠. 정치적 형태의 민주화 개혁은 노태우, 6공 포함해 매우 빠른 속도로 진행해 왔다. 이제 더 갈 데 없을 만큼, 어떤 것은 너무 많이 와서 약간 뒷걸음쳐야 하는, 소위 정치적 영역의 개혁은 빠른 속도로 왔다." "실제 갈등 과제를 개혁해야만 비로소 한국 사회가 미래 문제를 해결할 수 있다. 그것은 대화의 정치, 타협의 정치가 뿌리내리지 않으면 안 된다. 우리가 민주주의를 얘기할 때도 옛날에는 억압의 문제였다. 부당한 억압과 맞서 싸우는 게 과제였다. 그게 우리 모든 문제였고, 그 뒤에는 원칙과 반칙의 문제였다. 투명성, 권력의 합리화는 원칙의 문제다. 왜 불공정 게임을 하자고 하냐. 이미 억압의 문제는 87년 6월 항쟁 때부터 얼추 끝났다. 이제는 게임의 공정성 문제가 권력의 민주화, 투명성으로 문제 제기됐다." ([전문] 노 대통령 산행－오찬 발언록, ≪쿠키뉴스≫, 2005. 10. 30.) 그는 "정치적 형태의 민주화 개혁은 ... 이제 더 갈 데 없을 만큼, 어떤 것은 ... 약간 뒷걸음쳐야" 한다고까지 한다. 갑자기 탄핵 정국의 상황이 떠오른다.

자기 자신의 존재를 세상에 선포하였고 임금을 비롯하여 여러 영역에서 커다란 성공을 거두었다. 이 시기 이후에 출산율은 뚜렷하게 증가한다. 1993년부터의 감소는 현실 사회주의의 붕괴에 따른 이데올로기적 혼란, 김영삼 정권에 대한 기대 심리, 노동자계급 운동의 분열 등에 의해 노동자계급의 투쟁이 제대로 진행되지 못하고 신자유주의적 개혁이 관철된 결과로 볼 수 있다. 1998년부터의 급격한 감소는 IMF 경제 위기의 영향으로 신자유주의적 개혁이 본격화되고 또한 앞서의 이유가 극복되지 못하면서 노동자들의 투쟁이 잘 이루어지지 않아 자본의 승리가 일방적으로 관철되었기 때문이라고 볼 수 있다. 노동자들의 삶은 더욱 어려워졌고 자본의 호들갑 속에서도 출산율의 감소는 지속되고 있는 것이다.30)

7. 노동자계급은 저출산 문제를 어떻게 보아야 할 것인가?

앞서 살펴본 대로 '상대적 과잉인구'는 자본주의 생산양식에서 법칙으로 작용한다. "이 법칙은 자본의 축적에 대응한 빈곤의 축적을 필연적인 것으로 만든다. 따라서 한쪽 끝의 부의 축적은 동시에 반대편 끝[즉 자기 자신의 생산물을 자본으로 생산하는 노동자계급의 측]의 빈궁 · 노동의 고통 · 노예 상태 · 무지 · 야만화 · 도덕적 타락의 축적"을 만들어 낸다. 한편으로는 이에 대한 소극적 저항의 의미에서, 다른 한편으로는 생존을 위한 어쩔 수 없는 선택으로 노동자들과 소부르주아들은 이른바 '산아 제한 정책'의 길을 걸어왔고 지금의 상황이 초래되었다. 이것은 강제된 선택으로 주어진 비극적인 현실이다.

그런데 이제 상황은 일순간 변화하였다. 부르주아들은 국가경쟁력과 미래 노동력의 부족을 이유로, 소부르주아들은 부르주아지의 그러한 협박에 의해 깜짝 놀라, 이른바 "저출산 · 노령화" 극복을 목소리 높여 외쳐 대고 있다.

이에 대해 노동자계급은 어떠한 입장을 가져야 하는가? 부르주아들과 소부르주아들과 입장을 함께하며 갈 것인가? 아니면 지금까지처럼 '신맬더스주의'에 굴복하여 갈 것인가? 아니면 다른 길을 찾을 것인가?

---

30) 2000년 출산율의 증가는 이른바 '밀레니엄'의 영향인데 당시 세계 각국의 출산율이 거의 증가했다.

1) 과잉인구는 상대적일 뿐이다.

맑스는 ≪자본론≫에서 이렇게 말한다.

> 노동자계급 중 취업자들의 과도 노동은 그 예비군을 증가시키고, 거꾸로 예비군이 경쟁을 통해 취업자들에게 가하는 압박의 강화로 취업자는 과도 노동을 하지 않을 수 없고 자본의 명령에 복종하지 않을 수 없다. 노동자계급의 일부에게 과도 노동을 시킴으로써 나머지 부분을 강요된 나태에 빠지게 하는 것과, 또 그 반대로 산업예비군 때문에 취업자가 과도 노동을 하지 않을 수 없는 것은 개별 자본가들의 치부 수단으로 되며, 동시에 사회적 축적의 진전에 대응하는 규모로 산업예비군의 생산을 촉진한다. 이 점이 상대적 과잉인구의 형성에서 얼마나 중요한지를 보여 주는 예를 영국에서 찾을 수 있다. 영국에는 노동의 '절약'을 위한 기술적 수단이 매우 많다. 그러나 내일 아침에라도 노동을 전반적으로 합리적인 양으로 제한하고 그것을 노동자계급의 각층에게 연령과 성별에 알맞게 배정한다면, 국민적 생산을 현재의 규모로 진행하기 위해서는 현재의 노동인구로는 절대로 부족할 것이다. 현재의 '비생산적인' 노동자의 대다수가 '생산적인' 노동자로 되지 않으면 안 될 것이다.[31]

현재 한국 사회의 "노동자계급 중 취업자들의 과도 노동" 역시 "그 예비군을 증가시키고" 있으며, "거꾸로 예비군이 경쟁을 통해 취업자들에게 가하는 압박의 강화"로 인해 "취업자는 과도 노동을 하지 않을 수 없고 자본의 명령에 복종하지 않을 수 없다."[32]

"그러나" 과거의 영국에서와 마찬가지로 현재의 한국 사회에서도 "내일 아침에라도 노동을 전반적으로 합리적인 양으로 제한하고 그것을 노동자계급의 각층에게 연령과 성별에 알맞게 배정한다면, 국민적 생산을 현재의 규모로 진행하기 위해서는 현재의 노동인구로는 절대로 부족할 것이다. 현재의 '비생산적인' 노동자의 대다수가 '생산적인' 노동자로 되지 않으면 안 될 것이다." 사실이 그러하다. 우리는 이러한 관점에서 저출산에 반대하여야 하며, 저출산을 야기하는 모든 원인들, 그것들 중 가장 근본에 있는 자본주의 생산양식에 반대하여야 하고 이를 극복하기 위해 노력해야 한다.

---

31) 맑스, 앞의 책, pp. 868-9.
32) 비정규직의 문제도 이 문제의 다른 표현이다.

2) 레닌, "노동자계급과 신맬더스주의"[33)]

레닌은 이 글에서 신맬더스주의를 비판한다. 그는 "우리는 어머니들에게, 애들을 낳으면 그 애들이 학교에서 불구화될지도, 군대에 징집될지도, 자살로 내몰릴지도 모른다고 설득하지 않으면 안" 된다고 하는 의사의 주장을 "노동자의 관점에서 보"아 "'사회적 신맬더스주의'의 철저히 반동적인 본성과 추악성"을 가장 "적절하게 표현한 것"이라고 혹독하게 비판한다. 그는 이것이 "소부르주아 일반의 심리"로 그들이 "파멸을 향해 가고 있고, 생활이 갈수록 어려워지고 있으며, 생존경쟁이 더욱더 무자비해지고 있고, 그와 그 가족의 상태가 갈수록 절망적으로 돼 가고 있다는 것을 보고, 느끼고" 그에 항의하는 것, 즉 "절망적으로 사라져 가는, 장래를 자포자기한, 풀이 죽고 겁먹은 계급의 대표자로서 항의"하는 것으로 비판한다.

레닌은 "프롤레타리아의 심리"를 소유하거나 혹은 "계급의식이 있는 노동자"라면 "우리 세대를 불구화시키고 파멸시키는 오늘날의 생활 조건에 대항하여 우리가 싸우고 있는 것보다도 그들은 더 단결하여, 더 의식적이고 단호하게 더 잘 싸워야 하는 것이 아닌가"라며 묻는다. 그리고 비록 "참기 어려운 억압과 고통에 찬 생활을 하고 있"더라도 또한 자신들이 "아버지들 세대보다도 더 상황이 어렵다"고 하더라도 자신들이 "우리의 아버지들이 싸웠던 것보다 더 잘 싸우고 있"는 것처럼 자신들의 "자식들이" 자신들이 "싸우는 것보다 더 잘 싸울 것이고 승리할 것이다"라는 믿음을 가진 "열렬한 낙관론자들이다"라고 주장한다. 우리 역시 "소부르주아 일반의 심리"를 벗어던지고 이러한 "열렬한 낙관론자들이" 되어야 할 것이다.[34)]

---

33) ≪정세와 노동≫ 제7호(2005. 11.), pp. 116-9를 참조하라.

34) 레닌은 이렇게 말한다. "우리는 이미 새로운 건물의 토대를 쌓고 있으며, 우리의 자식들은 그 건물을 완성할 것이다." 우리도 우리 자식들을 위해 감히 이렇게 말할 수 있도록 노력해야 한다.

맑스는 "상대적 과잉인구 또는 산업예비군을 언제나 축적의 규모에 알맞도록 유지한다는 법칙은 헤파이스토스의 쐐기가 프로메테우스를 바위에 결박시킨 것보다도 더 단단하게 노동자를 자본에 결박시킨다"고 했다. 우리 "자신이 만들어 낸" 이 "금사슬"을 지금 끊어 내지 못하면 이것은 우리의 자녀들을 옭아매는 더욱 강한 "금사슬"이 될 것이고 그들을 자본에 결박시키는 더욱 강한 "쐐기"가 될 것이다. 이것은 우리의 부모 세대보다 우리 세대가 더욱 어려운 조건에서 살아가는 것을 보아도 쉽게 알 수 있는 일이다. '오륙도', '사오정', '삼팔선' 등의 표현은 이러한 상황에 대한 반영이다.

3) "근원적인 역사 관계들, 혹은 기본적인 활동 양태들"

맑스와 엥겔스는 ≪독일 이데올로기≫에서 "역사의 유물론적 이해"를 위한 논의를 전개하면서 다음과 같이 썼다.

> 우리는 전제라고는 아무것도 모르는 독일 사람들에게 이야기하고 있는 까닭에, 모든 인간적 실존의 첫 번째 전제, 따라서 '역사가 만들어지기' 위해서는 인간은 우선 살아 있어야 한다는 모든 역사의 전제로부터 출발해야 한다. 그런데 살기 위해서는 무엇보다도 먼저 음식, 주거, 의복, 기타 여러 가지가 필요하다. 따라서 최초의 역사적 행위는 이들 욕구를 충족시키는 수단의 생산, 즉 물질적인 생활 자체의 생산이었다. 이것은 참으로 단지 인간의 생명을 유지시키기 위해서 오늘날에도 수천 년 전과 마찬가지로 시시각각 충족시켜야만 하는 것이다. 이는 하나의 역사적 행위, 모든 역사의 기본 조건이다. …
>
> 두 번째 전제는, 최초의 욕구의 충족은 즉 충족 행위 및 충족 수단은 새로운 욕구를 유도해 낸다는 점이다. 그리고 이 새로운 욕구의 창출이야말로 최초의 역사적 행위이다. …
>
> 세 번째 전제, 이것은 처음부터 역사를 갖고 있었는데, 곧 자신들의 삶을 매일매일 재생산하는 인간은 자신들의 종족을 번식시킨다는 것, 즉 남자와 여자와의 관계—부부 간—와 부모와 자식 간의 관계, 즉 '가족'이다. … 노동을 통한 자기 삶의 생산과 생식을 통한 새 생명의 생산, 이들 모두를 포함한 생명의 생산은 이제 하나의 것의 이중의 관계로 즉, 한편으로는 자연적 관계로, 다른 한편으로는 사회적 관계로 나타난다. …
>
> 이로부터 다음 사실을 알 수 있다. 즉 특정한 생산양식 또는 단계는 언제나 특정한 협업 양식 또는 사회 발전 단계와 결합되어 있으며, 그리고 이 노동 협업 양식은 그 자체로서 하나의 '생산력'이라는 사실, 그리고 인간이 활용할 수 있는 여러 생산력들의 총합이야말로 곧 사회의 상태를 결정한다는 사실, 따라서 '인류의 역사'는 항상 산업 및 교환의 역사와 관련지어서 연구되고 서술되지 않으면 안 된다는 사실 등이다. …
>
> 이렇게 근원적인 역사 관계들의 네 가지 계기, 혹은 네 가지 측면들을 고찰한 뒤라야 비로소 우리는 인간이 '의식' 또한 지니고 있음을 발견할 수 있다.[35]

---

35) 맑스 · 엥겔스, ≪독일 이데올로기 Ⅰ≫, 청년사, pp. 56-9.

"자신들의 종족을 번식시킨다는 것, 즉 남자와 여자와의 관계—부부 간—와 부모와 자식 간의 관계, 즉 '가족'"은 "근원적인 역사 관계들의 네 가지 계기, 혹은 네 가지 측면"의 하나이다. "인간의 재생산(가족)"은 역사의 전제다.36)

---

36) 이 지점에서 나는 ≪다함께≫ 제65호에 실린 "출산은 여성의 의무인가?"라는 정진희 씨의 글을 비판할 필요를 느낀다. 그 글은 "민주노동당 서울시당 여성 정치학교에서" "출산이 여성의 의무라는 취지의 발언을" 한 "한 여성 간부 당원"을 비판하는 것을 목적으로 하는데 그의 비판은 적절하지 못하기 때문이다. 그는 그 "여성 간부 당원"이 어떤 "취지의 발언을" 했다고 애매하게 말하는 대신 무슨 말을 했는지 정확히 옮겼어야 했다. 만일 그 간부가 "출산은 애국"이라고 떠들었던 한국을 대표하는(?) 여성 단체의 간부들처럼 말했다면 그에 대해서는 혹독한 비판을 하는 것은 옳은 것이다. (아무리 민노당의 지도부가 문제가 많더라도 그런 정도의 주장은 하지 않았을 것이라 생각한다.) 하지만 그가 맑스의 주장처럼 "출산이 역사의 전제"라는 "취지"로 말했다면 그것은 틀린 주장이 아니기 때문이다.

마찬가지로 "아이를 낳고 말지는 어디까지나 여성 자신이 선택할 문제다"라는 정진희 씨의 주장은 한편으로는 옳지만 다른 한편으로는 자유주의적 주장과 구별이 어렵다. (그는 "얄궂다"고 할 것이 아니라 그 근거를 제시해야 옳았다.) 또한 "출산을 여성의 의무라고 주장하게 되면, 출산과 양육에 대한 사회적 지원 확대를 일관되게 주장하기 어려워진다"는 주장은 도무지 이해할 수 없는 주장이다.

그는 자본 측이 저출산 현상에 대해 향후 노동 인력이 부족해질 것이라고 주장하는 것에 대해 "일할 능력이 있는데도 일자리가 없어 헤매는 사람들이 세계에 얼마나 많은가 이주를 규제하지 않고 일하고 싶은 사람들은 누구나 일할 수 있게 한다면, 인력 부족 문제는 얼마든지 해결할 수 있다"는 정말 어처구니없는 주장을 한다. (그를 위해서는 프랑스에서의 투쟁이 좀 더 일찍 일어났어야 했다.)

그는 "여성들의 노동시장 참가율이 증가하고 있지만, 양육 부담 때문에 직장에 다니지 못하는 여성들이 여전히 많다는 점도 고려해야 한다"고 한다. 물론 그런 여성들이 많다. 하지만 그들이 자신의 아이의 양육을 위해 직장에 다니지 못하려면 먼저 현실적으로 그것이 가능해야 한다. 즉 그들이 그렇게 하려면 그 여성들은 자신이 직장에 다니지 않아도 될 만큼의 재산을 갖고 있거나 그만한 능력을 가진 남편을 두어야 한다. 하지만 그보다 훨씬 많은 대부분의 노동자계급의 여성들은 그렇게 좋은 조건을 갖고 있지 못하다. 그들은 자신의 의지와 무관하게 어쩔 수 없이 노동시장으로 내몰리고 있다. 그것이 현실이다. 정진희 씨의 주장은 소부르주아적, 그것도 철저하게 소부르주아 상층의 관점에 물든 주장이다.

마지막으로 정진희 씨는 "양육을 개인이 아니라 사회가 전면 책임지는 사회, 그리하여 양육 때문에 여성이 경제적·사회적 경력에서 불이익을 당하지 않을 때 여성은 진정한 선택권을 누릴 수 있을 것이다. 그러한 사회에서는 사회 전체의 이익과 여성의 이익이 충돌하지 않을 것이다"라고 말한다. "경력" 운운 하는 사소한 잘못을 넘어가더라도 양육을 사회가 전면적으로 책임지면 "사회 전체의 이익과 여성의 이익이러한 관점에서 보면 젊은 노동자들을 궁핍하게 만들고 피 말리는 생존의 경쟁으로 몰아가 결혼을 늦추거나 하지 않도록 만들고 아이를 낳는 것을 주저하게 만드는 자본주의 생산양식은 "역사의 전제"를 파괴하는 생산양식인 것이다. 역사와 미래의 이름으로 이를 폐기시키도록 하는 것은 노동자계급에게 주어진 역사와 미래의 사명이다.

7. 나가며

현재의 저출산이 문제가 되는 것은 부르주아들이 말하듯이 국가경쟁력이 떨어지고 미래에 일할 사람이 없어서가 아니다. 저출산이 문제가 되는 것은 그것이 노동자와 그 자녀들의 삶이 어려움에 처해 있다는 것을 또 노동자들과 그 자녀들의 삶이 점점 더 파괴되고 있다는 것을 반영하기 때문이다. 이런 이유 때문에 저출산이 노동자계급에게 중요한 문제가 되는 것이다. 우리 중 어느 누구도 자신의 노동력을 지속적으로 착취당하며 천천히 죽으려고 태어난 것이 아니다. 또 우리 중 어느 누구도 열사가 되려고 태어나지도 않았다. 우리는 생산수단에 의해 이용당하고 잉여가치를 생산해 내는 과잉 인간으로 살 수 없다. 우리는 이렇게 살다가 죽을 수 없다.

만일 우리가 비굴하게 숨죽이고 멈추어 있으면 우리 모두는 하루하루 비참한 삶을 살아가야 할 것이다. 또한 시간이 지나 우리의 자식들이 그러한 비참한 삶을 이어 가며 살 수밖에 없다. 우리는 우리 자신을 위해서 동시에 우리의 후손을 위해 "금사슬"을 끊어 내야 하고 "쐐기"를 뽑아내야 한다. 어떠한 삶을 살 것인가? 그것은 스스로 선택할 문제이다.

이 충돌하지 않을 것"(이것은 여성해방이 된 사회를 의미한다)이라는 그의 주장은 "자유를 향해 고동치는 심장"을 책임지는 사람으로는 너무나 순진한 주장이다. 여성해방은 그 문제를 해결하는 것을 통해서 절대로 오지 않으며 또 그렇게 말처럼 쉽게 오지 않는다. 왜냐하면 그것은 분명 계급해방보다 훨씬 더 어려운 인간해방의 문제이기 때문이다.

무엇을 배울 것인가?*

— 레닌의 ≪이스크라≫ 발간 노력으로부터 배운다

1.

레닌이 러시아 혁명의 과정에서 전국적 정치 신문을 발간하려고 각고의 노력을 경주했던 사실은 너무나 잘 알려진 일이다. 그의 노력은 1900년 12월 ≪이스크라≫를 발간하게 하였다. 그리고 이것은 1903년 러시아 사회민주노동당 제2차 당 대회로 이어졌고 이후의 역사는 알려진 그대로다.

그런데 레닌이 전국적 정치 신문에 관심을 둔 것은 당연히 그것의 발간 자체가 아니었다. 그의 유일한 관심은 노동자계급의 당 건설이었다. 그가 전국적 정치 신문을 발간하자는 주장을 본격적으로 제기하기 전에 발표한 "러시아 사회민주주의자의 임무"(1897)라는 글에서, 그는 "공장과 도시 노동자들 사이에 강고한 혁명 조직을 창출하는 것이 사회민주주의가 직면해 있는 첫 번째의 가장 긴급한 임무이며, 오늘날 우리 자신이 이것으로부터 벗어나려는 것은 극히 어리석은 짓일 것이다"라고 명확히 주장한다.[1)]

그가 시베리아 지역에서 유형 생활을 하고 있었던 1898년 3월 '러시아 사회민주노동당' 제1차 당 대회가 열렸다. 이 대회는 6개의 조직을 대표하는 9명이 참가했다.[2)] 대회는 강령이나 문서도 채택하지 못했고 고작 당이 결성

---

* [편집자 주] ≪정세와 노동≫ 제8호(2005. 12.) 〈이론〉에 실린 글이다.

1) 레닌, "러시아 사회민주주의자의 임무", ≪레닌 저작집≫ 제1권, 전진, p. 50. 그리고 다음과 같이 호소한다. "동지들, 사업을 위해 귀중한 시간을 허비하지 말자! 러시아 사회민주주의자들은, 자각해 가고 있는 프롤레타리아트의 요구를 충족시키고 노동계급 운동을 조직하고 혁명적 그룹과 그들 상호 간의 결합을 강화시키고 노동자들에게 선전과 선동 문헌을 제공하고 나아가 전 러시아의 분산된 사회민주주의 그룹과 노동자 써클을 단일의 **사회민주주의 노동자당**으로 통합하기 위해 많은 일을 해야 할 것이다!" (강조는 원문) (레닌, 같은 글, p. 61.)

2) 참가한 조직과 인원은 '페테르스부르그 투쟁 동맹' 1명, '모스크바 투쟁 동맹' 1명, '에카스테리노슬라프 투쟁 동맹' 1명, '키에프 투쟁 동맹' 1명, '≪라보차야 가제타≫ 그룹' 2명, '분트' 3명이었다.

되었다는 선언과 중앙위원 선출만으로 끝났다. 하지만 "러시아 전 민족의 프롤레타리아트 정당"이 "탄생"했다는 것 자체만으로도 이것은 커다란 의의를 갖는다. '러시아 사회민주노동당'은 사회주의를 위해 끝까지 투쟁하겠다는 결의를 하였고 또 러시아 각지의 사회민주주의자 조직은 '러시아 사회민주노동당'의 위원회로 불리게 되었다.

그러나 당시 '러시아 사회민주노동당'은 제대로 된 조직 체계도 갖추지 못하고 있었고 단일한 강령, 규약, 전술도 없었다. 당연히 사상과 조직 면에서 당은 통일되어 있지 못했다. 더욱이 제1차 대회 뒤 얼마 지나지 않아 중앙위원 2명을 포함하여 많은 수의 "걸출한 지도자"들이 체포됨으로써 당은 유명무실화되었고 경제주의자들의 준동에 의해 혼란은 더욱 악화되었다.

2.

레닌은 당의 창당에 직접적으로 관여하지 않았고 또 당이 커다란 문제를 갖고 있었음에도 불구하고 스스로 당원임을 자처하였고 당의 통일과 재건을 위해 노력하였다. 그가 '전국적 정치 신문의 발간'에 관심을 두고 이것을 위해 노력한 것은 이러한 상황에서였다. 그런데 그가 처음에 관심을 둔 것은 '정치 신문'이 아니라 '당 기관지의 재발간'이었다. 레닌은 유형지에 있었음에도 불구하고 '분트 중앙위원회'(다른 조직도 아닌 '분트'의 중앙위원회였다!)의 요청을 받아들여 재발간될 예정이었던 당 기관지(≪라보차야 가제타≫)의 편집인이 되기로 하였고 그것이 여의치 않게 되자 협력자로 글들을 기고한다.[3)]

그가 보낸 글 중 하나인 "우리의 당면한 임무"(1899)에서 우리는 레닌이 왜 그토록 '당 기관지'에 관심을 기울였는지를 알 수 있다. 그것은 당의 분열과 혼란 때문이었다. 그는 앞서의 혼란한 상황과 이에 따른 러시아 사회민주주의자들의 임무에 대해 다음과 같이 말한다.

---

3) 러시아 사회민주노동당 제1차 대회에서는 ≪라보차야 가제타≫를 당 기관지로 결정한다. 하지만 이것은 경찰의 공격으로 파괴된다. 1899년 이것을 재발간하려는 노력이 있었고 레닌은 글을 세 편("우리의 강령", "우리의 당면한 임무", "긴급한 문제") 보내나 신문의 재발간은 실패한다.

당은 존재하지 않게 되었다. 그러나 당은 건전한 발판 위에서 힘을 모으고, 모든 사회민주주의자들의 통일을 도모하기 위하여 그 자체 내로 후퇴하였을 뿐이다. 이러한 통일을 완수하고 그것에 적합한 형식을 개발하고 편협한 지역적 고립성을 완전히 제거하는 것이야말로 러시아 사회민주주의자들의 당면한 가장 긴급한 임무이다.[4)]

그는 이러한 "가장 긴급한 임무"의 실천적 해결을 위해 "우리는 **규칙적으로 발행되고, 모든 지역적 그룹들을 밀접하게 연결시킬 당 기관지의 창설**을 우리의 당면한 목적으로" 본다고 하며 "우리의 사회민주주의자들의 모든 활동이 다가오는 시기 전체를 통해서 이 목적을 지향해야 한다고 믿는다"고 주장한다. 그가 이렇게 주장하는 것은 당시 러시아 사회민주주의 운동의 가장 큰 약점은 "편협한 아마추어적 성격"에 있고 "당 활동의 기초를 이"루는 "다른 활동 형태, 즉 지역적 선동, 시위, 보이코트, 스파이들의 색출, 부르주아지와 정부의 개별적 대표자들에 대한 가차 없는 투쟁, 항의 파업 등등"은 "당 전체의 기관지를 통한 그것들의 통일이" 있어야 이것을 극복할 수 있다고 보았기 때문이었다. "당 기관지"의 필요는 다른 것이 아니라 "사회민주주의자들의 통일을 도모하기 위하여"서였다![5)]

---

4) 레닌, "우리의 당면한 임무", 앞의 책, p. 81.
5) 같은 글, p. 83. 그는 "러시아의 특수한 상황"을 "당 기관지의 창설"의 또 다른 이유로 주장한다.

"모든 힘을 규칙적으로 나타내고 규칙적으로 전달되는 기관지의 확립에 집중할 필요성은 다른 유럽 나라들의 사회민주주의의 상황과 다른 과거 러시아의 혁명당들의 상황을 비교할 때, 러시아 사회민주주의의 특수한 상황에서 나온다. 신문은 차치하더라도 독일, 프랑스 등의 노동자들은 의회 활동, 선거 시의 선동, 대중 집회, 지방 공공 단체(도시와 농촌)에의 참여, 노동조합(직업 동맹, 길드)의 공개적 지도 등 운동을 조직하기 위하여 자신들의 활동을 대중적으로 표현할 다른 많은 수단들을 갖고 있다. **그 모든 것, 정말 그 모든 것 대신에**, 우리는 정치적 자유를 획득할 때까지 혁명적 신문의 도움을 받아야 한다. 그것 없이는 전체 노동계급 운동의 광범한 조직화는 불가능하다. 독일 사회민주주의의 베테랑 리프크네히트의 말은 우리 활동의 표어가 될 만하다. "Studieren, propagandieren, organiseren"(**학습하라, 선전하라, 조직하라**). 그리고 이러한 활동의 중심축은 오직 당 기관지일 수밖에 없으며 **당 기관지**이어야 한다." (강조는 원문) (같은 글, p. 84.) 길게 인용한 것은 레닌이 언급한 "러시아의 특수한 상황"과 우리의 특수한 상황이 다르다는 생각에서이다. 그렇다면 우리의 "학습하라, 선전하라, 조직하라"의 중심축은 무엇이 되어야 하는가?

3.

레닌은 당 기관지를 통해 사회민주주의자들을 이념적 · 정치적으로 통일시키는 것을 넘어 조직적 통일까지 이루려고 했다. 그러나 당 기관지였던 ≪라보차야 가제타≫를 재발간하는 것은 일단 실패한다. 하지만 그는 여기서 멈추지 않는다.

그는 당 기관지의 재발간이 불가능하자 그것 대신 '정치 신문'을 발간하기로 한다. 그는 유형지에 있었음에도 '정치 신문' 발간에 대해 끊임없이 고민하고 다른 사회민주주의자들과 교류하였고, 1900년에 유형이 끝나자 '정치 신문'의 발간을 위한 실제적인 노력에 착수한다. 그는 경찰의 감시에도 불구하고 여러 도시를 돌아다니며 수많은 사회민주주의자들을 만나고 그들과 토론을 하고 정치 신문 발간에 대한 지지를 확보한다. 그는 러시아 국내에서 신문 발행을 지원하겠다는 많은 사회민주주의자들의 약속을 받은 후, 해외로 나간다. 이것은 신문의 안정적 발간을 위한 조치였고 그는 국외에서 신문 발행을 본격적으로 준비한다. 그리고 우여곡절 끝에 1900년 12월에 '정치 신문' ≪이스크라≫ 제1호가 드디어 발간되게 된다.[6)]

4.

≪이스크라≫ 제1호가 발간되기 몇 달 전 "≪이스크라≫ 편집국의 선언—편집국의 이름으로"(1900. 9.)(이하 "편집국의 선언")가 소책자로 출판된다. 레닌은 이 글에서 당시 러시아의 사회민주주의 운동의 주요한 특징을 '사회민주주의 사상의 광범위한 보급'과 사회민주주의 운동의 "분열상과 아마추어적 성격"이라고 한다. 그리고 이러한 상황에서 도출되는 "실천적 결론"으로 "러시아 사회민주주의자들은 단결하여 혁명적 사회민주주의의 단일한 깃발 아래 투쟁하는 강력한 당의 결성에 노력을 기울여야 한다"고 주장한다. 그리고 "당을 가능한 가장 확고한 기초 위에서 부활시키기 위해서 우리는 어떠한 활동 계획을 세워야 하는가?"라고 질문하고 "새로운 중앙당 기관을 선출하여, 그것이 당 기관지의 발행을 재개하도록 지시하는 것이 필요하다"고 답을 한다. 그러나 그는 "우리가 가지고 있는 혼란의 시기에는 그런 단순한 방법도 거의

6) 우여곡절의 가장 재미있는 에피소드는 플레하노프와의 문제였다. (레닌, "어떻게 하여 "불꽃"은 거의 꺼질 뻔했는가", 앞의 책, pp. 120-31.)

쉽지 않다"고 이에 대해 비관적으로 말한다. 그래서 그는 이렇게 주장한다.

> 당을 확립하고 강화하는 것은 러시아 사회민주주의자들 사이의 단결을 확립하고 강화하는 것을 의미한다. 그러나 위에서 지적했던 이유로, 그러한 단결은 선포될 수 없으며 대표자 회의의 결정으로 이루어질 수 없다. 그러나 그것은 이루어져야 한다. 우선, 현재 러시아 사회민주주의자들을 지배하는 불화와 혼란—솔직해지자!—을 제거할 수 있는 강고한 이데올로기적 통일을 위해 일하는 것이 필요하다. 이러한 이데올로기적 통일은 당 강령에 의해 강화되어야 한다. 둘째, 우리는 모든 운동의 핵심지들 사이의 접촉을 확립, 유지하고, 운동에 대한 완전하고 시기적절한 정보를 제공하고, 러시아의 모든 지역들에 우리의 신문들과 정기간행물들을 규칙적으로 전달하기 위한 조직을 확보하기 위해 일해야 한다. 그러한 조직이 건설되고, 러시아 사회민주주의자의 우편이 확립될 때에야 비로소 당은 건전한 기초를 보유하고, 하나의 실체가 되어 강력한 정치 세력이 될 것이다.[7)]

그는 당을 확립하고 강화하기 위해 사회민주주의자들 사이의 단결이 필요하고, 이 단결을 확립하고 강화하기 위해 "우선" "강고한 이데올로기적 통일을 위해 일하는 것이 필요하다"고 하며, "이러한 이데올로기적 통일은 당 강령에 의해 강화되어야 한다"고 한다.[8)] 그리고 운동을 통일시킬 "조직을 확보하기 위해 일해야 한다"고 한다. 자신들이 ≪이스크라≫를 발행하는 것은 그러한 과제를 수행하기 위해서라고 명확히 하며 다음과 같이 쓴다.

> 우리는 이러한 임무의 반쪽, 즉 철저하게 혁명적인 사회민주주의를 이데올로기적으로 통일시킬 수 있는 **공동의 문건**을 창출하는 임무에 우리의 노력을 바치려고 한다. 왜냐하면 우리는 이것을 오늘날 운동의 긴급한 요구이자 당 활동의 재개를 위해 필요한 **예비수단**으로 여기기 때문이다. (강조는 인용자)[9)]

---

7) 레닌, "≪이스크라≫ 편집국의 선언—편집국의 이름으로", 같은 책, p. 135.

8) '러시아 사회민주노동당' 제1차 대회(1898)에서는 당 강령을 채택하지 못했다. 레닌은 당시에 이와는 별도로 강령 작성에 많은 노력을 기울인다("사회민주당의 강령 초안과 해설"(1895), "우리 당의 강령 초안"(1899)). "우리 당이 모든 다른 당들보다 앞서 있는 것은 엄밀한 그리고 일반적으로 받아들여지는 강령이 있기 때문이다." (레닌, "민주주의 혁명에서의 사회민주주의의 두 전술", ≪레닌 저작집≫ 제3-2권, p. 159.) 오늘날 우리 운동에도 시사하는 바가 크다.

즉 그는 자신들이 하는 것은 임무의 수행을 위한 "공동의 문건"을 창출하는 것이고 그 활동의 정당성은 그것이 "당 활동 재개를 위한 예비수단"이기 때문이라고 주장하는 것이다. '정치신문' ≪이스크라≫는 이렇듯 특정 당파의 기관지가 아니라 러시아 사회민주주의자들을 통일시키기 위한 "공동의 문건", "당 활동의 재개를 위한 예비수단"으로 세상에 나온 것이다. 레닌은 앞서 살펴본 것처럼 이를 위해 몸으로 노력했다. 이 글의 마지막 절은 이것을 아주 뚜렷하게 보여 주는 것으로 마무리된다.

> 우리는 국제 사회민주주의의 수많은 뛰어난 대표자들의 기고와 노동해방단(G. V. 플레하노프, P. B. 악셀로드, V. I. 자술리치)의 밀접한 협력 그리고 러시아 사회민주주의자들의 독립적 그룹들뿐만 아니라 러시아 사회민주노동당의 여러 조직들의 지원을 약속받았다.[10]

5.

"편집국의 선언"은 다음과 같이 주장한다.

> 우리가 말했듯이, 러시아 사회민주주의자들의 이데올로기적 통일은 여전히 창출되어야 하며, 이 목적을 위해 오늘날의 "경제주의자들", "베른쉬타인주의자들"과 "비평가들"이 제기한 원칙과 전술의 기본 문제에 관해 공개적이고 전면적으로 토론하는 것이 필요하다고 생각된다. 우리가 통일할 수 있기 전에, 통일하기 위해서 우리는 먼저 확고하고 명확한 경계선을 그어야 한다. 그렇지 않으면, 우리의 통일은 순수하게 허구가 될 것이며 그것은 지배적인 혼란을 은폐하고 혼란의 근본적인 제거를 방해할 것이다. 따라서 우리가 우리의 출판물을 단순히 여러 견해들의 창고로 만들려고 하지 않는다는 것은 당연하다.

---

9) 레닌, "편집국의 선언", p. 135.

10) 같은 글, p. 136. 이것은 우리에게 시사하는 바가 크다. 우리는 현재 각종 매체의 범람 속에 있다. 어느 조직이든 그것이 운동을 하는 단위라면 자신의 입장을 지속적으로 표명해야 하고 그를 위한 매체를 가지고 있어야 한다. 그러나 현재는 어떤 의미에서 너무 많고 어떤 의미에서 너무 적은 것이 사실이다. 우리도 "공동의 문건"(여기에는 ≪이스크라≫의 형식만이 아니라 ≪자리아≫의 형식도 있을 수 있다. 또 이와 다른 그 무엇일 수도 있다)에 대해서 진지하게 생각해 보는 것이 필요하다는 판단이다.

반대로 우리는 엄격히 규정된 경향의 정신으로 그것을 수행할 것이다. 이 경향은 맑스주의라는 말로 표현될 수 있다. 그리고 우리는 맑스와 엥겔스의 일관된 발전을 옹호하며, 에두아르트 베른쉬타인, P. 스트루베와 다른 사람들이 유행시킨 모호하고 기회주의적인 "수정"을 강력하게 거부한다. 그러나 비록 우리가 모든 문제를 우리 자신의 관점에서 토론할 것이라고 할지라도, 우리는 신문의 지면에서 동지들 사이의 논쟁을 위한 공간을 제공할 것이다. 존재하는 차이의 깊이를 분명히 하고, 모든 각도에서 논쟁되는 문제를 토론하고, 혁명 운동의 다양한 견해들뿐만 아니라 다양한 지역과 다양한 "전문 분야"의 대표자들이 필연적으로 빠지는 극단과 투쟁하기 위하여 모든 사회민주주의자들과 계급의식으로 무장한 노동자들의 모든 견해들이 펼쳐지는 공개적인 논쟁은 필요하며 바람직하다. 사실, 위에서 지적했듯이 우리는, 명백하게 다른 견해들 사이의 공개적 논쟁의 부재와 기본 문제들에 대한 차이를 은폐하려는 노력을 오늘날 운동이 지닌 약점들 중의 하나라고 생각한다.[11]

여기서 "편집국의 선언"에 표현되어 있는 ≪이스크라≫의 편집 방침에 대해서 살펴보는 것은 반드시 필요한 일이다. 왜냐하면 ≪이스크라≫는 "공동의 문건"을 표방했음에도 불구하고 편집권을 강력히 사용할 것임을 천명하고 있기 때문이다. 더구나 "편집국의 선언"은 자신이 적대하는 '이론적 경향'과 '이론적 적'을 공개적으로 거명하며 이들과 "확고하고 명확한 경계선을 그"을 것이라고 선언한다.

이것은 정당한 일인가? 절대적으로 정당하다. 하지만 이것은 저절로 정당해지지 않는다. 이것이 정당해지기 위해서는 "모든 문제"에 대한 "논쟁을 위한 공간"을 약속하며 경계선을 긋는 것도 진정한 통일을 위해서라는 보완에 의해서만 정당한 것으로 된다. 이것이 이 문제에서 핵심이다.[12]

레닌은 이 문제와 관련하여 플레하노프와 "불꽃"이 "기의 끼질 뻔했"을 징

11) 같은 글, p. 135.

12) "우리는 모든 러시아의 동지들이 우리의 출판물을 그들 자신의 것으로 여기도록 모든 노력을 다할 것이다. 모든 그룹들이 운동에 관한 모든 종류의 정보를 교환하고 그들의 경험을 말하고 그들의 견해를 표현하고 정치적 문건에 대한 필요성을 지적하고 사회민주주의적 편집물에 대한 그들의 의견을 말할 수 있도록 할 것이다. 오직 이러한 방법으로만 진정하게 사회민주주의적인 기관지를 확립할 수 있을 것이다. 오직 그러한 출판물만이 운동을 정치투쟁의 높은 길로 인도할 수 있을 것이다." (같은 글, p. 136.)

도로 논쟁한다.[13] 그는 '정치 신문' 발간을 협의하기 위해 플레하노프를 만났을 때 "출판물들의 목적과 강령을 설명한 편집국의 선언("편집국의 이름으로") 초안을 준비"한다. 앞서 본 대로 레닌은 '정치 신문'이 "엄격히 규정된 경향의 정신" 즉 "맑스주의"로 "수행할 것"임을 명확히 하지만 그는 무엇보다도 당의 통일을 강조한다. 초안은 이러한 정신에 입각하여 그에 의해 작성되었다.[14] 그런데 이런 그의 태도는 플레하노프에게 심각하게 비판받는다.[15]

레닌과 아르세니예프는 플레하노프에게 "스트루베에게 모든 가능한 관용을 베풀어야 하며, 우리들 자신도 그에게 어느 정도 잘못이 있다고 주장"하며 플레하노프와 대립한다. 그리고 분트에 관해서도, 분트를 당에서 축출해야 한다는 플레하노프에게 반대한다.[16]

그 스스로 또 누구보다도 혹독하게 스트루베나 경제주의에 대해 비판해 왔음에도 불구하고 레닌은 그들에게 관용을 베풀기를 주장하고 그들을 배제하는 것을 반대하고 그들과의 통일을 열망한다.

6.

이상의 내용을 정리해 보자. 레닌은 1897년 러시아에서 노동자계급정당을 건설하는 것이 러시아 사회민주주의자의 가장 주요한 임무라고 한다("러시아 사회민주주의자의 임무"(1897)). 레닌이 유형지에 있는 동안 당은 창당되지만 검거와 분열로 유명무실화된다. 레닌은 '당 기관지'의 재발간을 통해 러시아 사회민주주의자들을 사상적·조직적으로 통일시키려 하지만 실패한다("우리의 당면한 임무"(1899)). 그는 당의 중앙당 기관을 건설하고 당 기관지를 만드는 것이 당을 강화하는 것이지만 '혼란스러운 상황'은 이를 허락하지 않는

13) 그는 협의회—노동해방단[플레하노프, 악셀로드, 자술리치]과 러시아에서 온 사람들[레닌, 아르세니예프, 마르토프]과의—가 결렬될 뻔한 이유를 다음과 같이 이해하고 있었다. "플레하노프는 아르세니예프가 그의 스트루베에 대한 거부 때문에 화를 낸 것으로 알았다고 말했다." (레닌, "어떻게 하여 "불꽃"은 거의 꺼질 뻔했는가", p. 130.)

14) "선언은 우리가 당의 일원으로서 당의 통일을 위해 일하기 원한다는 것을 강조했다." (같은 글, p. 121.)

15) "이것은 그들 사이의 논쟁을 허용하고 논조가 온건하며 "경제주의자들"과의 논쟁을 평화적으로 끝낼 가능성에 대해 관용을 베푸는 등, 기회주의적 정신으로 쓰여졌다(플레하노프의 관점에서 볼 때)는 것이다." (같은 곳.)

16) 같은 글, pp. 120-2. 투칸—바라노프스키에 대해서도 그랬다.

다고 하며, 이 악순환을 끊는 수단으로 '정치 신문'을 발간하려고 한다. 그는 러시아 국내와 국외의 사회민주주의자들을 만나고 논쟁하고 설득하여 '통일로 가기 위한' "예비수단"으로서의 "공동의 문건"인 ≪이스크라≫의 발간에 성공한다.

≪이스크라≫는 발간되고 3년간의 노력의 결과, 러시아 사회민주노동당 제2차 대회를 1903년 7월 개최한다. 대회에는 분트와 경제주의자들을 포함한 26개 조직을 대표하여 51표의 의결권을 가진 43명의 대의원이 참석했다. 대회는 결국 또 다른 분열로 나아가지만 그것은 기존의 분열과는 전혀 다른 차원의 것이었다. 이 점이 중요하게 강조되어야 하는 것이다.

무엇을 배울 것인가?[17)]

---

17) 마지막으로 세 가지 덧붙이고 싶은 것이 있다.

하나. "우리가 통일할 수 있기 전에, 통일하기 위해서 우리는 먼저 확고하고 명확한 경계선을 그어야 한다. 그렇지 않으면, 우리의 통일은 순수하게 허구가 될 것이며 그것은 지배적인 혼란을 은폐하고 혼란의 근본적인 제거를 방해할 것이다"라는 레닌의 문구에 대해. 이 문구는 갈가리 분열되어 있는 우리 운동에서 자주 보아 온 것이다. 흔히 자신의 조직적 분립을 정당화하기 위해 자주 인용되어진다. 그러나 레닌이 이것을 사용했던 것은 사상 · 이론적 선 긋기이지 조직적 선 긋기가 아님이 명확하다.

둘. "서유럽의 사회주의와 민주주의의 역사, 러시아 혁명운동의 역사, 우리 노동계급 운동의 경험 등은 우리가 우리 당의 목적의식적 조직과 목적의식적 전술을 구체화하기 위해서 정통해야 할 자료이다. 그러나 이러한 자료에 대한 "분석"은 이미 만들어진 전형을 어디에서도 발견할 수 없기 때문에 독자적으로 행해야 한다. 한편으로는 러시아 노동계급 운동은 서유럽과는 매우 다른 조건하에서 존재한다. 이 점에 대해 어떤 환상을 갖는 것이 가장 위험하다. 다른 한편으로는 러시아 사회민주주의는 과거에 있었던 러시아의 혁명당들과 본질적으로 매우 다르다. 따라서 과거의 러시아의 대가들로부터 혁명의 기술과 비밀 조직을 배울 필요가 있기 때문에 우리는 이러한 필요성을 인정하는 데 주저하지 않는다. 그들을 비판적으로 평가하고 독자적으로 우리 자신의 조직을 구체화할 의무를 결코 저버려서는 안 된다." (레닌, "우리의 당면한 임무", ≪레닌 저작집≫ 제1권, p. 82.) 이것은 당시의 러시아 사회민주주의자들에게만 적용되는 주장이 아니다. 현재의 한국 사회주의자들에게도 마찬가지로 적용되는 주장이다.

다음의 두 문건을 검토하기를 요청한다. "노동운동 위기 돌파를 위한 과제와 좌파 현장 활동가들의 연대를 위해", ≪전국 좌파 활동가 토론회≫, 2005. 9. 10.; 전국노동자정치협회, "좌파 활동가 통합은 무엇을 할 수 있나?", ≪노동자정치신문≫ 창간 9호.

영국 공산주의자들에 대한 레닌의 조언*

1. 들어가며

러시아 혁명의 성공 이전에도 당연히 그랬지만 혁명이 성공한 이후 레닌은 국제 노동운동과 국제 공산주의 운동의 올바르고 통일된 전술을 세우기 위해 더욱 노력한다. 왜냐하면 그는 제2 인터내셔널의 잘못의 하나가 통일된 전술을 제시하지 않은 것, 더 정확하게는 못한 것으로 생각했기 때문이다.[1)]

그는 코민테른을 창설하고 여러 글을 쓰는 등 국제 공산주의 운동의 통일을 위해 헌신적으로 노력한다. 이 글에서 살펴볼 영국 공산주의자들에 대한 이러저러한 조언들 역시 그의 그러한 노력의 하나이다.

당시 영국의 뛰어난 부르주아들은 사회적 위기의 성숙과 노동자계급 운동의 강력한 진출에 위기감을 느끼고 있었다.[2)] 하지만 대부분의 노동자는 부

* [편집자 주] ≪정세와 노동≫ 제11호(2006. 3.) 〈이론〉에 실린 글이다.

1) "제2 인터내셔널에 대한 불만이 모든 곳에서 나타나고 퍼지고 증가하는 것은 그것의 기회주의적인 속성 때문에, 그리고 세계 소비에트 공화국을 위한 투쟁에서 혁명적 프롤레타리아트의 국제적 전술의 방향을 잡아 줄 수 있는 진정 중앙집중화되고 진정 선도적인 중앙 기구를 만드는 데 무력했기 때문이다." (레닌, ≪공산주의에서의 "좌익"소아병≫(이하 ≪좌익소아병≫), 돌베개, p. 103.)

2) "로이드 조지[자유당의 지도자로 당시 영국 수상: 인용자]는 자유당원들과 보수당원들 사이의 연합, 그것도 밀접한 연합이 필요하다고 말하면서, 연합하지 않는다면 그가 사회당이라고 "부르기 좋아하고", 생산수단의 "집단 소유"를 위해 노력하고 있는 노동당이 승리할 것이라고 주장했다." (같은 책, p. 90.) 로이드 조지는 "노동당은 프랑스에서는 공산주의로 불리고, 독일에서는 사회주의로 불리며, 러시아에서는 볼셰비즘으로 불린다"라고도 했다. (같은 곳.) 이런 어리석은 말에 대해 레닌은 이렇게 말한다. "부르주아 가운데 아무리 사려 깊은 사람일지라도 혼란에 빠지면 결코 돌이킬 수 없는 어리석은 짓을 저지르지 않을 수 없다는 사실을 명확히 보여 준다. 사실 이러한 이유로 부르주아지는 몰락할 것이다. 우리 쪽 사람들 또한 어리석은 짓을 저지를 수 있지만, (물론 이런 어리석은 짓이 그리 중대한 것이 아니며 이내 바로 잡을 수 있는 것이라면) 그럼에도 불구하고 우리는 결국 승리자가 될 것이다." (같은

르주아적인 노동당을 지지하고 있었다.[3] 공산주의 운동은 새롭게 시작되고 활발하게 전개되고 있었지만 그것은 취약했다. '당'을 표방하는 조직은 대중과 연결되어 있지 못했고, 대중에게 영향력이 있었던 조직은 '당'이 아니었다.[4] 또한 영국의 공산주의자들은 조직적으로 분열되어 있었으며 통합을 위한 노력은 각 조직 사이의 의견 차이로 어려움을 겪고 있었다.[5] 이러한 문

책, pp. 91-2.)

3) "무엇보다도 우선, 나는 내가 동의할 수 없는 맥레인 동지 측의 약간의 부정확함에 대해서 언급하고 싶습니다. 그는 노동당을 노동조합운동의 정치조직이라고 불렀고, 나중에 그가 노동당은 "노동조합으로 조직된 노동자들의 정치적인 표현"이라고 말함으로써 그 말을 반복하였습니다. 나는 같은 관점을 영국 사회당의 신문에서 몇 번 본 적이 있습니다. 이것은 잘못이고, 부분적으로는, 영국의 혁명적 노동자들로부터의, 어떤 면에서는 온전히 합리화될 수 있는, 반대의 원인입니다. 실로, "노동조합의 정치국"이라는 개념, 혹은 노동조합운동의 "정치적 표현"이란 개념은 오류입니다. 물론 대부분의 노동당 당원은 근로자입니다. 그러나, 어떤 당이 진정으로 노동자들의 정당인가 아닌가는 노동자가 당원이라는 점에만 달려 있는 것이 아니라 그 당을 지도하고 있는 사람들, 그 당의 행동과 그 정치 전술의 내용에도 달려 있습니다. 정당의 지도자와 행동, 정치 전술, 오직 이것만이 우리가 프롤레타리아트의 정당을 가지고 있는가를 결정하는 것입니다. 유일하게 올바른 이 관점에서 보면, 노동당은 철두철미 부르주아 정당입니다. 왜냐하면, 비록 노동자들로 구성되어 있지만, 반동들, 그것도 완전히 부르주아지의 정신으로 행동하는 가장 최악의 반동들에 의해 지도되고 있기 때문입니다. 그것은, 영국의 노스케파(Noskes)와 샤이데만파(Scheidemanns)의 도움을 받아 계획적으로 노동자들을 속이기 위해 존재하는, 부르주아지의 조직입니다." (레닌, "영국 노동당에 가입하는 것에 대한 연설"(이하 "연설"), ≪정세와 노동≫ 제11호(2006. 3.), 노사과연, pp. 136-42.) 샤이데만과 노스케는 독일 사회민주당의 기회주의적 지도자들로 '스파르타쿠스 동맹' 대학살의 사주자들이다.

4) "한편에서, 영국 사회당은 너무 허약하고 대중 속에서 적절하게 선동을 수행할 능력이 없습니다. 다른 한편에서, 우리는 여기 갤러쳐 동지로 잘 대표되는 젊은 혁명적 요소를 가지고 있는데, 이들은 비록 대중과 연결되어 있지만 정치 정당은 아니며, 이러한 의미에서 영국 사회당보다도 훨씬 더 허약하고 전적으로 그들의 정치적 활동을 조직할 수 없습니다." (레닌, 같은 글.)

5) 레닌은 협상 과정에 대한 논설을 기초로 다음과 같이 쓴다. "영국에 아직 공산당은 없지만 노동자들 사이에서는 커다란 희망을 품게 할 만큼 공산주의 운동이 활기차고 폭넓게 그리고 강력하면서도 급속히 성장하고 있다. 몇몇 정당들과 정치조직들(영국 사회당, 사회주의 노동당, 남 웨일즈 사회주의 협회, 노동자 사회주의 연맹)은 공산당의 창당을 원하고 있고, 이미 이 문제를 서로 협의하고 있다. ... 논설은 ... 네 개의 조직들이 제3 인터내셔널에의 가입, 의회제 대신 소비에트 체제의 인정 그리고 프롤레타리아 독재의 인정을 바탕으로 통합 공산당을 창당하기 위해 서로 간에 오갔던 협상 과정을 서술하고 있다. 통합 공산당을 곧바로 창당하는 데 주요 장애가

제는 영국 공산주의 운동에서 시급히 극복되어야 할 것이었고 레닌은 이를 위해 자신의 의견을 여러 차례 피력한다.

이 글은 레닌이 영국 공산주의자에게 한 조언을 검토함으로써 그가 가지고 있는 조직 통합에 대한 원칙, 조직 통합에 있어서 이견이 있을 경우 이를 해결하는 방법, 기회주의적 노동자 조직과의 투쟁 전술 등을 알아보고자 한다. 이는 상황과 조건은 다르지만 비슷한 문제로 고민하고 있는 우리 노동자계급 운동에 타산지석이 될 것이 분명하다.[6)]

2. "실비아 팽크허스트에게 보내는 편지"(이하 "편지")[7)]

영국의 여성 활동가로 사회주의 노동자 연맹에 소속되어 있던 팽크허스트는 1919년 7월 16일 레닌에게 편지를 보낸다. 최근 공산주의자가 된 그녀는 의회 참가 문제에 대한 레닌의 의견을 듣고 싶다고 했으며 레닌은 이에 답한다.[8)]

그는 우선 "프롤레타리아트 가운데 가장 우수하고 가장 성실하고 진정으로 혁명적인 많은 노동자가 의회주의의 적이며, 대개 의회에 참가하는 것에 반대하고 있다는" 현실을 그대로 인정한다. 그리고 이것은 당연한 것이며 영국과 같이 부르주아 민주주의가 오래된 곳에서는 그것이 더욱 당연한 것이라

된 것 중의 하나는, 의회에 참여할 것인가 하는 문제와 새로운 공산당을, 오래되고 직업적이고 주로 노동조합으로 구성되고 기회주의적이고 사회배외주의적인 노동당에 통합시켜야 할 것인가 하는 문제를 둘러싼 의견 차이였다." (레닌, ≪좌익소아병≫, p. 85.)

6) 이 글에서 레닌은 의회주의에 관련하여 매우 중요한 주장을 한다. 따라서 이것을 검토하는 것은 반드시 필요하다. 하지만 이것은 다음으로 미룬다.

7) 레닌, "실비아 팽크허스트에게 보내는 편지"(이하 "편지"), ≪정세와 노동≫ 제11호(2006. 3.), pp. 128-35.

8) 그녀는 편지에서 영국의 정당과 단체를 다음과 같은 번호를 붙여 묘사했다. 1. 노동조합주의자들 및 낡은 타입의 노동자계급 정치인들, 2. 독립 노동당(The Independent Labour Party), 3. 영국 사회당(The British Socialist Party), 4. 혁명적 산업주의자들, 5. 사회주의 노동당(The Socialist Labour Party), 6. 사회주의 노동 연맹(The Socialist Labour Federation), 7. 남 웨일즈 사회주의 협회(The South Wales Socialist Society). 레닌은 그의 답변에서 이들 번호를 유지한다.

고 한다.

그러므로 그는 의회투쟁에 참가하지 않는 것은 오류임에 분명하지만 "공산주의 인터내셔날과 각국의 공산당이, 쏘비에트 권력을 지지하지만 의회투쟁에 참가하는 것을 반대하는 노동자들과 관계를 끊는다면" 이것은 "돌이킬 수 없는 과오를 범하게" 되는 것이라 주장한다. 그가 이렇게 주장하는 이유는 "의회투쟁"을 둘러싼 이견을 "실체가 없다고 생각하"기 때문이었고, "쏘비에트 권력을 목표하는" 것은 "가장 고도의, 가장 의식적인, 가장 혁명적인 형태에서의 프롤레타리아트의 정치투쟁"인 것에 비해, 의회투쟁을 둘러싼 이견은 "부분적이고 부차적인 문제"이기 때문이라는 것이다. 그래서 다음과 같이 주장한다.

> 부분적인 문제에서는 올바른 전술을 추구하지만, 진지하고 확고한 혁명가가 아니고, 노동자 대중의 속에서 혁명적 활동을 하고자 하지 않거나 할 능력이 없는 '공인' 사회주의자나 사회민주주의자와 함께하는 것보다는, 부분적이고 부차적인 문제에서 오류를 범하고 있는 혁명적 노동자와 함께하는 것이 좋습니다.[9)]

레닌은 본질적이라고 일차적이라고 생각하는 문제, 즉 "쏘비에트 권력을 위한 투쟁"에서 이견이 있는 "사회주의의 배신자"들과는 사상 · 이론적으로는 물론 조직적으로도 명백히 선을 그을 것을 단호하게 주장한다. 그러나 본질적이고 일차적인 문제에서 일치하지만 전술적으로 오류를 범한 노동자들과 이것 때문에 분리하는 것은 큰 오류라고 하고 그들과 조직적으로 함께하는 것이 옳다고 한다. 그래서 그는 영국 공산주의자들에게 다음과 같은 주장을 한다.

---

9) 레닌, "편지". 레닌은 이와 관련하여 룩셈부르크와 리프크네히트의 예를 든다. 독일 공산당 창립 대회에서 그들은 '헌법제정국민회의' 선거에 참여하기를 주장하지만 대회는 62대 23의 결과로 선거 투쟁에 참가하지 않기로 결정한다. 레닌의 주장에 따르면 선거 투쟁에 참여하기를 주장하는 룩셈부르크와 리프크네히트는 옳았고, '독일 사회민주당', '독일 독립사회민주당'과 같은 "사회주의의 노골적인 배신자들"이 아니라 "부분적으로 오류를 범한 공산당과 함께 머무는 쪽을 선택한 것은 더욱 올바른 것"(같은 글)이라고 한다.

나의 개인적인 확신으로는 의회 선거의 참가를 포기하는 것은 영국의 혁명적 노동자 측의 오류이지만, 그러나 당신이 열거한, 볼셰비즘에 동조하고 진지하게 쏘비에트 공화국을 지지하는 모든 조류나 분자를 모아 영국에 커다란 노동자 공산당을 결성하는 것을 지연시키는 것보다는, 이 오류를 범하는 편이 낫습니다. 만일, 이를테면, 영국 사회당(B.S.P.) 중에, 의회 참가를 둘러싼 의견의 차이 때문에, 지금 당장 4, 6, 7번의 조류와 합동하여 공산당을 결성하는 것을 거부하는 진지한 볼쉐비키가 있다면, 이들 볼쉐비키들은, 내 생각으로는, 영국의 부르주아 의회의 선거에 참가하기를 거부하는 오류보다 몇 천배나 큰 오류를 범하는 것일 것입니다.[10]

당시 영국에서 볼셰비키를 지지했고 쏘비에트 권력을 지향했으며 단일한 공산당을 건설하고자 노력했던 조직은 여러 개가 있었다. 그런데 그중 하나인 영국 사회당은 의회 선거 참가 전술을 채택하고 있었고, 팽크허스트가 속한 '사회주의 노동자 연맹'과 '남 웨일즈 사회주의 협회' 등은 의회 선거 참가를 거부하고 있었다. 의회 선거 참가 전술에 대한 이러한 입장 차이는 영국 공산주의 조직 사이의 통일에 가장 커다란 장애물의 하나였다. 이에 대해 레닌은 전술적으로는 의회 선거 참가를 거부하는 것은 오류이지만, 이것을 이유로 "커다란 노동자 공산당을 결성하는 것을 지연시키는 것"은 더 큰 오류라고 예를 들어 언급하는 것이다. 즉 그는 '의회 참가 거부 전술'을 채택한 조직들에게는 그것은 오류라는 사실을 명확히 환기시키는 동시에 영국 사회당에게는 다른 조직들이 이렇게 오류를 범하고 있더라도 그들과 함께 공산당 결성을 하지 않는 것은 더 큰 오류라고 한 것이다.[11] 레닌의 주장의 결론은 가장 중요한 전제에서 일치하는 경우 전술적 오류를 범하더라도 그들과 함께 하루라도 빨리 "커다란 노동자적 공산당"을 결성하라는 것이다.[12]

---

10) 같은 글.

11) 레닌이 독일의 예를 들어 가며 설명한 것은 아마도 당시 영국 사회당이 다른 조직과 통합을 하게 되면 소수파가 되어 잘못된 전술을 강요당하게 될 것을 두려워하여 통합을 주저해서인 것으로 생각된다. 다른 조직들은 선거 참여 전술을 사용하는 영국 사회당을 "가망 없는 개량주의"로 규정하고 함께하기를 거부하였다.

12) 레닌은 다음을 덧붙이고 있다. "내가 이렇게 말할 때, 나는 자연히 4, 6, 7번의 조류가 모두 실제로 노동자 **대중**과 연결되어 있으며, 영국에서 종종 그러한 것처럼 **단순히** 소규모 지식인 그룹이 아니라는 것을 전제하고 있습니다. 아마 이 점에서 특히 중요한 것은, 필시 **대중**과 밀접하게 연결되어 있다고 생각되는 노동자위원회

그러나 만일 이러한 입장 차이 때문에 도저히 함께 할 수 없는 경우가 발생했을 때에는 어떻게 할 것인가? 그러한 경우는 충분히 가능하다. 레닌은 이 경우 이렇게 말한다.

> 만약 영국에서 이러한 것을 일거에 성취할 수 없다면, 나아가 만약 영국에서 바로 의회주의를 둘러싼 의견의 불일치 때문에, 오직 하나 이것 때문에, 쏘비에트 권력의 지지자를 통합하는 것이 도무지 불가능하다면, **두 개의** 공산당, 즉 부르주아 의회주의로부터 쏘비에트 권력으로의 이행에 찬성하는 두 개의 당을 즉시 결성하는 것이 완전한 통일을 향하여 유익한 일보를 내딛는 것이 될 것이라고 나는 생각합니다. 이들 당 가운데 하나는 부르주아 의회에 참가하는 것을 인정하게 하고, 다른 하나는 이를 거부하게 내버려 두면 될 것입니다. 이 의견의 차이는 현재로서는 그다지 실체가 없기 때문에, 그 때문에 가장 합리적인 것을 둘러싸고 분열하지는 않을 것입니다. 그러나 이러한 두 개의 당의 병존조차, 현재 상태에 비하면 거대한 진보일 것이며, 필시 완전한 통일을 향한, 그리고 공산주의의 급속한 승리를 향한 변화일 것입니다.13)

레닌은 의회 참가 전술을 둘러싼 의견의 차이는 본질적인 것이 아니기 때문에 분열을 일으키지 않도록 하는 것이 현명한 일이지만 의견의 차이 때문에 "통합하는 것이 도무지 불가능하다면" "두 개의 공산당"을 "즉시 결성하"라고 한다. 그가 이렇게 주장하는 까닭은 비록 "이러한 두 개의 당의 병존조차" 공산당이 없는 "현재 상태에 비하면 거대한 진보일 것이며" 그것은 "필시 완전한 통일을 향한, 그리고 공산주의의 급속한 승리를 향한 변화일 것"이기 때문이라는 것이다. 그런데 우리는 여기서 두 가지 중요한 사실을 다시 확인할 수 있는데 그 하나는 노동자계급의 운동에서 단결과 분열의 문제이고 다른 하나는 노동자계급 운동에서 당의 중요성이다.

노동자계급에게 단결은 너무나 중요하다. 노동자계급의 진정한 힘은 단결에서 나오기 때문이다. 그래서 분열이 일어나지 않도록 노력하는 것은 운동의 기본이다. 그러나 분열은 때로는 불가피하고, 그것이 불가피할 경우 분열

(Workers Committees)와 작업장대표위원들(Shop Stewards)일 것이라고 생각합니다." (강조는 원문) (레닌, 앞의 글.)

13) 같은 글, p. 330.

을 감수하는 것 또한 어쩔 수 없는 일이다.[14] 그런데 여기서 우리는 분열이 정당한 것과 그렇지 않은 것이 있음을 알 수 있다. 본질적이고 일차적인 문제—여기서는 쏘비에트 권력을 목표하는 투쟁—와 관련한 분열은 정당한 것이다.[15] 그러나 비본질적이고 이차적인 문제—여기서는 의회 선거 참가 여부—와 관련한 분열은 정당하지 않고 현명하지 못한 분열인 것이다. 이것은 분열과 관련하여 매우 중요한 사상이다.

노동자계급의 해방운동에서 당이 차지하는 역할의 중요성은 수백 번 · 수천 번을 강조해도 남음이 없다. 당은 그만큼 중요하다. 그래서 맑스와 엥겔스도 당의 중요성을 강조했으며,[16] 철두철미한 맑스주의자인 레닌도 그러했다.[17]

---

14) "자본은 집적된 사회적 힘인 데 반해, 노동자는 자신의 노동력을 마음대로 처리할 수 있을 뿐이다. 따라서 자본과 노동 사이의 **계약**은 결코 공정한 조건으로 맺어질 수 없다. 한편에는 물질적 수단 및 노동수단의 소유를 두고 다른 한편에는 살아 있는 생산적 에너지를 두는 사회의 관념으로 보더라도 공정한 조건으로 맺어질 수 없다. 노동자의 유일한 사회적 힘은 그 수이다. 그러나 그 수의 힘은 단결되어 있지 않으면 꺾인다. 노동자가 단결하지 못하는 것은 그들 **자신들 사이의 불가피한 경쟁**에서 생겨나서 영속화된다." (강조는 원문) (맑스, "임시 중앙 평의회 대의원들을 위한 개별 문제들에 대한 지시들", ≪맑스 · 엥겔스 저작 선집≫ 제3권, 박종철출판사, p. 138.)

15) "당의 이념적, 이론적, 혁명적 성장과 성숙을 가로막고, 조화롭고 진정으로 조직적이며 프롤레타리아트 독재를 진정으로 준비하는 실천적 작업을 가로막는 혼란보다는 분열이 훨씬 나은 것이다." (레닌, "독일 공산주의자들의 분열", ≪좌익소아병≫, p. 122.) 이 글은 ≪좌익소아병≫의 내용은 아니고 같은 책에 부록으로 번역되어 있다. "원칙에서의 깊고도 기본적인 불일치가 있기에 —아마 우리는 이런 질문을 받으리라— 그것들이 가장 첨예하고도 가장 분파적인 선언의 옹호자 역을 하지는 않는가? 어떤 완전히 새로운 생각을 납득시킬 필요가 있다고 할 때, 분열과 같은 것을 옹호할 수 있는가? 물론 불일치가 진실로 매우 깊고 당이나 노동계급의 정책에서 그릇된 경향을 수정할 다른 방법이 없을 때, 나는 그것이 옳다고 믿는다." (레닌, "다시 한 번 노동조합에 대하여"(1921), ≪민주집중제≫, 녹두, p. 186.)

16) "프롤레타리아트는 유산계급의 집단적 권력에 대항하는 투쟁에서, 유산계급에 의해 설립된 낡은 모든 당들과 대립되는 특별한 정당으로 자기 자신을 구성할 때에만 계급으로 행동할 수 있다. 이와 같이 프롤레타리아트를 정당으로 구성하는 일은 사회혁명 및 그것의 최종 목표인 계급 폐지의 승리를 보장하기 위해 필수 불가결하다." (맑스 · 엥겔스, "1872년 9월 2일에서 7일까지의 헤이그 일반 대회의 결의안", ≪저작 선집≫ 제4권, p. 157.)

17) 러시아 사회민주당이 결성되기 전에 레닌은 이렇게 말한다. "공장과 도시 노동자들 사이에 강고한 혁명 조직을 창출하는 것이 사회민주주의가 직면해 있는 첫 번

이것은 "계급 구분에 기초한 사회에서 적대적인 계급들 사이의 투쟁은 투쟁의 일정한 발전 단계에서 정치투쟁이 되게끔 되어 있"고 "정치적 계급투쟁에 대한 가장 목적의식적이고 가장 포괄적이며 특별한 표현은 당들 사이의 투쟁이"[18]기 때문이며, "대중들은 계급으로 나뉘어 있"고 "보통 대부분의 경우, 적어도 현대 문명국들에서는 정당들이 계급들을 지도한다는 것, 정당들은 일반적으로 가장 책임 있는 자리에 선출되어 지도자라고 불리는 가장 권위 있고 영향력 있으며 노련한 당원들로 이루어진 어느 정도 견실한 그룹들에 의해 운영된다는 것 등"[19]은 누구나 알고 있는 사실이기 때문이다. 그래서 레닌은 비록 "두 개의 당"이라도 당을 "즉시 결성하"라고 하는 것을 차선책으로 제시하는 것이다. 물론 가장 좋은 것은 즉시 단일한 당을 건설하는 것이지만.[20]

3. "영국의 "좌익" 공산주의"[21]

앞서의 충고에도 불구하고 영국의 공산주의자들은 통일을 이루어 내지 못한다. '영국 사회당', '사회주의 노동당', '남 웨일즈 사회주의 협회', '노동자 사회주의 연맹'은 공산당 창당을 희망하고 있고 이 문제를 서로 협의하고 있지만 그들은 통합된 공산당을 건설하지 못하고 있었다. 그들의 통합을 방해하고 있었던 것은 "의회에 참여할 것인가 하는 문제와 새로운 공산당을, 오래되고 직업적이고 주로 노동조합으로 구성되고 기회주의적이고 사회배외주의적인 노동당에 통합시켜야 할 것인가 하는 문제를 둘러싼 의견 차이였다."[22]

'영국 사회당'은 의회에 참여하는 것과 노동당과의 통합을 찬성했다. 그런

째의 가장 긴급한 임무이며, 오늘날 우리 자신이 이것으로부터 벗어나려는 것은 극히 어리석은 짓일 것이다." (레닌, "러시아 사회민주주의자의 임무", ≪레닌 저작집≫ 제1권, 전진, p. 50.)

18) 레닌, "사회주의당과 비당적 혁명주의", ≪레닌 저작집≫ 제3-3권, pp. 342-3.

19) 레닌, ≪좌익소아병≫, p. 39.

20) 이 점은 우리 현실을 돌아보았을 때 많은 시사점을 준다. 레닌이 여기서 의미를 두는 정치 세력은 "단순한 소규모 인텔리겐챠 그룹이 아니라 ... 실제로 노동자 대중과 결합되어 있"는 그룹이다.

21) 레닌, 앞의 책, pp. 85-100.

22) 같은 책, p. 85.

데 다른 그룹들은 의회 선거와 의회에 참여하는 것을 반대했고 노동당과 통합하는 것 역시 반대했다. 레닌은 의회에 참가를 거부하고 영국 노동당에 대한 어떠한 지지도 거부하는 영국의 공산주의자들을 비판한다.

그가 이러한 주장을 했던 것은 당시 "영국에서는 성공적인 프롤레타리아 혁명의 두 가지 조건 모두가 분명히 성숙하고 있"다고 판단해서였다.[23] 그는 이러한 시점에서 영국의 혁명적인 공산주의자들은 보수당과 자유당의 지도자들에 대해 영국 노동당의 지도자들이 승리할 수 있도록 지지해 주고, 이를 통해 이들이 쓸모없고 그들의 파탄은 필연적이라는 것을 노동자계급 스스로의 경험을 통해서 확신하도록 도와주고, 이 경험에서 노동자들이 느낀 환멸을 기반으로 이들을 일거에 타도할 수 있을 시점에 다가가야 한다고 한다.[24] 그래서 그는 다음과 같이 "구체적"으로 말한다.

> 내가 보기에, 영국 공산주의자들은 제3 인터내셔널의 원칙들과 의회 참여의 불가피성을 기반으로 하여 자신들의 네 정당과 집단 (모두 매우 취약하고 몇몇은 형편없이 취약한) 모두를 단일한 공산당으로 통합시켜야만 한다. 공산당은 헨더슨파와 스노우든파에게 다음과 같은 "타협", 곧 선거 협약을 제안해야만 한다. 로이드 조지와 보수당원들의 연합에 맞서 함께 나가자, 노동자들에게서 노동당이나 공산당이 얻은 투표수(선거에서의 투표수가 아니라 특별 투표를 통한 투표수)에 따라 의석수를 분배하자, 선전, 선동, 정치 활동의 **완전한 자유**를 갖자. 물론 이 맨 나중의 조건 없이는 우리는 이 연합에 들어갈 수 없는데 이는 그런 연합은 배신일 수 있기 때문이다.[25]

---

23) 같은 책, p. 95. 여기서 두 가지 조건은 "첫째, 노동자 대다수(혹은 의식이 있고 생각이 깊으며 정치적으로 적극적인 노동자 대다수만이라도)가 혁명이 필요하다고 완전히 깨닫고 혁명을 위해서는 죽을 각오를 하는 것이다. 둘째, 지배계급들이 통치의 위기를 겪어야 한다는 것인데, 이 통치의 위기는 가장 후진적인 대중들까지도 정치에 끌어들이고(모든 진정한 혁명의 징후란, 정치투쟁을 전개할 능력은 있지만 지금까지는 잠잠하였던 억압받는 근로대중의 지도자들이 그 규모에 있어서 십 배, 아니 백배까지도 급속하게 증가되는 것이다), 정부를 약화시킴으로써 혁명가들이 그 정부를 빨리 타도할 수 있도록 해 준다." (같은 책, pp. 94-5.)

24) 같은 책, p. 95. 그는 "만일 우리가 단지 혁명적인 집단이 아니라 혁명적인 **계급의** 정당이라면, 만일 우리가 **대중들**을 우리 쪽으로 끌어들이려 한다면" 그렇게 해야 한다고 한다.

25) 같은 책, pp. 95-6. 헨더슨은 노동당과 영국 노동조합운동의 지도자였고, 스노우든은 독립 노동당의 당수였다. 노동당은 독립 노동당, 사회민주연맹, 페이비안 협회

레닌은 앞서의 편지에서 주장했던 것과 마찬가지로 의회 참여 전술의 정당성을 옹호한다. 그래서 그는 "의회 참여의 불가피성을 기반으로 하여" 공산주의자들의 통합을 주장한다. 그리고 당시 정세를 평가하면서 영국 노동당과 "타협"할 것을 권고한다. 그는 "선전, 선동, 정치 활동의 완전한 자유"의 완전한 보장을 전제로 영국 노동당과 "타협", 즉 "선거 협약"을 하라고 한다. 그는 선거 연합 제안이 거부당하더라도 그것은 이익이라고 주장하고 심지어 다음과 같이 주장한다.

> 우리는 우리가 내세운 후보의 출마로 인해 자유당 후보가 노동당 후보에게 승리하는 일이 없을 절대로 안전한 선거구에만 후보를 출마시킬 것이다. 우리는 공산주의에 관한 전단을 뿌리고, 우리 후보가 출마하지 않은 **모든** 선거구에서는 **부르주아지에 맞서 노동당 후보에게 투표하라고 권하**는 식으로 선거운동을 수행할 것이다. 만일 이런 일을 공산주의에 대한 배신이며 사회 배신자들에 대한 투쟁을 포기하는 것으로 생각한다면 실비아 팽크허스트나 갤러쳐 동지는 오류를 범하는 것이다. 오히려 그런 일로 말미암아 공산주의 혁명의 대의는 틀림없이 이득을 볼 것이다. (강조는 원문)[26]

이 책에서 레닌은 두 번째 문제와 관련해서는 자료의 부족과 영국 노동당의 특수성을 이유로 명확한 대답을 하지 않는 신중한 태도를 보인다.[27] 그러나 두 번째 문제에 대해서도 비타협의 원칙만을 외치며 교조적인 태도를 취하는 영국의 좌익 공산주의자들에게는 다음과 같은 비판을 한다.

가 주축이 되고 노동조합들이 모여서 결성하였기 때문에 연합체적인 성격을 갖고 있었다. 독립 노동당은 창립 이래 부르주아 개량주의의 입장을 취하고 의회적 투쟁 형태와 자유당과의 의회 거래에 몰두했다. 하지만 제1차 세계대전 당시 반전을 주장하는 등, 노동당에서 좌익의 위치를 차지하고 노동당의 기회주의적 경향에 대해 일정 정도 비판적 역할을 하였다. 독립 노동당은 노동당에서 주도적 위치를 차지하고 있었지만 전쟁 반대를 주장하다가 당내 소수파로 전락하게 된다.

26) 같은 책, p. 98.

27) "나는 여기서 영국 공산주의자들 사이의 두 번째 의견 차이, 곧 노동당과 통합해야 하는가 말아야 하는가 하는 문제를 다룰 수는 없다. 이 문제에 관해 내가 활용할 수 있는 자료는 너무나 적은데, 이 문제는 유럽 대륙의 일반적인 정당들과는 구조 자체가 지나치게 다른 영국 노동당의 극단적인 특수성 때문에 특히 복잡하다." (같은 책, p. 99.)

> 물론 첫째, "공산당은 자신의 교의를 순수하게 지키고 개량주의로 자신의 독립성을 더럽히지 않도록 해야 한다. 공산당의 사명은 멈추거나 돌아섬이 없이 공산주의 혁명을 향해 똑바로 나아가는 것이다"[실비아 팽크허스트의 글: 인용자]라는 원칙에서 혁명적 프롤레타리아트의 전술을 이끌어 내려고 하는 사람들이 이 문제에서도 틀림없이 오류에 빠질 것은 당연하다. 왜냐하면 그러한 원칙들은 1874년에 어떤 타협도 어떤 중간역도 "거부한다"고 선언한 프랑스의 블랑키파 꼬뮈나르들이 저지른 오류의 반복일 따름이기 때문이다.[28]

4. "영국 노동당에 가입하는 것에 대한 연설"[29]

코민테른 제2차 대회가 열리는 시점에 영국 사회당은 전당대회에서 공산당으로 개명하기로 결정한다. 또한 그들은 강령에 의회 선거 참여와 노동당과의 연합을 포함시켰다. 그런데 대회에 참가한 영국의 젊은 공산주의자들은, 영국 사회당은 대중과 결합하지 못한 약한 정당이라고 폄하하고 "절망적으로 개량주의적"이라고 비난한다. 이에 비해 자신들은 대중과 긴밀히 결합하여 훌륭하게 혁명운동을 조직하였다고 자부하였다.

레닌은 코민테른 제2차 대회의 폐회 때인 1920년 8월 6일에 이에 대한 자신의 입장을 연설을 통해 제시한다. 그는 먼저 영국의 젊은 공산주의자들이 수행하고 있는 "새롭고 뛰어난 혁명적 운동을" 높게 평가한다. 또한 대중과 결합하지 못하고 대중들 속에서 적절한 선동을 수행할 능력이 없는 영국 사회당이 약한 정당이라는 사실도 인정한다. 하지만 "비록 대중과 연결되어 있지만 정치 정당"이 아닌 "젊은 혁명적 요소"인 영국의 젊은 공산주의자들은 "영국 사회당보다도 훨씬 더 허약하고" 그 때문에 그들은 완전한 정치적

---

28) 같은 곳. 그리고 다음과 같이 덧붙인다. "둘째, 늘 그렇듯이 여기에서도 과제는 역시 공산주의의 일반적이고 기본적인 원칙들을 계급들과 정당들 사이의 관계의 **특수성**에, 곧 공산주의로의 객관적인 발전의 **특수성**에 적용시킬 줄 알아야 한다는 것임은 의심할 바 없다. 그러한 특수성은 각 개별 국가에 고유한 것으로서, 우리는 그것을 연구하고 모색하고 예측할 수 있어야 한다." (강조는 원문) (같은 책, pp. 99-100.)

29) 레닌, "연설".

활동을 조직할 수 없다고 지적한다. 따라서 그들의 운동을 "진정으로 공산주의적인, 즉 맑스주의적인 전술을 가진 공산당으로 통합하는 것"이 그들의 "목표"이고 "임무"이어야 한다고 주장한다.

그는 코민테른의 일반적 방침과 결의가 영국 사회당의 전술과 차이가 없다고 하면서 영국의 젊은 공산주의자들의 "유일하게 올바른 전술"은 "지체 없이 공산당에 합류하여, 여기[코민테른 대회: 인용자]서 채택한 결의문의 정신으로 전술을 고치는 것"이라고 한다. 이것은 앞서와 마찬가지로 분열되어 있는 영국 공산주의자들에게 공산당으로 통합하라고 다시 한 번 강력하게 주장하는 것임과 동시에 이차적인 문제, 즉 전술적 차이에 대한 투쟁은 그 내부에서 진행하라고 권고하는 것이다.

그런데 레닌은 이 연설에서 앞서 ≪좌익소아병≫에서 대답을 유보했던 문제, 영국의 공산주의자들의 통합의 걸림돌의 하나인 영국 노동당에 가입하는 문제에 대해 자신의 견해를 발표한다. 앞서 살펴본 대로 그는 영국 공산주의자들은 공산당을 즉시 결성하고 영국 노동당과 선거 연합을 하라고 권고했다. 하지만 자료의 부족과 영국 노동당의 특수성을 이유로 노동당에 가입하는 문제에 대해서는 명확한 대답을 하지 않는다.

그로부터 4개월이 지난 시점, 공산당의 결성이 눈앞에 있는 시기에 그는 연설을 통해 영국 노동당의 특수한 위치를 근거로 공산당의 노동당 가입을 주장한다. 그는 노동당이 노동자계급의 정당이 아니라 "철두철미 부르주아 정당"이라고 명확히 규정한다.[30] 그럼에도 불구하고 그는 공산당의 노동당 가입을 권고하고 있는 것이다. 그가 이렇게 주장하는 근거는 무엇인가? 그것은 다음과 같다.

> 영국 노동당은 극히 초유의 형태의 정당이며, 혹은 오히려, 일반적 의미에서는 전혀 정당이 아닙니다. 그것은 모든 노동조합의 조합원들로 이루어져 있으며, 약 400만 명의 당원을 가지고 있고, 모든 가맹 정당들에게 충분한 자유를 허용하고 있습니다. 그리하여 그것은 최악의 부르주아적 분자들, 즉 샤이데만이나 노스케 등등과 같은 사람들보다 더 나쁜 사회주의의 배신자들을 추종하는 수많은 노동자들을 포함하고 있습니다. 동시에, 그러나, 노동당은 영국 사회당이 당내로 들어올 수 있도록 했고, 그리고 바로 그 노동당의

30) 각주 3) 참조.

당원들이 당 지도자들은 사회주의의 배신자들이라고 자유롭고 개방적으로 선언할 수 있는 독자적인 기관지를 가질 수 있도록 허용하고 있습니다. 맥레인 동지는 영국 사회당의 그와 같은 성명(聲明)들을 인용했습니다. 나 또한 영국 사회당의 기관지인 ≪소명(*The Call*)≫에서 노동당 지도자들은 사회주의적 애국자이며 사회주의의 배신자라는 성명들을 본 적이 있습니다. 이는 노동당에 가입된 당이, 그 낡은 지도자들을 통렬하게 비판할 수 있을 뿐 아니라, 공개적으로 그리고 특정하게 이름을 지적해 가면서 사회주의의 배신자라고 부를 수 있다는 것을 보여 줍니다. 이것은 매우 독특한 상황 — 거대한 노동자 대중을 통일시켜 정당으로 보이게 하면서도, 그 당원들에게는 완전한 자유를 보장해야 하는 정당입니다. 맥레인 동지는 여기에서 이렇게, 즉, 노동당 대회에서, 영국의 샤이데만들은 제3 인터내셔널 가입에 대한 문제를 공개적으로 제기해야 했으며, 당의 모든 지부와 기구들은 그에 대해 논의해야만 했다고 말했습니다. 그러한 상황에서 이 당에 가입하지 않는다면, 그것은 오류일 것입니다.[31]

그는 비록 영국 노동당이 부르주아지의 정당이고 당을 지도하는 자들이 "최악의 부르주아적 분자들"이고 그들을 추종하는 수많은 영국 노동자들이 당을 구성하고 있더라도 그곳에 대중이 있고 또 "당원들에게는 완전한 자유를 보장"하고 지도자들에 대해 "자유롭고 개방적으로" 비판할 수 있는 것이 보장되고, 그 반동적 지도자들은 노동당 대회에서 제3 인터내셔널 가입 문제에 대해 공개적으로 제기해야 했고 또 당 조직은 그것에 대해 논의해야만 했다면 "이 당에 가입하지 않는" 것은 "오류"라고 한다. 또한 여기서 더 나아가 그는 영국 사회당이 노동당 내에서 누리는 이 같은 자유를 가지고 있는 것은 부정할 수 없는 진실이고, 러시아 혁명뿐만이 아니라 다른 모든 나라의 혁명가들의 경험을 올바로 고려하더라도, 공산주의자들이 그러한 자유를 누릴 때에는 노동당에 가입하는 것이 당연한 의무라고 하며 "최선의 혁명적 분자들이 가능한 모든 일을 다해 그러한 정당에 남아 있지 않는다면, 이는 커다란 잘못"이라고 말한다.

즉 노동계급의 배신자들에 대한 폭로와 비판의 자유가 완전히 보장된다면 그는 공산당은 노동자 대중이 있는 특수한 형태의 노동당에 가입해서 활동해야 하는 것이 옳다고 하는 것이다. 그는 공산주의자들은 그 속에서 개량주의

31) 레닌, 앞의 글.

와 기회주의와 맞서 싸워 이기도록 해야 한다고 한다. 왜냐하면 "진정으로 혁명적인 당은 그것이 혁명적 계급의 최선의 분자들을 흡수하고, 반동적 지도자가 나타날 때마다 이들과 싸우기 위해 모든 기회를 이용할 때에만 창조될 수 있"기 때문이다.

마지막으로 그는 이렇게 덧붙인다.

> 만일 영국 공산당이 노동당 내에서 혁명적으로 활동하는 것으로부터 출범하고, 헨더슨 일파가 만일 이 당을 제명해야만 한다면, 그것이 영국의 공산주의 및 혁명적 노동자계급 운동에서 거대한 승리가 될 것입니다.[32)]

5. 나가며

과거 역사의 경험에서 교훈을 얻기 위해서 우리는 언제나 그것을 비판적으로 검토해야 한다. 또한 원칙을 적용하는 것에 있어서도 현실의 구체적인 특성들에 맞게 하나하나를 올바로 변형시키고 적용해야 한다. 그것은 너무나 자명한 사실이다. 따라서 레닌이 영국의 공산주의자들에게 했던 조언도 예외가 될 수 없다.

하지만 레닌이 가장 중요한 문제로 무엇보다도 강조했던 당 결성의 문제는 지금도 절대적으로 타당한 주장이다. 그리고 가장 중요하고 일차적인 문제에서는 일치하지만 이차적인 문제 때문에 통합을 이루지 못하고 분열되어 있었던 영국 공산주의자들에 대한 조언은 현재의 우리에게도 매우 유효한 충고이다. 또한 노동당과 관련하여 선거 연합을 하라거나 심지어 가입하라는 영국 공산주의자들에 대한 레닌의 권고는 민주노동당과 관련한 우리의 논쟁에 참고할 만한 시각을 제시해 준다.

당시 영국 공산주의자들의 분열상이 현재의 우리의 모습은 아니고 이들 문제에 대한 레닌의 조언이 절대적 진리로 지금의 우리에게 그대로 적용될 것은 아니지만 이른바 좌파의 분열을 하루빨리 극복하고 노동자계급정당으로의 통합이 우리에게 부여된 시급한 정치적 과제라는 것을 강조하며 글을 마친다.

---

32) 같은 글. 레닌의 연설 이후 다수(투표 58, 반대 24, 기권 2)가 가입을 승인하였다. 그러나 노동당의 지도자들은 공산당에게 회원 자격을 주는 것을 거부했다.

레닌의 ≪공산주의에서의 "좌익"소아병≫의 "10. 몇 가지 결론" 부분을 읽고*
— 노동자계급 운동의 두 단계를 중심으로

1.

레닌의 글을 읽을 때는 많은 주의가 필요하다고 한다. 왜냐하면 그는 한 입으로 두 말을 하는 사람으로 종종 여겨지기 때문이다. 이것은 현재의 우리만이 느끼는 문제가 아니다. 그와 함께 혁명 투쟁을 하던 당시 그의 동지들도 그를 곧잘 오해했다. 이것은 레닌의 대부분의 글이 급변하는 정세와 그것에 입각한 실천과 아주 밀접하게 연결되어 있어서 그렇다. 따라서 그의 글을 읽을 때는 그것이 쓰였던 배경을 적절히 고려하지 않으면 안 된다. 그렇지 않으면 올바른 교훈을 얻기는커녕 완전히 반대되는 잘못된 결론을 얻게 되기 십상이다. 사실 쓰인 배경을 고려하지 않고 읽어도 되는 글은 없을 것이다. 하지만 이렇게 꼭 집어 주장하는 것은 레닌의 글은 특히 더 그렇고 더욱 주의를 기울여야 한다는 것이다.

이러한 주장은 타당한가? 전적으로는 아니더라도 많은 부분 타당하다. 왜냐하면 레닌 스스로도 이것을 인정하고 있기 때문이다. 그는 '러시아 사회민주노동당 제2차 당 대회'에서 그의 글, ≪무엇을 할 것인가?≫에 대해 언급하면서 다음과 같이 말한다.

> 나의 팜플렛 ≪무엇을 할 것인가?≫에 대한 직접적 언급에 관하여 말하자면, 언급이 그 맥락으로부터 왜곡되었다는 것을 보여 주기란 매우 쉽다.
>
> …
>
> 결론을 내리자. 현재 우리 모두는 "경제주의자들"이 한쪽 극단으로 가 버렸다는 것을 알고 있다. 사태를 바로잡기 위해 누군가는 다른 방향—그것은 내가 했던 일이다—에서 끌어당겨야 했다. 나는 러시아 사회민주주의가 언제

---

* [편집자 주] ≪정세와 노동≫ 제14호(2006. 6.) 〈이론〉에 실린 글이다.

나 모든 종류의 기회주의에 의해 왜곡된 모든 것을 힘차게 바로잡아 낼 것이며, 따라서 우리의 행동 노선은 언제나 행동에 가장 곧고 가장 적절할 것이라고 확신한다.[1)]

기회주의란 별것이 아니다. 그것은 "한쪽 극단으로 가 버"린 노동자계급 운동 내부의 경향이다. 노동자계급 운동에서 이탈한 '변절'이나 '배신'과는 달리 그것은 노동자계급 운동 내에서 자신의 올바름을 주장한다. 그런데 이러한 기회주의적 주장은 아무런 근거도 없이 제기되지 않는다. 그것은 어느 정도 혹은 많은 부분 현실에 기반을 갖는다. 다만 그것은 자신의 정당성을 확보하기 위해 사실을 은근슬쩍 "왜곡"할 뿐이다. 따라서 사람들은 종종 기회주의의 본질을 쉽게 알아차리지 못한다. 그 결과 이것은 노동자계급 운동에서 하나의 경향이 되기도 한다. 기회주의가 이렇게 경향으로까지 자리 잡게 되면 그것은 지속적으로 자신을 재생산하고 때로는 노동자계급 운동의 지배적 경향이 되기까지 한다. 이것이 기회주의가 갖는 무서운 점이며, 이에 맞서 강력한 투쟁을 해야 하는 이유이다.

레닌은 러시아 혁명의 과정에서 각종의 기회주의와의 투쟁을 훌륭하게 모범적으로 수행했다. 그는 러시아 혁명의 과정에서 기회주의와의 투쟁을 자신의 소명으로 삼았다. 그런데 그의 기회주의에 대한 투쟁의 방법은 독특했다. 그는 기회주의에 의해 이루어진 왜곡을 바로잡기 위해 "한쪽 극단"의 "다른 방향"에서 "사태를" 끌어당겼다.[2)] 따라서 이러한 특징을 가지고 있는 레닌의 글에서 교훈을 배우려 할 때, 우리가 다른 "한쪽 극단"으로 빠지지 않기 위해서 많은 주의가 필요하다. 그리고 그런 의미에서 앞의 지적은 어느 정도 진실을 반영한다.[3)]

---

1) 레닌, "R.S.D.L.P 2차 대회", ≪레닌 저작집≫ 제2-1권, 전진, 1988, pp. 426-7.

2) 레닌은 이것을 "막대 구부리기"라고 표현했다. 다음을 참조하라. 토니 클리프, ≪당 건설을 향하여≫, pp. 101-4.

3) 레닌은 1907년에 쓴 글에서도 이에 대해 다시 언급한다. "현재 ≪무엇을 할 것인가?≫를 비판하는 사람들이 범하는 기본적인 잘못은 팜플렛을 우리 당 발전의 명확한, 그리고 지금으로선 오래 지난 시기의 구체적인 상황과 연관시켜서 취급하지 않는 점이다. 이러한 잘못은 예를 들어 (수많은 멘셰비키들은 말할 필요도 없고) 팜플렛이 나온 수년 후에 직업적 혁명가들의 조직이라는 문제에 관한 잘못되고 과장된 사상에 관하여 썼던 파르부스에 의해 두드러지게 보여진다. ... 불행하게도, 우리 당을 판단하는 사람들 중의 다수는 국외자들인데, 그들은 문제를 알지 못하며 **오늘날** 직업적

2.

앞서 살펴본 것처럼 레닌의 글들은 비판적으로 검토되어야 한다. 그것은 ≪공산주의에서의 "좌익"소아병≫(이하 ≪좌익소아병≫)[4]에도 물론 적용된다. 레닌은 이 책을 통하여 러시아 혁명의 과정에서 얻은 경험을 일반화하여 국제 공산주의 운동의 발전에 도움을 주고자 했다. 그는 러시아 혁명의 경험을 먼저 요약하고 이것을 바탕으로 각국의 '좌익 공산주의자'를 비판한다. 그는

혁명가들의 조직이라는 사상이 **이미** 완전한 승리를 기록했다는 것을 깨닫지 못한다. 만약 이러한 사상이 그때 전면에 제기되지 않았더라면, 만약 우리가 그 사상이 실현되는 것을 막기 위해 애쓰고 있던 사람들에게 그 사상을 납득시키기 위하여 "과장"하지 않았더라면 그러한 승리는 불가능했을 것이다. ≪무엇을 할 것인가?≫는 1901년과 1902년의 ≪이스크라≫의 전술 및 ≪이스크라≫의 조직적 방침에 대한 **요약**이었다. 정확히 말해서, 더 이상도 더 이하도 아닌 **"요약"**이었다. ... 그러나 지배적인 경제주의 경향에 대한 ≪이스크라≫의 투쟁을 알지 않고서, 그 투쟁을 이해하지 않고서 그 요약을 판단해 버리는 것은 순전히 게으른 잡담일 것이다. ≪이스크라≫는 직업적 혁명가들의 조직을 위해 투쟁했다. ≪이스크라≫는 1901년과 1902년에 특별한 원기로 투쟁했고, 그 당시에 지배적 경향이었던 경제주의를 물리쳤으며, 그리고 마침내 1903년에 이러한 조직을 만들었다. ≪이스크라≫는 뒤이어진 이스크라주의 대열에서의 분열과 폭풍과 강압의 시기의 모든 격동에도 아랑곳하지 않고 그 조직을 보존했다; ≪이스크라≫는 러시아 혁명 내내 그 조직을 보존했다; ≪이스크라≫는 1901-2년부터 1907년까지 그 조직을 온전하게 보존했다." (강조는 원문) (레닌, "논문 모음집 ≪12년≫에 대한 서문", ≪레닌 저작집≫ 제4-3권, pp. 72-3.) 길게 인용한 것은 "직업적 혁명가들의 조직"이라는 사상을 다시 한 번 환기시키기 위해서이다.

4) 이 책은 레닌이 1920년 7월에 있을 코민테른 제2차 대회에 맞추어 그해 4월에 본문을 쓰고, 5월 12일에 보충하여 대회에 참가한 모든 대의원에게 배포된 소책자이다. 그는 이 책이 대회가 개막될 때 발간되어 배포할 수 있도록 하기 위해 직접 식자와 인쇄에 이르기까지 관여했다. 이 책의 여러 명제와 결론들은 대회에도 많은 영향을 주어서 대회에서 결정된 여러 결의안의 이론적 바탕이 되었다.

이 글은 아마도 당시에는 그 비판의 초점이 되었던 '좌익소아병'을 앓고 있었던 사람들을 —예를 들어 판뇌쿠크— 당연히 분노시켰을 것이다. 하지만 지금도 이 책에 분노하는 사람들이 있는데 그들은 판뇌쿠크의 후예를 자처하는 '평의회 공산주의자'들이다. 그들은 지금 판뇌쿠크를 되살려 오기 위해 분투 중이다. 그런데 그들이 분노하는 것은 이 책에 당시와 마찬가지로 그들에게 가장 치명적인 내용이 들어 있기 때문인데, 레닌은 지도자들과 대중들을 대립시키는 당시의 좌익소아병자들(지금의 '평의회 공산주의자들')을 "지도자를 타도하자"라는 슬로건 아래 "옛 지도자들"을 대신하고자 하는 "지독한 잠꼬대와 허황된 말을 지껄여 대는 새 지도자"라고 비웃는다. 이 비웃음은 지금도 유효하다. 판뇌쿠크가 탁월한 공산주의자였던 것은 사실이다. 레닌은 자신의 글 "유럽 노동운동에서의 의견 차이"(1910. 12.)에서 그를 높게 칭찬했다.

러시아 혁명의 경험에서 얻을 수 있었던 여러 교훈이 러시아만의 의의가 아니라 국제적인 의의를 갖고 있다고 생각하였다.[5)]

레닌이 파악한 당시 공산주의 운동의 발전의 특수성은 '모든 자본주의 나라들에서 혁명적 프롤레타리아트의 지도자들이 공산주의 인터내셔날의 기본 원칙들의 완전한 터득', '세계 혁명운동의 강력한 고양', '새로운 근로인민 대중들의 투쟁에로의 합류', '노동계급의 정치적 각성과 단결의 급속한 성장', '공산당들의 대중적인 출현과 공고화' 등이었다. 이러한 시기의 공산주의 운동에게 필요한 것은 올바른 정치 지도와 대중을 위해 싸우는 능력, 그들을 이념적으로 프롤레타리아 전위 쪽으로 끌어들이는 능력이었다.

하지만 당시 일부의 젊은 공산주의자들은 '지도자-당-계급-대중'을 혼동하였고,[6)] '혁명성'을 지킨다는 명분으로 합법 활동을 경시하였고, "반동성"을 이유로 노동조합을 비롯한 대중적 활동 공간에서의 활동을 거부하였으며,[7)] "역사적으로도 정치적으로도 폐물이" 되었다는 잘못된 판단을 근거로 의회 및 선거 참여를 거부하였다.[8)] 또한 그들의 가장 중요한 슬로건은 "어떠한 타협도 안 된다!"와 "타협 없이, 우회 없이 전진하자"였다.[9)] 이것들은 그들의

---

5) "지금 우리는 꽤 상당한 국제적 경험을 갖게 되었는데, 이 경험은 우리 혁명의 몇몇 기본적 특성들이 지역적이거나 특히 민족적인, 또는 러시아만의 의의가 아니라 국제적인 의의를 갖고 있음을 아주 똑똑히 보여 주고 있다." (레닌, ≪좌익소아병≫, 돌베개, p. 13.)

그는 또한 다음을 덧붙인다. "여기서 나는 넓은 의미에서 국제적 의의를 이야기하고 있는 것이 아니다. 곧 우리 혁명의 기본적 특성 몇몇이 아니라 모든 기본적 특성이, 나아가 혁명의 숱한 이차적 특성들까지도 모든 나라에 영향력을 발휘한다는 의미에서 국제적으로 의의가 있다고 말하는 게 아니다. 나는 가장 좁은 의미에서, 곧 우리나라에서 벌어진 사태가 국제적으로 타당하다는 것을 뜻하거나, 국제적인 규모로 되풀이될 수밖에 없다는 역사적인 불가피성을 뜻한다는 의미에서 국제적 의의를 이야기하고 있는 것이다. 우리는 우리 혁명의 몇몇 기본적 특성들이 그러한 의의를 갖고 있음을 인정해야만 한다." (같은 책, p. 13.) 레닌은 "모든 기본적 특성" 그리고 "숱한 이차적 특성들까지도"가 아니라 "몇몇 기본적 특성들"임을 강조한다.

6) 레닌, "5. 독일의 "좌익" 공산주의. 지도자들-당-계급-대중", 같은 책, pp. 37-45.

7) 레닌, "6. 혁명가들은 반동적인 노동조합들에서 활동해야 할 것인가?", 같은 책, pp. 46-57.

8) 레닌, "7. 부르주아 의회에 참여할 것인가?", 같은 책, pp. 58-70.

9) 레닌, "8. 어떤 타협도 안 된다?", 같은 책, pp. 71-84. 레닌은 여기서 타협의 중요성과 불가피성, 활용의 필요성에 대해 설명한다. 그는 이전에도 타협에 관해서 언급한 적이 있는데 다음과 같다.

정치적 경험 부족과 이론적 능력 부족을 표현하는 것이었다. 그런데 이러한 '좌익소아병적' 경향이 당시 유럽과 미국의 노동운동과 공산주의 운동에서 상당한 정도로 나타났다. ≪좌익소아병≫은 아직은 약하지만 이렇게 새롭게 등장한 경향에 대한 비판을 목적으로 했으며 우리는 이 점을 고려해야 한다.[10)]

"역사의 지그재그 길에 대한 맑스주의의 태도는 본질적으로 그것의 타협에 대한 태도와 똑같다. 역사에서의 모든 지그재그식 전환은 타협, 더 이상 새로운 것을 완전히 무시할 만큼 충분히 강력하지 못한 (낡은 것과—편집자) 새로운 것 사이의 타협이다. 맑스주의는 타협을 전혀 거부하지 않는다. 맑스주의는 그것을 활용하는 것이 필요하다고 생각하지만, 그러나 그것이 살아서 움직이는 역사적 세력으로서의 맑스주의가 타협에 대항하여 정력적으로 투쟁하는 것을 결코 막지는 못한다. 이런 외관상의 모순을 이해하지 못하는 것은 맑스주의의 기초를 알지 못하는 것이다." (레닌, "보이코트에 반대하여"(1907. 6.), ≪레닌 저작집≫ 제4-3권, pp. 24-5.) 여기서 곧바른 길과 지그재그식의 길이란 다음과 같다. "낡은 체제의 직접적인 전복 또는 가장 나빠도 그것의 약화와 침식, 인민들에 의한 새로운 정부 기관의 직접적인 수립 — 이 모든 것은 의심할 바 없이 가장 **직접적인** 길, 인민들에 관한 한 가장 유리한 길이지만, 최대의 힘을 필요로 하는 길이기도 하다. 압도적인 힘의 우위가 있다면 직접적인 정면공격에 의해 승리하는 것도 가능하다. 이것이 결여되면, 우회로, 시간 벌기, 지그재그, 후퇴 등등에 호소해야 할지도 모른다. 물론, 군주제적 헌법의 길은 어떤 식으로도 혁명을 배제하지 않으며, 그것의 요소는 간접적인 방식으로 이 길에 의해서도 **역시** 준비되고 발전되지만, 이 길은 보다 길고 보다 지그재그식의 길이다." (강조는 원문) (레닌, 같은 글, pp. 23-4.)

"정치에서 타협이란 용어는 다른 당과의 협정에 따른 일정한 요구들에 대한 수락, 어느 한쪽의 요구들의 일부분에 대한 포기를 의미한다. ... 진정한 혁명당의 임무는 일체의 타협을 거부하기란 불가능하다고 선언하는 것이 아니라, 불가피할 경우 모든 타협을 통해서 당의 원칙, 당의 계급, 당의 혁명적 목적, 혁명을 위한 길을 닦고 인민대중에게 혁명의 승리에 대해 교육하는 당의 임무에 성실하게 남을 수 있는 것이다." (레닌, "타협에 관하여"(1917. 9.), ≪레닌 저작집≫ 제7-2권, p. 405.)

10) 레닌은 이들 "좌익 교조주의"의 오류가 "우익 교조주의(사회배외주의와 카우츠키주의)"의 오류보다 "천배나 덜 위험하고 덜 중요하다"고 하지만 그것은 단지 "아주 어린, 겨우 싹트고 있는 경향이기 때문"일 뿐이기 때문이다. 그는 "좌익 교조주의"는 "우익 교조주의"와 "방향이 다를 뿐인 똑같은 오류"이고 "우익 기회주의"를 "보충하는 형태", "노동운동의 기회주의적 범죄에 대한 일종의 형벌"이라고 "우익 기회주의"와 마찬가지로 혹독하게 비판한다.

3.

≪좌익소아병≫의 마지막 장은 "모든 자본주의 나라의 공산주의 발전에 관련된 일반적인 결론"에 관한 내용으로 이 책의 일종의 요약이다.[11] 따라서 우리는 이 부분을 검토하면서 이 책이 주장하고자 하는 것들의 일반화된 내용을 알 수 있다. 더 나아가 이 책의 부제는 "맑스주의의 전략과 전술에 대해 쉽게 쓴 강의 시론"이었다.[12] 따라서 우리는 이 부분을 통하여 맑스주의의 전략과 전술에 대한 레닌의 견해를 살펴볼 수 있다.

3-1. 대중의 진출

레닌은 러시아의 1905년 혁명의 경험을 토대로 다음과 같이 말한다.

> 1905년 러시아 부르주아 혁명은 세계 역사상 아주 독특한 전환점을 이루었다. 곧 가장 후진적인 한 자본주의 나라에서 파업 운동이 일찍이 세계 어느 곳에서도 볼 수 없었던 정도로 폭넓고도 강력하게 일어났던 것이다. ... 완전히 독특한 일련의 역사적 조건들의 영향에 힘입어 후진 러시아는 억압당하는 대중들이 혁명기에 이르러 독자적인 행동을 비약적으로 증대시켰을 (이것은 중대한 혁명에서는 모두 일어났다) 뿐만 아니라, 프롤레타리아의 중요성이 전체 인구에서 차지하는 비율에 비해 무한히 컸다는 점도 처음으로 세계에 보여 주었다.[13]

혁명기나 특수한 정세에서 대중들이 독자적 행동을 비약적으로 증대시키는 것은 자세한 설명이 필요하지 않은 사실이다. 이것은 또한 우리가 이미

---

11) 레닌은 바로 앞 장에서 영국의 좌익 공산주의의 문제를 다룬다. 그는 마지막 부분에 영국 공산주의자들 사이의 의견 차이인 노동당과의 통합 문제에 대해, 노동당의 극단적인 특수성 때문에 자신은 이 문제를 다룰 수 없다고 하면서 "늘 그렇듯이 여기에서도 과제는 역시 공산주의의 일반적이고 기본적인 원칙들을 계급들과 정당들 사이의 관계의 특수성에, 곧 공산주의로의 객관적인 발전의 특수성에 적용시킬 줄 알아야 한다는 것임은 의심할 바 없다. 그러한 특수성은 각 개별 국가에 고유한 것으로서, 우리는 그것을 연구하고 모색하고 예측할 수 있어야 한다"고 말한다. 하지만 그는 바로 "그렇지만 이것은 영국 공산주의에만 관련시킬 것이 아니라 모든 자본주의 나라의 공산주의 발전에 관련된 일반적인 결론들과 결부시켜 논의해야 할 것이다"(레닌, ≪좌익소아병≫, pp. 99-100)라고 덧붙인다.

12) 포노말료프, ≪소련공산당사 3≫, 거름, p. 137.

13) 레닌, 앞의 책, p. 101.

많이 보아 온 사실과도 일치한다. 최근 우리의 역사 속에서도 이것은 확인된다. 1980년 광주 항쟁, 1987년 6월 투쟁과 7·8·9 노동자 대투쟁, 미선이·효순이 추모 촛불 시위, 파병 반대 시위, 탄핵 정국 등등이 모두 그 예로 볼 수 있다. 그렇다면 대중들은 왜 진출하는가? 무엇이 그들로 하여금 진출하게 하는가? 그것은 무엇인가? 우리가 궁금한 것은 이것이다. 길지만 레닌의 말을 들어 보자.

> 영국을 예로 들어 보자. 영국에서 진정한 프롤레타리아 혁명이 얼마나 빨리 불타오를지, 이제까지 잠자고 있던 아주 광범한 대중이 특히 **어떠한 동기 때문에** 각성해서 불타올라 투쟁에 나서게 될지는 현 상황으로서는 알지 못하며, 현 상황으로서는 그 누구도 미리 규정할 수 없다. 그러므로 우리는 (고인이 된 플레하노프가 맑스주의자요 혁명가였을 때 즐겨 말했듯이) "만전을 기하기 위해서" 우리는 모든 예비 작업을 수행해야만 한다. 의회의 위기가, 절망적으로 뒤얽히고 날이 갈수록 더욱 병적으로 복잡해지고 첨예해지고 있는 식민지 및 제국주의의 모순에서 비롯되는 위기가, 또는 제3의 그 무엇이 "얼음장을 깨는" "돌파구"가 될 수 있을 것이다. 우리는 어떤 투쟁이 영국 프롤레타리아 혁명의 운명을 **결정지을 것인가**에 관해 말하는 것이 아니다(이 문제에 대해서는 어떤 공산주의자라도 의심하지 않을 것이다. 왜냐하면 이것은 우리 모두가 이미 확고하게 알고 있기 때문이다). 우리가 말하고 있는 것은 아직까지 잠자고 있는 프롤레타리아 대중들이 운동에 나서도록 일깨우고 그들을 바로 혁명으로 이끌어 낼 **동인**에 관한 것이다. 예컨대, 국제적 측면에서나 국내적 측면에서나 오늘날보다 백배나 혁명적이지 못한 상황이었던 프랑스 부르주아 공화국에서, 반동적인 군부의 수많은 사기 음모 가운데 하나인 "예기치 못한" "사소한" 원인(드레퓌스 사건)이 인민을 내전 일보 직전까지 끌어내기에 충분했었다는 사실을 잊지 말도록 하자! (강조는 원문)[14]

그는 또한 다음과 같이 말했다.

> 우리는 —전 세계의 경제적 정치적 위기의 영향 아래 오늘날 모든 나라 어디에나 떠다니고 있는 수많은 불꽃 가운데— 어느 불꽃이, 대중들을 각별히 일깨운다는 의미에서, 불타오르게 될지는 알지 못하고 알 수도 없다. 그러므로 우리는 제 아무리 오래되고 케케묵었으며 겉보기에 절망적일지라도

14) 같은 책, p. 109.

모든 분야를 우리의 새로운 공산주의 원칙으로써 "개척"해야만 한다.[15)]

어떤 의미에서 이들 문제에 대한 레닌의 대답은 약간은 실망스러워 보인다. 왜냐하면 혁명의 승리를 요약하는 시점에서도 레닌은 어떠한 계기가 대중들을 폭발시키고 어떠한 요인이 그들을 각성시켜 투쟁에 나서게 할 것인지를 정확히 알 수도 예측할 수도 없다고 하기 때문이다. 하지만 이것은 명백한 객관적 사실이고 바로 이 지점이 맑스주의와 그 발전 형태인 레닌주의의 핵심 사상이 기초하는 부분이며 이를 이해하는 것은 매우 중요한 일이다.

그리고 이것은 역사 발전과 관련하여 우리에게 실망을 주는 것이 아니라 오히려 희망을 주는 내용이다. 왜냐하면 이후의 역사는 레닌이 언급한 것처럼 다양한 계기로 대중들이 폭발하고 진출하는 것을, 또 바로 지금도 대중들은 폭발하고 진출하고 있음을 명확히 확인시켜 주고 있기 때문이다. 그런데 레닌이 살아 활동하던 시절보다 현재 우리의 주위는 어느 때든 폭발할 준비가 되어 있는 "가연재"로 더욱더 가득 차 있다. 이 점에서 우리는 "만전"을 기해야 할 것이라는 그의 가르침을 가슴에 더욱 깊게 담아 두어야 할 것이다.

역사의 발전의 동력은 계급투쟁이다. 계급투쟁에서 노동자계급이 차지하고 있는 지위의 중요성과 대중적 진출이 차지하는 중요성을 인식하는 것은 맑스주의의 기본적 상식이다. 따라서 노동자계급 운동에서 누구보다도 '당'과 '지도'의 중요성을 강조했던 레닌이지만, 맑스주의자인 레닌이 대중적 진출의 중요성을 강조하는 것은 당연하다. 그는 다음과 같이 설명이 필요하지 않는 주장을 한다.

> 역사 일반, 특히 혁명의 역사는 가장 훌륭한 정당들, 가장 선진적인 계급들의 가장 의식 있는 전위들이 생각하는 것보다도 언제나 더 다양하고 더 다면적이고 더 약동적이고 "더 기묘한" 내용으로 가득 차 있다. 이것은 당연하다. 왜냐하면 가장 훌륭한 전위는 수만 명의 의식, 의지, 열정, 상상력을 표현하는 반면, 혁명을 수행하는 것은 모든 인간의 능력이 특히 고조되고 긴장된 시기에 아주 첨예한 계급투쟁으로 자극받은 수천만 명의 의식, 의지, 열정, 상상력이기 때문이다.[16)]

---

15) 같은 책, pp. 111-2.

16) 같은 책, p. 107. 레닌은 계속하여 다음과 같이 말한다. "이로부터 매우 중요한 실천적인 결론 두 가지가 나온다. 첫째, 혁명적인 계급이 자신의 과제를 완수하기 위해서는 어떤 사소한 예외도 없이 모든 사회적 행위의 형태나 측면을 습득할 수 있어

3-2. 노동자계급 운동의 두 단계

레닌은 노동자계급 운동을 그 목표에 따라 두 단계로 나눈다. 그에 따르면 첫 번째 단계는 노동계급의 전위를 올바른 노선(당 조직)으로 결집하는 것이고, 두 번째 단계는 그것을 바탕으로 대중을 당 주위로 모으고 이들을 지도할 수 있도록 하는 것이다. 그는 다음과 같이 말한다.

> 중요한 —물론 전부는 결코 아니지만 중요한— 일, 곧 노동계급의 전위를 끌어들여 의회주의에 맞서 소비에트 정부 쪽으로, 부르주아 민주주의에 맞서 프롤레타리아트 독재 쪽으로 넘어가도록 하는 일은 이미 이루어졌다. 이제는 모든 노력과 모든 주의를 다음 단계에 집중시켜야 하는데 이 단계는 덜 중요한 것처럼 보이지만 —그리고 어떤 관점에서 보면 실제로 그렇다— 그럼에도 불구하고 그 과제를 실천적으로 성취하는 데는 사실상 밀접한 관련이 있다. 그 단계란 프롤레타리아 혁명으로의 이행이나 접근 형태들을 모색하는 것이다.[17)]

그는 당시에 국제적으로 전개되어지던 노동자계급 운동의 상황을 낙관적으로 평가한다. 그는 각국에서 벌어지는 부르주아지에 대한 노동자계급 운동의 투쟁의 발전 양상이 러시아보다 빠르다고 평가하며, 이념적으로도 자기 나라의 "멘셰비즘"을 극복하고 있고, 국제적으로도 제2 인터내셔날에 대한 제3 인터내셔날의 승리를 선언하고 있다. 그래서 그는 "아직도 승리는 너무나 멀다. 전위만으로는 승리할 수 없다"는 단서를 달지만 다음과 같이 선언한다.

> 프롤레타리아 전위는 이념적으로 획득되었다. 이것은 중요하다. 이것 없이는 승리를 향한 첫걸음조차 내디딜 수 없다.[18)]

야 한다는 것이다(정치권력을 장악하기 이전에 완성하지 못했던 일을 정치권력을 장악한 이후에, 때로는 커다란 모험과 엄청난 위험을 무릅쓴 채 완성시키면서). 둘째, 혁명적인 계급은 한 형태를 다른 형태로 아주 신속하고 지체 없이 대체할 준비가 되어 있어야만 한다는 것이다." (같은 곳.)

참고로 다음의 글을 참조하라. 김해인, "전위와 대중—계급의식의 불균등 발전에 대하여", ≪정세와 노동≫ 제7호(2005. 11.), pp. 64-76.

17) 레닌, 앞의 책, pp. 103-4.

18) 같은 책, p. 104.

그리고 다음과 같이 주장한다.

> 의식 있는 국제 노동운동의 전위, 곧 공산주의당, 집단, 경향의 당면 과제는 광범한 대중들(아직까지도 대부분의 경우 잠자고 있고 냉담하고 구태의연하고 침체되어 있고 각성되지 않은)을 자신들의 이 새로운 위치로 **이끌** 수 있게 되는 것, 더 정확히 말해서 자신의 당**뿐만 아니라**, 새로운 위치로 접근하고 나아가는 이런 대중들까지 지도할 수 있게 되는 것이다. (강조는 원문)[19]

그가 전부는 아니지만 중요한 일이라고 말하는 것, 즉 '노동계급의 전위'를 소비에트로 또 프롤레타리아 독재로 끌어들이는 것은 노동자계급정당으로 노동자계급의 전위들이 결집하는 것을 말한다. 또한 그것은 그렇게 건설된 노동자계급정당이 올바른 노선을 채택하는 것을 의미한다. 레닌은 이것이 매우 중요한 일이라고 거듭 강조한다. 그래서 그는 "이것은 중요하다. 이것 없이는 승리를 향한 첫걸음조차 내디딜 수 없다"고 말한다. 이것이 노동자계급 운동의 첫 번째 단계다. 첫 번째 단계의 과제가 이루어져야 노동자계급 운동은 비로소 다음 단계로 넘어갈 수 있다.

다음 단계는 "프롤레타리아 혁명으로의 이행이나 접근 형태를 모색하는 것"이다. 레닌은 이 두 번째 단계가 혁명의 실천적인 성취와 더 밀접한 연관이 있지만 "덜 중요한 것처럼 보이"고 "어떤 관점에서 보면 실제로 그렇다"고 한다. 하지만 그가 이렇게 말하는 것은 이것이 중요하지 않아서가 아니다. 단지 이전 단계에서는 그것이 덜 중요한 것이라는 것이다. 그래서 그는 "덜 중요한 것처럼 보"인다고 표현하고 "어떤 관점에서만" "실제로 그렇다"고 한 것이다. 오히려 그는 이 단계를 매우 중요하게 생각한다. 그렇기 때문에 그는 "프롤레타리아 전위가 이념적으로 획득되었"지만 "아직도 승리는 너무나 멀다"고 하고 "전위만으로는 승리할 수 없다"고 하는 것이다. 또한 "의식 있는 국제 노동운동의 전위, 곧 공산주의당, 집단, 경향의 당면 과제"를 "자신의 당뿐만 아니라, 새로운 위치로 접근하고 나아가는 이런 대중들까지 지도할 수 있게 되는 것"으로 설정하는 것도 그 까닭이다. 첫 번째 과제가 해결되고 새로운 정세가 형성되어 과제가 변화한 것이며, 이러한 변화한 상황

---

19) 같은 책, pp. 104-5.

에서는 새롭게 제기되는 "당면 과제"가 가장 중요한 것이 되는 것이다. 이전 단계에서는 "덜 중요한 것처럼 보이"던 것이 이제는 더 중요하게 된 것이다. 전위의 이념적 획득이 "승리를 향한 첫걸음"임에 분명하지만 전위만으로는 승리할 수 없고 "전체 계급, 곧 광범한 대중들이 전위를 직접적으로 지지하거나, 적어도 전위에게 우호적인 중립을 취하고 적을 전혀 지지하지 않는 입장에 서기도 전에, 전위만으로 결전을 치르는 것은 멍청할 뿐만 아니라 죄악을 저지르는 일이"라는 레닌의 주장을 이해한다면 레닌이 두 번째 과제를 매우 중요하게 생각했다는 것을 쉽게 알 수 있다.[20]

3-3. 두 단계와 상이한 과제

이렇듯 목표에 따라 나누어지는 단계는 당연히 상이한 과제가 제기된다. 이에 대해 레닌은 다음과 같이 말한다.

> 프롤레타리아트의 전위를 공산주의 쪽으로 끌어들이는 것이 문제가 되는 동안에는(아직 문제가 되는 한), 선전이 최우선 과제이다. 여기에서는 온갖 파벌성의 약점을 갖고 있는 써클조차 쓸모 있으며 또한 좋은 결과를 낳는다. 그러나 대중들의 실천 활동이 문제일 때 ―이를테면― 수백 만 군대의 배치가 문제일 때, 일정한 사회에서 **최후의 결전을 위한 모든** 계급 세력들의 배치가 문제일 때, 숙달된 선전만으로는, "순수한" 공산주의의 진리를 반복하는 것만으로는 더 이상 아무것도 이룰 수 없다. 여기에서는 아직 대중들을 지도하지 못하는 소그룹 소속의 선전자에 해당하는 수천 명만을 고려해서는 안 된다. 여기에서는 수백, 수천만 명을 고려해야만 한다. 여기에서 우리는 혁명적 계급의 전위에게 확신시키고 있는가를, 뿐만 아니라 **모든** 계급들, 곧 어떤 예외도 없이 일정 사회의 모든 계급들의 역사적 활동력이 마치 결전이 이미 무르익은 것처럼 배치되어 있는가를 스스로 묻지 않을 수 없다. (강조는 원문)[21]

이른바 "전위를 공산주의 쪽으로 끌어들이는 것이 문제가 되는" 첫 번째 단계에는 "선전이 최우선 과제"라고 하며, 이때에는 심지어 "파벌성"[parochial(편협한): 인용자]의 약점이 있는 써클조차 쓸모가 있고 좋은 결과를 낳

---

20) 같은 책, p. 104. 물론 ≪좌익소아병≫을 쓴 것 자체가 가장 큰 증거다.
21) 같은 책, p. 105.

는다고 한다. 기회주의와의 투쟁과 그것에서 승리하기 위해서는 선전이 가장 중요한 수단이 된다. 그리고 이것을 수행하는 것에 있어서는 써클조차 유용한 수단이 될 수 있다. 하지만 레닌이 러시아에서 이러한 수공업적인 써클을 당으로 결집시키기 위해 또 유명무실해진 당을 당 기관지의 복간, 정치 신문의 창간, 또 당 대회의 재조직을 통해 진정한 당으로 재탄생시키기 위해 헌신적으로 노력했던 것은 아주 잘 알려진 사실이다.[22] 그리고 그것은 바로 이 지점에서 강조되어야 한다. 왜냐하면 이러한 레닌의 주장은 써클을 옹호하는 것이거나 분열을 정당화하는 것이 아니기 때문이다. 사상 · 이론적인 혼란은 당연히 조직을 분열시켜 파벌화하고 당 조직을 써클화하며, 이는 전위를 뿔뿔이 흩어지게 한다. 따라서 "전위를 공산주의 쪽으로 끌어들이"기 위한 투쟁, 즉 '전위를 이념적으로 획득'하기 위한 투쟁은 사상 · 이론투쟁("선전")을 통해서 이루어지며 때에 따라서는 써클을 통해서 이루어지기도 한다. 그리고 이러한 과정은 궁극적으로 분열된 조직의 통일을 목적으로 하고 통일로 귀결되고 또 귀결되어야 한다.

전위들을 이념적으로 획득하는 문제에 있어서 선전은 가장 좋은 방법이다. 하지만 대중들의 실천 활동이 문제가 되는 경우 이것은 전혀 다른 문제가 된다. "숙달된 선전만으로는 "순수한" 공산주의의 진리를 반복하는 것만으로는 더 이상 아무것도 이룰 수 없다"는 것이 레닌의 주장이다. 그는 다음과 같이 말한다.

> 전위만으로는 승리할 수 없다. 전체 계급, 곧 광범한 대중들이 전위를 직접적으로 지지하거나, 적어도 전위에게 우호적인 중립을 취하고 적을 전혀 지지하지 않는 입장에 서기도 전에, 전위만으로 결전을 치르는 것은 멍청할 뿐만 아니라 죄악을 저지르는 일이다. 사실상 전체 계급, 곧 자본에 억압당하는 광범한 근로인민 대중들이 그러한 입장에 서기 위해서는 이러한 선전과 선동만으로 충분하지 않다. 이것을 위해서는 대중들 자신의 정치적 경험이 있어야 한다. 그러한 것은 모든 대혁명의 기본 법칙으로서 지금 러시아뿐만 아니라 독일에서도 아주 강력하고 두드러지게 확인되고 있다. 무식하고 대개가 문맹인 러시아 대중들뿐만 아니라 교양 있고 잘 교육받은 독일 대중들에

22) 이 부분에 대해서는 다음의 글을 참조하라. 전성식, "무엇을 배울 것인가?—레닌의 ≪이스크라≫ 발간 노력으로부터 배운다", ≪정세와 노동≫ 제8호(2005. 12.), pp. 110-20.

> 게도, 단호히 공산주의로 나아가기 위해 필요한 것은 제2 인터내셔널 기사들의 정부가 완전히 무능하고 완전히 우유부단하며, 완전히 쓸모없고 부르주아지에게 비굴하기 짝이 없고 완전히 굴종적이며, 프롤레타리아트 독재에 대한 유일한 대안으로서 극단적인 반동들(러시아의 코르닐로프, 독일의 카프 일당)의 독재가 불가피하다는 사실을 몸으로써 경험하는 것이다.[23]

선전 · 선동만으로는 대중들에게 부족하다. 그들은 직접 경험함으로써 깨달을 것이고 그를 통해 전위를 지지하거나 우호적인 중립을 취하게 될 것이다. 이때 전위들의 과제는 자명하다. 즉, 광범한 대중들을 자신들의 위치로 끌어들이고 그들을 지도할 수 있게 준비하는 것이다. 한국의 대중들은 현재 이른바 '개혁 세력'을 경험하고 있고 이들로부터 급격하게 떨어져 나오고 있다. 하지만 대중들, 특히 소부르주아 대중들은 노동자계급 진영이 아닌 '수구 세력'의 품으로 몰려가고 있다.[24] 그러나 그것은 신자유주의적 개혁에 대한 즉자적 반발에 의한 것으로 그것은 그들에게 또 다른 경험과 각성을 제공할 것이다. 이것은 안타까운 일이지만 그리 큰 문제는 아니고 현재와 같은 상황에서 어쩔 수 없는 일이기도 하다. 오히려 더 큰 문제는 이러한 상황임에도 불구하고 노동자계급 운동 내의 기회주의자들의 준동을 올바로 타격해 내지 못하는 전위들의 능력 부족과 분열, 전위들의 대중과의 결합 부족이다. 파국은 예상되고 준비와 능력은 부족하다. 이 경우 예상되는 결과는 노동자계급 대중과 그 전위들에게 돌아오는 대재앙이다. 사상적 · 이론적 · 조직적 혁명화를 통해 이를 돌파하지 못하는 경우 이것은 불가피하다. 대재앙을 막는 것 혹은 막지 못하더라도 피해를 최소화하는 것이 현재 우리에게 주어진 시급한 과제다.[25]

---

23) 레닌 앞의 책, p. 104.

24) 물론 이것은 이른바 여론조사에 근거한 결과에 불과하며 때때로 각종 선거로 확인된다. "보통 선거권은 노동자계급의 성숙도를 재는 측정기이다. 그것은 오늘날의 국가에서 그 이상의 것이 될 수 없으며, 또 되지도 않을 것이다; 그러나 그것으로 충분하다. 보통 선거권이라는 온도계가 노동자들의 비등점을 가리키는 날에, 노동자들도 자본가들도 자신들이 무엇을 할 것인가를 알게 될 것이다." (엥겔스, ≪가족, 사적 소유 및 국가의 기원≫(≪맑스 · 엥겔스 저작 선집≫ 제6권), 박종철출판사, p. 191.)

25) 레닌은 러시아 혁명이 승리할 수 있었던 것은 볼셰비키가 혁명적 철의 규율을 세우고 유지할 수 있었기 때문이라고 한다. 그런데 프롤레타리아 당이 규율을 유지할 수 있게 되는 조건의 하나는 대중이 경험을 통해 전위의 전략 · 전술의 올바름을

3-4. 기회주의와의 투쟁의 중요성

레닌이 노동자계급 운동에서 기회주의와의 투쟁을 중요하게 생각하는 것은 앞서 살펴본 대로다. 그는 특별히 노동자계급 운동의 두 단계와 이것을 연관 지어 다음과 같이 주장한다.

> 첫 번째 역사적인 과제(의식 있는 프롤레타리아트 전위를 소비에트 권력과 노동계급 독재 쪽으로 끌어들이는 것)가 기회주의와 사회배외주의에 맞선 이념적이고 정치적인 완전한 승리 없이 성취될 수 없었다면, 혁명에서 전위의 승리를 보장하는 새로운 위치로까지 대중들을 이끌 수 있어야 한다는 오늘날 당면하게 된 두 번째 과제, 곧 이 당면 과제는 좌익 교조주의의 청산 없이는, 그 오류를 완전히 제거함이 없이는 달성할 수 없다.[26]

이 글이 쓰인 낙관적인 당시와는 달리 현재 우리가 처한 상황은 매우 암울하다. 반동의 물결이 넘치고 있으며 대중들의 투쟁은 끊이지 않지만 노동

인정하는 것이다. 레닌은 이 점을 강조한다.

"프롤레타리아트에 있어서 절대적인 중앙집중화와 가장 엄격한 규율이라는 것이 부르주아지에 대한 승리의 한 본질적 조건이라는 것을 명백히 보여 주었다. ... 먼저 다음과 같은 의문이 생겨난다. 곧 혁명적인 프롤레타리아트 당 규율은 어떻게 유지되는가? 그 규율은 어떻게 검증되는가? 그것은 어떻게 강화되는가? 첫째, 그것은 프롤레타리아 전위의 의식성에 의해서, 그리고 혁명에 대한 그들의 헌신, 곧 전위의 끈기와 자기희생 및 영웅적 행동에 의해서이다. 둘째, 일차적으로는 가장 광범한 프롤레타리아 근로인민 대중들과, **뿐만 아니라 비프롤레타리아** 근로인민 대중들과도 연결을 갖고 가장 긴밀한 접촉을 유지하며, 그리고 당신들이 원한다면 어느 정도는 융합할 수 있는 전위의 능력에 의해서이다. 셋째, 이 전위가 발휘하는 정치 지도력의 올바름에 의해서, 곧 전위의 정치 전략 및 전술의 올바름에 의해서인 바, 이것은 가장 광범한 대중들이 **자신들의 경험으로써** 그 전략 및 전술의 올바름을 인정하는 것을 조건으로 한다. 이러한 조건들 없이는 부르주아지를 타도하여 사회 전체를 변혁시키고 말 선진 계급의 당이 진정으로 될 수 있는 혁명적 당의 규율이란 이루어질 수 없다. 이러한 조건들 없이는 규율을 세우려는 시도들은 불가피하게 수포로 돌아가고, 말장난과 광대짓으로 끝나 버린다. 다른 한편, 이러한 조건들은 단번에 생겨날 수 없다. 그것들은 꾸준한 노력과 고난 속에서 얻어진 경험에 의해서만 창출된다. 이들 조건의 창출은 올바른 혁명 이론에 의해 촉진되며, 역으로 이 혁명 이론은 도그마가 아니라, 오히려 진정으로 대중적인, 진정으로 혁명적인 운동의 실천과 밀접히 연관될 때에만 완전히 나타나게 된다." (강조는 원문) (레닌, 앞의 책, pp. 18-9.)

26) 같은 책, p. 105.

자계급 운동 진영 내에서 기회주의가 크게 우위를 차지하고 있으며 기회주의 세력에 반대하는 진영 역시 이념적으로도 혼란스럽다. 레닌에 따르면 현재 우리가 해결해야 할 주어진 과제는 첫 번째 단계의 문제이고 이것도 아주 낮은 단계이다. 만일 그가 옳다면 우리는 첫걸음조차 내디딜 수 없는 처지에 있는 것이다. 우리는 이 문제를 뛰어넘고 갈 수는 없다. 어렵지만 해결해야 하고 해결해야만 승리를 향한 걸음을 내디딜 수 있게 된다. 따라서 현재 "국가주의적 · 애국주의적 · 코퍼러티즘적, 즉 이른바 '사회적 합의주의'"에 대한 투쟁과 극복이 우리의 가장 큰 임무의 하나가 된다.[27]

이들 기회주의에 대한 투쟁의 중요성에 덧붙여 레닌은 고려해야 할 중요한 문제를 제기한다.

> 각국이 동일한 국제적인 과제들, 곧 노동운동 내의 기회주의와 좌익 교조주의에 대한 승리, 부르주아지의 타도, 소비에트 공화국과 프롤레타리아 독재의 수립을 수행하는 구체적인 방식에서 어느 것이 민족적으로 특이하고 민족적으로 차이 나는 것인가를 추적, 연구, 모색, 예측, 파악하는 것, 바로 이것이 모든 선진 나라들(물론 선진 나라들뿐만 아니라)이 겪고 있는 역사적 시기의 기본 과제이다.[28]

물론 당시와 현재는 상황이 많이 다르다. 하지만 "구체적인 특성들"을 고려하고 "공산주의 기본 원칙" "하나하나를 올바로 변형시키고 민족 내지 민족적 국가적 차이에 맞게 올바로 조정해서 적용하는 것"은 설명이 필요 없는 자명한 진리이다.

3-5. 노동자계급의 배신자와 형편없는 혁명가

레닌은 "공산주의 이념에 대한 가장 철저한 헌신성을 모든 필수적인 실천

---

27) 앞서 언급한 것처럼 "좌익 기회주의"는 "우익 기회주의"와 "방향이 다를 뿐인 똑같은 오류"이고 "우익 기회주의"를 "보충하는 형태", "노동운동의 기회주의적 범죄에 대한 일종의 형벌"이다. "우익 기회주의"가 기승을 부리고 이들 범죄를 막지 못하고 있는 현재 우리 역시 '벌'을 받고 있다. 그것은 "자율주의"와 "평의회 공산주의"인데 이것들은 우리의 뒤에서 우리의 발목을 잡고 "우익 기회주의"와의 투쟁을 방해하고 있다. 이들에 대한 투쟁 역시 당연히 중요하다.

28) 레닌, 앞의 책, p. 103.

적 타협, 방향 전환, 협조, 지그재그, 양보 따위로 나아갈 능력과 결합시킬 수 있어야만 한다"고 강조하고, 미숙한 혁명가들은 부르주아지가 합법적 투쟁 수단의 분야에서 노동자들을 너무 자주 속이고 우롱했다는 사실을 근거로 합법적인 투쟁 수단은 기회주의적이고 비합법적 투쟁 수단은 혁명적이라고 생각하는 경우가 많다고 지적하며 다음과 같이 말한다.

> 예컨대 1914-1918년의 제국주의 전쟁 시기와 같은 조건에서, 곧 가장 자유로운 민주주의 국가들의 부르주아지가 전쟁의 약탈적 성격에 대한 진실을 말하는 것을 금지하면서 유례없이 후안무치하고 잔인무도하게 노동자들을 속이고 있을 때, 비합법적 투쟁 수단을 채택할 수 없었거나 채택(할 수 없다가 아니라 하고 싶지 않다고 말하라)을 바라지 않았던 당과 지도자들이야말로 기회주의자요, 노동계급의 배신자인 것이다. 하지만 비합법적 투쟁 형태를 **모든** 합법적인 투쟁 형태와 결합시킬 수 없는 혁명가들은 참으로 형편없는 혁명가이다. (강조는 원문)[29]

현재 한국의 노동자계급 운동 내에는 "노동계급의 벗"으로 위장한 "노동계급의 배신자"들이 많이 있다. 또한 현재와 같은 '반동의 시기'에 배신자로 전락하지 않도록 자신을 지키는 것도 어려운 일이다. 하지만 "노동계급의 배신자"가 되지 않는 것만으로는 부족하다. 우리는 "형편없는 혁명가"로 머물러 있어서는 안 된다. 그렇지 않은가?

3-6. 결전의 시기

레닌은 혁명적 시기의 징후에 대해 언급한다.

> 결전이 무르익었다는 것은 첫째, 우리에게 적대적인 모든 계급 세력이 충분히 혼란에 빠지고, 충분히 서로 치고받고 있으며, 자신들의 힘에 부치는 투쟁으로 스스로 약해졌을 때, 둘째, 동요하고 흔들리고 불안정하며 어중간한 모든 분자들, 곧 부르주아지와는 다른 쁘띠부르주아지와 쁘띠부르주아 민주주의가 인민 앞에서 충분히 폭로되고, 자신들의 실질적 파탄으로써 충분히 창피를 당했을 때, 셋째, 부르주아지에 맞서 아주 단호하며 헌신적으로 대담

29) 같은 책, p. 108.

한 혁명적 행동을 지지하는 대중적 분위기가 프롤레타리아트 사이에서 나타나 강력해지기 시작했을 때를 말한다.[30]

또한 다음과 같이도 말한다.

> 모든 혁명들과 특히 20세기에 일어난 러시아의 세 혁명 모두에서 확인된 혁명의 기본 법칙이란 다음과 같다. 혁명이 일어나기 위해서는 착취당하고 억압받는 대중들이 예전의 방식으로는 살아갈 수 없다고 인식하고 변화를 요구하는 것으로는 충분하지 않다. 혁명이 일어나기 위해서는 착취자들이 예전의 방식으로는 더 이상 살아갈 수도 없고 지배할 수도 없는 것이 필요하다. **"하층계급들"**이 옛것을 원하지 않고, **"상층계급들"**이 더 이상 예전의 방식대로 할 수 없을 때, 바로 그때에야 비로소 혁명은 승리할 수 있다. 이 진리를 다른 말로 표현하자면, (피착취자와 착취자 모두에게 영향을 미치는) 전국적인 위기가 없이 혁명은 불가능하다는 것이다. 요컨대 혁명이 일어나기 위해서 필수적인 것은 첫째, 노동자 대다수(혹은 의식이 있고 생각이 깊으며 정치적으로 적극적인 노동자 대다수만이라도)가 혁명이 필요하다고 완전히 깨닫고 혁명을 위해서 죽을 각오를 하는 것이다. 둘째, 지배계급들이 통치의 위기를 겪어야 하는 것인데, 이 통치의 위기는 가장 후진적인 대중들까지도 정치에 끌어들이고(모든 진정한 혁명의 징후란, 정치투쟁을 전개할 능력은 있지만 지금까지는 잠잠하였던 억압받는 근로대중의 지도자들이 그 규모에 있어서 십 배, 아니 백배까지도 급속하게 증가되는 것이다), 정부를 약화시킴으로써 혁명가들이 그 정부를 빨리 타도할 수 있도록 해 준다. (강조는 원문)[31]

암울한 반동의 시기를 거치고 있는 우리에게 이러한 혁명적 시기는 공상처럼 느껴진다. 하지만 앞서 말한 것처럼 우리의 주변은 이미 수많은 "가연재"들로 가득 차 있다. 언제 또 어떤 계기가 그것을 촉발시킬지는 알 수 없다. 그렇지만 역사 속의 수많은 사례들은 이것이 꿈이 아니라 현실에서 이루어지고 있는 일임을 우리에게 명확히 알려 주고 있다.[32]

---

30) 같은 책, p. 105-6.

31) 같은 책, pp. 94-5.

32) 변절한 김근태 씨조차 과거의 기억을 더듬어 이렇게 말하고 있지 않은가? "사회적 분열은 결코 보수 언론과 보수 정치인들이 말하는 것처럼 이념적 갈등 때문이 아

3-7. 〈다함께〉

〈다함께〉의 최일봉 씨와 김하영 씨는 공동 명의로 발표한 "좌파 혁신과 연대에 제기될 몇 가지 문제"[33]에서 ≪좌익소아병≫을 인용하며 다음과 같은 주장을 한다.

> 그래서 민주노동당에 어떤 지지도 제공하기를 거부하는 것은 계급의식의 불균등한 발전을 진정으로 이해하지 못하는 소치이다. 또한 원칙과 전술을 구별하지 않는 태도이기도 하다. 극소수의 혁명적 사회주의자들에게는 민주노동당이 사회민주주의 정당이라는 점이 자명하다. 하지만 훨씬 더 광범한 대중, 수백만은 아닐지라도 수십만 선진 노동자들에게도 이 점이 자명하지는 않다. 사회주의자들은 적어도 수십만 노동자들에게 민주노동당의 실체가 사회민주주의임이 입증될 때까지는 민주노동당을 지지하면서 활동하는 것이 현명하다. 입증의 때가 언제 올지는 아무도 정확하게 알지 못한다. 하나의 정치적 세대가 얼마나 길지는 정치적 경험에 달려 있다. 1997-98년 경제공황은 노동조합 관료의 실체를 대중적으로 입증했다. 세계 자본주의와 한국 자본주의의 불안정과 세계 규모로 전개되는 계급투쟁의 양상은 앞으로 전개될 상황이 역동적일 것임을 뜻하므로 대중적 입증의 때가 그다지 오래지 않을 수도 있다. 다른 한편, 전부는 아닐지라도 대부분의 좌파가 옛 소련 블록 사회를 모종의 사회주의로 여기다가 낭패를 본 적이 있어 이데올로기의 혼돈이 있고, 이 때문에 운동의 진전이 더디다.[34]

그들이 이렇게 주장하는 것은 어느 정도 타당성이 있다. 또한 그들의 주장은 ≪좌익소아병≫에 분명하게 근거한다. 그러나 그들이 이렇게 주장할 수 있는 것은 레닌의 주장을 잘못 이해하고 있기 때문이다. 그들은 언제나 레닌과 트로츠키를 인용하여 좌익적인 문구로 자신을 치장한다. 하지만 실천에 있어서 그들은 전략적으로 우편향에 빠져 있고 또 전술적으로도 자주 우편향

닙니다. 분열의 본질은 악화되고 있는 사회 양극화입니다. 아프리카와 남미에서 그랬고 LA 폭동에서 그랬듯이 양극화가 심화되면 더 많은 시민들이 칼과 낫을 들어 자신의 의사를 표현할 것입니다." 물론 그러한 일이 절대 일어나지 않기를 그는 바라지만 말이다.

33) 최일봉 · 김하영, "좌파 혁신과 연대에 제기될 몇 가지 문제", ≪진보평론≫ 제22호(2004년 겨울), pp. 91-133.

34) 최일봉 · 김하영, 같은 글, pp. 110-11.

에 빠지고 있다. 그들이 이렇게 오류에 빠지는 것은 처음에 말한 것처럼 레닌에게 도움을 얻고자 할 때에 많은 주의가 필요하다고 하는 점을 간과하고 그것을 적용하는 데 있어 주의를 게을리하고 있기 때문이다.[35)]

4.

레닌의 글을 읽을 때는 많은 주의가 필요하다. 그리고 그것은 ≪좌익소아병≫에도 적용된다. 하지만 ≪좌익소아병≫은 그 부제—"맑스주의의 전략과 전술에 대해 쉽게 쓴 강의 시론"—가 말해 주듯이 '교과서' 혹은 '참고서'로서 의미가 충분하며 오랜 기간 동안 실제로도 그렇게 이용되었다. 이 글을 읽은 분 중 혹시 ≪좌익소아병≫을 읽지 않은 분이 있다면 일독 · 재독을 권하며 어려운 상황에도 굴하지 않는 동지들에게 지면을 통해 다음의 말로 인사를 드린다.

혁명이 이미 폭발하여 불타올랐을 때, 누구나가 순전히 자기도취에 빠져서, 유행으로, 때로는 심지어 출세할 욕심으로 혁명에 가담할 때, 혁명가가 되는 것은 어려운 일이 아니다. 승리한 이후에 프롤레타리아트는 그런 사이비 혁명가들로부터 "해방"되기 위해서 아주 집요한 노력을, 심지어 고통스럽기까지 한 노력을 쏟아야만 한다. 아직 직접적이고, 공개적이며, 진정으로 대중적이고, 진정으로 혁명적인 투쟁 조건이 없을 때, 혁명가가 될 줄 아는 것, 흔히는 아주 반동적인 비혁명적 기구에서, 비혁명적 상황에서 혁명적 행동 방식의 필요성을 재빨리 이해하지 못하는 대중들 사이에서 혁명의 이익을 옹호할 줄 아는 것(선전, 선동적으로, 조직적으로), 이것이야말로 훨씬 더 어렵고 더 값진 일이다.[36)]

35) 최일봉 · 김하영 씨의 글에 대한 좀 더 자세한 비판은 "우리는 지금 '민주노동당'을 지지해야 하는가?—최일봉 · 김하영 비판"(전성식, ≪현장에서 미래를≫ 제105호(2005. 1.))을 참조하라. 그중 영국 공산주의자와 관련된 부분은 "영국 공산주의자들에 대한 레닌의 조언"(전성식, ≪정세와 노동≫ 제11호(2006. 3.), pp. 79-93)을 참조하라.
36) 레닌, 앞의 책, pp. 108-9.

독점과 제국주의[*][1)]

≪정세와 노동≫ 제15호에 실린 김두한 연구위원장[2)]의 글은 참으로 고약하다. 그것은 문체도 고약하고 내용도 고약하다. 하지만 그 글이 정말 고약한 까닭은 다른 것에 있다. 문체와 관련해서는 조금만 익숙해지면 견딜 만하고 또한 내용과 관련해서는 비판을 하면 되므로 문제가 되지 않는다. 그런데 그 글은 분량이 짧은 것에 너무 많은 내용을 다루고 있어 도대체 어떻게 다루어야 할지 난감하게 만든다. 그것이 그 글이 고약한 가장 중요한 이유다.

이 글은 김이 다룬 모든 문제를 다루지는 않을 것이며 세세하게 비판을 하지도 않을 것이다. 다만 김이 오해한 문제 혹은 혼란스럽게 만든 문제를 정리하고 기존의 견해와 비교하는 차원에서 머물 것이고 쟁점을 정리하는 데 초점을 둘 것이다.

1. 독점(1)—자유경쟁의 중단

"독점"은 레닌의 ≪제국주의, 자본주의 최고 단계≫(이하 ≪제국주의론≫)에서 가장 핵심적인 개념이다.[3)] 따라서 이 문제로부터 시작한 김은 적절하다. 그런데 김은 "독점은 자유경쟁의 중단"이라 규정한다. 그러나 이것은 옳은 주장이 아니다. 독점이 발생하면 자유경쟁이 제한을 받는 것은 사실이다.

---

* [편집자 주] ≪정세와 노동≫ 제17호(2006. 10.) 〈이론〉에 실린 글이다.

1) 이 글은 ≪정세와 노동≫(통권 15호)에 실린 김두한 동지의 "20세기 러시아 사회주의 혁명과 현재"에 대한 비판의 일부로, 이번 호에서는 '독점과 제국주의'의 문제만을 다룬다. '사회주의 혁명과 이론'에 관한 문제는 다음 호에서 다루기로 하겠다.

2) 앞으로 나는 이 글에서 김두한 동지를 '김'이라고 칭할 것이다. 왜냐하면 '그'라는 대명사는 혼동을 줄 수가 있고 김두한 동지, 김두한 연구위원장 혹은 김두한 씨를 매번 반복하는 것이 귀찮고 이상해서이다.

3) "독점! 이 단어는 자본주의 발전의 최근 국면을 정확히 표현해 주고 있다." (레닌, ≪제국주의, 자본주의 최고 단계≫, 백산서당, p. 58.)

이것은 선구적으로 자본주의가 발전한 사회에서든 후발 자본주의 사회에서든 역사적으로 나타난 사실이다.[4] 그래서 레닌은 자유경쟁이 그 직접적 대립물인 독점으로 이행한다고 하고 "자본주의적 자유경쟁이 자본주의적 독점에 의해 대체"된다고 하며 "자유경쟁이 독점으로 전화해" 간다고 하며 이것이 독점자본주의 시대의 특징이라 한다.[5] 하지만 레닌은 "독점을 자유경쟁의 중단"으로 파악하지 않고 오히려 "자유경쟁으로부터 성장해 나온 독점체는 자유경쟁을 배제하지 않고 그 위에, 그와 나란히 존재"한다고 주장했다. 레닌은 다음과 같이 말한다.

> 이제 제국주의라는 주제에 대해 지금까지 이야기해 온 가닥들을 한데 모아 총괄해 보자. 제국주의는 자본주의 일반이 가진 근본적 특징의 발전이자 그 직접적 연속으로 등장했다. 그러나 자본주의는 오직 특정한, 그리고 매우 높은 발전 단계에서만 자본주의적 제국주의가 될 수 있다. 그것은 곧 자본주의의 몇 가지 근본적 특징들이 각기 자신의 대립물로 전화하기 시작하는 때이며, 자본주의로부터 보다 높은 사회 경제 체제로의 이행기의 제반 특질이 모든 영역에서 모습을 드러내는 때이다. 경제적으로 볼 때, 이 과정에서 중요한 것은 자본주의적 자유경쟁이 자본주의적 독점에 의해 대체된다는 사실이다. 자유경쟁은 자본주의뿐만 아니라 상품생산 일반의 기본적인 특질이며, 독점은 자유경쟁의 직접적 대립물이다. 그러나 지금까지 우리는 자유경쟁이 독점으로 전화해 가는 것을 우리 눈앞에서 보아 왔다. 즉, 자유경쟁은 대규모 산업을 만들어 내고 소규모 산업을 배제하며, 대산업을 더욱 큰 대산업으로 대체하는 한편, 독점—카르텔 · 신디케이트 · 트러스트 및 이들과 융합하는 수십억을 주무르고 있는 10여 개 은행의 자본—이 성장해 나오고 또 계속

---

4) 이것과 관련해서는 채만수, ≪노동자 교양경제학≫(전면 개정판)의 "제10강 독점자본주의" 부분을 참조하라.

5) "산업이 엄청나게 성장하고 점점 대규모화되는 기업으로 생산이 급속히 집적되는 과정은 자본주의의 가장 두드러진 특질 가운데 하나이다. 최근의 생산 조사는 이 과정에 대해 완벽하고도 정확한 자료를 제공해 주고 있다." (레닌, 앞의 책, p. 43.) "집적이 어느 정도의 발전 단계에 이르면 그 자체로 곧장 독점을 향해 나아간다는 점을 알 수 있다. 왜냐하면 수십 개 정도의 거대 기업은 쉽사리 협정을 맺을 수 있을 뿐만 아니라 기업의 규모가 크다는 바로 그 점 때문에 경쟁이 곤란해지고 독점으로의 경향이 생겨나기 때문이다. 경쟁에서 독점으로의 이러한 전화는 현대자본주의 경제의 중요한 현상 가운데 하나—가장 중요한 것은 아닐지라도—이다." (같은 책, p. 45.)

성장해 갈 정도로 생산과 자본의 집적을 가속화시켰다. 이와 동시에, 자유경쟁으로부터 성장해 나온 독점체는 자유경쟁을 배제하지 않고 그 위에, 그와 나란히 존재하며, 또 그럼으로써 매우 첨예하고 심각한 수많은 대립과 마찰, 갈등을 낳는다. 요컨대 독점은 자본주의로부터 보다 높은 체제로의 이행이다.[6)]

그런데 김은 이 지점에서 이렇게 말한다.

그런데 레닌 당시의 이런 독점체들에 의한 자유경쟁의 중단으로서의 독점체제는 단순한 미사여구가 아니라 실제적인 것으로서 1945년 이후 현재와는 완전히 상이하다. 당시에는 정말로 자유경쟁이 그와는 대체물인 독점으로 이행하였던 것이다. 물론 레닌은 독점이 자유경쟁을 제거하지는 못한다고 말하고 있지만, 그것은 경쟁이 제한된 것으로 현 상태의 무한 경쟁의 자본주의와는 상이한 진정한 독점의 시대가 있었다.[7)]

김은 "독점체는 자유경쟁을 배제하지 않고 그 위에, 그와 나란히 존재"한다고 하는 레닌의 주장을 가볍게 무시한다. 김은 레닌이 비록 그렇게 주장했다고 해도 "독점"은 "경쟁이 제한된 것"이고 당시는 "진정한 독점의 시대"였고 이것은 "현 상태의 무한 경쟁의 자본주의와는 상이"하다고 한다. 김의 이러한 주장은 독점자본에 의한 경쟁의 제한 · 배제를 '경쟁의 중단'과 동일한 것으로 보는 것, 즉 독점자본주의 시대에는 경쟁이 없었던 것으로 주장하고 현재는 독점이 존재하지 않는다는 주장처럼 들린다.

그러나 이는 둘 다 옳지 않은 주장이다. 앞서 살펴본 것처럼 자유경쟁은 독점으로 결과한다. 그리고 독점은 경제체제를 지배하게 된다. 그리고 독점은 경쟁을 제한하고 배제한다. 하지만 이것이 의미하는 바가 독점의 지배가 경쟁을 소멸시킨다는 것은 아니다. 그것은 경쟁이 새로운 단계에 도달했음을 의미하는 것이다. 경쟁과 독점은 대립물로서 통일되어 있는 것이다.

모두가 알다시피 근대의 독점은 경쟁 그 자체에 의해 만들어진 것이다. ... 그러므로 원래적 의미로는 경쟁이 독점의 대립물이었던 것이지 독점이 경쟁

6) 같은 책, p. 121.
7) 김두한, 앞의 글, pp. 70-1.

의 대립물이 아니었다. 그런 이유로 해서 근대적 독점은 단순한 대립이 아니라 그와는 반대로 진정한 종합인 것이다.[8)]

현실의 생활 속에서, 우리는 경쟁, 독점, 이 양자 간의 대립뿐 아니라, 양자의 종합을 또한 발견하는데, 이 종합은 운동이지 결코 정식이 아니다. 독점은 경쟁을 낳고, 경쟁은 독점을 낳는다. 독점자는 경쟁으로부터 만들어지고 경쟁자들은 독점자가 된다. 만약 독점자들이 부분적 결합의 수단을 이용하여 그들의 상호 경쟁을 제한한다면, 노동자 간의 경쟁이 증가한다. 한 국가의 독점자들에 대항하는 프롤레타리아 대중이 성장하면 할수록 상이한 국가들의 독점가들 사이의 경쟁은 더욱 필사적으로 된다. 종합은 그러한 성격을 지니고 있어서 독점은 경쟁의 투쟁 속으로 계속적으로 들어감으로써 스스로를 유지시킬 수 있다.[9)]

경쟁은 상품생산의 기본적인 특질이며, 자본주의적 생산은 상품생산이다. 따라서 경쟁은 자본주의적 생산의 본질적 특성이다. 비록 경쟁의 결과로 독점이 발생하고 이렇게 발생한 독점이 경쟁을 제한 · 배제하더라도 독점자본주의는 자본주의적 생산의 본질적 특성인 경쟁을 소멸시킬 수 없다. 말 그대로 제한 · 배제할 뿐이다.

다시 반복하면 자유경쟁은 필연적으로 생산의 집적을 낳으며 집적은 일정 단계에 이르면 필연적으로 독점을 발생시킨다. 이렇게 발생한 독점은 국내시장에서 경쟁하며 시장을 분할함으로써 자국의 산업을 장악한다. 이후 그들은 국제시장에서 경쟁하며 초독점(super monopoly)을 형성한다. 그리고 이 초독점 역시 치열한 경쟁을 하게 되며 세계를 분할하고 재분할한다. 독점과 분할과 재분할은 모두 경쟁의 결과이다. 그래서 레닌은 "독점이 불가피하게 정체와 부패의 경향을" 만들 수 있음을 인정하지만 다음과 같이 말한다.

물론 자본주의하에서 독점은 결코 완전히, 또 오랜 기간 동안 마냥 세계시장에서의 경쟁을 제거할 수 없다(덧붙이자면, 초제국주의 이론이 터무니없는 이유 중의 하나가 바로 이 점에 있다).[10)]

---

8) 맑스, ≪철학의 빈곤≫, 아침, p. 152.
9) 맑스, 같은 책, p. 153.
10) 레닌, 앞의 책, p. 133.

2. 독점(2)—독점이란 무엇인가?

김은 자신의 글에서 독점에 대한 경제학적 정의를 소홀히 다루고 있다. 김은 그것의 경제학적 의미보다도 독점의 여러 형태를 중요시 한다. 그래서 김은 현재의 자본주의 체제에서의 독점의 존재를 부인하는 주장에 이른다.[11)] 경제학에서 다루는 독점은 무엇인가?

> 현대자본주의의 첫 번째 특징은 자본과 생산이 거대하게 집적 · 집중되어 있고, 또 시장과 사회가 그렇게 거대화된 독점자본에 의해서 지배되고 있다는 점입니다.
>
> 개념적으로 자본의 집적이란 잉여가치가 자본으로 전화됨으로써, 즉 자본이 노동자를 착취하여 획득한 이윤의 커다란 부분이 다시 노동자들을 착취하기 위한 자본으로 전화됨으로써 그 자본이 거대해지는 것을 의미합니다. 그리고 자본의 집중이란, 오늘날 유행하는 말로 표현하자면, 소위 기업의 인수 · 합병(M&A)을 통해서 자본이 거대해지는 것을 의미합니다.
>
> 독점이란 그러한 과정, 즉 집적과 집중을 통해서 거대해진 자본이고, 그리하여 이제는 고만고만한 크기와 힘을 가진 수많은 자본이 경쟁을 통해서 평균적으로 획득하는 이윤 대신에 경쟁을 제한 · 배제하며 평균이윤율 이상으로 이윤을 획득하는, 즉 독점이윤을 취하는 자본입니다.[12)]

만일 이 정의를 인정하면 현재 세계 자본주의를 지배하는 자본은 독점자본이다. 그런 의미에서는 김이 1945년 이후에 등장했다고 하는 이른바 "초국적 자본"도 독점자본임에 분명하다. 그것은 현재의 독점자본을 어떤 특정한 측면에서 바라본 다른 이름에 불과하다.

자본의 집적과 집중을 통해 형성된 소수의 거대 기업은 자신의 규모 자체 때문에 해당 산업부문의 생산과 시장에 커다란 영향력을 갖는다. 그들은 "서로가 상대방에 대해 전혀 알지 못하고 분산된 채 미지의 시장에서의 판매를

---

11) "1945년 이후 현 시기 자본주의 발달 ... 카르텔과 트러스트 등의 독점은 금지되고 다시금 경쟁이 벌어진다." (김두한, 앞의 글, p. 97.) "자본의 축적에 파괴적인 영향을 초래했던 보호무역 및 독점의 중단과 제국주의 중단은 자본주의 국가 간에 교역량의 증대를 가져왔다." (같은 글, p. 98.)

12) 채만수, 앞의 책, p. 481.

위해 생산하던 제조업자들 간의 자유경쟁과는 전혀 다른 것이다."[13] 이들은 시장 상황에 수동적으로 대응하지 않는다. 이들은 경쟁이 자신들에게 줄 타격을 잘 알고 있기에 명시적으로 혹은 암묵적으로 협조하여 자신들에게 가장 유리한 방향으로 움직인다.

여기서 김이 중요하게 생각하는 독점의 형태를 잠시 살펴보는 것은 의미가 있다. 왜냐하면 김은 "1945년 이후에 레닌 시대의 고유한 카르텔이나 트러스트 등이 사라졌으며"[14]라거나 "좀 더 엄밀히 말하자면, 카르텔과 트러스트 등의 독점은 금지되거나 다시금 경쟁이 벌어진다"[15]라며 레닌의 ≪제국주의론≫의 유효성은 1945년 이전까지라고 주장하기 때문이다. 이러한 김의 주장은 일면 타당하다. 그것은 레닌이 ≪제국주의론≫을 서술할 당시와 현재의 독점의 주요한 형태가 다르기 때문이다. 하지만 김은 더 큰 부분에서 잘못을 범하고 있다. 앞서 지적한 독점의 의미에 대한 것은 차치하고서라도 김은 현실을 무시하고 있다.

개념적으로 카르텔은 한 산업부문 내의 상이한 자본들 사이에 결성되는 독점적 연합체이다. 이것은 가격, 생산량 할당, 시장 분할, 특허 사용, 공급조건 등등에 대한 협정을 체결하여 독점이윤을 획득하는 형태·방식으로 독점체의 형태 중 가장 느슨한 형태이다.[16] 현재 이러한 카르텔은 많은 국가에서 공식적으로 금지되어 있으며 그 위상도 예전과 같지 않지만 현재에도 특정한 거대 기업에 의해 가격 선도가 이루어지는 것이나 가격 담합 관련 보도를 통해 그 현실성이 증명된다.[17]

레닌 시대 다른 주요한 독점체의 형태는 트러스트였다. 트러스트는 동일산업부문의 기업들이 실질적인 독립성을 잃고 거대 기업에 결합함으로써 형성된 독점체다. 개별 기업들이 자신의 독립성을 잃는다는 것이 카르텔과 가장 중요한 차이이며 동일 산업부문 내의 기업들의 합병이라는 것이 콘체른과의

---

13) 레닌, 앞의 책, p. 53.

14) 김두한, 앞의 글, p. 72.

15) 같은 글, p. 77.

16) 하지만 레닌은 "독점체 역사의 주요 단계를 총괄"하면서 "(3) 19세기 말의 호경기와 1900-03년의 공황기: 카르텔은 경제생활 전반의 한 기초가 된다. 자본주의는 제국주의로 전화되었다"고 적극적으로 평가한다. (레닌, 앞의 책, p. 49.)

17) 과거에는 카르텔이 공식적·공개적으로 등록된 형태로 존재했었다. 하지만 과거에도 비밀 형태로 존재한 카르텔이 있었다고 하며, 이러한 비밀 형태는 현재 더욱 중요하게 되었다.

차이이다. 이런 방식의 통합·합병은 현재에도 광범위하게 이루어지고 있다.

레닌이 은행의 독점을 설명하면서 언급한 콘체른은 가장 강력한 독점체다. 이것에는 개별 기업들은 물론 트러스트까지 참가하며 여러 산업부문에 걸쳐 복합적인 결합의 양상을 보여 준다. 이른바 재벌은 가장 좋은 예의 하나이다. 그리고 이것은 과거의 유물이 아니라 현재 진행형이고 현시대 독점체의 가장 주요한 형태이다.

3. 독점(3)—현재진행

1) 석유 7대 메이저(Seven Sisters)에서 '슈퍼 메이저'로[18)]

세계 석유산업의 역사는 독점의 역사였다. 록펠러는 도박적인 석유 개발 사업 대신 정유 산업을 통해 석유산업을 지배할 수 있다고 판단하고 1870년 '오하이오 스탠더드 석유회사'를 설립한다. 그는 정유 산업의 성공이 철도 산업과 연관이 있다는 것을 알고 정유 공장을 흡수·합병하여 강력한 거대 화주가 되어 철도 회사를 압도했으며 송유관과 철도 화차까지 매입한다. 그는 1882년 미국의 정제 및 판매 시장의 90%를 독점하는 '스탠다드 오일 트러스트'를 설립한다.

이 회사는 1911년 반트러스트 법에 의해 34개사로 분할된다.[19)]

하지만 그 이후에도 독점의 역사는 계속 이어진다. 분할된 34개사 중 일부는 7대 메이저인 '엑슨', '모빌', '캘리포니아 스탠더드('소칼')'로 성장한다. '걸프'는 은행 재벌 멜론이 텍사스의 유전을 인수하고 유전 개발에 성공해 1906년에 만들어진다. '텍사코'는 1911년 설립되어 정유 산업, 세계 유전 개발과 회사 합병들을 통해 메이저로 등장한다. 다른 메이저인 '로얄더치쉘'은 1890년 석유를 생산·정제·수송·판매를 담당하기 위해 만들어진 네덜란드 왕립회사인 로얄더치사와 쉘운수무역회사가 1907년 통합하여 만들어진다. 영국인

---

18) 이들 회사들은 두 차례의 세계 석유 위기 이후 지배력이 많이 쇠퇴하였지만 그 영향력은 아직도 막강하다.

19) 생산, 수송, 정제, 판매의 모든 작업을 완벽하게 관리·통제하여 소비자에게 일관된 품질의 제품을 제공하여 신뢰를 얻겠다는 의지의 표현인 '스탠더드'와 '트러스트'가 이러한 결과를 초래하게 된 것은 말 그대로 '자본주의'이기 때문이다.

에 의해 이란에서 발견된 유전을 바탕으로 1908년에 만들어진 앵글-페르시안 석유회사는 이란과 영국 간의 분쟁을 거쳐 1954년 'BP'(The British Petroleum Co., PLC)가 된다.

이렇게 형성된 석유산업의 거대 기업을 석유 7대 메이저(7자매)라고 불렀다. 그러나 여기에 머물지 않고 이들은 이른바 석유 위기 이후 상호 간에 계속적인 인수 합병을 행한다. 1984년 걸프와 소칼은 합병하여 '셰브론'이 되었고 그 '셰브론'은 2001년 '텍사코'와 합병하여 '셰브론텍사코'로 된다. '엑슨'과 '모빌'은 1999년에 통합되어 '엑슨모빌'이 되어 세계 최대 회사가 된다. BP는 1988년 미국 회사인 아모코를 인수하고 BP-Amoco가 되어 세계 제3위로 된 후 다음 해인 2000년 세계 최대의 정유 시설을 가진 '아르코'를 인수하여 BP라는 이름으로 세계 제2위 석유 회사로 되었고 현재는 세계 제1의 회사가 되었다. 7자매에 끼지 못했지만 8번째의 자리를 차지하고 있었던 프랑스의 석유 회사 '토탈'은 1999년 벨기에의 석유 회사 페트로피나를 합병하고 토탈피나가 된 후 다음 해 '엘프'를 합병해 '토탈'이 되어 세계 제4위 석유 회사가 된다. 이렇게 하여 현재 세계 석유산업은 'Seven Sisters'에서 '슈퍼 메이저' 체제로 변하게 되었다.

2) 곡물 메이저

세계 곡물 시장은 '곡물 메이저'라고 불리는 거대 기업들이 장악하고 있다. 이들은 석유산업의 '7자매(Seven Sisters)'와 비교하여 '5형제(Five Brothers)'라고 불린다. 과거에는 카길(Cargill)-컨티넨털(Continental)-루이 드레퓌스(Louis Dreyfus)-분게(Bunge)-앙드레(가낙)를 5대 곡물 메이저로 칭했다. 그러나 1980년대 들어 미국계 곡물 회사인 ADM(Archer Daniel Midland)이 곡물 취급량을 급격히 증가시키고 카길이 2001년 컨티넨털의 곡물 부문을 합병하여 현재는 카길-ADM-루이 뒤레피스-분게-앙드레가 5대 메이저라고 불린다.

이들의 세계시장 점유율은 전체 곡물 교역량의 약 80%, 유통 분야 시장점유율도 총저장 능력 75%, 수출 취급 능력에서 56%를 차지한다. 이 중 카길은 1980년 이후 관련 기업을 적극적으로 인수 · 합병하며 규모를 키워 왔는데 12년간 개당 1억 달러가 넘는 곡물 저장용 엘리베이터 50여 개를 인수하였다고 한다. 또한 2000년에 세계 최대 규모의 사료 회사 애그리브랜드 인터내셔날을 인수하였고 2001년에는 칠면조 가공회사 로코 엔터프라이즈를 인수했으며 세계 2위인 콘티넨털사의 곡물 부문 유통 사업을 합병하여 추종을 불허하는 세계 최대의 곡물 메이저가 된다. 카길과 합작 관계에 있는 세계 최대의 농업생명공학기업 몬산토는 세계시장 점유율이 90%에 육박하는 기업이다. 이외의 ADM이나 다른 회사 역시 카길과 비슷하게 합병과 합작을 통한 시장 지배 전략을 펼치고 있다.

3) 세계 제약 자본

세계 10대 제약 회사에는 화이자, 글락소스미스클라인, 사노피-아벤티스, 노바티스, 아스트라제네카, 존슨앤존슨, 머크(Merck & Co., MSD), 와이어스, 블라스톨-마이어스 스퀴브(BMS)와 릴리가 속한다. 이들 업체들은 2005년 매출이 각각 140억 달러 이상이었으며, 지난해 총 매출액은 2300억 달러로 전체 제약 산업의 30% 이상을 차지했다.

화이자는 442억 8000만 달러의 매출을 한 세계 1위의 제약 회사이다. 화이자가 세계 1위로 등극한 것은, 2000년 그 자신도 다른 기업들을 인수·합병하며 덩치를 키워 온 제약 회사 '워너램버트'를 인수한 이후이다. 세계 2위인 '글락소스미스클라인'은 '스미스클라인'과 1994년 '비첨'이 합병하여 만들어진 '스미스클라인비첨'과 1995년 '글락소'가 '웰콤'을 합병하여 만들어진 세계적 제약 회사인 '그락소웰컴'이 2000년 대등한 합병을 통하여 만들어진 회사이다. '유럽 1위·세계 3위'를 자랑하는 '사노피-아벤티스'는 1999년 '사노피'가 '쌩뗄라보'를 합병하여 만든 '사노피-쌩뗄라보'가 '아벤티스'를 2004년 합병하여 만들어진 회사이다. 노바티스는 1996년 스위스에서 가장 큰 두 개의 제약·의료 및 화학 회사인 치바가이기(Ciba-Geigy AG)와 산도츠(Sandoz AG)의 합병으로 설립된 제약 회사이다. '치바가이기'는 '치바'와 '가이기'가 1970년에 합병한 회사였나. 아스트라세네카는 1919년 설립된 스웨덴 기업인 아스트라 AB와 1926년 설립된 영국 기업인 제네카 그룹 PLC가 1999년 통합하여 새롭게 설립된 회사이다. 머크는 1891년 미국에서 설립되어 1953년 샤프-돔(Sharp & Dohme)을 합병하여 MSD International을 설립한다. 이후 몇 개의 제약 회사 연구 기관을 합병한다. 미국과 캐나다 이외의 지역에서는 이 회사의 이름은 MSD로 불린다. 와이어스는 1926년에 설립되어 다른 제약 회사들을 합병해 가며 성장하던 아메리칸홈프로덕트(American Home Products, AHP)가 2002년 이름을 변경한 기업이다.[20] BMS는 1887년 설립되어 지속적으로 다른 회사를 합병해 가던 '블라스톨-마이어스'가 1989년 스퀴브(Squibb Corporation)와 합병함으로써 만들어진다.[21]

4) 세계 완성차 산업[22]

2005년 신차 기준 세계시장 점유율은 6대 자동차 회사에는 GM(14.2%), 도요타(13.0%), 포드(12.4%), 르노-닛산(9.6%), 폭스바겐(8.3%), 다임러 크라이슬러(6.8%), 현대-기아(6.3%), 푸조-시트로앵(5.5%), 혼다(5.4%), 기타(18.5%)였다.[23] 세계 5대 자동차 업체의 점유율은 57.5%이며 세계 9대 자동차 업체의 점유율은 89.5%이다.

몰락하고는 있지만 세계 1위인 GM은 미국의 여러 자동차 회사(뷰익, 캐딜락, 올즈모빌, 시보레 등)를 합병해 가며 성장하였고 유럽의 오펠, 사브(2000년) 등을 합병하고 피아트 그룹(2000년)과도 전략적 제휴를 맺고 있다. GM은 중국에서 쌍용의 대주주인 상하이 자동차와 합작 관계이다. 또한 그들은 대우(2002년)를 인수 · 합병했다.[24] 도요타는 다이하쯔(1998년), 히노 등을 합병

---

20) 한국와이어스 홈페이지에는 다음과 같은 회사 소개가 있다. "한국와이어스(대표이사/사장 강백희)는 1982년 미국 사이나미드사와 유한양행의 합작으로 설립된 다국적 제약 기업으로, 1994년 미국 사이나미드사가 세계적인 연구 중심의 제약 회사인 AHP(American Home Products)에 인수된 후 AHP의 Ethical사업 Division인 Wyeth-Ayerst International, Inc.의 자회사로서 활동해 왔으며, 새로운 도약을 위해 2000년 9월 1일부로 상호를 유한사이나미드㈜에서 한국와이어스주식회사로 변경하였습니다. AHP는 첨단 기술의 생명공학을 통해서 세계의 건강 문제들을 해결하기 위해 전념하는 세계적인 연구 중심의 제약 기업으로서의 역할을 천명하기 위하여 2002년 3월 11일부로 Wyeth로 그 명칭을 변경하였습니다."

21) 존슨앤존슨은 그 회사가 어떤 회사들을 합병했는지는 모르지만 최근 심장의료기기 전문회사인 '가이던트' 인수 과정이 공정하지 않았다고 경쟁 회사인 '보스톤 사이언티픽'에 대해 55억 손해배상 소송을 제기했다. 릴리는 1876년 설립되었다. 이외에도 수많은 합병을 볼 수 있다. 바이엘(세계 17위)의 쉐링(세계 18위) 인수(2004년), 일본의 야마노우찌(22위)와 후지사와(28위)가 합병해서 만들어진 아스텔라스(16위)(2005년), 독일 머크(세계 24위)의 유럽 최대의 생명공학 회사 '세로노' 인수. 독일 머크는 올해 초 쉐링을 합병하려다 실패했었다.

22) 이들은 완성차 생산만 하는 회사들이 아니다. 대부분의 그들은 트러스트이거나 콘체른이다.

23) 2005년 자동차 판매 대수는 GM 8,714,605대, 도요타 8,039,634대, 포드 6,434,587대, 르노-닛산 5,976,285대, 폭스바겐 4,926,285대, 다임러 크라이슬러 4,199,882대, 현대-기아 3,779,466대, 푸조-시트로앵 3,227,217대였다.

했다. 포드 역시 여러 자동차 회사를 합병하며 성장하였고 일본의 마쓰다(1996년), 유럽의 영국의 애스턴 마틴, 영국의 재규어(1988년), 스웨덴의 볼보(1999년), 영국의 랜드로버(2000년) 등을 인수 합병하였다. 르노-닛산은 프랑스 회사 르노가 1999년 일본 2위 업체인 닛산을 인수하면서 만들어진 회사다. 르노는 다음 해 삼성자동차를 합병했다. 폭스바겐은 아우디의 전신인 아우토 우니온(1969년)을 인수하고 중국에 상하이 폭스바겐(1985년)을 합작하고 스페인의 세아트(1986년), 체코의 스코타(1990년)를 인수해 한때 유럽의 최대 회사였으며 롤스로이스(1998년)와 이탈리아의 람보르기니(1998년)를 인수하였다. 다임러 크라이슬러는 1998년 독일 다임러-벤츠가 미국의 크라이슬러를 합병해서 만들어진 기업이다. 이 회사는 일본의 미쓰비시(2000년)를 합병했다.

5) 철강 업계

2005년 기준 세계 철강 업계 조강 생산량 순위는 미탈스틸(6,300만 톤), 아르셀로(5,000만 톤), 신일본제철(3,290만 톤), 포스코(3,140만 톤), JFE(2,980만 톤) 등의 순이었다.

미탈스틸은 2004년 말 네덜란드 이스팟 인터네셔날과 LNM 홀딩스와 미국의 인터내셔널스틸그룹(ISG)이 합병하여 세계 1위 철강 업체로 등극한 기업이다. 이어 우크라이나의 철강 업체 크리보리쯔탈을 추가로 인수해 조강 생산량을 연산 8000만 톤 규모로 늘렸다. 세계 2위인 아르셀로도 2002년 프랑스의 위지노르, 스페인의 아셀라리아, 룩셈부르크의 아베다가 합병한 회사다. 조강 생산량 5위인 일본 JFE스틸은 가와사키제철(KSC), 일본강관(NKK)을 인수하여 만들어진 기업이다. 세계 조강 생산량 1-5위 업체 중 3위인 신일본제철*과 4위인 포스코를 제외하고 모두 합병 법인이다. 세계 1위인 미탈스틸은 지속적인 인수 · 합병을 하고 있으며 세계 2위인 아르셀로를 올해 인수하였다.

---

24) 일본의 이스즈(1971년)와 스즈키(1981년)의 최대 주주였으나 경영의 어려움으로 관계를 청산했고 후지중공업(2000년)과의 전략적 제휴는 도요타에게 빼앗겼다.

* [편집자 주: 김해인] 2012년 10월 현재, 조강 생산 능력 세계 7위인 신일본제철과 12위인 스미토모금속이 '신일본제철-스미토모금속'으로 합병하여, 조강 생산 능력 세계 2위의 업체가 되었다.

4. 축적 및 집적 그리고 집중

김은 레닌의 오류를 지적하기 위해 다음과 같이 주장한다.

> 레닌은 자본축적의 두 가지 법칙 중 하나만을 주장하고 있다. 그리하여 앞서 언급한 것처럼 레닌은 자유경쟁은 곧바로 독점으로 이행한다고 주장하였다. 그러나 맑스에 따르면 자본은 하나로 뭉치는 집중이라는 방식의 축적뿐만 아니라 새로운 산업부문으로 새로운 지역으로 새로운 자본으로 분할되는 집적이라는 축적 방식이 있다. 따라서 레닌이 주장하는 바와 같이 곧바로 독점으로 진행할 수가 없는 것이다.[25]

맑스가 집적과 집중을 다른 것으로 보았다는 김의 주장은 옳다. 맑스는 이렇게 언급한다.

> 다음이 집중과 집적의 차이점인데, 집적은 확대재생산의 다른 명칭에 불과하지만, 집중은 단순히 기존 자본의 분배를 변화시킴으로써 [사회적 자본의 구성 부분들의 양적 편성을 단순히 변경시킴으로써] 발생할 수 있다. 한 사람의 수중에 자본이 거대한 양으로 증대할 수 있는데, 이것은 다른 곳에서 많은 사람들의 수중으로부터 자본이 박탈되었기 때문이다.[26]

그러나 자본축적에 두 가지 법칙이 있고, 그 하나가 집적이고 다른 하나는 집중이라는 김의 주장은 잘못이다. 왜냐하면 맑스는 "집적은 축적으로부터 직접 나오거나 또는 오히려 축적 그 자체와 동일한 것"[27]으로 생각하기 때문이다.[28]

---

25) 김두한, 앞의 글, p. 73.

26) 맑스, ≪자본론≫ 1권(하), 비봉출판사, p. 856. 참고로 "잉여가치를 자본으로 사용하는 것, 즉 잉여가치를 자본으로 재전환시키는 것을 자본의 축적(蓄積: accumulation of capital)이라고 부른다." (맑스, 같은 책, p. 788.)

27) 같은 책, p. 853.

28) 맑스는 집적과 축적을 거의 같은 의미로 사용한다. "자본의 흡수는 생산수단과 노동 지휘의 단순한 집적[축적과 동일한 의미의 집적]이 아니다." (같은 책, p. 854.) 하지만 "축적과 그에 수반하는 집적", "축적은 한편으로는 생산수단의 집적과 노동에 대한 지휘의 집적의 증가로 나타"난다는 표현에서도 알 수 있듯이 그 현상 형태로

또한 집적이 "새로운 산업부문으로 새로운 지역으로 새로운 자본으로 분할되는" 것으로 규정하는 것은 개념적으로 더욱 큰 잘못인데, 왜냐하면 맑스는 집적의 두 번째 특징을 언급하면서 다음과 같이 말한다.

> 사회적 자본 중 각 특정 생산 분야에서 활동하는 부분은 [서로 경쟁하는 독립적인 상품생산자로 대립하는] 많은 자본가들 사이에 분할되어 있다. 따라서 축적과 그에 수반하는 집적이 다수의 지점으로 분산될 뿐 아니라, 개별 기능자본(functioning capital)의 증대는 새로운 자본의 형성과 구(舊)자본의 분열에 의해 방해를 받는다.29)

즉 맑스는 김의 주장대로 자본의 분할을 직접적으로 집적이라고 하지 않는다. 오히려 자본 분할은 해당 분야의 집적을 방해하는 것으로 명백히 반대로 말하고 있다.

이것이 지적되면 우리는 개념적 오류를 넘어 김이 진정으로 주장하고자 했던 것을 검토할 수 있게 된다. 그것은 자본의 분할 때문에 "집적이 어느 정도의 발전 단계에 이르면 그 자체로 곧장 독점을 향해 나아간다는" 레닌의 주장이 잘못되었다는 것이다.

자본이 축적되는 과정에서 최초의 자본으로부터 분리되어 새로운 독립적 자본으로 기능하는 자본이 출현한다. 이것은 김이 지적한 것처럼 이러한 분할은 해당 분야의 집적을 방해할 수 있다. 따라서 논리적으로는 분할이 "집적이 어느 정도의 발전 단계에 이르"는 것을 방해할 수 있으며 이러한 한에서 "곧장 독점으로 나아"가는 것을 방해할 수 있다. 그러나 이것이 의미하는 것이 해당 분야로부터의 자본 분할이 "집적이 어느 정도의 발전 단계"에 도달하는 것을 불가능하게 한다는 것을 의미하는 것은 결코 아니다. 자본 분할 등과 같은 방해에도 불구하고 해당 분야에서의 집적은 끊임없이 진행된다. 또한 맑스는 다음과 같이 말한다.

> 수많은 개별 자본으로 사회적 총자본의 분열 또는 그 단편들의 상호 배척은 그들 사이의 흡수(吸收: attraction)에 의해 상쇄된다. 자본들의 흡수는 생

주로 사용한다.

29) 같은 곳.

산수단과 노동 지휘의 단순한 집적[축적과 동일한 의미의 집적]이 아니다. 그것은 이미 형성된 자본의 집적이며, 그 개별적 독립성의 파괴이며, 자본가에 의한 자본가의 수탈(收奪: expropriation)이며, 다수의 소자본을 소수의 대자본으로 전환시키는 것이다. 이 흡수 과정이 집적 과정과 다른 점은, 흡수 과정은 이미 존재하며 기능하고 있는 자본들의 분배의 변화만을 전제하며, 따라서 그 작용 범위는 사회적 부의 절대적 증대 또는 축적의 절대적 한계에 의해 제한받지 않는다는 점이다. 한 곳에서 어떤 한 사람의 수중에 자본이 대량으로 증대하는 것은 다른 곳에서 많은 사람들이 자본을 잃어버렸기 때문이다. 이것은 축적 및 집적과 구별되는 진정한 집중이다.[30]

현실 자본 운동에서 집중은 집적과 일정한 연관을 갖지만 집적과는 다른 차원에서 이루어진다. 그것은 개별 자본들 사이의 "경쟁전"을 통해 이루어진다. 그런데 이러한 과정을 통해 이루어진 집중은 경제학적으로 어떤 의미를 갖는가?

집중은 산업자본가들에게 그들의 사업 규모를 확대할 수 있게 함으로써 축적을 보완한다. 이 사업 규모의 확대가 축적의 결과이든 집중의 결과이든, 또는 집중이 합병이라는 폭력적 방법으로 수행되든[이 경우 어떤 자본이 다른 자본들을 흡수하는 주도적인 중심이 되어 다른 자본들의 개별적 응집력을 파괴하고 그 다음에 각각의 파편들을 끌어모은다], 또는 이미 형성되었거나 형성 과정에 있는 다수 자본들의 융합이 주식회사의 설립이라는 더 부드러운 방법으로 진행되든, 그 경제적 효과는 마찬가지다.[31]

레닌에 따르면 집적은 "어느 정도의 발전 단계에 이르면 그 자체로 곧장 독점을 향해 나아"가게 한다. 그것은 자본들이 일정 규모 이상의 단계에 도달한 것을 말한다. 집중 역시 집적과 마찬가지의 역할을 한다. 그것 역시 자본을 "어느 정도의 발전 단계에 이르"게 하고 "독점을 향해 나아"가게 할 수 있다. "축적의 결과이든", "집중의 결과이든", "폭력적 방법"이든, "부드러운 방법"이든 경제학적 효과라는 측면에서는 차이가 없다. 양자 모두 자본을 일정 규모 이상으로 만들어 독점으로 나아가게 한다.[32]

---

30) 같은 곳.
31) 같은 책, p. 856.

5. 제국주의(1)—경제적 본질

김은 레닌의 주장에 입각해 "자본주의 체제는 1873년부터 그리고 그의 사후 20여 년 후인 1945년까지 제국주의 시대였"다고 생각한다. 그러나 김은 "1945년 이후의 역사의 흐름은 레닌의 주장이 현실적 타당성을 잃었음을 보여 주었다. 식민지가 사라진 현재를 제국주의 시대라고 보는 것은 타당하지 않"다고 한다.

레닌은 ≪제국주의론≫의 서문에서 "나는 독자들이 근본적인 경제문제, 즉 제국주의의 경제적 본질에 관한 문제를 이해하는 데 이 소책자가 도움이 되기를 바란다"[33]고 썼다. 그리고 레닌은 "제국주의를 가능한 한 간결하게 정의한다면, 자본주의의 독점 단계라고 해야 할 것이다"[34]라고 했다. 현재의 자본주의 세계 체제에서 독점은 엄연히 존재하고 그들은 세계를 지배하고 있다. 따라서 간결한 정의에 입각하면 현재 역시 제국주의 시대임에 분명하다.[35]

그런데 레닌은 "너무 간결한 정의는 주요한 것을 요약하고 있다는 점에서 편리하기는 하나, 정의해야 할 현상의 극히 중요한 특질을 거기에서 연역해 내야 하기 때문에 충분하지는 못하다"며 다음의 5개의 기본 특질을 포함시켜 정의를 한다.

> (1) 생산과 자본의 집적이 고도의 단계에 달해, 경제생활에서 결정적 역할을 수행하는 독점체를 형성하기에 이르렀다. (2) 은행자본이 산업자본과 융합하여 '금융자본'을 이루고, 이를 기초로 하여 금융과두제가 형성된다. (3)

---

32) "[집중에 의해 하룻밤 사이에 융합되는] 자본량은 다른 자본량과 마찬가지로 [물론 더 급속하게] 재생산되고 증대되며, 이리하여 사회적 축적의 새로운 강력한 지렛대로 된다. 따라서 사회적 축적의 진전에 관해 말할 경우, 우리는 오늘날에는 거기에 집중의 작용을 암암리에 포함시키고 있다." (같은 책, p. 857.)

33) 레닌, 앞의 책, p. 30.

34) 같은 책, p. 122.

35) 앞서 살펴본 것처럼 김은 현재의 독점을 인정하지 않거나 일반적인 관점과 다르게 이해한다. 따라서 현재 김이 레닌의 소망을 저버릴 수밖에 없는 것은 어쩔 수 없다. 여기서 현재의 자본주의는 독점자본주의 단계가 아니라 국가독점자본주의 단계가 아닌가 하는 의문이 제기될 수 있다. 이에 대해서는 다음을 참조하라. 채만수, 앞의 책, pp. 459-74.

상품수출과는 구별되는 자본수출이 특별한 중요성을 갖는다. (4) 국제적 독점자본가 단체가 형성되어 세계를 분할한다. (5) 자본주의 거대 열강에 의한 전 세계의 영토적 분할이 완료된다.[36]

이 지점에서 우리는 "식민지가 사라진 현재를 제국주의 시대라고 보는 것은 타당하지 않"다는 김의 주장을 검토해야 한다.

먼저 우리는 정의를 내리기에 앞서 레닌이 언급한 것에 주의를 기울여야 한다. 그는 "한 현상이 충분히 발전된 상태에서 그것의 모든 연쇄를 완전히 포괄할 수는 없다는, 모든 정의가 일반적으로 가지고 있는 조건적이고 상대적인 측면을 잊지 않"[37]을 것을 요구한다. 이것은 다섯 가지 기본적 특질이 절대적인 것이 아니라 조건적이고 상대적이라는 것을 의미한다. 이러한 관점에서 보면 제2차 세계대전 이후 (5)번째 특질이 상대적으로 약화되어 있음을 알 수 있게 된다. 그러나 이것은 전쟁에 의해 미국의 독점자본이 서유럽과 일본의 독점자본에 비해 절대적이고 압도적인 우위를 갖게 된 것에 기인하며 민족해방투쟁과 소련을 중심으로 한 사회주의 체제 역시 이에 기여했다. 물론 이것은 (5)의 특질이 상대적으로 줄어든 것을 의미할 뿐 사라졌다는 것을 뜻하는 것은 아니다. 서유럽과 일본이 전쟁에서 복구되며 전후 재분할의 상징인 IMF 체제의 붕괴와 현실 사회주의 체제의 붕괴 이후 세계 곳곳에서 벌어지는 전쟁은 재분할의 조짐이다.[38]

또 이와 관련해서 우리는 레닌의 다음의 주장을 검토해야 한다.

자본주의적 제국주의 시대의 식민지정책을 논하는 데 있어서는 금융자본과 그 대외 정책—이는 곧 세계의 경제적 · 정치적 분할을 위한 열강의 투쟁이라

---

36) 레닌, 앞의 책, p. 122.

37) 같은 곳.

38) 채만수, 앞의 책, pp. 502-8. 다음과 같은 레닌의 말을 되새겨 보자. "**자본주의하에서** 일단 역관계가 변화하면, **힘**에 의한 것 외에 또 다른 모순 해결 방법이 있을 수 있는가?" (강조는 원문) (레닌, 앞의 책, p. 130.) "문제는 이렇다. 한편으로는 생산력의 발전과 자본축적 간의 불균형, 다른 한편으로는 식민지 분할과 금융자본의 세력권 간의 불균형을 극복하는 방법으로서 **자본주의하에서** 전쟁 이외에 어떠한 것이 있을 수 있겠는가?" (강조는 원문) (같은 책, p. 132.) 즉, 역관계가 변화하지 않는 경우 혹은 힘의 불균형이 어느 정도에 도달하지 못한 경우 재분할의 욕망은 언제까지라도 물밑에 가라앉아 있을 수 있다.

할 수 있다—이 국가 종속의 수많은 과도적 형태를 만들어 낸다는 점에 주의를 기울여야 한다. 식민지 소유국과 식민지국이라는 두 개의 주요 집단뿐만 아니라, 형식적으로는 정치적 독립을 유지하고 있지만 실제로는 금융적·외교적 종속의 그물에 갇혀 있는 다양한 형태의 종속국들도 이 시대의 전형이다.[39]

"다양한 형태의 종속국들도 이 시대의 전형이"라는 레닌의 주장은 매우 중요한 의미를 갖는다. 제2차 세계대전 이후 많은 식민지가 사라지고 독립을 이루었던 것은 사실이다. 하지만 많은 국가들이 완전한 독립이라기보다는 "다양한 형태의 종속국"으로 존재했었던 것 또한 엄연한 사실이다. 이것은 사회주의 체제의 성립과 식민지·반식민지의 민족해방투쟁의 고양, 그리고 자본주의 국가 내의 계급투쟁의 첨예화에 의해 독점자본에게 강제된 것이었다. 한마디로 대외 정책의 변화에 의한 주요한 집단의 구성이 변한 것이지 시대 자체가 변한 것은 아니다.[40]

6. 제국주의(2)—단계 혹은 정책

레닌이 제국주의를 자본주의 최고의 단계 혹은 최후의 단계라고 주장한 것은 자유경쟁이 독점으로 대체되면서 생산의 사회화가 보다 급속하게 진전되는 반면 소유는 여전히 사적으로 남아 있어 더 많고 큰 대립과 마찰, 갈등이 발생하는 현실을 반영한 것이다. 그는 자본주의적 기본모순이 더욱 심화되는 것, 즉 자본 관계가 유지되는 것이 사회 발전을 방해하고 대립하는 자본주의의 최고이자 최후의 단계, 사멸하는 단계라는 의미로 제국주의라는 개념을 사용한 것으로 논리적이고 과학적으로 사용한 것이다.[41]

---

39) 같은 책, p. 118.

40) 그리고 이러한 변화된 사실을 설명하고자 했던 노력의 하나가 "신식민지" 이론이었으며, 이는 "원론적 이론가들 그리고 교조주의자들"의 헛된 주장으로 폄하되어서는 안 된다.

41) 채만수, 앞의 책, pp. 459-62. 그런데 제국주의 시대는 제2차 세계대전 이후 사라졌다고 주장하는 김은, 그 이후의 역사를 살펴보더라도 식민지가 사라지고 생산력이 발전한 것 등을 보았을 때, 제국주의를 '자본주의 최고의 단계' 혹은 '자본주의 최

이러한 레닌의 사상은 제국주의를 단계로 인식하지 않고 정책으로 판단하는 카우츠키에 대한 비판으로 이어진다. 레닌은 앞서 인용한 제국주의의 다섯 가지 특질을 포함시켜 제국주의를 다음과 같이 정의한다.

> 요컨대 제국주의란, 독점체와 금융자본의 지배가 확립되어 있고, 자본수출이 현저한 중요성을 가지고 있으며, 국제 트러스트들 간의 세계 분할이 시작되고, 자본주의 거대 열강에 의한 지구상의 모든 영토 분할이 완료된 발전 단계에 있는 자본주의이다. ... 여기에서 주목해야 할 점은 위와 같이 해석된 제국주의는 의심할 바 없이 자본주의 발전의 특수한 단계를 나타낸다는 사실이다.[42]

즉 그는 제국주의를 자본주의의 특수한 발전 단계라 주장하고 있으며 제국주의를 정의하기 위해서는 카우츠키와 논쟁을 벌여야 한다고 주장한다. 왜냐하면 레닌과는 반대로 카우츠키는 제국주의를 하나의 정책으로 파악하고 있으며[43] 이것은 부르주아 개량주의로 귀결되기 때문이다. 레닌은 이렇게 주장한다.

> 자본주의의 최근 단계를 제국주의라 불러야 하는가 금융자본의 단계라 불러야 하는가 따위의 카우츠키가 제기한 용어상의 논쟁은 전혀 주목할 가치가 없다. 그것을 어떻게 이름 짓든 아무런 차이도 없다. 문제의 본질은 카우츠키가 제국주의의 정치를 제국주의의 경제로부터 분리시키고, 병합을 금융자본이 '선호하는' 정책이라고 설명하며, 이것을 또 다른 부르주아 정책—카우츠키에 의하면, 이것도 역시 마찬가지로 금융자본의 기초 위에서 가능하다—과 대립되는 것으로 본다는 점에 있다. 이 경우 경제에서의 독점은 정치에서

후의 단계'로 규정한 레닌은 오류를 범했다고 주장한다. 그리고 김은 레닌의 오류의 원인은 일시적인 경험적 현상을 곧바로 법칙화한 것에 있다고 주장한다. 이 부분에 대한 판단은 독자에게 맡긴다.

42) 레닌, 앞의 책, p. 123.

43) "제국주의는 경제의 한 '국면'이나 단계가 아니라 정책으로, 즉 금융자본이 '즐겨 사용하는' 특정한 정책으로 간주되어야 한다든가, 제국주의를 '현대자본주의의 모든 현상'—카르텔, 보호정책, 금융업자의 지배, 식민지정책—으로 이해한다면, 자본주의에 있어 제국주의가 필연적인가의 문제는 결국 '극히 진부한 동어반복'으로 환원되어 버린다. 왜냐하면 그렇게 이해할 경우 '제국주의는 당연히 자본주의에 있어 필요 불가결한 것'이 되어 버리기 때문이다. ... 등으로 이야기한 바 있다." (레닌, 같은 곳.)

의 비독점적 · 비폭력적 · 비병합적 방식과 양립할 수 있는 것이 된다. 또한, 바로 금융자본의 시대에 완료되었으며 지금은 거대 자본주의 국가들 간에 벌어지고 있는 독특한 경쟁 형태의 기초를 이루고 있는 세계의 영토적 분할은 비제국주의적 정책과 양립할 수 있는 것이 된다. 그 결과 자본주의 최근 단계의 가장 심각한 모순들의 뿌리를 파헤치는 것이 아니라 얼버무리며, 맑스주의 대신 부르주아 개량주의를 취하게 되는 것이다.[44)]

아무튼 당시의 역사는 레닌의 손을 들어 주었고 현재의 김은 레닌을 비판한다. 김은 독점과 제국주의는 보호무역과 같은 일종의 정책으로 자본주의의 정상적 발전을 저해하는 것이고 이들 정책으로 말미암아 자본주의는 오히려 위기를 자초했었고 현재의 자본주의는 제국주의 정책을 포기하면서 위기를 완화시킬 수 있었다고 한다. 이렇듯 제국주의를 정책으로 주장하는 김의 의견은 레닌이 혹독히 비판한 카우츠키의 주장을 자연스럽게 떠오르게 한다. 시대가 변하여 레닌의 주장이 유효성을 잃은 것인지, 아니면 김이 시대를 잘못 파악하고 있는 것인지는 우선은 논리가 타당성을 검토하겠지만 궁극적으로는 역사가 증명할 것이다.

7. 몇 가지 문제

1) 이른바 '황금기'

제2차 세계대전 이후 1960년대 말까지 세계 자본주의는 말 그대로 예외적인 호황을 누렸다. 영국의 수상은 "지금보다 더 좋은 시절은 결코 없었다"고 말했다고 할 정도로 장기적인 호황이었다. 19세기의 주기적인 공황과 두 차례의 세계대전을 겪은 후에 나타난 이 예외적 호황은 자본주의가 영원할 것이라는 믿음을 당시 사람들에게 심어 주기까지 하였다.[45)]

김은 이러한 황금기가 가능한 원인을 "보호무역 및 독점의 중단과 제국주

44) 같은 책, p. 126. 카우츠키는 자신만의 '초제국주의론'을 발전시키고 현실과 역사는 이것의 오류를 증명했다.

45) 물론 이러한 환상은 1970년대에 들어서면서 깨졌다. 장기 호황은 장기 불황으로 전화했고 독점자본주의 체제는 국가독점자본주의로 전화했고 이것은 신자유주의 도입으로 귀결되게 되었으며 현재에 이른다.

의의 중단" 혹은 "제국주의의 철회와 독점의 철회"라고 주장한다. 이것은 독점과 제국주의-식민지정책이라는 잘못된 정책에 의해 자본주의는 전쟁과 격렬한 계급투쟁을 발생시켜 위기를 초래했으나, 그것을 철회함으로써 그러한 위기를 극복할 수 있었고, 이러한 발전은 오히려 현실 사회주의를 붕괴시켰다고 주장한다.

이러한 주장은 기존에 가지고 있던 이해와 사뭇 다르다. 이러한 새로운 주장을 기초로만 우리는 이 현상을 이해할 수 있는가? 나는 그렇지 않다고 생각한다. 여기에 기존의 견해를 옮기겠고 이 역시 독자의 판단에 맡긴다.

> 전후의 '장기 호황'은 물론 여러 요인들이 복잡하게 얽혀 상호 상승작용을 미친 결과이지만, 그것을 가장 근본적으로 규정한 것은 다름 아닌 제2차 세계대전이었다. 즉, 기존의 물적 생산력을 대대적으로 파괴해 버린 제2차 대전이야말로 전후 장기 호황의 규정적 배경이었다. 그것은 대대적인 파괴 · 살육을 통해서 1930년대의 만성적이고 거대했던 과잉생산을 일소해 버렸을 뿐 아니라 새로운 거대 수요의 조건을 만들어 냈던 것이다.
>
> …
>
> 전후 장기 호황의 배경으로서는 이와 같은 전쟁에 의한 대파괴, 복구 수요, 냉전 등과 더불어, 그것들과 관련을 가지면서 상대적으로 독자성을 갖는 바의 대중 수요의 폭발이 있다. 이는 무엇보다도 노동자계급을 중심으로 한 대중의 투쟁력이 강화된 결과 그들의 소득이 무엇보다도 증대한 것(이는 자본주의 주요 열강의 노동자계급이 이른바 사회민주주의에 안주하게 되는 물질적 기초이기도 하다)의 표현이었다. 그리고 상품 구성에서는, 대체로 전쟁을 계기로 크게 발전하고 개발된 전기 · 전자 기술과 연관된 민간의 제반 내구재 시장의 확대 · 심화가 주요한 추동력을 이루고 있었다.[46]

2) 신자유주의

김은 자본주의 황금기 동안 이루어 낸 "노동자계급 대중"의 포섭과 기회주의적으로 타락한 노동운동 진영에 대한 자본의 공세를 신자유주의라 한다. 김은 신자유주의를 "제2차 세계대전 이후 과잉 팽창되고 과잉 축적된 자본주의 모순의 표현이"라고 하지만 "그것은 세계적 자본주의의 과잉 축적의 시작

---

46) 채만수, "자본주의 경제 위기의 올바른 이해", ≪20세기 자본주의의 이해≫, 한노정연, pp. 149-50.

을 알리는 것이지 최종 한계는 아니"라고 한다. 그런데 이것 또한 우리의 기존의 이해와 다르다.

즉 이른바 '황금기'를 마친 자본주의는 '장기 불황'을 겪게 되고 이를 극복하기 위한 노력은 자본주의를 위기에서 극복하는 것이 아니라 세계 자본주의 체제를 스태그플레이션이라는 새로운 경험을 하게 만든다. 그리고 이 과정에서 등장한 것이 신자유주의이다. 즉 "신자유주의는 1970년대 이후 필연적으로 재격화된 자본주의 체제의 전반적 위기에 대한 독점자본의 대응이며, 자본주의 체제의 전반적 위기가 재격화된 시기의 (국가독점)자본주의", "국가독점자본주의의 후기 형태", "반동적 군사 케인즈주의"라는 것이 우리의 기존의 이해이다.[47]

3) 현실 사회주의의 붕괴

현실 사회주의의 붕괴와 관련해서는 수많은 주장이 난무한다. 김은 세계 자본주의 생산력의 증대를 그 이유의 하나로 보는 듯하다. 이에 대해서는 우리 연구소에서 발간한 ≪영웅적 투쟁 쓰라린 패배≫(바만 아자드 저 · 채만수 역)를 일독하기를 권한다.

47) 채만수, ≪노동자 교양경제학≫, "제11강 국가독점자본주의", "제12강 신자유주의(1)", "제13강 신자유주의(2)"를 참조하라.

국가 문제에 대하여[*][1)]

— ≪프랑스에서의 내전≫과 ≪국가와 혁명≫을 중심으로

김은 레닌이 맑스에 의거하려 했지만, 그러지 못했다고 판단하고 있다. 그래서 김은 "레닌의 견해를 그가 전폭적으로 지지하는 맑스와 비교"하면서 레닌을 비판하고 있다.[2)] 이 글[3)]은 김이 지적한 레닌의 오류 부분을 검토하면서, 김이 주장한 것처럼 레닌의 맑스에 대한 이해가 잘못되었던 것인지, 아니면 김의 레닌에 대한 이해가 잘못된 것인지를 알아보고자 한다.

1. 빠리꼬뮌의 교훈

레닌은 ≪국가와 혁명≫의 제3장 1절[4)]에서 맑스가 파리코뮌의 경험을 통해 얻은 교훈을 국가론과 연관하여 검토하고 있다. 레닌은 맑스의 노력을 다음과 같이 평가하였다.

> 하지만 맑스가 그의 표현대로 '하늘을 휘저었던' 코뮈나르드의 영웅적 행

---

* [편집자 주] ≪정세와 노동≫ 제18호(2006. 11.) 〈이론〉에 실린 글이다.

1) 이 글은 ≪정세와 노동≫(통권15호)에 실린 김두한 동지의 "20세기 러시아 사회주의 혁명과 현재"에 대한 두 번째 비판의 글이다. 첫 번째 비판으로는 지난 17호에서 '독점과 제국주의'의 문제를 다루었다.

2) "레닌이 ... 지적한 것은 부당하다"(김두한, p. 79), "그러나 레닌은 이것을 오해하면서 문제의 본질을 바꿔치기하며 모순에 찬 주장을 한다"(같은 글, p. 80), "레닌은 ... 어처구니없는 삼천포로 빠진다. 레닌의 오류는 부분적인 오류도 부차적인 오류도 아닌 그의 근본적인 생각이었다"(같은 곳), "레닌의 혼동"(같은 글, p. 81) 등.

3) 러시아 혁명과 관련된 부분은 다음에 다루기로 하겠다. 내용이 너무 방대해서 시간이 많이 소요될 것 같은데 이 점 양해 부탁드린다.

4) 제3장의 제목은 "제3장 국가와 혁명; 1871년 파리코뮌의 경험"이며 1절의 제목은 "꼬뮈나르드의 시도를 영웅적으로 만든 것은 무엇인가?"이다.

위를 단지 열광적으로 받아들인 것만은 아니다. 비록 대중 혁명운동이 그 목표를 달성하지 못했더라도 맑스는 그 혁명을 아주 중요한 역사적 경험으로서, 세계 프롤레타리아 혁명의 발전으로서, 그리고 몇백 가지의 강령이나 논의보다도 더욱 중요한 실천적인 발걸음으로서 규정지었다. 맑스는 그러한 경험을 분석하고, 그 혁명으로부터 전술적 교훈을 얻으려 했으며, 그 혁명에 비추어서 자신의 이론을 재검토하려고 무척이나 노력했다.[5]

맑스와 엥겔스는 빠리코뮌의 실천을 이론화하여 "공산당 선언"의 내용을 수정한다. 그것은 "공산당 선언"의 "유일한" 수정 부분인데, 두 사람은 그것을 아주 명확하게 밝힌다. 왜냐하면 그 수정은 빠리꼬뮌의 투쟁에서 피로 얻은 원칙적이고 근본적인 교훈이기 때문이었다.

지난 25년 동안 상황이 아무리 많이 변했다 하더라도, 이 ≪선언≫에 개진되어 있는 일반적 원칙들은 크게 보면 오늘날에도 여전히 완전히 정당성을 지니고 있다. 여기저기 몇몇 군데는 개선되어야 할 것이다. ≪선언≫ 자체가 천명하고 있는 바와 같이, 이러한 원칙들의 실천적 적용은 언제 어디서나 당대의 역사적 상황들에 의존하게 될 것이고, 그러므로 II장 끝에서 제시된 혁명적 방책들에 특별한 중요성이 있는 것은 결코 아니다. 오늘날 이 부분은 여러 가지 점에서 다르게 서술되어야 할 것이다. 지난 25년에 걸친 대공업의 엄청난 발전, 그리고 이와 함께 진전된 노동자계급의 당 조직에 비추어 볼 때, 그리고 우선 2월 혁명의 실천적 경험 및 더 나아가 프롤레타리아트가 처음으로 2개월간 정치권력을 장악했던 빠리꼬뮌의 실천적 경험에 비추어 볼 때, 이 강령은 몇몇 군데에서 오늘날 낡은 것이 되어 버렸다. 특히 꼬뮌은 "노동자계급이 기존의 국가기구를 단순히 장악하여 그것을 자기 자신의 목적을 위해 가동시킬 수는 없다"는 것을 증명해 주었다. (≪프랑스 내전. 국제노동자 협회 총평의회의 격문≫, 독일어판, 19면을 보라. 거기서는 이 점이 보다 상세히 설명되어 있다.)[6]

레닌은 이 부분을 매우 강조한다. 왜냐하면 맑스와 엥겔스가 그 수정을 몹시 중요하게 생각했음에도 불구하고 그 수정은 기회주의자들에 의해서 왜

---

5) 레닌, ≪국가와 혁명≫, 논장, pp. 52-3.

6) 맑스 · 엥겔스, "공산주의당 선언", ≪맑스 · 엥겔스 저작 선집≫ 제1권, 박종철출판사, pp. 369-70. 1872년에 쓰인 "공산주의당 선언"의 서문의 내용이다.

곡되고 있었고 "공산당 선언"을 읽은 사람들의 대부분이 그 수정의 의의를 깨닫고 있지 못했다는 생각에서였다.7)

2. 부르주아 독재(민주주의)와 프롤레타리아 독재(민주주의)8)

김은 이 문제에 관해서 아주 올바른 관점을 견지한다. 김은 부르주아 민주주의라는 것이 절차적이고 형식적이며 공허한 민주주의에 불과한 것으로 인민에 대한 기만이라고 주장한다. 자본주의 체제하에서의 국가 체계나 정치 체계가 어떠한 형태를 취하더라도, 그것은 본질적으로는 자본가계급의 독재이며, 민주공화국은 자본주의 사회에 가장 적합하고 발전된 국가 · 정치형태라는 사실도 김은 잘 이해하고 있다.9)

---

7) "맑스의 생각은 노동계급은 '기존의 국가기구'를 파괴하고 타도해야 하며, 단순히 기존 국가를 장악하는 것에 머물러서는 안 된다는 것이었"지만, 기회주의자들은 "맑스가 여기서 강조한 것이 권력 장악과 반대로 완만한 발전 개념 따위였다"고 주장한다. (레닌, 앞의 책, p. 53.) 이것은 요즘처럼 속물적 국가주의 · 애국주의가 횡횡하는 현재의 우리에게도 매우 중요한 내용이다.

8) 이 부분과 관련해서 다음의 글을 참조하기 바란다. 레닌, "부르주아 민주주의와 프롤레타리아 민주주의", ≪프롤레타리아 혁명과 배신자 카우츠키≫, 소나무, pp. 28-39.

9) "최고의 국가형태인 민주 공화제는 현대 사회의 조건들하에서 날이 갈수록 점점 더 불가피하고 필연적인 것이 되어 간다. 그리고 프롤레타리아트와 부르주아지가 유일하게 최후의 결전을 치를 수 있는 이 국가형태 — 이 민주 공화제는 공식적으로는 더 이상 재산의 차이를 문제 삼지 않는다. 민주 공화제에서 부는 자신의 권력을 간접적으로, 그러나 한층 더 확실하게 행사한다. 한편으로는 관리를 직접 매수하는 형식—가장 전형적인 표본은 아메리카이다—으로 행사하며, 다른 한편으로는 정부와 주식거래소의 동맹이라는 형식으로 행사한다." (엥겔스, ≪가족, 사적 소유 및 국가의 기원≫(≪맑스 · 엥겔스 저작 선집≫ 제6권), p. 190.)

"전 세계에 걸친 모든 자본주의 나라들에서 부르주아지는 노동계급 운동과 노동자당에 대항하는 투쟁에 있어 두 가지 방식을 취한다. 하나는 폭력, 박해, 압제 그리고 억압이라는 방식이다. 이것은 근본적으로 중세의 봉건적 방식이다. ... 부르주아지가 노동계급 운동에 대항하여 채택하는 또 하나의 방식은 노동자를 분할하고 대오를 분쇄하며 프롤레타리아트의 개별 대표자나 일정 그룹을 설복하기 위해 매수하는 방식이다. 이것은 봉건적이지 않은 순수한 부르주아적인 것이며 자본주의의 발달되고 문명화된 관습과 민주주의 체제를 유지하면서 이루어지는 현대적 방식이다. 왜냐하면 김은 자본주의 경제의 폐지와 함께 자본가계급의 국가기구도 분쇄되어야 한다고 말하지만 계급을 철폐하고 새로운 사회를 건설하기 위해서 노동자계급은 자신의 국가가 필요하다는 것을 이해하고 이것을 '프롤레타리아 독재', '자본가계급에 대한 독재', '프롤레타리아 민주주의'라고 인정함으로써 무정부주의와 자신을 경계 지운다.[10] 또한 김은 노동자계급을 지배계급으로 조직하는 '프롤레타리아 독재'를 위해서 기존의 국가기구를 장악만 하는 것이 아니라 파괴해야 한다는 맑스의 교훈을 잊지 않음으로써 기회주의자들과도 거리를 둔다.

민주주의는 '다수에 대한 소수의 복종의 원리'를 포함하며 '다수로부터 소수를 보호하는 것'도 포함한다. 하지만 민주주의를 '다수에 대한 소수의 복종' 혹은 '다수로부터 소수를 보호하는 것'이라고만 생각하는 것은 순진하거나 어리석은 일이다. 또한 민주주의를 봉건제—우리에게는 군사독재—와 비교하여 그 진보적 · 역사적 의의만을 강조하는 것은 맑스-레닌주의와는 거리가 먼 주장이다.[11]

부르주아 민주주의, 즉 부르주아 독재는 자본가계급만의 민주주의로 노동자계급에 대한 강제적 억압이며, 노동자계급에 대해서는 노동자계급의 평등과 자유에 대한 침해이다. 마찬가지로 프롤레타리아 민주주의 즉 프롤레타리아 독재는 노동자계급의 민주주의로 착취계급에 대한 강제적 억압이며, 착취계급에 대해서는 그들의 평등과 자유의 침해이다.[12]

민주주의 체제는 부르주아 사회의 특색, 즉 가장 순수하고 완전한 부르주아적 특색이며, 거기에서는 가장 자유롭고 광범하며 명쾌한 계급투쟁이 최고의 교활함과 결합되어 있는, 즉 부르주아지의 '이념적' 영향력을 임금노예 사이에 확산시켜 임금노예 제도를 거부하는 투쟁으로부터 관심을 돌리게 하려는 계략 및 구실과 결부되어 있기 때문이다." (레닌, "노동자에 대한 부르주아 인텔리의 투쟁 방법", ≪러시아 반종파투쟁≫, 미래사, pp. 239-40.)

10) "자본주의 사회와 공산주의 사회 사이에는 전자에서 후자로의 혁명적 전환의 시기가 놓여 있다. 또한 이 시기에 상응하는 정치적 이행기가 있으니, 이때의 국가는 **프롤레타리아트의 혁명적 독재** 이외에 다른 것일 수가 없다." (강조는 원문) (맑스, "고타강령 초안 비판", ≪맑스 · 엥겔스 저작 선집≫ 제4권, pp. 385-6.)

11) "민주주의는 다수에 대한 소수의 복종과 동일하지 **않다**. 민주주의는 다수에 대한 소수의 복종을 승인하는 하나의 **국가**, 다시 말해서 하나의 계급이 다른 계급에 대항하여 **강제력**을 체계적으로 행사하기 위한, 대중의 한 분류가 여타 다른 부류에 대하여 권력을 체계적으로 사용하기 위한 하나의 조직체 이상이 결코 아닌 것이다." (강조는 원문) (레닌, ≪국가와 혁명≫, p. 104.)

계급이 존재하는 한에서는 국가의 존재는 필연적이고 국가는 지배계급에게는 민주주의이고 동시에 피지배계급에게는 독재일 수밖에 없다. 이러한 민주주의가 점점 더 완벽하게 되는 것, 다른 말로 민주주의가 더 이상 필요하지 않게 되는 상황이 되는 것, 이것은 국가가 필요하지 않게 되는 것으로 국가의 사멸과 함께 민주주의는 사멸하게 된다.

3. 김의 레닌 비판(1)

레닌의 ≪국가와 혁명≫ 3장은 빠리꼬뮌의 경험에서 얻은 교훈을 다룬다. 그는 앞서 본 것처럼 3장의 1절에서 맑스의 '기존 국가기구의 타도와 파괴'와 관련한 문제를 검토하였다. 2절에서 그는 맑스의 ≪프랑스 내전≫을 분석하는데, 맑스는 "프롤레타리아트가 어떤 방식으로 지배계급으로 조직화되어야 하는가 하는 문제와 그와 같은 조직화가 가장 완벽하고 지속적인 '민주주의를 위한 전투에서의 승리'를 보장할 수 있는 방식의 문제에 대한 방안"에 대한 해답의 단초를 빠리꼬뮌의 경험을 분석하며 쓴 이 글에서 다루었다. 레닌은 "꼬뮌의 첫 번째 훈령은 상비군을 폐지하고 그것을 무장 인민으로 대체한다는 것"이고 이것은 "계급 지배 자체를 제거하려는 공화국"을 "지속적인 제도로 전환시키는" 중요한 조처라는 맑스의 분석을 인용한 후, 이어진 다음과 같은 맑스의 꼬뮌에 대한 묘사를 역시 인용한다.

> 꼬뮌은 빠리의 다양한 구에서 보통 선거권을 통해 선출된 시 의원들로 구성되었다. 그들은 책임이 있었고 언제든지 소환될 수 있었다. 그들의 대다수는 당연히 노동자들이거나 노동자계급의 공인된 대표자들로 이루어져 있었다. …
>
> 이제까지 국가 정부의 도구였던 경찰은 즉시 자신의 모든 정치적 속성을 벗어 버리고 책임이 있고 언제든지 소환될 수 있는 꼬뮌의 도구로 전환되었다. 다른 모든 행정 부문의 관리들도 마찬가지였다. 꼬뮌 의원들로부터 아래

---

12) 이는 현재 우리 사회에서도 마찬가지이다. 증명을 원하는가? 다음의 글들을 읽어보라. 이광열, "구속노동자 인권 문제를 통해 본 한국의 민주주의", ≪정세와 노동≫ 제17호(2006. 10.), pp. 97-105; 권정기, "최후 변론", ≪현장에서 미래를≫ 제92호(2003. 11.), pp. 156-8.

에 이르기까지, 공직은 **노동자의 임금**으로 수행되어야 했다. 국가 고위 관직의 권리 주장과 판공비는 이 고위 관리들 자체와 함께 사라졌다. ... 옛 정부의 물리적 권력의 도구인 상비군과 경찰을 일단 제거한 꼬뮌은 억압의 정신적 도구인 성직자 권력을 분쇄하고자 하였다. ... 사법 공무원들은, 차례로 충성을 맹세하고 또 파기하였던 역대의 모든 정부에 대한 자신의 굴종을 은폐하는 데 불과하였던 저 외견상의 독립성을 상실하였다. 그 밖의 모든 공직과 마찬가지로 그들도 앞으로는 선출되고 책임이 있고 소환될 수 있게 되었다. (강조는 원문)[13)]

레닌은 이 부분을 다음과 같이 해석한다.

그러므로 코뮌은 분쇄된 국가기구를 '단지' 보다 안전한 민주주의—상비군의 폐지, 모든 관리의 선출과 소환—로 대체한 것처럼 보인다. 그러나 이 '단지'라는 말은 실제로는 일련의 기관들을 그것과는 근본적으로 상이한 유형의 다른 기관으로 방대하게 대체시켰음을 뜻한다. 이것은 정확히 '양이 질로 전환'한 좋은 실례이다. 생각할 수 있는 한 최대로 완벽하고 철저하게 도입된 민주주의는 부르주아 민주주의에서 프롤레타리아 민주주의로 전화하였다. 또한 (특정 계급을 탄압하기 위한 특수한 폭력이었던) 국가는 더 이상 본래적 의미의 국가가 아닌 것으로 전화하였다.[14)]

그리고 꼬뮌은 부르주아 계급을 억압하고 그들의 저항을 분쇄해야 하는데, 그것을 단호하고 철저하게 하지 못했던 것이 꼬뮌이 실패했던 하나의 이유라고 레닌은 설명한다. 하지만 특권을 가진 소수로 구성된 특수 기관이 사라졌다는 의미에서 국가권력은 사멸하기 시작한 것이라며 다음과 같이 덧붙인다.

이 점과 관련하여 맑스가 강조했던 다음과 같은 빠리꼬뮌의 조치들은 특히 주목할 만한 가치가 있다. 즉 관료들의 모든 특혜, 모든 금전적 특권을 폐지하고 모든 국가 공무원들의 급료를 **'노동자 임금'** 수준으로 낮춘 것 등이다. 이것은 그 무엇보다도 부르주아 민주주의에서 프롤레타리아 민주주의

13) 맑스, ≪프랑스에서의 내전≫(≪맑스 · 엥겔스 저작 선집≫ 제4권), pp. 64-5. ≪국가와 혁명≫의 인용문 대신 원문을 인용했으며 이것은 ≪국가와 혁명≫의 한글 번역본이 세 종류(논장, 새날, 돌베개)가 있어서이다.
14) 레닌, ≪국가와 혁명≫, 새날, p. 60.

로의 **전환**, 억압자들의 민주주의에서 피억압자들의 민주주의로의 **전환**, 또한 특정 계급에 대한 억압 수단인 **'특수한 폭력'**으로서의 국가에서 노동자·농민과 같은 대다수 인민대중의 **일반적 폭력**에 의한, 억압자에 대한 억압으로의 **전환**을 더욱더 분명하게 보여 주는 것이다. 그리고 맑스의 사상 가운데, 아마도 국가 문제에 관한 한 가장 중요한, 이와 같은 특히 인상적인 논점이 가장 완전하게 간과되고 있다! (강조는 원문)[15]

그리고 그는 소박하고 원시적으로 보이지만 단순하고 자명한 민주주의적 조치들이 "노동자와 대다수 농민들의 이익을 완전히 통일시키면서 동시에 자본주의에서 사회주의로 나아가는 교량 역할을 하게 된다"고 주장한다.

그런데 이 지점에서 김은 레닌을 비판한다. 김은 "레닌이 대표자의 낮은 임금의 문제를 프롤레타리아트의 '원시적 소박성'을 가진 민주주의 핵심으로 지적한 것은 부당하다"고 하며 "프롤레타리아트 민주주의는 노동자계급 자신의 국가기구에 대한 직접적 통제라고 해야 할 것이다"라고 주장한다.[16]

하지만 그러한 비판은 김의 오해일 뿐이다. 일단 앞서 본 것처럼 ≪프랑스에서의 내전≫에서 "**노동자의 임금**"을 강조한 것은 맑스가 먼저이다. 고위 국가 관료들의 제반의 특권과 금전적 특혜는 부르주아 국가기구의 하나인 관료 체계의 상징이다. 따라서 "기존 국가기구를 파괴하고 분쇄해야" 하는 사회주의 혁명에서 이것을 강조하는 것은 당연한 일이다. 이것은 "'단순히' 소박하고 원시적인 민주주의의 요구인 것처럼 보이기도" 하지만 그것 이상인 문제인 것이다. 그리고 누구보다도 충실한 맑스주의자인 레닌이 이를 강조한 것은 너무나 자연스러운 일이다.

또한 레닌은 절대로 "**노동자의 임금**"만을 강조하지 않았다. 그것은 "관료들의 모든 특혜, 모든 금전적 특권"의 폐지와 동시에 적용된 꼬뮌의 조치의 하나로 레닌은 그것만큼 강조한 것이다. 다음의 레닌의 주장은 이를 확인시켜 준다.

---

15) 같은 책, p. 61.

16) 김두한, "20세기 러시아 사회주의 혁명과 현재", ≪정세와 노동≫ 제15호(2006. 7/8.), p. 79. 레닌은 '원시적 민주주의'의 중요성을 매우 강조한다. 그것은 베른슈타인주의자나 카우츠키주의자와 같은 기회주의자들이 이것의 의미에 대해 전혀 이해하지 못하고 있어서이다. (레닌, 앞의 책, p. 62.)

> 모든 관리는 예외 없이 선출되고 **언제라도** 소환할 수 있으며, 그들의 급료는 일반 '노동자 임금' 수준으로 삭감되었다. 이러한 단순하면서도 '자명한' 민주주의적 조치들은 노동자와 대다수 농민의 이익을 완전히 통일시키면서 동시에 자본주의에서 사회주의로 나아가는 교량 역할을 하게 된다. 그러나 물론 그러한 조치들은, 이미 성취되고 있든 준비 중에 있든 간에, '수탈자에 대한 수탈'과 관련해서만, 즉 생산수단의 자본제적인 사적 소유에서 사회적 소유로의 이행과 관련해서만 진정한 의미와 중요성을 획득하게 된다. (강조는 원문)[17]

여기서도 알 수 있듯이 레닌은 급료의 노동자적 수준보다 관리의 선출과 소환을 더욱 강조한다. 그리고 그 조치들조차도 "수탈자들에 대한 수탈"과 "생산수단의 자본주의적 사적 소유에서 사회적 소유로의 이행"을 바탕으로 해서만 의미를 부여하고 있다. 이것은 독자적으로 강조되어야 할 중요한 문제이다.[18]

4. 김의 레닌 비판(2)

레닌은 제3장 3절에서 '의회제의 폐지'와 관련된 문제를 다룬다. 그는 다음의 맑스의 글을 인용하며 글을 시작한다.

> 꼬뮌은 의회 단체가 아니라 행정과 입법의 업무를 겸하는 단체이어야 했다. ...[19]
>
> 보통 선거권은 삼 년이나 육 년마다 지배계급의 어떤 구성원이 의회에서 인민을 대표하고 짓밟을 것인가를 결정하는 대신에 꼬뮌을 구성하는 인민에게 봉사해야 하는데, 이것은 마치 다른 모든 고용주의 경우에 개인적 선택권이 자기 사업에서 노동자, 감독관, 경리를 찾는 데 봉사하는 것과 마찬가지이다.[20]

---

17) 레닌, 같은 책, pp. 62-3.
18) 이와 관련해서는 채만수, "국민발의권 · 국민소환권 운동과 그 '비판'에 대해서", ≪현장에서 미래를≫ 제98호(2004. 5.), p. 22를 참조하라.
19) 맑스, 앞의 책, p. 64.

레닌은 이 인용을 통해 "의회주의에 대한 모든 비판을 '무정부주의'라고 매도하고" 있는 사회배외주의자와 기회주의자들을 비판한다.[21] 그리고 이렇게 묻는다.

> 국가라는 문제를 다룰 경우, 그리고 의회 제도를 국가의 한 기구로 간주할 경우, 이 영역에 있어서 프롤레타리아트의 임무라는 관점에서 보았을 때, 의회제로부터 벗어난다는 것은 무엇인가? 의회 제도 없이 어떻게 한단 말인가?[22]

그리고 "꼬뮌에 대한 연구를 바탕으로 한 맑스의 가르침이 완벽하게 망각되어 왔"다며 이렇게 말한다.

> 물론 의회 제도를 벗어난다는 것이 대의 기구나 선거 원칙을 폐지한다는 것을 의미하지는 않으며, 오히려 잡담실과 같은 대의 기구를 '실행(working)' 기구로 전화시킨다는 의미이다. "꼬뮌은 대의 기구가 아니라 실행 기구, 행정기관이면서 동시에 입법기관이어야만 했다."[23]

레닌은 여기서 "꼬뮌은 대의 기구가 아닌 실행 기구, 행정기관이면서 동시에 입법기관이어야 했다"라는 맑스의 말을 매우 강조한다. 그것은 두 가지 이유에서였다. 레닌이 그렇게 한 첫 번째 이유는 다음과 같다.

> '대의 기구가 아닌 실행 기구' ― 이 말은 현재의 의회주의자들과 의회 내의 '애완견' 사회민주주의자들에게 급소를 한 방 먹이는 말이다. 미국에서 스위스, 프랑스에서 영국, 노르웨이에 이르기까지 모든 의회주의 나라들을 살펴보라. 이 나라들에서 '국가'의 실질적인 업무는 막후에서 진행되고 있으며,

20) 같은 책, pp. 65-6.

21) 하지만 그는 무정부주의에 대한 비판도 잊지 않는다. "맑스는, 특히 상황이 명백하게 혁명적이지 않은 경우에, 부르주아 의회 제도라는 '돼지우리'조차도 이용할 수 있는 능력을 갖추지 못한 무정부주의와 어떻게 단호하게 결별할 것인가를 알고 있었다. 그러나 동시에 그는 의회 제도를 어떻게 진정으로 혁명적인 비판, 프롤레타리아적 비판의 대상으로 삼아야 하는지도 알고 있었다." (레닌, 앞의 책, p. 65.)

22) 레닌, 같은 곳.

23) 같은 곳.

장관, 국장 및 참모진들에 의해 수행된다. 의회에는 '평범한 인민'을 바보로 만들기 위한 특별한 목적을 위해서 잡담이나 늘어놓는 업무가 맡겨졌다. 정말 그렇다. 그리하여 부르주아 민주주의 공화국인 러시아 공화국에서조차도, 심지어 진짜 의회가 성립되기 이전에 의회 제도의 그러한 모든 죄악이 한꺼번에 드러났다. 스코벨레프나 쩨레텔리, 체르노프나 아프크센찌예프 무리들과 같은 썩어 문드러진 속물주의의 영웅들은 아주 혐오스런 부르주아 의회 제도의 방식에 따라 소비에트를 오염시키고, 그곳을 단순히 말장난이나 하는 곳으로 바꾸어 놓는 데 성공했던 것이다. 소비에트에서 '사회주의' 각료들은 미사여구나 늘어놓고, 여러 가지 결의나 해 가면서, 순박한 대중들을 우롱하고 있다. 정부 자체 안에서는 한편으로는 가능한 한 많은 사회주의혁명당원들과 멘셰비키가 수지맞고 명망 있는 지위라는 '파이'에 좀 더 가까이 가기 위하여, 다른 한편으로는 인민의 '관심'을 '묶어 두기' 위하여 일종의 영구적인 술책이 진행되고 있다. 그러는 사이에 장관들이나 군대의 참모들이 '국가'의 업무를 '수행'하고 있는 것이다.[24)]

즉, 이른바 부르주아 국가기구로서의 의회가 부르주아지를 위해 행하고 있는 역할에 대한 비판과 러시아의 당시 상황에 대한 비판을 위해서였던 것이다.[25)]

레닌이 "대의 기구가 아닌 실행 기구"라는 사실을 강조한 다른 이유는 그것 자체가 "노동자계급의 정부"로서 꼬뮌이 갖는 중요한 특징이었기 때문이다.

꼬뮌은 부르주아 사회의 타락하고 부패한 의회 제도를, 의견의 자유와 토론의 자유가 속임수로 전락되지 않는 기구로 대체했다. 왜냐하면 의회의 의원들 자신이 일해야 하고, 그들 자신의 법률을 집행해야 하며, 실제로 얻어진 결과를 스스로 검증하고, 자신의 선거구민에게 직접적으로 책임져야 하기

24) 같은 책, pp. 65-6.

25) 러시아 '2월 혁명' 이후 이중권력 상태에 있었던 러시아는 4월 시위에 의해 임시정부의 무력함이 드러나게 된다. 이렇게 되자 부르주아들은 임시정부에 사회혁명당과 멘셰비키를 참여시켜 연립정부를 구성하는데 레닌은 이를 사회혁명당과 멘셰비키의 배신이라고 비판하고 있는 것이다. "농촌의 순박한 백성들을 속이기 위한 혁명적-민주주의적 어구와 자본가들의 '마음을 기쁘게 해 주기 위한' 관료제와 관료주의 — 바로 이것들이야말로 '성실한' 연립정부의 본질이다." (같은 책, p. 67.)

때문이다. 대의제도는 존속한다. 그러나 특수한 제도, 입법과 행정의 분업, 의원들의 특권적 지위로서의 의회 제도는 더 이상 존재하지 **않는다.** 우리는 대의제도 없는 민주주의, 특히 프롤레타리아 민주주의는 상상할 수 없다. 하지만 —부르주아 사회에 대한 비판이 단순히 말뿐인 것이 아니고, 부르주아의 지배를 타도하고자 하는 열망이, (멘셰비키나 사회혁명당, 그리고 샤이데만이나 레긴, 셈바, 방데르벨드 같은 자들처럼) 노동자들의 표나 얻으려는 단순한 '선거' 구호가 아닌, 우리의 진실되고 성실한 열망이라면— 우리는 의회(제도) 없는 민주주의를 생각할 수 있고 또 **생각하여야만** 한다. (강조는 원문)[26]

그런데 김은 이 부분에서 레닌에 대한 비판을 한다. 김은 "꼬뮌을 구성하는 인민에게 봉사해야 하는데, 이것은 마치 다른 모든 고용주의 경우에 개인적 선택권이 자기 사업에서 노동자, 감독관, 경리를 찾는 데 봉사하는 것과 마찬가지이다"라는 맑스의 주장을 인용한다. 그리고 "맑스 주장의 핵심"은 "노동자계급 대중이, 고용주가 그 고용인을 통제하듯이, 국가기구의 관리들을 통제하는 것이 진정한 프롤레타리아트 민주주의이며, 그것이 바로 지배계급으로서의 프롤레타리아트의 조직화라고 주장하"는 것인데 "레닌은 ... 이런 사실보다는 맑스가 '의회를 말장난이나 하는 곳'이 아니라 활동하는 기구라고 말했다는 점을 강조했다"고 레닌을 비판한다.[27]

그러나 이것은 김의 오해다. 앞서의 인용에서 본 것처럼 레닌에게 있어서 꼬뮌은 "대의 기구가 아닌 실행 기구"(김의 표현으로는 "활동하는 기구")이고 '입법기관이면서 행정기관'이다. 그리고 이것은 "특권적 지위"는 모두 사라지고 동시에 "의회의 의원들은 ... 자신의 선거구민에게 직접적으로 책임"지는 것을 포함한다. 여기서 직접적으로 책임진다는 것은 관리들이 통제된다는 것을 의미한다.

26) 같은 곳.

27) 김두한, 앞의 글, pp. 79-80.

5. 김의 레닌 비판(3)

레닌은 "프롤레타리아 민주주의"와 "의회 (제도) 없는 민주주의"의 문제를 언급하며 다음과 같이 말한다.

> 여기에서 맑스가 꼬뮌과 프롤레타리아 민주주의를 위해 필요한 관리들의 기능에 관해 언급하면서, 그 관리들을 '모든 고용주들'의 노동자에, 즉 일상적인 자본주의 기업의 '노동자들, 십장들 및 회계원들'에 비유한 것은 아주 교훈적이다.[28]

레닌은 맑스의 이러한 비유를 공상주의와 전혀 무관한 것으로 매우 높게 평가한다.[29] 그리고 그는 다음과 같이 주장한다.

> 자본주의는 '국가' 행정의 기능을 단순화한다. 그것은 '지배'(bossing)를 폐기하고, 모든 문제를 프롤레타리아트를 (지배계급으로서) 조직하는 데 한정시킬 수 있게 한다. 그것은 곧 사회 전체의 이름으로 '노동자들, 십장들 및 회계원들'을 고용하는 것이 될 것이다.[30]

김은 레닌의 이러한 주장은 맑스가 주장한 프롤레타리아 민주주의의 본질에 대해 오해를 한 것이고 어처구니없는 결론에 도달한 것이라고 비판한다. 왜냐하면 맑스가 그런 비유를 든 것은 "국가기구의 대표를 선택하는 선택 권한 그리고 경질 권한의 힘이 노동자계급 대중 자신에게 있어야 한다고 주장한 것"인데 레닌은 이것을 "사회 전체의 이름으로 노동자들 십장들 그리고 재정 관리인을 고용한다는 것"으로 바꾸었는데 "이것은 난센스"라는 것이다. 왜냐하면 "노동자계급의 사회이기 위해서는 바로 고용 권한, 경질 권한 등

---

28) 레닌, 앞의 책, pp. 67-8.

29) "맑스에게는 새로운 사회를 급조하고 발명한다는 의미의 공상주의자의 흔적은 전혀 없다. 그렇다. 그는 낡은 사회로부터 새로운 사회의 탄생, 전자의 후자로의 이행의 형태를 자연사적 과정으로서 연구했다. 그는 프롤레타리아 대중운동의 실제 경험을 연구했고, 그것으로부터 실천적인 교훈을 얻어 내려고 노력했다." (같은 책, p. 68.)

30) 같은 곳.

일체의 선택권이 노동자계급 대중에게 있어야 하"는데 "그 고용 권한에 대해서 레닌은 말하지 않고" 있기 때문이다.[31]

만일 말하지 않은 것이 문제라면 그것은 역시 김의 오해다. 레닌은 그것에 관해서 확실하게 말하고 있기 때문이다.

> 우리가 일단 자본가들을 타도하고, 무장한 노동자들의 철권으로 이러한 착취자들의 저항을 분쇄하고, 현대 국가의 관료 기구를 타파하게 된다면, 우리는 '기생충'이 제거된 훌륭한 메커니즘, 단결한 노동자들 자신에 의해 잘 운영될 수 있는 메커니즘을 갖게 될 것이다. 노동자들은 기술자와 십장들과 회계원들을 고용할 것이며, 그들 **모두**에게, 확실히 모든 '국가' 관리들과 마찬가지로, 노동자의 임금을 지불할 것이다. ... **전체** 경제를 우편 업무와 같이 조직해서 **모든** 관리들뿐만 아니라 기술자, 십장 및 회계원들이 '노동자의 임금'만큼만 받게 하는 것, 그리고 모든 것을 무장한 프롤레타리아트의 통제와 지도하에 두는 것 — 이것이 우리의 당면목표이다. 이것이 의회 제도를 폐지하면서도 대의 기구를 보존하는 것이다. 또한 이것이 노동자계급을 이러한 제도들의 부르주아적 타락으로부터 구하는 길이다. (강조는 원문, 밑줄은 인용자)[32]

그런데 레닌이 말했는지 그렇지 않았는지의 사실 여부보다 더 중요한 문제는 공상주의의 배제와 관련한 문제이다. 김은 "'재정 관리인들이 고용'된다는 어처구니없는 삼천포로 빠진다"라든가 "국가기구에 의한 고용의 문제에 '노동자'와 그들의 감독자인 '십장' 모두가 포함되어 있는 점이다. 노동자계급은 국가기구의 고용인에 불과한 또 다른 형태의 임노동자일 뿐이다"라고 쓰며 레닌을 비판하고 있다.[33] 그런데 이러한 주장은 레닌이 "무정부주의적 몽상"이라고 비판한 내용과 유사한 점이 있다. 이 문제와 관련해서 레닌은 이렇게 쓰고 있다.

> 우리는 공상가들이 아니다. 우리는 모든 통치(=관리)와 예속(=복종)을 일시에 없앨 것을 '꿈꾸지' 않는다. 프롤레타리아트 독재의 임무에 대한 몰이해에

31) 김두한, 앞의 글, p. 80.
32) 레닌, 앞의 책, p. 70.
33) 김두한, 앞의 글, pp. 80-1.

기초한 이와 같은 무정부주의적인 몽상은 맑스주의와 전혀 무관한 일이며, 실제로는 단지 인민이 변화할 때까지 사회주의 혁명을 지연시키는 데에 일조하고 있을 따름이다. 반면에 우리는 지금 있는 그대로의 인민, 즉 복종과 통제와 '십장과 회계원들'을 필요로 하는 현 상태의 인민과 더불어 사회주의 혁명을 하고자 한다.

하지만 복종은 모든 피착취 노동인민의 무장한 전위, 즉 프롤레타리아트에게만 향해져야 한다. 국가 관리들의 특수한 '지배'를 '십장들과 회계원들'의 단순한 기능, 즉 이미 평균 수준의 도시 거주자들의 능력 안에 있으며, '노동자의 임금'만으로도 충분히 수행될 수 있는 기능으로 대체하는 것은 당장 시작될 수 있고, 또 시작되어야만 한다.

우리 노동자들은 자본주의가 이미 만들어 놓은 것을 토대로 하고 노동자로서의 우리들 자신의 경험에 의거하여 대규모 생산을 조직할 것이고, 무장한 노동자들의 국가권력에 의해 뒷받침되는 엄격하고 강철 같은 규율들을 수립할 것이다. 우리는 국가 관리들의 역할을, 책임성 있고 소환할 수 있으며 간소한 급료를 받는 '십장과 회계원'의 역할로 (물론 모든 종류와 유형과 수준의 기술자들의 도움을 받는) 축소할 것이다. 이것이 우리 프롤레타리아트의 임무이다. 우리는 프롤레타리아 혁명을 수행함에 있어서 여기서부터 출발할 수 있으며, 여기서부터 착수해야만 한다. 그러한 출발은 대규모 생산에 기초하여, 자연스럽게 모든 관료제의 점진적인 '사멸', 하나의 질서—아무런 단서 없는 질서, 임금노예제와 유사한 그 어떠한 것도 배태하지 않는 질서—의 점진적인 질서가 하나씩 순차적으로 형성될 것이다. 그러고 나서 그것이 차츰 습관화되면, 마침내 인민의 특수한 부분이 담당하는 특수한 기능으로서의 국가기구는 사멸할 것이다.[34]

레닌은 "복종과 통제와 '십장과 회계원들'을 필요로 하는" 것을 당연하게 여긴다. 이에 반해 김은 이를 비판한다. 누구의 주장이 더 정당한지는 독자들의 판단에 맡긴다.

34) 레닌, 앞의 책, pp. 68-9.

6. 김의 레닌 비판(4)

레닌은 제3장 4절에서 '전국적 통일성의 조직'에 대한 문제를 다룬다. 그는 맑스를 인용한다.

> 빠리꼬뮌은 물론 프랑스의 모든 대규모 산업 중심지의 모델 노릇을 해야 했다. 꼬뮌적 사물의 질서가 일단 빠리와 이차적인 중심지들에 도입되자마자, 낡은 중앙집권적 정부는 지방에서도 생산자들의 자치 정부로 대체되어야 했을 것이다. 꼬뮌이 더 완성될 시간을 갖지 못했던 전국적 조직에 대한 개략적인 구상 속에서는, 꼬뮌이 가장 소규모적인 촌락에서도 그 정치형태로 되어야 한다는 것과 농촌의 상비군은 극히 짧은 복무 기간을 가지는 민병대로 대체되어야 한다는 것이 명시되어 있었다. 모든 지역의 농촌 공동체는 지역 중심의 대의원 의회를 통해 자신들의 공동 업무를 관장해야 했으며 이 지역 의회는 다시 대의원들을 빠리의 국민 대의원단에 파견해야 했다; 대의원들은 언제든지 소환될 수 있고 자기 선거구의 정해진 훈령에 묶여야 했다. 여전히 중앙 정부에 남겨질 소수이긴 하나 중요한 기능은 의도적으로 변조되고 있는 것처럼 폐지되는 것이 아니라, 꼬뮌의, 즉 엄격히 책임이 있는 관리들에게 맡겨져야 했다. 국민의 통일성은 파괴되지 않고, 반대로 꼬뮌 헌법에 의해 조직되어야 했다; 그것은 국민에 대해 독립적이고 군림하려고 하면서도 그러한 통일의 구현체임을 주장한 국가권력의 절멸을 통해 현실로 되어야 하는데, 국가권력은 국민의 몸에 붙어 있는 이상 생성물에 불과한 것이었다. 낡은 정부 권력의 억압적이기만 한 기관을 잘라 버리는 것이 중요한 한편, 그것의 정당한 기능은 사회보다 우월하다고 주장하는 권력으로부터 떼어 내어 사회의 책임 있는 공무원들에게 돌려주어야 했다. (밑줄은 인용자)[35]

레닌이 이 부분을 인용한 것은 베른슈타인을 비판하기 위해서였다. 베른슈타인은 이 문장을 이용하여 "정치적 내용에 관한 한" "그것의 모든 본질적 측면에 있어서 프루동의 연방제와 지극히 흡사하다"고 썼고, "맑스와 '쁘띠부르주아' 프루동은 다른 모든 점에서는 의견이 다르지만 이 점들에서는 그들의 사고방식이 매우 흡사하다"고 주장하였다. 레닌은 이것이 터무니없는 것

35) 맑스, ≪프랑스에서의 내전≫, p. 65. 레닌이 ≪국가와 혁명≫에서 인용한 부분은 밑줄 부분이다. 김은 자신의 글에서 이 부분 전체를 인용했다.

이지만 우연한 것은 아니라고 한다. 왜냐하면 맑스와 프루동은 "국가기구의 '분쇄'라는 입장에 서 있다는 점에서"는 일치하지만 "(프롤레타리아트 독재의 문제는 말할 것도 없고) 연방제 문제에 대해서"는 의견을 달리하기 때문인데 "프롤레타리아 혁명에 대해 생각하는 것조차도 완전히 잊어버"린 베른슈타인이 혼동하는 것은 당연하다는 것이다. 레닌은 맑스가 여기서 주장하는 중앙집권제에 대한 반대는 연방제를 의미하는 것이 아니라 모든 부르주아 국가에 존재하는 부르주아 국가기구를 분쇄하는 것에 대해 말하는 것이라며 다음과 같이 주장한다.

> 맑스는 중앙집권주의자였다. 위에서 인용한 맑스의 진술에는 중앙집권주의로부터의 조그마한 이탈도 존재하지 않는다. 단지 '국가'에 대한 속물적인 '미신'에 물들어 있는 자들만이 부르주아 국가기구의 파괴를 중앙집권제의 파괴로 오해할 수 있다.
>
> 지금 만약에 프롤레타리아트와 빈농들이 국가권력을 손에 거머쥐고 아주 자유롭게 스스로를 꼬뮌으로 조직하며, 자본에 타격을 가하고 자본가들의 저항을 분쇄하며, 사적 소유인 철도와 공장과 토지 등을 전체 국민, 전체 사회에 이전시키는 데 있어서 모든 꼬뮌의 활동들을 통일시킨다면, 그것이 곧 중앙집권제가 아닌가? 그것이 곧 가장 일관되고 민주적인 중앙집권제, 더 나아가 프롤레타리아적 중앙집권제가 아니고 무엇이겠는가?[36]

김은 이 문제와 관련해서 다음과 같이 주장한다.

> '원시적'인 그리고 프롤레타리아트 민주주의로서 노동자계급의 직접적인 민주주의의 확대는 당연히 자치를 포함할 수밖에 없다. 그리고 동시에 맑스는 프롤레타리아트 독재의 그 직접적 민주주의에 대해 그리고 '국민 위에 군림하는 통일임을 주장하는 국가기구'의 절멸을 주장하고 있다.[37]

그리고 앞서의 인용을 제시한 후 다음과 같이 레닌을 비판한다.

> 레닌은 맑스의 지방자치에 뭔가 거북해 하고 있는 듯하다. 하지만 맑스의

---

36) 레닌, 앞의 책, pp. 73-4.
37) 김두한, 앞의 글, p. 81.

지방자치에 대한 옹호가 중앙집권 자체의 폐지가 아니라는 사실을 주장하면서 지방자치에 대해 긍정한다. 그러나 이런 긍정은 사실상 레닌에게는 중요치 않았다. 레닌은 맑스의 이런 주장을 지방분권을 비판하는 논거로만 사용하고 있다. 이런 점들 전반은 결국 노동자계급의 자체의 직접적 민주주의를 무시하는 경향으로 이어진다. 그리고 부언하면 지방자치에 대한 부정은 특히 경제적 노동자관리에 대한 극도의 혐오로 나타난다.[38]

김이 말하는 지방자치가 연방제를 의미한다면 김의 주장과는 달리 레닌은 그것을 '확실히' "거북해" 한다. 그것은 레닌이 "하나의 원칙으로서의 연방제는 논리적으로 무정부주의라고 하는 쁘띠부르주아적인 시각에서 도출된다"고 명확히 주장하는 것에서 확인할 수 있다. 그리고 그런 의미에서 지방자치는 맑스의 것도 아니다.[39] 반면에 지방자치가 '자유롭게 스스로를 조직하는 것'이라는 의미라면 김의 주장은 오해에서 비롯된다. 앞서 살펴본 많은 인용에서도 확인할 수 있듯이 레닌은 그것을 가장 중요한 것으로 생각하고 있기 때문이다.[40]

추가: ≪정세와 노동≫ 제17호에 실렸던 필자의 글 "독점과 제국주의"의 잘못된 내용을 바로잡고자 한다.

주 27)** 에서 나는 "맑스는 집적과 축적을 거의 같은 의미로 사용한다. ...

38) 같은 글, p. 82.

39) "자신의 견해가 왜곡될지도 모른다는 것을 마치 예견이라도 했던 것처럼, 맑스는 꼬뮌이 전국적 통일성을 파괴하고 중앙의 권위를 폐지하려고 했다는 비난이 의도적인 기만이라고 특히 강조했다. 맑스는 의도적으로 다음과 같은 말을 사용했다. "부르주아적이고 군사적이며 관료적인 중앙집권제에 대항하고, 의식적이고 민주적이며 프롤레타리아적인 중앙집권제"를 위해서 "전국적인 통일성을 ... 조직하여야 했다."" (레닌, 앞의 책, p. 74.) 맑스가 했다는 이 말의 출처가 어딘지는 찾지 못했다.*

* [편집자 주: 김해인] 이 문구는 "국민의 통일성은 파괴되지 않고, 반대로 꼬뮌 헌법에 의해 조직되어야 했다"로, ≪프랑스에서의 내전≫, p. 65에서 찾을 수 있다. 또한 같은 책, pp. 65-6에서 중앙집권과 지방자치의 통일에 관한 맑스의 입장을 알 수 있다. "부르주아적이고 군사적이며 관료적인 ... 대항하고, ... 프롤레타리아적인 중앙집권제"라는 문구는 이 부분을 요약한 레닌의 표현이다.

40) 다만 문제는 말이 아니라 실제라고 한다면 그것은 이 글의 범위를 넘는 내용이므로 다음 기회에 다루도록 하겠다.

하지만 ... (집적을 축적의) 현상 형태로 주로 사용한다"고 주장했다. 그런데 지난 ≪자본론≫ 1권 읽기 세미나에서 이것을 검토한 결과, 그 주장은 잘못된 것으로 생각된다. 거기서 토론된 내용은 다음과 같다.

맑스는 집적을 가장 광범위한 개념으로 사용했으며 축적이나 집중 모두 집적에 포함된다. 이것은 "단순한 집적"을 "축적과 동일한 의미의 집적"으로 집중을 "형성된 자본의 집적"으로 설명하고 "진정한 집중"을 "축적 및 집적과 구별"하는 것에서 확인할 수 있다. (주 29)***의 내용을 참조하라.)

레닌은 ≪제국주의론≫에서 '집중'이라는 용어를 거의 사용하지 않고 대부분의 경우 '집적'이라는 개념을 사용한다. 레닌이 개념을 이렇게 사용했던 것도 맑스가 사용한 범례에 따른 것으로 생각된다.

주 44)****에는 "물론 이러한 환상은 1970년대에 들어서면서 깨졌다. 장기 호황은 장기 불황으로 전화했고 독점자본주의 체제는 국가독점자본주의로 전화했고 이것은 신자유주의 도입으로 귀결되게 되었으며 현재에 이른다"라고 되어 있다. 이것은 명백한 내용적 오류다. "독점자본주의 체제는 국가독점자본주의로 전화했고"가 삭제되지 않아서 일어난 것인데 아무튼 독점자본주의는 제1차 세계대전을 거치면서 국가독점자본주의로 전화했고 이는 1930년대 대공황을 거치면서 전면화되었다.

** [편집자 주] 이 책, p. 498의 각주 28).
*** [편집자 주] 이 책, p. 500의 각주 30).
**** [편집자 주] 이 책, p. 505의 각주 45).

사회주의 경제 관계의 문제*

이 글은 김에 대한 비판의 세 번째이며 마지막인 글이다. 첫 번째 글에서 나는 김이 다룬 모든 문제에 대해 다루지 않을 것이며 세세하게 비판을 하지도 않을 것이라고 했고, 다만 김이 오해한 문제를 기존의 견해와 비교하고 쟁점을 정리하기만 하겠다고 했다. 그것이 적절히 이루어졌는지에 대한 판단은 독자들의 몫일 것이다. 부족한 부분이나 잘못된 부분은 지적되고 비판되어야 할 것이다.[1] 이번 글은 "사회주의 경제 관계"와 관련하여 레닌에 대한 김의 비판 부분을 검토할 것이며, 이에 앞서 김이 비판한 레닌의 대중-계급-당-전위와 관련한 내용을 살펴볼 것이다.

1. "프롤레타리아 당 독재"

"20세기 러시아 사회주의 혁명과 현재"라는 글에서 김은 자신의 논거를 바탕으로 다음과 같이 주장한다.

> 레닌의 이런 주장들 속에서 이미 노동자계급 대중의 민주주의는 제한될 수밖에 없다. 그리고 이것은 사실상 당 독재로 이행하고 그리고 국가 관료 사회주의로 이행하게 된다. 당 독재 혹은 전위에 의한 독재론은 레닌 스스로가 주장하는 것처럼 맑스의 가장 발달된 파리꼬뮌의 프롤레타리아 독재와 전혀 일치하지 않는다.[2]

---

* [편집자 주] ≪정세와 노동≫ 제20호(2007. 1.) 〈이론〉에 실린 글이다.

1) 이것은 매우 중요한 문제이다. 왜냐하면 김의 글은 소련의 사회 성격이 무엇이었는가라고 하는 중요한 쟁점을 포함하고 있기 때문이다.

2) 김두한, "20세기 러시아 사회주의 혁명과 현재", ≪정세와 노동≫ 제15호(2006. 7/8.), pp. 182-3. 김이 주장하는 근거는 이 글을 참조하고, 그에 대한 비판은 전성식, "국가 문제에 대하여", ≪정세와 노동≫ 제18호(2006. 11.)를 참조하라.

그리고 "당 독재에 의한 관료화의 실상을 레닌 자신의 입으로 들어 보자"며 레닌의 ≪공산주의에서의 "좌익"소아병≫의 다음의 부분을 인용한다.

오늘날의 러시아에서 지도자들-당-계급-대중들의 관계 및 노동조합들에 대한 프롤레타리아트와 프롤레타리아트 당 독재의 태도는 구체적으로 다음과 같다. 곧, 독재는 소비에뜨들로 조직된 프롤레타리아트가 수행하고 이 프롤레타리아트는 볼셰비끼 공산당의 지도를 받는데 최근 당 대회(1920년 4월)의 자료에 따르면 볼셰비끼 공산당의 당원은 61만 1천 명이다. 당원 수는 10월 혁명 이전이나 이후에나 변화가 아주 컸는데, 심지어 1918년과 1919년조차 지금보다 훨씬 적었다. 우리는 당의 비대화를 우려하고 있다. 왜냐하면 마땅히 총살시켜야 할 출세주의자들과 협잡꾼들이 집권당의 대열에 끼어들기 위해 자기들이 할 수 있는 모든 것을 불가피하게 하고 있기 때문이다. 우리가 ―노동자들과 농민들에게만― 당의 문을 활짝 열 마지막 시기는 유제니치가 뻬뜨로그라드 앞 몇 베르스따 내에 있었고 제니낀이 (모스끄바로부터 약 350 베르스따 떨어진) 오룔에 있을 때(1919년), 곧 소비에뜨 공화국이 풍전등화의 위험에 빠져 있었고, 투기꾼들, 출세주의자들, 협잡꾼들과 대체로 믿을 수 없는 사람들이 공산주의자들에 합류함으로써 출세의 길을 달리리라고 결코 기대할 수 없던 (오히려 교수대와 고문을 더 기대해야 할) 때였다. 1년마다 대회(최근에는 당원 1천 명당 1명의 대의원을 기반으로 열렸다)를 갖는 당은 대회에서 선출된 19명으로 이루어진 중앙위원회의 지도를 받고, 모스끄바에 있어서 일상적인 업무는 바로 "조직국"과 "정치국"이라는 훨씬 작은 기구들이 수행하는데 이 기구들은 중앙위원회 위원 5명씩으로 이루어지며 중앙위원회 전체 회의에서 선출된다. 따라서 이것은 "과두제" 그 자체로 보일 것이다. 우리 공화국의 어떤 기구도 당 중앙위원회의 지도 없이는 어떤 정치적 문제나 조직적 문제도 결코 결정하지 못한다.

자신의 활동에 있어서 당은 직접적으로 **노동조합들**에 의존하는데 지난 대회(1920년 4월)의 자료에 따르면, 이 노동조합들은 지금 400만 이상의 조합원을 확보하고 있으며, 형식적으로 **비당파적**이다. 실제로, 기본적으로 전국적인 총노동조합중앙이나 총노동조합국(전국 노동조합 중앙평의회)의 모든 지도 기구들은 굳이 말할 것도 없고 대다수 조합들의 모든 지도 기구들도 공산주의자들로 이루어져 있으며 당의 모든 지시들을 이행하고 있다. 따라서 전반적으로 우리는 형식적으로 비공산주의적이고 유연하며 비교적 광범하고 매우 강력한 프롤레타리아 기구를 갖고 있는데, 이 기구를 통해 당은 **계급**

> 및 **대중**과 밀접히 연결되어 있고 이 기구를 통해 당의 지도하에서 **계급독재**가 수행되고 있는 것이다. 경제적 건설에서뿐만 아니라 **군사적** 건설에서 노동조합들과의 밀접한 접촉이 없었다면, 노동조합들의 정열적인 지원이 없었다면, 노동조합들의 헌신적인 노력이 없었다면, 우리는 당연히 2년 반은커녕 2달 반도 나라를 통치하거나 독재를 수행할 수 없었을 것이다. 물론 이러한 매우 긴밀한 접촉들은 실제로 선전, 선동의 형태에서의 그리고 지도적인 노동조합 활동가들뿐만 아니라 영향력 있는 노동조합 활동가 일반과의 시의적절하고 빈번한 협의의 형태에서의 매우 복잡하고 다양한 작업을 의미한다. (강조는 원문)3)

나는 김이 이 부분을 "당 독재에 의한 관료화의 실상"으로 독해하는 것을 도무지 이해할 수 없다. 왜냐하면 여기서는 당은 "**비당파적**인" "자신의 활동에 있어서 당은 직접적으로 **노동조합들**에 의존"한다고 명확히 말하고 있으며 "비공산주의적이고 유연하며 비교적 광범하고 매우 강력한 프롤레타리아 기구"를 통해 "계급 및 대중과 밀접히 연결되어" "이 기구를 통해" "계급독재"를 수행한다고 하기 때문이다. 더더구나 바로 다음에 레닌은 다음과 같이 말한다.

> 우리는 노동조합을 통한 "대중들"과의 접촉으로는 불충분하다고 생각한다. 우리 혁명 과정에서 실천 활동은 비당파적인 노동자 농민 협의회들과 같은 제도를 만들어 내었으며, 우리는 대중들의 분위기를 살펴보고, 그들에게 더 가까이 다가가고, 그들의 요구를 충족시켜 주고, 그들 중 가장 훌륭한 사람을 국가 요직에 발탁하는 등등을 하기 위해서 갖은 수단을 다해 이 제도를 지원하고, 발전시키며, 확대시키려 애쓰고 있다. 국가통제인민위원회를 "노동자 농민 감찰원"으로 바꾸는 최근의 법령들 중 하나에서 이런 종류의 비당파적 협의회들은 여러 가지 종류의 법 개정 등을 수행할 국가통제위원들을 선출하는 권한을 부여받았다.
>
> 게다가 물론 모든 당 활동은 직업에 관계없이 근로대중을 포괄하고 있는 소비에뜨들을 통해서 수행되고 있다. 소비에뜨들의 군 대회들은 민주주의적

---

3) 레닌, ≪공산주의에서의 "좌익"소아병≫, 돌베개 , pp. 46-8. 여기서는 일부러 김이 생략한 부분까지 길게 옮겼다. 그런데 김은 내가 인용한 책과 다른 책을 인용한 것으로 보인다.

인 제도로서 부르주아 세계의 가장 훌륭한 민주주의 공화국조차 이와 비슷한 것을 전혀 가져 본 적이 없다. 의식 있는 노동자들이 농촌 지역들에 있는 갖가지 직책에 끊임없이 파견됨으로써뿐만 아니라 이들 대회를 통해 (당은 그것들을 가능한 지켜보려고 애쓰고 있다) 농민에 대한 프롤레타리아트의 독재, 곧 부르주아적인 착취적 모리배 부농에 대한 체계적 투쟁 등이 수행되는 것이다.[4]

여기서도 분명한 것은 당 활동은 노동조합뿐만 아니라 다른 "비당파적" 조직과 제도 등을 통해 또 모든 "근로대중을 포괄하고 있는 소비에트들을" 통해 시행해 가고 있다는 점이다. 레닌은 이 점을 매우 강조하고 있다. 그렇다면 레닌은 이러한 사정을 왜 그렇게 강조하고 있는 것일까?

그것은 레닌이 "혁명가들은 반동적인 노동조합들에서 활동해야 할 것인가?"라는 질문을 던진 후 "이 문제에 대해 무조건 부정적으로 대답하는 것이 마땅하다고 생각하"는 독일의 좌익들을 비판하기 위해 이 문제를 다루고 있기 때문이다. 그는 머릿속의 이론으로부터가 아니라 당시 "러시아에서 지도자들-당-계급-대중들의 관계 및 노동조합들에 대한 프롤레타리아트와 프롤레타리아트 당 독재의 태도"를 자신들의 경험으로부터 설명하기 위해 앞의 부분을 길게 설명한다. 그리고 자신들의 경험에 대해 다음과 같이 정리한다.

바로 이와 같은 것이 "위로부터", 곧 독재의 실질적 수행의 관점에서 바라본 프롤레타리아 국가권력의 일반적 기제이다. 바라건대, 독자는 이 기제를 25년 동안 이해해 왔으며, 그것이 조그만 비합법 지하 써클로부터 발전하는 것을 보아 온 러시아의 볼셰비끼가 "위로부터"인가 **아니면** "밑으로부터"인가, 지도자들의 독재인가 **아니면** 대중들의 독재인가 하는 따위의 이 모든 지껄임을 우스꽝스럽고 유치하기 짝이 없는 허튼소리로, 곧 어떤 사람의 왼쪽 다리와 오른쪽 팔 중 어느 쪽이 그에게 더 쓸모 있느냐에 대해 토의하는 것과 같은 짓으로 간주할 수밖에 없는 이유를 이해해야 할 것이다. (강조는 원문)[5]

마지막으로 이 문제와 관련하여 레닌이 같은 책에 조금 앞서 언급한 말.

4) 같은 책, pp. 48-9.
5) 같은 책, p. 49.

"당 독재인가 **아니면** 계급독재인가, 지도자들의 독재(당)인가 **아니면** 대중들의 독재(당)인가?"라는 하나의 문제 제기는 이미 도저히 믿을 수 없는 끝없는 사고의 혼란을 증명하고 있다. 이 사람들은 완전히 특별한 무엇인가를 **발명하기**를 원하고 있으며 현명해지려고 노력하는 가운데 스스로 웃음거리가 되고 있다. 대중들은 계급으로 나뉘어 있다는 것; 사회적 생산 체제 내의 위치에 따른 분류에 관계없는 압도적 다수 일반과 사회적 생산 체제 내의 특정한 지위를 갖고 있는 부류들을 대비시켜야만 대중과 계급들을 대비시킬 수 있다는 것, 보통 대부분의 경우, 적어도 현대 문명국들에서는 정당들이 계급들을 지도한다는 것, 정당들은 일반적으로 가장 책임 있는 자리에 선출되어 지도자라고 불리는 가장 권위 있고 영향력 있으며 노련한 당원들로 이루어진 어느 정도 견실한 그룹들에 의해 운영된다는 것 등은 누구나 알고 있는 사실이다. 이 모든 것은 초보적이다. 이 모든 것은 단순명쾌하다.[6]

2. 자본주의적 생산의 기본모순

자본주의적 생산의 발전 과정은 생산수단을 개인의 생산수단에서 사회적 생산수단으로 바꾸어 나가는 것이었다. 그리고 그것을 통해 강력해지는 생산력을 활용할 수 있게 되었다. 하지만 이렇게 생산된 생산물은 과거와 마찬가지로 생산수단의 소유자의 몫이 되었다. 생산수단과 생산이 본질적으로 사회적이 되어 가고 있음에도 불구하고 그 전유는 사적으로 이루어지는 것, 즉 생산의 사회적 성격과 전유의 사적 성격 사이의 모순, 이것이 자본주의적 생산의 기본모순이다.

이 모순은 생산수단으로부터 생산자를 분리시키고 노동자를 종신 임금노동자로 만들어 내며 "프롤레타리아트와 부르주아지 사이의 대립으로 명명백백하게 나타"난다. 또한 그 모순은 상품생산을 지배하는 법칙에 끼어들어 사회적 생산의 무정부적 상태를 초래하며 경쟁에서 살아남으려는 개별 자본가들의 생산의 조직화를 강요한다. 모순은 "개별 공장 내에서의 생산의 조직화와 사회 전체 내에서의 생산의 무정부 상태 사이의 대립으로 표현"되며 이 대립은 점점 격화되게 된다.

---

6) 같은 책, pp. 39-40.

이러한 모순은 프롤레타리아트가 공적 권력을 장악하여, 이 권력의 힘으로 부르주아지로부터 사회적 생산수단을 탈취하여 공적 소유로 전화하는 것으로부터 비로소 해결이 시작된다. 프롤레타리아트는 생산수단을 자본이라는 특성에서 해방시켜 생산수단이 사회적 성격을 가질 수 있도록 하고, 미리 규정된 계획과 의식적 조직화에 의해 사회적 생산이 가능하도록 한다. 이것은 생산의 발전을 가져오며, 생산의 발전은 서로 다른 계급이 존재하는 것을 시대착오로 만든다. 또한 사회적 생산의 무정부 상태가 사라지는 것과 같은 정도로 국가의 정치적 권위도 사라지게 되며 마침내 인간은 자유롭게 된다.7)

이 문제와 관련하여 김은 "사회주의 혁명이란" "민주주의의 실질적 실현으로 정치적 혁명"이라는 규정에 덧붙여 "자본주의의 모순은 생산수단의 사적 소유 자체에 기인하는 과잉생산 위기라고 하는 생산수단에 대한 사적 소유에 입각한 자본 임노동의 생산관계와 생산수단의 공동적 사회적 성격 간의 모순이"라며 다소 혼란스럽게 규정하지만 "이 모순의 철폐는 사적 소유 자체의 철폐" "생산수단의 공동점유 혹은 사회 전체의 소유가 그 해결책"이라는 대략적으로 옳은 주장을 한다.

그런데 김은 이 지점에서 레닌이 "합리적인 계획"의 문제에 있어서는 맑스와 의견을 같이 하지만 "자본 관계 자체의 극복"과 관련해서는 이 문제를 경시하며 맑스와 내용적 차이가 있다고 주장한다. 과연 그러한가?8)

3. 맑스에 대한 김의 오해9)

김은 맑스의 글들을 인용하여 해석하며 결론적으로 다음과 같이 주장한다.

> 사회주의로 이행하기 위해서 이제까지 생산의 주체가 실질적으로 생산수단을 운영하고 관리하는 것이 요청되는 것이다. 맑스에 따르면 생산수단이 전

7) 엥겔스, ≪유토피아에서 과학으로의 사회주의의 발전≫(≪맑스 · 엥겔스 저작 선집≫ 제5권), 박종철출판사, pp. 455-74.

8) 김두한, 앞의 글, p. 84.

9) 맑스의 사회주의상에 대하여 종합적으로 이해하고 싶은 독자는 다음의 글을 참조하라. 키하라 마사오 저, 김성칠 역, "≪자본론≫에서의 사회주의 경제론", ≪정세와 노동≫ 제15호(2006. 7/8.), pp. 157-83.

사회적으로 공동의 수단으로 사용된다는 것은 우선적으로 협동조합적일 수밖에 없는 것이다. 해당 생산 현장의 노동자들이 생산수단을 관리한다는 협동조합적 생산방식이 사회주의 생산방식이라는 견해는 ≪자본론≫에서도 이미 피력되어 있었다. 요점은 맑스의 사회주의적 생산방식의 구체적 형태가 어떠하든 그것은 자유로운 생산자들의 연합의 형태이어야 한다는 것이다.[10)]

여기서 김이 "자유로운 생산자들의 연합의 형태"를 강조한 것은 커다란 의미가 없다. 오히려 그것은 추상적 의미에서 "사회주의적 생산방식"을 말하며 "협동조합적 생산방식"을 강조하기 위한 것으로 보인다. "협동조합적 생산방식이 사회주의 생산방식이라는 견해"가 ≪자본론≫에 피력되어 있다는 김의 주장은 사실이며, 현실 사회주의에서 생산수단의 사회화의 주요한 형태의 하나가 협동조합적 소유 방식이었던 것도 사실이다. 하지만 "맑스에 따르면 ... 우선적으로 협동조합적일 수밖에 없는 것이"라는 주장은 옳은 주장이 아니다. 그것은 김이 인용했던 글의 앞부분을 인용하면 쉽게 알 수 있다.

1868년의 인터내셔널 브뤼셀 대회에서 우리의 한 벗은 이렇게 말하였다: "토지의 소규모 사적 소유는 과학의 평결에 의해 선고를 받았고, 대토지 소유는 정의의 평결에 의해 선고를 받았다. 그렇다면 남은 것은 양자택일밖에 없다. 토지는 농촌 조합의 소유로 되든가 아니면 전 국민의 소유로 되어야 한다. 미래가 이 문제를 결정할 것이다."

나는 이와 달리 이렇게 말한다: 미래는 토지가 국민적으로 소유될 수밖에 없다고 결정할 것이다. 연합한 농촌 노동자들의 손에 토지를 넘기는 것은 생산자들 가운데 하나의 배타적 계급에게 사회를 인도하는 것이 될 것이다. 토지국유화는 노동과 자본 사이의 관계들에 완전한 변화를 일으킬 것이며, 그리하여 결국 공업에서건 농촌에서건 자본주의적 생산 형태를 제거할 것이다.[11)]

이상의 인용문을 보았을 때 김의 주장과는 반대로 맑스는 협동조합적 소

---

10) 김두한, 앞의 글, p. 87.

11) 맑스, "토지국유화에 관하여", ≪맑스 · 엥겔스 저작 선집≫ 제4권, p. 155. 김은 마지막 문장과 그 뒷부분을 인용했다. 김은 맑스의 '자유로운 생산자들의 연합'이 사회주의를 지칭하는 것이라는 사실을 증명하고자 했다.

유보다 국유화를 보다 사회주의적인 것으로 보았음을 알 수 있다. 마찬가지로 엥겔스 역시 앞서 인용한 글에서 다음과 같이 주장했다.

> 자본주의적 생산방식은 인구의 대다수를 점점 더 프롤레타리아로 전화시킴으로써 몰락하지 않기 위해서라도 이 변혁을 수행하지 않으면 안 되는 세력을 창조한다. 이 세력은 사회화된 대규모 생산수단을 국가 소유로 전화시킬 것을 재촉함으로써, 그 스스로 변혁의 수행을 위한 길을 제시한다. **프롤레타리아트는 국가권력을 장악하여 생산수단을 우선 국가 소유로 전화시킨다**. 그러나 이렇게 함으로써 프롤레타리아트는 프롤레타리아트로서의 자기 자신을 지양하며, 그리하여 모든 계급 차이와 계급 대립을 지양하고, 그리하여 국가로서의 국가도 지양한다. (강조는 원문)[12]

4. 레닌에 대한 김의 오해

레닌은 제국주의를 자본주의 최고의 단계 혹은 최후의 단계라고 주장했다. 이것은 자유경쟁이 독점으로 대체되면서 생산의 사회화가 보다 급속하게 진전되는 반면 소유는 여전히 사적으로 남아 있어 더 많고 큰 대립과 마찰, 갈등이 발생하는 현실, 즉 자본주의의 기본모순이 더욱 격화되는 현실을 반영한 것이다. 그리고 레닌의 현실에 대한 이해는 자본주의의 독점 단계를 사회주의로 이행하는 과도 단계, 제국주의는 프롤레타리아 사회혁명의 전야라는 주장으로 이어진다. 그래서 레닌은 다음과 같이 주장한다.

> 진정으로 혁명적-민주주의적 국가가 이룩되면, 국가독점자본주의는 필연적이고도 불가피하게 사회주의로의 한 걸음, 혹은 여러 걸음을 의미하는 것을 깨닫게 될 것이다.
>
> 왜냐하면 거대한 자본주의적 기업이 독점체가 된다면, 이는 그 독점체가 전체 국민을 위해 봉사하게 된다는 것을 의미하기 때문이다. 만일 그것이 국가독점체가 된다면, 이는 국가(즉 혁명적 민주주의가 존재하는 경우라면, 주민, 특히 노동자와 농민의 무장 조직)가 기업 전체를 지휘하는 것을 의미한다. — 누구의 이익을 위해서인가?

---

12) 엥겔스, 앞의 책, p. 469.

지주와 자본가의 이익을 위해서인가? 이런 경우라면 우리는 혁명적-민주주의적 국가가 아니라 반동적-관료적 국가, 즉 제국주의적 공화국을 갖게 될 것이다.

아니면 혁명적 민주주의를 위해서인가? 그렇다면 그것은 사회주의로 향한 한 걸음이다.

그 까닭은 사회주의란 국가자본주의적 독점으로부터 한 걸음을 내딛는 것에 지나지 않기 때문이다. 혹은 달리 말하면, 사회주의란 전체 인민의 이익에 봉사하도록 만들어진 국가자본주의적 독점이며, 그런 한에서 더 이상 자본주의적 독점이기를 중단한 국가자본주의적 독점에 다름 아니기 때문이다.[13)]

하지만 이러한 레닌의 주장을 김은 오류라고 생각한다.[14)] 왜냐하면 김에게 이러한 레닌의 생각은 사회주의적 생산방식을 계획으로만 사고하는 것이고 사회주의가 국가라는 정치적 상부구조에 의해서 결정된다고 보는 오류라고 주장한다.

후자의 규정은 과도하지만 레닌은 모든 혁명의 근본 문제는 권력의 문제라고 주장했으며 사회주의 혁명에서 정치가 강조되는 것은 어쩌면 당연스럽다. 왜냐하면 "사회주의 · 공산주의 사회로의 이행의 전제 조건은 무엇보다도 먼저 사적 소유에 의거한 자본주의 사회를 폐지하는 것이"고 "사적 소유를 공동의 소유로 바꾸는 일은 사회주의 · 공산주의의 실현에서 근본적인 문제"인데 이것은 프롤레타리아트가 스스로를 국가로 조직했을 때만이 가능한 일이기 때문이다.[15)]

---

13) 레닌, "임박한 파국, 그것에 어떻게 대처할 것인가", ≪임박한 파국, 그것에 어떻게 대처할 것인가≫, 새길, pp. 87-8.

14) 독점과 제국주의와 관련한 문제는 이전에 실린 글을 참조하라. 이와 관련하여 한 가지 덧붙이면 김은 레닌이 국가자본주의를 자본주의의 이행 형태 혹은 철폐로 주장하더라도 견뎌 줘야 한다. 왜냐하면 맑스 역시 '협동조합 공장'과 '자본주의적 주식회사'를 "자본주의적 생산양식으로부터 연합한 생산양식으로 가는 이행 형태", "대립 ... 철폐" 등으로 불렀으며, 김은 그 해당 부분을 자신의 논거로 삼았기 때문이다. 만일 그렇지 않다면 김은 맑스에 비해 레닌을 차별하는 것이다.

15) "부르주아 혁명과 구별되는 프롤레타리아 혁명의 특징은 무엇인가? 부르주아 혁명과 프롤레타리아 혁명의 차이는 5가지 요점으로 요약된다. 1) 부르주아 혁명은 대개 자본주의 질서에 속하는 다소간의 기성 형태, 공공연한 혁명 이전에 봉건 사회의 태내에서 성장하여 성숙한 형태들이 이미 존재하고 있는 때에 시작하는 반면, 프롤레

전자의 문제와 관련하여 김은 자본주의 국가에 대한 정당한 증오심 때문에 자주 혼란에 빠지는 것 같다. 왜냐하면 김은 "노동자가 단지 국가기구에 의해 고용된 종업원인 상황에서 노동자의 민주주의는 존재할 수 없는 것"이라고 주장하고, 레닌이 노동자들에게 규율과 복종을 강요한다고 비판한다. 그러나 이것은 옳지 않은 주장이다. 왜냐하면 그것은 우선 그 국가는 프롤레타리아트가 지배계급으로 자신을 조직하여 만든 국가이기 때문이다. '프롤레타리아트 독재(민주주의)'가 '부르주아 독재(민주주의)'와 다르듯이 '프롤레타리아트의 국가'는 '부르주아지의 국가'와는 다르다. 또한 "국가기구에 의해 고용된 노동자"라는 표현이 김의 마음을 몹시 괴롭히는 것처럼 보이지만 그가 인용한 ≪국가와 혁명≫의 해당 부분을 좀 더 읽으면 이 표현은 그가 그렇게 마음 상해할 필요가 없다는 것을 알 수 있다.

> 회계와 통제 — 이것은 **주로** 첫째 단계의 공산주의 사회가 '순탄하게 작동'하고 제대로 기능하기 위해 필요한 것이다. **모든** 시민들은 전국적인 **단일한** 국가'신디케이트'의 고용인과 노동자가 된다. 필요한 것은 그들이 평등하게 일해야 하며, 적절한 양의 노동을 분담해야 하고, 평등한 보수를 받아야 한다는 것이 전부이다. 이것을 위해 필요한 회계와 통제는 자본주의에 의해

타리아 혁명은 사회주의 질서에 속하는 기성 형태가 부재하거나 거의 부재한 상태에서 시작된다. 2) 부르주아 혁명의 주요한 임무는 권력을 장악하여 이미 존재하는 부르주아 경제에 적합하게 하는 데 있는 반면, 프롤레타리아 혁명의 임무는 권력 장악 후에 새로운 사회주의 경제를 건설하는 데 있다. 3) 부르주아 혁명은 대개 권력의 장악으로 완수된다. 반면 프롤레타리아 혁명에서 권력 장악은 단지 시작일 뿐이며, 그 권력은 낡은 경제를 변혁하고 새로운 경제를 조직하는 수단으로 쓰인다. 4) 부르주아 혁명은 권력을 잡고 있는 한 착취자 집단을 대체하는 데 자신을 한정시킨다. 착취자들의 관점에서 볼 때 낡은 국가기구를 분쇄할 필요는 없다. 반면 프롤레타리아 혁명은 권력에서 모든 착취자 집단을 제거하며, 피착취 근로자들의 지도자, 프롤레타리아 계급을 권력에 앉게 한다. 프롤레타리아트의 관점에서 볼 때, 낡은 국가기구의 분쇄와 그것의 새로운 기구로의 대체 없이는 프롤레타리아 혁명을 수행할 수 없다. 5) 부르주아 혁명은 언제까지나 수백만 피착취 근로대중들을 부르주아지 주위에 집결시킬 수 없다. 왜냐하면 그들이 피착취 근로자들이라는 바로 그 이유 때문이다. 반면 프롤레타리아 혁명은 프롤레타리아 권력을 강화하여 새로운 사회주의 경제를 건설하는 주요한 임무를 수행하려면 바로 피착취 근로자들인 그들을 프롤레타리아트와의 굳건한 동맹으로 연결시킬 수 있으며 연결시켜야 한다." (스탈린, ≪레닌주의의 문제에 관하여≫(≪스탈린 선집≫ 제1권), 전진, p. 202.)

서 아주 **단순화되었으며**, ―글자를 읽을 수 있고 사칙연산(가감승제)만을 알면 누구나가 수행할 수 있는― 즉 감독과 기록, 적절한 영수증의 발행 등과 같은 지극히 단순한 작업으로 축소되었다.

대다수 인민이 그런 회계를 독자적으로 모든 곳에서 행하기 시작하고 (이제 피고용인으로 전환된) 자본가들과 아직도 자본주의적 습성을 유지하고 있는 지식인 무리들에 대한 통제를 행하게 될 때, 이러한 통제는 진정으로 보편적이고 일반적이며 대중적인 것이 될 것이다. 그리하여 거기에서 더 나아갈 필요가 없고 '가야 할 곳이 없게' 될 것이다.

사회 전체는 노동과 임금의 평등을 이룬 하나의 단일한 사무실이나 단일한 공장이 될 것이다.

그러나 이러한 '공장'의 규율, 즉 자본가들을 패퇴시키고 착취자들을 타도한 후에 프롤레타리아트가 사회 전체로 확장시킬 이러한 규율은 우리의 이상이나 우리의 궁극적인 목표가 결코 아니다. 그것은 단지 이 사회에서 자본주의적 착취의 온갖 파렴치한 행위들과 만행을 철저히 세척해 내기 위해, 그리고 **더 나아가기 위해** 필요한 하나의 **단계**일 뿐이다. (강조는 원문)[16)]

김은 또한 레닌이 "당시의 자본가계급의 일원을 경영자로 다시 불러들"이고 "이런 자본가계급을 국가기구와 신디케이트 등의 관리자로 임명하면서" "고액의 임금을 제공"하고 "바로 그런 경영자 일인에게" 노동자들을 복종하게 했다고 비난한다. "자본가계급을" "관리자로 임명"했다는 것은 표현상의 사소한 혼란일 것이다. 왜냐하면 진정한 의미의 자본가계급은 당시에 존재하지 않았을 것이고, 그들은 이미 "피고용인으로 전환된" 과거의 "자본가계급의 일원"일 것이기 때문이다. 따라서 김의 비난은 "과거의 자본가계급" 출신들에게 관리 노동을 시킨 것과 고임금을 제공한 것에 있다.

그러나 이것은 이론적으로도 실천적으로도 전혀 문제가 되지 않는다. 사회주의 건설 과정의 초기 과정에서는 어떤 특정한 분야의 지식과 기술은 부르주아 출신의 전문가들이 독점하고 있을 수 있다. 이때 이들을 활용하는 것은 너무도 당연하다. 이것은 마땅히 그래야 할 일이다. 반혁명에 앞장서 투쟁하지 않는 이들의 대부분은 사회에 자신의 노동을 제공할 기회를 제공받을 것이다. 이들 역시 자신의 노동을 사회에 제공하고 사회로부터 자신의 노동

16) 레닌, ≪국가와 혁명≫, 새날, pp. 132-3. 이 부분은 '국가 사멸의 경제적 토대'에 관한 내용을 다룬 곳이다.

에 대한 대가를 되돌려 받을 것이다. 그리고 되돌려 받는 노동의 크기는 상대적으로 다른 단순한 노동을 제공한 노동자들보다 클 수 있다. 왜냐하면 그것은 그들의 출신으로부터 결정되는 것이 아니라, 그들이 제공하는 노동의 크기에 의해 결정될 것이기 때문이다. 만일 당시의 러시아에서 그러한 일이 있었다면 이러한 이유에서 그러했을 것이다. 불평등하게 보일지라도 그것은 그런 것이다.[17)]

17) "생산수단을 공유재산으로 하는 것에 기초를 둔 조합적 사회 내부에서는 생산자들이 자신의 생산물들을 교환하지 않는다; 마찬가지로 여기서는 생산물에 사용된 노동이 이 생산물의 **가치로**, 즉 그 생산물이 보유하고 있는 어떤 물적 특성으로 나타나지 않는데, 그 이유는 자본주의 사회와는 반대로 개인적 노동이 더 이상 우회로를 통해서가 아니라 직접적으로 총노동의 구성 부분으로서 존재하기 때문이다. ... 우리가 여기서 관계하고 있는 것은 자기 자신의 기초 위에서 **발전한** 공산주의 사회가 아니라 거꾸로 바로 자본주의 사회에서 **생겨난** 공산주의 사회이며, 그러므로 그 모태인 낡은 사회의 모반이 모든 면에서, 즉 경제적, 윤리적, 정신적으로 아직도 들러붙어 있는 공산주의 사회이다. 이에 걸맞게 개별 생산자는 자신이 사회에 주는 것을 ―공제 후에― 정확히 돌려받는다. 그가 사회에 주었던 것은 자신의 개인적 노동량이다. 예를 들면, 사회적 노동일은 개인적 노동시간 수의 합으로 이루어진다. 개별 생산자들의 개인적 노동시간은 사회적 노동일 가운데 자신이 제공한 부분, 즉 사회적 노동일에 대한 자신의 몫이다. 그는 자신이 (사회 기금을 위해 자신의 노동을 공제한 후에) 이러이러한 만큼의 노동을 제공하였다는 증서를 사회로부터 받고, 이 증서를 가지고 소비 수단의 사회적 저장품에서 동일한 양의 노동이 비용을 들인 만큼을 빼내간다. 그는 어떤 형태로 사회에 준 것과 동일한 양의 노동을 다른 형태로 되받는다. 상품 교환이 같은 가치물의 교환인 한, 여기서는 분명히 상품 교환을 규제하는 것과 동일한 원리가 지배한다. 내용과 형식은 변하는데, 그 이유는 변한 사정에서는 어느 누구도 자신의 노동 이외에는 어떤 것도 개별적인 소유로 넘어갈 수 없기 때문이다. 그러나 개별 생산자들 사이의 소비 수단의 분배에 관해 말하자면, 상품 등가물의 교환에서와 동일한 원리가 지배하여, 어떤 형태의 동일한 만큼의 노동은 다른 형태의 동일한 만큼의 노동과 교환된다. 그러므로 여기서 **평등한 권리**는 여전히 ―원리상― **부르주아적 권리**이며, 상품 교환에서는 등가물의 교환이 **평균적**으로만 존재하고 개별적인 경우에는 존재하지 않는 반면에 원리와 실제가 이제는 서로 머리채를 쥐고 싸우지 않더라도 여전히 그러하다." (강조는 원문) (맑스, "고타강령 초안 비판", ≪맑스 · 엥겔스 저작 선집≫ 제4권, pp. 375-6.)

5. 맺으며

많은 말들을 쏟아 놓았지만 이 글을 포함하여 김에 대한 나의 비판은 매우 뚜렷한 한계를 갖고 있다. 그것은 첫째, 내가 옳다고 전제하고 근거하는 견해에 대해 김과 내가 합의하고 있지 못하다는 것이다. 이 경우 비판이나 반비판은 서로 자기 말하기에 그치기가 쉽다. 둘째, 내 글은 김의 새로운 주장에 대해 기존의 견해를 대립시키고, 김의 기존 이론에 대한 오해에 대한 지적에 불과한 것으로, 이는 본래적 의미에서의 비판 글이라 할 수 없다. 하지만 비판 혹은 논쟁을 발전시키기 위한 사전 작업으로서 의미를 찾을 수 있다. 마지막으로 가장 커다란 한계는 김의 논의가 이른바 제국주의 시대 및 소련의 사회주의 혁명과 건설에 관한 경험의 분석을 전제로 한 것이었음에도 불구하고, 나의 비판은 그것들에 대한 실제적인 내용이 거의 전무하다는 것이다. 이것은 결정적이고 중요한 문제인데 나의 무지 때문이다.

아무튼 소련의 사회 성격이 무엇이었는가를 둘러싼 사상적·이론적 대립은 현재도 중요한 문제이지만, 가까운 미래에 우리 운동에 결정적인 역할을 할 것으로 예상되기 때문에, 이에 대한 연구는 우리의 시급한 임무라는 것을 강조하며 글을 맺는다.

"살아 있는 강철"이기 위해서는 "과학적 사상"이어야 한다*
— 강철인가? 수수깡인가?

글의 순서

* [편집자 주] ≪정세와 노동≫ 제21호(2007. 2.) 〈이론〉에 실린 글이다.

김은 자신의 글에 대한 나의 비판에 대해 장문의 반비판을 하였다.[1] 기존 견해에 대한 일탈로 보이는 김의 주장을 비판한 나의 글은 사실 새로운 주장이 거의 없었다. 나는 기존의 견해와 김의 주장을 비교하면서 김을 비판하였다. 나는 이것을 명백히 하였다. 하지만 이러한 나의 태도는 김에게 "교조주의", "사이비 레닌주의"로 비난받았다. 그렇다면 김은 내 글을 정확하게 읽은 것이다. 새로운 주장을 하는 김에게는 기존의 주장들은 다 그렇게 보여야 할 것이기 때문이다. 그래서 김은 "과학적 사상은 살아 있는 강철이어야 한다"고 목소리 높여 주장하고 있는 것이다.

맑스-레닌주의는 교조가 아니라 행동의 지침이다. 그리고 그것은 사물을 자의적이거나 어떤 전제를 가지고 파악하라고 가르치지 않는다. 과학적 세계관을 표방하는 맑스-레닌주의는 사물을 존재하는 그대로 파악하기를 가르친다. 그런데 김은 기존의 이론들이 역사적 한계성을 지닌 ≪제국주의론≫을 교조적으로 추종하여 현대자본주의를 있는 그대로 파악하지 못하고 있고, 심지어 그것을 왜곡하여 현실 분석에 사용하고 있어 노동자계급 운동의 발목을 잡고 있는 것을 넘어 반동적 투쟁에 노동자계급을 동원하고 있다고 생각한다. 따라서 진정한 맑스-레닌주의자라고 생각하는 김이 기존 이론에 대한 적극적 혹은 소극적 옹호자들에게 대해 '교조주의자'·'사이비 레닌주의자'라는 비난과 함께 쏟아붓는 분노는 충분히 이해할 만하다. 따라서 논쟁에서 보이는 김의 적대적 태도는 커다란 문제가 되지 않는다. 문제는 김의 새로운 이론이 옳은가 아니면 기존 이론이 옳은가 하는 문제이다. 그것은 어느 이론이 과학적인가, 즉 현실을 올바로 분석하고 설명하는가의 문제인 것이다.

같은 조직 내에서 이견이 있는 경우 상호 간에 비판과 반비판을 하는 것은 자연스러운 일이다. 왜냐하면 그러한 과정을 통해 차이를 분명히 하는 것은 이후 더 높은 수준의 통일을 가능하게 하는 출발점이 되기 때문이다. 이 글은 김이 오해하거나 혼란스럽게 한 문제와 새롭게 제기한 문제를 검토하는 것을 통해 김과 나의 쟁점이 무엇인가를 명확히 하는 것을 목적으로 한다.

---

1) 김두한, "과학적 사상은 살아 있는 강철이어야 한다—제국주의적 관점을 비판하며"(이하 "강철"), ≪정세와 노동≫ 제20호(2007. 11.), pp. 63-94.

1. 과학적 이론에 대한 태도

과학적이란 것은 무엇을 의미하는가? "과학적 사회주의"를 강조하는 맑스-레닌주의에서 과학적이란 것은 무엇인가? 이 문제에 대한 청년 레닌의 의견을 살펴보는 것은 한편으로는 레닌의 ≪제국주의론≫의 역사적 한계를 주장하는 김의 태도—내용이 아닌—에 대한 긍정과 나의 이론적 태도에 대한 김의 비판에 대한 답변이 될 것이다.[2] 레닌은 "인민의 벗"들에 대한 비판을 전개하면서 맑스주의의 과학성의 문제에 대해 다음과 같이 설명한다.

> 경제적 사회구성체의 발전이 자연사적 과정이라는 맑스의 기본 사상이, 사회학이라는 이름하에 주장되던 이런 유치한 도덕주의의 바로 그 뿌리를 잘라 버렸다는 것은 명백한 사실이다. 어떠한 방법으로 맑스는 이 기본 사상에 도달했는가? 그는 사회생활의 다양한 영역으로부터 경제적 영역을 추출함으로써, 모든 사회적 관계에서 **생산관계**를 가장 기본적이고 일차적인 것으로서 다른 모든 관계를 규정하는 요소로 추출함으로써 이 기본 사상에 도달했다.
>
> …
>
> 사회학에서 이 유물론 사상은 본질적으로 천재의 위대한 업적이었다. 당연히 한동안 이것은 하나의 가설에 불과했지만, 역사적 · 사회적 문제들에 대한 엄밀하게 과학적인 접근의 가능성을 처음으로 열어 놓은 것이었다. 지금까지는 생산관계와 같이 가장 단순하고 중요한 관계들에 대해 어떻게 연구해야 할지를 몰랐기 때문에, 이 사회학자들은 정치적 · 법적인 형태들에 대해 직접적으로 조사하고 연구했으며, 해당 시대에 사는 사람들의 관념에서 이러한 형태들이 나타난다고 대충 생각하게 되었다. 그리고 그들은 거기에서 멈추었다; 마치 인간이 의식적으로 사회적 관계를 수립하는 듯이 보였다.
>
> …
>
> 유물론은 인간의 사회적 관념 그 자체의 기원에까지 그 분석을 심화시킴

---

2) 김은 이렇게 비판한다. "그들은 여전히 레닌의 제국주의론에 연연해, 맑스와 레닌의 과학적 사상을 발전시키기를 거부하고 있다. 그들은 맑스-레닌주의를 자본주의 발달을 반영하는 과학적 이론으로 발전시켜 내지 못하고, 레닌 이래 맑스주의의 성장을 질식시키는 교조주의자들에 다름 아니다. 그들이 레닌의 제국주의론에 집착하는 것은, 제국주의는 자본주의의 최종적 단계이며 사회혁명의 전야라는 레닌의 혁명적 주장이 담겨 있기 때문일 것이다." (김두한, 같은 글, p. 65.) 이러한 김의 추측은 당연히 사실이 아니다.

으로써 이 모순을 제거했다; 그리고 사고의 경로가 물질의 경로에 의존한다고 하는 유물론의 결론만이 과학적 심리학과 유일하게 양립할 수 있다. 더 나아가 다른 측면에서 보면 이 가설은 사회학을 과학의 수준으로 끌어올린 최초의 것이었다. 이제까지 사회학자들은 사회현상의 복잡한 그물망 속에서 중요한 것과 중요하지 않은 것을 구분하는 데 곤란을 느꼈고(이것이 사회학에서 주관주의의 근원이다), 그러한 구분을 하기 위한 어떤 객관적인 기준을 찾아낼 수 없었다. 유물론은 '생산관계'를 사회구조로서 추출함으로써, 그리고 주관주의자들이 사회학에의 적용 가능성을 부정했던 반복성이라는 일반적이고 과학적인 기준을 이들 관계에 적용하는 것을 가능하게 함으로써 완전히 객관적인 기준을 제공했다. 주관주의자들이 그들 자신을 이데올로기적 사회관계(즉 형성되기 전에 인간의 의식을 통과하는 것과 같은 것들)에 한정시킨 한, 그들은 여러 나라들에서의 사회현상에 나타나는 반복성과 규칙성을 파악할 수 없었으며, 그들의 과학이라는 것은 기껏해야 이러한 현상에 대한 서술(description), 원자료의 집적에 불과했다. 물질적 사회관계(즉 인간의 의식을 통과하지 않고 형성되는 것들: 생산물을 교환할 때, 인간은 여기에 생산의 사회적 관계가 존재한다는 것을 의식하지도 못한 채 생산관계 속으로 들어간다)에 대한 분석은 즉시 반복성과 규칙성을 포착할 수 있도록 해 주었을 뿐만 아니라, 다양한 나라들의 체제를 하나의 기본 개념: 사회구성체로 일반화할 수 있게 해 주었다.

…

셋째로 그리고 마지막으로 이 가설이 최초로 과학적인 사회학을 가능하게 했던 또 다른 이유는, 사회적 관계들을 생산관계로 환원시키는 것만이, 그리고 후자를 생산력의 수준으로 환원시키는 것만이, 사회구성체의 발전이 자연사적 과정이라는 인식에 굳건한 토대를 제공했다는 사실이었다. 그리고 이러한 관점이 결여되어 있다면 사회과학이 존재할 수 없다는 사실은 말할 필요조차 없다. (예를 들면, 비록 주관주의자들이 역사적 현상들이 법칙에 따른다는 것을 인정했더라도, 정확히 인간의 사회적 관념과 목표 앞에 멈추어 버렸기 때문에 그리고 이러한 역사적 현상들을 물질적인 사회관계로 환원시킬 수 없었기 때문에, 그들은 이러한 역사적 현상들의 진화를 자연사적 과정으로 간주할 수 없었던 것이다.)

그러나 1840년대에 이 가설을 제시했던 맑스는 그 뒤 사실적(nota bene: 단단히 주의하라—역자) 자료의 연구에 착수했다. 그는 하나의 경제적 사회구성체—상품생산 체제—를 선정하고, 방대한 양의 자료(그는 이것을 25년 이상 연구했다)에 근거하여 이 사회구성체의 기능과 발전을 지배하는 법칙들을 지극히 상세하게 분석했다.

…

이것이 ≪자본론≫의 골격이다. 그러나 정작 문제는 다음에 있다. 즉 맑스는 이 골격에 만족하지 않았고, 그의 연구 작업을 상식적인 의미에서의 '경제 이론'에 한정시키지도 않았으며, 주어진 사회구성체의 구조와 발전을 오직 생산관계만을 통하여 설명하는 동시에, 그럼에도 불구하고 모든 곳에서 끊임없이 이들 생산관계에 조응하는 상부구조를 탐구하면서 이 골격에 살과 피를 덧붙였다는 사실이다. ≪자본론≫이 그렇게 굉장한 성공을 거둔 이유는, 한 '독일 경제학자'가 쓴 이 책이 독자들에게 자본주의적 사회구성체 전체를 하나의 살아 있는 것으로 나타내 주었다는 것에 있다. … 다윈과의 비교가 전적으로 정확하다는 것이 이제 명확해질 것이다. … 다윈이 동식물의 종을 비연관적이고 우연적이며 '신에 의해 창조된' 불변적인 것으로 바라보는 관점에 종지부를 찍고 종의 가변성과 계승성을 밝힘으로써 생물학을 완전히 과학적인 기반 위에 올려놓은 최초의 인물이었듯이, 맑스는 사회를 권위자의 의지대로(좋게 표현하자면 사회나 정부의 의지대로) 모든 변경을 허용하며 우연적으로 등장하고 우연적으로 변화하는 개인들의 기계적인 집합체로 보는 관점에 종지부를 찍고, 주어진 생산관계의 총체로서 경제적 사회구성체라는 개념을 확립하고 그러한 사회구성체의 발전이 자연사적 과정임을 입증함으로써 사회학을 과학적인 기반 위에 올려놓은 최초의 인물이었다.

현재 —≪자본론≫이 나온 이후— 유물사관은 더 이상 가설이 아니며 과학적으로 증명된 명제이다. 그리고 어떤 사회구성체—사회구성체이지 어떤 나라, 사람, 계급 등등의 생활양식이 아니라는 것에 주의하라—의 기능과 발전에 대해 과학적인 설명을 하기 위하여 이와 다른 시도—유물론과 같이 '관련된 사실'에 질서를 부여할 수 있고, 일정한 사회구성체를 엄밀히 과학적으로 해명함과 동시에 그것을 살아 있는 생명체처럼 묘사할 수 있는 다른 시도—를 하게 될 그 때까지 유물사관은 사회과학과 동의어가 될 것이다. 유물론은 미하일로프스키 씨가 생각하는 것처럼 대체적으로 과학적인 역사관이 아니라, 유일하게 과학적인 역사관이다.[3)]

레닌은 "유물론 사상"이 사회학을 과학의 기반 위에 올려놓았다고 주장한다. 그는 유물론을 "천재의 위대한 업적"이라고 높게 평가하지만 처음에 그

3) 레닌, ≪인민의 벗이란 무엇인가≫, 벼리, pp. 19-22.

것은 여러 사회주의 사상의 하나였으며 일종의 가설에 불과하였다고 말한다. 그리고 이후 전개된 맑스의 노력과 그 결과로 "유물사관은" "과학적으로 증명된 명제"라고 하며 "다른 시도"가 "될 그 때까지" "유물론은 ... 유일하게 과학적인 역사관이"라고 주장한다.

그러면 레닌의 이러한 주장은 무엇을 말하는가? 그것은 우선 어떤 이론이 비록 과학적 이론일지라도 처음에는 하나의 가설로 출발하고 평가받는다는 것이다. 그리고 다음으로는 과학적 이론 역시 더 과학적인 이론에 의해 대체될 수 있다는 것이다. 후자의 문제를 좀 더 구체적으로 살펴보면 그것은 맑스에 의해 주장된 유물사관이 당시까지 비록 "유일하게 과학적인 역사관"일지라도 그것보다 더욱 과학적인 "다른 시도"에 의해 대체될 수도 있음을 인정하는 것이다. 이것은 이론에 대한 맑스-레닌주의자의 기본적 태도이다. 맑스의 "유물사관"도 그러한데 "맑스주의자" 레닌의 이론 역시 이 문제에서 예외는 아닐 것이다. 김 역시 거의 인정하고 있을 이 긴 인용을 여기서 한 이유는 바로 이 점을 강조하는 것에 있다.[4)]

레닌은 같은 글에서 인민의 벗들에 의해 누명(?)을 쓰는 ―맑스가 인류의 과거 전체를 설명했다고 주장했다는 등등의― 맑스를 변명하며 다음과 같이 말한다.

> 이 이론[≪자본론≫: 인용자]은 단지 자본주의 사회조직을 설명할 것을 주장할 뿐이다. 그리고 다른 어떤 것도 아니다. 만약 하나의 사회구성체를 분석하고 설명하는 데 유물론을 적용하여 그런 눈부신 결과가 나왔다면, 역사에서 유물론은 이미 단순한 가설이 아니며 과학적으로 증명된 이론이 된다는 것은 지극히 당연하다; 비록 어떤 종류의 동식물들이 거친 변이의 실제를 아직 정확하게 밝힐 수는 없다고 하더라도 상당히 많은 양의 사실들에 대해 증명된 변이설이 생물학의 모든 영역에 확장될 수 있는 것처럼 비록 이들에 대한 특별한 사실적 조사와 엄밀한 분석이 아직 행해지지 않았다손 치더라도 이러한 방법론이 다른 사회구성체들을 조사·분석하는 데까지 확장·적용될 수 있다는 것은 지극히 당연하다. 그리고 변이설이 종의 형성의 '모든' 역사를 설명하려고 하는 것은 전혀 아니며 이러한 설명의 방법들을 과학적 토대 위에 올려놓으려 할 뿐인 것과 마찬가지로, 유물론도 역사에서 모든 것을 설

4) 나는 김이 기존의 견해들을 비판하며 제출한 새로운 '가설'이 이러한 운명을 갈 수도 있다는 가능성을 일단은 부정하지 않는다.

명한다고 주장한 적은 없으며, 단지 맑스가(≪자본론≫에서) 한 표현을 빌리자면, 역사를 설명하는 '유일하게 과학적인' 방법을 제시할 뿐이다.[5]

우리가 맑스, 엥겔스, 레닌, 스탈린 혹은 트로츠키 또 그들 이외의 다른 수많은 사람들의 이론을 받아들인다는 것은 그들의 방법론을 받아들이는 것을 포함한다. 하지만 우리가 그들의 이론 자체를 받아들이는 것은 무엇보다도 그들의 이론이 현실에 부합하기 때문이다. 맑스가, 엥겔스가, 레닌이, 스탈린이 혹은 트로츠키가 아니면 또 다른 누가 어떤 주장을 했던 맑스-레닌주의를 인정하는 사람들이라면 그들의 주장을 그저 받아들이지는 않을 것이다. 더더구나 앞선 그들의 주장을 모두 그대로 현실에 적용할 수 있을 것이라고 생각하지 않을 것이다. 그것은 너무도 당연한 상식이다.[6]

2. 몇 가지 이론적 쟁점들

김은 ≪제국주의론≫의 역사적 한계성을 주장한다. 레닌이 "기업결합이라는 독점이 만연한 엄연한 현실을 분석함으로써, 자본주의 역사의 특수한 국면, 즉 자본이 세계시장을 공동시장으로 놓고 초국적으로 경쟁하는 시기로 이행해 가는 과정에서 발생했던 특수한 위기 국면을 체계화"[7]한 것이 ≪제국주의론≫이고, ≪제국주의론≫ 혹은 "레닌의 오류는 자본의 독점을 자본주의 최고의 발전 단계로 잘못 파악한 데 있으며, 경험적 현상을 곧바로 법칙화한 데 있다"[8]고 주장한다.

---

5) 레닌, 앞의 책, p. 25.

6) "우리는 맑스의 이론을 완성된 불가침의 어떤 것으로 간주하지 않는다. 오히려 사회주의자들이 생활과 보조를 맞추기를 바란다면, 모든 방향으로 발전시켜야 하는 과학의 초석을 맑스의 이론이 마련했을 뿐이라고 확신한다. 우리는 맑스의 이론을 **독립적**으로 정교화하는 것이 러시아 사회주의자들에게 특별히 필수적이라고 생각한다. 왜냐하면 이 이론은 단지 일반적인 **지도** 원리를 제공할 뿐이기 때문이다. 그 지도 원리는 **특수화되어**, 영국에서는 프랑스와 다르게, 프랑스에서는 독일과 다르게, 독일에서는 러시아와 다르게 적용된다." (강조는 원문) (레닌, "우리의 강령", ≪레닌저작집≫ 제1권, 전진, p. 78.) "맑스의 이론"뿐만이 아닐 것이며, "특수화" 역시 국가별뿐이 아니라 시간적 차이도 포함할 것이다.

7) 김두한, 앞의 글, p. 74.

이와 같은 인식을 가진 그는 나를 비롯한 교조주의자들이 더 이상 타당하지 않은 ≪제국주의론≫에 입각하여 현실을 파악하고자 하여 올바른 현실 파악에 실패하고 있으며, 더 나아가 레닌의 이론마저 왜곡하는 반레닌주의자라고 주장한다. 따라서 김의 주장에 대한 비판은 김의 레닌에 대한 이해 부족과 현실 파악 실패의 양 측면에서 이루어져야 한다.

1) 레닌 왜곡의 문제

(1) 쟁점 1—독점과 자유경쟁

① 독점의 형태[9)]

나는 김이 중요시했던 "독점의 형태" 문제를 다루었다. 왜냐하면 김은 "독점의 형태" 문제를 강조했음에도 불구하고 그에 대한 이해가 잘못되어 있었기 때문인데 나는 이렇게 주장했다.

> 여기서 김이 중요하게 생각하는 독점의 형태를 잠시 살펴보는 것은 의미가 있다. 왜냐하면 김은 "1945년 이후에 레닌 시대의 고유한 카르텔이나 트러스트 등이 사라졌으며"라거나 "좀 더 엄밀히 말하자면, 카르텔과 트러스트 등의 독점은 금지되거나 다시금 경쟁이 벌어진다"라며 레닌의 ≪제국주의론≫의 유효성은 1945년 이전까지라고 주장하기 때문이다. 이러한 김의 주장은 일면 타당하다. 그것은 레닌이 ≪제국주의론≫을 서술할 당시와 현재의 독점의 주요한 형태가 다르기 때문이다. 하지만 김은 더 큰 부분에서 잘못을 범하고 있다. 앞서 지적한 독점의 의미에 대한 것은 차치하고서라도 김은 현실을 무시하고 있다.
>
> 개념적으로 카르텔은 한 산업부문 내의 상이한 자본들 사이에 결성되는 독점적 연합체이다. 이것은 가격, 생산량 할당, 시장 분할, 특허 사용, 공급조건 등등에 대한 협정을 체결하여 독점이윤을 획득하는 형태 · 방식으로 독점체의 형태 중 가장 느슨한 형태이다. 현재 이러한 카르텔은 많은 국가에서 공식적으로 금지되어 있으며 그 위상도 예전과 같지 않지만 현재에도 특정한

---

8) 김두한, "20세기 러시아 사회주의 혁명과 현재"(이하 "현재"), ≪정세와 노동≫ 제15호(2006. 7/8.), p. 73.

9) 내용의 중요성이나 논리 전개의 맥락으로 따져 보았을 때 당연히 '독점의 개념'을 먼저 다루어야 하지만 간단한 문제부터 해결하고자 순서를 바꾼 것, 독자들의 양해를 구한다. 이것은 개념을 변경하여 사용한 김에게도 어느 정도의 책임이 있다.

거대 기업에 의해 가격 선도가 이루어지는 것이나 가격 담합 관련 보도를 통해 그 현실성이 증명된다.

레닌 시대 다른 주요한 독점체의 형태는 트러스트였다. 트러스트는 동일 산업부문의 기업들이 실질적인 독립성을 잃고 거대 기업에 결합함으로써 형성된 독점체다. 개별 기업들이 자신의 독립성을 잃는다는 것이 카르텔과 가장 중요한 차이이며 동일 산업부문 내의 기업들의 합병이라는 것이 콘체른과의 차이이다. 이런 방식의 통합 · 합병은 현재에도 광범위하게 이루어지고 있다.

레닌이 은행의 독점을 설명하면서 언급한 콘체른은 가장 강력한 독점체다. 이것에는 개별 기업들은 물론 트러스트까지 참가하며 여러 산업부문에 걸쳐 복합적인 결합의 양상을 보여 준다. 이른바 재벌은 가장 좋은 예의 하나이다. 그리고 이것은 과거의 유물이 아니라 현재 진행형이고 현시대 독점체의 가장 주요한 형태이다.[10)]

"독점의 형태"에 관한 나의 지적에 대해 김은 다음과 같이 반비판을 했다.

그런데 전성식 연구위원은 자동차 업계 등 몇 개 산업부문의 소수 거대 기업을 거론하면서, 지금은 동일 산업 내의 기업들이 결합하는 트러스트 형태 및 다양한 사업부문의 기업들이 결합하는 콘체른(신디케이트) 형태가 지배적인 독점이며, 이는 레닌 시대와 동일하다는 전형적인 기존 주장을 되풀이한다. 기업들 간의 **경쟁**의 가속화로 인해 진행되고 있는 인수 합병 등의 집중화 과정과, 레닌 당시 경쟁을 제한하기 위해 기업들이 인위적인 결합을 통해 생산량과 가격 그리고 이윤까지 통제하던 것을 동일한 것으로 간주하는 것은 레닌의 독점 이론을 왜곡하는 것이다. 논점의 핵심은 현대의 자본이 기업결합을 통해서 그리고 협정을 통해서, 시장을 자기네들끼리 분할하고 경쟁을 제한하고, 이윤을 분할하는 경쟁의 대립물로서의 독점인지 여부이다. 구체적으로 말해 동일한 하나의 자본이 사업 나사화를 하는 새빌 형대를, 디상한 사업부문의 자본이 경쟁을 포기하고 하나로 합치는 콘체른으로 보는 것은, 마치 일몰과 일출이라는 정반대의 것을 똑같은 것으로 바라보는 것만큼이나 피상적인 것이며 시대착오적인 것이다. 또한 레닌은 앞서 인용한 것처럼 당시 국제 트러스트에 대해서 말하면서 경쟁이 제거 혹은 종식되었다고 말하고 있는데, 현재 국제적 초국적 기업들 간에 경쟁을 종식시키는 협약이 일반적이란 말인가? 그러나 교조주의자들의 더 큰 잘못은 두 시대가 전혀 다

10) 전성식, "독점과 제국주의", ≪정세와 노동≫ 제17호(2006. 10.), pp. 55-6.

른 논리와 다른 경제적 결과를 초래하고 있다는 사실을 '독점'이라는 단어로 숨기려 한다는 것이다. (강조는 원문)[11]

콘체른과 신디케이트를 같은 것으로 보는 사소한 잘못은 넘어가자. 김은 "기업들 간의 경쟁의 가속화로 인해 진행되고 있는 인수 합병 등의 집중화 과정과 레닌 당시 경쟁을 제한하기 위해 기업들이 인위적인 결합을 통해 생산량과 가격 그리고 이윤까지 통제하던 것을 동일한 것으로 간주하는 것은 레닌의 독점 이론을 왜곡하는 것이다"라고 주장한다.

우선 김은 집적과 집중이 독점으로 가는 과정이라는 것을 간과한다. 김이 그토록 강조하는 "경쟁"은 '잉여가치가 자본으로 전화되는 집적'과 "기존 자본의 분배를 변화시킴으로써 발생"하는 "다수의 소자본을 소수의 대자본으로 전환시키는" 집중을 강제한다. 이는 독점으로 가는 과정이다. 독점은 이러한 과정을 통해 이루어져 가는 것이다.

레닌은 이렇게 쓰고 있다.

전기 산업은 최근 기술 발전의 전형이자 19세기 말부터 20세기 초에 이르는 자본주의의 가장 전형적인 산업이다. 이 산업은 신흥 자본주의 나라 가운데 가장 앞선 두 나라인 미국과 독일에서 특히 발전했다. 독일의 경우 전기 산업의 집적을 특히 강력하게 추진시켰던 것은 1900년 공황이었다. 당시 이미 산업과 매우 밀접하게 유착되어 있었던 은행은 공황기 동안 비교적 규모가 작은 기업들의 몰락과 대기업에 의한 이들 기업의 흡수를 극도로 가속화하고 강화했다. 야이델스는 이렇게 쓰고 있다. "은행은 절박한 자본의 필요를 느끼고 있는 기업들에게는 오히려 도움을 주지 않았으며, 처음에 호경기를 조성하고는 그 다음에 은행과 밀접히 연결되지 않은 회사들을 절망적으로 파산시켰다."

그 결과 1900년 이후 독일에서는 엄청나게 집적이 진전되었다. 1900년 이전에 전기 산업에는 7-8개의 '그룹'이 있었다. 이들은 각기 몇 개의 회사로 구성되어 있었으며(총계 28개), 각기 2-11개 은행의 지원을 받고 있었다. 그런데, 1908년에서 1912년 사이에 이들 모든 그룹들은 합병하여 둘, 아니 하나가 되었다.[12]

---

11) 김두한, "강철", pp. 77-8.

12) 레닌, ≪제국주의론≫, 백산서당, pp. 99-100. 축적 · 집적 · 집중에 관한 개념적

여기서 "레닌의 독점 이론을 왜곡"한 사람은 도대체 누구이고 "사이비 레닌주의자"라고 비난받아야 하는 사람은 도대체 누구인가?[13)]

또한 김은, 콘체른은 "다양한 사업부문의 자본이 경쟁을 포기하고 하나로 합치는" 것으로 생각하고 재벌의 확장은 "사업 다각화"로 파악한다. 그리고 "일몰과 일출"의 비유를 들어 사람들이 깨달음에 이르는 것을 방해한다. 하지만 김은 "피상적"이고 "시대착오적"이라는 따끔한 비판을 잊지 않아 내가 진리에 접근하는 것을 막지 못한다.[14)] 그러면 김의 비판은 올바른가? 당연히 그렇지 않다.

이해와 김의 잘못된 이해에 관해서는 이미 지적하였다. 전성식, 앞의 글, pp. 62-5; 전성식, "국가 문제에 대하여", ≪정세와 노동≫ 제18호(2006. 11.), pp. 63-4를 참조하라.*

* [편집자 주] 이 책, pp. 498-500 및 pp. 524-5를 참조하라.

13) 김이 인용한 부하린의 글도 이러한 현상을 묘사하고 있다. "문제는 카르텔화가 현실적으로 한계를 가지는가에 관해서 제기된다. 문제는 카르텔화에 대한 절대적 한계가 없다는 식으로 대답되어야 한다. 오히려 카르텔화의 범위를 계속적으로 확대하려는 경향이 관찰되고 있다. 독립 기업은 점점 더 카르텔화 된 기업에 의존적으로 되어 가고 마침내는 합병된다. 이러한 과정의 결과로서 하나의 보편적 카르텔이 출현한다." (김정로 편, ≪제국주의론≫, 지양사, p. 132; 김두한, "강철", p. 76에서 재인용.) 여기서는 독점의 형태에 대한 약간의 개념적 혼란이 보인다. 카르텔은 기업의 독립이 유지되는 독점 형태로 '기업연합'이라고 한다. 이에 반해 기업이 독립성을 잃고 합병하는 것을 트러스트, '기업합동' 혹은 '기업합병'이라 한다.

14) 예수는 비유를 아주 잘 사용했다. 그는 제자들에게는 자상하게 비유를 해설해 주었지만 자신을 좇는 대중들에게 설교를 비유로 하였다. 제자들이 그 까닭을 묻자 그는 "너희에게는 하늘나라의 비밀을 아는 것을 허락해 주셨지만, 다른 사람들에게는 그렇게 해 주지 않으셨다. 가진 사람은 더 받아서 차고 남을 것이며, 가지지 못한 사람은 가진 것마저 빼앗길 것이다. 내가 그들에게 비유로 말하는 이유는, 그들이 보아도 보지 못하고, 들어도 듣지도 못하고 깨닫지도 못하기 때문이다. 이사야의 예언이 그들에게서 이루어지는 것이다. '너희가 듣기는 들어도 깨닫지 못하고, 보기는 보아도 알아보지 못할 것이다. 이 백성의 마음이 무디어지고 귀가 먹고 눈이 감기어 있다. 이는 그들로 하여금 눈으로 보지 못하게 하고 귀로 듣지 못하게 하고 마음으로 깨닫지 못하게 하고 돌아서지 못하게 하여, 내가 그들을 고쳐 주지 않으려는 것이다.' 그러나 너희의 눈은 지금 보고 있으니 복이 있으며, 너희의 귀는 지금 듣고 있으니 복이 있다. 그러므로 내가 진정으로 너희에게 말한다. 많은 예언자와 의인이 너희가 지금 보고 있는 것을 보고 싶어 하였으나 보지 못하였고, 너희가 지금 듣고 있는 것을 듣고 싶어 하였으나 듣지 못하였다." (마태복음, 13장.) 김은 무엇 때문에 비유로 설명하는 것인가?

레닌은 앞의 글에 바로 이어 또 이렇게 쓰고 있다.

> 이 같은 방식으로 성장한 유명한 AEG는 ('지주'제도를 통해) 175-200개 회사를 통제하며, 총자본은 약 15억 마르크에 달한다. 이 회사는 직접적인 국외지사만도 10개 이상의 나라에 34개를 가지고 있으며, 그중 12개는 주식회사이다. 이미 1904년에 독일 전기 산업이 외국에 투자한 자본은 2억 3,300만 마르크에 달했으며, 그중 6,200만 마르크는 러시아에 투자되어 있었다. 말할 것도 없이 AGE는 케이블과 애지에서부터 자동차나 비행기까지 극히 다양한 제품을 생산하는 ―제조 회사만도 16개에 이르는― 거대한 '기업합동'이다.[15)]

여기서 이른바 "지주제도"란 무엇인가? 그것과 콘체른은 어떤 상관관계를 갖는가? 일단 레닌에게 도움을 얻자.

> 가장 중요한 사실은 이미 앞에서 간략히 언급했던 '지주제도'이다. 이 제도에 대해 누구보다 먼저 주의를 기울였던 독일의 경제학자 하이만은 그 본질을 다음과 같이 서술하고 있다.
>
> "콘체른 수뇌부는 주요회사[문자 그대로는 '모회사']를 통제하고, 모회사는 또 종속회사['자회사']를 지배하며, 그 자회사는 다시 다른 종속회사['손회사']를 지배한다. 이러한 방식을 통해 그다지 많지 않은 자본으로도 광범한 생산영역을 지배할 수 있다. 사실상 하나의 회사를 통제하는 데 50%의 자본만 있으면 항상 충분하다고 할 때, 콘체른의 수뇌부는 단지 1백만 마르크만 있으면 손회사의 8백만 마르크를 통제할 수 있는 것이다. 그리고 이러한 '연쇄'가 좀 더 확대된다면, 1백만 마르크를 가지고 1,600만 마르크, 3,200만 마르크 등등의 자본을 통제할 수도 있을 것이다."
>
> 그러나 경험적으로 볼 때, 업무를 감독하기 위해서는 주식의 40%를 소유하는 것만으로도 충분하다. 왜냐하면 분산되어 있는 소주주들의 상당한 부분은 사실상 주주총회 등에 참여할 수 없기 때문이다. 이른바 주식 소유를 '민주화'―부르주아 궤변가와 기회주의적 '사회민주주의자'들은 여기에서 '자본의 민주화'를 기대한다(혹은 기대한다고 말한다)―한다거나 소규모 생산의 역할과 의미를 강화한다는 따위는 사실 금융과두제의 권력을 증강시키는 방법 가운데 하나이다. 덧붙여 말하면, 보다 선진적인 혹은 보다 오랜 역사와 많은 '경험'을 가진 자본주의 나라에서 소액면가 주식의 발행을 법적으로 허용하

15) 레닌, 앞의 책, p. 100.

는 이유는 이 때문이다. …

그런데 '지주제도'는 독점체의 권력을 엄청나게 증대시키는 데 그치는 것이 아니라, 아무런 비난도 받지 않고 온갖 부끄럽고 더러운 술수로 사람들을 속일 수 있도록 해 주기도 한다. 왜냐하면 형식적으로 '모회사'의 간부들은 '독립적'인 것으로 간주되는 '자회사'에 대해 법적인 책임을 지지 않으며, 따라서 자회사를 매개로 하여 모든 것을 '짜낼' 수 있기 때문이다. 독일 잡지 ≪은행≫ 1914년 5월호에는 다음과 같은 실례가 나와 있다.

…

이 글의 필자는 이러한 제도를 가장 광범하게 사용하고 있는 거대 독점회사의 예로 유명한 AGE(Allgemeine Elektrizitats Gesellschaft: 이 회사에 대해서는 뒤에서 다시 언급하겠다)를 들고 있다. 1912년 이 회사는 175-200개의 다른 회사 주식을 소유하고, 이들 회사를 지배하였으며, 전체적으로 약 15억 마르크의 자본을 통제하고 있던 것으로 산정되었다.

선의의 교수나 관료들—즉 자본주의를 옹호하고 미화하려는 선의에 젖어 있는 이들—이 사람들에게 이야기하는 규제 법규라든가 대차대조표 공개, 일정한 양식에 따른 대차대조표 작성, 공개적 회계감사 따위는 아무 소용도 없다. 왜냐하면 사유재산은 신성한 것이며, 어느 누구에게도 주식의 구매 · 판매 · 교환 · 저당이 금지될 수 없기 때문이다.16)

여기에서 "거대 독점회사의 예로" 제시된 AGE가 '지주제도'를 이용했었던 것은 "사업 다각화"인가 아니면 "독점화"인가?

레닌은 AGE를 "기업협동" 즉 트러스트로 부르고 있다. 그것은 레닌이 AGE를 파악할 때 그것이 "전기산업분야" 한 분야에서 주요하게 거대 독점을 이루고 있다고 파악해서 일 것이다. 하지만 AGE가 지배하는 "175-200개 회사"가 모두 이 분야만은 아닐 것이고 실제로 "케이블과 애자에서부터 자동차나 비행기까지 극히 다양한 제품을 생산하는" 회사를 포함하고 있었다. 그렇

16) 레닌, 같은 책, pp. 78-81. 이것은 우리에게도 낯설지 않은 익숙한 광경이다. 인용에서 생략된 부분을 읽어 보면 더욱 친밀감(?)을 느낄 수 있을 것이다. 이 글의 주제와 직접적인 관계는 없지만 인용의 중간과 마지막 부분에 언급되는 "부르주아 궤변가", "기회주의적 '사회민주주의자'들" 그리고 "선의의 교수나 관료들"에 대한 우리 사회의 논쟁은 [채만수, ≪노동자 교양경제학≫(전면 개정판), 제6강의 "3. 은폐된 임금 형태"(pp. 254-68)와 제6강에 대한 보론 1인 "월급쟁이에서 주인으로?—신판 노예제로서의 우리사주제에 대해서"(pp. 269-79)]를 반드시 읽기를 간곡히 바란다.

다면 이것은 김의 주장대로 한다면 "사업 다각화"일 것이고 독점의 한 형태인 "기업협동"으로 규정하는 레닌은 틀린 것이다.[17)]

하지만 오류를 범한 것은 레닌이 아니라 오히려 김이다. 김은 "독점의 형태"를 중요하게 생각하지만 그에 대한 잘못된 이해를 하고 있었던 것이다. 마지막으로 콘체른과 재벌에 대한 백과사전적 이해를 살펴보는 것으로 이 부분은 마치도록 하겠다.

> 콘체른: 법률적으로 독립하고 있는 몇 개의 기업이 출자 등의 자본적 연휴를 기초로 하는 지배 · 종속 관계에 의해 형성되는 기업결합체.
>
> 기업결합이라고도 한다. 카르텔이 개개의 기업의 독립성을 보장하고, 트러스트가 동일 산업 내의 기업합동인 점과는 대조적으로, 각종 산업에 걸쳐 다각적으로 독점력을 발휘하는 거대한 기업집단이다. 이에는 자본의 유효한 활용을 목적으로 하는 금융자본형 콘체른과, 생산 · 판매상의 필요에서 이루어진 산업자본형 콘체른이 있다. 결합방법으로는 주식의 상호소유(자본교환) · 융자(자본참가) · 임원파견, 경영자의 인적 결합, 인테레센 게마인샤프트(Interessen gemeinschaft: 이익협동) · 경영위탁(경영임대차) 등이 있다. 금융자본형 콘체른은 거의가 자본참가방법에 의해서 행하여지며, 산업자본형 콘체른의 경우에도 자본참가가 없는 것은 아니다.
>
> 금융자본형 콘체른과 산업자본형 콘체른을 비교하면, 전자가 일반적으로 강력하다. 그 이유는 전자에는 중심이 되는 금융기관이 존재하기 때문이며, 그 최고의 형태가 지주회사(持株會社)를 정점으로 하는 콘체른이다. 미국의 모건 · 록펠러, 일본의 미쓰이[三井] · 미쓰비시[三菱]가 이에 속한다. 산업자본형 콘체른은 중심이 되는 금융기관을 가지지 않고 산업자본이 거대화하여 타기업을 산하에 두게 된 것이므로, 콘체른으로서의 파워는 그만큼 약하다. 산업자본형 콘체른은 다시 수평적 콘체른과 수직적 콘체른으로 분류하기도 하는데,

---

17) 레닌의 주장이 옳은지 김의 주장이 옳은지 차치하고 보더라도 레닌을 왜곡한 것은 도대체 누구인가? 김인가? 아니면 나를 포함한 "교조주의자들"인가? 또 김이 "일출과 일몰"의 비유를 들어 말했으므로 나도 비유를 들어 설명하겠다. 김이 본 것은 일출이 아니라 일몰이었다. 김은 자신의 손목에 차고 있는 시계를 보고 또 자신이 보낸 12시간만을 생각하고 창밖에 보이는 것을 일출이라고 착각을 한 것이다. 김이 잊고 있는 것은 자신이 현재 이동해 온 곳은 12시간의 시차(時差)가 있는 곳으로, 지금 창밖에서 보이는 광경 역시 그가 12시간 전에 보았던 것과 마찬가지로 일몰이다. 김은 현재 시차 적응 문제로 혼란에 빠져 고생하고 있는 중인 것이다.

수평적 콘체른은 생산분야의 전문화나 시장분할점유 등을 목적으로 하는 것이므로 연휴성(連携性) 트러스트라고 한다. 한국의 독점규제 및 공정거래에 관한 법률은 제3장에서 기업결합의 제한 및 경제력 집중을 억제하고 있으나, 공정거래위원회가 산업합리화나 국제경쟁력의 강화를 위하여 필요하다고 인정한 때는 콘체른이 허용된다(7조).[18]

재벌: 거대 자본을 가진 동족(同族)으로 이루어진 혈연적 기업체군. 일종의 콘체른이다. 자본주의경제의 발전단계에 따라 점차 독점기업형태가 나타나며, 그 독점기업형태에 의한 자본의 축적과 집중으로 출현한 것이 카르텔 · 트러스트 · 콘체른 등이다. 이들은 자본주의의 발전과 함께 전개되는 자유경쟁을 지양(止揚)하면서 가격지배(價格支配)를 협정하거나 생산제한(生産制限) 협정 등에 의하여 기업가 간의 연합행동을 한다.

기업합동(企業合同)이나 기업연합(企業聯合)의 그룹으로 형성된 재벌은 기업 전체의 단일자본(單一資本) 의지에 의하여 행동하는데, 카르텔이나 트러스트보다도 콘체른이 더욱 발달된 독점기업형태이다. 여기서는 지주회사(持株會社)에 의한 자본의 지배망이 참여기업군에 대하여 무제한 확대되는 것으로, '재벌'이란 말은 콘체른에 대한 속칭이다.[19]

② 독점의 개념

김은 현재의 자본주의적 발전 단계에서 독점자본의 존재를 단호하게 부정하고 있다.[20] 그리고 김은 "1945년 이후는 세계적 자본축적의 시대이며 다시 말해 자본주의 국가 간에 초국적 자본의 축적 시대"라고 주장한다.[21] 나

---

18) 두산세계대백과 엔사이버. (http://www.encyber.com/search_w/ctdetail.php?gs=ws&gd=&cd=&d=&k=&inqr=&indme=&p=1&q=콘체른&masterno=152081&contentno=152081)

19) 두산세계대백과 엔사이버. (http://www.encyber.com/search_w/ctdetail.php?gs=ws&gd=&cd=&d=&k=&inqr=&indme=&p=1&q=콘체른&masterno=133581&contentno=133581)

20) "현대자본주의에서는 레닌이 말하는 독점이 아니라 맑스가 말한 자본의 독점적 경향에 따른 자유경쟁이 존재할 뿐이다." (김두한, "현재", p. 72.) 이것이 가장 큰 쟁점이란 것은 설명할 필요가 없을 것으로 안다.

21) 김두한, "강철", pp. 97-100. 이 부분에 인용된 챈들러의 글에 특히 관심을 갖길 바란다. 김은 이것을 "현재"에서도 다시 인용하였다. 초국적 자본에 대한 개념적 · 현실적 이해는 다음의 글을 참조하라. 장시복, "제5강 초국적 자본의 운동", "제6강 세

는 김의 이러한 주장에 대해 다음과 같이 지적했다.

> 김은 자신의 글에서 독점에 대한 경제학적 정의를 소홀히 다루고 있다. 김은 그것의 경제학적 의미보다는 독점의 여러 형태를 중요시한다. 그래서 김은 현재의 자본주의 체제에서의 독점의 존재를 부인하는 주장에 이른다.[22]

그리고 독점에 대한 다음과 같은 경제학적 개념을 인용한다.

> 현대자본주의의 첫 번째 특징은 자본과 생산이 거대하게 집적·집중되어 있고, 또 시장과 사회가 그렇게 거대화된 독점자본에 의해서 지배되고 있다는 점입니다.
>
> 개념적으로 자본의 집적이란 잉여가치가 자본으로 전화됨으로써, 즉 자본이 노동자를 착취하여 획득한 이윤의 커다란 부분이 다시 노동자들을 착취하기 위한 자본으로 전화됨으로써 그 자본이 거대해지는 것을 의미합니다. 그리고 자본의 집중이란, 오늘날 유행하는 말로 표현하자면, 소위 기업의 인수·합병(M&A)을 통해서 자본이 거대해지는 것을 의미합니다.
>
> 독점이란 그러한 과정, 즉 집적과 집중을 통해서 거대해진 자본이고, 그리하여 이제는 고만고만한 크기와 힘을 가진 수많은 자본이 경쟁을 통해서 평균적으로 획득하는 이윤 대신에 경쟁을 제한·배제하며 평균이윤율 이상으로 이윤을 획득하는, 즉 독점이윤을 취하는 자본입니다.[23]

그리고 "이 정의를 인정하면 현재 세계 자본주의를 지배하는 자본은 독점자본이"며 "김이 1945년 이후에 등장했다고 하는 이른바 "초국적 자본"도 독점자본임에 분명하"고 "그것은 독점자본을 어떤 특정한 측면에서 바라본 다른 이름에 불과하다"고 주장했다.[24]

그러나 김은 이 문제에 대한 뚜렷한 자신의 의견을 제출하지 않는다. 그런데 그것은 '독점의 개념'에 대한 김의 편협한 이해에 기인한다. 김에게는

계화에 대한 불만", ≪20세기 자본주의의 전개: 현대 자본주의의 이해≫, 한노정연.

22) 전성식, "독점과 제국주의", p. 54.

23) 채만수, ≪노동자 교양경제학≫(전면 개정판), p. 481. (전성식, 같은 글, p. 55에서 재인용.) 이것을 재인용하는 것은 이 독점자본에 대한 개념을 다시 한 번 더 강조하기 위해서다.

24) 전성식, 같은 곳.

독점은 단지 "기업결합"이고 그 핵심은 "자유경쟁의 중단"이기 때문이다.[25]

③ 자유경쟁의 중단

나는 이 문제를 제기하면서 다음과 같이 주장했다.

"독점"은 레닌의 ≪제국주의, 자본주의 최고 단계≫(이하 ≪제국주의론≫)에서 가장 핵심적인 개념이다. 따라서 이 문제로부터 시작한 김은 적절하다. 그런데 김은 "독점은 자유경쟁의 중단"이라 규정한다. 그러나 이것은 옳은 주장이 아니다. 독점이 발생하면 자유경쟁이 제한을 받는 것은 사실이다. 이것은 선구적으로 자본주의가 발전한 사회에서든 후발 자본주의 사회에서든 역사적으로 나타난 사실이다. 그래서 레닌은 자유경쟁이 그 직접적 대립물인 독점으로 이행한다고 하고 "자본주의적 자유경쟁이 자본주의적 독점에 의해 대체"된다고 하며 "자유경쟁이 독점으로 전화해" 간다고 하며 이것이 독점자본주의 시대의 특징이라 한다. 하지만 레닌은 "독점을 자유경쟁의 중단"으로 파악하지 않고 오히려 "자유경쟁으로부터 성장해 나온 독점체는 자유경쟁을 배제하지 않고 그 위에, 그와 나란히 존재"한다고 주장했다.[26]

그리고 다음과 같이 김을 비판했다.

김은 "독점체는 자유경쟁을 배제하지 않고 그 위에, 그와 나란히 존재"한다고 하는 레닌의 주장을 가볍게 무시한다. 김은 레닌이 비록 그렇게 주장했다고 해도 "독점"은 "경쟁이 제한된 것"이고 당시는 "진정한 독점의 시대"였고 이것은 "현 상태의 무한 경쟁의 자본주의와는 상이"하다고 한다. 김의 이러한 주장은 독점자본에 의한 경쟁의 제한 · 배제를 '경쟁의 중단'과 동일한 것으로 보는 것, 즉 독점자본주의 시대에는 경쟁이 없었던 것으로 주장하고

---

25) 김의 이러한 생각은 다음과 같은 글에서 확인 가능하다. "논점의 핵심은 현대의 자본이 기업결합을 통해서 그리고 협정을 통해서, 시장을 자기네들끼리 분할하고 경쟁을 제한하고, 이윤을 분할하는 경쟁의 대립물로서의 독점인지 여부이다." (김두한, "강철", p. 78.) "요컨대 제국주의 시대의 독점과 같은 경쟁을 제한하는 기업결합은 사라졌으며" (같은 곳.) "레닌 시대의 경쟁 제한으로써의 독점과 ..." (같은 글, p. 85.) 등등. 김은 자의적으로 "레닌의 이론은 ... 자본주의는 자유경쟁이 지속하던 단계와 독점의 단계, 즉 경쟁 중단이 일반화된 단계로 이루어진다고 보며"(같은 곳)라고 주장하는데 여기서도 무의식적으로 독점의 단계=경쟁 중단으로 파악하고 있다.

26) 전성식, 앞의 글, p. 51.

현재는 독점이 존재하지 않는다는 주장처럼 들린다.

그러나 이는 둘 다 옳지 않은 주장이다. 앞서 살펴본 것처럼 자유경쟁은 독점으로 결과한다. 그리고 독점은 경제체제를 지배하게 된다. 그리고 독점은 경쟁을 제한하고 배제한다. 하지만 이것이 의미하는 바가 독점의 지배가 경쟁을 소멸시킨다는 것은 아니다. 그것은 경쟁이 새로운 단계에 도달했음을 의미하는 것이다. 경쟁과 독점은 대립물로서 통일되어 있는 것이다.[27)]

이에 대해 김은 이렇게 반비판한다.

우선 레닌이 말한 자유경쟁의 대립물로서의 독점이란, 그리고 독점인 한에서 자유경쟁의 중단인 것은 당연하다. 그런데 여타 교조주의자들과 마찬가지로 전성식 연구위원은 필자의 '자유경쟁의 중단'이라는 말꼬리를 잡고 늘어지면서, 레닌은 '자유경쟁이 배제되지 않는다'고 말했으므로 필자가 오류라고 비판한다. 그러나 예컨대 다수의 기업들이 기업결합을 통해서 하나의 트러스트 그리고 신디케이트 혹은 카르텔을 형성한다면, 그 기업들 간에는 자유경쟁이 배제된 것이고 중단된 것이라는 것은 너무도 당연한 것이며, 그 경쟁중단이 바로 기업결합 독점의 목적이다. 그러나 교조주의자들은 레닌 동지는 '자유경쟁이 배제되지 않는다'고 말했다고 되풀이할 것이다. 단지 여기서는 레닌 스스로 언급한 자유경쟁의 배제와 중단 그리고 종식을 인용함으로써, 그들의 말꼬리조차 헛소리임을 지적하도록 하겠다.

"모든 면에 있어서의 반동화, 그리고 금융과두제의 압제 및 **자유경쟁의 배제**와 관련된 민족 억압의 강화가 제국주의의 정치적 특성이기 때문에, 제국주의에 대한 소부르주아-민주주의적 반대 세력이 거의 모든 제국주의 국가에서 20세기 초에 나타난다."

"그리고 그 1907년에 미국 트러스트와 독일 트러스트 사이에 세계의 분배에 관한 협약이 체결되었다. **경쟁은 제거되었다.**"

"물론 독점은 자본주의 시대에 전 세계 시장에서 **경쟁을 매우 오랜 기간에 걸쳐 완전히 제거할 수는 결코 없다**(바로 여기에 초제국주의 이론이 터무니없다는 원인들 중의 하나가 존재한다). 결국 기술 개선의 도입을 통해 생산비용을 낮추고 이윤을 올릴 가능성은 변화에 유리하게 작용한다. 그러나 독점에 고유한 정체되고 타락하는 경향은 그것대로 계속 작용하며, 그것은 개별

27) 같은 글, pp. 52-3.

생산 분야들과 개별 국가들에서 일정한 시간적 간격을 두고 절정에 이른다."

> 물론 레닌이 '자유경쟁이 배제되지 않는다'는 말을 했지만, 그것은 교조주의자들이 몰개념적으로 암기하고 있는 그런 의미에서가 아니다. 레닌이 의미하는 것은 위에서 보는 것처럼 그런 경쟁의 제거가 **완전히 그리고 최종적으로** 이루어지는 것이 아니며, 경쟁 제거에 입각한 제국주의적 세계 분할이 확정된 것이 아니라는 뜻에서이다. 그리하여 경쟁이 배제되지 않는다는 것은 당시 독점체들 간에 세계 분할이 다시금 발생할 수밖에 없다는 뜻에 불과하다. (강조는 김)[28]

앞서 본 것처럼 레닌은 '독점은 자유경쟁을 제한 · 배제 한다'고 하면서 동시에 "독점체는 자유경쟁을 배제하지 않고 그 위에, 그와 나란히 존재"한다고도 한다. 내가 이것을 강조했던 것은 김이 주장하듯 '말꼬리 잡기'도 아니고 '헛소리'를 하고자 해서도 아니다. 그것은 "자유경쟁의 중단으로서의 독점"이라는 점만을 강조하는 김의 주장이 "독점자본주의 시대에는 경쟁이 없었던 것으로 주장하고 현재는 독점이 존재하지 않는다는 주장처럼" 들린다는 것을 지적했던 것이고 "경쟁과 독점은 대립물로서 통일되어 있는 것"으로 이해해야 함을 강조했던 것이다. 하지만 "강철"에서의 김의 반비판은 김이 오류에 상당히 깊게 빠져 있다는 것을 확인시켜 주었다.

김은 "예컨대 다수의 기업들이 기업결합을 통해서 하나의 트러스트 그리고 신디케이트 혹은 카르텔을 형성한다면, 그 기업들 간에는 자유경쟁이 배제된 것이고 중단된 것이라는 것은 너무도 당연한 것이며, 그 경쟁 중단이 바로 기업결합 독점의 목적이다"라고 주장한다. 그러나 이것은 사실이 아니다. 여기서도 콘체른의 다른 표현인 기업결합을 "몰개념적"으로 또 자기 마음대로 사용한 것은 아주 사소한 문제이니 그냥 넘어가자.

트러스트는 여러 개의 기업이 독립성을 잃고 이미 하나의 기업으로 흡수 · 합병된 것이므로 그것은 말 그대로 '하나의 기업'으로 된 것이기 때문에, "그 기업들 간에는 자유경쟁이 배제된 것이고 중단된 것이라는" 표현은 "앞

28) 김두한, 앞의 글, pp. 75-6. 이유는 잘 모르겠지만 김은 자신의 글에서 ≪제국주의론≫의 번역본을 두 가지를 병용하였다. 하나는 남상일의 번역(백산서당)이고 다른 하나는 박상철의 번역(돌베개)이다. 나는 남상일의 번역본을 사용하였으며 김의 글을 인용할 때는 김이 사용한 그대로 인용하였다. 여기서 인용된 레닌의 글에 대한 강조는 김이 한 것이다.

뒤도 맞지 않는 주장"이다. 그리고 신디케이트는 기업조합이라고도 불리는 것으로 참가 기업들이 생산 면에서는 독립성을 유지하지만 공동판매회사를 통해서 독점적 판매 조직의 독점적 시장 지배력을 가질 수 있게 된다. 이것은 카르텔과 트러스트의 중간 형태라고 할 수 있다. 이것은 카르텔보다는 강한 결합력을 갖지만, 판매에 관하여 갖는 구속력에 비하여 생산단계에 대한 강제력은 상대적으로 작아서 그 면에서의 기업의 독자성은 유지되며 생산의 측면에서 경쟁은 지속된다. 카르텔의 경우에는 가맹 기업 간의 협정, 즉 카르텔 협정에 의하여 성립되며, 가맹 기업은 이 협정에 의하여 일부 활동을 제약받는다. 하지만 가격 · 수량 협정 안에서 각 기업들은 경쟁을 하게 되며 조정이 실패하면 협정은 깨지게 되거나 내부에 있더라도 경쟁을 이겨 내지 못하면 다른 기업에 흡수된다.[29] 즉, 신디케이트나 카르텔의 경우에도 그들 내부에서 경쟁은 사라지지 않는다.

김은 "그 1907년에 미국 트러스트와 독일 트러스트 사이에 세계의 분배에 관한 협약이 체결되었다. 경쟁은 제거되었다", "물론 독점은 자본주의 시대에 전 세계 시장에서 경쟁을 매우 오랜 기간에 걸쳐 완전히 제거할 수는 결코 없다(바로 여기에 초제국주의 이론이 터무니없다는 원인들 중의 하나가 존재한다)"는 레닌의 글을 "경쟁의 중단"이라는 논거를 위해 인용한다. 그런데 우리는 이 인용문의 전후를 살펴보면 그 문구보다 더 많은 것을 얻을 수 있다. 먼저 전자의 인용과 관련하여 레닌은 이렇게 썼다.

> 수십억의 자본을 주무르며 세계 구석구석에 지점 · 대리점 · 대표 · 연고 등등을 갖고 있는 사실상 단일한 이 세계적 트러스트와의 경쟁이 극히 어려운

---

29) "국제 철도 카르텔의 성립 과정 또한 대단히 교훈적이다. 영국 · 벨기에 · 독일의 철도 제조업자들이 이러한 카르텔을 형성하고자 최초로 시도했던 것은 일찍이 1884년의 심각한 산업 불황기였다. 제조업자들은 협정에 참가한 나라의 국내시장에서는 서로 경쟁하지 않기로 합의하고, 외국시장을 영국 66%, 독일 27%, 벨기에 7%의 비율로 분할했다. ... 이들은 카르텔에 참여하지 않은 어느 영국 회사에 대해 공동으로 선전포고했으며, 이 전쟁에 드는 비용은 판매되는 모든 제품에 일정 비율로 매겨져서 조달되었다. 그러나 이 카르텔은 1886년에 영국의 두 회사가 탈퇴함으로써 붕괴되었다. 여기서 특징적인 것은, 그 후에 이어진 호황기에는 협정이 맺어질 수 없었다는 사실이다." (레닌, 앞의 책, p. 105.) 여기에 한 가지 덧붙일 것은 독점과 제국주의를 일국적인 것으로 한정하고 현재는 그렇지 않은 것으로 파악하는 김의 시각은 옳지 않다는 점이다.

일이라는 것은 자명하다. 그러나 발전의 불균등성 · 전쟁 · 파산 등의 결과로 세력 관계가 변화할 경우, 이 두 강력한 트러스트 사이의 세계 분할은 재분할을 배제하지 않는다.

그러한 재분할을 위한 시도, 재분할을 위한 투쟁의 한 교훈적인 실례를 보여 주는 것이 석유산업이다.

아이델스는 1905년 이렇게 썼다. "세계 석유 시장은 오늘날에도 역시 두 개의 거대 금융 그룹—미국 록펠러의 스탠더드 석유 회사와, 러시아 바쿠 유전의 지배자인 로스차일드와 노벨—에게 분할되어 있다. 이 두 그룹은 밀접한 관계를 지니고 있지만, 그들의 독점은 몇 년 전부터 5가지 적에 의해 위협받고 있다." 그 5가지 적이란, ① 미국 유전의 고갈, ② 바쿠에서 경쟁사인 만타세프 상사, ③ 오스트리아 유전, ④ 루마니아 유전, ⑤ 해외 유전, 특히 네덜란드 식민지의 유전(매우 부유하며 또 영국 자본과도 연결되어 있는 사뮤엘 상사와 셸 상사)이다. 뒤의 세 그룹은 거대한 도이치 은행을 필두로 하는 독일 대은행들과 연결되어 있다. 이들 은행은 '자신의' 발판을 마련하기 위하여, 루마니아 등지에서 석유산업을 독자적이고 체계적으로 발달시켰다. 1907년 루마니아의 석유산업에 투자된 외국자본은 총 1억 8,500만 프랑으로 추정되었는데, 그 가운데 7,400만 프랑이 독일 자본이었다.

경제 문헌에서 '세계의 분할'을 위한 투쟁이라 부르는 투쟁이 시작된 것이다. 한편에서, 모든 것을 장악하고자 하는 록펠러의 '석유트러스트'는 자신의 주요 적인 앵글로-더치 셸 트러스트에 타격을 가하기 위해 바로 네덜란드 국내에 '자회사'를 설립했으며, 네덜란드령 동인도 제도의 유전을 매입했다. 다른 한편에서, 도이치 은행을 비롯한 독일 은행들은 루마니아를 '자기편으로 끌어들이고', 록펠러에 대항하여 루마니아와 러시아를 연합시키려 노력했다. 그러나 록펠러 측이 훨씬 많은 자본과 뛰어난 석유 수송 · 분배 체계를 갖추고 있었으므로, 이 투쟁은 도이치 은행의 패배로 끝날 수밖에 없었으며 실제로 1907년에 그렇게 끝났다. 이에 따라 도이치 은행은 자신의 '석유 이권'을 포기하고 수백만 금을 잃든가 아니면 항복하든가 하는 양자택일의 기로에 서게 되었다. 도이치 은행은 결국 항복을 선택했으며, 미국의 '석유트러스트'와 매우 불리한 협정 체결을 감수해야 했다. 그것은 곧 "미국의 이익을 해칠 수 있는 어떠한 시도도 하지 않는다"는 협정이었다. 그렇지만 이 협정에는 독일에서 석유 국가독점(전매)이 확립될 경우 그 효력을 잃는다는 규정이 삽입되어 있었다.

그리하여 '석유의 희극'이 시작되었다. … 석유 국가독점을 위한 운동을 벌이기 시작했다. 독일 최대 은행의 방대한 기구와 모든 광범한 '연관'들이 동원되었으며 ... 마침내 제국의회는 ... 거의 만장일치로 석유 독점의 확립을 정부에 촉구하는 결의를 채택했다. 정부는 이 '인기 있는' 안건을 받아들였다. 이리하여 미국 측 협상자를 기만하면서 국가독점을 통해 자기 사업을 회복시키려 했던 도이치 은행의 도박은 멋지게 승리하는 것처럼 보였다. ... 그러나 ... 이리하여 석유독점체 설립안은 연기되었다. 그리고 록펠러 '석유 트러스트'는 당분간 투쟁의 승리자가 되었다.[30]

이것이 김이 말한 트러스트 사이에서 벌어지는 "경쟁의 중단"의 실제 모습이다. 협정은 현실적 힘의 반영으로 불평등하기도 하며, 필요하다면 "협상자를 기만하면서" 파괴할 수 있는 것이다. 그리고 그 역시 힘에 의해 결정된다. 따라서 이 과정 역시 경쟁의 한 모습임에 분명하다. 이렇듯 명확한 레닌의 주장은 김으로 하여금 "물론 레닌이 '자유경쟁이 배제되지 않는다'는 말을 했지만, 그것은 교조주의자들이 몰개념적으로 암기하고 있는 그런 의미에서가 아니다. 레닌이 의미하는 것은 위에서 보는 것처럼 그런 경쟁의 제거가 **완전히 그리고 최종적으로** 이루어지는 것이 아니며, 경쟁 제거에 입각한 제국주의적 세계 분할이 확정된 것이 아니라는 뜻에서이다. 그리하여 경쟁이 배제되지 않는다는 것은 당시 독점체들 간에 세계 분할이 다시금 발생할 수밖에 없다는 뜻에 불과하다"는 말을 어쩔 수 없이 하게 만든다. 하지만 이러한 김의 주장은 레닌의 독점 이론이 "기업결합을 통한 경쟁 중단"에 관한 이론이라는 주장과 비교하면 진일보(?)한 것이지만 이 역시 "레닌주의를 왜곡"하는 것이다. 다음에는 이 문제에 대해 살펴보자.

④ 경쟁과 독점—1

김은 다음과 같이 주장한다.

레닌은 자유경쟁의 결과 일정한 집적의 단계에 이르면 독점, 즉 그가 말한 기업결합을 통한 독점에 이른다고 생각하고 있었지만, 맑스는 레닌과 정반대로 결코 그런 기업결합의 독점은 자본주의 법칙에 위배되어 붕괴되어 버릴 것이라고 말하고 있다.

---

30) 레닌, 같은 책, pp. 102-3.

“원료가 등귀하는 시기에는 산업자본가들은 생산을 조절하기 위하여 서로 모여 연합체를 결성하려고 한다. … 원료 생산을 공동으로 포괄적으로 장기적으로 통제한다는 사상—이러한 통제는 사실상 전적으로 자본주의적 생산의 법칙과 모순되는 것이며, 따라서 언제나 헛된 희망에 그치고 말든지 또는 기껏해야 직접적인 큰 위험과 궁지에 빠졌을 순간에 예외적으로 취하는 공동 조치에 한정되고 있다—은 수요와 공급이 서로 조절할 것이라는 신념에 자리를 양보한다.”

더욱이 레닌이 독점 시대의 출발 시기로 잡는 1870년대를 지나, 1890년 초반까지 살았던 엥겔스는 맑스와 마찬가지로 그리고 레닌과 정반대로 카르텔과 트러스트 등의 독점은 자본주의 법칙에 맞을 수 없으며 단명하리라고 주장했다.

“첫째로 일반적 보호관세에 대한 새로운 열광인데, 이것은 수출 능력 있는 상품을 가장 많이 보호한다는 점에서 옛날의 보호주의와는 다르다. 둘째로는 생산 · 가격 · 이윤을 조절하기 위하여 산업 분야 전체의 공장주들이 결성한 카르텔(트러스트)에서이다. 이 실험들은 상대적으로 유리한 경제 환경에서만 실행될 수 있다는 것은 자명하다. 폭풍이 한번 불어오면, 이 실험들은 모두 날아가 버릴 것이며, 생산이 조절을 요구한다고 할지라도 그 과업을 담당할 수 있는 계급은 확실히 자본가계급이 아니라는 것이 증명될 것이다. 그 때까지 카르텔들의 유일한 목적은 대자본가가 소자본가를 종래보다도 더욱 급속하게 삼키도록 배려하는 것이다.”

이처럼 기업결합에 의한 독점에 대해서 맑스와 엥겔스의 관점과 레닌의 관점이 상이하다는 것은 명백하다. 따라서 맑스의 견해에 따르면 당연히 레닌의 자유경쟁 단계와 독점 단계의 구분은 받아들여질 수 없는 것이며, 그리고 실제 독점과 경쟁의 전체의 역사를 보더라도 레닌의 구분이 제한적일 수밖에 없다. 왜냐하면 레닌은 자유경쟁이 일정한 단계에 도달하면 독점에 이른다고 주장한다. 자유경쟁이 먼저이고, 독점이 나중이며, 독점과 자유경쟁은 상이한 것으로 구분되어 있는 오류를 범하고 있기 때문이다. 그리하여 자유경쟁이 지난 모든 단계는 이제 독점으로 간주하는 직선적인 인식이 당연하다는 잘못된 견해를 준다. 그러나 경쟁과 독점의 역사는 그렇게 단선적이지 않았다.[31)]

31) 김두한, 앞의 글, p. 86-7. 여기서도 보이는 개념의 자의적 사용 혹은 오류는 아

이것은 명백히 레닌에 대한 왜곡이다. 김의 이러한 주장은 앞서 살펴본 것처럼, 독점=기업결합=경쟁 중단으로 보는 잘못된 이해에 기초한다. 김은 자신만의 편협한 이해를 레닌의 것으로 왜곡하고 있는 것이다.[32] 이것은 앞서 "자유경쟁의 배제와 중단 그리고 종식"이라는 표현을 얻기 위해 김이 인용한 레닌의 글의 앞부분과 뒷부분을 살펴보면 쉽게 알 수 있다. 레닌은 이렇게 주장한다.

> 이제 우리는 제국주의의 또 다른 중요한 측면, 특히 그간의 논의들 대부분이 별반 중요성을 부여하지 않고 있는 측면을 검토해야 한다. 맑스주의자 힐퍼딩의 결점 가운데 하나도 바로 여기에서 비맑스주의자 홉슨에 비하여 한 걸음 물러섰다는 데 있다. 그 측면이란 곧 제국주의의 특성인 기생성이다.
>
> 이미 살펴본 바와 같이, 제국주의의 가장 뿌리 깊은 경제적 토대는 독점, 곧 자본주의적 독점이다. 즉 그것은 자본주의로부터 성장했으며, 상품생산과 경쟁이라는 자본주의의 일반적 환경 속에 있고, 그 환경과는 영원히 해결될 수 없는 모순 관계에 있는 독점이다. 그러나 그럼에도 불구하고 그것은 모든 독점과 마찬가지로 불가피하게 정체와 부패의 경향을 낳는다. 일시적이라 할지라도 독점가격이 설정되는 한, 기술 진보의 동인, 따라서 다른 모든 진보의 동인은 어느 정도 사라지고, 나아가 기술 진보를 일부러 늦출 수도 있는 **경제적** 가능성까지 생겨난다. 예를 들면, 미국에서 오웬스라는 사람이 병 제조법을 혁명적으로 변화시킬 수 있는 기계를 발명했다. 그런데 오웬스의 특허권을 사들인 독일의 병 제조업 카르텔은 그것을 묵혀 두고 그 이용을 방해했던 것이다. 물론 자본주의하에서 독점은 결코 완전히, 또 오랜 기간 동안 마냥 세계시장에서의 경쟁을 제거할 수 없다(덧붙이자면, 초제국주의 이론이 터무니없는 이유 중의 하나가 바로 이 점에 있다). 즉 기술적 개선을 도입함으로써 생산비를 절감하고 이윤을 증대시킬 수 있기 때문에, 변화를

주 사소한 문제이니 그냥 넘어가자.

32) 연합체 결성과 "공동 조치"와 관련한 맑스의 언급만을 놓고 보더라도 레닌은 맑스의 주장을 주의 깊게 고려했던 것으로 보인다. 이것은 각주 29)의 인용에서 확인할 수 있는데 레닌은 이렇게 말했다. "영국 · 벨기에 · 독일의 철도 제조업자들이 이러한 카르텔을 형성하고자 최초로 시도했던 것은 일찍이 1884년의 심각한 산업 불황기였다. … 그러나 이 카르텔은 1886년에 영국의 두 회사가 탈퇴함으로써 붕괴되었다. 여기서 특징적인 것은, 그 후에 이어진 호황기에는 협정이 맺어질 수 없었다는 사실이다."

추구하지 않을 수 없는 것이다. 그러나 독점에 고유한 정체와 부패의 **경향**은 계속 작용하며, 몇몇 산업 분야에서, 몇몇 나라에서 일정 기간 동안 우위를 점한다. (강조는 원문)33)

제국주의의 기생성의 문제를 다루면서 레닌은 제국주의의 경제적 토대를 "자본주의적 독점"으로 규정하고 있다. 그리고 "정체와 부패의 경향"이 "계속 작용하며", "일정 기간 우위를 점"할 수도 있다는 것을 강하게 주장하지만 그는 독점은 "자본주의로부터 성장했으며, 상품생산과 경쟁이라는 자본주의의 일반적 환경 속에 있고, 그 환경과는 영원히 해결될 수 없는 모순 관계에 있는 독점이"라고 명확하게 말하고 있으며 "완전히 오랜 기간 동안 마냥 세계시장에서 경쟁을 제거할 수 없다"고 주장한다. 이러한 레닌의 주장은 김이 인용한 맑스와 엥겔스의 그것과 본질적으로 다르지 않다.34)

⑤ 경쟁과 독점—2

나는 김이 "독점자본에 의한 경쟁의 제한 · 배제를 '경쟁의 중단'과 동일한 것으로 보는 것"은 잘못이고 "자유경쟁은 독점으로 결과한다. 그리고 독점은 경제체제를 지배하게 된다. 그리고 독점은 경쟁을 제한하고 배제한다. 하지만 이것이 의미하는 바가 독점의 지배가 경쟁을 소멸시킨다는 것은 아니다. 그것은 경쟁이 새로운 단계에 도달했음을 의미하는 것이다. 경쟁과 독점은 대립물로서 통일되어 있는 것이다"라고 주장하며 맑스의 ≪철학의 빈곤≫을 인용하였다.

---

33) 레닌, 앞의 책, pp. 133-4.

34) 김이 아무리 "맑스는 레닌과 정반대로" 또 "엥겔스는 맑스와 마찬가지로 그리고 레닌과 정반대로"라고 강변하지만 말이다. 그런데 김은 "맑스는 레닌과 정반대로 결코 그런 기업결합의 독점은 자본주의 법칙에 위배되어 붕괴되어 버릴 것이라고 말하고 있다"며 맑스를 인용하고, "엥겔스는 맑스와 마찬가지로 그리고 레닌과 정반대로 카르텔과 트러스트 등의 독점은 자본주의 법칙에 맞을 수 없으며 단명하리라고 주장했다"며 엥겔스를 인용하는데 인용문에서 두 사람은 아무도 그런 말을 하고 있지 않다.

나는 레닌에 근거하여 다음과 같이 주장했었다. "경쟁은 상품생산의 기본적인 특질이며, 자본주의적 생산은 상품생산이다. 따라서 경쟁은 자본주의적 생산의 본질적 특성이다. 비록 경쟁의 결과로 독점이 발생하고 이렇게 발생한 독점이 경쟁을 제한 · 배제하더라도 독점자본주의는 자본주의적 생산의 본질적 특성인 경쟁을 소멸시킬 수 없다. 말 그대로 제한 · 배제할 뿐이다." (전성식, "독점과 제국주의", pp. 53-4.)

모두가 알다시피 근대의 독점은 경쟁 그 자체에 의해 만들어진 것이다. … 그러므로 원래적 의미로는 경쟁이 독점의 대립물이었던 것이지 독점이 경쟁의 대립물이 아니었다. 그런 이유로 해서 근대적 독점은 단순한 대립이 아니라 그와는 반대로 진정한 종합인 것이다.

현실의 생활 속에서, 우리는 경쟁, 독점, 이 양자 간의 대립뿐 아니라, 양자의 종합을 또한 발견하는데, 이 종합은 운동이지 결코 정식이 아니다. 독점은 경쟁을 낳고, 경쟁은 독점을 낳는다. 독점자는 경쟁으로부터 만들어지고 경쟁자들은 독점자가 된다. 만약 독점자들이 부분적 결합의 수단을 이용하여 그들의 상호 경쟁을 제한한다면, 노동자 간의 경쟁이 증가한다. 한 국가의 독점자들에 대항하는 프롤레타리아 대중이 성장하면 할수록 상이한 국가들의 독점가들 사이의 경쟁은 더욱 필사적으로 된다. 종합은 그러한 성격을 지니고 있어서 독점은 경쟁의 투쟁 속으로 계속적으로 들어감으로써 스스로를 유지시킬 수 있다.[35)]

그런데 김은 위의 인용을 이용하여 "경쟁과 독점에 관한 재정립"[36)]을 시도하고자 한다. 처음에 김은 "봉건적 독점"을 묘사하면서 "그런 독점은 다시금 생산력 증대를 저해하고 시장의 확대를 저해하였다"라며 올바른 주장을 한다. 그러나 "이런 경쟁을 제한하는 독점은 자본주의와 결코 융합될 수 없는 것이"라는 등의 몇 마디 혼란스런 설명을 덧붙인 후 "요컨대 한편으로 자본주의 경쟁 그 자체는 독점의 대립물로서의 경쟁인 것이며, 다른 한편 그 독점을 내포한 종합으로서의 경쟁이다. 자본의 최후의 일각까지 독점화하려는 집중의 경향, 즉 경쟁이 영원한 것이며 독점은 일시적인 성격으로만 존재하는 것이다. 그리고 앞서 본 것처럼 바로 이 경쟁은 자본축적의 강제 법칙

---

35) 맑스, ≪철학의 빈곤≫, 아침, pp. 152-3; 전성식, 같은 글, p. 53에서 재인용.

36) 김은 "자유경쟁이 먼저이고 독점이 나중이며, 독점과 자유경쟁은 상이한 것으로 구분되어 있는 오류를 범하고 있"는 "직선적 인식이 당연하다는 잘못된 견해를 준" 레닌을 비판하기 위해서 즉, "경쟁과 독점의 역사는 그렇게 단선적이지 않았다"는 것을 증명하기 위해 맑스의 해당 부분을 재인용한다. (김두한, 앞의 글, p. 87.) 김은 나의 잘못된(?) 인용 태도를 다음과 같이 비판했다. "전성식 연구위원은 레닌과 맑스가 기업결합(독점)에 대해서 상이한 견해를 가졌다는 것을 전혀 알지 못하고 맑스를 동원해서 레닌의 경쟁과 독점의 구분을 옹호하려는 데만 골몰한다." (같은 곳.) 재밌지만 이것은 나에 대한 "왜곡"이다.

인 것이다. 요컨대 근대적 자유경쟁은 그 자체가 독점을 내포하며, 독점이라는 극한을 향해 가는 끊임없는 경쟁이다"라는 도무지 이해하기 어려운 주장을 한다.[37)]

하지만 김의 이러한 주장은 개념을 마구 흔들어 섞어 결국 맑스의 이론과는 완전히 반대의 것을 주장하는 것이다. 왜냐하면 맑스는 "정립: 경쟁 이전의 봉건적 독점", "대립: 경쟁", "종합: 근대적 독점, 그것은 경쟁 체계를 내포하고 있다는 점에서 봉건적 독점의 부정이며, 독점이라는 점에서 경쟁의 부정이다"라고 한 후 "그러므로 근대의 독점, 즉 부르주아적 독점은 종합적 독점이며, 부정의 부정이고, 대립물의 통일체이다. 그것은 순수한, 정상적인, 합리적인 상태의 독점이다"라고 하기 때문이다.[38)] 이는 김의 "요컨대 근대적 자유경쟁은 그 자체가 독점을 내포하며, 독점이라는 극한을 향해 가는 끊임없는 경쟁이다"라는 결론과는 정반대인 것이다.[39)]

또 김은 아무런 논리적 연관성도 없이 이렇게 주장한다. "따라서 자본주의 근대적 경쟁을 자유경쟁 단계와 독점 단계로 구분하는 것 자체가 형식논리학적인 오류이다. 물론 그렇다고 해서 자유경쟁도 독점이요, 독점도 경쟁이라는 절충적 견해를 말하는 것이 아니다. 이와는 달리 예컨대 생명체는 끊임없는 죽음을 내포하면서, 죽음으로 향해 갈지라도 살아 있는 생명이라는 것이다"[40)]라고. 그런데 자유경쟁 단계와 독점 단계로 구분하는 것이 어떻게 하여 형식논리학적 오류인가? 김의 논리에 입각해서 이것을 살펴보자. 사람은 태어나서 생명이 끝날 때까지 끊임없이 살아가면서 죽어 간다. 그는 신생아기, 유아기, 소아기, 청년기, 장년기, 노년기를 거치며 살아(=죽어)간다. 이

37) 같은 글, p. 89.
38) 맑스, 앞의 책, p. 152.
39) 김과 달리 레닌은 "자본주의적 독점"을 '다른 독점'—여기에는 '봉건적 독점', '자연독점' 등이 들어간다—들과 구분한다. 그래서 그는 앞서 본 것처럼 다음과 같이 표현한다. "제국주의의 가장 뿌리 깊은 경제적 토대는 독점, 곧 **자본주의적 독점**이다. 즉 그것은 자본주의로부터 성장했으며, 상품생산과 경쟁이라는 자본주의의 일반적 환경 속에 있고, 그 환경과는 영원히 해결될 수 없는 모순 관계에 있는 독점이다. 그러나 그럼에도 불구하고 그것은 **모든 독점**과 마찬가지로 불가피하게 정체와 부패의 경향을 낳는다." (강조는 인용자.) "자본주의적 독점" 그리고 이와 비교되는 "모든 독점"은 레닌이 이 개념들을 엄격히 사용하였다는 것을 말해 준다. 누가 맑스의 입장에 충실한가? 김인가? 아니면 레닌인가?
40) 김두한, 앞의 글, p. 89.

렇게 신체적 · 정신적 · 생리학적 특징에 따라 단계를 나누는 것은 형식논리학적 오류인가? 또 이러저러한 과정을 거친다고 하는 것은 "신진대사라는 운동으로서의 삶"을 부정하는 것인가? 한 가지 더. "자유경쟁 단계와 독점 단계를 구분하는 것 자체가 형식논리학적인 오류"라면 애벌레의 단계와 나비의 단계를 구분하는 것도 형식논리학의 오류인가? 만일 그렇다면 그 오류는 레닌만의 오류가 아니다. 그리고 오류에 관한 한 그것을 범하는 것보다 그것을 깨닫지 못하고 반복하는 것이 더 큰 잘못이다.

(2) 쟁점 2—제국주의

① 경제적 본질

나는 이 문제와 관련하여 다음과 같이 썼다.

> 김은 레닌의 주장에 입각해 "자본주의 체제는 1873년부터 그리고 그의 사후 20여 년 후인 1945년까지 제국주의 시대였"다고 생각한다. 그러나 김은 "1945년 이후의 역사의 흐름은 레닌의 주장이 현실적 타당성을 잃었음을 보여 주었다. 식민지가 사라진 현재를 제국주의 시대라고 보는 것은 타당하지 않"다고 한다.
>
> 레닌은 ≪제국주의론≫의 서문에서 "나는 독자들이 근본적인 경제문제, 즉 제국주의의 경제적 본질에 관한 문제를 이해하는 데 이 소책자가 도움이 되기를 바란다"고 썼다. 그리고 레닌은 "제국주의를 가능한 한 간결하게 정의한다면, 자본주의의 독점 단계라고 해야 할 것이다"라고 했다. 현재의 자본주의 세계 체제에서 독점은 엄연히 존재하고 그들은 세계를 지배하고 있다. 따라서 간결한 정의에 입각하면 현재 역시 제국주의 시대임에 분명하다.[41]

그런데 앞서 본 것처럼 김은 독점이라는 개념에 대해 남다른 생각을 갖고 있기 때문에 이 문제에 대해서는 대꾸조차 하지 않는다. 김은 그것 대신 레닌의 제국주의에 대한 정의에 관련한 문제에 온 힘을 쏟는다.

---

41) 전성식, 앞의 글, p. 65. 레닌은 또 이렇게 썼다. "이미 살펴본 바와 같이, 제국주의의 가장 뿌리 깊은 경제적 토대는 독점, 곧 자본주의적 독점이다." (레닌, ≪제국주의론≫, p. 133.) "지금까지 보았던 것처럼 제국주의의 경제적 본질은 독점자본주의이다." (같은 책, p. 161.) 이러한 레닌의 낡고 잘못된 규정을 강조하고 얽매인(?) 나와 같은 사람들이 김에게는 "교조주의자"들이다.

② 레닌의 제국주의에 대한 정의—1

레닌은 제국주의를 정의하면서 이렇게 썼다.

제국주의를 가능한 한 간결하게 정의한다면, 자본주의의 독점 단계라고 해야 할 것이다. 이러한 정의는 매우 중요하다. 왜냐하면, 한편으로 금융자본이란 독점적 산업가 단체의 자본과 융합하고 있는 소수 독점적 거대 은행의 은행자본이기 때문이며, 다른 한편으로 세계의 분할이란 어떤 자본주의 열강에 의해서도 장악되지 않은 영토까지 아무 장애 없이 확장될 수 있었던 식민지 정책으로부터 모든 분할이 완료된 영토를 독점적으로 점유하려는 식민지정책으로의 이행이기 때문이다.

그러나 너무 간결한 정의는 주요한 것을 요약하고 있다는 점에서 편리하기는 하나, 정의해야 할 현상의 극히 중요한 특질을 거기에서 연역해 내야 하기 때문에 충분하지는 못하다. 그러므로 한 현상이 충분히 발전된 상태에서 그것의 모든 연쇄를 완전히 포괄할 수 없다는, 모든 정의가 일반적으로 가지고 있는 조건적이고 상대적인 측면을 잊지 않는다면, 우리는 다음과 같은 5개의 기본적 특질을 포함하는 제국주의의 정의를 내릴 수 있을 것이다.

(1) 생산과 자본의 집적이 고도의 단계에 달해, 경제생활에서 결정적 역할을 수행하는 독점체를 형성하기에 이르렀다. (2) 은행자본이 산업자본과 융합하여 '금융자본'을 이루고, 이를 기초로 하여 금융과두제가 형성된다. (3) 상품수출과는 구별되는 자본수출이 특별한 중요성을 갖는다. (4) 국제적 독점자본가 단체가 형성되어 세계를 분할한다. (5) 자본주의 거대 열강에 의한 전 세계의 영토적 분할이 완료된다. 요컨대 제국주의란, 독점체와 금융자본의 세계적 지배가 확립되어 있고, 자본수출이 현저한 중요성을 가지고 있으며, 국제 트러스트들 간의 영토 분할이 완료된 발전 단계에 있는 자본주의이다.

나중에 살펴보겠지만, 만일 기본적이고 순수히 경제적인 의미—위에서 내린 정의는 여기에 한정되었지만—뿐만 아니라, 이 단계의 자본주의가 자본주의 일반에 대하여 갖는 역사적 위치나, 노동계급 운동 내의 두 가지 주요 경향과 제국주의 간의 관계까지 염두에 둔다면, 제국주의는 또 다른 방식으로 정의될 수 있으며 또 정의되어야 한다. 여기에서 주목해야 할 점은 위와 같이 해석된 제국주의는 의심할 바 없이 자본주의 발전의 특수한 단계를 나타낸다는 사실이다.[42]

42) 레닌, 같은 책, pp. 122-3.

나는 레닌의 "5개의 기본적 특질을 포함하는 제국주의의 정의를" 인용하며 다음과 같이 주장했다.

> 이 지점에서 우리는 "식민지가 사라진 현재를 제국주의 시대라고 보는 것은 타당하지 않"다는 김의 주장을 검토해야 한다.
>
> 먼저 우리는 정의를 내리기에 앞서 레닌이 언급한 것에 주의를 기울여야 한다. 그는 "한 현상이 충분히 발전된 상태에서 그것의 모든 연쇄를 완전히 포괄할 수는 없다는, 모든 정의가 일반적으로 가지고 있는 조건적이고 상대적인 측면을 잊지 않"을 것을 요구한다. 이것은 다섯 가지 기본적 특질이 절대적인 것이 아니라 조건적이고 상대적이라는 것을 의미한다. 이러한 관점에서 보면 제2차 세계대전 이후 (5)번째 특질이 상대적으로 약화되어 있음을 알 수 있게 된다. 그러나 이것은 전쟁에 의해 미국의 독점자본이 서유럽과 일본의 독점자본에 비해 절대적이고 압도적인 우위를 갖게 된 것에 기인하며 민족해방투쟁과 소련을 중심으로 한 사회주의 체제 역시 이에 기여했다. 물론 이것은 (5)의 특질이 상대적으로 줄어든 것을 의미할 뿐 사라졌다는 것을 뜻하는 것은 아니다. 서유럽과 일본이 전쟁에서 복구되며 전후 재분할의 상징인 IMF 체제의 붕괴와 현실 사회주의 체제의 붕괴 이후 세계 곳곳에서 벌어지는 전쟁은 재분할의 조짐이다.[43]

김 역시 레닌의 같은 부분을 인용하며 나의 이러한 주장에 대해 다음과 같이 비판한다.

> 제국주의 시대란 바로 독점에 입각한 전 세계의 영토적 분할이 완료된 상태를 의미한다. 즉, 영토적 분할 혹은 점령이 없는 제국주의란 레닌은 상상조차 하지 않았다. 그런데 레닌주의자라는 작자들이 레닌주의를 그대로 지킨다는 미명하에 레닌주의를 왜곡했던 것이다. 그런데 전성식 연구위원은 여타 교조주의자들과 마찬가지로 아무렇지도 않은 듯이, 레닌의 이런 세계 분할에 대한 규정이 약화(?)되어도 타당하다는 식으로 말한다.
>
> …
>
> 레닌은 당시의 현실적인 분석의 결과를 통해서 다섯 가지 지표가 제국주의의 **기본적인** 특징이라고 말하고 있다. 그리고 위에서 보는 것처럼 다섯 가

43) 전성식, 앞의 글, p. 66.

지 지표를 얘기하기에 앞서 가장 **근본적인** 정의를 세계 분할과 연결시켜서 설명하고 있기 때문이다. 가장 근본적인 정의에 내포되고 있는 특징을 단지 조건적이고 상대적인 것이라고 해석해야 한다고 주장하는 것은 교조주의자의 자기기만일 뿐이다. 불균등 발전 이론과 맞물려 영토적 분할과 재분할을 둘러싼 제국주의 국가들의 식민지 쟁탈전에 대한 내용은 레닌의 제국주의론을 구성하는 핵심 중에 하나이며, 열강 간의 세계 분할이라는 제국주의론의 한 장을 할애하면서 설명하고 있음에도 가볍게 '약화되었다'며 무시한다. (강조는 원문)44)

김의 비판 중 먼저 지적할 것은 "위에서 보는 것처럼 다섯 가지 지표를 얘기하기에 앞서 가장 근본적인 정의를 세계 분할과 연결시켜서 설명하고 있기 때문이다. 가장 근본적인 정의에 내포되고 있는 특징을 단지 조건적이고 상대적인 것이라고 해석해야 한다고 주장하는 것은 교조주의자의 자기기만일 뿐이다"라는 김의 주장 부분이다. 앞서 말한 것처럼 김은 두 개의 번역된 ≪제국주의론≫을 사용한다. 그리고 이 부분에서 김은 박상철의 번역을 인용한다. 그곳에서는 "what is most important"를 "가장 근본적인 것"으로 번역하고 있고(남상일은 "매우 중요하다"로 번역한다), 김은 이것을 근거로 나를 비판하고 있는 것이다. "근본적"과 "중요한"은 뉘앙스의 차이가 매우 큰 것으로 김의 이러한 비판은 'important'라는 단어의 뜻을 고려했을 때 그 근거는 미약하고 일단은 '기각(棄却)'되어야 마땅하다.*

또 "불균등 발전 이론과 맞물려 영토적 분할과 재분할을 둘러싼 제국주의 국가들의 식민지 쟁탈전에 대한 내용은 레닌의 제국주의론을 구성하는 핵심 중에 하나이며, 열강 간의 세계 분할이라는 제국주의론의 한 장을 할애하면서 설명하고 있음에도 불구하고 '약화되었다'며 무시한다"는 김의 주장은 부당하다. 왜냐하면 나는 "다섯 가지 기본적 특징이 절대적인 것이 아니라 조건적이고 상대적이라는 … 관점에서" 보았을 때, "제2차 세계대전 이후 (5)번째 특질이 상대적으로 약화되"었다고 했을 뿐 "독점자본 및 열강에 의한 세계의 분할"을 절대로 "가볍게" "무시"하지 않았기 때문이다.

오히려 나는 ≪노동자 교양경제학≫(전면 개정판)에 근거하여 "그러나 이

---

44) 김두한, 앞의 글, pp. 70-1.

* [편집자 주: 권정기] 최상급인 most를 the 없이 쓰면 very의 뜻이 된다. 따라서 "what is most important"에 대한 남상일의 번역 "매우 중요하다"가 맞다.

것은 전쟁에 의해 미국의 독점자본이 서유럽과 일본의 독점자본에 비해 절대적이고 압도적인 우위를 갖게 된 것에 기인하며 민족해방투쟁과 소련을 중심으로 한 사회주의 체제 역시 이에 기여했다. 물론 이것은 (5)의 특질이 상대적으로 줄어든 것을 의미할 뿐 사라졌다는 것을 뜻하는 것은 아니다. 서유럽과 일본이 전쟁에서 복구되며 전후 재분할의 상징인 IMF 체제의 붕괴와 현실 사회주의 체제의 붕괴 이후 세계 곳곳에서 벌어지는 전쟁은 재분할의 조짐이다"라고 주장하며 이것의 현재성을 주장했다.[45] 하지만 이러한 나의 주장은 김에게는 "앞뒤도 맞지 않는 주장"이고, "레닌주의의 희화화의 백미"이며, "아집이 낳은 망상"일 뿐이다.

여기서 한 가지 마지막으로 지적할 것은 내가 "다시금 식민지 점령이 발생할 것이라는", "놀라운 파격적인 주장을" 하였다는 김의 주장이다.[46] 아마도 "재분할의 조짐"에 대한 언급에서 김은 그러한 주장을 창조해 내는데 그것은 내가 주장한 것이 아니라 앞서 본 다른 것들과 마찬가지로 김 특유의 창조적 글 읽기에서 만들어진 것에 불과하다.[47]

③ 레닌의 제국주의에 대한 정의—2

"제국주의에 대한 레닌의 다섯 가지 기본적 특질"의 다섯 번째는 "(5) 자

45) 전성식, 앞의 글, p. 66. 나의 이러한 주장은 다음에 근거하였다. 채만수, 앞의 책, pp. 502-8.

46) 김은 "이건 앞뒤도 맞지 않는 주장인데, 이미 세계가 식민지로 제국주의 열강들에 의해 분할되어 있는 경우에만 재분할될 수 있다는 말이 성립하는 것이다. 그런데 세계가 제국주의 열강들에 의해서 분할되어 있지도 않는데, 어떻게 재분할될 수 있는가? 또한 그는 논리적으로 불가능한 앞으로 일어날 '재분할 조짐'을 가지고, 거꾸로 현재의 세계의 영토적 분할이 사라진 것이 아니라 약화된 것이라는 결론을 이끌어내고 있기도 하다"(김두한, 앞의 글, p. 72)며 나를 비논리적이고 더 나아가 관념적이라고 비판한다. 하지만 나와 김은 분할과 재분할에 대해 더 나아가 독점과 제국주의에 대해서도 다른 관점과 내용을 갖고 있다. 내가 보기에는 오히려 김이 분할과 재분할에 대해 협소한 이해를 하고 있다. 따라서 잘못될 수도 있는 자신의 관점을 옳은 것으로 전제하고 그것을 근거로 상대방을 비판하는 것은 올바른 비판이 아니다. 물론 나는 식민지가 다시 발생할 가능성을 완전히 부정하지는 않는다.

47) 이 지점에서 나는 김에게 "과학적 문제를 다루려는 사람은 무엇보다도 먼저 자기가 이용하려는 저서를 저자가 쓴 대로 읽는 법과 더욱이 저서에 없는 것을 읽지 않는 법을 배워야 한다"(맑스, "서문", ≪자본론≫ 제3권(상)(제1개역판), 비봉출판사, p. 26)는 엥겔스의 충고를 기억하라고 하고 싶다.

본주의 거대 열강에 의한 전 세계의 영토적 분할이 완료된다"이다. 그리고 레닌은 "요컨대 제국주의란, 독점체와 금융자본의 세계적 지배가 확립되어 있고, 자본수출이 현저한 중요성을 가지고 있으며, 국제 트러스트들 간의 영토 분할이 완료된 발전 단계에 있는 자본주의이다"라고 하며 "영토 분할의 완료"에 대해 명확히 언급한다. 김은 이것을 근거로 현시대 역시 제국주의 시대라고 주장하는 사람들을 "제국주의 시대란 바로 독점에 입각한 전 세계의 영토적 분할이 완료된 상태를 의미한다. 즉, 영토적 분할 혹은 점령이 없는 제국주의란 레닌이 상상조차 하지 않았다. 그런데 레닌주의자라는 작자들이 레닌주의를 그대로 지킨다는 미명하에 레닌주의를 왜곡했던 것이다"라고 비판한다. 왜냐하면 현재 세계 자본주의 체제를 "영토적 분할이 완료된" 상태로 볼 수 없기 때문이라는 사실이다.[48]

이 지점에서 우리는 레닌의 "영토적 분할"이라는 의미에 대해 검토해야 한다.[49] 즉, 그는 ≪제국주의론≫의 제5장에서 '자본가 단체들 간의 세계 분할'에 대해서 다루고, 제6장에서는 '열강 간의 세계 분할'에 대해서 다룬다. 제5장에서 레닌은 이렇게 썼다.

> 자본가들이 세계를 분할하는 것은 어떤 특별한 악의 때문이 아니라, 지금까지 도달한 집적의 수준에서 이윤을 획득하려면 이러한 방법을 택할 수밖에 없기 때문이다. 즉 자본가들은 상품생산과 자본주의하에서는 다른 분할 방법이 있을 수 없기 때문에, '자본에 비례하여', '힘에 비례하여' 세계를 분할하는 것이다. 그런데 그 힘은 경제적 · 정치적 발전 정도에 따라 다르다. 현재 일어나고 있는 일들을 이해하기 위해서는 힘의 변화에 따라 결정되는 것은 어떠한 문제인가를 알아야 한다. 이들 변화가 '순전히' 경제적인 것인가 그렇

---

48) 김두한, 앞의 글, p. 70. 김은 또 이렇게도 말한다. "그런데 약화되었다고? 도대체 레닌이 제국주의는 배타적 영토적 점령을 수반하지 않을 수도 있다고 상상이나 했겠는가? 전성식 연구위원은 1980년대 교조주의의 자기 적응적 산물이라 하지 않을 수 없다. 어쨌든 교조주의자들은 레닌이 지극히 당연시하고 근본적인 것으로 간주했던 식민지 영토 점령이라는 제국주의의 기본 특징을 무시하고서 제국주의론을 전개하고 있다. 따라서 이런 레닌의 현실 분석과 원칙적 주장을 무시하는 교조주의자들이란 다름 아닌 반레닌주의자인 셈이다." (같은 글, p. 72.)

49) 여기서 김이 이 문제를 가장 중요한 것이라 생각한 것은 오해이다. 왜냐하면 김의 논리에 입각하면 김은 '다섯 가지 특질' 중에서 최소한 네 가지를 부정하고 있다. (1) "독점", (2) "금융자본", (4) "국제적 독점자본가 단체", (5) "영토 분할"이 그것이다.

지 않으면 경제외적(이를테면 군사적)인 것인가 하는 문제는 부차적인 문제일 뿐, 자본주의 최근 시대에 대한 근본적인 견해에 조금도 영향을 줄 수 없다. 자본가 단체들 간의 투쟁과 협정의 본질 문제를 투쟁과 협정의 형태 문제(오늘은 평화, 내일은 전쟁, 모레는 다시 전쟁 하는 식으로)로 대체하는 것은 곧 궤변가의 역할로 빠져드는 것이다.

자본주의 최근 단계의 시대는 곧, 자본가 단체들 간에 세계의 경제적 분할을 토대로 하여 일정한 관계가 성장했다는 사실, 그리고 이와 아울러, 또 이와 관련하여 정치적 동맹체 사이, 국가들 사이에서도 세계의 영토적 분할, 식민지 획득을 위한 투쟁, 즉 '세력권을 확장하기 위한 투쟁'을 토대로 하여 일정한 관계가 성장했다는 사실을 보여 주고 있다.[50]

이상에서 살펴보면 자본가들의 세계 분할은 피할 수 없는 일이며, 레닌은 "경제적 분할"과 "세계의 영토적 분할, 식민지 획득을 위한 투쟁"을 구분한다. 하지만 이러한 "투쟁과 협정의 본질 문제"를 "투쟁과 협정의 형태 문제"로 대체하는 것 역시 비판하고 있다. 따라서 이것은 당시의 "세력권을 확장하기 위한 투쟁"이 시대의 주요한 특징임을 강조하는 것이기도 하지만 식민지·반식민지 혹은 여러 형태의 종속국에 대한 제국주의 국가의 지배 방식의 차이와 그 본질적 공통성에 대해 언급하는 것으로 이해할 수 있다. 레닌은 제6장에서 이렇게 말한다.

한편 '반식민지' 국가들은 자연과 사회의 모든 영역에서 발견되는 과도적 형태의 한 예를 보여 준다. 금융자본은 모든 경제 관계와 국제 관계에 있어 대단히 강력한, 결정적이라고도 말할 수 있을 정도의 세력으로서, 완전한 정치적 독립을 향유하고 있는 국가조차도 자신에게 종속시킬 수 있으며, 또 실제로 종속시키고 있다. 이에 대한 예는 조금 후에 살펴보겠다. 더구나 금융자본은 당연히 종속된 나라와 민족에게서 정치적 독립까지 박탈하는 종속 **형태**를 가장 '유리한' 것으로 여기며, 그것으로부터 가장 많은 이윤을 뽑아낸다. 이러한 점에서, 반식민지국은 '중간 단계'의 전형적인 예인 것이다. 따라서 나머지 지역들이 이미 모두 분할되어 버린 금융자본의 시대에 이들 반종속국을 둘러싼 투쟁이 특히 격화될 수밖에 없는 것은 당연한 일이다. (강조는 원문)[51]

---

50) 레닌, 앞의 책, p. 107.

"가장 많은 이윤을 뽑아"낼 수 있으므로 "정치적 독립까지 박탈하는 종속 형태", 즉 식민지 형태를 금융자본이 가장 선호하리라는 것은 너무나 당연하다. 따라서 그들이 "과도적 형태"의 종속 형태인 "반식민지국"을 완전한 자신의 식민지로 만들려고 노력하는 것은 당연한 일이다. 하지만 그렇게 할 수 없는 상황과 조건에서 금융자본은 다른 방편을 찾을 것 또한 당연하다. 그들은 "완전한 정치적 독립을 향유하고 있는 국가" 역시 "자신에게 종속시킬 수 있"기 때문이며, 그렇게 해 왔다. 또한 필요한 경우 제2차 세계대전 이후에 본격화된 정치적 독립도 하나의 방편으로 삼았다.

> 제국주의 열강이, 정치적으로 독립한 국가의 설립이란 허울 아래 경제 · 금융 · 군사 면에서 자기 나라에 완전히 종속된 국가를 세우는 방식으로 피억압 국가들의 특권계급의 도움을 얻어 체계적으로 행하고 있는 기만을, 모든 나라와 민족 특히 뒤떨어진 국가와 민족의 가장 광범위한 근로대중 사이에서 꾸준히 설명하고 폭로하는 것이 필요하다.[52)]

1920년 코민테른 제2회 대회에서 레닌이 제출한 이상의 테제에서도 알 수 있듯이 제국주의는 필요에 의해 또 상황에 따라 다양한 방법을 동원하여 종속국을 지배했었던 것이다. 그런데 이와 같은 간접적 지배 방식은 당시에 "전형"의 하나였기는 하지만 주요한 형태는 아니었다. 하지만 제2차 세계대전 중과 대전 이후에 고양된 민족해방운동은 이른바 고전적 식민지 체제를 붕괴시켰고, 많은 식민지들은 국가적으로 정치적으로 독립을 획득하였다. 그러나 제국주의는 비록 정치적 독립은 허용했지만 다른 많은 수단을 동원하여 새로운 독립 국가들을 경제적 · 금융적 · 군사적으로 종속시켜 지배를 연장해 갔다.

이러한 새로운 역사적 현실을 해명하기 위하여 "신식민지 이론"이 출현하였으며 이는 앞서 살펴본 레닌의 이론에 많은 부분 기초하여 발전되었다. 따라서 나는 "여타 교조주의자들과 마찬가지로" "독점과 제국주의"에서 레닌을 인용하며[53)] "신식민지 이론"이 "이러한 변화된 사실을 설명하고자 했던 노력

---

51) 같은 책, pp. 114-5.
52) 레닌, "민족 · 식민지 문제에 대한 테제"(1920년 7월 28일), ≪코민테른 자료선집≫ 제3권, 동녘, p. 230.
53) "자본주의적 제국주의 시대의 식민지정책을 논하는 데 있어서는 금융자본과 그

의 하나"라고 언급하면서 다음과 같이 말했다.

> "다양한 형태의 종속국들도 이 시대의 전형이"라는 레닌의 주장은 매우 중요한 의미를 갖는다. 제2차 세계대전 이후 많은 식민지가 사라지고 독립을 이루었던 것은 사실이다. 하지만 많은 국가들이 완전한 독립이라기보다는 "다양한 형태의 종속국"으로 존재했었던 것 또한 엄연한 사실이다. 이것은 사회주의 체제의 성립과 식민지·반식민지의 민족해방투쟁의 고양, 그리고 자본주의 국가 내의 계급투쟁의 첨예화에 의해 독점자본에게 강제된 것이었다. 한마디로 대외 정책의 변화에 의한 주요한 집단의 구성이 변한 것이지 시대 자체가 변한 것은 아니다.[54)]

그런데 이에 대한 김의 비판은 다음과 같았다.

> 전성식 연구위원은 다른 교조주의자들처럼 레닌이 완전히 영토를 점령한 식민지 말고 반식민지도 존재한다는 말을 언급하면서, 자신들이 마치 레닌이 단초로 남겨 두었던 제국주의 이론을 발전시킨 것처럼 말한다. 레닌주의의 희화화의 백미라고 하지 않을 수 없다. 식민지라는 개념이 존재해야 반식민지라는 개념이 성립하는 것이다. 아니 식민지라는 개념에 맞는 현실이 존재하지 않는데 반식민지는 무슨 놈의 반식민지인가. 레닌은 영토적 점령과 분할을 전제로 한 과도적 형태로 반식민지를 말했던 것이지, 결코 영토적 점령이 전혀 없는 반식민지 혹은 신식민지 체제를 얘기한 적이 없다. 아집이 낳은 망상이라고 하겠다.[55)]

물론 레닌은 "식민지 소유국과 식민지국이라는 두 개의 주요 집단"을 강조했고 "'반식민지' 국가들은 자연과 사회의 모든 영역에서 발견되는 과도적 형태"임을 분명히 했다. 하지만 그는 "형식적으로는 정치적 독립을 유지하고

대외 정책—이는 곧 세계의 경제적·정치적 분할을 위한 열강의 투쟁이라 할 수 있다—이 국가 종속의 수많은 과도적 형태를 만들어 낸다는 점에 주의를 기울여야 한다. 식민지 소유국과 식민지국이라는 두 개의 주요 집단뿐만 아니라, 형식적으로는 정치적 독립을 유지하고 있지만 실제로는 금융적·외교적 종속의 그물에 갇혀 있는 다양한 형태의 종속국들도 이 시대의 전형이다." (레닌, ≪제국주의론≫, p. 118.)

54) 전성식, 앞의 글, p. 67.

55) 김두한, 앞의 글, p. 72.

있지만 실제로는 금융적 · 외교적 종속의 그물에 갇혀 있는 다양한 형태의 종속국들도 이 시대의 전형"이라고 주장했던 것 역시 앞서 본 것처럼 명확한 사실이다.

그런데 제2차 세계대전 중과 이후의 세계는 사회주의 체제의 성립과 자본주의 국가 내의 계급투쟁의 첨예화와 더불어 식민지 · 반식민지에서 민족해방투쟁이 고양되는 양상을 보였다. 이러한 상황 전개의 결과 많은 식민지국들은 레닌이 "과도적 형태"라고 언급한 간접적으로 지배받는 종속국들로 전화하였고 이것은 종속국의 주요한 형태로 되었다. 그리고 반복하지만 이러한 현실은 신식민지주의라는 새로운 개념을 발생시켰으며, 앞서 살펴본 것처럼 이것은 "제국주의 열강이, 정치적으로 독립한 국가의 설립이란 허울 아래 경제 · 금융 · 군사 면에서 자기 나라에 완전히 종속된 국가를 세우는 방식"을 주요한 내용으로 포함한다.[56]

(3) 소결

김의 글이 읽는 이들을 자꾸 혼란 속에 몰아넣는 것은 김이 자신의 글에서 레닌의 ≪제국주의론≫의 한계와 오류를 증명하고자 하면서 동시에 한계

---

56) 이러한 의미에서 김의 다음과 같은 비판은 참으로 황당스러운 주장이다. "20세기 영국 독일 프랑스 등 제국주의가 중국을 반식민지로 삼아 자본을 수탈하던 때와, 현재 수많은 초국적 자본이 중국을 세계의 공장으로 만들어 가고 있으며, 그 결과 세계 경제 4위로 도약하고 있는 상황이 동일하다는 말인가? 일제가 한국을 식민지로 만들었던 상황이 현재 '미제가 한국을 신식민지(?)'로 만들어 세계 10대 부가가치 생산을 하게 된 것이 동일하다는 말인가?" (김두한, 같은 글, p. 81.) 언제 누가 "때"와 "상황"이 "동일하다는" 주장을 했는가? 그런데 "20세기 영국 독일 프랑스 등 제국주의가 중국"에서 얻으려고 했던 것이나 이른바 "수많은 초국적 자본이 중국을 세계의 공장으로 만들어" 얻으려고 했던 것이 다른 것인가? "일제가 한국을 식민지로 만들었던" 것은 그것이 가장 "유리한" 방법이었기 때문이며, "미제가 한국을 신식민지(?)로 만들"어 경제적 · 금융적 · 군사적 종속을 유지했었던 것도 그렇게 하도록 강제했던 상황 때문 아닌가? 그리고 양자(일본 제국주의와 미국 제국주의)가 얻으려 한 것도 결국 같은 것 아닌가? 현재 한국이 "세계 10대 부가가치 생산을 하게 된 것"은 김도 인정하는 "자본주의의 불균등 발전"의 결과로 보아야 하는 것 아닌가? 그리고 바로 이것은 제국주의가 종속국의 '정치적 독립'을 박탈하고자 하는 이유의 하나로 보아야 하는 것 아닌가? "식민지 점유야말로 경쟁자와의 투쟁 과정에서 일어날 수 있는 모든 우발적 사건—상대방이 국가독점체를 설립하는 법률을 제정하여 자신을 보호하려는 경우를 포함하여—에 대항할 수 있는 보장이 되어 준다." (레닌, 앞의 책, pp. 115-6.)

와 오류를 가진 ≪제국주의론≫조차도 제대로 이해하지 못하는 "교조주의자들"(?)을 비판하려 하는 데 있다.

김은 레닌의 독점 이론이 맑스와 다르고 특수한 상황을 일반화한 오류라고 주장한다. 또한 레닌이 '독점은 자유경쟁의 중단'이라고 주장하는데 "교조주의자"들은 이것을 왜곡했다고 한다. 그리고 '제국주의' 문제와 관련해서 그 경제적 기초인 독점, 그 결과인 세계의 영토 분할 등의 문제에서도 "교조주의자"들은 레닌을 왜곡하고 있다고 한다.

그러나 지금까지 살펴본 것처럼 맑스의 이론을 제대로 이해하지 못한 것은 레닌이 아니라 김이다. 또한 자신이 레닌의 ≪제국주의론≫을 잘못 이해하고 오해한 것을 '레닌의 이론'이라 왜곡하여 규정하고 레닌이 오류를 범했다고 비판하고 있다. 그리고 그 왜곡에 기초하여 다른 사람들이 레닌을 왜곡하고 있다고 비판하고 있는 것이다. 다시 말해 레닌을 왜곡한 사람은 김에게 "교조주의자"라 비난받는 사람들이 아니라 오히려 김 자신이다.

2) 현실 이해의 문제

(1) "장기 호황"과 "장기 불황"[57)]

김은 이렇게 주장한다.

> 자본주의가 성숙했던 1825년부터 1873년까지 서유럽의 자본주의는 일국적 축적의 한계에 봉착하면서 급격한 위기로 치달았는데, 각국의 자본은 위기 해소를 위해 독점과 제국주의라는 퇴행적 정책을 사용하면서 오히려 전반적 위기로 빠져들었다. 독점과 제국주의는 자본주의 발달의 최고의 단계이거나 새로운 사회로의 이행의 형태가 결코 아니라 자본 발달의 퇴행기이며 불가피하게 중단되지 않을 수 없는 과도기였으며, 일국적 축적을 넘어서 세계적 자본축적으로 나아가기 위한 과도기였을 뿐이다. 그리하여 식민지정책 혹은 식민지 전쟁은 양차 대전을 거치면서 세계적 축적과 집적을 지향하는 자본의 논리로 대체된다. 이 세계적 축적은 일국적 축적을 강화한다. 좀 더 엄밀히 말하자면, 카르텔과 트러스트 등의 독점은 금지되고 다시금 경쟁이 벌어진

57) 이와 관련해서 다음의 글들을 참조하라. 김명록, "제3강 세계대전 이후의 장기 호황과 장기 불황", "제4강 장기 불황에 대한 자본의 대응들", ≪20세기 자본주의의 전개: 현대자본주의의 이해≫.

다. 그리고 각국 간의 이전의 제국주의로 인한 시장 단절이 해소되고, 이제 본격적인 자본의 세계적 집적이 나타나기 시작한다.

…

위에서 보는 것처럼 제국주의 시기에 자본수출은 해당 식민지로의 자본 이동이 많았으며, 제국주의 간의 배타성은 세계적 축적을 오히려 저해하고 있었다. 반면에 제국주의의 철회와 독점의 철회는 다시금 자본의 새로운 축적 공간을 마련함으로써 자본의 활로를 찾게 만들었던 것이다.

그리고 이런 자본주의의 급격한 팽창은 자본주의 황금기 동안 노동자계급 대중을 포섭하는 한편 노동운동 진영 내에 기회주의가 만연토록 하였다.[58)]

이에 대해 나는 제2차 세계대전 이후 1960년대 말까지 세계 자본주의가 경험한, 말 그대로 예외적인 호황, 즉 "황금기"의 원인을 "보호무역 및 독점의 중단과 제국주의의 중단" 혹은 "제국주의의 철회와 독점의 철회"라고 주장하는 김의 견해를 다음과 같은 기존(?) 견해를 인용·비교하며 독자들의 판단을 물었다.[59)]

전후의 '장기 호황'은 물론 여러 요인들이 복잡하게 얽혀 상호 상승작용을 미친 결과이지만, 그것을 가장 근본적으로 규정한 것은 다름 아닌 제2차 세계대전이었다. 즉, 기존의 물적 생산력을 대대적으로 파괴해 버린 제2차 대전이야말로 전후 장기 호황의 규정적 배경이었다. 그것은 대대적인 파괴·살육을 통해서 1930년대의 만성적이고 거대했던 과잉생산을 일소해 버렸을 뿐 아니라 새로운 거대 수요의 조건을 만들어 냈던 것이다.

…

전후 장기 호황의 배경으로서는 이와 같은 전쟁에 의한 대파괴, 복구 수요, 냉전 등과 더불어, 그것들과 관련을 가지면서 상대적으로 독자성을 갖는 바의 대중 수요의 폭발이 있다. 이는 무엇보다도 노동자계급을 중심으로 한 대중의 투쟁력이 강화된 결과 그들의 소득이 무엇보다도 증대한 것(이는 자본주의 주요 열강의 노동자계급이 이른바 사회민주주의에 안주하게 되는 물질적 기초이기도 하다)의 표현이었다. 그리고 상품 구성에서는, 대체로 전쟁을 계기로 크게 발전하고 개발된 전기·전자 기술과 연관된 민간의 제반 내구재 시장의 확대·심화가 주요한 추동력을 이루고 있었다.[60)]

58) 김두한, 앞의 글, pp. 97-100.
59) 전성식, 앞의 글, pp. 70-1.

두 인용문 모두 "장기 호황" 혹은 "황금기"의 존재를 인정하고 그것이 노동자계급을 개량화시키는 토대로 작용하였다는 점도 인정한다. 하지만 "장기 호황"의 가장 중요한 원인에 대해서는 의견을 달리 하고 있다. "제2차 세계대전"인가? 아니면 "제국주의의 철회와 독점의 철회"인가? 그런데 이러한 시각의 차이는 이후 자본주의 전개 과정에 대해서도 다른 주장으로 이어지게 된다. 즉, 전자는 예외적이었지만 "장기 호황"은 1960년대 말 혹은 1970년대 초부터 "장기 불황"으로 빠져들게 되고 이것은 현재에 이른다고 주장한다. 하지만 김은 "장기 호황(황금기)"이라는 개념을 사용함에도 불구하고 "장기 불황"에 대해서는 눈을 돌리고 별다른 언급 없이 바로 신자유주의 문제로 넘어간다.

(2) 신자유주의

이 문제에 관해 김은 이렇게 주장한다.

> 그리고 이런 자본주의의 급격한 팽창은 자본주의 황금기 동안 노동자계급 대중을 포섭하는 한편 노동운동 진영 내에 기회주의가 만연토록 하였다. 이 두 가지 조건을 바탕으로 세계적 자본주의는 1970년대 후반 노동자계급에 대한 대대적인 공격을 퍼붓게 되는데, 이것이 바로 신자유주의이다. 사실 신자유주의 체제는 2차 세계대전 이후 과잉 팽창되고 과잉 축적된 자본주의 모순의 표현이기도 하다. 하지만 그것은 세계적 자본주의의 과잉 축적의 시작을 알리는 것이지 최종적 한계는 아니었다. 오히려 세계적 자본주의의 생산력의 증대는 현실 사회주의를 압도하고 1990년대 초 현실 사회주의를 붕괴시켰다. 이를 통해 세계 자본주의는 12억 인구의 중국을 포함해서 동구 및 러시아라는 새로운 광대한 사회적 축적 공간을 확보하게 되었다. 그리고 최근 초국적 자본은 10억 인구의 인도를 포함해서 전 지구적 생산의 확대·자본축적의 확대를 소위 아웃소싱이라는 정책을 통해서 추진하고 있다.[61]

나는 이것이 기존의 이해와 다르다고 하며 다음과 같이 썼다.

---

60) 채만수, "자본주의 경제 위기의 올바른 이해", ≪20세기 자본주의의 이해≫, 한노정연, pp. 149-50.
61) 김두한, "현재", p. 100.

즉 이른바 '황금기'를 마친 자본주의는 '장기 불황'을 겪게 되고 이를 극복하기 위한 노력은 자본주의를 위기에서 극복하는 것이 아니라 세계 자본주의 체제를 스태그플레이션이라는 새로운 경험을 하게 만든다. 그리고 이 과정에서 등장한 것이 신자유주의이다. 즉 "신자유주의는 1970년대 이후 필연적으로 재격화된 자본주의 체제의 전반적 위기에 대한 독점자본의 대응이며, 자본주의 체제의 전반적 위기가 재격화된 시기의 (국가독점)자본주의", "국가독점자본주의의 후기 형태", "반동적 군사 케인즈주의"라는 것이 우리의 기존의 이해이다.[62]

"황금기" 동안 노동자계급은 자본가계급에게서 많은 양보를 얻어 낸다. 김이 말한 것처럼 "황금기"의 눈부신 성장은 주요 열강들의 자본가들이 "노동자계급 대중을 포섭"하는 것에 성공하도록 하는 또한 "노동운동 진영 내에 기회주의가" 성장하도록 하는 물질적 조건이 되었던 것이다. 하지만 "황금기"는 "장기 불황"으로 바뀌게 되고 이 위기를 타개하기 위해 자본가계급은 노동자계급을 전방위적으로 공격한다. 이것의 이념적 · 실천적 표현이 신자유주의이며, 개량의 달콤함에 빠져 있던 노동자계급은 자본가계급에게 패배하게 된다. 그리고 이 과정에서 발생한 현실 사회주의의 붕괴는 자본가계급이 신자유주의 공세를 더욱 강화하는 데 결정적 기여를 하게 된다.

김은 "세계적 자본주의는 1970년대 후반 노동자계급에 대한 대대적인 공격을 퍼붓게 되는데, 이것이 바로 신자유주의"라고 하며 이러한 현상을 설명한다. 그리고 "신자유주의 체제는 2차 세계대전 이후 과잉 팽창되고 과잉 축적된 자본주의 모순의 표현이"라고 말하지만, 이는 앞서 말한 것처럼 신자유주의가 전면화되는 배경인 "장기 불황"의 문제를 외면하는 것이다. 또한 "오히려 세계적 자본주의의 생산력의 증대는 현실 사회주의를 압도하고 1990년 내 소 현실 사회주의를 붕괴시켰다"라는 주장은 매우 파격적인 것으로 많은 증명을 요하는 것이다.[63]

62) 전성식, 앞의 글, p. 71.
63) 나는 김의 '가설'을 무시하지 않는다. 다만 김에게 하고 싶은 말은 자신의 가설을 '이론'으로 바꾸기 위해서는 '애벌레-나비'의 비유와는 다른 많은 노력이 필요하다는 것이다. 나는 김이 이 노력을 하고 있다고 믿는다. 또 현실 사회주의 붕괴의 문제와 관련해서 나는 "독점과 제국주의"에서도 말한 것처럼 우리 연구소에서 발간한, 바만 아자드 저, 채만수 역, ≪영웅적 투쟁, 쓰라린 패배≫(증보판), 노사과연, 2007을 읽어 보시길 독자들에게 권한다.

(3) 현 상황에 대한 이해

김은 현실 사회주의의 붕괴와 중국의 개방을 세계 자본주의의 "새로운 광대한 사회적 축적 공간"이라 부르며 "모순을 해소할 공간"으로 파악한다. 물론 이것이 "세계적 차원에서 자본축적이 완성되어 감을 뜻하며, 이는 다시금 세계적 과잉 축적을 향해 가고 있음은 분명하"고 "이런 세계적 자본축적은 바로 세계혁명의 물적 토대를 만들고 있"다라는 단서를 달고 있지만 김에게 주요한 측면은 전자의 측면이다.[64)]

이와는 달리 기존의 견해는 "새롭게 이른바 '사회주의적 시장경제'를 추진하고 나선 후, 중국의 누적적인 국제수지 흑자에서도 볼 수 있는 것처럼, 중국은 이미 여러 주요 부분에서 세계시장의 과잉생산을 흡수하는 시장으로서보다는 그 과잉생산을 더욱 심화시키는 공급자로서 기능하고 있다는 현실도 염두에 두면서, 주목해야 할 부분이라고 생각"하는 것이다.[65)]

(4) 자본주의 미래의 전망과 관련하여

세계 자본주의 체제의 미래에 대해 기존의 견해는 이렇다.

> 오늘날 전 세계적으로 노동자계급에게 고통과 빈곤, 실업을 강요하고 있는 신자유주의가 역사적으로 어떻게 귀결될 것인가를 알기 위해서는 지금 비약적으로 전개되는 과학기술혁명이 사회적으로 어떻게 귀결될 것인가를 보지 않으면 안 됩니다. 신자유주의를 불가피하게 하는 전반적 위기의 재격화의 기초에 바로 과학기술혁명이 있기 때문입니다.
>
> 자본의 축적에 따른 경쟁의 격화와 과학기술의 혁명적 발전, 과잉생산은 서로가 서로의 원인과 결과가 되는, 즉 서로가 서로를 규정하는 관계에 있습니다. 자본의 축적은 과잉생산과 그에 따른 경쟁의 격화를 낳고, 경쟁의 격화는 과학과 기술의 발전을 낳고, 과학기술의 발전에 따른 새로운 생산기술은 과잉생산을 격화시켜 다시 경쟁을 격화시키는 식입니다.
>
> 신자유주의 시대란, 바로 이러한 악순환 과정이 극에 달해 있는 시대입니다.
>
> 실제로 20세기의 마지막 4반세기에 자본주의적 생산에서 전개된 것은 자본의 거대한 과잉 축적과 그에 따른 과잉생산, 경쟁의 격화, 과학기술의 혁

64) 김두한, 앞의 글, pp. 100-1.

65) 채만수, "엥겔스의 '공황의 만성화'와 산업 순환", ≪정세와 노동≫ 제10호(2006. 2.), pp. 65-6.

명적 발전입니다. 더구나 이 과학기술혁명은 문제의 악순환이 반복될수록 더욱 비약적인 속도로 전개되고 있습니다.

…

1970년대 이후 재차 격화되고 있는 전반적 위기와, 그것을 더욱 격화시키고 있는 과학기술혁명과 신자유주의는 사실은 우리가 이미 대(大)사회혁명의 시대에 들어가 있다는 것을 의미합니다.[66]

이에 비해 김은 다음과 같이 주장한다.

그런데 이는 또한 세계적 차원에서 자본축적이 완성되어 감을 뜻하며, 이는 다시금 세계적 자본주의의 과잉 축적을 향해 가고 있음은 분명하다. 그리고 그에 따른 세계적 자본축적의 위기는 자본주의가 지구 상에서는 더 이상 피할 수 없는 최종적인 모순과 위기에 직면하게 됨을 의미한다. 그리고 이제 이런 세계적 자본축적은 바로 세계혁명의 물적 토대를 만들고 있으며, 국제적 노동자계급의 연대의 물질적 토대를 만들고 있다. 그리고 향후 혁명의 세계적 성격에 대한 현실성을 제공하지만, 일국적 혁명의 가능성도 여전히 열어 놓는다. 또한 향후의 혁명은 진정 노동자계급이 자본으로부터 해방되는 진정한 사회주의 혁명이 될 것이다. 20세기 초 러시아 혁명의 과제는 현재 우리들의 과제로 다가오고 있다.[67]

두 견해 모두 자본주의의 역사적 한계를 주장하고 있으며, 그 근거를 자본의 과잉축적·과잉생산으로 본다. 또한 혁명의 불가피성을 주장하며 이는 두 견해 모두 다르지 않다.

다만 이 문제에 대해 한마디 덧붙이고자 하는 것은 김이 앞서 "교조주의자들"이 "레닌의 제국주의론에 집착하는 것은, 제국주의는 자본주의의 최종적 단계이며 사회혁명의 전야라는 레닌의 혁명적 주장이 담겨 있기 때문일 것이"라며 "과학을 신념의 영역으로 바꾸는 교조주의자들"을 비난하고 있는 부분에 대한 것이다.[68] 그런데 우리가 현재의 세계 자본주의가 한계에 도달했다고 한 것은 지금 살펴본 이유에서이다. 김이 비판을 하기 위해서는 이 부

66) 채만수, ≪노동자 교양경제학≫, p. 630; "전반적 위기"에 관해서는 같은 책, pp. 516-7을 참조하라. 김은 '전반적 위기론'을 스탈린과 연결하여 부정하고 있다.
67) 김두한, 앞의 글, pp. 100-1.
68) 김두한, "강철", p. 65.

분에 초점을 맞추었어야 했다. 그런데 김은 그렇지 않았다.

오히려 이 문제에 있어서 잘못된 상식을 바탕으로 하여 과학을 신학적 비유로 바꾸는 김이 비난받아야 한다. 즉, 김은 "다시 비유하자면, 생기 푸른 애벌레가 무럭무럭 자라다가 일정한 단계에 이르면 죽은 듯 썩어 가며 생명을 유지하는 변태의 과정을 거쳐 다시금 생명 가득한 화려한 세계적 자본주의 나비로 핀 시기가 현재다. 이 나비는 애벌레와 마찬가지로 생명과 죽음의 변증법적 통일이면서도 생명을 화려하게 발하는 것이다. 물론 이 나비는 최종적인 급격한 죽음을 향해서 마지막 생명을 발하고 있는 것이다"라고 한다.[69)]

그런데 "이 나비는 최종적인 급격한 죽음을 향해서 마지막 생명을 발하고 있는 것"일까? 아니면 더 많은 알을 낳아 자신의 생명을 연장 · 확산해 갈 것인가? 이 지점에서 나비의 죽음을 바라는 김은 아마도 간절히 구원을 바라고 있는 것이다. 그 간절한 심정은 이해는 가지만 그런 의미에서 그는 신념을 넘어 신앙적이다. 그리고 마지막 한마디, 과학적 신념은 꼭 필요한 것이다. ("3. 전략 · 전술 문제와 관련하여", "4. 맺으며"는 다음 호에 이어집니다.)

---

69) 같은 글, pp. 90-1. 이러한 김의 주장에 따르더라도 이른바 '레닌의 제국주의 시대' 역시 진보적이다. 왜냐하면 번데기 시절은 썩어 가는 시절이 아니라 "죽은 듯" 보였어도 "화려한" "나비"라는 "최후의" 또 "최고의" 단계로 발전해 가는 필연적 과정이기 때문이다. "레닌이 제국주의를 자본주의 최고의 단계 혹은 최후의 단계라고 주장한 것은 자유경쟁이 독점으로 대체되면서 생산의 사회화가 보다 급속하게 진전되는 반면 소유는 여전히 사적으로 남아 있어 더 많고 큰 대립과 마찰, 갈등이 발생하는 현실을 반영한 것이다. 그는 자본주의적 기본모순이 더욱 심화되는 것, 즉 자본관계가 유지되는 것이 사회 발전을 방해하고 대립하는 자본주의의 최고이자 최후의 단계, 사멸하는 단계라는 의미로 제국주의라는 개념을 사용한 것으로 논리적이고 과학적으로 사용한 것이다." (전성식, 앞의 글, p. 68.)

그런데 김은 현재의 자본주의를 자신만의 독창적인 무언가 새로운 것으로 규정하고 싶어 자가당착적인 주장을 한다. "각국의 자본은 위기 해소를 위해 독점과 제국주의라는 퇴행적 정책을 사용하면서 오히려 전반적 위기로 빠져들었다. ... 독점과 제국주의는 자본주의 발달의 최고의 단계이거나 새로운 사회로의 이행의 형태가 결코 아니라 자본 발달의 퇴행기이며 불가피하게 중단되지 않은 수 없는 과도기였으며, 일국적 축적을 넘어서 세계적 자본축적으로 나아가기 위한 과도기였을 뿐이다." (김두한, "현재", p. 97.) 이러한 김의 주장은 카우츠키를 생각나게 한다. (전성식, 같은 글, pp. 68-70.)

"살아 있는 강철"이기 위해서는 "과학적 사상"이어야 한다(2)* **

— 강철인가? 수수깡인가?

글의 순서

3. 전략 · 전술 문제와 관련하여

김은 글의 곳곳에서 전략 · 전술과 관련된 주장들을 하고 있다. 그런데 김은 그 문제들을 깊게 다루고 있지 않고 있으며 그것들에 대하여 단편적으로 언급하고 있다. 이것은 어쩌면 당연한데 그것들에 대해 직접적으로 다루는 것이 그 글의 목적이 아니기 때문이었다. 하지만 김의 언급은 이론적으로도 현재의 실천과 연관되어서도 중요한 문제가 많이 포함되어 있기 때문에 이를 여기서 간략하게나마 다루는 것은 의미가 있다.

사실 김이 자신의 파격적인 주장을 제기한 것은 자신의 이론적 호기심을 충족시키기 위해서가 아니다. 그것은 현재 정체되어 있는 현실 노동자계급

* [편집자 주] ≪정세와 노동≫ 제22호(2007. 3.) 〈이론〉에 실린 글이다.

** [≪정세와 노동≫ 편집자 주] ≪정세와 노동≫ 지난 호(21호)에 이어지는 글이다.

운동에 대해 괴로워하며 그것을 극복하기 위한 많은 고민의 결과로 제기된 것이다. 그래서 김의 주장에는 많은 긍정적인 주장이 포함되어 있다. 하지만 동시에 김의 주장에는 비약과 왜곡 또한 많이 존재하고 있다.

아래에서는 이러한 문제들을 ≪정세와 노동≫에서 이루어진 논의를 기초로 이와 비교해서만 다루도록 할 것이다. 왜냐하면 그것은 첫째로 김의 주장이 연구소의 공식(?) 입장이 아니라 다른 주장들과 마찬가지로 연구소 내부의 하나의 견해라는 것을 보여 주려는 것이고, 둘째로 어떤 하나의 문제도 본격적인 논쟁이 되기 위해서는 더욱 많은 이론적 토대가 필요하고 다른 주장들에 대해서도 검토해야 하는데 이 글은 그것을 목적으로 하지 않기 때문이다.

1) 사회적 합의주의와 민족문제

김은 "한국 노동운동의 계급적 실천을 가로막고 있고, 노동운동에서 민족주의적이고 계급협조주의적인 사상이 자라나는 온상"이 되고 있는 "민족해방 계열 특히 자민통이 민주노총뿐만 아니라 민주노동당의 주도 세력이라는 것"이 "한국 노동자계급 운동의 참담한 현실을 설명하는 것이며, 계급운동 진영의 현실적이자 이론적인 한계를 여실히 보여" 주는 것이라 생각한다.[1)]

그리고 동시에 또한 더 큰 문제로 "맑스-레닌주의를 자처하는 계급적 진영이 이들보다 나을 것이 없어 보"이는 것을 지적하는데 왜냐하면 "이들조차도" "민족해방 계열(NL)"과 마찬가지로 "여전히 자본주의 체제를 식민지 혹은 신식민지 및 제국주의 구도로 설명하고 있"기 때문이다. 또한 이들과 달리 "수정주의적 조류로 흐르는 ... 스탈린주의에 모든 책임을 떠넘기면서 트로츠키를 수용하는 것" 혹은 "레닌에게 문제를 떠넘기면서 좌익 평의회주의를 수용하는 식"[2)] 역시 이 문제를 해결하지 못하며 그들 역시 "제국주의적 틀을 넘어서지 못한 것으로 보인다"[3)]고 개탄한다.

그리고 김은 현 노동운동 위기의 사상 · 이론적 혼란의 토대를 제국주의론

---

1) 김두한, "과학적 사상은 살아 있는 강철이어야 한다—제국주의적 관점을 비판하며"(이하 "강철"), ≪정세와 노동≫ 제20호(2007. 11.), p. 64.

2) 같은 글, p. 65.

3) 같은 글, p. 63. 그래서 김의 글은 "제국주의론, 민족주의 및 기회주의의 온상"이라는 소제목으로 시작한다.

에서 찾는다. 왜냐하면 "반제의 문제가 사라진 그리하여 민족주의적인 문제가 진보적이었던 시대는 사라졌으며, 오히려 민족주의는 반동적인 성격을 띠며 노동자계급의 계급적 투쟁을 훼손하는 역할을 하는 것으로 변"하여 "제국주의론은 민족주의의 온상이 되어 버렸"기 때문이다. 상황이 이러함에도 "민족해방 계열"은 사상 · 이론적 본성 자체가 문제이고, "맑스-레닌주의를 자처하는 계급적 진영"은 "교조주의"에 빠져 있는 것이 문제인 것이다. 그러나 김의 이러한 생각은 피상적이고 주관적이며 이론적으로도 오류다.[4)]

먼저 김이 지적한 "한국 노동자계급 운동의 참담한 현실"에 대해서 검토해 보자. 김의 주장대로 현재 "민족해방 계열"이 "민주노총뿐만 아니라 민주노동당의 주도 세력이"며, 이것은 "계급운동 진영의 현실적이자 이론적인 한계를 여실히 보여" 주는 것이다. 이것이 "참담한 현실"인 것은 이들이 주장하는 "사회적 교섭"이 '계급타협주의'이며 '계급협조주의'로서 "노동자계급의 이해를 독점자본의 그것에 종속시키는 반노동자적인 노선"임이 이론 · 논리적으로도 명백하고 "1998년 초 경제 위기 당시의 뼈아픈 경험에 의해서도 이미 명백히 입증되었"음에도 불구하고 노동자 대중을 장악하고 있다는 것이다. 그렇다면 왜 "민족해방 계열"은 노동자 대중을 장악하고 있으며, 이에 대응하는 "계급운동 진영"은 이에 맞서 치열하게 싸우고 있음에도 불구하고 이러한 현실을 바꾸지 못하고 있으며, 왜 "현실적이자 이론적인 한계를 여실히 보여" 주고 있는 것일까? 우리는 이 질문들에 대한 대답으로부터 시작해야 한다.

> 민주노총과 한국노총에서 이렇게 '사회적 교섭주의' 혹은 '사회적 합의주의'가 지배하는 이유는 노동조합 내부의 관료주의, 노동자계급 상층부의 노동귀족화 및 심지어 지도부 일부의 부르주아지 권력과의 은밀한 유착, 노동자 대중의 정치의식의 취약함과 그에 따른 부르주아 이데올로기의 지배 등등 여러 가지가 있을 것이다. 하지만 그 모든 것은 한마디로 "아무튼 그 지도부들이 '대중적 힘'을 가지고 있다"는 것으로 압축될 수 있을 것이다. 많은 노동자들의 강고한 투쟁에도 불구하고 그들이 그것을 고집하고 강행해 갈 수 있는 이유는 그들 지도부 집단과 그들이 고집하는 그 '사회적 교섭' · '사회적 합의주의'가 어떤 연유에서든 '다수의 대중적 힘'에 의해서 뒷받침되고 있기

4) 제국주의와 관련한 이론적 문제는 이 글의 앞부분을 참조하라.

때문인 것이다. 그것이 옳든 그르든 간에 말이다. 이 엄연한 사실을 인정하는 데에서부터 출발하지 않는다면, 그것은 자기 환상에 기초해서 문제를 해결하려 하는 것일 것이며, 따라서 문제 해결의 올바른 방도를 찾을 수 없을 것이다.

여기서 다시, 그러면 저들로 하여금 '다수의 대중적 힘'을 갖도록 해 주고 있는 것은 무엇인가?

이 역시 저들의 활동 방식, 대중추수적 주장, 부르주아 언론에 의한 은근한 '키우기' 등등 여러 이유가 있겠지만, 가장 근본적이고 따라서 우리가 가장 주목하고 올바른 방도를 찾아야 하는 것은 한국 사회와 그 노동자 · 민중을 짓누르고 있는 주요모순의 하나로서의 민족 모순과 노동자 대중 속에 강력하게 존재하는 그에 대한 문제의식, 민족주의, 국가주의일 것이다.

나는 여러 기회에 지난 80년대 중반 이후의 한국 노동자계급 운동의, 소위 'NL'과 'PD'로의 양대 분열의 의의와 그것이 다시 통일적으로 지양되어야 할 필요성에 대해서 지적해 왔다.

간략하게 말하자면, 'NL'과 'PD'로의 양대 분열은 50년대 전쟁에 의해서 말살됐던 노동자 · 민중의 자주적 운동이 본격적으로 재생되면서 한국 사회의 모순을 새롭게 파악 · 인식하는 과정에서 발생한 분열이라는 것, 따라서 그 분열 자체는 애초에는 노동자 · 민중운동의 발전의 표현이라는 것, 그러나 그 양자는 한국 사회를 짓누르고 있는 민족 모순과 계급 모순의 상호 관련을 통일적 · 체계적으로 파악하지 못한 편향의 표현으로서 이 편향은 통일적으로 지양되어야 하며, 그렇지 못할 경우 애초 발전의 표현인 이 분열은 노동자 · 민중운동의 발전에 커다란 질곡이 될 것이라는 것이 그 내용이다. 그리고, 여러 사람들에게 조금은 생뚱맞게 들릴지 모르지만, 이른바 '사회적 교섭' · '사회적 합의주의'를 둘러싼 최근의 사태, 즉 노동자계급의 이익을 옹호하는 다수 노동자들의 강력한 반대, 강력한 투쟁에도 불구하고 민주노총 이수호 집행부 등이 노동자 대중 속에 다수의 지지 세력을 확보하고 그러한 반노동자계급적 정책을 강행 · 추진할 수 있는 것도 바로 이 분열이 올바른 방향에서 치유되지 못한 때문이라고 할 수 있다.

사소한 반미 · 반제 발언조차 반공법 · 국가보안법에 의해 가혹하게 탄압되던 파쇼적 상황을 지난 80년대의 치열한 투쟁을 통해서 극복하고 노동자 · 민중 속에는 지금 강력한 반미 · 반제 · 민족의식이 존재하고 있다. 많은 면이 극복해야 할 부르주아 민족주의와 융합되어 있거나 그 경계가 모호하지만, 이러한 대중적 반미 · 반제 · 민족의식은 숱한 희생을 지불한 영웅적 투쟁의 성과물로서 일단 귀중한 것이다. 제국주의의 억압과 착취는 지금도 여전히 한국의 노동자 · 민중의 삶을 억누르고 있는 주요한 모순으로서 노동자 · 민중의 반미 · 반제 · 민족의식은 이러한 제국주의적 질곡에 대한 인식이요 그것을 끊어 내려는 의지와 투쟁의 원천이기 때문이다.

…

지금 '사회적 교섭' · '사회적 합의주의'를 추진하고 있는 이수호 집행부 등, 노동자계급 운동 내의 이른바 'NL' 혹은 '우파'가 '다수의 대중적 힘'을 얻고 있는 주요한, 아니 핵심적인 이유는 그들이 바로 노동자 · 대중의 이러한 반미 · 반제 · 민족의식에 편승하고 있기 때문이다.5)

즉, "민족해방 계열"이 "노동자 · 대중"의 "반미 · 반제 · 민족의식에 편승하"는 것이 그들이 "노동자 · 대중"을 장악하게 되는 핵심적인 이유이며 동시에 이 문제를 적극적으로 사고하지 못하는 "계급운동 진영"이 "한계"를 보이는 이유이다.

그런데 김은 민족모순 · 민족문제에 올바르고 적극적으로 결합하는 방법을 고민하는 대신 민족문제에 대한 노동자 · 민중 진영의 모든 대응을 "자본에 투쟁하기를 회피하려는 계급협조주의의 기회주의적인 세력들이, 이제는 소멸해 가는 민족문제를 끄집어내고, 낡아 빠진 반동적 민족주의를 선동함으로써 노동자계급의 계급적 투쟁을 훼손하"는 것으로 싸잡아 규정하고 비판하고 있다. 그러나 그것은 편협한 시각에 입각한 비판이다.

즉 우리가 비판해야 하는 것은 노동자 · 민중이 갖고 있는 반제 · 반미 · 민족의식이 아니다. 오히려 우리는 이것을 노동자 국제주의에 기초하여 국제적인 반제 · 반전 전선으로 이끌어 가야 한다. 우리가 진정으로 비판해야 하는 것은 반제 · 반미 · 민족의식을 오도하여 민족주의 · 애국주의 · 국가주의로 이끌어 가고 이것에 편승하여 자신들의 계급적 이익을 챙기려는 일부 부르주아들과 환상에 빠져 노동자계급의 이익을 부르주아지에게 바치는 노동자계급 내의 기회주의 세력이다.6)

---

5) 채만수, "'사회적 교섭주의', 그리고 노동자와 민족문제", ≪정세와 노동≫ 창간호 (2005. 5.), pp. 14-6. 현재 민주노총의 이석행 집행부도 이 노선을 철저히 계승했으며 오히려 한 걸음 더 나아가고 있다.

6) "노동자 · 민중의 반미 · 반제 · 민족의식이 노동자 · 민중운동의 성과물로서 귀중할지언정 결코 부정적인 것일 수 없는 것처럼, 저들이 그러한 의식을 가지고 민족모순

김에 대한 비판과 별도로 이 문제를 여기서 한 번 더 강조하는 것은 중요하다. 김처럼 잘못된 길로 한발 더 나아가지는 않았지만 현재의 "계급운동 진영"은 이 문제에 대해 아직도 명확한 인식이 부족하기 때문이다. 또한 이에 대한 명확한 인식만이 민족주의·애국주의·국가주의에 빠진 "사회적 합의주의" 세력에게 현혹되어 있는 노동자·대중에게 올바른 방향을 제시할 수 있기 때문이다.[7)]

2) "노동운동의 정치적 지체에 대하여"[8)]

≪정세와 노동≫ 제18호에 실렸던 채만수 소장의 이 글은 전국노동자대회에서 그 요약본이 "노사과연 운영위원회"의 이름으로 배포되었다.

그 글의 핵심 논지는 "지금 노동자계급 운동의 정치적 변혁성 부재는 더 이상 방치해서는 안 되는 상태에까지 와 있"으며 "그 정치적 변혁성을 건설·확립해야 할 주요 책무는 ... 노동자계급 운동에 복무하는 선진 활동가와 선진 노동자들에게 있"고 "변혁의 필연성은 자본주의적 생산의 운동 법칙 그 자체 속에 있"으므로 "자본주의의 현 상황과 추세, 그 모순을 면밀히 분석하면서 그 필연성을 구체적으로 파악하고, 의식적으로 그것을 대중에게 폭로할 필요가 있다"고 주장하며 "정치적 합법주의가 난무하는 속에서 잊혀져 가다시피 하는 노동자 전위정당, 변혁 지향적 정치조직을 건설하기 위해서 가능한 모든 노력을 의식적으로 전개해야 할 것"을 주장하는 것이었다. 그리고

과 대결하는 것 자체는 결코 부정적일 수 없다. 문제는 저들이 노동자 대중 속에 존재하는 반제·민족의식을 노동자계급의식의 불로 달구어 정화시켜서 부르주아 민족주의적 요소들을 배제해 가는 대신에 오히려 몰계급적인, 그러나 철저히 독점자본의 이익에 봉사하는 부르주아 민족주의적 요소를 강화하고, 나아가 그것을 부르주아 국가주의, 애국주의로까지 발전시켜 가면서 노동자 대중을 오도하는 데 있다." (채만수, 같은 글, p. 16.)

7) "계급 노선을 견지하면서 노동자계급의 이익을 위해 투쟁하고 있는 활동가들이 반제·민족의식을 가진 노동자들 속에서 그들과 함께 호흡하며 민족모순과 진지하게 대결할 때에만 민족의식·민족감정을 가진 노동자들을 올바른 노동자계급의식으로 무장시키고 조직할 수 있는 것이다. 그리고 그렇게 할 때에만 민족주의자들을 소수화시켜 포위하면서 '사회적 교섭주의'·'사회적 합의주의' 같은 그들의 국가주의·애국주의 선동을 저지할 수 있는 것이다." (같은 글, p. 18.)

8) 채만수, "노동운동의 정치적 지체에 대하여", ≪정세와 노동≫ 제18호(2006. 11.), pp. 11-23.

그러한 정치조직 건설의 노력이 두 방향에서 이루어져야 함을 주장하였는데 그것은 다음과 같았다.

> 하나는 분산성, 종파주의의 극복이다. 사실 고백하자면, 나는 정파적 이론과 그 대중적 실천을 통한 노선의 대중적 검증과, 그것에 대한 대중의 동의·지지·참여에 기초한 그 정파의 성장이 전위정당 건설의 기본적 방법이지 않나 하는 생각을 기본적으로 견지해 왔으나, 현실적으로 불가능한 주관적 사고였으며, '양보할 수 없는 최소한의 원칙'을 공유하는 여러 정파의 연합이 현실적인 노선일 것이라고 판단하게 되었다. '양보할 수 없는 최소한의 원칙'! 참으로 애매하고 추상적인 얘기지만, 서로 연합하고 그리하여 건설하려는 노력·투쟁의 과정에서 구체화될 수 있는 문제일 것이다.
>
> 다른 하나는 치열한 논쟁과 비판이다. 교수적 묵인과 침묵, 소부르주아적 점잖음, 그리고 그에 기초한 패거리주의는 철저히 비판되고 배제되어야 한다. 그러한 패거리주의는 종파주의적 단결과 분열 외에는 운동에 어떤 단결도, 어떤 정치적 전진도 가져오지 않기 때문이다. 치열한 논쟁과 상호 비판, 그것은 노동자계급 운동이 정치적 변혁 지향성을 회복하고 건설하는 데에서, 그리고 그것을 대중적으로 확산시키고 기풍화하는 데에서 필수적인 무기일 것이다.[9]

채 소장의 이러한 주장은 "시대적 차이에도 불구하고 한국의 노동운동이 그 변혁성을 상실하게 되는 데에는 서유럽 등 선진 자본주의에서 작용한 요인들"과 공유하는 지점이 있다는 판단하에, 이에 대한 일반적인 검토 속에서, 특수하게는 정치적 합법주의가 난무하는 현 상황에서 이것에 대한 비판을 토대로 지금 말 그대로 까마득히 잊혀져 버린 전위정당의 필요성을 되살려 주장한 것이다. 또한 이것의 건설 경로에 대해 기존의 자기 생각에 대한 자기 비판에 근거하여 "양보할 수 없는 최소한의 원칙"을 공유하는 "여러 정파 연합이 현실적인 노선"이라는 주장을 소박하게 제시한 것이다. 따라서 이에 대한 비판을 위해서는 예를 들면 '전위정당 노선'에 대한 비판, 혹은 '양보할 수 없는 최소한의 원칙'에 입각한 '정파연합 노선'에 대한 비판을 근거를 제시하며 진행했어야 한다.

하지만 이에 대해 김은 두 가지 방향에서 앞의 주장만을 인용하며 이것이

9) 같은 글, p. 23.

"계급적 원칙을 훼손하는" 경우의 예라는 일방적인 주장을 하며 다음과 같이 비판한다.

> 이에 대한 상세한 반박은 불필요하다. 애매하고 추상적인 얘기라는 말로 자신의 무원칙을 가리고 있는데, 이것 또한 민족주의자들의 대동단결주의의 전형이며, 계급적 철저성이 부족한 데에서 비롯된 것으로, 현시대 더더욱 배제되어야 하는 자세이다. 그러나 노사과연 운영위에서 공식적으로 이런 글을 노동자대회에 배포한 것에 대해 유감스럽게 생각하지 않을 수 없다.[10]

이러한 비판은 참으로 무책임한데 왜냐하면 김의 주장은 상대방의 글을 제대로 읽지도 않았고 또 아무런 근거를 제시하지 않으면서 상대방을 비판하고 있기 때문이다.[11] 따라서 여기서 나는 김이 주장하는 바를 추측에 근거해서 비판해야 하는데 그가 언급하는 "민족주의자들의 대동단결주의의 전형"과 관련하여 잠시 살펴보도록 하겠다. 왜냐하면 그것만이 김의 비판에서 어느 정도 추측 가능하기 때문이다. 그런데 여기서 "민족주의자"라는 말은 아마도 비판을 선명하게 하기 위한 정치적 허사에 불과할 것인데 왜냐하면 채 소장이 민족주의자가 아니라는 것은 김이 잘 알고 있을 것이기 때문이다. 따라서 문제는 "대동단결주의"라는 표현인데 그것은 아마도 "정파연합 노선"을 비판하기 위한 것으로 보인다. 그렇다면 "정파연합 노선"은 "계급적 철저성이 부족한" "계급적 원칙을 훼손하는" 것일까?

(1) 1898년 3월에 열린 '러시아 사회민주노동당' 제1차 당 대회는 6개의 조직을 대표하는 9명이 참가했다. 하지만 당은 곧바로 유명무실화되었고 '러시아 사회민주노동당'은 분열되어 있었으며 사상적 · 이론적 혼란에 빠져 있었다. 레닌은 이러한 상황을 극복하기 위해 노력하였고 우여곡절 끝에 "공동

---

10) 김두한, "강철", pp. 93-4.

11) 이에 대해 채 소장은 다음과 같이 썼다. "어떤 사고에서 "상세한 반박은 불필요하다"고 얘기하는지 모르겠지만, 나로서는 분산성 · 종파주의를 극복하자는 나의 얘기가 어떻게 해서 "무원칙"이며, "민족주의자들의 대동단결주의의 전형"이고, "계급적 철저성이 부족한 데에서 비롯된 것"인지 도무지 한마디도 이해할 수가 없다. — "상세한 반박", 가르침을 정중히 요청한다." (채만수, "다시, "현대 FTA와 자유무역"에 대하여", ≪정세와 노동≫ 제21호(2007. 2.), p. 90.)

의 문건"임을 표방하는 ≪이스크라≫를 창간하고 3년간의 노력 끝에 '러시아 사회민주노동당' 제2차 당 대회를 1903년 7월 개최한다. 이 대회에는 분트와 레닌과 지속적으로 대립해 온 경제주의자 조직을 포함하여 26개 조직이 참가한다.[12]

(2) 레닌은 여러 개의 정당과 정치조직으로 분리되어 있는 영국의 공산주의자들에게 가장 중요한 전제(볼셰비키 지지와 소비에트 권력 목표)에서 일치하면 전술적인 오류(의회 참가 거부)를 범한 조직이더라도 그들과 하루빨리 커다란 노동자적 공산당을 건설하라고 조언한다. 더 나아가 레닌은 이렇게 결성된 영국 공산당에게 영국 노동당에 가입하기를 권고한다.[13]

(3) "프롤레타리아트가 부딪칠 어떤 커다란, 전국적인, 민주적인 과제들의 결여; 부르주아 정치가들에 대한 프롤레타리아트의 완전한 종속; 프롤레타리아트로부터 그룹들, 한 줌의 사회주의자들의 분파주의적 고립; 선거에서 노동 대중 가운데서의 최소한의 사회주의적 성공조차 없다는 것 등"이 특징인 곳인 "영국과 아메리카의 사회주의자들에게 보낸 그들[맑스와 엥겔스: 인용자]의 호소 가운데 가장 일관된 것은 노동계급 운동과 결합하여 그들의 조직들에서 편협하고 거만한 분파주의적 정신을 근절하라는 것이었고, 이런 나라들[영국과 아메리카: 인용자]에서, 맑스와 엥겔스는 사회주의자들에게 모든 희생을 무릅쓰더라도 분파주의를 제거하고 프롤레타리아트를 정치적으로 뒤흔들어 놓기 위해서 노동계급 운동과 결합하라고 가르쳤다."[14]

3) "보건의료노조의 분열에 대하여"(이하 "분열")[15]

김은 "노사관계에 이런 계급적 원칙을 훼손하는" 경우에 대해 비판을 한다면서 다음과 같이 썼다.

---

12) 전성식, "무엇을 배울 것인가?", ≪정세와 노동≫ 제8호(2005. 12.), pp. 110-20.
13) 전성식, "영국 공산주의자들에 대한 레닌의 조언", ≪정세와 노동≫ 제11호(2006. 3.), pp. 79-93.
14) 전성식, ""레닌의 ≪베커, 디츠겐, 엥겔스, 맑스 등이 조르게 등에게 보내는 편지≫의 러시아 판에 부치는 서문"을 읽고", ≪정세와 노동≫ 제7호(2005. 11.), pp. 52-63.
15) 전성식, "보건의료노조의 분열에 대하여—문제점과 극복을 위한 제언", ≪정세와 노동≫ 제4호(2005. 8.), pp. 47-60.

전성식 연구위원과 완전히 동일한 교조적 관점을 가진 신양식* 회원은 레닌의 좌익소아병에 의거해서 당시 서울대병원노조지부 등의 보건의료산별노조 탈퇴를 비판했었다. 그러나 이것도 시대착오적인 것이다. 제국주의의 강도들이 존재하는 상황 그리고 제국주의 전쟁이 벌어지고 있는 극한상황에서 전개된 레닌의 이론을 인용하면서, 서울대병원노조지부 등의 계급적 투쟁을 압살하려는 주장은 교조주의 폐해의 또 한 사례라고 하겠다. 이런 식의 레닌 권위에 대한 추종은 현실에서 한국 계급적 노동운동을 질식시키는 행위이다.[16]

김은 신양식(이하 "신") 회원이 "레닌의 좌익소아병에 의거해서 당시 서울대병원노조지부 등의 보건의료산별노조 탈퇴를 비판"함으로써 "서울대병원노조지부 등의 계급적 투쟁을 압살하려는 주장"이 되었고 "교조주의의 폐해의 또 한 사례", "계급적 노동운동을 질식시키는 행위"라고 비판한다.

이 문제와 관련해서 김의 비판의 초점은 레닌을 인용한 것이 "시대착오적"이라는 점이다. 이와 관련한 김의 문제의식은 집요하다. 김은 레닌의 이러저러한 이론들은 모두 제국주의 시대의 이론이기 때문에 현재에는 적용할 수 없다고 생각하는 듯하다. 하지만 만일 사실이 이렇다면 그것은 레닌의 이론에만 적용되는 것이 아니라 모든 이들의 어떠한 이론에도 적용되어야 한다. 그리고 그렇게 되면 우리는 과거로부터 아무런 교훈을 얻을 수 없게 된다. 왜냐하면 모든 이론은 당시의 상황을 반영하기 때문이다. 그러나 우리는 이론이 당시의 상황을 반영할 수 있기 때문에 오히려 이론의 진리성을 받아들인다. 어떤 이론이 그것이 전개될 때의 상황을 전혀 반영해 내지 못한다면 그것은 아무런 쓸모가 없을 것은 자명한 일이다.

아무튼 여기에서는 신이 어떠한 생각하에 무엇을 근거로 보건의료노조 탈퇴를 비판했는지가 전혀 제시되지 않았으므로 그것을 검토하는 것으로 논의를 진행하도록 하겠다.

(1) 신은 "분열"을 쓰기 전에 쓴 글[17]에서 서울대학교병원지부 전 지부장

---

* [편집자 주: 권정기] "신양식"은 전성식 동지의 필명으로, 보건의료노조 관련 글 등 많은 경우 이 이름으로 발표했다. 이 책에서는 특별한 경우를 제외하고는, '신양식' 이름으로 발표된 글들의 필자를 모두 '전성식'으로 고쳤다.

16) 김두한, 앞의 글, p. 93.

에 대한 보건의료노조 중앙위원회의 제명 조치와 대의원 대회의 결의 그리고 서울대병원지부의 보건의료노조 탈퇴의 과정을 검토하면서 다음과 같이 쓰고 있다.

> "10장 2조"를 둘러싸고 전개된 논쟁은 보건의료노조 내부의 논쟁에서 노동(조합)운동 진영 전체의 문제로 발전했다. 내용적으로도 하나의 산별노조의 교섭안에 대한 찬반이라는 차원을 넘어, 산별노조 운동의 올바른 상 및 전망, 조직 운영의 민주주의에 대한 것으로 발전하였다.
>
> 그런데 "10장 2조"를 둘러싸고 전개되어 확대된 이번 논쟁을 검토해 보면, 그것은 산별노조의 올바른 상 및 전망 혹은 조직 운영상의 민주주의의 문제를 넘어서는 또 다른 문제가 숨어 있는 것을 알 수 있게 된다. 그것은 현재 한국 노동운동 진영 내에서 주류를 장악한 이른바 "사회적 합의주의"로 표현되는 노-사 동반자주의 · 개량주의라는 기회주의의 문제이다. 이것은 현재 한국 노동운동의 발전에 가장 큰 걸림돌로 시급히 극복해야 할 문제이다. "사회적 합의주의"라는 기회주의가 얼마나 현재 우리나라의 노동(조합)운동에 뿌리 깊게 박혀 있는가, 그리고 그것의 본 모습이 무엇인가를 우리는 이번 논쟁 과정과 제명 사태를 검토하면서 알 수 있다. 또한 기회주의자들이 어떻게 논쟁을 왜곡하고, 앞뒤가 맞지 않는 궤변으로 사람들을 속이며, 결국 조직과 노동자들의 삶을 파탄으로 몰아가는가를 이번 사태 전개의 일련의 과정에서 깨달을 수 있다. 이 글에서 '제명 사태'를 다루려는 까닭도 바로 그 이유이며, 이른바 "10장 2조"를 둘러싸고 전개된 상황을 돌아보고 논쟁의 쟁점을 검토하는 것을 통해 이들의 본질을 다시 한 번 확인하고자 한다. 당연히 이 모든 것의 목적은 노동(조합)운동에서 "사회적 합의주의"를 운동 진영 내에서 일소하고자 하는 것이다.[18)]

즉, 신은 글의 제목에서도 확인할 수 있고 그 내용에서도 확인할 수 있듯이 이 문제를 단순히 "10장 2조" 혹은 "산별노조의 올바른 상 및 전망 혹은 조직 운영상의 민주주의의 문제"로 보지 않고 이것을 넘어서는 문제가 있으며, 그것을 "사회적 합의주의"로 파악한다. 그리고 논쟁을 검토하는 목적 역

17) 신양식, "사회적 합의주의는 어떻게 노동조합운동을 공격하는가―보건의료노조 중앙위원회의 제명 조치를 보며"(이하 "공격"), ≪정세와 노동≫ 창간호(2005. 5.), pp. 60-83.
18) 같은 글, pp. 61-2.

시 노동(조합)운동에서 사회적 합의주의를 일소하는 것이라고 하고 있다. 신은 글에서 보건의료노조 중앙을 일관되게 비판하고 있으며 서울대병원지부를 일관되게 옹호하고 있다.

(2) 또한 신은 다른 글[19]에서도 서울대병원지부가 민주집중제를 위반했다는 '보건의료노조 중앙'의 비난에 대해 "'비판의 자유'라는 소수파로서 갖는 정당한 권리를 행사했다고 징계를 하는 보건의료노조 중앙위원회 다수야말로 '민주집중제'의 파괴자로 비판하"였으며, "'민주집중제'란 말로 위장한 '민주집중제'의 파괴, 이것이 보건의료노조 사태의 조직적 본질이다"라며 서울대병원지부를 옹호하고 '보건의료노조 중앙'을 비판하고 있다.

(3) 그렇다면 어떠한 상황에서 무엇 때문에 신은 보건의료노조지부들의 보건의료노조 탈퇴를 반대했는가?

> 전국보건의료산업노조(이하 보건의료노조)의 분열이 계속되고 있다. 지난 4월 2일 서울대병원지부가 처음으로 탈퇴한 후, 6월 15일 충북대병원지부, 6월 24일 강원대병원지부, 7월 7일 제주대병원지부, 7월 14일 울산대병원지부, 7월 17일 동국대의료원지부의 탈퇴가 이어졌으며 다른 지부들의 이탈도 계속될 것으로 보인다.
>
> 작년 산별협약 "10장 2조"를 둘러싼 논쟁에서 '보건의료노조 중앙'은 시종일관 왜곡과 궤변으로 자신들을 변호했으며 결국은 이렇게 조직을 분열에까지 이르게 하고 있다. 이것은 이들 지부들이 그 탈퇴의 논거를 작년부터 논란이 되었던 "10장 2조" 문제와 그를 둘러싸고 벌어진 논쟁에서 불거진 '기준협약-통일협약'의 문제, '산별중앙과 산별지부 사이의 민주집중제'의 문제 등에서 찾는 것에서 확인할 수 있다.
>
> 산별협약 "10장 2조"는 잘못된 것이며, 따라서 이에 대한 비판과 폐기 요구는 정당하다. 또한 '민주집중제'를 파괴한 '보건의료노조 중앙'에 대한 비판은 정당하며, 이를 시정할 생각을 하지 않는 중앙에 대한 투쟁은 멈춰서는 안 되는 중요한 과제이다. 결국 보건의료노조 탈퇴로 이어지고 있는 현재의 상황에 대한 모든 일차적인 책임은 '보건의료노조 중앙'에 있음은 명백한 사

19) 신양식, "민주집중제에 대하여—"비판의 자유와 행동의 통일"에 대한 레닌의 주장을 중심으로", ≪정세와 노동≫ 제2호(2005. 6.), pp. 86-109.

실이다. '보건의료노조 중앙'은 반드시 이에 대한 책임을 져야 할 것이다.

그러나 '보건의료노조 중앙'의 잘못에 대한 투쟁 방식이 지금과 같은 산별 노조 탈퇴로 나타나는 것은 절대로 옳지 않다. 왜냐하면 지금과 같은 해결 방식은 어찌 되었든 조합원들에게는 분열이라는 모습으로 나타나기 때문이다. 비록 그 원인이 '보건의료노조 중앙'에 있고 그 일차적인 책임 역시 '보건의료노조 중앙'에 있지만, 지금의 해결 방식은 문제의 원인을 찾고, 그 책임을 묻고, 문제를 극복하는 데 도움을 주지 못한다. 왜냐하면 이럴 경우 분열이라는 또 다른, 그리고 더 큰 문제가 결부됨으로써 문제의 본질이 왜곡되고 쟁점이 분산될 것이기 때문이다. 또한 그 분열의 책임을 함께 떠안게 되어 그들 '보건의료노조 중앙'에 면죄부를 주는 꼴이 될 것이기 때문이다. 상황 전개의 여하에 따라서는 분열의 책임까지 떠넘겨져 오히려 모든 책임을 안게 될지도 모른다. 더 나아가 이것은 보건의료노조의 다른 조합원들을 '보건의료노조 중앙'의 영향력 아래에 무책임하게 내버려 두는 것이기도 하다. 이렇게 되는 것은 보건의료노조가 현재의 문제를 극복하게 되는 것이 아니라 더욱더 나락에 빠지게 되는 결과를 초래할 뿐이다.[20]

보건의료노조지부의 보건의료노조 탈퇴가 계속되는 상황 속에서 사태의 근본 원인과 그 일차적인 책임과 관련하여 신은 '보건의료노조 중앙'에 대한 비판을 계속한다. 그리고 보건의료노조지부들의 '보건의료노조 중앙'에 대한 비판과 투쟁 역시 철저히 옹호한다. 하지만 탈퇴라는 전술에는 반대한다. 그것이 '보건의료노조 중앙'에 대한 투쟁에 도움이 되지 않는다는 이유에서이다.

신은 자신의 주장을 레닌과 트로츠키를 인용하며 증명하고자 했으며[21] 그

---

20) 신양식, "분열", pp. 47-8.

21) "이상에서 살펴본 내용을 정리해 보면 다음과 같다. 첫째, "노동귀족" 혹은 개량주의 지도자들은 "노동운동에서의 부르주아지의 앞잡이", "자본가계급의 노동 관리인들", "부르주아화한 노동자들", "제국주의 부르주아 계급의 좌익적 외피", "배신자"이고 이들에 대한 투쟁은 무엇보다 중요하고 필수적이다. 둘째, 이들 "노동귀족"과 "개량주의적 지도자들"에 대한 투쟁을 핑계 삼아 노동조합 혹은 대중조직에서 탈퇴하거나, 이들 조직을 분리시키려 하거나, 혹은 다른 형태의 노동자 조직을 건설하려는 것은 소아병적, 종파적, 관료적 태도로 옳지 못하다. 셋째, 노동조합 조직이 분열되어 있는 경우, 이들의 통합을 위해 노력해야 하며, 때에 따라서는 "통합 조직에서 소수가 될 것"도 감수해야 한다. 넷째, 혁명가의 책임 있고 올바른 자세는 노동조합 혹은 대중조직에서—비록 개량주의자가 장악하고 있는 대중조직이라서 핍박이 있고 또 노동자 대중이 후진적이라 그것을 용인하더라도—, 그곳에 노동자 대중이 있다면, 그

에 입각하여 탈퇴 전술이 아니라 보건의료노조 내부에서 '보건의료노조 중앙'에 대해 "가차 없는 투쟁을 벌여야 하며, 이들이 반성하지 않는다면 이들을 보건의료노조에서 쫓아내야 한다. 그러나 이것은 보건의료노조 내에서 보건의료노조 조합원들을 올바른 방향으로 이끌어 그들의 힘으로 이루어 내야 한다"고 주장하였다. 그리고 앞서 본 것처럼 이 지점에서 김은 "시대착오적"으로 "레닌을 인용했다고" 신을 비판하고 있는 것이다. 과연 누가 더 옳은가?

하지만 탈퇴를 결정한 상황에서도 신은 보건의료노조지부를 단순히 비판만하고 있지 않는다. 즉 신은 "물론 현재 이루어지는 지부들의 보건의료노조 탈퇴는 일부 활동가들의 초좌익적 판단에 의해 이루어진 것은 아니다. 이러한 결정은 모두 정당한 절차를 거친 것"이고 "이것은 해당 지부 조합원 대중의 뜻이고 해당 지부의 조합원들의 '보건의료노조 중앙'에 대한 대중적 분노를 표현하는 것으로 보아야 할 것이다"라면서 그 결정의 정당성을 최대한 옹호한다. 다만 "이러한 방식으로의 해결은 '보건의료노조 중앙'에 대한 분노가 '보건의료노조'에게로 왜곡되어 폭발한 것으로" 이와 함께 다른 여러 문제를 우려하고 있는 것이다. 그런데 김은 이러한 많은 것들에 대해 한마디의 언급도 없이 신이 "레닌에 근거해" "계급적 투쟁을 압살"한다고 비판하고 있는 것이다. 누가 더 옳은가?

4. 맺으며

앞서도 말했듯이 필자의 글은 특별한 이론적 진척을 보여 주는 글은 아니다. 그러나 기존의 이해와 사뭇 다른 내용을 담은 김의 주장을 기존의 견해와 비교하여 어떤 것이 더 올바른가, 즉 어떤 주장이 현실에 더 부합하는가를 논쟁하는 것을 목적으로 하였다. 김은 현대자본주의를 올바로 파악하는 것을 목적으로 기존의 이해를 비판적으로 검토하며 자신의 주장을 펼쳤고, 나는 그의 새로운 주장이 옳지 않다고 주장하였다. 독자가 어떤 주장이 타당

속에서 활동하는 것이다. 다섯째, 대중조직에서 노동자 대중들과 함께 활동하며, 그들을 설득하고, 그 과정에서 경험을 통해 혁명적 결론으로 인도하는 것이 혁명가의 임무이다." (신양식, 같은 글, pp. 55-6.)

하다고 받아들였든지 지금의 논쟁이 ≪제국주의론≫과 현대자본주의에 대한 관심을 높이는 계기가 되었으면 한다. 왜냐하면 "변혁의 필연성은 자본주의적 생산의 운동 법칙 그 자체 속에 있"고 "자본주의의 현 상황과 추세, 그 모순을 면밀히 분석하면서 그 필연성을 구체적으로 파악하고, 의식적으로 그것을 대중에게 폭로할" 의무가 우리에게 있기 때문이다.

또한 전략과 전술과 관련해서는 지극히 한정적인 내용만을 가지고 그것도 매우 피상적으로만 다루었기 때문에 별다른 흥미를 유발하지 못했을 것이라는 생각이 든다. 하지만 현재와 같이 혼란스러운 시기에 이 문제를 생각하기 시작했다는 것에 의미를 둔다. 다음 기회에 보다 더 진척된 연구와 논의를 약속하며 글을 맺는다.

해방연대(준)의 ≪사회주의 강령을 토론하자≫를 읽고*

1. 들어가며

≪사회주의 강령을 토론하자!≫(이하, '강령 토론')는 현재 심화되고 있는 대공황은 자본주의의 한계를 보여 주고 있으며, 현 시기를 "또다시 사회주의냐 야만이냐, 사회주의냐 자본주의냐가 시대의 화두가 되어야 할 때"로 보고 있다.

그리고 '강령 토론'은 한국의 사회주의자들이 몇 년 전부터 사회주의 정당 건설을 당면 과제로 설정하고 투쟁해 왔으며, 또 객관적 정세는 이를 더욱 요구하지만 '현실 사회주의' 붕괴가 야기한 사회주의 운동의 후퇴에 의해 발생한 조합주의와 경험주의가 이를 방해하고 있다고 평가한다.

그리고 이를 넘어서기 위해서는 사상 · 이론과 실천 양면에서 한계를 동시에 극복해야 하며, 사상 · 이론의 영역에서 "강령 초안 논의"를 가장 중심적인 과제로 설정하고 이의 본격화를 주장하고 있다. 이는 '강령 초안 논의'가 당 건설을 위해 꼭 필요한 요소이기 때문인데, '강령 초안 논의'가 당 건설의 사상적 토대를 형성하는 데 가장 중심적인 역할을 수행해야 한다고 생각하고 있다.

또한 '강령 토론'은 '강령 초안 논의'를 활성화하는 방법으로 처음에 '공동 이론지'를 제안하였으나, 그것은 사회주의 정치조직들 사이에 공유가 부족하고, 준비 상태가 미흡하여 잠시 유보하고, "공론의 장"을 열겠다는 동일한 문제의식과 목표를 갖고 '강령 초안 논의'를 위한 매체인 ≪사회주의 강령을 토론하자!≫를 발간하기로 하였고, 이렇게 창간준비호 발간에 이르렀다.

창간준비호에는 일단 해방연대(준)가 제출하는 강령 초안이 게재되었고 다

* [편집자 주] ≪정세와 노동≫ 제44호(2009. 3.) 〈이론〉에 실린 글이다.

른 조직이나 개인이 "책임성 있게, 논의에 부칠 만큼의 완성도가 구비된 다른 강령 초안을 제출하면" "향후 본 호들에서 적극적으로 게재할 계획"이라 밝혔다.

또한 '강령 토론'은 활발한 논쟁을 통해 한국의 사회주의자들과 변혁적 활동가들이 사상적 · 이론적 수준을 높이고, 이를 통해 완성된 강령이 투쟁의 무기가 되기를 소망한다.[1)]

이 글은 ≪(가칭)사회주의 노동자당 강령 초안≫의 내용적 검토에 앞서 사전에 공유되어야 할 몇 가지 것들을 이들 문제에 관해 앞서 고민한 선인들의 주장을 근거로 간략히 다루려 한다.

2. 사회주의정당

당이란 무엇인가? 당은 한마디로 계급의 이익을 대표하고 계급을 지도하기 위해 계급 대중과 밀접히 연결된 계급의 전위가 결집한 정치조직이다. 노동자계급 운동에서 당은 가장 기본적인 요소다. 그래서 맑스와 엥겔스는 이렇게 주장했다.

> 프롤레타리아트는 유산계급의 집단적 권력에 대항하는 투쟁에서, 유산계급에 의해 설립된 낡은 모든 당들과 대립되는 특별한 정당으로 자기 자신을 구성할 때에만 계급으로 행동할 수 있다. 이와 같이 프롤레타리아트를 정당으로 구성하는 일은 사회혁명 및 그것의 최종 목표인 계급 폐지의 승리를 보장하기 위해 필수 불가결하다.[2)]

노동자계급은 자신들만의 운동의 독자성을 반드시 확보해야만 한다. 그것은 자신의 해방을 위해 절대적인 요소이다.[3)] 그리고 노동자계급 운동의 독자성을 유지한다는 것은 조직적 독자성과 이데올로기적 독자성 그리고 전략

1) ≪사회주의 강령을 토론화자!≫ 창간준비호(2009. 1. 30.), pp. 4-7.
2) 맑스 · 엥겔스, "1872년 9월 2일에서 7일까지의 헤이그 일반 대회의 결의안", ≪저작 선집≫ 제4권, 박종철출판사, p. 157.
3) "노동자계급의 해방은 노동자계급 스스로에 의해서 전취되어야 한다." (맑스, "국제노동자협회 임시 규약", ≪저작 선집≫ 제3권, p. 14.)

· 전술적 독자성 모두를 포함한다.[4] 이러한 노동자계급의 독자성을 유지하기 위한 첫걸음은 자기 자신의 독자적 조직, 즉 과학적 이론으로 무장된 노동자계급의 당을 건설하는 것이다. 당은 노동자계급 운동의 필요에 의해서 제기되며 동시에 해방의 전제가 된다. 이때 이러한 질문이 가능하다. 그러면 왜 당인가?

> 대중들은 계급으로 나뉘어 있다는 것, 사회적 생산 체제 내의 위치에 따른 분류에 관계없이 압도적 다수 일반과 사회적 생산 체제 내의 특정한 지위를 갖고 있는 부류들을 대비시켜야만 대중과 계급들을 대비시킬 수 있다는 것, 보통 대부분의 경우, 적어도 현대 문명국들에서는 정당들이 계급들을 지도한다는 것, 정당들은 일반적으로 가장 책임 있는 자리에 선출되어 지도자라고 불리는 가장 권위 있고 영향력 있으며 노련한 당원들로 이루어진 어느 정도 견실한 그룹들에 의해 운영된다는 것 등은 누구나 알고 있는 사실이다.[5]

이것은 간명한 사실이다. 그리고 당일 수밖에 없다.[6]

3. 노동자계급의 정당

여기서 우리는 중요하게 한 가지 짚고 넘어갈 문제는 어떠한 당이 진정한 노동자계급의 당인가 하는 것이다. 이에 대해 우리는 1920년 당시의 영국 노

---

4) "프롤레타리아트 당의 이데올로기적, 정치적 독립을 유지하는 것은 사회주의자의 항상적이고, 변경할 수 없으며 절대적인 의무이다. 이 의무를 수행하지 못하는 사람은 누구든지 자신의 (말로의) "사회주의적" 확신이 아무리 성실해도 사회주의자임을 사실상 그만두게 된다." (레닌, "사회주의당과 비당적 혁명주의", ≪레닌 저작집≫ 제3-3권, 전진, p. 344.)

5) 레닌, ≪공산주의에서의 "좌익"소아병≫(이하 ≪좌익소아병≫), 돌베개, 1989, p. 39. 그렇게 허섭스레기(?)로 보이는 한나라당도 기만을 포함하여 같은 원리로 움직인다.

6) "계급 구분에 기초한 사회에서 적대적인 계급들 사이의 투쟁은 투쟁의 일정한 발전 단계에서 정치투쟁이 되게끔 되어 있다. 정치적 계급투쟁에 대한 가장 목적의식적이고 가장 포괄적이며 특별한 표현은 당들 사이의 투쟁이다." (레닌, "사회주의당과 비당적 혁명주의", pp. 342-3.) 제대로 된 당을 갖고 있지 못한 우리의 눈에는 이것이 정확히 보이지는 않지만 조금만 관심을 가지면 매일 일방적으로 당하는 현실에서 이를 확인할 수 있다.

동당에 대한 레닌의 평가를 참조할 수 있다.

> 대부분의 노동당 당원은 근로자입니다. 그러나, 어떤 당이 진정으로 노동자들의 정당인가 아닌가는 노동자가 당원이라는 점에만 달려 있는 것이 아니라 그 당을 지도하고 있는 사람들, 그 당의 행동과 그 정치 전술의 내용에도 달려 있습니다. 정당의 지도자와 행동, 정치 전술, 오직 이것만이 우리가 프롤레타리아트의 정당을 가지고 있는가를 결정하는 것입니다. 유일하게 올바른 이 관점에서 보면, 노동당은 철두철미 부르주아 정당입니다. 왜냐하면, 비록 노동자들로 구성되어 있지만, 반동들, 그것도 완전히 부르주아지의 정신으로 행동하는 가장 최악의 반동들에 의해 지도되고 있기 때문입니다. 그것은, 영국의 노스케파(Noskes)와 샤이데만파(Scheidemanns)의 도움을 받아 계획적으로 노동자들을 속이기 위해 존재하는, 부르주아지의 조직입니다.[7]

즉 노동자계급의 당인가 아닌가를 결정하는 것은 당의 구성원에 의해서만이 아니라 "누가 당을 지도하고 있는가"와 "당의 행동과 정치 전술의 내용"에도 달려 있다는 주장으로 이에 쉽게 동의할 수 있다. 전자의 문제는 이른바 철의 규율과 연결되며,[8] 후자의 문제는 여기서 다룰 문제는 아니다.[9] 문

---

7) 레닌, "영국 노동당에 가입하는 것에 대한 연설", ≪정세와 노동≫ 제11호(2006. 3.), 노사과연, pp. 136-42.

8) "먼저 다음과 같은 의문이 생겨난다. 곧 혁명적인 프롤레타리아트 당의 규율은 어떻게 유지되는가? 그 규율은 어떻게 검증되는가? 그것은 어떻게 강화되는가? 첫째, 그것은 프롤레타리아 전위의 의식성에 의해서, 그리고 혁명에 대한 그들의 헌신, 곧 전위의 끈기와 자기희생 및 영웅적 행동에 의해서이다. 둘째, 일차적으로는 가장 광범한 프롤레타리아 근로인민 대중들과, 뿐만 아니라 비프롤레타리아 근로인민 대중들과도 연결을 갖고 가장 긴밀한 접촉을 유지하며, 그리고 당신들이 원한다면 어느 정도는 융합할 수 있는 전위의 능력에 의해서이다. 셋째, 이 전위가 발휘하는 정치 지도력의 올바름에 의해서, 곧 전위의 정치 전략 및 전술의 올바름에 의해서인 바, 이것은 가장 광범한 대중들이 자신들의 경험으로써 그 전략 및 전술의 올바름을 인정하는 것을 전제로 한다. 이러한 조건들 없이는 부르주아지를 타도하여 사회 전체를 변혁시키고 말 선진 계급의 당이 진정으로 될 수 있는 혁명적 당의 규율이란 이루어질 수 없다. 이러한 조건들 없이는 규율을 세우려는 시도들은 불가피하게 수포로 돌아가고, 말장난과 광대짓으로 끝나 버린다. 다른 한편, 이러한 조건들은 단번에 생겨날 수 없다. 그것들은 꾸준한 노력과 고난 속에서 얻어진 경험에 의해서만 창출된다. 이들 조건의 창출은 올바른 혁명 이론에 의해 촉진되며, 역으로 이 혁명 이론은 도그마가 아니라, 오히려 진정으로 대중적인, 진정으로 혁명적인 운동의 실천과 밀접히

제가 무엇이든 그러한 당을 조직하고 발전시키는 것이 현재 우리에게 요구되는 가장 시급한 임무가 된다.[10)]

4. 강령과 당 건설

1898년 3월에 러시아 사회민주노동당은 제1차 당 대회를 개최하며 창당된다. 대회는 결성에 관한 결의와 중앙위원을 선출하는 데 그쳤다. 따라서 당시의 당은 강령, 규약, 전술도 없었다.[11)] 당 강령이 없었지만 당은 창당되었고, 레닌을 비롯한 많은 사회민주주의자들은 이를 환영했으며, 자신들이 당원임을 주장했고 지역 동맹조직들도 스스로를 지역위원회로 불렀다.

러시아 사회민주노동당은 1903년 7월 제2차 당 대회에 이르러서야 겨우 당 강령을 채택했다. 제2차 당 대회에서 볼셰비키와 멘셰비키가 규약을 둘러싸고 분열했고, 이후 두 그룹은 전술적·전략적 분열에 이르고, 이 분열은 러시아 혁명의 전 과정에 걸쳐 계속되었다. 하지만 볼셰비키와 멘셰비키는

연관될 때에만 완전히 나타나게 된다." (레닌, ≪좌익소아병≫, pp. 18-9.)

9) "사회민주주의자의 전술은 그것의 기본적인 원칙을 정의하거나 원칙(일반적으로 마르크스주의 또는 마르크스주의의 어떤 명제)의 어떤 것이 포함되었고 왜 포함되었는가를 밝히지 않아도 항상 동일하다고 말하는 것, 즉 사회민주주의자의 전술은 당면 시기에 당면한 투쟁의 목표(즉시 가능한 결과)나 그 시기 적용될 투쟁 방법을 명확히 하지 않아도 항상 최대한의 결과를 보장하기 위해 고안된다고 말하는 것, 우리의 전술이 대중 역량을 강화해야 하고 프롤레타리아트로 하여금 공개적인 투쟁과 미덥지 못한 통치에 대한 적대감을 이용할 수 있도록 준비시켜야 하는 활동에 대해 자명한 이치를 되풀이하는 것 — 이런 것의 모든 결점은 불을 보듯 명백하며 전반적인 논지를 불필요하고 무용한 자갈로 변화시킨다." (레닌, "어느 정치평론가의 노트", ≪러시아 반종파투쟁—1908-14년의 좌우익 기회주의≫, 미래사, 1990, pp. 47-8.)

10) '강령 토론'은 한국의 사회주의자들이 몇 년 전부터 사회주의 정당의 건설을 당면 과제로 설정하고 투쟁해 왔다고 주장하는 데 이에 선뜻 동의하기 어렵다. 물론 민주노동당 분당 사태 이후 여러 정치조직들이 적극적으로 '사회주의 노동자당' 건설에 박차를 가하고 있는 것은 사실이지만, 그것은 몇 년이 아니라 몇 십 년, 최소한 20여 년이라 하는 것이 더욱 옳을 것이다. 왜냐하면 노동자계급 운동에서 당은 가장 기본적인 것이라는 사실을 제대로 된 사회주의자들은 모두 알고 있었고 당 건설을 가장 중요한 과제로 여기고 있었기 때문이다.

11) 이는 중국 공산당 창당 시에도 마찬가지였다.

혁명의 전 과정에서 강령을 공유했고, 이 강령은 1919년 3월 러시아 공산당(볼셰비키) 제8차 대회에 이르러 변경되게 된다. 이러한 역사적 과정은 맑스가 언급한 말[12]과 더불어 강령이 그렇게 중요하지 않은 것으로 생각될 수 있도록 한다.

하지만 정작 레닌은 강령을 매우 중요하게 생각하였고 강령 작성을 위해 많은 노력을 기울인다. 감옥에 있을 때 이미 "사회민주당의 강령 초안과 해설"(1895)[13]을 썼으며, 유형지에서도 "우리의 강령"(1899)[14], "우리 당의 강령 초안"(1899)[15] 등을 썼다. 또한 ≪이스크라≫ 발간을 알리는 글에서는 당의 이데올로기적 통일을 당 강령을 통해서 강화해야 한다고까지 주장한다.[16]

제2차 당 대회를 준비하면서 ≪이스크라≫와 ≪자리야≫ 편집국은 강령 초안을 작성한다. 최초의 초안은 플레하노프에 의해 쓰여지는데 레닌은 이 초안을 주석까지 달아 가며 매우 날카롭게 비판하였다. 더 나아가 레닌은 자신의 초안을 작성하여 제출하고, 다른 편집국원들의 비판을 약간 수용한 플레하노프도 두 번째 초안을 제출한다. 하지만 레닌은 플레하노프의 두 번째 강령 초안마저도 역시 주석을 달아 강하게 비판하고 자신의 의견도 제출한다. 이견이 심해지자 편집국은 조정위원회를 결성하여 조정한 강령 초안을 내놓는다. 하지만 이것이 플레하노프의 강령 초안을 기초하여 작성된 것이었으므로 레닌은 이에 대해서도 의견을 제출한다.[17] 이후 편집국은 레닌의 의견이 많이 반영된 강령 초안을 완성하여 제2차 당 대회에 제출하였고, 이렇

---

12) "현실 운동의 한 걸음, 한 걸음이 한 다스의 강령보다 중요합니다." (맑스, "고타 강령 초안 비판", ≪저작 선집≫ 제4권, p. 368.)

13) 레닌, ≪레닌 저작집≫ 제1권, pp. 26-42.

14) 같은 책, pp. 77-80.

15) 같은 책, pp. 89-104. 여기서 레닌은 강령보다 현실 운동의 발전이 중요하다는 견해를 비판하며 러시아에서 강령이 필요한 이유, 강령 논쟁의 의의 등을 밝힌다

16) "당을 확립하고 강화하는 것은 러시아 사회민주주의자들 사이의 단결을 확립하고 강화하는 것을 의미한다. 그러나 위에서 지적했던 이유로[경제주의와 합법적 맑스주의자들에 의한 이데올로기적 동요: 인용자], 그러한 단결은 선포될 수 없으며 대표자 회의의 결정으로 이루어질 수 없다. 그러나 그것은 이루어져야 한다. 우선, 현재 러시아 사회민주주의자들을 지배하는 불화와 혼란—솔직해지자!—을 제거할 수 있는 강고한 이데올로기적 통일을 위해 일하는 것이 필요하다. 이러한 이데올로기적 통일은 당 강령에 의해 강화되어야 한다." (레닌, "≪이스크라≫ 편집국의 선언—편집국의 이름으로", 같은 책, p. 135.)

17) 레닌, "R.S.D.L.P. 강령의 준비 자료", ≪레닌 저작집≫ 제2-1권, pp. 35-90.

게 완성된 강령 초안은 약간의 수정만을 거친 후 러시아 사회민주노동당의 강령으로 채택된다.[18]

5. 맑스 · 엥겔스의 국제 노동운동에 대한 조언에서 보이는 두 가지 태도[19]

맑스와 엥겔스는 편지를 이용해 영국과 미국, 그리고 독일의 노동자계급 운동과 관련하여 절박한 문제들을 빈번하게 다루었다. 이론에만 머물지 않고 실천과 밀접히 관계하고자 했던 혁명가로서 그들의 그러한 행동은 너무나 당연한 일이었다. 레닌은 러시아에서 그들의 서한집을 번역하여 출간하면서 붙인 서문에서 다음과 같이 말한다.

> 맑스와 엥겔스가 영국과 미국, 그리고 독일의 노동자계급 운동에 대해서 언급한 것들을 비교하는 것은 매우 유익하다. 한편에서 독일, 그리고 다른 한편에서 영국과 미국은 자본주의의 상이한 발전 단계를 대표하고 있으며, 그들 국가의 전반적인 정치 생활에 대한, 계급으로서의 부르주아지의 상이한 지배 형태를 대표하고 있다는 것을 상기한다면, 그러한 비교는 훨씬 더 중요해진다. 과학적 관점에서는, 우리는 여기에서 유물론적 변증법의 실례(實例), 즉 상이한 정치적 · 경제적 조건들이라는 특정한 지형에 문제를 적용하면서 그 문제의 다양한 사항들, 다양한 측면들을 전면에 내세워 강조하는 능력을 보게 된다. 노동자 정당의 실천적 정책과 전술이라는 관점에서는, 투쟁하는 프롤레타리아트의 제 임무를 "공산당 선언"의 창시자들이 상이한 국가들에서의 국민적 노동자계급 운동의 상이한 단계에 따라서 규정했던 방식의 실례를 우리는 여기에서 보게 된다.[20]

---

18) 제2차 당 대회를 준비하면서 ≪이스크라≫와 ≪자리야≫에 실린 논쟁과 주장들의 많은 부분은 강령의 내용과 관련된 것들이었다.

19) 아래는 전성식, "레닌의 ≪베커, 디츠겐, 엥겔스, 맑스 등이 조르게 등에게 보내는 편지≫의 러시아 판에 부치는 서문을 읽고", ≪정세와 노동≫ 제7호(2005. 11.), pp. 52-63을 참조 · 인용하였다.

20) 레닌, "≪요하네스 베커, 요제프 디츠겐, 프리드리히 엥겔스, 칼 맑스 등이 프리드리히 조르게 등에게 보내는 편지≫의 러시아 번역판 서문", ≪정세와 노동≫ 제8호(2005. 12.)와 제9호(2006. 1.)를 참조하라.

레닌에 의하면 맑스와 엥겔스는 독일을 "부르주아 민주주의 혁명이 아직 완료되지 않은 나라, '의회적 형태들로 치장한 군사독재'("고타강령 비판"에서 맑스의 표현)가 지배했었고 아직도 그러한 나라, 프롤레타리아트가 오래전에 정치 속으로 내던져졌고 또 사회민주주의적 정책을 추구하고 있던 나라"[21]로 보고 "그러한 나라에서 맑스와 엥겔스가 무엇보다도 두려워했던 것은 노동계급 운동의 임무와 범위에 대한 의회주의적 속류화와 속물적 퇴화"[22]임을 지적하였다. 따라서 "그들[맑스와 엥겔스: 인용자]은 독일 사회민주주의에 대해 속물주의, '의회주의적 백치병'(1879년 9월 19일자 편지에서 맑스의 표현) 및 쁘띠부르주아적인 지식인주의적 기회주의에 굴복하지 않도록 주의하라고 일관되게 설파했"[23]던 것이다.

레닌은 또한 맑스와 엥겔스의 편지를 길게 인용하며 그들이 "10년 이상 동안 독일 사회민주당 내부의 기회주의에 대해 체계적으로 굽힘 없이 싸웠으며, 또 지식인주의적 속물주의와 사회주의 안의 쁘띠부르주아적 관점을 공격"했다는 사실과 "당의 우익에 대해" "끊임없는 전쟁" "기회주의에 대한 무자비하고 격노한 전쟁"을 벌였고, 그들이 "좋은 예절"과 관계없다는 것을 증명해 보였다고 하였다.

이러한 맥락에서 맑스는 "고타강령 초안 비판"[24]에서, 엥겔스는 "1891년 사회민주주의당 강령 초안 비판을 위하여"[25]에서 강령 초안에서 나타나는 이론적 기회주의에 대해 무자비하고 "격렬한" 비판을 하였다.

그러나 독일에서와는 달리 맑스와 엥겔스는 "영국과 미국 노동자계급 운동의 근본적인 특징들"을 "프롤레타리아트가 부딪칠 어떤 커다란, 전국적인, 민주적인 과제들의 결여; 부르주아 정치가들에 대한 프롤레타리아트의 완전한 종속; 프롤레타리아트로부터 그룹들, 한 줌의 사회주의자들의 분파주의적 고립; 선거에서 노동 대중 가운데서의 최소한의 사회주의적 성공조차 없다는

21) 레닌, "≪요하네스 베커, 요제프 디츠겐, 프리드리히 엥겔스, 칼 맑스 등이 프리드리히 조르게 등에게 보낸 편지≫ 러시아 번역판에 부치는 서문", ≪레닌 저작집≫ 제4-2권, p. 434.

22) 같은 곳.

23) 같은 글, p. 433.

24) 맑스, "고타강령 초안 비판", pp. 363-90.

25) 엥겔스, "1891년 사회민주주의당 강령 초안 비판을 위하여", ≪저작 선집≫ 제6권, pp. 337-54.

것 등"[26]으로, 또한 이들 나라, 즉 "영국과 미국"은 "사회민주주의 노동자당도 없고, 사회민주주의적인 의원들도 없고, 선거나 신문 등에서 체계적이고 꾸준한 사회민주주의 정책이 없는 나라들"이고 "19세기의 마지막 30년 동안 프롤레타리아트"가 "정치적 독립성을 거의 내보이지 않았"으며 "부르주아 민주주의적인 역사적 임무들이 거의 전적으로 현존하지 않았던 나라들"이며 "정치의 장은 노동자들을 속이고 부패시키고 매수하는 기술에서 세계에서 당할 자가 없는 승리한 자기만족한 부르주아지에게 완전히 장악당했"던 나라들이라고 규정한다.[27]

그리고 이런 나라에서 그들은 "영국과 미국의 사회주의자들에게 보낸 그들[맑스와 엥겔스: 인용자]의 호소 가운데 가장 일관된 것은 노동계급 운동과 결합하여 그들의 조직들에서 편협하고 거만한 분파주의적 정신을 근절하라는 것"[28], "이런 나라들[영국과 미국]에서, 맑스와 엥겔스는 사회주의자들에게 모든 희생을 무릅쓰더라도 분파주의를 제거하고 프롤레타리아트를 정치적으로 뒤흔들어 놓기 위해서 노동계급 운동과 결합하라고 가르쳤다."[29]

왜냐하면 "영국과 미국의 사회주의와 관련하여 맑스와 엥겔스가 가장 날카롭게 비판하는 것은 노동자계급 운동으로부터의 그 고립", "영국의 사회민주주의연맹(Social-Democratic Federation)에 대한, 그리고 미국의 사회주의자들에 대한 그들의 수많은 모든 언급의 요지는, 그들이 맑스주의를 교조(dogma), 즉 '경직된(starre) 정설'로 환원시켜 버렸다는" 것, "또 그들이 맑스주의를 '행동의 지침이 아니라 신조'로 간주하고 있다는" 것, "이론적으로는 절망적이지만 그들과 나란히 행군하고 있는 살아 있는 강력한 대중적 노동계급 운동에 적용할 능력이 없다는 것" 때문이었다.[30]

그런데 엥겔스는 여기에서 한발 더 나아간다. 미국 노동자들이 선거에서 헨리 조지[31]에게 표를 던지던 시기에 이것을 우려하는 미국의 그의 동지가

---

26) 레닌, 앞의 글, p. 427.
27) 같은 글, p. 434.
28) 같은 글, p. 433.
29) 같은 글, p. 434.
30) 같은 글, p. 427.
31) 헨리 조지에 대해 맑스는 오래전에 "이론적으로 그 사람은 완전히 후진적"이라고 하고 그를 "급진적 부르주아지의 이데올로그"라고 규정했다. 엥겔스 역시 "사회주의적 관점에서 헨리 조지 사상의 불합리성과 반동적 성격을 완벽하게 이해하고 있었고 또 자주 이야기 했다." (같은 글, p. 426.)

헨리 조지를 철저히 비판해 달라고 요청하자 그는

> 가장 중요한 것은, 비록 완전히 순수한 강령 위에서가 아닐지라도, 노동자 정당이 조직되기 시작해야 하는 것이기 때문에, 아직 시기가 무르익지 않았다고 회신했다(1886. 12. 28.). 나중에, 노동자들은 무엇이 잘못되었는지를 스스로 이해하게 될 터이며, "그들 자신의 오류로부터 배울 터이다." 그러나 "노동자 정당의 국민적 확립—어떠한 강령 위에서든—을 지연시키거나 방해하는 것은 무엇이든, 나는 그것을 커다란 오류라고 생각한다. …"[32)]

그는 "아무리 빈약한 강령을 가지고 있더라고 독립적인 노동자당의 중요성을 강조했"으며, 당시 미국의 노동자 조직(노동기사단)의 "가장 취약한 측면"이 "정치적 중립성"이더라도 "새로 운동에 들어가고 있는 모든 나라에게 중요하고 위대한 첫 발걸음은 어쨌든 항상 그것이 뚜렷한 노동자당인 한에서, 노동자들의 독립적인 정당으로서의 구성이다"라고 하였다.[33)]

6. 노동자계급 운동의 두 단계[34)]

레닌은 ≪좌익소아병≫에서 노동자계급 운동을 두 단계로 나눈다. 그에 따르면 첫 번째 단계는 노동계급의 전위를 올바른 노선(당 조직)으로 결집하는 것이고, 두 번째 단계는 그것을 바탕으로 대중을 당 주위로 모으고 이들을 지도할 수 있도록 하는 것이다.

그는 첫 번째 단계를 전부는 아니지만 중요한 일이라고 말한다. 그것은 '노동계급의 전위'를 소비에트로 또 프롤레타리아 독재로 끌어들이는 것으로 노동자계급정당으로 노동자계급의 전위들이 결집하는 것을 말한다. 또한 그

---

32) 같은 곳.

33) 같은 글, pp. 426-7. 그는 이렇게도 말했다. "진실한 노동자 정당에 대한 내년 11월의 1백만 혹은 2백만 노동자들의 표는 현재로서는 이론적으로 완벽한 강령에 대한 10만 표보다 한없이 가치가 있다." (같은 글, p. 426.)

34) 전성식, "레닌의 ≪공산주의에서의 "좌익"소아병≫의 "10. 몇 가지 결론" 부분을 읽고—노동자계급 운동의 두 단계를 중심으로", ≪정세와 노동≫ 제14호(2006. 6.)를 참조하라.

것은 그렇게 건설된 노동자계급정당이 올바른 노선을 채택하는 것을 의미하기도 한다. 레닌은 이것이 매우 중요한 일이라고 거듭 강조한다. 그래서 그는 "이것은 중요하다. 이것 없이는 승리를 향한 첫걸음조차 내디딜 수 없다"[35]고 강조한다. 이것이 노동자계급 운동의 첫 번째 단계다. 또한 첫 번째 단계의 과제가 이루어져야 노동자계급 운동은 비로소 다음 단계로 넘어갈 수 있게 된다고 그는 주장한다.[36] 그리고 첫 번째 과제의 수행을 위해 다음과 같이 주장한다.

> 프롤레타리아트의 전위를 공산주의 쪽으로 끌어들이는 것이 문제가 되는 동안에는(아직 문제가 되는 한), 선전이 최우선 과제이다. 여기에서는 온갖 파벌성의 약점을 갖고 있는 써클조차 쓸모 있으며 또한 좋은 결과를 낳는다.[37]

그런 의미에서 '강령 토론'의 활동은 "승리를 향한 첫걸음"을 내딛고자 하는 것으로 긍정적 의미를 갖고 있다고 볼 수 있다.

7. 나가며

현재 많은 노동자 정치조직이 당 건설을 목표로 적극적으로 움직이고 있다. 그러나 아직 뚜렷한 성과를 거두고 있지 못하다. 이것은 여러 원인이 있을 것이지만 아무튼 우리는 이것을 시급히 극복해야 한다.

그리고 현재와 같은 분열의 상황에서는 각 조직에게 어느 정도 자기희생이 요구된다. 그것은 어쩔 수 없는 일이다. 이러한 의미에서 일부의 영역에

35) 레닌, ≪좌익소아병≫, p. 104.
36) 두 번째 단계의 목표는 다음과 같다. "의식 있는 국제 노동운동의 전위, 곧 공산주의당, 집단, 경향의 당면 과제는 광범한 대중들(아직까지도 대부분의 경우 잠자고 있고 냉담하고 구태의연하고 침체되어 있고 각성되지 않은)을 자신들의 이 새로운 위치로 **이끌** 수 있게 되는 것, 더 정확히 말해서 자신의 당**뿐만 아니라**, 새로운 위치로 접근하고 나아가는 이런 대중들까지 지도할 수 있게 되는 것이다." (강조는 원문) (같은 책, pp. 104-5.)
37) 같은 책, p. 105. 레닌의 이 주장이 서클주의를 옹호하는 것이 아님은 설명이 필요하지 않다.

서라도 자기희생을 포함한 선도적인 실천 활동을 하고 있는 '강령 토론'은 모범을 보인다고 할 수 있다. 자신들의 희망처럼 여러 조직 또 개인이 강령 토론에 참가하여 한국의 당 건설 운동 더 나아가 노동자계급 운동에 좋은 결실을 맺는 데 기여하기를 바란다.

한국 사회 성격과 분석과 관련하여 ≪노동자정치신문≫과 ≪정세와 노동≫(문)에서 보이는 차이점 몇 가지*

1. 사회 성격 논쟁을 다시 시작하며

1970년대 사회운동의 주도적 흐름으로 전개되었던 반독재민주화운동은 1980년대 초 정치적 좌절을 경험한다. 그리고 이어 광주 항쟁의 피맺힌 패배를 거친 후 사회운동은 치열한 반성을 통해 한국 사회의 근본적인 문제를 고민하게 되고 운동의 주요한 흐름이 점차적으로 변혁운동으로 이동하게 된다. 이에 따라 운동 진영 내부에서는 전망에 대한 다양한 주장과 논쟁이 시작되고 학계에서도 새로운 이론이 소개되고 이를 이용하여 한국 사회에 대한 분석을 시작한다.

본격적인 논쟁은 이른바 'C-N-P 논쟁'으로 촉발되는데, '85년 2월 당시 총선 참여 문제로부터 시작하여 이후 변혁운동의 주체의 문제, 야당 세력과의 관계 설정의 문제를 거쳐 변혁의 단계, 변혁 대상의 문제 및 한국 사회의 성격 문제로까지 발전한다. 이와 더불어 학생운동을 비롯하여 노동운동의 영역에서도 헌신적인 투쟁이 전개되는데, 이러한 투쟁은 각 영역에서 변혁 주체와 변혁 대상 및 변혁의 단계에 대한 이론적 관심을 증폭시킨다. 학계에서도 국가독점주의론의 입장과 주변부자본주의론적 입장이 대립하며 본격적인 논쟁이 시작된다.

---

* [편집자 주] ≪정세와 노동≫ 제63호(2010. 12.) 〈특집〉에 실린 글이다. 이 글은 2010년 12월 4일 노동사회과학연구소 주최로 "한국 '사회 성격'과 '변혁 전략'"이라는 주제로 열린 토론회에서 보조 발제로 발표되었던 글이다. 민주노총 대회의실에서 열린 이날 토론회 내용은 〈특집〉으로 ≪정세와 노동≫ 제63호에 실려 있다. 필자가 "문"이라고 지칭하는 사람은 이날 발제자 중 한 명인 노동사회과학연구소의 문영찬 동지를 말한다.

이후 다양한 문제의식이 제기되고 이보다 더 많은 견해와 입장이 실천과 매개되어 주장되고 전개되며 정치 세력화하여 이론투쟁은 더욱 본격화된다. 한국 사회 성격을 가장 근본적으로 규정하는 것은 제국주의에 의한 식민지적 지배라고 파악하고 이로부터 출발한 식민지반봉건사회론과 민족해방파, 한국 사회를 신식민지국가독점자본주의 사회로 파악하지만 혁명의 단계와 주체, 대상을 다르게 파악하는 NDR 경향과 PDR 경향 등. 각 경향은 사상 · 이론 및 전략 · 전술에 이르기까지 거의 모든 영역에서 대립하고 투쟁하며 실천을 전개하였다. 이 과정은 한편으로는 분열의 과정이었지만 다른 한편으로는 역사와 사회를 과학적으로 파악해 가는 과정이었고 진정한 통일로 나아가는 길이었다.

당시 사회구성체 논쟁은 혁명적인 실천을 위해 반드시 필요한 혁명적인 이론을 정립하고자 하는 각 운동 세력의 치열한 노력의 과정이었다. 하지만 이러한 노력 이후 현실 사회주의의 붕괴를 계기로 결실을 맺기도 전에 급속히 사라지게 되었다. 전 세계적인 반동의 상황에서 많은 사람들이 변혁에 대한 전망을 상실했고 청산주의적 경향과 전향이 속출했으며 이에 따라 실천 및 이론의 영역 모두에서 급속한 후퇴가 나타났으며 이러한 퇴조의 경향은 현재에까지 이른다.

따라서 이러한 흐름을 근본적으로 변화시키는 것은 점차 심화되는 모순에 따른 노동자계급을 비롯한 대중들의 투쟁일 것이지만, 이를 예비하는 것은 우리의 임무일 것이며 이것이 미흡하나마 토론회를 제안하고 시행하는 이유이다.

2. 종속의 문제와 관련하여

당시 한국 사회가 제국주의, 특히 미 제국주의의 지배하에 종속되어 있다는 견해는 이른바 '식민지반봉건론' 혹은 '식민지반자본주의론'의 입장이었든 '신식민지국가독점자본주의론'의 입장이었든 거의 모두가 암묵적으로 인정하는 것이었다.

물론 식반론과 신식국독자론 사이에 식민지-신식민지에 관한 논쟁과 국가권력의 성격(대리통치체계 혹은 괴뢰, 상대적 자율성의 존재 여부), 신식민지론 자체에 대한 논쟁 혹은 신식민지국가독점자본주의론의 핵심 명제인 독점강화-예속심화 테제에 대한 논쟁이 있기는 했지만 종속성 자체에 대한 부정은 거의 없었다.

이 문제와 관련해서 과거 논쟁에서 짚고 넘어가야 할 것이 있는데 그것은 어떠한 입장을 갖고 있었든지 간에, 대부분이 이른바 '낮은 생산력의 문제'에 집착했었던 것인데, 사상 · 이론적으로 과학적이지 못한 식반론 혹은 식반자론은 물론 과학적으로 올바른 방법을 모색하려 했던 신식국독자론을 주장하는 진영에서도 마찬가지였다.

이것이 문제가 되는 것은 사회혁명의 가능성을 자본주의적 생산의 발전과 성숙에서가 아니라 식민지 혹은 신식민지라는 특수성에서 찾으려는 사상적 · 이론적 오류를 범하고 있기 때문이다.

이러한 의미에서 ≪노동자정치신문≫*에서 당시 사회구성체 논쟁을 평가하면서 신식국독자론과 종속이론과의 유사성을 지적한 것은 어떤 의미에서 적절한데 그것은 식반론이나 종속이론이나 주변부자본주의론이 모두 이러한 판단을 공유하고 있었기 때문이다. 또한 그러한 사상 · 이론적 불철저함이 가져왔던 결과, 즉 각 진영의 일부 인사들의 변절을 포함한 이론적 · 실천적 이탈이 이러한 사상적 · 이론적 오류와 무관하지 않았음을 지적했던 것도 타당하다.

하지만 ≪노동자정치신문≫의 '독점강화-예속심화' 테제에 대한 비판과 한국 사회의 신식민주의 탈피에 대한 주장은 근거가 많이 부족하다.

왜냐하면 당시 '독점강화-예속심화' 테제는 신식민지에서의 생산력의 발전을 부정하지 않으며 오히려 종속이라는 조건에서도 독점이 강화되고 있는 상황을 표현하고자 하는 것이었기 때문이다. 그리고 당시 한국을 비롯하여 신식민지국가들의 자본주의적 발전은 세계 자본주의 체제의 국제적 분업 구조에 조응하는 것을 통해서만 가능했었기 때문에 이 테제는 현실에 부합하는 주장이었다. 물론 이후 한국 자본주의는 엄청난 발전을 이루었고 현재에는 아시아는 물론 유럽, 미국에까지 자본을 수출하고 있다. 이러한 변화는 한국 사회의 종속성에 대한 문제 제기를 필연적으로 제기한다. 하지만 이러한 현

* [편집자 주: 김해인] 전국노동자정치협회, "한국 사회 성격과 변혁의 문제 I—국내의 계급 모순을 회피하는 NL의 몰계급성", ≪노동자정치신문≫ 제56호; "한국 사회 성격과 변혁의 문제 II-1—저발전에서 모순을 찾는 신식민지국가독점자본주의의 문제", 제57호; "한국 사회 성격과 변혁의 문제 II-2—종속이론, 신식민지 노선의 오류", 제58호; "한국 사회 성격과 변혁의 문제 III—과학성 상실이 낳은 변혁성 상실", 제59호.

상만으로 한국 자본주의가 신식민지의 상태를 벗어났다고 바로 주장할 수 없다. (≪자본론≫의 한 주에서 맑스는 1866년의 미국을 유럽의 식민지라고 규정하고 있으며, 엥겔스도 1890년 "그 뒤 미국은 세계에서 두 번째 가는 공업국으로 발전했다. 물론 그 식민지적 성격이 아직 완전히 없어지지는 않았지만"이라고 덧붙인다.*)

이와 관련해서는 오히려 ≪정세와 노동≫의 문의 글들**("한국 자본주의 축적 양식의 변화와 노동자계급의 변혁 전략", "세계 체제, FTA 그리고 신식민지국가독점자본주의")이 더 설득력이 있어 보인다. (물론 몇 가지 구체적인 곳에서 이견이 있으며, '97년 외환 위기 이후 종속의 심화나 한미 FTA 진행 과정 속에서 보이는 종속의 심화 과정은 보다 더 정확한 이론적 토대와 더 많은 구체적 자료가 뒷받침이 되어야 할 것이다.)

3. 변혁의 성격 문제

거의 대부분의 진영에서 종속의 문제를 암묵적으로 받아들였던 것과 마찬가지로 당시에는 변혁의 성격은 민주주의적 성격을 갖는다는 것도 받아들여지고 있었다. 앞서 본 것처럼 'C-N-P 논쟁'이란 이름으로 출발한 변혁운동의 단계 혹은 성격의 문제는 그 논쟁의 이름, 즉 CDR(Civil Democratic Revolution, 시민민주주의혁명), NDR(National Democratic Revolution, 민족민주주의혁명), PDR(People's Democratic Revolution, 민중민주주의혁명)에서 확인할 수 있듯이 모두 민주주의를 내포하였다. 주장하는 사람마다 많은 차이를 보였지만 변혁운동 진영에서는 사회구성체론이나 정치적으로나 입장이 불명확하다고 여겨진 CDR은 처음부터 배제되었고, PDR은 한국 사회가 정상적인 국가독점자본주의 단계에 도달하였고 곧바로 사회주의 혁명으로 나아가는 것, 제국주의 문제에 대한 경시, 혁명 세력에 있어서는 민족자본가 및 중간계층에 대한 배제를 주장하는 것으로 파악되었다. 이와 다르게 NDR은 한국

* [편집자 주: 김해인] 맑스, ≪자본론≫ 제1권(하)(제2개역판), 비봉출판사, p. 606의 각주 155).

** [편집자 주: 김해인] 문영찬, "한국 자본주의 축적 양식의 변화와 노동자계급의 변혁 전략", ≪정세와 노동≫ 제38호(2008. 9.), pp. 26-46; "세계 체제, FTA 그리고 신식민지국가독점자본주의", ≪정세와 노동≫ 제58호(2010. 6.), pp. 92-108.

사회를 신식민지국가독점자본주의로 파악하고 제국주의 및 국내 독점자본에 기반한 군부파쇼에 대한 동시적인 투쟁, 노동자·농민·빈민을 중심으로 하여 중간 계층과 제휴하여 투쟁을 전개해 가는 것으로 주장되었고, 전반적인 입장은 민족민주혁명론으로 모아져 갔다.

이러한 상황에서 제국주의 문제가 가장 중요하다는 견해가 등장하는데 이것은 반제직투론 등을 거쳐 주체사상 및 식반론에 기반을 둔 NLPDR론으로 입장을 완성한다. 이 견해는 식민지 사회에서 변혁은 노동자계급의 영도 아래에 있는 노농동맹에 기초하여 광범위한 계급·계층이 반제애국통일전선을 결집하고 이를 통해 자주적 민주정부를 이루는데 이러한 민주 변혁은 PDR적 성격을 갖는다고 주장하였다.

이에 대응하여 기존 NDR론의 기본적 입장—한국 사회는 신식국독자이며, 당면 민주 변혁은 제국주의와 파쇼권력을 분쇄하는 것—을 유지하면서 그 성격에 있어서는 자본주의적 생산양식 자체를 부정하지 않고 자본주의적 토대를 침식하지 않는 명백히 BDR이며 현 지배계급을 타도하고 제헌의회를 소집하여 이를 완성하고자 하는 ND가 등장한다.

또한 같은 신식국독자를 주장하지만 ND의 견해를 비판하는 PD가 등장하는데 이들은 혁명의 성격을 반제반독점PDR로 주장한다. PD는 레닌이 BDR을 주장한 것은 광범위한 봉건적 유제가 남아 있고 자본주의의 미발전으로 인해 고통받고 있는 러시아의 상황을 고려해서 그렇게 한 것을 ND가 이해를 못하고 한국에 그대로 적용하려 한다고 비판한다. 왜냐하면 한국의 자본주의는 비록 제국주의적 종속성에 의해 제한되고 있는 것은 사실이지만 자본주의의 미발전에 의해 고통받는 것이 아니라 너무 발전하여 고통받는 상황이기 때문이라는 것이다. (이에 대해 ND는 PD가 반제라는 수식어는 달았지만 선진국독자의 반독점민주주의 혁명론을 그대로 한국에 적용하려 한다고 비판한다.)

이와 관련하여 ≪노동자정치신문≫은 당시 ND와 PD 모두 한국 사회를 신식국독자로 파악하고 있어 한편으로는 국가독점자본주의라는 높은 수준에 도달했음을 인식하고 있음에도 불구하고 다른 한편으로는 신식민주의라는 또 다른 하지만 부차적인 규정에 매여 변혁의 상에 있어 우경화의 길로 빠져 변혁성을 상실했다고 비판하며 이것은 현재에도 마찬가지라고 주장한다.

이에 반해 문은 '80년대 변혁운동의 과제는 민족민주변혁, 즉 군사파쇼의 타도와 제국주의로부터의 해방을 목적으로 하는 민주주의 변혁이었고 이것이 노동자계급의 주도하에 이루어졌으면 사회주의적 변혁으로 성장·전화가 되는 것이었는데, 현실에서 이것은 이루어지지 못했고 오히려 이 변혁을 자유주의 부르주아지가 주도하여 민주주의적 변혁은 유산되었다고 주장한다. 또한 이 과정에서 자유주의 부르주아지는 중소자본의 입장을 대변하는 것에서 독점자본의 이해를 대변하는 세력으로 변신을 하였고 계급 대립 구도가 변화했다고 파악한다. 그리고 이에 따라 당면 변혁의 성격 역시 민주주의 변혁 단계에서 사회주의 변혁 단계로 변화했다고 한다.

즉 ≪노동자정치신문≫과 문영찬은 당면 변혁의 성격과 관련해서 같은 주장 즉, 사회주의 변혁 단계를 주장하지만 이론적으로 이견을 보일 것이 예상된다. 왜냐하면 이미 살펴본 것처럼 ≪노동자정치신문≫에서는 한국 사회에서 신식민지성은 이미 오래전에 탈각된 것으로 파악하며 이러한 시각을 갖고 있는 경우 잘못된 실천으로 귀결된다고 주장하고 있다. 반면 문은 한국 사회가 신식국독자라는 것을 여러 차례 확인하고 있다. 또한 이미 문은 자신의 글에서 ≪노동자정치신문≫에서 주장되었던 노정협의 입장을 PTR론으로 규정하고 "예속성과 한국 자본주의 발전을 통일시키고 있지 못하다는 점에서 NL의 식민지반자본주의론과 동일"하고 "한국 자본주의의 발전만 강조하고 예속성을 외면하고 있다는 점에서 좌편향을 범하고 있다"고 비판하고 있다.

그리고 문의 사회주의 변혁의 단계 구분과 반독점전략 및 반독점동맹 주장은 ≪노동자정치신문≫의 기본 입장과 차이점을 보이고 있다. 또한 사회주의 변혁의 단계 구분은 새롭게 제기되는 문제로 치열한 논의가 필요한 듯 보인다.

4. 맺으며

노정협은 ≪노동자정치신문≫에서 "과학적 인식은 혁명적 실천의 전제이다. 사회 성격 문제와 변혁의 문제는 당 건설과 강령 논의에 있어서 핵심이라고 할 수 있다. 이것이 바로 우리가 중단된 사회 성격 논쟁을 다시 하려는 이유"라고 하며 자신의 견해를 밝혔다. 문은 이미 몇 년 전부터 꾸준히 자신의 견해를 ≪정세와 노동≫를 통해 발표했다. 그리고 얼마 전 노정협의 견해에 대해 문은 ≪정세와 노동≫을 통해 비판을 하였고 이에 대한 공식적인 답변은 아직 없었다.

차이가 있다면 논쟁을 통해 차이를 명확히 하여야 하고 이견이 있다면 상호 비판을 통해 합리적인 결론을 도출해야 할 것이다. 그리고 잘못된 점이 있다면 자기비판을 통해 오류를 인정하고 그것을 바로잡아 가는 것이 우리의 기본자세이며 그러한 한에서 우리는 서로 동지가 될 수 있을 것이다.

좌익 공산주의의 발생 배경, 출현과 그 주장*

1. 머리말

지속되고 있는 세계 자본주의의 위기 상황은 오랫동안 계속되었던 반동의 광풍을 한풀 꺾었고, 힘들게 버텨 오던 해방을 꿈꿔 오던 사람들에게 새로운 전망에 대한 기대를 불러일으키고 있다. 하지만 얼마 전까지 계속되었던 반동의 폭압은 매우 거셌다. 이러한 반동의 시기에 대해 뜨로츠끼는 이렇게 말하였다.

> 현재와 같은 반동의 시대는 노동자계급을 분열, 약화시키며 그 전위를 고립시키는 것으로 그치지는 않는다. 운동의 이데올로기적 수준을 전반적으로 떨어뜨림은 물론, 이미 거쳐 온 과거의 저급한 단계로 정치사상을 퇴보시킨다.[1)]

한국에서 이른바 "좌익 공산주의"의 등장은 이러한 "반동의 시대"의 특징을 매우 잘 보여 준다. 이들은 한마디로 "반동의 시대"의 산물이다. 그들은 "반동의 시대"에 나타나는 "운동의 이데올로기적 수준"이 "전반적으로 떨어"진 것의 증명이며 "저급한 단계" "퇴보"의 정치적 · 인격적 표현이다.

뜨로츠끼는 이렇게 덧붙인다.

> 이러한 정세하에서 전위의 임무는 무엇보다도 이 퇴행적 흐름에 떠밀려서는 안 된다는 것이다. 전위는 시류에 맞서 나아가지 않으면 안 된다. 불리한 세력 관계로 인해 전위가 이미 획득한 정치적 진지를 지켜 내지 못할 수도 있다. 그렇더라도 전위는 최소한 자신의 이데올로기적 진지만은 반드시 지켜

* [편집자 주] ≪노동사회과학≫ 제5호(2012. 4.)에 실린 글이다.

1) 뜨로츠끼, "스탈린주의와 볼셰비키주의", ≪역사의 대안 트로츠키주의≫, 풀무질, 2003, p. 193.

내야 한다. 왜냐하면 이데올로기적 진지는 막대한 희생을 대가로 치른 과거의 투쟁 경험을 표현하기 때문이다. 어리석은 사람만이 이 방침을 '종파적인 것'으로 여길 것이다. 실제로 이것은 앞으로 다가올 역사의 물결과 함께 새롭고 거대한 파도를 준비하는 유일한 수단이다.2)

"좌익 공산주의자들"이 "반동의 시대"가 우리 내부에 반영되어 등장한 퇴행의 표현이라면 우리에게 주어진 임무의 하나는 "좌익 공산주의자들"이 운동의 내부에서 허물고 있는 이데올로기적·정치적 진지를 이들로부터 지켜내는 일이다.

하지만 솔직히 "좌익 공산주의"를 총괄적으로 비판하는 것은 쉽지 않다. 왜냐하면 역사에 등장한 너무나 다양한 "좌익 공산주의자"들은 한목소리로 스스로를 "좌익 공산주의"라고 규정하고는 있지만 저마다 다른 주장을 하고 있기 때문이다. 또한 그들의 주장은 가장 기본적인 것을 결여하고 있어 어디에서부터 시작해야 할 것인가를 고민하게 하며, 그나마 그 내용도 뒤죽박죽이다.

그들의 하나는 이렇게 주장한다.

국제공산주의흐름(ICC)은 공산주의자연맹, 제1, 2 및 3 인터내셔널 그리고 제3 인터내셔널로부터 출현한 좌익 분파들에 의해 연이어 얻어진 성과들에 특히 독일·네덜란드 및 이탈리아 좌파의 공헌들에 기반하고 있다. 이러한 근본적인 공헌들로 인해 우리는 계급의 모든 입장들을, 여기 이 강령 속에 표현된 바와 같이, 하나의 일관되고 전반적인 통찰로 통합할 수 있다.3)

매우 오랜 역사와 과학적 사회주의의 진정한 전통을 계승하고 있다고 자

---

2) 뜨로츠끼, 같은 곳. 뜨로츠끼를 인용했다고 내가 이른바 "뜨로츠끼주의"를 옹호하는 것은 아니다. 이것은 맑스와 레닌을 언급한다고 맑스주의자나 레닌주의자가 아닌 것과 마찬가지이다. 그렇다고 뜨로츠끼를 희화화하려는 것 또한 절대 아니다. 우리 연구소가 "뜨로츠끼주의"를 가장 열심히 비판하는 곳이라는 사실은 이미 알려진 사실이다. 하지만 이것은 어디까지나 역사적 사실과 과학에 입각한 비판이다. 이 점이 중요하다. 이와 관련하여 곧 출간될 ≪뜨로츠끼주의냐 레닌주의냐≫를 참조하길 부탁드린다.

3) 오세철 편저, "국제공산주의흐름(ICC)의 강령", ≪좌익 공산주의: 혁명적 맑스주의 역사와 논쟁≫, 빛나는 전망, 2008, p. 452.

랑스러워하는 이들의 이러한 주장은 이미 이들이 혼란에 빠져 있다는 것을 보여 준다. 그들은 자신들이 과거의 혁명적 운동의 "성과"와 "공헌"을 계승하여 "계급의 모든 입장들을" "하나의 일관되고 전반적인 통찰로 통합할 수 있"었다고 주장한다. 그러나 앞으로 살펴보면 알게 되겠지만 그 반대다. 그들은 역사적 경험 속에서 배우지 못했고 오히려 그것을 왜곡하고 그 결과 잘못된 결론에 이르고 결국 도무지 이해할 수 없는 이론까지 창조해 낸다.

이 글은 먼저 세계사 속에서 "좌익 공산주의"가 등장하게 되었던 역사적 배경을 살펴볼 것이다. 제2 인터내셔널의 창립과 파산, 꼬민떼른의 창립 과정 속에서 좌익 공산주의자들이 어떻게 등장하게 되었는지 공산주의 운동에 적극적으로 참가하고 또 공산주의 운동에서 이탈해 가는 과정을 검토할 것이다. 이렇게 하는 것은 좌익 공산주의자들이 혼란에 빠져 있다는 것을 증명하는 과정이며 또 그 과정에서 우리는 역사적 교훈을 얻을 수 있고 그것은 이들을 비판하는 것과 별개로 현재의 운동에 도움이 될 것이라 생각하기 때문이다. 또한 이들에 대한 레닌의 비판과 "좌익 공산주의"자들의 반비판에 대해서도 살펴볼 것이다. 레닌은 ≪공산주의에서의 "좌익"소아병≫[4]이라는 소

4) ≪공산주의에서의 "좌익"소아병≫이라는 책은 한국에서 제목의 번역과 관련하여 비난의 대상이 되고 있다. 좌익 공산주의의 열렬한 옹호자이자 전파자인 오세철 교수는 앞의 책의 "편저자 서문"에서 "레닌 말년의 논쟁적 글 ≪좌익 공산주의: 유아적 무질서≫에서 "소아병"이라는 오역으로 세계 공산주의 운동의 좌파를 폄하하고 왜곡한 역사를 바로잡는 것도 공산주의 운동을 새롭게 시작하는 것"(오세철, 같은 책, p. 7)이라고 의미를 부여한다. "Infantile Disorder"를 "유아적 무질서"로 번역해야 옳은데 "소아병"으로 오역하여 "세계 공산주의 운동의 좌파를 폄하하고" 역사를 왜곡했다는 것이다. 번역과 관련하여 오세철 교수의 이러한 주장에 대한 정확한 비판은 이 책에 실린 "좌익 공산주의자들의 쏘련론(상)"의 해당 부분을 참조하길 바란다. 아무튼 "disorder"는 정신과적 질환에 많이 사용되는 것으로 일반적으로 '장애'로 번역된다. 예를 들면 망상장애(delusional disorder), 인격장애(personality disorder), 적응장애(adjustment disorder), 학습장애(learning disorder) 등이 그것이다. 오래전부터 한국 사회에서 문제로 자주 언급되는 우울증(depression)은 하나의 증상을 표현하는 것이며, 정식 진단명은 주요우울장애(major depression disorder)이고 또한 최근 사회문제로 언급되는 공황장애 역시 영어로는 'panic disorder'로 표기되며, 기분장애(mood disorder)의 일종이다. 그런데 한 가지 재밌는 것은 〈다함께〉가 '쏘련 국가자본주의론'에서처럼 이 부분에서 좌익 공산주의자들과 의견을 같이 하는 점이다. 그들은 이 책을 ≪'좌익' 공산주의—어린애 같은 뒤죽박죽≫(최일붕, ≪진보평론≫ 제22호(2004

책자를 통해 "좌익 공산주의"를 혹독하게 비판한다. 자신들을 가장 근본에서부터 비판하는 바로 그 이유 때문에 좌익 공산주의자들이 가장 혐오하는 그 책은 의회와 노동조합과 관련한 중요한 사상이 제시된다. 그리고 이것은 현재까지도 좌익 공산주의와 맑스-레닌주의와의 근본적인 사상적 · 이론적 차이의 하나이다. 레닌의 비판과 "좌익 공산주의"자들의 반비판을 검토하며 어떠한 주장이 옳은 것인가를 생각해 볼 것이다. 마지막으로 역사 속에서 명멸했던 좌익 공산주의자들을 살펴보며 그들의 주장을 간략히 다루려 하는데 앞서 말한 것처럼 이들의 주장은 매우 다양하다. 그래서 모든 주장을 하나하나 모두 살펴보지는 못하겠지만 최근 한국에서 출판된 책들을 중심으로 이들의 주장을 검토하고 이들의 주장에 대해 논의하고자 한다.

2. 제2 인터내셔널의 역사

좌익 공산주의는 갑자기 발생한 것은 아니다. 좌익 공산주의자들이 등장하게 된 것은 제2 인터내셔널의 기회주의가 가장 큰 원인이라 할 수 있다. 제2 인터내셔널은 세계 노동운동의 발전의 표현이었던 것은 분명하다. 하지만 그것은 동시에 한계를 뚜렷이 드러내며 자신에게 주어진 역사적 역할을 다하며 운명을 마친다. 여기에서는 간략하게 제2 인터내셔널의 역사를 살펴볼 것이다. 이것은 한편으로는 좌익 공산주의자들을 위한 변명이다. 그러나 이것은 다른 한편으로는 좌익 공산주의자들의 혼란에 대한 역사적 비판이다.

1) 제2 인터내셔널(사회주의 인터내셔널, Socialist International)의 창립

1864년 9월 28일 결성된 제1 인터내셔널이라 불리던 국제노동자협회 총평의회는 1876년 7월 15일 제7차 대회에서 "국제노동자협회 총평의회는 해산한다"라는 결의를 하게 된다.[5] 이후 세계 자본주의는 비약적인 발전을 한다.

년 겨울), p. 110)이라고 번역한다.

5) 이에 대해 레닌은 다음과 같이 평가한다. "제1 인터내셔널은 그 역사적 역할을 완수하고, 전 세계 모든 나라의 노동운동이 훨씬 거대하게 성장하는 시대, 즉 실제로 그

그리고 자본주의의 발전은 그것을 자유경쟁의 단계에서 독점자본주의 단계·제국주의의 단계에 이르게 한다. 주기적인 공황이 반복되어 자본주의 체제를 혼란에 빠뜨리고 노동자 대중을 고통에 떨어지게 하였지만 서유럽과 북아메리카의 자본주의적 발전은 엄청났으며 일본의 자본주의도 눈부시게 성장한다.

이 시기 노동자계급의 세계적 혁명운동은 비록 분열하여 약해졌지만 자본주의의 빠른 성장과 더불어 노동운동 역시 엄청난 발전을 한다. 노동자의 수는 급격히 증대하였고 노동자들의 파업 투쟁 역시 과거와 비교할 수 없을 정도로 많이 발생하였다. 그것은 전 세계적으로 전개되었고 그 규모와 규율, 조직화, 기간 등에서도 유례를 찾기 어려웠다. 노동조합운동은 비약적으로 발전하였고 세계 각국에서 사회주의 정당도 결성되었다.[6)]

자본주의적 발전에 따라 각국의 노동자들이 처한 조건들의 차이가 점점 사라지고 공통의 과제가 제기되자 노동자들 사이에는 이념적·실천적 공감대가 형성되었다. 또한 노동자들의 노동조합으로의 조직화가 광범위하게 이루어지고 사회주의 정당의 결성, 그리고 노동조합을 통한 대중 파업이 기본적인 투쟁 방식으로 변하면서 각국의 정당과 노동조합 사이에 국제적인 연대의 흐름이 강화되었다.

이러한 노력은 제1 인터내셔널이 해산한 직후부터 시작되었는데 1877년에는 벨기에의 겐트, 1881년에는 스위스의 쉬르, 1883년과 1886년에는 빠리에서, 1888년에는 런던에서 노동자들의 국제 대회가 열렸다. 그러나 이들 대회는 인터내셔널로 발전하지 못했다. 하지만 1889년 7월 14일, 프랑스 혁명 100주년을 기념하는 국제 대회를 통해 국제조직을 결성하는데 그것이 이후 제2 인터내셔널이라고 불리게 된다.[7)]

운동이 폭(幅)을 넓히고 개개의 민족국가 내에 대중적인 사회주의적 노동자당이 창조되는 시대를 위한 길을 열었다." (레닌, "칼 맑스", ≪정세와 노동≫ 제24호(2007. 5.), 노사과연, p. 68.)

6) "독일에서 1869년에 결성된 것을 시초로 계속해서 네덜란드 1870년, 덴마크 1871년, 보헤미아 1872년, 미국 1876년, 프랑스 1879년, 스페인 1879년, 영국(당이 아니라 그룹) 1880년, 러시아(그룹) 1883년, 노르웨이 1887년, 오스트리아·스위스·스웨덴·핀란드 1890년, 폴란드·이탈리아 1892년, 불가리아·헝가리·칠레 1894년, 아르헨티나 1896년, 일본 1901년, 세르비아 1903년, 캐나다 1904년, 중국 1911년, 브라질 1916년" (포스터, ≪세계 사회주의 운동사≫, 동녘, 1987, p. 139.)

7) 당시에 빠리에서는 앞서 언급한 국제 대회 이외에도 프랑스 혁명을 기념하는 또 다른 국제 대회가 열리고 있었다. 후자를 주도한 세력은 프랑스 노동운동의 다수파

2) 제2 인터내셔널 창립의 의의 및 한계

제2 인터내셔널의 가장 큰 특징은 사상적 동일성을 갖고 있었다는 것이고 그것의 기초는 맑스주의였다.[8] 사상적 동일성에 기초했다는 것은 제1 인터내셔널과 비교하여 중요한 차이였다. 왜냐하면 제1 인터내셔널의 사상적 불일치는 제1 인터내셔널의 가장 큰 문제였고 결국 그것의 해산에 결정적인 원인이 되었기 때문이다.[9] 수많은 실천 속에서 맑스주의는 이미 지도적 이념의 지위를 확보했으며, 제1 인터내셔널 당시 맑스주의에 의해 비판받았던 분파들은 거의 소멸하였다. 또한 맑스주의자들은 실천적으로도 정확한 전술

로 자본주의하에서 실행 가능한 범위에서 노동자계급 활동을 조직할 것을 주장한 '가능파'였다. 후자는 약 600명이 참여하여 391명이 참여한 전자에 비해 수적 우세를 자랑했지만 이들의 대회는 과거의 대회들과 마찬가지로 일회성으로 끝났다. 또한 참가자에 있어서도 양자는 큰 차이를 보이는데 전자의 참가자는 "영국의 케어 하디, 독일의 리프크네히트, 베벨, 에두아르트 베른슈타인, 게오르그 폰 폴말, 클라라 제트킨, 프랑스의 줄 게드, 라파르그, 바이양, 롱게, 벨기에의 앙제르, 방델벨드, 이탈리아의 안드레아스 코스타, 치르치아노, 오스트리아의 빅토르 아들러, 네덜란드의 도메라 뉴벤호이스, 스페인의 파블로 이글레시아스, 러시아의 게오르기 플레하노프 등이"었고 이들은 모두 세계 사회주의 운동의 역사에서 악명을 포함하여 뚜렷한 족적을 남긴 사람들이다. 아무튼 두 그룹은 엥겔스의 반대에도 불구하고 2년 후인 1891년에 열린 제2차 대회인 브뤼셀 대회에서 통합된다.

8) 대회장의 정면에는 금박 글자로 "만국의 노동자여 단결하라"가 적혀 있었다고 한다. (강신준, "제2 인터내셔널 시기의 마르크스주의", ≪이론≫ 제3호(1992년 겨울), pp. 34-5.)

9) "50년대 말에서 60년대에 걸쳐 민주주의 운동이 부활한 시기는 맑스를 다시 실천 활동으로 불러냈다. 1864년 (9월 28일)에 국제노동자협회—그 유명한 제1 인터내셔날—가 런던에서 창립되었다. 맑스는 이 조직의 심장이자 혼이었다. 그는 그 최초의 '연설'['창립 선언']과 수많은 결의, 성명 그리고 선언의 필자였다. 많은 나라의 노동운동을 통합시킴으로써, 다양한 형태의 비프롤레타리아적 · 전(前)맑스주의적 사회주의[마찌니(Mazzini), 프루동, 바꾸닌, 영국의 자유주의적 조합주의, 독일에서의 라쌀레적 우익 편향, 등등]를 공동 행동의 길로 향하도록 노력함으로써, 그리고 이들 모든 종파 및 학파들의 이론과 투쟁함으로써, 맑스는 다양한 국가에 있어서의 노동자계급의 프롤레타리아적 투쟁의 한결같은 전술을 단조(鍛造)해 냈다. 빠리꼬뮌(1871)—그에 대해서 맑스는 대단히 심오하고, 명쾌하고, 날카로우며, 효과적인 혁명적 분석(≪프랑스에서의 내전≫, 1871)을 제공하고 있다—이 붕괴된 후에는, 그리고 바꾸닌파에 의해서 인터내셔날이 분열된 후에는, 유럽에서 그러한 조직은 존속할 수 없게 되었다. 인터내셔날의 헤이그 대회(1872) 후에 맑스는 인터내셔날의 총평의회를 뉴욕으로 이주시켰다." (레닌, 앞의 글, p. 68.)

에 기초하여 노동운동을 지도하였기 때문에 비록 맑스주의를 지도 이념으로 인정하지 않는 세력들도 제2 인터내셔널에 합류하였고 지도를 기꺼이 받았다. 하지만 앞서 말한 것처럼 이들은 단독으로 국제 대회를 개최할 수 있을 정도의 세력을 형성하고 있었으며 오히려 다수를 점하였다. 이것은 제2 인터내셔널의 우익적 경향의 토대를 이루게 된다. 또 한 가지 제2 인터내셔널의 우익적 경향을 강화하게 했던 것은 강력하고 집중된 중심을 형성하지 못한 것이었다. 대회는 국제적인 지도부를 구성하지 못했고 국제적 기관지, 강령, 규약 등도 결의해 내지 못했다. 심지어 공식 명칭조차 없었다. 이것은 국제적 연대를 공고히 하고 국제주의를 강화하는 것은 방해하였고 각국마다 자신의 조직과 활동을 강화하는 데 초점을 맞추도록 하였다. 결국 이것은 전쟁의 위험이 가속화되는 국제 정세 속에서 노동운동이 각국의 부르주아 민족주의에 굴복하게 되는 데 일조하게 되는 것으로 귀결되었다.[10)]

3) 제2 인터내셔널의 전개 과정

제2 인터내셔널은 1891년 8월 브뤼셀에서 제2차 대회를 또 1893년 8월 취리히에서 제3차 대회를 개최한다. 이 두 번의 대회에서 논쟁이 되었던 것은 5월 1일에 관한 기본적인 방침에 대한 것이었다. 창립 대회에서는 5월 1일을 '국제 노동운동 시위의 날'로 정하고 전 세계의 노동자들이 공동으로 투쟁을 조직하는 것을 임무로 결정했다.[11)] 이에 대해 독일과 영국의 기회주의자들은 5월 1일 개최되는 대회를 5월의 첫째 일요일로 변경하여 개최할 것을 반복하여 요구했다. 이는 노동절의 의미를 퇴색시키는 것이었으나 이들

---

10) "제2 인터내셔널에 대한 불만이 모든 곳에서 나타나고 퍼지고 증가하는 것은 그것의 기회주의적인 속성 때문에, 그리고 세계 소비에트 공화국을 위한 투쟁에서 혁명적 프롤레타리아트이 국제적 전술의 방향을 잡아줄 수 있는 진정 중앙집중화되고 진정 선도적인 중앙 기구를 만드는 데 무력했기 때문이다." (레닌, ≪공산주의에서의 "좌익"소아병≫, 돌베개, 1989, p. 103.)

11) "대회는 국제적인 대시위운동을 조직할 것을 결정한다. 이 결정에 기초하여 모든 국가, 모든 도시에서 대회가 지정하는 날짜에 노동자 대중은 국가 당국에 대하여 노동일을 법률로 8시간으로 낮출 것, 또한 파리 대회의 다른 열 가지 결정을 실행할 것을 요구할 것이다. 이미 미국노동총동맹이 1888년 12월의 세인트루이스 대회에서 1890년 5월 1일을 기하여 같은 목적의 시위운동을 실행할 것을 결정했으므로, 이날을 국제적 시위의 날로 정한다. 각국의 노동자는 각각 자국의 조건에 맞추어 시위를 조직해야 한다." (포스터, 앞의 책, p. 148.)

은 결국 노동절을 각국에서 알아서 기념할 수 있도록 변경시키는 데 성공하였다.

1896년 7월에 런던에서 열린 제4차 대회에서도 이러한 우익적 경향의 특징을 다른 측면에서 살펴볼 수 있다. 대회에서는 리프크네히트에 의해 인터내셔널의 회원 자격과 관련한 문제가 논의되었고 결국 베벨에 의해 결의안이 제출된다.[12] 그것의 핵심적인 내용은 정치 방침과 관련한 것으로 사실상 제2 인터내셔널에 잔존하고 있었던 무정부주의자들에 대한 축출 방침이었다. 원안에 따르면 생디칼리스트적 조합도 대상이 되었으나 결국 의결을 통해 생디칼리스트 조합은 배제되지 않았고 결의를 받아들이지 않았던 무정부주의자들만 탈퇴하게 된다. 이러한 조치는 1894년 프랑스에서 조레스-밀레랑-비비아니파의 급진적인 부르주아 국회의원의 가입을 받아들인 것과 비교된다. 그리하여 제2 인터내셔널은 좌익 기회주의자들에 대해서는 엄격한 원칙을 적용하는 것에 비해 우익 기회주의자들에 대해서는 우호적인 입장을 취하고 오히려 문호까지 개방했다고 비판된다.

제5차 대회인 빠리 대회에서는 부르주아 정당들과의 제휴와 관련된 결의안이 검토된다. 이것은 이른바 밀레랑 사건이 계기가 되었던 것이다.[13] 이것과 관련하여 세 가지 입장이 제출된다. 첫 번째 입장은 "프롤레타리아가 계급투쟁에 기초하여 자기 자신의 힘으로 그 자리를 쟁취하는 경우에만 부르주아 정부에 참가를 인정할 것이며, 사회당원이 부르주아 정부에 참여하는 일체의 행위를 금지한다. 부르주아 정부에 대해 사회당원이 취해야 할 태도는 항상 단호한 반대여야 한다"는 것이고 "부르주아 사회에서 사회민주주의는 그 본질상 반대당의 역할을 해야 한다. 통치하는 당으로서의 사회민주당은 부르주아 국가가 파괴된 이후에야 비로소 나타날 수 있다"고 주장했다. 두 번째 입장은 적극적 참여를 옹호하는 것으로 "밀레랑의 내각 입각으로 말미

---

12) "즉 제2 인터내셔널의 회원 자격을 "자본주의적 소유와 생산을 사회주의적 소유와 생산으로 대체하고자 하는 목표를 가지고 있고 동시에 입법 및 의회 활동을 그런 목표를 달성하기 위해 필요한 수단의 하나로서 간주하는 그런 조직의 대표"와 "비록 정치투쟁에서 일정한 지위를 갖지 못하고 있지만 입법 및 의회 활동의 필요성을 인식한다고 천명하는 모든 노동조합"으로 국한하였다." (강신준, 앞의 글, p. 38.)

13) 밀레랑 사건은 사회주의자였던 밀레랑이 당의 허락도 없이 부르주아 내각에 입각을 했던 것인데, 드레퓌스 사건을 계기로 프랑스 공화정이 위기에 처하자 새롭게 구성되는 철저한 부르주아 내각에 사회주의자가 합류했던 것이다.

암아 자신들은 공화국을 구했다고 말하고, 이처럼 자본가 정부에 참가하는 것이 사회주의 혁명의 시작이라고 주장"하는 입장이었다.[14] 세 번째 입장은 카우츠키가 제출했는데 그것은 "개별 사회주의자의 부르주아 정부에의 입각은 정치권력 획득의 정상적인 출발점으로 간주되어서는 안 되며 항상 잠정적이고 예외적인 임시방편으로 어쩔 수 없는 경우에만 있을 수 있다. 어떤 주어진 상황이 그런 불가피한 상황이냐 아니냐 하는 것은 전술상의 문제이지 원칙상의 문제는 아니다. 그런 문제에 대해 대회는 어떤 결정도 내릴 수 없다"고 하였다. 공식적으로 역사의 무대에 중앙파가 등장한 것이다. 대회는 우익 사회민주주의자들이 카우츠키가 제출한 결의안을 지지하며 카우츠키의 결의안이 채택되었고 사실상 밀레랑의 행동을 승인하였다.

이렇듯 우익적 경향이 지속적으로 강화되어 갔으나 제6차 대회인 암스테르담에서는 이를 저지하는 결정이 내려졌다. 그것은 수정주의에 대한 태도를 정하는 문제였다. 이것은 베른슈타인에 의해 독일 사회민주당 내에서 벌어졌던 수정주의 논쟁이 제2 인터내셔널 대회로 옮겨 왔던 것이다. 우익 사회민주주의자들은 수정주의적 내용을 강화하려 했지만 그것은 실패로 돌아갔다. 왜냐하면 독일에서 그랬었던 것처럼 이번에는 중앙파가 수정주의에 대해 반대의 입장을 견지하였기 때문이었다.[15]

1907년 8월 슈투트가르트에서 열린 제7차 대회는 식민지 문제를 주요한 문제로 다루었는데 이는 식민지를 둘러싸고 제국주의 국가 사이에 투쟁이 벌어지기 시작하면서 이것이 주요한 정치 문제가 되었기 때문이었다. 우익 사회민주주의자들과 노동조합의 관료들은 식민지가 자신들에게 주는 '떡고물'에 의해 이를 암묵적으로 지지하는 태도를 가지고 있었다.

제출된 결의안에는 "대회는 식민지가 일반적으로 —또한 꼬집어 말하면

14) 포스터, 앞의 책, pp. 178-80.

15) "대회는 있는 힘을 다하여 수정주의자의 노력을 부정한다. 그들의 목표는 계급투쟁에 기초한 우리들의 시련을 통한 승리로 빛나는 정책을 변형하려는 것이며, 부르주아지에 대한 끊임없는 공격에 의해 정치권력을 탈취하는 대신에, 기존의 사회질서에 양보하는 정책을 취하는 것이다"라고 하며 "(1) 당은 자본주의적 생산에 기초한 정치적 · 경제적 조건하에서는 어떠한 종류의 책임도 모두 거부하며, 따라서 지배계급이 권력을 유지하는 데 도움을 주는 어떠한 조치도 단연코 지지하지 않는다. (2) 부르주아 사회하에서 사회민주당이 정부에 참가하기 위해 노력하는 것은 결코 있을 수 없다"라고 선언한다. (같은 책, p. 192.)

노동자계급에게 있어서— 유용하다거나 필요하다고 말하는 것은 지나친 과장이라고 선언한다. 그러나 대회는 식민지정책을 원칙적으로, 또한 언제 어디서나 배격하지는 않는다. 왜냐하면 사회주의 체제하에서도 그것은 문명의 진보에 기여할 수 있기 때문이다"라는 내용이 포함되었고 이 결의안은 좌익 사회민주주의자들과 중앙파의 반대에 부딪쳐 치열한 논쟁을 거쳐 이 부분에 대한 내용이 삭제되고 통과된다.[16]

대회는 증대하는 전쟁의 위험에 따라 이 문제를 중요하게 다루었다. 물론 군국주의 반대와 전쟁 반대를 둘러싸고 많은 논란이 있었으나 대회는 군국주의와 제국주의에 대한 반대를 명확히 하고 전쟁 준비와 관련된 군비 확대를 반대하고 상비군을 민병으로 대치하는 것을 노력하며 그럼에도 불구하고 전쟁이 발생했을 경우 전쟁의 신속한 종결을 지향하기 위해 전쟁에 간섭하고 전쟁이 야기한 정치 · 경제적 위기를 이용하여 인민을 분기시켜 그것을 이용하여 자본주의적 계급 지배의 철폐를 앞당기기 위해 전력을 다할 것을 결의하였다.[17]

제8차 대회는 1910년 8월 코펜하겐에서 개최된다. 코펜하겐 대회에서는 전쟁의 위협이 점점 높아지는 상황에서 전쟁 반대의 결의안이 제출되었으며 이는 슈투트가르트 대회의 기본 노선을 따른 것으로 의회에 진출한 사회주의자 대표의 의무를 좀 더 강조했다. 또한 전쟁이 발발했을 때 이를 사회주의 혁명을 위해 이용해야 한다는 내용도 포함시켰다. 그런데 총파업을 전쟁 반대의 수단으로 채택하자는 의견을 결의안에 넣자는 의견은 탄압의 빌미가 된다는 주장에 의해 거부되었다. 이것은 다양한 이유가 있으나 우익 사회민주주의자들의 총파업에 대한 근본적 거부감도 커다란 이유를 차지했다.

이 대회에서 특징적인 것의 하나는 민족문제에 대한 것인데 오스트리아 노동조합운동에서 발생한 민족주의적 분열이라는 문제를 둘러싸고 벌어진 논쟁에서 민족문제를 둘러싼 견해의 차이('국제주의 정신-민족자결' 대 '문화-민족 자치제')가 있다는 것이 확인되었다. 후자는 부르주아 민족주의에 근거한 것으로 우익 사회민주주의자들의 수정주의적 본질을 보여 주는 것이었다. 이

16) 같은 책, pp. 216-7. "이 문장을 포함하는 한 구절에 관한 투표에서 흥미 깊은 사실이 드러났다. 즉, 식민지를 소유하는 강대국의 대의원 대부분과 소식민국(소제국주의국)의 전(全) 대의원이 그 구절을 그대로 남겨 두는 데 찬성했다." (같은 책, p. 217.)

17) 같은 책, pp. 219-22.

와 관련하여 대회는 노동조합 사이의 연대를 국제적인 규모로 강화할 필요와 모든 나라에서 노동조합운동의 통일에 힘쓸 것을 선언하였다.

제9차 대회는 1914년 8월에 열릴 예정이었으나 국제 정세가 엄혹해지는 관계로 임시 회의를 1912년 11월 바젤에서 열게 되었다. 당시에 이미 제국주의 열강과 그 위성국가 간에 충돌이 빈번하게 일어났다.18)

대회에서는 '바젤 선언'을 채택했는데 "만국의 사회주의 정당과 노동조합이 전쟁에 대한 전쟁에서 완전히 의견이 일치했"음을 밝히고 "세계 전쟁의 뒤를 이어 프롤레타리아트 혁명이 일어나지나 않을까 하는 지배계급의 우려가 평화에 대한 하나의 중요한 보장"이라고 선언하고 발칸 국가들의 당에는 '민족자결'의 원칙과 중립국의 노동자들에게는 정부에 대해 전쟁 당사국에 대한 지원 중지, 개입 금지, 절대 중립을 지키도록 요구하는 임무를 부여하였다. 이러한 결의는 당시 전 세계적으로 고양되는 노동자들의 투쟁과 지역적인 전쟁에서 보여 주었던 사회주의 조직들의 투쟁의 경험 및 대중들의 반전 의식의 고양이라는 상황에 의해 중앙파를 비롯하여 우익 사회주의자까지도 절대적인 지지를 하게 하였다.19)

4) 제1차 세계대전

1914년 7월 28일 동맹국(주도국은 독일 · 오스트리아-헝가리 · 터키)과 연합국(주도국은 프랑스 · 영국 · 러시아 · 이탈리아 · 일본이며 1917년부터 미국도 가담)의 두 진영으로 나누어 전쟁이 일어났으며 제2 인터내셔널은 자신의 확고한 입장을 결정해야 했다. 앞서 본 것처럼 슈투트가르트 대회, 코펜하겐 대회, 바젤 대회를 통해 전쟁 반대 및 전쟁 반대 투표, '전쟁에 의해 초래된 정치 · 경제적 위기의 혁명적 이용'을 거듭 천명해 왔지만, 정작 결정적인 상황이 발생하자 사회민주주의의 대부분의 지도자들은 "조국 방위"라는 부르주아지의 주장에 동조하고 만다.

8월 2일 독일 노동조합 간부들은 부르주아지와 '사회 평화, 파업 배제 협

---

18) 1911년 7월 독일과 프랑스의 충돌, 1911년 이탈리아-터키 전쟁, 1912년 10월 발칸 국가들 간의 전쟁.

19) 포스터, 앞의 책, pp. 219-22. 레닌은 이에 대해 "그들은 거액의 약속어음을 끊었다. 그들이 어떤 식으로 지불할 것인지 두고 보자"라고 했다. 당연하고 예상된 결과였지만 결국 중앙파와 우익 사회주의자들은 부도를 냈다.

정'을 맺었고, 8월 3일 독일 사회민주당의 간부들은 국회의원단 회의에서 78 대 14로 전쟁 지지를 결정하였고 국회에서 당 의원 110명 전원이 군사공채에 찬성투표를 하였으며 "위기에 처하여 우리는 조국을 버리지 않을 것"임을 선언한다. 이후 러시아와 세르비아 당을 제외하고 교전국 모든 사회당이 독일 사회민주당과 같은 행동을 취했고 노동조합도 이에 동조하였으며 몇몇 국가에서는 내각에까지 참여한다. 우익 사회민주주의자들은 노골적으로 "사회배외(애국)주의"자로서 행동했으며 중앙파들은 '방위 전쟁이라는 주장에는 동조하면서 전쟁에는 반대라는 태도'(전시공채에는 반대투표를 하지 않지만 투표는 기권하는 등)를 보였다. 제2 인터내셔널은 붕괴되었다.[20)]

5) 제2 인터내셔널에 대한 약평

1889년 빠리에서 결성된 제2 인터내셔널(사회주의 인터내셔널, Socialist International)은 19세기 마지막 10년과 20세기 초 제1차 세계대전에 이르기까지 유럽 노동운동의 이데올로기 · 정책 · 방법에 큰 영향을 끼친 사회주의 정당과 노동조합들의 연합체였다. 이 시기는 자본주의의 다소 평화로운 발전의 시기였으며, 세계 제국주의가 성장하고 확대되는 시기였다. 이는 자본주의가 크게 확대되는 시기임과 동시에 국제정치에서의 자본주의적 대립이 첨예해지는 시기이기도 한데 이는 부르주아의 역사적 역할이 진보적인 것으로부터 완전히 반동적인 역할로 전화하는 것을 의미한다.

이러한 정세 속에서 인터내셔널은 주로 조직과 교육 활동, 즉 사회당과 노동조합, 협동조합을 건설하는 활동에 집중했으며 계급투쟁을 둘러싼 태도도 일반적으로 온건한 경향을 띠었다. 또한 임금, 노동시간, 사회보험, 공장입법, 노동자의 선거권 등에 관하여 정부와 자본가들에게 많은 양보를 얻어냈다. 이러한 성과는 물론 노동자계급과 노동운동의 성장에 의해 탄압 일변도의 정책이 수정된 결과이지만 다른 한편 제국주의 국가의 부르주아지가 노동귀족을 양성하여 노동자계급 전체의 연대성과 혁명적 정신을 약화시키려는 의도도 있었다. 제2 인터내셔널의 붕괴는 세계 자본주의의 급속한 성장과 확대에 의한 환상과 떡고물에 의한 부패에 굴복하여 발생한 것으로, 기회주의적인 노동관료와 소부르주아 지식인에 의해 구성되었던 지도부의 배신에 의

20) 슬로건은 세 가지로 나눠지는데 '제국주의 전쟁을 내전으로' 혹은 '제국주의 전쟁에서의 자국 정부의 패배' 대 '조국 방위' 대 '승리하지도 말고 패배하지도 말자'였다.

해 이루어지게 된 것이다.

레닌은 이에 대해 "19세기 말의 객관적 조건은 기회주의를 만개시켰으며, 부르주아적 합법성의 이용이 아닌 그것에의 투항으로 전향케 했고, 노동계급의 관료화와 귀족화라는 얄팍한 빵 껍질을 날조해 냈으며, 그리고 수많은 쁘띠부르주아적 '동반자들'을 사회민주당에 끌어들였다.

전쟁은 이러한 발전을 가속화시켰고, 기회주의를 사회배외주의로 변형시켰으며, 기회주의자들과 부르주아지 사이의 은밀한 제휴를 공공연한 것으로 만들었다"[21]라고 평가하였다.

6) 제2 인터내셔널에서 좌파

지도부의 기회주의에 대항하여 좌파가 형성되었지만 이들은 상대적으로 미약했으며 미숙했다. 또한 이들은 하나의 사상과 이론으로 결집되어 있지도 못하였다. 이는 제2 인터내셔널이 활동하던 시기의 정세는 이들이 발전하기에 유리하지 않은 상황이었기 때문이다.

이들의 일부는 생디칼리즘 노동조합과 무정부주의적 경향을 가졌던 그룹

---

21) 레닌, "사회주의와 전쟁", ≪사회주의와 전쟁 外≫, 두레, 1989, p. 42.

"〈제2 인터내셔널〉의 붕괴는 지나간(소위 '평화로운') 역사적 시대의 특수성을 기반으로 배태되어 근년에 이르러 〈제2 인터내셔널〉 내에서 사실상의 지배권을 획득하고 있었던 기회주의의 붕괴에 불과하다. 기회주의자들은 사회주의 혁명을 부정하고 그것을 부르주아적 개량주의로 바꿔치기해 버렸다. 그들은 계급투쟁과, 그것의 일정한 시점에 이르면 필연적으로 내전으로 전화한다는 것을 부정하고 계급 간의 협력을 설파했다. 그들은 애국주의와 조국 방위를 구실 삼아 부르주아적 배외주의를 설파했다. 그들은 노동자는 조국을 갖지 않는다고 하는, 이미 "공산당 선언" 속에서 언급된 바 있는 사회주의의 기본적 진리를 무시하거나 혹은 부정해 버렸다. 그들은 모든 나라의 부르주아지에 대한 모든 나라의 프롤레타리아의 혁명선쟁이 필요성을 인정하는 내신에, 반군국주의 투쟁에서는 감상적인 소시민적 입장에 머물렀다. 그들은 부르주아적 합법성을 이용하는 것이 필요하다는 점에 지나치게 집착하여 이 합법성을 물신화함으로써, 위기의 시대에는 비합법적 형태의 조직과 선동이 반드시 필요하다는 사실을 망각해 버렸다. 이와 같이 그들은 〈제2 인터내셔널〉의 붕괴를 훨씬 이전부터 준비해 온 셈이다. 기회주의의 당연한 '보조자'인 —똑같이 부르주아적이고, 프롤레타리아적인 입장인 마르크스주의적 입장에 대해 적의를 가진— 무정부주의적 생디칼리즘 유파의 특징은 오늘날과 같은 위기의 시기에 배외주의의 슬로건을 기회주의자에 못지않게 파렴치하고도 뻔뻔스럽게 되풀이하는 것이다." (레닌, "전쟁과 러시아 사회민주당", 같은 책, pp. 203-5.)

으로 영국의 직장위원회 운동, 미국의 세계산업노동자단, 프랑스, 스페인, 이탈리아, 라틴 아메리카의 생디칼리즘 좌파 등으로 구성되었다. 맑스주의는 기존의 국가권력을 노동자계급의 권력 기구로 대치시키는 정치투쟁, 즉 혁명에서의 국가권력의 문제를 가장 중요한 문제로 파악하고 이를 위해 혁명적 당의 건설과 지도의 필요성을 역설하는 데 비해 이들은 이를 일정하게 부정하였다. 또한 이들은 사회주의의 실현은 노동자계급 스스로가 생산수단을 점유하고 이를 스스로 관리, 통제하는 것 여부 자체에 있다고 생각하였다. 따라서 이들은 노동자계급의 투쟁은 노동자계급 스스로의 대중투쟁이어야 하며, 투쟁의 중심은 태업, 파업, 총파업, 공장점거, 노동자 자주관리로 이어지는 경제 변혁 투쟁이어야 함을 주장하고 국가권력을 노동자계급의 권력 기구로 대치하는 정치투쟁도 이러한 연장선에서 이해되어야 함을 주장하는 그룹이었다.

한편 "좌익주의"라고 불리던 그룹이 있었는데 독일의 룩셈부르크, 리프크네히트, 체트킨, 메링, 프랑스의 게드, 영국의 하이드만, 네덜란드의 판네쿡, 미국의 뎁스, 레온 등으로, 이들은 상대적으로 좌익적이었으나 사상적 편차가 심한 이질적인 집단이었고 명확한 강령도 갖고 있지 않았다. 이들은 프롤레타리아트 독재의 절대적 불가피성과 국가권력의 쟁취, 정치투쟁의 일차적 중요성을 인정하였다. 그러나 그를 지도하는 혁명적 노동자당의 필요성과 관련하여 이견을 보였다. 또한 이들의 일부는 의회나 노동조합 특히 부르주아지나 사회민주주의자들의 지배하에 있는 노동조합 내에서의 활동을 부정하는 경향을 갖고 있었으며 '쏘비에트' 또는 '평의회'를 건설하는 것을 대중 활동의 중심으로 주장하였다. 이들은 이후 좌익 공산주의자들이 된다. 이들의 이러한 주장은 사회민주주의자들과 노동조합의 관료주의자들의 지도하에서 의회와 노동조합 활동에 국한되어 혁명 의식과 자발성이 상실되어 버린 서유럽 혁명운동과 노동운동에 대한 반발에서 기인한 것이다. 이와는 다르게 레닌에 의해 지도되던 러시아의 볼쉐비끼 세력도 제2 인터내셔널의 좌파를 이루었다.

7) 찜머발트 운동(1915년 9월 5-8일)

노동자들이 혼란에서 빠져나오면서 사회민주당 내부의 분화와 대중의 좌익화, 혁명적 사상과 분위기가 형성되는 상황을 바탕으로 스위스에서 '국제사회주의자 회의'가 열리게 된다. 유럽의 12개국 37명의 대의원과 1명의 참관인으로 구성된 회의의 다수파는 중앙파적 경향과 동요분자들로 구성되었고, 레닌을 비롯한 소수파는 찜머발트 좌파를 구성하였다. 회의는 제1차 세계대전을 제국주의 전쟁으로 규정하고 '조국 수호' 사상을 부르주아적 허구로 규정하면서, 혁명 투쟁이 빠진 평화는 공허한 거짓 문구이며 전쟁을 피하는 유일한 길은 사회주의를 향한 혁명적인 투쟁뿐이라고 선언한다. 1916년 말 부르주아 국가 사이에 제국주의 전쟁에서 제국주의 강화로의 정책 전환이 일어나자 찜머발트 우파는 사회배외주의자들과 타협을 모색하게 되며 좌파와 우파의 갈등이 심화되었고, 러시아 2월 혁명은 이를 더욱 강화한다('제국주의 전쟁을 내전으로'[22]). 1917년 러시아 10월 혁명 이후 국제 협의회가 뻬쩨르부르크에서 열리고 '꼬민떼른'의 결성으로 찜머발트 운동은 해산된다.

3. 1918년 혁명의 경험[23]

1) 독일

(1) 1918년 11월 혁명

러시아 혁명 후 시작된 혁명적 고양은 유럽 최대의 자본주의 국가의 하나인 독일에서 두드러지게 나타났다. 독일에서는 전쟁 중에 첨예해진 계급적 갈등과 사회적 위기에 의해 혁명적 정세가 조성되었고 이는 1918년 혁명으로까지 발전하게 된다. 전쟁 말기 독일은 융커적 지주 경영과 반(半)절대주의적 군주제의 형태로 봉건제의 잔재가 남아 있는 제국주의 국가였고 융커와 독점자본가가 권력을 나누어 갖고 있었다. 전쟁은 독일 인민들을 피폐하게 하였고 독일의 인민들은 전쟁 중지 · 평화를 원하였다. 1918년 1월 정치 총파업 후 독일 정부는 공장을 군사화하는 등 억압을 강화하였지만 여름부터 평화와 민주주의와 생활 조건의 개선을 요구하는 정치 파업과 시위가 전국화하

22) 비록 국제주의에 입각하여 일관되게 전쟁 반대를 주장하였던 리프크네히트, 룩셈부르크, 메링 등도 이 슬로건을 지지하지 않았다. 물론 당시에는 제국주의 전쟁을 지지함으로써 제국주의를 지지하느냐 아니면 제국주의 전쟁을 반대함으로써 혁명을 지지하느냐, 이것이 당시의 각 당을 구별하는 경계선이었다.

23) 제프 일리 저, 유강은 역, ≪The left 1848-2000≫, 뿌리와 이파리, 2008, pp. 318-9.

였고 위기가 심화되자 지배계급은 사회민주당 대표들을 포함시키는 연합정부를 출범시켜 혁명을 막고 군주제를 지키고자 하였다.

이 당시 사회민주당은 제국주의 부르주아지를 지지하는 기회주의 정책을 폈고, 독립사회민주당은 선진적인 노동자들을 규합하고 있었지만 중앙파의 지도자들이 주도하였다. 스파르타쿠스파는 독립사회민주당에 소속되어 있었고 힘도 미약했다.

10월 말 독일 해병사령부의 명령에 수병들이 불복종운동을 벌이며 진행한 시위와 이에 대한 발포에서 비롯한 봉기와 계속된 독일 곳곳에서 벌어진 총파업과 봉기는 군주제와 카이저 정부를 붕괴시키게 된다. 처음에는 군주제를 지키고자 했던 사회민주당의 지도부는 군주제가 11월 9일 붕괴되자 당일 민주공화국의 성립을 선언하였고, 이것을 혁명의 끝이라 생각하였다. 반면 스파르타쿠스파는 첫발을 내딛은 혁명을 마지막 승리까지 이끌어 갈 것을 주장하며 같은 날 "사회주의 공화국" 수립을 선언한다.

사회민주당은 독립사회민주당과 공동정부(인민위원협의회, 에베르트-하제 정부)를 수립하였고 이들은 스스로 '사회주의' 정부임을 표방한다. 하지만 이들은 사회주의 혁명에 적대적이었고 부르주아 체제 내에서의 몇 가지 개혁의 실시로 혁명을 멈추려 하였다. 또한 이 공동정부는 쏘비에트 러시아와 외교를 단절하고 쏘비에트 대사관원을 내쫓았으며 간섭 침략, 백위군 지원을 지속한다.

혁명에 의해 자극받은 부르주아들은 기존 정당들을 개편하여 정당을 만드는데 11월 12일 독일민주당(상업계, 경공업기업주, 은행가, 주식중개인, 도시소부르주아지, 부르주아 인쩰리겐챠 등), 11월 22일에는 독일국가인민당(대중공업자본가, 금융자본가, 대토지 소유자 등), 11월 23일에는 독일인민당(대중공업자본가, 대은행가, 상공업에 관계있는 대지주 등), 크리스트교 인민연합(중앙)당(군주주의적 견해, 독일 남부, 남서부, 서부 가톨릭계 주민)이 만들어진다. 이들은 모두 공통적으로 에베르트-하제 정부를 지지하고 헌법제정의회의 빠른 소집을 주장한다.

'스파르타쿠스파'는 '스파르타쿠스단'으로 조직을 정비하고 '단일한 사회주의 독일공화국을 위한 투쟁'이라는 슬로건을 내걸고 평의회를 강화하고 혁명을 방위하며 국가기구에서 반혁명파를 쓸어버리자고 호소한다. 하지만 아직 독립사회민주당으로부터 조직적으로 완전히 분리하지 못하고 종속되어 있는 상태를 유지하였다.

사회민주당의 지도자들은 사회주의 건설보다 의회 공화국으로의 이른바 '질서정연한 이행'에 관심이 있었다. 이는 에베르트와 군부의 볼쉐비즘에 대한 동맹, 행정조직 및 사법부에 대해 개혁을 실시하지 않은 것에서도 확인할 수 있다. 이들 조치 중 가장 결정적인 것은 11월 15일 대자본가 집단과 독일 노동조합총위원회 지도자들이 '실무적인 협력에 관한 협정'을 맺은 것인데 이것은 혁명의 사회정치적 성격을 결정하는 것이다.

이러한 과정에서 독일 정부는 카우츠키를 위원장으로 하는 '사회화 위원회'를 설치하고 대대적 선전을 진행한다. 또 이 시기에 반동적 장교단은 '의용군'을 모집하여 12월 6일 반혁명을 일으켰으나 실패한다.

한편 11월 혁명의 과정에서 혁명의 동력이었고 또한 성과로서 다양한 평의회가 조직되었는데, 이는 인민들에게 커다란 지지를 받고 있었다. 12월 16-21일 노동자·병사평의회 전국대표자대회가 열렸고(사회민주당원 228명, 독립사회민주당원 87명, 무당파 병사 27명, 부르주아 정당원 25명, 스파르타쿠스단원 10명), 여기서는 국민의회 소집과 그 전까지 모든 입법권과 집행권을 인민위원협의회에 부여하는 것을 결의한다.

대회 이후 사회민주당 지도부는 노동자계급의 무장을 해제하려는 등 노골적인 반혁명 정책을 수행했고 이에 맞서는 투쟁이 계속 벌어지자 이들은 구(舊)지배계급과 제휴를 하게 된다. 이러한 과정 속에서 스파르타쿠스단은 독립사회민주당 대회 소집을 요구한다. 당 지도부는 이를 거부했지만 결국 12월 28일 독립사회민주당은 정부에서 나오게 된다.

12월 29일 스파르타쿠스단은 독립사회민주당과 관계를 끊고 공산당을 창립하기를 결의하고 독일 국제공산주의자(IKD)와 함께 30일에 독일 공산당(KPD) 창립 대회를 가진다. 대회는 당원이 개량주의적 노동조합에서 활동하는 것을 금지하고 또한 국민의회 선거를 보이코트하기로 결정한다.

독일 정부는 노동자계급에 대한 공격을 계속 감행하였고 1월 4일 독립사회민주당원이었던 베를린 경시총감을 쫓아낸다. 이에 공산당 대표와 독립사회민주당 지도부가 공동으로 이끌었던 혁명행동위원회가 주도하여 시위(5일)와 총파업(6일)이 벌어진다. 하지만 이때에도 독립사회민주당은 정부와 교섭에 몰두하였고 교섭에 실패하자 봉기(8일)를 호소한다. 그러나 그동안 시간을 번 정부는 이를 진압하였고 이 과정에서 리프크네히트와 룩셈부르크는 살해당하게 된다.

국민의회 선거는 19일 치러졌고 사회민주당은 165석(1,150만 표, 37.9%), 독립사회민주당은 22석(230만 표)을 얻어 의석의 45.5%를, 부르주아 정당은 54.5%의 의석을 얻는다. 공산당은 선거에 불참하였다.

국민회의는 2월 6일 열렸고, 이날 노동자·병사평의회 중앙평의회는 권력을 의회로 넘긴다. 2월 11일 에베르트는 공화국 대통령으로 선출되었고 2월 13일에는 샤이데만이 사회민주당과 부르주아 정당들의 대표자로 구성된 정부 내각을 조직하며 투쟁은, 11월 혁명은 이렇게 종결된다.

(2) 1919년 2월에서 3월의 혁명 봉기

국민회의에 권력을 넘겨주는 결정에 반대하여 독일의 여러 곳에서, 즉 1919년 1월 10일 브레멘, 1월 11일 쿡스하펜, 2월 아우크스부르크와 아샤펜부르크, 브라운슈바이크에서 봉기가 일어나고, 4월 13일 바이에른 평의회 공화국, 사회주의 공화국 혹은 평의회 정권이 선포된다. 그러나 이 시기 혁명 투쟁은 적의 공격을 막는 성격의 싸움이었고, 투쟁에 참여한 것은 광범한 인민대중이 아니라 프롤레타리아트의 전위들이 많았으며 모두 패배로 귀결되었다.

2) 이탈리아

이탈리아 사회당은 비타협적이고 단합되었고 좌익적이었다. 처음부터 전쟁 지지를 거부했으며 전쟁공채에도 반대를 했고 제헌의회 요구도 조합주의라고 비판했고 즉각적인 '사회주의 공화국 설립과 프롤레타리아 독재'를 주장하였다.

1919-20년 노동자들의 파업은 전국적으로 벌어졌고 사회당을 비롯한 좌파들의 지지도는 매우 높았다. 이러한 상황은 전반적인 사회적 대결 분위기를 이끌었고 혁명적 기운 역시 높았다.

사회당은 전쟁 전부터 개량주의자와 최대 강령주의자의 두 가지 흐름이 있었는데 전자는 노동자계급의 혁명 투쟁을 지원하기보다는 부르주아지와 결탁하였고 이들은 전후 소수파로 전락하였다. 후자는 혁명적 공약을 주장하고 사회주의 공화국과 프롤레타리아 독재를 호소하였으나 말과 행동이 일치하지 않았다. 이들은 개량주의를 기회주의와 협조주의로 비난했지만 그들과 헤어지기를 거부해 왔다. 사회당 내 좌익들은 개량주의자들의 제거를 주장해 왔으나 그 힘은 약했다.

1919년 11월 16일 국회의원 선거에서 사회당은 큰 성공을 거두게 된다. 이후 정치투쟁은 빠르게 고양되었고 노동자계급은 1920년 4월 공장평의회의 권한을 줄이려는 시도에 총파업으로 맞섰고, 8월에는 직장 폐쇄에 맞서 공장 점거 운동이 전개된다. 1921년 5월 국회의원 선거가 있었고 의석수는 사회당과 공산당 138석, 인민당 108석, 파시스트 35석으로 사회당이 승리한다. 1920년대 말부터 독점부르주아지는 노동자계급을 공격하였고 점차 테러가 사용되게 된다. 이에 1929년 8월 1일 파시스트 일당에 반대하는 정치적 총파업을 일으키는데 이는 정부의 탄압뿐 아니라 개량주의적 지도부의 기회주의에 의해 패배하게 된다. 이때 비로소 사회당의 지도부는 개량주의자들을 제명한다. 하지만 지배계급은 뭇쏠리니를 수반으로 하여 쿠데타를 일으키고, 이탈리아에는 반혁명적 파시스트 독재 체제가 수립된다.

4. 레닌의 '좌익 공산주의' 비판

1) ≪공산주의에서의 "좌익"소아병≫

레닌은 당시 공산주의 운동의 발전 단계의 특수성을 "모든 자본주의 나라들에서 혁명적 프롤레타리아트의 지도자들이 공산주의 인터내셔널의 기본 원칙들의 완전한 터득", "세계 혁명운동이 강력한 고양", "새로운 근로인민 대중들의 투쟁에로의 합류", "노동계급의 정치적 각성과 단결의 급속한 성장", "공산당들의 대중적인 출현과 공고화" 등으로 파악한다. 그리고 그러한 시기의 공산주의 운동에게 필요한 것은 올바른 정치 지도와 대중을 위해 싸우는 능력, 그들을 이념적으로 프롤레타리아 전위 쪽으로 끌어들이는 능력이라고 주장한다.[24]

그러한 시점에 젊은 공산주의자들이 정치적 경험 부족과 이론적 능력 부족 때문에 "지도자-당-계급-대중"을 혼동하고,[25] '혁명성'을 지킨다는 명분으로 합법 활동을 경시하고, "반동성"을 이유로 노동조합을 비롯한 대중적 활동 공간에서의 활동을 거부하며,[26] "역사적으로도 정치적으로도 폐물이" 되

24) 레닌, "10. 몇 가지 결론", ≪공산주의에서의 "좌익"소아병≫, pp. 101-20.
25) 레닌, "5. 독일의 "좌익" 공산주의. 지도자들-당-계급-대중", 같은 책, pp. 37-45.
26) 레닌, "6. 혁명가들은 반동적인 노동조합들에서 활동해야 할 것인가?", 같은 책,

었다는 잘못된 판단을 근거로 의회 및 선거 참여를 거부한 것에 대해 레닌은 혹독한 비판을 가한다.[27] 그들의 가장 중요한 슬로건의 하나는 "어떠한 타협도 안 된다!"와 "타협 없이, 우회 없이 전진하자"였는데 이는 그들의 "유아성"을 아주 잘 표현해 준다.[28]

물론 그는 "좌익 교조주의"의 오류가 "우익 교조주의(사회배외주의와 카우츠키주의)"의 오류보다 "천배나 덜 위험하고 덜 중요하다"고 지적한다. 하지만 그것은 단지 "아주 어린, 겨우 싹트고 있는 경향이기 때문"일 뿐이기 때문이라 그렇게 주장하는 것이고 "좌익 교조주의"는 "우익 교조주의"와 "방향이 다를 뿐인 똑같은 오류"이고 "우익 기회주의"를 "보충하는 형태", "노동운동의 기회주의적 범죄에 대한 일종의 형벌"이라고 지적하며 "우익 기회주의"와 마찬가지로 본다.

레닌은 '당 독재인가 계급독재인가, 지도자들의 독재(당)인가 아니면 대중들의 독재(당)인가', "위로부터인가 아니면 아래로부터인가"라는 질문 자체가 '지도자들-당-계급-대중'에 대한 몰이해에서 나오는 유치한 주장이라 비판한다. 그리고 이러한 사고의 귀결은 결국 "당 원칙과 당 규율의 거부"로 귀결되며 결국 부르주아지의 이해를 대변하는 것이라고 결론을 내린다.

노동조합과 관련하여, 그것은 자본주의 발전 초기에 노동계급의 커다란 진보였지만 혁명적 프롤레타리아트 당의 성장 후에는 일정한 반동성, 편협성, 침체성을 불가피하게 드러낼 수밖에 없다고 지적한다. 하지만 프롤레타리아트는 노동조합과 당의 상호작용 없이는 발전이 있을 수 없다고 주장한다. 따라서 반동성을 근거로 그것도 노동조합 상층부의 반동성·반혁명성을 빌미로 노동조합을 탈퇴하는 것은 어리석은 일이라 하며 그러한 주장을 하는 좌익 공산주의자들을 비판한다. 그리고 그렇게 하는 것은 무책임한 것으로 공산주의자라면 "반드시 대중이 있는 곳에서는 작업해"야 한다는 주장을 한다.

또한 의회투쟁과 관련하여 부르주아 의회는 비록 혁명가에게 역사적인 폐물이 되었지만 아직 노동자들에게 정치적으로는 의미가 있으며 따라서 공산주의자들은 의회 선거에 참여하여 의회 연단에서 투쟁해야 한다고 주장하며 이에 대한 무용성을 주장하는 좌익 공산주의자들을 비판한다.

---

pp. 46-57.

27) 레닌, "7. 부르주아 의회에 참여할 것인가?", 같은 책, pp. 58-70.

28) 레닌, "8. 어떤 타협도 안 된다?", 같은 책, pp. 71-84.

2) 영국 공산주의자들에 대한 조언[29]

당시 영국의 공산주의자들은 여러 조직으로 분열되어 있었고 그중 '영국 사회당', '사회주의 노동당', '남 웨일즈 사회주의 협회', '노동자 사회주의 연맹'은 공산당 창당을 희망하고 있었으며 서로 협의하고 있었지만 그들은 통합된 공산당을 건설하지 못하고 있었다. 그들의 통합을 방해하고 있었던 것은 의회에 참여할 것인가 하는 문제와, 새로운 공산당을, 오래되고 직업적이고 주로 노동조합으로 구성되고 기회주의적이고 사회배외주의적인 노동당에 통합시켜야 할 것인가 하는 문제를 둘러싼 의견 차이였다.

레닌은 의회투쟁에 참가하지 않는 것은 오류임에 분명하지만 "공산주의 인터내셔널과 각국의 공산당이, 쏘비에트 권력을 지지하지만 의회투쟁에 참가하는 것을 반대하는 노동자들과 관계를 끊는다면" 이것은 "돌이킬 수 없는 과오를 범하게" 되는 것이라 주장한다. 그래서 "의회 선거의 참가를 포기하는 것은 영국의 혁명적 노동자 측의 오류이지만, 그러나 당신이 열거한, 볼쉐비즘에 동조하고 진지하게 쏘비에트 공화국을 지지하는 모든 조류나 분자를 모아 영국에 커다란 노동자 공산당을 결성하는 것을 지연시키는 것보다는, 이 오류를 범하는 편이 낫"다고 주장한다.

3) 레닌에 대한 반론

좌익 공산주의자들의 태두격인 판네쿡과 호르터 등은 서로 간의 약간의 입장 차이를 보이지만, 그 둘의 생각이 동구와 서구의 차이에 기초해 있다는 점에서는 동일하다. 즉 양자 공히 동구는 농촌의 공동체주의가 광범위하게 존재하고 이러한 조건이 레닌의 전술이 승리할 수 있는 기회를 제공한다고 생각한다. 반면 서구의 소선은 부르주아 문명화가 대중들의 사고와 감성을 장악하고 있고 농민도 우호적이지 않기 때문에 레닌의 주장에 대해 반대를 한다. 이들은 물론 당시 좌익 공산주의자들은 당의 권력 장악, "철의 규율" 등을 둘러싸고 상이한 입장을 보였다.

최근의 좌익 공산주의자들은, 당시 레닌의 규정에 의해 "좌익 공산주의"는 종파적이고 반(半)무정부주의적 조류로 치부되는데, 이는 옳지 않은 규정이라

29) 다음의 글을 참조하라. 전성식, "영국 공산주의자들에 대한 레닌의 조언", ≪정세와 노동≫ 제11호(2006. 3.), pp. 79-93.

고 한다. 왜냐하면 노동조합에 참여를 거부하는 것은 그것이 자본주의 쇠퇴의 시기에 옳지 않은 전술이기에 그러한 것이지 무조건적인 반대는 아니었다는 것이다. 또한 그것은 관념적 사고에서 나온 것이 아니라 1919년 이래 수행했던 투쟁의 경험을 통해 나온 것이라는 주장이다. 독일의 경험에 비추어 보았을 때 혁명의 최초에 의회주의와 노동조합주의에 반대하여 노동자 평의회와 쏘비에트가 제기된 것은 실질적 운동이었고 그것은 옳았다는 것이다. 그들은 좌익 공산주의자에게 가해지는 '반당적'이라는 비판 역시 옳지 않은 비난이라고 한다. 왜냐하면 그것은 당시 혁명운동의 복잡한 현실을 무시한 비판이기 때문이라는 것이다. 비록 '평의회주의'와 같은 무정부주의적 영향을 받은 것은 어느 정도 사실이지만 좌익 공산주의는 '공산주의당'의 역할을 명확히 하고 있었고, 실제적으로 혁명 시기의 당은 대중조직이 될 수 없고 그 본질적 임무는 "프롤레타리아트의 자아의식"의 고양이며 선진적 소수라는 볼쉐비끼의 경험과 의식에 동의하기 때문이라는 주장을 한다.

5. 몇 가지 '좌익 공산주의'

1) 안톤 판네쿡[30]

저명한 천문학자였던 판네쿡은 네덜란드 사회민주연맹에서 좌익을 대표하여 활동하였고 당의 지나친 의회주의에 반대하다가 1909년 추방되었다. 그는 그해 사회민주당을 만들었고 이 당은 1918년 이후에 공산당이 된다. 판네쿡은 처음부터 좌익 공산주의자는 아니었다. 그는 제2 인터내셔널 시기 우익 기회주의에 맞서 올바르게 투쟁한 모범적인 사회민주주의자였고 공산주의자였다.[31]

---

30) 브라니츠키, ≪마르크스주의의 역사(Ⅰ)≫, 중원문화, 1987, pp. 380-6. 그의 주요 저서인 ≪노동자 평의회≫는 "빛나는 전망" 출판사에서 번역되어 출판되어 있다. '판네쿡'의 외래어 표기는 다양하게 쓰이는데, 여기서는 "빛나는 전망"의 표기법대로 쓰기로 한다.

31) 그에 대해 레닌은 이렇게 평가한다. "네덜란드에서는 트뢸스트라(Troelstra)의 기회주의당이 배외주의 일반과 유사했다. ... 네덜란드의 고르터(Gorter)와 판네쿡이 이끄는 마르크스주의 당만이 일관되고 진실하며 충직하고 확신에 찬 국제주의자들이다." (레닌, "제2 인터내셔널의 붕괴", ≪제2 인터내셔널의 붕괴 外≫, p. 78.)

그는 사회민주연맹에서 추방된 후 독일 사회민주당에서 활동하였는데 수정주의자들은 물론 카우츠키를 포함한 중도파와 첨예한 논쟁을 벌인다. 그는 사회민주주의자들의 평화적 방법에 의한 사회변혁을 환상이라고 비판했는데, 그것은 부르주아지가 자신의 위치와 권력을 포기하지 않을 것이기 때문이고, 따라서 폭력에 의한 국가의 전복이 불가피함을 주장했다. 또한 국가와 관련한 혁명의 임무에서 "프롤레타리아 권력기관의 도움을 받아 국가권력 기관을 파괴하고 해체"해야 한다고 주장하며 카우츠키와 논쟁한다.[32)]

판네쿡은 ≪노동운동에서의 전술상 의견 차이≫(1909년)를 발표하는데 레닌은 "유럽 노동운동에서의 의견 차이"라는 글에서 "노동운동에서의 전술상의 기본적 의견 차이"의 "원인들을 과학적으로 연구하려 한 흥미 있는 시도"라 하며, "앞으로의 서술에서 우리는 독자들에게 판네쿡의 결론들을 소개할 터인데, 이 결론들은 정확한 것으로 인정하지 않을 수 없는 것"이라고 높게 평가한다.[33)]

판네쿡은 개량과 혁명의 문제를 다룰 때에도 계급투쟁과 프롤레타리아트의 권력 수립이라는 목표에서 시작하는데, 진화와 혁명의 관계, 혁명 과정의 두 측면을 모두 고려해야 함을 주장한다. "무정부주의와 수정주의는 모두 노동운동에 있어 부르주아적 노선에 속하며 부르주아적 세계관을 프롤레타리아적 사고와 결합시킨 것", "무정부주의는 거칠어진 소시민의 이데올로기이며 수정주의는 양순한 소시민의 이데올로기"라고 지적한다.

또한 그는 노동조합과 관련해서 노동조합의 우선 과제는 생활 조건 개선과 가능한 한 착취를 제한시키는 것을 위한 투쟁으로 이 과제는 "자본주의 안에 머무는 것이며 자본주의를 넘어서는 것이 아니"라는 것을 지적한다. 하지만 부르주아 사회의 발전은 노동조합이 보수적으로 머무는 것조차 방해하여 "노조는 이미 언급된 목적 이외에 다른 새로운 목적과 과제를 상정함으로써가 아니라 노동조건의 개선 투쟁이라는 자신의 특수한 과제를 가능한 한

32) 이 논쟁에 대해서 레닌은 판네쿡의 주장이 "많은 결함으로 인하여 공격도 많이 받고 수난도 많이 당한다"거나 "정확성과 구체성을 결여하고 있다"고 지적하지만 "이 논쟁에서 맑스주의를 대변한 것은 카우츠키가 아니라 판네쿡"이라고 한다. (레닌, ≪국가와 혁명≫, 돌베게, 1998, p. 139.) 레닌은 기회주의자들이 맑스주의 국가론을 어떻게 속류화시키는가를 증명하기 위해 그 논쟁을 인용하며 카우츠키의 왜곡을 폭로한다.

33) 레닌 외, ≪전략과 전술≫, 학민사, 1988, pp. 80-4.

잘 충족시킴으로써, 즉 의식적인 개선 투쟁이라는 자신의 특수한 과제를 가능한 한 잘 충족시킴으로써, 즉 의식적인 의도나 강령이 아니라 현실 자체에 의해서 혁명의 도구가" 될 것이고 사회의 혁명적 전복의 중요한 요소가 된다고 주장하였다.

대중 파업과 관련해서도 혁명의 시기 프롤레타리아트의 대중조직이 정치화하게 되면 대중 파업은 지배계급을 노동자계급의 의지에 강제시킬 수 있는 유일하고 적합한 수단으로 또한 이것은 정치 운동과 노동조합운동의 대립적 목표가 갖는 장애가 제거되는 것을 의미한다고 주장하였다.34)

또한 사회주의가 근대 프롤레타리아트의 이데올로기이며 반자본주의를 표방함으로써 "사회주의는 억압과 착취, 절대주의 등에 대립해서 모든 민족의 자결권을 주장한다. 그러므로 피억압 민족 사이에는 사회주의에 대한 강한 공감이 발생"한다고 주장하였다.

이상에서 살펴볼 수 있듯이 좌익 공산주의의 역사에서 가장 중요한 인물인 그가 처음부터 의회의 활용과 노동조합의 중요성을 부인한 것은 아니었다. 그는 의회주의적 투쟁과 관련하여, 이 투쟁이 노동자계급의 발전과 의식화에 유용한 점이 있다는 것을 인정함과 동시에 노동자계급이 의회를 통해 권력을 잡는 것은 유토피아이고 부조리한 주장이며 불가능하다고 명확히 주장하였다.

하지만 판네쿡은 1920년에 쓴 글에서 경제적 붕괴가 혁명의 가장 중요한 동인이라고 주장하며 이 붕괴를 곧 모든 유럽의 선진국이 겪지 않을 수 없다고 생각하였다. 그러므로 사회민주주의자와 공산주의자를 분명히 구별해야 하며, 제2 인터내셔널의 방법인 의회주의와 노동조합운동 전술이 제3 인터내셔널에서 적용되어서는 안 된다고 주장하게 된다.

즉 "의회주의는 혁명에 필수적인 대중의 활동성을 저지하는 불가피한 경향을 갖는다"거나 '의회주의는 대중에 대한 지도자의 권력을 강화시켜서 결국은 반혁명적으로 작용하여 지도자마저 부패시킨다'거나, "자립과 자기해방을 향한 이 길에서 한 단계는 의회주의의 거부"라거나 "의회주의는 노동 대

---

34) "대중행동이라는 정치적 목적을 위하여 노동조합의 무기인 파업을 국가권력에 대해 사용해야", "대중 파업에서 프롤레타리아트의 두 가지 투쟁 방식이 합쳐진다. 즉 여기에서 정치적 통찰과 노조의 규율은 한 사람의 투사가 갖는 사고하는 머리와 강한 팔에 해당한다." (브라니츠키, 앞의 책, p. 383.)

중에 대한 지도자의 정신적 힘을 그리고 노조운동의 그 물질적 힘을 구현하는 것이"라거나 "노조 운동이 그 일 단계에서 프롤레타리아트의 자연적 조직이었고 동시에 자본주의 사회의 일부이기도 했다면 혁명기에 노조란 프롤레타리아트에 대립하는 것" 또 "오랜 조직 형태인 노조와 정당, 그리고 새로운 평의회 조직들은 사회 발전의 단계에 있어서도 서로 다른 위치에 속하며, 그 기능 역시 상이하다. 전자는 자본주의 내의 여타 다른 계급들 중 노동자계급의 위치를 확보해 주며, 이들 모두 자본주의 팽창기에 속하는 것이다. 후자는 자본주의를 괴멸시키고, 계급 분열을 없애기 위해 노동자계급에게 완전한 지배를 보장해 주는 것이며, 시기적으로 자본주의 쇠퇴기에 속한다"라는 주장을 한다.35)

2) 독일 공산주의노동자당(KAPD)

독일 공산당 내 스파르타쿠스단 경향과 독일 국제공산주의자 경향 간의 갈등은 처음부터 존재했으나 혁명의 실패 이후 이를 극복하는 과정에서 더욱 심각해진다. 즉 전자는 중앙집권화, 대중조직에서의 활동을 강조했고 후자는 평의회 체제와 분권화된 협의체를 강조했다. 이후 갈등은 심해지고 결국 분열로 나아갔고 좌익 공산주의자들은 KAPD를 결성한다.36)

KAPD는 '세계 자본주의는 쇠퇴기'에 들어섰으며 "독일에서의 경제 · 정치적

---

35) 판네쿡이 언제부터 입장이 변했는가는 정확히 알 수 없으나 독일 혁명의 쓰라린 경험이 그에게 영향을 주었을 것이라는 생각이다. 왜냐하면 비록 견해의 차이가 상당히 컸지만 탄압 속에서 하나의 당에서 함께 투쟁했던 동지들이 변절하여 함께 활동한 동지들을 살해하는 것을 보고 충격을 받지 않을 사람은 —비록 그가 아무리 강철 같은 혁명가라도— 아무도 없을 것이다. 물론 그는 이후 자신의 생각을 더욱 발전시킨다.

36) 레닌은 이에 대해 "당의 이념적, 이론적, 혁명적 성장과 성숙을 가로막고 조화롭고 진정으로 조직적이며 프롤레타리아 독재를 진정으로 준비하는 실천적 작업을 가로막는 혼란보다는 분열이 훨씬 나은 것이다"라고 평가한다. (레닌, "독일 공산주의자들의 분열", ≪공산주의에서의 "좌익"소아병≫, p. 122.) 비슷한 맥락의 레닌의 의견 하나 더. "원칙에서의 깊고도 기본적인 불일치가 있기에 —아마 우리는 이런 질문을 받으리라— 그것들이 가장 첨예하고도 가장 분파적인 선언의 옹호자 역을 하지는 않는가? 어떤 완전히 새로운 생각을 납득시킬 필요가 있다고 할 때, 분열과 같은 것을 옹호할 수 있는가? 물론 불일치가 진실로 매우 깊고 당이나 노동계급의 정책에서 그릇된 경향을 수정할 다른 방법이 없을 때, 나는 그것이 옳다고 믿는다." (레닌, "다시 한 번 노동조합에 대하여"(1921), ≪민주집중제≫, 녹두, 1991, p. 186.)

상황은 프롤레타리아 혁명이 발발할 만큼 무르익었다"고 파악하고 "독일 혁명의 문제는 독일 프롤레타리아트 의식 자체의 발전의 문제"라고 주장한다.

그들은 의회에 참여는 개량주의적이고 기회주의적이라고 비판하며 그러한 주장은 프롤레타리아 혁명의 발전을 가로막는 주장이며 평의회 체제를 주장한다. 또한 노동조합 역시 독일 프롤레타리아 혁명의 발전을 가로막는 주요 장벽으로 노동조합의 반혁명적 성격은 노조의 구조와 작동 방식 자체에서 나오는 것으로 이것의 파괴만이 독일에서 사회혁명으로 나아갈 수 있게 한다고 주장한다. 그리고 이의 대안으로 "공장 조직"을 제시하고 있다.

이들은 이후 10월 혁명을 이중 혁명(산업 지역에서는 프롤레타리아트 혁명, 농촌에서는 부르주아 혁명)으로, 다시 부르주아 혁명으로 설명하고 쏘련 사회를 국가자본주의 사회로 파악한다. 이들은 정치적 당의 존재를 러시아 혁명의 부르주아적 본질로 생각한다. 이러한 프롤레타리아 정당에 대한 무지한 입장은 반인텔리적 흐름으로 또 반조직적 경향으로 흘러 '조직의 해체', '정치 활동 포기'로 귀결된다. 이후 독일/네덜란드 좌파로부터는 테러리스트와 혁명 조직의 필요성을 거부하는 공산주의자들만 남게 되며 사실상 정치적으로 소멸한다.

3) 이탈리아 좌익 공산주의

1926년 이탈리아 공산당에서 축출된 후 이들은 1) 꼬민떼른의 '혁명적 의회주의' 발상, 2) 통일전선 개념, 3) 쏘련의 부르주아 국가로의 변질 및 꼬민떼른의 국제주의적 입장 포기, 4) 공산당들이 '반파시즘'과 '민주주의의 수호'를 기치로 내걸며 제2차 세계대전에 참여함으로써 부르주아 민족주의당으로 되어 가는 것에 반대하는 것을 목표로 한다.

그러나 이탈리아 좌익 공산주의자들은 '혁명당이 없이는 혁명도 있을 수 없다'는 생각을 유지했으며 레닌주의 및 꼬민떼른의 입장을 일정 정도 견지한다.

노동조합과 관련해서도 이들은 노동조합을 프롤레타리아트 의식이 단련되는 "공산주의의 학교"로 파악했으며 혁명 시기에 미래의 당이 발전할 수 있는 장소로 이행기에는 프롤레타리아 독재의 기반이 될 것으로 생각한다. 공산주의와 사회주의 노동조합을 통해 지도력을 얻고, "개량주의 지도부"를 몰아냄으로써 노동조합을 내부로부터 변화시킬 수 있음을 주장했으며, 노동조합의 내부에서 활동하는 것 역시 주장한다.

4) 혁명당 국제서기국(International Bureau for the Revolutionary Party, IBRP)[37)]

이들은 현재 공산주의 혁명의 필요성과 가능성이 존재한다고 파악하고 제국주의 전쟁이나 프롤레타리아트 혁명의 문제가 역사의 의제에 오른다고 파악하고 있다. "부족한 것은 이러한 투쟁을 준비할 혁명당"이라 주장한다.

그들은 의회는 노동자에게 환상을 준다는 의미에서 부르주아지에게 쓸모가 있다고 하며, "혁명가는 그들 자신의 계급 영역에서 노동자들에게 싸우라고 요구하면서 의회 선거에 반대한다"고 주장한다.

"노동조합은 노동과 자본의 중매 기관"이라는 규정하에, 노조는 "자본주의 전복의 유용한 도구가 아니며 결코 그런 적이 없었다"며 노동자들 자신이 위협을 받는 순간에도 "자본주의의 보존을 위해 일하는 조직이"라고 규정한다. 노동조합을 정복하고 혁명 기관으로 변혁시키는 것은 불가능하며 "모든 곳에서 프롤레타리아 혁명은 반혁명의 기지가 될 노동조합과 싸워야 한다"고 주장한다.

대중 기관은 "투쟁의 시기" 계급투쟁이 벌어지는 상황에 나타나며, 일상의 시기에는 "당과 노동계급의 넓은 대중 사이의 직접적 연결 고리로서 작업장에서 가장 의식적인 노동자를 조직하는 수단을 찾는 것은 공산주의 조직의 임무"라고 주장한다.

현재가 세계 혁명당[프롤레타리아트의 혁명당] 건설을 위해 적극적으로 일할 시기로 규정하고 이를 위해 노력함을 천명하고 있다.

5) 국제공산주의흐름(International Communist Current, ICC)

이들은 제1차 세계대전 이후를 "자본주의의 쇠퇴"의 시기로 규정하고 두 차례에 걸쳐 인류에게 위기, 세계대전, 재건 그리고 새로운 위기의 야만적 반복이 일어났고, 1980년대에 이르러서는 쇠퇴의 최종 단계인 해체의 시기로

---

37) 1983년 이탈리아의 Internationalist Communist Party(Battaglia Comunista)와 영국의 Communist Workers Organisation(CWO)의 두 조직이 결합하며 결성된 IBRP는 2009년 조직의 명칭을 Internationalist Communist Tendency(ICT)로 개칭하였다.

진입하여, 이제 사회주의냐 야만이냐(공산주의 세계혁명이냐 아니면 인류의 파멸이냐)의 양자택일만이 존재한다고 주장한다.

1871년 빠리꼬뮌은 혁명의 최초의 시도였으나 당시에는 조건이 성숙하지 못해 실패한 것으로 평가한다. 이후 자본주의는 쇠퇴의 단계에 들어섰고 1917년 러시아의 10월 혁명이 공산주의 세계혁명의 첫걸음을 내딛는 것이었으나 이후 혁명들의 실패는 러시아 혁명의 고립과 변질을 초래하였고 스딸린주의의 등장은 혁명에 무덤을 판 것으로 평가한다.

또한 이들은 현재의 자본주의 국가의 성격은 위기를 극복하기 위한 국가와 사회가 결합한 형태인 국가자본주의로 주장한다. 이른바 '현실 사회주의 국가' 혹은 '공산주의 국가'들도 이에 해당하며 따라서 이 국가들에 대한 비판적인 또는 조건부의 변호도 전적으로 반혁명적인 행위로 규정한다. 민족국가의 독립, '민족자결권' 등은 그것이 어떤 무엇이든 노동자들에게 '진정한 독약'임을 주장한다.

선거 및 의회에 참여하는 것은 자본주의 체제의 상승기에는 의미가 있는 투쟁이었지만 쇠퇴기에서는 그렇지 않고 오히려 계급 내부에서 반혁명적인 역할만을 하며 사기극을 강화시키는 역할을 하며 "혁명적 의회주의"를 대변하는 흐름은 "부르주아 진영의 결정적인 부분들이"라고 규정한다. '민주주의'는 부르주아 계급의 위선적인 지배 형태의 하나로 스딸린주의나 파시즘과 근본적으로 다르지 않다고 주장한다.

노동조합은 과거에는 프롤레타리아의 기관이지만 지금은 자본의 도구라고 규정하고 이는 직업군 또는 산업부문으로 조직되는 특징이나 나쁜 지도자들에 의해서가 아니라 현 자본주의적 상황에서 필연적으로 규정되는 것이라고 한다. 따라서 노동조합적인 조직을 이용하는 것, 재건설하는 것 또는 재정복하는 것을 목표로 하는 모든 정치 전략은 자본주의의 이익에 복무하는 것으로 이러한 주장을 하는 정치적 경향은 "확고하게 반혁명 진영의 편에 서 있"는 것으로 규정하고 있다.

이들은 투쟁을 성공적으로 수행하기 위해 스스로 확장과 조직화를 담당함으로써 자신들의 투쟁들을 통일해야 하는데 이는 자립적인 '노동자 총회'와 이를 통해 언제나 선출 · 퇴출될 수 있는 대리자들의 '위원회'를 통해 가능하다고 한다.

노동자계급이 그의 혁명적 투쟁 속에서 만들어 내고 그것의 정치적 권력의 행사에 이용하게 될 조직 형식은 노동자 평의회이고, 노동자계급은 노동자계급의 독재를 전 세계적 차원으로, 즉 노동자 평의회들의 국제적인 권력을 확립해야 함을 주장한다.

"혁명적 정치조직은 프롤레타리아트의 전위, 즉 프롤레타리아 내부의 자의식의 일반화 과정의 활동적인 요소이다. 그 역할은 '노동자계급을 조직하는 것'도, 노동자계급의 이름으로 '권력을 인수하는 것'도 아니다. 오히려, 투쟁들의 단일화를 향한, 노동자들이 그 투쟁들을 스스로 장악하는 것을 향한 운동에 적극적으로 참여하는 것이며, 그와 동시에 프롤레타리아트 투쟁의 혁명적 정치적 목적들은 제시하는 것"임을 주장한다.

6. 좌익 공산주의 비판

1) 지도자-당-계급-대중

이미 살펴본 것처럼 좌익 공산주의는 현재까지 과거의 입장을 지속적으로 유지해 오고 있다. 따라서 가장 훌륭한 비판은 레닌에게서 이미 이루어졌고 그에 대해 다시 확인하는 것으로 충분하다고 생각한다.

"혁명적 정치조직" 또는 "전위"를 인정하는 입장에서 이들은 혼란을 나타낸다. 현재 한국의 좌익 공산주의에서 가장 영향력이 있는 것으로 보이는 '국제공산주의흐름'은 "혁명적 정치조직은 프롤레타리아의 전위, 즉 프롤레타리아 내부의 자의식의 일반화 과정의 활동적인 요소이다. 그 역할은 '노동자계급을 조직하는 것'도, 노동자계급의 이름으로 '권력을 인수하는 것'도 아니다. 오히려, 투쟁들의 단일화를 향한, 노동자들이 그 투쟁들을 스스로 장악하는 것을 향한 운동에 적극적으로 참여하는 것이며, 그와 동시에 프롤레타리아트 투쟁의 혁명적 정치적 목적들을 제시하는 것"이라고 주장한다. 그들의 공허한 추상적인 표현이 거슬리더라도 그것을 무시하면 그들이 어느 정도 "전위의 역할"에 대해서 알고 있고 인정을 하고 있다는 점은 알 수 있다.[38)]

---

38) "혁명적 정치조직은 프롤레타리아의 전위, 즉 프롤레타리아 내부의 자의식의 일반화 과정의 활동적인 요소", 참 이해하기 어려운 표현이다. 이들은 당을 언급한다. 하지만 추상적으로만 언급한다. 다행인 것은 이들 역시 과거의 경험에서 배울 수 있는 능력이 있다는 점이다. 초기 독일과 이탈리아의 좌익 공산주의자들의 역사적 결

하지만 그것의 발전된 형태가 바로 "당"이라는 것을 도무지 이해하지 못한다는 것을 알 수 있다. 그것은 그들이 갖고 있는 "당"에 대한 잘못된 개념에 대한 거부감의 표현이다. 하지만 이것은 소설 속의 돈키호테처럼 풍차를 거인이라고 생각하고 돌진하는 바로 그 모습이다.

이에 대해서는 레닌이 ≪공산주의에서의 "좌익"소아병≫에서 "당"의 필요성을 아직 완전히 부정하지 않았던 그들의 선배들인 이른바 '원조 좌익 공산주의자'들이 "당 독재인가 아니면 계급독재인가, 지도자들의 독재(당)인가 아니면 대중들의 독재(당)인가?"라는 질문을 하자 언급한 내용을 인용하는 것으로 충분한 대답이 된다.

즉 질문을 하는 것 자체가 "도저히 믿을 수 없는 끝없는 사고의 혼란을 증명하"는 것이고 "현명해지려고 노력하는 가운데 스스로 웃음거리가 되고 있"다며 해 준 대답, "대중들은 계급으로 나뉘어 있다는 것; 사회적 생산 체제 내의 위치에 따른 분류에 관계없는 압도적 다수 일반과 사회적 생산 체제 내의 특정한 지위를 갖고 있는 부류들을 대비시켜야만 대중과 계급들을 대비시킬 수 있다는 것, 보통 대부분의 경우, 적어도 현대 문명국들에서는 정당들이 계급들을 지도한다는 것, 정당들은 일반적으로 가장 책임 있는 자리에 선출되어 지도자라고 불리는 가장 권위 있고 영향력 있으며 노련한 당원들로 이루어진 어느 정도 견실한 그룹들에 의해 운영된다는 것 등은 누구나 알고 있는 사실이다. 이 모든 것은 초보적이다. 이 모든 것은 단순명쾌하다"는 언급이 바로 그것이다.[39)]

이른바 좌익 공산주의자들은 과거부터 현재까지 전위와 대중, 당과 계급 사이의 올바른 상호 관계를 도무지 이해하지 못하고 있다. 그래서 스스로 "'좌익' 공산주의자"라고 부르며 자랑스러워하는 것이고 "좌익'소아병"이라 불

과에 대한 교훈 속에서 이들은 혼란스럽지만 "당"이라는 개념을 자신의 이론에 포함시키고 있다.

39) 레닌, ≪공산주의에서의 "좌익"소아병≫, p. 39. 한마디 더 "이런 맥락에서 일반적으로 대중들의 독재와 지도자들의 독재를 대비시키는 지경에까지 이르는 것은 웃길 정도로 터무니없는 짓이며 어리석은 일이다. 특히 재미있는 것은 사실 이 간단명료한 문제들에 대해 일반적으로 인정되는 견해를 가진 옛 지도자들에 대신하여 지독한 잠꼬대와 허황된 말을 지껄여 대는 새 지도자들이 ("지도자를 타도하자"라는 슬로건 아래) 등장하고 있다는 점이다." 현재의 좌익 공산주의자들은 자신의 지금 모습이 선조들과 마찬가지라는 사실을 잘 모르고 있는 것 같다.

리는 것이겠지만.[40]

한 걸음 더 나아가 현재의 그들은 "모든 부르주아 정당은 모두 똑같이 반혁명적이다. 모든 소위 '사회주의', '공산주의' 노동자당들(지금에 있어서는 이전의 '공산주의자들'), 극좌파(뜨로츠끼주의자, 마오주의자 및 전(前)마오주의자, 공식적인 무정부주의자)의 단체들은 자본의 정치기구의 좌익을 이루고 있다. '인민전선', '반파시즘전선' 및 '공동전선'과 같이, 프롤레타리아의 이해관계를 부르주아의 어느 정당 하나의 이해관계와 혼합하고자 하는 모든 전술들은 오직 노동자계급의 투쟁을 통제하고 궁지에 몰아넣는 데 기여할 뿐이다"라고 주장한다. 과거의 좌익 공산주의자들은 제2 인터내셔널의 사회민주주의당과 "정당으로서의 볼쉐비즘"을 전혀 구분하고 있지 못했다. 그리고 몸으로 비극적인 정치적 경험을 감당했다. 그래서 과거 좌익 공산주의자들의 주장은 안타까움과 측은한 마음을 불러일으킨다. 하지만 최근의 좌익 공산주의자들은 자신의 "생각"을 증명하기 위해 역사를 왜곡하고 가당치도 않은 이론을 만들어 내고 있다.

이들은 "공산주의자연맹, 제1, 2 및 3 인터내셔널 그리고 제3 인터내셔널로부터 출현한 좌익 분파들에 의해 연이어 얻어진 성과들에 특히 독일·네덜란드 및 이탈리아 좌파의 공헌들에 기반하고 있다"고 주장한다. 제1 인터내셔널의 "좌익 분파"는 바꾸닌주의였다. 이들의 분파적 활동은 제1 인터내셔널의 실질적 분열과 해산을 가져왔다. 제2 인터내셔널에서 가장 먼저 문제가 된 분파는 무정부주의자들로 이들은 좌익 분파를 이루었다. 생디칼리즘 역시 좌익 분파를 이루었으나 이들 역시 제1 인터내셔널을 혼란에 빠뜨린 프루동주의와 바꾸닌주의를 이데올로기적 배경으로 한다. 물론 이들은 이후 제2 인터내셔널의 지도부들이 우경화하고 부패하는 것에 대한 대안 세력으로 여겨지면서 그 공백을 메우는 데 커다란 기여를 하지만 결국 공산주의 운동에서

---

40) "인민대중 사이에서 우리(공산주의자들)는 무엇보다도 대양의 물 한 방울에 불과하다. 우리는 인민이 의식하는 것을 적절하게 표현할 때에만 통치할 수 있다. 만약 우리가 이러한 것을 하지 않으면 공산당은 프롤레타리아트를 지도하지 못할 것이며, 프롤레타리아트는 대중들을 지도하지 못할 것이며, 모든 기구는 붕괴할 것이다." (레닌, "R.C.P(B.) 중앙위원회의 정치 보고"(1922. 3. 27.-4. 2.); 스딸린, ≪레닌주의의 문제에 관하여≫(≪스탈린 선집≫ 제1권), 전진, 1988, p. 230에서 재인용.) 이들 문제에 관련한 레닌의 언급이다. 좌익 공산주의자들은 이 인용문에 화들짝 놀랄 것이다. "지도", "통치" 이러한 언급 때문에.

이탈한다. 과연 이들이 이러한 역사적 사실을 알고도 "좌익"이라는 말에 그렇게까지 의미를 부여하는 것인지 정확히 모르겠지만 만일 모르고 그렇게 한다면 무지한 것이고, 혹시 알고도 그렇게 한다면 "병(病)"이 있다고 해야 할 것이다.

2) 노동조합

원조에서부터 현재에 이르기까지 좌익 공산주의자들은 노동조합이 노동자계급 내부에서 자본주의적 질서의 기관으로 변질되었고 노동조합적인 조직형태들은 그것이 '공식적인' 또는 '기초 단위'든 상관없이, 노동자계급을 통제하고 투쟁을 방해하는 조직이라 한다. 따라서 노동조합을 대신하는 노동자조직의 필요성을 역설한다.[41)]

하지만 레닌에게 있어서 노동조합은 "교육 조직, 끌어들이는 조직, 훈련하는 조직이다. 이것은 학교다. 관리의 학교이고, 경영의 학교이며, 공산주의의 학교다." 노동조합은 노동자계급의 가장 대중적인 조직이고 공산당과 노동자계급의 대중은 이를 통해서 만나게 된다. 비록 노동자계급 운동의 발전 과정 속에서 "노동조합들은 일정한 반동적 모습들, 일정한 직능적 편협성, 일정한 정치적 무관심의 경향, 일정한 침체성을 불가피하게 드러내"겠지만 그럼에도 불구하고 "프롤레타리아트는 노동조합들을 통하지 않고서는, 노동자계급의 당과 노동조합의 상호작용을 통하지 않고서는", "발전할 수 없"다. 따라서 그는 이러한 "반동성을 두려워하는 것, 그것을 회피하거나 뛰어넘으려고 하는 것은 터무니없는 어리석은 짓"이라 비판하는데 이것이 "노동자계급과 농민의 가장 후진적인 계층과 대중들을 훈련, 교육, 계몽시켜 새로운 삶으로 끌어들이는 프롤레타리아 전위의 기능을 두려워한다는 것을 뜻하기 때문"이라 설명한다. 더구나 이것이 더욱 중요한 것은 "반동적인 노동조합에서 활동하기를 거부하는 것은 충분히 발전하지 못하거나 후진적인 노동자 대중들을 반동적인 지도자들, 부르주아지의 앞잡이들, 노동귀족들, 또는 부르주아화한 노동자들의 영향력하에 내버려" 두는 무책임한 태도이기 때문이다.

레닌은 좌익 공산주의자들에게 "만일 당신이 대중에게 도움을 주고 대중의 동조와 공감과 지지를 얻고자 한다면, 지도자들로부터 오는 어려움들, 곧

---

41) 그것의 형태와 호칭은 다양하다. "노동자 동맹", "평의회", "노동자 총회" 등등.

고통, 속임수, 모욕, 박해 등을 두려워해서는 안 되며, 반드시 대중이 있는 곳에서 작업해야만 한다. 아무리 반동적일지라도 프롤레타리아나 반(半)프롤레타리아 대중이 있는 기구들과 협회 및 결사체들에서 체계적으로, 참을성 있고, 끈덕지고 끈기 있게 선전과 선동을 하기 위해 어떠한 희생도 치를 수 있어야만 하며, 어떠한 난관도 극복할 수 있어야만 한다. 그런데 노동조합들과 노동자 협동조합들(때로는 적어도 협동조합들), 바로 이런 것들이 대중이 있는 조직이다"[42]라고 인내심을 갖고 설득한다. 하지만 많은 수의 좌익 공산주의자들에게 이것은 '쇠귀에 경 읽기'로 결과한다. 그리고 그들의 제자를 자처하는 자들은 선생들의 주장을 반복하고 있다.

3) 선거 참여 혹은 의회 활용

원조 "'좌익' 공산주의자"들은 "... 역사적으로도 정치적으로도 폐물이 되어 버린 모든 의회주의적 투쟁 형태로의 복귀는 단호히 거부되어야만 한다..."고 주장했고 이에 대해 레닌은 의회주의가 역사적으로 폐물이 되어 버렸다는 말은 선전의 의미에서는 옳지만 실천적인 극복과는 엄청나게 거리가 있다고 지적한다. 그러나 "정치적으로 폐물이" 되었다는 말에는 엄청난 비판을 가한다. 그는 이렇게 말한다.

> 독일의 "좌익들"이 자신들의 바람을, 자신들의 이념적, 정치적 태도를, 객관적인 현실로 오인하였음은 명약관화하다. 이것은 혁명가들이 저지를 수 있는 가장 위험한 오류이다. ... 독일의 공산주의자들에게 의회주의는 "정치적으로 폐물"이 되어 버렸다. 그러나 문제는 우리에게 폐물이 된 것을 계급에게 폐물이 된 것으로, 대중들에게 폐물이 된 것으로 간주해서는 안 된다는 것이다. 이 점에서 다시 우리는 "좌익"들이 어떻게 사고해야 되는지를 모르며, 계급정당으로서, 대중정당으로서 어떻게 행동해야 되는지를 모르고 있음을 보게 된다. 당신은 대중들 수준으로, 계급의 후진층 수준으로 떨어져서는 안 된다. 이것은 논란의 여지가 없다. 당신은 그들에게 쓰디쓴 진실을 말해 주어야만 한다. 당신은 그들의 부르주아 민주주의적, 의회주의적 편견을 편견이라고 불러야만 한다. 그러나 그와 동시에 당신은 (계급의 공산주의적 전위뿐만 아니라) 바로 계급 전체의, 그리고 (대중의 선진적인 사람들뿐만 아

---

42) 레닌, ≪공산주의에서의 "좌익"소아병≫, p. 54.

니라) 바로 모든 근로인민 대중의 의식과 준비 정도의 실제 상태를 정신 똑바로 차리고 살펴야만 한다.[43]

이러한 레닌의 주장이 어디가 잘못되었는가? 레닌의 문제의식과 비판은 현재의 '좌익 공산주의자'들에게도 그대로 적용된다.

4) 이른바 "자본주의의 쇠퇴(The decadence of capitalism)"[44]

좌익 공산주의자들이 자본주의를 쇠퇴기로 규정한 것은 역사가 오래된 것이다. 그리고 이 견해는 그들의 거의 모든 주장의 가장 기초가 되어 사용되고 있다.[45]

그런데 국제공산주의흐름은 이를 좀 더 세련화하고자 한다. 그들은 이미 맑스-레닌주의에 대해 약간의 관심이 있으면 누구나 알 수 있는 개념과 내용을 장황하게 설명한다. 역사적 유물론의 가장 기초적인 개념들을 그들은 무엇인가 새로운 것처럼 이것저것을 덧붙이며 설명한 후 "쇠퇴 이론"을 "역사적 유물론의 구체화"라고 규정한다.[46]

---

43) 같은 책, pp. 60-1.

44) 국제공산주의흐름 저, 오세철 역, ≪자본주의의 쇠퇴≫, 빛나는 전망, 2008.
사실 좌익 공산주의자들 내에서도 "자본주의 쇠퇴론"에 대한 이견이 있고 논쟁이 있다. 오세철 편저, ≪좌익 공산주의: 혁명적 맑스주의 역사와 논쟁≫, pp. 262-78을 참조하라.

45) "공산주의 혁명이 오늘날 필요하고 가능한가를 알기 위하여 우리는 자본주의의 쇠퇴의 문제를 제기하고 현 시기 프롤레타리아트의 강령과 전략의 역사적 근거를 명확히 해야 한다. 사회주의의 내용, 노동조합의 본질, '전선주의(frontism)'의 정치, 민족해방운동의 본질과 같은 문제는 자본주의 쇠퇴의 분석에 긴밀히 연결되어 있다." (국제공산주의흐름, 앞의 책, p. 11.) "소련, 동유럽, 중국 및 쿠바 등지에 '사회주의' 또는 '공산주의'라는 이름 아래 세워졌던 국가 체제는 단지, 자본주의 쇠퇴기에 전형적인, 국가자본주의로의 보편적 경향의 특히 야만적인 한 형태에 불과했다." (같은 책, p. 226.) "쇠퇴기의 자본주의에서 의회와 선거는 하나의 눈가림에 불과하게 되었다." (같은 책, p. 227.) "자본주의가 그 쇠퇴기에 진입함과 더불어, 도처에서 노동조합은 노동자계급 내부에서 자본주의적 질서의 기관들로 변형되었다." (같은 책, p. 228.)

46) "쇠퇴 이론은 원시공산제, 고대노예제, 봉건주의 그리고 자본주의 등의 생산양식의 발전을 분석하는 역사유물론을 구체적으로 설명하는 이론이다. 따라서 쇠퇴 이론은 현재 우리가 살고 있는 역사적 시기를 이해하기 위한 필수 불가결한 틀이다." (오세철 편저, 앞의 책, p. 223.)

또한 그들은 "생산양식의 쇠퇴라는 보편적 개념을 도출하고 이러한 보편적 개념을 자본주의라는 특수한 사례에 적용하여 그로부터 정치적 귀결을 연역"[47]하겠다고 큰 목소리로 선언하고 인류의 역사를 요약한다. 그러나 새로운 것은 아무것도 없다.

이들이 "자본주의의 쇠퇴론"을 들고나오는 것은 어쩌면 너무나 당연한 일이다. 그것은 이들이 자신들의 주장의 모든 근거를 "자본주의의 쇠퇴"에서 찾아서 그러한 것만은 아니다. 이들은 세계 사회주의 운동 및 공산주의 운동의 역사에서 레닌을 지워야 하기 때문이다. 그래서 이들은 룩셈부르크를 불러온다.[48] 그리고 자신의 이론의 뿌리를 ≪자본축적론≫에서 찾는다.[49]

이들은 또 미첼이라는 이탈리아 좌익 공산주의자를 이 내용과 관련하여 높이 평가하는데 길지만 인용해 보겠다.

> 이탈리아 좌파가 획득한 명료성의 예는 1934년 9월 ≪빌랑≫ 11호에 실린 "고통받는 자본주의 경제의 위기와 순환"이라는 글에 잘 나타나 있다.
>
> 저자 미첼(Mitchell)은 쇠퇴기의 자본의 최심층적인 경향들을 추적한다. 로자 룩셈부르크의 자본주의 몰락에 대한 이론에 기초하여 논거를 발전시킨 그

47) 국제공산주의흐름, 앞의 책, p. 43.

48) "1913년에 룩셈부르크는 이러한 역사적 위기의 진정한 경제적 뿌리를 분석하려 시도한 ≪자본축적론≫이라는 위대한 이론적 업적을 출간하였는데, 이러한 위기가 실제로 도래했음은 곧 제1차 제국주의 세계대전의 형태로 인류에게 선포되었다." (같은 책, p. 19.) 그런데 이러한 찬사는 레닌의 ≪제국주의론≫에 붙던 것 아니었던가?

49) "[≪자본축적론≫에서 주장한: 인용자] 이러한 결론은 오늘날까지 자본주의 쇠퇴의 근본적 기원에 대한 가장 명확한 언명으로서, 쇠퇴를 80년간 경험하면서 혁명운동이 이뤄 낸 다양한 이론적 정교화를 당연히 거치게 되었다." (같은 책, pp. 19-20.)

레닌은 룩셈부르크에 대해 다음과 같은 평가를 하였다. "독수리는 닭보다 훨씬 낮게 하강할 수 있다. 그러나 닭은 독수리처럼 높이 상승할 수 없다. 로자 룩셈부르크는 폴란드 독립 문제에서 오류를 범했고 1903년 멘셰비즘에 대한 평가를 잘못 내렸고, 자본축적론에서 오류를 범했으며 1914년 7월에 플레하노프, 판더펠데(Vandervelde), 카우츠키 등과 함께 볼셰비키와 멘셰비키의 연합을 주장했을 때 과오를 저질렀으며 1918년의 옥중에서 쓰여진 글에서 오류를 범했다(물론 1918년 말과 1919년 초에 석방된 이후에는 자신의 과오를 상당 부분 수정했다). 그러나 이러한 모든 오류에도 불구하고 그녀는 독수리이며 독수리로 남을 것이다. ... '독일 사회민주주의는 1914년 4월 4일 이후에는 냄새나는 시체일 뿐이다.' ― 로자 룩셈부르크는 이 말로써 자신의 이름을 전 세계 노동운동의 역사에 남길 것이다." (브라니츠키, 앞의 책, p. 376에서 재인용.)

는 자본주의 생산양식의 쇠퇴가 1912-14년에 시작된 것으로 규정하고 "생산양식에 내재한 모순의 본질 때문에 자본주의 사회는 더 이상 역사적 사명을 즉, 지속적이고 진보적 방식으로 생산력과 인간 노동생산성을 발전시키는 사명을 달성할 수 없는" 과정으로 규정하고 있다. "사적 전유에 대항한 생산력의 반란은 한때는 간헐적이었으나 이제 항구적인 것이 되었고 자본주의는 전반적인 해체의 위기에 들어섰다"고 보았다.

미첼은 상승하는 자본주의의 순환적 위기와 쇠퇴 과정에서의 경기상승 및 후퇴 시기 사이의 본질적 차이를 지적했다. 상승기에는 위기가 세계 자본주의 시장의 지속적 확장에 필요한 계기가 되는 반면, 새로운 시대에 초래된 시장의 포화는 자본주의의 위기가 오로지 제국주의 전쟁을 통해서만 "해결될 수" 있음을 의미한다.

"쇠퇴기에는 자본주의는 전쟁이라는 한 방향으로만 체제의 모순을 인도할 뿐이다. 인류는 오직 프롤레타리아 혁명을 통해서만 그 결과로부터 벗어날 수 있다."

마치 예언처럼 정확하게 그 저자는 그 시기가 앞으로 추정적으로 어떻게 발전하게 될지를 논하고 있다.

"위기를 극복하기 위하여 어떤 길로 가든, 어떤 방법을 사용하든 간에 자본주의는 전쟁이라는 운명으로 돌이킬 수 없게 내몰리게 된다. 그것이 어디서 어떻게 일어날지는 오늘 말하기는 불가능하다. 우리가 알고 단언할 수 있는 중요한 것은 그것이 아시아를 재분할할 목적으로 폭발하게 될 것이고 결국 전 세계적인 문제로 될 것이라는 점이다."[50)]

도대체 이들은 레닌의 ≪제국주의론≫을 읽어 보긴 했는가? 1916년에 자료를 구하기 어려운 열악한 환경에서도 또 검열을 의식하여 "이솝류의 언어", "'노예'의 언어"[51)]로 쓰인 그 책을 읽고도 미첼이라는 좌익 공산주의자가 1934년에 쓴 글을 발견하고 너무 놀랍다는 듯이 "마치 예언처럼 정확하게"라는 말을 할 수가 있을까? "열강에 의한 세계의 분할"이라는 제국주의의 한 가지 특징과 불균등 발전이라는 자본주의 고유의 법칙에 대한 분석을 통해 '전 세계적인 재분할이 불가피하다는 예상'을 도출해 내는 레닌의 통찰과 "쇠퇴기에는 자본주의는 전쟁이라는 한 방향으로만 체제의 모순을 인도할 뿐

---

50) 국제공산주의흐름, 앞의 책, pp. 28-30.

51) 레닌, ≪제국주의론≫, 백산서당, 1988, p. 29.

이"라는 주장과 어느 것이 더 훌륭한가? 자본주의의 발전을 당대의 최고의 경제적 성과를 비판적으로 검토하여 '제국주의를 자본주의 발전의 최고·최후의 발전 단계'로 규정하며 자신의 이론을 세워 낸 레닌과 "로자 룩셈부르크의 자본주의 몰락에 대한 이론에 기초하여 논거를 발전시킨" 미첼의 이론 중 어느 것이 더 올바른가? 모두 레닌이 앞선다. 현실에서도 제2차 세계대전은 미첼이 말한 것처럼 "아시아를 재분할할 목적으로 폭발하"지 않았고, 레닌의 예상처럼 "전 세계적인 재분할"을 목적으로 전개되었다.[52]

7. 나가며

현재의 '좌익 공산주의' 경향은 다양하지만 노동조합과 의회에 대한 견해에 있어 과거 '좌익 공산주의'의 견해를 지속적으로 유지하고 있다. 당과 관련한 문제에서 이들은 당을 부정하는 견해와 당을 인정하는 견해가 모두 있으나, 비록 당(혁명적 정치조직, 프롤레타리아 전위)의 필요성을 인정하는 주장도 과거 '좌익 공산주의'의 견해를 지속적으로 견지하고 있다. 따라서 이들에 대한 비판은 레닌의 ≪공산주의에서의 "좌익"소아병≫이 아직도 유효하고 가장 기본적인 비판이 된다.

여기서 자세히 살펴보지는 않았지만 쏘련을 비롯한 '20세기 현실 사회주의'에 대한 좌익 공산주의자들의 견해는 뜨로츠끼주의자들보다 훨씬 반동적이다. 이들은 뜨로츠끼주의자들을 비판하지만 중요한 점을 공유한다. 그것은 바로 반쏘·반공주의다. 비록 아직까지 이들의 실천적 힘은 미약하지만 이들이 점차 끼칠 해악의 가능성을 고려하면 이들에 대한 전면적인 비판은 바로 시작되어야 한다. 이 글은 그러한 노력의 시작으로, 미흡하지만 관심과 격려 및 비판을 부탁드린다.

52) 그리고 전쟁의 결과도 쏘련의 존재에 의해 제1차 세계대전 때와는 전혀 다른 양상으로 끝났다. 좌익 공산주의자들은 이것을 눈이 있어도 보지 못한다.

추모글

우리의 가슴 속에 영원히

조사*

아빠, 안녕?

첫째 딸 민정이야. 사실 아직은 아빠가 떠났다는 게 실감이 나지 않아. 그래서 눈물도 안 나고 멍한가 봐. 아마 나만 그런 게 아니라 다른 사람들도 그럴 거야. 앞으로 살아가면서 아빠가 점점 더 그리워지겠지. 그래도 아빠가 만들어 준 행복한 추억들이 있어서 버틸 수 있을 거야.

아빠, 5개월 동안 너무 많이 아프고 힘들었지? 내가 몰랐던 거 미안해. 이제 아프지 말고 외로워하지 말고 계속 우리 옆에 있어.

아빠! 중환자실에서 6일 동안 버텨 줘서 고마워. 그 시간 동안 내가 하고 싶은 말도 하고 이별에 준비할 수도 있게 해 줘서 정말 고맙게 생각해.

장례식장에서 며칠 동안 지켜보니까 아빠는 정말 멋진 사람이더라. 인기도 너무 많아서 내가 손님들 맞이하느라 힘들었어. 그래도 이제 아빠를 슬픔 대신 자랑스러움으로 기억하게 될 것 같아.

아빠! 내가 정말 해 주고 싶은 게 많았는데… 이젠 엄마랑 할머니, 할아버지께 아빠 대신 해 드릴게.

우리 4명 믿지? 우리 잘 살 수 있는 거 알지?

너무 걱정하지 않아도 돼. 그동안 좋은 아빠가 되어 줘서 고마워.

받은 만큼 돌려주지 못하고 표현 못 해서 미안해.

앞으로 자랑스러운 딸이 될게.

아빠가 집에 돌아오면 잘해 줘야겠다고 생각했는데 이럴 줄 알았으면 좀 더 잘해 줄걸 그랬어.

사랑해. 정말 많이 사랑해. 아빠는 내 마음 속에 영웅으로 남을 거야.

너무 길게 쓰면 여기 계신 분들이 지루하시니까…

앞으로도 계속 편지 쓸게.

사랑해. 잘 가 아빠. 안녕.

* 2013년 3월 11일, 영결식에서 고인의 장녀 전민정 양이 낭독한 조사입니다.

조사*

전성식 동지

유난히 혹독했던 겨울도 지났습니다. 이따금 뿌연 연무가 심술을 부리지만, 그래도 봄이 왔습니다. 이제 곧 이 산 저 산 진달래 붉게 타고, 연둣빛 고운 빛으로 물들겠지요.

그런데 건강한 모습으로 돌아오겠다던 동지를 다시는 볼 수 없습니다. 작년 11월, 큰 고비는 넘겼다며 미소 짓던 조금 지친 모습, 부르튼 입술로 자그마한 병실 탁자에서 일본어와 씨름하던 그 모습이 마지막이 되었습니다. 12월, 종교, 국가, 소유 없는 세상을 노래하던 그 글이 작별 인사가 되었습니다. 전화를 걸면 언제나 들려오던 그 노래도, 그 편안한 목소리도 이제는 정녕 다시 들을 수가 없습니다. 진지하면서도 부드럽던 글솜씨도 다시는 볼 수 없습니다. 사랑하는 가족들, 사랑하는 동지들, 못다 이룬 꿈을 남겨 두고 어떻게 그렇게 가셨습니까.

동지가 80년대 학창 시절에 투쟁의 길에 나선 지 30여 년이 흘렀습니다. 거역할 수 없는 힘이 우리를 투쟁으로 밀고 가고, 전진하고, 해방의 그 날이 곧 올 것 같았던 시절, 얼싸안고 목 놓아 울고 웃던 그런 시절이 있었습니다. 하나씩 둘씩 동지들은 떠나가고, 반동의 짙은 어둠 속에서 외로움에 몸서리치던 그런 시절도 있었습니다. 털썩 주저앉아 버린 날들도 있었겠지요.

그래도 우리는 결코 투쟁을 포기하지 않았습니다. 우리는 전진했습니다. 쓰러져 버린 이론과 이념의 깃발을 다시 일으켜 세우기 위해 연구소를 만들고 반동의 시대에 도전했습니다.

위태위태하던 초창기부터, 동지는 연구위원장, 편집위원, 세미나 팀장으로서 궂은일, 힘든 일을 마다하지 않았습니다. 동지가 거절하는 것을 우리는 본 적이 없습니다. 병원 근무를 끝내고 시간에 쫓겨, 햄버거를 사 들고 연구소로 들어오던 모습이 아련합니다. 두 가지 일을 감당한 것이, 그 성실함이 건강을 해친 것 같아 가슴이 아파 옵니다.

---

* 2013년 3월 23일, 노동사회과학연구소 총회에서 권정기 편집위원장이 낭독한 조사입니다.

작년 10월 항암 치료를 받으며 사선을 넘나들던 때, 동지는 말했습니다. 연구소를 생각하면 가슴 아프고 눈물 나온다고. 그렇습니다. 우리도 동지를 생각하면 가슴 아프고 눈물 나옵니다. 이 반동의 시대에는 앞으로도 서로가 서로에게 눈물 나고 가슴 아픈 존재가 될 수밖에는 없을 것입니다. 그래도 이 길밖에는 없습니다. 고통과 눈물을 강요하는 이 시대를 끝장내는 길은 이 길밖에 없습니다.

함께 만들고 키워 왔던 연구소도 8년이 되었습니다. 동지를 보내며, 반드시 승리해야 할 이유가 하나 더 생겼습니다. 동지의 꿈, 종교·국가·소유가 없는 세상까지 전진할 것을 약속드립니다. 해방 세상까지 함께 해 주십시오.

동지가 무척 그립습니다.

2013. 3. 9.
노동사회과학연구소 운영위원회

먼저 간 성식을 생각하며

채만수

아마 본인이나 가족도 필시 그랬겠지만, 그런 심각한 병을 앓고 있다고는 꿈에도 생각지 않았기 때문에 지지난해 10월 갑자기 중증의 혈액암 진단을 받았다고 알려 왔을 때 난 도무지 실감할 수 없었다. 그리하여 경솔하게도, "뭐, 별거 아니겠지" 하고 대꾸하자, "아니에요, 소장님. 심각한 거예요"라는 대답이 돌아왔고, 그래도 난 정말 실감을 할 수가 없었다. 그만큼 그는 건강한 것처럼 보였으니까.

제1차 항암 치료를 받고 나서 병실에서 만났을 때,

"소장님, 저 이번에 정말 죽다 살아왔어요." — "어, 그래?"

치료를 위해 머리는 박박 깎았지만, 별반 야위지는 않았다. 다만, 방문객은 소독을 하고야 그의 병실에 들어갈 수 있었고, 목소리가 겨우 무슨 바람소리처럼 나왔다. 제1차 치료의 고통이 얼마나 컸던지 그런 힘든 목소리로 그는 그렇게 "정말 죽다 살아왔다"고 말했다. 그리고 그는 제1차 치료의 대략의 내용 · 방법과 그 효과, 그리고 그 과정에서의 '죽다 살아온' 고통에 대해서 얘기했다. 그렇게 고통스러운 치료 방법의 타당성을 둘러싸고 병원 내부에서 논쟁이 있었다고도 말했다. 그러나 그는 그러한 고통을 겪은 사람다운 의기소침으로써가 아니라 치료 효과에 대한 신뢰와 삶에 대한 자신감으로써 미래를 말하고 있었다.

"이제 고비는 사실상 다 지나갔어요. 제2차, 3차 치료는 훨씬 수월하대요. 걱정하지 마세요. 아참, 존 레논의 "이메진"이라는 노래 아시지요? 그 노래의 좋은 우리말 번역 가사를 좀 찾아 보내 주세요."

그리하여 그의 마지막 유고 "Imagine"(≪정세와 노동≫ 제85호, 2012년 12월호)을 병상에서 보내왔다.

그리고 지난해 2월 제2차 치료를 받고 '결과가 좋아'(?) 퇴원하여 연락이 왔다.

"소장님, 저 지금 2차 치료받고 결과가 좋아 퇴원해 집으로 왔어요. 상태가 아주 좋아요. 어쩌면 늦어도 6개월쯤 후에는 본격적으로 일에 복귀할 수 있을 것 같아요. 그런데 감염을 경계해야 하니까 찾아오진 마세요." — 이것이 그가 나에게 마지막으로 들려준 말이다. 그 의욕에 가득 찼던 말! 정말 너무나도 기분 좋았던 말!

그런데 3월 5일이던가 6일이던가 급성 패혈증으로 위급하다는 연락을 받고 병원으로 달려갔을 때에는 이미 어떤 대화도 불가능했고, 마주 보고 눈빛을 맞출 수조차 없었다. 사신(死神)과 사투를 벌이는 그의 모습을 중환자실 유리창 너머로 안타깝게 바라볼 수 있었을 뿐. — 이것이 그가 대학 초년생이었던 1984년부터 시작되었던 성식이와 나의 마지막 만남이었다.

그동안 우리는 이런저런 계기와 원인으로 수많은 선후배 동료·동지들을 먼저 보냈다. 그리고 그때마다 우리의 가슴은 슬픔으로 멍이 들었다. 성식이의 죽음도 그렇다.

그런데 나에게 있어서 성식이의 죽음은 유난히 더 가슴이 아프고 무겁다. 그래서 난 이 유난한 아픔이 그와의 오래고 오랜 인연 때문이 아닌가 생각해 보았는데, 다시 생각해 보니 더 오랜 인연의 동료·동지들을 보낸 적도 한두 번이 아니다.

유난한 고통의 정답을 찾는 데에는 꽤 시간이 걸렸다. 그 유난한 고통은, 다름 아니라, 고인 성식과의 인연이 오랠 뿐 아니라, 그가 착취와 억압, 계급 없는 사회를 꿈꾸며, 누구보다도 넉넉한 성품이면서도, 그 실현을 위한 노선을 비타협적으로 견지·추구해 왔기 때문이었다. 그는 계급 없는 사회를 꿈꾸면서, 그러나 그러한 사회를 실현해 가는 과정은 꿈같은 것이 아니라 냉혹한 현실이고 냉혹한 과학이며 냉혹한 투쟁이라는 것을 잘 알고 있었고, 그렇게 아는 대로 행동했다.

그리고 이 그의 유고집 ≪종교·국가·소유가 없는 세상을 꿈꾸며≫에는 그의 그러한 꿈과 현실, 과학, 투쟁이 담겨 있다.

성식이, 자네가 가던 길, 자네와 우리가 함께 가는 길이 정당한 길임이 머잖아 현실로 입증될 걸세!

2014. 3. 2.
채만수

항상 겸손하고 성실했던, 선한 미소를 띤 동지를 그리며

권정기

동지가 떠나간 지도 벌써 일 년이 되어 갑니다. 장례식을 치르며 유고집을 내자고 했는데 1년이 다 되는 이제야 마무리가 되어 갑니다. 언제나 그랬듯이 너그럽고 여유롭게 이해해 주시겠지요.

동지가 10여 년 동안 쓴 글을 모아 보니 600페이지가 넘어가더군요. 읽는 데 1달 정도가 걸렸습니다. 정말 열심히 공부하셨더군요. 그래서 유고집의 권두시로 브레히트의 시 "배움을 찬양한다"를 넣어 보았습니다. 브레히트도 의사 출신 사회주의자이고, 번역자 김남주는 동지가 좋아했던 시인이지요. 동지의 마음에 들었으면 합니다.

수록한 대부분의 글이 내가 편집을 했던 ≪정세와 노동≫, ≪현장에서 미래를≫에 있었기 때문에 당시 편집을 하면서 읽어 본 글인데도, 새로운 것을 많이 느끼고 배웠습니다. 나는 ≪노동사회과학≫에 실린 동지의 글 "좌익 공산주의의 발생 배경, 출현과 그 주장"의 시작 부분에 뜨로츠끼를 긍정적으로 인용한 것, 그리고 언젠가 함께 정당 세미나를 하며 느꼈던 것—뜨로츠끼주의자에 대한 동지의 개방적인 태도—에 대해 문제의식을 가지고 있었습니다. 그 모습이 이제야 이해가 갑니다. 동지는 레닌의 여러 글을 인용하며, 한국에서 여러 정파가 힘을 합쳐 공동으로 정당을 건설해야 한다고 줄기차게 주장하고 있더군요. 그런데 너무나 조심스럽게 주장하여, 편집 실무에 쫓기며 읽어야 했던 내가 미처 파악하지 못했었습니다. 내가 좀 둔한가 봅니다.

사람은 죽음을 앞두고 진실해진다고 합니다. 동지가 항암 치료를 받으며 사경을 헤매던 재작년 11월경 전화로 이야기를 나누던 생각이 납니다. 목이 너무나도 심하게 잠겨서 말을 알아듣기 어려웠고, 마치 저승에 반쯤 끌려 들어간 것처럼 간신히 한 마디 한 마디를 쥐어짜 내는 소리가 들렸습니다. "연구소를 생각하면 가슴 아프고 눈물이 나온다... 싸워서 이길 테니 자기 걱정 말고 운동을 부탁한다..." 눈앞이 캄캄하고 가슴이 철렁 내려앉더군요. 그러나 다행히 면회가 가능할 정도로 회복되어, 12월 초 일산병원으로 면회를 갔습니다. 삭발을 하고 부어 있고, 입술은 부르텄지만 그래도 거의 기운을 회복한 모습이었지요. 나를 보자 반기며 쫓기듯 계속해서 이런저런 말을 쏟아냈습니다. 일본어를 공부하고 있고, 몇 달 후에는 바로 일을 시작할 수 있을 거라고 했습니다. 다행이라 생각했지만, 왠지 불안하고 초초한 모습이 마음에 걸렸습니다. 지금 생각해 보면 죽음의 그림자를 느끼고, 마지막 투혼을 불사르고 있었던 것으로 보입니다. 그리곤 유언과 같은 글 "Imagine"을 보내왔습니다.

사람은 누구나 죽습니다. 내가 태어나 겪은 가장 큰 고통—아마도 맞을 겁니다—은 8년 전 어머님의 죽음이었습니다. 살 만큼 사신 어머님의 죽음이 왜 이리 고통스러울까 생각해 보았습니다. 그리곤 결론을 내렸지요. 돌아가신 것이 고통스러운 것이 아니라, 살아오신 삶이 고통스러웠기 때문에 내가 이리도 서럽고 가슴 아픈 것이라고. 언젠가 인터넷에서 기사를 보니 러시아 사람들은 장례식을 축제처럼 치른다고 합니다. "열심히 잘 살다 갔다"고 축하해 준다고 합니다. 물론 러시아에도 별별 사람 별별 인생이 다 있을 테니 사람 나름이겠지요. 어쨌든 우리가 꿈꾸고 있는 "국가 종교 소유가 없는 세상"이 오면, 더 이상 슬퍼할 삶이 없는 만큼, 슬퍼할 죽음도 없을 것이라고 생각해 봅니다.

동지는 "하인스 워드"라는 글에서 쓰고 있더군요.

> 그는 자랑할 만한 실력을 갖고 있었음에도 불구하고 늘 겸손했고 성실했으며, 어렵고 힘든 상황에서도 항상 웃음을 잃지 않았다. 그리고 그는 팀을 위해 자신을 희생할 줄도 알았다.

나는 동지의 글을 다시 한 번 읽으며, "자랑할 만한 실력을 갖고 있었음에도 불구하고 늘 겸손했고 성실했으며, 어렵고 힘든 상황에서도 항상 웃음을 잃지 않았"던 동지 때문에 힘이 들었습니다. 운동을 위해, 가정을 위해 "자신을 희생할 줄도 알았"던 동지 때문에 가슴이 아팠습니다. 함께 지냈던 10년이 훨씬 넘는 기간 동안 한 번도 화내지 않았고, 부탁을 거절하지 않았던 한없이 너그럽던 동지!

동지는 대학에 들어와 운동을 시작하고 죽는 날까지 그 길을 걸어왔습니다. 아직은 슬퍼해야 할 것이 너무나 많은 세상이지만, 그럼에도 불구하고 "해방 세상"의 꿈을 간직하고 살아온 만큼은 슬픔을 덜어 낼 수 있겠지요. 그래야겠지요. 동지도 그랬으면 정말 좋겠습니다.

전성식 동지!

"현재에는 올바름에도 불구하고 비록 소수에 속해 있지만 머지않아 그 올바름으로 인해 다수가 될 우리"[1])를 자랑스러워했던 동지!

이제 눈물을 거둡시다. 우리는 싸워서 반드시 이길 겁니다. 항상 함께 해 주십시오.

2014년 1월 27일

1) 전성식, "민주집중제에 대하여".

전성식 동지께

문영찬

동지가 떠나간 지 벌써 일 년이 다 되어 가는군요.

재작년 가을 동지가 입원했다는 말을 듣고 또 혈액암으로 입원했다는 말을 듣고 조바심하던 기억이 떠오릅니다. 면회 간다고 하니 오지 말고 연구소를 잘 챙기라고 하던 것이 마지막 대화가 되고 말았네요. 수술이 잘되어서 이제 다시 볼 수 있게 되었구나 했는데 불과 일주일 만에 재입원하고 돌아가시고 말았습니다. 그 뒤로 동지가 떠나갔다는 것이 실감이 나지 않았고 언제라도 연구소 문을 밀치고 들어와서 씩 웃을 것만 같았습니다. 그렇게 일 년이 흘렀습니다.

동지를 처음 뵌 것은 2007년 초였지요. 제가 노사과연의 문을 두드리고 연구 세미나를 동지와 권정기 선배 그리고 저 세 사람이 같이했습니다. 당건설 연구 세미나는 조촐하지만 내용 있게 진행되었지요. 동지는 세미나의 커리 준비, 자료 준비 등을 도맡고 뒤풀이에서는 같이 소주를 기울이며 수개월이 지났고 그렇게 연구 세미나를 통해 노사과연의 문을 두드린 저는 8년이 지난 지금도 연구소에서 열심히 활동하고 있네요. 그 연구 세미나는 일정기간 운동의 단절이 있었던 저에게 많은 보탬이 되었습니다. 연구소 운동이 어떤 것인지, 8, 90년대와 다른 2000년대의 운동의 분위기는 어떤 것인지 등을 배울 수 있었습니다.

동지는 연구위원장으로서 연구 토론회를 주재하면서 언제나 원만하게 토론회를 이끌면서도 날카로운 문제의식을 던지곤 했고 뒤풀이에서는 분위기를 띄우는 데 열심이었습니다. 동지와 삼각지에서 나누었던 많은 토론회와 뒤풀이가 지금도 기억에 선합니다. 비좁은 광주집에서 김치찌개를 시키고 혹은 동지가 좋아했던 도루묵찌개를 시키고 소주잔을 기울이면서 운동의 현실에 대해 비분강개하곤 했었지요.

한편으로는 직장을 다니면서 게다가 세 아이의 아버지로서 바쁜 일상 속에서도 연구소의 세미나와 토론회를 비롯한 일정이라면 빠짐이 없었고 또 자신의 소신을 언제나 거침없이 피력하곤 했습니다. 또한 동지들을 언제나 푸근히 감싸 안는 자세는 연구소의 신입이던 저에게 많은 힘이 되었습니다.

연구소가 이전한 후에도 동지는 변함이 없었습니다. 직장 일을 마치고 연구소 세미나 팀장으로서 세미나를 이끌기 위해 저녁 식사를 하지 못하고서는 햄버거를 사 들고 세미나 시간에 맞춰 오곤 했던 것이 여러 번이었지요. 레닌 세미나 팀장, 자본론 세미나 팀장 등등을 맡으면서 동지는 자기를 드러내지 않고 묵묵히 맡은 바 역할을 했습니다. 지금과 같은 반동의 시대에 레닌 세미나를 진행한다는 것은 고립을 각오해야 하는 것인데 그런 것에 동지는 개의치 않고 세미나를 했고 볼세비키 당의 초기부터 혁명 이후까지 두루 꿰면서 세미나를 했습니다. 저하고도 같이 세미나를 하기도 했었지요.

동지와 나누었던 많은 시간은 저 자신에게 있어 참으로 소중했던 시간이었습니다. 반동의 시대를 이겨 내기 위해 노력하는 많은 마음들을 확인했고 과학을 부여잡기 위해 안간힘을 쓰는 많은 동지들과 함께 한 시간이었습니다. 그러한 공간과 시간에 동지는 언제나 같이 있었습니다.

이제 연구소는 새로운 시대의 밀알이 되고자 어려운 시기를 경과하고 있습니다. 힘들 때마다 동지와 나누었던 시간을 떠올리며 꿋꿋이 나아가고자 합니다. 동지가 운동에 대해 보여 주었던 애정과 동지들에 대한 태도를 잊지 않겠습니다. 그럼 안녕히...

동지의 일주기에 문영찬 드림

상상력의 공백를 메우기 위해

최상철

이 글은 2012년 12월에 발표된 고 전성식 동지의 글 "Imagine"에 대한 늦은 답신이다. 바로 답글을 쓰려 했었다. 하지만 혹시라도 전성식 동지의 삶을 위한 사투에 악영향이 있을까 걱정하는 동지들이 있었고, 내가 그에게 감히 가볍게 한마디 던질 자격이 없는 사람이기에 계속 미루어졌다. 담배를 피우지 않기로 결심한 그날 자정 이후 생애의 마지막 순간까지 단 한 대의 담배도 피우지 않은 그와 달리 나는 욕망에 대해 얼마나 관대한 삶을 살고 있는가. 동지의 1주기가 되고 유고집 발간이 목전에 이르러서야 힘겹게 글이 써진다. 후회와 아픈 감정은 최대한 배제하려니 어느 때보다도 힘든 글이다.

여러 논란이 있지만 존 레논은 전 세계적인 명성을 얻은 대중음악가 중 누구보다 더 현실 참여적이었으며 급진적인 인물이었다. 또 종교·소유·국가가 없는 세상은 분명히 사회주의자의 지향과도 같다. 그러나 존 레논은 여러 진보적인 서구 대중음악가들이 보였던 한계를 온전히 넘어서지는 못하였다. 존 레논은 20세기 사회주의에 대해 편견에서 자유롭지 않았으며 뜨로츠끼주의자 타리크 알리의 〈국제 맑스주의 그룹(International Marxist Group)〉의 활동에 공감대를 표하였다. 하지만 스스로를 '연구소 우파'라고 부르며 뜨로츠끼주의자에게도 관대하였던 전성식 동지가 존 레논을 그리도 좋아했던 것은 이해하지 못할 바는 아니다. 그리고 나는 전성식 동지를 좋아하는 것처럼 존 레논의 한계에 대한 비판을 하기 이전에 그의 음악을 좋아한다.

존 레논의 "Imagine"이 대중적으로 널리 불리고 알려지는 것은 환영할 만한 것이다. 그러나 자본주의 음악 산업은 체제를 비판하고 새로운 세계에 대한 지향성을 담은 음악도 그것이 위험수위를 넘지 않는다면 상업적으로 철저하게 이용하며 체제를 유지하기 위해서 활용한다. 런던 올림픽 폐막식에서 닉 메이슨, 마이크 러더포드, 리처드 존스, 에드 시런이 자본주의 음악 산업의 쓸쓸한 이면에 대해 노래한 핑크 플로이드의 "자네가 여기 있길 바라네(Wish you were here)"를 연주했을 때도 아무런 위화감이 없었다. 존 레논의 "Imagine"도 마찬가지였다. 유니온 잭을 형상화한 하얀 무대 위에서 흰옷을 입은 리버풀 필하모닉 청소년 합창단의 수화 합창과 더불어 "Imagine"이 재생되었다. 그러면서 백색 퍼즐로 구성된 존 레논의 얼굴이 그 유니온 잭 정중앙에서 맞춰지고 다시 흩어지는 퍼포먼스가 연출되었다. 생전에 당시의 중계를 통해서 삶의 마지막 투쟁의 힘을 얻었던 전성식 동지에게 너무나도 죄송스러운 말씀이 되겠지만 아마도 존 레논이 살아 있었다면 제국주의와 국가주의의 상징인 유니온 잭과 자신의 저항적인 노래를 융합시켜 버린 그런 기획은 허용하지 않았을 것이다.

반면에 저항적인 동시에 체제에 균열을 가져올 수 있는 대중 예술에 대해서는 자본주의 매체는 극도의 경계심을 가지고 대한다. 섹스 피스톨즈의 "신이여 영국 여왕을 구하소서(God save the queen)"가 단적인 사례다. 영국 여왕에 대해 '잠재적인 수소폭탄'이라고 신랄하게 비난하며 심지어는 영국 국가와 제목도 같기에 BBC의 금지곡으로 지정된 그 곡이 런던 올림픽 공식 행사에서 연주될 리는 만무한 것이었다. 그래서 나는 현 시기 "Imagine"보다 "노동계급의 영웅(Working class hero)"이 연주되길 바란다. 물론 "노동계급의 영웅"에 담겨 있는 선민의식과 같은 부정적인 면모를 극복해야 함을 두말할 필요가 없을 것이다.

"노동계급의 영웅"의 가사는 동지에게 바치는 추모시이기도 하다. 전성식 동지가 못다 이룬 꿈을 이뤄 내고 존 레논의 상상력의 공백를 메우는 것은 살아남은 이들의 몫이다. 고인들의 못다 한 꿈을 위해 한발 더 전진하자.

노동계급의 영웅

존 레논

그들은 네가 태어나자마자 굴욕감을 전해 주었어
그러한 시간밖에는 준 것이 없기에
크나큰 고통에 아무것도 느낄 수 없게 되지

노동계급의 영웅은 되어 볼 만한 것
노동계급의 영웅은 되어 볼 만한 것

그들은 집에선 너를 상처 주고 학교에서는 때려
네가 똑똑하다면 증오하고 바보라면 무시해서
완전히 미쳐 버려 그들의 규칙을 지킬 수가 없게 되지

노동계급의 영웅은 되어 볼 만한 것
노동계급의 영웅은 되어 볼 만한 것

그들은 기괴한 20년 동안 널 고문하고 겁주고서
이제 네가 일자리 구하길 기대하지
두려움에 가득 차 아무 역할도 할 수 없을 때 말이야

노동계급의 영웅은 되어 볼 만한 것
노동계급의 영웅은 되어 볼 만한 것

종교와 섹스와 TV에 중독되어 가고 있는데
그래도 너는 꽤 똑똑하고 계급도 없고 자유로운 줄 알지
하지만 내가 보기에 여전히 형편없는 무지렁이에 불과해

노동계급의 영웅은 되어 볼 만한 것
노동계급의 영웅은 되어 볼 만한 것

그들은 꼭대기에 자리가 있다고 여전히 네게 얘기하지
하지만 살인하면서 미소 짓는 법을 먼저 배워야 해
저 언덕 위에 있는 이들처럼 되고 싶다면 말야

노동계급의 영웅은 되어 볼 만한 것
노동계급의 영웅은 되어 볼 만한 것

영웅이 되길 원한다면 나를 따라와
영웅이 되길 원한다면 나를 따라와

* 고인이 선물해 준 이제는 낡아 버린 외투, 단 하루였지만 고인과 수담을 나누었던 바둑판은 오래 간직하고 있을 것 같다.

성식이 형, 웅 내다

정호영

2014. 9. 21.

어제 집회에서 성식이 형의 유고집 편집이 끝났다는 이야기를 들었다. 세미나 마치고 술 마시기, 집회 마치고 술 마시기, 그냥 만나서 술 마시기 등을 더 이상 형과 할 수 없다. 형이 내게 주고 간 것은 많다. 그중 제일 좋은 것은 형과 유쾌하게 지낸 기억들이다.

밴드는 여전히 바빠서 합주는 불가능했고 그냥 내가 혼자 뚱땅거려서 만든 데모를 전성식의 유고집 ≪종교 · 국가 · 소유가 없는 세상을 꿈꾸며≫ 인터내셔널 밴드 노래 "바라본다"라는 제목으로 올렸다. 쑥스럽기는 하나 인터내셔널 밴드의 프로듀서인 성식이 형을 기억하는 사람들과 형에 대한 감정을 나누고 싶어서였다. QR 코드를 삽입한다.

〈QR 코드〉 인터내셔널 밴드 노래 "바라본다"

2014. 1. 28.

성식이 형, 웅 내다. 호영이.

형과 마지막 이야기한 게 2012년 12월 전화 통화였지. 우리 밴드 뮤직 비디오 만들려면 꼴까다 이미지들을 내가 꼴까다에 있을 때 담아갈 것이라고 프로듀서인 형에게 보고하는 거였지.

형의 어린 시절 동두천 락큰롤 이야기, 어릴 적 공부 잘했다 자랑하는 이야기, 결혼 전 연애 이야기, 형이 의대 재학 시 마취과 택할 때 식구들 의견 이야기, 민희유 장래 희망 이야기, 노사과연 등, ≪섹스 피스톨즈≫를 노사과연에서 내자고 했을 때 형이 지지했던 것, ≪붉은 사랑≫에 형 글 넣을 거니까 업데이트하라니까 형이 하겠다고 한 것. 형이 하던 이런저런 이야기들이 생각이 나네. 나중에 들은 이야기로 형은 병상에서도 노사과연 걱정을 제일 많이 했다면서. 아 갑자기 광우병 정국 때 생각난다. 미국에서 소고기 들어오기 전 마지막으로 많이 먹자면서 소곱창에 소주 거의 연짝으로 마시던 기억나네.

아쉬운 건 형은 우리 밴드의 첫 공식 팬이자 공식 프로듀서인데 우리 밴드가 음반을 완성하지 못해서 형이 우리 음반을 아직 못 들은 거야. 내가 통기타로 쳐서 만든 곡들을 형에게 보냈고 형은 들을 때마다 이 인간들 언젠가는 음반 내겠지라고 생각했겠지. 내 책 ≪인도는 울퉁불퉁하다≫가 나왔을 때 주변 사람들에게 선물 많이 해 주어서 음반도 형이 수억 팔아 주겠구나라고 생각했는데. 노사과연에서 형 글 모아서 책으로 낸다고 하더라. 형 주기 때까지 형 마지막 글인 "존 레논의 이매진" 읽고 내가 만든 노래 "바라본다"와 존 레논의 "이매진" 녹음을 하려고 하는데 지금 우리 밴드 멤버들이 세계적 공황 시기인지라 압박이 점점 심해져 가는 먹고사는 문제로 나 빼고 다 X라 바빠서 할 수 있을라나 모르겠네.

마 있어 바라. 하여간 우리 밴드가 안 하겠나. 형 책 나올 때쯤에는 유튜브에서 '전성식'이나 형 책 제목 치면 나올 수 있도록 뭐라도 해 볼게.

2014. 1. 3.

형이 꼴까다 잠깐 와서 하루 종일 저와 다녔는데 형 부고 듣고 나서는 형과 다녔던 꼴까다 거리만 지나치면 눈물이 나더군요. 거기 살았어도 정이 거의 안 가는 도시였는데…

2013. 12. 31.

형의 유고집이 형의 주기에 맞추어 나올 거다. 형은 언제나 우리 밴드의 프로듀서다. 형 주기에 맞추어서 녹음을 들어갈 예정인데… 형의 컬러링으로 쓰던 이매진을 녹음할 예정인데… 이건 형과 마지막 통화를 하고 형의 마지막 글을 보고 만든 내가 만든 노래다. 형, 형의 존 레논의 이매진에 관한 글

읽고 새로 또 곡 만들었다며 내가 혼자서 뚱땅거려 녹음한 이걸 메일로 보내 주려고 했는데 형의 부고를 들었다... 인도에서 귀국 후 형의 무덤이 어디 있는가 묻지 않았다. 형은 내 맘속에 있으니까.

2013. 3. 11.

이 노래는 형의 근황을 듣기 전 만들었습니다. 형의 글 "(존 레논의) imagine"에서 받은 하늘과 구름 이미지로 만든 노래입니다. 형이 생각하는 아름다운 세상은 존 레논 이매진 음반 자켓에 나오는 그런 하늘 아래 행복하게 살아가는 그런 세상이 아닐까 하는 생각을 했습니다.

바라본다

바라본다 끝도 없는 하늘
불어오는 바람 속에 하얀 구름
아 길은 열려 있고 아 길은 열려 있고

바라본다 삐죽대는 그대 고운 입술
심술 가득 너무 예쁜 하얀 얼굴
아 내 사랑 아 내 사랑

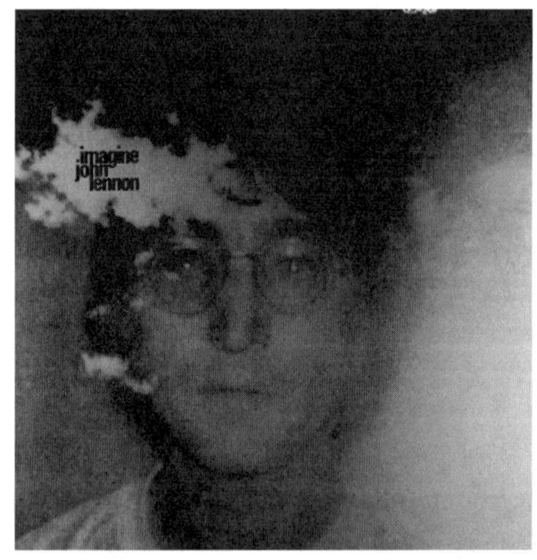

〈사진〉 존 레논의 이매진 음반 자켓

형이 마지막 적은 글은 존 레논의 이매진에 대한 글이었습니다. 아래 발췌했습니다.

많은 분들이 알고 있듯이 "Imagine"은 비틀즈의 멤버였던 존 레논이 만든 노래다. 가사는 내 생각으로는 참으로 사회(공산)주의적이다. 그리고 논리적이고 선동적이기까지 하다. 먼저 가사를 한번 보라. (나는 인터내셔널가를 제외하면 세계의 사회주의자들이 가장 좋아하는 노래가 아닌가 한다. 아님 말고.)

Imagine

Imagine there's no heaven 천국이 없다고 상상해 보세요
It's easy if you try 해 보면 어려운 일도 아니죠
No hell below us 우리 아래 지옥도 없고
Above us only sky 오직 위에 하늘만 있는 거예요

Imagine all the people
Living for today
모든 사람들이 오늘 하루에만 충실하며 살아가는 거예요

Imagine there's no countries 국가라는 것이 없다고 상상해 보세요
It isn't hard to do 그리 어려운 일도 아니죠
Nothing to kill or die for 죽이는 일도 없고 목숨을 바쳐야 할 일도 없는 거예요
And no religion too 종교도 없다고 생각해 봐요

Imagine all the people
Living life in peace......
모든 사람들이 함께 평화롭게 살아가는 것을 상상해 보세요

(Chorus)
You may say I'm a dreamer 당신은 날 몽상가라 부를지도 모르겠네요
But I'm not the only one 하지만 나만 그런 것은 아니랍니다

I hope someday you'll join us 언젠가 당신도 우리와 함께하길 바래요
And the world will live as one 그러면 세상은 하나가 되어 살아가겠죠

Imagine no possessions 소유가 없다고 상상해 보세요
I wonder if you can 그건 좀 어려울 수도 있어요
No need for greed or hunger 탐욕을 부리거나 굶주릴 필요도 없고
A brotherhood of man 형제애가 넘치는

Imagine all the people
Sharing all the world...
모든 사람들이 세상을 함께 공유하는 것을 상상해 보세요

(Chorus)
You may say I'm a dreamer 당신은 날 몽상가라 부를지도 모르겠네요
But I'm not the only one 하지만 나만 그런 것은 아니랍니다
I hope someday you'll join us 언젠가 당신도 우리와 함께하길 바래요
And the world will live as one 그러면 세상은 하나가 되어 살아가겠죠

길지 않은 가사에 사회주의의 기본 사상을 다 담았다. 그는 말한다. 어렵지 않으니 신앙이 없는 것을 생각해 보라고. 그러면 천국이니 지옥이니 그런 것이 없고 사람들은 하루하루에만 충실히 살면 된다고. 국가가 없고 종교가 없으면 다른 누구를 죽이려 하거나 그것을 위해 죽을 필요가 없다고. 그러면 사람들이 평화롭게 살 수 있다고. 그런데 소유와 관련해서는 말이 살짝 바뀐다. 좀 생각하기가 어려울 것이라고. 사실 국가, 종교 같은 상부구조는 필요에 따라 변하는 것이니 그것들이 없는 것을 상상하는 것은 어렵지 않은데, 그것들보다 더 오래 되었고 그것들의 기초가 되는 (사적) 소유는 그렇지 않을 것이라는 레논의 지적은 세심한 배려라고 생각된다. 소유가 없어지면 모든 사람이 세상을 공유하게 되어 욕심도 없어지고 기아도 없어진다는 것을 알려 준다. 그리고 잊지 않고 말한다. 언젠가 당신도 우리와 함께하길 바래요라고. — 전성식, "존 레논의 이매진"

〈사진〉 형은 인도 델리에 컨퍼런스가 있을 때 나와 하루 술자리를 가지기 위해서 델리에서 꼴까다까지 왕복을 끊어서 왔다. 꼴까다 커피하우스에서 찍은 사진

2013. 3. 9.

형, 내가 공부하고 있는 것, 밴드 음악, 형하고 다 관련이 있잖아. 형, 나 잘 살아갈 거야. 형이 내게 공부는 후까시 안 잡고 아는 대로만 글 적는구나 라고 밴드도 흠 들을 만하군이라고 말할 수 있게.

2013. 1. 10.

형, 내가 형을 만났던 건 ≪자본론≫ 세미나 1권 할 때였지. 형은 당시 미국에서 교환교수로 1년 있다가 돌아왔을 때라 1권 중간부터 합류했고 3권까지 같이 근 1년 반을 같이 공부하고 술 마셨지. 가끔 형이 한 말이 생각나서 혼자 웃곤 하는데. 그중 하나가 “자본론 세미나 돈이 너무 많이 드는 세미나다. 뒷풀이로 술 마시다가 차 다 끊기고 택시 타고 집에 가면 술값, 택시값 엄청니다.” 형과 같이 술을 많이 마시던 곳은 배호의 노래가 거리에서 백그라운드 음악처럼 흘러나오는 것 같은 삼각지. 광주 식당, 포차 간단한 회, 구운 전어들을 안주로 마셨던 술을 모아서 욕조에다 풀면 목욕은 서너 번 할 수 있을 정도의 양일 거야. 가끔 형은 내가 형을 만나기 전의 자기 이야기를 해 주었잖아. 형 말로는 감빵 갔다 오고 나니 사람들 다들 예전 같지 않아서 형도 그냥 이래저래 살려고 노름도 좀 하고 놀러나 다니고 그랬다는데... 아무래도 어떤 시기가 오면 형이 속한 직업군 사람들이 어떻게 부정적으로 행동할지가 보여서 이렇게 계속 살아서는 안 된다고 생각이 들었다고 했지. ≪비정성시≫를 보면 잠깐 맑스, 엥겔스의 ≪독일 이데올로기≫ 표지가 나오고 그 이후 벙어리 —양조위가 역할을 맡았지— 글이 화면에 보이잖아. “저는 이제 알기에 다시 예전으로 돌아갈 수 없습니다.” 아마도 형은 ≪비정성시≫의 그 벙어리 같은 생각을 하지 않았나 하는 생각이 드네. 형, 형 적은 글들 다시 챙겨 보니 평범한 생활인이었던 형이 참 글을 많이 적었더라. 글도 왕성하게 적고 1년 반을 진행해야 하는 ≪자본론≫ 세미나 등의 팀장도 맡았지. 형이 적은 글들은 돈이나 명예 등을 바라고 적은 글들이 아니라 베스트셀러가 될 수 없지. 그러나 형이 세상에 말하고 싶었던 이야기들이잖아. 묶어서 챙겨 놓고 싶네. 그래서 곧 귀국하게 되면 형이 적었던 글 모아서 ‘형의 책’을 1권 편집해서 나도 한 권 가지고 형의 친구들과 나누어 가지고 싶다.

* 형의 글 중 사람들이 많이 읽었으면 하는 글 중 일부 발췌해 보았어.

이른바 재벌 3세, 혹은 4세로 불리는 그들이 대개 인물 좋고 머리도 좋으며 심지어 예의 바르고 착하기까지 한 현실은 양반이 되기 위해 족보를 사들이던 상놈처럼 돈으로 제 가계를 개량하려는 그들 조상들의 노력의 결과임을 지적한다. 그러나 당연히 그는 여기에 머물지 않는다. 그(김규항)는 다음과 같이 올바르게 주장한다.... 물론 그건 어떤 삶의 상황에서도 유지되는 그들의 진짜 인격은 아니다. ‘이젠 부자가 착하기까지 하다’라는 말의 실체는 ‘이젠 부자가 착함까지 사들였다’일 뿐이다. 말하자면 그들은 부를 일구고 지키기 위해 자본주의의 시궁창을 천하게 구르던 제 할아버지와는 달리 일 년 내내 착한 얼굴을 하면서도 제 부를 충분히 유지할 수 있기 때문에 착한 것이다. 단언컨대 그들 가운데 누구도 제 부에 결정적인 위협을 받을 때 제 할아버지의 모습으로 돌아가지 않을 사람은 없다.... 이러한 ‘부자가 착하기까지 한 현실’, 즉 ‘부자가 착함까지 사들인 현실’의 다른 한편.... 김규항 씨는 이 문제를 가난보다 더 심각한 위기는 가난한 사람들이 가난의 품위를 잊어버리는 것이라며 품위마저 사들인 부자들은 세상에서 가난의 품위라는 것을 도려내기 위해 갖은 애를 쓴다. 바야흐로 품위 전쟁이 벌어지고 있는 것이다. 우리는 이 전쟁에서 반드시 이겨야 한다. 이 전쟁에서 질 때, 그래서 아이들이 가난하지만 정직하게 땀 흘리며 살아가는 제 아비 어미를 수치스러워하게 될 때 우리 삶도 끝장이기 때문이다라고 품위 전쟁이라는 다소 어색한 말로 표현한다. (내가 이것이 어색하다고 하는 것은 가난의 품위라는 표현이 적절해 보이지 않고 가난은 적게 소유함으로써 다른 사람의 몫을 늘이는 보다 정당한 삶이라는 주장에는 이견이 있기 때문이다. 한마디 사족을 덧붙이면 나는 김규항 씨의 글을 소장님 글 다음으로 좋아한다.)

이와 관련해서 맑스는 다음과 같은 말을 했다고 한다.

> 만약 노동조합이 자신의 임무를 성취하기를 원한다면, 그들은 정치단체에 부속되거나 스스로를 이러한 단체의 감독에 내맡기는 일을 해서는 안 됩니다. 이러한 무모한 일을 한다는 것은 스스로에게 치명적인 타격을 가하는 것이나 다름없겠습니다. 노동조합은 이를테면 사회주의의 교육기관이라 할 만합니다. 노동자들이 스스로를 교육하여 사회주의자가 되는 것은 바로 이러한 노동조합을 통해서 이루어지는 셈이니까요. 왜냐하면 바로 그들의 목전에서 매일 같이 자본과의 투쟁이 발생하고 있기 때문입니다. 어떠한 정당도 그 성격이야 무엇이든간에 예외 없이 대중의 열성을 단지 단기간에만, 순간적으로만 포착할 수 있을 뿐이지만 조합은 보다 더 지속적인 방식으로 대중을 장악할 수 있습니다. 노동조합만이 진정한 노동계급의 당을 대변하고 자본력에 대항하는 방파제를 대치시킬 수 있습니다. 대부분의 노동자들은 어떠한 당에 소속되든지 간에 그들의 물질적 상황이 개선되어야 한다는 사실을 마침내 이해하게 되었습니다. 그러나 일단 노동자의 물질적 상황이 개선되면 그는 자녀들을 교육하는 데 헌신할 수 있습니다. 그의 배우자와 자녀들은 공장에 나갈 필요가 없으며 그 자신이 그의 마음을 더 잘 계발할 수 있고 그의 몸을 더 잘 돌볼 수 있으며 자신도 모르는 사이에 사회주의자가 되어 갑니다. (맑스, "독일 노동조합원 대표에게 행한 연설"(1869), 맥렐런, ≪칼 마르크스의 사상≫, 민음사, pp. 257-8에서 재인용.)

노동자계급의 역사적 사명은 자신을 만들어 낸 자본주의를 역사 속에 묻어 버리는 것이다. 그리고 이것을 위해서 그들은 그럴 수 있을 힘을 만들어 내야 한다. 즉 그럴 만한 "투쟁 역량을 향상시"켜야 하는 것이며, 노동자계급의 일상적 생활을 향상시키는 투쟁은 그 중요한 수단인 것이다. — 전성식, "김규항 씨의 "품위 전쟁"을 읽고"

전성식 선배님, 많이 보고 싶어요

한형식

30년 전 학력고사를 치고 나오는데 수험장 문 앞에 형이 기다리고 있었다. 시험 치러 나오면서 자는 얼굴만 보고 나왔던 동생이 죽었다고 했다. 동생 혼자 지키던 집을 포크레인이 덮쳤다고 했다. 나는 끝내 장례식에 갈 자신이 없었고 장례가 끝나고 나서도 며칠이나 친구들 집을 돌아다녔다. 나만 아니라 우리 가족 모두가 동생의 갑작스러운 죽음을 받아들일 수 없었다. 지난 삼십 년간 가족 모두가 동생의 이름을, 그 사고를, 동생을 떠올리는 어떤 것도 입에 올리지 않았다. 드러내 놓고 슬퍼하지도 않았다. 그날 이후 우리 가족의 마음에서는 불이 꺼져 버렸다. 조금의 온기나 빛도 남지 않았다. 밤늦게 버스를 타고 가면 창밖으로 보이는 불 켜진 집은 아무리 허름한 집이라도 다 따뜻해 보였다. 내게는 없는 따뜻한 가정이 거기에는 있을 것 같았다. 어떤 일을 해도 진짜로 행복하지는 않았다.

내가 하는 일을 운동이라고 부를 수 있다면 내가 운동을 계속하도록 지탱해 준 것은 뜨거운 열정이 아니었다. 의무감에 가까운 건조한 열정만으로 변방의 삶을 사는 것이 내게는 쉽지 않은 일이었나 보다. 마흔이 되자 견디지 못한 내 몸과 마음은 고장이 나 버렸다. 수술과 뒤이은 공황 발작으로 지옥 같은 생활을 이어 가던 무렵에 선배를 만났다. 만나면 마음이 편했다. 안경 뒤 작은 눈은 항상 반달처럼 웃고 있었고 말투는 잘 알지 못하는 사람도 편하게 해 주었다. 그때는 대학원과 운동권 언저리의 사람들만이 내 교류의 거의 전부였기에 선배를 만나면 "이렇게 좋은 사람도 있구나" 이 말이 저절로 나왔다.

한창 자라나는 그래서 너무 예쁘기도 하지만 부담도 클 수밖에 없는 세 딸을 키우는 아버지이자 의사였던 선배가 가장 왼쪽의 혹은 가장 폐쇄적인 구좌파라는 냉대를 받아야 하는 단체에서 적극적으로 활동한다는 것이 편치만은 않았을 것이다. 그런 이를 붙잡고 내 걱정거리와 일 이야기를 잔뜩 늘어놓기만 했다. 도와 달라고 부탁만 했다. 그런데도 항상 웃으며 얘기를 들어 주고 지지해 주었다. 무슨 일을 준비해도 먼저 선배와 의논했다. 하나를 부탁하면 알아서 두 가지를 챙겨 주었다. 선배를 만나면서 너무나 당연하지만 대개는 깨닫지 못하는, 운동은 이론이 아니라 사람이 한다는 것을, 지식, 논리, 노선의 올바름은 그 사람을 이루는 부분일 뿐이라는 것을 마음으로 인정하게 되었다. 나도 후배들에게 저런 선배가 될 수 있을까?

선배가 많이 아프다는 소식을 듣고 병문안을 가려 했다. 하지만 정작 아픈 선배의 얼굴을 죽어 가는 모습을 볼 자신이 없었다. 그리고 며칠 뒤 선배는 세상을 떠났다. 후회가 되었다. 30년 전 동생이 죽었을 때처럼 또 내 마음에 따뜻한 불을 피워 준 이를 제대로 떠나보내지 못했다. 제대로 떠나보내지 못한 이는 내 마음 속에서도 편히 지내지 못한다. 나는 그를 피하려 하고 잊으려 하지만 그는 무섭고 슬프기만 한 얼굴로 내게 불쑥 다가온다. 추모글을 부탁받고도 한 달이 넘도록 쓸 수가 없었다. 나는 너무 슬프고 무서웠다.

꿈을 꾸었다. 관을 실은 수백 척의 배들이 있었다. 정신과 의사는 내가 이제 동생의 죽음을 그리고 언젠가는 올 내 죽음을 무서워하지만 않고 직면하기 시작하는 것이라고 해석했다. 그럴 수 있을까? 하지만 그래야 한다. 너무 황망히 떠나 버려 아직도 나는 보낼 수 없었던 따뜻한 사람들을 보내 주어야겠다. 그러면 내 마음 속에 작은 불빛과 온기가 돌 것이라고 그리고 그 안에서 육신으로 떠난 이들과 슬프지만 행복하게 공존할 수도 있을 거라 희망한다. 그러면 동생과 선배의 죽음도, 멀지 않았을 나이 든 부모님의 죽음과 그리고 내 죽음까지도 마음으로 안을 수 있을 것이라 또 희망한다.

선배의 추모글이라고 하고서는 또 내 이야기만 했다. 선배한테는 “그게 후배 좋은 거 아니요?”라고 말할 것이다. 전성식 선배님, 많이 보고 싶어요.

성식 형 영전에

김동수

벌써 일 년이 지났다는군요. 전 생각도 못했는데요. 든 자리는 몰라도 난 자리는 안다는데, 무심한 제 마음은 시간이란 놈이 원래 무덤덤한 거다, 그런 게 또 세상사다, 구차한 변명만 늘어놓고 있습니다. 형을 아꼈다는 말은 아무래도 허언이었던 모양입니다.

형을 추억하면 가장 먼저 떠오르는 게 세미나군요. 우리가 가장 많은 시간을 함께 보낸 건 역시 세미나였으니까요. 논리학과 정신현상학을 한 문장씩 해석하며 생각을 나누고, 일 년이 지나 한 권씩 완독할 때마다 기분 좋아하던 환한 모습이 생각납니다. 그것은 읽기 쉽지 않은 책 한 권을 완독했다는 자족감에서가 아니라, 당신의 사유에 도움이 될 것으로 믿었기 때문에 보인 웃음이라고 전 생각했었습니다. 세미나 뒤에 이어진 술자리도 잊을 수 없지요. 민희유 아빠라는 닉네임을 쓸 정도로 가족에 대해 다정했던 형의 마음이 뜻을 함께 한 동료들에게도 똑같았다는 것을 알 수 있는 시간이었으니까요. 한 사람 한 사람의 사정에도 신경 써 주던 그 다정함을 어떻게 잊을 수 있겠습니까? 그렇게 우리는 마음을 나눴던 겁니다.

그러고 보니 또 하나 떠오르는 게 있습니다. 세미나 직전에 햄버거나 김밥 한 줄을 우물거리며 들어오시던 모습입니다. 그렇지 않아도 바쁜 일과에 세미나를 더했으니 시간이 부족하셨던 것이겠죠. 성실하고 소탈한 그 모습을 인간적이라고 생각하는 건 당연한 일 아니겠습니까. 형은 늘 성실하고 따뜻하고 소박했습니다. 그렇게 형은 제게 한결같은 사람으로 남았습니다. 한결같은 사람에게 애틋한 마음을 갖는 것은 고금을 막론하는 법이지요.

언제나 한결같은 태도로 자신을 대했던 제자 이상적에게 고마움을 표하기 위해 그려 준 ≪세한도≫에 추사는 오래도록 서로 잊지 말고 지내자는 의미의 장무상망(長毋相忘)이라는 인장을 찍고, 이런 소회를 덧붙였습니다.

공자 말씀에 "차가운 겨울이 되어서야 소나무와 잣나무가 시들지 않는 것을 알 수 있다"고 하였다. 소나무와 잣나무는 사철을 막론하고 시들지 않아서 차가운 겨울 이전에도 하나의 소나무·잣나무요, 차가운 겨울 이후에도 매한가지 소나무·잣나무일 뿐인데, 성인은 특별히 차가운 겨울 이후의 모습만을 칭찬하였다. ... 성인이 특별히 칭찬한 것은 한낱 차가운 겨울이 돼서도 시들지 않는 곧은 지조와 굳센 절개뿐만 아니라, 차가운 겨울이라는 계절에 또한 느끼는 바가 있었기 때문이다.

한결같은 태도를 더 돋보이게 하는 것은 겨울이라는 차가운 계절이라는 겁니다. 그 말이 맞는 것 같습니다. 사회와 시대라는 말을 이고 안고 산 우리들에게 사회와 시대는 너무 차갑게만 느껴졌으니까요. 그런 시절을 사는 사람은 누구나 자기의 지표가 되어 줄 만한 사람을 존경하고 따르는 법입니다. 형은 시대적 아픔을 알고 있었고, 그 원인을 탐구했으며, 그 대안을 모색하는 데 누구보다 앞장서 주셨습니다. 형의 한결같음은 제게 사표로 남았습니다.

노사과연에서 2년의 시간을 함께 보내고 다시 2년이 지난 뒤에 잉여가치학설사 세미나를 저와 함께하시겠다는 형의 연락을 받았을 때 제가 얼마나 기뻤는지 짐작하시겠습니까? 형의 그 한결같은 마음을 다시 나눌 수 있게 되었으니 얼마나 즐거웠겠습니까. 하지만 재회는 오래가지 못하고 말았습니다.

형을 생각하면 마음 한구석이 짠해집니다. 형을 기억하게 만드는 그 한결같음이 유독 형 자신에게만은 독이었던 셈이니까요. 다른 이들에게는 그렇게 자상하셨던 분이 어쩌자고 자신에게는 그렇게 무심하셨습니까? 더 이상 세미나에 참가할 수 없다고 전화하시던 날, 전 장난인 줄 알았습니다. 한 주 또 한 주가 지나고 나서야 그게 실제 상황이라는 걸 깨달을 수 있었습니다. 상태가 어떤지 알 수 없어, 주변에 물을 때마다 입 안이 빠짝바짝 말랐습니다. 치료가 잘되었고 호전되었다는 소식을 듣고 이제 면회라도 한번 가야겠다고 생각했습니다만, 결국 형 목소리 한 번 더 듣지 못하고 형을 떠나보내고 말았습니다. 제 마음엔 상처 하나 남았고요.

장무상망의 정리는 지켜질 것입니다. 그만한 자격을 가진 분이셨고, 당신을 아끼고 그리워하는 사람들이 이렇게 많으니까요. 그렇지만 성식 형! 오래도록 잊지 않는 그 정리를 지킨다 한들, 곁에 계신 것만 같겠습니까? 어찌 그리 일찍 우리 곁을 떠나셨단 말씀입니까?

전성식 동지여

임미영*

지난 3월에 정호영 동지가 그를 사랑했던 마음을 담아 만든 노래, 미완의 노래를 페이스북에 올렸을 때 곡조의 두 마디도 듣기 전에 울컥하며 울음이 나왔습니다. 그리고 한참 동안이나 가슴이 아팠습니다.

발병하여 힘든 치료를 받고 다행히 회복세를 보여 안심했는데 다시 악화되어 중환자실에서 끝내 깨어나지 못하고 운명을 달리하고 말았습니다.

너무나 젊은 나이였습니다. 그의 부음을 듣고 정말이지 눈으로 보지 못했으니 그럴 리 없다고 떼라도 쓰고 싶었습니다. 그때라사 나는 한심하게도 병상에 무기력하게 누워 있었으니 결국 장례식에조차 가지 못했습니다.

누구라도 전성식 동지를 너그럽고 따뜻한 사람이다 정의로운 사람이었다... 등등 좋은 말 가득 담아 추억할 것입니다. 분명히 전성식 동지는 그런 사람이었습니다... 전성식 동지를 안 시간은 오래되었지만 겨우 연구소의 토론회에서 또 세미나에서 또 아주 드물게 참석한 세미나 뒷풀이에서 봤을 뿐 사소한 말 몇 번 건넨 적도 없었지만 매사에 늘 그런 느낌을 나에게 주었습니다. 내게 두곤 전성식 동지는 사회주의자의 품성 말하자면 이타적 인간의 전형이었습니다.

고단한 직업과 연구소에서의 연구와 글 쓰는 일, 세미나를 이끌어 가는 팀장으로서의 학구열이 나로 하여금 닮고 싶어 하게 만드는 참 사랑스러운 사람이었습니다.

어떻게든 살아 있어야 할 사람이었는데 하필 아무도 함께해 주지 못할 길을 떠나고 말았습니다. 새삼 씩 웃는 모습이 눈에 선합니다.

다행히 당장의 이 큰 상실감을 조금이라도 달래 줄 유고집을 펴낸다 하니

* 노동사회과학연구소 창립 회원인 임미영 동지는, 2014년 6월 28일 향년 55세를 일기로 세상을 떠났습니다. 1958년 부산에서 태어난 동지는 생전, 양심수후원회 사무국장, 구속노동자후원회 운영위원, 사월혁명회 여성위원장, 범민련후원회 사무국장, 삼성일반노조 사무국장 등으로 활동하셨습니다.

전성식 동지를 오래 기억할 수 있게 되어 더없이 좋습니다.

전성식 동지여

살아남은 우리는 노동계급 해방 세상을 위해 인터내셔날 진군가에 발맞추어 힘차게 전진하겠습니다. 부디 잘 가십시오.

만인에게 한결같은 성식이 형

노성철

처음 노사과연과 연을 맺었던 해가 아마도 2004년이었던 것 같다. 지금도 별반 나아지지 않았지만 돌이켜 보면 그때는 머릿속이 한 점의 티끌도 없이 하얗고 순수할 때였다. 친구가 "이 세미나만 잘 따라가면 우리 같은 공대 출신도 주식 투자로 돈을 잘 벌 수 있을 것 같다"는 말로 꼬셨을 때, "그래 그럴 것 같다!"고 열렬히 맞장구치며 ≪자본론≫ 세미나를 바로 신청할 만큼, 우리의 정치경제학, 아니 인문사회학 전반에 대한 배경지식은 순백의 스케치북과 같았다. 둘 다 자퇴를 하기는 했지만 나름 각자의 전공에서 촉망받던 박사과정 학생이었는데, 낮에는 미분방정식을 풀고 프로그램 버그를 잡으며, 밤에는 스타크래프트의 필승 전략을 짜느라 20대의 전반부를 너무 바쁘게 스쳐 보냈던 것 같다.

어쨌든 그렇게 그 친구가 아주 뛰어난 정보검색 능력으로 인터넷의 바다에서 마침 찾은 정보가 노사과연의 ≪자본론≫ 세미나 광고였기에, 그렇게 야심만만하게 노사과연, 그리고 성식 형님과 인연이 시작되었다. 우리는 세미나가 참 좋았다. 아니 정확히 말하면 뒷풀이를 포함한 세미나의 분위기가 참 좋았다. 그때까지 뭔가를 알아 가는 과정은 대학원 선배들이 머리의 뚜껑을 열고 손수 꽂아 주거나, 아니면 연구실 구석에서 정해진 하나의 답이 왕림해 주실 때까지 철저히 혼자서 머리를 싸매는 것이었는데, 여러 명이 함께 머리를 싸매고 토론하고 논쟁하다 보면 텍스트 자체의 의미뿐만 아니라, 그것이 우리의 실생활에 갖는 다양한 함의가 마침내 수면 위로 떠오르는 그 과정, 정해진 답은 없고, 여러 명이 자기 버전의 답을 만들어 가는 듯한 그 협업 과정이 좋았다. 특히 막걸리와 순대곱창볶음, 두부김치 등의 그 촉매와 같은 역할이란.

이런 비유가 적절할지는 모르겠지만 성식이 형은 사람 자체가 그런 세미나 같은 사람이었다. 레닌 세미나 중 노동자의 자발성 문제에 대해 물어볼 때나, 꼬여만 가는 것 같았던 내 인생의 방향에 대해서 물었을 때나 한결같이 아주 근엄하게 정답을 하사해 주시기보다는 —사실 형을 참 좋아하게 된 어떤 시점 이후로는 그런 답을 하사해 주길 바라며 계속 술 먹자고 조른 것이었는데— 오히려 끊임없이 나한테 질문을 던지며, 여러 가지 답의 가능성을 열어 주고, 스스로 답을 빚어내길 원했다.

처음에는 생각했다. 아직 친하지 않으니까 그런 것이고, 나중에 더 친해지면, 흔히 볼 수 있듯이 '그래 이제 네 인생의 등대이자 방향타이니 앞으로 내가 말하는 것을 추호도 의심하지 말지어다.' 이렇게 커밍아웃할 것이라고 생각했다. 그런데 9년여를 알고 지내는 동안 똑같았다. 내가 뭔가를 물어볼 때마다 확신에 차서 즉답하는 대신, 잠시 여백을 둘 때 떠오르는 —우리가 사오정 표정이라고 놀렸던— 그 특유의 표정이 아직도 생생하다. 형이 옳다고 생각하는 삶의 방향은 분명했고, 그것에 대한 신념은 내가 본 누구보다 강했지만, 결코 그 방향에 동참할 것을 강요한 적이 없었고, 다만 끊임없이 내 얘기와 고민을 들어 주었고, 관심을 거두지 않아 주어서 뭐랄까, 그냥 막연히 그런 사람이 있다는 사실이 참 든든했다.

우여곡절 끝에 '경영학과' 전공으로 유학을 나간다고 했을 때 역시, 알아서 고민 많이 했을 거라 믿는다며 다만, 농담 반, 진담 반으로, 1년에 한 번씩 들어와서 그쪽으로 물들지는 않았나, 자기한테 검사나 받으라고 말해 줄 뿐이었다. 그래서 2년 전 여름방학 때 잠시 귀국했을 때, 검사받으러 왔다고 연락드리니 집에서 담근 막걸리를 대동하고 나타나서, 해 준다는 검사는 온데간데없이, 형수님과 같이 결혼 생활에 대해 가열찬 낮술 토론을 했던 게, 결국 마지막 성식 형님에 대한 기억이 되어 버렸다.

솔직히 말하자면, 여러 가지 정치적인 신념보다는, 형의 삶을 살아가는 방식과 태도, 그 자체를 좋아했고 무척이나 닮고 싶어 했던 것 같다. 하지만 어느새 40대에 가까워지면서, 나름 개똥철학이 마음속에 자리를 깔고 앉다 보니 알팍한 기준에 따라 사람들을 점수 매기고, 그 점수에 따라 그들을 분류하고 배제하고 미워하게 되는 내 자신의 모습에 섬뜩 놀라게 될 때마다 '그렇게 사는 게 참 힘든 것이구나.' 재확인하게 될 따름이다.

뒤늦게 형수님이랑 민희유로부터 장례식 때 분위기가 어땠는지 전해 들었다. 참으로 이질적인 집단들의 모임이었다고 한다. 동지들, 동료 의사 선생님들, 간호사분들, 병원에서 청소하시는 어머님들, 대학 노래패 후배들, 동네 이웃분들. 마침 작년 언론사 파업 관련 졸업논문을 위해 MBC에서 일하는 동네 이웃 중 한 분을 형수님으로부터 소개받아 인터뷰를 하다가 성식이 형 얘기가 자꾸만 나왔다. 나만 특별히 잘 챙겨 주고 관심을 준 것인 줄 알았는데, 알고 보니 만인에게 한결같은 성식이 형이었다. 인생 정기검진 한번 받아야 할 타이밍인데, 곧 나오게 될 유고집으로 대신할 수밖에 없다는 사실이 새삼 가슴을 먹먹하게 한다. 편히 쉬시길.

전성식 선생 영전에

임채희

이 땅에 종교 · 국가 · 소유가 없는 세상,
이런 세상에서 함께 살고 싶다고,

종교는 인민의 아편이라고
맑스의 가르침 굳게 믿고,

노동자들에게는 조국이 없다고,
맑스 엥겔스의 가르침 더 굳게 믿고,

그 어떤 소유도 사라진
무산혁명의 세상,

바로 이런 세상에
편히 살고 싶다고,

당신의 가르침은 여기서 시작해
사회주의 혁명을 꿈꾸는,
레닌주의로 가는 길에,

혁명적 이론 없이 혁명적 실천 없다는
저 빛나는 이론의 길에서
당신의 가르침은 더욱 빛났습니다.

바로 그 과정에서
자본주의 사회의 모순 덩어리,
자본의 잉여가치,

노동자들의 고혈을 쥐어짜는,
저 거대한 억압과 착취,
자본주의 사회를 분석하고, 해석하면서
새로운 혁명의 전망을 가르치신,
당신의 이론의 길에서
이제 막 들어서는,
사회주의 사회에 대한 생각,

소련 사회주의의 기초자,
스딸린의 위대한 가르침,
현실 사회주의,
우리 인류의 역사에서
최고의 사회 건설하는 법,
당신의 가르침은 끝없는 지혜의 샘,

이 땅에 맑스 레닌주의의 길을 새로이 여신,
수년 동안의 가르침에,
미쳐 다 깨우치지 못한 세상 앞에,

저 자본들이 얼마나 두려웠으면
아직 젊었던, 당신에게
저 처절한 죽음의 병마를 선사했을까요?

주변 사람들에게는 그토록 따뜻하고 다정했던,
당신의 순박한 품성,
그러나 이론에는 그토록 투철했던,
혁명에의 결기,

당신에게서 스딸린 강의를 들으면서,
새롭게 세상을 보게 해 주신
당신의 위대한 영혼에게 감사드립니다.

종교 · 국가 · 소유가 없는 세상,
이런 세상에서 함께 살고 싶다고,

이제라도 그런 별에 가서
편히 영면하시길,

당신의 꿈이 실현되는 길에,
사회주의 공산주의 세상,
남은 우리 후배들이 반드시 쟁취하겠습니다.
당신의 생각이 현실이 되는
그런 꿈, 반드시 쟁취하겠습니다.

전성식 선생님,
당신의 가르침, 소중히 안아,
새로운 세상으로 가는 길에
길잡이 되어 주세요.

이제 편히 영면하시길......

2014. 3. 11. (화) 신새벽
임채희

예전으로 다시 돌아가고 싶은 애달픔

punky

전 팀장님이 고인이 되었다는 메일을 받고는 그렇게 크게 놀라지 않았다.

난 알고 있었다.

그가 혈액암에 걸려 생을 얼마 이어 가지 못하리라는 것을...

노사과연 홈페이지의 ≪정세와 노동≫을 조금씩 봐 왔기 때문이다.

그런데 왜 전혀 몰랐다는 듯이 호들갑을 떨면서 한정이와 혜란 언니, 상철 씨에게 전화를 했냐고?

그 사람을 보내는 슬픔을 공유하고자 했을 뿐이다.

한정이는 많이 울었지만 난 그렇게 슬프진 않았다.

하지만 난 그저 좋은 사람과 함께한 그 시간들을 반추하면서 내 생의 나머지 기간 동안 다시 오지 않으리라는 두려움과 회한과 쓸쓸함에 대한 장송곡으로 조금씩 울먹거렸을 뿐이다.

마음이 아팠던 것은 사실이다.

"그런 사람 없습니다"란 이승철의 노래처럼 다시는 다시는 그런 사람을 만나지 못한다는 사실과 조금씩 스쳐 가는 인연치고는 함께한 몇몇 사람들이 나와 조금은 생각이 비슷하다는 것, 그래서 그 오롯한 추억을 더 그리워하는 마음의 쓰라림이 크다.

선유도 공원에서부터 홍대 입구까지 맥주와 새우깡을 들고 터덜터덜 함께 걸었던 여름밤을 세미나 팀원 모두들 잊지 못할 것이다.

팀장님의 영정 사진을 보자 왠지 낯설었다.

그는 웃고 있었지만 보는 사람들로 하여금 울게 만드는 사진이었다.

이런 건 전 팀장님한테 어울리지 않는다.

언젠가는 함께 소주잔을 기울이면서 놀려 주려고 개그맨 박희순 캐릭터에 대한 우스갯소리도 준비해 두었는데...

손수 만드신 막걸리를 한 번쯤은 더 마시고 싶었는데...

그는 존 레논을 좋아한 모양이다.

이메진 노래에 대한 그의 글을 읽다 보니 전부터 생각한 건데 그는 말도 잘 못하지만 글도 그다지 잘 쓰지는 못한다.

그는 자신의 생각과 느낌을 강하고 온전하게 표현하는 것이 서툴다.

단문형의 문장과 설명도 자신이 이해한 것을 야무지게 설명하기를 어려워 한다.

하지만 누구보다도 질문하는 사람의 의도를 꿰뚫어 보고 그 저변의 맥락까지 설명해 주기를 마다하지 않는다.

물론 끝없이 길어질 조짐을 보이면 "팀장님! 뒷풀이에~~~" 하고는 눈치를 보내지만...

그럼에도 불구하고 난 그의 설명을 좋아하고 단순한 그의 글도 좋아했다.

왜냐면 그런 사실을 본인이 아는지 모르는지 기어코 설명을 해 주면서 이해시키려는 노력과 자신의 글에 대한 다른 사람들의 생각을 궁금해 하며 토론하려는 지극히 인간적인 모습이 그의 작은 눈을 통해 소통하려는 의지가 뜨겁게 살아 있기 때문이었다.

"나의 말보다 글을 더 좋아한다"고 씩 웃으면서 말했지만 난 시끄러워서 잘 못 알아들었다.

나중에 전해 들었을 때 너무 도발적이라서 그런 거냐고 묻고 싶었다.

누군가 맑스의 고백문답 중에 한 구절을 그의 사진들 옆에 붙여 놓았다.

Nihil humani a me alienum puto (인간의 일 중 나와 무관한 것은 없다)

De omnibus dubitandum (모든 것을 의심하라)

모든 것을 의심하고 관심을 가지고 있던 전성식 팀장님에게 나는 제이슨 므라즈의 "Mr. Curiosity"를 들려주고 싶다.

그리고 내가 좋아하는 장혜진의 "1994년 어느 늦은 밤"도...

아마도 그는 좋아하지 않을 거다.

이런 자유주의자들의 감상주의적 싸구려 노래라고...

아니, 절대 그럴 리는 없다. 면전에서 그런 면박을 주실 분은 아니다.

추전해 줄 만한 노래를 한번 들어 보라고 넌지시 말해 주고 음원까지 메일로 보내 줄 분이시라는 걸 너무 잘 안다.

장례식장에 갔다 와서 난 이 두 노래를 밤을 새워 들었다.

아무튼 그는 갔다. 아주 멀리...

그리고 다시는 그를 만나지 못한다. 엄연한 현실이다.

그걸 인정하려니 가슴은 공허감으로 한숨을 짓게 되고, 쓰라린 후회는 예전으로 다시 돌아가고 싶은 애달픔만 게워 낸다.

전성식 유고집 발간 사업회 명단

채만수, 심미애, 배은주, 손미아, 고영민,
인터내셔날 밴드(정호영, 이규환, 양기호),
노동사회과학연구소 부산지회(조명제, 이민주, 김형균, 박문석, 윤석범,
천연옥, 김상희, 김수미, 김민우, 정창화, 제일호, 박현수, 이용주),
이강학, 임미영, 김종연, 장진엽, 안종호, 김정경,
김해인, 김정민, 김화선, 강성윤, 김한정, 신은숙, 이송강, 안경섭, 신준하,
강동진, 노성철, 정은진, PUNKY, 문영찬, 최상철, 임덕영, 유재언, 김태균,
이원진, 김종상, 김성칠, 김동숙, 구미진, 이주호

유고집 발간에 도움을 주신 모든 분들께 감사드립니다.

종교・국가・소유가 없는 세상을 꿈꾸며
전성식 유고집

지은이: 전성식
펴낸이: 채만수
펴낸곳: 노사과연

교정・교열・편집: 권정기, 김해인
디자인: 이규환

등록: 302-2005-00029 (2005.04.20.)
주소: 서울시 동작구 본동 435번지 진안상가 나동 2층 (우156-060)
전화: (02) 790-1917 | 팩스: (02) 790-1918
이메일: wissk@lodong.org
홈페이지: http://www.lodong.org

발행일: 2014년 10월 16일

ISBN 978-89-93852-19-6 03300

* 책값은 뒤표지에 있습니다.
* 잘못된 책은 바꿔드립니다.